桐庐年鉴

TONGLU NIANJIAN

2015

（总第19卷）

桐庐县地方志编纂委员会 编

方志出版社
Publishing House of Local Records

图书在版编目（CIP）数据

桐庐年鉴.2015／桐庐县地方志编纂委员会编. --北京：方志出版社，2015.11
ISBN 978-7-5144-1826-2

Ⅰ.①桐… Ⅱ.①桐… Ⅲ.①桐庐县－2015－年鉴
Ⅳ.①Z525.54

中国版本图书馆CIP数据核字（2015）第292657号

桐庐年鉴（2015）

编　　者： 桐庐县地方志编纂委员会
责任编辑： 刘方圆
出 版 人： 冀祥德
出 版 者： 方志出版社
地址　北京市朝阳区潘家园东里9号（国家方志馆4层）
邮编　100021
网址　http://www.fzph.org
发　　行： 方志出版社发行中心
电话（010）67110500
经　　销： 各地新华书店
印　　刷： 杭州富春印务有限公司
开　　本： 889mm×1194mm　1/16
印　　张： 37.5
字　　数： 1026千字
版　　次： 2015年11月第1版　2015年11月第1次印刷
印　　数： 0001～1000册
ISBN 978-7-5144-1826-2　　**定价：** 128.00元

编辑说明

1.《桐庐年鉴》是中共桐庐县委、桐庐县人民政府主办的集资料、信息和知识于一体的年度资料性文献，旨在全面系统地记载桐庐县经济建设和社会发展的历史进程，为读者了解桐庐、建设桐庐提供丰富、翔实的信息资料。

2.《桐庐年鉴（2015）》是创刊以来出版的第19部年鉴。本年鉴全面反映2014年全县人民在中共桐庐县委、桐庐县人民政府领导下，以党的十八大和十八届三中、四中全会精神为指导，以科学发展观为统领，紧紧围绕“稳中求进、改革创新”这一主线，扎实开展“重大项目突破年、风景桐庐提升年、作风建设加强年”三年活动，深化招商引资与招才引智相结合的“双招双引”一号工程，着力加快以“生态美、城乡美、产业美、人文美、生活美”为内涵的中国最美县建设，全面推进经济建设和社会各项事业发展的新成就；以及在发展中遇到的新情况、新矛盾。

3.《桐庐年鉴（2015）》采用分类编辑法。保持卷首、百科、卷尾三个基本组成部分和类目、分目、条目三个层次的框架结构。卷首设特载、大事记、总述、百科等24个类目；卷尾设文献、名录、专刊、阅读延伸等。

4. 本年鉴所采用的稿件，均由桐庐县各部门、各乡镇（街道）提供。稿件由专人撰写，领导审核，文后署作者名。凡涉及全县性国民经济和社会发展的数据，均以桐庐县统计局提供的为准。各部门、乡镇（街道）提供的数据，由于资料来源和统计口径的不同，请读者使用时注意。

5. 本年鉴中的特载、文献中的重要文件辑录按原文登录；县级主要机构及负责人名录，由县委组织部提供；专刊中的国家属部门、省级和省属部门、杭州市级的获奖名单由各部门单独提供；县级的获奖名单以县四套班子公布的文件为准。

6.《桐庐年鉴（2015）》随文照片由撰稿人提供。

7.《桐庐年鉴（2015）》编纂工作在中共桐庐县委、桐庐县人民政府的领导下，得到全县各部门、乡镇（街道）和有关单位的大力协助和支持，广大编纂人员为年鉴撰稿、编辑、校对付出了辛勤劳动，在此深表谢意。同时，恳请广大读者，对书中的疏漏和失误之处批评指正。

《桐庐年鉴》编辑部

2015年11月

2014年8月19日，浙江省委副书记、省长李强（前右二）视察富春江干堤二期工程　　胡军 摄

2014年6月11日，浙江省委副书记王辉忠（左二）视察桐庐县法律援助中心　　钱凌芸 摄

2014年6月26日，中共浙江省委常委、杭州市委书记龚正（前中）视察施强药业　　姚泓舟 摄

2014年6月18日，杭州市委副书记、市长张鸿铭（左二）视察富春江慢生活体验区　　胡军 摄

2014年5月21日，中央农村工作领导小组副组长陈锡文（前右一）视察富春江慢生活体验区　胡军 摄

2014年6月16日，九三学社中央委员会科学座谈会在桐庐举行　胡军 摄

2014年5月13日，桐庐县荣获中华宝钢奖全国唯一城镇环境大奖　　朱欣明 摄

2014年10月9日，浙江工商大学杭州商学院桐庐校区正式启用　　黄强 摄

2014年8月4日，桐庐县举行首场“三诺三比”电视问政活动　　黄强　摄

2014年11月28日，第二届华夏中医药养生旅游节开幕　　黄强　摄

2014年10月29日，桐庐县农村淘宝服务中心正式揭牌运营

建设中的杭黄铁路（桐庐段） 黄强 摄

10月14日，2014年浙江省“村歌”创作演唱大赛在桐庐举行　　胡军 摄

2014年10月31日，参加省第十五届运动会的桐庐运动员代表座谈会召开，欢迎运动健儿载誉归来　胡军 摄

荻浦猪栏茶吧　　胡军 摄

最美县城　　胡军 摄

碧玉芦茨湾　　王鼎淇　摄

钟山梨花村　　孙曙华　摄

桐庐县行

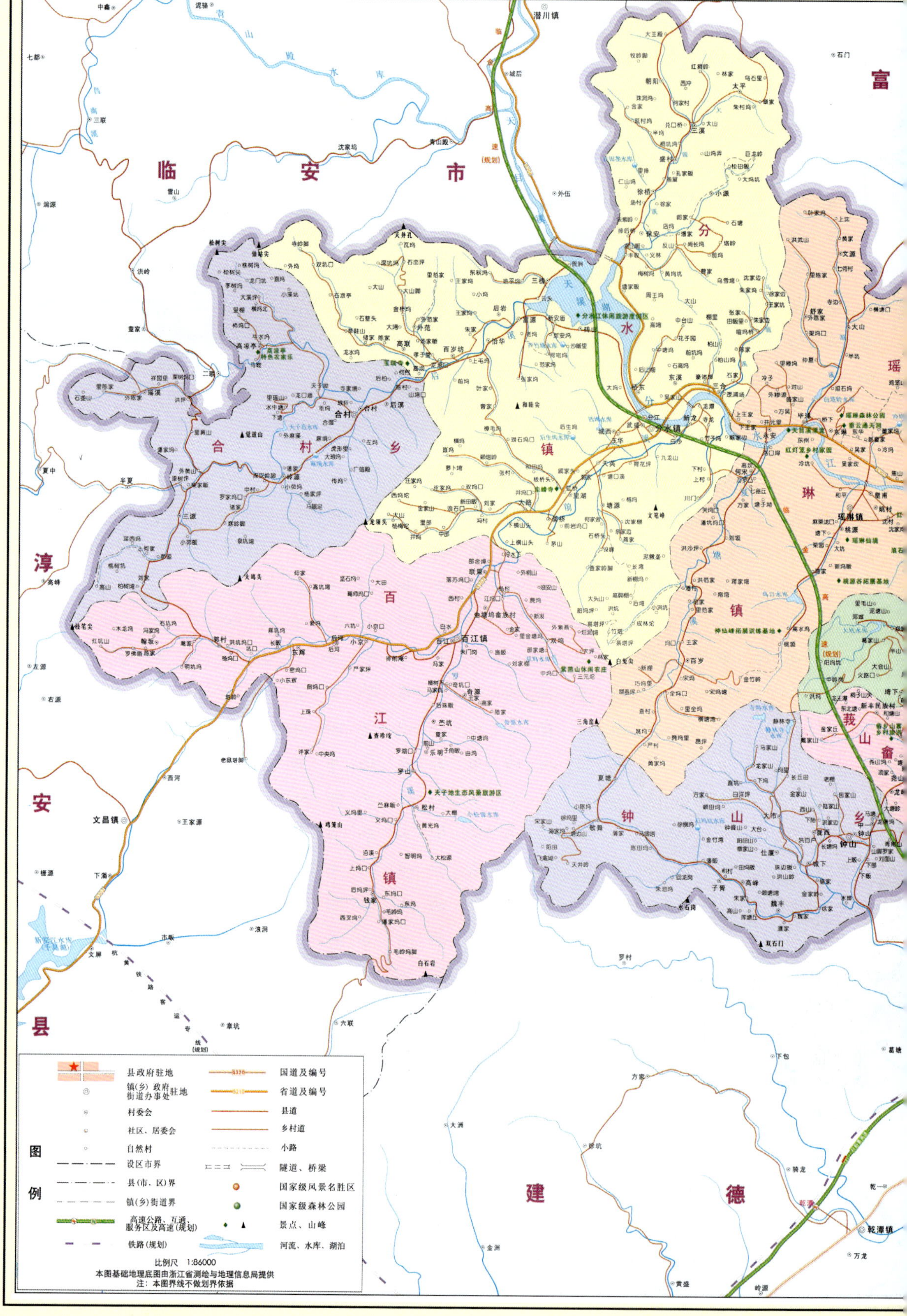

临安市
淳安县
建德
富
分水镇
合村乡
百江镇
钟山乡
瑶琳镇
天溪湖
潜川镇
文昌镇
乾潭镇
图例
县政府驻地
镇(乡)政府街道办事处驻地
村委会
社区、居委会
自然村
设区市界
县(市、区)界
镇(乡)街道界
高速公路、互通、服务区及高速(规划)
铁路(规划)
国道及编号
省道及编号
县道
乡村道
小路
隧道、桥梁
国家级风景名胜区
国家级森林公园
景点、山峰
河流、水库、湖泊
比例尺 1:86000
本图基础地理底图由浙江省测绘与地理信息局提供
注：本图界线不做划界依据

政区划图

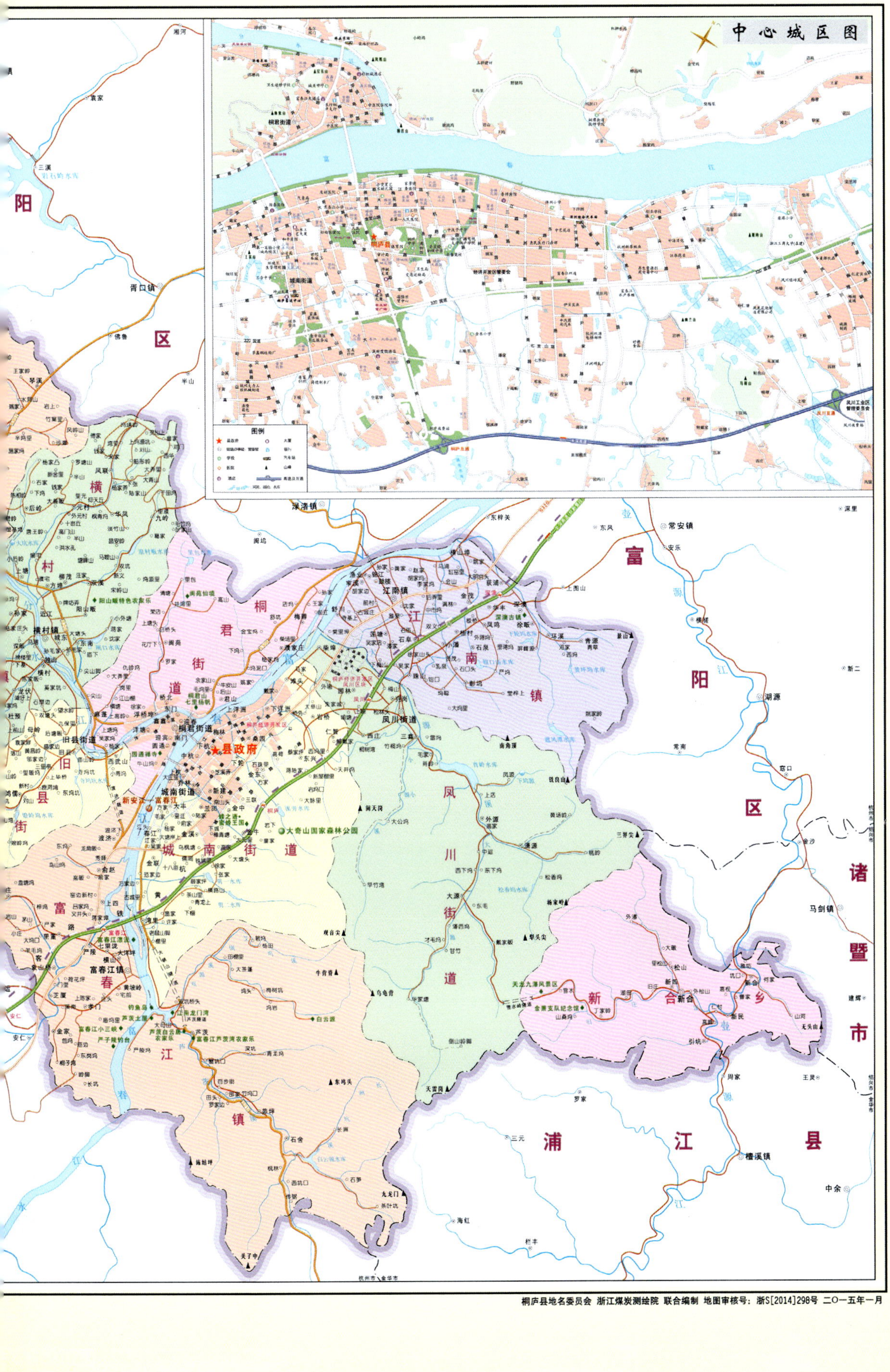

桐庐县地名委员会 浙江煤炭测绘院 联合编制 地图审核号：浙S[2014]298号 二〇一五年一月

目　录

特　载

大事记

总　述

农业经济

工业经济

交通运输

城市建设与管理

国土资源管理　环境保护

劳动　人事

邮政　通信

财政　税务

金融　保险

商贸　旅游

经济管理

党　政

民主党派　群众团体

法 治

文化　体育

新　闻

卫生事业

乡镇 街道

文　献

名　录

专 刊

阅读引申

索　引

特　　载

适应新常态　谋求新发展
为建设中国最美县奠定扎实基础

——在县委十三届八次全会暨县政府十五届七次全体（扩大）会议上的讲话

中共桐庐县委书记　毛溪浩

（2015年1月9日）

同志们：

这次会议的主要任务是：认真学习贯彻党的十八大和十八届三中、四中全会以及省市委全会精神，回顾总结2014年主要工作，研究部署2015年重点任务，审议通过《中共桐庐县委关于全面深化法治桐庐建设的若干意见》，进一步动员全县广大干部群众振奋精神、苦干实干，主动适应新常态、积极谋求新发展，为建设中国最美县奠定扎实基础。

下面，我代表县委常委会向全会报告工作。

一、总结成绩、坚定信心，全年发展迈上新台阶

刚刚过去的2014年，是盛事连连的丰收之年。一年来，面对复杂严峻的宏观经济形势，全县上下一手抓经济社会发展，一手抓教育实践活动，切实把党员干部在活动中激发出的热情，转化为推进桐庐发展的强大动力，全县经济社会持续平稳健康发展。在省委十三届五次全会上，我县作为杭州县市区唯一代表作大会交流发言，并被浦东干部学院列为“美丽城乡”现场教学点。

1．经济指标较好完成。预计全年实现地区生产总值301.07亿元，同比增长8.2%；规上工业总产值463亿元，同比增长8.5%；农业总产值32.21亿元，同比增长5.2%；第三产业增加值107.51亿元，同比增长11%；社会消费品零售总额110.99亿元，同比增长13.5%；固定资产投资204亿元，同比增长18.2%；地方财政收入23.91亿元，同比增长8%；城镇居民人均可支配收入36957元，农村居民人均现金收入

18854元，分别增长10%和11%。绝大多数经济指标增幅高于全市平均水平，其中工业总产值、工业销售产值、规模工业总产值、规模工业销售产值、工业投资、社会消费品零售总额等指标增速名列全市前茅。

2. 结构调整成效明显。战略性新兴产业增加值同比增长13.5%，增速高于规模工业5个百分点，新产品产值率达到31%，比去年提高3个百分点，地方财政收入占财政总收入的比重不断上升，质量效益进一步提升。工业方面，制定实施“工业龙头企业与成长型企业双培育计划”和《信息经济、智慧经济三年行动计划》，新增市级以上高新技术企业32家，中国（杭州制笔）知识产权快速维权援助中心正式运行，被授予省医疗器械高新技术产业化基地。服务业方面，大力开展新兴服务业倍增计划，“三通一达”桐庐基地逐一启动，快递物流、金融服务等新兴产业税收贡献增加，第三产业比重持续提升，跻身全省首批服务业改革创新试点；深入推进全域旅游试点县建设，桐庐旅游服务中心全面启用，成功举办第三届中国休闲乡村旅游季、第二届华夏中医药养生旅游节，浪石金滩、江南古村落被评为AAAA级景区，旅游产业首次实现“千万人次、百亿收入”目标，荣获“世界养生基地”称号。农业方面，以“三个有”（乡乡有村落景区、有民宿经济、有特色产业）为载体，大力推进“一乡一业”特色农业示范园区建设，旧县香榧、新合茶叶等14个示范基地基本建成，新增国家级农民专业合作社示范社15家，雪水云绿茶获评中国驰名商标；全面推进村落景区创建，乡村旅游、民宿经济蓬勃发展，全年共接待游客521.5万人次，经营收入2.69亿元，分别同比增长101%和103%；农村电商快速发展，成为全国首个阿里巴巴农村电子商务战略试点县，首期已组建农村淘宝服务站54家。

3. 重点工作有效落实。“五水共治”上，扎实推进城镇污水管网建设和重污染行业、农业面源污染治理，率先实施农村生活垃圾分类处理全覆盖工程，严格落实“河长制”，境内83条主要河溪全部达到三类以上水质，富春江出境水近年来首次达到二类水质，全面实现“随时能游、随处可游”目标，被评为全省首批“清三河”达标县（区），杭州市“五水共治”现场会在我县召开。同时，持续加强生态综合治理，全年空气质量优良天数同比增加3天，荣获全国中华宝钢环境奖。“三改一拆”上，围绕争创全省首批“无违建县”目标，以零容忍控新违为基础，以“一户多宅”清理为重点，全面推进城中村等重大区块改造，共完成拆改面积299.64万平方米，入选杭州市“三改一拆”工作现场会观摩点并作经验介绍。“四换三名”上，实施“机器换人”项目198个，完成工业技改投资41亿元，履约清理土地1000余亩；举办第二届电商发展大会，电商换市工作强势推进，荣获中国电子商务发展百佳县称号，全市电子商务发展现场会在我县召开。城乡建设上，编制完成县城地下空间利用等专项规划，杭黄铁路全线动工，疏港公路、春江西路改造等项目加快推进，城市规划展示馆、包山儿童公园等全面建设，公园山等棚户区启动改造；以16省道、高速凤川出口为重点，大力推进美丽公路创建，获评“中国最美县”和全省首个“浙江美丽县城”；分水小城市第二轮培育计划稳步实施，中心镇和集镇建设成效初显；统筹开展“四边三化”整治，城乡环境面貌明显改善。

4. 发展后劲不断增强。四大产业平台持续发力，富春江科技城“园中园”全面建设，百亿级智慧安防产业海康威视生产基地、英飞特等优质项目成功引进，瑞能通信等项目竣工投产，科技城财政收入实现两年翻一番；迎春商务区新增注册企业142家，楼宇入驻率达60.2%，在100个省级现代服务业集聚区考核中位列第八；富春江（芦茨）慢生活体验区绿道系统等基础设施建设全面铺开，严陵坞慢村、外婆家“俺的青龙坞”等项目取得新进展；富春山健康城总体规划编制完成，颐居智慧养生产业园等启动推进。制定实施重大项目突破“221”计划，富春江船闸改造、富春江三桥（暂名）等重大基础设施项目全面动工，中欧城、文创园等一批重点项目顺利推进；成功举办第二届桐商大会、第三届科技人才周、首届医疗设备产业发展大会等活动，全县实际到位资金60亿元，其中市外内资34亿元、实际利用外资16200万美元，分别增长16.4%和14.9%，引进高层次紧缺专业技术人才94人，新增省"千人计划"和市"521计划"专家各1名，达成科技人才合作项目23项，为经济发展注入了新的动力。

5. 改革创新步伐加快。实施"桐改538计划"，完成"政府权力清单""责任清单"，"中介服务超市"投入使用，市场监管局组建运行。积极推进省民间融资管理试点县建设，设立县中小企业转贷基金和科技型中小企业贷款风险池基金，光典、鑫博两家民间资本管理公司开业运营，天松医疗等企业在新三板挂牌上市。深化农村住房"两权一房"质（抵）押贷款，率先开展农房确权发证工作，累计登记发证27247本。积极推进农村集体经济股份制改革，空心村"二次创业"模式在合村乡试点基础上逐步推广，农村资金互助会列入杭州市三个试点之一。率先成立环境犯罪侦查大队，出台企业环境行为信用等级评价管理办法，建立排污权等市场化交易机制，村级环境保护协会实现全覆盖。

6. 民生福祉日益改善。十大民生实事工程顺利完成，成功举办第三届"桐庐百姓日"、政府开放日等活动，进一步提高老年人"春节慰问金"和城乡居民社会养老保险基础养老金标准，新建村（社区）居家养老服务照料中心71家，我县荣获全国敬老爱老先进集体称号。建成农村文化礼堂30家，"桐庐剪纸"入选国家级非遗产扩展项目名录，省运会金牌数列全省各县市（区）第一，全省村歌大赛在我县举办，莪山畲族乡荣获全国民族团结进步模范集体，"人文桐庐"建设取得新成效。完成农村困难家庭危房改造240户，帮助城乡失业人员再就业2554人，05、16省道桐庐收费站本县车辆实行免费通行。深入实施教育卫生质量双提升工程，县职业技术学校、城关初中等项目基本建成，杭州商学院桐庐校区顺利开学，瑞金--桐庐医联体办医模式成效显现，县中医院改扩建工程即将竣工，农村无线健康生理监测仪项目逐步推广。紧抓平安报表，建立防范非正常死亡机制，深入开展打击传销、食品安全百日严打等行动，成功处置"5·18"四氯乙烷槽罐车侧翻事故，信访积案化解力度加大，安全生产三项指标实现"十连降"，平安创建知晓率、参与率、满意率列杭州大市第一，社会大局保持和谐稳定。

7. 党的建设持续加强。按照"示范点"的要求，高标准开展第二批党的群众路线教育实践活动，深入推进"三走进"（走进革命老区、县城棚户区和偏远山区）和"八项专项整治"等活动，完善落实县领导联系重点企业与重大项目机制、县级领导信访包案制，探索实施县管领导干部"四比一争"考评和不敢担当情形问责，扎实开展"三诺三比"电视助政和正风肃纪专项检查活动，开设新闻专栏，强化媒体监督力度，各级干部面对困难更加实干担当，党员干部作风进一步转变。老干部老有所为，老干部科技志愿服务队荣获全国老干部先进集体称号。全面推行村级组织运行规则，深入整治社区（村）"牌子多"等问题，建立村干部视频交流会议制度，加强不合格党员处置，基层基础更加夯实。切实履行党风廉政建设主体责任，进一步完善惩防体系，保持反腐败高压态势，全县共立案查处党员干部违纪违法案件106件，给予党政纪处分103人（次）。严格落实中央八项规定和县委32条意见，持之以恒纠正"四风"问题，积极开展以"三不增"为重点的节约型机关评选，"三公"经费同比下降41.8%。

与此同时，人大、政协、武装、统战等工作取得新进展，工会、共青团、妇联、民宗、残联、科协等工作获得新进步。在此，我代表县委，向为全县经济社会发展做出贡献的广大干部群众和各界人士表示衷心感谢并致以崇高敬意！

回顾过去拼搏奋进、亮点纷呈的一年，我们保持定力，坚持道路自信，着眼长远，始终沿着"一个目标、五大桐庐"的奋斗方向，不动摇、不折腾，既要绿水青山、又要金山银山，既重经济报表、又重平安报表、既抓物质文明、又抓精神文明，“五美”桐庐建设初见成效；我们迎难而上，化压力为动力，面对严峻复杂的经济形势，扎实开展“重实体、兴实业、办实事”活动，全力攻坚重大项目，努力招引优质项目，提振企业发展信心，奋战三季度、决战四季度，各项主要经济指标逐季回升稳步增长；我们特色竞争，营造比较优势，坚持从本地资源禀赋和现实条件出发，因势利导，错位发展，在生态环境、美丽城乡、社会治理等方面培育特色、赢得先机，将潜在优势、资源优势不断转化为现实生产力；我们统筹协调，推进全面发展，按照科学发展观的要求，同步推进产业转型、生态文明、民生改善等各项事业，人民群众的幸福感、满意度进一步增强；我们敢打硬仗，勇于担当执行，面对五水共治、三改一拆、四换三名等繁重任务，主动扛起责任，奋力攻坚克难，引领全县发展事业阔步前进，为桐庐城乡更美、经济更强、社会更和谐提供了坚强的组织保障。这些既是我们在过去实践中所积累的宝贵经验，更是今后发展中要坚持的基本遵循。

二、认清形势、聚焦重点，实现改革发展新突破

2015 年是全面深化改革的关键之年，是全面推进依法治国的开局之年，也是本届党委政府履职的决胜之年，还是“十二五”规划收官和“十三五”规划谋划的承接之年。做好今年工作，必须客观准确研判经济社会发展新常态、新机遇、新挑战，顺势而上、强势突破，展示新形象、再创新辉煌。

我们要科学认识新常态。经济发展进入新常态，这既是党中央审时度势作出的重大战略判断，也是桐庐经济发展走势的真实反映。新常态下经济发展的特征突出表现在以下五个方面：①基本特征是经济从高速增长向中高速增长转变，经济增长开始换挡减速，但仍处在合理区间；②核心任务是转型升级、提质增效，着力破除制约经济发展的结构性素质性矛盾，加快经济结构优化升级，推动从量的扩张转向质的提高；③主要动力是深化改革、创新驱动，传统的要素驱动力和投资驱动力逐渐弱化，经济增长将更多依靠人力资本质量和技术进步，改革和创新成为驱动发展的新引擎；④面临挑战是诸多既要又要的“两难”甚至“多难”困境，亟须在稳中求进中达到发展新平衡；⑤发展绩效是从低中端向中高端迈进，更加注重质量效益的提升。因此，我们既要科学认识新常态，又要主动适应新常态，既要积极应对困难挑战，又要全力抢抓发展机遇，才能在新常态下谋求新业绩，为实现桐庐绿色崛起、转型跨越奠定更加扎实的基础。

我们要准确把握新机遇。当前，桐庐至少面临“五大机遇”：一是美丽城乡的品牌机遇，“最美县城”和“秀美乡村”构成了美丽桐庐的美誉度，是吸引项目落户、人才引进的重要因素，要善于抓住窗口期，切实转化为现实优势；二是新兴产业的带动机遇，发展快递物流、电子商务、健康养生、乡村旅游等新兴产业，在桐庐方兴未艾、恰逢其时；三是全面改革的创新机遇，随着政府职能转变、转型升级推进、三农领域改革等项目的深入实施，必将释放更多发展红利，激发更强增长活力；四是交通改善的区位机遇，杭黄铁路已经开工建设，桐庐融入大杭州、接轨大上海步伐将大大提速；五是山水优势的后发机遇，绿水青山就是金山银山，结合省里低山缓坡开发利用等试点，桐庐的“八山半水”将逐渐成为最大战略资源。

我们要积极迎接新挑战。对照先进地区、上级要求和群众期盼，桐庐改革发展稳定中还存在不少的困难和问题，主要面临“五大挑战”：一是经济下行压力加大的挑战，宏观上整体经济形势依旧严峻，微观上我县制笔、针织等传统产业依靠低端技术、低成本劳动力等问题并未根本扭转，出口和消费增长趋缓，担保链、资金链等风险加大，房地产市场依然低迷，实体经济运行困难增多；二是加强政府债务管理带来的挑战，国务院相继出台 43 号、45 号文件，对地方政府性债务管理等提出了更加严格的要求，要深度对接谋划，探索后土地财政时代融资新办法和债务管理新举措；三是资源环境束缚的挑战，环境保护、节能减排的压力变大，特别是新增用地规模空间明显不足；四是争先进位面临的挑战，虽然近年来我县多数经济指标增速超过全市平均水平，但总量规模仍不够大，综合实力也不够强，争先进位难度加大；五是干部队伍能力作风有待提升的挑战，少数党员干部的精神状态需要进一步提振，干事创业锐气和执行力需要进一步增强。

立足以上总体把握和深刻剖析，在新的一年里我们要强实体、出实招、求实效，重点围绕“三重三为”抓好工作落实，即重项目、项目为王，尤其要重视基础设施、新兴产业、工业投资、人才创业等四大类项目，进一步加大招商引资的力度；重创新、改革为先，尤其要在体制机制、科技创新、组织方式、方法载体上积极探索，进一步加强创新驱动；重提升、效益为要，尤其要大力促进产业提升、城乡提升、生态提升、民生提升，进一步提高发展的质量和效益。

综上所述，明确2015年县委工作的总体思路是：深入学习贯彻党的十八大和十八届三中、四中全会精神，主动适应经济发展新常态，坚持“稳中求进、改革创新”总基调，深入开展“重大项目突破年、风景桐庐提升年、社会治理创新年”三年活动，深化招商引资与招才引智相结合的“双招双引”一号工程，着力加快“生态美、城乡美、产业美、人文美、生活美”的中国最美县建设，全力开创绿色崛起转型发展新局面。

建议今年经济社会发展的主要指标为：地区生产总值（GDP）可比价增长8%左右，其中规上工业增加值增长8%，服务业增加值增长10%左右；固定资产投资增长15%，其中工业投资增长10%；自营出口增长8%左右；地方财政收入增长8%左右；社会消费品零售总额增长13%；农村居民人均纯收入和城镇居民人均可支配收入分别增长11%和10%；城镇登记失业率控制在4%以内；居民消费价格指数涨幅控制在杭州市平均水平以内；能耗和污染物排放各项指标继续削减，确保完成上级下达的节能减排任务。

围绕总体思路、年度目标，重点要抓好以下七方面工作。

1. *以美丽经济为方向，加快经济转型升级*

一要主攻优势产业。抢抓新经济、新技术带来的新机遇，努力把快递物流、旅游休闲、健康养生、信息经济、金融服务等战略性新兴产业打造成主导优势产业。加快推进“三通一达”基地和蜂网公司快递配套产业项目，积极筹办首届国际快递产业发展促进大会，提升中国快递之乡含金量。以创建富春江AAAAA级大景区为契机，加快推进老景区提升改造，招引新兴旅游项目，深化“城、江、村、养、慢”特色文章，精心策划第四届休闲乡村旅游季系列活动，创新旅游策划营销方式，拓展会务、健身、医疗旅游，进一步振兴旅游经济。结合传统产业升级和重大平台建设，招引更多健康养生、文化创意、教育培训、金融服务等项目，加快培育新兴服务业。以产业智慧化和智慧产业化为重点，以电子商务和安防产业为有效突破，全力推进信息经济、智慧经济发展。同时，重点聚焦医疗器械、先进装备制造、生物医药、节能环保等优势产业，深化产业基地建设，不断提高市场占有率和产业竞争力。以机器换人为突破，以规上工业企业为重点，深度实施“四换三名”工程。支持传统企业加大新品开发、节能降耗、品牌创建的力度，加快制笔、针织、箱包等产业提档升级。大力实施“龙头型企业和成长型企业双培育计划”，深化个转企、小上规等工作，鼓励企业股权合作或上市发展，着力形成一批行业龙头、“单打冠军”。要强化农业基础作用，继续推进特色产业、民宿经济、村落景区发展，大力拓展民宿客源市场，实现农村电商全覆盖。围绕全省现代生态循环农业试点县建设，壮大农业龙头企业、农民专业合作社、家庭农场等新型经营主体，发展色彩农（林）业、订单农业，提升特色乡村旅游点、民宿、农家乐，使农业与工业、服务业互利共赢。

二要做强产业平台。重大产业平台是主阵地、主战场，要强招商、强特色、强品质、强速度、强绩效，促进空间拓展、内涵提升、产业集聚。富春江科技城（省级经济开发区）要围绕国家级经济技术开发区目标，拓展产业园，提升生态城，改造低产地，增加科技味，主动对接杭州创建国家自主创新示范城市战略，统筹建设花园式总部园等园中园以及滨江高新区桐庐分园、省级医疗器械高新技术产业化基地，加快推进一批10亿元以上重点项目，促进“智慧、风情、生态城”融合发展。富春山健康城要深化专项发展规划，加快启动全省首批“健康小镇”创建，重点推进颐居智慧养生产业园、瑞金医院--富春山居医疗养生基地、新起点健康养生产业园等项目，为建设浙江省健康服务业示范区奠定基础。迎春商务区要抓项目、强特色、优服务，在全力抓好海陆世贸电商园、中欧城等项目建设的同时，尽快推进励骏酒店、荣正财富广场等项目竣工开业，积极打造金融产业园等特色楼宇，提升楼宇入驻率、产出率、品质率。慢生活体验区要深度谋划慢体验、慢文化、慢业态，重点推进严陵坞、青龙坞等落户项目，外引内育生成精品项目，加大沿线整治力度，加快“全国乡村慢生活体验示范区”“全国美丽乡村旅游精品线”创建步伐。江南古村落风景区要提升环溪、荻浦等现有景区，加快村落连贯联动，加强合作对接，努力打造深澳古村落景区升级版。同时，要积极对接浙江省百个小镇计划，深入谋划电商小镇、金融小镇。各地各部门要依托低山缓坡、山塘水库等资源，因地制宜谋划包装特色平台，为转型发展提供支撑。

三要突出创新驱动。要把科技创新和人才队伍建设作为创新驱动发展的核心举措，降低创业审批、扶持等政策门槛，全面加快创新型城市建设。坚持企业主体政府主导，积极推进企业、高校和科研院所紧密合作，瞄准产业链部署创新链，着力提升企业自主创新能力和产业核心竞争力。坚持人才优先发展战略，打造提升科技孵化园、大学生创业园等平台，完善科技人才政策，举办第四届科技人才周等活动，努力招引科技合作等人才项目落户。坚持自主创业带动创新，引导和激发群众参与的热情，降低门槛、支持创业，鼓励创新、宽容失败，着力形成大众创业、万众创新的生动局面。

2. 以重大项目为引领，不断扩大有效投资

一要抓项目、强投入。坚持以重大项目突破“221行动”为引领，全力推进海康威视、英飞特、中欧城、2.5国际箱包产业园等项目，加强柴埠、梅林、开元街等区块招引，有序推进千岛湖配水工程、杭黄铁路桐庐段、富春江三桥（暂名）等重大项目。同时，结合“十三五”规划编制，加快开展杭黄铁路站场综合体、临金高速等重大项目前期，充分发挥投资对稳增长、调结构、惠民生的关键作用。细化民间资本投资公建项目准入流程，重点抓好首批储备库项目招引和推进，进一步优化投资结构。落实重大项目推进机制，不断完善领导联系、分级协调、督查考评等项目建设服务体系，争取项目早落地、早开工、早投产。

二要抓招商、强后劲。坚持“一号工程”生命线地位不动摇，突出重点平台、重大区块、重点项目，注重项目谋划、精准招商、后续跟踪，加强领导挂帅、要素倾斜、项目把关，力争再引进一批10亿元以上大项目。招商精力要更集中，结合县领导联系重大招商项目机制，更好地发挥乡镇（街道）、园区和相关部门的作用，认真谋划招商平台，跟踪对接意向项目，加快项目落地签约，形成外资民资国资齐引、一产二产三产齐上的火热场面。招商重点要更突出，准确把握招商信息，加强重点地区、优质客户分析研判，紧盯杭州、上海、北京、广东以及香港、台湾等地开展目标招商，不断开拓目标市场。招商方式要更精准，选派精干力量开展小分队招商、敲门招商，推进平台、产业、地块专题招商，加强以商引商、股权招商，努力招引更多大好高项目落地。

三要抓服务、强保障。全面落实经济工作责任制，探索县领导联系行业机制，结合企业分类评价服务，主动应对资源要素保障难题。积极向上争取土地指标、向下挖潜用地空间，加大征迁清零、低效用地、闲置土地盘活力度，探索工业用地弹性出让机制。密切关注宏观政策变化、行业运行态势、企业经营状况，深化政银企合作，创新融资方式，引导民间资本扩大有效投资。深化“四单一网”等审批制度改革，推行项目代办、中介超市等做法，进一步优服务、提效率。制订完善经济发展产业政策，创新分类服务机制，努力在项目攻坚、产业转型上精准发力。

3. *以点面结合为路径，推动改革落地见效*

一是改革谋划要注重蹄急步稳。深化改革是一场整体战、持久战，要注重与谋划全年各项重点工作、与编制“十三五”规划等结合起来，努力从上级精神把方向，从问题导向求突破，从外地经验得启示，从基层首创获营养。要把握好改革的时、度、效，做到“三个坚持”：坚持上下呼应，结合县情实际，积极争取省、市改革试点，鼓励基层和群众发扬首创精神，发出改革好声音，汇聚改革正能量；坚持新旧传承，在深化“桐改538计划”的基础上，积极谋划实施新一轮改革项目，切实做到各项改革任务新旧衔接、推进有序；坚持点面协调，既选择好重点领域的改革作为突破口、撕开口子，又以点带面、适时推广、带动全局。

二是改革重点要重在落地开花。经济转型升级方面，要深化要素市场化配置，实施差别化水电气价格、土地供应、税费机制；适时组建民间融资服务中心，促进民间资本进入基础设施和社会事业建设领域；完善推进优二进三和企业兼并等政策，促进资源优化整合；以打造“信用桐庐”为目标，鼓励信用评级行业发展，建立守信激励和失信惩戒机制。统筹城乡发展方面，要激活农村闲置房、空心村、低山缓坡等沉睡资源，扩大农村产权交易市场功能，促进城乡要素合理流动；加快农房办证确权，畅通信贷对接，推进两权一房抵质押贷款工作，推广农民新型综合服务组织、新型农业经营体系，进一步鼓励扶持农民创业；加强村级留用地开发，多元化发展村级集体经济。转变政府职能方面，深化“四张清单一张网”，规范运行中介超市；优化财政资源配置方式，深化财政支持资金绩效评价；转变经营模式，实体化运作国有资本投资公司；进一步放权扩权，加强国土等基层站所建设，激发基层发展活力；加快推动政府部分职能向社会转移，推行政府购买公共服务清单，力争在医疗卫生、养老服务等领域取得更大实效。生态文明建设方面，要推进重点企业环境信用评价体系和银行绿色评级制度建设，积极推广无保洁员镇村创建等做法，探索建立污染物排放收费制度，完善生态环境监管机制，早日创成全国生态文明示范区。

三是改革试点要试出特色成效。改革试点工作既是推进转型发展的有力抓手，更是上级党委政府交给我们的政治任务。要围绕“省社会治理创新试点县、省民间融资管理创新试点县、省全域旅游专项改革试点县、省服务业改革创新试点县、市城乡统筹示范试验区”等省市改革试点，积极探索实践，大胆创新创造，及时提炼总结，努力打造一批叫得响、有特色的改革样本，形成一些可推广、可复制的成功经验，打造一批“杭州首创、浙江一流”的改革品牌。

4. *以全域景区为要求，打造全国最美城乡*

一是规划上要坚持高端强深化。开展县域总体规划修编试点工作，深化风景桐庐建设规划，实现城乡规划与土地利用总体规划、生态保护规划等“多规融合”。编制完成新一轮城市总规和空间发展战略规划，更加注重公共空间、建筑色彩和城市天际线的规划设计，确保城市更有山水特色、更有文化品味。继续开展中心镇、中心村重点区块、重要节点的风貌控制性规划，深化首批国家传统文化村落、全国美丽乡村绿色建筑农房示范村等试点工作，建好用好镇村两级规划员队伍，提升镇村规划建设水平。

二是建设上要围绕提升强力度。美丽县城要提升拓展。老城区要扎实推进开元街区安置房建设和项目招商，引入社会资本分步实施规划区块改造，分期实施主道立面整治，继续实施“四改联动”，加快浮桥埠、洋塘路改造，建设山体公园等公建设施，在细节处彰显古城魅力。新城区要统筹推进春江东路、城南路、梅林路、滨江路等道路改造建设，有序推进城市规划馆、儿童公园等项目，加快城中村分类改造、主道沿线立面整治，深入实施退二进三和村级留用地开发，丰富拓展城市功能，提升品质城区建设水平。美丽乡村要分类推进。全面实施分水镇智慧小城市三年行动计划，逐步打造一批功能完善、生态优良的中心镇、特色镇。强化环境、产业、服务、文化四元要素，分类推进精品村、中心村、培育村建设。挂牌保护农村50年以上老房子，严格拆建利用的管理规定，试点“杭派民居”建设，加强农民建房管理，优化村落民居风貌。风景桐庐要连线成片。结合“四边三化”行动，积极争创全省美丽公路示范县，做精做美主要公路、高速口、入镇口、入村口、景区口，做好色彩农业、生态河道、增绿复绿的文章，逐渐将一个个盆景连成一道道风景，形成一片片风光。始终保持控违拆违高压态势，不断深化旧住宅、旧厂区、城中村改造，加大城中村、城乡接合部环境综合整治力度，切实巩固“三改一拆”成果。

三是管理上要突出精细强品质。健全政府主导、部门共管、公众参与的“大管理”机制，发挥居民公约、村规民约、自治章程等社会规范的作用，建立健全户外广告、渣土运输等行业协会，促进自律自治。深化“清洁桐庐”行动，加强集贸市场、公共厕所等场所整治，重视城郊结合部、城中村、里弄小巷等薄弱环节整改，全面夯实桐庐大地无暴露垃圾的底线。推进数字城管向智慧城管升级，加快精细管理从城区主要道路向里弄小巷延伸、从中心城区向中心集镇辐射，提高城乡治理精细化水平。

5. 以走在前列为目标，增创环境生态优势

一要坚定不移抓“五水共治”。坚定重整山河之志，紧扣“治污水”牛鼻子，继续打好农村养殖业污染整治、城镇截污纳管、污水处理站提标建设、重点排污企业监管、落后产能淘汰等组合拳，巩固提升农村生活污水处理设施和垃圾分类收集处理全覆盖工程，确保全域“清三河”常态化。要统筹推进其他“四水”工作，排涝水上要坚持标本兼治，推进易涝地段、重点地段的强排设施、排涝管网建设，分步实施城中村低洼区块改造，确保居民家中不进水、主要道路不中断、低洼路面不长时间积水；保供水上要扎实推进城乡各项供水保障工程建设，同步实施城区自来水厂千岛湖配水引水工程，深化农村安全饮用水提升工程，尽快消除供水保障薄弱村；防洪水上要加快水利工程建设，加强小流域治理，切实提升防洪能力；抓节水上要落实居民和企业用水阶梯式水价制度，着力抓好工业、农业等生产领域节水重点环节，形成全社会节约用水的良好氛围。

二要有的放矢抓“气土共治”。要以PM2.5防控为重点，扎实开展清洁空气、治霾攻坚行动，全面实施“三双计划”：双减少，即减少烟囱和燃煤锅炉；双整治，即淘汰整治落后产能，以及整治黄标车、工程车和工地扬尘；双严格，即严格准入项目和查处监管机制，建立健全重污染天气监测、预警和应急响应体系，进一步提升我县空气质量。加快构建土壤环境监测体系，引导农民科学施肥、合理用药，切实杜绝新增土壤污染。积极开展土壤保护工程，综合治理土壤污染和重金属污染，从源头上确保“舌尖上的安全”。

三要广泛发动抓“群众共治”。大力弘扬尊重自然、顺应自然、保护自然的理念，广泛开展群众性生态文明教育宣传，努力形成全民环保氛围。全面落实“五个不准”决定，加强树木、水域、砂石等资源保护，推进主道沿线景观林建设和林相改造，促进绿水青山更加多姿多彩。壮大环保志愿者力量，强化社会舆论监督，实施环境违法行为有奖举报，严格环境违法行为追究。积极运用信息技术，推进“智慧环保”建设，确保我县生态文明建设走在前列。

6. 以普惠共享为追求，提升民生幸福指数

一是善用底线思维，增进民生福祉。全面落实“三个不让”承诺（不让桐庐的孩子因贫困而失学、不让桐庐的百姓因大病而过不上温饱生活、不让桐庐的老人因空巢而无人照顾），健全大病致贫困难群众帮扶公益金等制度，推广“三位一体”农村居家养老模式，为老百姓构筑一条更加安全、牢固、可靠的生活保障底线。鼓励以创业带动就业，加强就业岗位开发和劳动者技能培训，实现城乡居民收入增长与社会发展同步。扎实推进农村危旧房改造，健全保障性住房分配和运营监管机制，切实满足困难家庭基本住房需求。深入推进大社保体系建设，进一步完善养老、医疗、失业等各类社会保险制度，完善社会救助、社会福利、社会慈善等政策，提供更加可靠的社会保障。

二是强化普惠意识，提升服务水平。完善“三级便民服务体系，不断丰富“967000”百姓热线功能，适当提高老年人春节慰问金标准，大幅降低城乡公交票价，逐步健全城乡公交一体化体系。深化教育领域综合改革，鼓励和引导社会资本参与办学，努力提高中学段教学质量，加快推进杭商院二期建设，让全县人民享受更好的教育。发掘传承特色文化，深化文化惠民工程，举办县第五届运动会，进一步丰富群众性文体活动，推动文化体育事业再上新台阶。深化“名院协作”工程，进一步加强与瑞金医院、市一医院合作，推广农村无线网络生理参数监测惠民项目，促进优质医疗资源向基层延伸。

三是抓好平安建设，维护和谐稳定。完善平安月报制度，探索重大涉稳事项前置干预、县内信访事项终结、信访积案分类管理考核等机制，创新矛盾纠纷信息研判、领导包案、考核奖惩等做法，确保实现平安桐庐“十一连创”。全面落实“党政同责、一岗双责”的安全生产责任体制，切实加强重点领域安全监管，坚决遏制较大安全生产和食品安全事故发生。加快平安网格与信息网“两网融合”，完善110联动平台，严打各类刑事犯罪活动，形成整体联动、攻防兼备的社会安全网络。

7. 以法治桐庐为载体，加强社会治理创新

一是重抓党政善治。以省社会治理创新试点县建设为契机，全面提升各级党委政府依法行政的思想意识和理论水平，促进社会治理体系和治理能力现代化。建立领导干部带头学法机制，探索重大决策责任倒查机制和行政执法过错责任追究制度，完善内部监督，打造法治型、服务型、效能型、廉洁型政府。积极探索乡镇街道管理资源有效整合，推动综合执法和执法力量下沉。健全基层民主协商制度，深化“桐庐百姓日”、“政府开放日”、网络访谈、电视问政等政民互动做法，不断拓宽群众参与重大决策和公共事务的渠道。积极构建党政、行业、专家、媒体“四界”联动机制，形成行政、社会、网络、媒体等立体监督体系。

二是重抓基层自治。健全党组织领导的基层群众自治机制，扩大基层群众的自治范围，将村级商会、村级慈善分会、村级环保协会等基层组织建设成为管理有序、服务完善、文明祥和的社会共同体。探索建立村级组织权力清单，切实加强农村“三资”管理，完善以村民代表会议为主载体的村级民主决策机制，加强以村规民约为依据的民主管理制度建设。加大社区资源整合力度，统筹发挥业主委员会、物业管理机构的积极作用，不断提升群众自我管理、自我服务的水平。加快构建矛盾纠纷大调解格局，发挥“楼下书记”、和事佬等作用，努力以草根力量化解民间矛盾。

三是重抓全民德治。加强社会主义法律文化建设，建好网站、微博、微信等普法平台，教育群众自觉履行法定义务、社会责任、家庭责任，广泛开展“知我桐庐·爱我桐庐”活动，进一步营造“只有桐庐好，才有大家好”的共识和氛围。坚持大众化、草根化、本土化的方针，编写村史、村志，培育家风、村风，建好用好农村文化礼堂、乡村祠堂，不断发挥其精神家园作用。广泛开展各类生动活泼的文明创建活动，弘扬社会主义核心价值观，倡导诚信、友善、责任、奉献的价值取向，全面建设文化强县。深化“道德讲堂”、“全民阅读·书香桐庐”等载体建设，提升志愿服务品牌，挖掘宣传身边先进典型，努力形成最美风尚。

三、优化作风、实干担当，展现干事创业新形象

面对经济发展新常态、从严治党新格局、

区域发展新要求，要认清形势、把握方向，在继承深化中求实效、在解决问题中求推进、在不断创新中求特色，全力推动党建工作再上新台阶，为桐庐经济社会发展提供坚强组织保障。

1. 强化活动成效，持续转变作风。作风建设永远在路上。要严格按照中央、省市委要求部署，以更高标准、更严要求抓实抓好路教活动各项整改工作。要坚持理论武装，克服思想退化、责任淡化、能力弱化、纪律松懈等问题，坚定理想信念，补足精神之钙，保持政治定力。要坚持问题导向，以群众满意为唯一标准，按照“定责到人、定时完结”的要求，实行整改项目销号制度，确保整改成效让群众看得见。要坚持常抓不懈，进一步深化作风建设，健全“三公”经费支出、改进文风会风等方面具体规定和配套政策，坚持不懈纠“四风”，久久为功成常态。

2. 强化密切联系，夯实基层基础。以基层走亲活动为抓手，继续推行县级领导包乡走亲、乡镇街道包村走亲、机关部门联村结亲工作模式，完善密切联系群众十项机制，打通联系服务群众的“最后一公里”。严格落实基层党建责任制，继续开展“五好”服务型乡镇（街道）创建，进一步深化住夜值班、挂牌上岗等制度。深化“第一书记”制度，整改提升薄弱村，表彰奖励先进村，加强对村属二级支部的指导，完善村干部视频交流会制度，全面夯实基层基础。充分发挥工青妇组织的作用，构建政民互动、和谐共建的良好局面。

3. 强化主体责任，加强队伍建设。要坚持党要管党、从严治党，强化“一把手”第一责任及分管领导“一岗双责”意识，推动各级党组织充分履行党风廉政建设主体责任。要强化纪委监督责任，在关键环节和重要领域确保监督到点到位。为官不廉犹如虎，要始终保持惩治腐败的高压态势，严肃查处害群之马，以反腐倡廉的新成效取信于民。同时，树立以实干论英雄、凭实绩用干部的鲜明导向，更加注重在经济主战场、攻坚最前沿、基层第一线发现、使用和培养“狮子型”“老黄牛”干部，既要让改革者、冲锋者、实干者得到重用、受到尊重，又要让空谈者、评论者、诽谤者没有市场、受人唾弃。要健全“三诺三比”电视问政等制度，实施“四比一争”干部考核、重点工作专项考察和不敢担当问责等办法，探索开展干部“敢担当、促发展”专项述职评议，进一步让敢于担当成为桐庐干部品质，让苦干实干成为桐庐干部风貌。

4. 强化激情干事，营造发展氛围。要增强争先进位、加快发展的忧患意识，克服骄傲自满、停滞不前的心态，深刻认识发展不够快、实力不够强是我们当前存在的突出问题，进一步主动承担、奋发有为、勇争一流。要激发逢山开路、遇水搭桥的奋斗豪情，工作环境越是复杂严峻，越是不能坐而论道、怨天尤人，正确对待困难，积极谋划措施，唱响“让我来、我能行”的主题歌。要坚定改革创新、扩大开放的发展理念，以创新来破解工作中的难题，以开放来引进更多的资源，主动融入大都市、接轨长三角，进一步增强区域发展的动力和活力。要锻造勇于担当、苦干实干的干部品格，“为官不为犹如狼”，干部干部就是干字当头，要拿出一往无前、舍我其谁的决心与恒心，增强担当的勇气、提升担当的能力，苦干实干加巧干，破除困难向前行。要弘扬团结奋进、上下同欲的团队精神，县四套班子要精诚团结、率先垂范，各级各部门要同心同德、和衷共济，进一步营造“我为发展干什么、我为基层做什么”的氛围，努力形成镇街部门块抓条保、干部群众合力攻坚的生动格局。

5. 强化工作落实，确保抓铁有痕。千忙万忙不抓落实就是瞎忙，千招万招不能落实就是虚招。要咬定目标抓落实，今天全会明确的各项目标任务就是我们新一年主攻的方向，是对全县人民掷地有声的承诺，各地各部门要围绕既定目标多作为、不推诿，确保交出满意答卷。要创新方法抓落实，切实掌握“工作十法”，主攻关键环节，探索政府工作项目化，创新监督方式，一件接着一件抓，一锤接着一锤敲，咬定青山不放松，不达目的不罢休。要高效执行抓落实，对县委县政府明确的各项重点工作，说了算，定了干，多谋克难攻坚的办法，少讲推进不力的理由，抓具体、具体抓，有布置、重结果，不折不扣落实到位。要严明奖惩抓落实，树立奖优罚劣的鲜明导向，完善常态督查、定期通报、考核问责等机制，真正把广大党员干部的精力集中到抓落实上来。

同志们，美好明天催人奋进，改革创新赢得未来。让我们紧密团结在以习近平同志为总书记的党中央周围，在省市委的正确领导下，以敢为人先的魄力、勇于担当的作风，拼出桐庐人的智慧，干出桐庐人的豪情，为共同开创"中国最美县"科学发展新局面而努力奋斗！

《县委十三届八次全委会报告》词解

三通一达：指桐庐人创办的申通、圆通、韵达、中通四家民营快递公司。

民宿经济：指在全县每个乡镇（街道）选择一个或多个自然条件、居住环境、产业资源相对有优势的行政村或自然村，引导农户利用自有的空闲房屋，发展一种为游客提供休憩住宿、休闲体验、养生养老以及具有乡土特色餐饮服务的经营业态。

五水共治：指治污水、防洪水、排涝水、保供水、抓节水。

三改一拆：指在全县开展旧住宅区、旧厂区、城中村改造和违法建筑拆除。

四换三名："四换"即腾笼换鸟、机器换人、空间换地、电商换市；"三名"即名企、名品、名家。

四边三化：即在路边、景边、河边、山边等区域开展洁化、绿化、美化专项行动。

重大项目突破"221"行动：指计划利用两年时间，主攻两大领域，重点突破推进产业发展类项目20个以上，政府性投资类项目10个以上。

桐改538计划：指《中共桐庐县委关于认真学习贯彻党的十八届三中全会精神全面深化改革的决定》中明确的经济体制、政治体制、文化体制、社会体制、生态文明体制五大领域38项改革任务。

农村"两权一房"抵（质）押贷款：指在农村开展股份经济合作社股权质押贷款、农村土地承包经营权抵押贷款和农村住房抵押贷款，拓宽农户融资渠道，激发农民自主创业热情。

空心村"二次创业"试点：指针对城里人向往农村好山好水好空气和悠闲、恬静的生活，结合农村居民居住环境改善后老房闲置率高的实际，秉着"走出去、请进来"的理念，将村中一些闲置的有特色的房屋统一流转，兴办农家客栈，招引城市客人，让他们与当地村民同吃同住，感受当地人的农家生活；或是把房屋出租给城里人，让他们根据自己的喜好设计装修，成为他们在山坞里的第二居所。

八项专项整治：指深化行政审批制度改革、遏制公权滥用、严控"三公"支出、整治衙门作风、治理文山会海、切实减轻基层负担、推进干部能上能下、严查侵害群众利益行为等专项整治。

"四比一争"：指比担当、比实绩、比口碑、比作风，争当好干部。

"三诺三比"活动：指在全县各乡镇（街道）和主要部门开展以"亮相晒诺，比承诺事项实不实；镜头督诺，比承诺推进快不快；公开评诺，比兑诺效果好不好"为主要内容的电视助政活动。

"三不增"：即不增办公场所、不增办公经费、不增人员编制。

富春江科技城：指经杭州市政府批准设立，以桐庐经济开发区为主要组成部分，总规划面积33.21平方公里。总体产业布局包括杭商院以及文创园、花园式总部园、科技孵化园、科技软件园、医疗器械产业园、通信设备产业园、新材料产业园和快递服务产业园等8个园中园。

富春山健康城：指经杭州市政府批准设立的，以现代健康服务业为主，集运动休闲、生态养生、健康管理、高端养老、健康旅游等为一体的健康服务业核心集聚区、引领示范区和创新试点区，规划总面积39平方公里。

富春江（芦茨）慢生活体验区：指以原生态、原生活、原生产等乡村元素为主要特色，吸引人们体验慢节奏生活方式的乡村休闲旅游区域。

江南古村落风景区：指依托环溪、荻浦、深

澳等美丽乡村建设成果，按照全域景区的要求，以休闲民宿为定位，大力发展体验型、住宿型、发现型旅游产品，通过项目化运作，一村一品，穿点成线，串联成片，打响“江南坎儿井、最美古村落”品牌。

四张清单一张网：指政府权力清单、企业投资项目负面清单、财政专项资金管理清单、责任清单及政务服务网。

四改联动：即在老城区实施背街小巷、庭院整治、破旧危房、物管提升“四改联动”，用三年时间实现老旧小区“有物管用房、有公共保洁、有秩序维护、有停车管理、有设施维保、有绿化养护、有道路保养、有维修管理”目标。

清三河：指清理黑河、臭河、垃圾河。

五个不准：指不准砍一棵树，不准填一个湖，不准卖一块石，不准挖一粒沙，不准出让一座山塘。

“三位一体”农村居家养老：即通过银龄互助、政府购买服务和志愿服务三种方式解决农村居家养老。

“967000”百姓热线：该热线由政府提供公共运作成本，通过967000特服号码、网站和短信平台，24小时免费为市民、企业提供生活需求、政策咨询等方面的信息服务。

楼下书记:2010年由南门社区的6位退休党支部书记组成一支志愿者服务团队，平时他们在社区一楼党员会客厅值班，扮演着民情信息员、矛盾调解员、服务传递员、政策宣传员等众多角色，因此被百姓亲切地称为“楼下书记”。

“五好”服务型乡镇街道创建：指乡镇街道推动发展好、服务群众好、社会管理好、工作效能好、自身建设好。

“工作十法”：即省委书记夏宝龙提出的“十个指头弹钢琴”的统筹兼顾法、“伤其十指不如断其一指”的重点突破法、“从最坏处准备，向最好处努力”的底线思维法、“具体问题具体分析”的因地制宜法、“解剖麻雀、以点带面”的典型引路法、“一锤一锤钉钉子”的一抓到底法、“蹄疾步稳、急而不躁”的循序渐进法、“跟着群众跳火坑”的群众工作法、“抓具体、具体抓”的亲力亲为法、“干着指挥、带头冲锋”的以上率下法等工作方法。

桐庐县第十五届人民代表大会常务委员会工作报告

——在桐庐县第十五届人民代表大会第四次会议上

桐庐县人大常委会主任　游　宏

（2015年1月29日）

各位代表：

我受县人大常委会的委托，向大会报告工作，请予审议，并请列席会议的人员提出意见。

2014年主要工作

2014年，县人大常委会在中共桐庐县委的领导和上级人大的指导下，认真学习贯彻党的十八大和十八届三中、四中全会以及习近平总书记系列重要讲话精神，深入开展党的群众路线教育实践活动，紧紧围绕全县改革发展稳定大局，全面履行宪法和法律赋予的职责。一年来，共召开常委会会议7次，听取和审议“一府两院”专项工作报告3项、其他报告5项，开展专项工作评议2次，专题询问1次，组织视察和执法检查9次，作出决议、决定18项，提出审议意见7项，进行专题调研7个，任免国家机关工作人员40人次，委托主任会议听取专项工作报告4个，充分发挥了地方国家权力机关的重要作用，为加快推进“一个目标、五大桐庐”建设和民主法治进程做出了应有的贡献。

一、紧紧围绕中心，推动改革发展决策落实

常委会把坚持党的领导贯穿于依法履职全过程，紧紧围绕全县中心工作，突出改革发展主题，全力推动县委决策部署的贯彻落实。

以实体经济发展为重点，推动经济转型升级。全力服务实体经济发展，跟踪检查工业经济转型升级审议意见的落实情况，专题视察全县重点工业园区、富春山健康城等重大平台建设，强调要扎实开展“重实体、兴实业、办实事”活动，突出政策导向，激发企业活力，拓展发展空间，盘活土地存量，强化招商引资，倒逼转型升级，坚定不移推动实体经济健康发展。关注经济发展的质量和效益，重点听取和审议了加快培育税源经济情况的专项工作报告，指出要加强引进项目质量把关，完善亩产效益考核评价体系，形成与之相应的要素配置机制，引导企业提升发展质量，做大做强工业税源和第三产业税源，夯实税源基础。支持现代农业发展，开展了对农业工作的专项评议。组成4个评议调查组，深入乡镇、部门、村和农业龙头企业，开展了全面系统的调研，向县政府和县农业局提出了

切实可行的工作建议和评议意见。通过评议整改，县政府突出了对蜂、茶等优势产业和特色产业的培育，加快农产品电子商务平台建设，狠抓农业园区发展，调整养殖业规划布局，全面推进农业面源污染整治，促进农业产业转型升级。

以助推“五水共治”为重点，力促“美丽桐庐”建设。认真抓好《加快推进我县“五水共治”工作》大会议案的办理，打好治水监督组合拳。围绕防洪水、排涝水，听取和审议了防洪排涝情况专项工作报告，要求政府紧紧围绕“县城不积水、老百姓家中不进水”的目标，加强防洪工程建设，改善排涝设施，提升防洪排涝能力。围绕保供水，专题调研了县域保供水情况，建议将千岛湖水源作为县城第一水源，向市政府争取足量配水指标，并与其同步施工，科学调整备用水源规划。围绕治污水，专题视察了县城与城镇截污纳管工作，提出要重点抓好集镇和工业园区污水管网建设，努力做到工业污水全部纳管，落实污水处理设施管理运行责任，保障设施正常运行。县政府与职能部门结合县人大常委会的意见，在“五水共治”中精准发力，取得了明显成效。全县83条主要溪流全部达到三类以上水质，我县成为全省首批“清三河”达标县，芦茨溪是杭州地区唯一一条被推荐申报全省全域可游泳河段。持续关注严格自然资源保护的决定执行情况，推动全县“不砍一棵树、不挖一粒砂、不采一块石”理念的落实。2014年全县削减林木砍伐指标2.8万立方米，采伐量下降40%；采矿量控制在300万方产能标准线内，并切实加强了开采矿山和废弃矿山生态修复工作，计划到2017年全面完成75家已关停矿山的修复治理工作；严格河道清理审批制度，经营性采砂行为得到禁止。

以完善监督机制为重点，深化财政预算监督。紧扣新《预算法》和全口径预算监督的要求，加强对本级预算监督和乡镇、街道财政监督的调研，制定完善预算监督机制的整体方案。修订政府投资重大建设项目监督试行办法，完善项目立项、实施、变更等环节的监督内容，对县政府提交常委会审议的总投资5000万元以上的项目实行逐个表决。深化对部门预算的监督，部门预决算情况和“三公经费”预决算情况开始向社会公开；首次开展部门决算审查，督促首批重点审查的县人社局、农业局、文广新局、住房公积金中心等部门，细化预算编制，改进预算管理，严格预算执行，保障资金使用绩效。听取审计工作报告，推动政府依法公开审计结果，督促审计查出问题的整改。开展“三公”经费使用情况的监督，要求政府严格控制标准，强化执行监管，2014年“三公”经费下降41.8%。

二、致力民生与法治，着力促进社会公平正义

常委会把促进社会公平正义、增进人民福祉作为人大工作的出发点和落脚点，切实发挥职能作用，为和谐桐庐建设集聚正能量。

持续监督热点、难点问题。围绕物业管理工作的难点问题，在深入调研、发现问题的基础上，开展专题询问，强调要在落实行业管理职能、健全部门联动执法机制、加强社区和业委会建设、构建诚信体系等方面出实招、见成效。密切关注医保基金使用监管情况，建议县政府建立稳定的财政投入机制，逐年安排专项经费，消化历年基金赤字；加强基金征缴，严格使用监管，并加大对违规行为的查处力度，堵塞管理漏洞，保障基金规范使用。紧盯舌尖上的安全，专题调研食品安全监管工作，督促政府完善责任体系，增强监管力量，强化行政执法，提升保障水平。关注农村集体经济发展，提出要盘活村级集体资产，严格控制新增债务，拓宽农村增收渠道等意见。组织视察农村土地综合整治工作，推动政府完善整治规划，强化政策引领，禁止毁林开垦，加强耕地保护，节约集约用好每一寸土地。视察政府实事工程的推进情况，推动县城老旧住宅小区室外供水管网改造、城关初中等校舍改扩建、新增县城停车泊位等政府实事工程的落实。

积极推动依法行政、公正司法。首次开展法官履职评议。围绕政治业务素养、依法履行职责、自觉接受监督、清正廉洁自律等四个方面的评议重点，通过走访调查、民主测评、旁听庭审、翻阅卷宗等多种方式，对4名法官进行了客观公正的评议，向县法院和被评议法官反馈了66个问题。县法院成立整改工作领导小组，落实责任，逐条进行了整改。被评议法官自觉接受监督，强化公正办案，提高职业素养，评议取得了较好效果。加强法律执行情况的监督，开展了《义务教育法》执法检查，要求政府加大资金保障力度，完善学校规划布局，切实破解进城集聚和务工人员子女入学难问题；重视稳定农村山区学校教师队伍，推动优质教育资源进农村，努力促进义务教育优质、均衡发展。常委会还专题调研了预防未成年人犯罪工作，督促有关部门切实落实预防措施，努力为青少年健康成长创造良好的社会环境和法制环境。

一年来，常委会坚持党管干部与依法任免有机结合，严格任免程序，充分发扬民主，依法做好人事任免工作。组织部分任命干部参加法律知识培训，增强被任命人员的法律意识。继续推进规范性文件备案审查工作，认真受理群众来信来访，为促进社会和谐稳定发挥积极作用。

三、突出代表主体，有效发挥代表职能作用

常委会牢固树立代表主体意识，密切联系代表，丰富代表活动，提升服务水平，支持和保障人大代表依法履职。

扎实开展代表主题活动。组织各级人大代表开展“切实履行人大代表职责，全力推进‘五水共治’”主题活动。全县共有161名代表担任河道（段）长，321名代表直接从事河道常年保洁、巡查工作，代表参与视察、检查等治水监督活动1138人次，以实际行动带动周边群众参与治水，形成了共同推进“五水共治”的强大声势与合力。县、乡（镇）两级人大代表积极助推全面深化改革、实体经济发展、“无违建县”创建等中心工作的落实，展现了人大代表的良好形象。各乡镇（街道）人大负责人勇于担当，在推进杭黄高铁、富春江干堤等全县重点工程建设中发挥了重要作用。

积极拓展代表履职平台。深入推进代表联络站建设，全县共建成代表联络站32个，联络室84个。市县领导干部人大代表和县乡（镇）两级代表，走进代表联络站（室），接待选民525人次，收集意见建议533件，其中交县级有关部门办理99件，一些事关群众切身利益的问题得到了解决。加强常委会与人大代表的工作互动，常委会组成人员全年走访基层县人大代表190余名，100余名县人大代表通过自选内容，参与了常委会的监督工作。开展代表向选民述职活动，29名县人大代表向选民进行了述职，6位市人大代表向常委会报告履职情况，自觉接受群众监督。

切实加强代表建议督办。注重做好代表意见建议质量指导，加强交办工作对接，开展办理目标评估，及时反馈办理结果，强化代表建议办理全过程的协调服务与督促。坚持重点督办、代表小组跟踪督办、代表约见承办单位负责人等制度。县政府及承办部门认真落实办理责任，采取切实措施破解办理难题，县十五届人大三次会议收到的156件意见建议，解决率达到了60.2%。常委会还新制定了代表闭会期间建议处理办法，规范闭会期间代表建议的接收、办理、反馈等工作，有效提升代表闭会期间的履职成效。

四、夯实基层基础，指导推进乡镇街道人大工作

认真贯彻杭州市委《关于进一步加强和改进乡镇人大工作的意见》和县委《关于进一步加强和规范乡镇人大工作的意见》精神，建立常委会领导联系指导乡镇人大工作制度，定期开展重要工作研讨交流，在乡镇党委的支持下，乡镇人大工作出现欣喜变化，在经济社会发展、民生民利保障与基层民主建设等方面发挥了很好的作用。

乡镇人民代表大会得到规范。乡镇人代会不仅是乡镇人大工作的重中之重，更是弘扬宪法精神，体现党的领导与人民当家做主的重要制度保障。在常委会的指导下，乡镇人代会的会议会期、会议内容、会议议程和会议日程更加依法规范，前期筹备工作更加全面、充分，从制度上保证了会议的庄重、务实、有效。会议期间安排较充裕的时间，全体代表围绕工作大局，审议讨论发展中的大事、要事。经济发展目标、“五水共治”、“无违创建”、“智慧经济”、实事项目等重点工作，在审议中进一步达成共识，形成决议、决定，从而实现了乡镇人代会由程序性会议向议事、民主决策性会议的转变。今年各乡镇还将实行人大代表票决政府为民实事项目制度，进一步实践乡镇人民代表大会推进民主决策、公平合理使用公共财政的探索。

主席团的有序监督与代表履职得到加强。各乡镇人大按照规范和加强主席团工作的要求，建立健全了主席团议事规则、监督办法、代表建议办理等工作制度，形成了较为完备的主席团工作制度。为切实提高监督实效，主席团制定年度监督工作计划，实行监督内容、监督方式、监督时间“三公开”，监督工作的计划性和透明度明显增强。2014年，全县各乡镇人大主席团共开展了97项监督工作，有力促进了当地党委的决策落实和难点工作的推进。充分发挥人大代表的主体作用，各乡镇人大主席团认真组织开展代表活动，每位乡镇人大代表全年参加履职活动4次以上，议政督政的意识和能力有了新的提升。

通过上下共同努力，我县乡镇人大工作取得了明显成效，得到上级人大的充分肯定。2014年11月，县人大常委会和江南镇人大在全市乡镇人大工作会议上作了经验交流，成为全市乡镇人大工作的一个亮点。

五、加强自身建设，不断提升常委会履职能力

常委会主动适应新形势新任务，扎实开展党的群众路线教育实践活动，不断加强自身建设，努力在转变作风中树立新形象、创出新业绩。

抓好理论学习。发挥党组核心作用，完善党组理论中心组学习制度，认真学习领会党的十八大，十八届三中、四中全会和习近平总书记系列重要讲话精神，坚定道路自信、理论自信、制度自信。顺应经济发展新常态，组织常委会组成人员赴滨江区考察海康威视、智慧e谷等新兴产业项目，举办智慧经济专题辅导，及时转变观念、更新知识。建立事前学法制度，在开展常委会监督工作前，结合监督议题，组织学习《环境保护法》《杭州市物业管理条例》等法律法规，提升监督工作的专业水平。

强化作风改进。认真开展党的群众路线教育实践活动，常委会领导及机关干部以开展“走进代表、走进农村、走进社区、走进企业”活动为载体，走访人大代表185名、农户520余户、企业116家，广泛听取基层意见建议，帮助解决实际问题53个，在破解“一线”发展难题中发挥了积极作用。突出问题导向，以整风精神开展批评与自我批评，针对“四风”在人大工作中的具体表现，制定了9个方面35条整改措施，开展了“五个一线”专项整治行动，建立了15项长效机制，以实际行动取信于代表和群众。坚持责任担当，探索行使重大事项决定权的方法和途径，制定常委会讨论决定重大事项办法，增强议决重大事项的规范性和操作性。强化实效意识，新制定监督意见跟踪办理办法，加大跟踪督办力度，切实解决常委会履职“最后一公里”问题。主动听取人大退休老干部的意见建议，积极改进人大工作。

注重人大宣传。以纪念人民代表大会制度建立60周年为契机，组织代表开展知识竞赛，在《今日桐庐》开辟宣传专栏，广泛宣传我县人大工作和民主法制建设的新进展、新成就。开展人大制度和理论的研究与宣讲，常委会领导带头到县委党校主题班授课，提升党员干部对人民代表大会制度的认识。认真办好《桐庐人大》杂志和桐庐人大网站，及时宣传人代会会议、常委会履职、代表工作等情况，扩大人大工作影响力。加强人大信息宣传队伍建设，制定人大工作信息员管理办法，开展业务培训，提升人大信息宣传工作水平。

各位代表，过去一年，县人大常委会始终按照“一线”要求，保持“一线”状态，力求“一线”作为，求真务实，脚踏实地，认真履职，各项工作有了新进展，取得了新成绩，这是县委正确领导、常委会全体组成人员与全体人大代表共同努力的结果，也是“一府两院”和基层人大密切配合、社会各界大力支持的结果。在此，我谨代表县人大常委会，向所有关心、支持人大工作的同志们和社会各界人士表示衷心的感谢！

回顾一年工作，我们也清醒地认识到，工作中还存在一些不足，主要是：常委会监督意见的跟踪落实不够有力，讨论决定重大事项的机制还需要进一步健全，代表联系群众的工作还需要进一步做细做实，常委会履职能力有待进一步提升等。对此，我们将在今后的工作中高度重视，并努力加以改进。

2015年主要任务

各位代表，2015年，是全面深化改革的关键之年，是全面推进依法治国的开局之年，也是“十二五”规划收官和“十三五”规划谋划的承接之年。做好今年人大工作，必须主动适应人大工作新常态，积极进取，敢于担当。今年常委会工作的指导思想是：深入贯彻党的十八大和十八届三中、四中全会精神，按照省市委人大工作会议和县委十三届八次全会的部署，服务改革，强化法治，改善民生，围绕“重大项目突破年、风景桐庐提升年、社会治理创新年”活动和“双招双引”一号工程，依法履行宪法和法律赋予的各项职责，与时俱进开展人大工作，为建设“中国最美县”凝聚正能量，谱写新篇章。

根据上述指导思想，2015年常委会的主要任务是：

一、充分发挥民主法治建设的一线作用，在深化法治桐庐建设中实现更大作为

深入贯彻党的十八届四中全会精神，认真落实县委《关于全面深化法治桐庐建设若干意见》，积极主动发挥县人大常委会在法治桐庐建设中的应有作用。注重法制宣传。采取多种形式，运用多种载体，广泛开展宪法和法律法规宣传教育，大力弘扬宪法精神，增强公民宪法意识，树立宪法和法律权威。推进依法治县。加强对《道路交通安全法》《环保法》等法律法规在我县实施情况的监督检查，督促和支持政府进一步依法行政。关注行政机关法制机构建设，夯实政府依法行政基础。围绕全省社会治理创新试点县建设，深化人大依法监督、以民主促民生机制的实践和探索；专题调研村规民约的制定情况，推动基层民主建设。深化司法监督，开展公检法司机关工作人员依法履职、公正司（执）法情况监督检查，专题听取检察官履行职责公正执法情况的报告，跟踪督查法官履职评议意见的整改落实，监督和支持县法院、县检察院规范司法行为，健全阳光司法机制，提升司法公信力。依法行使决定和任免职权。按照《县人大常委会讨论决定重大事项办法》的规定，紧扣县委决策、社会关切，精准选择事关我县改革发展全局性、根本性、长远性的事项，探索建立提交人大及其常委会讨论决定的重大事项清单，推动中心工作贯彻落实。依法做好人事任免工作，落实人大选举任命干部向宪法宣誓制度，探索任后监督，增强国家工作人员的法治意识和为民意识。

二、充分发挥常委会依法监督作用，在推动改革发展中担当更大责任

围绕服务改革发展稳定大局，努力在推动全县经济社会发展中恪尽职守。助推经济转型升级。围绕县域经济发展新常态，加强对“重实体、兴实业、办实事”活动开展情况的监督，跟踪督查税源经济审议意见落实情况，组织视察重点项目、重大平台建设，关注民宿经济和全域旅游发展，专题听取科技进步专项工作报告，努力推动工业企业技术改造，促进经济转型跨越。听取和审议农村电子商务建设专项工作报告，专题调研现代设施农业建设情况，助推农业和农村经济健康持续发展。深化计划财政监督。关注“十二五”规划执行和“十三五”规划编制情况，提升规划编制科学性和可操作性。加强对政府重大投资项目的监督，推进重大规划项目实施。修订财政预算监督办法，抓好财政、计划、审计等工作的审查监督，有序推进“三公”经费公开，继续关注重点专项资金使用管理和政府性债务管理情况，努力推动全口径预算体系建设。促进生态环境优化。围绕创建全国生态文明试点示范区先进县，继续关注《关于严格自然资源保护　促进生态文明建设的决定》执行情况，加强对生态环境保护工作的监督，与省市人大联动听取和审议大气污染防治专项工作报告，开展千岛湖引水工程和农村安全饮用水工程建设、绿道建设、城镇污水处理厂运行管理和农村生活污水治理等工作视察，专题调研“两江”环境保护与景观规划情况，进一步推动“五水共治”、垃圾分类的长效机制建立，全力助推“美丽桐庐”建设。

三、充分发挥密切联系群众的独特优势，在汇集民智改善民生中凝聚更大合力

进一步贯彻群众路线，密切与代表和群众的联系，畅通社情民意反映和表达渠道，努力做到为人民用权、为人民履职、为人民服务。积极回应社会关切，专题询问城市管理工作，推动管理资源和信息的整合利用，提升城市管理执法水平，促进城市和谐发展。与省市人大联动，开展城乡公共文化服务体系建设工作监督，推动城乡文化一体化发展。继续关注教育、医疗、卫生等民生热点问题，专题调研医疗服务工作，跟踪督查《义务教育法》执法检查审议意见整改落实，开展政府为民办实事工程视察，持续推动社会事业发展和民生改善。

充分发挥代表联系群众的优势，在服务代表履职、发挥代表作用上实现新提升。组织代表开展学习培训，增强代表法律意识和履职意识，重视提高代表的履职能力。深化代表主题活动，改进活动组织方式，丰富活动内容，提升活动成效。完善代表自主选择参与常委会监督工作机制，进一步扩大代表参与面，拓展代表参政督政渠道，更好地发挥代表的监督主体作用。推进代表联络站常态化、规范化运行，加强代表与选民的联系，落实好领导干部代表定期深入代表联络站，直接听取基层群众的意见建议。继续做好代表履职平台推广应用，探索网上代表联络站建设。认真抓好代表意见建议督办工作，用好代表建议办理网络平台，落实代表建议交办、反馈和跟踪督查机制，加大代表闭会期间意见建议的督办力度，提升代表意见建议办理实效。

四、充分展示创新务实的良好形象，在推进人大工作与时俱进中激发更大活力

认真贯彻落实省市委人大工作会议精神，做好县委人大工作会议的准备，努力在创新人大工作、推进人大建设方面取得新突破。坚持党组理论中心组及机关学习制度，强化对政治理论、宪法法律和业务知识的学习，进一步提高常委会组成人员的综合素质和常委会整体履职能力。持之以恒推进作风建设，巩固党的群众路线教育实践活动成果，牢牢把握围绕中心、服务大局的基本要求，强化“一线”意识，保持“一线”状态，更加有力地在深化改革、“三改一拆”、“五水共治”、“三实”行动等重点工作中发挥作用，展现人大机关为民务实、清廉干事的良好形象。进一步突出跟踪问效，抓好《县人大常委会监督意见跟踪办理办法》的落实，在解决人大履职“最后一公里”上取得更大成效。加强常委会组织建设和人大机关干部队伍建设，推进常委会工作专业人才库建设，抓好制度的完善和落实，努力保障常委会工作高效运转。加强人民代表大会制度理论研究，开展重点课题调查研究和人大工作理论研讨，增强理论指导实践的成效。重视人大信息宣传工作，拓宽宣传渠道，丰富宣传内容，不断提升人大信息宣传工作水平。加强对乡镇人大开展财政预算监督和政府为民实事工程代表票决工作的指导，提升履职规范化水平。支持人大街道工委积极探索实践，改进工作方式，更好发挥职能作用。

各位代表，党的十八届四中全会和省市委人大工作会议，为坚持和完善人民代表大会制度指明了方向，对做好新时期人大工作提出了更高的要求。我们肩负的使命神圣而光荣，我们承担的责任艰巨而重大。让我们在中共桐庐县委的领导下，紧紧依靠全县人民和各级人大代表，解放思想、锐意创新，团结奋进、扎实工作，为加快“中国最美县”建设，实现桐庐绿色崛起、转型发展做出新贡献！

政府工作报告

——在桐庐县第十五届人民代表大会第四次会议上

桐庐县人民政府县长　方　毅

（2015年1月28日）

各位代表：

现在，我代表县人民政府向大会报告工作，请予审议，并请县政协委员和其他列席人员提出意见。

一、2014年工作回顾

2014年，面对错综复杂的宏观形势和艰巨繁重的工作任务，县政府在县委的正确领导下，在县人大、县政协的监督支持下，全面贯彻落实党的十八大和十八届三中、四中全会精神，紧紧团结和依靠全县人民，着力稳增长、促转型、抓改革、治环境、惠民生，较好地完成了县十五届人大三次会议确定的年度目标任务，经济社会保持平稳健康发展。

（一）经济运行稳中向好。

综合实力进一步提升。经济类指标较快增长，全县实现地区生产总值306.47亿元（初步核算数，下同），增长8.5%；农业总产值32.36亿元，增长5.6%；规模工业总产值463.82亿元，增长7.3%；第三产业增加值111.28亿元，增长11.2%；地方财政收入23.91亿元，增长8.0%；固定资产投资209.64亿元，增长21.5%；社会消费品零售总额111.33亿元，增长13.9%；自营出口12.59亿美元，增长12.9%。民生类指标完成良好，城镇居民人均可支配收入36366元，农村居民人均纯收入20627元，分别增长10.3%和11.3%，城镇登记失业率3.0%，居民消费价格指数涨幅1.5%。节能减排等约束类指标全面完成，万元GDP综合能耗下降4.7%以上。此外，我们还成功举办了电商发展大会、医疗设备产业发展大会、桐商大会、科技人才周、华夏中医药养生旅游节、中国休闲乡村旅游季等活动，获得了中华宝钢环境奖、中国最美丽县等荣誉，桐庐的知名度、美誉度和影响力进一步提升。

产业结构进一步优化。战略性新兴产业增加值增长11.9%，增速高于规模工业2.9个百分点。信息经济、智慧经济加快发展，海康威视、英飞特等智慧产业项目落户。先进装备制造业、针纺织业产值分别达149亿元和176亿元。完成工业投资68.25亿元，增长15.3%。净增规模企业25家，天松医疗、祥龙钻探挂牌“新三板”。第三产业提速增效。电子商务发展“1234计划”深入推进，阿里巴巴全国首个农村发展战略试点影响广泛，全县电商骨干企业销售总额达 12.50 亿元，增长 108.3%，被列为“浙江省电子商务示范县”创建单位。全域旅游改革成效显现，“千万游客、百亿收入”目标全面完成。富春江大景区 AAAAA 创建启动，创成 AAAA 级景区 2 个，全域旅游标识系统、县旅游服务中心建成使用，荣获“浙江省旅游发展十佳县”称号。快递物流、金融服务等产业快速发展，特色街区建设有序推进。现代农业稳步发展，新增粮食功能区 1 万亩，发展设施农业 6000 亩，建成“一乡一业”现代农业示范区 14 个，桐庐县中部省级现代农业综合区通过验收，被列入省级现代生态循环农业整建制推进试点县。新注册家庭农场 96 家，新增市级以上规范化农民专业合作社 21 家，其中国家级示范社 15 家。

创新能力进一步提高。规模以上高新技术产业销售产值占工业总销售产值比重达 24.9%，新产品产值率达 32.8%。新增国家火炬计划项目 3 个，新认定国家重点扶持高新技术企业 9 家、市级以上高新技术企业 23 家，省级重点企业研究院 1 家、省市研发中心 7 家。中国杭州（制笔）知识产权快速维权援助中心挂牌运行。专利授权量达 1314 件。创建省名牌产品 2 个、著名商标 5 个，“桐庐雪水云绿茶”获中国驰名商标。与浙江大学等高校院所建立合作关系，新增入选省“千人计划”和市“521 计划”专家各 1 名，柔性引进国外专家 36 名，引进高层次人才、紧缺专技人才 94 名。

（二）发展后劲持续增强。

重点平台日益丰满。富春江科技城启动国家级经济开发区创建，税收收入达 5.80 亿元，增长 31.8%；新增市级以上高新技术企业 19 家，医疗器械产业园被认定为省级高新技术产业化基地。迎春商务区楼宇入驻率达 60.2%，成功创建“国家电子商务示范城市拓展区”和“杭州市电子商务产业园”，在百个省级服务业集聚示范区综合考评中位列第 8 名。富春山健康城完成总体规划等编制，颐居智慧养生产业园等项目顺利推进，被列入省级首批“特色小镇”培育单位。富春江（芦茨）乡村慢生活体验区严陵坞慢村等项目稳步建设，3 条慢道建成使用。富春山健康城、慢生活体验区创成第三批市级服务业集聚区。

重点项目取得突破。实施重大项目突破“221”行动计划。杭黄铁路（桐庐段）、千岛湖配水（桐庐段）工程开工建设，富春江船闸扩建工程顺利推进。中欧城一期、江南国际养生中心等项目启动建设，龙生股份汽车部件产业园、中通之家等项目加快推进。招商引资全年新引进项目 80 个，其中十亿元项目 4 个、五亿元项目 2 个，实到市外内资 34.02 亿元、浙商回归资金 12.27 亿元，实际利用外资 1.66 亿美元。

重点改革持续深化。全面实施“桐改 538 计划”。实行工商登记制度改革，完成“个转企”766 家。推进省民间融资管理创新试点县建设，组建民间资本管理公司 2 家。中小企业转贷基金设立运行。建立用能预算化、水电气差别化价格、差别化供地等制度。空心村“二次创业”“两权一房”确权和抵押贷款工作成效明显，181 个村完成集体经济股份制改革。实行主要污染物排放总量有偿调剂使用等制度，成立公安环境犯罪侦查大队，实现村级环保协会全覆盖。

（三）最美城乡更添魅力。

城镇建设更富品质。开展县城“一环两城两区”空间发展战略规划和总体城市设计，建立美丽县城指标体系，成为首个“浙江美丽县城”。柴埠大桥（暂名）、疏港公路加快建设，春江西路、浮桥埠区块综合整治工程基本完成，入城口环境品质全面提升。包山儿童公园、城市规划展示馆、洋塘路改造等项目全面建设，城北老年体育活动中心竣工。公园山等棚户区启动改造，“四改联动”工程继续推进，小区物业管理得到加强。县城公共免费无线网一期项目建成使用。推行“清洁桐庐”网格化管理，开展城市管理问题“三清”集中整治，城市精细管理由中心城区向中心镇辐射。分水小城市考核排名上升至第 16 位。中心镇完成基础设施投资 13.9 亿元，城镇功能日趋完善。

美丽乡村更具活力。投入资金 5.2 亿元，实施美丽乡村建设项目 609 个。富春江诗画山水带、江南古风民俗带、深澳国家级历史名村区块被评为杭州市美丽乡村精品线路和精品区块。建成省级美丽宜居示范村 12 个，其中环溪村获国家级示范村，桃源等 4 个村被评为省级优秀示范村。深澳、石舍等 9 个村被列入全国传统村落名录。狠抓“四边三化”“美丽公路”建设，国省道沿线环境全面提升。村落景区建设启动，民宿经济加快发展，乡村休闲旅游接待人次、营业收入分别增长 99.2% 和 103.6%。开展环溪等 6 个村“智慧农村”建设试点工作。实施“联乡结村”帮扶项目 129 个。

“三改一拆”强势推进。以“无违建县”创建活动为载体，深化“三改一拆”专项行动，出台农村宅基地管理细则，新违建行为得到全面控制。完成“三改”面积 89.59 万平方米，拆除违法建筑 210.05 万平方米，清理整治农村非法“一户多宅”7577 户，拆后腾出土地 1439 亩。坚持“有拆有保”，保留历史文化古民居 504 幢，维修重点历史建筑 50 幢。成功通过杭州市“无违建县”验收。

（四）生态优势不断扩大。

“五水共治”全面开展。新建城镇污水管网 72.7 公里，改造提升农村生活污水处理设施 463 处。整治提升重污染企业 62 家，关停拆除畜禽（水产）养殖场 679 家。落实“河长制”，境内 83 条河流全部达到Ⅲ类以上水质，富春江出境断面水质近年来首次达到Ⅱ类水质，被评为全省首批“清三河”达标县和全省“五水共治”工作优秀县，入选“浙江最具魅力新水乡”，并获第八届中华宝钢环境奖。横村镇、百江镇、钟山乡入选全省“治水美镇”50 强。完成防洪水工程 87 个、排涝水项目 39 个、农村饮水安全提升工程 22 个，新（改）建供水管网 59.9 公里。17 个节水项目和重点企业取水设施监控系统建成运行，县城居民用水和企业阶梯式水价机制全面实行。

治气治废深入推进。淘汰关停低端落后企业 141 家、机电设备 295 台（套），落后产能淘汰三年行动计划圆满收官。县城无燃煤区建设有序推进，中心镇无燃煤区建设全面完成。重点企业完成脱硫脱硝治理，淘汰黄标车 2518 辆。全年空气质量优良天数（PM2.5）比上年增加 13 天，PM2.5 浓度下降 6.8%。建成农村生产生活垃圾分类收集和资源化利用工程 146 个，县城小区、机关事业单位试行生活垃圾分类工作。

自然资源严格保护。深入推进“三江两岸”生态景观保护与建设，96 个项目全面完成。完善林业分类禁伐机制，压缩林木采伐指标 2.8 万立方米，压缩率达 40%。完成绿化造林 1 万亩、森林抚育 2 万亩。“两江”及小流域河道砂石管理全面加强，建成“生态河道”10 公里。创成省级绿色矿山 1 座，修复废弃矿山 2 座，自然石开采得到严格控制。

（五）民生幸福稳步提升。

保障体系更加健全。民生保障和社会事业支出占财政支出的比重达 83.2%。城乡居民医疗、养老保险参保率分别达到 99.8% 和 94.8%。完善“三位一体”互助养老体系，新建居家养老服务照料中心 71 家，提升老年人春节慰问金标准，被命名为“全国敬老模范单位”。降低大病致贫公益金发放门槛。建成残疾人康复中心，“省级扶残助残爱心城市”创建通过市级验收。新增保障房源 309 套，完成农村困难家庭危房改造 240 户。实施公积金“新政”，扩面新增 3351 人。

社会事业持续发展。继续开展“桐庐百姓日”、“最美桐庐人”道德模范评选等活动。桐庐剪纸入选国家级非物质文化遗产代表性项目保护名录。成功举办省市村歌大赛，《相约深澳》等 3 首原创村歌获“中国村歌十大金曲奖”。建成特色农村文化礼堂 30 家，培育“春泥计划”示范村 10 个。浙江工商大学杭州商学院桐庐校区正式启用。特色学校、标准化学校建设成效明显，成功创建全国义务教育发展基本均衡县。

深化县级公立医院综合改革，上海瑞金、杭州市一医院与我县的医疗联合体建设深入推进。“单独两孩”政策全面落实。全国文化先进县、省卫生强县复评顺利通过，成功创建省级药品安全示范县，莪山畲族乡荣获全国民族团结进步模范集体。成功举办“谁是球王”华东和东南赛区中国足球民间争霸赛。在省第十五届运动会上位居县（市、区）金牌榜第1名，创历史最好成绩。

社会治理有序有效。开展村（社区）“五多”问题专项整治。社会组织孵化中心、道路交通事故调解处理中心建立运行，新建5个行业性人民调解组织。深入开展安全生产事故隐患排查治理、“六打六治”等专项行动，安全生产三项指标连续十年实现“零增长”。应急处置能力进一步提升，成功处置“5·18”四氯乙烷槽罐车侧翻突发环境事故。社会治安防控体系进一步健全，平安创建知晓率、参与率、满意率列杭州市第一名。

（六）自身建设全面加强。

依法行政持续深化。全年办理人大代表议案和意见建议157件、政协委员提案239件。建立县政府常务会议学法和法律顾问列席制度。完善重大决策专家咨询工作规程，合法性审查扩面提质，社会稳定风险评估“应评尽评”。完善府院联席制度，行政复议和行政审判的衔接得到加强。推行行政复议调解和听证制度，行政执法监督持续深化。开展规范性文件清理。开通“桐庐发布”政务微博、微信平台。

行政改革稳步推进。深化行政审批制度改革，制定政府权力清单、责任清单，政府行政权力清减率达61%。政务服务网投入运行。完成行政服务中心扩容提升，“中介服务超市”建成运营。市场监管局组建完成。推进“强镇扩权”，中心镇经济社会管理事项进一步下放。政府投资项目精细化管理、国有资产公司融资管理得到加强，开展全口径预算管理和公开工作，完成财政专项资金清理整合。

作风建设不断加强。扎实开展党的群众路线教育实践活动，抓好六大方面86项“四风”问题整改，推进作风建设制度化、规范化、常态化。全面开展“重实体、兴实业、办实事”活动，解决企业各类问题400余个。深化“基层走亲”“白访夜谈”，开展“三走进”“三诺三比”活动。严格执行公务用车、办公用房、公务接待、因公出国（境）等制度，“三公”经费下降41.8%。

与此同时，统计、民族、宗教、外事、侨务、台务等工作进一步加强，老龄、关心下一代、气象、人民武装、人民防空及档案、地方志等工作取得新成绩。

各位代表，过去一年，在各种困难和压力面前，我们始终坚持“一个目标、五大桐庐”既定战略不动摇，始终弘扬“干字当头、苦干实干”工作精神不畏难，始终坚守生态、民生、平安“三条底线”不懈怠，以“五美”为内涵的“中国最美县”建设迈上新台阶，取得新成效。这些成绩与进步，离不开上级党委、政府和县委的坚强领导，离不开县人大、县政协的有力监督支持，离不开全县人民的共同拼搏。在此，我代表县人民政府向全县广大干部群众，向驻桐各单位和部队官兵致以最崇高的敬意！向所有关心、支持桐庐发展的社会各界人士表示最衷心的感谢！

审视过去一年的工作，我们也清醒地认识到，经济社会发展中仍存在着一些困难和问题，主要表现在：宏观经济形势依然严峻，人才、土地、环境、资金等要素制约加剧，保持经济平稳较快发展任务艰巨；产业结构性矛盾仍然存在，企业创新能力亟须增强，转型升级、创新发展依然任重道远；综合实力、民生事业、社会治理水平与群众的期待相比还有不少差距；部分干部的法治意识、责任观念、创新理念和执行能力还需进一步增强等。对以上问题，我们将认真对待，采取有效措施，切实加以解决。

二、2015年工作安排

当前，世界经济仍处在国际金融危机后的深度调整期。我国经济发展进入“新常态”，处于“增长中高速、质量中高端”的发展新阶段。面对新的发展趋势和特征，我们既要主动应对困难挑战，更要积极抢抓桐庐在深化改革、创新驱动、美丽建设、生态文明、交通改善等方面的新机遇，在战略上保持定力，在战术上精准发力，推动桐庐在新起点上实现新发展、在新常态中实现新跨越！

2015年政府工作的指导思想是：深入学习贯彻党的十八大和十八届三中、四中全会精神，主动适应经济发展新常态，坚持“稳中求进、改革创新”总基调，深入开展“重大项目突破年、风景桐庐提升年、社会治理创新年”活动，深化“双招双引”一号工程，奋发有为，克难攻坚，着力加快“生态美、城乡美、产业美、人文美、生活美”的中国最美县建设，全力开创绿色崛起、转型发展新局面。

2015年我县经济社会发展的主要预期目标为：地区生产总值增长8%左右，其中规上工业增加值增长8%，第三产业增加值增长10%；固定资产投资增长15%，其中工业投资增长10%；自营出口增长8%；地方财政收入增长8%左右；社会消费品零售总额增长13%；农村居民人均纯收入和城镇居民人均可支配收入分别增长11%和10%；城镇登记失业率控制在4%以内；居民消费价格指数涨幅控制在杭州市平均水平以内；能耗和污染物排放各项指标继续削减，确保完成上级下达的节能减排任务。

做好新一年政府工作，我们将重点把握好六个“更加注重”的总体要求：一是更加注重经济发展趋势规律的研究，主动适应引领经济发展新常态；二是更加注重发展质量和效益的把握，以美丽经济为方向，狠抓转型升级新成效；三是更加注重深化改革、科技创新作用的发挥，为经济社会发展注入新活力；四是更加注重美丽城乡、生态文明的建设，积极打造特色发展新优势；五是更加注重满足人民群众的需要，努力实现民生事业发展新普惠；六是更加注重苦干实干、创先争优作风的弘扬，全面彰显干事创业新风貌。

为实现今年目标，我们将着力抓好以下七个方面的工作：

（一）发展智慧经济、美丽经济，引领产业转型升级。

大力构筑智慧平台。加强与滨江高新区的产业协作，加快智慧安防、智慧医疗、通信设备等产业园建设，打造以富春江科技城为核心的杭州智慧e谷拓展区。推进汇丰大厦、海陆世贸、农产品等电商产业园建设，提升分水、城南、江南、横村等乡镇（街道）电商孵化园，打造以迎春商务区为核心的电子商务集聚区。加快富春山健康城省级“特色小镇”培育，加速慢生活体验区产业项目建设，打造以富春山健康城和慢生活体验区为核心的智慧健康养生产业集聚区。

大力发展智慧产业。全面实施“农村淘宝”项目，建成阿里巴巴农村电商全国培训中心，运营淘宝网“特色中国·桐庐馆”，提升“阿里巴巴·桐庐产业带”，力争全县电商骨干企业销售总额达20亿元。建成投产海康威视一期、英飞特电子等重点项目，培育数字安防、电子信息等新兴产业。加快“三通一达”基地和蜂网公司快递配套产业项目建设，努力办好国际快递产业发展促进大会，促进快递物流业集聚发展。

大力推进智慧应用。推进工业化和信息化深度融合，培育一批两化融合示范试点企业，深入实施传统行业“机器换人”，加大工业技改投入。发展“智慧旅游”，推进景区、宾馆、民宿等无线网络建设，鼓励经营业主运用电子商务拓市场。打造“智慧城市”，建设数字桐庐地理信息应用平台，提升“数字城管”功能，加强交通组织智能化管理，推进“智慧环保”“智慧医疗”“智慧教育”等建设。建成“智慧农村”100个。

大力培育美丽经济。坚持“绿水青山就是金山银山”，全面构建覆盖一、二、三产具有桐庐特色的美丽经济。加快颐居智慧养生产业园、瑞金—富春山居健康养生基地、江南国际养生中心等项目建设，努力把健康养生、旅游休闲等新兴产业打造成为主导优势产业。依托良好的自然山水、生态环境和美丽城乡资源，招引更多健康养生、文化创意、教育培训、金融服务等项目落户。积极对接浙江省百个“特色小镇”计划，深入谋划电商小镇、金融小镇。深化美丽乡村建设内涵，推进特色产业、民宿经济、村落景区发展，加快从建设向经营转变的步伐。

（二）强化精准发力、精准服务，发展壮大实体经济。

突出创新创优抓工业。坚持工业强县战略不动摇，力争全县规模工业销售产值突破500亿元，迈入全省工业二类县行列。着力建设重点项目66个，扩大先进装备制造、节能环保、生物医药、新能源新材料等战略性新兴产业规模，加快医疗器械、汽车零部件、磁性材料、绿色化工等特色产业发展。深入推进“四换三名”工程，狠抓水电装备制造、针织服装、制笔、箱包等块状经济转型升级。深化工业龙头企业、成长型企业、小微企业的培育，新增亿元企业4家、规模企业20家。优化工业用地规划布局，有序开展“两带一城四区”平台建设，推进富春江科技城创建国家级经济开发区工作。

突出做精做强抓服务业。开展省级服务业改革创新试点，推进服务业集聚区建设。深化全域旅游改革，启动省级旅游业发展示范县创建，推进富春江大景区AAAAA创建，以举办中国休闲乡村旅游季活动和《我们15个》电视节目等为抓手，进一步打响桐庐旅游品牌。加快富春江慢生活体验区、江南古村落风景区、分水旅游度假区等平台建设，推进传统景区提升改造，启动建设3条旅游风景道，实施丝绸文化博览中心等休闲旅游项目55个，完成投资21亿元以上。推进中欧城等商贸综合体建设，建成朝霞路美食街，中杭路服饰街创成市级特色街区。

突出高效生态抓农业。加强农业“两区”建设，新建粮食生产功能区8000亩。加强“万元亩值”“色彩农林业”的示范推广，推进“一乡一业”现代农业示范区提质扩面，新发展设施农业3000亩、农林高效示范基地6500亩。依托低山缓坡、山塘水库等资源，因地制宜发展休闲农业、特色农业。开展省级现代生态循环农业整建制推进试点县工作，深化农作制度创新和农业废弃物循环利用。进一步推进龙头企业、专业合作社、家庭农场等新型经营主体培育。

（三）加强招商引资、项目建设，不断增强发展后劲。

加大招商引资力度。坚持“双招双引”一号工程。强化精准招商，主动对接“一带一路”和“长江经济带”辐射，紧盯央企、浙商和外资，加强主导产业招商，突出产业集聚和产业链延伸，力争完成招商引资实际到位资金60亿元、浙商回归资金15亿元、利用外资1.75亿美元。深化区县协作，承接产业转移项目投资4亿元以上。

加快重点项目建设。继续实施重大项目突破“221”行动计划，集中精力抓好20个以上重大产业项目和10个以上重大政府投资项目建设。突出重大基础设施、重大产业项目、工业技术改造、生态环境保护等领域，着力优化投资结构。鼓励和吸引民间投资，细化社会资本投资公建项目准入流程，提升社会投资比重。

加强要素资源保障。完成土地利用总体规划调整完善工作，推进低丘缓坡综合开发利用，完成农村土地综合整治复垦800亩，清理闲置、盘活存量土地500亩，新增建设用地2000亩。推进企业对接资本市场，提升融资能力，实现多元化筹措资金。强化重大决策执行监察等协调推进机制，以优质高效服务促进项目建设提速提效。

（四）深化改革创新、开放带动，激发区域发展活力。

深化重点领域改革。深入实施“桐改538计划”。加快政府职能转变，深化“四张清单一张网”建设，推进审批制度改革和机构改革，推行政府购买公共服务清单。实行差别化水电气价格、土地供应等机制，深入开展企业综合评价和分类服务，推进要素资源配置市场化改革。深化省民间融资管理创新试点县建设，组建民间融资服务中心。推进国有企业实体化运作，强化政府融资管理和债务管控。加快农村确权赋权改革，推进空心村“二次创业”，探索农村集体经营性建设用地入市流转制度。探索排污权初始登记和交易制度，推进重点企业环境信用评价体系等建设。

增强自主创新能力。深化科技创新“双十”培育，鼓励企业与高等院校、科研院所共建产学研联合体，支持建设研发中心、研究院和重点实验室。推进科技孵化园建设，发挥知识产权快速维权中心、科创中心、技术转移中心等平台作用，提升全社会研究与试验发展经费占GDP比重。新培育市级以上高新技术企业20家，企业研发中心5家，新增省市名牌5个、著名商标7个，专利授权量1300件。实施高层次人才引进“1315”工程，深化“百名硕博进桐庐”专项引才活动，引进一批海内外高层次创业创新人才、紧缺专业人才，引育高技能人才1000人以上。

提升开放型经济水平。加强外贸出口公共服务平台建设，加大出口品牌培育力度，鼓励企业开展国际认证和注册国际专利。优化出口市场结构，推广跨境电子商务应用。支持企业开展境外投资，收购海外资产，建立企业营销网络或加工基地。推动服务外包产业扩量提质。

（五）推进城乡互动、统筹协调，加快美丽桐庐建设。

坚持精品理念，深化最美县城建设。完善美丽县城建设规划，更加注重重大区块、重点地段、重要节点城市设计。全力推进杭黄铁路（桐庐段）及站场建设，有序实施杭黄铁路站场综合体、柴埠综合体等区块拆迁改造。加快柴埠大桥（暂名）、疏港公路、城市规划展示馆等项目建设，完成城北入城口景观工程、洋塘路改造，统筹推进春江东路、城南路、梅林路、滨江路等道路改造建设。推进开元街、浮桥埠区块拆迁安置房建设和项目招引，继续开展“四改联动”工程，分期实施主干道两侧建筑立面整治。健全政府主导、部门共管、公众参与的“大管理”机制，深化城市管理问题“三清”集中整治，扩大精细管理覆盖面。

提升完善功能，深化魅力城镇建设。加快分水小城市建设，改造提升武盛古街，做靓小城市东入口景观，建成开放分水文体中心等公共设施。实施富春江镇市民休闲广场、横村镇旧城改造、江南镇深澳至青源道路建设等46个中心镇政府投资项目，加快中心镇集聚工程建设，创新城镇落户管理，有序推进转移人口市民化。深化瑶琳、百江、钟山等乡镇特色化发展，支持莪山“中国畲族第一乡”、合村“全域旅游先行乡”、新合“红色经济”开发建设。

围绕村美民富，深化美丽乡村建设。坚持分层分类推进美丽乡村建设，开展新一轮培育村、精品村建设，建成市级风情小镇2个、精品村10个。推进美丽乡村连线成片，横村产业风情带、瑶琳运动休闲带、富春江慢生活体验区创成市级精品线路和精品区块。启动第三批省级历史文化村落保护利用工作，挂牌保护农村50年以上历史建筑，完成重点历史建筑维修40幢，推进首批国家传统文化村落、“杭派民居”等试点建设。巩固清洁桐庐、美丽庭院建设成果。全面建设村落景区，壮大乡村旅游、民宿产业，创成 2A村落景区5个，建成民宿经济示范村20个。重视发展村级集体经济，转化集体经济薄弱村30个以上。深化“联乡结村”活动，实施帮扶项目100个。

（六）坚持环境立县、低碳发展，彰显绿水青山魅力。

深入推进“五水共治”。深化“河长制”，加强水质巡查监测，确保农村生活污水处理设施、农村生产生活垃圾分类处理和资源化利用工程有效运行，全面完成城镇截污纳管任务，巩固深化“随时能游、随处能游”治理成果。实施强库固堤工程，开展中小河流和小流域治理，做好县城和乡镇（街道）排涝整治工作。推进千岛湖配水工程桐庐县域配水项目，建成分水供水一期项目。落实城市居民用水和企业阶梯式水价制度，抓好重点领域节水，争创节水型城市。

着力深化“三改一拆”。结合重点区块、重点项目建设，分类实施旧住宅、旧厂区、城中村改造，全年完成改造面积20万平方米。巩固深化“无违建县”创建成果，建立健全长效管理机制，强化农村宅基地和农民建房管理，严控新违建、新超建发生。加强拆后土地规划利用，完成土地复耕100亩、复绿200亩，新增宅基地100亩。

持续抓好生态治理。推进重点领域节能改造，完善重污染行业长效管理制度，实行企业刷卡排污和总量控制。深化大气复合污染防治，淘汰改造高污染燃料锅炉，完成县城建成区“无燃煤区”建设。做好高污染机动车限行和黄标车淘汰工作，加强秸秆焚烧、建筑扬尘、餐饮油烟、烟花爆竹燃放等治理。深化“四边三化”、“三江两岸”工作，推进美丽公路、生态河道等建设，完成绿化造林1万亩、森林抚育2万亩。构建土壤环境监测体系，实施土壤污染防治行动和土壤修复工程。推进矿山治理复绿。加强生态文明宣传，增强全社会生态文明意识。

（七）加强公共服务、改善民生，促进社会和谐幸福。

加强社会保障。完善养老服务体系，新建居家养老服务照料中心20个，适当提高老年人春节慰问金标准。引导社会资金投资开办养老机构。加大社会保险扩面力度。推进医保智能审核和视频监控系统运用，加强医保就诊监控管理。建立健全困难群众帮扶长效机制。完善住房保障体系，探索创新拆迁安置方式，多渠道供给保障性住房和拆迁安置房。

发展社会事业。深化与浙江工商大学的全面合作，加快杭商院二期项目建设。推进教育教学改革，完善名师名校长分类培养机制，加强与名校的合作，提升各级各类教育质量。推进浙江省教育基本现代化县创建。加强未成年人思想道德建设，建成“春泥计划”示范村10个。深化上海瑞金、杭州市一医院两个医疗联合体建设，加强卫生人才的培养引进和重点学科建设。开展省级慢性病防治综合示范区创建。推进社会办医健康发展。加强越剧、剪纸、故事、书画等特色品牌培育，推进“中国书法之乡”创建。举办全县第五届运动会。

创新社会治理。全面开展省社会治理创新试点县工作。深化“桐庐百姓日”“政府开放日”活动，启动全国县级文明城市创建。落实“社区减负”制度，推进社区工作转型。深化“楼下书记”、村级商会、村级慈善分会等组织建设，推进政府购买社会服务，提高社会组织参与基层自治水平。推进市社会信用体系建设试点县工作，建立公共信用信息平台。探索实施县内信访事项终结、信访积案分类管理考核机制，实行诉访分离制度。加强公安工作“四项建设”，推进平安网格与信息网“两网融合”，完善110社会应急联动中心功能，努力打造与中国最美县相匹配的社会治安环境。全面落实新《安全生产法》，推进企业安全生产标准化和诚信机制建设，开展重点行业、重点领域、重点区域安全隐患排查整治，确保安全生产三项指标继续保持“零增长”。

继续抓好十个方面为民办实事工程。

1. 供水治污工程。实施农村安全饮水提升工程61个，新增受益人口5万人。完成县城老旧小区供水管网改造5公里。旧县、江南污水管网接入县城管网系统，完成浮桥埠改造区块、洋塘路和横村方埠、富春江俞赵等重点区块截污纳管工程。实施县城、横村镇、富春江镇污水处理厂一级A提标改造。

2. 大气治理工程。淘汰改造燃煤锅炉296台，全面淘汰10蒸吨及以下燃煤锅炉。完成挥发性有机气体排放企业治理10家。完成公交车、出租车油改气改造25辆。全面完成黄标车淘汰工作。新增县城建成区绿地面积10万平方米。

3. 食品安全工程。新建“阳光厨房”30家，建立餐饮服务远程在线电子监管平台。推进食品安全综合检测中心建设。加强食品检测和公示，完成食品安全抽样检测5批次/千人目标，总检测量达到2000批次以上。

4. 就业促进工程。全年新增城镇就业岗位3500个，帮扶失业人员实现再就业1700人，其中就业困难人员1200名。举办技能培训、创业培训班80期，人力资源交流会不少于30场。

5. 医疗服务工程。县中医院改扩建工程投入使用。推进无线网络生理参数监测惠民项目建设，新增远程会诊点30个。完成已婚育龄妇女“两癌”筛查14000人、免费孕前优生健康检查6000人。60周岁以上参加城乡居民基本医疗保险农民体检率达80%以上。

6. 校园改善工程。启动龙潭幼儿园建设，推进实验幼儿园、桐君小学工程建设。加强校园安全管理，实现中小学校警务室、卫生保健室、心理辅导站全覆盖。

7. 文体惠民工程。城北老年体育活动中心投入使用，完成包山儿童公园、公园山公园建设。建成农村文化礼堂20个，新增体育运动场地30处以上。开展“欢乐大舞台·幸福桐庐人”群众文化活动，免费送电影下乡2400场、送文化下乡200场。

8. 住房改造工程。完成农村困难群众危旧房改造220户。实施2个老旧小区提升改造。加强物业服务企业信用评价考核，创建物管“智慧小区”2个。新增管道天然气用户3500户，其中城北用户500户。

9. 交通便捷工程。实施城乡公交一体化改造，城乡公交票价全面下调，70周岁以上老年人免费乘车。新投、更新公交车10辆，出租车25辆。改造（新建）浮桥埠汽车站、洋塘汽车站、分水客运中心。新增县城停车位1000个以上（含社会配套）。县城公共自行车项目建成使用。

10. 信息便民工程。加快电商服务网络建设，新建电子商务投递终端40个。扩大免费无线网覆盖面。完成农村应急广播体系建设。

同时，全面开展“十三五”规划编制工作，进一步抓好关心下一代、人民武装、外事、民族宗教、侨务、台务、人防、统计、地方志、档案、气象等工作。

三、依法高效履职，扎实推进法治政府建设

各位代表，党的十八届四中全会开启了依法治国、法治政府建设的新里程。我们将坚持在党的领导下、在法治轨道上开展工作，不断提高依法行政、高效施政、科学理政、廉洁从政的能力和水平。

强化法治理念，提升依法行政能力。树立法定职责必须为、法无授权不可为、法律底线不可触的法治思维。实施领导干部法治意识提升工程，全面落实政府常务会议学法、行政首长出庭应诉和政府法律顾问等制度。加强公务人员法律知识培训，严格执行行政执法人员持证上岗和资格管理制度，强化法制队伍建设和管理。深入推进全民普法，努力培育社会法治文化。

强化法律执行，提升高效施政能力。强化政府执行力建设，扎实推进重大决策、重点工作、重大项目的落实，严格执行县人大及其常委会的各项决议、决定。加强执法协作配合，推行综合行政执法和多种形式的部门联合执法，健全行政执法争议纠纷解决机制。加大关系群众切身利益的食品药品安全、资源环境保护、城乡建设等重点领域执法力度。严格行政执法程序，推行行政执法信息化建设，实行行政执法过错责任追究，推进规范文明执法。

强化法治为民，提升科学理政能力。坚持问政于民、问需于民、问计于民，强化公众参与，对涉及民生的重大决策事项公开征求意见，推行公众意见采纳情况反馈和重大决策新闻发布制度。落实重大决策事项听证和专家咨询制度，实现重大决策合法性审查全覆盖。加大法律服务、法律援助和司法救助力度，切实维护群众合法利益。

强化制约监督，提升廉洁从政能力。自觉接受人大依法监督、政协民主监督和社会舆论监督，认真办好人大代表建议和政协委员提案。

严格预算管理，厉行勤俭节约，“三公”经费再压缩10%。严格财政资金分配使用、国有资产监管、政府投资、公共资源转让等权力集中领域的制约监督，加强审计监督。加强纪律执行和制度落实，推进行政监察和行政复议能力建设，严格监督执纪问责。推进政府信息公开，提高政府工作透明度。

各位代表，新形势、新目标、新任务对我们提出了新的更高要求，我们将在上级党委、政府和县委的坚强领导下，紧紧依靠全县人民，始终坚定创先争优、跨越赶超的信念，始终弘扬迎难而上、锲而不舍的精神，始终胸怀定则必做、做则必成的气魄，凝心聚力、开拓进取、奋力拼搏，为推进“一个目标、五大桐庐”建设，打造“中国最美县”而努力奋斗！

《政府工作报告》导读

一、《政府工作报告》词解

电子商务发展“1234”计划：“1”指电商产业发展规划（2014—2020）；“2”指电商公共服务和仓储物流配送两个中心；“3”指汇丰大厦、海陆世贸、农产品三大电商产业园；“4”指一马平川、桐庐产业带、特色中国·桐庐馆、桐庐购四大平台。

市“521计划”：指从2010年开始，杭州市计划用5年时间，面向全球引进20个以上海外优秀创业创新团队，100名以上带着重大项目、带领关键技术、带动新兴学科的海外高层次创业创新人才。

重大项目突破“221”行动计划：指从2014年到2016年年底，在产业投资和政府投资两大领域，分别确定20个以上、10个以上重大项目进行专项攻坚突破。

桐改538计划：指桐庐县在2014年度实施的经济转型升级、转变政府职能、城乡统筹发展、生态文明建设、创新社会治理等5个方面38项改革计划。

空心村“二次创业”：指将农村闲置房屋由村集体统一流转，对外招引，有选择的出租给城市人和创业者，成为他们的第二居所或创业（创作）基地，带动发展民宿客栈、乡村旅游等富民产业。

“三清”集中整治：指针对城郊接合部、城中村、里弄小巷等重点部位，开展清除占道经营、乱搭乱建和乱堆乱摆等现象集中整治。

智慧农村：指以互联网信息技术平台为支撑，把各行政村的社会基础信息、产业发展、环境监控、医疗卫生、劳动保障、社会管理、公共服务、基础设施维护等要素进行网络化、智能化集成，让广大用户可以通过电脑、手机、电视机等多种途径享受到一站式信息化服务，实现村级事务管理、为民服务、对外宣传推介等智能化应用。

清三河：指清理垃圾河、黑河、臭河。

公积金“新政”：指桐庐县于2014年调整实行的公积金政策，内容主要包括明确公积金贷款首套房标准认定、下调住房公积金贷款利率、提高公积金贷款额度、允许租赁自住住房提取公积金、取消首套房面积超过144平方米不可申请公积金贷款的限制、取消首次公积金贷款还清后需一年后再次申请公积金贷款、在异地（杭州地区外）缴存住房公积金的桐庐户籍职工回乡购房可以申请公积金贷款等9个方面。

村（社区）“五多”问题：指村（社区）存在的工作任务多、机构牌子多、考评创建多、台账资料多、盖章证明多等五个方面问题。

六打六治：指打击建筑施工、道路交通、消防、渔业船舶、油气管道、矿山开采等六个行业领域的非法生产、违规作业行为，整治六个行业领域安全问题和隐患的行动安全生产专项行动。

中介服务超市：设立在县行政服务中心，是为业主在项目投资、行政审批活动中提供中介服务的集中平台，现已有40家中介机构进驻，涵盖土地测绘、节能评估、水保环评编制、税务会计、资产拍卖、工程勘察设计等12大类的服务项目，其主要目的在于强化中介机构管理、提高中介服务质量，以提高项目审批效能。

三走进：指县级领导“走进革命老区、走进县城棚户区、走进偏远山区”活动。

三诺三比：指在全县各乡镇（街道）和部门开展以“亮相晒诺，比承诺事项实不实；镜头督诺，比承诺推进快不快；公开评诺，比兑诺效果好不好”为主要内容的电视助政活动。

《我们15个》：指一档基于真实生活的大型实验节目，由腾讯与世界知名制作公司Talpa联合研发制作，由湖南卫视《爸爸去哪儿》导演组拍摄。《我们15个》第一季“平顶之上”，将于2015年3月在桐庐开机，在东方卫视和腾讯视频同步播放。节目主要内容是15位背景迥异的陌生人抛开自己原本的生活，在荒芜的平顶之上共同生活一年，从零开始，在极其有限的资源条件下，努力实现他们的理想生活方式。节目将在全年365天每天24小时动用120台360度全高清摄像机、60个麦克风，以及全球最先进的内容管理系统进行拍摄，让观众真切感受到每一个细节、每一次变化。

四张清单一张网：指政府权力清单、责任清单、企业投资项目负面清单、财政专项资金管理清单和政务服务网。

高层次人才引进“1315”工程：指用5年时间，重点引进和培育10名具有省内乃至国内领先水平的创业创新领军人才和30个重点技术创新团队，引进和培育100名省内具有一定影响、处于行业领先水平的高层次人才，新建50个技术创新平台。

公安工作“四项建设”：指公安机关“基础信息化、警务实战化、执法规范化、队伍正规化”建设。

阳光厨房：指在餐饮服务单位厨房内的各食品操作间（包括切配、烹调、备餐等）、餐用具清洗消毒间等关键控制区域内安装标清以上（含标清）监控设备，将食品制作及餐用具清洗消毒等过程通过视频信号传输到就餐场所的展示平台进行播放，将食品加工制作场所和过程公之于众。

智慧小区：指以信息通信网络为基础平台，提供安防监控、停车管理、电子投票、网络报修等各类小区信息化应用，使小区居民享受更加便捷的服务。

二、2014年度县政府为民办实事工程完成情况

（一）治污供水工程

1. 新建城镇污水管网71.17公里。

完成情况：新建城镇污水管网72.7公里。

2. 关停搬迁一级饮用水源保护区企业2家。

完成情况：一级饮用水源保护区内的杭州博阳食品有限公司已完成搬迁，三合加油站已关停拆除。

3. 实施富春江水库漂浮物打捞处置中心建设。

完成情况：已完成主体工程。

4. 完成县城老旧住宅小区“一户一表”改造。

完成情况：完成改造1612户。

5. 完成施家湾、柯家湾、康乐3个小区室外供水管网改造工程。

完成情况：新建供水管网49.5公里，改造管网10.4公里。

（二）防洪排涝工程

1. 整治加固山塘水库11座，综合治理小流域72公里。

完成情况：完成4座水库除险加固、7座山塘综合整治；完成农村河道整治47公里，中小河流治理25公里。

2. 完成县城住宅小区排水管网改造8公里。

完成情况：完成改造8.16公里。

3. 完成县城东门排涝站提升改造、江南镇赵家浦水渠、富春江镇沙湾畈排水渠、分水镇东溪箱涵等一批排涝设施工程。

完成情况：已全部改造完成。

（三）大气治理工程

1. 健全空气质量监测和信息发布体系。

完成情况：2014年4月1日开始，在桐庐电视台和《今日桐庐》上按新的空气质量标准发布空气质量日报和预报。

2. 杜绝4吨以下小锅炉“冒黑烟”现象。

完成情况：对大气污染和“冒黑烟”现象进行专项整治，4吨以下小锅炉“冒黑烟”现象已经杜绝。

3. 城区大中型餐饮业油烟净化装置安装率达100%。

完成情况：城区87家大中型餐饮企业已全部安装油烟净化装置。

4. 完成治理挥发性有机废气企业45家。

完成情况：完成45家笔杆喷涂、拉丝企业挥发性有机废气治理。

5. 富春路中石化车用加气站投入使用。

完成情况：富春路中石化车用加气站8月份投入使用。

6. 新增县城建成区绿地面积10万平方米。

完成情况：新增县城建成区绿地面积10.5万平方米。

7. 加强建筑施工（道路）扬尘监管。

完成情况：已下发《关于加强建设工程扬尘控制管理的通知》，加强建筑施工道路扬尘监管。

8. 加强烟花爆竹燃放监管。

完成情况：制定出台《2014年县城区禁止燃放烟花爆竹集中整治行动方案》，烟花爆竹燃放监管得到加强。

9. 加强秸秆焚烧监管。

完成情况：推进农作物秸秆综合利用，严格落实源头管控，从严查处违法行为。

（四）食品安全工程

1. 新增无公害农产品基地1万亩，认证无公害农产品20个。

完成情况：新增无公害农产品认证企业30家，建成无公害基地1.2万亩，新认证无公害农产品44个。

2. 开展农产品质量安全定量检测1640批次以上，食品生产领域企业抽查率达100%。

完成情况：抽检农产品（食品）1652批次，食品生产领域企业抽查率达100%。

（五）创业就业工程

1. 全年城镇新增就业岗位3500个，帮助城镇失业人员实现再就业1700人，其中就业困难人员就业1200人。

完成情况：全年城镇新增就业岗位4496个，帮助城镇失业人员实现再就业2554人，其中就业困难人员就业1417人。

2. 举办创业项目展示会、创业培训班6期。

完成情况：举办创业项目展示会、创业培训班7期。

3. 完成农民素质提升培训15000人次。

完成情况：完成培训16189人次。

（六）校舍改善工程

1. 基本完成县职业技术学校、城关初中、实验初中一期、分水实验小学改扩建，完成峰华幼儿园、城南街道中心幼儿园续建工程。

完成情况：县职业技术学校改扩建工程新建教学楼、食堂、宿舍楼投入使用；城关初中改扩建工程已完成综合楼、教学楼和一期室外附属工程；实验初中改扩建工程一期新建食堂、风雨球场已投入使用；分水实验小学已完成新建教学楼、综合楼；峰华幼儿园已完成主体工程；城南街道中心幼儿园续建工程已投入使用。

（七）医疗服务工程

1. 老年人健康体检率达80%以上。

完成情况：完成老年人健康体检46848人，体检率82.77%。

2. 完成已婚育龄妇女“两癌”筛查14000人、免费孕前优生健康检查6000人。

完成情况：完成已婚育龄妇女“两癌”筛查15548人，免费孕前优生健康项目检查6000人。

3. 提高城乡居民医保县内住院报销比例，住院费用医保范围内平均报销比例达75%以上。

完成情况：出台《杭州市基本医疗保障办法桐庐县实施细则》，在县内县级医院住院医疗费用报销比例达75%，县内其他医院报销比例达80%。

（八）住房保障工程

1. 下轮区块安置房交付使用。

完成情况：下轮区块771套安置房已全部交付使用。

2. 芝溪弄区块安置房交付使用。

完成情况：完成芝溪弄区块安置房主体工程建设。

3. 推进“四改联动”工程，加强物业管理，提升新建小区物业管理水平。

完成情况：完成移民小区、桥北社区、食品厂宿舍、康乐小区提升改造工程和无物管小区老旧住宅修缮工程；在下杭社区建立物业管理服务站，建立物业管理联动机制；规范前期物业管理招标，物业管理用房统一纳入小区竣工验收。

4. 完成农村困难群众危旧房改造 240 户。

完成情况：已完成。

（九）交通便捷工程

1.05、16 省道桐庐收费站对本地机动车实行免费通行。

完成情况：从 2014 年 1 月 1 日起，对经过 05、16 省道桐庐收费站的本地机动车辆实行免费通行。

2. 新投、更新公交车 19 辆、出租车 30 辆。

完成情况：新投、更新公交车 21 辆、出租车 31 辆。

3. 新增县城停车位 1000 个以上（含社会配套）。

完成情况：新增县城停车位 1362 个（含社会配套）。

4. 完成 23 省道浮桥埠至麻蓬段提升改造。

完成情况：为减少石方爆破作业对周边居民影响，将原定路基爆破挖除调整为镐头机挖除致工程有所滞后，目前已完成路基工程。

5. 新建农村联网公路 30 公里，完成农村公路安保工程 30 公里、农村公路危桥改造 5 座、农村公路大中修 40 公里。

完成情况：新建农村联网公路 47.4 公里，农村公路安保工程建设 30 公里、农村公路危桥改造 7 座、农村公路大中修 40 公里。

（十）供电供气工程

1. 完成横村变、百江变扩建工程，有序开展农村农用线路改造移交工作。

完成情况：完成 110 千伏横村、百江变扩建工程，有序开展农村农用线路改造移交工作。

2. 实现县城燃气同气同价，新增管道天然气用户 4000 户，其中城北用户 1000 户。

完成情况：杭燃公司完成华燊燃气公司收购，实现县城燃气同气同价，累计新增管道天然气用户 4351 户，其中城北配套用户 1132 户。

中国人民政治协商会议
桐庐县第八届委员会常务委员会工作报告

——在政协桐庐县第八届委员会第四次会议上

桐庐县政协主席　王金才

（2015年1月26日）

各位委员：

我受政协桐庐县第八届委员会常务委员会的委托，向大会报告工作，请予审议，并请列席会议的同志提出意见。

2014年工作回顾

2014年正值桐庐县政协成立30周年，是县政协工作务实创新、积极作为的一年。一年来，县政协常委会在中共桐庐县委的正确领导下，自觉践行党的群众路线，紧紧围绕全县工作大局，坚持团结和民主两大主题，认真履行政治协商、民主监督、参政议政职能，全力助推改革，主动献计发展。共召开常委会议、主席会议15次，组织开展重点课题专题视察5次、委组（会）视察调研活动96次，向县委、县政府提交建议案、视察调研报告15篇，提交委员提案239件，顺利完成了县政协八届三次会议确定的各项任务，较好地发挥了协调关系、汇聚力量、建言献策、服务大局的作用。

一、聚焦中心，把握大局，协商议政更有为

为最美城乡建设加油给力。紧扣县委、县政府重大决策部署，县政协把助推“五水共治”作为去年履职工作的重中之重加以谋划和落实，组织开展“扎实推进‘五水共治’，聚力打造人水和谐最美县”重点课题调研。三个课题小组以问题为导向，选取部分有代表性的乡镇、街道、村深入走访调研，到全县重点流域、重点企业、重点养殖场实地明察暗访，同时多次赴有关部门了解工作真实情况。在广泛调研基础上，召开县八届政协第十七次常委会议专题协商，就加强基础设施建设、加大日常监管力度、推动企业转型升级、建立长效管理机制等方面提出意见建议，会后形成建议案报送县委、县政府。县委书记毛溪浩对此作出专门批示，要求政府及相关部门积极采纳落实。政协委组（会）结合各自特点和优势，围绕“无违建县”创建、“三改一拆”、城镇建设、乡村旅游发展等工作的推进，组织委员开展视察调研活动40余次，提交关于助推城镇化建设、“五水共治”、美丽乡村建设提升、自然资源保护、治气治废等方面的提案53件，力促美丽城乡建设跃上一个新台阶。

为实体经济发展出招发力。积极响应县委“狠抓实体实业，发展美丽经济”的号召，深入开展“倾力履职服务，助推实体经济发展”主题活动，着力营造“重实体、兴实业、办实事”的浓厚氛围。发放《坚守实业，专注实体，共促桐庐经济新跨越》倡议书，鼓励企业坚定信心，做强实业。开展县政协领导走访委员企业活动，征集有关我县“发展美丽经济，打造实体经济升级版”的意见建议 50 余条，鼓励支持企业家委员围绕实体经济“岗位建功”。联合县政协企业家联谊会，开展企业走访互学活动和“商会经济”工作视察，举办“智慧经济”专题讲座和“企业文化”专家论坛，积极推动企业转型升级和经营管理的转变。组织开展“助推企业转型升级，做大做强实体经济”重点课题调研，通过召开座谈会、走访企业等形式，认真分析工业经济发展现状，深入查找制约瓶颈，研究工业经济发展的政策环境、资源优势和发展方向，形成主席会议建议案，就凝聚思想共识、加大扶持力度、加强行业管理、加快平台建设、加速人才集聚，助推医疗器械和现代物流产业发展提出 5 条建议，不少意见建议得到相关部门的重视和采纳。

为顺应群众期盼谋计献力。牢固树立群众观点，切实做到情为民所系，言为民所建，策为民所谋。着眼“农村文化礼堂建设”“农村经济薄弱村创业增收”“政府民生实事工程实施”等群众关注的热点难点，深入调研，据实建言。如关于我县经济薄弱村创业增收中要“注重控新减旧、增强绩效管理、拓展增收渠道、激发创业热情”等建议，得到方毅县长批示，要求有关部门对村级债务控制、新农村建设的资金绩效等问题给予高度重视。坚持以民主促民生，举行“提高市民文明素质，打造和谐幸福画城”专题民主议政会，邀请市民代表、部分政协委员和有关部门共同参加探讨，就进一步加强城市管理、营造和谐家庭环境、发挥媒体监督引导作用等八大方面问题进行“零距离”协商，力促“人文桐庐”建设取得新进展。

二、突出重点，多措并举，民主监督更深入

精心组织专项监督。根据省市政协统一部署，全面落实联动任务，同步启动“三级政协联动、万名委员同行、助推五水共治”民主监督工作。及时发放《投身“五水共治” 共建美好家园》倡议书，发动全县各级政协组织和全体政协委员争做“五水共治”的推动者、实践者和参与者。组织开展在桐省、市、县政协委员联动视察，相继建立专委会活动小组民主监督组 8 个、乡镇（街道）政协工委民主监督推进组 14 个，通过一线听、实地看、广泛议等形式，查问题，促改进。以“农村治污”为主题举办“政协委员议政访谈”电视专栏，积极参与市政协组织的《我们圆桌会》“五水共治”专题访谈，在深入探讨中深化认识，谋求共识。活动开展以来，全县 215 名政协委员认筹公益金 3000 余万元，参与工程建设项目 5 个，开展视察调研 28 次，实地查看走访小溪（江）60 条、村 110 个、企业 100 家，发现问题 45 个，提出意见建议 65 条，被党政部门采纳 42 条，为打好“五水共治”攻坚战贡献了力量。

有效开展定向监督。以促进部门服务创新创优为目标，向县发改局、人社局、卫生局派驻民主监督小组。通过实地走访、数据分析、问卷调查等形式，摸清家底，找准症结，分别提交关于我县社会医疗服务水平提升和“就业扶持”工作民主监督建议书。扎实开展民主评议县科技局工作，在深入基层走访调研的基础上，广泛开展关于科技服务的民情调查，发出调查问卷 397 份，确保评议过程的全方位、多层次参与。经梳理分析，撰写出专项调研报告和综合评议报告，就加大科技政策宣传力度、发挥科创平台作用、增强科技项目资金绩效、优化科技创新氛围等提出整改意见，并于 11 月召开民主评议大会，会后对整改落实情况进行了跟踪督办。被监督单位积极配合、务实整改，收到了互动双赢的良好效果。

切实加强提案监督。强化知情引导、撰写引导、审查引导，促进提案从数量型向质量型转变。县政协八届三次会议以来，共收到以提案形式反映的意见建议 276 件，立案 239 件，立案率为 86.59%。以强化提案办理响应民生诉求，切实把委员们的“有用之言”转化为“有为之事”。《关于加强农村饮用水安全监管的建议》等8件重点提案，通过实行“双领双办”工作机制得到了有效落实。深化常委会民主评议提案承办单位工作，开展2013年度B类提案“回头看”工作，督促承办单位承诺事项落实。一年来，通过重点交办、座谈商办、视察督办等形式，全部提案在规定时限内办复，办理满意率为100%，落实率达72.8%。

三、关注民生，真情服务，履职为民更务实

齐上“一线”显作为。根据县委统一安排，县政协领导及机关积极参与和做好重大项目、重点企业联系和结对帮扶等工作。多位领导班子成员和机关主任负责或参与柴埠区块拆迁改造、合村乡全域旅游先行乡创建、富春江干堤加固二期、疏港公路和东连接线工程、开元街区改造、富春山健康城、下轮拆迁安置工程、杭黄铁路建设等重点项目，积极履行职责，主动担当作为。县政协8个专委会活动小组突出专业优势，竭力助推县委、县政府各项中心工作和重点工程项目建设；14个乡镇街道政协工委扎根一线，积极争取当地党委、政府重视，切实发挥“智囊团”“排头兵”“连心桥”作用；县政协之友联谊会老有所为，积极建言杭黄铁路建设、新合革命老区“红色经济”发展、畲乡文化传承等工作；广大政协委员尽职尽责，争做党政决策的支持者、经济发展的参与者、社会和谐的维护者，用实际行动演绎了政协委员的良好风采，诠释了政协委员的社会价值。

工委工作展活力。以乡镇（街道）政协工委为依托，不断深化委员政情民情联络室、“晓铭调解工作室”、“楼下书记”等平台作用，全力做好宣传解释、化解矛盾、汇集民意工作。积极探索基层协商民主新形式，引导委员根植群众，问需于民、问计于民、问效于民，大力弘扬平等共赢、相互包容、尊重公共利益的民主意识。如莪山畲族乡、瑶琳镇委员网格化工作机制、桐君街道委员固定活动日制度、分水镇委员定期接访制度、江南镇三方协商机制和“两个一”监督机制、富春江镇委员顾问团等举措，有效拓宽了基层群众理性、合法、有序表达利益诉求的渠道，为促进当地经济社会发展发挥了积极作用。

竭诚为民办实事。关注群众所思所盼，畅通社情民意信息搜集、报送和反馈渠道，切实发挥政协信息在舆情汇集和分析工作中的作用。全年共收到信息92条，编发《社情民意》15篇。“我县餐饮业转型升级期待政策扶持”等反映件，得到县主要领导批示，推动了民生问题的有效解决。依托“三走进”（走进社区、走进企业、走进农户）、“走过三十年历程，做好三十件实事”等载体，组织开展“文史资料”进校园、“点亮微心愿”、帮教进高墙、爱心助学、免费义诊、政策咨询等活动，尽心尽力办实事、解民忧。一年来，各委组（会）开展助学、助教、助医、敬老和扶贫活动100余次，捐赠物资折合人民币500余万元。

四、发挥优势，凝心聚力，团结联谊更显著

增进交流添生机。尊重和保障各民主党派、工商联、人民团体和无党派人士的民主权利，邀请参加各类协商议政活动，鼓励支持在政协会议上发表意见。加强与民族宗教界人士的联系，努力增进民族团结、宗教和睦，引导宗教界政协委员积极支持和参与依法拆除宗教领域的违法建筑。密切与市政协的沟通联系，继续做好助推莪山畲族乡创建“中国畲族第一乡”工作。深化与省内外兄弟县、市、区政协的联络联谊，吸收各地先进经验，向县委、县政府提交考察报告4篇。与江苏常熟市政协缔结友好政协，为两地友好往来、经济合作、社会发展、文化交流搭建重要平台。积极支持和发挥县政协之友联谊会、企业家联谊会、摄影书画会（院）各项活动的开展，拓展政协工作平台。

文史工作结硕果。发挥政协文史资料存史、资政、团结、育人作用，征编《桐庐政协志（2004—2014）》《桐庐地名史话》及《绿色崛起—迎春商务区建设发展纪实》。举办桐庐县、上城区“水之梦”摄影书画展等活动，互相学习交流，宣传推介桐庐。发挥县政协摄影书画会（院）阵地作用，设立摄影书画培训班，并对外开放，积极推动“中国画城”城市品牌创建。致力“范仲淹与潇洒桐庐”文化的挖掘和研究，积极参加学术交流，举办文史专题讲座，助推我县文化建设。

信息宣传浓氛围。召开政协新闻宣传联席会议，密切与县级新闻媒体的联系与合作。提高《桐庐政协》办刊质量，办好《今日桐庐》“政协专栏”，借县政协八届三次会议、全县政协工作会议召开之机，刊登“阔步前行又一年”“东风借力好扬帆”等专题报道，宣传政协履职成果。充分运用报纸、电视、网络等新闻媒体，广泛宣传我县政协工作和委员风采。一年来，在县级以上媒体刊播信息300余条，其中，人民政协报、联谊报等市级以上媒体刊发稿件20余篇。

五、把握契机，深入推进，履职环境更优化

协助县委召开全县政协工作会议。会议全面落实省市委政协工作会议要求，回顾总结我县人民政协事业发展历程和实践经验，研究加强人民政协工作。毛溪浩书记在会上作重要讲话，对进一步开创我县政协工作新局面作出全面部署。会议印发《关于进一步加强和改进人民政协政治协商的意见》和《关于进一步加强和改进人民政协民主监督的意见》两个文件，为进一步推进政协政治协商和民主监督，提供了有力支撑和坚强保障。

举行庆祝县政协成立30周年活动。2014年正值人民政协成立65周年和桐庐政协成立30周年，县政协常委会结合政协工作实际，精心策划，隆重举行县政协成立30周年庆祝大会，组织开展知识竞赛、“我与桐庐政协”征文、“风采卅年—政协委员摄影书画作品展”、《桐庐政协志（2004—2014）续编》、政协系统健身运动会等系列活动。通过各项庆祝活动，进一步宣传了中国共产党领导的多党合作和政治协商制度的优越性，宣传了政协在桐庐经济社会建设等方面发挥的独特作用，提高了社会各界对人民政协性质、地位和作用的认识，激发了政协委员珍惜荣誉、增强责任、积极履职的主动性、自觉性。

不断提高对口联系协商工作实效。切实加强政协与党委政府的工作联系，召开县政府、县政协第六次工作协商联席会议，相互通报工作，共同协商事关全局的重要工作，研究政协工作的重点和举措。县政协主席会议专题听取县法院、县检察院工作情况通报并开展工作协商，就司法改革、司法为民、公正司法等方面提出意见建议。深入推进县政协专委会活动小组与县委、县政府有关部门的对口协商机制。一年来，各委组围绕重点项目推进、旅游服务发展、维稳体系构建、政府职能转变、古村落保护等工作，与相关部门开展对口联系活动18次，提交协商成果24篇。其中，《关于整合政府检验检测资源的建议》《关于我县民宿经济发展情况的视察报告》等多项履职成果得到县主要领导批示，要求有关部门加快落实。

六、固本强基，积极作为，自身建设更有力

深化理论学习研究。突出政协特色，大兴学习之风。通过常委会议、主席会议、委组专题学习活动，举办政情通报会、务虚研讨会，组织委员参加全县性重要会议等途经，深入学习贯彻中共十八届三中、四中全会和习近平总书记系列重要讲话精神，认真学习贯彻习近平总书记在庆祝人民政协成立65周年大会上的重要讲话精神、省市委政协工作会议精神和县委全会等重要会议精神，不断夯实科学履职的理论基础，深刻领会县委、县政府重大决策部署，切实提高围绕中心、服务大局的自觉性和坚定性。举办新任委员学习培训会、政协工作务虚研讨会，选派委员和机关人员参加全国政协培训班，拓展履职视野，提升履职水平。

强化思想作风建设。按照中央和省、市、县委的统一部署，县政协党组及机关紧扣“为民、务实、清廉”主题，认真组织开展党的群众路线教育实践活动。坚持开门纳谏，相继召开政协离退休老干部、委组负责人、乡镇（街道）工委负责人、群众团体和党派代表、部分单位、社区代表等6个层面座谈会，面向社会各界发放《征求意见表》350余份，征求意见建议51条133条次。以整风精神开展批评与自我批评，深入查摆问题，制定整改措施，落实整改责任，做到真抓实改，着力解决“四风”方面存在的突出问题。坚持立行立改，围绕促进履职成果转化、强化委员履职管理、完善政协工作制度体系、精简会议文件、厉行勤俭节约等九大方面制定38条整改措施，并已全部整改完成，政协队伍思想作风建设呈现新气象。

发挥委员主体作用。坚持提升服务与严格管理并重，努力提高委员队伍建设水平。尊重和保障委员民主权利，组织委员跨专委会、跨界别、跨区域开展调研视察活动，积极推动委员意见建议落到实处。落实县政协领导联系委组、乡镇（街道）政协工委制度，深入开展政协领导走访委员活动，密切与委员所在单位的联系，推动具体问题的有效解决，优化委员履职环境。组织开展先进集体、“双好委员”、优秀履职成果评选，增强委员荣誉感、自豪感。广泛开展政协委员“双岗双优”履职活动，探索实施政协委员“双岗双责”履职承诺制度，激励广大委员在本职岗位创一流业绩，在政协岗位展一流风采。制定出台《关于建立桐庐县政协委员退出机制的实施意见（试行）》，以制度规范倒逼委员履职能力提升。大力改进机关学风、会风、文风、作风，完善理论学习、办文办会、“三公”经费管理、委员联络服务等制度，着力提升机关服务水平。

各位委员，各位同志，我们去年取得的成绩，是中共桐庐县委坚强领导、高度重视的结果，是各级党委、人大、政府和社会各界鼎力支持的结果，是各位老领导、老同志热情关心，县政协各参加单位和全体政协委员倾情协作、团结奋斗的结果。在这里，我代表县政协常委会表示衷心的感谢！

在总结成绩的同时，我们也清醒地看到，政协工作还存在差距和不足，如民主监督的形式和方法有待进一步改进；履职成果转化和反馈机制还需进一步健全；委员主体作用还需进一步发挥；基层协商民主的路径实践还需进一步创新等。这些都需要在今后的工作中认真研究，加以改进和解决。

2015年工作任务

2015 年是全面深化改革的关键之年，是全面推进依法治县的开局之年，是“十二五”规划收官和“十三五”规划谋划的承接之年。今年县政协工作的总要求是：全面贯彻落实中共十八届三中、四中全会和习近平总书记在庆祝人民政协成立65周年大会上的重要讲话精神，按照省市县委政协工作会议和中共桐庐县委十三届八次全会的部署，以“致力发展、关注民生、促进和谐”为工作主线，紧紧围绕“重大项目突破年、风景桐庐提升年、社会治理创新年”三年活动和“双招双引”一号工程，认真履行政治协商、民主监督、参政议政职能，努力使政协的各项工作更加扎实、更富活力、更有成效，为加快建设“中国最美县”做出新贡献。着重抓好五个方面的工作：

一、主动融入大局，着力推动改革发展

立足经济发展新常态，紧紧抓住事关我县改革发展稳定的综合性、全局性、前瞻性问题，组织开展各种形式的履职活动，积极为我县经济社会持续健康发展献计出力。围绕全面深化改革建言。根据桐改“538计划”各项决策部署，在深化要素市场化配置、转变政府职能、生态文明建设等方面积极建言。聚焦“省首批民间融资管理创新试点县、省全域旅游专项改革试点县、省服务业改革创新试点县、市城乡统筹示范试验区”等省市改革试点推进中存在的困难和问题，深入开展履职活动，为县委、县政府科学决策提供民意支撑和民智参考，推动各项改革试点工作取得重大突破。围绕实体经济发展助力。持续关注实体经济发展和经济转型升级，以信息经济、智慧经济发展、优势产业做大、产业平台做强、重点项目推进等为切入口，组织开展履职活动，为推进我县实体经济趋稳向好发展献计出力。围绕“十三五”规划编制献策。选择体制机制优化、发展空间拓展、重大产业布局、重要区块开发和重点基础设施建设等事关“十三五”发展的综合性、全局性、前瞻性问题开展调研视察，围绕杭黄铁路站场综合体等重大项目组织开展履职活动，为县委、县政府科学谋划中长期发展当好参谋。围绕法治桐庐建设议政。紧扣法治政府建设，献策新形势下进一步推进依法行政、转变政府职能、

健全公共参与、完善行政执法的各项举措。关注司法公信力提升，听取公检法等单位年度工作情况，助推司法体制机制改革深入开展。围绕信用桐庐建设、法治文化培育、社会组织建设等开展协商议政和民主监督，营造法治社会环境。充分运用好政协的话语权，在推进“省社会治理创新试点县”建设中体现政协作为。

二、聚焦群众关切，着力促进民生改善

协助县委、县政府多做谋民利、解民忧、惠民生的工作，始终体现政协履职为民情怀。积极维护民利。围绕初中段教育、社会养老、农村集贸市场建设、垃圾分类处理、公交一体化、小区“停车难”等问题组织开展专题视察。围绕“五水共治”“四换三名”“三改一拆”等重点工作和千岛湖配水工程桐庐段建设情况、医疗资源下沉、农民增收等问题组织开展协商议政和民主监督，推进相关工作的深化落实，积极助力“幸福桐庐”建设。重视民意诉求。鼓励委员深入群众，认真开展调查研究，围绕全县工作大局和人民群众关注的热点问题，提出高质量的提案。正确把握新常态下提案工作的新特点，规范服务内容，完善办理程序，进一步增强提案工作服务改革发展的能力。高度重视社情民意信息工作，不断完善工作机制，及时传递不同阶层、不同界别、不同群体的呼声愿望、利益诉求，充分反映影响社会和谐稳定的带有普遍性、倾向性、苗头性问题。倾情为民服务。充分发挥政协职能优势和委员自身优势，努力实现服务民生常态化、机制化。组织引导委员参加社会公益活动和爱心行动，积极为广大人民群众办实事做好事。继续深化政协委员“三走进”活动，最大限度地为改革发展和社会稳定增添助力。

三、坚持实践创新，着力推进协商民主

充分发挥政协作为专门协商机构的作用，把协商民主贯穿于履行职能全过程。加强政协履职的制度创新。按照中央《关于加强社会主义协商民主建设的意见》要求，在中共桐庐县委领导下，研究制定我县贯彻落实意见；加强与党政工作的对接，制定实施2015年度协商计划，建立完善相关工作机制，切实保障各项协商活动有依据、有遵循、有效力。进一步提高民主监督的实效性，紧紧围绕县委、县政府重要决策部署和重大民生实事工程推进开展民主监督，确定相关部门开展评议式、选派式监督。进一步提高参政议政的精准度，协助县委制定《关于进一步加强和改进人民政协参政议政的意见》，突出问题导向，精心选择课题，深入调查研究，切实提高议政建言质量，努力使政协的调研成果转化为县委、县政府的决策举措。加强协商民主的渠道拓展。丰富协商形式，拓展协商内容，围绕经济转型升级、最美城乡建设、生态环境保护、社会事业发展、民生改善等议题，积极开展专题协商、对口协商、界别协商、提案办理协商。积极探索政协委员与社会公众对话协商的新形式，搭建人民政协与社会公众联系的桥梁，扩大人民政治参与的深度和广度。认真研究推进基层协商民主实践的实现路径，拓展在基层群众中开展协商的形式载体，继续支持和指导乡镇(街道)政协工委发挥独特优势，围绕当地党委、政府中心工作履职尽责。

四、加强团结联谊，着力汇聚各方力量

把增进共识、凝聚人心、汇聚力量摆到政协工作更加重要的位置，寻求最大公约数，增进最大共识度，形成最大凝聚力。广泛团结各界人士。进一步为民主党派、社团组织、无党派人士履职搭建平台，建立健全联动调研、联合监督、联络联谊等工作机制。认真贯彻党的民族和宗教政策，继续支持并参与莪山畲族乡创建“中国畲族第一乡”工作，做好市政协与莪山畲族乡联乡结村帮扶的对接工作，加快重点项目推进。加强联谊联络工作。继续开展政协委员、在外桐商大走访活动，协助县委、县政府推动桐商回归、引进高层次人才。进一步发挥政协之友联谊会、摄影书画会（院）、政协企业家联谊会等群团组织的优势和力量，开展相关领域的交流协作。继续做深“范仲淹与潇洒桐庐”文化挖掘工作，助推范仲淹纪念馆及早建设。拓展与常熟政协的联谊工作，推动两地多领域交流合作。

五、加强自身建设，着力提升履职水平

主动适应经济社会发展新常态对政协工作

提出的新要求，以改革创新精神推进履职能力现代化建设。作风建设再深化。切实把教育实践活动中焕发出来的新认识、新气象，转化为履行好政协职能的新动力，形成作风建设新常态。深刻领会习近平总书记在庆祝人民政协成立65周年大会上的重要讲话的精神实质和丰富内涵，着力提高政治把握、调查研究、联系群众、合作共事等方面能力。继续保持一线的精神状态和担当精神，在全县经济建设主平台和重点工作推进中建功立业。委员活力再激发。强化学习引领，紧密联系实际，组织广大委员学习好、贯彻好中共十八届三中、四中全会精神，深入学习领会习近平总书记系列讲话精神，自觉把党的重大方针政策和县委的重要决策部署贯彻落实到政协工作中去。重视委员履职宣传，增强委员主体意识，争取社会各方对委员履职给予更多的关心和支持。加强对委员的教育、管理和考核，坚持新委员培训常态化，提高履职能力；完善委员管理制度，建立委员档案，及时通报委员履职情况；强化履职考核和纪律约束，完善“双岗双责”履职承诺制度和委员诫勉退出机制；鼓励委员适应全媒体时代发展需要，运用信息化手段倾听群众呼声，真实反映民意，传递社会正能量。机关效能再提升。建立健全政协各项活动规章制度，确保科学有序运转。规范委员履职活动程序，为委员议政建言积极搭建平台。重视专委会作用发挥，创新工作方式，促进联动协作。加大机关干部的教育、培训、选拔和交流力度，激发机关干部活力，切实提高服务保障能力。进一步做好政协理论研究、文史、信息、宣传和信访等工作，不断推进政协工作的科学化水平。

各位委员、同志们，适应新常态，汇聚正能量；实现新作为，促进大发展。在新的历史条件下，全县政协组织和广大政协委员责任重大，使命光荣。让我们在中共桐庐县委的坚强领导下，凝聚共识，扎实工作，奋发有为，敢于担当，为推动桐庐经济社会科学健康发展，为加快“中国最美县”建设做出新的更大贡献！

【责任编辑：郑巧丽】

大 事 记

·大事记·

1月

1日起 05、16省道桐庐收费站对本地机动车辆实行免费通行。

2日 杭州市检查考核组到桐庐考核2013年度综合考评完成情况。

6日 县委十三届六次全会暨县政府十五届五次全体（扩大）会议召开，审议通过《中共桐庐县委关于认真学习贯彻党的十八届三中全会精神全面深化改革的决定》。

7日 全县新一届村两委主要干部培训班开班，县领导毛溪浩、吴玉凤、李鹏等出席开班仪式。

9日 杭州市委常委佟桂莉带领市考核组一行，到桐庐检查2013年度惩防体系建设和党风廉政建设责任制落实情况。

同日 桐庐县2014年春节老干部政情通报会召开。

12日 县领导毛溪浩、方毅、方志远、潘立铭、俞建华等赴上海分组走访“三通一达”桐庐籍民营快递企业，并召开2014年桐庐上海商会新春座谈会。

14日 上海瑞金医院桐庐分院揭牌仪式暨瑞金—桐庐合作医疗联合体首届二次理事会会议举行。

同日 桐庐县召开党政班子民主生活会，县委常委、副县长等出席。

15日 全县“五水共治”工作、“无违建县”创建暨“风景桐庐提升年”活动动员大会召开。

同日 杭州市委常委、秘书长许勤华到桐庐宣讲中共十八届三中全会精神。

16日 市委常委、秘书长许勤华到新合乡开展“联乡结村”活动。

2日至24日 县政协八届三次会议召开，会议听取和讨论县政府工作报告，收集提案，审议县八届政协常委会工作报告，通过县政协八届三次会议决议。

21日 杭州市委副书记、代市长张鸿铭到桐庐视察莪山畲族乡“中国畲族第一乡”创建工作。

21日至24日 县第十五届人代会第三次会议召开，会议听取人大代表方案审查、处理意见和财政预决算审查报告，通过政府工作报告、国民经济和社会发展计划报告、财政预决算报告、人大常委会工作报告、县人民法院工作报告和县人民检察院工作报告的决议。

23日 全县人口计生、国土资源、环境保护工作会议召开。

24日 浙江天松医疗器械股份有限公司在新三板上市。

26日 全省党的群众路线教育实践活动第一批总结暨第二批部署会议召开，县四套班子领导出席县分场。

27日 杭州市第二水源千岛湖配水工程前期工作沟通会在桐庐召开。

28日 全市党的群众路线教育实践活动第一批总结暨第二批部署会议召开，县四套班子领导参加。

同月 桐庐县治水经验《跨越生态文明拐点》，获2013年度全国十大治水经验向全国推广。

同月 横村镇荣获首届“中国美丽乡村建设典范镇”称号。

同月 桐庐县水土保持工作入围全省32个工作成绩突出市县名单，获省级表彰。

2月

5日 县委副书记、县长方毅检查春节期间“无违建县”创建工作情况。

7日 浙江省副省长梁黎明到桐庐调研指导第二批党的群众路线教育实践活动，县四套班子领导出席汇报会。

8日 全县“深化改革、创新发展”暨全县领导干部大会召开，县四套班子领导、法检两长、副县长级领导、县级巡视员、人武部部长出席。

14日 桐庐县举办2014年第一次政府开放日活动，县领导毛溪浩、方毅、游宏、王金才等县四套班子领导参加。

同日 桐庐县举行“龙舞春江·福满桐庐”元宵系列活动。

15日 中央电视台《新闻联播》播出桐庐县江南镇荻浦村美丽乡村建设成效，县委书记毛溪浩在节目中接受专访。

16日 县委副书记、县长方毅督查“河长制”工作。

17日 县委召开常委（扩大）会议，省市委驻桐庐联合督导组组长鲁凤参会并作工作部署。

同日 桐庐县在全市率先成立环境犯罪侦查大队，为五水共治保驾护航。

18日 省人大常委会党组书记、副主任茅临生到桐庐视察“美丽乡村”建设工作。

19日 全县党的群众路线教育实践活动部署会议召开，县四套班子领导、法检两长、副县长级领导、县级巡视员、人武部部长出席。

同日 桐庐县第十三届纪律检查委员会第四次全体（扩大）会议暨全县党风廉政建设和反腐败工作大会召开。

同日 全县党建工作会议召开。

20日 浙江省委常委、宣传部部长葛慧君到桐庐调研农村文化礼堂建设工作。

21日 杭州市委常委、秘书长许勤华到桐庐调研第二批群众路线教育实践活动。

23日 杭黄铁路（桐庐段）项目征迁建设工作领导小组会议召开。

25日 全县政法(综治)信访工作会议召开。

27日 富春江科技城建设领导小组会议召开。

28日 全县农村工作会议召开，县领导毛溪浩、方毅、游宏、吴玉凤、胡绍平、吴金富、雷国兴等出席。

同日 河北省县（市、区）委书记专题研讨班到桐庐调研美丽乡村和城市建设工作。

同月 杭黄铁路正式获国家发改委可研批复。

同月 桐庐县正式开始受理计划生育“单独两孩”申请。

同月 桐庐县在全省首创房产抵押网上申报工作。

3月

1日 中央农村工作办公室领导谢德新在省农办相关负责人陪同下，到桐庐调研农村改革工作。

4日 县四套班子领导毛溪浩、方毅、游宏、王金才等赴新合乡，开展“三走进”之“走进革命老区活动”。

同日 桐庐县召开推进“五水共治”现场会。

5日 桐庐县扩大有效投资暨经济工作会议召开。

5日至6日 广东省委常委、珠海市委书记李嘉率党政代表团到桐庐考察城市建设和美丽乡村。

7日 杭州市副市长戚哮虎到富春江镇七里泷村溜江滩参加市长绿化点暨全民绿化义务植树活动。

同日 杭州市副市长戚哮虎，市政协副主席何关新到莪山畲族乡调研，并召开支持莪山畲族乡创建“中国畲族第一乡”协调小组会议。

同日 浙江省举行“2013浙江旅游总评榜”颁奖仪式暨“全面深化旅游改革·打造浙江旅游升级版”圆桌会，会上桐庐县以第一名的成绩获得“2013年度旅游发展十佳县”称号，富春江（芦茨）乡村慢生活体验游区被评为年度最具吸引力旅游新业态。

11日 桐庐县全面深化改革工作领导小组第一次会议召开。

12日 县四套班子领导毛溪浩、方毅、游宏、王金才等分组开展“三走进”之走进棚户区活动，看望慰问生活在县城棚户区的群众。

同日 浙江工商大学杭州商学院共建联席会议召开。

17日 桐庐县全域旅游发展恳谈会召开。

18日 县四套班子领导分组带队督查“四边三化”与“五水共治”工作。

20日 县委理论中心组举行“党的群众路线”专题学习会，传达学习《习近平总书记在省部级主要领导干部专题研讨班上的讲话》精神。

22日 CCTV美丽乡村快乐行走进桐庐暨第三届中国休闲乡村旅游季第六届杭州·桐庐山花节在横村镇阳山畈村开幕。

同日 富春山健康城成立后的首个复合型养生项目“颐居富春山”正式启动。

24日 中日环境协会及中国众安集团一行到桐庐考察富春山健康城、富春江（芦茨）乡村慢生活体验区等地。

25日 英飞特电子（杭州）有限公司举行LED驱动器项目签约仪式。

26日 杭州市政协主席叶明到桐庐开展“联乡结村”帮扶活动。

27日 县四套班子领导毛溪浩、方毅、游宏、王金才等分组开展“三走进”之走进偏远山区活动，看望慰问山区群众。

28日 全国人大常委、法律委副主任、九三学社中央副主席、中国工程院院士丛斌一行到桐庐调研新农村建设。

29日 中欧国际城项目举行奠基仪式。

31日 全省建设“平安浙江”电视电话会议暨建设平安浙江10周年纪念大会召开，会上我县荣获“平安桐庐”九连冠银鼎。

同日 县委书记毛溪浩走进桐庐新闻网直播间，接受“我们的群众观”在线访谈。

同月 浙江龙生汽车部件股份有限公司的“龙生”商标被国家工商总局商标局认定为“中国驰名商标”。

4月

2日 杭州市委常委、秘书长许勤华到桐庐调研党的群众路线教育实践活动。

同日 全县农村生活垃圾资源化工作会议召开。

3日 中国移动通信公司原董事长王建宙到桐庐调研城市建设、产业发展、美丽乡村建设等情况。

同日 杭州市人大常委会主任王金财率市级帮扶集团成员单位负责人到百江镇开展“联乡结村”帮扶工作。

4日 全县“五水共治”工作督查会暨农业面源污染治理现场会召开。

同日 县级党员领导干部“我们的群众观”专题讨论会召开。

7日 桐庐县召开决策咨询专家座谈会。

9日 浙江省省级老领导到桐庐考察美丽乡村和城市建设。

13日 全县卫生改革发展暨医联体工作推进会召开。

14日 全县召开法治政府建设暨安全生产工作会议。

15日 浙江省国土资源厅党组副书记、副厅长马奇率省2013年度耕地保护责任目标考核组到桐庐检查耕地保护情况。

同日 杭州市政协副主席何关新、朱祖德一行到桐庐开展农村污水治理专项监督视察。

17日 杭州市委常委、宣传部部长翁卫军到桐庐调研文创西进工作。

18日 桐庐县市场监管局挂牌，该局由工商、质监、药监三局合并而成。

22日至23日 县委理论中心组召开专题学习会，传达学习贯彻总书记习近平在调研指导兰考县党的群众路线教育实践活动时的重要讲话精神。

23日至25日 省督查组到桐庐督查“三改一拆”及“无违建县”创建工作。

24日 全县镇村建设工作现场会以分水镇召开。

同日 浙江省民族乡（镇）工作现场会在

莪山畲族乡召开。

同日 浙江省商务厅厅长周日星到桐庐调研商贸服务和电子商务工作。

25日 杭州市人大常委会主任王金财到桐庐调研党的群众路线教育实践活动。

同日 杭州市副市长谢双成到桐庐调研商贸指标完成情况及电商换市工作。

28日至29日 浙江省委组织部副部长、省委老干部局局长王文序带领省级老领导到桐庐考察“五水共治”“美丽乡村”工作。

29日 桐庐县召开庆“五一”表彰大会暨职工创新创业大会。

同月 桐庐县节能减排财政政策综合示范项目，获财政部3000万元补助资金。

同月 在浙江省慈善总会第三届理事会第四次会议上，钟山乡子胥村被授予省级“慈善村”称号，为全县首个省级“慈善村”。

5月

2至3日 全国人大常委会副委员长、民革中央主席万鄂湘一行到桐庐视察“美丽桐庐”建设情况。

5日 全省基层服务型党组织建设暨乡镇（街道）干部队伍建设推进会召开，桐庐县获全省推进“五好”服务型乡镇（街道）建设先进县。

6日 第三届“桐庐百姓日”系列活动举行，并举办第二届“最美桐庐人”道德模范暨第二届“欢乐大舞台”群众文化活动颁奖晚会。

7日至8日 杭州市委常委、秘书长许勤华到桐庐调研教育实践活动。

8日 浙江省副省长梁黎明到桐庐调研第二批群众路线教育实践活动，并作专题辅导。

9日 全县发展实体经济大会召开。

13日 桐庐县荣获第八届中华宝钢环境奖“城镇环境类”大奖，这是全国环境保护领域最高的社会性公益奖励。

同日 浙江省副省长朱从玖一行到桐庐调研普惠金融、金融服务均衡化等工作。

14日 全省森林城市（城镇）创建工作现场会在桐庐召开。

16日 杭州市副市长戚哮虎到桐庐调研民宿经济工作。

18日 凌晨3时许，一辆装载四氯乙烷化学品的槽罐车，在途经305省道富春江镇俞赵村时发生侧翻，造成四氯乙烷泄漏，事发后，桐庐县立即启动突发环境事件应急预案，有效收集、处置危化品，并第一时间发布信息，控制舆情，事故得到成功处置。

20日 《中国青年报》头版刊文，介绍桐庐县建设生态文明、发展美丽经济的典型做法。

同日 全县“五水共治”工作推进会召开。

21日 杭州市委常委、组织部部长张仲灿，市人大常委会副主任项勤到桐庐督查杭州市委人大工作会议精神贯彻落实情况。

同日 微软（中国）公司大中华区副总裁、首席技术官桑迪•古普达考察桐庐县投资环境。

21日至22日 全国政协常委、经济委员会副主任，中央农村工作领导小组副组长兼办公室主任陈锡文一行到桐庐专题考察农村人居环境建设工作。

27日 杭州市政协副主席朱祖德一行到桐庐督查农家乐污染治理工作。

28日 杭州市委常委佟桂莉、市政协副主席叶鉴铭带领市委第五督导组到桐庐，督查调研桐庐县贯彻落实市委政协工作会议和相关文件精神情况。

29日 桐庐县举行“学习身边先进典型”宣讲暨“5•18” 危化品应急处置和“百姓日”活动表彰大会。

30日 县委书记毛溪浩带领县党政代表团访问中国计量学院，召开校地产学研合作座谈会，签订中国计量学院桐庐技术转移中心共建协议。

同日 杭州市副市长项永丹到桐庐调研城市建设和“五水共治”“三改一拆”“无违建县”创建等工作。

同月 2014年中国（上海）国际茶叶博览会在上海国际展览中心和上海世贸展览馆举行，桐庐县茶叶协会选送的“雪水云绿”和“天尊贡芽”茶，双双获得“中国名茶”金奖，“雪水云绿”茶还被评为上海市民最喜爱的绿茶品牌。

6月

5日 浙江省副省长郑继伟到桐庐调研文教卫体工作。

同日 原浙江省委常委、杭州市委书记，杭州市第十一届人大常委会主任，省咨询委副主任，杭州国际城市学研究中心主任王国平到桐庐调研"美丽桐庐"建设情况。

6日 桐庐县党政代表团走访浙江大学，召开校地产学研合作对接洽谈会。

同日 桐庐县"三实"（重实体、兴实业、办实事）活动推进会召开。

7日 桐庐县政府决策咨询专家座谈会召开，听取专家对桐庐未来科学发展的建议。

10日 桐庐县"三改一拆"涉及宗教违法建筑处置工作推进会召开。

11日 浙江省委副书记王辉忠到桐庐调研司法体制改革工作。

16日至19日 全国政协副主席、九三学社中央主席、中科院院士韩启德等20余位领导、专家到桐庐举行九三学社中央委员会科学座谈会，并实地考察"美丽桐庐"建设情况。

同日 上海浦东干部学院专题培训班到桐庐现场教学。

17日 杭州市召开"三改一拆"行动第四次现场会暨"无违建"创建推进会，实地考察桐庐县"无违建村"创建工作。

18日 杭州市委副书记、市长张鸿铭到桐庐调研经济社会发展情况。

同日 杭黄铁路建设推进会在桐庐县召开。

同日 浙江省委组织部常务副部长于跃敏到桐庐调研。

20日 桐庐县农村生产生活垃圾资源化工作现场推进会召开。

23日 澳大利亚基隆文法学校校长Stephten Meek一行到桐庐，考察新校区选址。

24日 县委召开常委（扩大）会议，通报县级领导班子作风建设情况及存在问题，集中观看《中共农安县委常委班子专题民主生活会实录剪辑》。

同日 中国民主促进会桐庐县支部委员会成立大会召开。

26日 拱墅区、高新区（滨江）—桐庐县区县（市）协作工作第五次联席会议在桐庐召开，浙江省委常委、市委书记龚正，市领导许勤华、张仲灿、施彩华、谢双成，县领导毛溪浩、方毅、游宏、王金才等出席。

同日 杭州海康威视数字技术股份有限公司与桐庐县正式签订项目投资协议，投资30亿元建设安防产业园。

28日 桐庐县青年联合会杭州分会在杭州成立，共青团杭州市委书记、市青联主席周扬，桐庐县委副书记、县长方毅出席。

30日 海康威视安防产业园项目推进服务工作领导小组第一次会议召开。

7月

1日 郑州市委常务副书记、市政协主席、市委秘书长王璋带领考察团一行，到桐庐考察美丽乡村及城市建设工作。

同日 桐庐县第一座斜拉桥——富春江三桥动工兴建。

2日 香港铜锣湾集团、浙江商业保险集团考察团到桐庐考察。

3日 全国工商联副主席庄聪生一行到桐庐开发区浙江金贝能源科技有限公司调研。

4日 杭州市政协副主席何关新到桐庐县调研政协工作向基层延伸情况。

同日 县政府召开金融支持实体经济发展工作座谈会，县领导方毅、毛根洪、潘立铭等出席。

7日至8日 桐庐县委召开常委会专题民主生活会，浙江省副省长梁黎明，杭州市委常委、秘书长许勤华参加指导，省市委联合督导组组长鲁凤对会议进行点评。

8日 广东省委副书记马兴瑞带团到桐庐考察"美丽桐庐"建设情况。

同日 浙江省副省长梁黎明到桐庐开展信访接待活动。

8日至9日 住建部村镇建设司副司长赵宏彦一行到桐庐县调研传统村落保护发展工作。

10日 全县“无违建县”创建工作现场推进会暨领导小组第五次会议召开。

11日 全县改革工作座谈会议召开。

16日 桐庐县半年度农业农村工作会议暨农村综合改革和重点工作推进会召开。

17日 桐庐县委召开常委（扩大）会议，审议县委常委会“四风”问题分解整改方案，传达学习习总书记重要讲话和省委常委（扩大）会议精神。

同日 桐庐县半年度经济形势分析会暨“三实”活动领导小组会议召开。

21日 桐庐县召开企业家座谈会。

23日 桐庐县召开农村生产生活垃圾资源化工作推进会。

25日 县委十三届七次全会暨县政府十五届六次全体（扩大）会议召开，会议认真学习贯彻省委、市委全会精神，审议通过《中共桐庐县委关于大力发展“美丽经济”的决定》。

29日 桐庐县工商业联合会（总商会）第十次会员代表大会召开。

同日 全县“决战三季度、冲刺四季度、实现全年红”视频会议召开。

31日 全县领导干部会议召开。

同日 丽水市委书记王永康带领丽水市各县（市区）委书记及部门负责人一行到桐庐考察美丽乡村建设。

同日 浙江省第十五期领导干部管理研究班学员到桐庐开展现场教学活动。

同月 桐庐县河道保洁长效管理工作获“2013年省水利厅考核一等奖”。

8月

1日 桐庐县举行2014年上半年经济社会发展情况通报会。

4日 桐庐县举办首场以“亮相晒诺，比承诺事项实不实；镜头督诺，比承诺推进快不快；公开评诺，比兑诺效果好不好”为主要内容的“三诺三比”电视问政活动。

7日 全县“五水共治”“四边三化”工作推进会召开。

同日 县级领导班子专题民主生活会情况通报会召开。

同日 杭州市委常委、公安局长叶寒冰到桐庐视察调研。

14日 桐庐县召开政情通报会，县委副书记、县长方毅向人大代表、政协委员通报上半年全县经济社会发展情况和下半年主要工作。

16日 国家卫计委副主任、国家中医药管理局局长王国强到桐庐调研中医药工作。

19日 浙江省委副书记、省长李强到桐庐调研生态建设工作。

同日 “桐庐发布”政务微信微博正式上线。

26日 桐庐县召开加快信息经济发展座谈会。

27日 《新华每日电讯》刊登“诗画江南十年间——浙江美丽乡村建设巡礼”，配发照片介绍桐庐县环溪村和荻浦村。

同日 由桐庐县委党史研究室（县地方志办公室）编纂的“微村志”以微信微博形式上线发布。

28日 全县平安创建领导小组会议暨信访维稳工作会议召开。

同日 全县基层党建工作推进现场会召开。

28日至29日 杭州市督查组到桐庐督查工业投资及交通治堵工作。

28日至30日 中央党校课题组到桐庐调研并召开座谈会。

同月 住建部领导及900名2014年传统村落保护发展专题培训班学员，到桐庐考察学习江南镇荻浦村、环溪村美丽乡村建设及传统村落保护工作。

同月 桐庐大奇山国家森林公园以最高票数，荣获“2014年度浙江省最佳避暑旅游目的地”称号。

同月 桐庐县首个“省级残疾人社区康复示范站”在桐君街道成功创建。

9月

2日 浙江省副省长毛光烈调研桐庐县医疗器械产业发展情况。

3日 县委书记毛溪浩带领县党政代表团，赴高新区（滨江）、西湖风景名胜区、西湖区、临安市等地，考察学习经济社会发展的成功做法和经验。

同日 杭州市副市长戚哮虎到桐庐督查有效投资、重点工程、工业投资、浙商回归、外贸出口、社会消费品零售总额等重点工作进展情况。

同日 桐庐县召开普高教育质量提升工作座谈会。

4日 县信息经济和智慧经济发展工作领导小组第一次全体会议召开。

5日 第二届桐商暨首届杰出桐商表彰大会召开，会上17个大项目集中签约，总投资近40亿元。

10日 桐庐县召开庆祝“第三十个教师节”暨全县教育工作会议。

11日 杭州市委常委、秘书长许勤华到桐庐指导调研党的群众路线教育实践活动。

同日 浙江省“清三河”(清理垃圾河、黑河、臭河）工作交流会召开，桐庐县等9个县（市、区）被评为全省首批“清三河”达标县（市、区)。

12日 全县医疗器械产业发展座谈会召开。

16日 浙江省副省长梁黎明到桐庐开展省领导下访接访工作，调研指导教育实践活动。

同日 杭州市副市长陈红英到桐庐调研文教卫工作。

17日 嘉凯城集团董事长边华才、总裁姜从华一行到桐庐考察城镇商业投资项目。

18日 桐庐县政协工作会议暨庆祝县政协成立30周年大会召开。

22日 共青团桐庐县第二十一次代表大会召开。

24日 桐庐县第十四次妇女代表大会召开。

25日 2014•浙江桐庐“君山引凤”科技人才周开幕式在县政府会议中心报告厅举行。

26日 桐庐县委第一期村干部视频交流会召开。

28日至29日 国务院召开第六次全国民族团结进步表彰大会，莪山畲族乡荣获“全国民族团结进步模范集体”荣誉称号，成为浙江省唯一获此殊荣的乡镇。

29日 国家知识产权局专利局副局长张茂于到桐庐考察知识产权工作，同时，中国杭州（制笔）知识产权快速维权援助中心和浙江省桐庐知识产权维权援助中心正式揭牌。

30日 国家以立法形式确立第一个烈士纪念日 县领导等在凤凰山革命烈士纪念碑举行纪念活动，缅怀革命先烈。

同日 杭黄铁路（浙江段）征迁动员大会在桐庐召开。

同月 由国家住房建设部牵头，新华社、人民日报、人民网、中国人民广播电台、经济日报等国内主流媒体采访团，到桐庐就传统村落保护和发展工作进行专题采访。

同月 合村乡、莪山畲族乡荣获“2014至2016年度浙江省民间文化艺术之乡”称号

10月

9日 浙江工商大学杭州商学院举行2014级新生开学典礼暨桐庐校区启用仪式。

10日 浙江省委召开全省党的群众路线教育实践活动总结大会，毛溪浩、方毅、游宏、王金才等县四套班子领导出席县分会场。

11日 桐庐县信息经济和智慧经济发展工作领导小组第二次全体会议召开。

14日 全县“三农”工作推进会召开。

14日至15日 浙江省村歌大赛在江南镇深澳村举行。

15日 桐庐县召开第二届电子商务发展大会，阿里巴巴公司与桐庐县签订阿里巴巴农村发展战略落地桐庐试点项目。

16日 杭州市“五水共治”工作现场会暨治水领导小组办公室主任会议在桐庐县召开。

16日至22日 中央电视台《记住乡愁》摄制组到荻浦村拍摄百集大型纪录片《记住乡愁》，并在中央电视台国际频道向全球播出。

17日 桐庐县委召开全县党的群众路线教育实践活动总结大会，省市委驻桐联合督导组组长鲁凤，县四套班子领导，法、检两长，副县长级领导，人武部部长，省市委联合督导组

全体成员等出席。

24日 桐庐县召开“美丽公路”创建工作部署会。

25日 中国浦东干部学院常务副院长冯俊带领由30余位厅级干部组成的培训班，到桐庐开展现场教学，桐庐县委书记毛溪浩作“美丽中国，桐庐先行”主题发言。

28日 桐庐县委召开全县领导干部会议，传达学习贯彻中共十八届四中全会精神。

同日 全市乡镇（街道）党（工）委书记工作交流视频会召开，富春江镇党委书记申屠增标代表桐庐作题为《做好山水文章 发展美丽经济》的交流发言。

29日 桐庐县举行阿里巴巴农村淘宝项目启动仪式暨新闻发布会。

同日 杭州市委常委、组织部长张仲灿到桐庐调研“联乡结村”工作、分水镇小城市培育试点建设及明年组织工作思路等情况。

30日 桐庐县医疗设备产业发展大会暨中国首届县域医疗设备产业发展论坛在县政府会议中心报告厅举行。

31日 县领导毛溪浩、王优健、周建英等参加浙江省第十五届运动会桐庐运动员代表座谈交流会。桐庐县运动员在省第十五届运动会上获金牌44.25枚，列全省90个县（市、区）金牌榜第一名。

同月 桐庐县行政服务中心完成扩容，县社险办、市民卡中心、中介超市等入驻县行政服务中心。

同月 桐庐县主城区首批免费无线WiFi“i-tonglu”投入使用。

11月

2日 全国政协委员、交通运输部原副部长、中国快递协会会长高宏峰一行到桐庐实地考察城乡建设、投资环境。

4日 桐庐县文艺工作座谈会召开。

同日 全县农村两项改革（“两权一房”抵质押贷款和空心村二次创业）工作推进会在瑶琳镇召开。

5日 杭州市人大常委会主任、党组书记王金财一行到桐庐调研工业园区建设工作。

5日至7日 浙江省“五水共治”和“三改一拆”联合督查组到桐庐督查。

6日 桐庐县举行2014年第四次“政府开放日”活动。

7日 桐庐县召开电子商务发展领导小组会议，县领导方毅、潘立铭等出席。

8日 来自全县乡镇（街道）和机关的1090名队员，在桐庐体育馆室外广场参加杭州市“万人同跳一支舞，共创排舞吉尼斯世界纪录”活动。

12日 杭州市委副书记、市委政法委书记杨戌标到桐庐调研政法工作。

13日 杭州市人大常委会主任、党组书记王金财，市人大常委会副主任徐祖萼到桐庐调研养老服务工作。

15日 首届中国笔业博览会在分水镇文体中心开幕，博览会吸引100多家参展企业及1000多家采购商参加。

18日 全国人大常委、中国致公党中央副主席杨邦杰一行到桐庐调研发展现代农业、加强村级民主政治建设、推进新农村建设和深化农村改革等工作。

21日 杭州市电子商务发展会议在桐庐县召开。

25日 江苏省委常委、无锡市委书记黄莉新带领无锡市党政代表团，到桐庐实地考察“美丽桐庐”建设情况。

26日 浙江省政府党组副书记、省政府顾问王建满带领省相关部门负责人，到桐庐调研“五水共治”和“三改一拆”等工作。

27日 南京市党政代表团到桐庐考察“美丽桐庐”建设情况，杭州市委副书记、市长张鸿铭，市政府秘书长王宏，县领导毛溪浩、方毅等陪同考察。

28日 第二届华夏中医药养生旅游节开幕式暨“富春山健康城”专题推介会在县政府会议中心报告厅举行，全国政协文史和学习委员会副主任周国富亲临现场指导。浙江省政协副主席陈小平宣布开幕。联合国开发谋划署官员霍华德代表世界养生委员会向桐庐县授予“世界养生基地”牌匾。

29日 中央党校“百姓日”课题研讨会在桐庐召开，中央党校党建部主任、全国政协委员王长江教授带领课题组成员，以及清华大学等学者专家，县领导毛溪浩、方毅、骆安全、李忠誉等出席研讨会。桐庐“百姓日”活动被中央党校列为党建专题研究课题。

同月 桐庐县首个乡镇人防（民防）应急指挥中心在分水镇成立。

同月 桐庐县第四十二届中小学田径运动会举行，45支学校体育代表队600余名运动员参加比赛。

同月 桐庐县江南镇获评全省小城镇大文化示范样本。

12月

1日 杭黄铁路(桐庐段)征迁动员大会召开。

3日 杭州市委常委、秘书长许勤华率市级“联乡结村”帮扶集团各成员单位负责人，调研新合乡“联乡结村”工作。

同日 “桐庐剪纸”入选国家级非遗扩展项目名录。

5日 江苏省委副书记、苏州市委书记石泰峰，苏州市委副书记、市长周乃翔带领苏州市党政代表团到桐庐县，实地考察“美丽桐庐”建设情况。

同日 桐庐县农村淘宝“双十一”表彰大会暨“双十二”启动仪式在县政府会议中心报告厅举行。

7日至10日 桐庐县委书记毛溪浩，县委副书记、县长方毅带领县党政代表团赴桐乡市、江苏省宜兴市、江阴市、张家港市、常熟市考察学习当地经济社会发展的好经验、好做法。

10日 桐庐县被全国老龄办、民政部、教育部、国家广电总局、共青团中央、全国妇联和中国关心下一代工作委员会等七部委联合授予“全国敬老模范单位”。

同日 海康威视项目一期工程正式进场开工建设。

11日 全县重大活动现场签约项目推进会召开。

12日 淘宝大学首期县长研修班到桐庐考察美丽乡村、电子商务和农村淘宝村级服务点运营情况。

16日 全县改革工作领导小组会议召开。

同日 桐庐县入选“浙江最具魅力新水乡”。

17日 杭州市委常委、纪委书记施彩华到桐庐调研经济社会发展和纪检监察工作情况。

18日 在第四届香港论坛暨“让城市更优秀”颁奖礼上，桐庐县被授予“2014中国最美丽县”和“2014中国最具幸福感县级城市”。

同日 浙江省委驻杭州市督导组，到桐庐县调研指导党的群众路线教育实践活动整改落实工作。

同日 2014年度乡镇（街道）和县级机关党（工）委书记抓基层党建工作述职评议会召开。

同日 桐庐县召开杭州市第二水源千岛湖配水工程建设动员会。

24日 全省美丽县城建设暨新型建筑工业化现场会在诸暨市召开，桐庐县被命名为全省首个“浙江美丽县城”。

26日 浙江省委防范办到桐庐检查验收“无邪教县”创建工作。

27日 全县经济社会发展务虚研讨会召开，县四套班子领导、法检两长、副县长级领导、人武部部长出席。

29日 杭州市专项督查组到桐庐检查中央八项规定精神执行情况，县领导毛溪浩、黄利文等出席汇报会。

30日 桐庐县科学技术协会第十次代表大会隆重召开。

31日 桐庐县政府与县政协第六次工作协商联席会议召开。

同日 全县第十五次“送温暖献爱心”活动工作会议召开。

同月 桐庐县科技志愿者服务队获“全国离退休干部先进集体”荣誉称号。

【责任编辑：吴爱林**】**

总 述

·地理气候·

【地理位置】 桐庐县位于浙江省西北部，钱塘江中游，介于北纬29º35′—30º05′和东经119º10′—119º58′之间；东接诸暨，南连浦江、建德，西邻淳安，东北界富阳，西北依临安。全境东西长约77公里，南北宽约55公里。总面积1825平方公里。

以县城城南街道、桐君街道为中心，东20公里（径距，下同）至牛峰岭界富阳，南19公里至羊峤顶界建德，西39公里至太阳山界淳安，北13公里至陈家山界富阳；东南27公里至火烧湾顶界浦江，西南12公里至大岩山界建德，东北16公里至横山埠界富阳，西北41公里至高塘界临安。

【地貌】 桐庐县以丘陵山区为主，平原稀少，属浙西中低山丘陵区。四周群山耸峙，中部为狭小河谷平原，山地与平原间则丘陵错落。富春江由南而北纵贯县境东部，分水江自西北向东南汇入富春江。龙门山主峰牛背脊之观音尖，海拔1246.5米，为境内最高峰。在全县土地面积中，山地丘陵占86.3%，平原、水域占13.7%。

【气象特征】 桐庐气候属亚热带季风气候，四季分明，日照充足，降水充沛。一年四季光、温、水基本同步增减，配合良好，气候资源丰富。年平均气温16.5℃；极端最高气温41.7℃，极端最高气温≥35℃的高温天气年平均29天；极端最低气温-9.5℃，极端最低气温≤0℃的冰冻天气年平均31天。年平均雨日161天。年平均降水量1525毫米，年际间差异较大，1月－6月逐月递增，7月－8月起逐月递减，3月－9月雨量均在130毫米以上，最多的6月为梅雨期，降水集中，月平均雨量248毫米。年平均相对湿度79%，年际间变化较小，在76%－81%之间。无霜期258天。桐庐每年都会出现灾害性天气，影响比较严重的有涝、旱、风、雷、雹、雪、冰冻等。

2014年桐庐县主要气候特点是：气温偏高，雨雪量接近历年略偏多，日照偏少创纪录。未出现重大灾害性天气，灾害影响轻，气候条件属偏好年景。主要气候特点：一是冬、春季气温总体偏高，但出现阶段性低温雨雪。2月中旬连续出现2次大雪低温天气，3月15日进入春季，较历年偏早。二是入梅偏迟，梅雨期短，梅雨量正常，洪涝灾害轻。6月17日入梅，7月7日出梅，仅在6月21日出现区域性暴雨局部大暴雨天气。三是夏季气候异常，高温强度弱，出现历史罕见的低温多雨寡照凉夏天气。特别是8月8日—20日，降水之多、日照之少、气温偏低，历史罕见。四是秋季初冬温高光足，雨量偏少，灰霾天气增多。

·建制沿革·

【概况】 桐庐县始建于三国吴黄武四年（225），治所在今桐庐县西12.5公里，曾于隋开皇九年（589）废桐庐入钱塘县，至仁寿二年（602）复置，移治所今桐庐县西4公里旧县乡。唐武德四年（621）析桐庐西北7乡置分水县，治所在今桐庐县西北分水镇，同时于桐庐置严州。3年后废严州及分水县。如意元年（692）复置分水，更县名为“武盛”。神龙元年（705）复名分水县。开元二十六年（738）移桐庐县于今县治。宝应元年（762）析分水西部地置昭德县，治所在今桐庐县西北；大历六年（771）废昭德，还属分水。天祐三年（906）划分水东北5乡入临安。1949年4月至5月，桐庐、分水两县解放，1958年11月废新登、分水两县入桐庐。1960年8月又废富阳入桐庐，并隶属于杭州市。1961 年 12 月复置富阳县，并将原新登县辖地及原分水县贤德公社划归富阳。今桐庐县政区，基本上为原桐庐、分水两县辖地。

·行政区划·

【概况】 2014 年底，桐庐县下辖 4 个街道、6 个镇、4 个乡；183 个行政村；1 个居委会；18 个社区。

2014 年桐庐县乡镇（街道）情况

表 1

乡镇（街道）	地域面积（平方公里）	行政村数（个）	居委会（个）	社区（个）
城南街道	97.11	19	—	4
桐君街道	63.73	6	1	7
富春江镇	198.93	15	—	2
凤川街道	151.93	8	—	—
江南镇	78.20	20	—	1
新合乡	74.21	5	—	—
横村镇	117.64	24	—	2
旧县街道	33.50	5	—	—
莪山畲族乡	28.73	7	—	—
钟山乡	107.79	11	—	—
分水镇	299.37	26	—	2
瑶琳镇	216.62	16	—	—
百江镇	235.03	15	—	—
合村乡	122.24	6	—	—
合　计	1825.03	183	1	18

·经济发展·[注 1]

【经济总量】 经核算，2014 年，桐庐县实现生产总值（GDP）306.47 亿元，按可比价格计算（下同），比 2013 年增长 8.5%。其中，第一产业增加值 21.78 亿元[注 2]，同比增长 3.0%；第二产业增加值 172.13 亿元，同比增长 7.6%；第三产业增加值 112.22 亿元，增长 10.9%。三次产业结构由 2013 年的 7.52:56.56:35.92 调整为 7.11:56.58:36.31。按户籍人口计算的人均 GDP 为 75278 元（折合 12250 美元），同比增长 8.0%，比 2013 年增加 6636 元。

【财政收支】 2014 年，桐庐县完成财政总收入 38.05 亿元，比 2013 年增长 1.6%，其中地方财政一般预算收入 23.91 亿元，同比增长 8.0%。完成税收收入 22.04 亿元，同比增长 9.5%，其中国内增值税（25%）2.67 亿元，下降 23.3%；改征增值税 2.45 亿元，增长 93.7%；营业税 5.73 亿元，增长 6.8%，企业所得税 3.15 亿元，增长 33.7%；个人所得税 0.93 亿元，增长 5.9%。全年财政支出 32.90 亿元，比 2013 年增长 9.8%。其中：教育支出 7.63 亿元，增长 9.8%；科学技术支出 1.28 亿元，增长 9.7%；社会保障和就业支出 3.74 亿元，增长 5.2%；医疗卫生支出 3.63 亿元，增长 13.4%；环境保护支出 1.02 亿元，增长 6.9%；城乡社区事务支出 1.99 亿元，增长 21.3%。

【农业经济】 2014 年，桐庐县实现农林牧渔业总产值32.36亿元，比2013年增长5.6%，实现粮食总产量8.86万吨、禽蛋0.56万吨、肉类1.72万吨、水产品总产量0.85万吨、水果9.13万吨。新增粮食功能区667公顷，提升标准农田2433公顷，改造中低产田700公顷，发展设施农业400公顷，新认证无公害农产品企业29家，新建无公害建设基地800公顷。“雪水云绿”荣获中国驰名商标。建成“一乡一业”现代农业示范区14个，桐庐县中部省级现代农业综合区通过验收，被列入省级现代生态循环农业整建制推进试点县。新注册家庭农场96家，新增市级以上规范化农民专业合作社21家，其中国家级示范社15家。

【工业产销】 2014年，桐庐县实现工业总产值793.34亿元（快报预计数，下同），比2013年增长8.2%；实现销售产值784.30亿元，同比增长8.2%。至年末，全县规模工业企业361家，比2013年净增4家，实现工业总产值463.82亿元，同比增长7.3%。其中，轻工业产值189.44亿元，同比增长9.4%；重工业产值274.38亿元，同比增长5.8%；实现销售产值458.40亿元，同比增长7.2%；亿元产值企业104家，比2013年净增12家，实现产值339亿元，占规模以上工业企业产值比重73.1%，比2013年提高2.3个百分点。

【工业效益】 2014年，桐庐县规模以上工业实现主营业务收入443.82亿元，同口径[注3]增长8.2%，实现利税总额46.94亿元，同口径增长0.8%；实现利润总额27.78亿元，同口径下降7.8%；全年规模以上工业产品产销率98.83%，同比下降0.08%。

【建筑业】 2014年，桐庐县有承包和专业承包资格的建筑企业51家，完成施工产值50.22亿元，比2013年增长15.7%；房屋建筑施工面积509.65万平方米，同比增长23.1%；竣工面积178.25万平方米，同比增长11.7%。按建筑业总产值计算全员劳动生产率21.88万元/人，增长18.5%。

【固定资产投资】 2014年，桐庐县完成固定资产投资209.64亿元，比2013年增长21.5%。按三次产业分，第一产业投资8.30亿元；第二产业投资68.25亿元，增长15.3%，其中工业投资68.25亿元，增长15.3%；第三产业投资133.09亿元，增长20.4%。全年固定资产施工项目564个，计划投资533.23亿元，比2013年增长5.6%；新开工项目417个，计划总投资341.30亿元，同比增长87.4%。

【房地产业】 2014年，桐庐县完成房地产开发投资46.64亿元，比2013年下降7.5%。房屋施工面积419.0万平方米，比2013年下降0.2%；竣工面积50.98万平方米，比2013年下降43.2%。全年商品房销售面积55.47万平方米[注4]，比2013年下降7.2%，其中住房销售48.54万平方米，下降6.9%。实现商品房销售额35.11亿元，比2013年下降7.2%，其中住宅销售额30.54亿元，比2013年下降5.1%。

【国内贸易】 2014年，桐庐县新增限额以上商贸单位58家，实现社会消费品零售总额111.33亿元，比2013年增长13.9%。分行业看，批发业零售额11.19亿元，零售业零售额83.77亿元，住宿业零售额0.82亿元，餐饮业零售额15.55亿元。

【电子商务】 2014年，桐庐县成功创建“国家电子商务示范城市拓展区”“省电子商务示范县”“市电子商务产业园”。成功举办桐庐县第二届电子商务发展大会暨首届高峰论坛，成为全国首个阿里巴巴农村发展战略试点县，县级运营中心和54个村级服务点投入使用。形成多层次、多领域电子商务发展格局，全县5000多家企业“触网”，阿里巴巴注册企业约4000户，其中生产企业1400户，经销企业1900户，专业淘宝、天猫商户约900户。

【对外经济】 2014年，桐庐县完成外贸（海关）进出口总额13.34亿美元，比2013年增11.7%。其中进口总额0.75亿美元，同比下降4.8%；出口总额12.59亿美元，同比增长12.9%。出口总额中，按贸易方式分，一般贸易出口10.97亿美元，比2013年增长5.8%；加工贸易出口0.90亿美元，增长15.1%；其他贸易出口0.72亿美元。出口国别和地区中，对欧盟出口3.08亿美元，增长11.3%；对日本出口0.42亿美元，下降1.39%；对美国出口3.55亿美元，增长2.0%。

【交通运输】 2014年，桐庐县新建农村联网公路47公里，完成农村公路大中修35公里、农村公路安保工程35公里、农村公路病危桥改造10座。至年末，境内公路通车里程1758公里。23省道梅蓉至杭新景高速凤川互通公路工程春江路至320国道段建成通车；柴埠大桥完成水中桩基施工；23省道桐庐浮桥埠至麻蓬段提升改建工程完成路基施工；横村徐家埠大桥改建工程完成80%；全年完成交通建设投资9.48亿元。至年末，开通一级城镇公交线路25条，开通二级县城至中心乡镇、景点（景区）客运线路32条，开通三级乡镇之间、乡镇与村之间、村与村之间客运线路35条；开通30路、33路、35路及江南镇环线公交4条；优化和开通桐庐至深澳古村落、大奇山、严子陵钓台、瑶琳等景点旅游专线；全年完成客运量1004万人次，客运周转量44630万人公里；完成杭商院和城区桥北路4处港湾式停靠站建设；全省领先实行公交票价刷卡半价优惠调整工作。

【邮电通讯】 2014年，桐庐县完成邮政业务收入0.55亿元，比2013年增长14.7%，完成邮政储蓄收入0.22亿元，比2013年增长15.6%，全年发送特快专递114.58万件，同比增长79.1%；完成电讯业务收入3.97亿元，比2013年下降2.0%。年末全县电话用户73.04万户，比2013年增长12.3%。其中移动电话用户64.01万户，增长14.4%，拥有量156.77部/百人。

【旅游产业】 2014年，桐庐县接待国内外游客1010.2万人次，比2013年增长15.92%。景点接待游客494.4万人次，同比增长14.51%，其中接待国外和港、澳、台入境过夜游客27638人次，增长11.81%；乡村休闲游接待游客516.4万人次，同比增长99.17%。全社会旅游总收入102.1亿元，比2013年增长16.42%，其中景点门票收入1.24亿元，增长9.83%；乡村旅游收入2.69亿元，增长103.65%。推进富春江励骏酒店、东方云水涧旅游度假区、杭州潇洒休闲运动公园旅游综合体、达曼酒店等旅游重点建设项目。瑶琳森林公园、天子地景区等老景点完成提升改造。芦茨慢生活体验区大坝—白云居、龙门山庄—白云源绿道建成。中药百草园项目园区内基础配套设施完成。胡庆余堂铁皮石斛产业园项目展示厅建成。严陵坞慢村项目部分农居改造完工。茆坪山水古韵华家村建成，外婆家“俺的生活”开工建设。启动富春江AAAAA级大景区创建。江南古村落风景区、浪石金滩创成AAAA级景区。全域旅游标识系统、县旅游服务中心建成使用。2014年，桐庐县荣获“浙江省旅游发展十佳县”称号。

【金融】 2014年年末，桐庐县金融机构本外币各项存款余额334.97亿元，比年初增加19.84亿元，增长6.3%。单位存款余额144.70亿元，比年初增加8.13亿元，个人存款余额178.19亿元，比年初增加15.33亿元，其中城乡居民本外币储蓄存款余额175.29亿元，比年初增加15.67亿元，增长6.1%。人均储蓄余额4.37万元，比年初增加0.40万元，增长10.1%。年末全县金融机构本外币各项贷款余额284.17亿元，比年初增加24.84亿元，增长9.6%。其中短期贷款余额148.10亿元，比年初增加8.77亿元，增长6.3%，中长期贷款余额133.33亿元，比年初增加14.86亿元，增长12.5%。

2014年年末桐庐县全部金融机构本外币存贷款及其增长速度

表2

指　标	绝对数（亿元）	比年初增长（%）
各项存款余额	334.97	6.3
其中：储蓄存款	175.29	6.1
各项贷款余额	284.17	9.6
其中：短期贷款	148.10	6.3
中长期贷款	133.30	12.5

【市场价格】 2014年，桐庐县居民消费价格总指数（CPI）为101.5，涨幅较2013年回落0.6个百分点。构成居民消费价格指数的8大类商品及服务价格呈“六升二降”格局，食品价格提高依然是推动CPI上涨的主力（见表）。

居民消费价格指数（2013年=100）

表3

指　标	2014年	2013年
居民消费价格	101.5	102.1
1. 食品类	102.6	106.2
2. 烟酒类	99.1	100.1
3. 衣着类	100.1	102.2
4. 家庭设备用品及维修服务类	100.7	102.1
5. 医疗保健和个人用品类	101.4	99.5
6. 交通和通信类	99.8	98.8
7. 娱乐教育文化用品及服务类	102.5	100.0
8. 居住类	101.4	100.8

【平台建设】 2014年，桐庐县富春江科技城（经济开发区）完成基础设施投资6.97亿元，实现税收5.80亿元，同比分别增长47.7%和31.8%。“大好高”项目招商取得突破性进展，招引10亿元以上项目3个。成功申报“省千计划”人才1名，市“521计划”专家1名。“桐庐省级医疗器械高新技术产业化基地”正式落户科技城。

2014年，富春江（芦茨）乡村慢生活体验区项目投资总额9019万元，政府性投资6080万元；接待休闲度假游客71.88万人，完成经营收入7035万元。严陵坞慢村、外婆家“俺的生活”等项目稳步建设，3条慢道建成使用。被杭州市列为第三批市级服务业集聚区。

2014年，富春山健康城完成总体规划等编制，推进颐居智慧养生产业园、生态观光绿道等项目。完成固定资产投资2.6亿元；完成招商引资2.2亿元；完成市外内资2.2亿元；完成浙商创业创新2.2亿元。被列为市级第三批现代服务业培育类集聚区；“健康小镇”被列入全省首批“特色小镇”培育单位。

2014年，迎春商务区新注册企业140家，楼宇入住率60.21%。迎春商务区获国家级电子商务拓展区称号，并成为杭州市首个获命名的电子商务产业园。荣膺全省100个现代服务业集聚示范区建设发展情况综合排名第8位。

·社会事业·

【劳动就业】 2014年，桐庐县实现新增城镇就业人员4496人，城镇登记失业人员实现再就业2554人，发放就业援助证1539本，安置就业困难人员1417人，组织4148名失业人员、农村转移劳动力和外来劳动力开展技能培训。职业技能鉴定发证8719人，其中职业指导人数8370人次，介绍成功5188人次。年末实有登记失业人员1814人，城镇登记失业率3.05%。

【教育】 2014年，桐庐县小学入学率100%，初中巩固率100%，高中入学率99.63%。全县有全日制小学26所，在校学生22957人，全年小学新招生3927人，毕业3565人。有普通中学17所，在校学生15972人，全年新招生5098人，毕业学生5810人。有中等职业技术学校2所，在校学生2809人，全年新招生936人，毕业学生1074人。是年，输送大中专（含技校）生

3868人。全县有幼儿园50所，在园幼儿12119人。2014年，成人教育在册学生数4199人，其中广播电视大学在册学生1189人，毕业299人；网络学院在册学生1118人，毕业327人；参加高等教育自学考试176人次，获得单科结业43科次，本年毕业12人。实施免费义务教育。2014年免除杂费、课本费、作业本费2520万元，助学奖学15581人次，资助和奖励金额938.91万元；注重教育均衡优质发展，加强德育工作建设，加大农村学校资金和师资扶持力度，继续实施名师名校长和名师区域流动工程；全县拥有杭州市现代化标志性教育强镇3个，浙江省教育强镇（街道）13个。

【科技】 2014年，桐庐县新增国家重点支持高新技术企业9家、市级高新技术企业23家、市级创新型试点企业2家、市级雏鹰企业4家；新增市级以上科技项目56项，其中国家级7项、省级15项。新增国家火炬计划项目3个，省级重点企业研究院1家、省市研发中心7家。新增市级院士专家工作站1家。中国杭州（制笔）知识产权快速维权援助中心挂牌运行。创建省名牌产品2个、著名商标5个。全县专利申请量1619件，专利授权量1166件。认定登记技术合同36项，合同成交额6832.8万元。是年，与浙江大学等高校院所建立合作关系，新增入选省“千人计划”和市“521计划”专家各1名，柔性引进国外专家36名，引进高层次人才、紧缺专技人才94名。年末，全县登记在册各类专业技术人员20021人，比2013年末增加505人，其中新增高级职称130人、中级职称66人、初级职称309人。

【文化】 2014年，桐庐县投入5600多万元建设城北老年体育活动中心，主体工程竣工。投入200多万元完成县图书馆升级改造。全年开展各类大中型文化活动262场；开展送文化下乡201场，送电影下乡2400场，举办展览展示活动59场。成功举办新年晚会、元宵系列文化活动、山花节、百姓日系列文化活动；承办浙江省村歌大赛、杭州市村歌大赛等省市级文化赛事。举办第二届“欢乐大舞台·幸福桐庐人”大型群众文化活动，有8080人次登台表演，98600余名观众参与活动。是年，全县文艺作品获国家级奖项46个、省级奖项71个、市级奖项141个、县级奖项73个。各类图书馆年末藏书49万册。全年放映电影34892场，观众28万人次。

【体育】 2014年，桐庐籍运动员参加全国、省、市比赛获金牌174枚、银牌76枚、铜牌82枚。其中在第十五届省运会上获金牌44.25枚，列县（市、区）金牌榜之首。全县举办县级群众性体育健身和竞赛活动35项次，参加人数2万余人次；承办全国象棋甲级联赛、“谁是球王”足球民间挑战赛；全县新建30个健身点、20个篮球场和30个乒乓球室。

【广电】 2014年，桐庐电视台平均每周播出119小时，其中自办节目36小时。桐庐人民广播电台每天播音24小时，其中自办节目15小时。全年播出广播新闻3102条，电视新闻4755条。年末，有线电视终端16.67万余个，电视综合覆盖率100%，广播综合覆盖率100%。

【卫生】 2014年年末，桐庐县有各类医疗卫生机构314家，其中公立医疗卫生机构209家，各类私营医疗机构105家。2014年新增16家门诊部（诊所）。各类医疗病床1601张；卫生技术人员3128人，其中执业医师995人、助理执业医师201人、注册护士1072人。全县无偿献血6555人次，献血量1309升，占临床用血量104.2%。传染病总发病率701.18人/10万人。是年，引进全日制本科生40人，其中硕士研究生6人。公开招聘医务人员75人。

·人口、人民生活和社会保障·

【人口】 2014年末，桐庐县户籍总人口40.83万人，比2013年末增加0.24万人，增长5.91‰，人口自然增长率5.08‰。在总人口中，农业人口27.66万人，非农业人口13.17万人，户籍待定人口0.008万人；男性20.42万人，占总人口50.01%，女性20.41万人，占总人口49.99%，人口性别比（女性=100）100.06%。是年，全县出生4414人（计生部门统计口径，下同），同比增加915人，增幅26.15%。人口出生率10.84‰，计划生育率96.53%，同比上升0.47个百分点。

【人民生活】 2014年，桐庐县城镇常住居民人均可支配收入36366元。其中人均工资性收入22487元，增长8.5%；人均生活消费性支出20971元，比2013年增长9.8%。全县农村常住居民人均可支配收入20627元，比2013年增长11.3%。其中，人均工资性收入11459元，增长10.7%；人均生活消费性支出10634元。

全县城镇居民人均住房建筑面积50.36平方米，农村居民人均居住面积72.50平方米。

【社会保障】 2014年年末，桐庐县参加养老保险的机关企事业单位4329个，参保142656人，比2013年末增长7.31%，支付养老金115274万元，比2013年增长31.25%；参加基本医疗保险381482人，支付医疗保险金58041万元，比2013年增长38.8%；被征地农民基本生活保障参保14822人，支付生活保障金928万元，比2013年下降89.3%；参加农村养老保险78586人，支付养老金62万元，比2013年下降71.69%；工伤保险参保109973人，支付工伤金2145万元，比2013年增长17.47%；生育保险参保69020人，支付生育金1580万，比2013年增长70.62%；失业保险参保58274人，支付失业金3202万元，比2013年增长23.82%。

·城市建设·

【市政建设】 2014年，桐庐县市政基础设施建设力度不断加大。完成白云源路、浮桥埠桥北路、梅林路南延（320国道－城南路）工程、春江西路综合整治工程等道路工程，完成杨梅山公园、舞象山公园等工程。启动规划展示馆、洋塘路、滨江商务楼等工程建设。全年新建道路6.78公里，面积12.4万余平方米。年末人均道路面积15.85平方米，城市化水平63.5%。

【城市绿化】 2014年，桐庐县县城绿地面积753万平方米，建成区绿地率41.03%，绿化覆盖率43.05%，人均公共绿地11.05平方米。

【公用事业】 2014年，桐庐县城全年供水量2045万吨。

注：

1. 本分目中数据由县统计局提供，为初步统计数，最终结果以《桐庐统计年鉴》为准。

2. 本分目中增加值为现价，增加值增长速度按可比价格计算。

3. 同口径比是指纳入当年规模统计的企业本期数与这些企业2013年同期数之比。

4. 本分目中房地产销售面积包含县城置换房面积。

【责任编辑：骆国庆】

农业经济

·综　述·

【概况】 2014年，桐庐县农业农村工作以深化农村改革为突破口，建设美丽桐庐、发展美丽经济，为开创“中国画城·潇洒桐庐”科学发展新局面做出贡献。全年实现农业总产值32.21亿元，同比增长5.2%；全县农民人均纯收入18905元，增长11.3%。

【区县协作】 2014年，桐庐县产业转移方面：英飞特电子（杭州）有限公司LED驱动器项目投资10亿元落户、高新区（滨江）海康威视安防产业园已开工建设、杭州农茂食品有限公司投资1.3亿元1600吨冻干果蔬生产项目开工建设。全年拱墅、滨江两区产业转移投资7.4亿元。项目共建方面：到位协作资金7000万元，完成区县协作资金投入六类33个协作项目。协作交流方面：与拱墅、滨江两区开展协作交流活动30余次。邀请两区知名农产品企业参加第五届桐庐县优质农产品迎新春展销会；两区部门、街道纷纷赴桐庐开展“1+x”结对帮扶活动；拱墅区文化馆选送节目参加第五届“三月三”畲族文化节；第三届“桐庐百姓日”期间邀请120名市民代表来桐参观体验，推介我县民宿和乡村休闲旅游业；拱墅、桐庐两地残联签订年度协作协议，拱墅残联出资30万元，支持桐庐县残疾人事业。

【中心村培育建设】 2014年，桐庐县农业农村工作重点围绕有“集聚点、产业园、老幼所、卫生站、办事厅、超市店”“六个有”推进中心村建设。32个中心村计划实施项目201个（其中28个续建项目），投入2.3亿元，完成建设项目191个，其余10个项目2015年续建。做好两个省重点示范中心村（外源村、琴溪村）和6个市重点中心村（芝厦村、彰坞村、园林村、外源村、琴溪村、东辉村）建设。实施人口集聚、基础设施、公共服务、产业发展、生活污水治理提升改造等项目。人口集聚项目实施，搬迁农户326户1094人，置换县城公寓房10户30人。启动农村土地综合整治项目15个，建设用地整理复垦面积48.39公顷，新增建设用地面积4.26公顷。新建道路硬化35公里，绿化80000平方米，新增路灯885盏，河道沿线及防洪堤整治46640米，生活污水处理池提升改造96座，池容7334立方米，纳管8098户25700人。新建文化娱乐中心5个，便民中心1个，居家养老中心7个，文化礼堂2个，停车场2个，文化广场2个，休闲场所和公园各1个。新建粮食功能区46.67公顷，花海培育及节点打造20公顷，新发展农家民宿25户，新建白茶基地13.33公顷，美国山核桃10公顷，香榧1.67公顷，种植毛竹8公顷，新增产业发展项目17个，投入资金2080万元。

【“美丽乡村”精品村建设】 2014年，桐庐县农业农村工作按照“村貌悦目协调美、村容整洁环境美、村强民富生活美、村风文明身心美、村稳民安和谐美”“五美”要求，新建10个美丽乡村精品村，占行政村总数22%，实施项目110个，投入1.1亿元。其中，拆除危（违）旧房等不协调建筑2.4万平方米，粉刷美化外墙10.2万平方米；合并整理“二线”（强线、弱线）10500米，新增路灯565盏；村内主干道硬化19.2公里；新建公共厕所3座，卫生改厕覆盖率90%以上；新增垃圾箱25550个，垃圾集中收集率100%；新建生活污水处理池15只，生活污水处理覆盖率95%；新增村内河沟池塘整治面积2.9万平方米；种植绿化苗木12.6万株，新增村庄绿化面积5.1万平方米。

【“美丽乡村”培育村建设】 2014年，桐庐县农业农村工作按照“全域景区化”和“全覆盖、可持续、出精品、出形象”要求，围绕村庄整治规划设计、村庄环境整治、村容村貌改善等方面，对全县除精品村、中心村以外村开展培育村建设。投入7451.7万元，实施项目228个。其中村庄基本环境整治项目，拆除“三房”2.85万平方米；美化墙体7.57万平方米；村道硬化22.28万平方米；整治村内沟渠0.73万米；实施岔道和空地整理美化6.06万平方米；美化房前屋后，利用村内空闲地，配套建设文化娱乐、健身器材等公共设施，建成集村民休闲、健身、娱乐等功能开放式公园。

【风情小镇创建】 2014年，桐庐县农业农村工作启动新龙村风情小镇和桐庐杭州畲乡风情小镇创建工作，实施17个项目，投入资金1598万元。本年度两个风情小镇（新龙风情小镇、杭州莪山畲乡风情小镇）立面改造7000平方米，建设通透式围墙400平方米、通透式围栏1.1千米，种植杨梅3.33公顷、葡萄8.67公顷、百合33.33公顷，安装路灯200盏，绿化美化20300平方米，新建休闲场所3900平方米，新建绿道、游步道2.4千米，河道堤防整治3.6千米。

【历史文化村落保护利用重点村建设】 2014年，桐庐县农业农村工作以“综合保护古建筑、发掘传承古文化、整治美化古村落、培育发展古村游”四大任务为重点，推进深澳村、翙岗村保护利用工作。实施12个项目，投资2345万元。其中，古建筑修复项目完成顶瓦修补7250平方米、墙体加固2780平方米、立面改造3926平方米、构件修复113个；与历史风貌有冲突的建（构）物整修改造项目完成立面改造5500平方米、结构降层房屋3幢、整体拆除建筑2721平方米、异地外迁农户2户；搬迁安置区建设项目新搬迁安置农户9户，新建道路2千米、给排水管网6千米、公共服务场所500平方米；修复或改造村内古道2.5千米。

【精品线路精品区块建设】 2014年，桐庐县农业农村工作按照“串点成线、连线成面、整体推进”工作思路和城乡统筹“三年初见效、五年大变样”工作要求，启动产业风情线、运动休闲线、华佗文化中医养生精品支线、桐君山水田园风光支线和富春江芦茨慢生活体验区板块建设实施项目32个，投入资金6001万元。其中，沿线新建驿站5个，新建村庄入口标志7个；完成节点、景观提升1710平方米；新建或改造道路3.5千米，完成杭千高速出口征地5.33公顷，提升沿线绿化4000米；完成庭院改造65户；新建旅游接待中心2个，面积900平方米；新建文化广场1个，面积1000平方米。

【空心村“二次创业”改革】 2014年，桐庐县农业农村工作推进空心村“二次创业”改革，发展两个试点乡镇——合村乡和凤川街道：合村乡村集体从农户手中收购闲置房屋10幢，对外招商出租给城里人居住12户，居农共建3户，带动发展民宿产业农户6户；凤川街道大源村戴家畈自然村引进上海投资人租赁5幢老房子创办高档民宿，有8户村民加盟。将空心村“二次创业”改革推向全县，调查统计全县集体土地上有闲置房2052处，可开发利用1743处，分布在14个乡镇（街道）124个行政村322个自然村。制作《桐庐县空心村“二次创业”闲置房屋招商手册》、利用县农村集体产权交易中心、透明售房网桐庐站、桐庐旅游政务网、县旅委公共微信等网络及移动终端对外发布闲置房招租信息。

【“三江两岸”生态保护与建设】 2014年，桐庐县农业农村工作牵头做好三江两岸生态类建设与整治类项目建设工作：推进富春江诗画山水带、江南古风民俗带2条精品线路和深澳国家级历史文化名村板块建设，计划实施6个项目，投资2550万元；完成富春江沿线50米构筑物整治282处，面积89405平方米，投资826万元，其中厂房21处，面积14261平方米；机埠、泵房10处，面积631平方米；农房153处，面积

40571 平方米；田间棚舍 61 处，面积 15949.6 平方米；其他（大礼堂、污水处理池等）37 处，面积 17992 平方米。

【联乡结村】 2014 年，桐庐县农业农村工作开展杭州市级帮扶活动 11 次 143 人，实施帮扶项目 29 个，资金 1053 万元；开展县级帮扶活动 25 次 320 人，集团领导活动 32 次，帮扶项目 100 个，资金 727 万元，市县合计 1780 万元。制定《桐庐县低收入农户收入倍增实施意见》，各乡镇（街道）制定《低收入农户收入倍增实施细则》。完成 2013 年度 44 个低收入产业发展项目自查与绩效评估等工作。全县低收入农户人均纯收入达到 7976 元，增幅 15.8%。下山集聚项目完成 600 户、2092 人及 3 个集中小区建设。

【县城农民集聚工程】 2014 年 7 月 15 日，桐庐县政府召开专题会议，下发《县城农民集聚工程及有关政策专题协调会议纪要》（桐政办〔2014〕99 号），启动第三批春江景苑安置工作。通过村申请，乡镇（街道）初审，集聚工程政策组审核，报县政府同意，经媒体公示复核，有 115 户 412 人符合安置房分配要求，春江景苑置换房 135 平方米 96 套、90 平方米 73 套、60 平方米 15 套，在 2015 年完成第三批置换户选房入住工作。12 月 31 日，县政府出台《关于进一步推进农村土地综合整治的实施意见》（桐政发〔2014〕101 号），按照“规划先行、政策引导，农民自愿、稳妥有序”要求，鼓励农民向新农居点和城镇集聚，推进农村土地综合整治项目实施。

【土地承包管理】 2014 年，桐庐县新增流转土地 571 公顷，完成杭州市考核任务 142.75%，土地流转面积 5831.93 公顷，占农户承包面积 43.96%。是年，县级财政下拨农村土地承包经营权流转和规模经营专项补助资金 98 万元。

2014 年度桐庐县农村土地承包经营权流转项目奖补资金汇总表

表 4　　单位：万元

项目类别 / 乡镇（街道）	行政村	规模经营主体	合计
桐君街道	7	4	11
富春江镇	0	6	6
分水镇	4	6	10
瑶琳镇	15	9	24
百江镇	0	6	6
合村乡	3	6	9
江南镇	9	8	17
凤川街道	6	3	9
新合乡	3	0	3
钟山乡	3	0	3
合计	50	48	98

2014年度农村土地承包经营权流转村奖补资金安排表

表5　　单位：万元

乡镇（街道）	单位名称	补助金额
钟山乡	高峰村	3
桐君街道	麻蓬村	3
凤川街道	大源村	3
	三鑫村	3
合村乡	合村村	3
江南镇	凤鸣村（邓家）	3
	青源村（合联）	3
	锦江村（会山）	3
新合乡	新合村	3
瑶琳镇	潘联村	3
	桃源村	3
	东琳村	3
	永安村	3
	后浦村	3
分水镇	儒桥村	4
合计	15	46

2014年度农村土地承包经营权流转规模经营主体奖补资金安排表

表6

乡镇（街道）	单位名称	补助金额　（万元）
桐君街道	浙江旭野农业开发有限公司	4
合村乡	桐庐后溪菜竹专业合作社	3
	桐庐山地蔬菜专业合作社	3
百江镇	桐庐县百江镇玉坤家庭农场	3
江南镇	桐庐荣兴蓝莓专业合作社	3
	桐庐富莲农业开发有限公司	3
	桐庐石联粮油专业合作社	5
瑶琳镇	桐庐毕浦桑果专业合作社	3
	瑶琳镇后浦村种植大户吴正裕	3

续表 6

乡镇（街道）	单位名称	补助金额　（万元）
瑶琳镇	桐庐县六仁中草药家庭农场	3
凤川街道	凤川街道潇富家庭农场	3
分水镇	浙江米奇农业开发有限公司	3
	桐庐鑫兴中药材专业合作社	3
富春江镇	桐庐原乡人农业开发有限公司	3
	芝厦村种植大户钱其德	3
合计	15	48

2014 年度农村综合产权交易奖补资金安排表

表 7

乡镇（街道）	单位名称	补助金额（万元）
桐君街道	麻蓬村	4
合计	1	4

【“三资”监管体系建设】 2014 年，桐庐县所有村均实行村级财务电脑记账并联网，全县农村财务从原有县、乡镇（街道）二级联网提升到县、乡镇（街道）、村三级联网。村集体“三资”内容在村务公开栏、华数电视及阳光村务网实行全方位、无障碍公开。村级财务日常监管实行“网格化”监管。

【“两权一房”抵押贷款工作】 2014 年，桐庐县完成 81610 户农房测绘工作，符合发证条件农房 30597 户，发放农房房产证 9040 本，发放农房抵押贷款 50 户 826 万元；发放农村土地流转经营权证 31 本。桐庐农村合作银行开展农村土地流转经营权证抵押贷款服务，发放林权抵押贷款 19700 万元。

【农村综合产权交易平台】 2014 年，桐庐县农村产权交易平台增设农村闲置房交易业务，引导农村产权资源流转进入产权交易平台进行交易。是年，有 68 条农村集体产权交易信息和 1402 套农村闲置房信息在交易平台上发布，其中有 66 笔农村集体产权交易通过平台成交，成交金额 4846 万元。

【农村集体经济合作社股份合作制改革】 2014 年，桐庐县《关于全面推进农村集体经济合作社股份合作制改革的实施意见》出台，全县 183 个行政村有 181 个村完成了股份制改革工作，完成率 98.91%。

【农民负担监督管理】 2014 年，桐庐县完善农民负担监管长效机制，落实涉农收费文件审核制、涉农价格和收费公示制、村级组织公费订阅报刊限额制、涉农负担案（事）件责任追究制，执行向村级组织收费审核制、村级组织向农民收费申报制等规定，加强农民负担源头监管。全年未发现一起加重农民负担事件。

【村级集体经济发展】 2014 年，实施以发展村级物业经济为主扶持薄弱村发展集体经济振兴计划。全年申报实施 12 个市级物业项目和 23 个县级物业等项目，每个项目补助 5 万至 32 万元，下拨补助资金 536.4 万元。

2014年度桐庐县村级集体经济发展项目补助资金明细表

表8 单位：万元

序号	申报单位	项目名称	投资总额	补助资金		
				合计	其中：	
					县	乡镇
1	旧县街道合岭村	村休闲旅游接待中心	33	12	12	—
2	凤川街道外源村	外源农贸市场	80	20	16	4
3	江南镇金茂村	枝茂旧礼堂改建	60	8	8	—
4	江南镇凤鸣村	板桥旧影院改建	65	20	16	4
5	新合乡松山村	经济林培育	30	8	8	—
6	横村镇柳岩村	老村委大楼翻修	26	8	8	—
7	横村镇板头村	新建集体厂房	227	20	16	4
8	莪山畲族乡莪山村	周田新村综合楼	350	20	16	4
9	钟山乡魏丰村	蓝莓种植基地入股	74.5	7.4	7.4	—
10	钟山乡歌舞村	山核桃基地喷滴灌建设	64.5	10	10	—
11	瑶琳镇后浦村	店面重建	51	20	16	4
12	瑶琳镇高翔村	大礼堂修缮	39	5	5	—
13	分水镇里湖村	标准化厂房建设	210	20	16	4
14	分水镇外范村	村老年活动楼改建	29.8	6	6	—
15	合村乡高凉亭村	木屋建设项目	265	20	16	4
16	合村乡后溪村	综合服务楼	220	20	16	4
17	合村乡岭源村	乡村旅游民宿经济	120	7	7	—
18	百江镇乐明村	茶山改造工程	18	5	5	—
19	百江镇百江村	荒山垦造毛竹林	27.4	5	5	—
20	百江镇双坞村	樱桃基地提升改造项目	25	10	10	—
21	百江镇奇源村	现代果园采摘游项目	35	10	10	—
22	桐君街道梅蓉村	杨梅基地道路整治	110	15	15	—
23	横村镇东南村	新建猪舍及道路硬化	64.5	10	10	—
	—	合　计	2224.7	286.4	254.4	32

【完善现代农业政策】 2014年，桐庐县出台《关于进一步完善政策性农业保险的通知》，增设露地蔬菜、葡萄、大棚西瓜保险和桑蚕特色险4个品种；增设高温干旱责任，调整水稻保险金额及部分险种免赔率，政策向农户倾斜；投保水稻5156.17公顷、能繁母猪5520头，实现“应保尽保”；16个品种保费总额855.64万元，风险保障总额5.23亿元，完成年度任务。

完成乡镇（街道）农村保险服务站组建工作，强化农险服务组织。完善设施用地管理，联合国土、农业部门制定《关于进一步完善设施农用地管理的意见的通知》，落实农业设施用地7宗7269平方米。县财政兑现2014年度现代农业政策奖补资金3198.2147万元。

【推进农村改革创新】 2014年，桐庐县推进区域性农民专业合作社联合社建设试点，完成工商登记桐庐众富农产品、桐庐横村勤优果蔬、桐庐河先水产、桐庐富仁粮油、桐庐颐然竹笋、安健果蔬专业合作社联合社6家。勤优果蔬联合社筹建农村资金互助会列入杭州市试点，6家合作社230户社员认筹注册资金120万元，待杭州市农村资金互助会管理办法出台即可民政注册。组建土地股份合作组织3家。推进村级综合服务社试点扩面工作，深化横村镇阳山畈村、香山村和莪山畲族乡新丰民族村3个老试点村综合服务社建设，引进茶吧、咖啡吧、民宿等项目，增加村集体收入40余万元；新增合村乡高凉亭村、岭源村2个新试点，完成工商注册并正常运行。

【现代农业两区建设】 2014年，桐庐县建成4个省级、3个市级、10个县级粮食功能区，面积817.53公顷；建粮食生产功能区面积1946.67公顷。新增农业特色产业村6个、林业特色产业村9个，改造“菜篮子”基地39.918公顷。中部省级现代农业综合区基本建成，创成省级主导产业示范区5个、特色农（林）业精品园9个。15个县级“一乡一业”园区完成工程总体进度96%，核心区面积760公顷，辐射面积达到2226.67公顷，完成总投资8901万元。新认定省级无公害农产品基地（产地）40个2615.7公顷、省级森林食品基地2个213.33公顷，省级无公害农产品基地（产地）366个，面积24584.67公顷；省级森林食品基地34个，辐射面积32015.17公顷，其中核心区基地8586.9公顷。是年，新增设施农业面积268.955公顷（其中钢架大棚14.181公顷、喷滴灌254.774公顷），钢架大棚、喷（滴）灌节水灌溉总面积分别为114.716公顷、1956.823公顷。

2014年度桐庐县新认定产业特色村

表9

类　别	新认定产业特色村
农业类	钟山乡高峰村（蓝莓）　横村镇双溪村（樱桃）　分水镇后岩村（蚕桑）　富春江镇严陵村（铁皮石斛）　横村镇方埠村（水产养殖）　瑶琳镇大山村（茶叶）
林业类	横村镇九岭村（毛竹）　瑶琳镇东琳村（生态旅游）　分水镇新龙村（生态保护）　分水镇太平村（苗木）　百江镇乐明村（生态保护）　合村乡三源村（山核桃）　莪山畲族乡莪山民族村（高节竹）　江南镇凤鸣村严坞（生态保护）　新合乡新四村（香榧）

桐庐县2014年被认定的浙江省无公害农产品产地
（以浙农专发〔2014〕62号、浙农专发〔2014〕93号认定）

表10

建设单位	产地名称	产　品	认证规模
桐庐县江南镇群群水产养殖场	浙江省无公害水产品养殖基地	水产品	532.5公顷
桐庐增鑫竹业专业合作社	浙江省无公害蔬菜产地	蔬菜	158.7公顷
桐庐壶源蔬菜专业合作社	浙江省无公害蔬菜产地	蔬菜	50公顷
桐庐盘龙茶叶专业合作社	浙江省无公害茶叶产地	茶叶	60公顷

续表 10

建设单位	产地名称	产　品	认证规模
桐庐赵家水产专业合作社	浙江省无公害水产品养殖基地	水产品	208.5 公顷
桐庐湾下农庄	浙江省无公害蔬菜产地	蔬菜	100 公顷
杭州雨樵农业开发有限公司	浙江省无公害蔬菜产地	蔬菜	21 公顷
桐庐县新合乡大畈家庭农场	浙江省无公害蔬菜产地	蔬菜	13.3 公顷
桐庐乐益生猪专业合作社	浙江省无公害畜牧业产地	生猪	1 万头
桐庐县分水镇宏远农庄	浙江省无公害畜牧业产地	生猪	0.152 万头
桐庐惠民农庄有限公司	浙江省无公害畜牧业产地	生猪	0.32 万头
桐庐米奇农业开发有限公司	浙江省无公害水果基地	水果	42.5 公顷
桐庐宏华农庄	浙江省无公害蔬菜产地	蔬菜	100 公顷
桐庐县分水镇采园家庭农场	浙江省无公害蔬菜产地	蔬菜	42 公顷
杭州高峰蓝莓种植有限公司	浙江省无公害水果基地	蓝莓	42 公顷
桐庐横村新义农庄	浙江省无公害蔬菜产地	蔬菜	80 公顷
桐庐富莲农业开发有限公司	浙江省无公害蔬菜产地	蔬菜	20 公顷
桐庐县百江镇萧氏湖羊养殖场	浙江省无公害畜牧业产地	湖羊	0.16 万头
桐庐元子庵农业开发有限公司	浙江省无公害蔬菜产地	蔬菜	72 公顷
桐庐宏伟竹笋专业合作社	浙江省无公害蔬菜产地	蔬菜	30 公顷
桐庐和诚食用菌专业合作社	浙江省无公害食用菌产地	竹笋	50 万袋
桐庐县江南镇炎洪家庭农场	浙江省无公害畜牧业产地	生猪	1 万头
桐庐县莪山畲族乡蕾花香农庄	浙江省无公害蔬菜产地	蔬菜	80 公顷
桐庐县分水镇旭升家庭农场	浙江省无公害蔬菜产地	蔬菜	72 公顷
桐庐深绿毛竹专业合作社	浙江省无公害蔬菜产地	竹笋	76 公顷
桐庐冠华王食品有限公司	浙江省无公害蔬菜产地	蔬菜	20 公顷
桐庐小有天农业开发有限公司	浙江省无公害蔬菜产地	蔬菜	16 公顷
桐庐大自然茶业发展有限公司	浙江省无公害茶叶产地	茶叶	421.33 公顷
桐庐丰源红心猕猴桃专业合作社	浙江省无公害水果产地	猕猴桃	42 公顷
桐庐大源粮油专业合作社	浙江省无公害粮油产地	粮油	34.7 公顷
桐庐翡留香农业开发有限公司	浙江省无公害香榧产地	香榧	67 公顷
桐庐县新合乡钱宝家庭农场	浙江省无公害香榧产地	香榧	44 公顷
桐庐利伟农业生态园有限公司	浙江省无公害畜牧业产地	生猪	1.2 万头

续表 10

建设单位	产地名称	产　品	认证规模
桐庐县城南街道湾里家庭农场	浙江省无公害蔬菜产地	蔬菜	20 公顷
桐庐县分水镇乐鱼农庄	浙江省无公害水果产地	水果	40.8 公顷
桐庐县何家湾家庭农场	浙江省无公害蔬菜产地	蔬菜	17.3 公顷
桐庐宏途水产专业合作社	浙江省无公害水产品基地	水产品	52.3 公顷
桐庐跃英水产养殖有限公司	浙江省无公害水产品基地	水产品	9.07 公顷
杭州大岭图旅游开发有限公司	浙江省无公害水产品基地	水产品	15.2 公顷
桐庐白塔岭农业开发有限公司	浙江省无公害水产品基地	水产品	14.5 公顷

桐庐县 2014 年被认定的浙江省森林食品基地
（浙森认〔2014〕3 号文件命名）

表 11

序　号	建设单位	产地名称	产　品	规模　（公顷）
1	桐庐深萌农产品开发有限公司	浙江省森林食品基地	竹笋	133.33
2	桐庐翡留香农业开发有限公司	浙江省森林食品基地	香榧	80

【农业新型经营主体培育】 2014 年，桐庐县杭州保安康生物技术有限公司、桐庐农家源食品有限公司、桐庐县农业生产资料有限公司、杭州柏阳生态农业科技有限公司被杭州市命名为第十六批市级农业龙头企业；年底，桐庐县共有县级以上农业龙头企业 121 家，其中市级 55 家、省级 3 家。农业龙头企业资产总额 28.71 亿元，其中固定资产 10.61 亿元，固定职工 4913 人，建立或连接县内外农产品基地 1.77 万公顷，联结农户 5.56 万户，其中订单农户 1.43 万户，收购农产品原料 15.71 万吨、价值 15.66 亿元，全年实现总产值 33.71 亿元。全县产值超千万元农业企业 58 家，其中亿元以上企业 10 家。组织 6 家农产品加工企业申报杭州市农产品加工企业新增投资项目 6 个，核定投资 2656 万元。

2014 年，桐庐县新发展农民专业合作社 46 家，合作社总量 489 家，社员 2.55 万户，联结基地 2.67 万公顷，实现总产值 10 亿元。培育县级规范化农民专业合作社三星级 9 家、二星级 5 家、一星级 6 家；桐庐县雪冰云绿茶叶专业合作社、桐庐卢苑茶叶专业合作社、桐庐中门茭白专业合作社、桐庐富春江蔬菜专业合作社、桐庐阳山畈蜜桃专业合作社、桐庐分江蚕业专业合作社、桐庐富恒蛋鸭专业合作社、桐庐康源菜竹专业合作社、桐庐县蚕桑专业合作社、桐庐大庙菜竹专业合作社、桐庐怡合素食品专业合作社、桐庐县肉兔养殖业专业合作社、桐庐龙军竹笋专业合作社、桐庐窄溪蟹业专业合作社、桐庐高凉亭薯业专业合作社、桐庐绿源竹笋专业合作社被认定为国家级示范性合作社；桐庐天蜜蜂业专业合作社、桐庐洪武山辣椒专业合作社、桐庐裕元蜂业专业合作社、桐庐国华竹业专业合作社、桐庐大路粮油专业合作社、桐庐乐益生猪专业合作社被认定为市级规范化农民专业合作社；县级以上规范化农民专业合作社 122 家，其中市级以上 38 家。做好融资服务和税收减免工作，联合农业银行推出规范化合作社社员惠农贷款政策，解决164户惠农贷款803万元；办理80家合作社增值税免税申请，发放“农民办税方便卡”73张。

2014年桐庐县新组建农民专业合作社

表12

合作社名称	工商注册时间	合作社名称	工商注册时间
桐庐和诚食用菌专业合作社	2014-01-07	桐庐富仁粮油专业合作社联合社	2014-06-20
桐庐兴丰粮油专业合作社	2014-02-08	桐庐福云山茶油专业合作社	2014-06-26
桐庐恒大茶叶专业合作社	2014-02-28	桐庐高塘竹业专业合作社	2014-06-27
桐庐昌通特种水产养殖专业合作社	2014-03-07	桐庐兴农中药材专业合作社	2014-07-09
桐庐茆坪粮油专业合作社	2014-03-12	桐庐林明苗木专业合作社	2014-07-18
桐庐罗丝形粮油专业合作社	2014-03-14	桐庐浩海水产专业合作社	2014-07-29
桐庐茂森苗木专业合作社	2014-03-18	桐庐清清水产专业合作社	2014-08-07
桐庐横村勤优果蔬专业合作社联合社	2014-03-27	桐庐佳锦苗木专业合作社	2014-09-18
桐庐丰源红心猕猴桃专业合作社	2014-04-03	桐庐石联粮油专业合作社	2014-09-18
桐庐九公堂粮油专业合作社	2014-04-15	桐庐严坞粮油专业合作社	2014-09-18
桐庐高枧果蔬专业合作社	2014-04-18	桐庐明大水产专业合作社	2014-9-19
桐庐夏洛莱肉牛专业合作社	2014-04-18	桐庐毕浦桑果专业合作社	2014-10-11
桐庐众富农产品专业合作社联合社	2014-05-04	桐庐金茗茶叶专业合作社	2014-10-15
桐庐植源虫草地参专业合作社	2014-05-05	桐庐羽子禽业专业合作社	2014-11-5
桐庐后柏苗木专业合作社	2014-05-09	桐庐泰缘水果专业合作社	2014-11-6
桐庐明显水产养殖专业合作社	2014-05-14	桐庐绿优猕猴桃专业合作社	2014-11-11
桐庐梦唤毛竹专业合作社	2014-05-20	桐庐丰产粮油专业合作社	2014-11-12
桐庐颐然竹笋专业合作社联合社	2014-05-21	桐庐翙岗粮油专业合作社	2014-11-18
桐庐水洋洲粮油专业合作社	2014-05-28	桐庐合岭竹木专业合作社	2014-11-20
桐庐河先水产专业合作社联合社	2014-05-29	桐庐庆军竹笋专业合作社	2014-11-20
桐庐茆源粮油专业合作社	2014-06-03	桐庐安健果蔬专业合作社联合社	2014-11-24
桐庐天露水产专业合作社	2014-06-06	桐庐春娟苗木专业合作社	2014-12-19
桐庐童银蔬菜专业合作社	2014-06-11	桐庐凤潇毛竹专业合作社	2014-12-24

2014 年桐庐县级规范化农民专业合作社

表 13

级别	名称
三星级（★★★）	桐庐众富农产品专业合作社联合社 桐庐勤优果蔬专业合作社联合社 桐庐翰丰山核桃专业合作社 桐庐保安蚕桑专业合作社 桐庐峰坞茶叶专业合作社 桐庐冬桦蜂业专业合作社 桐庐裕元蜂业专业合作社 桐庐大路粮油专业合作社 桐庐绿源竹笋专业合作社
二星级（★★）	桐庐河先水产专业合作社联合社 桐庐九里洲水果专业合作社 桐庐增鑫竹业专业合作社 桐庐严陵粮油专业合作社 桐庐绿洲粮油专业合作社
一星级（★）	桐庐丰阜粮油专业合作社 桐庐大源粮油专业合作社 桐庐芝厦粮油专业合作社 桐庐惠农竹笋专业合作社 桐庐鸿羽家禽专业合作社 桐庐宏伟竹笋专业合作社

【农村市场流通体系建设】 2014 年，桐庐县健全农产品连锁经营网络，新开设县外专卖店 2 家、营销分公司 3 家；培育市级精品专卖店 75 个、展示展销中心 1 个；农产品加工企业、农民专业合作社共开设专卖店（分公司）476 个（其中县外 293 个）、营销专柜 89 个（其中县外 71 个）、9 家企业 60 个产品进入 23 家大小超市，连锁（专卖）销售总额 3.5 亿元，其中县外 2.05 亿元。专卖店分布在上海、江苏、云南等省市以及省内杭州、宁波、温州等地区。

是年，桐庐县 22 家外向型农业企业出口总额 6.72 亿元，产品有蜂产品、肠衣、速冻果蔬、水煮笋、棉纱、木制家具、木制包装箱、蜜饯、活鳗等近 30 个品种，销往日本、东南亚、欧美等国家和地区。组织杭州仙境食品有限公司赴日参加“日本东京国际食品及饮料展（东京）国际农产品食品展”。梳理农业对外招商项目 81 个，编印桐庐农业招商手册，通过区县协作平台引进总投资 1.3 亿元中果公司冻干果蔬项目，到位资金 1000 万元；2014 年共引进县外投资项目 40 个，实际到位资金 13.42 亿元。抓好农业重点项目投资执行监测平台管理，完成农林综合园区、粮食功能区等农业产业、农旅观光基础设施和设备建设投资超 4.5 亿元。11 月 26 日，由县委、县政府主办，桐庐、拱墅、滨江“一县两区”农办承办桐庐农业招商推介会暨投资项目、农产品进杭城签约仪式在杭州市拱墅区举行，杭州市区 50 余家企业和 10 余家客商代表、10 家新闻媒体单位、20 余家旅行社及星级宾馆负责人参加，会上签订 6 个招商项目合作意向，协议资金 4.197 亿元；2 个民宿客源输送合作协议。

【质量品牌提升工程】 2014 年，桐庐县推行标准化生产，起草 2 个市级农业标准，加快“三品一标”认证进程。桐庐山亚食品有限公司（山核桃）通过有机食品认证；桐庐深萌农产品开发有限公司、桐庐山湾湾农业开发有限公司通过绿色食品认证。新增浙江名牌产品1个；中国驰名商标1个、农产品地理标志1个、浙江省著名商标21个、杭州市著名商标4个。桐庐县农产品有中国驰名商标4只、浙江名牌9只、浙江名牌农产品2个、省著名商标14只、杭州名牌24只、市著名商标24只、区域品牌1只、农产品地理标志2个。

2014年桐庐县通过的农业标准认证情况表

表14

企业名称	标准名称	标准编号	标准性质
桐庐县种蜂场	“浙江浆蜂”蜂种繁育技术规程	DB3301/T1033-2014	市级
桐庐县环境保护监测站	农村生活污水处理运维管理规范	DB3301/0042-2014	市级

2014年桐庐县被认定的名牌产品

表15

序号	认定类别	生产企业名称	产品名称
1	浙江名牌产品	桐庐大奇山杨梅专业合作社	奇山源牌杨梅

2014年桐庐县被认定的著名商标

表16

序号	认定类别	商标名称	生产企业名称	核准使用商品类别
1	国家级驰名商标	桐庐雪水云绿茶	桐庐雪水云绿茶产业协会	茶叶
2	浙江省著名商标	深萌	桐庐深萌农产品开发有限公司	笋干、黄花菜、番薯干
3	浙江省著名商标	庞龙	桐庐庞龙食品有限公司	皮蛋、咸蛋
4	杭州市著名商标	窄溪	桐庐窄溪蟹业专业合作社	河蟹
5	杭州市著名商标	田间地头	杭州桐庐欧凯蔬菜专业合作社	蔬菜
6	杭州市著名商标	晨扬	杭州和蜂园保健品有限公司	蜂产品
7	杭州市著名商标	壶源	桐庐雪水云绿茶叶有限公司	茶叶

2014年桐庐县被认定的地理标志证明商标

表17

企业名称	产品（商标）名称	认证级别	证明文件
桐庐雪水云绿茶产业协会	天尊贡芽	地理标志证明商标	商标注册证第11181249号 ZC11181249ZC

【金融信息服务进农家】 2014年，桐庐县培育省级信用乡镇（街道）、村（社区）2个、市级信用乡镇2个、市级信用村7个、市级信用合作社4个、县级信用乡镇1个（分水镇）、县级信用村外范村等7个。2家涉农贷款担保机构2014年度贷款担保总额45.13亿余元，其中桐庐农信担保有限公司施行注册资本扩股和市场化运营，共计为农业企业、合作社和种养大户提供担保贷款179笔20407万元。是年，新增农业技术、办事指南等文字信息4386条。完善杭州市农业影像资料库桐庐分库，累计上传信息167条、视频13个、图片300张。

【农家乐】 2014年，桐庐县组织农家乐经营户及其他相关单位申报省市农家乐创建项目，被认定市级农家乐休闲旅游特色村2个、市级休闲观光农业示范园区（点）2个、三星级农家乐经营户6户；创建市级农家乐集聚体创建项目1个、农家乐精品示范项目2个。

2014年桐庐县创建精品农家乐项目

表18

杭州市农家乐精品创建项目	创建单位	文件号
杭州市农家乐休闲旅游特色村	百江镇奇源村	市农办〔2015〕8号
	旧县街道合岭村	
杭州市休闲观光农业示范园区（点）	富春江镇悦延居人家	
	富春江镇国华驿站人家	
杭州市三星级农家乐经营户	凤川街道纳尼亚农庄	
	合村乡丽景府人家	
	旧县街道江湾农庄	
	分水镇新龙渔庄	
	旧县街道裸心园人家	
	瑶琳镇竹楼人家	
杭州市农家乐集聚体创建项目	江南镇环溪村	市农办〔2014〕115号 杭财农会〔2014〕291号
	城南街道老八野生鱼味馆	
	凤川街道归园田居山庄	

【杭州市农发基金项目】 2014年，桐庐县组织实施杭州市农发基金市县联动项目——超声波浸提蜂胶技术的研究与生产应用，项目实施主体桐庐兴源保健品有限公司，总投资376.67万元，争取市级财政补助资金39万元。

【农展会】 2014年，桐庐县组织农业龙头企业、农民专业合作社和种养大户赴北京、上海、青岛、杭州等地参加2014年年第六届全国优质农产品北京展销周、第十二届中国国际农交会、2014年浙江省农产品农业博览会、浙江（上海）名特优新农产品展销会等农产品展示展销会9次；1月23—26日举办桐庐县第五届迎新春名特优农展会，来自县内外88家企业参展，销售额300万元。

【农产品加工企业污染治理】 2014年，桐庐县完成杭州市“1250”生态建设项目6个，建设污水处理池总容积559.8立方米、人工湿地3处78平方米、氧化塘1个200平方米，污水处理达到国家二级排放标准。

桐庐县2014年杭州市“1250”农村生态建设项目汇总表

表19

项目名称	实施单位	项目概述
农家乐污染治理	杭州大岭图旅游开发有限公司	池容100立方米，湿地30立方米，管网1200米，常规电力微动力污水处理
农家乐污染治理	桐庐奇源溪漂流有限公司	池容76立方米，管网1350米，采用常规电力污水处理工艺
	桐庐新滩农业开发有限公司	池容135立方米，管网1800米，无动力厌氧预处理后循环使用
	桐庐县瑶琳镇清秀园农家乐饭店	池容48.8立方米，管网1000米，湿地24立方米，采用常规电力微动力污水处理工艺
	桐庐何家湾家庭农场	池容80立方米，湿地24平方米，管网1200米，无动力厌氧加人工湿地预处理后循环使用
	桐庐县分水镇南荷农庄	池容120立方米，氧化塘200平方米，污水管网1500米，无动力厌氧加氧化塘处理工艺

【农民素质培训工程】 2014年，桐庐县开展农民培训223期16124人次，完成年度计划的107%。其中，农村“双证制”教育培训35期2787人；农业专业技能培训71期5344人；农村实用人才培训33期1871人；文明素质提升培训48期4549人；农民转移就业培训36期，实现农村富余劳动力转移就业1573人，转移率为92.2%；新选拔认定农村实用人才884名，入库总量11503名。

【农村工作指导员】 2014年，桐庐县2012年9月选派第八批农村工作指导员10月任期结束。许大玮等23人被评为桐庐县第八批优秀农村工作指导员。

桐庐县第八批优秀农村工作指导员名单

表20

类　别	姓　名	派出单位	派驻村
市派指导员	许大玮	市政协	莪山畲族乡莪山民族村
	施钰铖	市安监局	莪山畲族乡沈冠村
县派指导员	楼　毅	县纪委	瑶琳镇皇甫村
	徐永华	县委组织部	合村乡高凉亭村
	方　湍	县国土局	江南镇横山埠村

续表 20

类　别	姓名	派出单位	派驻村
乡镇、街道派指导员	徐晓峰	城南街道办事处	城南街道上洋洲村
	周德刚	城南街道办事处	城南街道金溪村
	谢海根	桐君街道办事处	桐君街道浮桥埠村
	汪来仁	凤川街道办事处	凤川街道柴埠村
	盛　晨	江南镇政府	江南镇横山埠村
	王　华	江南镇政府	江南镇舒川村
	宋伟华	富春江镇政府	富春江镇七里泷村
	汪秋萍	富春江镇政府	富春江镇俞赵村
	赵　丹	横村镇政府	横村镇九岭村
	李　华	横村镇政府	横村镇方埠村
	李传方	瑶琳镇政府	瑶琳镇桃源村
	萧金荣	分水镇政府	分水镇高联村
	汪　敏	分水镇政府	分水镇天英村
	郑　超	百江镇政府	百江镇苎坑村
	张少伟	百江镇政府	百江镇后河村
	雷树言	新合乡政府	新合乡新四村
	江　昱	莪山畲族乡政府	莪山畲族乡莪山民族村
	徐美华	合村乡政府	合村乡岭源村

（杨剑俊）

·农　业·

【粮油作物】 2014年，桐庐县粮食作物播种面积14959公顷，总产量87663吨，每公顷产量5860公斤，与2013年相比，总面积减少549公顷、总产量减少0.22万吨、每公顷产量增加61公斤。推广生产机械化技术（机收、机插）7450公顷、单季稻“五改”（将生育期相对较短品种改为生育期相对较长品种；将迟播迟栽改为适时早播早栽，缩短移栽秧龄；将适当密植改为单本稀植；将以化肥为主重前期施用改为增施有机肥重视穗肥的施用；将水层深灌改为浅湿灌溉）技术5000公顷、水稻强化栽培技术3300公顷。

2013—2014 年桐庐县粮油作物生产情况

表 21

类 别	小 类	2013 年	2014 年
1. 春粮	面积（公顷）	2026.70	2019
	总产量（万吨）	0.59	0.61
2. 水稻	单季稻面积（公顷）	6192	5760
	其中：1. 杂交水稻面积（公顷）	4859	4584
	2. 常规粳糯稻面积（公顷）	1333	1176
	单季稻总产量（万吨）	4.82	4.53
	水稻每公顷产量（公斤）	7788	7862
3. 夏秋旱粮	夏秋旱粮总播种面积（公顷）	7197	7084
	其中：1. 玉米面积（公顷）	1952	1984
	2. 大豆面积（公顷）	2217	2171
	3. 甘薯面积（公顷）	2274	2232
	4. 其他谷物面积（公顷）	230	202
	夏秋旱粮总产量（万吨）	3.52	3.56
	其中：1. 玉米总产量（万吨）	0.92	0.99
	2. 大豆总产量（万吨）	0.89	0.79
	3. 甘薯总产量（万吨）	1.53	1.55
	4. 其他谷物总产量（万吨）	0.19	0.09
4. 油菜	油菜种植面积（公顷）	6000	5984
	其中：双低油菜面积（公顷）	5880	5804
	油菜总产量（万吨）	1.21	1.23
	其中：双低油菜每公顷产量（公斤）	2003	2055

注：春粮面积包含马铃薯

【蚕桑】 2014 年，桐庐县桑园面积 1946.6 公顷，与 2013 年基本持平，饲养蚕种 32275 张，总产茧 1412.7 吨，分别比 2013 年减少 12.6% 和 22.6%；蚕茧总产值 5678.7 万元、平均每张产值 1375 元、产茧 44 公斤，分别比 2013 年减少 9.9%、19.4% 和 11.1%。实施 桐庐县蚕桑产业政策，改造桑园 42.8 公顷，引进强桑一号新品种 23 万株，开展订单蚕户 1506 户，收购方格蔟茧 657.1 吨，每 50 公斤鲜茧价格 1780 元，比草笼茧高 210 元。是年，实施杭州市“山区纯农建设”项目，申报实施瑶琳镇毕浦、分水镇后岩桑园优化改造面积 26.7 公顷。2014 年，根据桐庐县蚕桑产业扶持政策，对桑园发展改造、小蚕共育、茧丝加工企业订单、蚕桑技术队伍建设给予补助，全年发放补助资金 79.58 万元。

【蔬菜】 2014 年，桐庐县蔬菜播种复种面积 6680 公顷，比 2013 年增加 524 公顷，其中非山地蔬菜复种面积 4860 公顷，比 2013 年增加 260 公顷、山地蔬菜复种面积 1820 公顷比 2013 年增加 220 公顷；总产量 21.89 万吨比 2013 年增加 1.65 万吨，总产值 3.39 亿元比 2013 年增加 0.25 亿元。全年蔬菜设施栽培应用面积 386 公顷，

富春江镇溪南无公害蔬菜基地

其中：大棚354公顷，中小棚32公顷；应用遮阳网324公顷，防虫网4.5公顷，杀虫灯410盏；无公害物理防治、性诱剂应用20公顷，滴灌等节水技术应用403公顷。推广蔬菜病虫害绿色防控技术588公顷，推广茭白提纯复壮技术78.2公顷。推广茄子—花菜、苋菜—早熟5号—秋辣椒等高效种植模式和茭白甲鱼套养技术65公顷。

【茶叶】 2014年，桐庐县茶叶总面积4120公顷，茶叶总产量为2600吨，比2013年2050吨增加26.8%，总产值22950万元，比2013年20900万元增加9.8%，其中名优茶产量420吨，比2013年460吨减少8.7%，产值17900万元，比2013年17870万元略增；名茶雪水云绿产量220吨，比2013年280吨减少21.4%，产值15750万元，比2013年15100万元略增。

是年，新发展无性系良种茶园60公顷，改造中低产茶园200公顷，新建县级标准化茶厂4家。2014年推广茶园喷灌、太阳能杀虫灯等设施农业生产技术，组织实施中央财政资金项目（桐庐茶产业提升）、省级现代农业示范园区和省级现代农业发展资金项目各1个；组织实施浙江省精品茶园建设项目2个，组织实施市级纯农增收项目3个。引进、示范、推广茶叶良种4个：中农108、白叶一号、黄金芽、龙井43。

宣传“雪水云绿”品牌扩大品牌知名度。4月20日举办桐庐第三届“全民饮茶日”活动；5月组织参加上海国际茶业博览会，获“中国名茶”评比金奖；6月组织参加在太原召开的浙江绿茶节；12月“桐庐雪水云绿茶”获“中国驰名商标”称号。

【水果】 2014年，桐庐县水果生产总面积4456.83公顷、实现总产量4.96万吨、总产值2.39亿元，分别比2013年减少9.07%、增加5.53%、增加14.90%，其中梨总面积158.67公顷、总产量2.60万吨、总产值1.0亿元，分别比2013年减少17.01%、增加9.70%、增加16.28%；桃总面积882.87公顷、总产量1.07万吨，总产值0.69亿元，分别比2013年减少3.94%、增加12.63%、增加18.97%；西甜瓜生产面积1217公顷、总产量4.54万吨、总产值0.93亿元，分别比2013年略增、增加6.57%、略增。是年，引进推广水果新品种30余个，全县新发展水果面积273.09公顷，主要为桃和猕猴桃、樱桃等小水果；水果生产设施应用面积784.34公顷，其中大棚面积70.4公顷，架材（包括避雨）面积195.13公顷，节水灌溉面积518.8公顷。

完成桐庐钟山蜜梨和阳山畈蜜桃主导产业示范区建设，并通过验收；完成市级经作产业项目实施6个；实施杭州市农业丰收项目2个，其中完成实施1个；实施桐庐县水果现代农业项目13个，新增避雨栽培面积6.81公顷，架式栽培面积21.6公顷；“阳山畈”蜜桃、“桐江”牌钟山蜜梨分别获“浙江省精品展销会”金奖和优质奖；“桐江”牌蜜梨获“浙江省蜜梨评比”金奖和优质奖各1个；“桐江”牌蜜梨和“阳山畈”牌蜜桃入选《2013年度全国名特优新农产品目录》。

【果用瓜、中药材】 2014年，桐庐县果用瓜种植1420公顷，比2013年增加29公顷，总产量4.99万吨，比2013年增加0.06万吨。2014

山地梨园微喷微灌技术

年草本中药材种植面积541公顷，比2013年增加45公顷。主要品种有栝楼、薄荷、石斛、白术、灵芝、元胡、柴胡、前胡等。中药材总产值6695.2万元，比2013年增加1633.4万元。

【水产】 2014年，桐庐县淡水养殖面积1430公顷，淡水水产品总产量8457吨，比2013年增加11.48%，其中淡水养殖产量8095吨、淡水捕捞产量362吨，分别比2013年增加12.01%和0.84%；淡水渔业总产值21635万元，比2013年增加11.50%，其中：养殖水产品20229万元、水产苗种生产248万元、捕捞1158万元。全年推广落实底部增氧技术，混养、轮养、种养结合生态养殖模式和技术等，推广面积957公顷。全年组织实施示范项目23个，带动推广面积300余公顷，扶持科技示范户19户。开展渔技110电话、下乡辅导和技术咨询服务2600余人次，帮助渔农联系落实水产优良苗种230余万尾。

【蜂业】 2014年，桐庐县拥有蜂群数6.55万群，生产蜂蜜7828吨、王浆294吨、蜂蜡196吨、花粉255吨、蜂胶4吨，蜂产品总产量8576吨，全年养蜂生产总值8328万元，比上年增加22.5%。桐庐县部分蜂产品企业已开始瞄准国内电商市场，进军天猫商城旗舰店、天猫超市等，销量有所带动。全县蜂产品经营企业经营蜂蜜580吨、蜂王浆120吨、蜂花粉20吨、蜂胶4吨、蜂蜡12吨，实现经营额4000万元；全县蜂产品加工企业加工销售蜂蜜7000吨、蜂王浆1300吨、花粉320吨、蜂蜡400吨、蜂胶65吨，加工销售产值5.89亿元。全年产业链产值达7.12亿元。其中，杭州碧于天保健品有限公司产值突破亿元，蜂产品加工企业产值上亿元企业增加至三家。

【畜牧生产】 2014年，桐庐县出台《加快发展桐庐县生态畜牧业的实施意见》《桐庐县畜禽养殖禁养区和限养区划分调整方案》，明确畜禽养殖规划布局，对原有畜禽养殖场实施禁养区关停或搬迁、限养区和宜养区限期治理措施，推进生态畜牧业发展、畜牧业转型升级。全县关停畜禽养殖场户610个、25.15万平方米，存栏生猪10.32万头，同比减少20%，出栏生猪20.1万头，同比减少9.34%；存栏家禽92.35万羽，同比减少1.35%，出栏家禽134万羽，同比增加4.23%；存栏羊2.31万只，同比基本持平；存栏牛3050头，同比基本持平。肉类总产量17606吨，同比减少4.76%；禽蛋产量4365吨，同比基本持平。完成2014年杭州市“菜篮子”（肉禽蛋奶）基地生产任务，6家建设单位全年产出肉猪1.95万头、肉禽14.7万羽、禽蛋380吨。推进畜禽良种工程建设，位于富春江镇象山桥村浙江沃德威先种猪有限公司完成建设从美国华特希尔种猪集团引进种猪1100头。

【良种推广】 2014年，桐庐县引进、试验、示范、推广粮油新品种42个、蔬菜新品种21个。开展新品种试验，筛选确定杂交水稻主导品种5个：中浙优1号、中浙优8号、甬优12、甬优15号、甬优9号；常规晚粳稻主导品种为浙粳88；油菜主导品种为浙油50、中双11和浙大619。全年推广省定水稻主导品种4880公顷，其中常规早稻中早39推广40公顷，推广杂交籼稻中浙优1号200公顷、中浙优8号1733.3公顷、甬优9号300公顷、甬优12号400公顷、甬优

15　1300公顷、春优84　66.6公顷、甬优538　40公顷，Y两优689　100公顷；常规优质晚粳糯稻：浙粳88推广 426.7公顷、秀水134推广40公顷，嘉58推广 66.7公顷，绍糯9714　推广　40公顷。推广双低油菜6066.7公顷，普及率97.8%。全县主要农作物良种覆盖率97.5%。

【土壤肥料】 2014年，桐庐县实施农业部测土配方施肥补贴资金项目，全县推广测土配方施肥31200公顷，推广应用配方肥12500公顷、7700吨；实施垦造耕地后续管护市级示范项目15个，面积91公顷；开展2011年度土地整理项目新增耕地后续管理面积97公顷（管理第三年）；开展2012—2013年度22个垦造耕地土地整理项目56.6公顷质量评定；实施桐庐县2010年、2011年、2012年和2013年标准农田质量提升土壤培肥项目建设2466公顷，57个标准农田土地整理项目；实施6个141.6公顷土地整理标准农田补建项目。

【生态能源】 2014年，桐庐县开展4个基本农田地力监测点和8个杭州市农业生态环境监测点建设工作；推广商品有机肥16500吨，使用面积4460公顷；开展浙江省农产品产地土壤重金属污染防治普查，采集分析检测土样146个；发展清洁可再生能源，全县农户新安装使用太阳能热水器3880台，新集热面积7760平方米，农村清洁能源利用率77.5%；实施完成分水镇杭州市农村清洁可再生能源利用工程综合示范乡镇项目建设；在规模养殖场新建沼气池24处，总池容3900立方米。

【植物保护】 2014年，桐庐县粮油作物（水稻、小麦、油菜）病虫草鼠发生面积107733公顷次，其中病害发生14266公顷次，虫害发生73667公顷次，草害发生12667公顷次，农田鼠害发生7133公顷次。全年开展防治面积150047公顷次，其中水稻防治116847公顷次、小麦防治2933公顷次、油菜防治30267公顷次，防治病害35867公顷次，防治虫害85467公顷次，防除草害18247公顷次，农田灭鼠10466公顷次。可挽回粮油损失约19000吨，其中挽回水稻损失约16000吨。

是年，全县开展实施水稻病虫综合防治集成技术5333.33公顷，农药减量控害增效技术实施5333.33公顷，开展水稻病虫统防统治实施2333公顷、蜜桃167公顷和梨树33公顷。示范推广竹筒毒饵站灭鼠新技术84公顷，推广应用溴敌隆等农田统一灭鼠技术10467公顷，农户统一灭鼠71500户，推广应用新型水稻种子处理剂5433公顷。

【生态循环农业】 2014年，桐庐县被确定为浙江省现代生态循环农业整建制推进县。为加快发展现代生态循环农业，制定相应实施方案，推进生态循环农业整建制县创建工作。创建工作以建立畜禽养殖排泄物资源化利用、农作物秸秆综合利用与禁焚、农药废弃包装物回收处理、废弃农膜回收处理机制为重点任务，以中部样板示范区建设为主抓手，以分水示范区建设为辅助带动，在全县范围内培育现代生态循环农业示范主体18个。

桐庐县农业局与桐庐县广播电视台《农民之友》栏目合作制作《农作物秸秆综合利用》《农药废弃包装物回收》宣传片在黄金时间播出，宣传生态农业，提高农民朋友环保意识。在三家农资公司配合下，由农业局执法大队负责实施的农药废弃包装物回收处理工作初见成效。按照“五水共治”决策部署，完善畜禽养殖前期审批手续，做好规模畜禽养殖场整治提升，强化政策引导和执法监管，落实主体责任，推进畜禽养殖污染治理工作。

【粮食功能区建设】 2014年，桐庐县新建粮食生产功能区669.8公顷，建设省级3个222.7公顷（横村镇柳茂畈、百江镇冷水畈、江南镇锦江畈）；市级4个226.8公顷（江南镇彰坞村新庄畈、分水镇里湖村范畈、瑶琳镇元川村元川畈、合村乡岭源村诸家畈）；县级粮食功能区10个354.1公顷；管理与保护已建粮食生产功能区4122.5公顷。在江南镇石阜村、凤川街道梅山自然村、瑶琳镇东琳村、桐君街道阆苑村、合村乡合村村、百江镇百江村建立水稻育秧中心；在江南镇石阜村、凤川街道梅山自然村、新合乡雅坊自然村、桐君街道阆苑村、旧县街道旧县村建立烘干中心，完善社会化服务体系。

粮食功能区建设

【现代农业园区建设】 2014年，桐庐县完成2413.33公顷中部省级现代农业综合区建设，于12月份以92.87分通过省级验收。综合区成为桐庐最大农业区，形成以蜜梨、蜜桃、竹业为主导产业的特色鲜明、优势突出产业体系。3个省级农业精品园（桐庐县分水镇生猪精品园、富春江镇铁皮石斛精品园、凤川街道省级生态甲鱼特色精品园）完成建设任务，通过省级验收。其中分水生猪精品园建设面积80公顷，投资376万元，年总产值2500万元。富春江铁皮石斛精品园建设面积20.13公顷，投资930多万元，产值1000万元。凤川省级生态甲鱼特色精品园建设面积18.67公顷。

【万元亩值示范工程】 2014年，桐庐县按照“高产、优质、高效、生态、安全”要求，以做大做强传统特色农业优势产业为目的，以先示范后推广为原则，完成项目示范建设试点工作。实施11个示范工程项目区159.7公顷，完善项目区基础设施建设，运用新品种、新技术、新设施设备、新模式“四新”技术，各示范点亩产值收益超万元。其中：莪山中门民族村食用菌-茭白-甲鱼丰产模式示范工程亩产值2.8万元、亩净收益2.1万元；百江镇联盟村赵家畈稻鳖生态养殖模式示范工程亩产值2.23万元、亩净收益1.62万元。

【“色彩农业”建设】 2014年，县农业局开展集粮油、水果、水产、蚕桑、茶叶、食用菌、蔬菜瓜果等生态观光农业和农家乐、采摘游、养生游等生态旅游业于一体的“色彩农业”，促进农业增效、农民增收。县农业局整合国家、省、市对农业扶持政策和项目，对“色彩农业”建设进行倾斜扶持。重点实施：荻浦花海基地、瑶琳大洲畈千亩金花、分水大路农业科技示范园和莪山十里风情带等“色彩农业”项目10个，分布主要道路沿线的江南、凤川、横村、瑶琳、分水、百江、富春江和莪山等乡镇；根据各区域产业特色，引导每个建设点开展创意农业、休闲农业、观光农业、生态农业等不同特色 “色彩农业”建设。其中瑶琳大洲畈套种“潇洒桐庐”字样、卡通“红双喜”图案等创意农业游；分水大路美丽田园观光农业游；江南荻浦花海；环溪莲花新农村休闲农业游，推进美丽田园建设。

【“菜篮子”工程】 2014年，桐庐县实施4个杭州市“菜篮子”（蔬菜）类项目（桐庐新合高山蔬菜基地、杭州桐庐大山高山黄花菜基地、桐庐旧县街道常年性蔬菜基地、桐庐和诚食用菌产业基地）。新建“菜篮子”基地面积56.8公顷，提升“菜篮子”基地面积26.3公顷，发展食用菌265万袋（平方尺）。各“菜篮子”基地于10月完成市级验收工作。是年，实施3个杭州市“菜篮子”（水产）类项目（桐庐跃英水产养殖有限公司、桐庐县桐君街道国民水产养殖场、桐庐县江南镇群群水产养殖场），开展标准塘改造、基础设施建设60公顷。

【中低产田改造】 2014年，桐庐县完成城南街道仁智村、江南镇莲塘村、瑶琳镇何宋村、富春江镇茆坪村、横村镇孙家村、莪山畲族乡黄家畈、合村乡高坑下畈、凤川街道翙岗村梅山、钟山乡城下村、新合乡大石畈、百江镇王家畈11个367.4公顷的2013年度杭州市中低产田改造项目，争取市财政扶持资金370万元；完成分水镇天英村看牛畈等县级中低产田改造项目10个，面积334.7公顷，分布在8个乡镇（街道）。

全年杭州市中低产田改造项目首次列入财政资金竞争性分配试点，经第三方中介机构对上一年度实施项目进行绩效评价和市级专家组对本年度拟立项项目实施方案评审，桐庐县获得杭州市财政扶持资金395万元；新申报立项杭州市中低产田改造项目11个，分布在莪山畲族乡沈冠村、百江镇联盟村、分水镇朝阳村、保安村、凤川街道大源村、瑶琳镇毕浦村、东琳村、江南镇横山埠村、新合乡新四村，面积385.9公顷。是年，杭州市中低产田改造项目实施主体首次出现3家农业企业，桐庐县财政从县级低改项目扶持资金中抽出50万元，对立项市级项目给予配套。立项县级中低产田改造项目5个，面积173.3公顷。

【国家支农惠农政策落实】 2014年，桐庐县开展种粮农户(大户)情况调查，做好数据整理、统计、申报等工作，根据文件明确水稻225元/公顷、小麦、玉米、油菜150元/公顷标准，发放中央良种补贴资金243.47万元，受益农户96381户；对种植油菜面积0.3公顷以上种植大户，根据文件明确300元/公顷标准，发放省油菜种植大户直接补贴17.52万元，受益大户146户；对种植水稻、小麦面积1.33公顷以上种粮大户，根据省补贴375元/公顷、市补贴150元/公顷、县补贴150元/公顷(包括配套省每公顷75元)标准，发放补贴资金69.84万元，受益大户56户；分水大路等61家粮油（水稻）专业合作社运作管理规范，根据省补贴375元/公顷、市补贴150元/公顷标准，发放补贴资金188.00万元。

【渔业增殖放流】 2014年，桐庐县开展富春江、分水江渔业资源增殖放流，县农技推广中心实施放流草鱼、鳙鱼等鱼种1357万尾；县渔政管理站实施增殖放流鱼种380余万尾。1月22日至25日，在分水江放流冬片鱼种63.14万尾，其中鳙鱼22.87万尾、鲢鱼16.22万尾、三角鲂24.05万尾；7月5日至7日，在分水江放流夏花鱼种318.28万尾，其中花鱼骨151.66万尾、黄尾密鲴166.62万尾。

【救灾种子储备】 2014年，桐庐县实际储备农作物救灾种子8万公斤（其中玉米种子2.5万公斤、水稻种子5万公斤、蔬菜等其他种子0.5万公斤）。因未发生大自然灾害，储备种子未动用，储备种子经农业、国资部门同意，通过县招投标中心拍卖转为商品粮。

【农产品质量安全监管】 2014年，桐庐县以“保障农业产业发展、促进农民增收、确保不发生农产品质量安全事件”目标，开展蔬菜、粮油、水果、茶叶、畜产品、水产品六大类农产品监督抽检815批次，合格率99.6%；开展基地农产品快速定性检测8378批次，合格率99.8%。开展“三品一标”认证，加快品牌建设步伐。新申报无公害农产品产地认定和产品认证企业30家，其中种植业 20个、畜牧业8个、水产品2个，通过认定无公害基地面积800公顷，通过认证无公害农产品28个、绿色食品1个。开展农产品质量安全“百日严打”专项行动，出动执法人员1560人次，检查农产品生产企业、农资经营网点310家次；开展农产品质量安全宣传教育和技术培训，举办培训班19期1700余人次，发放农产品安全知识、放心农资、农业标准化技术、模式图等宣传资料6500余份。创建省级农产品质量安全放心示范县，达到放心示范县考评标准，完成提交创建认定申请书、创建台

增殖放流

账资料、光盘制作等工作，通过浙江省农业厅考核验收。

【农村信息化与农民信箱】 2014年，县农业局农民信箱发布买卖信息635条，发布“每日一助”信息150多条，农民信箱网上农博会设立摊位242家，加强行政村万村联网工程建设和桐庐农网维护。做好农村电子商务发展引导和政策宣传，新培育农村电子商务青年创业点3个。做好省现代农业地理信息系统建设，完成全县“二区一田”（现代农业园区、粮食生产功能区、标准农田）上图入库工作。

【农业科技进村入户】 2014年，桐庐县开展农业适用技术（绿色证书）培训班71期，培训农民5344人次。2014年3月，县农业局组织开展“为农服务月”科技进村入户宣传活动。3月5日上午，在莪山畲族乡民族文化广场，举办杭州市2014年农业科技进村入户暨桐庐县农业局“为农服务月”活动启动仪式。活动邀请专家及科技人员156人，服务咨询农民2300余人次，发放科技书籍资料110余种11000余份、政策法规资料8500余份，展示新型农机具50余种、新品种50余个、新技术40项，展示农业图板40块，销售种子800袋，赠送良种400袋、防疫消毒物资1.2吨、有机肥和甲鱼饲料12吨；举办适用技术培训班23期，培训农民1200人；现场指导7次，指导农民210余人次；召开座谈会8次，参加人员210余人；现场执法16次，抽检农产品样品34批次；开展政策法规宣传5次；制作《农民之友》栏目5期；媒体报道信息21次。

【农技推广体系建设】 2014年，桐庐县被浙江省农业厅列为农技推广体系改革与建设项目县，补助资金60万元。根据项目要求实施水稻、水果、茶叶、蚕桑、生猪五大示范产业，开展农技人员知识更新培训，提升基层农业公共服务能力；确定主推品种和技术，建立7个农业科技试验示范基地，按1:10的比例配备56名农技人员，培育532户科技示范户；建立“首席专家—技术指导员—科技示范户和科技试验示范基地—农户”推广模式，开展试验、示范、推广。

是年，桐庐县创建瑶琳镇1个省级示范性农业公共服务中心；创建城南街道、莪山畲族乡、钟山乡3个省级非示范性农业公共服务中心；创建瑶琳镇、莪山畲族乡2个杭州市“三位一体”农业公共服务中心示范乡镇。

【农业科技项目建设】 2014年，桐庐县完成杭州市农业丰收项目2个，为粮油作物智能信息化测土配方施肥技术示范与推广、樱桃安全标准化生产技术示范推广。分水镇开展杭州市创新农作制度示范乡镇创建。全年在分水镇大路村实施稻鳖共生模式示范推广、百岁坊村实施黄花菜套种香榧模式、小源村实施中药材－水稻轮作栽培模式示范项目。开展杭州市农业社会化服务项目建设，完成桐庐好利农农资植保服务、乐益生猪标准化生产服务、陈鑫农机全程机械化服务、渔业安全生产及规范养殖服务、强桑1号桑新品种示范推广服务4个杭州市农业社会化服务项目；完成生态高效白茶示范基地建设、樱桃安全标准化生产技术示范推广、蜂病绿色综合防治技术示范推广3个县级首席农技专家项目。

【设施农业建设】 2014年，桐庐县完成桐庐畲洪禽业养殖设施配套、桐庐腾大畜牧养殖设施配套、桐庐仙惠中药材生产设施配套、桐庐油

设施农业园区

桃生产设施配套4个杭州市设施农业配套项目建设，争取杭州市财政扶持资金76万元；完成旧县官路畈蔬菜基地、分水镇儒桥村蔬菜基地、瑶琳镇姚村大洲畈水果基地3个钢架大棚直补项目；建成单体钢架大棚77362平方米，连栋钢架大棚13279平方米；争取杭州市财政扶持资金62.62万元。

【农业技术推广基金】 2014年，桐庐县争取省、市、县三级农业技术推广基金会总资助资金135万元。其中，浙江省农业技术推广基金会5万元、杭州市农业技术推广基金会40万元、桐庐县执行部90万元。完成浙江省农业技术推广基金会项目1个，杭州市农业技术推广基金会项目7个，桐庐县执行部项目16个。其中，稻田套养水产模式2个，废弃利用生态种养模式4个，林园套种2个，新品种、新技术、新设施示范推广14个；实施规模395.8公顷，食用菌50万袋，甲鱼4.9万只，养鱼15.4万尾；示范推广新品种11个、新技术20项，项目收入1846万元，纯收入1287.9万元。其中，桐庐百江农发粮油专业合作社实施"稻鳖共生模式示范推广"项目，获杭州市农业技术推广基金会2014年度优秀项目成果奖。

【农业机械】 2014年，桐庐县农机总动力25.59万千瓦。拥有农用运输型拖拉机1829台、农田作业拖拉机1603台、联合收割机59台、插秧机63台、动力植保机械719台、排灌机械15572台、农副产品加工机械1715台。完成机耕作业面积13029公顷，主要农作物机械化收获面积5677公顷、机械化插秧面积1617公顷、机械化植保面积5333公顷、机械化灌溉面积7929公顷，完成农机运输作业33546万吨/公里，农业生产中农田耕作、排灌、植保、收获等环节基本实现机械化。全年农机经营收入21346万元，比2013年增加2182万元。

【农机管理】 2014年，桐庐县208户农民和40个农业服务组织购买符合购机补助农业机械426台（套），其中耕整地机械103台、种植施肥机械20台、田间管理机械89台、收获机械14台、粮食烘干机6台、农产品初加工机械31台、养殖及其他机具163台，购机金额 682.36万元，财政补助334.01万元。引进、推广高速插秧机18台，在横村、百江、江南等乡镇落实示范点6个，全年实现机插水稻1606公顷；推广油菜联合收割机8台，完成机械收割油菜1006公顷。完成拖拉机驾驶培训3期71人，农田拖拉机操作手培训9期411人。组建农机专业合作社1家，机械化水稻育秧中心1家，粮食烘干中心2家，粮油生产全程机械化示范基地1个，茶叶生产机械化示范基地1个，畜牧生产机械化示范基地1个。

【农机监理】 2014年，桐庐县创建杭州市"平安农机"示范村2个（瑶琳镇后浦村、钟山乡高峰村）、杭州市"平安农机"示范合作社1个（桐庐善良农机专业合作社）。农机警务室全年出动参检人员222人次，检查车辆1676台，排除一般隐患35起。开展"春运"农机安全生产隐患排查治理、"安全生产月"农机安全整治、"打非治违"专项行动、外籍拖拉机整治专项行动，规范农机安全生产管理，实现农机事故起数、死亡人数、直接经济损失三项指标"零增长"。

【动物防疫检疫】 2014年，桐庐县免疫注射牲畜口蹄疫疫苗45.226万头（其中猪408550头、牛羊43710头）、禽流感疫苗226.6454万羽、狂犬病疫苗8.1681万只；使用禽流感疫苗128.925万毫升、猪口蹄疫疫苗81.665万毫升、牛羊口蹄疫疫苗35.27万毫升、高致病性猪蓝耳病活疫苗34.566万毫升。县财政下拨乡镇免疫注射工作经费64万余元。监测猪血样855份，免疫抗体口蹄疫合格率74.04%、猪瘟合格率86.32%；监测禽血样1411份，免疫抗体鸡禽流感合格率85.38%、鸭禽流感合格率89.52%、鸡新城疫合格率84.76%；牛羊O型口蹄疫样本合格95份，免疫抗体合格率73.08%；亚洲Ⅰ型口蹄疫样本合格为119份，免疫抗体合格率91.54%；猪蓝耳病样本合格748份，免疫抗体合格率87.49%。

开展生猪屠宰检疫13.5911万头、生猪产地检疫11.5569万头、家禽产地检疫14.488万羽。未发生区域性重大动物疫情。开展养殖环节“瘦肉精”拉网式排除专项行动，排除生猪养殖场88家，抽样检测动物产品36批次、饲料18批次，违禁药物残留快速检测4050批次；全县未发生重大畜产品安全责任事件。全县建有病死畜禽无害化处理设施（化尸窖）97座、9790立方米，养殖环节无害化处理病死猪13818头、禽6798羽、羊178只，富春江大坝库区打捞并无害化处理漂浮死猪1152头。

【定点屠宰管理】 2014年，桐庐县现有生猪定点屠宰场（点）3个，分别在桐君街道、分水镇和江南镇，全县总屠宰量为13.59万余头，同比上涨6.84%。生猪产品价格区间为：毛猪收购价为10元/公斤—16.2元/公斤，白肉批发价为15元/公斤—24元/公斤，总体平稳。全年屠宰执法检查284次，参加执法人员1451人次，检查经营户（屠宰场）30218家。处理投诉举报19件，一次性办结率达100%。兑现2013年度病害猪及其产品无害化处理财政补助政策，补贴生猪及其产品305.73头、补助款21.53万元，其中：病害猪损失补贴19.57万元，无害化处理费用补助1.96万元，制定《桐庐县生猪定点屠宰场（点）内部规章制度》，发送到企业手中，从制度上规范屠宰场（点）生产行为，稳定市场流通秩序。

【植物检疫】 2014年，桐庐县重大农业植物疫情防控指挥部办公室（桐庐县植物检疫站）开展加拿大一枝黄花防控工作，普查面积1333.33公顷，发生面积11.88公顷；组织春秋2次集中防控行动，春季以药剂防控为主、秋季以挖除为主，防控率100%。普查梨树疫病面积2590.09公顷，普查率100%。普查黄瓜绿斑驳花叶病毒病面积213.9公顷，未发现黄瓜绿斑驳花叶病毒病。调查相关场所，未发现扶桑绵粉蚧危害、红火蚁疫情、葡萄根瘤蚜疫情、甘薯小象甲疫情。

全年，桐庐县植物检疫站加强日常检疫管理，开具从外地调运植物检疫要求书42份次，调运种子42.58吨；开具省内检疫证书2份次，调运种子0.5吨。加强植物检疫检查，联合桐庐县森林植物检疫站对县内种子经营单位、花卉苗木繁育场和苗木市场开展检疫执法检查行动，出动检疫执法人员30人次，检查经营单位43家，检查种子35.4吨、苗木花卉4.6万余株（盆）。开展植物检疫宣传月活动，设立植物检疫知识宣传咨询点1个，接受现场咨询22人次，开展植物检疫知识专题培训3次，张贴悬挂宣传标语10条，通过媒体宣传6次，发送手机短信13000条，发放植物检疫宣传折页2000份。是年，桐庐县重大农业植物疫情防控指挥部办公室荣获2014年度杭州市重大农业植物疫情防工作考核优秀单位。

【农业行政执法】 2014年，县农业行政执法大队开展“绿剑”系列农资打假集中执法行动4次，出动执法检查人员306人次，检查农资监管对象321家次、农产品生产企业（专业合作社）115家次。农业投入品质量送检142批次，合格率93.66%；农产品质量送检271批次，合格率100%。立案查处14起，涉案假劣农资产品11.72吨，案值4.99万元。处理调解因农资质量引起农业生产事故11起，其中种子6起、肥料2起、饲料1起、其他2起，挽回直接经济损失11万元。县农业行政执法大队荣获2013年浙江省农业行政执法绩效考核优胜单位。

【农资企业信用体系建设】 2014年，桐庐县为从根本上规范农资市场秩序，保护农业生产和农产品质量安全，组织农资经营户，开展企业诚信教育，督促遵守有关质量管理、安全管理、诚信经营和连锁经营规章制度，从根本上规范农资市场秩序。对申报241家桐庐县农资经营单位进行农资信用等级评定，评出2014年度桐庐县农资守信企业3家、桐庐县农资守信经营户46家。组织8家农资企业和8家农产品生产单位进行杭州市级信用单位申报，其中6家农资企业被评为A级农资信用单位，1家被评为B级农资信用单位。

【农资监管与服务信息化建设】 2014年，县农业行政执法大队依托省农资监管与服务系统，推进农资监管方式和经营模式转型升级，10家农资店建立农资实名销售系统和服务服务系统。全县90家农资经营单位（约占现有实际农资经营单位 50%）建立农资监管与服务信息化系统，对农资产品全部进行审核备案，农资经营企业和农资产品 90% 以上录入数据库。

【农药废弃包装物回收处置】 2014 年，桐庐县根据浙江省农业厅办公室《浙江省农药废弃包装物回收处置试点实施方案》文件要求，开展农药废弃包装物回收处置工作。6 月，桐庐县人民政府出台《桐庐县农药废弃包装物回收处置工作方案》，在莪山畲族乡开展农资经营网点折价回收；在全县部分“三品”基地和粮食功能区开展农药废弃包装物无偿回收；在部分乡镇开展清洁田园工作。回收农药废弃包装物 21.98 吨，其中莪山畲族乡销售农药 4.2 万件，回收农药废弃包装物 3.6 万件，回收率 85.7%。回收农药废弃包装物调运至杭州立佳环境服务有限公司进行无害化处置。

【渔政管理】 2014 年，桐庐县组织渔政执法检查 145 次，参检人员 625 人次，检查渔船 985 艘次，没收电瓶、网具等 6 只，罚款 2800 元。4 月 11 日桐庐县渔政站警务室挂牌成立。6 月起，对全县捕捞渔船进行船检，登船检验率 100%。加强渔业安全生产监管，全年没有发生安全生产事故。举办安全生产知识培训，受训渔民 290 多人；与持证渔船签订安全生产承诺书 133 份；巡查 61 次，参加检查人员 237 人次，消除安全隐患 5 次；工作组到重点渔村开展安全检查 5 次。对 133 艘捕捞渔船审核，于 2015 年 2 月 12 日将 2013 年度捕捞渔船油价补助款 64.22 万元以银行转账方式发放到捕捞渔民手中。全年未发生初级水产品质量安全事故。

（刘 文）

·林 业·

【概况】 2014 年，县林业局以“建设生态林业、发展富民林业、倡导人文林业”为核心，抓生态建设，抓产业发展，抓资源管护，抓林业服务，成功举办浙江省森林城市（城镇）创建工作现场会、杭州市林业科技周、“桐庐百姓日”书香换花香活动，安全度过第 27 个森林防火期，完成国有林场改革。全年完成绿化造林 1000 公顷，森林抚育 1333.33 公顷，平原绿化 300 公顷，全民义务植树 48 万株；新增林权抵押贷款 4213 万元。是年，荣获 2014 年省平安林区县、省县级林业工作先进集体、2014 年度“天堂山水”门户网站信息宣传工作十佳单位、2014 年度杭州市林业工作目标责任制综合考评一等奖、2014 年度杭州市林业有害生物防治目标管理二等奖；成功申报彩色健康森林示范县和全省首批森林休闲养生建设试点县，彩色健康森林建设经验在全省推广。分水镇荣获浙江省森林城镇称号。

【林业三大产业发展】 2014 年，桐庐县完成林业产业造林 706.33 公顷，其中：香榧 73.67 公顷、山核桃 101.6 公顷、竹林 249.93 公顷、油茶 39.27 公顷，其他 241.47 公顷；发展毛竹高效示范基地建设 166.67 公顷；完成幼林抚育面积 832.93 公顷，其中山核桃 316.07 公顷、香榧 351.67 公顷、油茶 165.2 公顷。是年，新建珍贵树种面积 26.67 公顷，改培 40 公顷。

【珍贵大树进村和“色彩林业”建设】 2014 年，桐庐县完成 149 个村庄每个村庄种两棵珍贵大树工作，县财政三年时间投入 2000 万元完成 402 个自然村珍贵大树进村工作。创建林业产业特色村、森林资源保护特色村、森林旅游发展特色村 10 个。编制《桐庐县色彩林业建设总体规划》，报县政府第三十四次县长办公会议批准实施，安排每年 600 万专项资金，用于彩色森林建设工程。会同县财政局制定《桐庐县发展色彩林业资金扶持实施办法》，指导乡镇开展 2015 年度色彩林业项目规划和申报。全县完成色彩林业（彩色森林）建设面积 60 万平方米。

【平原绿化和森林抚育工程】 2014 年，县林业局结合“三江两岸”景观林带和“四边三化”工作，全面推进平原绿化，完成万亩通道沿线林相改造，105 公里河道、公路绿化。实施平原绿化 300 公顷，实施以分水江沿岸为重点涉及分水镇、瑶琳镇、横村镇、旧县街道和富春江镇等“三江两岸”景观带建设工程建设 25.4 公里、面积 59.4 万平方米。完成森林抚育面积 1469.93 公顷，其中定株补植 204.6 公顷，生长伐 23.2 公顷、割灌除草 575.53 公顷，卫生伐 105.27 公顷、疏伐561.33公顷。

【林业项目建设】 2014年，桐庐县高标准完成2012—2014年中部省级农业综合区林业园区建设，通过省级验收；完成2014年度浙江省级林业山核桃示范区及红豆杉特色精品园建设，3个杭州市级菜篮子工程建设项目（桐庐国华竹笋森林蔬菜基地建设、桐庐蕾花香高节竹笋森林蔬菜基地建设、桐庐大溪青笋竹森林蔬菜基地建设），2个杭州市级社会化服务项目（竹笋产供销一体社会化服务、青笋栽培和加工社会化服务），5个杭州市级林业设施配套项目（瑶琳菜竹设施推广、瑶琳舒家竹笋设施推广、横村风联毛竹设施推广、新合毛竹设施推广、分水合村香榧设施推广）。规划实施浙江省级林区道路建设130公里，杭州市级林区道路建设53公里，桐庐县级林区道路建设70公里。2012年浙江省木本油料产业提升项目（油茶）第一、第二批通过省级验收。开展桐庐县食用林产品安全百日大行动，对山核桃土壤、干果、林产品开展监测工作，抽检两个新申报森林食品基地土壤和水样，评价两个复认森林食品基地。完成复审两个基地（瑶琳舒家毛竹专业合作社的毛竹、富春江的桐庐天润毛竹专业合作社的毛竹），申报4个杭州市无公害农产品（桐庐祝华农业开发有限公司的竹笋、桐庐深萌农产品开发有限公司的早竹笋、桐庐绿源竹笋专业合作社的毛竹笋、桐庐县琴溪山茶油专业合作社的山茶油）。

【公益林管护】 2014年，桐庐县实施公益林阳光工程，建立公益林阳光网站，发放生态补助，向社会公开；开展浙江省级公益林扩面相关工作，完成第一阶段全县省级公益林扩面意愿摸底调查工作，全县拟扩面省级公益林23936.73公顷，其中杭州市级公益林扩面11185.6公顷，桐庐县级公益林扩面5620.67公顷，商品林扩面为浙江省级公益林7130.47公顷。开展生态定位站日常维护和监测工作。开展二期护林员巡查考勤系统建设，加强全县230名护林员的监管和考核。指导瑶琳镇、分水镇、新合乡完成浙江省市级公益林调整工作。

【科技兴林】 2014年，桐庐县完成中央财政与省级林业推广项目《高节竹多季笋研究和示范基地建设》和《山核桃生态高效栽培集成技术推广示范》，组织申报浙江省林业科技推广项目《香榧高效栽培与林下复合经营技术示范》。与杭州市林科院、中国林科院亚林所专家合作，开展高节竹“黑笋”改“白笋”项目研究推广；完成《桐庐县林下经济现状和发展对策》调研。开展林下经济林果、林禽、林畜、森林景观利用等多个模式典型调查，申报实施旧县街道竹林下套种多花黄精省级林下经济发展资金项目。是年，完成林业技术培训8期，培训林农480人次，发放资料3500余份。

【森林消防】 2014年，桐庐县第27个森林防火期发生森林火情80起，未发生森林火灾，实现“无人员伤亡、不发生重特大森林火灾和森林火灾受害率控制在1‰以内”三大目标。12月24日，举办桐庐县森林消防扑火演练，全县17支森林消防队伍参加。在城南街道湾里村、大奇山国家森林公园等新组建13支村级森林消防队伍，在横村镇新组建桐庐县专业森林消防队伍，在武警中队新组建桐庐县应急森林消防队伍，配备高压水泵等专业消防器具和设备。广播电视新闻报道132条有关森林消防动态，

森林消防演练

制作森林消防专题节目52期，森林防火公益广告1则、播放4350条次；全县悬挂防火宣传横幅200余幅，张贴防火宣传标语2500余条，所有森林消防车辆进山入村进行巡回宣传。向各级政府争取资金498万元，开展“一高五小”山地抗旱和森林消防基础设施建设，在全县墓区开展防火林带工程建设、墓区森林消防集雨水桶和蓄水池安装建设及墓区集中燃烧房燃烧池建设。在全省率先建立森林火灾扑救有偿增援应急处置机制，制定《森林火灾有偿增援扑救办法》，在浙江全省推广。

【林业有害生物防治】 2014年2月，桐庐县被划为松材线虫病疫区，全年林业有害生物发生面积416.47公顷，成灾率控制在杭州市要求0.77‰以下，无公害防治率100%，测报准确率99.2%，种苗产地检疫率99.1%，“四率指标”符合上级相关要求。开展松材线虫病除治：注射免疫剂20000瓶，清理枯死松树及枝丫10892吨，其中松材线虫病发生区清理789吨，清理面积2357公顷；完成松林林分改造380.07公顷，安装十字交叉板型松褐天牛新型诱捕器430套；在瑶琳后浦、高翔等地喷洒1.5%噻虫啉微胶囊粉剂防治松褐天牛，计360公顷。开展“绿剑”检疫执法专项行动，检查涉木企业200余家、涉松加工企业12家、松木使用企业20余家，联合执法6次，查处违法案件8件，对定点除害企业实现监控全覆盖。高翔、窄溪临检点检查涉及松木车辆2182辆，处理松木调运违章140次，与33家新建建筑工地签订《松材线虫病承诺书》。是年，举办现场培训会4次，开展病虫害技术服务100余次，发放病虫害宣传资料2000余份。

【林业行政执法】 2014年，县林业局开展“雷霆一号、三号”“禁种铲毒”“天网行动”“利剑行动”等系列专项行动，查处乱砍滥伐林木、乱占滥用林地、乱捕滥猎野生动物、违章运输等案件。全年林业派出所接处警199起，立案34起（其中刑事案件10起，林政案件24起），结案查处36起（其中刑事案件11起，林政案件25起），追究14人刑事责任，收缴罚款34万余元。办理林业行政许可9564份。全年检查车辆 3084辆，检查木材39278立方米，巡查投入267多人次，行程3650余公里，查处违章运输木材案件10余起，处罚木材35.5立方米，罚没款2.23万元，无一起行政投诉。组织开展林地专项整治行动，出动警力160余人次，破获非法占用林地案件13起，罚款25万余元，移送起诉4人。

【野生动物保护】 2014年4月，县林业局开展以“鸟语花香 共享生态文明”为主题的野生动植物保护宣传月暨“爱鸟周”宣传活动，发放宣传资料3000余份；运用宣传横幅、LED电子宣传屏、微信微博、现场咨询等形式开展爱鸟护鸟理念宣传，在大奇山国家森林公园、瑶琳国家森林公园悬挂鸟箱60余只。对县城农贸市场、宾馆、饭店及野生动物养殖场开展多次联合执法检查，没收非法经营野生动物，其中，青蛙25公斤、一般保护蛇类60公斤，拆除、销毁捕鸟网10副，没收铁夹8只，救助斑头鸺鹠、白鹇、松雀鹰等国家级保护动物。开展甲型H7N9禽流感疫病监测防控工作，发放疫源疫病防控知识宣传挂图、防控宣传单2500余份，处理单位和市民举报鸟类意外死亡事件6起。开展浙江省陆生

“爱鸟周”宣传活动

野生动物经营利用核准证、浙江省野生动物驯养繁殖许可证、浙江省野生动物猎捕证年度验审工作。

【森林资源管理】 2014年，桐庐县办理林地征占用审核审批18件，面积33.1806公顷，收缴森林植被恢复费195.0969万元；开展林地征占用监督检查工作，查出违法征占用林地8起，面积1.33公顷。9月启动2014年林地变更调查工作，完成招投标工作。落实2014年度森林采伐计划，建立“禁一般，限必须”林木分类禁伐机制，年采伐4.2万立方米，比上年度缩减40%。开展病危古树名木补充调查工作，发现40株需要救护古树名木，采取保护措施；启动最美古树寻找工作，优选5株“桐庐最美古树”参选“浙江最美古树”活动；开展桐庐县第二次重点保护野生动植物资源调查工作，发现桐庐县新记录保护植物3种（细果秤锤树、长序榆、圆柏）。对全县11种重点保护野生植物人工培植资源情况开展调查，主要为南方红豆杉、银杏、铁皮石斛等，面积176.26公顷。是年，在白云源景区发现江西全唇苣苔分布点2个，植株115株，建立江西全唇苣苔保护点，开展其原生境调查，被浙江省林业厅纳入小物种保护专项；完成森林增长指标年度考核自评，实现森林覆盖率、林木绿化率“双增”目标；开展古树名木二维码试点工作。全年，办结涉林信访63件，阶段调处山林纠纷1件。

【湿地保护管理】 2014年，桐庐县根据浙江省林业厅相关通知要求，开展湿地保护规划工作，12月2日完成县级湿地保护规划编制招标，成立湿地保护工作联席会议制度。完成湿地资源调查和县级湿地保护名录整理，公布桐庐县首批县级湿地名录三个（分水天溪湖湿地、合村瑶溪湿地和横村孙家三宝畈湿地）。是年，县林业局与国家局华东院一起开展富春江湿地公园的现状调查、可行性分析、规划编制等前期工作。

【集体林权制度配套改革】 2014年，桐庐县完成“均股均利”形式集体林权制度主体改革任务，11月底完成对各乡镇检查验收工作。9月9日印发《关于开展林权抵押贷款情况检查的通知》，开展检查工作，确保2013年度森林资源资产抵押贷款财政贴息资金落实拨付（省财政贴息105.3万元）。9月22日印发《桐庐县林权流转和抵押管理办法（试行）》，完善和实行经营权流转证制度，制定科学管理流程，印制《桐庐县林地经营权流转证》500本。9月23日印发《桐庐县组建林业股份制合作组织试点工作方案》，12月成立桐庐县首家毛竹股份制合作社（潇源村毛竹股份制合作社）。全年登记林权抵押贷款35笔，完成林权抵押贷款4213万元，抵押山林面积973.13公顷，累计林权抵押贷款超亿元。

【国有林场改革】 2014年，县林业局编制《桐庐县完善国有林场改革方案》，经政府常务会议通过，由县人民政府批复实施，完成国有林场改革。在县林场增挂“国有生态公益林保护站”牌子，维持林场现有自收自支林场编制人员10名性质不变；采取“政府购买服务”方式，10名自收自支人员参照事业单位标准由财政全额补助。

【林权信息化】 2014年，县林业局对分水和瑶琳两个乡镇林权信息化存在问题进行纠错，完成全县14个乡镇（街道）信息化图纸校对和修改工作，修改数据6万条，上传36张图纸到浙江省林权监管平台，均可进行查阅使用。

【全民义务植树和绿化造林】 2014年，县林业局结合“五水共治”“三江两岸”“四边三化”“色彩林业”等工作，开展全民义务植树活动30余次，建立义务植树基地29个，16.3万人次参与活动，义务植树48万株，义务植树尽责率91%，建立全民义务植树基地面积30.67公顷，提高义务植树成效。

【林业科技周活动】 2014年8月，由杭州市林水局、桐庐县人民政府、杭州市林学会主办以“创新科技惠及民生，助推杭州两美建设”为主题的第六届林业科技周在桐庐开幕。8月22日，开展山核桃林地测土配方施肥技术培训和杭州市林业科技发展及林业长夜技术创新与推广鼓舞团队创建座谈会，向桐庐县山核桃种植大户赠送科技致富书籍。

【书香换花香　欢度百姓日活动】 2014年5月6日，县林业局在第三届“桐庐百姓日”中，以

百姓日换花

“书香换花香、欢度百姓日”为主题，在县城中心广场、桐君街道迎宾社区、瑶琳镇桃源村、江南镇深澳村、富春江镇茆坪村、横村镇双溪村、莪山畲族乡龙峰民族村7个活动点开展书香换花香、换购书籍捐赠、微博微信互动及林业科技咨询服务四大板块活动：发放月季、栀子花、吊兰、百合、海棠等花卉盆栽5000盆，种子2000份，收集图书1200册，捐赠给百江镇翰坂村文化礼堂；开展常见绿化植物种植、养护指导、林业技术咨询、彩叶植物知识宣传、林技专家服务卡发放等活动，发放林业宣传资料3000份、林技专家服务联系卡1000份。

【教育实践活动】 2014年，县林业局开展党的群众路线教育实践活动，全局66名党员，7个党支部参加教育实践活动，参与面100%。开展学习讨论会60余次、意见征集座谈会9个，发放调查问卷150份，征求和查找出党委班子意见建议89条次，开展谈心谈话120余人次，7名党委班子成员对自身问题查摆剖析，新建《林业局党委会议事规则》《林业局党员干部操办婚丧喜庆等事宜的纪律规定》及首问责任岗、基层走亲、领导值月等制度。

【森林旅游】 2014年，县林业局以两大国家森林公园为依托，把森林旅游作为重点产业发展方向，通过森林抚育、珍贵树种补植和国家储备林划定等生态建设，发展生态产业。是年，大奇山针阔混交林入选“浙江最美森林”，荣获“2014年度浙江最佳避暑胜地”称号；大奇山国家森林公园接待游客28.6万人次，营业收入1199.7万元，创历史新高。

（林　玲）

·水利水电·

【概况】 2014年，县水利水电局完成水利工程总投入2.47亿元。实施富春江干堤加固二期工程，新建堤防2.37公里；完成市级中小河流治理项目26公里、小流域综合治理6公里；完成4座水库除险加固、7座山塘和18座万方以下山塘综合治理任务；完成小流域水土流失治理项目2个，治理水土流失面积24.4平方公里；完成农村河道整治85公里；完成22个村15360人口农村饮水安全提升工程建设；完成101.41公里中央财政小型农田水利重点县建设任务，新增节水灌溉面积1346.67公顷。是年，桐庐县获评浙江省首批“清三河”达标县，获全省省级河道长效管理考核一等奖；桐庐县水利风景区正式被水利部授牌为国家水利风景区。

【农村安全饮用水】 2014年，县水利水电局制订《桐庐县农村饮用水工程提升改造实施意见》；编制《桐庐县农村饮用水工程调查情况汇报》《桐庐县农村供水安全保障应急预案》，开展农村供水长效管理考核工作。完成百江镇联盟村、松村村、小京村、百江村；莪山畲族乡龙峰民族村、塘联村；合村乡高凉亭村；横村镇元村村、湾下村、凤联村；桐君街道梅蓉村；新合乡新

江南镇大坞桥水库除险加固在建中

合村、新四村、新民村；瑶琳镇毕浦村、琴溪村；富春江镇芦茨村、大庄村；分水镇新龙村、小源村；凤川街道潇源村；旧县街道合岭村等11个乡镇（街道）22个村15360人口农村饮水安全提升改造工程，总投资880.7万元。

【水库除险加固】 2014年，县水利水电局水库除险加固建设有瑶琳镇白塔岭（续建）、江南镇大坞桥、城南街道小青龙、分水镇桐坑坞等4座水库，总投入2398万元。

【临村山塘整治】 2014年，县水利水电局投入1303万元对7座1万—10万立方米山塘进行整治。完成瑶琳镇坑毛坞、斜殿塘、蒋家岭，横村镇喻家坞，旧县街道田湾里、小坞，城南街道螺尖塘等7座临村山塘综合整治工作。是年，县水利水电局投入453万元对百江镇百江村朱门山塘，城南街道金中村黄蛇形山塘、春江村剪一水库渡槽、金牛村官塘山塘，分水镇朝阳村怪坞山塘、砖山村尖刀坞及何宅坞山塘、塘源村荷家所山塘、三合村柿坞山塘，合村乡岭源村高家垅山塘，横村镇元村村坟家山山塘，桐君街道浮桥埠村小岭坞山塘，瑶琳镇琴溪村卸坞里和琴溪山塘，莪山畲族乡龙峰民族村岭脚山塘，凤川街道园林村风龙车边塘和上喻下荷花塘，富春江镇上四村横坞山塘、俞赵村后山山塘，江南镇彰坞村朴基坞山塘进行整治。

【全国小型农田水利重点县建设】 2014年，县水利水电局完成江南镇、凤川街道和城南街道小农水重点县建设项目。完成灌溉、排水渠道改造101.41公里，新增节水灌溉面积1346.67公顷，完成批复总投资3464万元。是年，桐庐县第四批中央财政小型农田水利重点县（旱涝保收高标准农田建设示范县）项目实施涉及横村镇、富春江镇和旧县街道三个镇（街道）29个行政村，总投资3468万元，改造渠道长度76.3公里、排水沟道23.88公里，渠系建筑物配套改造108处（含8处涵闸），总面积1580公顷，新增旱涝保收高标准农田1366.67公顷。截至年底项目进度达40%。

中小河流治理（旧县街道上峰上毕桥）

【中小河流治理】 2014年，县水利水电局完成瑶琳镇何宋村、大山村、高翔村防洪堤，百江镇双坞溪防洪堤、冯家防洪堤、罗溪奇源段防洪堤，横村上塘村杨梅山堤防、凤联村村口堤防、大坑溪西山岭堤防，莪山畲族乡莪溪堤防、沈冠村段堤防，桐君街道双溪花厅段堤防，分水镇塘源村堤防、东溪堤防，旧县街道旧县村上峰上毕桥堤防，富春江镇芦茨溪茅坪段堤防，合村乡合村村琅玕堤防整治工程，莪山畲族乡龙伏溪堤防工程等11个乡镇（街道）23处市级中小河流治理项目26公里，批复投资5138万元。是年，完成新合乡的高峰堤防，莪山畲族乡大岭脚溪堤、龙伏溪防洪堤、潘山桥防洪堤治理，桐君阆苑双溪河道整治，凤川潇源村桃岭阔坞里防洪堤堰坝工程，富春江大庄溪大庄村桥下堤防、芦茨溪石舍自然村前堰坝，旧县合岭村上尹峰至尹峰溪段，横村后岭村防洪堤工程、凤联溪里村段河道整治，百江后河村防洪堤工程、金塘坞村金塘坞溪治理工程、百江村堤防工程、东辉村堰坝工程、郭村村坑口溪治理工程，合村乡高凉亭村马鞍防洪堤修复工程、瑶溪村堤防工程，分水高联防洪堤工程、徐桥苦子坞口防洪堤，瑶琳镇百岁村潘村南湾坞口堤防工程、琴溪高翔村段堤防工程（石青），江南青源溪青源段河道治理工程等23处小流域综合治理，批复投资1354万元。

桐庐县富春江干堤加固二期工I标段—柴埠村段

【富春江干堤加固二期工程】 2014年，县水利水电局实施桐庐县富春江干堤加固二期工程建设，完成滩头至柴埠段堤防2.37公里建设，总投入4928万元。

【农村河道综合治理工程】 2014年，县水利水电局完成农村河道整治85公里，项目涉及象山桥溪、俞赵溪、毕浦溪、大源溪等41处85公里，采取河道清淤、护岸整治等措施，批复投资2445万元。

【富春南渠主城区段提升改造工程】 2014年，县水利水电局完成富春南渠排污口调查、设计方案编制以及工程监理招投标，6月底开工建设，重点实施主城区段渠道清淤工程、防汛物资仓库及乔林排涝站改建，完成年度投资650万元。

【防汛防台工作】 2014年，桐庐县人民政府防汛防旱指挥部完善分级分部门防汛岗位责任制；健全基层防汛体系，落实374名小型水库巡查员、244名山洪灾害预警员、183名地质灾害监测员、215名气象信息员巡查员；开展汛前大检查，排除安全隐患，出动汛前检查人数1137人，检查防洪堤450公里，水库365座，水闸119座，排灌机埠水电站101处。排查出存在隐患防洪堤31.5公里，水库38座。主要险工险段57项；加强应急联动，储备草包13000只，编织袋100000只，土工布5400平方米，救生衣1400件等，以及机械、水泵、电缆、发电机、桩木、砂石料等；抢险设备冲锋舟3艘，运输车辆6辆，挖掘机5台，推土机3台，自卸车6辆，水泵130台等；组建县级、乡级、村级防汛抢险队伍26个，总人数422人。据统计，汛期全县大中型水库拦蓄洪水3979万立方，其中分水江水库入库洪峰流量1217立方米/秒，拦蓄洪量2811万立方，削峰率36%；肖岭水库最大入库流量104立方米/秒，最大下泄流量74立方米/秒，拦蓄洪量1168万立方，实现全县安全度汛。6月17日入梅后，全县14个乡镇(街道)不同程度受灾，造成直接经济损失766万元、受灾人口1000人。其中农业直接损失137万元，农作物受灾面积102.33公顷；损坏堤防28处2.85千米，堤防决口11处0.13千米，损坏护岸6处，冲毁堰坝6座，水利设施直接经济损失407万元。是年，完成涉及14个乡镇（街道），104个水毁修复工程项目，总投资652万元。

【水政执法】 2014年，县水政监察大队全年共计出动巡查450余次，出动人员1300余人次，接举报378件，现场处理违法行为48起，立案查处违法采砂案件23起，违法涉河建筑案件2起、移交公安机关处理1起、罚没款共计39万元；制定《瑶琳镇辖区内采砂管理联动机制方案》，成立瑶琳镇辖区内联动形机制队伍；加强砂石管理，建立所属乡镇提出书面申请，报县政府常务会议讨论批复的审批制度，明确桐庐县河道砂石资源疏浚权限、砂石处置等事宜，理顺部门之间在砂石管理上职责、权限。

【水土保持管理】 2014年，县水利水电局执行水土保持“三同时”制度，审批水土保持方案36件；加强水土保持宣传，提升全民水土保持意识；实施歌舞溪、九岭溪小流域水土流失治理项目，完成水土流失治理面积24.4平方公里，封育治理面积1898公顷，完成批复投资962万元。

【水资源管理】 2014年，县水利水电局完成《桐庐县水资源保护规划》编制工作，10月份通过由省、市评审；完成2万方以上取水企业实时监控系统建设，共完成富春江水力发电厂、杭州达利富丝绸染整厂等43个监控点，接入省、市实时监控系统网络平台。全年征收水资源费487.3万元。

【生态河道管理】 2014年，县水利水电局全面实施河长制，在83条河道显要位置竖立310块河长公示牌以及在县主要媒体上公示全县主要河道河长信息及河长职责，接受社会监督；编制完成“一河一策”水环境整治方案，实施《河长制考核细则》，建立“一月一通报，一季一考评”河长制管理工作机制，获评全省河道考评一等奖。对全县各河道实施保洁工作，富春江分水江城区段河道保洁投入100余万元；分水江库区河道保洁投入50余万元。是年，桐庐县创新河湖管护体制机制工作，以分水江河道堤防管理站为示范点，在流经分水、瑶琳、横村、旧县4个乡镇（街道）建立河道堤防管理站，由各乡镇（街道）工作人员兼任站长，向社会公开招聘专职养护人员。

【水利工程建设领域制度建设】 2014年，县水利水电局出台《桐庐县水利水电工程建设施工企业考核细则》，制定《桐庐县小微型水利工程建造员管理办法（试行）》，联合县纪委（监察局）、财政局、审计局和招管办下发了《桐庐县小微型水利工程项目建设管理办法（试行）》，首次开展小微型水利工程建造员培训考试及录用工作，录用203名小微型水利工程建造员，聘任5名小微型水利工程义务监督员。

【小水电管理】 2014年，县机电管理站强化安全生产管理，开展安全生产大检查，完成五里亭、毕浦、肖岭二级和龙门四座电站安全生产标准化创建工作，提升水电行业监管水平；加强小型机电排灌工程项目建设，对象山桥国道边灌溉机埠、七里泷柴塘里灌溉机埠等20处运行年限长、投入330万元对设备老化泵站水闸进行更新改造。是年，全县农村小水电站67座，总装机8万千瓦，全县上网发电量20438.2万度 。

【水行政审批】 2014年，县水利水电局凡政府投资的水利工程超过200万元施工标和50万元以上的监理标均纳入施工企业项目（技术）负责人提交养老保险证明和中标后采用“生物识别技术”管理。全年办理行政许可30件；非行政许可452件；出具联审会意见87件；中心平台招投标监管45项（其中施工标32项累计预算价13946.0327万元，累计中标价11879.0527万元，节约资金2066.98万元。

【党风廉政建设】 2014年，县水利水电局落实党风廉政责任制，开展警示教育，开辟“天天廉花开”专栏、廉政剪纸走廊文化、廉政橱窗、线上与线下廉政书橱、读书角等宣传阵地。发送廉政信息100余条，廉政橱窗出刊18期，读书角书刊征集150余本；制定《桐庐县水利水电局机关工作人员效能管理办法（征求意见稿）》和修订《局机关效能建设有关规定》，开展正风肃纪活动等；加强工程突出领域效能监察，下发《关于印发2014年水利水电重点工程建设项目效能监察实施计划的通知》，开展6项重点工程建设项目监察等；加强干部队伍建设，开设周四夜学及中层干部讲堂和考核奖励机制。

（林晓箐）

·分水江水利枢纽工程管理局·

【电站防洪安全】 2014年，分水江水利枢纽工程管理局对分水江大坝防洪设备及观测设备日常巡查40次，故障排除5次，软件故障修复4次。3月初，组织分水江水库防汛安全大检查，加强和县防办、分水江发电公司沟通协调，发挥分水江水库防汛、抗旱功能。全年，分水江水库在3月1日、4月22日、5月14日、5月17日、6月22日泄洪5次，收桐庐县防指调令8条，第一时间转发分水江发电公司，进行开闸操作。

【国有资产管理】 2014年，分水江水利枢纽工程管理局坚持安全第一的原则，以确保电站大坝安全为前提，强化水资源统一调度，科学运用雨情水情信息，合理安排水电站发电计划，提高水能利用率，妥善处理发电与电站安全及分水镇居民生产生活、生态用水关系，确保发电效益与电站安全、群众生产生活并重。是年，分水江电站、毕浦电站完成全年生产发电任务。分水江电站完成发电量7805万千瓦时（年初目标任务5250万千瓦时），完成任务149%，销售收入3902万元（年初目标任务2750万元）；

毕浦电站完成发电量4241万千瓦时（年初目标任务2750万千瓦时），完成任务154%，销售收入2158万元（年初目标任务1350万元）。

【水域环境治理】 2014年，分水江水利枢纽工程管理局对库区漂浮物打捞工作模式进行改革，由原来粗放式地打捞转变为聘用人员计量打捞，全年打捞漂浮物486船，约1200吨。加强渔政执法，缴获大电瓶4个，船只发动机两个。加强库区现有国有山林1762.33公顷和国有土地10.35公顷管理，年内没有发生重大案件。加强森林防火工作，全年区域内未发生一起森林火灾。

【“五水共治”项目】 2014年，分水江水利枢纽工程管理局“五水共治”（治污水、防洪水、排涝水、保供水、抓节水）项目实施情况：库区防护工程富家段1800米提升改造项目进行招标工作，三角塘部分右侧挡墙，完成75%；倪家坞山塘综合整治工程完成溢洪道底板、刺墙和侧堰浇筑，完成85%；三槐村贺州防洪堤堤顶加固工程完工；后岩村撇洪渠盖板加固工程完工；富源排涝站泵房抬高工程完成挡墙砌筑30%。

【涉农补偿发放】 2014年，分水江水利枢纽工程管理局与临安市移民安置工作指挥部协商，对临安市防护区域内受淹桑园春季蚕桑补偿款为115.9万元，其中绝收面积25.87公顷，每公顷补偿24696元，计63.9万元，严重影响面积42.67公顷，每公顷补偿8700元，计37.1万元，一般影响面积55.33公顷，每公顷补偿2700元，计14.9万元。

【水雨情信息化建设】 2014年，分水江水利枢纽工程管理局水雨情监控中心项目于3月20日立项，6月初完工投入试运行，项目投资204.04万元，于12月份竣工验收。实现库区流域内水雨情信息化监控、洪水人工预报和自动预报相结合，为汛期防洪调度提供及时有效数据；分水江大坝安全监测系统外迁，第一时间掌握大坝安全运行工况；分水江库区5个泵站水位实时监控，及时掌握泵站安全运行工况，确保保护区内农田防洪安全；全库区水面监控，改变以前用汽车巡逻传统模式，便于渔政执法及水面管理。

【安全管理】 2014年，分水江水利枢纽工程管理局于下半年引进电站安全管理“元素化”系统，该系统包括电站安全、工程安全、供水安全、后勤安全、内保安全、环境安全六大类安全生产元素管理项目，集中安全元素578个，其中工程安全元素242个，每个元素都明确责任、落实到人，实现从“要我做什么”到“我要做什么”的转变，保证水工建筑物及设备安全运行。

【绩效考核】 2014年，分水江水利枢纽工程管理局出台《2014年度机关干部绩效考核办法（试行）》及《桐庐县分水江水利枢纽工程管理局奖励性绩效工资分配方案》，奖优罚劣，进一步调动广大干部干事创业积极性。

（林　梁）

·气　象·

【概况】 2014年桐庐县主要气候特点是：气温偏高，雨雪量接近历年略偏多，日照偏少创纪录。未出现重大灾害性天气，灾害影响轻，气候条件属偏好年景。主要气候特点：一是冬春季气温总体偏高，但出现阶段性低温雨雪。2月中旬连续出现2次大雪低温天气，3月15日进入春季，较历年偏早。二是入梅偏迟，梅雨期短，梅雨量正常，洪涝灾害轻。6月17日入梅，7月7日出梅，仅在21日出现区域性暴雨局部大暴雨天气。三是夏季气候异常，高温强度弱，出现历史罕见的低温多雨寡照凉夏天气。特别是8月8日—20日，降水之多、日照之少、气温偏低，历史罕见。四是秋季初冬温高光足，雨量偏少，灰霾天气增多。

【日照】 2014年，桐庐县总日照1451.2小时，较历年和上年分别少14%和15%，创历史最少纪录。2014年除1月、3月、10月和12月较历年同期偏多外，其余各月均偏少。其中，8—9月日照持续偏少，8月为历史同期最少，9月偏少为历史同期第三位。

【气温】 2014年，桐庐县平均气温17.3℃，较历年高0.5℃，但较上年低0.3℃，气温偏高为1959年有气象记录以来的第七位。全年除2月、7月、8月和12月较历年偏低，其余各月

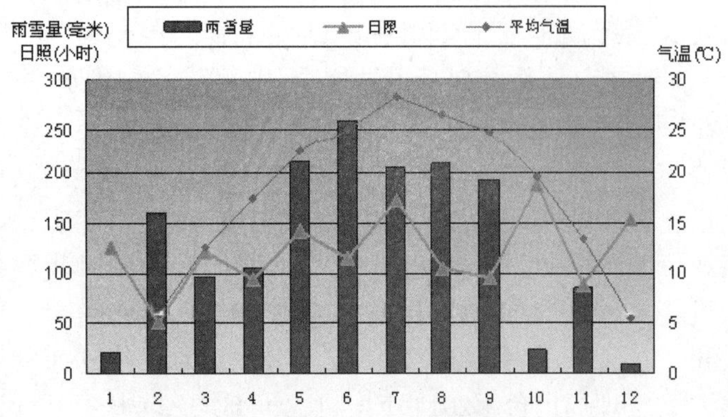

图1 2014年各月光、温、水要素变化图

均偏高或接近历年。其中，3 月和 10 月气温偏高分别为历史同期第三位和第四位。8 月气温偏低为历史同期第四位。全年正积温 6329.1℃，较历年多 166.0℃，但较上年偏少 115.1℃；全年除 2 月接近历年、7—8 月和 12 月较历年偏少外，其余各月均偏多。气温＞ 10℃的有效积温为 3106.1℃，较历年偏多 135.4℃，但较上年偏少 252.9℃。其中 8 月特少，为历史同期第四位。年极端最低气温 -4.9℃，出现在 1 月 22 日—23 日，较历年和上年极端最低气温高 4.3℃和 0.7℃。全年极端最低气温≤ 0℃冰冻天气 29 天，接近历年（28 天）和上年（31 天）。年极端最高气温为 37.8℃，出现在 7 月 30 日，较历年和上年的极端最高气温分别低 4.1℃。全年极端最高气温≥ 35℃的高温天气 22 天，较历年和上年分别少 11 天和 30 天。气温≥ 37℃炎热天气 4 天，较上年少 31 天。

【雨量】 2014 年，桐庐县总降水量为 1581.9 毫米，较历年多 5%，接近上年。其中，1 月、3—4 月、10 月和 12 月较历年偏少，其余各月偏多或接近历年。2014 年出现 6 个暴雨日，较历年多 3 天，较上年少 1 天，暴雨日之多为历史第三位。暴雨分别出现在 5 月 14 日和 17 日、6 月 21 日、7 月 13 日和 27 日、9 月 29 日。年最大日雨量为 89.5 毫米，出现在 6 月 21 日。年雨雪日 150 天，较历年少 6 天，但较上年多 28 天。全年除 2 月、5 月、7—9 月和 11 月较历年同期偏多或接近外，其余均偏少。年雪日 7 天，较历年和上年分别偏少 4 天和 5 天；积雪天数 7 天，较历年偏多 1 天，但较上年偏少 7 天。全年最大积雪深度为 5 厘米，出现在 2 月 13 日。

【天气现象】 2014 年桐庐县霜：终霜日出现在 2 月 21 日，较历年和上年分别早 14 天和 11 天；初霜日出现在 12 月 4 日，较历年和上年分别偏迟 8 天和 15 天；全年无霜期 285 天，较历年和上年分别多 22 天和 26 天。

雷暴：2014 年雷暴日 41 天，较历年和上年分别多 2 天和 10 天。

雾：2014 年出现大雾 58 天，较历年和上年分别多 17 和 33 天，大雾日为历史第五位。

霾：2014 年出现霾日 123 天，较历年和上年分别多 111 天和 60 天，为历史最多。

风：2014 年年平均风速为 1.9 米 / 秒，历年平均为 1.6 米 / 秒；年最多风向为西北（NW），频率为 22。全年出现瞬时风速≥ 17.0 米 / 秒的大风天气 1 天。年极大风速 17.7 米 / 秒，风向为西南（SW），出现在 9 月 2 日。

·主要天气事件及其影响·

2014 年，桐庐县出现冬季大雪低温、梅汛期暴雨洪涝、夏季强对流等灾害性天气，但未出现重大灾害性天气，台风影响弱，灾害影响属偏轻年份。

【大雪】 2014 年，桐庐县受西南暖湿气流、低层东风带弱波动和弱冷空气影响，2 月 12 日下午起桐庐县出现降雪天气，13 日下午雨雪渐止。本次降雪过程桐庐本站最大积雪深度为 5.3 厘米（13 日 08 时），累计雨雪量 14.7 毫米。根据乡镇气象协理员报告，乡镇积雪深度普遍 4—6 厘米，局部山区在 8—10 厘米。据县林业局统计，降雪造成林业直接经济损失 3457.5 万元，受灾面积 10652.53 公顷，其中：竹林 6655.53 公顷，用材林 2511.3 公顷，经济林 303.67 公顷，花卉苗木 175.33 公顷。林场森林公园自然保护区受损面积 1006.67 公顷。12 月 18 日受北方冷空气和南方暖湿气流影响，桐庐县出现降雪天气。本次降雪过程桐庐本站最大积雪深度为 3 厘米（18 日 14 时），18 日 08 时到 19 日 08 时累计雨雪量 22.4 毫米，其中 18 日白天（08 时到 20

时）雨雪量达18.8毫米。据乡镇气象协理员报告，乡镇积雪深度普遍3—8厘米，局部山区在12厘米。据县林业局统计，2月18日降雪造成林业直接经济损失4754.9万元，受灾面积9901.4公顷，其中：竹林7777.4公顷，用材林366.67公顷，经济林248.67公顷，花卉苗木108.67公顷。林场森林公园自然保护区受损面积1400公顷。

【暴雨】 2014年5月13日夜里，桐庐县出现强降水过程。据县自动气象站网监测，13日20时到14日8时全县面雨量65毫米，桐庐站雨量54毫米，雨量最大富春江镇茆坪自动站87.7毫米。5月16日夜里起，桐庐县普降暴雨，17日全县面雨量62.7毫米，桐庐站雨量63.3毫米，雨量较大有百江、合村、钟山自动站，均超过80毫米。持续阴雨及强降水天气，导致部分地区成熟油菜倒伏，同时也不利收晒入库，有一定损失。7月13日暴雨：7月12日夜里起，随着中低层涡切东移及副热带高压减弱，桐庐县出现系统性强降雨过程，7月13日全县平均面雨量68毫米，最大岭源96.1毫米，桐庐城区71.7毫米。本次暴雨天气过程虽然降水强度大，但由于各山塘水库水位较低，全县未出现灾情。降水对增加水资源非常有利。

【梅雨】 2014年桐庐县于6月17日入梅，7月7日出梅，梅期20天，比常年略偏短（常年平均22天）；梅雨期全县平均面雨量275毫米，桐庐城区262毫米，接近常年（288.4毫米）略偏少。入梅后出现4次明显降雨过程，其中6月21日出现区域性暴雨局部大暴雨天气。21日暴雨过程全县10个乡镇100人受灾，转移15人，直接经济损失766万元。其中，农林牧渔业直接经济损失137万元，农作物受灾面积102.3公顷，其中粮食作物77.3公顷；农作物成灾面积15公顷，其中粮食作物15公顷；经济作物损失310万元。水利设施直接经济损失407万元：损坏堤防28处2.85千米，堤防决口11处0.13千米，损坏护岸6处，冲毁塘坝6处，损坏灌溉设施18处。

【高温】 2014年7月7日出梅后受副热带高压控制，出现阶段性高温天气，高温天气主要出现在7月7—12日、17—23日、30—31日和8月3—7日。全年日最高气温≥35℃高温天气22天，较历年和上年分别少11天和30天。气温≥37℃炎热天气4天，较上年少31天。全县未出现旱情。

【多雨寡照凉夏天气】 2014年8月，由于西太平洋副高强度偏弱，冷空气影响较频繁，桐庐县出现多雨寡照凉爽天气。特别是8月8日—20日，降水之多、日照之少、气温偏低，历史罕见。主要特点：雨量雨日偏多，8日—20日全县平均面雨量137.8毫米，桐庐本站降水量145.1毫米，比常年同期64.9毫米多123.6%；13天中降水日数为11天，比常年同期多5天。日照时数为历史同期最少，8日—20日累计日照时数为18.7小时，仅为常年同期（87.0小时）两成左右，为历史同期最少。气温特低，8日至20日平均气温25.6℃，比常年同期（28.2℃）低2.6℃，排历史同期第三位（仅次于2002年的24.1℃和1980年的24.6℃）；平均最高气温27.7℃，比常年同期33.7℃低6.0℃，排历史第二位（仅次于2002年的27.1℃）；平均最低气温23.4℃，比常年同期低1.1℃。相比历史同期：桐庐县在1980年和2002年出现过多雨寡照凉爽天气，但程度有所不一。经同期8月8日—20日要素统计对比分析及综合评估，2014年夏多雨寡照凉爽天气为桐庐县有气象记录以来同期罕见。

8月8日—20日气象要素实况与历史同期对比

表22

年份	平均气温（℃）	雨量（毫米）	雨日（天）	日照（小时）
1980	24.6	158.1	9	39.9
2002	24.1	128.8	9	28.0
2014	25.6	145.1	11	18.7

【强对流天气】 2014年7月27日，桐庐县受副热带高压边缘影响，26日—28日各地出现局地雷阵雨天气，伴有强雷暴。其中，27日局部出现短时暴雨，桐庐城区小时雨量51.7毫米，最大后岭自动站3小时（13—16时）雨量70.5毫米。由于短时雨量大，桐庐城区部分路段道路积水，对交通产生影响。“9·2”雷雨大风：桐庐县受副热带减弱东退及弱冷空气渗透影响，9月2日下午16—17时，桐庐县自西南向东北出现强对流天气，部分乡镇出现短时强降水，小时雨量在15—20毫米，桐庐城区出现雷雨大风，瞬时最大风速17.7米/秒。由于预警及时，过程时间短，未出现灾情。“9·29”短时暴雨：桐庐县受西南暖湿气流影响，9月29日前期天气晴好，气温快速回升，日最高气温达35.1℃；15时前后随着北方冷空气渗透，受冷暖气流影响，15—17时桐庐县中部、东南部乡镇街道出现短时强降水、强雷电。据县自动气象站网监测，29日15—19时，全县平均面雨量为19.2毫米，桐庐城区近3小时雨量达63.9毫米，有3个自动站雨量在50毫米以上。短时强降水导致县城区部分路段道路积水，对交通产生影响。

【台风】 2014年，桐庐县主要受台风“麦德姆”和“凤凰”影响。

10号台风“麦德姆”：7月18日02时在菲律宾马尼拉东偏南约1620公里的洋面上生成，之后逐渐增强为强台风。7月23日凌晨0时15分左右在台湾登陆，23日15时30分前后在福建省福清市高山镇沿海再次登陆。之后穿过福建中北部，进入江西境内并北上。受其外围环流影响，7月24日—25日全县各地出现大到暴雨，累计平均面雨量45.9毫米，最大大溪自动站81.1毫米，桐庐本站34.9毫米。本次台风影响未出现灾情，有利增加水资源。

16号台风“凤凰”：9月22日19时35分在宁波象山鹤浦镇沿海登陆。于9月20日夜间起逐渐影响桐庐县，影响最明显时段为21日到22日夜间。整个台风影响过程20日20时至23日08时桐庐面雨量21.0毫米，桐庐本站雨量21.0毫米，大奇山雨量最大达74.3毫米。最大风力13.9米/秒（7级），出现在22日。由于降水分布不均，主要降水在桐庐县南部。除新合乡新四村雪水岭隧道口发生一起山体滑坡事故（无人员及车辆损伤），其他乡镇未出现灾情。

·气象工作·

【气象预报预警服务】 2014年，县气象局向政府及有关部门发出气象专题服务材料91期，其中气象呈阅件1期，重要天气专报13期。每天发布常规地质灾害预报短信全年累计近21万条，森林防火短信37万余条。通过电视、气象网站发布暴雨、寒潮、雷电、暴雪、道路结冰、大雾灾害预警信号39次，其中暴雨预警信号10次（蓝色8次，黄色1次，橙色1次）、大雾预警信号15次（黄色8次，橙色6次，红色1次）、雷电黄色预警信号7次、暴雨预警信号2次（黄色1次，橙色1次）、寒潮蓝色预警信号1次、暴雪预警2次（黄色1次，橙色1次）、道路结冰黄色预警信号2次。发布短时临近预报预警服务短信153次386466条。每周一向县委县政府领导及部门相关领导，防汛、地质灾害、森林防火巡查相关人员，协理员信息员等发布一周天气预报，累计近15万条。2月18日启动全网发布预警短信，向桐庐县移动、联通、电信手机用户发送暴雪预警短信26万条。

【气象为农业服务】 2014年，县气象局撰写农业气象服务材料72篇，其中月度气候条件评价11期、年度气候条件评价1期、农用天气预报及秋收冬种专报、一周农事天气等41期、粮食、茶叶、河蟹特色农业气象服务材料14期，5期灾情评估报告。电视“农民之友”栏目气象稿及华数数字兴农预警平台一周农事气象分别发布52篇，协助撰写《今日桐庐》报每周一篇民生气象通讯。全年通过农民信箱对全县79个涉农企业、463个专业合作社718个农机大户和42家家庭农场进行每周发布一周天气预报短信和农业气象服务材料的全覆盖服务，对2014年出现低温寒潮、大雪、春季连阴雨及晚霜冻、梅汛期暴雨、夏季罕见阴雨寡照凉夏及台风、强对流天气和秋收冬种天气等进行全方位服务，分析不利天气对生产造成影响，提出合理相关的农事建议，引导农户防灾减灾和及时合理进行农事安排。在200多期刊出和广播农业气象服务材料中，及时传递气象信息与农事建议，有针对性提供系列性的农作物气象服务，为农业不同生产阶段提供天气预报服务。县农业局发文，联合成立农业气象专家联盟，加强农业气象技术研究及服务。2014年，新建分水镇大路村现代农业气象服务示范基地农业小气候监测站，以此为基础开展全县设施农业和特色农业气象服务。

【发布空气质量实况及(AQI)预报】 2014年4月1日，县气象局联合县环保局对外发布新环境空气质量标准下空气质量(AQI)预报，内容包括空气质量等级和首要污染物，结合空气质量数值预报模式的预报信息、实况监测及污染物扩散气象条件，进行人工订正后通过桐庐电视台、《今日桐庐》、桐庐政府网、桐庐天气网和“96121”声讯电话对外发布。每天8时通过气象短信平台，给县领导和相关部门领导发布前一天空气质量实况、当天及未来一天空气质量AQI预报，为领导决策提供科学依据。

【电台天气实时连线直播】 2014年4月1日，县气象局和县人民广播电台联合天气实时连线直播栏目——《田园气象站》每周一次，电台主持人以问答形式，连线直播未来一周天气预报及对农业影响和相关农事建议。4月4日起，再次推出天气连线直播栏目——《春江气象站》。每周一至周五，由电台主持人实时连线气象值班预报员，以问答形式，播报最新气象信息，包括天气实况、天气预报、空气质量、结合天气日常生活注意事项等，不定期地结合天气特点和相关活动将气象防灾减灾科普知识等内容融入到栏目内。

【气象主播亮相电视天气预报节目】 2014年8月1日，桐庐县《天气预报》电视节目改版，气象主播亮相。同时在节目表现形式、预报内容等方面进行改进，在原来播报各乡镇（街道）天气、森林火险和地质灾害等级预报的基础上，增加天气趋势预报、部分风景区负氧离子等级播报、新环境空气质量标准下的空气质量(AQI)实况及预报。新节目播出得到社会认可。

【基层气象防灾减灾体系建设】 2014年，桐庐县14个乡镇（街道）完成气象防灾减灾标准乡镇创建工作，行政村100%完成气象预警网格体系建设，全县46所学校、5所县级医院和码头车站等重要公共场所建立气象灾害预警信息接收和传播机制。结合乡镇（街道）农业公共服务中心、村级便民服务中心基本公共服务体系建设，新增12个社会主义新农村村级气象防灾减灾标准化建设村，新增5家气象灾害防御重点单位，并全部通过气象灾害应急认证。气象协理员上报灾害性天气实况及灾情917次，上报工作信息148条。

【气象现代化建设】 2014年，桐庐县新增莪山新丰、富春江芦茨等8个自动气象站点，新建凤川甘竹、百江苎坑、分水大路3个气象实景监测站点，1个凤川甘竹大气电场监测站，对现有部分自动站进行升级改造。至年底，全县有42个区域自动气象站，和桐庐国家气象探测站组网，建成6.5×6.5公里气象自动监测网络，提高气象预警时效性。

【生态旅游气象服务】 2014年，桐庐县新建新合、合村、瑶琳、莪山等5个负氧离子监测站，形成更科学，更贴近产业布局生态气象监测站网，为服务生态桐庐建设提供科技支撑。

【“五水共治”气象服务】 2014年，桐庐县完善山洪监测预警系统，提高预报服务产品时效性、分辨率、准确率，编制《暴雨精细化监测预报预警工程建设方案》，为“防洪水、排涝水”工作提供气象决策参考。强化人工增雨作业体系和能力建设，为“保供水”提供气象保障。

【气象依法行政】 2014年，县气象局气象依法行政：清理审批事项。升放无人驾驶自由气球、系留气球单位资质认定（扩权强县）承诺时限从10个工作日压缩至5个工作日；5月开始实行“非工作日时间预约服务”制度，用户可在非工作日时间拨打窗口人员电话或“967000”百姓热线预约办理业务；加强中介机构管理，保证工程质量和工作效率。根据《桐庐县防雷工程设计中介服务机构专项信用评价实施细则》，2014年邀请办理防雷装置施工图设计审核的每位用户对设计院进行个性评价，结合工作中施工图设计；质量，完成对中介机构；个性考评工作，3月份为优秀单位颁发荣誉证书和奖牌。为减少用户跑窗口次数，提高工作质量和效率，对审查回复意见窗口人员主动与设计院进行沟通150余次。做好防雷中介服务机构统计工作，同时配合县行政服务中心做好中介超市组建及沟通。全年有三家防雷工程设计中介服务机构正式进驻“中介超市”。

【气象科普宣传】 2014年，县气象局通过桐庐县政府网、桐庐县气象网、气象微博、气象电子显示屏等途径发布气象科普知识。对气象协理员、信息员、学生及全县中小学校校长、总务处主任进行防雷安全知识、气象科普知识培训8场。开展百场电影下乡镇、千名市民进台站气象科普活动。在“3•23世界气象日”、“5•12”防灾减灾日、“6•23”防雷宣传日及“科普活动周”“安全生产宣传月”等活动中，通过各种方式向社会宣传气象防灾减灾知识。

【人工增雨作业】 2014年，桐庐县由于多晴好天气，空气湿度小，火险等级偏高。3月19日为降低高火险等级，协助扑救山火。桐庐人影作业队于19日白天在瑶琳镇蒋家自然村实施火箭人工增雨作业。作业队从12时33分到12时35分，发射3枚增雨火箭弹，作业后现场下起阵雨。根据受益区域内8个自动气象站监测，受益区平均降水量为12.65毫米。

【启动新气象观测站建设】 2014年，县气象局根据县委、县政府对县城开元街综合改造总体规划设计方案，桐庐县国家气象观测站探测环境将受到破坏和影响，为确保该方案顺利实施、气象资料连续性和准确性，在城南街道金联村选址新建气象观测站。年底完成项目立项等前期工作。

【防雷减灾社会管理】 2014年，县气象局根据《桐庐县气象灾害防御规划（2011—2020）》，与县旅委联合发布《关于开展我县旅游行业防雷安全专项检查的通知》，开展旅游行业防雷安全大检查，检查16家重点旅游单位，对存在防雷安全隐患部分单位，向当地政府、旅游主管部门提交检查情况报告，发出整改通知书，限期整改到位。依据《关于开展2014年防雷安全专项检查的通知》和县委县政府“关于立即开展安全生产大检查的紧急通知”，组成执法检查专项小组，抽查8家加油站、5家储气站、3家危化品生产经营单位、11家重点单位和重要公共设施与场所，检查“桐庐红狮水泥有限公司”等3家县重点企业，达到防雷安全要求。遵照“关于立即开展桐庐县餐饮场所燃气安全专项检查的通知”，组织对“桐庐南方特种气体有限公司”等4家重点燃气企业检查，所检单位达到防雷安全要求。对新建建筑物实行严格工程管理“三同时”，跟踪检测100%到位，全年审核工程设计图纸85项，出具整改意见书76份；竣工验收321项；定期检查、检测95家单位，涵盖所有防雷重点单位和易燃易爆场所。是年，与县教育局联合制订《桐庐县2014年度学校防雷安全工作计划》，防雷检测时间安排在7-8月。完成全县41所中小学校233幢校舍防雷检测工作。2014年对“桐庐汇融煤气有限公司”“杭州立威化工涂料有限公司”进行“气象灾害重点防御单位应急准备认证”考核。通过防雷安全责任制建立、系统开展应急演练、气象预警信息接收传播、气象灾情上报和防雷安全科普宣传培训等方面审核，2家单位达到应急减灾认证标准化建设要求。2014年向社会发布《开展防雷装置年检公告》，加强已建建筑物防雷安全定期检测工作；建立行政许可与防雷服务无缝对接流程，全年出具联审批意见23份、防雷装置设计核准意见书85份、防雷装置竣工验收意见书312份、完成雷电灾害风险评估12项。强化内部管理和廉政建设，每月对照36项工作制度逐项考核，规范日常工作行为。成立《防雷业务管理系统》执行小组，对应管理系统设置岗位职责，将风险评估、技术评价、跟踪检测、定期检测和费用减免整体纳入，健全工作程序。对杭州商学院、大奇山郡等全县22家新建重点工程进行回访，征询服务需求，了解服务质量。2014年，走访、暗访、回访的社会满意率均为100%。

注：文中“历年或历年平均”为1981—2010年的30年平均资料，“历史记录”为1959年有气象资料以来。

（章莹菁）

【责任编辑：郑巧丽】

工 业 经 济

·综 述·

【概况】 2014 年，认真贯彻县委关于大力发展“美丽经济”的重大决策，坚持“工业强县”战略不动摇，以“重实体、兴实业、办实事”活动为载体，以信息经济、智慧经济发展为突破，大力开展转型升级深化年、电子商务提升年和优化企业服务年“三个年”活动，工信经济平稳增长。全县实现工业总产值 793.3 亿元，同比增长 8.2%；工业销售产值 784.3 亿元，同比增长 8.2%；规上工业总产值 463.8 亿元，同比增长 7.3%；规上工业销售产值 458.4 亿元，同比增长 7.18%；规上工业增加值 91.57 亿元，同比增长 9.0%。淘汰落后产能三年行动计划圆满完成。是年，荣获 2013 年度全市工业和信息化目标责任制考核二等奖、桐庐出口针织产品省级质量安全示范区、2013 年度全国电子商务百强县（第 48 位）、国家电子商务示范城市拓展区，省级电子商务示范县创建单位、杭州市电子商务产业园以及 2014 年度全省经济和信息化工作优秀县（市、区）等荣誉称号。县经信局荣获全县经济责任制考核一等奖。

【经济运行】 2014 年，桐庐县工业经济基本面向好，总体呈现“企稳回升、平稳增长”的态势。全年新增规模企业 34 家，全县规模企业家数达 361 家；完成限上工业投资 68.25 亿元，同比增长 15.3%，比上年提高 9.1 个百分点。实施限上企业技改项目 195 个，总投资 43.46 亿元，同比增长 6.6%；规上高新技术产业销售产值 114.05 亿元，同比增长 6.3%，占工业总销售产值比重达 24.9%；规上工业销售产值 458.4 亿元，同比增长 7.18%；规上工业增加值 91.57 亿元，同比增长 9.0%。是年，先进装备制造业、针纺织业产值分别达 149 亿元和 176 亿元。新认定国家重点扶持高新技术企业 9 家、市级以上高新技术企业 23 家，省级重点企业研究院 1 家、省市研发中心 7 家。工业经济主要指标增速全市领先。

【转型升级深化年】 2014 年，桐庐县下发桐经信〔2014〕31 号文件，开展“转型升级深化年”活动，坚持创新发展、转型升级两轮驱动，加快发展战略性新兴产业，改造提升传统产业，淘汰落后产能，通过“四换三名”工程，推动工信经济提质增效、稳中求进。海康威视、英飞特电子、弘博科技等优质项目成功引进，富春江科技城、迎春商务区、慢生活体验区、富春山健康城等四大产业平台持续发力，战略性新兴产业快速发展，信息经济智慧经济三年行动计划启动实施，全县工信经济呈现“结构持续优化，转型步伐加快”的良好态势。全年实现战略性新兴产业增加值 34.52 亿元，同比增长 11.9%；装备制造业增加值 23.68 亿元，同比增长 9.0%；新产品产值率达 32.8%；规上新产品产值 152.02 亿元，同比增长 23.5%；天松医疗、祥龙钻探挂牌“新三板”。

【电子商务提升年】 2014 年，桐庐县下发桐电商办〔2014〕1 号文件《关于开展电子商务提升年活动的实施意见》，制定“电子商务提升年”活动方案，修订完善电子商务专项扶持政策，县政府下发了〔2014〕2 号文件《关于进一步加快电子商务产业发展的若干意见》，扶持资金提高到 1500 万元；编制完成《桐庐县电子商务发展规划（2014—2020）》及《桐庐县电子商务发展执行计划（2014—2020）》，构建“2+4”产业平台（汇丰大厦、海陆世贸园两大电子商务产业园和分水、江南、横村、城南 4 个电子商务孵化园）；推进县电子商务公共服务中心、仓储物流配送中心建设，加大汇丰大厦、海陆世贸和农产品电商产业园三大园区建设，突出阿里巴巴·桐庐产业带、淘宝特色中国·桐庐馆、一马平川电商公司及桐庐购鲜活农产品电商平台建设；实施人才引育、实力提升、产业集聚、扩面扩容、示范创建等五大计划。阿里巴巴农村发展战略全国首个试点项目落户桐庐。并举办了桐庐县第二届电子商务发展大会暨首届县域农村电子商务高峰论坛，举办了首届电商节。组织企业参加2014年中国（杭州）国际电子商务博览会，全市推进电子商务产业发展现场会连续两年在桐庐召开，争取市“电商换市”专项资金1000万元。

桐庐县第二届电子商务大会

【优化企业服务年】 2014年，桐庐县经信局围绕县委、县政府“重实体、兴实业、办实事”活动，下发桐经信〔2014〕29号文件，开展以“转作风、优服务、强创新”为核心，以项目服务保姆化、行业管理规范化、资源配置差异化、特色服务长效化、履约清理常态化为抓手的“优化企业服务年”活动，营造发展实体经济、服务中小企业的良好氛围。针对主导产业发展的新动态，开展水电装备制造、镍铁产业、建材行业、电子商务、制笔产业、汽车零部件产业、轻纺服装产业、医疗器械产业、磁性材料产业等九大主导产业调研。召开“决战三季度、冲刺四季度、确保全年红”视频会议和“电视督诺”活动，举办桐商大会、科技人才周、电商大会等，促进实体经济发展。修订完善新一轮企业扶持政策，出台工业经济转型升级、开放型经济、电子商务产业发展、医疗器械产业发展、工业龙头企业和成长型企业双培育、小微企业成长上规模、工业企业综合评价和分类服务等政策。是年8月，设立规模为5000万元的桐庐县中小企业转贷基金，出台了《桐庐县中小企业转贷基金使用管理办法》。是年底，为中小企业解决转贷周转资金13370万元。举办全县医疗设备产业发展大会暨中国首届县域医疗设备产业发展论坛，实现医疗器械产业（企业）的“精准对接、精准服务”。

【“三实”活动】 2014年，桐庐县委下发《关于开展“重实体、兴实业、办实事”活动的实施意见》，重点围绕“集中走访服务、加强项目招引、完善政策引领、加快项目推进、激发创新活力、强化资源配置、丰富活动内涵、优化企业服务”等8项内容来推进。成立以县委书记为组长的活动领导小组，强化督查考核。进一步营造发展实体经济的浓厚氛围。根据“一人一表、每季督查、长效走访”的要求，全面落实县管以上领导干部“一对一”走访活动，逐步形成“走访长效机制、集中交办机制、即时解决机制、政企交流机制”等企业解难机制，通过部门收集、乡镇上报、媒体征集、企业直报等渠道，开展5个批次的问题交办，解决企业发展中的问题526个。全年向企业发送政策汇编、摘编2000余册，刊发“三实”简报44期、工作通报20期，县“两台”报道“三实”活动新闻425条。

【四换三名】 机器换人。2014年，桐庐县加大重大创新项目跟踪服务，组织东芝水电观音岩600级超大容量立式水轮发电机项目申报省重点技术创新专项。组织祥龙钻探ZLJ4000D煤矿坑道用液压动力换挡大扭矩立式钻机项目申报省装备制造业重点领域首台（套）。全县列入省重点技术改造项目4个，计划总投资1.94亿元。成功申报市工业统筹资金机器换人项目5个，申报市重点技术改造项目16个，计划总投资6亿元。另有12个项目列入市第一批技术创新（新产品开发）项目库。有21个项目列入市第一批“机器换人”项目库，计划总投资额8.55亿元，千芝雅公司生产线技改项目列入省“机器换人”百项示范项目计划。开展第二轮“机器换人”改造传统产业，重点推进针织企业加快引进新型电脑横机，制笔业引进机械手和高端注塑机，加快先进自动化装备替代人工操作。

电商换市。2014年，桐庐县电商骨干企业实现网上销售12.5亿元，同比增长108.3%，亿元电商企业3家。全面推进电商换市加速发展。全县共有“触网”企业5000余家，初步形成覆盖一、二、三产和文创产业，传统和新型电商模式的多层次、多领域电子商务发展格局。“双11”购物节，29家骨干电商企业当天销售额达7300万元，仓配物流接单92000余单。迎春商务区电商产业园集聚电商企业70家，海陆世贸电商产业园入驻阿里巴巴农村电商运营中心和20家电商企业；分水、横村、江南、城南等乡镇（街道）电商孵化园（楼宇）入驻电商企业32家。加快仓储物流建设，建筑面积4.3万平方米的大运物流仓储中心完成首期改造，新引进建设1万平方米的“淘仓”仓配投入运行。以县电子商务协会为核心的“五合一”公共服务中心进一步实现资源整合，全年累计开展各类电商培训21场，培训2100余人次；积极牵头推进杭州技师学院、县职业技术学校与县内部分电商企业校企合作，完成实训300余人次。5月份新组建横村网商协会，全县3个电商协会共吸收会员企业300余家。

腾笼换鸟。2014年，桐庐县推进淘汰落后产能、化解产能过剩，实施低、小、散块状行业整治、“退低进高”“退二优二”和“退二进三”，实现经济提质增效升级发展。2014年，出台《关于印发桐庐县混凝土砖和铺地砖行业整治方案的通知》（桐政办〔2014〕103号），开展混凝土砖和铺地砖行业专项整治，对单班年生产能力小于1万立方米的混凝土砌块固定式成型机和单班年生产能力小于10万平方米的混凝土铺地砖固定式成型机落后产能实施淘汰，全县淘汰关停混凝土砖和铺地砖企业133家。继续推进印染、造纸、化工、铸造等行业整治工作，全年完成淘汰任务141项，其中市级以上任务12项，累计关停129家，共腾出用地36.8公顷，节能10000吨标煤，年减少COD排放20吨。

空间换地。2014年，桐庐县强化土地节约集约利用，加快形成工业集中、产业集聚、土地集约的发展格局。继续鼓励企业新建多层厂房、利用地下空间，有效缓解现有企业用地难问题，提高土地利用率和亩产效益。评定空间换地示范企业4家，新增面积3.5万平方米。积极开展针对高耗低效企业为清理目标的“双清理”活动，引导部分产业升级或退出。全年共履约清理、盘活存量工业用地约66.67公顷。

“三名”工程。2014年，桐庐县申报重点培育工业大企业大集团1家、省市级技术中心认定评价企业3家；申报“浙江制造精品”项目6个。新认定国家重点扶持高新技术企业9家、市级以上高新技术企业23家，省级重点企业研究院1家、省市研发中心7家，国家级著名商标1个；创建省名牌产品2个，著名商标5个。

【信息经济发展三年行动计划】 2014年，桐庐县制定《桐庐县加快信息经济智慧经济发展三年行动计划（2014—2016））》，以产业智慧化和智慧产业化为重点，以电子商务和安防产业为有效突破，把生态优势转化为产业优势，把美丽乡村优势转化为美丽经济优势，通过“构建智慧产业集聚创新平台、引育智慧项目产业化、加快现有产业智慧化发展、推进“智慧民生”建设、加快信息基础设施建设、实施智慧信息人才工程”等举措，加快建立以电子商务、智慧安防、智慧健康养生、通信设备、新材料、医疗器械和智慧物流七大产业为支撑的智慧经济发展格局，初步形成以富春江科技城为核心的杭州智慧E谷拓展区，以迎春商务区为核心的电子商务集聚区，以富春山健康城和慢生活体验区为核心的智慧健康养生产业集聚区。建立“一把手”推进和常态化通报考核机制，成立以县委、县政府主要领导为组长的县信息经济和智慧经济发展工作领导小组，形成强大的组织领导与工作合力。进一步营造氛围，邀请省市领导专家到桐庐进行专题讲座，举办了信息经济专题培训班，两次召开领导小组全体会议，全面部署推进各项工作。谋划并实施信息经济第一批重点项目58个。开展每月一次的督查、学习、交流活动，对信息经济智慧经济项目实行月度公示、季度通报、年度考核的常态化推进工作机制。深入推进智慧产业化和产业智慧化，海康威视安防产业基地、迎春商务区电子商务产业园、弘博科技半导体电子芯片、亿企通OTO跨界移动电商消费增值平台、桐庐县广播电视应急预警及指挥工程等5个项目纳入杭州市信息经济“一号工程”及市领导联系重点项目。完成县城主城区免费无线WiFi首期350个点位建设。

【低碳桐庐建设】 2014年，桐庐县制定《2014年桐庐县“低碳桐庐”建设工作计划》，加快推进“低碳桐庐”建设，以三次产业绿色发展为工作重点，加强部门分工协作，共同推进“中国画城、潇洒桐庐”建设，助推“生态美、城乡美、产业美、人文美、生活美”为内涵的“中国最美县”建设，全年共完成54大项，115个小项建设目标任务。

【能源双控】 2014年，桐庐县完成杭州市政府下达的“能源双控”目标，单位GDP能耗同比下降5.26%，4年来累计下降18.46%，节能工作考核在全市位居第二，能源消费总量同比增长2.79%。根据《杭州市二〇一四年淘汰落后产能（生产线、设备）名单公告》计划安排和《桐庐县人民政府关于桐庐县淘汰落后产能三年行动计划（2012—2014）的通知》要求，全年完成淘汰落后产能项目141个，至此，淘汰落后产能三年行动计划圆满完成。其中，关停石材企业124家、铸造企业30家、混凝土砖企业129家、电镀企业6家、造纸企业3家、其他行业企业6家，淘汰落后机电设备600余台（套），共腾出用能42432吨标煤，用地109.43公顷。实施县级以上节能与工业循环经济项目42个，其中节水技改项目19个、合同能源管理项目4个，完成30家企业清洁生产审核、29家企业电平衡测试、9家单位能源监察工作，节能成效明显。开展“2014年桐庐县节能宣传周”和“全国低碳日”宣传活动，实施“LED灯换领”和“绿色照明示范小区”创建活动，共发放LED灯2000余只，节能宣传手册2000余份，环保袋2000余个。

【创建省级出口针织产品质量安全示范区】 2012年，桐庐县杭州市检验检疫局与桐庐县签署共建备忘录，成立创建工作领导小组，明确各成员单位工作职责。制订下发示范区创建工作实施方案和年度工作计划，形成“政府主导+抽查监管+行业自律+行政处罚”四位一体的质量安全综合管理机制。领导小组成员单位实行“月度协商、季度例会、半年回顾、全年总结”工作机制，稳步推进创建工作，开展“外学内训”活动，提升区内企业创建热情。是年8月，以95分的成绩通过创建省级出口针织产品质量安全示范区评审，9月30日浙江省出入境检验检疫局下发〔2014〕340号文件正式批复，成功创建。

【行业协会建设】 2014年5月，桐庐县新成立横村镇网商协会。选举产生会长1名，副会长8名，理事16名，桐庐华艺针织有限公司总经理贾华任会长。企业家协会（企业联合会）组织开展企业家“互比互看互学”活动，外学海宁、桐乡经验，内学龙生股份、天松医疗、富春江织造等县内龙头企业典型，并邀请县领导参加企业家座谈会，谈体会、话转型、聚共识，有力支持实体经济发展。企业家协会孙毅等7名会员企业家荣获桐庐县首届杰出桐商称号，8名会员企业家荣获桐庐县杰出桐商提名。陈晓军获省中小企业优秀企业家、叶如君获市优秀中小企业家、桐庐天元机电有限公司获市最具发展潜力中小企业、浙江创想节能科技有限公司和杭州中科赛思节能设备有限公司获市最具创新中小企业称号。企业家协会（企业联合会）、建材工业协会、医疗器械行业协会、制笔行业协会荣获县先进行业协会称号。

【机构人事变化】 2014年，桐庐县根据《桐庐县加快信息经济智慧经济发展三年行动计划（2014—2016）》文件精神和2014年12月30日桐编〔2014〕48号《关于同意设立县信息经济服务中心的批复》，县经信局新增设县信息经济服务中心，并配备专业编制2名（含主任1名），主要负责信息经济和智慧经济发展工作。

2014年度桐庐县重点工业企业（50家）

表23

位次	所在乡镇（街道）	企业名称	位次	所在乡镇（街道）	企业名称
1	开发区	浙江施强制药有限公司	26	开发区	浙江凯胜畜产品加工有限公司
2	桐君街道	桐庐南方水泥有限公司	27	开发区	桐庐中汽商用汽车零部件有限公司
3	凤川街道	杭州桦桐家私集团有限公司	28	开发区	杭州康基医疗器械有限公司
4	富春江镇	浙富控股集团股份有限公司	29	江南镇	杭州中泰深冷设备有限公司
5	富春江镇	浙江龙生汽车部件股份有限公司	30	桐君街道	桐庐奔腾建材制品有限公司
6	桐君街道	桐庐红狮水泥有限公司	31	城南街道	杭州舒泰卫生用品有限公司
7	富春江镇	东芝水电设备（杭州）有限公司	32	横村镇	杭州绫绣针织有限公司
8	开发区	力高控股有限公司	33	江南镇	杭州运东建材有限公司
9	开发区	桐庐富春江织造集团有限公司	34	城南街道	浙江天松医疗器械股份有限公司
10	开发区	杭州泛亚卫浴股份有限公司	35	开发区	杭州新华纸业有限公司
11	开发区	浙江瑞能通信科技有限公司	36	富春江镇	杭州祥龙钻探设备科技股份有限公司
12	开发区	中艺花边集团有限公司	37	城南街道	浙江中大鳄鱼服饰有限公司
13	富春江镇	杭州长富金属制品有限公司	38	横村镇	杭州煜凯服饰有限公司
14	开发区	浙江金鸿源金属集团有限公司	39	桐君街道	杭州华盛围巾有限公司
15	瑶琳镇	杭州霍普曼电梯有限公司	40	横村镇	桐庐宏基源混凝土有限公司
16	开发区	浙江汉德邦建材有限公司	41	开发区	杭州沃华滤纸有限公司
17	横村镇	杭州游龙针织有限公司	42	开发区	杭州老桐君制药有限公司
18	开发区	今麦郎饮品（杭州）有限公司	43	横村镇	桐庐金利针织有限公司
19	开发区	杭州富士达特种材料有限公司	44	开发区	杭州欣源电梯部件有限公司
20	开发区	杭州千芝雅卫生用品有限公司	45	富春江镇	浙江中水发电设备有限公司
21	城南街道	杭州光典医疗器械有限公司	46	瑶琳镇	杭州富春印务有限公司
22	开发区	杭州三朵花印务有限公司	47	江南镇	杭州升惠机械有限公司
23	城南街道	杭州象限科技有限公司	48	桐君街道	杭州春江阀门有限公司
24	富春江镇	杭州金慧达集团有限公司	49	桐君街道	浙江恒基建材有限公司
25	开发区	杭州永强金属制品有限公司	50	开发区	密尔沃基（桐庐）阀门有限公司

【主要工业行业概况】 针纺服装业。2014年，桐庐县有针纺服装企业2325家，从业人员3.37万人。全行业实现销售产值176.8亿元，外贸出口交货值73.5亿元，利税总额12.5亿元。主要产品有针织服装、梭织服装、绢丝衫、帽子、围巾、纱巾等。主要企业有桐庐富春江织造集团有限公司、杭州游龙针织有限公司、浙江中大鳄鱼服装有限公司、杭州富力纺织有限公司。主要集中在横村镇、城南街道、开发区。

制笔业。2014年，桐庐县有制笔企业1099家，从业人员1.61 万余人，实现销售产值75.7亿元，外贸出口交货值6.8亿元，利税总额 5.31 亿元。主要生产圆珠笔、中性笔、水笔等，年产量90亿余支。主要企业有杭州赛欧笔业有限公司、桐庐千红笔业有限责任公司、杭州新富文具制造有限公司、桐庐光华文化用品有限公司，主要集中在分水镇。

机械制造及五金业。2014年，桐庐县有机械制造及五金企业952家，从业人员2.11万人，实现销售产值154.7亿元，外贸出口交货值17.7亿元，利税总额10.07亿元。主要产品有大中小型水轮机、汽车配件、拉丝机、健身器械、阀门、电线电缆、电梯部件、五金工具等。主要企业有东芝水电设备（杭州）有限公司、浙江富春江水电设备股份有限公司、浙江龙生汽车部件股份有限公司、杭州欣源电梯部件有限公司、杭州霍普曼电梯有限公司、杭州亿能电机制造有限公司等，主要集中在富春江镇、开发区、瑶琳镇。

建材业。2014年，桐庐县有建材企业562家，从业人员0.99万人，实现销售产值51.9亿元，出口交货值2.2亿元，利税总额6.9亿元。主要产品有水泥熟料、水泥电杆、涵管、耐火材料、新型墙体材料、建筑五金、大理石板材、花岗石板材等。主要企业有桐庐南方水泥有限公司、浙江汉德邦建材有限公司、桐庐红狮水泥有限公司、杭州金慧达集团有限公司、浙江恒基建材有限公司、杭州长富金属有限公司、桐庐振凯雪花青石材有限公司。钟山乡是石材产品主要生产基地。

皮革制品业。2014年，桐庐县有皮革制品企业375家，从业人员0.9万人，实现销售产值44.9亿元，实现外贸出口交货值21.3亿元，利税总额3.94亿元。主要产品有箱包、皮革服装。主要企业有杭州立山皮件有限公司、杭州力高旅游用品有限公司、杭州桦桐家俬集团有限公司、杭州敦煌革裘制衣有限公司、杭州富鑫制衣有限公司等。

化工业。2014年，桐庐县有化工企业69家，从业人员2191人，实现销售产值61.6亿元，外贸出口交货值17.5亿元，利税总额1.01 亿元。主要产品有草甘膦、井冈霉素、化学试剂、合成洗涤剂、食品添加剂等。主要企业有浙江金帆达生化股份有限公司、桐庐贝斯特化工有限公司、杭州妙洁日化科技有限公司、桐庐汇丰生物科技有限公司、杭州瑞霖化工有限公司。主要集中在横村镇和桐君街道。

医疗器械及食品保健品业。2014年，桐庐县有医疗器械及食品保健品企业530 家，从业人员8464人，实现销售产值43.1亿元，外贸出口交货值7.3亿元，利税总额3.9亿元。主要产品有蜂胶囊、冻干粉、药品、医疗器械、饮料等。主要企业有浙江天松医疗器械股份有限公司、杭州康基医疗器械有限公司、杭州光典医疗器械有限公司、浙江施强制药有限公司、今麦郎饮品（杭

医疗设备产业发展大会

州）有限公司、杭州蜂之语蜂业股份有限公司、杭州天厨蜜源保健品有限公司等。

金属压延加工业。2014年，桐庐县实现销售产值99.7亿元，主要利用铜、镍等金属进行加工、电镀、金属压延等，主要分布在江南镇、开发区。主要企业有浙江环益资源利用有限公司、浙江金鸿源金属集团有限公司、杭州华伦铁合金有限公司、杭州永强金属制品有限公司、杭州亚邦新材料有限公司、杭州润品金属制品有限公司、杭州永增镍业有限公司。主要产品有阳极铜、镍铁、线材等。

·重点企业选介·

【杭州祥龙钻探设备有限公司】 杭州祥龙钻探设备有限公司成立于2003年，是一家专业从事钻探设备、钻具、钻头及附属设备的研发、制造、销售、服务一体化的国家重点支持高新技术领域的省级高新技术企业。主营产品为各大煤矿和防治水、水文地质等施工主要设备，广泛应用于金属与非金属矿床、地质勘探、水文地质勘探与水井钻凿、工程地质勘探与施工、石油、天然气和地热勘探与开发等各类工程应用领域。企业拥有行业领先技术，具有30多项专利技术，参与起草行业标准2项，承担国家火炬计划和国家创新基金项目各1项，选入2013年浙江省重大科技专项、工业新产品项目和杭州市技术创新项目，是杭州市名牌产品和著名商标企业。

【福朗特机电科技有限公司】 福朗特机电科技有限公司成立于2010年，注册资金5000万元。2014年，销售产值6400余万元，用地6.67公顷。主要生产和经营高品质汽车维修保养设备汽车轮胎拆装机、汽车轮胎平衡机、汽车举升机、工具车等。公司拥有美国NORDSON涂装线、多台日本安川焊接机器人、进口数控冲床、举升机立柱一次成型生产流水线、等离子切割机等行业内最先进的生产设备和完善的检测流程及杰出的管理技术人才队伍。企业产品获德国TUV公司颁发的欧盟CE与ROSE证书，出口畅销全球，品质行业领先。

【杭州一马平川有限公司】 杭州一马平川电子商务有限公司于2012年12月在分水镇正式成立。该企业是桐庐唯一一家提供集网络分销服务模式和企业网店代运营服务模式于一体的“双模”电商企业，同时也是桐庐县电子商务行业龙头企业，桐庐县文具电商公共服务平台、桐庐首家电商协会——桐庐县文具电子商务协会创始人单位、杭州市电子商务协会理事会理事单位、桐庐县首批“双十”培育科技型小微企业、浙江科技学院大学生网络创业战略联盟合作企业、共青团青年就业创业见习基地、多所高级中学课程教学实践基地。2014年年底，公司已拥有近1000平方米的运营中心及3000平方米的现代化仓储配送中心，拥有电商实战经验的专业团队及外聘顾问团共150人，年销售总额已超1亿元。

（周慧娟）

·供电·

【概况】 2014年，国网桐庐县供电公司售电量13.74亿千瓦时，同比增长2.71%；线损率4.4%；城镇供电可靠率99.9904%，农村供电可靠率99.9616%；综合电压合格率99.66%；连续十四年实现电费回收“双结零”。

【教育实践】 2014年，国网桐庐县供电公司按照“照镜子、正衣冠、洗洗澡、治治病”总要求，扎实推进第二批党的群众路线教育实践活动，高标准、高质量完成各环节任务。组织党委中心组集中学习17次，开展“双联系四走进”调研活动，完成调研报告10篇。征求意见38条，建立“四级问题库”立项督办整改制度。开展交心谈心活动，按照“四步成像”法认真撰写对照检查材料，高质量召开领导班子民主生活会和各党支部专题组织生活会，受到杭州市供电公司和第六督导组高度评价。制定落实“正风肃纪”等9个专项整治方案及领导班子个人整改方案，让客户和员工满意。

【安全生产】 2014年，国网桐庐县供电公司以“安全管理提升”活动为主线，开展“安全生产月”“安全隐患随手拍”“党员认领危险源”等系列活动。深化安全风险管控系统应用，推广3G移动视频监控，实现重要环节实时在线管控。严格落实“作业安全十条禁令”，坚持“同进同出”“到岗到位”。开展“两整治”和“两高跨越治理”等隐患排查专项行动。梳理修订应急预案体系，健全应急协调联动机制，开展桐庐、建德、淳安三地联合应急演练。实施分支线调度，完成标识牌和GIS图纸核对。深化以带电检测为主的状态检修，提升在线监测实用化水平。推行配电网设备主人制，成立配电运行稽查组，实现专项稽查常态化。完善配电网管理制度体系，规范业务流程。引入项目监理机制，实行配电网工程三方验收制度。

【电网建设】 2014年，国网桐庐县供电公司完成桐庐县“十二五”配电网规划滚动修编。完成特高压、500千伏送出及220千伏后蒲变等项目属地化政策处理。110千伏横村变、百江变线路工程全线建成；枫塘变通过初步设计审查；天英变取得项目核准；下杭变完成可研编制并报国网审批。配电网新建及改造10千伏线路12条、长度48.56公里，新建10千伏开关站11座，改造低压台区110个。完成全县163个行政村农用线路改造移交工作，获浦村改造项目被省公司评为“标杆工程”。推动政府出台农村户保安装政策，安装户保4.8万台，完成补装任务63.42%。推进开发区50兆瓦国家分布式光伏发电示范区建设，接入光伏用户14户，容量5.7兆瓦。

【营销服务】 2014年，国网桐庐县供电公司全力推进智能用电建设，实现“集抄集收”全覆盖，安装智能电表42560只。开展“一月一主题”营销内部稽查，处理问题数据768条。试点推广低压业扩“1+1”“1+3”模式，促进业扩工程提质提速。组织“精品台区”竞赛活动，3个台区被浙江省电力公司和杭州市供电公司评为“百佳台区”。试点运行一体化同期线损管理系统，台区线损正确可算率93.95%。开展优质服务“无投诉”劳动竞赛，全年杭州市供电公司排名第三。完善“95598”工单三级管控制度，回访满意率在杭州市供电公司排名第一。集成五大智能系统，推行“主动抢修”，故障修复时间同比下降25.8%。强化微信、掌上电力等新型平台应用，提供智能化互动服务。启动供电所管理再提升工程，推进供电所监控平台实用化，深入开展“最美供电所”创建。

【经营管理】 2014年，国网桐庐县供电公司顺利建成“三集五大”体系，3项成果被杭州市公司评为最佳实践成果。实施财务一体化管理，实现资金规模效益和协同效应最大化。开展外部劳务费、“三公”经费等依法治企专项自查，迎接国家审计署和上级单位审计。完成车辆、餐饮、抄收、物资仓储等业务外包。完成集体企业社会用工招聘和省属派遣人员合同改签工作。开展运营监测预警监督，通过杭州市供电公司验收。巩固“健康食堂”创建成果，被评为“浙江省餐饮服务食品安全示范单位”。规范集体企业人财物无差别一体化管控。强化依法合规与权益保障，完成社会化企业处置。开展美丽集体企业达标创建，通过市公司专项验收。成立车辆管理中心和工程监理站，规范车辆集约管理和配电工程监理预控。

【党工团工作】 2014年，国网桐庐县供电公司加强“三型”党组织建设，深化党代表巡视制度，党建项目通过杭州市供电公司“一司一亮点”验收。与余杭供电公司党委联建，组织开展“机关+基层”支部联建党旗红活动。发挥道德讲堂教育辐射作用，学习宣传国网公司“国网劳模”“最美杭州人”等先进典型。加强中层干部、后备干部培养与考核，调整中层干部24人，完成新一届后备干部推选工作。加强岗位廉政风险防范，制定防控措施657条。开展“正风肃纪”专项行动，监督检查9次，发现整改问题12项。开展“一对一”谈话24人次，任前廉政谈话12人次。组织“倡廉洁、树新风”文化作品征集评选活动，获得市公司最佳组织奖。

是年，国网桐庐县供电公司完成工会委员会换届改选工作。围绕“体育运动年”主线，组织开展足球、篮球等体育比赛。深化劳模工作室创建，拥有“启明”和“龙隐”两个市级劳模工作室。推进“青”字号品牌建设，举办青工读书节系列活动，公司团委被省公司评为“五有团委”。加强新闻宣传策划，在各级媒体刊登新闻报道925篇。“市民看电力”主题传播取得较好成效。

2014年桐庐县用电结构对比表

表24 **单位：万千瓦时**

名称	2013年	2014年	同比增长（%）	升降
全社会用电总计	171971.93	179497.99	4.38	↑
A. 全行业用电合计	140641.28	150388.04	6.93	↑
产业	—	—	2013年占比	2014年占比
第一产业	1431.44	1352.25	0.83%	0.75%
第二产业	113844.2	123422.19	66.20%	68.76%
第三产业	25365.64	25613.6	14.75%	14.27%
B. 城乡居民生活用电合计	31330.65	29109.95	18.22%	16.22%
城镇居民	15981.71	14623.59	-8.50	↓
乡村居民	15348.94	14486.36	-5.62	↓
全行业用电分类	140641.28	150388.04	6.93	↑
一、农、林、牧、	—	—	—	—
渔业	1431.44	1352.25	-5.53	↓
二、工业	110863.15	120106.03	8.34	↑
轻工业	40901.35	40603.8400	-0.73	↓
重工业	69961.8	79502.1900	13.64	↑
三、建筑业	2981.05	3316.16	11.24	↑
四、交通运输、仓储和邮政业	708.53	736.72	3.98	↑
五、信息传输、计算机服务和软件业	1748.07	1828.72	4.61	↑
六、商业、住宿和餐饮业	9240.85	9299.90	0.64	↑
七、金融、房地产、商务及居民服务业	5096.71	5510.28	8.11	↑
八、公共事业及管理组织	8571.48	8237.98	-3.89	↓

（徐伟兰）

【责任编辑：郑巧丽】

交通运输

·综述·

【概况】 2014年，桐庐县交通运输部门完成交通建设投资9.5亿元。23省道桐庐浮桥埠至麻蓬段提升改建工程完成路基施工，富春江船闸扩建改造工程、23省道梅蓉至杭新景高速凤川互通公路（柴埠大桥）工程顺利推进，完成国省道沿线环境整治提升74.5公里，完成国省道公路大中修30公里、农村公路大中修34.12公里、农村公路路基改建22.5公里，新建农村联网公路47.4公里，完成危桥改造17座，实施农村公路安保工程建设35.4公里。至年末，全县公路里程1758.965公里，公路密度每百平方公里96.08公里。公路总里程按行政等级分：国家高速公路29.343公里、国道公路31.024公里、省道公路124.846公里、县道公路368.179公里、乡道公路380.733公里、村道公路822.34公里、专用公路2.5公里；公路总里程按技术等级分：高速公路29.343公里、一级公路102.454公里、二级公路94.447公里、三级公路105.108公里、四级公路1024.502公里、准四级公路319.406公里、等级外公路83.695公里。是年，完成桐庐县出租车服务中心主、附楼及4处港湾式停靠站建设。

是年，办理县“两会”代表、委员议案、提案38件，见面率、满意率、办结率均为100%。受理群众来信来访16件，受理县（市）长公开电话565件，受理纪委效能投诉101件，受理县长信箱件、网上信访、建言献策244件，受理96520道路运输服务热线电话808件，信访工作办结率、反馈率均为100%。

是年，桐庐潇洒出租车有限公司职工朱祖德被评为第二届“最美桐庐人”道德模范，桐庐万里长运公司职工赵永红被授予“全国五一劳动奖章”。

·交通建设·

【重点工程建设】 富春江船闸扩建改造工程：2014年，富春江船闸进行一级技术交底1次，二级技术交底25次，三级技术交底31次。是年，项目获省交通运输厅全省公路水运工程“平安工地”省级示范施工合同段、省级示范监理合同段、市局重大项目督查优胜水运工程、市局工地试验室标化建设优胜单位、桐庐县委县政府重点项目管理先进单位。

23省道桐庐浮桥埠至麻蓬段提升改造工程：工程由桐庐县发展改革局立项，杭州市交通规划设计研究院设计。工程土建分一个标段实施，施工中标单位为浙江奔腾交通工程有限公司，监理单位为杭州公路工程监理有限公司。2014

柴埠大桥桩基灌注工程

年1月正式进场施工，是年底完成路基施工和路面基层施工，总投资8855万元。

23省道梅蓉至杭新景高速凤川互通公路（柴埠大桥）工程：工程2014年完成涉航建筑物许可、涉河涉堤施工许可、水上水下施工许可，办理完成工程质量安全监督手续及施工许可证等前期建设程序。第1施工标段于是年1月21日在浙江省公共资源交易中心开标，施工中标单位为中交第二公路工程局有限公司，监理中标单位为上海同济市政公路监理咨询有限公司。2014年8月2日完成首根桩基灌注工作。是年，完成项目部驻地标准化建设，施工临时钢栈桥（787米）搭设等，并完成桩基116根。春江东路至320国道段施工标段于2014年10月1日前完成路面、路灯施工。

徐家埠大桥危桥改造工程：工程2014年完成投资2300余万元，该项目采用老桥拆除重建新建桥梁，桥宽25米，全长260米，工程计划工期16个月，预计2015年4月完工。

桐庐县Y782皇瑶线潘家桥重建工程：工程2014年12月开工，完成投资200余万元。工程项目桥梁上部采用13*30连续T梁，全桥分四联，下部桥墩采用双柱式墩，桥台采用桩基接盖梁形式，桥面采用复合式辅装。桥宽8.5米，全长398米，工程计划工期14个月，预计2016年2月完工。

【公路建设】 2014年，桐庐县联网公路建设计划项目32个，总里程47.4公里。项目于5月开工建设，年底全部完成，总投资5010余万元。是年，完成省道危桥改造7座、县道危桥改造3座、乡村道危桥改造7座，完成投资5000万元。

【路边“三化”】 2014年，县交通运输部门根据省、市有关“四边三化”（四边：公路边、铁路边、河边、山边；三化：洁化、绿化、美化）行动部署，从提升国省道公路“三化”景观环境品质入手，投资500余万元对公路两侧影响路容路貌杆线进行合并或入地整治，对横村镇、瑶琳镇、分水镇辖区21处15公里公路两侧杆线进行合并，对凤联、林场、里湖等6处路口管线进行入地整治。并将公路“三化”与创建“无违建县”等工作结合，会同乡镇（街道）、国土部门拆除违章建筑。是年，国省道公路“三化”完成100%，清理堆积物203处17954立方米、马路市场71个，拆除非公路标牌（广告牌）229块16058平方米、破旧建筑66处7020平方米、墙体广告112处3550平方米、违法构筑物88处42120平方米、残墙断壁16处1145米。

【国省道沿线环境整治提升】 2014年，县交通运输部门对320国道乔林至秀峰段5公里、西连接线7公里、16省道浮桥埠至分水江库区大坝段33.7公里、05省道分水至塔岭段28.8公里国省道公路，开展沿线绿化景观、环境整治、色彩农业、林相改造、亮灯工程等5方面100个大项整治提升工作。至7月，完成绿化种植41.7万平方米，迁移“三线”580支，拆除房屋和临时建筑2.2万平方米，搬迁砂石堆场、预制场等74家，修复路面7.7万平方米，立面整治8万平方米，打造6个城镇入城口、7个村口精品亮点景观。

【码头建设】 2014年，桐庐港区有码头9座，其中客运（旅游）码头2座，货运码头7座（其中1座属在建码头），码头泊位25余个。货运码头主要经营砂石料、煤炭、水泥原材料装卸，全年货物吞吐量360万吨，同比增长25%。是年，桐庐辖区引导南方水泥有限公司码头进行生态化改造，提高码头规范管理水平及货物吞吐能力；完成桐庐祥和港务有限公司码头二期交工验收，并投入试运行；桐庐红狮水泥有限公司新建码头完成廊道基础建设。

【融资贷款工作】 2014年，县交通运输部门为收购综合码头、建设柴埠大桥项目及16省道浮桥埠至麻蓬段改建项目等重点工程，完成融资6.1亿元。

【320国道渡济大桥水源保护应急工程】 2014年3月8日，320国道渡济大桥水源保护应急工程正式开工，8月底完工。工程合同价62.82万元。

【组建交通发展集团公司】 2014年，县交通运输部门以交通发展有限公司为母公司，并购交通系统下属桐庐潇洒出租车有限责任公司、桐庐交通资产经营有限公司、桐庐公共交通有限公司、桐庐潇洒科技信息服务有限公司、桐庐飞腾公路工程有限公司等5家公司为子公司，组建成立桐庐交通发展集团有限公司，集团公司注册资金增至2亿元。是年，出资2.28亿元完成桐庐综合码头收购工作，并完成交通建设融资6.1亿元。

【国道大中修和事故黑点整治】 2014年，县交通运输部门完成国道大中修工程4.853公里，总投资3818万元。完成320国道会山、兰田2处省级事故多发黑点整治。

【场站建设】 2014年，县交通运输部门完成杭商院和城区桥北路4处港湾式停靠站建设；投资400余万元，启动牛山坞、浮桥埠2个公交首末站提升改造工作，至年底，完成牛山坞车站提升改造工程。

改建后的牛山坞车站

·交通管理·

【质量安全管理】 2014年，县交通工程质量安全监督管理站开展柴雅线新合旧庄至高明段改建工程、百富线松村至钱家段改建工程、水珠线路面整治工程、琅玕至支援公路工程、保松线路面整治工程、农村公路大中修工程、农村公路安保工程、徐家埠大桥改造工程、矛山桥重建工程、九龙桥重建工程、百岁坊桥重建工程、潘家桥维修改造工程等12个工程项目质量和安全监督工作，下发质量检查意见书26份，安全检查意见书15份，并督促做好整改落实工作，提高全县农村公路建设项目质量和安全管理水平。是年12月，县交通工程质量安全监督管理站通过杭州市交通运输局初步考核验收。

【公路养护管理】 2014年，县交通运输部门完成清理塌方45500立方米，疏通边沟、排水沟291190公里，绿化管护1168公里，清运垃圾1422立方米，清洗隧道82座，清洗钢制护栏1863公里，稀浆封层2万余平方米，沥青路面灌、贴缝15448米，沥青路面修补21577平方米，路面坑洞修补8345平方米，绿化补植6776株。投资244万元，完成县道百富线14.239公里道路实施农村文明示范公路创建。

2014年桐庐县公路养护管理项目

表25　　单位：万元

序号	公路养护管理项目	总预算
1	干线公路实施大中修，0.3公里	90
2	农村公路实施大中修，34.12公里	3404.481
3	S210桐义线、G320沪瑞线桐庐段预防性养护工程	1220.2
4	S208省道桐千线油车边小桥、毕浦桥，S210桐义线石舍一桥、关里桥维修加固工程	313.63
5	S208桐千线法道桥应急抢险工程	130.34
6	县道桐郑线K4+776旧县桥修复工程	22.2
7	旧钟线石桥头一桥、石桥头二桥病危桥改造工程	116.11

续表 25 单位：万元

序号	公路养护管理项目	总预算
8	20 省道边坡复绿工程	147.8
9	柴雅线（K30+250-K31+069）上边坡处治工程	330.91
10	23 省道（K48+410 — K48+675）段上边坡处置工程	91.34
11	实施农村公路临水临崖安全设施增设工程，涉及1条县道，11条乡道、7条村道公路，共设置钢质波形护栏 35405 米	842.7
12	县道钟洛线上边坡塌方处治工程	100

【收费管理】 320 国道桐庐收费站由于迁移至 K306 ＋ 700，原收费站从 2013 年 10 月 1 日起停止收费，2014 年 1 月 18 日，320 国道桐庐收费站恢复收费。是年，320 国道桐庐收费站过境车流量 755 万余辆，收费 965.3 万元，比 2013 年增加 760 余万元；05、16 省道桐庐收费站全年过境车流量 475 万辆，同比增长 8%。过境费收入 5665.5 万元（其中县财政补贴 2450 万元），同比增加 1104.1 万元，增长 24.2%。根据《05、16 省道桐庐收费站对本地机动车辆统缴（免费）方案》（县政府会议纪要〔2014〕3 号）规定，从 2014 年 1 月 1 日起对本县车辆以县财政补贴方法实行统缴免费通行。

是年，航政规费征收 80.78 万元，港政规费征收 89.94 万元，规费上缴率 100%。

【公路路政管理】 2014 年，县交通运输部门创建“桐庐公路”公共微信号，编发宣传月活动、路况等图片信息 100 余条。在 208 省道麻蓬地段制作大型广告“浙江路政、最美公路”宣传月主题喷绘。协调杭千高速桐庐收费站、208 省道横村收费站免费向过往司机发放路政案例宣传单 5000 余份。

是年，以公路工程技术标准国省道干线公路桥梁最高限值 55 吨为管控目标，开展俞前线窄溪大桥区块治超专项整治行动，结合杭州市“雷霆一号”“雷霆二号”治超专项行动，全年查处超限运输车辆 500 辆，罚款 83.1 万元，收取赔（补）偿费 3.4 万元，干线公路平均超限率控制在 4.1% 以下。

【交通安全管理】 2014 年，对 1 条县道、11 条乡道、7 条村道开展临水临崖危险路段整治，设置钢质波形护栏 35.4 公里；完成 9 条县道、5 条乡道路面大中修 34.12 公里，其中中修路段 24.89 公里，大修路段 9.23 公里；国省道交通标志标线完好率 100%，县道、乡道、村道完好率分别在 90%、75%、55% 以上。增设调整禁客标志 25 套、校车停靠站点标志 51 套、其他类型交通标志 5 套，修复破损禁客标志 7 块；开展县道以上安全隐患路段整治 22 处，修复 15 条通景公路安全设施；完成 10 条农村公路指路标志体系建设。以季度专项检查形式下发全县涉路工程施工秩序检查情况通报，督促涉路工程业主对施工秩序中问题进行整改。

【交通运输管理】 2014 年，县交通运输部门全力推进城乡公共交通一体化改造工作，完成《桐庐县公共交通一体化改造实施意见》编制，规划开通一级城镇公交线路 25 条、二级县城至中心乡镇、景点（景区）客运线路 32 条、三级乡镇之间、乡镇与村之间、村与村之间客运线路 35 条。开通 30 路、33 路、35 路及江南镇环线公交 4 条，并对城区旅游观光线路、10 路、23 路公交线路优化、调整、延伸。优化和开通桐庐至深澳古村落、大奇山、严子陵钓台、瑶琳等景点旅游专线。优化提升杭州至桐庐城际公交线路，制定《桐庐至杭州城际公交优化提升方案》，新增六和塔站和舒川站，完成 1 辆新增运力购置工作。是年，查处道路运输各类违章案件 1043 起，其中无证经营 204 起，出租车违章案件 547 起，其他违章案件 292 起；实施行政处罚 224 起，教育整改 819 起，罚款

50.705万元。组织开展10期出租车驾驶员服务资格证复训培训、3期出租车驾驶员服务资格证培训，全年注销出租车服务资格证149本。

【车辆维修管理】 2014年，县交通运输部门持续推进惠农快修网络建设，完成新合乡惠农快修网点建设（桐庐安通修理厂），至年末，全县惠农快修点12家。是年，举办2场“阳光维修”活动，现场完成车辆免费检测、故障修复50余辆次，发放工时优惠卡、现金抵扣券、大礼包861份，价值161840元，服务群众500余人次。签订废油回收定点企业12家，完成废油回收145桶（全年任务120桶），完成率120.3%；继续推广应用驾培场地电动训练仪，县内2所驾校完成2台电动训练仪安装并投入使用。

【航政港政管理】 2014年，县港航处督促落实安全管理、“三江两岸”和“五水共治”等专项整治，配合上级部门做好富春江船闸改扩建工程、码头生态化改造审批服务工作。加强航道、航标日常巡查和维护保养工作，全年巡查航道、航标130余座次，出动检查人员124人次，夜间巡查航标4次，航标发光率99%。

是年，检验船舶133艘25907总吨，其中定期检验24艘3307总吨，中间检验20艘3985总吨，年度检验84艘17727总吨，临时检验5艘888总吨。开展执法检查456次，参加人员1536人次，检查船舶5687艘次，检查码头386次。发现违法违章案件261起，其中海事（一般）案件61起、海事（简易）案件178起、运政案件3起、港政案件19起。

·水陆运输·

【公路运输】 2014年，县公路运输完成客运量1004万人次，客运周转量44630万人公里。其中，春运期间投入客运车辆364辆，座位数8875个，发送8.85万个班次，运送旅客150.7万人次，客运周转量为 3566.3054万人公里。“十一”期间，投入客运车辆333辆8325个座位，运输旅客35.7541万人次，旅客周转量670.3万人公里。“桐庐百姓日”当天，全县投入客运车辆409辆，免费运输旅客25.3309万人次。

至年底，全县拥有营运货车2379辆、吨位9526吨。全年完成货物运输量666万吨，实现货运周转量104130万吨公里。

【水上运输】 2014年，全县水上运输完成货运量315.66万吨，同比增长32.5%。出口货运量164.66万吨，同比增长35.18%，卵石、机制砂、石料占出口货运量89%。进口货运量150.99万吨，同比增加29.7%，其中煤炭运输占进口货运量49.38%。桐庐辖区内水上客运主要以旅游运输为主，2014年客运量24.99万人，旅客周转量124.95万人公里，同比上升10%。

·交通战备·

【概况】 2014年，桐庐县交通战备办公室按照省、市和县国动委要求，对编制50人的汽车运输、路桥抢修等交通专业保障队伍进行整组。同时，定期组织交通战备职工开展素质教育。

（王丽晓）

【责任编辑：骆国庆】

城市建设与管理

·城乡建设·

【规划编制管理】 2014年，编制完成《桐庐县历史文化和公共艺术专项规划》《桐庐县城治理交通拥堵五年规划》《桐庐县城绿色建筑发展规划》《桐庐县城开元街二期区块及综合市场区块规划建筑设计方案》《桐庐县城雨水（排水）防涝专项规划》等规划；启动编制《桐庐县城空间发展战略规划和总体城市设计》；继续完善《桐庐县城排水（雨水、污水）专项规划》《桐庐县江南镇建筑风貌控制规划》等规划。完成江南镇、瑶琳镇城镇总体规划修编，完成4个中心镇总规修编及近期建设用地控规，完成29个村庄规划修编和4个示范村规划编制，环溪村规划为省内首个全国村庄规划示范村。完成18个项目规划选址红线，用地面积30.2万平方米，其中道路选址红线11个，用地面积26.5万平方米；其他项目规划选址红线7个，用地面积3.7万平方米。完成92个项目的规划红线（规划设计条件通知书），用地面积131.75万平方米，其中商业、居住、办公类29个，用地面积24.8万平方米；公共管理与公共服务类（教育、体育、医疗卫生、文化活动设施等）13个，用地面积13.95万平方米；工业类40个，用地面积41.7万平方米；道路、交通设施及其他类10个，用地面积51.3万平方米。

桐庐县城全景

【城乡测绘】 2014年，完成测绘项目备案180个，为相关部门、企事业单位提供基础测绘成果近1000MB。开展数字桐庐地理空间框架建设项目，6月，项目设计书通过浙江省测绘与地理信息局组织评审，并签订浙江省测绘与地理信息局、杭州市规划局（杭州市测绘与地理信息局）和县人民政府三方共建共享协议。启动桐庐县全国第一次地理国情普查项目，10月，项目实施方案通过专家评审并上报浙江省全国第一次地理国情普查领导小组办公室，12月，基本完成专题资料收集。全年新增丁级测绘资质单位一家。

【“现代化美丽县城指标体系”建设创新工作】 2014年，桐庐县开始以本县为蓝本，探索研究建立全省美丽县城指标体系。是年，该研究课题被列入省级重点改革创新项目及浙江省优秀创新课题。2014年11月24日，全省美丽县城建设暨新型建筑工业化现场会召开，桐庐县荣获全省首个“浙江美丽县城”称号并成功向省质量技术监督局申报2014年度第二批标准化试点项目，美丽县城指标体系也在全省范围内推广。

【美丽乡村建设】 在美丽乡村建设过程中，积极保护传统村落文脉，针对一些具有乡土特色、文物价值、历史遗存的村落和民居，做到“强化甄别、应保尽保”。截至2013年年底，全县共有深澳、荻浦、徐畈、翙岗、石舍五个村落已列入第一批和第二批中国传统村落名录。

2014年，茆坪村、环溪村、新丰民族村、梅蓉村、三合村、儒桥村、合村村、瑶溪村、里湖村九个村落完成申报、实地检查等一系列工作，入选第三批中国传统村落名录。2012—2014年，桐庐县建设完成12个省级美丽宜居示范村，其中国家级美丽宜居示范村2个（环溪村、新丰村），国家级美丽宜居示范镇1个（分水镇）。

【村镇基础设施建设】 2014年，桐庐县分水镇完成天英规划一路、桥东商贸街南延、西门路拓宽改建、综合市场周边道路等工程；完成城西区块等截污纳管工程，建设市政污水管网工程8.22公里；推进市民休闲中心、文体中心“五馆合一”及分水自来水厂供水扩容工程建设；实施城市景观工程，完成东（柏山）、西（城西）入城口景观工程、东门大道景观提升工程、下白沙亮灯工程、S302省道柏山至大路绿化景观工程及东溪沿江大道景观工程；完成新淳东路两侧立面改造工程。

横村镇完成沿16省道景观带（横村段）、分水江防洪堤（横村段）、北环路提升改造，横宅路、横政路延伸段道路建设，锦华路、横富路污水管网及道路建设，镇区路灯改造及21号地块山体搬迁；横村一桥完成主体建设；徐家埠路完成基础建设。

江南镇完成江南路绿化提升改造工程，总投资300万元；完成金堂路道路工程，总投资800万元；完成雅莲路道路工程，总投资700万元。完成1座提升泵站建设，总投资180万元。环溪村启动全国美丽宜居示范村建设。

富春江镇启动七芝线（人民路至孝门村）管网工程，计划投资400万元，总长度2.15公里；实施七里泷大街路面改造工程，总投资664.57万元，总长度2.5公里。

瑶琳镇完成江滨大道工程，林场防洪堤景观绿化工程，05、16省道“四边三化”和立面整治、亮灯工程，后浦工业园区污水处理站工程，推进瑶琳大道主体建设。

凤川街道翙岗村被国家住建部等四部委列为中央资金扶持的第一批传统村落，并对老街入口与历史风貌不协调的建筑实施拆除，修复老街店面。

旧县街道完成桐郑线、港桐路路灯改造185套，投资180万元；新建生物垃圾处理站一座200平方米，投资150万元；新建城墙标志一处，投资80万元；埋设污水管网8.8千米，投资650万元；新建园区道路长660米，投资400万元；道路硬化1000平方米，投资15万元。

百江镇完成集镇污水管网工程、集镇饮用水提升改造工程；百富公路（松村段）、奇陆线、小京村小许线道路提升改造工程；05省道沿线景观、百江村广王片沿溪景观提升改造工程；启动百富公路（钱家段）、百江老街片区集镇污水管网提升改造工程。

莪山畲族乡实施山哈风情街建设工程，计划投资350万元；潘戴公路（潘山桥至中门）景观提升改造工程，计划投入资金900万元；徐七线沿线（莪山段）环境提升改造工程，投入资金500万元；实施集镇污水处理厂建设工程，投入资金600万元，计划2015年年底投入试运行；五保供养服务中心新扩建改造工程完成主体工程建设，投入资金200万元，新建建筑面积1190平方米、高三层的五保供养服务中心1座；莪山民族小学（幼儿园）综合提升改造工程完成主体建设，计划投入资金400万元。推进秘境酒店、畲乡山寨、莪山大院、少数民族特色村寨等重点旅游开发项目服务工程。

钟山乡完成中一工业园区工程，总投资500万元；完成钟山市场路白改黑工程，总投资120万元；完成钟山村文化礼堂修建工程，总投资230万元。

合村乡完成大琅、琅玕片、天子凹自来水提升改造；岭源村小茆坞新增水源工程，总投资220余万元。实施集镇污水管网改造提升工程，总投资800万元，完成3.4公里污水主管网铺设，成新建日处理污水300吨的污水处理厂一座。完成农村生活污水整治提升工程，总投资800万元，铺设管道6万余米、新设窨井4000余只。完成各乡村公路养护总计60公里。启动琅玕至支援旅游循环线建设，累计投资700万元。启动“三线入地”工程。完成碧溪民俗街区改造。

新合乡建成防洪堤1000米；开展环境整治工程，铺设绿化2000平方米，白化墙体20000

余平方米，安装石栏杆1000米；改造大礼堂4座，面积2000平方米，完成柴雅线（新四村旧庄至新四村外松山段）道路1400米改造工程；实施新合村雅坊进村道路及何家道路两边整治工程。

【城市基础设施建设】 2014年，桐庐县推进政府投资性项目37个（其中续建项目22个，新建项目15个），年内完成投资11亿元，其中“五水共治”项目5个，交通基础项目16个，县城建设项目11个，美丽乡村项目5个，民生事业项目1个，县城“清水治污”工程、城乡供水一体化项目、“四改联动”工程（含公园山渔民村搬迁工程）等项目；浮桥埠区块桥北路道路及景观工程、春江路西延综合整治工程、梅林路南延二期工程等；春江景苑集聚工程二期D区块、农村困难家庭危房改造工程、包山儿童公园工程等民生事业项目。

【市政设施养护】 2014年，县城迎春南路、春江路、滨江路、瑶琳路、富春路等主次干道道路修复面积8433平方米，人行道修复面积9065平方米，县城道路完好率98%。更换县城主次干道窨井盖250套，清理窨井13600座，清理排水管网100公里。改善龙潭溪水质，完成龙潭溪、包家溪区块截污纳管综合整治工程，落实白云小区雨污水管网综合整治工程。做好县城桥梁、泵房等市政设施日常维护，完成春江泵房、瑶琳泵房等4座雨污水泵站维护保养及桐君山索桥加固及分水江大桥维修工程。县城有公共照明设施11062盏，全年维修路灯3421盏，城市亮灯率保持在98%以上。

【园林绿化养护】 2014年，县城新增公园绿地84700平方米，新增绿地321573平方米，建城区绿地面积752公顷，绿地覆盖面积790公顷，绿地率40.98%，绿地覆盖率43.05%，人均公园绿地11.03平方米（以建城区面积18.35平方公里、建城区人口15.27万人计算）。完成新自来水厂绿化工程、梅林路行道树及中间隔离带绿化工程、浮桥埠堤顶绿化工程、320国道沿线绿化提升改造工程等，结合“四边三化”（公路边、景区边、河边、山边等区域洁化、绿化、美化）工作，对县城春江路、瑶琳路、云栖路、中杭路等道路进行补绿、修绿。

【城市供水供气】 2014年，桐庐县水务公司完成供水2045万吨，售水产值4468万元，出厂水抽检合格率99.98%。污水厂完成1368万吨污水处理，平均日处理污水3.7万吨，生活污水处理率89%。完成“一户一表”改造1600户，新装表5000余户。水务公司受理投诉和求助102起，办结率100%，满意率98%以上，无用户重大投诉。县城新建中低压燃气管道26.5公里（中压管道10.5公里），管网建设继续向周边乡镇延伸。完成城区春江景苑、御溪名都、普罗旺斯、励骏置地广场、金色春江、浙富亲亲园等小区天然气管网改造。推动县城杭燃、华燊两家燃气公司资产合并，8月份签订资产转让协议，11月份全面完成天然气转换工作，实现县城“同城、同气、同价”。全年新增管道天然气用户4350户。加强餐饮场所燃气安全监管力度，会同相关部门开展餐饮场所燃气安全专项治理工作，全面核查全县登记在册的21家燃气企业和1300家餐饮企业，印发燃气使用安全告知书1300份和燃气供用气合同5000份，规范餐饮场所与燃气企业签订供用气合同。组织召开21家燃气经营企业负责人培训会。

【建筑业管理】 2014年，桐庐县建筑业总产值50.22亿元，同比增长15.7%。签订合同98.36亿，同比增长21.6%。新开工面积258.62万平方米，同比增长12.4%。上缴税收3.13亿元，其中地方税收2.53亿元，同比增长10.47%，占全县地方税收10.25%。创“西湖杯”5项、“桐江杯”18项，优秀装饰工程7项。2014年年底，全县共有建筑企业92家，其中一级6家，二级33家，三级53家。组织全县三类人员（建筑施工企业主要负责人、建筑施工企业项目负责人、建筑施工企业专职安全生产管理人员）继续教育559人次，特种作业人员继续教育123人次，杭州建设信用网操作培训85人次，组织招标代理机构专职人员教育及岗前培训170人次。推进民工学校管理，提高完善“四位一体”工作，强化岗前培训内容，全年完成建筑工地岗前培训教育2000人次，开展“学中天”活动、建设工地标准化管理和“四位一体”联动工作，组织建筑行业学习团赴杭参观优秀建筑工地、先进企业2次，加强建设工程质量安全管理。2014年，受理质量安全监督项目142个，建筑面积约223万平方米（其中市政工程26个，合同造价2.21亿元），全年创杭州市建设工程“西湖杯”3个，杭州市“结构优质奖”7个，杭州市“双标化”工地8个。组织召开安全生产季度例会4次，施工现场质量安全生产观摩会2次，累计参加人员1228人次；受理起重机械设备、吊篮使用登记备案406台。开展日常巡查及参加验收1554次，组织开展各类专项（大）检查17次，签发书面整改通知书1165份，局部暂停施工通知书32份、停工通知书2份，约谈企业（项目部）34家次，下发检查通报16份，通报批评施工、监理企业34家次，告诫施工、监理企业20家次，取消5家次施工企业进桐备案资格，取消4家次监理企业参与桐庐县内政府性投资项目投标活动三个月，实施行政处罚2起、简易行政处罚12起。

【房地产业管理】 2014年，桐庐县房地产开发企业62家，项目68个，房地产投资46.64亿元，同比下降7.5%。施工面积419万平方米，同比下降0.2%；新开工面积68.58万平方米，同比下降22.2%；竣工面积50.98万平方米，同比下降43.2%。商品房销售面积55.47平方米，同比下降7.2%，其中住宅销售面积48.54万平方米，同比下降6.9%；住宅销售套数4264套，同比下降6.7%。办理预售证52本。66家企业完成资质升级、新批、延长等申报工作，批准的企业中有二级2家、三级1家、四级2家，13家新申报，其余为暂定资质延期；3家企业待批。11月17-19日，举办桐庐县第十二届房地产展示交易会暨首届网上（透明售房网）房交会，共有参展单位14家，参展楼盘15个。可售楼盘13个，可售房源3705套。成交住宅155套，成交面积1.8424万平米，成交金额1.2202亿元。

【物业管理】 2014年，桐庐县有物业服务企业23家，其中一级物业资质企业1家、二级4家、三级15家、暂定（三级）3家。被杭州市评为优秀示范小区1个。2014年，建立物业管理电子投票评价系统、物业服务企业履约保证金制度及首次业主大会会议筹备经费制度；全面实施物业保修金和物业维修基金收缴制度，归集物业维修资金23819.46万元，保修金4527.44万元；确认物业管理办公用房面积3911平方米，经营用房面积3770平方米。组织社区、小区业主委员会及物业企业相关管理人员进行物业管理知识培训150余人次。

【四改联动】 2014年，洋塘移民小区新增停车位66个，实施雨污水管分离及厨房污水井改造，完成管网改造0.2公里；盛泰广宇小区改造停车位89个，达到每户一停车位，改造室外污水管140米；康乐小区完成景观、绿化、道路、室外强弱电入地、煤气、给水、围墙、监控、地下室积水等综合性改造，新增停车位150余个，完成雨污分流管网改造4.6公里。老旧小区提升改造项目被评为2014年度杭州市建筑节能改造示范项目。完成安居苑、迎春小区、移民小区、春江路1903号、文辉小区等小区监控视频安装。完成50个老旧楼道整治修缮，以及“走进棚户区”交办整治项目富春路710号和桥北食品厂宿舍屋顶渗漏。完成桥北社区周边道路、瑶琳路、富春路等区块里弄小巷改造，改造面积约3.8万平方米，总投资650万元。

【保障性住房建设管理】 2014年，配租公共租赁住房40套、出售经济适用住房140套。全年新增廉租住房保障家庭43户，新增公共租赁住房32户，完成经济适用住房配售136户。制定完成《桐庐县公共租赁住房租赁管理办法（试行）》和《桐庐县保障性住房申请家庭资格审核联审制度》。2014年，桐庐县计划实施农村住房改造2800户，实际完成3192户，累计投入改造资金6575万元；计划实施农村困难家庭危房改造240户，全部改造完工。县城春江景苑农民集聚房，二期1310套，建筑面积245049平方米，已完成工程建设。

【城建“12319”热线】 2014年，共承办市长公开电话交办件342起、县长公开电话交办件1001起，信访局交办的来信、来访55起，县机关效能监察投诉件189起，“12319”直接受理承办各类咨询、投诉175起，民工上访68批次，共1775起，各类信访和投诉件按时反馈率为99%，满意和基本满意率为97%。办理数字城管各类案件1938件，“110”社会联动交办件50件，办结率为100%。

（江　蕾）

·拆迁改造·

【概况】 2014年，桐庐县拆迁工作领导小组办公室牵头协调督查 “无违建县”创建、“三改一拆”工作。完成拆改面积408.23万平方米，其中旧宅改造143.69万平方米、旧厂区改造81.03万平方米、城中村改造183.51万平方米、拆违240.26万平方米。参加杭黄铁路区块桐庐段、柴埠区块、富春江干堤加固二期、开元街等县政府重点工程项目拆迁工作；基本完成下轮区块安置房交房手续、大奇山路和环城南路区块安置房建设；有序推进柴埠区块安置房建设、开元街区块一期安置房建设；基本完成杭黄铁路区块桐庐段签约腾空工作。

【三改一拆】 2014年，桐庐县政府制定下发《2014年度“三改一拆”工作目标任务》，以项目化方式推进“三改”工作，计划实施项目58个，实际实施61个，完成“三改”项目54个，拆改面积408.23万平方米，完成任务数的356%。

【“无违建县”创建】 2014年，桐庐县政府成立“无违建县”创建工作领导小组，出台《桐庐县乡村违法建筑处置若干规定》、细化农村“一户多宅”清理处置指导意见、规范违法建筑分类处置程序和处置标准，形成“覆盖全县、层层负责、上下联动、运转高效”的组织领导体系。按照“四重点，七先拆”（重点处理四类违法建筑：违法违规占用农耕地的违法建筑、影响公共安全和重大建设的违法建筑、严重影响城乡规划的违法建筑、交通干线两侧的违法建筑；对七类违法建筑实行先拆：涉及党政机关、国有企业和党员的先拆，存在安全隐患的先拆，造成社会恶劣影响的先拆，群众反映强烈的先拆，影响重点工程的先拆，面积特别大的先拆，污染环境、影响视觉的先拆）要求，对各类违建采取拆除、收回、交有偿使用费、签订协议书等分类处置方法。2月，开展党员干部“三带两不”活动（带头执行“无违建县”创建工作相关政策、带头拆除处置原有农村非法“一户多宅”和各类既有违建、带头做好亲戚好友的工作，和不利于工作的话不讲、不利于工作的事不做）和“无违建”创建公开承诺活动，其中200余名存在违建的党员干部带头自拆，13231名党员干部签订无违建承诺书。截至12月底，清理处置各类违建1.53万处，腾出土地95.93公顷。跟进拆后利用，其中安排农民建房20公顷，复耕23.33公顷，公共设施建设23.33公顷；208个无违建村（社区）通过县本级验收，14个“无违建乡镇（街道）”通过市级验收，“无违建县”创建工作通过市级初验。

杭州市“三改一拆”现场会在富春江镇召开

【杭黄铁路桐庐段征迁】 杭黄铁路是国家重点建设项目，项目（桐庐段）贯穿富春江镇、城南街道、凤川街道、江南镇，境内全长28.174公里，线型涉及征地约100公顷、拆迁18万平方米。其中先行用地已于9月16日获国土部批复，其他建设用地正在着手组卷报批。已完成线型征地近66.67公顷，其中交付使用36.67公顷；临时用地交付32公顷。项目线型拆迁涉及农户616户，其中富春江镇48户、城南街道199户、凤川街道161户、江南镇208户。完成签约农户607户，签约民房已基本腾空，正在拆除中。满林特大桥、石阜特大桥、石墙里特大桥、富春江特大桥等进行下部结构施工，完成桩基800余根、明挖基础及承台66个、墩身34个；桐庐隧道、马鞍山隧道、上竹坞隧道等7座隧道进行洞门施工，开展暗洞开挖支护的前期工程准备。桐庐制梁场基础施工及设备安装、搅拌站、材料加工厂等临时施工建设已基本完成，路基工程、土石方挖填、边坡防护、施工便道等正在修建中。

【浮桥埠区块安置房一期工程】 浮桥埠区块提升改造安置房工程项目一期工程于2013年12月6日正式开工建设，总造价1.28亿元，主体建筑为7幢楼房，其中3幢为29—33层高楼。至2014年12月，6号楼、7号楼主体工程完工，8号楼完成至11层楼面；9号楼完成至11层楼面；10号楼完成至21层楼面；基本完成地下室砌体工程。

【柴埠区块征迁改造】 柴埠区块征迁工作是县政府实施城市东扩和新城核心区建设的重点项目，有拆迁户635户，2013年签约腾空630户。2014年，通过协议谈判签约国有土地户1户，司法强拆集体土地户3户，剩余1户国有土地户未达成协议，按照相关司法程序等待法院判决。工程建设方面：1号区块主体工程竣工，完成电梯安装。完成3层以上土建工程竣工初验、3层以下幕墙工程建设，室外绿化景观工程正在施工中。2号区块完成桩基工程，正在进行基础底板浇筑。

【富春江干堤加固二期工程】 桐庐县富春江干堤加固二期工程是浙江省重点建设项目。项目建设规模为工程防洪标准50年一遇，堤防级别3级，工程等别Ⅲ、总投资约5.07亿元，建设地址位于桐庐县城下游富春江窄溪河段右岸，计划于48个月建成。

富春江干堤加固二期工程施工分Ⅰ、Ⅱ、Ⅲ标段，Ⅰ标段：干堤加固0.8千米（桩号1+600—2+400）、支流黄潦溪堤防1.84千米、新建麻栗浦排涝站、马家溪排涝站。Ⅱ标段：支流大源溪堤防0.87千米、支流舒湾溪堤防2.28千米、新建石堆湾排涝站。Ⅲ标段：支流马浦溪堤防2.340千米。

2014年，建设堤防10.5千米（干堤3.17千米，支流堤约7.33千米）、排涝闸站三座，其中第一阶段8.13公里，包括柴埠干堤0.8公里、黄潦溪、大源溪、舒湾溪、马浦溪、麻栗浦排涝站、马家溪排涝站、石堆湾排涝站，除麻栗浦排涝站、舒湾溪未完成外，其余工程基本完工，完成进度约90%。第二阶段2.37公里滩头至柴埠干堤，完成进度约80%。

【东连接线（柴埠大桥）工程建设】 东连接线（柴埠大桥）工程是桐庐县"一环四纵八横"主骨架公路网建设重大工程，是23省道梅蓉至杭新景高速凤川互通公路（东连接线）工程重要枢纽，总长1356米、宽36米，双向四车道，总投资6.9亿元。工程分为引桥段（包括路岸段引桥、江中引桥）和主桥段。2014年，完成投资2亿元，占年度投资的100%。完成项目用地报批、施工许可及涉河涉堤许可等项目前期许可审批、项目部监理办标化建设等工作；完成钢栈桥、水中承台钢围堰施工技术方案专家审查和施工安全风险评估报告专家审查；完成施工钢栈桥搭设（全长787.3米）；完成水中桩基施工平台搭设9个、支栈桥9个；完成桩基117根（其中水中桩基79根），占桩基总数的1/3；完成钢套箱加工9个。春江东路至320国道段，完成杭商院段接线路基、预埋管线、主路面、平侧石、路灯工程。

【县城开元街区一期改造】 桐庐县城开元街区一期安置房工程（包括儿童公园和交警城区中队两个地块）于2014年5月13日正式动工，工程总投资7.05亿元。其中，原交警城区中队区块用地1.47公顷，建筑面积61659平方米，建设户数327户，工程合同造价1.14亿元；儿童公园区块用地1.28公顷，建筑面积67971.09平方米，建设户数352户，工程合同造价1.29亿元。一期工程预计于2016年完成。

【芝溪垅安置小区工程建设】 芝溪垅安置小区工程建设于2011年9月30日开工，合同工期为548天。2014年主要工作是施工收尾、整改修补和组织相关验收等。10月11日完成项目各单体工程分户验收工作，11月6日完成单位工程竣工初验，12月31日完成单位工程竣工验收。

室外工程施工8月25日开工，至年底完成室外工程土方回填、雨污水管道铺设、安装及检查井施工；完成小区内7座钢筋砼化粪池建设；完成室外工程强电、弱电管道铺设的95%，基本完成消防管道预埋及消火栓安装；小区道路工程砼路面完成60%，围墙工程砼柱及砖砌围墙完成90%。完成15号、16号楼4台电梯工程验收，并正常使用。完成户内燃气管道安装，室外燃气总管安装已完成60%。完成配电工程、给水工程施工合同签订，其中给水工程于11月进场施工，至12月底自来水管道安装预埋完成80%。

【国有土地房屋征收】 2014年，桐庐县政府受理国有土地房屋征收申请1件，发布征收决定1件，即桐庐县城柴埠区块改造项目房屋征收决定（桐政房征字〔2014〕第1号），涉及被征收对象3个，其中住宅房屋1户，非住宅房屋2户，建筑面积约590平方米。配合乡镇（街道）制定县城公园山渔民村、大庄里、杭黄铁路、富春江干堤国有土地上房屋收购方案以及动员工作。完成公园山渔民村房屋收购和搬迁拆除工作。

（陈　伟）

·城市管理·

【行政执法】 2014年，桐庐县城市管理局立案查处违法行为5270起，其中，办理简易程序案件433件、一般程序案件663件，发放违停通知书4174辆次。推进权力事项清理工作，原有行政权力867项，清理后行政权力事项281项，核减67.6%；梳理主要职责15条、职责边界事项7项，建立事中事后监管制度7项、公共服务事项6项。是年，成立局行政处罚案件审理委员会，建立法制员队伍，修改和完善《执法办案考核评分标准》，制定《执法办案考核补充规定》，建立《办理假案、错案责任追究制度》，落实行政执法责任追究制度，严肃办案纪律。开展即查即拆培训、法律知识测试、专家讲座等法制培训10余次，开展协管员业务培训2次。发放《行政处罚案件督查通报》12期。

【垃圾治理】 2014年，桐庐县城市管理局组织开展全县机关事业单位生活垃圾分类培训，发放指导手册、宣传资料15000余份，机关事业单位生活垃圾分类工作实现全覆盖。是年，完成梧桐公寓、格林花园生活垃圾分类试点工作，逐步完善“户集—村收—镇中转—县处理”生活垃圾无害化处置体系。2014年，共清运城乡垃圾10万余吨，生活垃圾无害化处理率达到95%以上。

【停车管理】 2014年，桐庐县城市管理局在局法制科和横村车管所设立违停处理窗口，实行人行道违停执法新举措，对于违停拍摄当日接受处理的驾驶人，予以从轻处罚。2014年，桐庐停车服务有限公司收费155万元，

格林花园垃圾分类

【渣土管理】 2014年，桐庐县城市管理局严把“源头关、审批关、运输关”，设置开发区中队渣土管理冲洗点，开展渣土运输车辆免费冲洗活动。开展城管“进工地”活动，在桐庐规划展示馆工程和开元街征迁改造工程设置进工地服务牌。加强对建筑工地出入口管理，严格控制渣土运输中的扬尘。加强建筑垃圾管控，在城南建立2处建筑垃圾临时倾倒中转点，实施建筑垃圾清运“代整治”工作。

【“无违建县”创建】 2014年，桐庐县城市管理局根据“无违建县”创建要求，起草《在建违法建筑即查即拆程序规定》《桐庐县“无违建县”创建工作违法建筑认定和处置规定》《桐庐县乡村违法建筑处置若干规定》，重新整合原有的规划中队人员和职责，扩充装备，建立专门的即查即拆队伍。组织业务骨干前往分水镇、横村镇等乡镇开展违法建筑查处业务知识培训，开展违法建筑认定处置、即查即拆程序规定、乡村违法建筑处置若干规定等培训10余次。是年，建立国有土地违法建筑巡查机制，规划中队牵头，以直属中队网格化管理和社区驻点为基础的巡查方式，严格确保巡查密度和频率；开展住宅小区违法建筑集中拆除行动、主要道路两侧违法建筑集中整治、新增违法建筑整治行动和彩钢棚集中整治，共拆除违法建筑55处，面积共计3000平方米，会同各乡镇（街道）拆除违法建筑3585处，拆除面积52.66万平方米。是年，联合国土、公安、属地街道等单位开展下轮区块违法建筑整治行动、芝溪垅区块强拆行动、柴埠区块强拆行动，拆除面积6000余平方米。

【精细管理】 2014年，桐庐县城市管理局制定《桐庐县城市管理局精细化管理实施细则》，将县城区道路分为精品街、严管街、规范街三类，精细管理从主要道路向里弄小巷延伸，明确精细化管理内容和标准。2014年12月，成立迎春路和迎春南路女子分队，加强富春路、迎春路和迎春南路等精品街市容管理和街面管控。是年，开展以分水镇为试点精细化管理工作，总结经验，形成中心镇精细化城市管理标准并报县政府印发实施。

【环卫提升】 2014年，环卫处推进城北区块主要道路及青山工业园区市场化保洁运作。根据不同季节，提高道路洒水频次，降低道路扬尘污染；提升机械化清扫率，城区机械化清扫率达到54%，完成环卫基地建设项目和城区12座公厕提升改造。是年，对分水镇、凤川街道、新合乡、钟山乡、横村镇等乡镇（街道）开展环卫行业标准化指导，其中分水镇顺利通过市级环卫行业标准化管理试点创建验收。

【数字城管】 2014年，数字城管共立案52007件，解决52007件，问题解决率100%，问题及时解决率99.8%以上。出台《桐庐县2014年数字化城市信息处置考核评价办法》，对网络单位进行量化考核。加强现场踏勘协调，建立联系走访网络单位制度，强化疑难案卷的沟通协调。开展每月一重点专项普查，共普查各类问题2400余件，及时交办至相关网络单位并加强督办。是年，加强对中心镇数字城管的业务培训和协调处置，4个中心镇“数字城管”运行正常，案件处置量达到杭州市考核要求。

【市容整治】 2014年，桐庐县城市管理局组织县公安局、交警大队、城南街道、开发区管委会等单位开展春江东路“三乱”综合整治，设置洋洲路（阆苑路至春江东路）、赵家山路两处市场，共180余个摊位；在春江东路两侧辅道（梅林路至宝心路）路缘侧施划380余个小型汽车停车泊位，在宝心路、东兴路上设置货运车辆停车点。是年，该局开展城市管理问题“三清”（清除占道经营、乱搭乱建、乱堆乱摆）集中整治、城区夏季夜间市容秩序整治、春江西路环境卫生整治、浮桥埠市容秩序整治等专项整治。

【户外广告管理】 2014年，桐庐县城市管理局受理户外广告审批825件。开展康乐路、体育场路、金东路等路段户外广告提升改造，总投入185万元。检查和维护大型户外广告安全性，对春江路、大奇山路、瑶琳嘉苑存在安全隐患的户外广告实施代整治。

【门前新三包】 2014年，开展“门前新三包”（包环境整洁、包文明劝导、包应急参与）自我管理承诺书签订活动，将迎春路、迎春南路、春江路（乔林路至中杭路段）作为试点路段率先推开，共签订“门前新三包”自我管理承诺书395户，签订率为100%。

【犬类家禽管理】 2014年，开展犬类家禽整治17次，共计暂扣犬只230条，其中藏獒6条。

城管队员对城区大中型餐饮业油烟净化装置安装情况进行检查

在城区各小区开展违规饲养家禽清查活动，共劝导教育40余人次，接处相关信访件30余起。12月，会同市场监管局、卫生局、农业局对城区和各乡镇的活禽交易场所进行了检查。

【餐饮油烟治理】 2014年，桐庐县城市管理局开展城区餐饮企业油烟净化装置安装情况检查，城区87家需要安装油烟净化装置的大中型餐饮企业已全部安装油烟净化设备，安装率达到100%。对城区393家小型餐饮企业进行登记排查，依法对95家小型餐饮业发放《责令立即（限期）改正违法行为通知书》。建立井盖管理综合协调机制，通过采集上报和普查，共发现破损、缺失、移位井盖468处，全部交办至相关网络单位并完成修复。

【贴心城管】 2014年，开展局领导联系基层“零距离行动”，局领导每月至少安排一天，分别到联系中队指导参与工作，及时掌握解决一线实际问题。认真开展基层走亲、网格走亲、“一对一”走访联系服务企业和在职党员进社区服务报到活动，走访企业、农户、商户600余户，领办服务项目16个，领取“微心愿”10个。实施社区联络员制度，在各社区确定1—2名执法队员为联络员，把城管服务送到百姓家门口，帮助群众排忧解难。开展“进学校”活动，积极做好杭商院开学服务保障和中高考期间“绿色”护考等工作。健全城管志愿者队伍，在各社区招募24名城管志愿者，组织开展城管志愿者座谈会和培训活动。积极组织党员干部、团员青年参与“五水共治”、无偿献血、“腊八送温暖”、公职人员齐奉献、政府开放日、城市文明志愿服务行动、“微笑亭”等志愿服务活动，共有156人次参与各类志愿服务活动。

（朱红霞）

【责任编辑：叶　楠】

国土资源管理　环境保护

·国土资源管理·

【概况】 2014年，桐庐县国土资源局全面启动县乡两级土地利用总体规划调整，先后完成中心城区和一般乡镇14个规划落实方案、6个规划修改方案的编制和报批，为乡镇（街道）优化用地空间165.7公顷。是年，完成8批次114.5公顷土地征收。办理供地项目94个129.1公顷，土地出让金8.8亿元；办理划拨供地项目14个18.8公顷，划拨费用0.6亿元；集体土地使用4宗，面积2公顷。收购土地10宗13.1公顷，收购价1.7亿元。开展批而未供土地消化利用，全年完成批而未供土地消化利用118.7公顷，盘活存量土地57公顷。实施城镇低效用地开发41.67公顷。是年，县行政服务中心国土窗口受理土地登记发证等办理件11019件。其中，办理国有土地使用证9211件，办理土地抵押登记1430件，国有土地使用权转让72宗，划拨补办土地出让170件。完成各类建设项目预审和方案联审136个，办结率100%。启动2007—2009年土地调查23.73平方公里范围更新测绘；推进全县村庄数字地籍调查全覆盖，基本完成全县35平方公里（一期）村庄数字地籍调查外业测绘；保持国土资源执法监察高压态势，全年立案查处国土资源违法案件90起，罚没款300余万元。对40宗土地违法相关责任人提出党纪政纪处分建议并抄告县纪委。是年，落实高标准基本农田建设项目15个，规划建成高标准基本农田2005.3公顷，实施项目15个，至年末，完成高标准基本农田建设2000公顷。

2014年5月，举办农村干部国土资源法律法规知识培训班

【土地规划调整】 2014年，县国土资源局在2013年土地利用现状更变调查成果基础上，结合划定永久性基本农田、城市开发边界、生态保护红线，优化城乡用地结构布局，满足全县规划末期（2020年）经济社会发展用地空间需求，全面启动县乡两级土地利用总体规划调整完善工作。同时，完成中心城区和一般乡镇14个规划落实方案、6个土地规划修改方案编制、报批，为乡镇（街道）优化用地空间165.7公顷，为海康威视安防产业园、浙江英飞特光电产业、天天快递、农产品电子商务产业园等重大招商项目、基础设施建设和农民建房提供保障。

【耕地保护】 2014年，县国土资源局按照省国土资源厅部署，全面开展全县标准农田和县级核查工作。是年，核查百江镇方家畈土地调整等169个项目（其中，任务项目166个，储备项目3个），经核查，上图入库标准农田9503.6公顷，认定标准农田9406.6公顷。开展耕地保护补偿机制建设试点。是年，桐庐县被列为浙江省11

个耕地保护补偿机制试点县之一，为此，县政府出台《桐庐县耕地保护补偿试点实施细则》，首次将耕地保护责任履行情况与经济补偿挂钩。细则规定，耕地保护补偿分为基础补偿和提升补偿两类。基础补偿又分两类：一类是根据年度土地卫星遥感执法检查结果，所在行政村土地“零违法”，同时未发生重大涉土信访事项和群体性上访等事件，常年性抛荒连片面积不超过0.67公顷或季节性抛荒连片面积不超过2公顷的，给予每个行政村2万—3万元／年基础补偿金；另一类是开展耕地保护民主管理示范村创建，全县每年评选15个示范村，给予8万—10万元／年补偿金，对土地流转的优质耕地、粮食功能区、高标准基本农田种植早稻的，给予1500元／公顷·年补助。在基础补偿基础上，为加强耕地保护，提高耕地质量，改善农业机械化生产基础条件，制定提升补偿标准：对新垦造旱地，通过提升改造为水田的，给予不高于90万元／公顷补偿；对通过表土层剥离再利用，提高耕地质量和生产能力的，给予不高于22.5万元／公顷补偿。

【土地开发整理】 2014年，县国土资源局组织实施农村土地综合整治项目47个，规划搬迁农户3274户，复垦土地137.3公顷。至年底，完成省级验收项目9个，复垦新增耕地22.4公顷，完成农户拆迁1991户，复垦土地64.5公顷。瑶琳镇琴溪村、百岁村、东琳村等10个农村土地综合整治项目竣工。钟山、瑶琳、百江等乡镇结合“一户多宅”清理，组件上报宅基地复垦项目18个，规划复垦新增耕地32公顷。是年，实施垦造耕地项目106个，规划新增耕地411.2公顷，是年底，竣工项目58个，实际新增耕地175公顷。是年，县国土资源局落实高标准基本农田项目15个，规划建成高标准基本农田2005.3公顷，年内实施项目15个，至年末，完成高标准基本农田2000公顷。同时，开展高标准基本农田示范片创建，分水镇大路畈、合村乡合干畈、瑶琳镇大洲畈3个高标准基本农田示范片项目计划建设高标准基本农田223.7公顷，争取省、市补助资金1000万元。

【建设用地管理】 2014年，省政府下达桐庐县农转用计划指标43.3公顷（其中农村建房专项指标3.9公顷），远不适应招商引资、基础设施等建设项目用地需求。县国土资源局调整工作方式，变“被动给”为“主动要”，通过与省、市国土部门沟通衔接，利用保障大项目、稳增长、扶持中心镇发展等政策，争取农转用计划指标90.8公顷。是年，完成19个批次建设项目用地组件报批，上报用地304.7公顷，保障全县农村建房、桐庐县城至窄溪段疏港公路、凤川柴埠大桥、中石化桐庐油库、海康威视安防产业园、富春江（芦茨）乡村慢生活体验区、富春江科技软件园、深澳旅游集散中心等建设项目用地需求。是年，杭州市国土资源局下达桐庐县批而未供土地消化利用113.3公顷，盘活存量土地46.67公顷。至年末，完成批而未供土地消化利用118.7公顷，盘活存量土地57公顷。推进城镇低效用地再开发，2014年，各乡镇(街道)、开发区在对辖区4年内可实施城镇低效用地上报基础上，核查每宗地块情况，将低效用地区位和面积上图入库，全年上报城镇低效用地223宗343.1公顷。是年底，全县已实施城镇低效用地再开发41.7公顷，完成杭州市国土资源局下达40公顷城镇低效用地再开发任务。是年，县国土资源局实施企业用地“退二进三”10宗，其中，桐庐华鹰高技术有限公司按“就地改造”临时改变方式办理临时使用审批；煜凯针织公司、横村皮革服装厂、永泰锁厂按政策收购方式进行收储再出让；桐庐华英薄膜有限公司、浙江奔腾建设公司等企业用地按改变用途方式实施用途变更。全年实施企业用地“退二进三”面积5公顷。

【土地出让】 2014年，县国土资源局完成8个批次土地征收，征地114.5公顷，支付征地费用1.05亿元，安排农转非安置903人。发布桐君街道君山村脉地坞地块、城南街道岩桥村“海康威视”用地项目，发布“杭黄铁路综合体”“23省道连接线”等重点项目土地冻结通知。完成全县征地区片综合价和基准地价调整，出台《桐庐县人民政府关于调整全县征地区片综合价的通知》。是年，受宏观经济下行、房地产市场调整、企业经营状况不佳等影响，土地市场低迷。县国土资源局主动与顺发恒业、碧桂园、龙湖地产、新湖中宝等重点房地产开发企业对接，强化推介招商。针对个别地块存在非“净地”出让，导致一些建设项目无法正常开工情况，成立桐庐县富春江全域建设开发有限公司，专门从事做“地”。是年，办理供地项目94个，供地129.1公顷，总出让金8.8亿元。其中，工业用地项目56个，供地74.2公顷，出让金2.7亿元；经营性用地项目24个，供地36.1公顷，出让金5.2亿元；划拨供地项目14个，供地18.8公顷，划拨费用0.6亿元；补交土地出让金0.23亿元；“退二进三”补交土地出让金0.08亿元。

【地籍管理】 2014年，县国土资源局对2013年国土资源部下发两批遥感监测图斑进行核实上报。核实图斑403个，监测面积212.5公顷，占用耕地93.5公顷。同时，开展对用地管理信息套合标注，新增耕地、基本农田变更上报及设施农用地、临时用地核查。在此基础上，利用桐庐县2013年度土地利用现状成果数据，初步核算出全县各行政村人均建设用地面积，为规范宅基地管理，促进农村土地集约节约利用提供参考。是年，县国土资源局推进全县村庄数字地籍调查全覆盖，第2期35平方公里村庄数字地籍调查外业测绘成果通过省质检站验收。基本完成第3期10平方公里外业测绘。完善地籍数据库图形数据实时更新机制。启动2007—2009年间调查的23.73平方公里土地更新测绘。做好杭州商学院、瑶琳红灯笼外婆家景区滑梯、中石化桐庐加油站等项目竣工复核验收。是年，复核经营性用地项目32个663941平方米，建筑面积1059201平方米。启动全县农村两权一房（土地证、房产证）发证工作，11月，在瑶琳镇试点基础上，于年底在全县各乡镇（街道）全面铺开。同时，对2008—2014年国有土地发证资料、2013年集体土地发证的132万页档案进行扫描，对4.7万条条目信息进行著录。

【矿政管理】 2014年，县国土资源局做好桐庐南方水泥有限公司阆苑石灰岩矿省级绿色矿山建设、莪山畲族乡小渭石矿治理，通过矿区道路修整、边坡整治、矿山绿化等，至年底，阆苑石灰岩绿色矿山建设、莪山小渭石矿治理复绿整治到位。是年，对全县32家制砂企业开展专项整治，依法取缔16家制砂设备落后、污染水环境企业，提升改造另16家制砂企业。同时，做好杭州市第二水源—千岛湖配水工程桐庐段隧道开挖产生矿产资源采矿权出让，完成采矿权设置方案和协议出让报批、采矿权评估等程序，并在省矿业权交易中心完成交易。

【地质灾害防治】 2014年，县国土资源局编制全县14个乡镇（街道）地质灾害防治手册，完善应急预案编制制度，制作“防灾明白卡、避险明白卡”，制定群测群防员工工作制度等。4月，举办乡镇（街道）地质灾害易发区巡查人、已知地质灾害检测人、乡镇（街道）分管领导等参加的地质灾害防治知识培训班。汛前，在瑶琳镇大湾里地质灾害隐患点举行地质灾害防治应急演练，200余人参演。同时，及时更新地质灾害群测群防体系，编制《桐庐县2014年度地质灾害防治预案》，与14个乡镇（街道）签订地质灾害监测责任书，发放防治、避险工作明白卡460份。调整、公布2014年度县、乡、村、点四级群测群防网络。是年汛期，发布地质灾害预警信息48条，发现新地质灾害隐患点48处。其中，滑坡9个，崩塌37个，泥石流2个，直接威胁人数188人。全年投入地质灾害治理资金1500万元，完成2个批次34个地质灾害治理或搬迁避让项目，73户246人消除地质灾害隐患威胁。

【国土资源执法监察】 2014年，国土资源执法监察开展日常巡查700余次，参与巡查3000余人次，巡查路程近25000公里，发现各类违法用地178处。是年，共立案查处土地违法案件90起11.8万平方米，责令拆除违法违规用地上建（构）筑物5.2万平方米，没收违法违规用地上建（构）筑物4万平方米，罚没款152万元；查处矿产资源违法案件8起，罚没款300余万元。同时，加大对违法用地责任人责任追究，全年对40宗土地违法相关责任人提出党纪政纪处分建议并抄送县纪委。加大对矿产资源盗采打击力度，会同水利部门移交公安部门治安拘留1人，证据保存盗采挖机等工具5起，立案查处5

起。按照国土资源部部署，开展2014年土地卫片执法监察检查。是年9月，国土资源部卫片图斑下发时，桐庐县涉及用地80公顷，其中耕地39.7公顷，通过立案查处，最终核算违法耕占比6.76%。全年受理国土资源信访“三来”件786件，其中来信110件，来访49批次88人次，来电627件，信访总量比2013年上升11.3%，信访反馈率、办结率100%。

（宋正良）

·环境保护·

【概况】 2014年，桐庐县全面完成年度污染减排任务，初步测算化学需氧量、氨氮、二氧化硫、氮氧化物分别比2013年削减11.75%、9.68%、13.98%、23.54%。境内83条主要溪流全部达到Ⅲ类以上水质，其中达到Ⅰ类以上水质7条，达到Ⅱ类以上水质28条，基本实现“随时可游、随处能游”目标。富春江出境水质连续8年优于入境水质，达到Ⅱ类水质，饮用水源地水质达标率100%；县城环境空气质量二级，按新空气质量标准评价（AQI），全年优良天数283天，比2013年增加13天，优良率78%，PM2.5浓度比2013年下降6.8%。区域环境噪声、功能区噪声和交通噪声均达到相关标准。桐庐县成为浙江省首批“清三河”达标县，入选“浙江最具魅力新水乡”，被评为第八届全国唯一的“中华宝钢环境奖”、杭州市“五水共治”工作先进县、省“五水共治”工作优秀县—“大禹鼎”，连续12年荣获杭州市委、市政府生态建设与环境保护目标责任制综合考核优秀单位。

【工业污染防治】 完成电镀行业污染整治。2014年，县环保局制定实施《桐庐县电镀行业污染整治实施方案》，淘汰关停电镀企业8家，提升改造11家电镀企业电镀工艺和治污设施。重金属污染物排放量在2009年基础上削减30%以上。

基本完成造纸、印染、化工行业整治。是年，县环保局制定实施《桐庐县印染造纸化工行业整治提升方案》，按照“淘汰一批，整治一批，搬迁一批”要求，全面开展三大行业污染整治。对全县12家印染企业、22家化工企业、9家造纸企业开展综合整治。淘汰关停2家造纸企业、3家化工企业；全县印染、造纸、化工企业按统一标准完成整治验收，达到环保、经信、安监、卫生等部门相关要求，印染、化工行业主要污染物排放负荷在2010年基础上削减30%以上。

深化石材、铸造、印花等行业整治。是年，县环保局制定实施《桐庐县石材、铸造、印花行业整治实施方案》，整治全县208家石材企业，关停117家。钟山乡石材企业从原来143家提升改造为60家，莪山畲族乡石材企业从23家提升改造为18家，旧县街道从11家提升改造为6家。开展以百江镇为重点的全县铸造行业整治，淘汰关停19家冲天炉铸造企业，督促指导其他铸造企业整治提升。对全县印花行业进行专项整治，关停印花企业18家，规范整治其余印花企业。

【行政审批制度改革】 2014年，县环保局对9项行政许可事项、4项非行政许可事项权力清单进行再清理，并建立动态清理机制。推行首席代表制，取消“环境影响评价文件”审批中报告表、报告书类项目分管领导、主要领导审核环节，授权窗口首席代表直接批复。加强中介机构监管，对环评中介机构资质重新备案，并提出“限时办结”制。全年办理行政许可事项777件，其中环评审批369件。严格执行生态环境功能区规划和环评审批制度，从源头控制新增污染源，全年否决不符合国家产业政策、高能耗、高污染工业及其他项目124个。

【环境执法监管】 2014年，县环保局联合县公安局、检察院、法院，出台《关于建立桐庐县环境保护执法协调机制的实施意见》，规定县公安局成立环境犯罪侦查大队，县法院成立环境保护巡回审判法庭，成立行政村环保协会，建立企业环保管理员、村（社区）环保监督员、区域环境观察员“三员”监督机制。同时，完善网格化管理模式，对508家工业企业按污染程度，分“A、B、C”类分级管理。坚持“四个不放过”原则，加强对化工、电镀、印染、造纸等重污染行业监管。是年，县环保局组织42

次环境执法“零点行动”，联动省、市交叉执法行动17次，日常环境执法监督监察4800余人次，组织排查未批新建等违反“三同时”项目1000余个；配合城南街道、分水镇、富春江镇、新合乡等开展企业排污、水晶行业整治、豆腐加工作坊整治、畜禽养殖整治等专项执法24次；组织大气污染防治设施运转和“冒黑烟”现象检查19次，责令8家企业大气污染防治设施进行整改；组织甲鱼养殖场烧边角料检查88人次。是年，立案查处环境违法案件39起，向公安移交刑事案件4起，涉案人员5人。

【大气污染综合治理】 2014年，县环保局制定实施《桐庐县2014年大气污染防治实施计划》和《关于加强大气复合污染防治改善环境空气质量的实施意见》，推进县城、中心镇建成区“无燃煤区”建设。完成热电、水泥脱硫脱硝治理，完成制笔喷涂行业45家单位有机废气综合治理，淘汰大气重污染企业10家、燃煤锅炉50多台。分水、横村、江南、富春江镇建成区基本建成“无燃煤区”。加大黄标车淘汰工作力度，出台《桐庐县黄标柴油车淘汰补助实施细则》，淘汰黄标车、老旧车2518辆，严格执行机动车环保标志发放和高污染机动车限行。加强建设工地扬尘控制，完成140万方施工工地扬尘控制区建设。加强县城餐饮油烟治理，县城大中型餐饮业油烟净化装置安装率100%。

【生活饮用水源管理】 2014年，县环保局强化饮用水源管理。建立饮用水源地环境监察巡查制度，经常性开展饮用水源保护区环保执法检查，查处影响饮用水源安全的各类环境违法行为，全面实施“河长制”和乡镇交界断面水质考核，富春江出境水质连续8年优于入境水质，首次达到Ⅱ类水质，饮用水源地水质达标率100%。整改饮用水源安全隐患，关停杭州博阳食品有限公司、桐庐三合加油站、城南街道春水湾饭庄，完成渡济大桥应急设施建设。加强富春江库区漂浮物打捞处置，全年打捞漂浮垃圾29950吨，死猪1152头；新建富春江库区漂浮物打捞分类处理中心工程。

【五水共治】 2014年，县环保局出台实施《关于加快推进“五水共治”工作的实施意见》《桐庐县“五水共治”三年行动计划》，“三年行动计划”明确全县“五水共治”179个项目，总投资124亿元，其中治污水62项，投资31.5亿元，并以任务书形式明确各乡镇（街道）、部门年度工作目标，并取得明显成效。是年，桐庐县域范围内全面消灭垃圾河、臭水河，县域83条河流全部达到Ⅲ类以上水质，芦茨溪成为杭州市申报的全省第一条全域可游泳河段。横村镇、百江镇和钟山乡成功入选全省“治水美镇”50强。

综合整治后的芦茨村河道

【生态文明建设】 2014年，县环保局排查梳理年度生态文明建设、“三江两岸”和“四边三化”工作任务，完成年度生态文明建设任务62项、“三江两岸”工作任务18个类别96项和“四边三化”工作任务92项，完成5个乡镇（街道）2014年国家级和省级生态镇（街道）创建申报工作。成立桐庐县环境功能区划编制工作领导小组和编制技术组，完成环境功能区划编制。

【农村生活垃圾分类和资源化利用工程】 2014年，县环保局制定出台《关于做好农村生活垃圾源头分类工作的指导性意见的通知》和《桐庐县农村生产生活垃圾分类收集和资源化利用工作运行管理考核办法》，明确“七个一”共性要求及可堆肥垃圾收集“2—3—1”新路径。召开垃圾资源化工作推进现场会4次，下发农村生产生活垃圾收集和资源化利用工作通报7期。是年，在170个行政村建立146个资源化站点，户分类收集率和投放正确率均在85%以上，垃圾分类知晓率95%以上，工程运行率100%，率先实现农村生活垃圾分类收集和资源化综合利用全覆盖目标。探索垃圾有机肥商业化运作模式，委托桐庐欧鹏生态环保科技有限公司和桐庐英力畜禽粪便处置中心研发垃圾有机肥，制作出成品，并注册“世外桃源”牌商标。

【农村生活污水处理工程整改】 2014年，县环保局在全面实现农村生活污水处理全覆盖基础上，开展一周一查一抄告、季度通报、评选最差十大行政村等活动，完成103个村463只工程整改提升任务，正常运行率95%以上。

【农业面源治理】 2014年，县环保局出台《桐庐县畜禽养殖禁养区和限养区划分调整方案》，会同县农业局全面推进农业面源关停整治。至年末，全县关停拆除畜禽养殖场610家25.15万平方米，甲鱼养殖场68家13.6万平方米，保留的143家畜禽养殖场基本完成整治提升，全面推进“适度规模、种养结合、生态循环”生态养殖模式。

【危废和辐射源管理】 2014年，县环保局制定《桐庐县危险废物申报登记管理办法》，从危废排污申报制、危废管理计划备案制等7个方面细化。实行危险废物管理情况月报制，建立重点产废单位信息库，动态掌握全县61家1吨以上产废单位危废管理情况。是年，81家企业转移728批次10358吨危险废物。推进神仙洞废物库环境现状评估和处置，加强涉源单位日常监管，巩固危废“双达标”和“放心放射源”成果。

【环境监测】 2014年，县环保局修改完善《空气质量发布方案》，自4月1日起，在县内各大媒体发布包括PM2.5等6个要素空气质量实况和预报。扩大水质监测范围，对全县83条河流96个断面进行全面监测，监测数据下发至各乡镇（街道）。推进环境监测一体化建设，加强现有水质、大气自动监测站维护管理。

【环境基础设施建设】 2014年，全县10个乡镇、街道（不包含县城）新建污水管网56.2公里，实现集镇污水管网全覆盖。推进桐庐污水处理厂一级A提标改造、县城生活垃圾填埋场渗漏液处理和富春江漂浮物打捞处置中心等一批重点工程建设。县环境监测站在增加环境监测设备、严陵坞水质自动站景观化改造工程、自动站运行维护、实验室日常运行等方面投入资金382万元，环境监察大队投入资金46万元新增移动执法和车载系统设备。

【“智慧环保”体系】 2014年，县环保局积极构建“智慧环保”体系。主要采取“1+3”模式，即建成一个全县环境智能化综合管理平台，实现重点污染源监察智能化管理、环境质量智能化监测和特色生态文明工程智能化展示等3大功能，总投资5598余万元。至年末，完成投资3800万元，建成启用3个河流交界断面水环境质量自动监测站、2个主要河流水质自动监测站、1个饮用水源环境质量自动监测站、2个大气环境质量自动监测站和1个酸沉降自动监测站。建成启用环境监控中心，实现对全县57家重点污染源24小时在线监测或视频监控。是年，完成PM2.5监测项目升级改造和江南空气自动站迁建，建成LED展示平台，启动智能化管理平台整改提升建设。

【环境保护宣传】 2014年，县环保局实施《桐庐县生态文化实施意见》。利用“百姓日”“科技周”“6·5”世界环境日等，开展“垃圾分类村镇互动”“五水共治我们在行动”“垃圾分类金点子征集”等活动，3万余人次参与。是年，发放环保宣传资料8000余份，印发《桐庐环保》6期、“五水共治”工作简报35期。《今日桐庐》每月公布乡镇（街道）消灭垃圾河、臭水河进展及83条主要河流水质现状，并设立“曝光台”和举报电话。成立村级环保协会194个，实现村级环保协会全覆盖。

（宋　娟）

【责任编辑：骆国庆】

劳动 人事

【概况】 2014年，桐庐县新增城镇就业岗位4496个；帮扶失业人员实现再就业2554人，其中就业困难人员1417人，城镇登记失业率3.05%。技能鉴定发证8719人，培养高技能人才1248人，举办创业培训11期，433人取得合格证书，失业人员培训1706人，进城农民工培训1049人，参与举办12个职业（工种）职业技能竞赛。企业职工基本养老、医疗、工伤、生育、失业保险分别净增参保9357人、3553人、7787人、5422人、3365人；城乡居民医疗保险参保率99.77%。引进国外智力项目24项，柔性引进国外专家36名，引进高层次、紧缺型人才136名。是年，县人力资源和社会保障局获县综合考评优秀单位、县重大项目服务先进单位等荣誉。

·劳动保障·

【公共就业服务】 2014年，桐庐县举办各类人力资源交流会54场，进场招聘用人单位1271家，提供就业岗位25000余个，达成就业意向2300余人；人力资源信息网全年发展会员单位1736家，采集发布用工信息26425条。

【促进就业帮扶】 2014年，县人力资源和社会保障局开展“三送三求”“基层走亲”、走访重点规模企业等活动，帮扶城镇失业人员、新增劳动力、农村富余劳动力等3类群体。全年审核办理申报补贴（助）6500余件，用于促进就业资金2815万元。

【创业型县创建】 2014年，县人力资源和社会保障局为帮助创业人员树立市场理念，降低创业风险，推出投资规模小、收益回报快创业项目30余个。对有创业需求的，开展上门指导、小额担保贷款落实、信用核查和后续跟踪服务等，为创业者初期创业提供“一条龙”服务。全年扶持创业项目45个，带动就业150余人。

【社会保险】 1. 参保基本情况

2014年12月末桐庐县各项社会保险参保情况

表26　　单位：人

险　种	参保人数	退休人数	净增人数
企业养老	126909	37024	9357
机关事业养老	15747	4986	364
城乡居民养老	101482	54038	-3545
被征地保障	14822	1292	1564
农村养老保险	78586	75	-1711
城镇职工医保	121398	22405	3553
城乡居民医疗	260084	—	—
工伤保险	109973	—	7787
生育保险	69020	—	5422
合计	898021	119820	22705

2. 各项基金收支及积累情况

2014 年 12 月末桐庐县各项社会保险基金收支情况

表 27　　　　　　　　　　　　　　　　　　　　**单位：万元**

险　种	基金收入	基金支出	当年结余	累计结余	支付能力
企业养老	84163	90472	-6308	111893	14.84
机关事业养老	24722	24802	-80	-11139	—
城乡居民养老	12328	11716	612	10803	—
被征地保障	7371	928	6443	45818	—
农村养老保险	54	62	-8	1885	—
城镇职工医保	42968	39770	3198	15273	—
城乡居民医疗	20627	18271	2356	6011	—
工伤保险	2028	2145	-117	3239	—
生育保险	2089	1580	509	1854	—
合计	196350	189746	6605	185637	14.84

3. 失业保险：2014 年，桐庐县失业保险净增参保 3365 人；征缴失业保险基金 5365 万元，支出 3202 万元，失业登记 2377 人次，发放失业保险金 8542 人次，基金历年累计结余 17144 万元。

【企业用工和失业动态监测】 2014 年，桐庐县调整典型样本企业，督促企业及时上报数据报表，继续开展每月 90 家企业用工和失业动态监测，提高人力资源流动研判准确性。

【职业技能创业培训】 2014 年，桐庐县参加职业技能鉴定 10844 人，取得职业资格证书 8719 人，取得专项职业能力证书 1883 人；培养高技能人才 1248 人；是年，举办创业培训 11 期，433 人取得合格证书（其中 SYB 培训 90 人，IYB 培训 30 人，网上创业培训 313 人），失业人员创业培训 195 人，进城农民工培训 1049 人；参与举办 12 个职业（工种）职业技能竞赛。

【技能大师工作室】 2014 年，县人力资源和社会保障局成功申报杭州市桐江职业技术学校郦初良中式烹调师技能大师工作室，实现桐庐县杭州市技能大师工作室“零”的突破。

【养老保障新政】 2014 年 1 月 1 日，《杭州市养老保障办法桐庐县实施细则》（桐政发〔2013〕104 号）实施。城乡居民社会养老保险基础养老金从 1 月起由每月 100 元／人调整到每月 130 元／人。

【特殊人群社会保障】 2014 年，桐庐县办理“221”类《关于解决未参保集体企业退休人员及其他相关人员基本养老保障等遗留问题的实施意见》（浙人社发〔2011〕221 号）参保 856 人，累计办理 16625 人；办理“222”类《关于调整城乡居民社会养老保险部分参保人员待遇政策的通知》（浙人社发〔2011〕222 号）人员待遇调整 45 人，累计办理 2619 人；办理“223”类《关于进一步解决部分精减退职人员生活困难补助问题的通知》（浙人社发〔2011〕223 号）参保 54 人，累计办理 1289 人。

【社会保险缴费基数调整】 根据 2013 年浙江省在岗职工月平均工资公布数据，桐庐县社会保险缴费基数作相应调整。从 2014 年 7 月 1 日起，个体劳动者最低月缴费基数调整为 2968 元，养老保险缴费金额 534.24 元／月，职工基本医疗保险缴费金额 282.25 元／月。

【医保新政】 2014 年 1 月 1 日，《杭州市基本医疗保障办法桐庐县实施细则》正式施行。“实施细则”首次对桐庐县医疗保障政策作重大调整，调整主要内容：职工医保单建类与统账类并轨，起付标准、报销比例、个人账户建账规模调整等；城乡居民医保报销办法调整及新建重大疾病医疗补助制度；医疗困难救助对象分类、救助比例调整及医疗困难救助资金筹集等。

对参保人在定点药店实行定额控制。在职人员不超过2000元/年、退休人员不超过2500元/年，对患规定病种和8种慢性病需长期服药参保人员，在申请办理定额备案后，可不受定额限制。

【城乡居民医疗保险门诊费用报销】 2014年，根据桐庐县人民政府《关于印发杭州市基本医疗保障办法桐庐县实施细则的通知》，明确城乡居民医疗保险门诊费用先由个人承担300元起付标准，再按照比例报销，即县外医疗服务机构、县内县级医疗服务机构、县内社区卫生医疗服务机构报销比例分别为25%、35%、45%。

【医保基金监管】 2014年，县人力资源和社会保障局对31家医疗机构2013年度医保费用进行总额预算管理，总体减少医保基金支出419万元；以医保经办服务外包方式，引入太平洋保险公司第三方力量，利用保险机构人员、信息、管理及技术等优势进行监管。

【老农保折算补缴】 2014年，桐庐县继续执行按农村社会养老保险首次参保缴费时间折算基本养老保险缴费年限的老农保折算补缴政策，解决原农村社会养老保险参保人员养老保障问题。至年底，1051人按政策折算补缴办理，其中747人办理退休手续。

【“合家乐”幸福养老贷款】 2014年，县人力资源和社会保障局继续与桐庐农村合作银行推出“合家乐”幸福养老贷款，通过给予最低利率、最简手续、最长时限贷款政策，为经济困难群众提供资金支持。是年，办理“合家乐”幸福养老贷款1052人，贷款金额8020万元。

【企退人员待遇调整】 2014年，县人力资源和社会保障局按照省人社厅、财政厅《关于2014年调整企业退休人员基本养老金的通知》，采取普遍调整和适当倾斜相结合的办法，对2013年12月31日前按规定办理退休（退职）人员进行基本养老金调整，并在2014年3月20日前发放到位。是桐庐县从2005年以来连续第10年对企业退休（退职）人员基本养老金调整。

【企退人员社会化管理】 2014年4月—5月，桐庐县10740名企业退休人员接受健康检查。

【生育保险结报费用清算】 2014年，县人力资源和社会保障局根据《桐庐县生育保险实施办法》，对参保生育人员按政策即时结报。

【被征地农转非人员养老保障转换】 2014年，桐庐县继续执行征地农转非人员养老保障转换职工基本养老保险折算补缴政策，允许参加被征地农转非人员基本养老保障人员按自愿原则转换为职工基本养老保险，至2014年12月，有1756名符合转换条件的被征地人员办理转换手续。

【“双爱”活动】 2014年，县人力资源和社会保障局采取多种形式宣传法规政策，营造“企业关爱职工、职工热爱企业”和谐氛围。推进开展区域性、行业性工资集体协商和集体合同制度，加强劳动关系三方协调机制建设，成立县劳动争议人民调解委员会，为和谐劳动关系构建提供良好基础。是年，桐庐县“双爱”活动规模企业参与率100%，全县乡镇（街道）、村（社区）、规模以上企业调解组织组建率100%。

【劳动监察执法】 2014年，县人力资源和社会保障局开展专项检查6次，实地检查用人单位1000家，涉及职工3.8万人，指导企业与职工签订劳动合同3000份，发放劳动法律法规、劳动用工注意事项等各类宣传资料5000余份。对非法使用童工、违法延长工作时间、未缴纳社保等37家企业，责令限期整改；为1329名企业职工追回被拖欠工资752.32万元。

【劳动人事仲裁】 2014年，县人力资源和社会保障局收到案件307件，其中受理273件，结案272件，结案率99.6%，调解结案195件，调解结案率72%，裁决结案77件，不予受理34件。涉及737人，其中集体争议18件，申请标的7293.56万元，结案标的778.72万元。

【“12333”咨询服务中心】 2014年，“12333”人力资源和社会保障咨询服务中心被评为浙江省人力资源和社会保障电话咨询服务示范单位。是年，“12333”来电量57426个，比2013年增长24.02%；自动服务量30677个，比2013年增长32.41%；人工服务量20789个，比2013年增长27.6%。

·人才人事·

【人才引进】 2014年，桐庐县举办和组团参加杭州市2014届高校毕业生就业招聘大会、桐庐

2014年春季人才交流大会、“君山引凤”科技人才周人才交流合作大会等人才交流活动20场，服务用人单位527（家）次，推出就业岗位6623个，应聘人才与用人单位达成用人意向1600余人次。3月25日、26日，在浙江工业大学和浙江理工大学分别举办“君山引凤——百名硕博进桐庐”高层次紧缺人才专场招聘会，14家事业单位和浙江富春江水电设备有限公司等35家重点企业参加。推出企事业招聘岗位432个，达成意向314余人，其中硕士研究生130人。开展市“521”人才和省“千人计划”等高层次人才申报推荐和服务，英飞特电子公司范•尼米拉入选省“千人计划”，中科赛思公司蒋金生入选市“521”人才计划。是年，共引进硕士研究生和副高职称（技术等级）以上高层次人才57名，引进教育、卫生紧缺专技人才79名，开展紧缺专业定向委培54名。

2014年9月，桐庐县第二届大学生创业大赛

【智力项目引进】　2014年，县人力资源和社会保障局组织开展引智项目24项，柔性引进国外专家36名，其中获市级以上引智项目资助15项，列入重点项目计划1项。柔性引进钱江特聘专家2名。

【专家选聘】　2014年，县农技推广中心国家现代梨产业技术体系岗位特聘专家—浙江大学农业与生物技术学院教授滕元文、杭州祥龙钻探有限公司特聘岗位专家—煤炭科学研究总院硕士生导师张建明被选聘为“钱江特聘专家”。

【大学生创业园建设】　2014年，桐庐县有21个大学生创业项目获创业无偿资助，资助金额38.25万元。是年，县人力资源和社会保障局成功举办第二届“君山引凤 赢在画城”大学生创业大赛，10个项目获得大赛各奖项，其中9个项目落地桐庐。

【紧缺高层次人才专业目录编制】　2014年，县人力资源和社会保障局通过对桐庐县重点和新兴产业企业紧缺人才需求情况调查，编制出2014年度企业高层次人才紧缺专业目录，目录有17个，大类41个专业，为桐庐县引才工作提供决策和参考。

【县校人才合作】　2014年9月23日至12月19日，桐庐县分别组团赴西安交通大学、武汉大学、浙江大学、浙江工业大学、南京大学、中国科学技术大学、浙江理工大学、东华理工大学招聘，推出企事业紧缺岗位324个，达成意向150人；11月22日、12月6日，桐庐县分别组团赴衢州职业技术学院、浙江机电职业技术学院招聘，推出紧缺技能人才岗位302个，现场达成意向95人。

【专技人才培养】　2014年，桐庐县1807名（不含卫生、教育、财会）专业技术人才完成专业技术人员学习新干线学年学分目标；分专业重点集中培训专业技术人才278人，牵头组织开展“511”农业技术人才高研班和教育、卫生技术知识更新工程；推荐1名博士人员参加“131”人才出国培训，2名“131”人才参加国内疗休养；是年，桐庐县新增市政府津贴2人、高级职称230人、中级职称66人、初级职称856人。

【桐籍高校毕业生就业】　2014年，县人力资源和社会保障局举办 “高校毕业生就业服务月”活动。印发政策宣传册2500份，以邮寄形式发给桐庐籍高校毕业生就业登记表及政策宣传册1700封，实名登记高校毕业生53人，提供职业指导人数765人，发布就业岗位信息数929条，举办毕业生专场招聘会1场次，提供就业岗位333个，达成就业意向153人，提供免费档案托管179份。

【人事招考录用】　2014年，桐庐县党政机关和参照公务员法管理事业单位招考录用公务员96名，招录警察学员15名。招聘事业单位工作人员249名，其中综合性招聘81名，教育系统招聘95人，卫生系统招聘73名。事业单位引进高层次、紧缺专业人才94名，其中硕士研究生30名，副高级职称2名，国家一级运动员2名，教育卫生紧缺专业人才62名。开展紧缺专业人才梯次培养，定向委培54名，其中教育免费师范生32名，乡村医生20名，乡镇（街道）农技员2名。

【政府雇员制度探索】 2014年，桐庐县将政府雇员方式招引政府管理紧缺人才列入“深化党的建设”改革内容之一，通过“花钱买服务”雇员方式，引进高层次、成熟型人才，缓解政府重点工作对管理和专业人才需求压力。县人力资源和社会保障局出台《桐庐县机关事业单位雇员管理办法（试行）》，为全县机关事业单位引进、聘用雇员提供政策支撑和操作依据。

【公务员“日志式”管理】 2014年，在县人力资源和社会保障局内部，率先试行公务员“日志式”考核制度，按照平时考核与年度考核、定量考核与定性考核相结合要求，加大平时考核力度。采取“周记、月结、季考”“三步法”方式，每季度按“分档次”“分级考”要求，考评平时工作实绩。年终，将平时考核、年度考核和重点工作考核按比例折算为公务员总成绩。公务员“日志式”考核制度2015年将在全县展开。

【公务员培训】 2014年，桐庐县有2376名公务员完成“干部学习新干线”规定学习科目和学时学分，通过率100%，位列杭州各县（市、区）前列。组织全县公务员参加杭州市第四届领导干部与公务员科普知识网络竞赛，参考率99.87%，通过率91.5%；在全县公务员中开展“五水共治”法律知识考核、纪念人民代表大会制度建立60周年知识竞赛、《党政领导干部选拔任用工作条例》知识测试等活动。举办新录用公务员初任培训班，培训新录用公务员61名。

【军队转业军官安置】 2014年，桐庐县接收军队转业军官5名，其中副团职2名，技术九级1名，正营职1名、正连职1名。技术类及营以下3名军转干部实行“双考”（考试+考核）安置。5人中行政机关4名、参公事业单位1名。

【公务员转任】 2014年，根据部分单位工作需要，按照《桐庐县公务员转任办法》，推出选调计划36名。经组织推荐、公开报名、考试考核，实际转任11人。

【非领导职务任命】 2014年，桐庐县任命主任科员68名，副主任科员50名。其中，享受主任科员待遇61人、副主任科员待遇11人。

【工资福利】 2014年，桐庐县符合两年一次正常晋升级别工资档次的2230名公务员和符合“五年晋级”条件的458名公务员办理工资级别和档次晋升；6382名事业单位工作人员办理薪级工资正常晋升；806名人事代理人员办理档案薪级工资正常晋升；513名机关事业工作人员职务晋升后办理工资变动；392名工作人员办理工资供给转移；194人办理退休；34名机关事业单位在职和退休人员遗属办理困难补助；新录用96名公务员和249名事业人员（含教育、卫生）确定计算连续工龄时间和工资；175名2013年招录机关事业（不含教育、卫生）工作人员办理转正定级；完成56家机关单位1700余名工作人员和36家事业单位250余名工作人员每月工资统发；完成乡镇及以下中小学教师1300余人的浮动工资转固定工资审批。

（罗　平）

【责任编辑：骆国庆】

邮政　通信

·邮政·

【概况】 2014年，桐庐县邮政局设职能部室3个，邮政支局6处，邮政所11处。设置信筒箱244个，邮政妥投点35603个，邮政储蓄联网网点21处。年末有职工229名，其中大专以上学历132名，占职工总数57.6%；专业技术职称14名，占职工总数6.1%。是年，完成邮政业务总收入5542.63万元，比2013年增长12.46%。

【函件业务】 2014年，桐庐县邮政局完成函件收入2225.4万元，占全局总业务收入40.2%。依托函件在信息传递、交流上的优势及浙商数据等新平台、新产品，发展直邮业务、数据库商函业务、账单业务、封片卡业务。《中邮专送广告》定期出版，每周2期，发行量10000份；开展项目营销，开发社保账单、房地产公司、电力消费提醒卡等项目，依托项目拉动业务发展。推出“把美丽桐庐寄出去”DIY明信片，在横村镇阳山畈、瑶琳镇姚村、江南镇荻浦等地宣传推广，5月17日成功入驻县旅游服务中心。加快国内小包、国际小包业务发展，调整函件业务结构，完成小包业务收入1896.57万元，完成全年计划的126.4%。

【代理金融业务】 2014年，桐庐县邮政局完成金融业务收入2180.6万元，占全局总业务收入39.3%。其中，储蓄完成1750.82万元，汇兑完成38.42万元，保险完成391.35万元。按照“扩规模、调结构、增效益”总体发展思路，组织开展保险开门红、奋战红五月、万马奔腾，跨年度余额发展、阳春三月魅力女人、固基础强发展、五六联动、余额特训营竞赛活动；推进代发工资项目开发，以小微企业为突破口，拓展代发工资、卡业务、网银业务；开展节日主题营销活动，制定实施“三进”“理财讲座”常态化方案，为村民提供金融服务。至年末，储蓄余额12.55亿元，比2013年净增1.37亿元。

【报刊征订】 2014年，桐庐县邮政局完成报刊业务收入401.35万元。运用“财政拨款、集订分送”以及“私订公助”政策，做好党报党刊征订；巩固公费订阅市场，加大私费订阅营销力度，完成重点报刊与买断包销报刊征订。是年，收订流转额1141万元，征订报刊种类《钱江晚报 环球时报》等167种。

【基础管理】 2014年，桐庐县邮政局以制度落实为主线，促进企业制度化、规范化运作。出台基层单位损益核算系统应用考核办法、各经营单位利润考核办法，推进由费用管控模式向利润目标管理模式转型。实施重点工作考核制度。深化损益核算、合同管理、工时管理等信息系统应用，提升财务收支、人力资源等管理工作标准化程度。执行“三重一大”（重大决策、重要人事任免、重大项目安排和大额度资金运作）规定，落实两岗履职，强化基础管理，以管理促效益。制定实施安全生产和治安目标管理责任制考核办法，开展代理金融“雷霆行动”专项检查、邮件安全检查、消防安全检查、行车安全检查、安防设施建设。实行视察安保每周通报制度，定期下发安全检查情况通报。

【设施建设】 2014年，桐庐县邮政局在网点建设、局容局貌、技防设施改造等方面加大投入，新开迎宾、分水自助银行，新增CRS2台，全局自助设备19台；新购置终端46套、PC机9台、打印机8台、点钞机32台、影像仪46台；更新生产用车5辆。

【E邮站建设】 “E邮柜”建设，是2014年杭州市十大为民办实事工程之一。随着网络电商的快速发展，邮件投递成为困扰众多快递员的一大难题。有时一个邮件往往需要多次投递，影响工作效率、增加成本。“E邮柜”是用于寄存不同规格包裹柜子，快递员（事先已在邮政登记注册）登录系统后，扫描邮件条形码，在系统自动打开的空箱中放入邮件并关闭，便完成投递。同时系统会自动给收件人发送“包裹到达”提示短信及取件动态密码，收件人凭密码随时可到“E邮柜”取回自己的邮件。整个过程简单、便捷，给双方都带来极大便利。“E邮柜”提供寄存、收取、管理一体服务，减轻快递员工作压力，确保快递及时准确到达，保障用户安全性与私密性。2014年，桐庐县邮政局首先在县政府综合大楼、红楼之星小区开展“E邮柜”试点，并对所有快递公司免费开放。10月，“E邮站”县政府点就接转邮件和快件650多件。

（王秋萍）

·中国电信股份有限公司桐庐分公司·

【概况】 2014年，中国电信股份有限公司桐庐分公司（简称桐庐分公司）有员工280人，下设销售部、政企客户部、网络运营部、综合办公室，设分水、瑶琳、横村、城关、城南、开发区、窄溪、富春江8个支局。是年，公司围绕“一去两化新三者”战略要求，努力拓展综合信息业务，做好全业务经营工作，完成杭州分公司下达年度预算指标。净增移动电话用户1.82万户，有移动电话用户14.4万户，同比增长14.47%；净减普通电话用户5091户，有普通电话用户8.7万户，同比减少5.61%；净减小灵通用户8949户，有小灵通用户160户，同比减少98.24%；净增宽带用户2193户，有宽带用户8.54万户，同比增长2.88%；完成主营业务收入1.44亿元，同比增长2.05%；实现税前利润3180万元，同比增长146.4%。

【市场营销】 2014年，桐庐分公司加大市场营销力度。移动业务上，开展中秋与国庆双节营销、购机盛宴、“精三扫”等系列营销，增加公众客户营销触点；聚焦4G，开展“天翼万人趴”活动，依托电子渠道，开展外呼保有工作，净增移动电话用户1.82万户。行业应用上，重点推广警务通、车辆定位、“环保e通”等，抓好CBD商务区综合签约、申通呼叫平台、物流行业、CBD商务楼宇“一楼一册”、商学院等项目。校园营销上，实现桐庐高校营销开门红，取得市场份额90%。宽带业务上，开展农村信息化和iTV便民服务平台建设、“光小区”达标、政企宽带包2年免费提速等活动，净增宽带用户2193户。强化社会渠道建设，新增各类门店10家，其中全网通门店2家、天翼卖场2家、天翼专营店2家、校园门店1家、无门店直销渠道1家、其他门店1家。

【公司市场化改革】 2014年，桐庐分公司落实集团公司全面深化改革和企业战略转型的决策部署，实施支局划小承包，将原城关支局裂变为城关、城南、开发区3个支局，对支局内的聚类、驻地网、中小门店、校园、开发区（园区）等实施立体式二次承包，实现关键区域的深度覆盖；鼓励基层员工自发寻找市场、渠道空白点或薄弱点，通过承包、引入代理商、增加代理商人员等方式，扩大销售渠道，提升销售能力。实施网格化承包，将全公司网格单元划分为12个，通过竞聘选拔出12名区域经理（其中3名由支局分管领导兼任），负责网格门店及网格内CD类商客、公众客户的服务与营销。实施营业和专业领域承包，各营业中心厅采用竞标承包方式，强化服务管理和现场指导；手机卖场成立团队，进行专业承包，并与支局联动、服务指导和协同支撑。实施经营量收承包，将装维纳入网格，以宽带业务保有与发展为核心，全面实行量、收经营承包。职能部门市场化采用承包、绩效挂钩、降本增效、混合所有制四种模式，推进部门市场化，强化业绩导向和弱化岗级分配。

【通信基础建设】 2014年，桐庐分公司继续加大资金投入。C网建设，对上年安装的基站进行开通并网，新增RRU基站19个，其中室分站点2个，提升基站话务量和信号覆盖面。L网（4G网络）建设，完成一期L网站点37个，并进行联调；二期53个站点正在建设中。宽带城域网，实现城域网 IPV6 建设；对江南、江北虚拟交换机进行改造和优化扩容，完成 16 条一级汇聚交换机万兆中继上联的跳接和调测，逐步实施业务加载，提高城域网的稳定性和安全性。接入层网络，以宽带提质专项为抓手，提升传统宽带网络的稳定性和高带宽接入能力；以 PON 光功率达标率提高劳动竞赛为激励，提升光宽带运行质量。

【服务水平提升】 2014 年，桐庐分公司为通过执行全业务服务标准和开展“天翼争先”“跨越行动”劳动竞赛等活动，提升客户服务水平。在星级客户服务方面，开展星级俱乐部、积分回馈等活动，有效保有星级客户。在装维服务方面，通过建立各类报表体系和加强“两单”管理等举措，有效提升社区经理对装维指标把控能力；通过调整绩效导向、优化社区经理绩效考核办法、实行社区经理积分制与服务排名制等措施，提升装维人员的工作积极性和服务水平。

【基础管理】 2014 年，桐庐分公司强化基础管理。对原有班组进行调整，理顺各班组职责。重新组建通信报道员队伍，将年轻、文字能力强的员工充实到通信报道员队伍中，加强公司信息宣传报道。进一步规范合同管理，合同清单由档案室统一管理。加强对各支局、各部门的内控管理，出台《桐庐分公司内控管理办法》，规范各项审批流程、审批权限、报销要求，对各支局装、拆、移材料和营销物资、宣传用品、支局营业人员的发票加强管理；规范支局、所基础台账工作，加强业务单式、宣传用品和广告业务招标询价工作，建立领用业务单式、业务用品等登记工作制。

（吴　振）

·移动通信·

【概况】 2014 年，中国移动通信集团浙江有限公司桐庐分公司（以下简称桐庐移动公司）下设综合办、网络部、市场部、政企客户部 4 个职能部门，在分水、横村、城区分设 3 个区域经营部，拥有自有营业厅 11 家，员工 121 人，实现运营收入 2.3 亿元，上缴税收 900 万元。是年，桐庐移动公司横村营业厅获“浙江省巾帼文明岗”称号。

【市场拓展】 2014 年，桐庐移动公司全面推进“4G 一号工程”，4G 资费客户数 10.8 万户。流量经营新突破，移动数据流量同比增长 130%，3G、4G 客户手机流量分流占比 60%，流量收入占比 27%。新推出流量安心保、流量共享等产品，丰富 TOOLBAR、流量管家等服务手段，改善客户感知。全业务及信息化发展上新台阶，以“移动 + 互联”方式面向个人客户，发展移动互联网和家庭宽带业务，推出丰富多媒体融合信息服务；向行业客户推进“智慧城市”建设，推出系列化信息化产品。

【网络建设】 2014 年，桐庐移动公司坚持以业务发展为中心，持续提升网络支撑能力。新增 4G 基站 400 个，实现各行政村村委会所在地 4G 覆盖率 100%，高速、国道等交通干线 4G 连续覆盖率 100%。传输工程完成传输光缆建设 496 公里，新建道路管道跟进 19.14 公里。实施维护管理、资源管理、故障抢修、投诉处理“四集中”，强化集中运维，提升资源储备能力。存量资源普查完成 15%，新增资源实现及时录入。

【创新管理】 2014 年，桐庐移动公司精细管理提能力，用心服务助发展。推行“阵地前移”新举措，撤销部门经理办公室，部门经理与员工合署办公，该举措被市公司品质移动检查列入创新点。开创部门交叉“晨会”制度，加强各团队成员间融合，加速跨部门信息传递，全年协调处理各类事件 35 件。建立“移路桐行”微信群，借助互联网新媒介为员工建立开放、自由、互动交流平台。通过微信群开展服务创新、廉政教育等主题活动，群成员人数达到 117 人，员工覆盖率 96.7%。

（金潇斐）

·联通公司·

【概况】 2014 年末，中国联合网络通信有限公司桐庐县分公司（以下简称桐庐联通公司）有员工 54 人，下设公众营销中心、集团宽固营销中心，拥有自有营业厅 5 家（桐庐迎春南路营业厅、桐庐迎春街65号营业厅、桐庐横村锦华路营业厅、桐庐分水九龙路营业厅、桐庐凤川翙岗大街营业厅），合作营业厅1家（桐庐乐语合作营业厅），核心代理网点25家。是年，完成运营收入3200万元，其中移动业务收入3090.85万元、固网业务收入109.15万元。

【公众营销中心】 2014年，桐庐联通公司公众营销中心加强“流量王”和3G宣传。在各乡镇、工业园区醒目位置设置“流量王”广告，在二级网点和签约渠道上设置墙体广告和橱窗广告。元宵节在桐庐中心广场设置联通帐篷130顶，3000多名市民参与体验联通上网速率演示。结合市公司微信王智能手机礼包推广，开展路演促销活动，通过B2B平台定货终端600台，销售微信王智能手机礼包150余套。加快渠道建设，完成中高端活店4家，2G新体系4家。

【集客宽固营销中心】 2014年，桐庐联通公司集客宽固营销中心依附桐庐电商产业、健康产业、全域旅游等八大产业成立ICT业务拓展小组。成功签约桐庐环保移动执法项目、科技局知识产权维权中心ICT设备采购等政府项目。完成桐庐施强药业二期工程，首批150门电话开通。利用3G随e行行业应用将舒泰卫生用品公司新进销售人员全部转网。是年，集客宽固营销中心完成各类固网装、拆、移工单5200单，宽固用户故障投诉处理1350单次（仅为10010口径），各类维护类指标优良。

【网络建设】 2014年，桐庐联通公司以民众需求为导向，推进网络基础建设。移动网新建通信基站11处，总投资500万元；接入网新建小区7处，总投资120万元；其他管线类投资100万元，解决凤川大道沿线管道新建及历史遗留问题。完成施强药业、桐庐三星玉米油、励骏酒店等移动网络新建，完成桐庐上洋洲、窄溪深澳两处基站搬迁工作，完成施强药业、杭黄铁路等集客大客户接入。是年，完成电路、专线接入30余条次，完成零星项目投资50余万元。

（高丽慧）

·数字电视·

【概况】 2014年，桐庐华数数字电视有限公司下设总经办、财务部、技术部、工程部、大众营销中心、集客营销中心、运维部、客服中心、信息中心9个部门和富春江、江南、横村、瑶琳、分水5个乡镇中心站，有员工230名。全年完成安装量12637件，维修量44080次。安装、维修及时率分别是98.23%和98.14%，回访用户满意率100%。全年客服热线96371受理电话量156130起，较上年上升8.85%，平均接通率87.13%，回访用户9399户。每月服务质量考核平均得分95.76。全年处理各类投诉138起，较去年减少33起，降幅19.29%，及时办结率、满意率均达100%。

【安全播出】 2014年，桐庐华数数字电视有限公司加强技术防范、线路巡查、全县各机房环境监控平台的建设、安防基础的改造，对前端系统、农网系统、营业厅网络和外网隔离进行重点检查和分离，会同县安播办举办防插播公开演练。围绕配合政府中心工作，播放“五水共治”“平安桐庐”等宣传视频，发布气象预警等公益信息。

【市场拓展】 2014年，桐庐华数数字电视有限公司根据市场需求制定信息平台拓展、集团业务发展、停模以及节假日促销活动等符合本地实际的市场政策，通过优质服务活动、实施首问责任制、全员营销等提升华数服务水平，树立品牌。

开展“潇洒桐庐　云开华数”十周年系列活动。通过桐庐华数十周年图片展、“华数云·观天下”文艺晚会，推出互动电视、宽带全业务优惠政策。开展“智慧社区”“智慧环保”等项目建设，在上杭社区试点，开设“阳光联盟”栏目。为环保部门在环评质量监测、污染源监控、环境应急管理、排污收费管理、污染投诉处理平台等方面提供监管手段，提供数据，提供行政处罚依据，有效提高环保部门的管理效率，新安装企业污水排放监控点高清摄像头25个。承建桐庐药店网络建设，新增医保监控30个点位。第一批单位（机关事业单位、乡镇、街道）的食堂各安装4个点位以上的监控，启动实施“阳光厨房”工程。

【“智慧桐庐”战略合作】 2014年，华数传媒与县政府达成共同推进“智慧桐庐”建设的战略合作协议。华数将根据县政府规划，在“十二五”期间继续把桐庐作为华数发展的重点区域，加大投资力度，优化桐庐基础网络体系，发挥新媒体、新通信、新网络优势，设计和规划全新服务类型，通过业务创新和跨代网、超光网，云计算、云服务、综合信息平台等新技术，在政务、企业、“三农”、社会管理、文化、教育、旅游、交通、环保、民生、城市管理等领域广泛应用，大幅提升桐庐县信息化总体水平。

县政府大力支持华数作为主要新媒体、新通信、新网络及综合信息化服务提供商，在“智慧桐庐”建设上营造良好的发展环境，并在网络基础设施建设、业务运营和应用、服务发展和推广等方面给予大力支持。是年，完成i-tonglu无线Wi-Fi项目一期工程，主城区350个点位，覆盖城区中心广场、商务区、江滨公园、医院、车站、行政审批中心等主要公共场所，以及芦茨村、环溪村、狄浦村、阳山畈村等美丽乡村主要节点。

【网络建设】 2014年，桐庐华数数字电视有限公司配合县政府重点工程建设，实施杭黄高铁沿线拆迁线路改造，完成春江路西延上改下、康乐区线路改造、桐分线四边三化等工程。新接入B网业务点位900条，包括其中党政网、信访网MSTP、交警国道高空监控、城管监控、社保监控、阳光厨房、交警卡口VPN业务等。完成中心机房波分业务割接，使传输链路从原来622M环升级成2.5G环。完成B网中心BARS拨号设备、分水机房波分、MSTP等核心设备上线，新装OLT设备3套。

【畅享数字生活】 2014年，桐庐华数数字电视有限公司双向网升级改造3.86万户。至年底，基本完成全县停模工程，停模215场，停模用户6.07万户，停模光点2144个。2012—2014年，农村双向网升级改造9.32万户，总投资6000余万元。全县网络双向用户95%以上，基本实现互动点播和宽带上网。停模后公司传输数字电视标清直播频道100个，高清直播频道21个，近百万小时内容资源库互动点播，资源库涵盖来自全球最精彩节目内容，电影、剧集、体育、综艺、动漫，做到周周有新片，天天新惊喜。

（余　贞）

【责任编辑：叶雪珍】

财政　税务

·财　政·

【概况】 2014年，桐庐县实现生产总值306.47亿元，按可比价格计算，比2013增长8.5%。其中：第一产业增加值21.78亿元，增长3.0%；第二产业增加值173.40亿元，增长7.5%；第三产业增加值111.29亿元，增长11.2%。三次产业结构比7.1:56.6:36.3。按户籍人口计算，人均生产总值75278元，增长8.0%。全县财政总收入38.05亿元，增长1.6%，其中公共财政预算收入23.91亿元，增长8.0%。全县公共财政预算支出32.90亿元，增长9.8%。全年财政收支平衡。

【促进经济转型发展】 2014年，桐庐县贯彻落实国家结构性减税和“清费减负”政策，减免地方税费1.16亿元，免征涉企行政性收费310万元。全年兑现涉企扶持资金2.94亿元、现代农业产业化政策资金3172万元。落实现代服务业扶持资金2.02亿元。安排旅游发展专项资金1500万元，落实599万元建设桐庐旅游服务中心，助力全域旅游建设。安排科技专项资金5570万元、人才专项资金800万元。落实5000万元资金成立企业转贷基金，缓解中小企业转贷难问题。

【美丽乡村建设】 2014年，桐庐县安排城乡统筹配套资金1.24亿元。推进“一乡一业”、民宿产业、“一村一品”等美丽经济发展，实施“一事一议”财政奖补项目123个，其中“五水共治”项目 97个，投资额7587万元。投入3000万元推进农村垃圾分类收集和资源化综合利用。完成江南万亩高标准农田示范工程、莪溪山区小流域农业生态工程。

【民生事业发展】 2014年，桐庐县民生保障和社会事业支出27.39亿元，占公共财政预算支出比重83.2%。安排文化专项资金400万元，投入550万元新建30家农村文化礼堂。安排瑞金医院桐庐医联体合作经费200万元，二院托管经费200万元。落实05、16省道桐庐收费站本地机动车辆免费通行补助资金1450万元。投入840万元建县城主城区免费无线Wi-Fi。投入1.02亿元推进环境保护和污染治理。城乡居民医疗保险人均筹资标准提高到750元，城乡居民医疗、养老保险参保率分别为99.8%和82.1%。为60周岁以上5.35万老年人发放春节慰问金3211万元。安排农村困难家庭危房重建、修缮或置换资金558万元。

【财政管理改革】 2014年，桐庐县进行预算单位2013年度决算、2014年度部门预算和“三公”经费全面公开。清理整合财政专项资金，从63个减少到28个，清理历年来单位项目资金结余6050万元。全县使用公务卡1312笔，合计金额342万元。政府采购全年成交4719万元。建立社会事业多元化投入机制，探索“国退民进”和发展“混合所有制”经营模式，提升国有企业经营能力。引进第三方参与医保稽核管理，调查异常件639件，节约医保支出517万元。实施重大疾病补助保险、定点药店购药限额。

【财政监督管理】 2014年，桐庐县实施财政投资评审项目73个，审减投资1.54亿元。全县70%以上乡镇完成财政管理平台建设。安排财政支出绩效评价自评项目23个，教师素质提升工程资金等重点评价项目3个，绩效评价资金4亿余元。修订完善乡镇债务管理办法，做好地方政府性债务清理甄别。完善经常性费用支出、培训费、会议费、差旅费等管理规定。全年“三公”经费支出同比下降41.8%，节约资金用于“五水共治”项目建设。

·地方税务·

【地税收入】 2014年，桐庐县地税部门组织收入30.1亿元，增长15.6%。其中，税收收入18亿元，增长14.2%，非税收入12亿元，增长20.9%。主要特点：税收收入增减较大，总体涨幅不大。1—2月，增幅平稳，3月出现负增长，4月由于税款入库增幅拉高，5月再次出现负增长，6月同比增长率为55.09%，8月增长率最大，达72.78%，9月同比增长率为-15.11%，10月同比增长率为28.34%，全年累计增长率14.15%。主体税种有所增长，其中营业税同比增长4.76%，个人所得税同比增长5.95%，企业所得税增长幅度大，同比增长108.93%。社保收入增长，增长率为19.30%。

【征收管理】 2014年，桐庐县地税部门监控重点税源企业397户，试行大企业税源专业化管理。规范重点税源监控，市级以上重点监控企业120户，同比增加38户。关注“营改增”等重大税制改革，实施邮政业、电信业“营改增”过渡性扶持政策。开展地税三年税源规划调研，掌控县域内税源情况。实施欠税人阻止出境报备10人。纳税评估143户，促收400余万元。征收股权转让个人所得税1157万元，同比增长236.07%。建立社保费欠费预警管理机制，追缴入库历史欠费77.80万元。开展注册资本印花税、城建税和两个教育费附加核查，入库税费500余万元。房产税、土地使用税登记税额分别为6904万元和11389万元。2013年度个人年所得12万元自行纳税申报1985人，应纳税额6981.47万元。领购使用地税网络发票纳税人达1715户。

【纳税服务】 2014年，桐庐县地税部门开展“百名党员进企业（村镇），财税政策（服务）基层行”活动，走访群众（企业）1000户次。举办实体经济政策宣讲会，组织落实《全国县级税务机关纳税服务规范》（1.0版），完成办税服务大厅标准化建设。办税大厅实行“非工作时间优先”服务，审批中心（财税）窗口推出全年“预约服务”。受理“12366”来电咨询1578个。规范涉税服务操作流程，推行24小时自助办税服务，落实同城通办、免填单等服务。每周免费开办会计辅导培训班。成立“定制式”项目服务小组，“跟踪管理”新办企业。变更“个转企”税务登记710户，减免地方税费47.97万元。为92户企业办理两税减免1360.8万元。全年减免小微企业营业税额124.31万元。减征“社保五费”5590万元，受惠企业2222家。

【税务稽查】 2014年，桐庐县地税部门对377户纳税人实施检查，查补各项收入2874万元（其中税款2398万元）。查处大要案5件，查补金额2430万元。曝光案件1件，公告案件75件。开展对资本交易项目、多年未查工业和贸易企业、房地产及建筑安装业、非学历教育培训等行业税收专项检查，查补收入879万元，责成自查户298户。打击发票违法犯罪活动，全年比对发票6816份，涉及发票金额2657万，其中查处发票违法案件18件，查获违法发票439份，查补税款193万元，罚款64万元。

【队伍建设】 2014年，桐庐县地税部门开展党的群众路线教育实践活动，听取群众意见建议，制定完成10个整改方案及8个长效制度。以“周四夜学”为教育阵地，学习各级党风廉政建设会议精神。进一步推进市廉政文化示范点建设，深化《税友龙版》及廉政效能防控模块应用。修订综合考核办法，启用“绩效考核系统”。制定《干部谈心谈话制度》，了解干部职工思想动态。加强干部业务学习，组织青年座谈会、“中国梦”专题讲座、演讲比赛。参加浙江省地税局业务考试、辩论赛，书法比赛、羽毛球赛和乒乓球赛获得优异成绩。是年，县财税局在县级部门综合考评中获得优秀，被评为浙江省文明单位。

2014 年度桐庐县地税局各项收入入库情况统计

表 28 单位：元

序号	项目	合计	其中：清缴入库			中央	地方			
			本年新欠入库	2001 年 5 月 1 日以后陈欠入库	2001 年 5 月 1 日以前陈欠入库		小计	省级	市级	县级
1	总 计	3004160427	14183377.32	3593410	8617.15	314360457.6	2689799969	61169009.27	578617.34	2628052343
2	一、税收收入合计	1800219700	8710738.43	2438417.65	3095.84	314360457.6	1485859243	21059764.58	—	1464799478
3	1. 增值税收入	—	—	—	—	—	—	—	—	—
4	(1) 国内增值税	—	—	—	—	—	—	—	—	—
5	一般增值税	—	—	—	—	—	—	—	—	—
6	改征增值税	—	—	—	—	—	—	—	—	—
7	福利企业增值税退税	—	—	—	—	—	—	—	—	—
8	软件集成电路增值税	—	—	—	—	—	—	—	—	—
9	森工综合利用增值税	—	—	—	—	—	—	—	—	—
10	资源综合利用增值税退税	—	—	—	—	—	—	—	—	—
11	免抵调增增值税	—	—	—	—	—	—	—	—	—

续表 28

			其中：清缴入库			中央	地方			
12	免抵调增改征增值税	—	—	—	—	—	—	—	—	—
13	(2) 进口货物增值税	—	—	—	—	—	—	—	—	—
14	2. 消费税收入	—	—	—	—	—	—	—	—	—
15	国内消费税	—	—	—	—	—	—	—	—	—
16	其中：成品油消费税	—	—	—	—	—	—	—	—	—
17	进口消费品消费税	—	—	—	—	—	—	—	—	—
18	其中：进口成品油消费税	—	—	—	—	—	—	—	—	—
19	3. 营业税	565392297.7	4348830.09	1142529.11	—	—	565392297.7	21059764.58	—	544332533.1
20	铁路运输企业营业税	—	—	—	—	—	—	—	—	—
21	金融保险业营业税	33459386.66	—	—	—	—	33459386.66	20075632	—	13383754.66
22	铁路建设基金营业税	—	—	—	—	—	—	—	—	—
23	铁道部集中缴纳的铁路运输企业营业税待分配收入	—	—	—	—	—	—	—	—	—

续表 28

			其中：清缴入库			中央	地方			
24	其他营业税	531932911	4348830.09	1142529.11	—	—	531932911	984132.58	—	530948778.5
25	4. 企业所得税	290933001.6	67809.05	3335.54	3095.84	174559801	116373200.7	—	—	116373200.7
26	其中：中央固定收入	—	—	—	—	—	—	—	—	—
27	(1) 一般企业所得税	290933001.6	67809.05	3335.54	3095.84	174559801	116373200.7	—	—	116373200.7
28	内资企业	290933001.6	67809.05	3335.54	3095.84	174559801	116373200.7	—	—	116373200.7
29	外资企业	—	—	—	—	—	—	—	—	—
30	(2) 分支机构预缴所得税	—	—	—	—	—	—	—	—	—
31	内资企业	—	—	—	—	—	—	—	—	—
32	外资企业	—	—	—	—	—	—	—	—	—
33	(3) 总机构预缴所得税	—	—	—	—	—	—	—	—	—
34	内资企业	—	—	—	—	—	—	—	—	—
35	外资企业	—	—	—	—	—	—	—	—	—
36	(4) 分支机构汇算清缴所得税	—	—	—	—	—	—	—	—	—
37	内资企业	—	—	—	—	—	—	—	—	—
38	外资企业	—	—	—	—	—	—	—	—	—
39	(5) 总机构汇算清缴所得税	—	—	—	—	—	—	—	—	—

续表 28

			其中：清缴入库			中央	地方			
40	内资企业	—	—	—	—	—	—	—	—	—
41	外资企业	—	—	—	—	—	—	—	—	—
42	(6) 企业所得税待分配收入	—	—	—	—	—	—	—	—	—
43	内资企业	—	—	—	—	—	—	—	—	—
44	外资企业	—	—	—	—	—	—	—	—	—
45	5. 个人所得税	233001094. 4	265695. 48	239011. 53	—	139800656. 6	93200437. 75	—	—	93200437. 75
46	利息所得税	—	—	—	—	—	—	—	—	—
47	其他个人所得税	233001094. 4	265695. 48	239011. 53	—	139800656. 6	93200437. 75	—	—	93200437. 75
48	6. 资源税	12198603. 69	32288	—	—	—	12198603. 69	—	—	12198603. 69
49	7. 固定资产投资方向调节	—	—	—	—	—	—	—	—	—
50	8. 城市维护建设税	105413894. 5	240112. 46	16756. 24	—	—	105413894. 5	—	—	105413894. 5
51	9. 房产税	89626686. 68	930728. 17	103845. 69	—	—	89626686. 68	—	—	89626686. 68
52	10. 印花税	30016512. 95	179227. 86	15301. 69	—	—	30016512. 95	—	—	30016512. 95
53	证券交易印花税	—	—	—	—	—	—	—	—	—
54	其他印花税	30016512. 95	179227. 86	15301. 69	—	—	30016512. 95	—	—	30016512. 95
55	11. 城镇土地使用税	93648380. 96	1837325. 45	606866. 77	—	—	93648380. 96	—	—	93648380. 96

续表 28

			其中：清缴入库			中央	地方			
56	12. 土地增值税	114739544.3	808721.87	310771.08	—	—	114739544.3	—	—	114739544.3
57	13. 车船税	19668532.86	—	—	—	—	19668532.86	—	—	19668532.86
58	14. 车辆购置税	—	—	—	—	—	—	—	—	—
59	15. 烟叶税	—	—	—	—	—	—	—	—	—
60	16. 耕地占用税	93639484.25	—	—	—	—	93639484.25	—	—	93639484.25
61	17. 契税	151941666.4	—	—	—	—	151941666.4	—	—	151941666.4
62	18. 其他税收	—	—	—	—	—	—	—	—	—
63	二、成品油消费税退税	—	—	—	—	—	—	—	—	—
64	三、出口退税合计	—	—	—	—	—	—	—	—	—
65	1. 出口货物退增值税	—	—	—	—	—	—	—	—	—
66	2. 改征增值税出口退税	—	—	—	—	—	—	—	—	—
67	3. 免抵调减增值税	—	—	—	—	—	—	—	—	—
68	4. 免抵调减改征增值税	—	—	—	—	—	—	—	—	—
69	5. 出口消费品退消费税	—	—	—	—	—	—	—	—	—

续表 28

			其中：清缴入库			中央	地方			
70	四、非税收入合计	1203940726	5472638.89	1154992.35	5521.31	—	1203940726	40109244.69	578617.34	1163252864
71	1. 教育费附加收入	65324799.2	242353.17	41714.64	—	—	65324799.2	6532479.92	—	58792319.28
72	2. 地方教育附加	43455840.57	161701.14	31499.16	—	—	43455840.57	4345584.06	—	39110256.51
73	3. 文化事业建设费收入	421679.2	6022.8	6331.97	—	—	421679.2	421679.2	—	—
74	4. 海上石油矿区使用费收	—	—	—	—	—	—	—	—	—
75	5. 税务部门罚没收入	390387.03	—	—	—	—	390387.03	—	—	390387.03
76	6. 残疾人就业保障基金	11572346.74	38745.44	8250.09	—	—	11572346.74	578617.34	578617.34	10415112.06
77	7. 社会保险基金收入	1020304753	4631521.15	1020756	5400	—	1020304753	18860474.08	—	1001444279
78	基本养老保险基金收入	522407680.5	2964665.63	686879.13	5400	—	522407680.5	15668353.89	—	506739326.6
79	失业保险基金收入	53202003.14	190406.21	46490.66	—	—	53202003.14	3192120.19	—	50009882.95
80	基本医疗保险基金收入	381396912.9	1264857.15	234970.32	—	—	381396912.9	—	—	381396912.9

续表 28

			其中：清缴入库			中央	地方			
81	工伤保险基金收入	19255821.03	79879.65	28615.53	—	—	19255821.03	—	—	19255821.03
82	生育保险基金收入	20478422.22	104416.69	19203.76	—	—	20478422.22	—	—	20478422.22
83	其他社会保险基金收入	23563913.68	27295.82	4596.6	—	—	23563913.68	—	—	23563913.68
84	8. 废弃电器电子产品处理基金收入	—	—	—	—	—	—	—	—	—
85	9. 其他非税收入	62470920.24	392295.19	46440.49	121.31	—	62470920.24	9370410.09	—	53100510.15

2014年度桐庐县公共财政收支决算总表（一）

表29　　　　单位：万元

预算科目	调整预算数	决算数	预算科目	调整预算数	决算数
一、税收收入	218517	220391	一、一般公共服务支出	29152	26736
增值税	54797	51223	二、外交支出	—	—
其中：改征增值税	17000	24526	三、国防支出	1276	1276
营业税	59100	57258	四、公共安全支出	18322	17168
企业所得税	22260	31501	五、教育支出	77527	76285
企业所得税退税			六、科学技术支出	14812	13050
个人所得税	9360	9320	七、文化体育与传媒支出	7964	7528
资源税	1040	1220	八、社会保障和就业支出	39616	37402
城市维护建设税	10320	10541	九、医疗卫生与计划生育支出	37379	36301
房产税	9330	8963	十、节能环保支出	18634	10233
印花税	2380	3001	十一、城乡社区支出	21578	19883
城镇土地使用税	11250	9365	十二、农林水支出	57850	48578
土地增值税	15430	11474	十三、交通运输支出	16362	15866
车船税	1810	1967	十四、资源勘探信息等支出	1916	1403
耕地占用税	8040	9364	十五、商业服务业等支出	3777	2233
契税	13400	15194	十六、金融支出	77	72
烟叶税			十七、援助其他地区支出	725	725
其他税收收入			十八、国土海洋气象等支出	3840	3321
二、非税收入	20563	18741	十九、住房保障支出	8534	7672
专项收入	6650	6716	二十、粮油物资储备支出	2395	2390
行政事业性收费收入	1300	1538	二十一、预备费	—	—
罚没收入	12113	10281	二十二、国债还本付息支出	901	901
国有资本经营收入			二十三、其他支出	3971	—

续表 29

预算科目	调整预算数	决算数	预算科目	调整预算数	决算数
国有资源（资产）有偿使用收入	—	206	—	—	—
其他收入	500	—	—	—	—
本年收入合计	239080	239132	本年支出合计	366608	329023

2014 年度桐庐县公共财政收支决算总表（二）

表 30　　单位：万元

预算科目	决算数	预算科目	决算数
本 年 收 入 合 计	239132	本 年 支 出 合 计	329023
上级补助收入	153420	上解上级支出	57501
返还性收入	17855	一般性转移支付	57316
增值税和消费税税收返还收入	12678	体制上解支出	53058
所得税基数返还收入	4203	出口退税专项上解支出	4258
成品油价格和税费改革税收返还收入	974	成品油价格和税费改革专项上解支出	—
其他税收返还收入	—	专项转移支付	185
一般性转移支付收入	84719	专项上解支出	185
体制补助收入	897	计划单列市上解省支出	—
均衡性转移支付收入	4234	—	—
革命老区及民族和边境地区转移支付收入	—	—	—
县级基本财力保障机制奖补资金收入	9164	—	—
结算补助收入	23598	—	—
化解债务补助收入	—	—	—
资源枯竭型城市转移支付补助收入	—	—	—
企业事业单位划转补助收入	182	—	—
成品油价格和税费改革转移支付补助收入	3335	—	—

续表 30

预算科目	决算数	预算科目	决算数
基层公检法司转移支付收入	2533	—	—
义务教育等转移支付收入	5088	—	—
基本养老保险和低保等转移支付收入	5173	—	—
新型农村合作医疗等转移支付收入	5134	—	—
农村综合改革转移支付收入	5276	—	—
产粮（油）大县奖励资金收入	—	—	—
重点生态功能区转移支付收入	5835	—	—
固定数额补助收入	3455	—	—
其他一般性转移支付收入	10815	—	—
专项转移支付收入	50846	—	—
省补助计划单列市收入	—	—	—
接受其他地区援助收入	—	援助其他地区支出	—
债务收入	—	债券还本支出	—
债券转贷收入	11000	债券转贷支出	—
	—	增设预算周转金	—
国债转贷收入	—	拨付国债转贷资金数	—
国债转贷资金上年结余	—	国债转贷资金结余	—
国债转贷转补助	—	—	—
上年结余	58932	—	—
调入预算稳定调节基金	—	安排预算稳定调节基金	35000
调入资金	—	调出资金	—
1. 政府性基金预算调入	—	年终结余	40960
2. 国有资本经营预算调入	—	其中：本级	—
3. 财政专户管理资金调入	—	减：结转下年的支出	37585
4. 其他调入	—	其中：本级	—
	—	净结余	3375
	—	其中：本级	—

续表 30

预算科目	决算数	预算科目	决算数
备注：市补助县（一般性转移支付）	—	备注：县上解市	—
市补助县（专项转移支付）	15251	—	—
收入总计	462484	支出总计	462484

2014 年度桐庐县政府性基金收支决算总表

表 31 单位：万元

预算科目	调整预算数	决算数	预算科目	调整预算数	决算数
政府性基金收入	164,605	98,245	教育支出	4158	3829
	—	—	文化体育与传媒支出	226	211
	—	—	社会保障和就业支出	6771	5896
	—	—	节能环保支出	—	—
	—	—	城乡社区支出	132946	116878
	—	—	农林水支出	12067	6,072
	—	—	交通运输支出	6	—
	—	—	资源勘探信息等支出	919	77
	—	—	商业服务业等支出	—	—
	—	—	其他支出	6085	4507
本年收入合计	164605	98245	本年支出合计	163178	137470
上级补助收入	—	15,904	上解上级支出	—	—
省补助计划单列市收入	—	—	计划单列市上解省支出	—	—
上年结余	—	49029	调出资金	—	—
调入资金	—	—	年终结余	—	25708
1. 公共财政预算调入	—	—	其中：本级	—	—
2. 财政专户管理资金调入	—	—	—	—	—
3. 其他调入	—	—	—	—	—
备注：市补助县	—	3714	备注：县上解市	—	—
	—	—	—	—	—
收入总计	—	163178	支出总计	—	163178

2014年度桐庐县公共财政收支决算分级表

表32 **单位：万元**

预算科目	决算数合计	省级	地级	其中：地级直属乡镇	县级	乡镇级	预算科目	决算数合计
一、税收收入	220391	—	—	—	—	—	一、一般公共服务支出	26736
增值税	51223	—	—	—	—	—	二、外交支出	—
其中：改征增值税	24526	—	—	—	—	—	三、国防支出	1276
营业税	57258	—	—	—	—	—	四、公共安全支出	17168
企业所得税	31501	—	—	—	—	—	五、教育支出	76285
企业所得税退税	—	—	—	—	—	—	六、科学技术支出	13050
个人所得税	9320		—	—	—	—	七、文化体育与传媒支出	7528
资源税	1220	—	—	—	—	—	八、社会保障和就业支出	37402
城市维护建设税	10541	—	—	—	—	—	九、医疗卫生与计划生育支出	36301
房产税	8963	—	—	—	—	—	十、节能环保支出	10233
印花税	3001	—	—	—	—	—	十一、城乡社区支出	19883
城镇土地使用税	9365	—	—	—	—	—	十二、农林水支出	48578
土地增值税	11474	—	—	—	—	—	十三、交通运输支出	15866
车船税	1967	—	—		—	—	十四、资源勘探信息等支出	1403
耕地占用税	9364	—	—	—	—	—	十五、商业服务业等支出	2233

续表 32 **单位：万元**

预算科目	决算数合计	省级	地级	其中：地级直属乡镇	县级	乡镇级	预算科目	决算数合计
契税	15194	—	—	—	—	—	十六、金融支出	72
烟叶税	—	—	—	—	—	—	十七、援助其他地区支出	725
其他税收收入	—	—	—	—	—	—	十八、国土海洋气象等支出	3321
二、非税收入	18741	—	—	—	—	—	十九、住房保障支出	7672
专项收入	6716	—	—	—	—	—	二十、粮油物资储备支出	2390
行政事业性收费收入	1538	—	—	—	—	—	二十一、国债还本付息支出	901
罚没收入	10,281	—	—	—	—	—	二十二、其他支出	—
国有资本经营收入	—	—	—	—	—	—	—	—
国有资源有偿使用收入	206	—	—	—	—	—	—	—
其他收入	—	—	—	—	—	—	—	—
收入合计	239,132	—	—	—	—	—	支出合计	329023

2014 年度桐庐县乡镇财政基本情况表

表 33 **单位：万元、个、人**

项　目	决算数	项　目	决算数	项　目	决算数
一、本年乡镇数	14	1000 万元（含）以上的乡镇数	8	上年结余	—
其中：实行“乡财县管”的乡镇数		十、村民委员会个数	183	调入资金	—
二、乡镇财政机构数	14	十一、乡镇公共财政收支平衡情况		支出总计	—

续表 33

项　　目	决算数	项　　目	决算数	项　　目	决算数
其中：财税所数		收入总计	82149	政府性基金支出	—
三、已建立乡镇国库的乡镇数		公共财政收入	56501	上解上级支出	—
四、税务所机构数		上级补助收入	21744	调出资金	—
国家税务所数		接受其他地区援助收入		年终结余	—
地方税务所数		上年结余	3904	十三、乡镇国有资本经营收支平衡情况	—
其中：一乡（镇）一所数		债务收入		收入总计	—
五、乡镇财政所总人数	157	债券转贷收入		国有资本经营收入	—
1. 行政编制实有人数	79	调入预算稳定调节基金		上年结余	—
2. 事业编制实有人数	72	调入资金		支出总计	—
3. 以工代干人数		支出总计	82149	国有资本经营支出	—
4. 集体财务人员人数	6	公共财政支出	31448	调出资金	—
六、乡镇财政供养人数	1340	上解上级支出	47095	年终结余	—
1. 公共预算财政拨款开支人数	914	援助其他地区支出		十四、乡镇财政专户管理资金收支平衡情况	—
2. 公共预算财政补助开支人数	426	债券还本支出		收入总计	—
其中：教师		增设预算周转金		财政专户管理资金收入	—
七、赤字乡镇个数		安排预算稳定调节基金		上级补助收入	—
八、乡镇年末总人口（万人）	42	调出资金		上年结余	—
城镇人口（万人）	13	年终结余	3606	支出总计	—
乡村人口（万人）	29	其中：净结余	2979	财政专户管理资金支出	—

续表 33

项　　目	决算数	项　　目	决算数	项　　目	决算数
九、乡镇公共财政收入分档		十二、乡镇政府性基金收支平衡情况		上解上级支出	—
100 万元（不含）以下的乡镇数		收入总计		调出资金	—
100 万元（含）-500 万元的乡镇数	5	政府性基金收入	—	年终结余	—
500 万元（含）-1000 万元的乡镇数	1	上级补助收入	—	—	—

（李　玲）

·国家税务·

【国税收入】 2014 年，县国税局税收收入完成 19.29 亿元，达到年度计划的 104.25%，同比减收 20296 万元，减少 9.52%。其中：增值税收入 136752 万元（含调库 10312 万元、“营改增”增值税收入 24526 万元），同比减收 20338 万元，减少 12.95%；企业所得税收入 46411 万元，同比增收 3657 万元，增长 8.55%；车辆购置税收入 9590 万元，同比减收 3494 万元，减少 26.71%；消费税 94 万元，同比减收 18 万元，减少 16.24%。物流行业税收收入 21863 万元，同比增收 10810 万元，增加 97.81%；商业税收收入 17838 万元，同比增收 2146 万元，增加 13.67%；水泥行业税收收入 11727 万元，同比增收 1471 万元，增加 14.35%；金融行业税收收入 10401 万元，同比增收 1294 万元，增加 14.21%。水轮机制造税收 5405 万元，同比减收 9953 万元，减少 64.81%；废旧物资行业税收 8084 万元，同比减收 1461 万元，减少 15.31%；化工行业税收 1649 万元，同比减收 2818 万元，减少 63.08%；房地产行业税收 4823 万元，同比减收 884 万元，减少 15.59%。

【税收征管】 2014 年，县国税局对制笔、医疗器械、针织三大行业企业实行征管模式改革，税收增收 2600 万元。增值税一般纳税人零负申报率下降 8.99%，小规模纳税人新增税款入库 687 户，入库税款 176.45 余万元，入库平均户次占比达 4.91%，税收效应指标入库 523.59 万元。加强“营改增”税收管理，调减不符合规定加计扣除 830.3 万元，调减弥补亏损余额 177.2 万元，补缴税款 31.4 万元。全年入库评估税款、滞纳金 1475.08 万元，冲减留抵税金 1250.55 万元，调整以前年度亏损 1172.11 万元。完成稽查任务 67 户，开展辅导检查 3 户次，安排企业自查 219 户次，查补税款、滞纳金、罚款 1471.45 万元。受理举报案件 22 件，立案查处 8 件，结案 10 件，查补税款、滞纳金、罚款 145.20 万元。联合查处苍松、谷基、华驰等大要案，协查发票 24 户 145 份，受托协查发票 35 户 514 份，协助公安机关抓获犯罪嫌疑人 19 名，上网追逃 3 名，移送公安案件 5 件。

【税收政策】 2014 年，县国税局办税大厅开设“进出口业务受理专窗”，审核退税 59103 万元，办理免抵额 20450 万元，调库 10312 万元，实际办理退税 61491 万元，同比增加 8791 万元，增长 16.68%。全年召开 5 场“营改增”政策、高新技术企业、资源综合利用企业、固定资产加速折旧政策等税收政策宣传辅导会。为 37 户福利企业办理退税款 2250 万元；资源综合利用企业退税 7 户，退税款 1180 万元；资源综合利用企业免税15户，免税销售额46158万元；伴生金经营企业6户，免税销售额7666万元；农业生产资料经营企业12户，免税销售额1682万元；农产品生产企业免税备案436户，免税销售额41735万元。

【纳税服务】 2014年，县国税局开展“便民办税春风行动”，取消20项进户执法项目，整合涉税信息资源，建立进户执法信息共享平台，深化涉税审批事项改革，对发票领购手续、票种核定、供应数量核定审批权限等181个涉税事项集中到办税大厅集中审批，5大类16小项涉税事项实行“免填单服务”，做到“窗口受理、内部流转、限时办结、窗口出件”一站式纳税服务。落实《全国县级税务机关纳税服务规范（1.0版）》，明确9大类72项212个服务事项1120个服务规范要求，调整机构设置，在办税大厅开设“进出口业务受理专窗”，提高出口退税的受理、审核、退税的工作效率；扩展“免填单”服务，将一般纳税人认定、最高开票限额核定、企业所得税核准类优惠审批等19项流转办结业务，升级为当场办结。出台民营快递和货运物流企业扶持政策，制定整顿制笔行业纳税秩序12条意见，加强农副产品加工企业开票管理。

【营改增工作】 2014年6月1日，电信业实施“营改增”。县国税局管辖“营改增”纳税人总户数增加到1365户，占全局增值税户管的6.43%。其中一般纳税人287户，小规模纳税人1078户；交通运输业251户，部分现代服务业1107户，邮政业1户，电信业6户。2014年，桐庐县“营改增”行业入库税款24526万元，同比增加11864万元，增长93.70%。

【队伍建设】 2014年，县国税局开展党的群众路线教育实践活动，向纳税人发放征求意见表1326份，回收意见建议表1269份，意见建议20条。走访企业和行业协会38户（家），召开座谈会24场，参加人数达320余人，征集企业意见建议，帮助协调解决影响企业发展的政策、用工、用电、场地等难题，面对面解答企业政策咨询36条，协调其他部门解决问题5件。全年新招录公务员6名，交流换岗中层干部4名、一般干部25名。评选出“最美国税人”3名，桐庐电视台《桐庐党建》栏目宣传报道。开展“共产党员示范岗”评选、年度“先进党支部”评比和争创“双十佳”（十佳基层党支部、十佳党支部书记）活动，发挥共产党员先锋模范作用。

【创优争先】 2014年，县国税局被县政府授予“全县依法行政先进单位”荣誉称号；通过“浙江省文明单位”“全国巾帼文明岗”验收。组织参加“公述民评”和“千企评百岗”活动，、科室纳税人综合满意率为99.23%，行政服务审批中心国税窗口获“千企评百岗”第二名、纳税服务科（办税大厅）获“千企评百岗”第九名，分水分局、稽查局在“公述民评”中分别第三名和第六名。在县委县政府2014年度综合考评中，获优秀单位、最佳服务型机关荣誉称号，获得改革创新项目评选二等奖和经济责任制专项考核二等奖。

（夏训富）

【责任编辑：郑巧丽】

金融　保险

·中国人民银行桐庐县支行·

【概况】 2014年年末，桐庐县辖区内有银行机构网点113个，其中县级银行机构16家（不含人民银行）；有各类保险机构34家，证券营业部3家，担保机构4家和小额贷款公司3家。县级银行机构本、外币存款余额334.97亿元，比年初新增19.84亿元，同比增长6.3%；贷款余额284.17亿元，比年初新增24.84亿元，同比增长9.58%。是年，中国人民银行桐庐县支行

2014年7月，批准设立的浙江民泰银行商业

（以下简称人行桐庐县支行）获浙江省财贸系统“工人先锋号”活动先进集体。

【金融支持实体经济】 2014年，人行桐庐县支行制定印发《中国人民银行关于开展“实体经济金融服务深化年、转型升级金融支持推进年、普惠金融服务年”活动的通知》（以下简称“三个年活动”）和《关于金融支持美丽经济发展的指意见》，切实加大对县域实体经济、普惠金融、美丽经济的支持力度，做好信贷投入、降低融资成本、推动企业债务融资等具体工作，支持绿色产业、“五水共治”、全域旅游试点县工作顺利开展。结合桐庐为“快递之乡”的特点，引导辖内金融机构继续贯彻实施《中国人民银行桐庐县支行关于金融支持电子商务发展的指导意见》加快推出具有电子商务产业特色的金融产品与服务，辖内电子商务快速发展，桐庐成为阿里巴巴首个农村发展战略试点县。

【金融创新】 2014年，人民银行桐庐县支行创新普惠金融服务主体，实现金融服务“零距离”。是年，人民银行桐庐县支行积极引导辖内金融机构进行主体创新，延伸金融服务触角，实现农村地区金融服务“零距离”。指导设立普惠金融便民服务站。积极引导桐庐农村合作银行采取“1+1+1”服务模式（1位村级代办员、1套自助终端设备、1台自助存取款机），在辖内设立16个普惠金融便民服务站，至11月末，累计办理各类业务29632笔、金额5718万元，有效解决农村居民获取金融服务成本高、小额贷款难、“银行卡助农取款服务点”无法使用存折存取款等现实问题。基本满足农村地区的电费、视听费缴纳、养老金的缴纳与支取、活期存款与定期存款互转等基础金融服务需求，初步实现“基础金融不出村、综合金融不出镇”的普惠金融服务目标。

创新信贷模式和金融产品，助力小微企业发展。鼓励辖内银行推进普惠金融服务模式和产品创新，取得较好成效。辖内华夏银行积极推广年审制贷款，至12月末，为15家企业办理该项业务，金额9145万元。浦发银行推出授信需求500万元以下的小微企业“信贷工厂”

业务，将评级、授信、用信转变为授信用信合一，缩短审批流程、提高审批效率，至12月末，贷款“信贷工厂”营销客户59户、金额18600万元。

积极搭建融资服务平台，实现资金供需实时对接。为打破银企之间的信息不对称问题，缓解企业融资难问题，积极指导县金融服务中心搭建桐庐融资信息服务平台。平台依托融资信息服务网站，实现资金供需实时对接，有效提升融资效率。该项工作在全县中小企业融资对接活动日中进行专题介绍，并得到县领导的肯定。目前辖内金融机构已发布融资产品198项，企业已提交融资意向6800万元，已完成融资2000万元。人行桐庐县支行还将各金融机构优质金融产品与服务信息编辑《金融产品与服务宣传手册》，累计发放1万余册。

【金融稳定】 2014年，人行桐庐县支行认真开展各类评估和监测工作，及时反映经济经济金融运行变化。做好桐庐农村合作银行合格审慎评估工，全年已备案发行5亿元同业存单，实际发行1亿元。开展涉农信贷政策导向效果评估，采用现场评估与非现场评估相结合方式，对辖内9家银行机构涉农信贷政策执行情况进行评估，并提出改善涉农信贷服务的意见建议。做好对桐庐农村合作银行票据兑付后续监测考核工作和村镇银行财务健康状况的监测考核工作，对监测审查中存在问题及时向上级行汇报，并督促其整改落实。做好小额贷款公司、企业财务数据、物价、民间融资、担保公司等监测报表、报告的上报工作，加强数据分析，提升监测分析能力。开展地方法人机构流动性监测，全面落实存款保险条例草案征求意见工作日报制度。

【反洗钱工作】 2014年，人民银行桐庐县支行加强反洗钱工作，打击洗钱犯罪。加强与金融机构、公检法反洗钱合作机制建设，定期召开部门反洗钱工作联席会议，实现反洗钱信息共享，是年联合公安部门成功破获传销洗钱案1起，涉案价值289万元，涉案人员313人。完善可疑交易报告管理制度，规范金融机构重点可疑交易报告的报送和完善可疑交易报告反馈制度，全年共收到金融机构上报的重点可疑交易报告5份。强化反洗钱业务监督检查，是年首次将反洗钱项目列入对建行桐庐支行综合业务执法检查内容中，对检查中发现的三大类问题责令限期整改；并提醒辖内金融机构对反洗钱工作的重视。深化风险评估和评价，提高反洗钱风险能力。完成对辖内4家银行机构的反洗钱风险评估工作，并将评估情况在全辖进行通报。邀请中支反洗钱处业务骨干为全辖银行机构开展“可疑交易监测与分析实务”的专题培训等方式，不断提升反洗钱工作水平。

【管理与综合】 2014年，人民银行桐庐县支行加强监督检查，督促银行机构合规经营。认真组织开展综合执法检查，对建行桐庐支行开展综合执法检查，检查共发现21个问题，对人民币账户管理、征信等两个方面问题做出7万元的经济处罚，并督促及时落实整改。加强综合评价工作，组织对两家法人金融机构和五家股份制商业银行开展现场评价，对评价工作中发现的问题，提出整改建议，并将综合评价情况反馈其上级管辖机构。组织开展专项检查，按照上级行和支行工作计划安排，是年对辖内银行金融机构组织开展金融消费权益保护、金融统计、征信、国库、人民币收付和假币收缴等6项业务检查，涉及银行14家（次），对发现的问题督促被检查对象及时落实整改。做好重大事项报告工作，对辖内重大金融事项及时报杭州中心支行，全年共上报7期重大事项。

【金融消费权益保护】 2014年，人民银行桐庐县支行切实开展金融消费权益保护工作，维护金融消费者合法权益。开展金融消费权益保护培训，2014年先后两次邀请杭州中支法律事务处领导为支行及辖内金融机构从业人员开展金融消费权益保护业务培训，参与培训人员200余人次。开展银行卡领域金融消费权益保护专项检查，是年，对建行桐庐支行和交行桐庐支行开展银行卡领域金融消费权益保护专项检查，对检查发现的问题及时反馈至被检查行，要求落实整改。开展金融消费权益保护知识宣传，结合“3·15”消费者权益保护日、志愿服务、金融知识进农村等方式开展金融消费权益保护知识宣传，牵头辖内16家银行机构100余人开展金融消费权益保护知识竞赛。2014年，人民银行桐庐县支行获得2014年浙江省“金融知识普及月”活动组织奖，为全省唯一一家县级支行。

【社会信用体系建设】 2014年，人民银行桐庐县支行多措并举，全面推进社会信用体系建设。切实做好农户信用信息档案的催报、录入工作，加强“三信”体系建设，全年录入10400户农户信用信息档案，成功入库9696户。组织辖内银行机构多渠道开展征信宣传，倡导诚实守信理念，促进信用意识提升。2014年共组织全县金融机构举办征信宣传活动157次，参加宣传活动人数686人次，发放宣传资料18902份。认真贯彻落实征信中心文件要求，积极推动中征应收账款融资服务平台应用工作。贷款卡发放核准行政许可取消后，做好过渡期对金融机构的宣传解释工作，按要求开展相关工作，保证平稳有序过渡。

【外汇管理与服务】 2014年，人民银行桐庐县支行推进货物贸易和服务贸易改革，促进贸易投资便利化。督促外汇指定银行积极贯彻落实各项改革措施，继续做好企业货物贸易项下、服务贸易项下外汇资金收支的便利化服务。强化对服务贸易外汇收支数据的监测、分析，通过分类管理的方式实现抓大放小，重点关注辖内顺差规模靠前、融资活动与实体经营偏离较大的企业。全年新办企业名录登记78家、变更25家，对554家重点监测企业进行非现场核查、对2家企业进行现场核查，5家逃逸、查封企业由B类企业降为C类企业。

推进资本项目改革，支持企业“走出去”。严格按照相关政策规定切实做好直接投资项下外汇资金的审核、监测管理工作。密切关注辖内企业海外并购情况，帮助解决企业“走出去”之后的融资难题。积极推动辖内外汇经营状况申报工作有效开展，进一步健全辖内外商投资企业QQ群，及时发布外商投资企业外汇经营状况申报中相关信息。鼓励会计师事务所代申报，强化对重点企业的申报要求，严格对应报未报企业的监督管理，确保外汇申报的严肃性。

加强外汇管理与服务，支持涉外经济发展。加强监测监管，认真做好跨境流动资金监测与分析系统的上线运行与推广工作，开展国际收支现场核查工作，完成对辖内工行、农行、建行、浦发银行的国际收支申报现场核查工作。加强外汇政策与业务宣传，结合“诚信兴商”宣传活动，积极走访各级政府部门和涉外企业，在宣传、解释外汇政策的同时开展调查研究，掌握涉外企业经营发展情况；制作外汇政策宣传片，通过华数电视在全县范围内每天两次滚动播放。加强外汇政策辅导，为新引进企业和外商投资企业提供政策指导，对进出口企业进行外汇政策与企业操作实务培训。

【服务型国库建设】 2014年，人民银行桐庐县支行加大国库业务外来凭证审核力度，严格履行退拨款分级审批制度，开展岗位风险排查、国库资金安全管理风险自查和深入开展国库风险量化评估，确保国库资金安全和国库系统运行稳健两条底线。同时，认真做好地方国库集中收付代理业务备案工作，经审核同意代理国库集中支付业务备案银行4家，代理非税收入备案银行12家，不予备案银行1家。深化国库集中支付改革工作，至12月末，全县14个乡镇已全部开展国库集中支付工作。

【支付结算】 2014年，人民银行桐庐县支行继续拓宽农村支付结算渠道，改善农村支付结算环境。全力推进网上支付业务，借助政府推进“电商换市”“电子商务进万村工程”活动契机，推动网上支付在商品交易市场、商贸城等交易活跃区域的应用。督促各银行机构通过采取形式多样的宣传方式，加大网上支付业务推广力度，取得一定的成效。大力推进手机支付业务应用，引导辖内银行机构加大手机支付业务推广力度。积极推进银行卡助农取款服务点规范化、功能综合化发展，将银行卡助农取款业务量纳入对承办银行的综合业务评价，对承办行业务推广情况实行定期通报制度。优化助农取款点布局，全年撤销80家业务量偏少的助农取款服务点，新设80家符合设立条件的服务点。至年末，辖内共有银行卡助农取款服务点163个，累计办理小额取款业务17524笔，金额1040.12万元，办理转账业务11962笔，金额3918.61万元。

【货币管理】 2014年，人民银行桐庐县支行加强人民币流通管理，维护货币流通环境。继续发挥小面额货币调剂中心作用，全年调剂小面额货币342.7万元，有效缓解辖内小面额货币供应紧张问题。完善城乡反假货币网络体系，结合村级便民服务中心建设增设农村反假货币工作站，联合县教育局，在桐庐县圆通小学、深澳小学创建反假货币教育基地，开展两期反假货币知识培训。组织召开人民币收付业务质量调查座谈会，及时听取客户对商业银行现金收付业务工作的意见和当前存在的问题，提出对策和建议。加强对银行机构现金清分管理，推进假币“零容忍”工作，推动银行机构加强现金清分能力建设，督促银行机构加强A类点钞机的配备，至年末，全辖银行机构所有网点点（验）钞机具中A类点（验）钞机具配备率达到100%。继续推进人民币冠字号码查询工作，及时解决涉假纠纷中出现的问题。

【金融系统工会联合会成立】 2014年6月26日，桐庐县金融系统工会联合会成立。该工会联合会于3月开始筹建，筹备期间，结合桐庐金融系统实际，首批加入联合会的金融行业有23家，涉及职工1500余名。大会通过《桐庐县金融工会联合会章程》，选举产生第一届委员会，徐永良当选为第一届委员会主席，张远明、周兴荣为副主席；周兴荣当选为第一届经费审查委员会主任，胡红芳当选为第一届女职工委员会主任。县金融工会联合会的成立为全县金融职工提供一个平台，将发挥金融工会在改革、发展、稳定中的作用，维护职工合法权益，关心和帮助职工，为他们排忧解难，构建和谐劳动关系，促进全县金融系统健康发展，让全县金融系统广大职工的文化生活丰富多彩。

【调查研究】 2014年，人民银行桐庐县支行加强调研与宣传，畅通货币信贷政策传导渠道。加强政策宣传，充分利用县金融工作会议、季度货币信贷例会、金融形势分析会、《今日桐庐》、《桐庐金融》等多种渠道，加强稳健货币政策的解读与宣传，积极引导各银行机构向上级行争取资金支持和政策倾斜。深入开展调研，是年，围绕小微企业金融服务、银行基层分支机构贷款定价影响因素等多个专题开展调查研究，共形成各类调研文章60篇、调研信息106篇，分别被上级行刊物录用41篇和58篇，其中《不同类型银行基层分支机构贷款定价影响因素及定价能力研究》获得“2014年总行青年课题二等奖”，《基于影响因子和信贷审批权分配视角的小微企业信贷融资获得性问题》获得杭州中支重点课题评审一等奖。

（钟宝樑）

·浙江银监局桐庐办事处·

【概况】 2014年，浙江银监局桐庐办事处（以下简称桐庐银监办）面对复杂的经济金融形势，坚持以“稳中求进、改革创新”为主线，以“促进发展、防范风险、维护权益”为重点，优化监管方式，着力加快辖内金融业发展，促进经济转型升级，为“中国最美县”建设做出贡献。截至年末，桐庐银行业各项存款余额323.4亿元，比上年末增长8.1%；各项贷款余额285.7亿元，比上年末增长9.5%，存、贷款增幅位居杭州地区各县（市）第三。是年，虽出现不良贷款绝对额和不良率“双升”的现象，年末不良贷款绝对额为3.9亿元，不良贷款率1.37%，但信贷质量仍好于全省1.91%的平均水平。

【完善金融体系】 2014年年末，桐庐辖内共有各类银行业金融机构及营业网点112家，比上年末增加2家。其中：县支行级金融机构16家，比上年末增加1家（2014年7月，经浙江银监局批准新设立民泰银行桐庐支行）；二级支行、分理处和储蓄所等各类营业网点96家，比上年末增加1家（2014年2月，经浙江银监局批准新设桐庐农村合作银行富春江支行七里泷分理处）；全域有ATM机284台（含自助银行85台），比上年末增加26台。同时积极引导辖内银行业机构适应区域经济与人口积聚等变化，支持辖内农村合作银行恢复深澳支行机构设置和设立8家农村便民服务站。

【银行风险监测】 2014年，桐庐银监办进一步完善辖区银行业金融机构日常风险监测，做好月、季、年度的风险监测和分析，发现风险苗头性问题，及时深入机构走访调研、指导和风险提示。是年，为加强法人机构监管工作，结合实际，对辖内桐庐农村合作银行、桐庐恒丰村镇银行2家法人机构的主监管员重新分工、明确职责，确保“一对一”监管和服务。认真开展和落实法人机构年度监管评级、“三方会谈”和审慎会谈，及时督导年度监管意见。加强走访调查，及时提示桐庐农村合作银行、桐庐恒丰村镇银行存在的偏离市场定位和行业集中性、关联集中度风险。重点督导“一行一策”，加大改革创新和支农支小力度。是年，桐庐银监办多次深入法人机构调研，指导加大信贷还款方式和产业链金融产品创新力度；督导桐庐农村合作银行大力开发“民生普惠、创业普惠、便捷普惠”金融服务方式，至年底，桐庐农村合作银行新增贷款占全县金融机构新增贷款的33%；桐庐恒丰村镇银行当年完成业务系统升级优化，加强“三会一层”组织管理，内部控制得到进一步强化。

【促进合规经营】 2014年，桐庐银监办配合省局政邮处开展对农发行、邮储银行桐庐支行自2011年至2013年以来现场检查整改落实情况的后续检查；根据杭州协调委的统一部署，协助完成由省局法规处牵头开展的桐庐、萧山、富阳三地不规范经营情况的现场检查工作，并负责对现场检查工作中发现的不规范经营现象，及时提出现场检查监管意见。利用现场检查成果，增进辖内银行业依法合规经营能力。

【助推实体经济】 2014年，桐庐银监办紧紧围绕省局深化“提升信用品质，服务实体经济”主题活动，深入开展辖内银行业金融机构促进经济转型升级的“一行一策”专项活动，使辖内银行业形成提升金融服务创新能力、助推经济转型升级的共识，全面激发银行、企业、城乡居民共同创业创新活力。是年，辖内16家银行业机构共派出由银行“一把手”带队的银行工作人员2110人次，深入38195家企业（或个人、农户）开展走访调研，结合“四换三名”“五水共治”“三改一拆”和“美丽乡村建设”等工作，向4743家企业（或个人），累计发放贷款和表外授信30多亿元，有力地助推地方经济的转型发展。

浙江银监局桐庐办事处电商经济调研汇报会

【改进监管手段】 2014年，桐庐银监办突出“管法人、管秩序、管风险”这一重点，积极创新监管工作。对全县两家小法人农村金融机构，除安排专人深入走访调研、加强动态监测分析外，还及时开展三方会谈和审慎监管会谈，及时提示市场定位和行业集中、关联集中风险。开展辖内不良贷款调研，加强风险监测、调查与提示，严防违规与系统性风险。特别是组织镍行业信贷风险调研，及时提出分类管理、一户一策等风险处置措施。同时，切实做好消费者投诉工作，严密防控声誉风险。积极开展风险协调处置，是年，在政府主导、银监监督、银行帮扶、企业主动和相关部门共同协作下，使3家企业的2亿多元信贷风险得到协调，并及时化解处置不良贷款1亿多元。

（陈　余）

·中国工商银行股份有限公司桐庐支行·

【概况】 2014年年末，中国工商银行股份有限公司桐庐支行（以下简称桐庐工行）全部存款余额42.64亿元，较年初增加8.1亿元，增长23.5%；其中对公存款余额16.42亿元，较年初增加0.42亿元，增长2.6%，完成年度计划的103.0%；储蓄存款余额19.77亿元，较年初增加1.68亿元，增长9.3%，计划完成率103%，各项存款余额和存款增量占比在县域四大国有银行中达30.0%和80.8%，连续四个季度实现双第一；各项贷款余额34.66亿元，与上年持平，日均贷款余额35.29亿元，日均同比增加3.63亿元。实现拨备前利润1.29亿元，比上年增长18.3%，实现中间业务收入4158万元，同比增长29%。年末不良贷款余额1392万元，不良率0.40%，与年初持平。经营管理保持安全，无重大差错事故和经济案件发生。

【信贷业务】 2014年，桐庐工行努力为政府多渠道搭建资金对接平台，做好项目贷款投放工作，全年共发放表内外项目贷款3笔，金额4.74亿元；发放委托贷款1笔，金额1亿元；通过网贷通和流程创新拓展中小企业贷款市场，完成全国首笔外汇（泰铢）远期交易，金额4166.52万泰铢，全省首笔代客商品交易金额50万美元。对89户中小企业新发放流动资金贷款，金额13.97亿元；全年新建信贷关系客户9户，新发放流动资金贷款5855万元；拓展个人贷款市场,全年共发放个人贷款582笔,金额2.93亿元。是年，桐庐工行个人贷款余额达到15.08亿元，其中个人按揭贷款增加5758万元。

【客户拓展】 2014年，桐庐工行重点做好政府建设工程项目和招商引资企业的开户工作，成功营销包括海康威视、浙江工商大学杭州商学院、杭黄铁路、妇保医院等优质客户，全年新开有效户210户，有效户总数达2560户；创新服务模式，积极推进个人中高端客户的营销，截至年末，桐庐工行中高端客户比年初增加729户，财富客户比年初增加135户，私人银行客户比年初增加10户。加强代发工资管理和营销，以代发工资为突破口加强包括个人网银、WAP手机、工行信使、掌上理财、定活通、POS机在内的全产品营销。

【风险控制】 2014年，桐庐工行加强潜在风险贷款、关注类贷款压降和化解工作，截至12月末，主动退出公司信贷客户8户，退出金额26791万元，累计压降潜在风险贷款24371万元；正常及关注类贷款向下迁徙率为0.401%，同比下降0.004%。同时运用清收、诉松、核销等方式，加大不良贷款处置力度，全年实现不良清户7户，累计处置不良贷款868.7万元；其中，通过诉讼途径执行收回850.8万元；不断深化内控外防，通过深入开展“重规范、严执行、保平安、促发展”主题教育活动、组织涉敏业务检查活动、建设最安全银行等举措，不断提高全行风险防范意识和识别能力。是年，桐庐工行内部风险暴露水平为万分之2.73，同比下降3.6%。

【渠道建设】 2014年，桐庐工行顺利完成迎南支行和财富中心装修、搬迁和开业，在杭州商学院、行政服务中心等地增设24小时自助银行，方便客户，缓解柜面压力。同时，进一步调整和优化网点人员设置，选派综合营销客户经理进入网点。加快推进网点柜台“压现扩非”工作，结合网点实际，通过加强网点现场管理，强化大堂经理对客户的识别引导，提高自助设备使用率，逐渐将低柜柜员转化为销售柜员，并通过商友俱乐部的组建和活动的展开，有效推动网点逐步从“坐商”向“行商”转型，进一步提升网点竞争力。（华　凯）

·中国农业银行股份有限公司桐庐县支行·

【概况】 2014年末，中国农业银行股份有限公司桐庐县支行（以下简称农业银行桐庐支行）本外币各项存款余额33.02亿元，比上年末减少1.09亿元，下降3.3%。本外币各项贷款余额25.39亿元，比上年末增加2.13亿元，增长9.2%。不良贷款余额558万元，不良率0.22%。实现中间业务收入2484万元。实现拨备前利润8327万元，拨备后利润7570万元，实现经济增加值3044.13万元，人均经济增加值20.78万元。是年，农业银行桐庐支行积极承担社会责任，开展送温暖等活动，共计捐款4.59万元，认筹“五水共治”生态公益金75万元。

【市场拓展】 2014年，农业银行桐庐支行加强客户基础建设。对公客户营销实行名单制管理，落实营销责任制和限时营销制，重点推进八大区、五县市、十大园区的重点工程。4月，首个开发区签约项目—富春江科技城孵化园项目成功签约，发放信贷支持1亿元，并于12月全部到位。网点个人贵宾客户维护实行层层落实管户责任人和提升目标。是年末，个人贵宾客户比年初净增610户。营销重点项目取得突破，

2014年6月，成功营销并上线桐庐县第一人民医院“银医通”项目；7月，江南镇乡镇国库集中支付项目落户农业银行桐庐支行。至年底，县第一人民医院“银医通”项目共交易量7901笔，交易金额22.11万元；江南镇乡镇国库集中支付项目交易量54笔，金额5833.63万元。

【业务创新】 2014年，农业银行桐庐支行对接农村新型金融需求，创新推出“美丽乡村建设贷款”业务，支持新型城镇与美丽乡村建设。在全省首创，突破性发放美丽乡村建设贷款5000万元，支持桐庐江南古村落和芦茨慢生活体验区二个美丽乡村建设项目。是年，除发放美丽乡村建设贷款外，还重点发放城镇化建设类贷款，全年新增城镇化建设类贷款21700万元。年末，农业银行桐庐支行涉农贷款余额19.38亿元，当年新增涉农贷款2.28亿元。

【服务三农】 2014年5月，根据浙江省委组织部和农业银行浙江省分行联合文件，农业银行桐庐支行选派4名业务骨干，到江南镇、富春江镇、横村镇和分水镇四个重点乡镇挂职任镇长助理，4名骨干在乡镇当好乡镇书记的“金融参谋”、当好服务“三农”普惠金融的推广员。截至12月底，农业银行桐庐支行4名挂职干部乡镇工作中，对接推动项目5个，投资额10亿元，其中“五水共治”类项目1个，投资额2亿元，“美丽乡村建设”类项目4个，投资额8亿元；协调落实贷款14户，授信额度10.88亿元，已落实发放贷款9.74亿元，其中项目贷款3.4亿元、企业贷款6.34亿元；开展走访调研，走访49个村，拜访农户308户，走访企业50家；参与招商引资工作，引进市外内资企业1家—兆通物流，落户富春江镇并投资到位资金5000万元；组织开展金融宣传，全年开展宣传3次，受益群众550余人。是年，农业银行桐庐支行推进“公司+农户”“合作社+农户”等贷款模式，以农村个人生产经营贷款、农户小额贷款等业务品种支持解决农村农民经营的种养植业、农村其他各类经营活动等资金需求，累计发放农户贷款6948万元。至年末，农户贷款数560户，贷款余额5943万元。推进金融自治村建设工作，开立村级经济账户5户，组建村级信息员18名，全年新增惠农卡1242张、拥有惠农通点175个，惠农通有效率74.86%，建设5家惠农通星级服务样板店。支持小微企业上作出突破，开办出口信保融资、贸易融资、国内保理融资、小企业简式快速贷等业务，当年新增小微企业贷款（含表外业务）21115万元。（王钟明）

桐庐农行普惠金融下乡宣传活动

·中国银行股份有限公司桐庐支行·

【概况】 2014年年末，中国银行股份有限公司桐庐支行（简称中国银行桐庐支行）紧紧围绕“一个中心、八个抓手”，坚持以效益为中心，以客户、项目为抓手促投放，以网点转型为手段、凝聚人心提高工作效率，坚持不良管控、从严治行不放松，以奋勇拼搏的精神做业务、抢客户、拼市场。至年底，实现拨备前利润9506万元，同比增长23.8%；实现净利润6625万元，同比增长24.4%；实现本外币日均存款余额21.3亿元，较上年增长5330万元；非利息收入5170万元，同比增长64.5%。

【坚持轻资本运营】 2014年，中国银行桐庐支行紧跟战略布局，围绕利润指标，以效益为中心，积极创新，多元创收。以轻资本占用的业务带动发展，抓对公票据、贴现等资金业务，盘活流量。年初，成功叙做远期转收款业务，有力提高了中间业务收入；同时，相继落实开办海外订单融资业务1.75亿元，票据贴现2.4亿元，转贴现1.54亿元，促进资金业务的发展；6月，抢抓省行“投融通”新产品问世之机，抓住美丽桐君项目的时间关键点，积极与政府接洽，向桐庐县美丽桐君开发有限公司投放3亿元，用于开元街区儿童公园地块与交警城区地块安置房建设。是年，该行实现中间业务收入5170万元，增长28%。

【储蓄市场拓展】 2014年，中国银行桐庐支行抓住产品亮点、把握产品特性，以产品运用、系统使用、数据应用为手段对目标客户群开展营销，在新产品的营销上，最大化新产品的优势，争揽外部客户群；在存量产品的推广上，进行清单式营销，稳步提升存量客户产品覆盖率，挖掘客户外部资金。同时结合“走出去、请进来”的营销思路，将“进”字头营销与网点沙龙、讲座等活动有效结合，进一步开拓储蓄存款市场。

【助推地方建设】 2014年，中国银行桐庐支行坚持贯彻“承担社会责任、做最好银行”的目标，紧密结合当地实际，合理组合融资产品，助推桐庐县循环经济崛起。是年，中国银行桐庐支行累计对77家中小微企业发放贷款，贷款余额达到4.9亿元，比年初新增1.54亿元，增长45.8%；是年，中国银行桐庐支行在桐庐县“实体经济金融服务深化年、转型升级金融支持推进年、普惠金融服务年”活动中荣获一等奖。

【网点实力增强】 基层网点是银行服务营销的主渠道，2014年，中国银行桐庐支行通过柜台改造、跟进落实柜面人员压降，不断充实壮大营销队伍；通过产品下沉、客户经理下沉，形成大堂经理推荐客户—柜员柜面营销—客户经理深入挖掘的营销模式，进一步增强网点自我发展能力和造血功能，提升基层网点业绩。

【企业文化建设】 2014年，中国银行桐庐支行统一行动步调，以关爱员工的具体行动，凝聚人心，团结力量，增强员工归属感，形成“一心一意干事业，群策群力谋发展”工作氛围。行领导亲自部署制定文明优质服务方案，邀请专业人士为员工培训服务礼仪，拍摄定装照，统一标准；领导班子带头营销抓队伍，加强服务基层意识，强化上下穿透力和一致行动力，把“上级服务下级，二线服务一线，全行服务客户”的服务理念融化到每个人的血液中，落实到每个人的行动上。

【风险管控】 2014年，中国银行桐庐支行坚持从严治行，细化内控管理制度，三道防线环环相扣，强调以员工道德风险防控为核心，强化员工行为动态管理，突出重点人员的管控，营造“重操守、讲合规、促案防”的良好氛围，实现连续四年零发案目标。是年，中国银行桐庐支行在中国银行浙江省分行组织的安全保卫绩效考核中被评定为A+。　　（陈小琴）

·中国建设银行桐庐支行·

【概况】 2014年，中国建设银行股份有限公司桐庐支行（以下简称建设银行桐庐支行）以“依法合规、稳健经营”的经营理念，加快推进业务发展和战略转型，不断完善“五大体系”，深化“四大布局”为重点开展各项工作。至年末，实现一般性存款余额30.8亿元，比上年下降13.82%，余额占县域四大国有商业银行的26.4%；贷款余额36.63亿元，比上年下降11.82%，余额占县域四大国有商业银行的29.6%；中间业务收入1920万元，比上年下降34.67%，占县域四大国有商业银行的15.2%；实现账面利润1.16亿元，比上年下降14.07%。

【业务发展】 2014年，建设银行桐庐支行业务发展以公司、个人业务二手抓为重点，公司业务日常除维护好存量客户同时，对外寻找客户，抢占市场，先后营销浙江省27个试点镇之一的分水小城市项目、五水共治富春江防洪加固工程项目、桐庐县职业技术学校项目，与国家开发银行初步达成桐庐开元街旧城改造项目，代理国家开发银行对浙富控股集团有限公司出口贷款资金等；成功营销46家县级国库集中支付业务，在县财政和公积金中心每季银行服务考评中均名列前茅。个人业务按网点“三综合”（“三综合”内容：综合性网点、综合营销团队、综合柜员）的要求，开展个人客户经理队伍的建设和管理，理财产品销售比上年增加3200万元。

个人中间业务拓展业绩突出，重点产品销售取得新进展。重点加强对信用卡、理财卡、电子银行和理财产品等核心产品的激励力度。同时加大客户经理队伍营销履岗能力建设，发挥总行客户关系管理系统对客户服务营销的支持作用。抓住资本市场疲弱的时机，开展服务进社区、服务进企业、重点产品百日营销等一系列营销活动，实实在在地营销了一批优质客户，促进卡类、电子银行、个人理财等业务的发展，特别是黄金业务，全年实物黄金销售950万元，比上年增长3倍。对中高端客户积极实施公私联动营销策略，为中高端客户提供优质服务，提高中高端客户的忠诚度和贡献度。

【不良贷款处置】 2014年，因外部经济下行，部分企业面临严重经营困难等情况，建设银行桐庐支行，新产生公司类不良贷款1.82亿元，风险客户（年末非不良）4户，金额6133万元，不良防控压力空前。该行相关部门分工合作，花费大量精力，积极与上级行协调、与法院沟通，取得上级行的支持和法院的配合，加快处置进程，上半年完成存量不良核销300万元；年底前，完成2户核销，核销金额873万元；1户以物抵债，金额4650万元；全年完成不良贷款处置总额5823万元。截至年末，建设银行桐庐支行不良贷款余额15826万元，顺利完成上级行的压降任务要求。

【渠道拓展】 2014年，建设银行桐庐支行为进一步推进个体工商户转型升级工作，更好地服务企业，增强市场拓展能力，及时对接源头客户，实时掌握储备客户信息。建立高效的信息沟通和营销服务机制，在网点各层面建立直接对接工商管理系统的营销服务团队，与对应工商所建立全面合作，提供优质的服务。与工商部门实现企业注册信息互通。设立开户专柜、提升客户服务体验，在网点设立开户和产品签约专柜，选派优秀柜员负责账户开立和对公产品营销，提升客户服务体验；推出费用减免和专享结算服务方案，提升客户满意度；推出对公开户直通车项目（该项目年底处于测试阶段，预计2015年一季度全面开通）；实现新注册企业多方式开户，降低开户成本及增加新开户灵活性，优化结算产品签约流程，修订签约产品资料，制定结算账户及产品签约便利化优化项目之“优化资金结算产品服务申请书、协议、章程”等事项，提高产品签约业务办理效率，缩短业务办理时间。是年，因个体户转型升级为企业，一般对小额现金和企业日常结算要求较高。建设银行桐庐支行为客户提供单位结算卡、企业网银等线上线下多渠道支付结算产品，实现企业7×24小时全天候收付款服务；提供小企业“善融贷”等特色信贷产品，解决企业短期资金周转，全年“善融贷”交易4笔，金额290万元。针对“个转企”企业需求，积极向优质中小微企业、个体工商户、农民专业合作社客户推荐适合的信贷产品，支持“个转企”企业融资需求，全年共发放此类贷款30笔，金额30万元。

【金融服务】 2014年，建设银行桐庐支行继续开展建行服务进社区活动。对住宅小区、大型物业落实“区域落地”对接政策，以网点为单位，推进“社区金融”。活动中，该行各网点根据各自区域特色与社区对接，开展进社区、进企业、进物业、进市场活动。支行营业部与县城上杭社区对接开展理财讲座；新区支行与罗兰公寓开展宣讲联谊活动；横村分理处利用山花节到阳山畈开展“金融进村入户”宣讲活动；分水支行到市场、制笔行业协会开展洽谈合作事宜。通过活动，全年共开立账户1800户，实现存款3500万元。

【网点建设】 2014年，建设银行桐庐支行继续推进网点建设工作。全年共投资180万元，新增城南街道家景新城自助银行、城南街道乔林新城自助设备、横村老城区自助银行、分水东溪镇自助银行，超计划完成自助机具投放计划。2012年底，建设银行桐庐支行投资4700万元，购置位于城南街道建业大厦裙楼1层和4层，总面积3700余平方米；2014年，建设银行桐庐支行投资700余万对该综合大楼进行整体装修，至年底，室内装修已全部完成。

【关爱员工】 2014年，建设银行桐庐支行开展家访活动，通过家访切实关心员工生活，动态了解员工思想和家庭生活状况，让被访员工和家庭成员体会到建设银行对他们的关爱和重视，提高员工的凝聚力。加强员工职业道德教育与动态管理，将员工行为排查与关爱员工活动紧密结合，将有效监督延伸至八小时以外，从员工的工作圈延伸到生活圈、社交圈，使员工及其家属自觉树立遵纪守法意识。通过内部排查，解除劳动合同员工1名。加强合规教育，提高队伍素质，全年累计组织各类培训20次，受训人次达700余次。开展集中观看“一念之间”警示教育片，员工参与案例辨证等，以“最美建行人”、员工故事会、标杆立行等主题活动为契机，鼓舞员工士气，提升凝聚力。利用支行党、工、团等平台，开展各项有益活动。是年，支行工会成立篮球、气排球、羽毛球、自行车等体育兴趣小组，并制定每周一活动制度；5月，支行团支部组织员工进行徽杭古道徒步低碳之旅；党支部分批组织员工到新合纪念馆参观，通过活动丰富员工业余生活，增强员工体质，增强员工的凝聚力。（戚　冰）

2014年11月26日，建设银行桐庐支行员工培训会

·中国农业发展银行桐庐县支行·

【概况】 2014年，中国农业发展银行桐庐县支行（以下简称农发行桐庐支行）各项贷款余额5359万元，各项存款8197万元；财务总收入2527万元，其中利息收入2480万元，贷款利息综合收回率100%，中间业务收入46万元；财务总支出2030万元，实现账面利润497万元。

【政策性业务】 粮棉油政策性业务是农发行桐庐支行的基本业务和立行之本，2014年，农发行桐庐支行认真落实上级行制定的各项政策，督促企业合理把握购销节奏，及时足额发放政策性贷款，通过强化资金使用监督和库存检查等手段，确保粮食安全。是年，农发行桐庐支行粮油贷款余额为7679万元，其中发放政策性粮油贷款4946万元；支持企业从外地调入粮食4485吨，收购当地种粮大户订单粮食3399吨；成品粮轮换4次；全年共计收回政策性粮油贷款4801万元。

【业务发展】 2014年，农发行桐庐支行根据上级行工作要求，将新农村建设、水利建设等中长期信贷业务作为业务发展的重点项目进行营销，由“一把手”直接负责，其中，桐庐县粮食收储有限公司仓储建设项目2500万元资金实现投放。是年，中长期项目贷款余额为17500万元，产业化龙头企业贷款余额为8550万元，小企业贷款为1630万元。

【信贷风险防控】 2014年，农发行桐庐支行加强信贷基础管理，认真做好贷款企业信用等级评定和授信工作，开展信贷客户风险排查，强化贷款的监测预警，严格操作流程管理，确保信贷投放合规合法。（葛　瑾）

·交通银行股份有限公司杭州桐庐支行·

【概况】 2014年年末，交通银行股份有限公司杭州桐庐支行（简称“交通银行杭州桐庐支行”）全口径存款余额16.36亿元，比上年末增加2.31亿元，增长16.44%，其中全口径对公存款余额11.61亿元，增加2.08亿元；个人存款余额4.75亿元，增加0.23亿元。全口径贷款余额16.76亿元，比上年末增加2.21亿元，增长15.19%；其中涉农贷款15.74亿元，增加2.77亿元；政府融资平台贷款2.43亿元，减少0.29

亿元。2014年末全口径余额存贷比102.44%。全年实现中间业务收入589万元。实现账面利润6741万元，同比增加188万元，经省分行综合营运成本等因素后，经营利润为3025万元。

【业务创新】 2014年，交通银行杭州桐庐支行面对日趋激烈的市场竞争和不断提高的客户需求以创新为突破点，推动“1+10+10”特色业务，连续推出医保类有追索权国内保理卖方融资业务、新农村建设贷款、桐庐法院拍卖按揭、出口发票融资、电子银行“联合在线”、证券结构化业务、票据池等新型业务；推出“生息365”“天添利A”等系列理财产品；为县内核心企业及其上下游链属企业量身设计产业链金融服务方案，帮助企业解决经营管理中的实际问题，推广产业链金融服务，与县内企业一起创建共赢通道。至年底，“生息365”余额2.42亿元，“天添利A”余额0.53亿元。

【服务大众】 2014年，交通银行杭州桐庐支行本着“服务大众”的经营理念，开展“企业行”“社区行”活动，将手机银行、薪金A等便民产品向县内广大市民推介，全年共计开展专项活动20余次，新办理手机银行2799户；同时在桐庐县十二届房交会现场设立宣传点，宣传交通银行杭州桐庐支行二手房住房贷款、E贷通2.0等惠民金融产品，为500余人次解答相关业务问题。

【信贷投放】 2014年，交通银行桐庐支行对贷款投放进行重新梳理，当年新增贷款2.21亿元，重点支持桐庐县民生社会事业、新农村建设和实体经济发展。全年共投放桐庐县土地储备中心贷款2亿元；投放桐庐县中医院贷款1.5亿元；投放桐庐县美丽桐君开发有限公司贷款8000万元；投放浙江金帆达股份有限公司股票质押贷款2亿元。

【风险防范】 2014年，交通银行杭州桐庐支行结合总、分行和外部监管的各类要求，对营运、授信、安保等进行全面的风险排查，对费用配置、资产管理、印章使用、授信调查、贷后管理、会计流程、安全保卫、人事安排、信息管理等方面进行梳理、调整和优化，先后出台多项规定和要求，并通过行长办公会议、行务会议、条线会议等场合布置、落实和监督。根据“营运人员重要岗位权限控制表”对人员和岗位权限进行调整，严格做到不兼容岗位的相互分离，并设立专职会计检查辅导员，不间断地进行风险检查。严格执行“授信管理七原则”。在信贷工作中，认真执行“收得快、管得好、放得好、看得全”的十二字风险管理方针。规范支行贷审小组制度，加强对企业实地考察的力度和频度，把风险管控作为首要责任，认真对待每一笔授信。通过认真的排查、分析，全年发现并收回潜在风险客户3户，对13家授信客户进行风险加固或减退。全行上下层层签订党风廉政和案件防控工作责任书及消防安全责任书等，落实案防责任，确保全年安全无事故。

【服务提升】 2014年年初，交通银行杭州桐庐支行成立服务质量管理小组，出台工作方案，大力推行标准化、规范化、特色化服务。安排专人加强检查频度和力度，检查对象扩大到全体员工，检查范围延伸到全部业务。定期召开服务质量分析会，对当期服务质量进行点评，讨论提升服务方式。使支行的服务质量有一定程度的提升。2014年7月15日，桐庐电视台大刘热线节目组，对交通银行大堂引导员周慧芳捡到客户钱包妥善保管，并通过各种方法寻找失主，包内证件钱款等物品完璧归赵的事进行专访，并在热线专题节目“建设中国最美县、寻访最美桐庐人”中进行报道，受到社会和上级行的肯定。

（徐　斌）

·桐庐农村合作银行·

【概况】 至2014年年末，桐庐农村合作银行（下

2014年7月15日，桐庐电视台报道交通银行周慧芳捡到客户钱包，通过各种途径寻找失主的事迹

简称桐庐合行）各项存款余额113.86亿元，当年新增12.55亿元，同比增长12.39%；各项贷款余额79.91亿元，新增7.81亿元，同比增长10.83%；涉农贷款余额75.74亿元，新增8.22亿元，同比增长12.2%；信用贷款余额10.87亿元，新增2.44亿元，同比增长28.9%。五级不良贷款率1.24%，当年入库各项税收12128万元，比上年增加1235万元，增长11.34%。是年，桐庐合行被评为浙江省农信系统优胜单位、杭州农信系统人事优胜奖、杭州农信系统统计优胜奖、桐庐县服务业十强企业、桐庐县“十佳慈善爱心单位”。分水支行、开源支行被评为浙江农信系统文明规范服务示范单位，城南支行、富春江支行、凤川支行被评为杭州农信系统文明规范服务示范单位，百江支行被评为桐庐县文明单位。

【机构网点】 2014年年末，桐庐合行下辖网点机构52家，分别为：营业部1家、支行16家、分理处22 家、储蓄所11家、离行式自助银行2家。是年3月，新设富春江支行七里泷分理处；7月，江南支行深澳分理处升格为深澳支行。

【普惠金融】 2014年，桐庐合行以“普惠金融工程三年行动计划”为引领，以做深走访为抓手，抓实普惠金融服务。普惠走访实现新突破，按照“三个对接、四进三新”（对接各级政府相关部门，对接农户、农村经营大户，对接小微企业、农民专业合作社，进村进社区、进户进企业，走访新客户，实现走访形式新突破，走访力度新提升）的要求，进村入社区，主动上门服务，做实农户（个人）信息采集、经济信息建档、信用户评定和公议授信等工作，走访农户（居民）51480户，企业1642家，利用“牵手E家”平台建立农户经济信息档案44809户，企业信息档案1173家。普惠服务实现零距离，建成普惠金融便民服务站（点）24家，整合163个行政村便民服务中心设立金融服务专柜和88个助农取款点。以人员、机具、服务“三跟进”主动对接农村淘宝村级服务站，在县内57家农村淘宝店布设POS机、助农终端等机具，使村民足不出村就能办理存折补登、小额存取、转账汇款、缴纳费用等业务。办贷服务实现一站式，发放具有“一次授信、循环使用、随用随还”功能的丰收小额贷款卡和丰收创业卡，基本实现30万元以下小额农户贷款“跑一趟”服务。全年，共发放丰收小额贷款卡8710张，授信24.68亿元；丰收创业卡350张，授信3.37亿元。是年，桐庐合行普惠金融便民服务站被评为桐庐县改革创新项目二等奖。

【业务创新】 2014年，桐庐合行根据地方金融需求，创新推出“合家富”流转储备贷款和“合家富”民宿贷款产品。至年末，累计发放流转储备贷款1户，金额500万元；发放民宿贷款68户，金额777万元。从9月1日开始，与桐庐县中小企业转贷基金合作，为小微企业提供融资转贷服务。至年末，累计为26家小微企业提供转贷资金7990万元。9月12日，针对中小微企业还款存在的实际难题，推出“循环贷”“接力贷”“临时贷”“长期贷”等贷款新产品，至年末，发放“循环贷”3.48亿元、“接力贷”0.84亿元、“临时贷”150万元、长期贷”2056万元。

【企业文化】 2014年，桐庐合行通过加强传统文化教育和完善“牵手”系列文化建设推进企业文化，“牵手”系列宣传平台获桐庐县思想文化创新奖。传统文化教育上，采编发行《最美农信人——姚慧国同志先进事迹》书籍1500册，以

3月31日，桐庐合行首家普惠金融服务站开业

图文并茂的形式还原和再现了一个有理想、有责任、有道义的“最美农信人”；在全行深入开展“普惠精神”和“好作风去哪儿了”大讨论活动，组织青年干部员工重走农信路，重听老农金艰辛创业故事。“牵手”系列文化建设上，编印《牵手》副刊，搭建起上下沟通，学习交流平台；推出自编自导自演的《牵手·小苹果》MV，以喜闻乐见的视频载体全面展示“牵手”企业文化新风貌；秉承“牵手”理念，积极履行社会责任，全力支持桐庐百姓日、“书香桐庐——读书驿站”“桐庐好声音”“欢乐大舞台　幸福桐庐人”等社会公益性活动，提升百姓生活品质。　（叶　添）

·中国邮政储蓄银行桐庐县支行·

【概况】 至2014年年末，中国邮政储蓄银行股份有限公司桐庐县支行（以下简称邮储银行桐庐县支行）本外币存款余额 18.85亿元，比上年末增加3.08亿元，增长19.5%；其中邮政代理 12.25亿元、自营网点 6.3亿元；各项贷款余额7.89亿元，比上年末增加1.07亿元，增长 15.7%；全行累计完成金融业务收入3730万元，比上年末增加901万元，完成年度计划的104.3%，同比增长31.8%，分项收入为：个人业务收入580万元，同比增长28.2%；公司业务收入619万元，同比增长85.8%；零售贷款收入2014万元，同比增长26.9%；小企业贷款收入403万元，同比增长3.8%；票据贴现收入110万元，同比增长64.4%。

【普惠金融服务】 2014年，邮储银行桐庐县支行以创新方式开展“普惠金融服务”，结合该行实际情况和当地农村金融市场的实际需求，在主要乡镇设立自助银行10个，各乡镇设立银行卡助农服务点207个、村邮服务站193个。至年底，乡镇自助银行和银行卡助农服务点、村邮服务站等实现金融交易量869643笔，交易金额40826.5万元。

【市民卡业务】 2014年，邮储银行桐庐县支行在构建市民卡平台和邮储银行“银行卡助农服务点”的基础上，通过叠加自助银行、银行卡助农、村邮服务等业务功能，成功发放政府公务员车改补贴、农办助农补贴资金、残联补助、慈善补助等惠民资金，全年共计发放各类补贴款2844.8万元，惠及用户10万多人。（卢　玲）

邮储银行农村24小时自助银行

·桐庐恒丰村镇银行·

【经营业绩】 2014年年末，桐庐恒丰村镇银行资产总额11.78亿元，比年初增加0.97亿元，增幅9.0%；负债总额91622万元，比年初增加8918万元，增幅10.8%；所有者权益总额26166万元；累计缴纳企业所得税2914万元，被桐庐县政府评为2014年度“纳税大户”。

【支农支小新举措】 2014年，桐庐恒丰村镇银行把握贷款投放进度与节奏，优化信贷结构，以“支农支小支散、发展支持中小微企业”为核心工作，有效满足“三农”和小微企业的资金需求，切实把握好信贷投向。实行积极的信贷投放政策，坚持“做小、做散、做精”，重点投向农户、小微企业等实体，不断调整信贷结构，严格限制“两高一剩”（高污染、高能耗和产能过剩）行业、房地产开发以及政府平台贷款。加大对农户新增贷款投放的考核力度，鼓励客户经理积极营销农户贷款，并对农户贷款实行单户奖励政策；成立农贷部和农贷组，推进农户贷款业务的快速发展。减免“三农”和小微企业结算手续费，推出办理结算业务手续费全免惠民优惠活动。至年末，已为客户办理减免结算手续费业务1500余笔，减免结算手续费近5万元。减免各种贷款保险费用，调整借款客户人身意外保险，为30位客户的5000万元贷款减免保险费，减免金额10余万元。实行房产评估内评制度，全行抵押贷款余额2.75亿元，抵押物价值约4.6亿元，为企业减少评估费用近100万元。与政府转贷基金合作，成功转贷6笔，转贷金额2030万元，大大降低企业的融资成本。

【开展“绿色信贷”活动】 2014年，桐庐恒丰村镇银行响应县委、县政府“五水共治”号召，以开展绿色信贷契机，对桐庐富春供水有限公司、桐庐天溪水务有限公司和桐庐窄溪管道承装公司等5家企业，发放贷款6970万元。是年，该行针对全县大力推进“乡乡有村落景区、有民宿经济、有特色产业”，大力发展“一乡一业”特色农业示范园区建设时机，全行上下联动，积极营销，先后成功拓展江南镇古村落旅游开发有限公司、芦茨慢生活体验区旅游开发有限公司和杭州阳山畈休闲旅游开发有限公司等6家企业，发放“美丽经济”贷款3500万元。

【电商企业扶植】 桐庐恒丰村镇银行抓住当前电商发展的良好时机，大力扶持电商企业及个人，先后与杭州天二电子商务有限公司、杭州安厨电子商务有限公司建立合作关系，支持其电商发展，同时对个人网店主进行一定扶持。截至2014年12月底，该行累计发放涉及物流业贷款2.6亿元，余额超过1亿元，惠及企业及个人客户129户。

【内部管理】 2014年，桐庐恒丰村镇银行把创建“平安金融”和案防工作视作经营管理战略的重要组成部分和全行重点工作。结合银监和公安联合开展“心防工程”“案防大讲堂”等活动，定期开展消防、案防演练以及防电信诈骗等工作。结合该行实际，制定《桐庐恒丰村镇银行案件问责工作管理暂行办法》《桐庐恒丰村镇银行案防工作管理办法》等规章制度。业务制度和办法覆盖全部业务流程，并明确责任部门。开展员工行为风险排查管理，根据银监会《关于金融机构员工风险排查管理办法》，联系公安部门对员工进行政审，对全行员工出入境管理进行备案。开展员工征信查询，并将信息进行整理归纳。签订平安金融创建责任书、案防责任书和风险排查承诺书等，对员工参与民间借贷、非法集资、充当资金掮客、涉黄、涉赌、涉毒、经商办企业、过度消费及负债、频繁请假等异常行为的监督；安排专人定期对内部电脑进行补丁升级、病毒查杀等措施，保证业务的连续性、系统的安全性和稳定性。2014年，浙江省银监局对该行2013年案防工作进行监管评估，得分85.5分。

【企业文化建设】 2014年，桐庐恒丰村镇银行积极鼓励、组织员工参加全县、迎春商务区和金融系统举办的各项活动，并取得较好成绩。在2014年恒丰银行杭州分行“弘扬狼兔文化”夏季运动会上，获乒乓球女子冠军和男子篮球季军，并获恒丰银行总行运动会女子乒乓球亚军；在县人民银行举行的“2014年金融知识普及月活动”现场知识竞赛中获得三等奖。同时，

2014年5月10日，恒丰银行综合业务培训

将2014年作为“员工培训年”，聘请浙江大学、华东政法大学、浙江工商大学的知名学者、教授对员工进行为期两个月的培训，先后有600人次参加培训。2014年5月，成立青年志愿者服务队，并开展送金融知识下乡、为敬老院孤寡老人送爱心、为残疾人捐献书本和衣物等活动。

（周晓野）

·杭州银行桐庐支行·

【概况】 2014年，杭州银行桐庐支行根据总行“深化改革、勇于创新、推进转型”的工作部署，结合该行实际，围绕“以做大客户群为基础，做强小微业务为抓手，优化结构，积极培植基础客户”的经营要求，经过全行共同努力，较好地完成全年各项任务。至年末，各项存款余额13.08亿元，比上年增加3.78亿元，同比增长40.6%。其中，储蓄存款余额3.03亿元，比上年增加2302万元，同比增长7.6%。各项贷款余额13.50亿元，比上年增加929万元，同比增长0.7%，其中小微贷款4.83亿元，比上年增加4902万元；零售贷款2.62亿元，比上年增加2502万元。

【公司金融业务】 2014年，根据总行公司金融创新求变总体要求，杭州银行桐庐支行积极求新求变，积极开展面向当地主要工业强镇（街道）、开发区等地的客户走访活动，争取重点项目信贷合作，跟紧招商引资落户企业，公司金融业务不断拓展。

【小微金融业务】 2014年，杭州银行桐庐支行全面开展市场调查，落实微贷卡项目，通过陌生拜访、亲情营销、存量客户介绍等方式，积极拓展小微业务。全年营销新信贷客户6户，个人经营性贷款客户38户；发放微贷卡136张，完成年度计划的136%，授信额5604万元，实际用信额 2585万元。

【金融零售活动】 2014年，杭州银行桐庐支行重点抓好金融零售活动，通过举办20多场次市场进社区活动，吸引百余名客户前来咨询和办理业务。同时，深挖理财潜力，重点研究目标客户，有目的地开展工作，到年末，累计销售理财产品（折算后）108301万元，比上年增加45517万元，增长172%。

【企业文化建设】 2014年，杭州银行桐庐支行注重企业文化建设，成立健美操、气排球、篮球、羽毛球、摄影等俱乐部，组织员工到大明山、乌镇考察，邀请资深讲师开展压力与情绪管理培训，增强公司凝聚力。同时，鼓励员工参加各类上岗和从业资格学习考试，提高业务能力。

（陈　丽）

·华夏银行股份有限公司杭州桐庐支行·

【概况】 2014年，华夏银行股份有限公司杭州桐庐支行（以下简称“华夏银行杭州桐庐支行”）各项存款余额6.60亿元，比2013年增加14889万元，同比增长30.0%；其中对公存款4.77亿元，比2013年增加18005万元，同比增长60.1%；各项贷款余额3.57亿元，比2013年增加903万元，同比增长2.6%。销售理财产品金额143554万元，余额22600万元。全年营业收入2070万元，同比增长14.4%；其中利息收入2553万元，中间业务收入455万元。

【信贷业务】 2014年，华夏银行杭州桐庐支行为扶持中小企业成长，创新金融服务，全面推

华夏银行杭州桐庐支行

广使用小企业年审制贷款和融信通金融服务平台等新型融资产品。至年底，共向17家中小企业发放审制贷款19笔，金额7720万元；发放网络贷款2笔，金额171万元。

【个人业务】 2014年，华夏银行杭州桐庐支行坚持以客户为中心，为客户提供电子汇兑、华夏卡异地存取款、转账、消费、咨询等众多个性化、一体化的金融服务。至年底，该行拥有个人业务产品近百种，华夏理财、华夏IC卡、华夏至尊白金卡、华夏自助卡、华夏外汇卡、个人外汇买卖、黄金买卖、自助贷款等一系列特色产品，深受广大客户喜爱。截至年底，华夏银行杭州桐庐支行销售个人理财90576万元，主要产品包括稳赢、增赢、创赢和金赢五大系列理财产品，其中增赢和创赢占主导地位，理财年化收益在4.4%至6.3%之间。

（王锡钢）

中信银行杭州桐庐支行24小时自助银行服务

·中信银行杭州桐庐支行·

【概况】 2014年，中信银行杭州桐庐支行秉承“服务桐庐，用心奉献”的经营理念，助力桐庐当地社会和经济发展，至年末，存贷款业务实现平稳较快发展。各项存款余额9.25亿元，比年初增加1.06亿元，同比增长12.9%。其中公司存款7.31亿元，比年初增加2.09亿元，同比增长40.0%，占各类存款总额的79.0%；个人存款1.95亿元，比年初下降1.03亿元，同比下降34.6%。各项人民币贷款余额7.23亿元，比年初增加2.98亿元，同比增长70.1%。不良贷款为零，未出现贷款逾期和欠息情况。全年实现营业收入6392万元，比上年增加4558万元，同比增长248.5%。实现利润总额996万元，比上年增加128万元，同比增长14.75%，全年实现净利润493万元。

【金融创新】 2014年，中信银行杭州桐庐支行继续以创新服务为切入点，深入企业分析资金状况，研究对策。针对部分企业自身经营规模小、抵押资产不足、融资担保难的实际情况，运用金融产品创新，打破传统贷款模式，为企业量身定制金融服务方案，通过“应收账款质押”“国内信用证”“国内保理他行代付”等产品，助力企业解决融资难问题。在上年供应链应收账款质押业务试点的基础上，继续扩大客户叙做面，是年，该行新发放应收账款质押贷款7000万元。开展小企业、个人经营性标准抵押贷款，简化放款手续、降低贷款利率，全年，新发放标准抵押贷款5000万元。叙做代发工资网络信用消费贷款，通过线上、线下POS网络贷款、房抵贷、存贷宝等新产品，仅POS网络就发放贷款400余万元，为社会各阶层和群体提供所需金融服务，让现代金融服务更好地惠及各个社会群体。是年，该行加强服务规范管理，采取产品设计，推介适用的非息或低息信贷产品，降低贷款利率上浮幅度等措施，全年累计为企业减少和节约财务成本超过350万元。

（叶 敏）

·浦东发展银行股份有限公司桐庐支行·

【概况】 2014年年末，上海浦东发展银行股份有限公司杭州桐庐支行（以下简称浦发银行桐庐支行）一般性存款余额60733万元，比年初新增6045万元，同比增长11.0%，其中公司存款余额47206万元，比年初新增5158万元，增长12.3%；个人存款余额13528万元，比年初新增887万元，增长7.0%。贷款余额78344万元，比年初新增18266万元，同比增长30.3%；其中公司贷款余额50030万元，比年初新增9584万元，增长23.7%；个人贷款余额28314万元，比年初新增8682万元，增长45.6%。是年，浦发银行桐庐支行荣获浦发银行杭州分行“2014年度分行综合治理工作优胜单位”“2014年分行代发业务综合贡献三等奖”、2014年分行“浦发蓝”公司客户拓展六强营销机构、2014年分行“浦发蓝”公司客户拓展10强营销团队，并被评为2014年度杭州市“平安示范单位”。

【业务经营】 2014年，浦发银行桐庐支行继续拓展公司类客户，营销一批县内规模以上类客户。加大对中小企业的结算负债拓展力度，全力发展基础客户群。扩大个人优质客户基础，加快个人类贷款投放，推进个人业务增长。累计完成公司授信客户122户（含续授信），全年新增授信客户43户；个人贷款客户数336户，全年新增个人贷款客户137户；累计对公开户数452户，全年新开户135户；信用卡发卡累计2007张，全年新增发卡1447张。至年底，贷款不良率为0。

【内制建设】 2014年，浦发银行桐庐支行先后制定《贷后管理例会制度》《信贷业务贷后监管实施意见》《贷款利率定价管理办法》《贷前协商办法》等办法，进一步优化支行信贷流程、完善信贷定价管理、明晰各部门职责、提升客户服务效率，防范信贷风险。强化内部管理、学习培训，完善支行案件防控体系建设，提升案件防控能力。加强运营基础管理工作，保障支行各项业务平稳开展。坚持“以人为本”，加强队伍建设，突出抓好管理岗位人员、客户经理和优秀柜员的培训，提高员工整体素质。

【企业文化】 2014年，浦发银行桐庐支行积极开展“送温暖献爱心”“浦发银行志愿者日”、“3·15”消费者权益日宣传、“金融知识万里行”活动，强化服务理念，履行社会责任。组织参加迎春商务区“三人制”篮球赛、浦发银行杭州分行第四届运动会等，丰富员工业余文化生活，促进员工身心和谐发展，增强企业凝聚力。（王国华）

·上海银行杭州桐庐支行·

【概况】 2014年，上海银行股份有限公司杭州桐庐支行（以下简称上海银行杭州桐庐支行）围绕分行“保全资产、减员增效、转型发展”三大目标，深化改革，创新发展，综合金融服务水平不断提升。年末，各项人民币存款余额5.32亿元，比年初增加1.06亿元，增长24.9%，其中对公存款余额为4.32亿元，比年初新增1.13亿元，增长35.4%。各项贷款余额为7.55亿元，比年初新增3.23亿元，增长74.8%，其中公司贷款6.48亿，比年初新增3.02亿元，个人贷款1.08亿元，比年初增加0.1亿。不良贷款保持为零。中间业务收入215万元，全年实现考核利润1016万元，拨备前利润986万元。是年，上海银行杭州桐庐支行荣获人民银行桐庐支行“2014年实体经济金融服务深化年、转型升级金融支持推进年、普惠金融服务年活动二等奖”、上海银行杭州分行先进集体、公司业务百日收

上海银行杭州桐庐支行营业厅

上海银行惠通理财中心

官专题营销活动团队三等奖等荣誉。

【业务发展】 2014年，上海银行杭州桐庐支行加大优质客户营销，重点拓展了桐庐县旅游投资开发有限公司、桐庐富春山健康城开发有限公司、杭州祥龙钻探设备科技有限公司、杭州科德磁业等一批优质客户，新增存款1.1亿元，新增贷款3.02亿元，商票保贴5000万元，银行承兑5000万元，个人封闭式理财1.1亿元。同时，深耕细作当地小企业，与桐庐县科技局、杭州高科技担保公司建立科技型中小企业合作平台，设立贷款风险池基金，重点支持市级以上科技型企业。至年底，该行有小企业授信客户65户，贷款余额4.15亿元，比年初新增1.26亿元。

【网点转型】 2014年，上海银行杭州桐庐支行根据总行加快推进“中小企业综合金融服务商”战略目标，高度重视零售业务发展，通过加强公私联动和开展全员营销，至年底，完成个人潜力客户200户，个人网银客户356户，手机银行客户316户，有效慧通理财客户109户，信用卡核准500户。

【风险管理】 2014年，上海银行杭州桐庐支行牢固树立依法合规经营的理念，严格执行银监“七不准”（不准以贷转存、不准存贷挂钩、不准以贷收费、不准浮利分费、不准借贷搭售、不准一浮到顶、不准转嫁成本）规定，规范存款营销和代理业务管理行为。加强案防和安保工作，执行贷款“三查”制度，按月开展异常行为排查，定期对员工进行职业道德培训，树立合规理念，切实防范案件风险和道德风险。

（徐英富）

·中国民生银行杭州桐庐支行·

【概况】 2014年，中国民生银行杭州桐庐支行紧紧围绕“民营企业银行、小微企业银行、高端客户银行”三大战略定位，不断深化战略转型，积极应对利率市场化挑战，加快推进改革步伐，调整优化经营结构，强化风险管控力度，持续提升盈利能力，各项工作取得较好业绩。至年末，存款余额5.53亿元，比年初新增3.82亿元，增幅223%；贷款余额4.01亿元，比年初新增2.7亿元，增幅206%；净收入1348万元，上缴税款83.75万元。是年，中国民生银行杭州桐庐支行被杭州分行评为优秀集体。

【业务营销】 2014年，民生银行桐庐支行根据总分行战略要求，结合支行定位和当地块状经济特色，重点推动小微小区金融。加强产品的推广运用，提高全员对产品的应知应会能力，对照目标差距，有针对性地排列计划进度，落实具体获客举措。开展各类专项主题活动，分组扫街扫楼推介营销。强化公私联动交叉营销，着重推进非储蓄金融资产带动储蓄存款。尝试分阶段突出重点产品的推广，重点做好客户的定向营销和持续跟踪。加强客户的分层管理和提升，持续消灭零余额客户，夯实客户基础，提高有效客户和结算客户数量。全年发放各类抵押贷款245笔，贷款金额40129万元，户均贷款164万元；开展手机银行促销活动，全年新增手机银行5560户，理财产品累计销售67900万元。表外业务比上年大幅增加，全年业务量16326万元，其中银承1326万元、私银撮合业务15000万元。大力支持政府项目建设，全年发放政府性融资8亿元，重点支持安置房、水务公司、五水共治等项目，其中安置房1亿元、水务公司0.8亿元、五水共治6.85亿元。

【内控管理】 2014年，民生银行桐庐支行推动精细化管理，坚持合规经营，切实做好各类案件及风险预警和防范。针对网点服务监测及日常业务发现的问题，逐一整改和预防，杜绝问题重复发生，进一步提升厅堂一体化服务水平和运营能力，推进厅堂客户化变革，加快柜台向服务营销转型。树立风险防范意识，提高各类风险识别和化解能力，加强信贷风险全流程管理，突出贷前、贷中和贷后重点环节风险防范，重点防范信用风险、道德风险和操作风险，每半年对客户经理进行信贷基础考核，实行奖罚并举。

【企业文化】 坚持周四学习例会制度，定期应知应会培训及测试，鼓励员工成为多面手，跨条线考取任职资格证书，成为一岗多能复合型员工。加强企业文化建设，开展“三八”节聚会、户外野炊及篮球、羽毛球、气排球比赛、登山、员工谈心等活动，切实提高员工队伍凝聚力。积极承担社会责任，11月，民生银行桐庐支行开业一周年庆典之际，该行缩减庆典费用，捐赠1万元，为县社会福利中心老人和孩子们购买食品、日用品等慰问品。（奚琳咪）

·桐庐县富汇小额贷款股份有限公司·

【概况】 至2014年年底，杭州市桐庐县富汇小额贷款股份有限公司（以下简称富汇小额贷款公司）有营业网点2家，在岗员工30人。是年，为桐庐当地的小微企业、农户和个体工商户（含城镇居民）累计发放贷款822户、1123笔，贷款金额116091.7万元。至年底，共有贷款760户，786笔，余额78671.2万元，比年初减少7763.4万元；全年实现营业收入7931万元，上缴税收入库2421.5万元；年末净资产61606.3万元。是年，富汇小额贷款公司被浙江省金融办评为A+级（特别优秀）小额贷款公司；被中共杭州市委、杭州市人民政府授予杭州市“现代服务业先进企业”称号，是桐庐县唯一一家获此荣誉的企业。

【贷款投向】 2014年，富汇小额贷款公司根据桐庐的产业特点，贷款发放重点投向实体经济，在加大对符合国家产业政策的行业企业支持力度的同时，严控对国家限制性行业领域的贷款发放。是年底，富汇小额贷款公司贷款行业投向（依照《国民经济行业分类标准（GB/T 4754-2002）》小类划分）余额前五位的分别是：其他寄递服务7153万元、育种和育苗3758万元、旅游饭店3150万元、房屋工程建筑2545万元、汽车零售2210万元。

【融资工作】 为缓解县域“三农”和小微企业融资难问题，2014年富汇小额贷款公司在满足监管部门融资政策的前提下开展融资工作。是年，富汇小额贷款公司获得国家开发银行授信14000万元，获得中国银行授信8000万元；至2014年底，富汇小额贷款公司银行业金融机构融资规模为20600万元。2014年5月，经杭州市金融办批准同意后，富汇小额贷款公司与桐庐龙生小额贷款公司开展3月期同业调剂拆借操作，拆入金额3000万元，是年8月到期归还。

【规范经营】 2014年，富汇小额贷款公司坚持“小额、分散”的放贷原则，共发放100万元（含）以下贷款730户、990笔，其中发放50万元（含）以下贷款282笔；年末贷款余额中，100万元（含）以下小额贷款及种养殖业贷款余额59191.2万元，占总贷款余额的75.24%；单户最高余额为1570万元，控制在公司资本净额的5%以内；单户最低余额为0.3万元。是年，贷款年化加权平均利率为17.7%，加权平均利率比2013年下降0.49个百分点，其中单笔贷款最高年利率为21.6%，最低为5.4%。

【分水镇服务网点】 2014年，富汇小额贷款公司分水镇服务网点累计发放贷款135笔，发放金额6582万元，其中，发放100万元（含）以下贷款128笔、金额4832万元，发放100万元以上贷款7笔、金额1750万元；年末网点贷款余额4511.8万元，比2013年末增加686.9万元。是年，分水镇服务网点完成信息化系统升级，接入浙江省小额贷款公司信息系统平台，直接向省信息公司报送数据。（沈　凯）

·中国人民财产保险股份有限公司桐庐支公司·

【概况】 2014年，中国人民财产保险股份有限公司桐庐支公司（以下简称人保财险桐庐支公司）坚持强化价值导向，深化业务协作，依法合规经营，履行社会责任的工作主基调，克服新车限牌和因“五水共治”、生猪饲养量大幅下降等不利因素，公司上下齐心协力，大力拓展保险市场，全年实现保费收入7332万元，比2013年增加929万元，同比增长14.5%；已决赔款支出4123万元，比2013年增加41万元，同比增长1.0%；未决赔款1821.50万元。

【车险业务】 2014年，人保财险桐庐支公司完成车险保费5399万元。是年，该公司车险销售

2014年9月，中国人民财产保险公司富春江镇农村保险服务站授牌

能力稳定提高。车商渠道方面，面对3月25日杭州新车限牌政策出台带来的负面影响，公司积极转换战略目标，开展新车保险促销活动，加大资源投入，抢占新车业务市场份额。同时加强续保业务合作，全年车商代理车险保费收入976万元，比2013年增加165万元，同比增长20%；非车商代理业务全年实现保费收入144万元。直销方面，组织劳动竞赛和散单团做活动，提升员工展业积极性，是年公司直销业务从2013年占总业务的1/3提升到占总业务的1/2以上。至年末，车险赔款支出3318万元，比2013年减少57万元，同比下降1.7%。

【非车险业务】 2014年，人保财险桐庐支公司非车险业务总保费1933万元，比2013年增加461万元，同比增长31.3%，其中财产险504万元，比上年增加20万元；货运险41万元，比上年增加5万元；责任信用险335万元，比上年增加93万元；意外险422万元，比上年增加236万元；农险626万元，比上年增加106万元；2014年，公司开展新增直销业务劳动竞赛，开办农村室内财产险、食品安全险等新险种，鼓励员工开拓新业务，全年新增企业财产险业务40笔，保费达55万元。同时，提高非车险理赔质量，2014年，支付非车险赔款805万元，比上年增加102万元，同比增长14.5%。

【农业保险】 2014年，人保财险桐庐支公司农业保险保费收入626万元，比上年减少76万元，同比下降10.8%。其中承保水稻5156.17公顷，比上年增加1221.77公顷，同比增长31.05%；收取保险费335.69万元，比上年增加158.64万元，同比增长89.6%；承保小麦223.93公顷，收取保险费7.56万元，比上年略有减少；因全省开展“五水共治”，生猪饲养量大幅下降，全年承保能繁母猪5520头，比上年减少4330头；收取保险费33.12万元，比上年减少25.98万元，同比下降78.4%；承保生猪17554头，比上年减少156776头；收取保险费34.61万元，比上年减少305.66万元，同比下降89.8%。承保露地蔬菜53.33公顷，收取保险费6.91万元；承保大棚蔬菜、瓜果979.67公顷，收取保险费33.21万元；承保油菜828.13公顷，收取保险费18.63万元；承保林木火灾险2687.47公顷，收取保险费1.21万元；承保林木综合险14653.93公顷，收取保险费31.33万元；承保公益林保险71278公顷，收取保险费48.11万元；新开办秋蚕保险，收取保险费2.39万元，新承保种鸡2万只，收取保险费4万元。继续推广政策性农村住房保险，全县投保农户92473户，收取保费92.47万元，其中“五保户”和低保农户3331户，收取保费33310元，全部由财政补助，其中县财政补助 23317元、省财政补助9993元。至年末，农业保险赔款支出230.38万元，同比增长28.5%。其中，种植险赔款支出85.51万元，比上年增加32.51万元，同比增长61.3%；养殖险赔款支出 121.97万元，比上年

增加6.07万元，同比增长5.2%；林木险赔款支出22.90万元，比上年增加12.5万元，同比增长120.2%。

【农村保险网络建设】 根据《桐庐县人民政府关于进一步完善政策性农业保险工作的通知》（桐政发〔2013〕74号）文件精神，县农办、县发改局、人保财险桐庐支公司联合下发《桐庐县三农保险基层服务体系建设实施方案》（桐农办〔2013〕58号）文件，着力推进农村保险服务站和农村保险指导员队伍建设，构建桐庐县“三农”保险保障体系。2014年5月，明确全县14个乡镇（街道）的农村保险服务站工作人员名单，工作站开始投入使用，各项工作逐步有序推进。

【理赔管理】 2014年，人保财险桐庐支公司优化理赔流程，提高理赔效率。调整理赔分部的组织架构，理顺车险理赔各环节的操作流程，加快小额案件处理速度，缩短理赔周期。在分水镇单独派驻查勘定损员，有效减少分水地区客户的现场等待时间。对重要客户的报案案件，指定客户经理协助客户查勘，提供专属人伤跟踪以及各节点未决管理贴心服务。在县交警大队设置事故快捷处理窗口，由理赔人员协助客户完成一般交通事故处理。实行大案、疑案跟踪制度，陪同客户探访伤者，协助调解，参与诉讼、理赔单证收集工作，解决客户后顾之忧，破解客户人伤理赔难题。加强投诉管理，规范投诉处理制度，做好投诉案件的协商处理工作，落实客户投诉责任追究机制，提高疑难案件的处理时效，减少越级投诉量，2014年有效投诉责任追究处罚合格率100%。组织理赔分部员工开展技能培训和测试，提高理赔分部员工的职业素养和业务技能。

【客户服务】 2014年，人保财险桐庐支公司持续开展“满意在人保”和“全员服务365活动”，不断提升员工的服务意识和服务能力。5月至7月，开展客户节活动，解决了一批客户服务活动中发现的问题。加大客户节活动宣传工作，在公司营业场所、代理网点等地，通过悬挂宣传横幅、张贴宣传海报、发放宣传折页、摆放易拉宝等方式进行宣传推广。扩大服务外延，普遍实行递送投保建议书和陌生拜会制度，对大客户、重要客户建立服务档案。（郑敏智）

·中国人寿保险股份有限公司桐庐县支公司·

【概况】 2014年，中国人寿保险股份有限公司桐庐县支公司（以下简称中国人寿桐庐支公司）实现新单保费8837.95万元，同比增长6.9%。其中：短期险1647.1万元，增长27.7%；赔付率41.4%，下降近10%；创利创费845万元，其中创利413万元，创费432万元，完成率为88.6%。是年，中国人寿桐庐支公司荣获浙江省公司“对标奋行先进单位”荣誉称号，支公司综合排名位列杭州市第5名。

【个险渠道】 2014年，中国人寿桐庐支公司个险渠道全年累计实现首年期交保费2094.99万元，比上年增加81.96万元，增长4.1%，达成年度目标的92.8%；实现10年期及以上期交保费1131.46万元，比上年减少112.17万元，下降9.0%；实现5—9年期交保费950.3万元，比上年增加183.90万元，增长24.0%；实现短期险570.62万元，比上年减少20.79万元，下降3.5%；实现标准保费1173.31万元，比上年减少5.45万元，下降0.5%。同时，利用中国人寿杭州市公司创业季及商户项目推动平台以及防癌险上市的机遇，大力发展新增人力，是年，个险渠道新增人力61人，新晋升主管3人；至年末，在册人力219人。

【团险渠道】 2014年，团险渠道完成短期险保费1016.8万元，同比增加333.27万元，达成短期险总量增长48.8%，其中完成意外险637.1万元，同比增加200.6万元，完成全年目标的97.4%；完成借贷险124万元，同比增加37.8万元，增长43.9%；完成农村小额保险59.4万元。是年，团险渠道连续10年实现正增长，并首次跨入短期险保费千万元的公司行列。

【银保渠道】 2014年，银保渠道全年首年总保费收入2167.63万元，比上年减少853.03.万元，下降28.2%；首年期交846.56万元，增加18.24万元，增长2.2%；标准保费82.2万元，

7月10日，中国人寿公司桐庐支公司对业务销售伙伴开展诚信教育。

完成进度 56.7%；短期险达成 59.69 万元，完成进度50.6%。是年，银保渠道抢抓开门红、“4•30”、“五六”联动，在邮政、农行、中行等多渠道全面发力，借助高频率的宝乐会项目运作，实现业务平台快速突破上量，以期交保费812万元，完成率 101%，提前10天完成全年期交预算目标。

【客服渠道】 2014 年，中国人寿桐庐支公司积极开展“3•15”消费者权益日咨询、 保险公众宣传日宣传、客户节客户体验等系列客户服务活动，大力提高客户对公司的认知度。是年，中国人寿桐庐支公司客户服务部被中国人寿浙江省公司评为“2014年度二星级柜面”，荣获“杭州市第九届消费者信得过单位”荣誉称号。

（虞群华）

·中国太平洋财产保险股份有限公司桐庐支公司·

【概况】 2014 年，中国太平洋财产保险股份有限公司桐庐支公司（以下简称太平洋产险桐庐支公司）以“稳增长、重价值、促转型、提服务、强管理、兴实干、呈和谐”为主基调，上下一心，全力拚搏，各项业务取得新成绩。全年实现保费收入 4858 万元，比上年增加 910 万元，同比增长 23.1%，完成年计划 101.5%；赔款支出 2548 万元，比上年增加 277 万元，同比增长 12.2%；简单赔付率 54.5%，同比下降 3.85%；其中车险赔款支出 1866 万元，简单赔付率 50.6%，非车险赔款支出 681 万元，简单赔付率 69.7%；车险续保率 63.1%；市场份额占比为 15.8%，比上年上升 1.5%，其中车险市场份额占比为 15.0%，比上年上升 3.1%。人均保费 180 万元，比上年增加 29 万元，增长 19.2%。

【车险业务】 2014 年，太平洋产险桐庐支公司加强车险盈利能力建设和分类管理，把握汽车销量持续增长机遇，继续巩固优质业务，调整高风险业务，在继续稳固桐庐县县级机关、桐庐万里长运有限公司、桐庐烟草公司、杭州高级交通技工学院等单位业务基础上，连续第 12 年中标桐庐县政府机关车辆保险。同时，深化代理渠道建设，加强与车商代理的深度合作，建成车辆事故送修平台和特约车型配件的 4S 店报价政策，全年累计车商代理车险业务 1075 万元。依托品牌优势，强化电网销业务，全年完成电网销车险业务 1341 万元。

【非车险业务】 2014 年，太平洋产险桐庐支公司强化非车险发展的基础管理建设，非车险业务保费规模为 1015 万元，比上年减少 175 万元，下降 14.7%；非车险的市场份额比上年同期下降 6.2%，占县域市场份额第 2 位。

【理赔管控】 2014 年，太平洋产险桐庐支公司简化理赔流程，缩短理赔周期，提升理赔时效，打造服务品牌，提升客户满意度。全年承接有效立案共 3475 件，已决赔案 2679 件，未决案 908 件，其中车险接有效立案共 2951 件，已决赔案 2214 件，未决案 600 件；非车险接有效立案共 524 件，已决赔案共计 465 件，未决案 308 件。

【门店服务】 2014 年，太平洋产险桐庐支公司以“诚信天下、稳健一生、追求卓越”为经营理念，严格按照五星级服务门店的要求，制作《理赔流程示意图》，简化各项工作流程，使用规范的专业用语，打造宾至如归的服务环境，客户满意度明显提升。（周　戬）

【责任编辑：吴爱林】

商贸 旅游

·商贸综述·

【概况】 2014年，桐庐县商贸系统以“扩内需、调结构、保民生”为主题，创新思路、落实举措，紧抓当前服务业优先发展的大好机遇，全力引进培育商贸品牌企业，加快商业中心、汽车城和特色街项目建设；推进商贸统筹发展，全面构建城乡现代流通体系；搭建促销平台，促进城乡居民消费，为推进全县经济社会发展迈出坚实的步伐。全年实现社会消费品零售总额111.3亿元，同比增长13.9%，增幅居杭州七县（市、）第1位。其中批发业实现零售额11.2亿元，同比增长24.4%；零售业实现销售额83.8亿元，同比增长13.2%；住宿业零售额0.82亿元，同比增长10.0%，餐饮业零售额15.5亿元，同比增长10.7%。

2014年桐庐县重点商贸企业（超市）基本情况一览

表34

序号	名　称	地　址	从业人员（人）	营业面积（平方米）	经营类别
1	桐庐大润发商业有限公司	城南街道迎春南路359号	354	54000	综合型超市
2	桐庐景文百货有限公司	城南街道迎春南路555号	460	17000	综合型百货
3	杭州联华华商集团桐庐富春路店	桐君街道富春路455号	225	15000	综合型超市
4	杭州联华华商集团桐庐世纪联华超市有限公司国贸店	桐君街道春江路719号	56	2500	综合型超市
5	杭州联华华商集团桐庐世联华超市有限公司分水店	分水镇东门新区	108	4000	综合型超市
6	杭州联华华商集团桐庐世纪联华超市有限公司横村店	横村镇陈家畈	13	750	综合型超市
7	桐庐海陆世贸中心开发有限公司	城南街道迎春南路229号	256	12000	装饰材料
8	桐庐富鑫装饰城有限公司	城南街道乔林路837号	489	26000	建材装饰材料
9	桐庐商贸城有限公司	城南街道乔林路808号	129	40000	装饰材料 电器 家具

续表 34

序号	名　称	地　址	从业人员（人）	营业面积（平方米）	经营类别
10	桐庐久友贸易有限公司	城南街道桦桐大厦10楼	81	2600	农村连锁经营
11	桐庐世纪车城有限公司	城南街道白云源路1555号	105	17000	新车、二手车交易
12	桐庐海昌汽车有限公司	凤川大道兴宁西路168号	59	4535	新车、二手车交易
13	桐庐元通汽车有限公司	凤川大道兴宁西路188号	31	3500	新车交易
14	桐庐怡生堂大药房连锁有限公司	城南街道城南路418号	120	3079	药品零售
15	桐庐医药药材有限公司	城南街道立山国际22楼	400	3000	药品零售
16	桐庐好邻居大药房连锁有限公司	凤川街道松林头	80	1350	药品零售

2013年桐庐县商贸企业（市场）经营情况一览

表 35　　单位：万元

	2013年累计	2014年累计	同比增长（±%）
消费品零售总额	9778838	11133285	13.9
市场成交总额	113222.5	121339.5	6.7
桐庐综合市场	63520	65360	2.82
江南综合市场	17563	19750	11.1
分水新区综合市场	25575.2	29358.9	12.9
分水农贸市场	6564.3	6870.6	4.5
住宿餐饮			
海博大酒店	5367.3	5209.2	-2.9
红楼国际饭店	2597	2178	-16.1
七里人家	2001.5	1873.4	-6.4
金鑫宾馆	1610.2	1477.4	-8.2
久缘餐饮	2649.3	2649.3	0.0
永隆饭店	1343.1	1415.1	5.36
超　市			
桐庐大润发超市	37345.6	40362.7	8.1

续表 35

	2013 年累计	2014 年累计	同比增长（±%）
世纪联华富春路店	10405.9	10087.5	-3.2
世纪联华分水店	4950.4	5081.5	2.6
世纪联华国贸店	3412.9	3518.6	3.0
世纪联华横村店	654.7	655.1	0.1
三江和安购物广场	369.0	393.5	6.2
连锁配送			
桐庐久友贸易有限公司	11693.9	13777.4	17.8
家　电			
风行电器	5087.7	9034.9	77.6
苏宁电器	2635.0	2547. 6	-3.4
家景电器	1434.3	1080.9	-24.6
现代家电	1496.6	1525. 3	1.9
佳波汇电器	774.1	728.8	-5.9
医　药			
.桐君堂医药药材有限公司	57039.6	59389.6	4.1
桐庐怡生堂大药房	2989.6	3330.1	11.4
桐君堂大药房连锁有限公司	1077.6	1150.6	6.8
再生资源回收			
桐庐飞岳金属回收有限公司	21210.5	25073.3	18.2
桐庐闽富金属回收有限公司	8416.9	16453.6	95.5
汽　车			
桐庐远东汽车	2856.0	3220. 4	11.3
桐庐富春汽车	3234.7	3588.6	10.9
桐庐衡基车业	1995.9	862.5	-56.8
桐庐风之行车业	1676.7	2015.3	20.2
桐庐菱通车业	1697.1	1206.3	-28.9
桐庐易通汽车	1079.8	804.7	-25.5
百　货			
景文百货	10012.9	9821.7	-1.9

【特色街培育】 2014年，全面启动商业特色街建设，出台《桐庐县商业特色街区创建工作实施意见》；邀请两家有资质企业对中杭路服饰街、朝霞路美食特色街进行设计规划；成立中杭路服饰街管委会、朝霞路美食特色街管委会；两条特色街开工建设。截至年底，已完成总工程的50%。

【商贸基础设施建设】 2014年，桐庐县汽车4S店聚集区（汽车城）项目顺利推进，桐庐海昌汽车有限公司北京现代4S店、桐庐元通汽车有限公司一汽大众4S店已开业，桐庐金茂汽车销售服务有限公司上海大众4S店主体工程已完成，内部装修工程已完成50%。深入开展乡镇商贸基础设施建设，完成分水镇商贸综合体—分水镇南门综合市场建设。

【商贸平台搭建】 2014年，广泛开展商贸节庆（促销）活动，举办“2014潇桐庐休闲美食节”“首届杭州汽车置换节暨拱墅—桐庐汽车大联展”“消费促进月”“桐庐百姓日—千人足浴”及“激情五月”系列促销活动、“欢乐金秋”主题促销活动、第六届休闲购物节等节庆活动，引导和鼓励全县商贸企业探索促销新形式、新内容、新模式，大力营造良好消费氛围，不断扩大消费领域，深入挖掘消费潜力。其中，首届杭州汽车置换节暨拱墅—桐庐汽车大联展共有杭州、桐庐两地20多家4S店和经销商70的多个品牌200多辆车参展，吸引万余市民参与。是历届车展参展车辆最多的一次，现场订购车辆348台，创历史之最。

首届杭州汽车置换节暨拱墅—桐庐汽车大联展

【农村流通网络建设】 2014年，按照“市场主导、企业主体、政府推进”总体思路，以桐庐久友贸易有限公司为龙头，推进“万村千乡”市场工程建设。全年新发展新型连锁便利店5家，行政村农家小型标准超市改造提升20家；至年末全县共有乡镇连锁超市13家，村级便利店250家，农村连锁经营覆盖全县183个行政村，覆盖面达100%。

2014年桐庐县农村连锁超市（便利店）一览

表36

序号	区域	农村便利店（超市）名称	地 址	营业面积（平方米）
1	富春江镇	桐庐久友超市宏忠店0002	俞赵村	40
2		桐庐久友超市宝成店0003	渡济村	45
3		桐庐久友超市金家店0005	金家村	40
4		桐庐久友超市象山桥店0007	象山桥村	43
5		桐庐久友超市孝门店0008	孝门石塘	45
6		桐庐久友超市小春店0140	富春江镇	100
7		桐庐久友超市富春江店0123	横山村	300

续表 36

序号	区域	农村便利店（超市）名称	地　址	营业面积（平方米）
8	富春江镇	桐庐久友超市七里泷店 0154	七里泷村	50
9		桐庐久友超市兔兔店 0153	芝厦村	150
10		桐庐久友超市严陵店 0155	严陵村	50
11		桐庐久友超市大庄店 0212	大庄村	40
12		桐庐久友超市里董店 0213	里董村	40
13		桐庐久友超市新阳店 0221	上四村	40
14		桐庐久友超市丽菁店 0232	红旗畈工业区	100
15		桐庐久友超市茆坪店 0245	茆坪村	40
16		桐庐久友超市芦茨店 0246	芦茨村	40
17		桐庐久友超市石舍店 0247	石舍村	40
18		桐庐久友超市中联远平店 0260	子陵村	40
19		桐庐久友超市盛家店 0280	盛家村	40
20		桐庐久友超市富春店 0009	横山村	350
21		桐庐久友超市春江店 0275	七里泷大街 168 号	120
22		桐庐久友超市云源店 0273	七里泷大街 117 号	100
23		桐庐久友超市荣旺店 0276	芝厦大街	100
24		桐庐久友超市金家店	金家村	70
25		桐庐久友超市宅前店	七里泷宅前	100
26		桐庐久友超市黄坡岭店	七里泷大街黄坡岭 18 栋	90
27	桐君街道	桐庐久友超市麻蓬店 0070	麻蓬村	60
28		桐庐久友超市新星店 0073	君山村坞泥口	60
29		桐庐久友超市梅蓉店 0075	梅蓉村委前	60
30		桐庐久友超市广场店 0001	江北广场路	2000
31		桐庐久友超市浮桥埠店 0211	浮桥埠村	80
32		桐庐久友超市仁智店 0216	仁智村	40
33		桐庐久友超市阆苑店 0217	阆苑村	40
34		桐庐久友超市濮家店 0253	濮家庄村	40
35	城南街道	桐庐久友超市石珠店 0071	金东村石珠村	130
36		桐庐久友超市岩下店 0076	金牛村岩下	40
37		桐庐久友超市童家店 0077	金牛村童家	40
38		桐庐久友超市海燕店 0132	金联村范家边	60
39		桐庐久友超市儒间店 0080	金联村儒间	100
40		桐庐久友超市洋洲店 0150	洋洲村	2000

续表 36

序号	区域	农村便利店（超市）名称	地　址	营业面积（平方米）
41	城南街道	桐庐久友超市下洋洲店 0112	下洋洲村	150
42		桐庐久友超市桐君店 0131	大丰村	350
43		桐庐久友超市竹珍店 0136	青山工业园区	60
44		桐庐久友超市周家店 0122	春江村周家	80
45		桐庐久友超市丽贞店 0079	湾里村	70
46		桐庐久友超市新建店 0214	新建村	80
47		桐庐久友超市金中店 0215	金中村	40
48		桐庐久友超市昌昌店 0219	乔林村	100
49		桐庐久友超市桑园店 0220	桑园村	100
50	江南镇	桐庐久友超市大联店 0218	大联村	60
51		桐庐久友超市金溪店 0222	金溪村	110
52		桐庐久友超市中杭店 0141	中杭村	60
53		桐庐久友超市下轮店 0250	下轮村	40
54		桐庐久友超市上杭店 0251	上杭村	100
55		桐庐久友超市东兴店 0252	东兴村	250
56		桐庐久友超市冰冰店 0081	湾里村	100
57		桐庐久友超市闻晶店 0277	桐庐长途汽车站对面	120
58		桐庐久友超市永祥店 0272	下洋洲村	40
59		桐庐久友超市华丰店 0165	华丰村	40
60		桐庐久友超市徐畈店 0015	徐畈村	40
61		桐庐久友超市珠山如坤店 0016	珠山村	100
62		桐庐久友超市莲塘店 0017	莲塘村	40
63		桐庐久友超市吴家店 0019	珠山村吴家	40
64		桐庐久友超市江南店 0018	窄溪村	150
65		桐庐久友超市苗山店 0111	窄溪村	80
66		桐庐久友超市桂娟店 0148	舒湾村	40
67		桐庐久友超市锦江店 0151	会山村	50
68		桐庐久友超市彰坞店 0152	彰坞村	60
69		桐庐久友超市荻浦店 0156	荻浦村	40
70		桐庐久友超市吉祥店 0157	渔业村	60
71		桐庐久友超市郑萍店 0158	深澳村	40
72		桐庐久友超市横山埠店 0164	横山埠村	40
73		桐庐久友超市石泉店 0209	石泉村	40

续表 36

序号	区域	农村便利店（超市）名称	地　址	营业面积（平方米）
74	江南镇	桐庐久友超市石阜店 0210	石阜村	40
75		桐庐久友超市国成店 0228	小潘村	50
76		桐庐久友超市银妹店 0020	窄溪村	60
77		桐庐久友超市立中店 0159	深澳村	300
78		桐庐久友超市高山头店 0230	窄溪村高山头	350
79		桐庐久友超市金茂店 0232	金茂村	40
80		桐庐久友超市青源店 0235	青源村	40
81		桐庐久友超市窄溪店 0021	窄溪村	40
82		桐庐久友超市环溪店 0279	环溪村爱莲书舍旁	100
83		桐庐久友超市爱老服务店 0280	荻浦村老年活动中心旁	60
84		桐庐久友超市奚美店 0281	珠山村奚家	80
85		桐庐久友超市泽权店 0289	窄溪西路 212 号	120
86		桐庐久友超市中宏店	环溪村	150
87		桐庐久友超市淑芬店 0276	小潘村村口	100
88	旧县街道	桐庐久友超市鸿儒店 0022	鸿儒村	60
89		桐庐久友超市丙英店 0023	母岭村	40
90		桐庐久友超市玉珍店 0025	母岭村	50
91		桐庐久友超市旧县店 0026	旧县村	55
92		桐庐久友超市合岭店 0145	合岭村	60
93		桐庐久友超市如意店 0028	西武山村	40
94		桐庐久友超市永丰店 0263	四联村	40
95		桐庐久友超市袁潘店 0286	洋塘西路 31-37 号	300
96	凤川街道	桐庐久友超市西庄店 0057	西庄村	40
97		桐庐久友超市杭云店 0159	翙岗村	300
98		桐庐久友超市柴埠店 0161	柴埠村	40
99		桐庐久友超市肖岭店 0166	三鑫村	50
100		桐庐久友超市阿康店 0167	翙岗村	100
101		桐庐久友超市潇源店 0229	潇源村桃岭	40
102		桐庐久友超市外源店 0254	外源村	40
103		桐庐久友超市大源店 0255	大源村	40
104		桐庐久友超市梅山店 0256	翙岗村	50
105		桐庐久友超市罗鹏店 0257	翙岗村	60

续表 36

序号	区域	农村便利店（超市）名称	地 址	营业面积（平方米）
106	凤川街道	桐庐久友超市雷坞店 0261	潇源村雷坞	40
107		桐庐久友超市鹁鸪店 0264	园林村鹁鸪岭	40
108		桐庐久友超市竹桐坞店 0265	三鑫村竹桐坞	40
109		桐庐久友超市上喻店 0059	园林村	100
110		桐庐久友超市昌盛店 0274	翙岗村凤川大街	40
111		桐庐久友超市权弟店	西庄村	150
112		桐庐久友超市军洪店 0282	翙岗村凤新	80
113		桐庐久友超市园林店	园林村旺家弄	60
114	新合乡	桐庐久友超市茶乡店 0060	外松山村	50
115		桐庐久友超市新合店 0061	新合村	70
116		桐庐久友超市仁村店 0120	仁村村	40
117		桐庐久友超市松山店 0121	里松山村	40
118		桐庐久友超市高枧店 0149	高枧村	60
119		桐庐久友超市芳兰店 0270	新合乡工业区	300
120		桐庐久友超市坑口店	新合坑口工业园区	120
121		桐庐久友超市引坑店 0062	引坑村	90
122	钟山乡	桐庐久友超市吴宅店 0063	钟山村吴宅	50
123		桐庐久友超市大市店 0064	大市村	40
124		桐庐久友超市陇西店 0065	陇西村万家岭	40
125		桐庐久友超市钟一店 0127	钟一村	35
126		桐庐久友超市钟山店 0177	钟山村	80
127		桐庐久友超市魏丰店 0178	魏丰村	40
128		桐庐久友超市高峰店 0179	高峰村	40
129		桐庐久友超市仕下店 0180	仕下村	40
130		桐庐久友超市子胥店 0181	子胥村	40
131		桐庐久友超市歌舞店 0182	歌舞村	100
132		桐庐久友超市夏塘店 0183	夏塘村	100
133		桐庐久友超市城下店 0066	城下村	60
134		桐庐久友超市富家店 0267	富家村	40
135		桐庐久友超市下邵店 0262	下邵村	40
136		久友超市（建根店）0288	钟山移动公司对面	80
137	莪山乡	桐庐久友超市莪山店 0067	莪山民族村山阴岭	75
138		桐庐久友超市龙峰店 0068	龙峰村	43

续表 36

序号	区域	农村便利店（超市）名称	地　址	营业面积（平方米）
139	莪山乡	桐庐久友超市昴山店 0124	昴山村	50
140		桐庐久友超市集镇店 0115	莪山民族村	250
141		桐庐久友超市中门店 0162	中门村	50
142		桐庐久友超市志炎店 0163	莪山民族村	60
143		桐庐久友超市尧山店 0233	尧山村	50
144		桐庐久友超市沈冠店 0069	沈冠村	50
145	横村镇	桐庐久友超市生水店 0082	横村城东双湖	85
146		桐庐久友超市阳山畈店 0083	阳山畈村	68
147		桐庐久友超市桃园店 0113	阳山畈村	50
148		桐庐久友超市永桥店 0085	胜峰村十字路口	80
149		桐庐久友超市吉利店 0086	上塘村上浦	60
150		桐庐久友超市宅里店 0087	宅里村	42
151		桐庐久友超市里元店 0088	元村村里元	108
152		桐庐久友超市里洑店 0089	九岭村里洑	59
153		桐庐久友超市立文店 0138	横村村	120
154		桐庐久友超市双溪店 0125	双溪村	40
155		桐庐久友超市永灿店 0130	方埠村方埠大街	130
156		桐庐久友超市东南店 0146	东南村	60
157		桐庐久友超市方埠店 0194	方埠村	40
158		桐庐久友超市凤联店 0195	凤联村	40
159		桐庐久友超市后岭店 0196	后岭村	50
160		桐庐久友超市华凤店 0197	华凤村	40
161		桐庐久友超市柳岩店 0198	柳岩村	50
162		桐庐久友超市白云店 0199	白云村	40
163		桐庐久友超市板头店 0200	板头村	40
164		桐庐久友超市香山店 0201	香山村	40
165		桐庐久友超市孙家店 0202	孙家村	40
166		桐庐久友超市金兰店 0223	龙伏村	40
167		桐庐久友超市玲玲店 0227	龙伏村	40
168		桐庐久友超市杜于店 0224	杜于村	40
169		桐庐久友超市湾下店 0225	湾下村	40
170		桐庐久友超市浪石店 0226	浪石村	40
171		桐庐久友超市李家店 0231	李家村	300

续表 36

序号	区域	农村便利店（超市）名称	地　址	营业面积（平方米）
172	横村镇	桐庐久友超市柳茂店 0234	柳茂村	40
173		桐庐久友超市徐家埠店 0090	城东村徐家埠	48
174		桐庐久友超市田田店 0278	富乐馒头山新区	40
175		久友超市（根言店）0285	方埠桐千路 911-913 号	350
176		桐庐久友超市上浦店	上塘村上埠	300
177	分水镇	桐庐久友超市柏山店 0091	东溪村柏山综合楼	60
178		桐庐久友超市儒桥店 0092	儒桥村	65
179		桐庐久友超市志忠店 0093	儒桥村	40
180		桐庐久友超市里湖店 0095	里湖村	40
181		桐庐久友超市云美店 0096	天英村	100
182		桐庐久友超市百联店 0097	百岁坊村百联	40
183		桐庐久友超市建设店 0098	百岁坊村建设	40
184		桐庐久友超市怡合店 0100	百岁坊村百联	40
185		桐庐久友超市花桥头店 0101	怡华村	40
186		桐庐久友超市明富店 0102	保安村	60
187		桐庐久友超市素妹店 0103	保安村	60
188		桐庐久友超市桥东店 0190	桥东村	40
189		桐庐久友超市徐桥店 0191	徐桥村	50
190		桐庐久友超市武盛店 0192	武盛村	100
191		桐庐久友超市大路店 0193	大路村	40
192		桐庐久友超市朝阳店 0203	朝阳村	40
193		桐庐久友超市盛村店 0204	盛村村	40
194		桐庐久友超市小源店 0205	小源村	40
195		桐庐久友超市城西店 0206	城西村	60
196		桐庐久友超市外范店 0207	外范村	40
197		桐庐久友超市高联店 0241	高联村	40
198		桐庐久友超市太平店 0242	太平村	50
199		桐庐久友超市新龙店 0243	新龙村	40
200		桐庐久友超市三合店 0244	三合村	40
201		桐庐久友超市塘源店 0269	塘源村	40
202		桐庐久友超市富家店 0105	富家自然村	40
203		桐庐久友超市三槐店 0240	三槐村	40
204		桐庐久友超市后岩店 0208	后岩村	40

续表 36

序号	区域	农村便利店（超市）名称	地　址	营业面积（平方米）
205	分水镇	桐庐久友超市砖山店 0268	砖山村	40
206		桐庐久友超市鑫超店 0106	三溪村兑口桥	40
207		桐庐久友超市青秀店 0283	广电路（新区综合市场对面）	100
208	瑶琳镇	桐庐久友超市琴溪店 0037	琴溪村委	40
209		桐庐久友超市高翔店 0038	高翔村	40
210		桐庐久友超市利群店 0039	高翔村	50
211		桐庐久友超市方吴店 0050	百岁村路口	50
212		桐庐久友超市百岁店 0051	百岁村	40
213		桐庐久友超市何宋店 0052	何宋村	45
214		桐庐久友超市潘联店 0053	潘联村	40
215		桐庐久友超市毕浦店 0055	毕浦村	50
216		桐庐久友超市冷坞店 0143	东琳村冷坞	50
217		桐庐久友超市富鑫店 0168	桃源村	50
218		桐庐久友超市文高店 0169	琴溪村珠村	60
219		桐庐久友超市皇甫店 0175	皇甫村	40
220		桐庐久友超市姚村店 0176	姚村村	40
221		桐庐久友超市元川店 0174	元川村	60
222		桐庐久友超市方家店 184	何宋村方家	40
223		桐庐久友超市文源店 0236	文源村	50
224		桐庐久友超市大山店 0237	大山村	50
225		桐庐久友超市舒家店 0238	舒家村	40
226		桐庐久友超市后浦店 0239	后浦村	100
227		桐庐久友超市阳普店 0137	东琳村阳普	120
228	合村乡	桐庐久友超市大琅店 0033	合村村大琅	80
229		桐庐久友超市合村店 0099	合村村	40
230		桐庐久友超市陈村店 0170	后溪村	40
231		桐庐久友超市高凉亭店 0171	高凉亭村	40
232		桐庐久友超市瑶溪店 0172	瑶溪村	40
233		桐庐久友超市岭源店 0029	岭源村	80
234		桐庐久友超市素美店 0284	合村幼儿园对面	300
235	百江镇	桐庐久友超市百江店 0139	百江镇桥头	200
236		桐庐久友超市利群店 0030	钱家村后坞	45
237		桐庐久友超市联盟店 0032	联盟村	40

续表 36

序号	区域	农村便利店（超市）名称	地　址	营业面积（平方米）
238	百江镇	桐庐久友超市松勤店 0109	松村村	40
239		桐庐久友超市东辉店 0035	东辉村	60
240		桐庐久友超市蒿源店 0118	郭村村	60
241		桐庐久友超市罗山店 0119	罗山村	45
242		桐庐久友超市苎坑店 0036	苎坑村	40
243		桐庐久友超市金福店 0133	金福村	150
244		桐庐久友超市朱门店 0185	百江村	40
245		桐庐久友超市双坞店 0186	双坞村	40
246		桐庐久友超市奇源店 0187	奇源村	40
247		桐庐久友超市翰坂店 0188	翰坂村	40
248		桐庐久友超市知青店 0189	后河村	40
249		桐庐久友超市金塘坞店 0248	金塘坞	40
250		桐庐久友超市乐明店 0249	乐明村	40

【商贸特种行业管理】 2014 年，全县有成品油批发企业 1 家，加油站（点）56 座，其中加油点 19 座。全年成品油销售量 15 万吨，同比增长 1.2%；二手车交易活跃，全县唯一一家二手车市场—桐庐世纪车城有限公司，全年实现汽车交易 5157 辆，同比增长 34%；交易额 4.98 亿元，同比增长 155.4%，交易量较大是二手面包车和摩托车。随着政府对淘汰黄标车政策力度加大，报废汽车回收数量有喷井式上升，全年拆解报废汽车 1800 辆，同比增长 83.3%；是年，新增再生资源回收经营备案 10 家；截至年末，共有再生资源回收备案经营户 183 家。

2014 潇洒桐庐美食节

【2014 年“潇洒桐庐”休闲美食节】 10 月 30 日到 11 月 4 日，在滨江西路举办 2014“潇洒桐庐”休闲美食节。来自全国各地和本地 100 余家知名餐饮企业参加，在打造一场极具特色的饕餮盛宴的同时，进一步打响“潇洒购物之城、休闲美食之郡”的品牌，丰富了桐庐县现代服务业发展的内涵，活跃了市场氛围。本届美食节期间，共接待消费者约 35 万人次，参节商家直接收入超过 350 万元，创下历届休闲美食节新高。

（葛胜洪　徐　海）

【农村淘宝】 2014 年 10 月，与阿里巴巴集团正式签订《阿里巴巴农村发展战略落地桐庐试点项目合作协议》，成为阿里巴巴全国农村发展战略试点项目中的首站。10月29日，“农村淘宝”第一个县级运营中心在海陆世贸电商产业园启用，“农村淘宝”第一单在富春江镇金家村产生。同年8月，桐庐县与阿里巴巴集团建立战略合作关系，携手布局农村电商，在杭州技师学院、县职业技术学校开设电商专业班，招收电商专业学员118名；开展大学生村干部、农村创业青年电子商务培训，2014年，举办各类电商培训班20余期，培训人员2100余人次；与阿里巴巴合作打造农村电商培训中心举办淘宝大学县长电商研修班2期，培训来自全国各地的“县官”82位。建立村级服务站74家，为村民提供网上代买、网上代卖、网上代缴费、网上代预订等服务，将农村消费市场和现代农业产业及青年创业与网络互融互进，实现“网货下乡”“农产品进城”的双向流通。此外，建成2个县级电子商务仓储物流中心；至2014年底，已累计实现销售额1.8亿元，带动800余家制笔、针织企业应用电子商务；规划建设总面积9.4万平方米的汇丰大厦和海陆世贸两大电子商务产业园，已集聚各类电商企业和配套服务机构40余家；分水、横村等重点乡镇（街道）培育建设各具特色的区域性电商孵化园。直接带动全县5000多家企业“触网”，涌现出文具电商一马平川、鲜活农产品安厨电商、第三方平台通帮科技、自主品牌玛典、引进品牌新拓、移动电商聚微乐等一批优秀骨干电商企业。是年，桐庐县荣获“2013年中国电子商务发展百佳县”第48位，“桐庐产业带”荣获2013年“阿里巴巴产业带最具活力奖”。

（施琼芬）

农村淘宝芦茨村服务站

·供销合作·

【概况】 2014年，桐庐县供销合作总社有全资公司3家；参股企业4家；基层供销社4家、基层供销分社3家；农村（社区）综合服务社35家；农民专业合作社54家、农民专业合作社联合社1家；经营服务综合体3家；系统购进总额30509万元，实现营业收入4.28亿元，利润524万元。是年，桐庐县供销合作总社获浙江省供销社系统综合业绩考核特等奖、农产品电子商务发展先进单位。

【农资储备供应】 2014年，桐庐县农资公司共储备农资商品3234吨，其中化肥2835吨、农药399吨。推进农资流通网络建设，投资17万元对85家农资连锁门店进行改造维护、更新标牌标识等，提升农资连锁网点的服务功能。继续做好农资直供工作，直供农资商品2345吨，让利20余万元。公司全年销售农资商品22791吨，销售额4817万元，并通过杭州市“农资安全保障项目建设”和“推广商品有机肥”考核验收。2014年，被认定为市级农业龙头企业。

2月至4月，桐庐县供销合作总社开展以“强农化服务，促农业生产”为主题的春耕支农惠农服务活动，承办杭州市“春耕支农惠农服务活动”启动仪式；全年组织县农资公司送肥下乡5次，开展现场农技咨询、发放农技资料、提供优质化肥等服务，农技咨询1700余人次，发放农技资料6000余份，赠送化肥4吨；期间，县农资公司还举办除草技术、水稻用肥用药等培训班5期，参加培训人员320人次。从7月开始，县农资公司积极参与县“五水共治”工作，对6家农资网店、162家农民专业合作社和生产基地开展农药废弃包装物回收试点，全年回收废弃包装物21.98吨，有效地降低了农药废弃包装物对农业、农村生态环境的影响。

【防汛物资储备供应】 2014年，桐庐县供销合作总社共储备草包16480只、编织袋20600只，均超额完成储备任务。全年供应草包、编织袋18040只，有效地保证防汛物资的供应。

【基层供销合作社建设】 2014年，桐庐县供销合作总社以经营服务综合体为方向，通过与农民专业合作社、原供销社改制企业合作等方式，新建方埠、尧山、新龙等3家基层供销分社。至年底，基层供销（分）社实现销售2229万元。同时，按照县供销合作总社经营服务综合体建设三年规划，新组建桐君、分水供销社经营服务综合体。

【农民专业合作社】 2014年，桐庐县供销合作总社参办农民专业合作社4家，全县供销系统有农民专业合作社54家，入社社员3734户，带动农户27095户，农副产品种植基地424.6公顷。推进农民专业合作社规范化建设，桐庐绿源竹笋专业合作社被评为“中华全国供销合作总社2014年农民合作社示范社”，创建省级农民合作社示范社2家、市级规范化专业社1家、县级规范化专业社2家。县供销发展有限公司联合4家竹笋专业合作社成立桐庐颐然竹笋专业合作社联合社，进一步增强系统农民专业合作社的带动能力、经营能力和市场竞争力。推进品牌化发展，桐庐大奇山杨梅专业合作社“奇山源”获全国百佳农产品品牌称号，桐庐龙馨茶业专业合作社“芦茨红”蝉联浙茶杯红茶评比金奖。

【绿源竹笋获全国农民合作社示范社称号】 2014年12月，中华全国供销合作总社办公厅公布2014年百强县级社、基层社标杆社、农民合作社示范社名单，桐庐绿源竹笋专业合作社入选“农民合作社示范社”。桐庐绿源竹笋专业合作社自2007年成立以来，采取“合作社+基地+社员（农户）”的产业运作模式，带动社员和周边农户增收致富。经过多年的发展，合作社年销售笋产品达200余吨，销售额600余万元，先后获得了省级规范化农民专业合作社、县三星级专业合作社等荣誉称号。其中，合作社生产的“成绿牌”青笋干，在杭州市场已取得了较好的市场美誉度和知名度。

【“奇山源”获全国百佳农产品品牌】 2014年8月7日—8日，由中国农产品流通经纪人协会主办的“2013年度全国百强农产品经纪人综合排名暨百佳农产品品牌评选活动授牌仪式”在吉林省四平市举行，桐庐大奇山杨梅专业合作社的“奇山源”获得“2013年度全国百佳农产品品牌”。桐庐大奇山杨梅专业合作社2007年被省农业厅认定为无公害农产品基地，于2008年通过农业部无公害农产品认证，2009年被确定为县级规范化农民专业合作社和杭州市生态农业示范园区，同年注册商标“奇山源”，次年通过有机食品认证，2011年合作社被农业标准化联席会议办公室列入杭州市农业标准化建设项目。2012年，“奇山源”牌荸荠种杨梅在“浙江农业吉尼斯擂台赛”上获荸荠种项目三等奖。2013年，“奇山源”荣获杭州市著名商标称号。

2014年4月29日，中华全国供销合作总社党组成员、理事会副主任邹天敬（右二）考察百岁坊新田园农产品展示展销中心

【“芦茨红”红茶蝉联金奖】 2014年6月，由浙江省供销合作社联合社、浙江省茶叶产业协会和浙江省微茶楼文化发展协会主办的2014“浙

茶”杯优质红茶推选活动在杭州举行，桐庐县大自然茶业发展有限公司和龙馨茶业专业合作社研发的达然牌“芦茨红”红茶，蝉联“浙茶杯”红茶评比金奖。此次参评有97个品牌，“芦茨红”红茶从参评中脱颖而出，受到主办单位组委会多位顶级专家的高度肯定。其茶红汤红叶，形细紧、色乌润、显金毫，汤色红亮，叶底红明，甜香浓郁，滋味鲜醇。自2009年面市以来，该茶先后获得上海世博会名茶评优“红茶类”优质奖、中国（上海）国际茶业博览会“中国名茶”评选金奖等，2013年，还被授予中国杭州优质红茶银奖。“芦茨红”红茶连续两年获得“浙茶杯”红茶评比金奖。“芦茨红”红茶产于桐庐县乡村慢生活体验区核心区块—富春江镇芦茨村，采摘于海拔600—900米的山间林野谷地、溪旁或是灌木杂草丛中，其独特的地理位置让“芦茨红”红茶在色、香、味、形4方面优势突显，倍受好评。

【农村（社区）综合服务社】 2014年，桐庐县供销合作总社按照农村城镇化发展趋势，进一步发挥供销社基层经营网络功能，在横村镇徐家埠等新发展农村（社区）综合服务社9家，主动满足农民生产生活新需求。至年底，全县共有农村（社区）综合服务社35家，实现经营额1933万元。

【农产品流通网络建设】 2014年，桐庐县供销合作总社继续推进农产品购销网络转型。杭州百岁坊农产品有限公司继在“天猫商城”开设农产品旗舰店后，2014年又在京东、1号店开设专营店，并确立“以天猫商城为主、其他电商平台为辅”的发展策略，集桐庐各种优质农产品进行电子商务销售。同时，紧跟发展趋势，及时开展微博营销、微信营销等手机端业务，“双11”当天手机订单超5000单，电子商务实现销售1200万元。为打开桐庐农产品在上海的销路，公司还与上海市第一食品有限公司、上海联华快客便利有限公司签订农产品销售协议，联合销售农产品，进一步拓宽农产品销售渠道。至年底，杭州百岁坊农产品有限公司网络农产品销售额达4634万元。推进农超对接工作，全县供销系统多家企业在联华、大润发、新田园等超市开设农产品专柜，农产品销售额3.37亿元。

【农产品经纪人协会】 2014年3月，桐庐县农产品经纪人协会组织全县竹笋从业者参加杭州市供销社举办的2014年第一期农产品经纪人（中级）职业技能培训班，53人获得职业资格证书，至年底，共有255人获得农产品经纪人职业资格证书；有2人获“省百强农产品经纪人”荣誉称号。组织会员参加县第五届名特优农产品迎新春展销会、桐庐百姓日电商企业大展销等活动。（申屠钧铭）

·烟草专卖·

【概况】 2014年，桐庐县烟草专卖局（分公司）经济运行呈现销量稳中有升、结构快速提升、利税呈二位数增长的特点，销售收入、税收、利润等经济指标再创历史新高。全年实现卷烟销量2.08万箱（250条为一箱，下同），比2013年增长0.02%。其中，省产烟销售1.03万箱，同比下降1.2%，省外烟销售1.5万箱，同比增长1.2%。实现销售收入（含税）8.37亿元，同比增长10.1%；实现利税1.91亿元，同比增长14.7%，其中利润1.55亿元。全年共受理卷烟零售行政许可505起，其中准予许可203起。是年，桐庐县烟草专卖局（分公司）获“桐庐县纳税五十强企业”称号。该局新区专卖所成功创建省级优秀所队，江南专卖所通过创建市级青年文明号验收。

【销售结构】 2014年，桐庐县烟草专卖单箱销售额4.02万元，比2013增长10.1%，单箱销售额为历史最好水平。零售价100元以上价位卷烟销售1.37万箱，比2013年增长8.6%，除150元至200元价位销量下降外，其余各档价位卷烟均有不同幅度增长，尤其是300元以上卷烟增长30.2%，有力推动销售收入和结构的提升。

【重点品牌培育】 2014年，桐庐县烟草专卖局（分公司）采取各种措施开展“原中央苏区”工业企业“七匹狼”“金圣”等重点卷烟品牌营销，销售“七匹狼”卷烟551.76箱，完成全年目标540箱的102.2%。积极配合其他省份卷烟工业企业开展品牌上柜和营销宣传，举办有

烟草工作人员冒雪配送卷烟

1400余人次零售客户参加的品牌宣传活动。全年销售全国重点品牌1.86万箱，比2013年增长4.34%；重点品牌（1—3类烟）销售1.80万箱，比2013年增长6.2%。

【**现代终端建设**】 2014年，桐庐县烟草专卖局（分公司）以日常督导和市场综合检查为评价标准，积极推进现代终端建设。全年共发展标准化终端39家、规范化终端314家，至年底，共计有现代终端353家，占总客户数的12.54%；加大数采质量管理，提升数据质量，全年数据质量综合得分在97分以上。稳步发展网上订货，提升网上订货成功率。网上配货客户达到148家，占总客户数的5.26%，网订成功率保持在98%以上。组织开展以现代终端日常运行管理、规范经营、终端陈列等为主要内容的培训，提升现代终端的规范经营意识和能力。积极推进江南市场部、洋洲片零售终端示范区建设。

【**市场监管**】 2014年，桐庐县烟草专卖局联合工商、公安、质检、运管等部门开展“蓝天一号”、打击卷烟非法流通等专项行动。全年共查获各类案件70起，其中5万元以上案件4起，非法经营案件1起，查获各类卷烟3400余条，比2013年增长175%；查获卷烟总额65万余元，比2013年增长108.1%；对存在异常经营的93家零售户进行了整改处理，其中停供货47家、取消现代零售终端资格1家、发放书面整改通知45家，卷烟市场净化率保持在98%以上。成功破获“3•25”“11•7”互联网销假国标网络案。

【**法制宣传教育**】 2014年，桐庐县烟草专卖局组织全体专卖管理员开展法律法规知识、案件办理操作培训，参观“烟之非福”法制教育基地，体验“假烟藏匿模拟环境”，观看法治宣传纪录片；规范质检室留样卷烟、鉴别用烟管理及陈列，推进分水标准化质检室建设；宣传烟草法律法规，提升消费者、零售户法律意识，在“3•15”消费者权益日和桐庐“百姓日”期间，共计接待群众500余人次，发放宣传资料600余份，提供义务质检30余次，处理现场投诉2起。

【**创新管理**】 2014年，桐庐县烟草专卖局（分公司）积极参与市局（公司）“品质管理之声”、管理“1+1”等活动，申报青年创新项目3个，注册QC课题4个，其中江北专卖所QC成果“卷烟质检封套包装盒”已投入质检培训实际应用，并获外观设计专利，成为桐庐烟草局成立以来取

烟草局开展“3・15”消费者维权宣传服务活动

“得的第一个国家专利；选送QC成果参加省、市质量管理评审，2个小组分获市优秀质量管理小组一、二等奖，1个小组获省、市优秀质量管理小组二等奖。

【“三走三比”活动】 2014年，桐庐县烟草专卖局（分公司）紧紧围绕反“四风”，深入查摆问题，做到即查即改，共梳理出17项整改重点。开展以“三走三比”（走进员工、走进零售户、走进消费者，比思路、比业绩、比服务）活动和多种形式的学习教育，举办以“梦想引领人生，学习伴我成长”为主题的第三届“学习节”，并通过“两方案一计划”推进问题整改，至年底，17项重点整改任务除“办公用房超标、公务用车配备超量”未整改到位外，已全部完成，整改完成率94.12%。

【党工团活动】 2014年，桐庐县烟草专卖局（分公司）积极开展企业团队文化建设和群众性文体活动，组织员工体检、疗休养，开展户外拓展训练，组队参加市局“精实品质”篮球赛并荣获冠军；组织青年员工创作“转型提升在岗位”的微电影《情咒》，并参加浙烟成立30周年微电影节展播。（牛旭阳）

·对外经贸·

【概况】 2014年，桐庐县有外贸生产企业1141家，比上年增加47家，其中自营出口企业355家，比上年增加28家。完成外贸出口交货额196.7亿元，同比增长7.2%；外贸进出口总额13.34亿美元，同比增长11.7%，其中出口12.59亿美元，增长12.9%。主要出口商品为针纺织品、化工产品、机械电子、皮革制品、制笔、箱包、食品保健品、医疗健身器材、玩具工艺品等。主要出口地为美国、欧盟、东盟、非洲、拉美和日本等。从出口行业看，机械电子、皮革制品、食品保健业等行业呈现2位数的增长，增幅分别为34.7%、11.4%、11.8%，但化工行业、制笔业、针纺织业等传统行业出口呈现不同程度的下降，

2014年10月，我县企业参加第115届广交会

下降幅度分别达到19.4%、13.4%和6.6%。其中，针纺织行业累计出口2.97亿美元，在全县出口各行业中占比最大，占全县出口的23.6%。全年完成进口总额7524万美元，同比下降4.8%。主要进口商品为牛皮革及马皮革、纺织纱线织物及制品、铜矿砂及其精矿、纸浆、未锻造的铜及铜材、初级形状的塑料、钢材、金属冶炼铸造设备及零件等。2014年，全县新引进项目80个，协议引资58.89亿元；新建和续建招商引资项目256个；实际到位资金60.39亿元，完成年度目标的104.1%，增长1.8%。其中工业招商投入37.09亿元。全年新引进亿元以上项目19个，其中1亿元项目13个，5亿元项目2个，10亿元项目4个，投资30亿元的海康威视安防产业基地、投资10亿元的英飞特LED驱动器生产项目、投资5亿元的申通实业项目均已落户并开工建设。是年，桐庐县政府国内经济合作办公室（桐庐县商务局）获杭州市国内招商引资工作二等奖。

【市外内资】 2014年，全县实到市外内资34.02亿元，完成年度目标的103.1%，同比增长16.4%。其中杭州鼎呈生态农业科技有限公司实到市外内资2.8亿元；女儿村投资管理有限公司实到市外内资1.5842亿元；杭万汽车零部件有限公司实到市外内资1.2496亿元；申通实业有限公司实到市外内资1.0亿元。

【外资利用】 2014年，全县新批外资项目15个，增资项目7个，协议引资2.76亿美元；实到外资1.66亿美元，完成年度目标的103.1%，增长22.2%。其中，杭州三延金属制品有限公司实际到资2000万美元；世界500强通用电气投资的杭州沃华滤纸有限公司实际到资700万美元。是年，桐庐县获2013年度杭州市招商选资优胜单位。

【境外投资】 2014年，桐庐全县有境外投资增资项目1个：杭州力高旅游用品有限公司对在比利时设立的海格林有限公司进行增资，增资额4500万美元。是年，境外投资中方总出资4500万美元，同比增长169.3%，完成杭州市下达目标任务900万美元的500%。浙富控股集团股份有限公司和东芝水电设备（杭州）有限公司两家企业累计完成对外承包工程营业额6972万美元，比上年增长3.4%。

【服务外包】 2014年，桐庐县4家服务外包企业共完成服务外包执行金额2647.86万美元，完成年度目标2600万美元的101.8%，同比下降4.5%，其中离岸合同执行金额2200.17万美元，完成年度目标2200万美元的100.0%。新增服务外包入库企业1家（企业名称：浙江拓卡斯机械科技有限公司，从事汽车部件、电力设施部件等制造研发）。桐庐县服务外包主要是嵌入式软件服务外包（KPO即知识流程外包），通过政策激励、走访调研、宣传培训等多措并举来促进服务外包产业发展。

【敲门招商】 2014年，桐庐县继续开展敲门招商。由县主要领导带队赴深圳、上海、北京、杭州、山东等地重点拜访四大快递企业、达利集团、颐高集团、万达集团等知名企业。是年，共拜访、接待客商500余人次，65个项目正在对接洽谈中。继续深化驻点招商，全年在外招商员走访企业、中介机构3287家，上报项目信息158多条，邀请530批次客商到桐庐考察，其中有价值项目信息28个，落户项目4个。

【活动招商】 2014年，桐庐县开展招商推介活动16次，签约投资类项目38个，协议引资近130亿元。相继举办桐商大会、科技人才周、医疗器械产业大会、电商大会、中医药养生旅游文化节五大活动；主动开展武汉地产招商、宁波台州招商、杭州商会拜访活动及“走进桐庐”系列招商推介活动；借助省市平台，积极参加杭州（北京）经济合作洽谈会、长沙文化创意产业座谈会、第十七届国内经济合作洽谈会、首届世界杭商大会等活动，向1200多名客商开展投资环境推介。

【浙商回归】 2014年，桐庐县以吸引桐商回归为重点，快递企业回归为突破口，通过领导带队走访、政策扶持、活动推介等方式，发挥桐商回归的扶持政策，特别是对快递企业成立货运公司在税收、审批、车辆更新等方面予以大力支持；优化招商服务，为企业回归落户提供全程跟踪代办，切实解决物流公司在车辆上牌、年检中存在的问题。在9月5日举行的第二届桐商大会签约仪式上，共有17个项目签约，涉及资金近40亿元，会上还举行首届杰出桐商颁奖典礼。在杭州举办的首届杭商大会上，“三通一达”四大快递企业均受邀到场，中通快递董事长赖梅松荣获“2014世界杭商青年领军人物”荣誉称号。是年，“三通一达”、快捷、国通等快递在桐庐成立物流公司8家，快递企业缴纳的税收已成为桐庐税收新的增长亮点。

2014年5月，中东欧（波兰）中国家具品牌博览会

中通之家、申通产业园开工建设，韵达产业园加快推进，圆通富春阳明山精品酒店项目投资协议签约，申通之家、韵达之家等项目正在洽谈中，蜂网投资正式运作，面单印务、快递自助柜、手持把枪、中转设备制造等快递产业链项目即将落户。

【外贸服务】2014年，全县外贸出口呈两位数增长，出口增幅位列杭州各区、县（市）第五位。修订桐庐县《促进开放型经济发展若干政策》，及时兑现各级外经贸扶持政策。加大培育建设外贸公共服务平台和出口名牌，加强和推跨境电子商务宣传。组织开展外经贸政策、出口信保、跨境电商、海关政策、公平贸易、开拓市场等相关专业知识的培训，参培人数达450人次。强化展会服务，积极配合省市做好各类境内外展会，全县外贸企业共走出去参展130余家，参展摊位250余个。继续加强出口信保工作，参保企业达200家，参保企业覆盖面达到65%，参保额达3.85亿美元，同比增长13..6%。培育杭州出口名牌3家、海关A类管理企业9家。

【外贸出口十强企业】 2014年度全县十强出口企业全年出口50476万美元，同比下降5.8%，占出口总额的40.1%。出口下降的龙头企业金帆达生化、金帆达贸易、游龙针织等企业。

2014年桐庐县出口前10位企业表

表37

排序	企业名称	本年累计（万美元）	上年同期（万美元）	比上年同期±%
1	浙江金帆达生化股份有限公司	14219.43	17181.55	-17.24
2	杭州桦桐家私集团有限公司	10739.64	9511.68	12.91
3	桐庐富春江织造集团有限公司	5647.17	4374.56	29.09
4	浙江金帆达进出口贸易有限公司	3951.62	6142.54	-35.67
5	杭州游龙针织有限公司	3055.67	5232.86	-41.61
6	杭州泛亚卫浴股份有限公司	2897.88	2732.59	6.05
7	杭州拓成纺织有限公司	2709.91	2671.58	1.43
8	杭州力高旅游用品有限公司	2569.52	2232.13	15.12
9	密尔沃基（桐庐）阀门有限公司	2385.88	1778.35	34.16
10	杭州煜凯服饰有限公司	2299.03	1717.63	33.85
	合　计	50475.75	53575.47	-5.79

（施琼芬）

·旅游业·

【概况】2014年，桐庐县有旅游景区（点）21个，AAAA级景区5个，AAA级景区1个，浙江省旅游经济强镇5个，特色旅游村13个。全年旅游接待1010.2万人次，比上年同期增长15.9%，旅游业总收入102.1亿元，同比增长16.4%；旅游企业直接收入5.8亿元，同比增长11%。其中：旅游景点接待游客494.4万人次，增长14.5%；门票收入1.24亿元，增长9.8%；旅游饭店接待人数221.5万人次，增长13.5%，旅行社接待人数28.8万人次，增长5.1%。是年，桐庐县被授予“2014最美中国目的地城市”称号；在2014浙江最美自驾游精品线路评选活动中，“潇洒桐庐画中游”荣获最佳精品线路称号；2014年11月1日，由中国人类学民族学研究会、国际节庆协会（IFEA）、中国民族节庆峰会组委会举办的“2014中国优秀民族节庆”评选中，桐庐荣获“最具魅力节庆城市奖”。

桐君山麓富春江夜游

【全域旅游发展】 2014年，桐庐县围绕《关于推进桐庐县全域旅游发展的实施方案》及《三年行动计划》，大力实施“12450”工程，按照“全景化打造、全地域覆盖、全资源整合、全领域互动、全社会参与”的原则，以“美城、丰景、兴镇、靓村”为重点全面推进全域旅游，做足做透“城、江、村、养、慢”五篇文章，以最美县城游、最秀乡村游为核心，发展城市旅游、乡村旅游、水上旅游、养生旅游，形成由一座休闲旅游县城、二条旅游发展轴、三个旅游板块、十个魅力城镇和全县美丽乡村组成的全域旅游空间结构体系，实现旅游产业的全域覆盖。是年，成功创建AAAA级景区2个，2A级村落景区5个。

【旅游政策意见完善】 2014年，桐庐县为推进全域旅游专项改革试点工作，加快全域旅游发展和风景桐庐建设，打造“山水如画、人间仙境”的大景区，进一步提升“中国画城·潇洒桐庐”城市品牌影响力。完善《关于推进桐庐县全域旅游发展的政策意见》，在旅游重点项目建设、旅游企业做大做强、旅游目的地市场培育、旅游品牌形象宣传、发展乡村旅游、融合发展旅游业态、旅游配套设施和从业人员队伍建设等方面进行扶持。从2014年起，县财政每年安排旅游发展专项资金2000万元，用于全域旅游发展，并视财力状况逐年增加。

【旅游规划编制】 2014年，完成《桐庐富春江大景区旅游发展规划》评审报批和省旅游综合改革课题—《全域旅游化、全县景区化的探索和思考》；牵头县相关职能部门对《我山畲族乡旅游发展总体规划》《桐庐县红色新合乡村休闲旅游区总体规划》《桐庐百草园控制性详细规划》《桐庐县红石湾休闲景区总体规划与节点设计》《桐庐雪水岭生态旅游区总体规划》《桐庐县奇源溪漂流乡村休闲旅游区总体规划》《桐庐分水旅游度假区规划》《桐庐县一指峡·猴鹰生态谷畲族休闲景区总体规划》《桃源村落景区旅游开发总体规划》《分水红色爱国主义教育主题园总体规划》等进行评审；参与《桐庐运动养生带旅游规划》《桐庐产业风情带旅游规划》《富春山健康城旅游规划》《小源山概念性规划》《大奇山路景观提升工程设计方案》《杭黄铁路桐庐段站场综合体规划和城市设计》《杭新景高速桐庐服务区改造方案》《大奇山村落风景区专项规划》等评审，至年底，共起草各类旅游规划14个，其中通过评审的规划10个。

【风景桐庐建设】 2014年，桐庐县旅游委员会牵头落实桐庐旅游服务中心、励骏酒店和天溪湖旅游综合体等3个“风景桐庐”项目施工建设。桐庐旅游服务中心：选址荣正财富广场（县城迎春南路与320国道交叉口）西南侧附楼1至2层，总面积2610余平方米。项目投资500万元，于4月底建成，5月17日正式运营。励骏酒店：位于富春江二桥西南侧，年度计划投资2亿元，实际投资2.33亿元，超额完成年度计划的16.5%，现正在做开业前准备。天溪湖旅游综合体：项目规划用地220公顷，建设集精品酒店、休闲运动、景观住宅、养生物业于一体的休闲度假区，2014年实际投资1.86亿元。

【旅游休闲养生项目】 2014年，桐庐县旅游委员会牵头组织实施“旅游休闲养生类”投资项目53个，计划总投资104.74亿元，当年完成投资26亿元。其中，高星级酒店：达曼酒店、光典酒店建成并对外营业；雷迪森酒店综合楼于5月18日开业；迪特利太平洋酒店大厅装修完成，客房装修完成86%；海博大酒店休闲运动城室外冲浪中心建成，室内装修完成。旅游综合体建设：杭州潇洒休闲运动公园旅游综合体对外营业；杭州市女足训练基地建成并投入使用。休闲养生项目：江南国际养生中心、中华石景园、新龙旅游度假区、外婆家“俺的生活”、丝绸博览中心等一批新兴旅游项目开工建设。

【高等级景区创建】 2014年初，启动AAAAA级景区创建：邀请省市旅游部门领导和浙江远见、成都来也、北京江山多娇等国内知名旅游规划设计单位到桐庐现场指导；组织相关部门人员赴温州雁荡山、楠溪江AAAAA级景区学习创建经验；委托浙江远见规划院编制《桐庐创建国家AAAAA级景区可行性建议书》；至年底，富春江AAAAA级大景区建设项目，已列入省旅游局创建计划。推动AAAA级景区创建：江南古村落、浪石金滩景区11月通过省旅游局组织的景观质量专家评审；12月25日，通过省旅游局组织的专家组验收，两景区成功创建成为国家AAAA级景区。

红灯笼乡村家园－小木屋度假村

【村落景区创建】 创新乡村旅游发展模式，启动村落景区创建。2014年，梳理出29家村落景区创建单位，制定2014－2016三年创建计划，明确创建标准和评分细则，实行“A级联动、项目考核、动态验收、以奖代补”，全面推进村落景区创建工作。是年，完成江南古村落创建AAAA级村落景区，阳山畈、凤凰谷、富春大岭图、高凉亭和桃源村创建AA级村落景区任务，拨付奖励资金500万元。

【绿道建设】 实施旅游西进国际化项目：2014年，对县内6条沿江、沿景，总里程达35千米的绿道项目进行建设。绿道3号线（大坝至白云居段）全长4.2千米，涉及面积14700平方米，总投资2500万元，2013年7月开工，主要沿芦茨湾江边架设栈桥，布置游步道、景观节点等，至10月各项工作全部完成。绿道3号线（河湾埠至古城里段），全长约2.74千米，9月完成施工招标，至年底江边土方奠基工作完成，沿线拆除建筑2800平方米，整治面积400平方米。绿道3号线（舒湾至横山埠）全长9.8千米，总投资1100万元，9月开工建设，至年底工程全面完工，浇筑沥青25000平方米，修筑挡墙6000立方米。绿道5号线（金溪村至仁智村）沿大奇山国家森林公园建设，全长8.6千米，峙山至井坞段完成施工招标，路基填筑施工基本完成。绿道3号线（古城里至湾里）全长1.5千米，总投资200万元，5月份完成；绿道8号线（龙门山庄至白云源）全长8.5千米，总投资800万元，5月份完成。

【全域旅游标识系统设置】 全域旅游标识系统分为最美县城旅游标识和最秀乡村旅游标识两大系统，其中包括全区导览牌、景点说明牌、服务设施牌、方向指示牌和车辆导向牌等五大类660余块。至2014年4月底，全域最美旅游标识系统全部安装设置到位。

【景区提升和景边三化】 2014年，推动传统景区提升改造，有效落实景边三化工作。大奇山路景观提升工程路面改造完工，景观绿化打造正在进行；琴溪香谷通景公路水珠线改造完成；严子陵钓台通景公路改造设计方案完成；大溪峡景区平整停车场4公顷，完成游客接待中心装修并投入使用；垂云通天河AAAA级景区整改工作完成。浪石金滩以创建AAAA级景区为契机，完成建设游客中心268平方米、下码头及停车场8000平方米，完善景区标志牌40块、绿化1000平方米的任务；大溪闯滩完成漂流码头和4千米河道整治任务；千亩金花基地完成导览牌设置和皇甫桥头沿线绿化景观工程。

【旅游项目扶持】 旅游西进”项目：2014年共有石舍香樟慢生活部落提升工程、天子地生态风景旅游区提升改造、畲乡山寨提升改造、富春江大景区创建AAAAA级景区工作规划编制、江南古村落旅游集散中心一期建设、大溪峡游客集散中心建设6个项目获得杭州市“旅游西进”扶持资金303万元。绿道专项扶持：全年共有绿道3号线大坝至白云居段、河湾埠至湾里段、古城里至湾里段，绿道5号线（富春山健康城峙山至天井坞段），绿道8号线（龙门山庄至白云源段）5条绿道获得杭州市专项补助资金590万元。特潜行业项目：全年共有江南古村落休闲茶产业项目、“富春大岭图”垂钓基地建设暨“画中垂钓节”活动建设项目获得杭州市特潜项目扶持资金54万元。

【旅游服务中心投入运营】 5月1日，桐庐旅游服务中心正式投入运营。中心采用“政府主导、行业指导、市场运作”的运营管理模式，由县旅委下属事业单位桐庐旅游行业服务中心具体负责运营管理。旅游服务中心位于荣正财富广场附楼，紧邻320国道和迎春南路交叉口，室内总面积2658平方米（其中一楼服务大厅面积1319.2平方米），主要有旅游综合服务区、城市形象展示馆、旅游运营监测中心和桐庐特色产品体验馆等功能区块。自5月开放至12月底，共接待散客16996人次；旅游咨询6475人次；发放资料3.19万册；接待各类考察团队163批次计2630人，其中，政府考察团队92批次，主要包括江苏省、重庆市等省市领导；接待企业考察团49批次；接待旅行商22批次。

【宾馆饭店服务技能大赛】 10月14日，“海博杯”2014桐庐县旅游饭店服务技能大赛在桐庐海博大酒店举行。本届比赛除传统的铺床与中式摆台比赛项目外，增加创意裱花、食品雕刻比赛项目。来自海博大酒店、世贸大酒店、开元名都大酒店等全县12家旅游饭店的70名参赛选手同台竞技。经过激烈角逐，最终产生一等奖4名、二等奖6名、三等奖8名；海博大酒店、世贸大酒店荣获“2014年桐庐县旅游饭店服务技能大赛团体奖”。大赛由桐庐县旅游委员会、县总工会、县人力资源和社会保障局、县商务局、共青团桐庐县委、县妇联联合主办。

【旅游安全管理】 2014年，桐庐县旅游委员会切实抓好黄金周与节假日的旅游安全工作，专门制订节假日检查工作方案，做到全面排查，有效整改落实。春节、“五一”、“十一”节前组织安监、质监、市场监管、物价、消防等部门开展联合执法大检查。做好第十三个“安全生产月”活动，制订下发活动方案，开展开展安全生产大检查，举办广场安全生产宣传咨询等活动，组织天目溪水上救生应急救援演练。开展春季安全大检查、防雷专项检查、打非治违专项检查等活动，有效防范和遏制各类旅游安全事故发生。桐庐百姓日、休闲乡村旅游季等节庆活动期间，全面开展景区隐患排查，在提高经济效益的同时，确保旅游安全无事故。暑期重点是做好漂流项目安全管理，制作漂流安全游客须知宣传视频，漂流项目开漂前联合安监、质监、文体、乡镇等十二个部门开展安全检查。是年，实现全年无安全重大责任事故的目标。

阳山畈山花节

【景区环境百日整治专项行动】 2014年，桐庐县旅游委员会深入实施全域旅游发展战略，在全县范围内开展“奋战一百天、形象大变样”景区环境百日专项整治行动，着力解决部分旅游景区“脏、乱、差”现象，进一步优化旅游发展环境，提升旅游满意度。下发《桐庐县景区环境百日专项整治行动实施方案》，督促景区制定整治方案，并按时间节点推进景区环境整治工作；出台《景区三化工作考核办法》，每月对景区的环境卫生进行检查；通过对景区外部的通景公路、停车场与景区周边村镇环境、景区内部环境的整治，景区形象得到明显提升。

【旅游人才技能培训】 2014年10月，为进一步加快桐庐县旅游从业人员队伍建设，桐庐县旅委举办首届“餐厅技师证书培训班”，县内12家旅游企业中层管理干部及服务骨干共41人参加培训。11月，选拔8名讲解员参加杭州市景区讲解员大赛，其中1名讲解员（区县代表队仅此1名）荣获市金牌讲解员；全年共组织开展导游、旅行社总经理与计调、餐厅与客房服务员技能等级培训班等共15期，培训人员1600余人。

【第三届中国休闲乡村旅游季暨第六届杭州桐庐山花节】 3月22日，CCTV“美丽乡村快乐行”走进桐庐暨2014第三届中国休闲乡村旅游季·第六届杭州桐庐山花节开幕式在横村镇阳山畈村举行。山花节期间中央电视台七套农业军事频道《美丽中国乡村行》栏目组到桐庐录制《走进桐庐》专题节目，《星光大道》知名演员在开幕式上通过艺术表演形式推荐桐庐的美景、美村和美食。来自县内外近三万观众观看开幕式演出。人民网、中青报、新华社浙江分社等各大媒体纷纷作开幕式活动报道。

【“潇洒桐庐·茶香千年”第三届雪水云绿休闲文化节】 4月20日，“潇洒桐庐·茶香千年—桐庐县全民饮茶日暨茶文化书画展”，在桐庐县老干部活动中心举行。活动期间举办“天尊贡芽”开茶节、全民饮茶日暨茶文化书画展、第九届“雪水云绿”敬老茶会、“桐庐第三届百姓日”茶展示、“游富春山水、品雪水云绿”等丰富多彩的系列茶事、休闲文化特色旅游等活动。活动共吸引2.5万余名宾客参加。活动的举办促进了茶文化研究、茶产业提升和茶旅游发展。是年，全县共建立茶叶特色乡1个、特色村5个、茶旅游基地3个、茶文化体验基地5个。

【第五届“三月三”畲族文化节】 4月2日上午，桐庐县莪山畲族乡举办第五届“三月三”畲族文化节，开幕式在莪山畲族乡广场举行。本届文化节除了听畲歌、跳畲舞，尽享古朴畲乡精彩的文艺表演外，还开展杭州地区第三届武术研讨会暨武术交流会、“畲文化”创作摄影大赛等系列活动。莪山畲族乡位于桐庐县中南部丘陵地区，距杭州90千米，也是杭州市唯一的少数民族乡，至今仍在使用畲族语言和延续畲族婚丧嫁娶习俗。相传“三月三”这个节日起源于唐代，畲族英雄雷万兴率起义军抗击官军围剿，以乌稔果充饥而军威大振，于农历“三月三”这天突围成功，连战连捷。畲民为纪念此事，将“三月三”设为畲族的传统节日，每年的这一天，畲民都要举行各种仪式来庆祝。

【浙江漂流联盟开漂仪式暨富春江亲水节】 7月13日，在天目溪漂流景区举行2014浙江漂流联盟开漂仪式暨富春江亲水节活动，邀请10余家漂流企业代表及各地150余名游客参加水上足球赛、百岁峡首届囧漂大赛等活动，游客以比赛形式充分体验桐庐县的亲水项目。浙江电视台、杭州电视台等新闻媒体，以记者体验、现场报道的方式拍摄时长6分钟的专题片，在省市电视台播放。

浪石金滩漂流

【“中国画城·潇洒桐庐”休闲乡村嘉年华】 5月24日，富春江镇金家村枇杷基地举办了枇杷开摘仪式；5月30日，钟山乡首届高峰蓝莓开摘节正式开幕；6月18日，“风景桐庐·九里梅香”第二届杨梅节拉开帷幕；7月5日，红灯笼第二届乡村啤酒节开幕；7月18日，钟山乡蜜梨节开幕。通过活动，吸引各地游客前往体验，直接带动休闲乡村旅游的发展。

【第九届杭州西湖·诸暨西施故里荷花会—桐庐赏荷爱莲之旅】 7月20日，桐庐县旅委邀请100多家台湾旅行商、长三角旅行商代表及媒体记者前来体验荷花会。赏荷爱莲之旅利用环溪村、青源村百亩莲花基地，开发荷花旅游产品，通过举办荷花会，组织县内外游客到江南古村落赏荷花、品九品香莲。并精心设计爱莲宴、赏荷爱莲线路、爱莲民宿等活动内容，全力打造桐庐丰富的夏季赏荷观光品牌。活动不仅展现环溪美丽乡村建设的成果，对发展美丽乡村游，推进桐庐全域旅游发展也起到积极的作用。

【全国大学生记者“微访桐庐”主题新闻训练营】 2014年，桐庐县旅游委员会为加快旅游产品在全国高校中的传播，与中国青年报合作，开展全国大学生“微访桐庐”训练营走进桐庐活动，分为“记者训练营”和“旅行体验创意家训练营”。此次活动共吸引全国108所高校、197家社团的193名大学生报名；“旅行体验创意家”训练营吸引全国93所高校、170家社团的157名大学生报名。7月13日至—18日，最终评选出的20名优秀大学生，前往桐庐县江南古村落、芦茨慢生活体验区、瑶琳仙境、大奇山国家森林公园、雪水岭风景区等地体验、创作。大学生的创作成果分别在中国青年报、全国高校及相关网站分享。

【富春江慢生活体验节暨国际休闲乡村音乐节】 10月18日晚，第二届杭州市桐庐县富春江乡村慢生活体验节暨国际休闲乡村音乐节，在富春江镇“山水古韵画家村”的茆坪村举行。借助杭州西博会平台，音乐节邀请到美国、南非、斯洛伐克等国的表演团前来。晚会以欢快喜庆的《盛世欢歌》开场，而后极具民族风情的台胞歌舞、热情似火的美国布鲁克林街舞、时尚村妇的动感排舞等节目轮番上演。晚会还对严子陵钓台、瑶琳仙境、垂云通天河、大溪峡闯滩、红灯笼乡村家园、天子地6家“寻找画城最美风景”2014桐庐最美景区以及江南古村落群、富春江镇芦茨慢生活村落、旧县街道富春大岭图村落、百江镇奇源山乡村落四地“寻找画城最美风景”2014年桐庐最美村落进行颁奖。

【第二届华夏中医药养生旅游节】 11月28日，以“弘扬药祖文化、打造养生福地”为主题的第二届华夏中医药养生旅游节开幕式暨“富春山健康城”专题推介会在县政府会议中心报告厅举行。全国政协文史和学习委员会副主任周国富亲临现场指导。浙江省政协副主席陈小平宣布开幕。联合国开发计划署官员霍华德代表世界养生委员会，授予桐庐“世界养生基地”牌匾。上海合作组织秘书处、阿拉伯国家联盟、苏里南、尼泊尔、泰国、乌克兰、吉尔吉斯斯坦、新加坡、波兰、蒙古国、巴基斯坦等国驻华外交官，世界外交官协会领导等组成的世界外交官中国文化之旅走进桐庐使节团出席大会。大会还现场签订一批中医药养生旅游产业项目合作协议。活动期间还举办了华夏药祖桐君朝圣典礼、中国（桐庐）养生美食大赛、富春江绿道骑游等活动。

环溪曲径问莲

【中国乡村休闲狂欢节—江南时节】2014年12月，桐庐县江南镇举办系列江南时节—中国乡村休闲狂欢节活动。活动分为三部分：听大戏。12月9日—13日，在荻浦、深澳等村开展多场越剧表演以及市文联举办的文艺会演，节目精彩纷呈，吸引上万名观众。吃大餐。12月10日，以桐庐传统的“江南时节”为平台，举办桐庐地方小吃大评比、千人民间大餐、民间小吃糊麦粿比赛等活动，组织邀请体验者在青源村参与农家小吃制作过程，体验江南时节的美食。赏民间艺术。时节期间，游客在环溪村爱莲堂跟剪纸老师学剪纸、在深澳村观看舞狮表演、在荻浦村学做“旱船”等。

富春江（芦茨）慢生活体验区

【旅游市场规范】 2014年，桐庐县旅委组织开展各类市场检查19次，其中部门联合检查3次，共出动检查人员245人次，检查景区、旅行社、宾馆、在建项目、车船公司等178家次，下发责令限期整改通知书6份，整改安全隐患9处，落实整改资金37.6万元。全年共接到各类旅游诉求1130件，其中旅游咨询946件、工作建议142件、有效投诉42件。投诉件中投诉景点景区41件、宾馆饭店1件，全部办理完结，办结率100%、满意率100%。

（滕雪飞）

【责任编辑：吴爱林】

经济管理

·发展计划·

【发展计划】 2014年，桐庐县发改局统筹安排全县经济社会发展计划，撰写《2014年度国民经济和社会发展计划报告》，编印发放《桐庐县2013年社会发展报告》白皮书100册。制定《桐庐县2014年规划编制计划》。启动“十三五”规划编制工作，确定“十三五”规划基本思路、产业发展、三农问题、资源要素、社会发展等领域36个课题，开展“十三五”规划前期研究。制定《桐庐县2014年政府投资项目计划》《桐庐县2014年重点建设项目计划》《2014年“五水共治”重点项目计划》。编制《“幸福桐庐”民生事业建设2014年度重点项目计划》《2014年桐庐县十大产业发展年度行动计划》等。

【决策参考】 2014年，县发改局积极开展工业和服务业重点企业监测工作，对重点工业企业样本进行扩容调整，每季撰写监测分析报告和经济运行分析报告，分析总结经济运行特点，查找存在矛盾和问题，提出解决问题意见建议。深入开展调查研究，撰写调研报告《桐庐县深化融杭融圈战略研究》《我县健康服务业发展现状、问题及对策》《桐庐县要求创建“大奇山健康小镇”的可研报告》等，提出切实可行思路和建议。全年印发《发改专报》13期，为县委、县政府提供决策参考。

【有效投资】 2014年，桐庐县完成固定资产投资209.64亿元，同比增长21.5%。建立四级协调周报机制，发周报24期，协调解决项目问题500余项。制定并实施全县重大项目突破“221”行动计划，排定44个项目进行重点突破，建立“五个一”项目攻坚体系，定期开展专项协调，实行“半月一通报，一月一公示”制度，对44个“221”重大项目深入开展成长日记活动。继续实行重大项目月度通报公示制度，发月报10期，对所有重点项目实行动态管理。抓细抓实项目前期工作，制定《桐庐县2014年政府投资预备类项目前期推进计划》，开展杭黄铁路、抽水蓄能、临金高速等项目前期推进。项目审批方便快捷，全年办结513件，其中立项422件，总投资136.48亿元。取消工业项目把关，建立工业项目前期服务工作机制。编制完成企业投资负面清单。积极开展政府投资项目异常工程审查和政府投资项目概估算审核。

【要素争取】 2014年，桐庐县列入省、市重点建设项目34个，项目个数、项目投资总额均创历史新高。是年，争取中央、省市资金19790万元。争取省重大产业用地预拨指标42.3公顷，比2013年增加36.7公顷。

【融资平台】 2014年，县发改局积极开展民间融资管理创新试点县建设，制定《桐庐县民间资本管理公司试点实施方案》，成立光典、鑫博两家民间资本管理公司并开展业务。桐庐融资信息服务平台投入运行，搭建中小微企业与金融机构信息交流桥梁。制定《关于推进企业对接资本市场的实施意见》，“天松医疗”“祥龙钻探”2家企业成功在“新三板”挂牌。举办政银企融资对接会，16家在桐庐银行业金融机构与20余家中小企业开展交流对接。积极谋划“金融小镇”建设，完成《桐庐县创建“富春山健康金融小镇”可行性分析报告》。

【现代服务业】 2014年，桐庐县完成服务业增加值111.28亿元，同比增长11.2%。是年，县发改局制定2014年服务业、十大产业相关考核细则，分解落实相关发展指标。积极争创成为省首批服务业改革创新试点县，高质量编制《桐庐县以服务业集聚区建设促进产城融合发展改革创新试点方案》。组织健康城管委会和慢生活体验区管委会成功创建市级服务业集聚区。举办第二期现代服务业研讨班，各相关部门、乡镇（街道）服务业分管领导和业务人员93人参加培训。

【循环经济】 2014年，县发改局积极申报省级循环经济示范县，编制完成《桐庐县省级循环经济示范县创建实施方案》。承接省市温室气体清单编制工作试点，编制完成2010—2013年温室清单。是年，桐庐县纳入省市循环经济项目年度计划29个，海洋经济专项资金补助项目1个，高技术产业化项目2个。协助商务区申报杭州市国家电子商务示范城市拓展区。推进桐庐大地循环经济产业园国家“城市矿产”示范基地项目、经济开发区50兆瓦分布式光伏发电示范项目。

桐庐县全面深化改革工作会议

【市民卡应用】 2014年，桐庐县市民卡发卡率占全县户籍登记人口94%。市民卡在原五大应用功能基础上，进一步推广账户智慧医疗，延伸至县人民医院和县中医院。缩短业务办理时限，将市民卡申领期限从2个月缩短至1.5个月，补换卡办理时限从1个工作日缩短至3小时内。服务网点由原来8个扩大至17个，覆盖全县各乡镇（街道），并将公交电子钱包开通充值业务延伸至各服务网点。

·经济体制改革·

【“538”改革计划】 2014年，县发改局深入推进“538”改革计划实施，年初下发年度计划，牵头对5大领域，38项改革任务，115个子项目进行任务分解，编制出详细路线图和时间点。将“538”改革项目纳入县直部门和乡镇（街道）年度综合考评，纳入县委组织部《桐庐县在重点工作中专项考察干部实绩通报》内容。将各项改革项目纳入县重大项目监察平台，实行红、黄、绿实时监督。开展双月联合督查，切实掌握改革项目进展，对发现问题进行指导协调。完成115个改革子项目，在推进改革过程中，大胆探索，先试先行，努力形成可推广试点经验。

【鼓励民资】 2014年，县发改局制定出台《关于鼓励和引导民间资本参与基础设施和社会事业投资的通知》，建立鼓励和引导民间资本参与基础设施和社会事业建设项目储备库，推出首批30个招引项目。

【精细化管理】 2014年，县发改局积极开展政府投资项目全程精细化管理试点，出台《关于加强政府投资项目管理的实施意见》，进一步强化项目实施监管和设计变更及概算调整事前审批等工作，加强政府项目前期和储备。出台《关于切实提高重大项目履约绩效管理工作的通知》。

【新型城镇化】 2014年，县发改局出台并实施第二轮分水小城市培育试点三年行动计划。出台分水镇第二轮小城市培育试点工作支持政策。进一步扩大中心镇管理权限，推进管理和服务中心下移。制定《桐庐县推进新一轮强镇扩权改革工作实施意见》，编制《桐庐县2014年城镇化建设“十个一”工程工作方案》。是年，分水镇、江南镇荣获市2013年度中心镇考核一等奖，分水镇小城市考核排名由第26位上升至第16位。

【信用体系建设】 2014年，桐庐县被列为杭州市唯一的信用杭州建设试点县。县发改局出台《关于加快推进社会信用体系建设的实施意见》。

"实施意见"制定平台建设方案，梳理75类574项法人和自然人信用信息归集目录，176项信用负面清单。初步搭建完成公共信用信息平台和信用桐庐网站。

·粮食管理·

【储粮轮换】 2014年，桐庐县轮换出粮食9073吨，其中轮换出库原粮7873吨、成品粮1200吨，全年粮油轮换进、出库总量1.81万吨。严把入库质量关，入库稻谷全部符合国家中等质量标准。与3个省外粮源基地续签2014年粮源订单协议，落实粮源4300吨。是年，县发改局积极开展 "五个送"（送政策、送科技、送信息、送订单、送定金）惠农服务活动，走访全县32个种粮大户和专业合作社，落实粮食订单3560余吨。

【粮食安全】 2014年，县发改局建立粮库三级安全生产责任体系，全年开展粮库安全检查36次。开展安全生产专项整治活动，坚持储粮月度普查、春秋两季质量普化制度，做到粮食仓储管理规范化。是年，桐庐县粮库获"省级三星级粮库""省级粮食仓储规范化管理优秀企业"称号。推进粮食应急加工能力建设，达到不少于200吨/日。调查2013年度全县社会粮油供需平衡状况，分析2013年度粮食和食用油消费、生产、购销、库存等状况及发展变化趋势，对流通中出现新情况新问题，提出针对性意见建议。

【基础设施建设】 2014年，桐庐县中心粮库三期主体工程完成施工，附属工程进入施工阶段，配套工程"粮食仓储管理智能化"项目通过批准立项，初步设计方案基本完成。

·物价管理·

【项目定（调）价】 2014年，县发改局完成生猪定点屠宰成本监审及春江景苑和下轮村拆迁改造区块经济适用住房定价。出台《关于加强游览参观点门票价格管理的通知》，调整3个旅游景点门票价格。推进价格机制改革，出台《县城居民生活用水阶梯水价制度》《桐庐县水电气价格差别化管理办法》。开展行政事业性收费年审工作，验审45个行政事业性收费单位，年审率100%。

【价格监测】 2014年，县发改局完善价格监测预警制度，创新价格监管，与大润发、世纪联华两大超市签订承诺书，确保上报的"民生商品价格"至少在7日内不上调，并保证市场供应。在临近采价日，监测人员自行到超市、药店采价，在采价日突击核查商品价格，对发现货价不符、未按规定标价等问题，要求立即整改。

【价格检查】 2014年，县发改局多次开展节日市场价格监管活动、涉农涉企价格和收费专项检查、县城区域瓶装液化气销售站点明码标价检查。组织开展县域旅游市场价格秩序整治活动，举办规范县域旅游市场价格行为培训会。开展明码实价示范点创建工作，七里人家餐饮管理有限公司国贸店、桐君街道金茂百货商场、城南街道沁缘茶叶商行等3家单位获杭州市物价局明码实价示范点授牌。在联华超市富春路店设立首个农副产品平价直销区。组织开展商品和服务明码标价政策宣讲会、价格服务进商家活动。完善社会价格监督服务站组织，充实、调整社会价格监督人员。2014年，查处价格违法案件5件，查处违法金额76.97万元，罚款9.1万元。受理各类价格举报、投诉80件，办结率100%。

【价格认证】 2014年，县发改局完成公安涉案财物价格鉴定报告318件，涉及标的1065项，涉及鉴定金额479.9万元。制定《重要节假日紧急案件办理制度》，组建涉及数码电子、汽（摩托）车、电动自行车、废旧物资、二手产品等领域专业顾问团队，有效推动价格鉴证各项业务开展。

（申屠一飞）

·市场监督管理·

【概况】 2014年，桐庐县根据深化行政管理体制改革、优化政府治理结构、加快政府职能转变的需要，原县工商局、质监局、食品药品监督局三局合一，设立桐庐县市场监督管理局。整合后的县市场监督管理局以构建大监管、大服务、大维权“一体化”监管新模式为目标。是年，县市场监督管理局被评为杭州市质监系统优秀单位，食品安全和“个转企”工作走在全市前列。

【体制调整和机构改革】 根据桐庐县《关于调整县工商质监体制改革和完善食品药品监管体制的实施意见》（桐政发〔2014〕34号），设立桐庐县市场监督管理局。2014年4月18日，桐庐县市场监督管理局挂牌成立，同时挂桐庐县工商行政管理局、桐庐县质量技术监督局、桐庐县食品药品监督管理局、桐庐县食品安全委员会办公室牌子。县市场监管局是主管全县工商行政管理、质量技术监督、食品药品监督管理的县政府工作部门。主要承担食品药品监管、消费者权益保护、商标监管、质量工作监管、标准计量建设、特种设备安全监管、检验检测体系建设、食品安全综合协调等20项工作职责；设办公室、食品安全综合协调科、市场规范管理科、企业监管科、食品生产流通监管科、特种设备安全监察科等16个内设机构、纪检监察室、稽查大队、9个基层所及检验检测中心、消保委、个私协会等3个下属事业单位。县市场监管局行政编制35名，专项编制131名，参公事业编制23名，事业编制27名。其中局长1名、副局长4名，科室中层领导职数正职16名、副职6名；县市场监管局稽查大队大队长1名、副大队长3名；市场监管所所长9名、副所长18名。党内职务按有关规定配备。纪检、监察机构的设置、人员编制和领导职数按有关规定执行。根据“三定”方案，9月底完成领导班子分工、中层干部竞聘、人员调整、办公场所调整、集中办公等整合工作。

【商事登记制度改革】 2014年，县市场监督管理局全面推进工商登记制度改革，实行注册资本认缴制，放宽企业名称、经营场所等准入门槛，改31项前置审批事项为后置审批，改企业年检为年度报告公示制。“五证合一”、村综合服务社、民间资本管理公司登记等多项改革位于全市乃至全省前列。整合内部审批资源，原工商、质监、食药监窗口合并为市场监督管理窗口，统一受理行政许可事项。2014年，桐庐县新增各类市场主体5735家，注册资本（金）97.39亿元，比2013年分别增长24.24%和81.9%。全县经济户口总量首破3万大关，达30467户。

【个体工商户转型升级】 2014年，县市场监督管理局继续推进“个转企”工作，通过任务分解、每月督查，全年完成“个转企”766家，超额完成杭州市对桐庐县考核目标（杭州市对桐庐县2014年度“个转企”考核指标为215家），排名全市前列。

【品牌战略实施】 2014年，县市场监督管理局重点培育桐庐装备制造业、制笔针织和医疗器械等产业，实施商标品牌战略。是年，全县新增商标463件，其中新增中国驰名商标1件（雪水云绿），浙江省著名商标5件，杭州市著名商标9件，桐庐县知名商标6件。是年末，全县有有效注册商标2923件，其中中国驰名商标6件，浙江省著名商标25件，杭州市著名商标48件，桐庐县知名商标43件；浙江省名牌产品10个，杭州市名牌产品27个，桐庐县名牌产品35个。

桐庐县市场监督管理局成立大会

桐庐县驰名商标和著名商标一览

表38

序号	认定等级	商标名称	企业名称	认定年度
1	中国驰名商标（行政认定）4件	蜂之语 1643058	浙江蜂之语蜂业集团有限公司	2009
2		富春江 145355	浙江省桐庐汇丰生物化工有限公司	2011
3		龙生 1286822	浙江龙生汽车部件股份有限公司	2013(续)
4		雪水云绿 3234863	桐庐县雪水云绿茶产业协会	2014
5	中国驰名商标（司法认定）2件	万事吉 3150459	杭州天厨蜜源保健品有限公司	2009
6		春江 185720	桐庐阀门总厂	2013(续)
7	浙江省著名商标25件	冠华王 1542583	桐庐冠华兔业有限公司	2010(续)
8		万事吉 3150459	杭州天厨蜜源保健品有限公司	2011(续)
9		福澳 914094	杭州市桐庐医疗光学仪器总厂	2011(续)
10		龙生 1286822	浙江龙生汽车部件股份有限公司	2013(续)
11		绿水云绿 3234863	桐庐县雪水云绿茶产业协会	2013(续)
12		春江 185720	桐庐阀门总厂	2013(续)
13		蜂之语 1643058	浙江蜂之语蜂业集团有限公司	2010
14		富春江 145355	浙江省桐庐汇丰生物化工有限公司	2010
15		瑶琳仙境 1307325	浙江富春江旅游股份有限公司	2013(续)
16		春江 1752114	杭州电力器材有限公司	2011
17		阳山畈 1514989	桐庐阳山畈蜜桃专业合作社	2011
18		华奇 3357719	桐庐华明笔业有限公司	2011
19		百岁坊 1336529	杭州桐庐百岁坊素食品有限公司	2012
20		3219979	桐庐羊绒针织有限责任公司	2012
21		药祖桐君＋图 3317614	杭州桐君堂药材有限公司	2012
22		桐江 1547203	桐庐钟山蜜梨专业合作社	2012
23		冠华王 1542583	杭州冠华王食品有限公司	2012
24		浙富 6750835	浙江富春江水电设备股份有限公司	2013
25		小来大 6686738	杭州小来大农业开发集团有限公司	2013
26		康基 366804	杭州康基医疗器械有限公司	2013
27		Tian Song3335424	浙江天松医疗器械股份有限公司	2014
28		庞龙＋图 3541977	桐庐庞龙养殖加工厂	2014
29		深萌 3621353	桐庐深萌农产品开发有限公司	2014
30		蝉伊人	杭州华盛围巾有限公司	2014
31		FUSHIDA5205653	杭州富士达特种材料有限公司	2014

续表 38

序号	认定等级	商标名称	企业名称	认定年度
32	杭州市著名商标 48 件	春江 185720	桐庐阀门总厂	2013(续)
33		碧于天 1417670	杭州碧于天保健品有限公司	2013(续)
34		OPTCLA169453	杭州光典医疗器械有限公司	2013(续)
35		雪宜 1616468	杭州老桐君制业有限公司	2012(续)
36		蜂源堂 3275226	杭州桐庐蜂源堂保健品有限公司	2012(续)
37		云丰	浙江桐庐云山制笔有限公司	2013(续)
38		阳山畈 1514989	桐庐阳山畈蜜桃专业合作社	2011(续)
39		卢苑 1173189	杭州桐庐卢氏茶苑有限公司	2012(续)
40		百岁坊 1336529	杭州桐庐百岁坊素食品有限公司	2012(续)
41		康基 366804	杭州康基医疗器械有限公司	2012(续)
42		图形 3434609	杭州霍普曼电梯有限公司	2013
43		桐江 + 图 4232693	桐庐特种耐火材料厂	2013
44		药祖桐君 + 图 3317614	杭州桐君堂药材有限公司	2013
45		庞龙 + 图 3541977	桐庐庞龙养殖加工厂	2013
46		达然 + 图 1959317	杭州桐庐大自然茶业发展有限公司	2013
47		香山 4038433	桐庐县莪山畲族乡香山农庄	2013
48		Tian Song3335424	浙江天松医疗器械股份有限公司	2011
49		3219979	桐庐羊绒针织有限责任公司	2011
50		3743382	浙江春风米兰鸥服饰有限公司	2011
51		冬桦 4437104	桐庐兴源保健品有限公司	2011
52		鹤羽 1679173	桐庐云山银峰茶叶有限公司	2011
53		钟山坊 1351679	杭州市桐庐钟山食品有限公司	2011
54		冠华王 1542583	杭州冠华王食品有限公司	2012
55		深萌 3621353	桐庐深萌农产品开发有限公司	2012
56		crystal1649061	杭州水晶运动机械有限公司	2012
57		浙富 6750835	浙江富春江水电设备股份有限公司	2012
58		小来大 6686738	杭州小来大农业开发集团有限公司	2012
59		浙缆 6411797	浙江中策电缆有限公司	2012
60		分水江 3496451	桐庐分水江茶业有限公司	2012
61		千芝雅 1800521	杭州舒泰卫生用品有限公司	2012
62		施强 4876610	浙江施强制药有限公司	2013
63		3804783	杭州祥龙钻探设备有限公司	2013
64		7552613	浙江白云源电气有限公司	2013

续表 38

序号	认定等级	商标名称	企业名称	认定年度
65	杭州市著名商标 48 件	分江 7198739	杭州丽晓丝业有限公司	2013
66		蝉伊人	杭州华盛围巾有限公司	2013
67		瀚威 6260078	桐庐瀚威健身器材有限公司	2013
68		奇山源 6174295	桐庐大奇山杨梅专业合作社	2013
69		七里人家 4549607	桐庐七里人家餐饮管理有限公司	2013
70		FUSHIDA5205653	杭州富士达特种材料有限公司	2013
71		4435072	桐庐宇鑫汽配有限公司	2014
72		晨扬 8467381	杭州和蜂园保健品有限公司	2014
73		田间地头 4072119	杭州桐庐欧凯蔬菜专业合作社	2014
74		华大海天 8116062	杭州华大海天科技有限公司	2014
75		壶源 942359	桐庐雪水云绿茶叶有限公司	2014
76		窄溪 3783785	桐庐窄溪蟹业专业合作社	2014
77		WELBOM4522772	杭州惠尔邦厨具有限公司	2014
78		SHENDASIA07672976	浙江申达斯澳医疗器械有限公司	2014
79		汇大 4238727	杭州汇大医疗器械有限公司	2014
80	桐庐县知名商标 43 件	立威 3115874	杭州立威化工涂料有限公司	2013(续)
81		彩贝 848212	杭州彩贝化工有限公司	2013(续)
82		三金牌 1349511	杭州三金机械制造有限公司	2013(续)
83		东方奥尔 4913188	桐庐奥尔文具有限公司	2013(续)
84		绿莹 4166021	桐庐烨鑫寝饰有限公司	2013(续)
85		瑶琳 876499	桐庐瑶琳永明电线电缆厂	2011
86		跃兔 1078424	桐庐中亚制尺有限公司	2011
87		SHENDASIA07672976	浙江申达斯澳医疗器械有限公司	2011
88		汇大 4238727	杭州汇大医疗器械有限公司	2011
89		泛亚 1247367	杭州泛亚卫浴股份有限公司	2011
90		LERGUE5393369	杭州力高旅游用品有限公司	2011
91		耐宝 5202633	桐庐县春江硅酸铝制品厂	2011
92		小来大 1559379	杭州小来大农业开发集团有限公司	2011
93		深萌 3621353	桐庐深萌农产品开发有限公司	2011
94		成绿 3561151	杭州建成生态农业有限公司	2011
95		雪丛林 3476099	杭州立晶涂料有限公司	2012
96		欣天元 6502747	桐庐天元机电有限公司	2012
97		杭泉 6427919	杭州大泉泵业科技有限公司	2012
98		JINGRUI6907677	桐庐精锐医疗器械有限公司	2012

续表 38

序号	认定等级	商标名称	企业名称	认定年度
99	桐庐县知名商标 43 件	洲济 4835021	桐庐洲济医疗器械有限公司	2012
100		三立盾 5438886	桐庐三立工业电炉厂	2012
101		汾江 7198739	杭州丽晓丝业有限公司	2012
102		煜凯凤凰 9218303	杭州煜凯服饰有限公司	2012
103		瀚威 6260078	桐庐瀚威健身器材有限公司	2012
104		中意 1986120	桐庐钟山中意豆制品有限公司	2012
105		原乡人 5611678	桐庐山中来土特产有限公司（桐庐县富春江镇和平土特产经营部）	2012
106		春康 1554133	桐庐县春江养蜂场	2012
107		奇山源 6174295	桐庐大奇山杨梅专业合作社	2012
108		田间地头 4072119	杭州桐庐欧凯蔬菜专业合作社	2012
109		永杰 9515882	杭州永杰研磨材料有限公司	2013
110		村菜馆 8264210	桐庐县城南街道村菜馆饭店	2013
111		华印 1320429	杭州华星印务有限公司	2013
112		nanyu9462555	杭州南宇医疗器械有限公司	2013
113		晨扬 8467381	杭州和蜂园保健品有限公司	2013
114		4435072	桐庐宇鑫汽配有限公司	2013
115		森龙浩 8863546	桐庐森龙浩工艺品有限公司	2013
116		冠雁 3496512	杭州冠雁汽车零部件实业有限公司	2013
117		SCM 至尚创美	桐庐正华文化用品有限公司	2014
118		春江	杭州拉丝机制造有限公司	2014
119		BX	桐庐百姓家政服务有限公司	2014
120		昊琳	桐庐昊琳水产养殖有限公司	2014
121		牛头	桐庐亚华制尺有限公司	2014
122		福克	桐庐福克医疗仪器有限公司	2014

桐庐县名牌产品一览

表 39

序号	名牌等级	产品名称	单位名称	认定时间
1	浙江名牌 10 个（工业 4 个、农业 6 个）	冠华王牌方便米饭	杭州冠华王食品有限公司	2013
2		泛亚牌排水器系列产品	杭州泛亚卫浴股份有限公司	2013
3		小来大牌肉制品	杭州小来大农业开发集团有限公司	2013

续表 39

序号	名牌等级	产品名称	单位名称	认定时间
4	浙江名牌 10 个（工业 4 个、农业 6 个	龙生牌汽车座椅功能件	浙江龙生汽车部件股份有限公司	2013
5		蜂之语蜂产品	杭州蜂之语蜂业股份有限公司	2013
6		雪水云绿牌绿茶	桐庐县雪水云绿茶产业协会	2013
7		万事吉牌蜂产品	杭州天厨蜜源保健品有限公司	2013
8		ZHENZHIXIU 针织服装	桐庐羊绒针织有限责任公司	2012
9		FCJ 牌水轮发电机组	浙江富春江水电设备股份有限公司	2011
10		冠华王牌兔肉	杭州冠华王食品有限公司	2011
11	杭州名牌 27 个（工业 14 个、农业 12 个、服务业 1 个）	晨扬牌蜂产品	杭州和蜂园保健品有限公司	2013
12		寺山牌土鸡	桐庐寺山家禽专业合作社	2013
13		康基牌内窥镜手术器械	杭州康基医疗器械有限公司	2013
14		CCA 牌内外墙板、自承式模板系列产品	浙江汉德邦建材有限公司	2013
15		东芝牌水轮发电机组	东芝水电设备（杭州）有限公司	2013
16		祥龙牌钻机	杭州祥龙钻探设备有限公司	2013
17		华大海天牌水性印刷油墨	杭州华大海天科技有限公司	2013
18		冬桦牌蜂产品	桐庐兴源保健品有限公司	2013
19		碧于天牌蜂产品	杭州碧于天保健品有限公司	2013
20		冠华王牌方便米饭	杭州冠华王食品有限公司	2012
21		窄溪牌河蟹	桐庐窄溪蟹业专业合作社	2012
22		康自源牌生猪	桐庐利伟农业生态园有限公司	2012
23		田间地头蔬菜	杭州桐庐欧凯蔬菜专业合作社	2012
24		畲乡牌土鸡	杭州畲乡农庄有限公司	2012
25		煜凯凤凰牌针织服装	杭州煜凯服饰有限公司	2012
26		立威牌油漆	杭州立威化工涂料有限公司	2012
27		泛亚牌排水器系列产品	杭州泛亚卫浴股份有限公司	2011
28		金帆达牌草甘膦	浙江金帆达生化股份有限公司	2011
29		瀚威牌健身车	桐庐瀚威健身器材有限公司	2011
30		ZHENZHIXIU 针织服装	桐庐羊绒针织有限责任公司	2011
31		千芝雅牌纸尿裤	杭州舒泰卫生用品有限公司	2011
32		HILLTOP 箱包	杭州立山皮件有限公司	2011

续表 39

序号	名牌等级	产品名称	单位名称	认定时间
33	杭州名牌 27 个（其中工业 14 个、农业 12 个、服务业 1 个）	高低压成套开关设备	浙江白云源电气有限公司	2011
34		小来大牌肉制品	杭州小来大农业开发集团有限公司	2011
35		奇山源牌杨梅	桐庐大奇山杨梅合作社	2011
36		钟山密牌蜜梨	桐庐钟山蜜梨专业合作社	2011
37		景区服务	浙江富春江旅游股份有限公司富春江小三峡分公司	2011
38	桐庐名牌 35 个（工业 16 个、农业 18 个、服务业 1 个）	通信基站产品	浙江瑞能通信科技股份有限公司	2013
39		CHENGDER 牌电梯部件	杭州辰德科技有限公司	2013
40		车辆铝合金零部件	浙江拓卡斯机械科技有限公司	2013
41		伟都牌钢构件系列产品	杭州伟都钢构有限公司	2013
42		泽尔马牌针织小三件	杭州游龙针织有限公司	2013
43		顺祥牌蔬菜	桐庐顺祥农业开发有限公司	2013
44		金子山源牌生猪	桐庐县分水镇柳淑农庄	2013
45		横村龙伏牌生猪	横村龙伏生态养殖场	2013
46		羊佳鳉牌湖羊	桐庐合村湖羊养殖专业合作社	2013
47		景区服务	桐庐垂云通天河旅游有限公司	2013
48		洲济牌内窥镜手术器械	桐庐洲济医疗器械有限公司	2012
49		东芝牌水轮发电机组	东芝水电设备（杭州）有限公司	2012
50		华大海天牌水性印刷油墨	杭州华大海天科技有限公司	2012
51		LEAGUE 力高牌箱包	杭州力高旅游用品有限公司	2012
52		分江牌生丝、蚕丝被	杭州丽晓丝业有限公司	2012
53		村菜馆牌肉制品	桐庐晨华农业开发有限公司	2012
54		原乡人牌酱、豆制品	桐庐山中来土特产有限公司	2012
55		冠华王牌方便米饭	杭州冠华王食品有限公司	2012
56		仙境源牌蜜饯	杭州仙境食品有限公司	2012
57		畲乡牌畲乡土鸡	杭州畲乡农庄有限公司	2012
58		铁钻石牌高节竹笋	桐庐康源菜竹专业合作社	2012
59		绿莹牌蚕丝被	桐庐烨鑫寝饰有限公司	2012
60		晨扬牌蜂产品	杭州和蜂园保健品有限公司	2011
61		康自源牌生猪	桐庐利伟农业生态园有限公司	2011
62		窄溪牌河蟹	桐庐窄溪蟹业专业合作社	2011

续表 39

序号	名牌等级	产品名称	单位名称	认定时间
63	桐庐名牌 35 个（工业 16 个、农业 18 个、服务业 1 个）	深萌牌青笋干	桐庐深萌农产品开发有限公司	2011
64		石青山牌土鸡蛋	桐庐石青山土鸡专业合作社	2011
65		田间地头牌蔬菜	杭州桐庐欧凯蔬菜专业合作社	2011
66		怒写牌笔类产品	杭州新富文具制造有限公司	2011
67		“YOUSHI”牌内窥镜系列产品	桐庐优视医疗器械有限公司	2011
68		英迈尼牌针织服装	桐庐富春江织造集团有限公司	2011
69		耐宝牌硅酸铝保温材料	桐庐县春江硅酸铝制品厂	2011
70		斯高品牌时尚休闲户外服装	杭州艾高户外运动用品有限公司	2011
71		奔腾牌混凝土	桐庐奔腾建材制品有限公司	2011
72		运动机械	杭州水晶运动机械有限公司	2011

【标准化战略实施】 2014 年，桐庐县有 7 家企业主导、参与制（修）订国家标准、行业标准 11 个，其中主导制定的国家、行业标准 3 个。“龙生股份”获“杭州市标准创新贡献企业”称号，实现桐庐县“市标准创新贡献企业”“零”突破。4 家企业申报“浙江省企业技术标准创新基地”标准化项目。“深澳古村落景区旅游服务业标准化试点”、《农村生活污水处理管理规范》标准化项目分别通过市级验收和评审。“美丽县城建设标准化试点”成功申报省级试点项目和第二批国家级“公共服务综合标准化试点”项目，桐庐县国家级标准化项目实现“零”突破。

【质量强县建设】 2014 年，是杭州市政府对桐庐县政府质量工作考核首个年度。县市场监督管理局以县政府质量奖为引领，推动企业全面加强质量管理，建立健全质量管理体系。3 家企业获县政府质量奖，1 家企业申报市政府质量奖，江南镇等 4 个乡镇（街道）获杭州市质量强市建设示范乡镇（街道），3 家单位获杭州市质量强企示范单位，2 家企业获市级先进质量管理孵化基地。横村镇成功创建省出口针织产品质量安全示范区。是年，桐庐县产品质量抽查合格率 98.2%，比 2013 年提升 3.4%。

【打击非法传销】 2014 年，桐庐县被省有关部门列入打击传销工作需加强整治地区，县市场监督管理局联合公安等部门开展为期 3 个月“打传”专项行动，捣毁传销窝点 210 余处，查获并教育遣送涉嫌传销人员 1900 余人。桐庐传销势头得到有效遏制。

【农贸市场提升改造】 2014 年，县市场监督管理局继续开展农贸市场经营环境整治行动，促进全县农贸市场整体提升。是年，分水农贸市场和益多农贸市场被评为省级放心农贸市场示范单位，城北农贸市场提升改造工程被列入县重大项目突破“221”行动计划（县委办〔2014〕78 号）。是年末，全县有星级农贸市场 8 家，其中三星级 3 家，二星级 1 家，一星级 4 家。

【消费维权】 2014 年，县市场监督管理局改革举报投诉受理方法，建立公众诉求处置综合平台，所有举报投诉纳入 12315，做到“集中受理、统一调度、归口调处”。是年，处理各类申诉、举报、投诉 694 件；对 35 家维权服务站 70 名投诉处理人员、65 家汽车销售维修单位投诉处理人员、320 家商业单位负责人、大润发超市 40 名管理人员、4 个社区 230 名居民进行新消费者权益保护法培训；在全县6家主要商场（超市）推行“无理由退货”制，全年无理由退货商品12500余件，金额550万余元。

【食品安全监管】 2014年，县市场监督管理局和县食品安全委员会办公室着力完善食品安全责任网，指导乡镇（街道）成立食安委，责任网建成率100%；提升行业自律水平，成立杭州市首家食品安全联合会；增强技术能力支撑，加大食品安全风险监测、监督抽检和评价抽检力度，全年完成食品抽检1379批次；开展“广琪问题食品市场清查”“校园及周边食品商店安全专项整治”“农贸市场食品清源”等行动，查处各类食品违法案件134起，罚没款60.71万元；品牌超市进校园、“阳光厨房”、民宿业餐饮食品安全“六统一”管理等试点工作顺利推进。是年，桐庐县没有发生重大食品安全事故。

【药械行业发展】 2014年年末，全县有药品（医疗器械）生产、经营、使用单位663家，其中医疗机构272家、药品生产企业4、批发企业2家、连锁企业5家、零售企业168家、医疗器械生产企业50家、经营企业162家。其中，医疗器械生产企业执有各类医疗器械注册证件725个，其中一类产品注册证529个，二类产品注册证179个，三类产品注册证17个，产品以内窥镜及相关手术器械为主。是年，桐庐县举办首届医疗器械产业发展大会，成功创建省级药品安全示范县，浙江省医疗器械检验院在桐庐县成立受理点。

【药械监管】 2014年，县市场监督管理局对保健食品生产企业、医疗机构、药品批发企业、医疗器械生产企业等监督检查率100％，监测上报药品不良反应543例，医疗器械不良事件25例；开展医疗器械“五整治”专项行动、高温季节药品质量专项检查、定制式义齿专项检查、假冒中药“枳壳”专项检查等各类专项检查行动。开展涉药企业信用监管体系建设，评出A级药品生产企业2家、B级药品生产企业1家、C级药品生产企业1家；评出诚信医疗器械生产企业11家、守信43家、警示3家；评出诚信医疗器械经营企业3家、守信20家、警示1家；评出AAA级药店5家，AA级药店85家，A级药店23家，B级药店3家

桐庐县药品生产企业质量信用等级一览

表40

信用等级	企业名称	信用等级	企业名称	信用等级	企业名称
A	浙江施强制药有限公司、 杭州旺华药业有限公司	B	杭州老桐君制药有限公司	C	杭州桐君堂医药药材有限公司

桐庐县2014年医疗器械生产企业质量信用等级一览

表41

信用等级	企业名称
诚信	桐庐桐君堂大药房连锁有限公司迎春连锁店、桐君堂大药房连锁有限公司百康连锁店、浙江天松医疗器械股份有限公司、杭州光典医疗器械有限公司、杭州市桐庐医达器械设备厂、杭州康基医疗器械有限公司、桐庐优视医疗器械有限公司、桐庐福克医疗器械有限公司、桐庐精锐医疗器械有限公司、浙江申达斯奥医疗器械有限公司、杭州广硕医疗科技公司、桐庐子诚医疗器械有限公司、桐庐亿德医疗器械有限公司

续表 41

信用等级	企业名称
守信	桐庐弘毅医疗器械有限公司、桐庐医疗光学仪器总厂、杭州桐庐康友医疗设备有限公司、杭州桐庐时空候医疗器械有限公司、桐庐康博医用器械有限公司、杭州振兴医疗器械制造有限公司、桐庐奇美医疗器械有限公司、桐庐万禾医疗器械有限公司、桐庐康尔医疗器械有限公司、桐庐洲济医疗器械有限公司、浙江奥的特生物技术有限公司、杭州威晟生物科技有限公司、杭州申科医疗器械有限公司、杭州南宇医疗器械有限公司、杭州欧创医疗器械有限公司、杭州洁伊医疗器械有限公司、桐庐甲子医疗器械有限公司、桐庐博瑞达医疗器械有限公司、杭州拱康医疗科技有限公司、杭州威德医疗科技有限公司、桐庐欧典医疗器械有限公司、桐庐瑞克斯医疗器械有限公司、庐博益医疗器械有限公司、桐庐康力医疗设备有限公司、桐庐景天医疗器械有限公司、桐庐富尔克医疗器械有限公司、杭州优美医疗设备有限公司、桐桐庐新德医疗器械有限公司、桐庐康宇疗器械有限公司、杭州黄统医疗器械有限公司、桐庐迪诺医疗科技有限公司、桐庐慧康医疗器械有限公司、桐庐帆达医疗器械有限公司、杭州欧创医疗器械有限公司、桐庐庆成医疗器械有限公司、桐庐威高医疗器械有限公司、桐庐弘文医疗器械有限公司、桐庐脉迪医疗器械有限公司、桐庐昊诚医疗器械有限公司、桐庐康得医疗器械有限公司、杭州吉宁医疗设备有限公司、桐庐康乃馨医疗设备有限公司、桐庐澳凯医疗器械有限公司
警示	杭州汇大医疗器械有限公司、桐庐宏远医疗器械有限公司、桐庐亚泰医疗器械有限公司

桐庐县 2014 年医疗器械经营企业质量信用等级一览

表 42

信用等级	企业名称
诚信	杭州广硕医疗科技公司、桐庐子诚医疗器械有限公司、桐庐亿德医疗器械有限公司
守信	杭州黄统医疗器械有限公司、桐庐迪诺医疗科技有限公司、桐庐慧康医疗器械有限公司、桐庐帆达医疗器械有限公司、杭州欧创医疗器械有限公司、桐庐庆成医疗器械有限公司、桐庐威高医疗器械有限公司、桐庐弘文医疗器械有限公司、桐庐脉迪医疗器械有限公司、桐庐昊诚医疗器械有限公司、桐庐康得医疗器械有限公司、杭州吉宁医疗设备有限公司、桐庐康乃馨医疗设备有限公司、桐庐澳凯医疗器械有限公司
警示	桐庐亚泰医疗器械有限公司

桐庐县 2014 年度药品零售企业质量信用等级一览

表 43

信用等级	企业名称
AAA	桐君堂大药房连锁有限公司桐君连锁店、桐君堂大药房连锁有限公司分水连锁店、桐君堂大药房连锁有限公司瑶琳连锁店、桐庐怡生堂大药房连锁有限公司广场路连锁店、桐庐好邻居大药房连锁有限公司梧桐连锁店

续表 43

信用等级	企业名称
AA	桐君堂大药房连锁有限公司迎春连锁店、桐君堂大药房连锁有限公司百康连锁店、桐君堂大药房连锁有限公司保康连锁店、桐君堂大药房连锁有限公司东门连锁店、桐君堂大药房连锁有限公司石马连锁店、桐君堂大药房连锁有限公司富春连锁店、桐君堂大药房连锁有限公司惠民连锁店、桐君堂大药房连锁有限公司城西连锁店、桐君堂大药房连锁有限公司东兴连锁店、桐君堂大药房连锁有限公司百姓连锁店、桐君堂大药房连锁有限公司嘉南连锁店、桐君堂大药房连锁有限公司康使连锁店、桐君堂大药房连锁有限公司李家连锁店、桐君堂大药房连锁有限公司七里泷连锁店、桐君堂大药房连锁有限公司武盛连锁店、桐君堂大药房连锁有限公司怡景连锁店、桐君堂大药房连锁、桐君堂大药房连锁有限公司百江连锁店、桐君堂大药房连锁有限公司凤川连锁店、桐君堂大药房连锁有限公司旧县连锁店、桐君堂大药房连锁有限公司合村连锁店、桐君堂大药房连锁有限公司横村连锁店、桐君堂大药房连锁有限公司老街连锁店、桐君堂大药房连锁有限公司岩桥连锁店、桐君堂大药房连锁有限公司阳普连锁店、桐君堂大药房连锁有限公司方埠连锁店、有限公司安保连锁店、桐君堂大药房连锁有限公司钟山连锁店、桐君堂大药房连锁有限公司东溪连锁店、桐君堂大药房连锁有限公司城南连锁店、桐庐怡生堂大药房连锁有限公司分水连锁店、怡生堂大药房连锁有限公司富春路连锁店、怡生堂大药房连锁有限公司上洋洲连锁店、怡生堂大药房连锁有限公司瑶琳路第二连锁店、怡生堂大药房连锁有限公司瑶琳路连锁店、怡生堂大药房连锁有限公司横村连锁店、怡生堂大药房连锁有限公司集市路连锁店、怡生堂大药房连锁有限公司分水玉华街连锁店、怡生堂大药房连锁有限公司分水站前连锁店、怡生堂大药房连锁有限公司凤川连锁店、怡生堂大药房连锁有限公司合村连锁店、怡生堂大药房连锁有限公司迎春路连锁店、怡生堂大药房连锁有限公司圆通连锁店、怡生堂大药房连锁有限公司窄溪连锁店、怡生堂大药房连锁有限公司钟山连锁店、怡生堂大药房连锁有限公司春枫连锁店、怡生堂大药房连锁有限公司大联路连锁店、怡生堂大药房连锁有限公司石马连锁店、怡生堂大药房连锁有限公司双湖连锁店、桐庐好邻居大药房连锁有限公司百江连锁店、好邻居大药房连锁有限公司分水连锁店、好邻居大药房连锁有限公司富春江镇连锁店、好邻居大药房连锁有限公司富春路连锁店、桐庐惠安大药房连锁有限公司东溪连锁店、惠安大药房连锁有限公司凤川连锁店、惠安大药房连锁有限公司横村连锁店、惠安大药房连锁有限公司双湖连锁店、惠安大药房连锁有限公司西关连锁店、桐庐春天大药房连锁有限公司白云源路连锁店、春天大药房连锁有限公司广场路连锁店、春天大药房连锁有限公司深澳连锁店、春天大药房连锁有限公司新街连锁店、春天大药房连锁有限公司窄溪连锁店、杭州欣舟大药房连锁有限公司桐庐家景店、欣舟大药房连锁有限公司桐庐上洋洲店、欣舟大药房连锁有限公司桐庐阳光华庭店、杭州海王星辰健康药房有限公司迎春南路店、桐庐安康药店、桐庐分水舒心堂药房、桐庐红丰药店、桐庐以琳药店、桐庐友和药店、桐庐桐君堂大药房连锁有限公司乔林连锁店、桐庐正大药房、桐庐神农药店七里泷分店、桐庐神农药房桐庐春天大药房连锁有限公司白云源路连锁店、春天大药房连锁有限公司广场路连锁店

续表 43

信用等级	企业名称
A	桐君堂大药房连锁有限公司青山连锁店、桐君堂大药房连锁有限公司鑫龙连锁店、桐君堂大药房连锁有限公司深澳连锁店、桐庐怡生堂大药房连锁有限公司春江路连锁店、怡生堂大药房连锁有限公司分水吴家山连锁店、怡生堂大药房连锁有限公司临溪连锁店、怡生堂大药房连锁有限公司泷江连锁店、怡生堂大药房连锁有限公司瑶琳友谊路连锁店、桐庐好邻居大药房连锁有限公司高翔连锁店、好邻居大药房连锁有限公司旧县连锁店、好邻居大药房连锁有限公司胜峰连锁店、好邻居大药房连锁有限公司株山连锁店、桐庐惠安大药房连锁有限公司徐家埠连锁店、惠安大药房连锁有限公司佳安连锁店、杭州欣舟大药房连锁有限公司桐庐石阜店、桐庐春天大药房连锁有限公司大联路连锁店、桐庐康源药房、桐庐亲和药店、桐庐恒春堂大药房有限公司、杭州尽心药店连锁有限公司桐庐凤川连锁店、杭州县泰福大药房桐庐上洋洲分店、桐庐康力药店
B	桐庐泰乐药店、桐庐桐晟堂药房、桐庐县泰宜药店

【餐饮服务行业监管】 2014年，县市场监督管理局全力推进餐饮食品安全量化公示，完成全县2000余家餐饮单位动态量化评定和信息公示；推进红、绿、蓝色标管理试点工作，在50家大型餐饮单位和学校食堂规范实施“阳光厨房”试点；实施餐饮服务环节肉与肉制品、食用明胶、食品添加剂、黄酒调味料、乳制品打“三非”专项整治，查处违法行为24起；牵头组织省级餐饮食品安全示范县创建并通过验收。

【特种设备安全监管】 2014年，县市场监督管理局全面执行22家重点监控单位、59台重点监控设备、160家使用单位现场检查计划；开展特种设备“打非治违”大排查、大清理专项整治，重点对甲鱼场锅炉、石材行业起重机械、快开门式压力容器、民用燃气钢瓶专项检查，治理隐患设备238台件，拆除、封存非法设备13台件。完善特种设备应急救援“96333”和“110”社会联动体系。

【技术服务】 2014年，县市场监督管理局检验检测中心食品部完成检验1086批次，质检部完成检验305批次，计量部完成计量器具检定、校准15000台；计量部通过计量扩项授权考核，新增8项检定项目和6项校准项目，率先完成省级计量建设项目建设；“浙江省圆珠笔检验检测中心”通过迁址复查，省级蜂产品检测中心有效运行。突出民生计量环境优化，基本实现在用加油机、电子秤、民用“三表”（水表、电能表、燃气表）、在用医疗计量仪器100%受检。

（应　慧）

·审计·

【概况】 2014年，县审计局完成审计和审计调查项目40个，查出违规资金244万元，管理不规范资金97648万元；出具审计报告50个，提出审计建议114条。刊发《桐庐审计》信息35篇，撰写的审计信息被省市审计机关采用19篇，被县领导批示15篇，提交的审计报告被县领导批示7篇。审计审结政府投资建设项目76个，审计核减19354万元，核减率11.9%；审结预算（标底）项目81个，审计核减造价1015万元，核减率0.7%。

【财政预算审计】 2014年，县审计局围绕全部政府性资金和资产脉络，创新审计理念、方法、手段和管理模式，从财政体制、管理框架、运行规程、职责履行等入手，对政府性资金、资产和资源流向、转化、绩效等进行全过程跟踪和评价，重点对企业奖励资金绩效、“三公”经费、涉农资金及财政存量资金的管理和绩效进行审计，重点延伸农村困难家庭危房改造专项资金审批、乡镇配套资金到位情况、准入和退出机制及救助标准细化等问题。揭露并纠正部分单位“三公”经费使用问题，查出预算执行过程中管理不规范金额2.34亿元。

【领导干部经济责任审计】 2014年年初，县审计局正式出台部门和乡镇领导干部经济责任审计“操作办法”，结合桐庐经济社会发展和经济责任审计实际，建立反映领导干部经济责任履行情况评价指标体系，采用定量与定性分析相结合办法，按任务完成情况、地方财政收入情况、社会保障覆盖、历史问题解决、村级集体经济监管情况、廉洁从政满意度情况等40个大类，97个指标量化到具体分值打分，根据打分结果评价领导干部履职情况A、B、C、D等（优、良、中、差）直接评价。全年实施领导干部经济责任审计项目11个，提出审计意见建议38条，督促被审计单位建立健全规章制度8项。

【专项资金审计】 2014年，县审计局重点审计土地出让金、涉农资金、财政存量资金、区县协作资金等专项资金。8月，局派出总审计师1名及一线审计人员10名赴上虞开展两个半月审计（桐庐县由衢州市审计组组织实施），顺利完成任务。在对专项审计项目实施中，重点审计各类专项资金立项、资金投入规范性、使用真实合规性及挤占挪用专项资金问题。通过审计，查出违规资金244万元，对地方财政配套资金不到位、往来款项结算不及时、救助项目申报混乱等问题，逐一剖析原因，减少财政资金浪费，保证国家各项惠民政策落实。

【政府投资建设项目审计】 2014年，县审计局重视现场实地测量察看，抽查核对工程量及协审单位审计工作质量。通过定期不定期检查，对重点工程工期、工程质量及跟踪审计过程中协审单位的人员到岗情况进行跟踪记录，并以此作为参考依据，加大对协审单位考核，细化协审单位考核评分细则。对政府投资项目建设中，施工单位擅自改变设计图施工工艺，偷工减料，监理单位未及时采取相应措施，监理职责履行不到位等情况，县审计局发函要求业务主管单位作出处理；对工程结算虚高、部分工程工期严重滞后等问题，审计部门提出加强合同管理，促使建设单位规范项目管理，加强制度建设等建议。是年，审计审结政府投资建设项目76个，审计核减19354万元，核减率11.9%；审结预算（标底）项目81个，审计核减造价1015万元，核减率0.7%。

杭州市公务支出、公款消费专项审计督查汇报会

【审计建议整改】 2014年，县审计局在建立审计整改台账、完善跟踪回访、督查考核的同时，探索建立审计整改联动机制。10月，县政府建立审计整改工作联席会议制度（桐政办〔2014〕142号），联合纪委（监察局）、组织部、财政（税务）局等部门监督审计整改。如2013年审计署上海特派办审计桐庐县负债情况项目后，县政府及时出台《关于加强乡镇（街道）政府性债务和管理办法的通知》（桐政发〔2014〕20号），进一步加强乡镇（街道）政府性债务管理。在保障性安居工程跟踪审计项目中，审计反映住房保障资金因投向渠道过窄，导致住房保障资金结余连续3年超亿元等情况，4月，县政府及时下发《关于印发桐庐县公共租赁住房租赁管理办法（试行）的通知》，同意统筹使用廉租住房保障资金7145万元，购置下轮等4处200多套13200余平方米安置房作为县公共租赁住房。

【内部审计】 2014年，县审计局加强各内审协会成员单位工作指导，走访调研内审协会成员单位，指导完成横村镇村级财务收支内部审计，提高内审人员业务水平。（黄　群）

·统计·

【概况】 2014年，根据中共国家统计局浙江调查总队党组关于桐庐县统计局、国家统计局桐庐调查队党组分设意见，中共桐庐县委于是年11月发文，撤销中共桐庐县统计局、国家统计局桐庐调查队党组，建立中共桐庐县统计局党组和中共国家统计局桐庐调查队党组。党组分设后，局、队行政主要领导职务也作相应调整。县统计局与国家统计局桐庐调查队合署办公。是年，县统计局与桐庐调查队着力推进统一的基本单位名录库、统一的一套表调查制度、统一的数据采集处理软件平台、统一的联网直报系统“四大工程”建设，改革统计方法制度，夯实基层基础工作。是年，桐庐调查队获“第三次全国经济普查国家级先进集体”“全省调查队系统综合考核一等奖”称号，县统计局连续5年被评为“杭州市统计调查系统综合考评先进单位”。

【专业统计】 2014年，桐庐县统计局以“夯实统计基础、确保数据质量、提高服务水平”为目标，执行强化组织实施、明确目标责任、落实规范标准、加强沟通协调、完善评估机制5项措施。加强专业统计，完成综合、核算、农业、工业、固定资产投资、建筑业、能源、贸易和旅游业、服务业、城乡住户调查、消费价格、劳动工资、科技、民情民意调查、统计教育、基本单位名录库管理等专业统计任务。

【民情民意调查】 2014年，县统计局完成民情民意调查项目19个，其中省、市调查项目8个，分别为：杭州市三城三区评价体系主观评价调查、杭州市“五水共治”民意调查、桐庐县农业社会化服务体系建设调查、浙江省乡村旅游发展情况调查、杭州城市文明指数测评、2014年党风廉政建设调查、杭州市垃圾分类公众满意度调查、美丽杭州建设民意调查。自行开展调查项目11个，分别为：党的群众路线教育实践活动和“四风”问题调查、县级医院门诊病人满意度调查、医疗卫生出院病人满意度调查、医疗卫生服务满意度调查、第三届桐庐“百姓日”调查、“4050”人员就业服务问卷调查、科技服务问卷调查、社区（村）医疗服务情况问卷调查、桐庐县工业企业生产经营情况调查、民生幸福指数调查、平安桐庐调查等。

【居民消费价格调查】 2014年，县统计局根据全县城镇居民家庭生活消费支出和农村居民家庭生活消费现金支出、社会消费品零售总额、县重点商场等调查资料，测算整理消费、零售价格2套权数，按时编算全年及分月价格指数。调整、充实部分调查网点，按照消费价格统计调查商品服务目录选定1200多个代表规格品，做好调查数据收集、审核、整理、录入，把好报表质量关，做到每月汇总后的居民消费价格指数能真实反映桐庐县居民消费和服务价格情况。

【城乡一体化住户调查】 2014年，国家统计局桐庐调查队继续开展城乡一体化住户调查和农民工监测调查。建立规范网点管理，做好数据核实、审核、预测预警、上报。实行调查员每月2次访户制度和桐庐县住户调查工作考核评比办法，规范和评定调查员工作质量。实施并完善例会制度，全年开展业务培训和经验交流4次。强化访户辅导，分阶段入户走访辅导，季度末开展数据质量大检查。多举措提高调查数据真实性、准确性和有效性。是年，改革城乡居民收入调查制度，实施城乡居民一体化收入调查，继续实施城镇居民人均可支配收入调查，农村居民人均纯收入调查改为农村居民人均可支配收入调查。

【低收入住户调查】 2014年，县统计局全面开展低收入住户跟踪调查工作，包括9个省级监测点和8个地方监测点。11月，联合县农办对全县低收入户进行调查认证，从中抽选新一轮调查样本。全年开展业务培训4次，通过规范网点管理，调查员每月按时到点入户收取账本、审核账表、填写一次性调查表，做好低收入住户数据核实、审核、预测预警、上报工作。

【粮食监测调查】 2014年，县统计局继续进行粮食监测调查，61个被抽中粮食监测调查小区分布在全县14个乡镇（街道）。组织调查人员开展业务培训，完成粮食生产统计监测台账规范化、核实数据、地图台账资料补充完善工作。9月，县统计局、发改局、农业局联合对全县粮食生产、统计监测开展检查，落实粮食安全责任制，杜绝耕地抛荒。

【统计服务】 2014年，县统计局、桐庐调查队结合实际，开展“美丽县城”综合指标体系研究，完成《“美丽县城”综合指标体系研究》课题，并荣获“浙江省统计学术类课题二等奖”；《统计电子台账推广应用的实践与探讨》《百舸争流千帆竞 创新发展绘宏图——桐庐县电子商务发展现状及思考》2篇论文入选“浙江省统计学会第十二次统计科学讨论会”交流论文，其中《统计电子台账推广应用的实践与探讨》获“浙江省统计学会第十二次统计科学讨论会暨省社会科学界第二届学术年会分论坛”优秀论文三等奖。是年，撰写调研文章与统计分析35篇、桐庐民情民意调查6篇、桐庐农村调查17篇。

【统计教育工作】 2014年，县统计局培训统计人员3407人次，其中统计专业培训1521人次，统计从业资格认定考前培训156人（139人取得上岗证），统计从业资格持证人员继续教育培训1730人。是年，统计教育连续5年获杭州市统计系统专业考核第一名。

【统计普法执法】 2014年，县统计局组织统计法制工作人员在县科普宣传周启动仪式上分发统计法宣传手册、开展统计业务与统计法知识咨询活动；利用“12•4”全国法制宣传日、“12•8”《中华人民共和国统计法》颁布日和中国统计开放日、法制宣传月等，运用广播电视、报纸、网络、手机、在线学习等传媒，设立统计“六五”普法栏目，在《今日桐庐》发表《大力夯实法治基础 全面推进依法统计》文章；是年，撰写宣传统计法制和统计基础建设政务信息20余篇，悬挂横幅20余条，发放各类宣传册4500余册；利用微信、微博发布30余条法制宣传信息；3400余人次接受统计法律法规知识培训。全年稽查单位70家，查处统计违法案件59起，处罚5件，罚款13000元。

【统计基础建设】 2014年10月，县统计局配合杭州市统计局对富春江镇等5个乡镇（街道）进行统计调查工作先进乡镇（街道）复评并验收成功。经县统计局审核推荐，横村镇被浙江省统计局评为“浙江省首批乡镇（街道）统计基层基础工作示范点建设单位”，杭州正环实业有限公司等19家单位被杭州市统计局授予“杭州市统计诚信单位”，其中11家单位连续2年获得杭州市统计诚信单位称号。经县统计局考核验收，桐庐双宇塑胶制品有限公司等3家企业为桐庐县统计规范化企业。是年末，全县有杭州市统计调查先进乡镇（街道）8个，县级统计规范化行政村126个、统计规范化企业69家。

【统计工作目标考核】 2014年，县统计局继续对各乡镇（街道）、桐庐经济开发区、迎春商务区、县直单位开展以“日常统计工作和经济普查”为内容的统计目标考核。并纳入县委、县政府“五好”服务型乡镇（街道）、园区和县直单位“三比一讲”年度综合考核。是年末，各考核单位均完成统计工作目标。

·普查·

【第三次经济普查】 第三次经济普查始于2013年5月。2014年1月，第三次经济普查进入现场登记阶段。为确保普查数据质量，2月，县经普办对全县经济普查法人单位和产业单位现场登记工作进行督查，内容包括：法人单位和产业单位现场登记情况；单位数据质量控制情况及告知书发放方式；宣传情况包括宣传横幅、公告、一封信、告知书发放情况等。采取听取乡镇（街道）经普办汇报和了解现场登记情况结合督查方式。每个乡镇（街道）选择一个普查区中的2家非联网直报单位和1家联网直报单位进行PDA数据采集，了解现场登记全过程，重点了解单位主要经济指标填报情况。3月，进行普查登记查遗补漏工作，各乡镇（街道）对照核查底册和部门资料进行梳理，对未找到的单位分析原因、查找问题，采取现场踏查、网络搜索、电话核查、114查询等方式进行查遗补漏，确保普查对象应查尽查。在“浙江省经济普查事后质量抽查”中，桐庐县通过“浙江省经济普查事后质量抽查”，并荣获“第三次全国经济普查国家级先进集体”。

（姚健云）

·安全生产监管·

【概况】 2014年，桐庐县发生各类安全生产事故246起，死亡47人，直接经济损失213.7956万元，事故起数比2013年下降21.15%，死亡人数同比下降7.84%，直接经济损失同比下降49.82%。其中工矿企业发生生产事故4起、死亡4人，直接经济损失160万元，事故起数和死亡人数与2013年持平，直接经济损失同比下降15.79%；道路交通发生生产事故167起、死亡43人，直接经济损失40.12万元，同比分别下降3.47%、8.51%、8.53%；消防领域发生各类生产安全事故75起，未发生人员伤亡情况，直接经济损失13.6756万元，与2013年比，事故起数下降44.44%，直接经济损失下降92.88%。是年，各类事故起数、死亡人数和直接经济损失连续11年实现“零增长”。在杭州市安全生产综合目标管理责任制考核中，桐庐县政府被评为优秀单位；县安全生产监督管理局局长丁有理被评为全国安全生产监管监察先进个人。

【安全生产责任制落实】 2014年，根据人事变动和工作需要，及时调整桐庐县安全生产委员会成员并修订完善《桐庐县安全生产综合目标管理任务书》，与16个乡镇（街道、开发区、商务区）和29个安委会成员单位签订安全生产任务书。3月，制定出台《桐庐县提升安全生产水平3年行动计划》。4月10日，县委常委会专题听取安全生产工作汇报，研究安全生产工作。县安监局分别召开安全生产工作季度例会，研究部署阶段性安全生产工作。

【安全生产标准化创建】 2014年初，县安监局将安全生产标准化创建任务进行分解，明确各乡镇（街道）、管委会和有关部门达标创建任务。是年，新签订安全生产标准化创建咨询服务协议企业242家，新申报标准化评审企业154家。至年底，有140家工贸企业（矿山、危化、烟花企业除外）完成安全生产标准化创建，其中国一级1家，国二级14家，国三级125家。

【宣传教育】 2014年，县安监局围绕“强化红线意识、促进安全发展”主题，部署开展第13个“安全生产月”活动。6月3日举行安全生产月启动仪式暨大型广场咨询活动，现场发放宣传资料5000余册；在《今日桐庐》开辟“安全生产　警钟长鸣”专栏；在桐庐电视台黄金时段播放安全生产公益宣传片；以知识竞赛、张贴挂图、应急演练、安全咨询、送戏（电影）下乡等形式全面开展安全生产月活动。组织乡镇主要领导、分管领导赴市委党校参加安全生产专题培训。组织培训“3项”岗位人员（企业主要负责人、安管员、特种作业人员）1850人；组织制定《桐庐县全员安全培训实施方案》，编印、制作、发放50000份《企业员工安全知识读本》和警示光盘。全年培训企业一线员工35000余人次。

【应急救援体系建设】 2014年，县安监局修订完善并经县政府同意下发《桐庐县生产安全事故应急救援预案》《桐庐县非煤矿山事故应急救援预案》《桐庐县危险化学品事故应急救援预案》《桐庐县危险化学品运输泄漏事故应急救援预案》。“5·12”防震减灾日，全县各学校开展消防、地震、交通、山体滑坡等应急逃生演练，3万余师生参与演练；5月18日，桐庐境内发生一起危化品运输车侧翻事故，县安监局立即启动《桐庐县危险化学品运输泄漏事

桐庐县第13个“安全生产月”活动启动仪式

故应急救援预案》，组织相关人员到事故现场，配合有关部门成功处置，确保第一时间控制危化品外泄。6月—7月，分别组织开展天目溪景区水上救生应急预案演练、危化品泄漏应急演练。

【安全生产大检查】 2014年，县安监局按照“全覆盖、零容忍、严执法、重实效”要求，开展安全生产大排查大整治工作。全年出动检查人员5118人次，检查企业3561家次，排查整改隐患6038个，发出整改通知等各类执法文书1078份。责令停产停业15家。对12家重点事故隐患单位挂牌督办。

【安全生产专项整治】 矿山整治：印发《2014年桐庐县矿山专项整治实施方案》，重点整治地下矿井巷通风、采场面控制，露天矿山台阶高度控制、二次破碎管理。督促企业按“开采设计方案”和“安全生产专篇”要求组织开采。

危化品整治：是年，县安监局受理危险化学品行政审批项目21件，安全生产备案审查45件。检查重点监管危险化学品企业46家次，制作现场检查记录30余份，发出限期整改指令书14份，现场处理措施决定书3份，排查各类隐患49条。

旅游行业整治：2014年“五一”劳动节前夕，县安监局组织市场监管、旅游等部门，采取“四不两直”（不发通知、不打招呼、不听汇报、不用陪同接待，直奔基层、直插现场）方式，对全县重点旅游企业安全生产各项规章制度建立健全、安全生产责任制落实、从业人员安全生产教育培训、特种作业人员持证上岗、应急预案制定及演练、现场管理及设备设施安全管理等进行专项督查，发现隐患60余处，下发整改指令书10份。

烟花爆竹整治：2014年春节，组织安监、公安、工商、质监等部门，重点打击烟花爆竹无证销售、储存等违法行为，取缔非法销售点1家，捣毁非法经营储存点5个，收缴非法烟花爆竹1008件，立案查处违法行为7起，治安拘留4人。

有限空间作业专项整治：是年4月，县安监局制定下发《关于印发有限空间作业中毒窒息事故等三个专项整治方案》。6月中旬，召开专项整治工作推进会。全年检查300余家单位，发现隐患500余处，至年底全部整改到位。

燃气管网安全专项整治：是年4月，县安监局联合住建、公安、城管、交运、质监等部门，对辖区内燃气管网安全进行联合执法，排查整改隐患7处，发现重大事故隐患1处。

【安监执法检查】 2014年，县安监局制作现场检查记录232份，现场处理措施决定书18份，整改指令书232份，立案查处安全生产违法案件33起，处罚金额130.9万元。

【“三合一”综合整治试点】 2014年，县安监局完成横村镇工业园区41家企业整治工作。自2013年始，县安监局在横村镇开展“三合一”场所综合整治试点。依据横村镇“三合一”场所综合整治方案，用3年时间对横村针纺织企业 “三合一”场所进行专项整治。

【基层安监队伍建设】 2014年，县安监局针对乡镇、街道、管委会安全监管人员年龄老化、文化层次低、安全生产业务水平参差不齐等情况，对全县基层安全生产监管人员进行调整。分批组织乡镇、街道、管委会安全中队长和安监员业务培训。利用“周四夜学”，加强全局干部理论和业务学习，提升干部职工业务水平和综合素质。

（童子赛）

【责任编辑：骆国庆】

党　政

·中共桐庐县委·

【县委十三届六次全会】 2014年1月6日，召开县委十三届六次全会暨县政府十五届五次全体（扩大）会议，会议主要任务是：认真学习贯彻中共十八大和十八届三中全会以及中央经济工作会议、省市全会精神，回顾总结2013年主要工作，研究部署2014年重点任务，动员全县广大干部群众改革创新、苦干实干，全面加快“中国最美县”建设，努力开创潇洒桐庐绿色崛起、转型发展新局面。会议要求，全县各级各部门要着力抓改革，深化认识，明确重点，加强领导，在激发活力上有新突破。要着力抓转型，打造一批重大平台，主攻一批重大项目，做强一批重大产业，在产业升级上有新成效。要着力抓治水，强势推进“五水共治”，深入弘扬生态文化，积极转化生态优势，在生态文明上有新推进。要着力抓统筹，打造显山露水、文化深厚的“最美县城”，在美丽城乡上有新提升。要着力抓文化，加快提高群众文明素质，优化公共文化服务体系，打响区域特色文化品牌，在人文桐庐上有新水平。要着力抓民生，办好惠民实事，发展公共事业，创新社会管理，在惠民安民上有新改善。要着力抓党建，狠抓群众路线教育、基层组织建设和党风廉政建设，在固本强基上有新加强。会议审议通过《中共桐庐县委关于认真学习贯彻党的十八届三中全会精神全面深化改革的决定》。

【县委十三届七次全会】 2014年7月25日，召开县委十三届七次全会暨县政府十五届六次全体（扩大）会议。会议主要任务是：认真学习贯彻省委、市委全会精神，动员全县广大干部群众以发展“美丽经济”为突破口，奋发有为、狠抓落实，破难奋进实现经济社会发展全年红。会议要求，全县上下要以转型升级为突破点，以产业提升引领转型，以重大平台支撑转型，以创新驱动推动转型，进一步做强实体经济。要以项目攻坚为支撑点，狠抓项目谋划与招引，狠抓项目推进与竣工，狠抓项目服务与保障，进一步扩大有效投资。要以城乡环境为主攻点，突出治污抓治水，多管齐下创无违，美丽城乡成风景，进一步打造风景桐庐。要以创新探索为动力点，解放思想、持续推进，突出重点、分类推进，统筹协调、联动推进，进一步放大改革红利。要以民生幸福为落脚点，健全人人珍惜的家园呵护共建机制，健全人人共享的社会事业发展机制，健全人人参与的平安建设联动机制，进一步加强社会治理。要以深入推进党的群众路线教育实践活动为动力，振奋精神、真抓实干，为全面建设“中国最美县”而不懈奋斗。会议审议通过《中共桐庐县委关于大力发展“美丽经济”的决定》。

【县委常委会议】 2014年1月3日，召开县委常委会，听取“五水共治”、土地出让、“三改一拆”“无违建县”创建和2014年度融资计划等相关工作汇报，研究中国美院桐庐校区引进项目，审议《县委、县政府全会工作报告》《中共桐庐县委关于认真学习贯彻党的十八届三中全会精神全面深化改革的决定》与2014年改革工作计划。

1月7日，县委常委会研究有关组织工作。

1月10日，县委常委会听取“两会”筹备、解放思想大讨论活动安排等工作汇报，审议“五水共治”、土地出让、“三改一拆”、“无违建县”创建和2014年度融资计划等工作的实施方案及意见，研究有关组织工作。

1月27日，县委常委会传达中央纪委全会、全省政法工作会议精神，听取杭黄铁路前期工作和指挥部成立工作汇报，研究全县党的群众路线教育实践活动方案和评比表彰事宜，审议《今日桐庐》增发工作方案。

2月17日，县委常委会听取纪检工作、政法（信访）工作和党群工作汇报，研究全县党的群众路线教育实践活动方案。县委常委（扩大）会议，省市委驻桐庐联合督导组组长鲁凤参会并作工作部署。

2月27日，县委常委会听取农业农村工作、2013年度县政府质量奖企业审定情况、2013年度经济政策兑现及表彰奖励安排情况汇报，交流月度工作。

3月28日，县委常委会听取城市规划馆设计方案、杭黄铁路建设指挥部工作、政协有关组织建设、全县“保供水”情况调研报告等相关工作汇报，审议《桐庐县县管领导干部“四比一争”考核评价实施办法（试行）》、《桐庐县在重点工作中专项考察干部实施办法（试行）》、2013年度县管干部考核等次评定建议、关于开展“三诺三比”电视助政活动的实施方案、《桐庐县村级组织运行规则（试行）》、信访积案包案化解方案与下访约访计划等事宜，交流月度工作。

4月16日，县委常委会听取进一步整治文山会海、清理办公场所和县纪委有关工作等情况汇报，审议《重实体、兴实业、办实事活动实施意见》和2014年度乡镇（街道）、机关部门综合考评办法等相关事宜。

4月23日，县委常委会听取有关人事工作、县委常委会征集意见建议等工作汇报。

4月30日，县委常委会专题研究城南街道工作，审议领导干部出国管理办法和年度计划，交流月度工作。

5月19日，县委常委会听取化学品运输车侧翻事故处置情况汇报，研究党的群众路线教育实践活动有关工作、大学生村干部待遇问题和有关组织人事工作，通报杭州市对县综合考评有关情况，书面审议县归国华侨联合会换届有关候选人预备人选名单与《完善惩防体系建设廉洁桐庐2014—2017年实施办法》。

5月27日，县委常委会审议县委领导班子对照检查材料和《县管领导干部不敢担当情形问责办法（试行）》，传达省委全委会和专题学习会精神，集中学习《习近平总书记指导兰考县委常委班子专题民主生活会时的重要讲话精神》。

6月24日，县委常委会通报县级领导班子作风建设情况及存在问题，集中观看《中共农安县委常委班子专题民主生活会实录剪辑》。

6月27日，县委常委会专题分析县委常委会意见建议，听取有关项目招商进展情况汇报，审议“七一”表彰名单及《关于进一步加强村干部队伍建设的实施意见》《关于加快工业经济转型升级的若干意见》《关于深化工业企业综合评价和分类服务的实施意见（试行）》《桐庐县拟提任县管领导干部财产申报办法》等事项，研究有关组织工作。

7月4日，县委常委会研究县委常委会民主生活会有关事宜，审议“三诺三比”电视助政活动方案，听取第二届桐商大会筹备工作汇报。

7月7至8日，县委常委召开专题民主生活会。

7月17日，县委常委（扩大）会议审议县委常委会“四风”问题分解整改方案，传达学习习近平总书记重要讲话和省委常委（扩大）会议精神，

7月24日，县委常委会审议《中共桐庐县委关于大力发展“美丽经济”的决定》《县委十三届七次全会暨县政府十五届六次全体（扩大）会议工作报告》《桐庐县重大项目突破221计划》，听取县领导联系招商项目安排情况汇报。

8月4日，县委常委会传达学习全省国防动员工作会议精神，交流月度工作。

8月12日，县委常委会听取国际箱包2.5产业园引进工作和首届杰出桐商评选相关事宜汇报，研究县委常委会“四风”问题整改工作。

9月4日，县委常委会研究有关组织人事工作，听取县人大、县政府、县政协党组教育实践活动整改方案汇报，审议《关于进一步加强政协工作的意见》与《全县政协工作会议方案》，传达学习省委书记夏宝龙在教育实践活动整改落实情况汇报会上的讲话精神，交流月度工作。

9月30日，县委常委会审议《桐庐推进“三区”建设，加快信息经济发展三年行动计划（2014—2016）》《桐庐工业龙头企业和成长型企业双培育计划（2014—2016）》《关于推进村落景区建设的实施意见》等事项。

10月14日，县委常委会听取党的群众路线教育实践活动近期工作汇报，审议《海康威视安防产业基地（桐庐）项目投资协议》和《关于“精准对接、精准服务”支持医疗器械产业提升发展的若干意见》。

10月31日，县委常委会分析全县三季度经济形势，审议国际箱包2.5产业园项目协议，传达市委常委、组织部长张仲灿来桐调研讲话精神，研究有关组织人事工作和交流月度工作。

12月1日，县委常委会听取杭黄铁路场站规划设计方案汇报，研究组织人事工作和交流月度工作。

12月31日，县委常委会听取关于开展巡察工作的汇报，审议关于开展“送温暖、献爱心”活动方案、公交一体化改造方案、阳明山精品度假酒店项目投资协议和机构改革方案，研究有关组织人事工作，交流月度工作。

【政法工作会议】 2014年2月25日，全县政法（综治）信访工作会议召开。会议主要任务是：通报2013年度全县政法综治信访工作情况，部署2014年工作任务。会议指出，2014年全县政法（综治）信访工作要围绕中心大局，积极谋划，全力保障经济社会平稳健康发展；要围绕主体任务，细化举措，加大力度，切实维护社会大局稳定，努力实现社会公平正义，全力保障人民安居乐业；要强化基层自治，完善社会治理体系，总结推广村级银龄互助会等做法，深化改革创新，进一步提升社会管理；要重视初访、畅通渠道，重视结案、尽力减少，重视长效、完善制度，切实推进信访维稳工作。要强化保障，努力建设一支信念坚定、执法为民、敢于担当、清正廉洁的干部队伍。会上签订2014年度社会管理综合治理工作目标管理、维护稳定工作目标管理、信访与县长公开电话工作目标管理责任书。

【农村工作会议】 2014年2月28日，全县农村工作会议召开。会议主要任务是：回顾总结2013年工作成绩，全面部署2014年工作任务。会议要求，全县各级各部门要进一步明确思路，创新实干，紧紧围绕改革赋权、转型强农、治水美村、惠民增收的总要求，大力推进农业发展方式、乡村建设方式、农民增收方式和基层治理方式的转变，着力健全城乡发展一体化体制机制，加快让农业强起来、农村美起来、农民富起来，全力推进以“生态美、城乡美、产业美、人文美、生活美”为内涵的“中国最美县”建设。

【纪委全会】 2014年2月19日，桐庐县第十三届纪律检查委员会第四次全体（扩大）会议暨全县党风廉政建设和反腐败工作大会召开。会议主要任务是：全面学习贯彻中央纪委十八届三次全会精神和省、市纪委全会精神，回顾2013年全县党风廉政建设和反腐败工作，部署2014年工作任务。2014党风廉政建设和反腐败工作总体要求是：深刻领会总书记习近平就党风廉政建设和反腐败斗争发表的系列重要讲话精神，全面学习贯彻十八届中央纪委三次全会精神和省、市纪委全会精神，进一步推进党风廉政建设和反腐败工作，为“中国最美县”建设提供强有力的纪律和作风保障。

【党建工作会议】 2014年2月19日，全县党建工作会议召开。会议主要任务是：回顾2013年全县组织、宣传思想和统战工作，全面部署2014年工作任务。会议要求：组织工作要突出选贤任能，加强干部教育培养，从严监管干部，切实解决好一些基层党组织“软弱涣散”问题，大力实施人才招引和培育工程。宣传工作要着力推动中共十八大和十八届三中全会精神以及习近平总书记系列重要讲话精神的学习宣传贯彻，加大对负面问题的曝光力度，积极抢占信息制高点。统战工作要突出凝心聚力，精心组织第二届桐商大会，不断深化“同心服务”“海外顾问团”等活动，发挥广泛联系统一战线成员的优势，努力在服务全县经济社会发展中作出更大贡献。

【县委理论学习中心组学习会】 2014年1月15日，县委理论学习中心组学习、听取市委常委、秘书长许勤华作中共十八届三中全会精神专题辅导报告。

3月7日，举行“党的群众路线”专题学习会，观看《苏联亡党亡国二十年祭》1—3集。

3月12日，举行“党的群众路线”专题学习会，观看《苏联亡党亡国二十年祭》4—6集。

3月20日下午，举行“党的群众路线”专题学习会，传达学习总书记习近平重要讲话精神。

3月20日晚上，听取省委党校郭亚丁教授作“坚持和贯彻党的群众路线”专题报告。

3月27日，举行“党的群众路线”专题学习会，观看廉政教育片《失德之害》和反邪教教育片《较量》，传达习近平总书记在河南省兰考县调研指导党的群众路线教育实践活动时的讲话精神。

4月3日，举行“党的群众路线”专题学习会，观看教育片《焦裕禄》。

4月9日，举行“党的群众路线”专题讨论会。

4月15日，举行“党的群众路线”专题学习会，观看视频《“感动中国”2013年度人物颁奖晚会》。

4月22日，举行“党的群众路线”专题学习会，学习新华社、人民日报“焦裕禄精神”评论文章。

4月23日，举行“党的群众路线”专题学习会，观看《焦裕禄1966》等有关焦裕禄先进事迹视频。

4月28日，举行“党的群众路线”专题学习会，观看纪实影片《甲午！甲午！》，听取省委常委、省军区政委王新海介绍有关情况。

5月9日，举行“党的群众路线”专题学习会，学习传达5月2日总书记习近平两个重要批示精神和5月6日中央党的群众路线教育实践活动视频会议精神。

5月22日，听取省住建厅原副厅长胡理琛作“美丽中国之建筑与人文”专题报告。

5月29日，举行“党的群众路线”专题学习会，开展“学习身边先进典型”宣讲活动，观看“5·18”事故应急处置、第三届“桐庐百姓日”活动视频。

6月19日，听取浙江工商大学法学院院长谭世贵作“领导干部法制思维与法制方式”专题报告。

7月10日，听取省政府副秘书长、研究室主任沈建明作“经济转型升级”专题报告。

7月31日上午，观看中宣部副部长、中央网络安全和信息化领导小组办公室主任、国家互联网信息办公室主任鲁炜在“浙江论坛”报告会上所作的专题报告视频。

7月31日晚上，听取省委党校副校长、巡视员郑仓元作“习近平总书记系列重要讲话精神”辅导报告。

8月21日，听取省环保厅副厅长、省治水办副主任方敏作“五水共治 治污先行”专题报告。

8月28日，观看中央社会主义学院党组书记、第一副院长叶小文在“浙江论坛”报告会上所作的专题报告视频。

9月3日，赴滨江区、西湖区、西湖风景名胜区、临安市，考察学习经济社会发展经验、做法。

9月18日，听取南京陆军指挥学院军队政工系教授张政文作“我国周边安全形势”专题报告。

9月28日，听取省政府智慧城市建设专家咨询委员会专家、省杭电智慧城市研究中心副主任、特聘研究员孙谦作“国际视野的智慧城市/智慧经济—探索、创新与技术趋势”专题报告。

10月9日，学习总书记习近平在党的群众路线教育实践活动总结大会上的重要讲话精神。

10月15日，听取中国电子科技集团公司第五十二研究所所长、杭州海康威视数字技术股份有限公司董事长陈宗年作“物联网经济发展”专题报告。

11月6日，听取市纪委副书记陈建华作廉政专题报告。

12月8日至10日，赴嘉兴市桐乡市、江苏省宜兴市、江阴市、张家港市和常熟市考察学习。

12月27日，参加全县经济社会发展务虚研讨会。

【调查研究】 2014年，桐庐县委办公室围绕全县工作重点，统筹安排县级重点调研课题，为县委决策提供参考和依据。结合县领导分管工作，按照“重在解决问题、重在成果转化”的要求，开展县委、县政府领导重点调研课题，形成优秀调研报告14篇。为提高县委办公室年轻干部的调查研究能力、文章写作能力，开展实施“每周一练笔”“一月一调研”的青蓝赛马·综合素质提升工程，共计完成调研文章200余篇。完成县市联动课题《关于桐庐县农村居家养老模式的研究》；牵头相关职能部门共同完成《富春江风景区现有旅游资源分析及下一步发展研究》《关于整合全县党政部门对外公开电话资源，进一步做强百姓热线967000的调研报告》《“美丽县”综合评价指标体系研究——以桐庐县为例开展实证探讨》等调研成果。

（王　云）

·纪检监察工作·

【推动党委主体责任落实】 2014年，县纪委（监察局）制定完善《桐庐县落实党风廉政建设责任制考核办法》，细化量化责任考核内容。建立健全履行党风廉政建设主体责任情况报告制度，各乡镇（街道）、机关部门党委（党组）均向县委、县纪委提交书面报告。县纪委听取乡镇（街道）和部分机关部门党委（党组）书记的专题汇报。对履行党风廉政建设主体责任不力的2家单位进行责任追究。

【党纪执行】 2014年，县纪委（监察局）加强对纪律执行情况的监督检查，强调“十个严禁”纪律规定，重点检查“五水共治”“无违建县”创建等县委、县政府重大决策部署贯彻落实情况。运用县重大决策执行监察平台，跟踪督查799个重大项目、重点工作。加大对执行不力情形的责任追究力度，发出《重大决策执行监察通报》9期，点名通报125人（次），约谈28名县管干部。专项督查14个县重点工程推进情况，调查处理3名村干部违规干预工程建设问题。对桐庐湓城污水处理厂违法排放污染物事件进行依纪处理，2名县管领导干部受到问责。

【作风建设】 2014年，县纪委（监察局）贯彻落实中央八项规定精神、县委“32条意见”，会同相关部门开展明察暗访45次，问责29人，发出书面通报18期，制作2期暗访视频，在全县干部大会上播放。开展区域性基层站所“公述民评”，47个基层站所负责人接受干部群众民主评议。全县2646名党员干部公开承诺不出入私人会所、不接受和持有私人会所会员卡。开展公务人员持股清退工作，7名公职人员清退经济合作社股份。加大效能投诉查处力度，22名机关工作人员因效能问题被问责。

【“三诺三比”电视助政】 2014年，县纪委（监察局）积极做好“三诺三比”电视助政活动，对26家单位开展“镜头督诺”明察暗访，检查发现的72个问题分别在三场节目现场曝光。

【违纪违法案件查处】 2014年，全县各级纪检监察组织共受理群众信访举报354件（次），立案106件，给予党政纪处分103人（次），13名党员干部被追究刑事责任。重点查办县环保局原党组副书记、副局长方仕民受贿案；县粮食收储公司原副经理申屠星海受贿案；城南街道春江村原村委主任郑根柱等4名党员干部挪用资金案；城南街道下洋洲村原党总支书记朱永平、原村委副主任兼报账员朱慧莲职务侵占、合同诈骗案；横村镇胜峰村原村委主任王关先贪污案等。同时，为58名党员干部澄清问题。

【办信办案工作制度】 2014年，县纪委（监察局）坚持依纪依法安全文明办案，建立问题线索定期集中排查、分析制度，进一步规范问题线索处置和查办案件工作流程。完善案件信息管理系统，加强对办案过程的管理和监督。完成信访谈话室规范化建设，推进下管一级协助办信办案和案件协助审理，提升基层办信办案能力。

【廉政教育】 2014年，县纪委（监察局）出台《关于开展党员干部谈话提醒教育的实施意见》，共谈话提醒493人（次），其中县纪委谈话提醒县管领导干部32人（次）。开通廉政微博、微信，组织机关单位“周四廉政夜学”8次，全县各单位党政一把手上专题廉政党课80余次，举办廉政书法大赛和廉政文化微作品大赛。拍摄《贪欲之害》警示教育片，以身边案例警示教育党员干部。

【监督工作】 2014年，县纪委（监察局）完善拟提任县管领导干部财产申报制度，将申报范围从拟提任县管副职扩大到拟提任县管正职，全年对58名干部进行财产申报、审核及公开。完善县管领导干部操办婚庆事宜报告制度，规范“一书一表一谈话”工作流程。会同有关部门开展村级财务管理情况专项检查，督促抓好问题整改。

【内设机构调整】 2014年，县纪委（监察局）优化调整县纪委机关内设机构，充实一线监督执纪工作力量，执纪监督科室和人员分别占到内设机构总数的70%和人员编制总数的73.3%。在取消或不再参与议事协调机构68个基础上，清理县纪委参与的议事协调机构。内设机构调整中，撤销办公室（干部室）设立办公室、干部室；撤销党风宣教室、效能监察室（纠风室）、执法监察室，设立党风政风监督室（县政府纠正行业不正之风办公室）、宣传教育室；撤销纪检监察室，设立第一纪检监察室、第二纪检监察室、第三纪检监察室。调整后，县纪委内设机构由原来8个增加到10个，即办公室、干部室、宣传教育室、党风政风监督室（县政府纠正行业不正之风办公室）、信访室、案件监督管理室、第一纪检监察室、第二纪检监察室、第三纪检监察室、案件审理室。

【基层纪委履职积分考核】 2014年，县纪委（监察局）制定乡镇（街道）纪（工）委和派驻机构履职积分制考核办法，通过细化任务、动态评估、每月排名、定期通报，推动基层纪检监察组织聚焦主责主业。

（陈妍羽）

·组织工作·

【党的群众路线教育实践活动】 2014年2月—10月，牵头开展全县党的群众路线教育实践活动，县四套班子、76个活动单位、662名县管以上领导干部、1942个基层党组织、29462名党员参加。严格落实学习教育、听取意见，查摆问题、开展批评，整改落实、建章立制3个环节各项任务，组织开展“三走进”（走进革命老区、走进棚户区、走进偏远山区）“百名书记上党课”“党性体检、民主评议”等专题活动，全县各级党组织共开展集中学习600余次，每位党员集中学习时间3天以上；征求各类意见建议12210条次，其中四风（形式主义、官僚主义、享乐主义和奢靡之风）方面意见4567条次；27482名党员参加民主评议，26998人获“好”评议。10月，全县党的群众路线活动结束，进入整改阶段。撤销县委活动办，成立县委整改办。建立落实定期报告、巡回督查、月度通报、工作例会、跟踪宣传等5项工作机制，督促相关责任单位落实“两方案一计划”（县级领导班子和党员领导干部个人整改方案、专项整治方案和长效机制建设计划）”整改任务，并对整改成效专题开展“回头看”。扎实推进中央21项专项整治任务和县委“八大行动”（深化改革专项行动、五水共治专项行动、有效投资专项行动、无违创建专项行动、基层走亲专项行动、履诺问责专项行动、提能增效专项行动、正风肃纪专项行动）、“八项专项整治”（深化行政审批制度改革、遏制公权滥用专项整治、严控“三公”支出专项整治、整治衙门作风专项整治、治理文山会海专项整治、切实减轻基层负担专项整治、推进干部能上能下专项整治、严查侵害群众利益行为专项整治）等工作，结合实际开展村（社区）“五多”（机构牌子多、各类台账多、工作任务多、考核评比多、盖章证明多）问题等整治。至2014年年底，县四套班子302个整改项目、65个长效机制建设计划和县领导个人整改项目全部完成；76个活动单位2785个整改项目完成2778个，506个长效机制建设计划完成503个，其中计划于2014年年底完成的整改项目全部按期完成。

【干部调配工作】 坚持正确的用人导向，全年调配干部4次，涉及干部229人次，其中：新提拔领导干部54人（正职11人、副职43人），转任重要岗位18人，平级交流（含本单位内部职务变动）132人次，安置副团职以上军转干部2人，退离领导岗位干部19人，提前退休1人，调离桐庐2人，本人辞职1人。

【县管领导干部“四比一争”考核评价制度】 3月，县委下发《桐庐县县管领导干部“四比一争”考核评价实施办法（试行）》和《桐庐县在重点工作中专项考察干部实施办法（试行）》，以“比担当、比实绩、比口碑、比作风，争当好干部”为主要内容，对县管领导干部进行考核评价。其中“比担当”，主要考核领导干部在县委、县政府部署的中心工作、重大项目、改革创新等工作中的执行落实和敢于担当表现;“比实绩”,主要考核领导干部工作绩效情况;“比口碑”，主要考核领导干部作风和实绩在干部群众中的认可度、公信度等情况；“比作风”，主要考核领导干部的思想作风、学风、工作作风、领导作风和生活作风等情况。围绕全县改革创新“538”计划、“五水共治”“无违创建”“双招双引”等一批县委、县政府中心工作进行专项考察，实行重点工作专项考察干部实绩季度通报办法，按项目通报到人。共对137个项目进行通报，其中完成较好的项目104个，完成较差的项目33个，涉及县管干部36名，对一年内累计两次通报较差的4名领导干部进行约谈。

【开展县管干部不敢担当问责】 4月，县委下发《桐庐县县管领导干部不敢担当情形问责办法（试行）》，明确12种县管干部不敢担当的具体情形，对不敢担当，工作不负责任，不作为、乱作为、慢作为的形成倒逼机制。如：在执行县委、县政府决策部署和落实领导指示要求中，推诿扯皮，致使政令不畅、执行不力、贻误工作的；在改革创新中，不敢解放思想、不敢拍板、不敢承担风险，影响全县重点改革创新任务有效推进的；在县以上督查通报中，一年内被通报整改两次以上的；在重点工作实绩通报中一年有两次以上较差的等情形都将作出问责。表现不佳的，调整出领导班子。一年内，共对28名工作担当不力、推进不畅的县管干部进行约谈，其中正职10人，副职18人。

【领导班子和领导干部综合分析研判】 建立“3+2”干部信息系统，该信息库由“3个系统”加“2个数据库”组成。“3个系统”指干部信息管理系统、干部个人事项报告系统和干部考核系统，“2个数据库”指专项考察数据库和专题分析数据库。通过动态收集、定向收集、一线收集等形式，全面收集干部信息。在此基础上，采取每月一次专题分析的方式，动态分析干部一贯表现、工作实绩、本人想法、班子结构等情况，为熟悉识别干部、选优配强班子奠定基础，对发现的苗头性、倾向性问题及时谈话提醒。注重结果运用，把分析研判结果作为干部选拔任用、班子调整配备、队伍管理监督等方面的重要依据。

【举办年轻干部基层实训班】 6月，举办全县首期年轻干部基层实训班，61名年轻干部参加。突出抓好年轻干部的理想信念教育和实际工作能力培养，除党校集中培训外，根据“缺什么补什么”原则，将干部分派到一线锻炼，其中选派到乡镇（街道）、村（社区）的机关部门后备干部和机关部门“85后”培养苗子21人，选派到乡镇（街道）克难攻坚岗位的干部14人，选派到县重点工程克难攻坚的干部26人，切实提高实训效果。

【干部教育培训】 探索创新干部教育培训新模式，安排干部到革命教育基地接受革命传统教育。借助名校师资，与中央党校、浙江大学、复旦大学、浦东干部学院等高等院校合作办班，提升培训档次。全年共举办习近平总书记系列重要讲话轮训班、美丽乡村建设培训班等主体班培训13期，参训领导干部2000余人次；举办企业家大讲堂等品牌课程4期，培训企业家1000余人次。

【干部日常监督管理】 组织开展“三超两乱”（指超职数配备干部、超机构规格提拔干部、超审批权限设置机构，擅自提高干部职级待遇、擅自设置职务名称）问题专项整治、领导干部企业兼职（任职）专项清理、领导干部在社会团体兼职专项清理、“裸官”问题专项清理、领导干部参加天价培训专项整治、干部档案造假专项整治、领导干部出入境证件专项管理等干部监督管理专项行动。对50人次的干部企业兼职情况、61名县管干部社会团体兼职情况全部进行清理规范；对11本市管干部出入境证件和434本县管干部出入境证件进行统一保管。认真落实拟提任干部财产申报公示制度，全年共对88名干部进行财产公示。重视干部公示信访举报核查，有1名拟提拔干部暂缓使用。

【深化“基层走亲”制度】 全面实行县级领导

包乡走亲、乡镇（街道）干部包村走亲、机关部门联村结亲等“包干式走亲”制度，进一步明确走访任务和工作要求。全年累计走访农户（企业）205227户（家），征集意见建议16263条，解决问题13025个，实现走访全覆盖。深化机关在职党员社区志愿服务活动，开展集中志愿服务210余次，到社区开展报到服务的机关在职党员共5683人次，领办服务项目1365个，完成微心愿375个。全面开展县领导联系服务“221”重大项目、县管以上领导干部“一对一”联系服务企业等活动，662名县管以上领导干部实现走访全覆盖，共实地走访重点企业600余家，帮助企业解决问题或提出解决方案360个。

【“三诺三比”电视助政活动】 在乡镇（街道）、部门开展以“亮相晒诺，比承诺事项实不实；镜头督诺，比承诺推进快不快；公开评诺，比兑诺效果好不好”为主要内容的“三诺三比”电视助政活动。通过明确承诺、媒体助力和全民参与，集中解决群众迫切需求的实际困难，在全县各级各部门营造更加浓厚的比学赶超、奋勇争先、干事创业氛围。全县各单位通过县级媒体作出公开承诺1100多个，分三批对全县10个重点部门、14个乡镇（街道）以及开发区、迎春商务区开展电视助政活动，并结合年终考评工作进行履诺满意度测评。

【村干部队伍建设】 研究制定《关于加强村干部队伍建设的相关意见》，从村干部选拔培养、教育培训、关心关爱、管理监督、服务群众等方面入手，建立健全机制建设，加大对村干部的经济、政治和生活关爱。举办全县村干部培训班、群众路线教育专题培训班，对新一届村两委班子的党性教育、村级工作业务进行全面培训，提高村干部党性认识和履职能力。探索建立村干部视频交流会议机制，组织全县村干部定期晒成绩、比做法、学经验，通过相互对照、拉高标杆、良性竞争，推动各项工作落实。是年，开展村干部视频交流会议1期，有6个村通过视频交流会作经验交流发言。

【打造“四带四区”党建示范集群】 4月，下发《关于基层党建“四带四区”示范集群建设的实施意见》。从2014年开始，立足全县基层党建示范点建设整体布局，以“可看、可听、可信、可学”为要求，通过三年时间，建设成具有鲜明区域特色的“四带四区”党建示范集群。“四带”，即杭千高速农村党建示范带、16省道农村党建示范带、山区党建示范带、非公企业党建示范带。“四区”，即经济开发区区域化党建示范区、迎春商务区楼宇党建示范区、桐君—城南社区党建示范区、分水小微企业党建孵化示范区。通过推进基层党建示范点建设，发挥带动引领作用，提升桐庐县基层党建整体水平。全年共完成25个农村示范点、12个两新示范点和7个社区示范点的培育建设。

【规范村级组织运行】 4月，下发《桐庐县村级组织运行规则（试行）》，对村级组织的职责任务、民主决策、民主管理、公共服务、队伍建设、报酬保障等方面进行明确规范，进一步理顺村级组织间相互关系和工作职责，优化村级重大事项的决策程序，加强村级组织自身建设，通过有效的工作机制破解当前农村存在的一些突出问题。村级组织运行规则试行以来，共有21名村干部被免职或主动辞职。

【不合格党员处置】 5月，下发《关于认真做好农村不合格党员处置工作的指导意见（试行）》，明确不合格党员认定的10种情形，如故意阻挠中心工作推进、有严重违法用地、违章建房行为、社会公德差等多种群众反响较大的情形。规范处置程序，要求基层党组织在对不合格党员开展组织处理过程中，必须做到事实清楚、理由充分，处理恰当、手续完备。是年，全县共确定不合格党员140名，诫勉谈话126人，党内除名10人，取消预备党员资格5人。

【村属党支部建设】 制定下发《关于进一步加强村属党支部规范化建设的通知》，重点对村属党支部在职责任务、优化设置、规范运行、工作保障等方面进行规范，使上级党（工）委和村党组织进一步增强对二级支部的领导和把控能力。是年，全县共优化调整村属党支部77个，调整村属党支部书记112人。

【软弱涣散党组织整转】 明确10个行政村、1个社区，作为2014年软弱涣散基层党组织整顿重点，选派11名县级党员领导干部担任软弱涣散基层党组织“第一书记”，实行“一对一”包干整顿，并落实“一村一策”、项目化推进、挂牌销号管理等工作机制，建立乡镇（街道）具体抓、机关部门联动抓等工作体系，加强具体指导和分类整顿，帮助软弱涣散基层党组织解决实际问题。整转过程中，共调整不胜任现职的村党组织书记4名，新选配村党组织书记7名，配齐配强11个软弱涣散党组织班子，部分历史遗留问题得到解决，一批村级建设项目和重点工程得到推进。

【两新党建“550”工作计划】 围绕“示范带动、队伍培育、青春接力、扩面提质、服务提升”5个方面，大力实施两新组织党建“550”三年行动计划，即通过3年时间，全县培育50个党建示范点、50名优秀党务工作者、50名企业好青年、新增50个两新党组织、创建50支党员志愿服务队。是年，共创建20支党员志愿服务队、培育20名企业好青年、新增20个两新党组织、培育25名优秀党务工作者。

【高层次和紧缺专业人才招引】 是年，通过开展多种形式的资智对接、人才交流、项目推介等活动，加快集聚海内外高层次人才。全年新增省“千人计划”人选1人、市“521”计划人选1人。围绕县委、县政府中心工作，根据重点项目建设和经济社会发展需求，加大引进紧缺专业人才。编制发布《桐庐县企事业单位紧缺专业人才目录》，开辟“直接面试加考核”的人才引进“绿色通道”，组织相关单位赴杭州、南京、重庆、南昌等地举办高层次紧缺人才专场招聘会和校园专场招聘会，全年引进硕士研究生和副高职称以上人才56名。

【第三届“君山引凤”科技人才周】 按照更具特色、更重实效的要求，举办第三届“君山引凤”科技人才周。先后举办科技成果转化合作交易会、院士专家桐庐行等12个大类21项子活动，邀请清华大学、浙江大学、中科院上海分院等40余家全国知名高校院所和行业协会机构参会，50余名创业创新人才、100余名专家教授和300余家县内重点企业参与对接洽谈，签订科技人才项目协议14项，达成项目合作意向23项，与浙江大学等高校院所建立合作关系，落地开展合作项目26个。

【部机关教育实践活动】 认真开展部机关教育实践活动，部委班子共收集基层群众意见建议185条次，经梳理后形成意见建议汇总159条，其中反映“四风”方面问题的80条，反映工作层面问题的51条，反映具体人和事问题的3条。班子共查摆“四风”问题18条，梳理出11个整改项目，26条整改举措；班子成员个人查摆“四风”问题20条左右，提出19个整改问题，52条整改举措。截至2014年底，部委班子和个人所有整改项目均已整改到位。（沈明刚）

·宣传思想工作·

【学习宣传贯彻总书记习近平系列重要讲话精神】 2014年，县委宣传部结合党的群众路线教育实践活动，通过文件传达、观看视频、专家讲座、交流发言等多种形式，专题学习总书记习近平系列重要讲话精神。县委理论中心组开展“习近平总书记系列重要讲话精神”专题学习12次，组织开展“三思三观”“学习焦裕禄精神”专题讨论活动。组建县委党的群众路线宣讲团和十八届四中全会精神宣讲团，开展主题宣讲139次受众10149人。开展“身边先进典型”宣讲活动，遴选5位先进典型开展现场宣讲。制作、发放革命传统教育报告会、先进典型宣讲会、《历史转折中的邓小平》等学习光盘，组织全县各单位学习。

【书香桐庐建设】 2014年6月，县委宣传部制定实施《“全民阅读·书香桐庐”建设活动实施方案》，全面推进“书香桐庐”各项建设。3月，制定下发《中共桐庐县委理论学习中心组2014年学习计划》，组织县委理论中心组学习52次，编发乡镇（街道）中心组学习通报4期。组织开展12场机关干部大课讲座、10场“桐江人文讲座”，共计受众8000余人。完善“周四夜学”制度，全年开展28次集中夜学活动。开展“图书漂流·读书驿站”建设工作，在全县设立“读书驿站”48个，上架图书10963册。8月，会同县学习办，以“学习习近平总书记系列重要讲话精神，领略理论经典之美”为县第十一届学习节主题，组织开展“论坛讲座引领学”

等“十学”活动。组织开展二级理论中心组调研，共撰写调研报告93篇，评出优秀调研文章17篇。编辑下发《2013思想的光芒》和《“中国梦·桐庐梦”优秀案例集》专辑，推荐发布20批160余篇学习文章，组织全县党员干部集中学习。

【中国特色社会主义宣传教育】 2014年4月，县委宣传部制订下发《开展“中国梦想·美丽桐庐”主题宣传活动方案》，围绕庆祝新中国成立65周年以及“坚持改革统领、扩大有效投资、推进五水共治”等重点，相继组织开展“寻找桐庐之美”主题采访活动、“记录桐庐之美”主题传播活动、“讴歌桐庐之美”主题创作活动、“绽放桐庐之美”主题外宣活动、“共创桐庐之美”主题实践活动，聚焦桐庐自然风光、历史文化、经济发展、社会生活，全面宣传展示桐庐的生态美、城乡美、产业美、人文美、生活美。5月，积极配合省、市作家协会和音乐家协会，组织开展“钱塘江抒怀”系列采风活动。由嵇亦工等名家创作的赞美讴歌桐庐的20余篇（首）文学作品，集中刊发于中共浙江省委宣传部、浙江省作家协会主编的《钱塘江抒怀（潮涌东方篇）》。

【重大主题宣传】 2014年，县委宣传部围绕党的群众路线教育实践活动，指导县内新闻媒体开设专栏，策划“向身边的先进典型学习”“万名党员争当护水先锋”“走亲微故事”等子栏目，刊发新闻报道730余篇（条）。围绕发展美丽经济等主题，指导县内新闻媒体开设“美丽经济在桐庐”“壮大县域经济 探访重点企业重点工程重大项目”“发展实体经济 推进转型升级”“建设中国最美县 推进三实促发展”等栏目，刊发报道1900余篇（条）、评论110余条。针对“五水共治”“三改一拆”等县内重点工作，指导县内新闻媒体综合运用新闻报道、专题节目、公益广告、电视游字等多种方式加强宣传，刊播“五水共治”新闻840余篇（条）、“三改一拆”新闻770余篇（条），播放电视游字公益广告、公益宣传片近2万条（次）、刊发报纸公益广告专版10余期。针对第三届桐庐百姓日活动，指导县内新闻媒体开设“欢乐百姓日·幸福桐庐人”等专栏，刊播新闻报道300余篇（条），其中报纸特刊16个、评论员文章6篇、电视专题节目5期。

【新闻宏观管理和突发事件舆论引导】 2014年，县委宣传部完善新闻宣传宏观管理各项制度，坚持运用策划宣传方案、撰写新闻阅评等方式，抓好对县“两台一中心”具体业务指导，相继围绕县“两会”、第三届桐庐百姓日、中国休闲乡村旅游季、科技人才周、第二届华夏中医药养生旅游节等各项活动，策划宣传方案20余个。指导县内新闻媒体对全县“五水共治”“无违创建”、重大项目推进、旅游环境整治以及“清洁桐庐”等工作开展舆论监督，以新闻的力量推进“中国最美县”建设，《今日桐庐》“曝光台”栏目全年刊发各类报道160余篇，《桐庐新闻》“新闻聚焦”栏目全年播出各类报道100余条。扩大媒体传播覆盖面，推动县信息传媒中心实施《今日桐庐》发行倍增计划，新增发行10000份，总发行量达35000份。妥善做好富春江水葫芦污染事件、富春江慢生活体验区绿道施工事故、旧县街道寺坞坑水库非法捕鱼事件等突发事件的舆论引导近20次。其中：5月18日，桐庐县境内发生一起化学品运输车辆侧翻导致四氯乙烷泄漏事故，县委宣传部第一时间启动突发公共事件联动处置预案，在主动对外发布权威信息的同时，现场接待新华社、中央电视台等近30家媒体采访，确保“真相跑在了谣言之前”，为事件的妥善处置营造良好的舆论环境，获得了上级领导、新闻媒体和社会各界的一致好评。

【培育和践行社会主义核心价值观】 2014年，县委宣传部组织开展悼念革命先烈、重温入党（入团）誓词、“感恩清明 文明过节”、经典诵读、网上祭英烈等爱国主义教育活动，参加人数超过4万人次。举办第二届“最美桐庐人”道德模范评选活动，推选王丹凤等10位道德模范和10位提名人物（群体），并在第三届桐庐百姓日期间举行颁奖晚会。组建道德模范先进事迹宣讲团，在农村文化礼堂开展宣讲28场。制定《“美丽桐庐”四大文明行动实施意见》，实施道德领域突出问题专项教育和治理行动，提升市民文明素质和城市文明程度。加大公益广告宣传力度，通过“道德墙”、墙景画、公交车身、公交站台、户外LED大屏等载体，丰富公益广告形式和内容，提高社会主义核心价值观知晓率。开展“春泥计划”扩面提质工作，实现全县“春泥计划”实施村和乡村学校少年宫全覆盖，推动每个“春泥计划”实施村建立专兼职辅导员队伍。评出城南街道桑园村等10个“春泥计划”示范村，新建成4个社区青少年俱乐部，百江小学被评为省级乡村学校少年宫。开展“做一个有道德的人”主题教育实践活动，深入推进洒扫应对、日行一善、做“美德少年”活动，组织童心向党、童玩节、优秀童谣传唱、“节日小报”、“文明小博客”等主题活动。健全学校、家庭、社会“三位一体”的青少年教育网络体系，统筹整合各部门力量，加强活动场所建设，加强校园周边环境整治。

【群众性精神文明创建】 2014年，做好城市文明程度指数测评工作，坚持把文明创建工作纳入经济社会发展规划、年度工作重点和各级各部门年度目标考核，推进文明创建长效管理。深入实施“清洁桐庐”提质扩面工作，调整“清洁桐庐”考核办法，建立“清洁桐庐”环境卫生网格化管理制度，继续实行“清洁桐庐”暗访考核、排名公示、媒体曝光、抄告整改、问题反馈机制，重点对全县公共厕所、农贸市场进行专项督查整治。全年开展专项督查上百次，发放工作联系单92份。开展清洁示范村、最清洁村评比表彰，命名横村镇杜于村等3个村为第四批清洁示范村，江南镇石阜村等5个村为第七批最清洁村。推荐分水镇新龙村申报杭州市“打造国内最清洁城市”示范点，新合乡松山村、合村乡瑶溪村申报杭州市“清洁乡村”工作先进单位。大力推行农村垃圾分类处理，逐步打造“无保洁员”村。开展县级文明单位、村镇复评工作，取消9家单位、15个行政村文明单位、文明村荣誉称号。合村乡被评为浙江省文明乡，分水镇后岩村等3个村被评为浙江省文明村，县财政局等2个单位被评为浙江省文明单位。推荐百江小学等3家单位申报杭州市文明单位，推荐桐君街道南门社区申报杭州市示范文明社区。完善县、乡、村三级志愿服务网格体系，优化重组专业化志愿服务队200余支。坚持自主常态化百余项服务随“流动雷锋车”送进农村，因地制宜发展“流动雷锋车·第三课堂”“流动雷锋车·微笑服务”等特色品牌。

【文化强县建设】 2014年，县委宣传部推进农村文化礼堂建设，全年建成30家农村文化礼堂。做好农村文化礼堂“建、管、用”文章，制定出台《桐庐县农村文化礼堂使用管理办法（试行）》，深化农村文化礼堂“七个一”内容建设。完成全县网上文化礼堂建设，杭州市掌上文化礼堂首发仪式在桐庐县举行。主动承办各类高规格文体赛事，“谁是球王”中国足球民间争霸赛华东、东南赛区决赛、省市村歌大赛等先后在桐庐县举办。建立政府开放日常态机制，组织开展四次政府开放日活动。举行第二季“欢乐大舞台·幸福桐庐人”大型群众文化活动，全县14个乡镇（街道）183个行政村8000余人参加选拔展示活动。开展“相约周末 激情广场”活动，每个周末在“文化广场”为老百姓送上具有桐庐特色的文化活动。全年送文化下乡200余场、送电影下乡2400余场、举办艺术展览20余场。文化精品创作成绩斐然，《一个桃花盛开的地方》入选杭州市第十二届精神文明建设“五个一”工程，《潇洒桐庐歌曲合辑》等入选杭州市文化精品工程扶持项目，《相约深澳》《最爱是莪山》获得全省村歌大赛演唱、创作金奖，《相约深澳》入选2014年“中国村歌十大金曲”。

【大力发展文创经济】 2014年，全县文化创意产业实现增加值39.4亿元，同比增长11.9%，占GDP比重达12.86%，占服务业比重达35.4%，其中限上企业主营业务收入22.58亿元，同比增长20%。修订下发《关于进一步鼓励和扶持文化创意产业发展的意见》，明确培育发展产业园区、扶持重点项目与活动等7个方面对全县文创产业进行扶持，对单个文创项目的最高扶持标准从20万元提到90万元。评审通过2013年度、2014年度县级文化创意资金扶持项目共33个，下拨扶持资金364万元。开展2014年度杭州市文创专项资金、杭州市文创人才队伍建设、杭州市民办非企业单位项目申报工作，21

个项目获得市级扶持，争取扶持资金461万元。

【举办文化创意重大活动】 2014年5月，以“乐享乐游 美丽桐庐”为主题，举办第五届桐庐文创节暨第十届中国国际动漫节桐庐分会场活动，开展稻草人田园艺术展、欢乐乡村创意集市、把“美丽桐庐”寄出去、“美丽桐庐”名家画展、国际漫画展、“我的中国梦——妙妙的奇幻之旅”动漫舞台剧展演等10项活动，吸引游客、观众15万余人次，发放手绘地图、图书、环保袋等各类宣传品3万余份，荣获杭州市最佳分会场奖。10月，承办2014年杭州文化创意产业博览会子项目杭州——苗栗“慢生活”文化休闲旅游及文创产业论坛，并邀请台湾苗栗县国际文化观光局考察团来桐考察，与各乡镇（街道）、部门就休闲旅游产业奖励、扶持与认证制度开展交流。12月，与拱墅区、滨江区文创办共同举办新合乡、江南镇两地农特产品包装设计创意大赛，发动拱墅区、滨江区、浙江工业大学、浙江树人大学、浙大城市学院的广大专业设计团队和学生为桐庐县九品香莲、茶叶等农特产品设计创意包装120余套。

【文创产业平台建设】 2014年11月，江南国际养生中心项目主体国医馆结顶，中国丝绸文化博览中心项目完成规划方案报批，12月完成绿化围墙工程建设。分水制笔园区的园中园分水电商孵化园已入驻电商企业24家，市委常委、宣传部长翁卫军专程来桐调研分水制笔园区建设情况，并对园区发展给予充分肯定。汇丰大厦电商园入驻电商和文创企业近20家，被评为杭州市第二批文创产业特色楼宇。11月，江南古村落风景区被列为杭州市首批“文创小镇”培育对象。12月25日，立山国际中心文化创意特色产业园挂牌，13家文化创意企业入驻。

【重大主题外宣声势强劲】 2014年，县委宣传部加强重大主题外宣策划工作，围绕美丽桐庐建设、基层走亲、五水共治、无违创建、第三届桐庐百姓日等主题，组织策划一批有影响力的专题采访报道。完善外宣工作联动机制，加强与相关部门日常对接，主动邀请、组织上级媒体来桐采访，进一步壮大城市品牌外宣的规模和声势。全年共在中央和省市主流媒体刊播稿件1100余（篇）条。其中：中央电视台12条（其中《新闻联播》1条），中央级报刊20篇（其中《人民日报》2篇、《新华每日电讯》3篇、《中国青年报》头版2篇），《浙江日报》50余条（其中头版和要闻版25篇），《浙江新闻联播》30余条，《杭州日报》160篇（其中头条5篇，头版和要闻版25篇），《杭州新闻联播》90余条（其中：头条3条）。

【文化旅游外宣有声有色】 2014年，积极组织民间剪纸参加第二届全国儿童剪纸作品展、第四届中国浙江工艺美术精品博览会等活动。先后制作《走进桐庐》《富春江畔话桐庐》等节目并在央视播出。组团赴广东、湖南、江西、河南、山东等地，参加新春旅游产品推介会、浙江—山东旅交会暨都市圈联合促销、中国·浙江自驾旅游产业博览会等活动，宣传推介“中国画城·潇洒桐庐”城市品牌和特色旅游线路产品。建设并启用桐庐旅游服务中心，提供城市形象展示、旅游服务咨询、旅游产业运营监控和桐庐土特产展示展销等服务。建设并启用城市展示中心，通过电子屏幕、照片墙、展板等形式，展示桐庐历史、发展目标、产业特色等信息。

【第二届华夏中医药养生旅游节】 11月，成功举办第二届华夏中医药养生旅游节。策划开幕式暨“富春山健康城”专题推介会、文化论坛、中药材真伪鉴别全国大赛暨《常用中药饮片鉴别检索手册》首发仪式、华夏药祖桐君朝圣典礼、慢生活体验区绿道开骑仪式暨“养生福地”旅游线路推介、养生产品集中展销、养生美食大赛、健康养生知识进万家、知名中医义诊9项活动，全国政协文史和学习委员会副主任周国富等近20位上级领导、颐高集团等300余家企业负责人、全省各地70余位省中医药学会代表参加开幕式等相关活动。开幕式上，世界休闲养生协会授予桐庐县“世界养生基地”称号，杭州市发改委授予富春山健康城、慢生活体验区为“杭州市第三批现代服务业集聚区”，浙江省老年学学会为桐庐县十大“养生长寿村”进行授牌。举行“瑞金—潇洒富春山居医疗养生基地”等15个项目签约仪式，签约总额达35.18亿元。

【互联网宣传管理】 2014年，县委宣传部继续深化与新华网浙江频道、浙江在线等知名主流网络媒体合作。做好“桐庐发布”网络平台建设工作，8月19日“桐庐发布”微博、微信平台正式上线运行。截至12月底，微信发布110余次，微博发布2270余条，“粉丝”总量达8200多个。“桐庐发布”政务微博月发布量始终处于全省区县政务微博排行榜前10位，综合实力排名稳步上升。确定15家舆论关注度较高或与民生服务密切相关的部门以及14个乡镇(街道)，先行试点在新浪网开通政务微博，推进“桐庐发布厅”政务微博集群平台建设。下发《关于认真做好“桐庐发布”网络平台建设全覆盖工作的通知》，指导“桐庐发布”一级子平台单位开设政务微博、微信共计172个，“粉丝”量共计16.2万个。积极推进传统媒体与新兴媒体融合发展，8月25日，桐庐县第一个地域性综合移动应用客户端——“潇洒桐庐”手机客户端正式上线运行。加强县内网络媒体的宣传力度，推动桐庐新闻网、“桐庐原来这么美”微信公众号等平台，开展第三届桐庐百姓日、第二届“最美桐庐人”道德模范等主题类宣传活动17个。加强网络问政力度，毛溪浩、方毅等13位县领导先后走进桐庐新闻网直播间，接受“我们的群众观”在线访谈。加强网络舆情监管，开展“让网络空间清朗起来”、“扫黄打非·净网2014”、清理整治网络视频有害信息等专项行动，有效净化网络空间环境。构建“135”联动体系，做到互通信息、快速处置。围绕中泰九峰垃圾厂建设、“5·18”四氯乙烷槽罐车侧翻泄漏等重大突发事件，开展43批(次)网上舆情引导。建立网络舆情处置联动机制和重点网站共同走访制度，网络舆情处置引导能力得到有力提升，新闻网站、交互式网站(论坛)和重点微博及公众微信平台管理得到加强。

【宣传思想文化干部队伍建设】 2014年，县委宣传部组织开展全县宣传思想文化队伍建设调研工作，及时调整并充实乡镇(街道)宣传干事。开展政工评审活动，评出高级政工师3名、政工师3名、助理政工师8名。抓好宣传思想文化工作者日常培训工作，组织2014年度行政村宣传文化员专题培训。认真开展基层走亲、在职党员进社区等各项工作，深入基层一线开展“我们与群众心连心”专题调研，结合自身实际组织“三访三帮、服务基层”、服务进楼道等活动。全年部班子共走访群众(企业)270家，收集社情民意42条，帮助解决实际问题53个。

(吴见英)

·统战工作·

【概况】 2014年，县委统战部紧紧围绕全面深化改革和推动创新发展这一大局，积极实施凝心聚力、服务发展、固本强基三项工程，广泛凝聚社会各界力量，努力服务全县经济社会发展，为“中国最美县”建设发挥了统战部门积极作用。2014年度，获县综合考评中被评为优秀单位。

【拓展组织网络】 2014年，知联会开展基层全覆盖工作，在各乡镇(街道)、重大平台、重点行业建立17家知联分会，年底会员总数达479人。推进商会组织建设，新建异地商会1家、村级商会3家；全县已建基层商会37个，其中异地商会8个、村级商会10个。新成立民主促进会桐庐支部，发展会员10名。

【深化“同心服务”品牌】 2014年，县委统战部以服务民生需求为导向，以社会服务基地为载体，积极调动统战各方力量，开展社会服务活动。县知联会开展“知联6+1，服务畲村发展”活动，在7个畲村建立服务基地，累计开展上门司法调解、居家养老设施建设、农技指导培训等服务20次，为畲村发展献计15条，被省委统战部评为“浙江省优秀知联会”。县工商联开展“非公经济人士基层行”活动，在钟山乡夏塘村建立服务基地，募捐10多万元支持村民饮用水工程建设。农工民主党桐庐总支在革命老区新合乡建立服务基地，开展支教、送医等帮扶服务。宗教界在百江镇金塘坞畲族村建立服务基地，募捐14.23万元支持该村“五水共治”。侨界人士努力服务侨村建设，在瑶琳镇永安村建立服务基地，海外顾问团为侨村发展提出意见建议37条，协助村两委处理纠纷13起。

【建立“桐庐情·亲桐庐”工作机制】 县委统战部广泛收集在外创业、工作的桐庐籍人士及与桐庐有渊源的知名人士信息，建立数据库。对1700余人的信息实行动态管理，并梳理出重点知名人士230人，整理编制重点人士通讯录，为相关单位及领导提供招商引才信息。依托报刊媒体，对桐庐县重点知名人士和统战成员优秀人士的创业事迹进行宣传报道。同时，牵头各部门、乡镇（街道）开展乡贤联络联谊活动，在中秋、国庆等节日广泛开展走访、座谈、联谊、美丽乡村考察等活动，在第二届桐商大会、科技人才周等活动中发挥积极作用。

【发挥经济统战作用】 出台《关于加强市外桐庐商会建设促进桐商创业创新的实施意见》，加大对异地商会建设资金和组织保障力度。制定全县基层商会规范化建设考核标准，明确基层商会规范化建设16项具体要求。举办银商融资合作座谈会，引导金融机构与基层商会直接融资合作，缓解会员企业融资难题。发挥桐商服务中心作用，完善桐商信息资源库建设，成功举办第二届桐商大会，评选首届杰出桐商，发展实体经济的氛围进一步浓厚。引导非公经济人士参与社会公益活动，全县非公企业家认筹“五水共治”公益金7000多万元，募集市县乡三级商会“五水共治”捐款60多万元。县工商联被评为浙江省“五好”县级工商联。完成侨情调查工作，掌握全县2404名涉侨人士信息，完善侨情数据库和海外专家学者“人才库”，县侨办被评为杭州市基本侨情调查工作先进集体。完成县侨联和留联会换届，依托村、社区“侨之家”，做好为侨服务工作。引导和组织侨企投身家乡建设，全县侨企认筹“五水共治”公益金共258万元。

（贾丹丹）

·信访工作·

【概况】 2014年，县本级共受理来信412件，同比下降5.07%。其中，初信320件，占总量的77.67%，同比下降11.36%；重复来信92件，占总量的20.65%。另外收到省市交办要信9件（其中省府办网2件、杭信访交办函7件）。主要内容涉及城镇建设、劳动社保、国土资源、纪检监察等方面，约占总量的70%。县本级来信全部及时录入全国信访信息系统，录入率100%；所有初信均按时办结，按时办结率100%，系统登记反馈率100%；所有署名初信及时回复，按要求全部落实“三见面”制度。接待来访群众600批次3571人次，同比批次下降6.40%，人次上升55.94%。其中，集体访108批次2668人次，同比分别上升35%和93.05%。集体访反映内容主要集中在建筑工地民工讨薪、房产项目纠纷、农村股份制改革、享受村民待遇、市场经营纠纷、建房审批、三改一拆、村留用地、村集体财务管理等方面。到12月底，除富春时代广场、江南绿园之外，所有来县集体访问题都得到有效化解。

全年，信、访、电、网等信访总量18324件，同比下降1.67%；初信初访的群众满意率达85%，与上年的73%相比有较大幅度上升；进京非访11批11人次，同比批次、人次分别下降81.97%和84.72%；四级“两会”、中共十八届四中全会、APEC北京会议等重点时段、重大活动期间的信访稳定工作到位有序，实现“抓信访、保稳定、促发展”的有机统一。是年，全县进京非访自3月份省市下达本县21人次控制指标后，发生4批4人次，占控制指标19.05%。其中有7批7人次意图进京上访，经过各级各部门艰苦工作，成功劝返回桐。去省集体访1批次22人次，到市集体访7批次113人次，与上年同期相比，总量略有上升。主要是以钱志才为代表的滨江区块安置户反映城市规划馆建设相关问题、濮晓南等人反映县水利局疏通“富春江航道”项目导致国有资源损失等问题、江南镇彰坞村姚军等人反映2011年江南镇政府拆迁其房屋至今未安置问题、城南街道仁智村黄梅琴等反映县法院对判决未执行到位问题、江南镇江南绿园业主反映小区公用电停电问题。全年信访工作呈现出“两升三降一好转”的态势，即市长公开电话、网上信访呈现上升趋势，来访、来信、县长公开电话呈现下降趋势，信访总量虽仍在高位运行，但信访形势有所好转，一大批信访问题得到有效化解。

【源头治理】 2014年，桐庐县主动把信访工作重心下移、关口前移，着力源头预防，基层信访工作基础进一步得到夯实。依托社会治理“网格化管理，组团式服务”的工作机制，将信访工作的网络延伸到最基层，将触角延伸到每家每户。大力推行“枫桥经验”，及时就地化解矛盾纠纷。通过网格化管理和服务，共化解各类矛盾纠纷5801起，有力促进信访问题的早发现、早介入、早处理。加大事关群众衣食住行、安居乐业等民生问题的收集力度，每季度将收集群众反响强烈的民生问题形成信访专报呈报给县委、县政府，供领导决策参考。结合党的群众路线教育实践活动，进一步完善领导干部接访下访工作机制，下基层听实情，为群众办实事，有效化解社会矛盾。县四套班子领导带头，利用定期定点接访、带案下访、重点约访、下乡接访等多种方式接待群众。截至12月底，领导接访54人次，接访群众48批684人次，化解各类矛盾纠纷和信访积案27批378人次。

【规范办理】 2014年，县信访局高度重视信访件的规范办理，坚持以规范促质量提升，以质量服务信访群众，全力维护好信访群众的合法权益。按照《关于进一步规范信访事项受理办理程序引导来访人依法逐级走访的办法》及省市相关工作要求，进一步健全完善办信、接访、督查、复查复核、网上信访等工作程序，信访件办理工作基本得到规范。重视初信初访工作，把初信初访的规范办理列入信访考核的重点内容。强化督查督办，重点针对办理过程存在的程序不规范、工作不到位、结果不落实等情况，进行现场督办、发函督办，对责任不落实、履职不积极造成社会影响、工作被动的，按相关程序进行追责。同时，积极引导对办理结果不满意的信访群众进行信访复查（复核），开展“三级终结”工作。是年，共收到信访群众复查（复核）申请7件。经审核后，对3件不属于信访事项复查（复核）范围的，出具《不予复查告知书》并当面送达申请人；对4件属于复查范围的信访问题，受理并在期限内按时作出《信访事项复查意见书》，当面送达信访人。

【信访宣传】 2014年，县信访局结合杭州市依法信访宣传月活动，突出“依法信访、理性维权”主题，深入开展依法逐级走访、诉访分离为主要内容的“依法信访”宣传月活动，贯彻落实中央信访改革的有关精神。深入行政村（社区）、机关部门，通过公开曝光典型案例、播放信访宣传动画、悬挂横幅标语、广场活动等多种形式宣传，让群众知悉信访权利和义务，营造依法信访的良好氛围。截至12月，在县广播电视台播放“依法信访”宣传栏目3期，在《今日桐庐》上刊登信访政策解读1期，曝光因无理缠访闹访、以访谋利而受到处理的典型案例3期，发放信访条例解读和依法信访宣传小册6000余册，宣传图片1000余张。

【积案化解】 2014年年初，县信访局及时对上年度群众信访反映的问题进行逐件分析、梳理，确定41件县级突出信访问题，结合群众路线教育实践活动，专门就信访积案化解工作进行专题研究。县委书记毛溪浩在听取41件县级突出信访问题相关情况后，明确要求每位县领导至少包案一起以上，定时间、定目标、定措施，实行项目化管理，采取“挂牌销案”的办法进行化解，要求每位包案县领导做到真包案、包真案，并提出化解稳控率必须达到50%以上。6月、9月、10月和11月，毛溪浩4次听取包案领导信访积案化解情况汇报，县委副书记骆安全，县委常委、常务副县长毛根洪多次就积案化解情况进行督查协调，县联席办每月就信访积案化解进展情况进行通报。截至12月底，县领导对所包积案先后召开各类专题协调会80余次，41件县级突出信访问题中，属落实化解处理类的18件，已化解周文通、袁连美、方灶群、张忠星等11件，化解率61.11%；属确保稳定类的11件，其中金兴矿业债务问题、丙肝群体、唐家洲土地征用遗留问题等8件保持稳定，稳控率72.72%；属重点稳控类的12件，现周丽娟信访问题已化解，加上稳控到位5件，化解稳控率50%。全年综合化解稳控率为60.98%，超过年初提出化解稳控率50%的工作目标。

【专项整治】 2014年，开展县政府大院信访秩序专项整治行动，出台《关于规范县政府大院信访秩序相关工作要求》，进一步明确维护县政府大院信访秩序的指挥体系、责任单位、处置流程等。相关责任单位也按各自职责制定现场处置预案，特别是公安机关按不同层级、类别制定完备的处置方案，加大对违法信访人员的处置力度。全年共强制带离11批28人次。10月，专门组织演练，并就演练中存在的问题进行通报，明确整改措施。年末到县政府大院打横幅、喊口号、冲击办公场所、长时间滞留、堵大门的情况根本扭转，有力促进信访秩序好转。

【严控进京非访】 2014年，桐庐县积极开展违法信访行为专项整治行动，通过加大协调、压实责任、专案处理等措施，进京非访人数大幅度下降。坚持露头就抓，抓早抓小，发现一件，处理一件。对信访过程中违法行为不姑息、不妥协，态度鲜明进行依法处理，全年处理各类违法上访人员34人次，其中训诫13人次，行政拘留14人次，刑事拘留7人次，逮捕4人次，取保候审3人次，判处有期徒刑3人次。严格落实基层责任，将进京非访工作纳入信访考核和“平安桐庐”考核，实行“一票否决”。加大专案处理力度，对方友香夫妇、徐云姣夫妇、钟亚芳等影响全县信访秩序的重点老户专案进行依法处理。方友香因涉嫌寻衅滋事被判处有期徒刑一年六个月，缓期二年执行，其丈夫叶金水取保候审。（王生清）

·县长公开电话·

【概况】 2014年，县长公开电话受理中心共受理各类群众诉求17312件，同比减少39件，下降0.2%，按时反馈率99.6%，按时办结率100%，群众满意率96.5%。其中：承办市长公开电话交办4575件，同比增加1100件，上升31.7%，办理杭州市通报件（交办函）、预通报件21件；县长公开电话受理来电7774件，同期减少1321件，下降14.2%。网上信访（县长信箱）受理4963件，同期增加181件，上升3.8%。编发《县长公开电话简报》13期，呈报县领导批阅3件。群众反映较集中问题主要为：违章建筑、环境保护、劳动保障、市政建设等。

【服务中心工作】 是年，县政府“64212345”县长公开电话设置为全县违章建筑举报电话，在各新闻媒体上广泛宣传公开。1-12月反映城乡违章建筑类的信访件共1767件（其中市长公开电话578件），占受理总量的10.2%。是年5月下旬和12月初两次到各乡镇（街道），实地对市交办件、二次交办件、不满意件等进行现场督查、督办，使违章建筑类的信访件得到及时有效处理。同时联合县广播电视台“新闻聚集”栏目，对举报“黑水、污水、脏水、臭水”的信访件，多次进行现场查看和督办，共同促进“五水共治”工作。

【加大信访件办结力度】 以开展党的群众路线教育实践活动为契机，邀请乡镇（街道）、部门信访和“12345”分管领导和工作人员参加座谈会，征求做好工作的意见和建议，取得各单位的理解，共同分析存在问题，加强联系，促进工作。对于一些事关重大的热点、难点问题，及时向县领导反馈，争取领导重视并有效解决反映强烈的问题。如县长方毅组织住建、旅委、桐君街道等单位召开信访事项协调会，于5月中旬完成桐君街道袁连美等住户反映的商品房裙房开裂问题。加大跟踪催办力度，着力解决事关群众切身利益的复杂疑难问题。如城南街道春江东路马路市场造成交通拥堵、卫生脏乱、油烟扰民、打架斗殴、违章停车的信访投诉，是年7月，县政府以规范道路停车、引摊入市和长效管理为抓手，对春江东路流动摊、道路乱停车、出店经营、食品安全等问题进行为期半年的集中整治，成效显著。

【借助媒体监督化解信访问题】 通过县广播电视台每周一晚的“连线‘12345’”和《今日桐庐》每周四的“天天民生”栏目，播出和刊登每周县长公开电话的受理和办理情况，特别是对一些群众比较关心关注的问题进行宣传报道，做到“听民情、传民意、解民忧”。在县广播电视台播出《12345督办进行时》《连线“12345”》节目52期，在《今日桐庐》刊登报道50篇。通过媒体舆论监督加大群众反映问题的解决力度，不断提升县长公开电话的影响力。

（柯　斌）

·史志工作·

【《桐庐年鉴（2014）》出版发行】2014年12月，《桐庐年鉴（2014）》出版发行，全书89.7万字，由浙江人民出版社出版。该书采用分类编辑法，保持卷首、百科、卷尾三个基本组成部分和类目、分目、条目三个层次的框架结构。卷首设特载、大事记、总述；百科设21个类目；卷尾设文献、名录、专刊等。为方便读者查阅，特将《桐庐年鉴（2014）》的字号放大。完成《浙江年鉴（2014）》和《杭州年鉴（2014）》桐庐部分编纂任务。《桐庐年鉴（2013）》获得第七次全国年鉴编纂出版质量评比二等奖。

【《改革开放以来桐庐县党史专题集（二）》出版】2014年12月，《春江潮涌——改革开放以来桐庐县党史专题集（二）》出版。该书主要收录1979年至2012年桐庐地方党史专题资料研究综述29篇，征编范围包括桐庐政治、经济、文化、社会发展多个方面，重点收集桐庐的重大改革举措、改革历程。在文章编辑过程中，尽量保持党史资料的完整与丰富，突出资料性，全文23万字。

【“微村志”编纂工作】2014年，桐庐县地方志编纂委员会办公室开展“微村志”编撰试点工作，撰写完成《桐庐县开门编修“微村志”》《“微村志”后台维护》等调研文章。8月27日，桐庐微村志上线发布，首批推出梅蓉、鸿儒、环溪、儒桥、茆坪、君山、翙岗、母岭、金牛、子胥10个村，同日开通微信公众号；10月初，启动第二批“微村志”采写。“微村志”微信公众号，分“微村志”“桐江文”“桐庐纪”三大版块，至12月底，关注人数237人，发布文章数206篇，点击量10000余次。“微村志”在创作上采用图文并茂的形式、见微知著的表达方式、借助高校和社会力量开门办史的模式，以及通过新媒体直接向公众推送服务的传播方式，做到编纂风格、传播方式、关注对象、平台设计四个创新，是全国首创的修志新模式。此项工作得到市、县领导肯定，《浙江日报》《杭州日报》《今日桐庐》均予以报道。

【抢救珍贵史料】2014年，开展抗日老兵口述史征集，对在桐的抗日老兵进行采访，收集记录珍贵资料，补充历史，形成10篇口述史初稿；继续开展民国版《桐庐县志》点校工作，完成全书校对工作与县内专家审稿工作。

【党史胜迹维护】2014年，将合村乡高凉亭党史遗迹修复项目规划上报到杭州市委党史研究室，争取上级党史胜迹维护经费30万元。接待国家能源局，省、市党史研究室领导，浙江大学新四军教育基地师生参观浙东人民解放军金萧支队纪念馆、合村革命文物陈列馆、中共分水支部成立旧址等党史胜迹，汇报桐庐县革命遗址保护专项经费落实情况。

【史志宣教工作】2014年，出版内部刊物《桐庐史志》4期。在期刊上刊登有关桐庐的“人”和“事”资料，开展口述征集工作，对史料进行拾漏补缺。全年发布稿件65篇，共计20余万文字。做好桐庐史志网的维护和更新，丰富内容，扩大宣传领域，提高宣传教育效果。以“六进”活动为载体，与县信息传媒中心联合在《今日桐庐》上推出《红色记忆》专栏。该专栏从4月3日刊登首期，一直延续到10月，每周推出一期一个“红色小故事”。5月6日“百姓日”期间，参与“公职人员齐奉献”广场集中服务活动，选取史志书籍、期刊1500余册免费赠送给桐庐市民；参与“桐庐解放日”纪念活动，制作主题为“重温桐庐解放记忆”图板，在中心广场展出，参观人数5000余人次，并将图板送至3所县级高中展出，参观人数6226人次。

（张　红）

·党校教育·

【概况】2014年，县委党校有在编教职员工58人，专任教师44人，其中硕士研究生学历（学位）24人，高级职称22人。学校设综合办公室、干部教育培训部、社区教育培训部、县情研究室、学历教育部、招生办公室、后勤服务中心。全年共举办各类培训班324期，培训各类人员26755人次，其中主体班12期培训2256人、社会培训210期培训17966人、对外培训108期培训5660人。理论宣讲95场，受众7480人，“红色讲坛”47场，受众2407人。全年各类发表、获奖、入选、入围、交流的论文、课题和信息共计201篇。高等学历教育在读学员2407人。是年，获2014年度全省党校系统先进单位、市委党校教学质量评估先进单位、县委县政府年度综合考评优秀单位、县创建节约型机关先进单位和县改革创新一等奖。

桐庐县美丽乡村建设培训班

【主体班培训】 2014年主体班培训主要围绕“三创新”和“三注重”开展。思路创新：采取按需点课，讲课内容尽可能贴近百姓、贴近实际、贴近生活。学员通过学习，思路清晰，视野开阔。理论创新：紧紧围绕本县经济社会发展中面临的重点、热点、难点问题，做到政治理论与县情实际、素质培训和能力培训、加强党员干部执政能力和高质量培训“三结合”。方法创新：在教学中积极采用情景模拟、案例教学、对策研究等方式，提高教学的吸引力和学员的参与程度。同时，充分运用远程教学、电化教学等现代化手段组织教学，做到课堂授课与学习研讨相结合，“请进来”与“走出去”相结合，理论学习与社会实践相结合。“三注重”，注重成人的特点，党校教育培训的对象是成年人，有相当生活阅历、知识积淀和人生经历。注重干部的特点，参加党校主体班学习的学员，是具有不同级别、层次的“干部”，有着一定的工作经历和经验积累。注重不同干部角色的特点，作为干部，有着共同之处，但不同的工种、行业、级别，又有着各自不同的经历和经验积累，对知识有着不同的需求。根据实际拟定班次、确定培训内容和创新培训模式。

2014年主体班培训期数一览表

表44

期数	时　间	名　称	人数
1	1月7—9日	2014年新一届村主要干部培训班	400
2	3月11—12日	“三改一拆”暨“无违建县”业务培训班	95
3	4月3—14日	总书记习近平系列重要讲话精神轮训班（共三期）	810
4	4月17—18日	县村（社区）党组织书记教育实践活动专题培训班	220
5	4月23—24日	政府投资项目管理村培训班	75
6	5月15—16日	美丽乡村建设培训班	140
7	5月22日	离退休干部党支部书记培训班	79
8	5月28—29日	工业经济研讨班	56
9	6月26—7月3日	年轻干部基层实训班	51
10	9月4—5日	全县党务干部培训班	180
11	11月2—3日	纪检干部培训班	50
12	11月12日	信息经济智慧经济培训	100

【理论宣讲】 2014年，县委党校认真履行“学习、研究和宣传马列主义”职能，充分发挥“三个阵地”“一个熔炉”的积极作用，在完成干部培训等工作任务的同时，本着“围绕中心，服务大局”的原则，牢牢把握党的舆论导向，以“党的基本理论”“经济社会发展重大问题研究”“县情研究”“形势政策”“法律与法制”“知识教育与能力培养”6个方面为主题，组织理论宣讲团深入基层，送教上门，有效发挥理论宣讲在统一思想、服务经济发展、社会和谐稳定、凝聚力量化解矛盾、促进文明建设等方面作用，为桐庐经济社会发展提供了重要的思想保证。全年共进行理论宣讲95场，受教育干部群众7480人。

【成人高等学历教育】 学历教育在“规范招生程序，严把生源质量关”的原则指导下，全年招生606人，为桐庐经济社会发展输送本专科毕业人才675人，其中电大开放教育在读1189人，毕业299人；各类网络学院在读1121人，毕业331人；研究生课程班结业91人。是年，第一批浙江中医药大学研究生课程班55位学员和第三批上海大学硕士研究生班36位学员顺利结业。与县卫生局和第一人民医院联合招生，招收杭师院医学本科生40人，目前学历教育在读学员2407人。2014年，学校积极组织青年教师参与省市电大组织的教学竞赛活动。刘东海、刘辉两位青年教师喜获杭州地区电大第三届青年教师教学技能竞赛一等奖和二等奖。刘东海还被市电大推荐为全省电大青年教师教学技能竞赛选手，并在全省决赛中获二等奖。全年电大评上中央电大奖学金3人、中央电大希望田野奖学金1人、省电大优秀农民大学生1人、省电大奖学金8人，省电大优秀毕业生3人、奖教金1人。

【教育科研】 2014年，通过学校部室调整，专门设立县情研究室，全年提交6次共计21篇课题研究报告，申报各类课题8次30项，获得3类共计14项课题立项。其中，提交县理论学习中心组课题3项，机关党建课题6项，刊发县情研究3期。常务副校长方劲松主持的课题《生态文明建设与美丽杭州建设成功范本—基于美丽桐庐建设的调研》，先后获县长方毅、常务副县长毛根洪批示。完成中央党校联合课题《县域治理体系和治理能力现代化研究》和中组部课题《县级党校加强基层党组织书记和党员培训研究》。全年在县级以上发表、获奖、入选、入围、交流的论文、课题和信息共计201篇。

【社会培训】 在“做精项目、提升服务”思想的指导下，社会培训工作取得新突破。全年共完成各类培训270期，培训人数达21369人次，其中部门班24期3607人次、外联班55期5836人次、教师培训104期6878人次、医学类培训13期802人次、计算机应用和双证制培训6期299人次、财会人才3期131人次、“学在桐庐”（对外培训）60期3206人次、其他培训5期400人次，较好地完成各项培训计划任务。

【县委党校现场教学基地】 2014年，开发12个点作为现场教学基地，经过整合梳理，形成了5个教学模块。第一个是美丽乡村建设模块，主要包括荻浦、环溪两村作为一条线，重点考察古建筑保护、生活污水和生活垃圾分类处理等；第二个是慢生活体验区建设模块，主要包括芦茨、茆坪两村作为一条线；第三个是统筹城乡和生态文明建设模块，主要包括分水小城市建设、阳山畈、桃源村生态文明建设几个点作为一条线；第四个是城市商务区建设和社会管理创新模块，主要包括商务区城市规划馆、富春江水利风景区、经济开发区、110联动指挥中心、“967000”市民热线、南门社区楼下书记、行政服务中心，以及蜂之语、安厨电子商务等几个企业作为一条线；第五个是新合浙东人民解放军金萧支队纪念馆、英雄乡长和合村红军陈列馆等作为党性教育模块。以上各点都已经挂牌为桐庐县委党校现场教学基地，其中2个点被列为市委党校现场教学基地，成为浙大、浙江省委党校现场教学基地。

【人才队伍建设】 全体校委和全校各部门统一思想，提高认识，树立“人才资本是加快发展最具活力的资本，人才队伍建设是加快发展最重要的建设”观念，大力实施人才强校战略，落实党管人才原则，积极创新师资的引进、培养和管理模式，师资队伍建设卓有成效，建成一支学历高、学科门类齐全、老中青比例相对合理综合素质较高的师资队伍。

创新“外引内育”机制。“外引”：从党校师资队伍建设的实际出发，在本县和县外中学引进政治思想好、年富力强、高学历、高水平、具较高教学和科研的相关学科教师5名，其中研究生学历3名；根据学科要求，面向全国公开招聘应届研究生，至2014年11月已招聘研究生15名，部分研究生教师已经成为学校中层和骨干教师或学科带头人；聘请3位县老领导、7位现任县领导、20位部门领导、9位乡镇领导、6位社会各界精英，共42位同志担任党校干部培训顾问和客座教授，提高党校教学针对性和实效性，全面提升党校教学质量和管理水平。“内育”，是在提高原有学历的基础上，通过各种途径和方法培养和造就各种人才，树立“人人都能成才、努力才能成才、立足本职成才”的新理念，鼓励教师向高学历高职称努力，并出台相应奖励措施，造就一支与本校远景教育规划相配套、德才兼备、结构合理的教职工队伍，学校现有内育硕士研究学历（学位）12人。

培养和造就年轻教师。主要有八个途径：“走出去，请进来”，为教师跨专业发展搭建平台、创造条件，分批分期将年轻教师派送中央、省、市委党校和浦东干部学院、复旦大学、同济大学、上海交通大学、浙江大学等名校参加研讨研修班、讲习班，进行专题辅导培训学习。同时邀请上述有关学校名教授来校，为教师作政治理论的专题辅导，直接接受专家指导和教诲；实行“以老带新、以老推新”机制，开展小专题试讲等岗位练兵活动。根据年轻教师个人的专业特长，每人确定一个小专题，分头备课、集体讨论、在全体教职工面前试讲、限时30分钟，结束后由相关资深老师现场点评；引用公务员培养机制，实行年轻教师和中层干部挂职锻炼的人才培养机制。先后安排50多人次（教师）分别到机关、乡镇（街道）、社区挂职锻炼，少则几月多则一年，使年轻教师和中层干部在不同的部门和不同的岗位得到锻炼和增长才干；开展系统调研，选派骨干教师、年轻教师到欧美、新马泰、港澳考察，拓宽视野。暑期组织教师到延安、西柏坡、井冈山、广西等革命圣地学习调研。同时，注重对教师进行实践锻炼，原则上要求每位教师定点一乡镇（街道）、部门、社区等进行调研；设立教师论坛，围绕时事政治、电影电视评论、社会现象认识、交流教学心得、教育教学工作中发生的真实案例进行发言，交流自己的想法、观点和做法，互相探讨经验，增强信心，弥补不足，提高自身；举办“红色讲坛”，根据每位教师的专业或所从事的学科或专长，拟出50多个送课“菜单”，组织近30名教师精心备课，认真宣讲，把政治理论、国内外形势、百科知识送到基层百姓之中；进行教师技能竞赛，通过青年教师说课、讲课、电子教案（课件）评比等比赛活动，努力提高年轻干部及年轻理论教师的综合素质。建设学科带头人工程，大力引进和培养学科带头人，增强学科师资队伍。学校已设立党史党建、人文哲学、政治法学、会计金融学、国防和信息技术、公共管理、职业礼仪与艺术修养、数理、外语9个教研室。每个教研室专业从事本学科的教学、研究和学术交流，从而提高本学科的教学水平和科研水平。

【年轻干部基层实训班】 2014年6月26日，桐庐县年轻干部基层实训班在县委党校开班，来自全县各乡镇（街道）、部门的61名年轻干部参加培训。此次培训是桐庐县干部培训模式的全新探索，分为集中学习和实践锻炼两个模块，为期一年。集中学习期间，以理想信念、党性教育和业务知识为主要培训内容，提高年轻干部党性修养和经济、农业农村、城建国土等业务素质。集中学习结束后，学员们脱产到乡镇（街道）、农村（社区）、克难攻坚等一线岗位挂职进行历练，补好“群众工作”这堂课，通过边学边干，切实转变作风，提升能力。期间，每月以小组为单位集中交流工作、学习、作风等情况，每季度以班级为单位回党校学习、交流和授课。

【浙江大学现场教学示范基地】 6月6日，县委党校与全国干部教育培训浙江大学基地签订共建现场教学点协议。这是继2013年11月浙江省委党校桐庐现场教学示范基地挂牌后，县委党校又新增“全国干部教育培训浙江大学基地”这一块牌子，实现跟浙江大学校校联动，拓宽办学渠道。浙江大学利用桐庐县自然禀赋、人文特色以及美丽城乡建设的生动实践，做好各类现场教学培训工作。县委党校将以此为契机，一方面努力把教学基地建好、用好、管好，为浙江大学推进教育教学方式的改革创新提供一线课堂；另一方面借助浙江大学的优质教学资源，提高桐庐党校教学管理水平。2014年，浙江大学来桐庐县现场教学示范基地进行现场教学共67期。

【对外培训】 浙江大学、浙江省委党校和中国浦东干部学院三大现场教学基地的建立，加之县委党校这一特殊的培训服务平台，使“学在桐庐”对外培训声名远扬。“中国最美城市、幸福和美”桐庐发展理论和创新实践引发全国各地广泛关注，广西、江苏、贵州、四川、山东、安徽、福建、重庆、湖南、内蒙古、宁波、拱墅、临安等全国各地乃至老挝、非洲的朋友纷纷来桐庐县开展现场教学活动。一年来，学校共接待各地培训学员108期5653人次。对外培训得到县领导和部门、乡镇（街道）领导的高度重视与支持，多次亲自授课、陪同现场教学。通过对外培训，全面提炼桐庐城市规划和各美丽乡村的特色和亮点，成为宣传桐庐影响全国的窗口。是年，编印现场教学教材《美丽中国，桐庐先行》，分发给学员，从理论和实践两方面来宣传桐庐近年来取得的成就。

（王国铭）

·机关党建工作·

【概况】 2014年，继续实行机关党建工作在线绩效考核，坚持支部书记专项述职制度。组织开展机关支部书记、离退休干部支部书记、组织委员、入党积极分子等培训，进一步加强组织建设，全年转进党员147名，转出党员100名。经过预审、公示，发展党员20名、转正党员21名。党风廉政建设责任制进一步落实，全年开除党员3人。是年按程序完成18个支部换届、调整工作，新成立支部2个，撤销支部2个。至年底，共有直属党组织87个（其中党委3个、党总支8个、党支部76个），所属党支部160个（其中离退休党支部23个），党员2116名。

【建党93周年系列活动】 开展“群众工作优秀案例”评选活动，在申报的72个优秀案例中确定20个优秀案例，在《今日桐庐》进行报道展示。深入推进党群共建创先争优，完善“双争双评”“机关党建综合示范点”创建等活动，依托在线绩效考核，评选出先进基层党组织20个、优秀党务工作者10名、优秀党员100名。对党龄在50周年和60周年的老党员发放“光荣在党50(60)周年纪念牌”。

【公职人员齐奉献活动】 第三届桐庐百姓日，组织开展公职人员齐奉献活动，活动共三项内容：16个机关部门152名公职人员在中心广场开展各类集中服务、54支志愿服务队自行到农村（社区）开展“五水共治”“基层走亲”“结对帮扶”等活动、11个机关部门党员干部到各分会场及客运站点等地开展安保和维护秩序工作。据统计，活动当天共服务群众25000余人次，开展健康义诊500人次，赠送花卉苗木3100株、书画摄影作品550幅、剪纸作品230幅、书籍报刊4600份、免费送水1560人次。

【组团服务中心】 2014年，开展机关干部组团服务中心工作探索，围绕县委、县政府工作中心，全年共开展活动10次。服务“百姓日”，开展公职人员齐奉献系列活动；服务“五水共治”，做好“五水共治”生态公益金筹建工作和清洁大源溪活动；服务“中国最美县”，到旧县街道母岭村开展庭院整治活动；服务“民宿经济”，到旧县街道合岭村举办“民宿经济”服务培训班；服务“垃圾分类”，到旧县街道旧县村开展垃圾整治宣传活动等。

【在职党员进社区领办服务活动】 4月，为推进机关党员进社区报到领办服务活动，与组织部联合下发《关于进一步加强机关事业单位在职党员进社区报到联系服务群众工作的通知》，全年共有2776名在职机关党员为14个社区群众提供服务5798人次、领办服务项目1162项，开展集中服务135次、完成微心愿330个。

【综合考评社会评价工作】 2013年，杭州市对桐庐县综合考评社会评价中，征集到各类意见建议82条次；桐庐县各类社会评价中，征集到意见建议1075条次。经梳理、整合，确定2014

年市级整改类意见44条，县级整改类意见162条。根据市考评工作要求，确定重点整改目标8条，每条整改目标落实整改单位，整改情况列入机关单位综合考评，积分实行倒扣分制。至年底，全年预定整改目标全部完成，无一单位扣分。12月，开展县直机关（直属单位）、乡镇（街道）、重大平台进行民主评议。52个县直机关（直属单位）民主评议活动分4组进行，同时对13个非综合考评单位进行征求意见。评议工作组织9个层面的4744名代表参与，评选得分按20分计入综合考评得分。根据县直机关部门综合考评社会评价得分、综合考评领导评价分和机关效能减分，2014年度最佳服务型机关为：县国税局、县财政（地税）局、县农办、县发改局、县委组织部 、县委宣传部。乡镇（街道）、重大平台民主评议共有7329名代表参与，从经济建设、社会管理、公共服务及自身建设等方面对14个乡镇（街道）和开发区、商务区共16个单位进行了社会评议，评价得分按2-7分计入综合考评得分。测评结果，合村乡满意度最高。

【千企评百岗活动】 11月，为进一步优化发展环境，连续第八年开展千企评百岗活动，组织全县千家企业对机关94个涉企中层科室（其中服务类窗口62个、执法类窗口32个），以依法办事、服务态度、工作效能、廉洁自律、工作实绩5个方面为主要内容，进行实事求是评议。评议结果，县经信局资源节约和综合利用科、县财政局（地税局）稽查局、县人社局劳动和社会保障监察大队、县行政服务中心财政（地税）窗口、县行政服务中心国税窗口、县人社局社会保障科、县经信局行业管理（对外经济）科、县行政服务中心发改窗口、县行政服务中心民政窗口、县行政服务中心国土窗口10个科室获2014年度优化发展环境先进科室（窗口），10名科室负责人获2014年优化发展环境先进个人。

【第十一届“学习节”】 7月至9月，开展“让阅读成为习惯——学习习近平总书记系列重要讲话精神，领略理论经典之美”为主题的第十一届“学习节”活动。7月31日，在学习节启动仪式暨专家论坛上，省委党校副校长、正校级巡视员郑仓元教授为与会人员作了习近平总书记系列重要讲话精神专题辅导。“学习节”通过论坛讲座引领学、书目推荐带动学、短信发送日常学、读书驿站即时学、编辑册子通俗学、征文评比深入学、知识竞赛检测学、研讨交流互动学、橱窗板报广泛学、案例征集展示学十项活动，取得圆满成功。

【机关党建研究】 按照省市机关党建研究课题的设计要求，结合桐庐县实际，制定《2014年机关党建理论研究课题调研实施方案》，实行课题申报制，开展分组调研活动。全年收到调研文章72篇，评出优秀文章17篇，其中县委宣传部机关党支部的《让中国特色社会主义宣传教育在农村“丰满”起来的几点思考》、县党史研究室机关党支部的《桐庐县乡村生态文明建设的发展与启示》获一等奖，县委党校机关党总支的《党政机关干部官僚主义脱离群众的发生机理与治理对策》一文，获得市研究会三等奖。

【结对帮扶】 2014年，组织全县667名县管干部（含在职调研员）开展“千名党员结对千家困难家庭”活动；组织119家事业单位、32个行业协会和9支志愿服务队（1名社会人士）参与“1+X”结对帮扶互动，共结对970户困难户。全年开展两次集中慰问活动，共送出慰问金298.128万元，慰问品价值124.336万元。

【离退休干部支部工作】 继续加强离退休干部支部建设，3月，组织离退休支部书记参观城南街道金牛村新农村建设。全年举办“夕阳红”大讲堂4次：3月，县委党校副校长王兴春以“习近平总书记系列重要讲话精神”为主题作专题讲座；6月，县委党校副校长蔡海威作我国周边国际形势与战略的专题讲座；9月，县委党校教师刘东海以“桐庐经济绿色崛起”为主题进行专题讲座；12月，县人社局局长周政洪以“保基本 兜底线 促公平——打造民生服务升级版”为主题进行专题讲座。

【机关文化建设】 5月4日，组织30余名团员青年开展“青春助力五水共治·志愿服务美丽河道”五四青年节主题活动。全年举办各类文化体育活动5次：10月，举办机关健身运动会；

11月，举办第三届县管及以上干部运动会等。组队参加市机关运动会棋类比赛，分获象棋组、围棋组团体第四名和第六名。

（张陈君）

·老干部工作·

【概况】 2014年底，桐庐县有离休干部100人，其中易地安置在桐庐5人，桐庐安置在易地6人。副局级以上退休干部454人，其中副县级以上42人。

【老干部政治待遇】 2014年，举办离退休干部政治理论学习讲座、夕阳红大讲堂16次，4500余名离退休干部参加；县委、县政府向老干部通报情况6次，参加离退休干部1100余人次；组织离退休干部参加县“两会”、领导干部大会、经济工作大会等重大会议26次，参加老干部代表1075人次；向615名离退休干部赠阅《浙江老年报》《杭州日报》《文摘周刊》和《今日桐庐》；向281名离退休干部发放《之江新语》《群众路线教育实践活动学习参考》；针对民宿经济、“五水共治”、空心村建设等课题，组织750余名离休干部、县级退休干部、局级退休干部、离退休干部党支部书记外出参观考察学习。

【老干部生活待遇】 2014年，桐庐县继续开展“送亲情、解难题、促发展”大走访主题实践活动，对离休干部和县级退休干部实行每季度走访慰问，走访离退休干部1027人次，解决老干部实际困难23个，发放慰问金（慰问品）28.55万元，发送温馨服务短信2450余条；6月，组织559名离退休干部参加体检，邀请医师对体检结果进行“一对一”反馈解读；是年，继续实行离休干部居家养老服务，借助桐君街道圆通社区创建市级“四就近”（就近学习、就近活动、就近得到关心照顾、就近发挥作用）离休干部服务社区的经验指导全县各社区开展服务工作；联合团县委继续开展“情暖夕阳　点亮心愿”圆梦行动，帮助老干部实现“微心愿”31个。

【离退休干部党支部建设】 2014年，桐庐县81个离退休干部党支部定期过组织生活。2月，下发《关于加强离退休党员干部群众路线教育实践活动的通知》，要求老干部党员与在职党员干部一样参与实践活动；3月，编印《如火晚霞》，宣传50名“老干部之星”的先进典型事迹。组织全县离退休干部党支部书记召开“老干部之星”典型事迹经验交流暨“向身边先进典型学习”会议。凤川街道“校门爷爷”、横村镇“银龄助学”、城南街道“社区物管协调工作站”作为典型发言；5月，全县离退休干部党支部书记培训班在县委党校开班，78名离退休干部党支部书记参加培训，县委副书记吴玉凤出席开班典礼。6月，县委老干部局班子成员带队，走访全县离退休干部党支部书记，了解支部工作开展情况及存在困难，听取意见和建议。

【老干部作用发挥】 2014年，桐庐县老干部科技志愿服务队被中组部评为“全国离退休干部先进集体”，成员朱占善作为老干部代表参加全省“双先表彰”大会，作典型发言；退休教师陆家荣获得省级关心下一代工作先进个人；吴东根等8名离退休干部荣获市级关心下一代工作先进个人荣誉。是年，县“银色人才库”新增人才31名，梳理出“文化宣传组”“农业科技组”“林业水利组”专业组。组织离退休干部参加县委、县政府专题意见建议征求座谈会5次，向县委、县政府递交建议书2份。13个“五老”（老干部、老专家、老军人、老教师、老模范）讲师团到全县各中小学宣讲44场，受教育人数2万人次。

【文体活动】 2014年，桐庐县城、分水镇3所老干部活动中心接待老干部约6万人次，花费40万元对新区老干部活动中心硬件设施进行维修改造，添置35台电脑和30台古筝，11个老干部文体协会开展活动54次。是年，在新区老干部活动中心举办“践行群众路线　绽放健康晚年”系列文体活动，内容涵盖花卉展览、乒乓球、台球、象棋比赛和“党的群众路线教育”知识竞赛等3个部分8项内容，参与老同志1130人次；老干部文艺团5次下乡为社区、农村百姓表演节目；摄影协会到困难家庭或行动不便老人家中拍摄全家福120余张；剪纸协会创作200幅作品参与到县剪纸申遗工作；书画协会近50次参与农村文化礼堂建设。

【老年教育】 2014年，桐庐老年大学在校学员

710人，其中分水分校78人；开设课程14门，18个班级。组织2500余人次学员参加政治理论学习、情况通报会18次。老年大学军乐队在“百姓日”和两次“政府开放日”参与现场义务表演。文艺班学员义务承担社区的文艺晚会表演，代表各社区参加全县“欢乐大舞台”选拔比赛；戏曲班学员每月2次定期前往县社会福利中心为孤寡老人表演自创节目，并受邀到单位、企业进行联欢表演。

（庞　建）

·对台事务·

【概况】 2014年，桐庐县有在台定居的桐庐籍台胞88人，在桐庐暂住台胞24人，台属130人，台资企业23家。县台办结合县管干部“一对一”联系工业企业长效服务机制，走访驻桐涉台企业20余家次，接待到桐考察台胞4批次。关注巴比松集团资产纠纷事件发展动态，积极扶持和协助业主推广民宿村的对外招商。

6月25日，在杭州市举办的杭州与南投第六届“两湖论坛”活动上，牵线毕浦中学和台湾仁爱中学两校签订交流意向书。8月24日—29日，认真组织和做好由莪山畲族乡党委书记江小鹏带队的一行9人赴台湾仁爱乡开展基层交流活动，考察学习当地现代农业和民宿经济发展成功经验。

（王　云）

·桐庐县人民代表大会·

【十五届人民代表大会第三次会议】 2014年1月21日至24日，桐庐县十五届人民代表大会第三次会议在县城召开。会议应出席代表224名，实到212名，列席人员166名。会议听取和审查了县政府、县人大常委会、县法院、县检察院工作报告，财政预算报告，国民经济和社会发展计划报告，通过相应决议。听取了议案审查委员会关于会议议案审查的报告、财政预决算审查委员会关于财政预决算审查的报告。大会选举向良顺为桐庐县第十五届人大常委会委员。

【十五届人大常委会会议】 2014年1月13日，召开十五届人大常委会第十四次会议，会议听取和讨论县人大常委会工作报告稿、县政府工作报告稿、县政府关于2013年国民经济和社会发展计划执行情况和2014年国民经济和社会发展计划（草案）报告稿、县政府关于2013年财政预算执行和2014年财政预算（草案）报告稿、县人民法院工作报告稿、县人民检察院工作报告稿，决定将6个报告提交县十五届人民代表大会第三次会议审议。会议听取县人大常委会财经工委关于《加快大平台建设　推进工业转型升级》大会议案办理情况报告；听取和审议林业专项工作评议意见落实情况的报告；听取县十五届人大三次会议筹备情况的汇报；讨论并通过县第十五届人民代表大会第三次会议日程（草案）；讨论通过评比好议案及议案办理先进单位和先进个人、先进县代表小组、优秀县人大代表等有关事项；审议通过县人大常委会代表资格审查委员会关于县第十五届人民代表大会代表变动情况的报告；讨论并通过桐庐县第十五届人民代表大会第三次会议主席团、秘书长、列席人员等建议名单。

3月25日召开桐庐县十五届人大常委会第十五次会议。会议讨论并通过县人大常委会2014年工作要点；讨论并通过县人大常委会关于办理县十五届人大三次会议《加快推进我县“五水共治”工作》议案的决定以及县政府《关于要求批准2014年县本级政府性债务计划的议案》。会议讨论并通过关于确认许可对县十五届人大代表朱永平依法采取刑事强制措施的决定。

5月21日召开桐庐县十五届人大常委会第十六次会议。会议听取和审议县政府关于防洪排涝工作情况的报告；表决通过关于县人民法院人民陪审员员额的决定和关于许可对县十五届人大代表郑根柱依法采取强制措施的决定；会议决定接受郑建军辞去县人民检察院检察长职务的请求，任命夏涛为县人民检察院副检察长、代理检察长；会上还开展《中华人民共和国环境保护法》法律知识讲座。

8月8日召开桐庐县十五届人大常委会第十七次会议。会议听取和审议县政府关于2013年财政决算的报告、2014年上半年财政收支预算执行情况的报告、2013年度县本级预算执行和其他财政收支情况的审计工作报告以及2012

年度县本级预算执行和其他财政收支审计查出问题整改情况的报告，批准桐庐县2013年财政决算；会议听取县政府关于2014年地方政府债券资金安排使用方案的议案，书面审议县政府关于2014年上半年国民经济和社会发展计划执行情况、关于2014年上半年政府投资重大建设项目实施情况的报告，表决通过县政府关于加快工业经济转型升级情况专项工作报告审议意见落实情况的报告，并听取法官履职评议工作组关于县法院部分法官开展履职评议情况的报告。会议听取杭州市人大代表喻昌国、徐立明、赵敏的述职报告。

9月29日召开桐庐县第十五届人大常委会第十八次会议。会议听取和审议县政府关于生态文明县建设情况的专项工作报告；听取和审议县政府《关于申报可游泳河段的报告》，并表决通过《关于确认富春江镇芦茨溪为可游泳河段的决议（草案）》。表决通过县人大常委会《关于对县农业局专项工作的评议意见（草案）》。

11月7日召开桐庐县第十五届人大常委会第十九次会议。会议表决通过有关人事任免，免去樊春的桐庐县人民政府副县长职务。

12月18日召开桐庐县第十五届人大常委会第二十次会议。会议听取和审议县政府关于加快培育税源经济情况的专项工作报告，对报告表示满意；会议听取和审议县人大常委会执法检查组关于《中华人民共和国义务教育法》实施情况的执法检查报告；会议听取关于《加快推进我县“五水共治”工作》大会议案办理情况的报告，以及县政府关于第十五届人民代表大会第三次会议代表意见、建议办理情况的报告；听取和审议县政府关于防洪排涝专项工作报告审议意见落实情况的报告，对落实情况表示满意；听取关于召开县第十五届人大四次会议的议案和关于县第十五届人民代表大会代表变动情况及补选代表建议，决定县第十五届人民代表大会第四次会议于2015年1月下旬在县城召开。

【工作监督】 2014年，共召开县人大常委会会议7次，听取和审议“一府两院”专项工作报告3项、其他报告5项，开展专项工作评议2次，专题询问1次，组织视察和执法检查9次，作出决议、决定18项，提出审议意见7项，进行专题调研7个，任免国家机关工作人员40人次，委托主任会议听取专项工作报告4个。

以实体经济发展为重点，跟踪检查工业经济转型升级审议意见的落实情况，专题视察全县重点工业园区、富春山健康城等重大平台建设，听取和审议加快培育税源经济情况的专项工作报告。

助推“五水共治”，抓好《加快推进我县“五水共治”工作》大会议案的办理，听取和审议防洪排涝情况专项工作报告；专题调研县域保供水情况，建议将千岛湖水源作为县城第一水源，向市政府争取足量配水指标，科学调整备用水源规划；专题视察县城与城镇截污纳管工作。

深化财政预算监督，修订政府投资重大建设项目监督试行办法，完善项目立项、实施、变更等环节的监督内容，对县政府提交常委会审议的总投资5000万元以上的项目实行逐个表决。深化对部门预算的监督，向社会公开部门预决算情况和“三公”经费预决算情况；首次开展部门决算审查，督促首批重点审查的县人社局、农业局、文广新局、住房公积金中心等部门，细化预算编制，改进预算管理，严格预算执行，保障资金使用绩效。听取审计工作报告，督促审计查出问题的整改。开展“三公”经费使用情况的监督，2014年“三公”经费下降41.8%。

致力民生与法治，对物业管理工作的难点问题，开展专题询问；关注医保基金使用监管情况，建议县政府建立稳定的财政投入机制，逐年安排专项经费，消化历年基金赤字；组织视察农村土地综合整治工作和政府实事工程的推进情况，推动县城老旧住宅小区室外供水管网改造、城关初中等校舍改扩建、新增县城停车泊位等政府实事工程的落实。积极推动依法行政、公正司法，首次开展法官履职评议，通过走访调查、民主测评、旁听庭审、翻阅卷宗等多种方式，对4名法官进行客观公正的评议，向县法院和被评议法官反馈66个问题。开展《中华人民共和国义务教育法》执法检查，完善学校规划布局，破解进城集聚和务工人员子女入学难问题。

【代表工作】 开展代表主题活动，组织各级人大代表开展“切实履行人大代表职责，全力推进‘五水共治’”主题活动。全县共有161名代表担任河道（段）长，321名代表直接从事河道常年保洁、巡查工作，1138人次代表参与视察、检查等治水监督活动。县、乡（镇）两级人大代表积极助推全面深化改革、实体经济发展、“无违建县”创建等中心工作的落实，各乡镇（街道）人大负责人勇于担当，在推进杭黄铁路、富春江干堤等全县重点工程建设中发挥作用。

拓展代表履职平台，推进代表联络站建设，全县共建成代表联络站32个，联络室84个。市县领导干部人大代表和县乡（镇）两级代表，走进代表联络站（室），接待选民525人次，收集意见建议533件，其中交县级有关部门办理99件。加强常委会与人大代表的工作互动，县人大常委会组成人员全年走访基层县人大代表190余名，100余名县人大代表通过自选内容，参与了人大常委会监督工作。开展代表向选民述职活动，29名县人大代表向选民进行了述职，6位市人大代表向县人大常委会报告履职情况，接受群众监督。

加强代表建议督办，注重做好代表意见建议质量指导，加强交办工作对接，开展办理目标评估，及时反馈办理结果，强化代表建议办理全过程的协调服务与督促。坚持重点督办、代表小组跟踪督办、代表约见承办单位负责人等制度。县十五届人大三次会议收到的156件意见建议，解决率达到了60.2%。常委会修订了代表闭会期间建议处理办法，规范闭会期间代表建议的接收、办理、反馈等工作的办法，有效提升代表闭会期间的履职成效。

【乡镇人大】 乡镇人民代表大会得到规范，在县人大常委会的指导下，乡镇人代会的会议会期、会议内容、会议议程和会议日程更加依法规范，从制度上保证会议庄重、务实、有效。会议期间安排较充裕时间，围绕工作大局、经济发展目标，对“五水共治”“无违创建”及智慧经济、实事项目等重点工作进行审议，实现乡镇人代会由程序性会议向议事、民主决策性会议的转变。2014年各乡镇还实行人大代表票决政府为民实事项目制度，探索乡镇人民代表大会开展民主决策、监督公共财政使用情况。

主席团有序监督与代表履职得到加强，建立健全乡镇人大主席团议事规则、监督办法、代表建议办理等工作制度，形成完备的主席团工作制度。2014年，全县各乡镇人大主席团共开展97项监督工作，促进当地党委的决策落实和难点工作的推进。各乡镇人大主席团认真组织开展代表活动，每位乡镇人大代表全年参加履职活动4次以上。2014年11月，县人大常委会和江南镇人大主席团在杭州市乡镇人大工作会议上作经验交流，成为全市乡镇人大工作的一个亮点。

【自身建设】 抓好理论学习。完善党组理论中心组学习制度，认真学习领会中共十八大，十八届三中、四中全会和总书记习近平系列重要讲话精神，坚定道路自信、理论自信、制度自信。顺应经济发展新常态，组织常委会组成人员赴滨江区考察海康威视、智慧e谷等新兴产业项目，举办智慧经济专题辅导。建立事前学法制度，在开展常委会监督工作前，结合监督议题，组织学习《中华人民共和国环境保护法》《杭州市物业管理条例》等法律法规，提升监督工作专业水平。

强化作风改进。开展党的群众路线教育实践活动，县人大常委会领导及机关干部以开展“走进代表、走进农村、走进社区、走进企业”活动为载体，走访人大代表185名、农户520余户、企业116家，广泛听取基层意见建议，帮助解决实际问题53个。突出问题导向，以整风精神开展批评与自我批评，针对“四风”在人大工作中的具体表现，制定9个方面35条整改措施，开展“五个一线”专项整治行动，建立15项长效机制，以实际行动取信于代表和群众。主动听取人大退休老干部的意见建议，积极改进人大工作。

注重人大宣传。以纪念人民代表大会制度

建立60周年为契机，组织代表开展知识竞赛，在《今日桐庐》开辟宣传专栏，宣传桐庐县人大工作和民主法制建设的新进展、新成就。开展人大制度和理论的研究与宣讲，常委会领导带头到县委党校主题班授课，提升党员干部对人民代表大会制度的认识。认真办好《桐庐人大》杂志和桐庐人大网站，扩大人大工作影响力。加强人大信息宣传队伍建设，制定人大工作信息员管理办法，开展业务培训，提升人大信息宣传工作水平。

【人事任免】 1月13日，桐庐县第十五届人大常委会第十四次会议审议方毅县长提请的人事议案，决定任命吴金富为桐庐县人民政府副县长，免去王金才的桐庐县人民政府副县长职务。

会议同时表决通过，任命：向良顺为桐庐县人大常委会城建环保工作委员会主任；林柱友为桐庐县人大常委会农业和农村工作委员会副主任；毛土正为桐庐县人大常委会桐君街道工作委员会副主任；方苏平为桐庐县人大常委会凤川街道工作委员会副主任。

免去：姜春龙的桐庐县人大常委会城建环保工作委员会主任职务；张富寿的桐庐县人大常委会桐君街道工作委员会主任职务；朱建余的桐庐县人大常委会农业和农村工作委员会副主任职务；毛土正的桐庐县人大常委会凤川街道工作委员会副主任职务。

任命：俞放为桐庐县民族宗教事务局局长；周政洪为桐庐县人力资源和社会保障局局长；宋健民为桐庐县水利水电局局长。

免去：汪玉成的桐庐县民族宗教事务局局长职务；胡建高的桐庐县人力资源和社会保障局局长职务；徐志奎的桐庐县水利水电局局长职务；方义成的桐庐县食品药品监督管理局局长职务。

任命：王定生为桐庐县人民法院副院长；章建安为桐庐县人民法院审判委员会委员。

免去：赵平的桐庐县人民法院副院长、审判委员会委员、审判员职务。

会议还表决通过，任命方静根为桐庐县人民检察院副检察长。接受姜春龙辞去桐庐县第十五届人大常委会委员职务的请求，并报桐庐县第十五届人民代表大会第三次会议备案。接受程春明、卢强、张利军、张富寿辞去桐庐县第十五届人民代表大会代表职务的请求，并报桐庐县第十五届人民代表大会第三次会议备案。

3月25日，桐庐县第十五届人大常委会第十五次会议表决通过，决定任命姚鼎文为桐庐县人大常委会桐君街道工作委员会主任。免去兰世民的桐庐县人民法院审判员、审判委员会委员职务。

5月21日，桐庐县第十五届人大常委会第十六次会议表决通过，任命：王建平为桐庐县公安局局长；方志荣为桐庐县市场监督管理局局长。

免去：周郑的桐庐县公安局局长职务。

任命：夏涛为桐庐县人民检察院副检察长、检察委员会委员、检察员。

会议表决通过，决定接受郑建军辞去桐庐县人民检察院检察长职务的请求，报杭州市人民检察院提请杭州市人大常委会批准，报县第十五届人民代表大会第四次会议备案。会议决定：桐庐县人民检察院副检察长夏涛代理县人民检察院检察长职务，报杭州市人民检察院和杭州市人民代表大会常务委员会备案。

8月8日，桐庐县第十五届人大常委会第十七次会议审议通过，决定接受方培群提出的辞去桐庐县第十五届人民代表大会代表职务的请求，其县人大常委会委员职务相应终止，并报桐庐县第十五届人民代表大会第四次会议备案。决定免去舒丹的桐庐县人民法院人民陪审员职务。

11月7日，桐庐县第十五届人大常委会第十九次会议表决通过，决定免去樊春的桐庐县人民政府副县长职务，并报桐庐县第十五届人民代表大会第四次会议备案。

12月18日，桐庐县第十五届人大常委会第二十次会议表决通过，决定任命王歆为桐庐县人民政府副县长，并报桐庐县第十五届人民代表大会第四次会议备案。

（余小华）

·桐庐县人民政府·

【县政府常务会议】 2014年，桐庐县政府召开常务会议21次。

1月6日，召开第41次常务会议，研究关于桐庐富春江科技城总体规划（2013—2020年），05、16省道桐庐收费站对本县车辆实行免费通行事宜，县公共租赁住房租赁管理实施办法（试行）、2014年政府工作报告（提交讨论稿）、2013年财政预算执行情况和2014年财政预算草案的报告（提交讨论稿）、2013年国民经济和社会发展计划执行情况与2014年国民经济和社会发展计划草案的报告（提交讨论稿）等事宜。

1月15日，召开第42次常务会议，研究关于2014年度桐庐县物业服务企业财政扶持奖励相关事宜、收购杭州市工商行政管理培训中心股权、县殡仪馆改建工程和凤川—江南新城气象服务探测中心项目概算调整等事宜。

2月26日，召开第43次常务会议，研究关于县主要污染物排放总量有偿调剂使用管理办法、2013年度县政府质量奖企业审定事宜、2013年度现代农业政策兑现、2013年度商贸旅游业政策兑现和服务业优强企业评选、关于2013年度工业经济和开放型经济政策兑现等事宜。

3月10日，召开第44次常务会议，研究关于唐家洲历史遗留问题处理有关事宜、县人社大楼建造占用桦桐大厦部分土地且影响其通风采光问题处置事宜、在全县开展农村“一户多宅”清理整治行动的通知、桐庐县“无违建县”创建工作违法建筑认定和处置规定、乡村违法建筑处置若干规定、2013年县本级政府性债务计划执行情况和2014年县本级政府性债务计划等事宜。

3月20日，召开第45次常务会议，研究关于桐庐游泳馆承包经营合同、中通家园项目规划设计方案、江南国际养生中心规划设计方案等事宜。

4月9日，召开第46次政府常务会议，研究关于调整县工商质监体制改革和完善食品药品监管体制的实施意见、“五水共治”三年行动方案（2014—2016）等事宜。

5月9日，召开第47次常务会议，研究关于凤川街道翙岗村历史街区保护规划、全面推进农村集体经济合作社股份合作制改革的实施意见、进一步完善政策性农业保险、分水江水利枢纽工程移民（桐庐境内）后期扶持资金使用管理办法（试行）、完善县城农房改造管理的补充意见等事宜。

6月4日，召开第48次常务会议，研究关于车船用天然气加气站布局规划、促进房地产业健康有序发展的若干意见、《关于加快工业经济转型升级的若干意见（提交讨论稿）》、《关于深化工业企业综合评价和分类服务实施意见（试行）（提交讨论稿）》和《关于促进小微企业成长上规模三年行动计划（提交讨论稿）》等工业经济政策修订，加快开放型经济发展的实施意见、农村饮用水工程提升改造实施意见、富春江芦茨溪天然浴场等河道疏浚清理项目等事宜。

7月1日，召开第49次常务会议，研究关于桐庐县耕地保护补偿机制建设试点工作实施方案、春江景苑和下轮村拆迁改造区经济适用房销售价格有关事宜、朝霞路美食特色街设计方案、中杭路服饰街形象及环境提升方案、实行职工医保定点零售药店购药定额控制等事宜。

7月16日，召开第50次常务会议，研究关于中欧城总体规划及一期详细规划、《春江花月夜》驻场演出项目及演出场地落实事宜、包山儿童公园设计方案优化有关事宜、进一步加快电子商务产业发展的若干意见等事宜。

8月1日，召开第51次常务会议，研究关于推行权力清单、县基准地价和征地片区综合价调整、县消防大队桐君中队营房提升改造工程超概算、桐庐县企业转贷基金使用管理办法等事宜。

8月6日，召开第52次常务会议，研究关于桐庐县电子商务发展规划、桐庐县富春山健康城总体规划和桐庐县富春山健康城发展规划、桐庐县水功能区、水环境功能区划分修编方案，城南街道大庄里区块改造安置方案等事宜。

8月21日，召开第53次常务会议，研究关于加强大气复合污染防治切实改善环境空气质量的实施意见、桐庐县加快黄标车淘汰工作实施方案及桐庐县黄标柴油车淘汰补助实施细则、县城居民生活用水实行阶梯价格制度等事宜。

9月4日，召开第54次常务会议，研究关于中国丝绸文化博览中心项目概念性方案设计、公园山棚户区房屋搬迁改造实施方案、桐庐县用能预算化管理办法、桐庐县水电气价格差别化管理办法等事宜。

9月10日，召开第55次常务会议，研究关于2014年政府投资项目和重点项目计划半年度调整、加强政府投资项目精细化管理事宜、鼓励和引导民间资本参与基础设施和社会事业建设事宜、桐庐县农村宅基地管理细则等事宜。

9月29日，召开第56次常务会议，研究关于教育工作相关扶持政策、进一步鼓励和扶持文化创意产业发展的意见、桐庐县推进“三区”建设加快信息经济发展三年行动计划（2014—2016）、桐庐县工业龙头企业与成长型企业双培育计划（2014—2016）等事宜。

10月14日，召开第57次常务会议，研究关于“精准对接、精准服务”支持医疗器械产业提升发展的若干意见、房地产风险防范工作机制、桐庐县国有资产公司融资管理办法、国家城市矿产基地项目实施方案调整事宜、国际箱包2.5产业园有关政策、海康威视投资协议有关事宜等事宜。

11月6日，召开第58次常务会议，研究关于政府投资项目征收集体所有土地房屋补偿安置指导意见和政府投资项目涉及国有土地工业企业资产收购补偿指导意见、要求延后完工天溪湖酒店精装修工程有关事宜、桐庐县农村应急广播体系建设方案等事宜。

11月20日，召开第59次常务会议，研究关于推进新一轮强镇扩权改革工作的实施意见，浙江工商大学、桐庐县人民政府合作共建浙江工商大学杭州商学院补充协议书和桐庐县人民政府与浙江工商大学全面合作协议，白云源抽水蓄能电站预可研编制有关事宜、完善国有林场改革方案、2015年水利项目建设计划、瑶琳夏塘溪（百岁溪）疏浚清理方案、2015年度城乡居民基本医疗保障组织实施方案等事宜。

12月18日，召开第60次常务会议，学习新行政诉讼法，建立县政府常务会议定期学法制度，研究关于进一步优化部门服务促进民宿产业规范发展的实施意见、全面推进城镇低效用地再开发工作的实施意见、进一步优化工业用地差别化管理的实施意见等事宜。

12月30日，召开第61次常务会议，集体学习了国务院《不动产登记暂行条例》，研究关于阳明山精品度假酒店项目投资协议、《桐庐县人民政府职能转变和机构改革实施意见（提交讨论稿）》、《乡镇（街道）、部门责任清单（提交讨论稿）》、桐庐县城乡公交一体化改造老年人免费乘车方案和城乡公交一体化改造运价调整方案、桐庐县第十五次“送温暖献爱心”活动方案、桐庐县财政专项资金清理整合方案、进一步推进农村土地综合整治的实施意见等事宜。

【全县“五水共治”“无违建县”创建暨“风景桐庐提升年”活动动员大会】 1月15日，全县“五水共治”“无违建县”创建暨“风景桐庐提升年”活动动员大会在县政府会议中心报告厅召开。会议指出，开展“五水共治”、“无违建县”创建、“风景桐庐提升年”三项工作是贯彻上级部署的迫切需求，是推进转型升级的必由之路，是建设美丽桐庐的有效载体，也是顺应民众期盼的重大举措。会议强调，开展治污水、防洪水、排涝水、保供水、抓节水的“五水共治”，就是要用“重整山河”的雄心壮志和“壮士断腕”的豪迈斗志，治出转型升级的新成效，治出面向未来的新优势，治出科学发展的精气神。力争通过三年左右时间实现治污措施全面落实、城乡防洪整体提升、城市积涝基本消灭、安全饮水充分保障、节水意识大幅提高，努力率先实现“三年解决突出问题，五年基本不出问题”的目标，取得治水工作的新突破新成效。

会议强调，把开展“无违建县”创建活动和发展产业经济、建设公益项目结合起来，让老百姓看到、分享到“三改一拆”带来的实实在在成效。要突出边整治、边创建的重点，严查立案违建案件，做到“四重点”（重点处理违法违规占用农耕地的、影响公共安全和重大建设的、严重影响城乡规划的以及交通干线两侧的四类违法建筑）、“七先拆”（涉及党政机关、党员的先拆，存在安全隐患的先拆，造成社会恶劣影响的先拆，群众反映强烈的先拆，影响重点工程的先拆，面积特别大的先拆，污染环境、影响视觉的先拆）；严格清理“一户多宅”，严控新违建发生，严管农村新建住房，强化基层基础与源头管理，全面创建全省首批无违建县。

会议强调，打造“风景桐庐”要按照“中国画城”的要求，坚持一张蓝图绘到底，一年接着一年干；坚持“城像城、村像村”，打造最美城乡“升级版”；坚持串珠成链、连线成片，加快实现全域景区化，注重历史人文、民俗文化、城乡风貌等融入，完善“最美县城、魅力城镇、特色乡村、和美庭院”的空间布局体系，做好“显山露水、疏密有致”的文章，让人望得见山、看得见水、记得住乡愁。

县环保局、“三改一拆”办公室、住建局、横村镇、城南街道作表态发言。上海圆通蛟龙投资发展（集团）有限公司董事长、总裁喻渭蛟代表县企业家宣读成立“五水共治”生态公益基金倡议书。“三通一达”桐庐籍民营快递代表、中金国际集团等企业分别出资2000万元与1000万元进行现场认筹。与会县领导也现场参与了“五水共治”生态公益基金筹集活动。

【法治政府建设和安全生产工作会议】 4月14日，全县法治政府建设和安全生产工作会议在县政府会议中心第一会议室召开。会议指出，做好法治政府建设和安全生产工作既是大势所趋，也是公众期盼，更是加强自身建设的内在要求。会议强调，要强化理念，突出重点，深入推进法治政府建设。树立职权法定的理念，遇事先问问“我有没有这个权力”；树立程序正义的理念，做事先问问“程序是否规范”；树立合理行政的理念，处事多问问“这样是否合理”；提升行政争议化解能力，推进大调解机制建立，实现依法调处社会矛盾。会议强调，要坚守红线，落实责任，全力确保一方平安。牢固树立安全生产是红线、是底线的意识，牢记“安全责任重于泰山”，牢记“发展决不能以牺牲人的生命为代价”，狠抓安全责任制落实、安全隐患排查治理、安全生产综合治理、安全生产专项整治、企业安全生产标准化建设、安全生产诚信机制建设、全员安全培训实效，时刻绷紧安全生产这根弦，保障人民群众生命财产安全。会议还通报了安全生产综合目标管理责任制考核结果，并就《桐庐县提升安全生产水平三年行动计划》进行部署。

【全县发展实体经济大会】 5月9日，全县发展实体经济大会在县政府会议中心报告厅举行。会议指出，实体经济是桐庐发展的坚实基础和立县之本。会议强调，围绕“重实体”，认清形势、坚定信心，充分认识“抓实体经济就是抓中心工作，抓实体经济就是抓第一要务，抓实体经济就是抓民生保障”，坚定不移转变经济发展方式，全力以赴促进实体经济提质增效转型。围绕“兴实业”，突出重点、狠抓落实，抓产业、强创新，抓平台、强基础，抓招引、强后劲，抓项目、强投入，抓企业、强主体。提升发展传统产业，落实“四换三名”（腾笼换鸟、机器换人、空间换地、电商换市，名企、名品、名家）组合拳，淘汰落后产能，延伸产业链，推进传统产业集群化发展；培育战略新兴产业，推动工业化、信息化深度融合，促进制造业、服务业互相融合，加快形成新的产业优势；大力发展现代服务业，以“全域旅游”为重点，努力培育旅游度假、健康服务、文化创意、生态居住、总部经济等新兴业态，提高三产占比和贡献率。大力拓展产业平台，发挥“两城两区”［富春江科技城、富春山健康城，迎春商务区、富春江（芦茨）乡村慢生活体验区］的作用，注重项目质量和活动实效，加快项目推进，优化投资结构，强化要素保障。围绕“办实事”，转变作风、优化服务。强化主动服务、创新服务意识，突出集中走访服务、加强项目招引、完善政策引领、加快项目推进、激发创新活力、强化资源配置、丰富活动内容、优化企业服务、内容，全面开展“重实体、兴实业、办实事”活动，让广大企业家真正感受到党委政府的关心与支持，进一步坚定发展实业、做强主业的信心，合力推动实体经济大提升大发展，全面加快桐庐绿色崛起、转型跨越步伐，为建设“中国最美县”奠定更加扎实的基础。会上，象限科技、施强制药等一批企业分别签订项目责任书。

【县政府决策咨询专家座谈会】 6月7日，县政府决策咨询专家座谈会在县政府会议中心第六会议室举行。会议强调，要把决策咨询工作摆到更加突出的位置，进一步完善决策咨询工作机制、拓展决策咨询工作领域、提升决策咨询工作成效，发挥好决策咨询在推进桐庐转型跨越中不可替代的独特作用。会议讨论通过了《桐庐县重大决策专家咨询工作规程》。

【全县改革工作座谈会】 7月11日，全县改革工作座谈会在县政府会议中心第一会议室召开。会议强调，抓落实必须确保改革任务落地，针对“538”计划逐项明确责任单位、责任人、时间进度，健全改革任务台账，形成可追溯的任务表。抓落实必须突出改革重点，经济转型升级要紧扣金融改革，探索多元化民间融资方式，加快运作管理公司，鼓励民间投资向社会事业和基础设施倾斜，积极建设金融小镇，探索健康基金、生态基金等。结合企业分类服务，深化要素市场化配置，实施差别化土地供应、水电气差别化价格机制。推动规模以上企业实施“四换三名”，大力发展以电子商务为重点的智慧经济，力促桐庐“产业智慧化，智慧产业化”。三农领域以“三个有”（有特色产业、有民宿经济、有村落景区）为抓手发展农村经济，推动农村产权确权工作，探索建立农民新型综合服务组织，加快农村股份合作制改革，推进农村“两权一房”抵质押贷款等服务，探索村级集体经济多元化发展，为城乡统筹发展提供支撑。转变政府职能要下大决心建好“两张清单一张网”（一张政府权力清单、一张企业投资负面清单和一张政务服务网），完善招投标全程管理，优化便民服务，简化审批环节，提高服务效能，切实加强服务型、节约型政府建设。生态文明建设要做实农村生活垃圾分类处理等特色工作，加快推进城区垃圾分类处理试点，创新生态补偿机制，积极创建“无燃煤区”，充分调动民间力量。社会治理要整合各类管理资源，积极推广基层自治的好经验、好做法，探索建立群众参与重大决策机制，主动顺应新兴媒体，力求在社会管理创新上取得新突破。会议要求，要按照省市的统一部署，大力推进行政审批制度改革，建好政府权力清单，做到弱审批强监管，进一步简政放权。

【县政府党组专题民主生活会】 7月14日，县政府党组专题民主生活会在县政府二楼大会议室召开。会前，县政府党组按照县委的部署要求，扎实做好各个环节工作。从加强理论学习，增强思想认同到广泛征求意见，认真查找问题，从深入谈心交心，充分交流沟通到全面对照检查，触及灵魂深处。党组成员自己动手撰写对照检查材料，多次征求意见，数易其稿，力求找得准、写得实、画得像。会上，县政府党组成员按照“照镜子、正衣冠、洗洗澡、治治病”的总要求，聚焦“四风”进行对照检查，以整风精神严肃开展批评和自我批评，深刻剖析思想根源，提出努力方向和整改措施。省市驻桐庐督导组认为，历时一天的县政府党组专题民主生活会，坚持高标准、严要求，不打折扣，不走过场，充分运用批评和自我批评武器，敞开心扉，亮明问题，经历了一次严格的党内政治生活锤炼，达到了坦诚相见、加深了解、互相帮助、增加团结的目的。

【全县加快信息经济发展座谈会】 8月26日，全县加快信息经济发展座谈会在县政府会议中心第六会议室召开。会议强调发展信息经济是打造“美丽经济”的重要组成部分，是传统产业的升级版，是省市信息经济的桐庐版，要进一步提高思想认识，抢抓发展机遇，不争论、不迟疑、不观望，率先发展、大力发展信息经济，推动桐庐经济加快转型升级。会议要求，要进一步理清目标思路，明确产业智慧化和智慧产业化的发展方向，围绕网络、产业、应用“三位一体”和政府、企业、家庭“三位一体”两个发展体系，加快建设“三个区”，争取到2016年，初步形成以富春江科技城为核心的杭州智慧E谷拓展区，以迎春商务区为核心的电子商务集聚区，以桐庐生态宜居环境优势为核心、以健康城和慢生活体验区及县城为重点的智慧健康养老产业集聚区和信息人才集聚区，开创信息经济发展新局面。

【县政府常务会议建立常态化学法制度】 12月18日，县政府召开第六十次常务会议。会前，与会人员集中学习《中华人民共和国行政诉讼法》修改的基本情况、主要特点，以及《行政诉讼法》修改前后变化等方面的内容。会议指出，领导干部带头学法、尊法、守法、用法，是深入贯彻中共十八大和十八届三中、四中全会精神的必然要求，也是深入推进依法行政，全力打造法治政府的需要。会议强调，即将到来的2015年是法治政府的重要一年，政府常务会议利用会前30分钟学法的制度要常态化、长效化，领导干部要通过学法不断提高法律素养，全面提升依法执政能力和水平，为桐庐深化改革、科学发展提供有力的法治保障；要探索建立重大决策合法性审查、法律顾问列席常务会议和重大决策新闻发布等制度，健全法治政府建设工作机制；要进一步丰富形式，创新载体，将依法行政融入到日常的各项工作中，使法治政府建设真正取得实效。

【县政府十件实事】 2014年，桐庐县政府为民办实事工程及完成情况：

2014年桐庐县政府为民办实事工程完成情况

表45

序号	实事名称	实事内容	完成情况
1	治污供水工程	新建城镇污水管网71.17公里。关停搬迁一级饮用水源保护区企业2家。实施富春江水库漂浮物打捞处置中心建设。完成县城老旧住宅小区“一户一表”改造。完成施家湾、柯家湾、康乐3个小区室外供水管网改造工程。新建供水管网49.5公里，改造管网10.4公里	新建城镇污水管网72.7公里。一级饮用水源保护区内的杭州博阳食品有限公司已完成搬迁，三合加油站已关停拆除。完成实施富春江水库漂浮物打捞处置中心主体工程。完成县城老旧住宅小区“一户一表”改造1612户。新建供水管网49.5公里，改造管网10.4公里
2	防洪排涝工程	整治加固山塘水库11座，综合治理小流域72公里。完成县城住宅小区排水管网改造8公里。完成县城东门排涝站提升改造、江南镇赵家浦水渠、富春江镇沙湾畈排水渠、分水镇东溪箱涵等一批排涝设施工程	完成4座水库除险加固、7座山塘综合整治；完成农村河道整治47公里，中小河流治理25公里。完成县城住宅小区排水管网改造8.16公里。县城东门排涝站提升改造、江南镇赵家浦水渠、富春江镇沙湾畈排水渠、分水镇东溪箱涵等一批排涝设施工程全部改造完成
3	住房保障工程	下轮区块安置房交付使用。芝溪弄区块安置房交付使用。推进“四改联动”工程，加强物业管理，提升新建小区物业管理水平。完成农村困难群众危旧房改造240户	下轮区块771套安置房已全部交付使用。完成芝溪弄区块安置房主体工程建设。完成移民小区、桥北居委会、食品厂宿舍、康乐小区提升改造工程和无物管小区老旧住宅修缮工程；在下杭社区建立物业管理服务站，建立物业管理联动机制；规范前期物业管理招标，物业管理用房统一纳入小区竣工验收。完成农村困难群众危旧房改造240户

续表 45

序号	实事名称	实事内容	完成情况
4	大气治理工程	健全空气质量监测和信息发布体系。杜绝4吨以下小锅炉“冒黑烟”现象。城区大中型餐饮业油烟净化装置安装率达100%。完成治理挥发性有机废气企业45家。富春路中石化车用加气站投入使用。新增县城建成区绿地面积10万平方米。加强建筑施工（道路）扬尘监管。加强烟花爆竹燃放监管。 加强秸秆焚烧监管	2014年4月1日开始，在桐庐电视台和《今日桐庐》上按新的空气质量标准发布空气质量日报和预报。对大气污染和“冒黑烟”现象进行专项整治，4吨以下小锅炉“冒黑烟”现象已经杜绝。城区87家大中型餐饮企业已全部安装油烟净化装置。完成45家笔杆喷涂、拉丝企业挥发性有机废气治理。富春路中石化车用加气站8月份投入使用。新增县城建成区绿地面积10.5万平方米。已下发《关于加强建设工程扬尘控制管理的通知》，加强建筑施工道路扬尘监管。制定出台《2014年县城区禁止燃放烟花爆竹集中整治行动方案》，烟花爆竹燃放监管得到加强。推进农作物秸秆综合利用，严格落实源头管控，从严查处违法行为
5	食品安全工程	新增无公害农产品基地666.67公顷，认证无公害农产品20个。开展农产品质量安全定量检测1640批次以上，食品生产领域企业抽查率达100%	新增无公害农产品认证企业30家，建成无公害基地800公顷，新认证无公害农产品44个。抽检农产品（食品）1652批次，食品生产领域企业抽查率达100%
6	创业就业工程	全年城镇新增就业岗位3500个，帮助城镇失业人员实现再就业1700人，其中就业困难人员就业1200人。举办创业项目展示会、创业培训班6期。完成农民素质提升培训15000人次	全年城镇新增就业岗位4496个，帮助城镇失业人员实现再就业2554人，其中就业困难人员就业1417人。举办创业项目展示会、创业培训班7期。完成培训16189人次
7	校舍改善工程	基本完成县职业技术学校、城关初中、实验初中一期、分水实验小学改扩建，完成峰华幼儿园、城南街道中心幼儿园续建工程	县职业技术学校改扩建工程新建教学楼、食堂、宿舍楼投入使用；城关初中改扩建工程已完成综合楼、教学楼和一期室外附属工程；实验初中改扩建工程一期新建食堂、风雨球场已投入使用；分水实验小学已完成新建教学楼、综合楼；峰华幼儿园已完成主体工程；城南街道中心幼儿园续建工程已投入使用
8	医疗服务工程	老年人健康体检率达80%以上。完成已婚育龄妇女“两癌”筛查14000人、免费孕前优生健康检查6000人。提高城乡居民医保县内住院报销比例，住院费用医保范围内平均报销比例达75%以上	完成老年人健康体检46848人，体检率82.77%。完成已婚育龄妇女“两癌”筛查15548人，免费孕前优生健康项目检查6000人。出台《杭州市基本医疗保障办法桐庐县实施细则》，在县内县级医院住院医疗费用报销比例达75%，县内其他医院报销比例达80%

续表 45

序号	实事名称	实事内容	完成情况
9	交通便捷工程	05、16 省道桐庐收费站对本地机动车实行免费通行。新投、更新公交车 19 辆、出租车 30 辆。新增县城停车位 1000 个以上（含社会配套）。完成 23 省道浮桥埠至麻蓬段提升改造。新建农村联网公路 30 公里，完成农村公路安保工程 30 公里、农村公路危桥改造 5 座、农村公路大中修 40 公里	从 2014 年 1 月 1 日起，对经过 05、16 省道桐庐收费站的本地机动车辆实行免费通行。全年新投、更新公交车 21 辆、出租车 31 辆。新增县城停车位 1362 个（含社会配套）。新建农村联网公路 47.4 公里，农村公路安保工程建设 30 公里、农村公路危桥改造 7 座、农村公路大中修 40 公里
10	供电供气工程	完成横村变、百江变扩建工程，有序开展农村农用线路改造移交工作。实现县城燃气同气同价，新增管道天然气用户 4000 户，其中城北用户 1000 户	完成 110 千伏横村、百江变扩建工程，有序开展农村农用线路改造移交工作。杭燃公司完成华燊燃气公司收购，实现县城燃气同气同价，累计新增管道天然气用户 4351 户，其中城北配套用户 1132 户

（吴亦亚）

·桐庐经济开发区（富春江科技城）·

【概况】 2014 年，桐庐经济开发区（富春江科技城、凤川—江南新城）有企业 540 余家，其中规模以上（年主营业务收入 2000 万元以上）工业企业 94 家。实现规模工业销售产值 188.56 亿元，同比增长 13.9%；规模工业增加值 31.395 亿元，同比增长 11.7%；完成固定资产投资 45.25 亿元，同比增长 25.1%，其中：工业投资 21.68 亿元，三产投资 23.57 亿元。全年实现财政收入 5.7952 亿元，同比增长 31.8%，财政收入实现两年翻一番。其中，地方财政收入 1.8833 亿元，同比增长 33.1%。总部经济发展迅速，全年缴纳税收达 4868.021 万元。是年，入围 2014“浙江领军智慧新城”。

【双招双引】 2014 年，桐庐经济开发区（富春江科技城、凤川—江南新城）主攻“大好高”项目落户，实现建区以来招商引资工作新突破。全年实质洽谈项目信息 47 个，落户亿元以上高新工业项目 4 个。招引落户 10 亿元以上项目 3 个，分别为英飞特电子（杭州）有限公司年产 3000 万台中大功率 LED 电源驱动器生产项目、杭州海康威视数字技术股份有限公司安防产业基地项目、桐庐国际箱包智慧中心项目。园区杭州老桐君制药有限公司正式加入中央直属、世界 500 强之一的华润集团旗下企业华润三九医药股份有限公司。是年，桐庐经济开发区（富春江科技城、凤川—江南新城）积极引育人才，申报浙江省“千人计划”人才 1 名，杭州市“521”计划人才 1 名。全年完成招商引资到位资金 26.82 亿元，其中：市外内资 13.83 亿元，浙商创业 4.29 亿元；实到外资 1.0005 亿美元；自营出口 2.86 亿美元。

【英飞特项目】 2014 年 3 月 25 日，由英飞特电子（杭州）有限公司投资建设的年产 3000 万台中大功率 LED 电源驱动器生产项目签约落户富春江科技城通信设备产业园。项目总投资 10.28 亿元，总用地 20.4 公顷，主要生产 LED 电源驱动器。

【海康威视项目】 2014 年 6 月 26 日，由杭州海康威视数字技术股份有限公司投资建设的海康威视安防产业基地项目签约落户富春江科技城智慧安防产业园。项目总投资约 30 亿元，总用地面积约58公顷，主要生产摄像机/智能球机、光端机、DVR/DVS/板卡、网络存储、视频综合平台、中心管理软件等安防系列产品。项目计划2015年底前一期建成投产。

【基础设施建设】 2014年，桐庐经济开发区（富春江科技城、凤川—江南新城）加大基础设施投入力度，完成凤川大道整治路面改造工程、科技大道景观提升工程、桐商总部园区间道路工程等项目施工。进一步推进“产城”融合，实施科技孵化园、浙富桐城府、嘉威商厦、飘鹰富春江花苑等三产项目。

【履约清理】 2014年，桐庐经济开发区（富春江科技城、凤川—江南新城）履约清理及盘活存量土地23.79公顷。其中：盘活杭州三杭锅炉配件有限公司、杭州中塑科技有限公司、杭州建佳纺织有限公司、杭州维力佳元升食品有限公司等用地7.2公顷；督促桐庐中汽商用汽车零部件有限公司、嘉威房产、大众4S店等项目开工面积1.66公顷；依法处置盘活浙江品汉木业有限公司、杭州荣达皮革有限公司、杭州惠潮制衣有限公司土地12.672公顷；主动收储浙江丹艺服饰有限公司、杭州小来大农业开发集团有限公司等用地2.25公顷。

【50MWp光伏发电项目】 桐庐经济开发区50MWp分布式光伏发电示范区项目是国家首批18家分布式光伏发电示范区项目之一。项目由杭州桑尼能源科技有限公司投资建设，总装机容量50MWp，总投资约4.5亿元。项目建成后预计年发电量5000万千瓦时，可大幅降低企业能源消耗，完成节能减排指标，并缓解电网供电压力，有效利用太阳能资源推进光伏产业发展。至2014年底，项目建设完成30MWp。

【省级医疗器械高新技术产业化基地】 2014年9月，经浙江省科技厅批准，桐庐医疗器械高新技术产业化基地正式授牌设立。基地以打造医疗器械产业技术创新基地、医疗器械电子与软件的智能产业基地、医疗器械高端制造产业基地为总体发展定位，以“绿色、智能、超常、融合、服务”为发展理念。基地位于富春江科技城核心区域，规划范围东至马家溪，西至梅林路，南至科技大道，北至春江东路，面积4.8平方公里，由产业提升区、产业改造区和产业拓展区三部分组成。基地在产业扶持上除享受现有省级高新技术产业园政策外，还享有“一产一策”的县级配套政策。

（徐　剀）

2014年桐庐经济开发区（富春江科技城、凤川—江南新城）规模工业企业一览

表46

序号	企业名称	序号	企业名称
1	桐庐县窄溪工艺电镀厂	13	浙江华锦制管有限公司
2	杭州三朵花印务有限公司	14	杭州千芝雅卫生用品有限公司
3	桐庐富春江织造集团有限公司	15	杭州锦昌塑业有限公司
4	杭州中科赛思伺服电机有限公司	16	杭州新华纸业有限公司
5	杭州中科赛思节能设备有限公司	17	杭州市桐庐医疗光学仪器总厂
6	浙江金鸿源金属集团有限公司	18	浙江环益资源利用有限公司
7	杭州程泰金属制品有限公司	19	今麦郎饮品（杭州）有限公司
8	浙江施强制药有限公司	20	杭州钦宇机械制造有限公司
9	浙江金贝能源科技有限公司	21	杭州瑞坤时装有限公司
10	杭州北辰轻工机械有限公司	22	浙江格勒卫浴科技有限公司
11	浙江瑞晶特种玻璃有限公司	23	桐庐圆通印务有限公司
12	福朗特机电科技有限公司	24	杭州欣源电梯部件有限公司

续表 46

序号	企 业 名 称	序号	企 业 名 称
25	浙江拓卡斯机械科技有限公司	60	浙江汉德邦建材有限公司
26	杭州畅翔玻璃有限公司	61	中艺花边集团有限公司
27	桐庐新佳服饰有限公司	62	杭州康基医疗器械有限公司
28	浙江瑞能通信科技股份有限公司	63	杭州伊贝实业有限公司
29	杭州妙洁日化科技有限公司	64	杭州艾高户外运动用品有限公司
30	杭州辰德科技有限公司	65	杭州美克瑞思服装有限公司
31	桐庐恒如服饰有限公司	66	浙江白云源电气有限公司
32	杭州杭萧钢构有限公司	67	杭州立升塑胶制品有限公司
33	桐庐富瑞达针织服饰有限公司	68	杭州元创新型材料科技有限公司
34	桐庐富禾针织服饰有限公司	69	杭州笑雪服饰有限公司
35	桐庐富霖针织服饰有限公司	70	杭州吾尚生物科技有限公司
36	杭州和韵科技有限公司	71	杭州斗源机械电子有限公司
37	杭州索康博能源科技有限公司	72	杭州沃华滤纸有限公司
38	杭州安烨户外休闲用品有限公司	73	桐庐必得金属制品有限公司
39	桐庐耀捷针织厂	74	浙江圣兰德厨卫有限公司
40	杭州碧于天保健品有限公司	75	杭州润品金属制品有限公司
41	杭州飞扬服装有限公司	76	桐庐中汽商用汽车零部件有限公司
42	杭州老桐君制药有限公司	77	杭州永强金属制品有限公司
43	杭州天龙油墨有限公司	78	浙江国奥家具有限公司
44	杭州富利登塑胶制品有限公司	79	杭州腾宇光电有限公司
45	杭州惠尔邦厨具有限公司	80	杭州振兴医疗器械制造有限公司
46	杭州易通新型材料有限公司	81	密尔沃基（桐庐）阀门有限公司
47	杭州华大海天科技有限公司	82	桐庐振军包装制品有限公司
48	杭州凤嘉纺织有限公司	83	浙江艾罗电源有限公司
49	杭州立山皮件有限公司	84	桐庐耀强服饰有限公司
50	杭州泛亚卫浴股份有限公司	85	桐庐三星玉米产业科技有限公司
51	桐庐瀚威健身器材有限公司	86	桐庐久利金属有限公司
52	桐庐赛林手帽服饰有限公司	87	浙江博玺热能科技有限公司
53	杭州三汇水电设备有限公司	88	杭州商莱金属科技有限公司
54	杭州富士达特种材料有限公司	89	桐庐申佳手套厂
55	杭州旭舒伯莱特针织服饰有限公司	90	桐庐之江纸塑厂
56	杭州力高旅游用品有限公司	91	浙江舜飞重型发电设备制造有限公司
57	浙江凯胜畜产品加工有限公司	92	杭州虹利皮革服装有限公司
58	杭州申达通信工业有限公司	93	桐庐子晟服饰有限公司
59	桐庐森蓝服饰有限公司	94	杭州电力器材有限公司

·桐庐迎春商务区·

【概况】 2014年，迎春商务区共有27幢商务楼，26幢已结顶，1幢待建（宏兴总部大楼），中欧城（商贸综合体）已开工建设（1号楼主体工程已完成），21幢投入使用，可使用楼宇面积82万平方米，入驻企业674家，实际使用楼宇面积38.6万平方米，楼宇入驻率60.21%；注册企业536家。全年新引进县外企业65家，招商引资到位资金71464万元，市外内资45368万元，浙商创业创新资金12540万元，外资1500万美元。2014年在职员工为7100余人，同比增长16%。全年新注册企业（不包括搬迁企业）入库税收为8109万元，同比增长10%；完成服务业增加值2.78亿元，社会消费品零售额10.5亿元，自营出口1.73亿美元。

是年，迎春商务区荣膺全省100个现代服务业集聚示范区综合排名第8位；获国家级电子商务拓展区称号；获得杭州市命名的首个电子商务产业园；荣获2014年度桐庐县宣传思想文化工作“创新奖”；汇丰大厦电子商务特色楼宇荣获“第二批杭州市文化创意产业特色楼宇”称号。

【扶持政策】 2014年，修订出台《关于进一步加快迎春商务区楼宇经济发展的政策扶持意见》。根据《商务区入驻企业政策认定实施细则》，兑现装修补助26.3万元、房租补贴78.5万元、税收奖励665.69万元、招商奖励55万元、垃圾房补助7.35万元，共计兑现扶持资金833万元。

【平台建设】 2014年，迎春商务区加大对国际创业中心、电子商务产业园、金融服务产业园、文化创意产业园、中介服务产业园等产业平台建设培育力度，重点加强对海陆世贸电子商务产业园和荣正金融产业园的建设，五大产业园全部挂牌运营。国际创业中心自2013年挂牌以来已入驻科技型和创业型项目18家；电子商务产业园拥有汇丰大厦电商园和海陆世贸电商园两个园区，入驻电子商务及配套企业45家；金融特色产业园位于荣正财富广场，于9月28日挂牌，8家企业注册，入驻6家，办公场地正在装修；中介特色产业园于11月26日挂牌，入驻14家中介服务企业；文创特色产业园位于立山国际中心，于12月25日挂牌，13家文化创意企业入驻。

【招商引资】 2014年，迎春商务区管委会将“双招双引”工作列入“一号工程”，先后出台《商务区中介招商奖励办法》《迎春商务区金融服务产业园培育发展的实施意见》《海陆电子商务产业园扶持细则》《关于进一步加快迎春商务区楼宇经济发展的政策扶持意见》《迎春商务区扶持政策实施细则》等系列政策，明确扶持内容、业态要求和扶持程序等。加强与商务局外派招商员合作，共同开展招商工作，引进项目12个；做好楼宇开发商和落户企业的服务，依托其资源和信息开展招商引资工作，根据《商务区中介招商奖励办法》，以会计师事务所、律师事务所、财会服务公司为重点开展中介招商，与4家财会服务公司签订合作协议。2014年，中欧国际城项目动工建设，1号楼主体建设完成，实际投入资金超过1亿元；引进广和云智慧项目，该项目投资方为江苏广和慧云科技有限公司（上市公司），为政府、企业提供信息化云计算服务；引进韩佳医疗美容项目：该项目与韩国权威医疗整形机构（韩国梦想集团）合作，总投资3000多万元，4000多平方米。是年引进日昌升总部项目、华易通讯贸易项目、扑咚计算机科技项目、春鹏投资管理项目、财富机械设备服务项目等。

【楼宇管理】 2014年，迎春商务区全面推行楼宇物业考核制度，出台《商务区物业考核评比办法》，在县内首次对物业公司进行排名考核，每个月在县级主流媒体进行排名通报，每个季度进行入驻企业满意度测评。通过物业的考核与评价、评比与奖励，逐步规范和提升商务区楼宇物业服务，强化安全管理，提升楼宇品质；推行楼宇安全四级管理制度，以楼为单位，每个楼确定一名分管领导、一名楼长、一名楼宇联络员、一名物业安全员，每月定期不定期进行隐患巡查，形成书面报告，由四个人联合签字后上报县安委会和相关职能部门，由相关职能部门和商务区管委会对隐患进行处置；强化安全培训和应急演练，对物业公司和入驻企业进行定期安全培训和逃生演练，其中，专题安全培训6次，开展演练2次，提高全员安全意识和应急能力。

【企业服务】 2014年，迎春商务区管委会推进楼宇文化建设，发展楼宇党支部6家，楼宇团委13家，企业工会21家，整合“党、团、工”资源，做到商务区楼宇文化“季季有主题、月月有活动”，推出21项楼宇文化活动，开展商务区首届青年联谊会、首届白领趣味运动会等，2000多人次参与活动；搭建楼宇公共服务平台，除整合利用汇丰18楼电商公共服务中心、立山26楼城市展示中心之外，对新青年广场国际创业中心8楼进行设计和谋划，在县内打造首个以服务楼宇经济为主旨，以“留住人才、吸引人才、增强企业员工归属感”为主要目的的公共服务平台——“白领之家”，以“红色驿站、职工之家、青年港湾”为主题，共1000多平方米，分白领文化展示、休闲交流、运动健身、会议培训4大功能区域，12月正式启用，目前有500多名会员；建立“1+X”楼宇服务联盟，联合县工商、安监、消防、财税等8个职能部门，以楼为单位，在每个商务楼配置一名楼长、一名联络员、8个职能部门业务人员，信息和照片上墙，实行楼长负责制，组团式开展楼宇服务；成立楼宇运营公司，主要承担房屋租赁服务、企业代办服务、设立楼宇服务工作站、公共资源运营等职能，通过公司市场化运营与行政性措施推进相结合，提供更快捷的信息平台，克服业态分散、服务不深等问题。

【对外宣传】 2014年，迎春商务区管委会编印招商宣传合页5000余份，创编《商务区服务手册》服务专刊3000份，在《今日桐庐》等媒体刊登商务区专刊2次，相关新闻27篇，策划举办“最美商务区”摄影大赛，吸引全县50多名摄影爱好者300多幅作品参赛，评选出优秀作品40多幅。

（诸　渊）

桐庐迎春商务区2014年新注册500万元以上企业一览

表47

序号	公司名称	注册资金（万元）
1	浙江日昌升控股有限公司	100000
2	杭州鑫博资本管理有限公司	20000
3	桐庐同信投资有限公司	10000
4	杭州完美生活投资合伙企业（有限合伙）	10000
5	浙江杭州特斯拉控股有限公司	10000
6	杭州云舍网络科技有限公司	5000
7	杭州丰沐生态农业开发有限公司	5000
8	世邦魏理士资产管理有限公司	5000
9	桐庐博涵贸易有限公司	3000
10	浙江泰磊机械科技有限公司	3000
11	杭州钇荣实业有限公司	3000
12	桐庐天庆投资管理合伙企业（有限合伙）	3000
13	农云（杭州）科技发展有限公司	2000
14	桐庐财富机械设备有限公司	2000
15	浙江扑咚计算机科技有限公司	2000
16	杭州黄金峡谷生态科技有限公司	1800

续表 47

序号	公司 名 称	注册资金（万元）
17	杭州达曼酒店有限公司	1300
18	杭州利赞投资有限公司	1000
19	杭州递翔电子商务有限公司	1000
20	杭州赛文投资管理有限公司	1000
21	杭州银际投资咨询有限公司	1000
22	桐庐赛盾征信有限公司	1000
23	桐庐韦德健身管理有限公司	1000
24	浙江恒诚昌石材有限公司	1000
25	桐庐贝丽尔环保科技有限公司	1000
26	杭州和功网络科技有限公司	1000
27	杭州精华环保科技有限公司	1000
28	杭州西岩实业有限公司	1000
29	浙江锦华通信设备有限公司	1000
30	浙江春鹏投资管理有限公司	1000
31	杭州绿宏人工环境有限公司	1000
32	桐庐大威德投资管理合伙企业（有限合伙）	1000
33	杭州宝腾建设工程有限公司	850
34	桐庐瑞达建设有限公司	618
35	杭州杰亚实业有限公司	600
36	杭州仁杭广告有限公司	500
37	杭州途铭建筑设计有限公司	500
38	杭州雨凡建筑工程有限公司	500
39	桐庐国信投资管理有限公司	500
40	杭州瑞航国际货运代理有限公司	500
41	杭州财贸投资管理合伙企业（有限合伙）	500
42	杭州富贸投资管理合伙企业（有限合伙）	500
43	杭州积卡网络科技有限公司	500
44	杭州善达建设有限公司	500
45	杭州浙商博润投资管理有限公司	500
46	杭州玉龙医疗器械有限公司	500
47	杭州九环投资管理有限公司	500
48	杭州鑫扬光电科技有限公司	500
49	杭州征诚医疗设备有限公司	500
50	杭州光典大酒店有限公司	500

桐庐迎春商务区2014年产值1000万元以上企业一览

表48

序号	公司名称	产值（万元）
1	浙江金帆达进出口贸易有限公司	42500
2	杭州桐君堂医药药材有限公司	38853
3	中国银行股份有限公司桐庐支行	26044
4	桐庐丰泽进出口有限公司	19568
5	杭州拓成纺织有限公司	18894
6	中国邮政储蓄银行股份有限公司桐庐县支行	12411
7	杭州建顺贸易有限公司	10758
8	桐庐大奇山郡置业有限公司	10482
9	杭州银行股份有限公司桐庐支行	10470
10	杭州和迪投资合伙企业（有限合伙）	9763
11	杭州朵朗进出口有限公司	9556
12	浙江中凯建设有限公司	8626
13	浙江坤兴建设有限公司	8585
14	杭州恩宇实业有限公司	7757
15	浙江风行电器有限公司	7674
16	浙江桐庐恒丰村镇银行股份有限公司	7088
17	浙江桐庐富春江建筑工程有限公司	6138
18	浙江立山国际置业有限公司	5851
19	杭州励骏置业有限公司	5800
20	桐庐好的大酒店有限公司桐庐开元名都大酒店	5198
21	桐庐中顺房地产开发有限公司	4842
22	杭州泽翔进出口贸易有限公司	4737
23	杭州润沛贸易有限公司	4170
24	上海银行股份有限公司杭州桐庐支行	4093
25	杭州和帆投资合伙企业（有限合伙）	3772
26	桐庐萧商大厦有限公司	3758
27	中信银行股份有限公司杭州桐庐支行	3647
28	桐庐县市政建设有限公司	3578
29	中国平安财产保险股份有限公司桐庐支公司	3570
30	杭州光典置业有限公司	3541
31	杭州洪泓新材料科技有限公司	3319
32	桐庐浙富大厦有限公司	3271
33	桐庐韦博进出口有限公司	3222

续表 48

序号	公司名称	产值（万元）
34	桐庐久友贸易有限公司	2991
35	中国太平洋财产保险股份有限公司桐庐支公司	2900
36	中国农业发展银行桐庐县支行	2670
37	杭州荣正大厦开发有限公司	2660
38	杭州华通建设工程有限公司	2478
39	中国平安人寿保险股份有限公司浙江分公司桐庐县营销服务部	2352
40	桐庐海陆世贸中心开发有限公司桐庐世贸大酒店分公司	2298
41	浙江嘉澜国际货运代理有限公司	2193
42	桐庐大佳电子元件有限公司	2128
43	杭州桐君堂生物科技有限公司	2106
44	桐庐迎春建筑有限公司	2019
45	浙江昊韵信息技术有限公司	1962
46	杭州巴比松米勒旅游开发有限公司	1924
47	中国人寿财产保险股份有限公司桐庐县支公司	1911
48	杭州裕隆通信有限公司	1854
49	桐庐燕达进出口有限公司	1572
50	杭州航哲贸易有限公司	1523
51	杭州三强信息技术有限公司	1394
52	桐庐小草贸易有限公司	1387
53	桐庐家禾房地产开发有限公司	1384
54	桐庐久缘餐饮管理有限公司	1384
55	桐庐大美利百货有限公司	1276
56	桐庐旅游建筑装饰有限公司	1213
57	杭州杨帆园林建设有限公司	1210
58	杭州海彪医疗器械有限公司	1152
59	桐庐顺畅运输有限公司	1050
60	杭州泸特贸易有限公司	1044
61	桐庐桐君堂大药房连锁有限公司	1029

·富春山健康城·

【概况】 2014 年，富春山健康城完成固定资产投资 2.6 亿元；完成招商引资任务 2.2 亿元，其中完成市外内资任务 2.2 亿元、完成浙商创业创新任务 2.2 亿元。富春山健康城被列为市级第三批现代服务业培育类集聚区。

【基础资源】 2014 年，富春山健康城管委会开展辖区资源摸底工作，建立电子档案，实行动态管理。健康城内村庄用地 284.48 公顷，占总规划用地 6.82%，涉及 10 个行政村和 1 个自然村，分别为城南街道仁智村、金牛村、金东村、金溪村、金中村、东兴村、金联村、湾里村、兰田村樟青塘自然村，凤川街道西庄村、三鑫村。总人口6315户19066人，水库52座，农家乐26家。辖区山林总面积3999.4公顷，田地总面积1203.43公顷，其中自留地118.77公顷。

【资源管理】 2014年，富春山健康城管委会出台《富春山健康城辖区土地、林地流转管理办法》，明确规定今后辖区内的村级集体土地和山林流转必须坚持以健康城总体规划和产业发展为导向原则。辖区内土地使用、流转和土地所有权和使用权登记、转让和变更等，业务主管部门办理相关审批手续前，应征求健康城管委会意见。从严控新增违法行为、严格流转程序管理、强化土地流转管理、加强监管和协作四方面进一步规范管理。

【组建公司】 经县府办〔2014〕7号抄告单批复同意，2014年3月组建成立浙江富春山健康城投资开发有限公司，公司首期注册资金为10000万元人民币，由县国资委出资，其中货币出资为5000万元、实物资产出资5000万元。

【编制规划】 2014年，富春山健康城管委会通过严格委托程序，确定由浙江省城乡规划设计研究院和浙江省发展规划研究院分别完成富春山健康城总体规划和富春山健康城发展规划的编制。确定“一核引领、一带串城、南北两片、纵横双轴、六区协同、多点联动、绿廊延展、生态网络”的空间布局框架和“4+2+X”产业发展体系，其中“4”指以健康养生（养老）服务、中医药医疗保健服务、健康旅游、健康食品4大特色产业；“2”指以医疗服务和健康管理2大支撑产业；“X”指以健康制造、总部经济、物联网、电子商务、文化创意、体育休闲等几大配套产业。是年，富春山健康城管委会启动大奇山脚村落风景区专项规划，打造国家乡村公园示范点。

【基础设施建设】 2014年，富春山健康城管委会投资4100万元，启动9公里长的生态观光绿道项目，串联大奇山、溪旁水库等景点及辖区乡村、田园，打造景观绿道、交通绿道和产业纽带，方便辖区群众出行。是年，投入3000万元对大奇山路路面开展整治和景观提升工作。

【“颐居富春山”项目启动】 2014年3月22日，富春山健康城成立后的首个复合型养生项目“颐居富春山”正式启动。省老年学会会长徐鸿道参加启动仪式并致辞。省企业家联合会会长张蔚文，县领导毛溪浩、毛根洪、樊春、濮樟明及颐高、银江、巨星、桐君堂等县内外100余家企业代表参加启动仪式。“颐居富春山”项目由颐高集团主力打造，项目总投资16亿元，创新融入旅游电商O2O模式。该项目依托桐庐的山水景观，结合桐庐中医药传统和养生、健康文化，涵盖养生别院、企业研发中心、养老文化村、养生商业街4大核心养生产品，四季花海、森林公园、生态农场、禅修中心、民间艺术博物馆、亲子乐园、微电影基地、《乡村大世界》江南基地十大综合业态。

【盘活闲置资产】 2014年，富春山健康城管委会成立闲置资产普查小组，系统排摸辖区闲置资产情况，编制完成“闲置资产数据库”。截至12月底，梳理出7个闲置项目，总占地面积18.49公顷，建筑物面积51912平方米，初步达成2个项目4.53公顷土地的收购协议。

【招商引资】 2014年，富春山健康城管委会制定并出台入驻项目把关标准和管理办法，以6大板块（郊野运动康体区、健康产业配套区、乡村风情体验区、健康服务核心区、山居度假养生区、中医禅修保健区）为项目承接对象，组建招商小分队，开展“沪杭招商周”活动。是年，接待客商400余批次。先后引入杭州颐高集团、河北衡水格林集团等项目。成功签约智慧健康细胞园、新起点健康养生产业园、瑞金医院——富春山居医疗养生基地等项目。

【健康小镇】 2014年，桐庐县“健康小镇”被列入全省第一批26个特色小镇培育名单之一。“健康小镇”是一个以健康服务业为核心、以健康服务业项目为载体、生产生活生态相融合的产业集聚区。“健康小镇”总体规划范围面积6.06平方公里，规划北至城南路转梅林路至杭新景高速，南至大奇山脚，西至规划路转至大奇山路，东至天井坞区块。重点核心区域规划建设用地2.6平方公里。

【对外宣传】 2014年，富春山健康城管委会制作招商手册7000余册，开通“富春山健康城门户网站”和“桐庐富春山健康城微信平台”。开展向社会公开征集富春山健康城LOGO和健康城形象主题口号活动。利用各类媒体，如《杭州日报》《中国老年报》《今日桐庐》等纸质媒体，新华网浙江频道、和讯网等网络媒介，县电视台天气预报栏目、县城闹市区LED大屏幕等视频媒体，增强客商对健康城的认知度及投资兴趣。是年，富春山健康城被世界养生大会组委会命名为“世界养生基地”，邀请世界外交使节团共17人到桐庐开展“2014世界外交官中国文化之旅走进桐庐”活动。11月，富春山健康城被杭州市政府命名为杭州市现代服务业重点培育类集聚区。（吴小平）

·富春江（芦茨）乡村慢生活体验区·

【基础设施建设】 2014年，完成绿道8号线（龙门山庄至白云源景区）、绿道3号线（大坝至白云居）以及节点景观、芦茨至蟹坑口游步道、芦茨悬索桥、茆坪村入村口景观工程、旧20省道沿线绿道（芦茨至石舍段）节点工程、湾里和关里两处入城口标志性建筑以及芦茨梅树坞、茆坪、石舍村落亮灯景观等工程建设。

【生态环境保护】 芦茨溪、双源溪以及河道水塘、农业面源等进行清污整治，关停污染水晶作坊13家，拆除养猪场8处；对三个村的农村生活污水进行截污纳管，采取微动力太阳能处理设施进行生态处理；拆除危旧、破败及违章建筑119处，建筑面积11674.5平方米；完成芦茨溪茆坪村段一期河道生态修复工程。9月，流经石舍村、茆坪村和芦茨村的全长21公里芦茨溪成为杭州市申报全省第一条全域可游泳河。

【重点项目推进】 2014年，严陵坞慢村项目：完成首幢样板房建设。外婆家“俺的生活”系列项目：完成里深坑、外深坑、青龙坞3个组67幢农房及自留地、农田、茶叶山的租赁和地上作物补偿工作，入村口2.53公顷土地已流转到位；囡儿坞项目完成土地挂牌。芦茨壹号度假公寓已结顶，正在进行室内装修。天空之城项目已进场施工。杭州慢步春、枫香岭、石舍5号地块、杭州慢谷、石舍树屋、无尘居等项目已完成土地流转和政策处理工作。同时，协助各项目业主完成公司注册、能评、环评等工作，协调做好用水、用电、通信、通路等基建配套工程建设。

【民宿产业发展】 加快民宿发展步伐，悦延居二期、国华驿站、山韵农庄、绿芦驿、文昌阁等项目均已建成，芦茨湾农家、芦茨农家、休闲农家、画中阁、二嫂农家、老街驿站等民宿完成改造提升，芦茨村的杨家、蟹坑口自然村，茆坪村、石舍村等实现民宿发展“零突破”。目前整个区域内共有民宿（农家乐）116家，床位2800余张，其中2014年新增民宿（农家乐）58家，增幅100%。截至年底，慢生活体验区游客接待人数为72.77万人，经营总收入7098万元。

【村落景区建设】 严格执行慢生活体验区农房建设试行办法，加强农房审批管理，引导建设杭派民居，加大对古村落核心区块的保护与利用。芦茨村启动大圹坞农居点平整及老街民宅流转工作。茆坪村以山水古韵画家村和古村落旅游发展为目标，着力丰满村内节点小品及绿化，借助浙大城市学院、浙江理工大学、浙江省美术家协会、省市音乐家协会、浙江省科普艺术协会等高校及民团力量，开展写生创作、创意工作室、文创产业研发推广等系列工作，举办高校学子“写生创作季”活动，全年接待高校师生6批300余人。石舍村围绕“隐逸石舍”，实施精品村工程建设并初见成效，引进文化创意类项目2个，逐步引导农户开展特色民宿、创意体验项目。

【策划营销工作】 邀请省市县作词作曲家为慢生活体验区创作主题歌曲，完成14首歌曲的创作评选工作，并于第二届慢生活体验季活动期间举办了国际乡村慢歌专场晚会。拍摄完成以慢生活体验区民宿业主爱情故事为主线的微电影《爱在画城2》。10月18日，启动第二届慢生活体验节活动，圆满完成国际休闲音乐节、剪纸、根雕、乡村生活体验等各项活动。11月

29日，成功举办第二届华夏中医药养生旅游节慢生活体验区绿道体验骑游活动，吸引县内外共200余名自行车爱好者参加。（华雪芬）

·行政服务·

【概况】 2014年，桐庐县行政服务中心受理各类办件150221件，办结150230件，办结率100%（分水便民服务中心共受理各类事项46271件，办结46271件，其中2013年遗留166件，办结率100%）。其中，行政许可30005件，办结29950件；非行政许可100124件，办结100197件（其中2013年遗留73件）；服务事项20092件，办结20083件。联审联办项目80个，其中工业项目30个，建筑设计方案50个。组织联合踏勘上门服务10次，累计开展模拟审批项目44个。全县公共资源交易746项，成交金额252461.5263万元，其中建设工程（包括交通、水利）441项，成交金额158498.0831万元，节约资金27185.11152万元，节约率为14.64%；政府采购189项，成交金额11096.99831万元，节约资金1956.102895万元，节约率为14.99%；土地交易80项，出让土地面积1103415平方米，成交金额79189.1099万元，增值1661.64万元，增值率2.14%；矿产交易1项，成交金额525万元，增值397.5万元，增值率311.76%；产权交易35项，成交金额3152.335万元，增值288.6692万元，增值率10.08%。

【行政审批制度改革】 2014年，桐庐县继续深化行政审批制度改革。桐庐县政府权力清单（常用权力、非常用权力）于8月1日正式对外公布，成为杭州地区首个公开乡镇（街道）权力清单的地区。通过对44个部门最初上报的11192项行政权力进行审核清理，梳理出36个部门行政权力共4383项（含各部门共性权力8项），清减率61%。在职能部门配合努力下，县行政服务中心窗口基本做到授权到位，事项进驻到位，截至年底，窗口首席代表授权率达到91%。推进“打包式”审批试点工作，联合县水利水电局、环保局和开发区管委会，对经济开发区（富春江科技城）的园区进行统一打包，邀请具有水土保持方案编制、环境影响评价资格的单位，通过公开比选，确定衢州市水利水电勘测设计有限公司和浙江大学开展该区域的“打包式”编制工作。

【中心扩容】 2014年10月8日，县社会保险委员会办公室、市民卡服务中心和中介服务中心顺利进驻县行政服务中心，“中心扩容”工程完成。新设医疗、工伤、生育、养老保险和市民卡等窗口56个。经过自主申请，行业主管部门比对选拔、择优推荐39家中介机构入驻县“中介服务中心”，涵盖工程咨询、土地测绘、地产评估等12大类服务项目。

【浙江政务服务网建设】 2014年4月，全省部署浙江政务服务网建设工作，桐庐县紧跟省市既定要求，稳步推进政务服务网（桐庐平台）建设。截至2014年12月31日，完成政务网服务采购合同签署、前置服务器配置等工作，完成全县各有关部门的438项审批事项、3000余项其他八项行政权力事项（行政处罚、行政强制、行政征收、行政给付、行政裁决、行政确认、行政奖励、其他行政权力）的详细信息梳理导入工作，实现在线办理审批事项420项，累计受理、办理审批类办件（测试件）2169笔，并向浙江政府服务网省工作组递交审批事项建设进度表和验收申请。

【非工作时间预约服务】 2014年，桐庐县行政服务中心推出“非工作时间预约服务”便民举措。整合967000百姓热线24小时在线服务优势，将群众的需求随时反馈给相应窗口的工作人员，预约办理事项和时间。对群众办件量较大、时限要求高、办理流程简洁的事项，如临时身份证制证、木材运输许可证核发等事项，要求所在的公安、林业等窗口实行轮休，365天全年无休。对量少或需要联动办理的窗口实行预约服务，节约行政成本。该举措属全省首推，受到新华每日电讯、浙江卫视、浙江经视、杭州综合频道、中国组织人事报、凤凰网等多家主流媒体的关注。

【“刷脸”考勤】 2014年，桐庐县招投标管理委员会办公室开发建设了“政府投资项目标后监督（考勤）智慧管理系统”，运用计算机软件和“人脸＋指纹”考勤机，对县政府投资中标价在200万元以上和乡镇（街道）小额项目按照不低于年成交项目数10%的比例的中标单位项目班子管理员和业主现场代表及其他项目管理人员实现全时在线监控，减少标后违法违规行为发生概率。截至年底，共有50余个项目在线监测考勤。该做法得到省政府领导王建满同志的批示肯定，受到省市多家媒体的关注，省纪委、市纪委也以专题形式向社会作正面报道。

【百姓热线“967000”】 自2012年12月18日试运行至2014年12月31日，桐庐县公共信息服务中心受理各类电话5.3万件，办结率和满意率均为100%，信息采集2.18万条，与40家加盟企业签约。2014年百姓热线宣传深入全县14个乡镇（街道）183个行政村，制作300余块广告牌，发放50000份宣传物资，并通过报纸、电台、网站、微信等多种载体，累计制作节目411期，刊登信息129篇，推送资讯信息112期。

【招投标工作】 2014年，桐庐县制定出台《桐庐县公共资源交易数据统计报送制度》《桐庐县公共资源招投标评标专家库建设和评标专家管理办法》《关于进一步规范公共资源交易管理补充规定的通知》《关于政府投资项目中介机构预选库组建办法的通知》《关于加强政府投资项目标后监管工作和违法行为查处的通知》《关于开展建设工程招投标监督检查的通知》等制度办法。9月，组建2014——2015年招标代理机构库，共有10家代理机构入围，细分建设工程、水利、国土、交通等类别预选库。会同各主管部门做好对中介机构的考核管理，规范中介机构预选库管理。加强评标专家管理，对“富春江镇14个行政村农村生活污水整改提升项目”“桐庐县东门、洋塘一体化泵站工程”等项目评审中，未认真履行评标专家职责的7名专家进行通报批评，并停止其评标专家资格。加强小额项目的检查监督，做好小额业务指导培训，升级小额公共资源交易中心的硬件设施。

（卢飞燕）

2014年桐庐县行政服务中心各窗口办理主要事项一览

表49

窗口部门	事项名称	办件量
安监	烟花爆竹经营（零售）许可证的核发（本级审批）	88
	危险化学品经营许可证审批（本县级）	23
财政（地税）	二手房交易（房屋继承与分析）	246
	二手房交易（房屋交换）	2
	二手房交易（房屋买卖）	1581
	二手房交易（房屋赠予）	38
	二手房交易（其他）	173
	二手房买卖（房屋拆迁）	292
	耕地占用税征收	220
	会计从业资格证审批	308
	契税征收（商品房纳税申报）	4170
	契税征收（遗失补证）	36
	契税征收—土地使用权出让	196
	税务登记证（变更登记）	1845
	税务登记证（设立登记）	3491
	税务登记证（遗失补证）	55

续表 49

窗口部门	事项名称	办件量
城管	城市大型户外广告设置及建筑物、设施上张贴、张挂宣传品等审批	643
	工程渣土准运证核准	3
	利用广场等公共场所举办文化、商业等活动许可	13
发改	工业项目准入（0.67 公顷以下）	37
	基本建设工程初步设计审批	1
	内资企业投资项目核准	2
	企业投资项目备案	54
	政府投资项目审批（初步设计批复）	16
	政府投资项目审批（初步设计评审）	11
	政府投资项目审批（建议书或可研报告批复）	142
	政府投资项目审批（建议书或可研报告评审）	42
市场监管（工商）	合伙企业及其分支机构登记（合伙企业经营范围及方式变更）	3
	合伙企业及其分支机构登记（合伙企业设立登记）	13
	非公司企业法人（营业单位）登记（非公司企业法人变更）	14
	非公司企业法人（营业单位）登记（非公司企业法人注销）	2
	个人独资企业及其分支机构登记（个人独资企业经营场所变更）	2
	个人独资企业及其分支机构登记（个人独资企业经营范围及方式变更）	8
	个人独资企业及其分支机构登记（个人独资企业设立）	11
	个人独资企业及其分支机构登记（个人独资企业投资人居所变更）	1
	个人独资企业及其分支机构登记（个人独资企业投资人姓名变更）	10
	个人独资企业及其分支机构登记（个人独资企业注销）	15
	个体工商户登记（设立登记）	1286
	公司（分公司）登记（分公司变更）	187
	公司（分公司）登记（分公司注销）	49
	公司（分公司）登记（有限公司法定代表人变更）	230
	公司（分公司）登记（有限公司分公司设立登记）	147
	公司（分公司）登记（有限公司股东变更）	260
	公司（分公司）登记（有限公司减少注册资本变更）	7
	公司（分公司）登记（有限公司经营范围变更）	302
	公司（分公司）登记（有限公司经营期限变更）	74
	公司（分公司）登记（有限公司名称变更）	60
	公司（分公司）登记（有限公司设立登记）	909
	公司（分公司）登记（有限公司实收资本变更）	1
	公司（分公司）登记（有限公司增加注册资本变更）	121

续表 49

窗口部门	事项名称	办件量
市场监管（工商）	公司（分公司）登记（有限公司住所变更）	110
	公司（分公司）登记（有限公司注销）	88
	合伙企业及其分支机构登记（合伙企业的合伙人变更）	4
	合伙企业及其分支机构登记（合伙企业名称变更）	1
	合伙企业及其分支机构登记（合伙企业事务执行人变更）	1
	合伙企业及其分支机构登记（合伙企业注销）	2
	农民专业合作社及其分支机构登记（变更登记）	19
	农民专业合作社及其分支机构登记（设立登记）	26
	农民专业合作社及其分支机构登记（注销）	3
	企业集团登记（设立）	1
	企业名称登记	2433
市场监管（质监）	小型锅炉房建造设计方案核准	2
	组织机构代码证（换证）	1228
	组织机构代码证（变更）	1042
	组织机构代码证（年检）	2397
	组织机构代码证（申领）	2532
市场监管（药监）	执业药师注册	45
	医疗器械经营企业许可证申办、变更、换证、注销	62
	餐饮服务许可证核发	907
	单体药店药品经营许可证申领、变更、换证、注销	27
	连锁门店药品经营许可证申领、变更、换证、注销	213
	药品经营许可证（批发）变更登记（变更经营范围、地址除外）	1
	药品零售连锁企业药品经营许可证变更、注销	6
公安	爆破作业单位许可证	47
	边境管理区通行证	67
	大型群众文化体育活动安全许可	8
	更改姓名及纠正出生日期核准（更改姓名）	261
	更改姓名及纠正出生日期核准（纠正出生日期核准）	47
	公章刻制业特种行业许可	1
	国家行政机关和企业、事业单位公章刻制委托（首次办理）	4403
	国家行政机关和企业、事业单位公章刻制委托（遗失补办）	64
	互联网上网服务营业场所、经营单位的信息网络安全许可	19
	户口迁移父母与子女相互投靠	158
	户口迁移购房迁入	164

续表 49

窗口部门	事项名称	办件量
公安	户口迁移核准（公务员聘用工作调动迁移户口）	21
	户口迁移婚迁（夫妻投靠）	1342
	户口迁移离、退休或离婚回原籍	12
	户口迁移人才引进	19
	户口迁移土地征用户口农转非	56
	建设项目交通影响评价审查	37
	金融机构营业场所、金库安全防范设施工程验收	53
	金融机构营业场所、金库安全防范设施建设方案审核	41
	居民临时身份证制证	7860
	旅馆业特种行业许可证核发	40
	民用爆炸物品购买许可	326
	民用爆炸物品运输许可	328
	民用弹具配置管理	10
	收养人员户口登记	81
	特定种类危险化学品购买核准	175
	烟花爆竹道路运输许可证核发	17
公积金	职工提取住房公积金审批	2029
	职工住房公积金贷款审批（二手房贷款）	112
	职工住房公积金贷款审批（二手房组合贷款审核）	6
	职工住房公积金贷款审批（期房贷款）	356
	职工住房公积金贷款审批（期房组合贷款审核）	217
国税	税务登记（税务登记管辖权变更—纳税人跨县区迁入）	8
	税务登记（变更登记）	545
	税务登记（变更登记纳税识别号维护）	2
	税务登记（开业登记重新税务登记）	2
	税务登记（设立登记）	2417
	税务登记（增值税、消费税、企业所得税核定）	431
国土	采矿许可（变更）	2
	采矿许可（新立）	1
	采矿许可（延续）	2
	出让土地使用权转让审查	72
	房地产抵押登记（预登记备案、预登记转正式登记、注销登记、撤销备案）	1342
	国有划拨土地使用权转让、出租、抵押审批	170
	建设用地复核验收	13
	土地登记发证（单宗地）	444
	土地登记发证（商品、交易、房改等）	5372

续表 49

窗口部门	事项名称	办件量
环保	建设项目环境保护设施竣工验收	55
	建设项目环境影响评价审批（报告表）	123
	建设项目环境影响评价审批（报告书）	8
	建设项目环境影响评价文件审批（登记表）	243
	建筑施工夜间作业许可证核发	43
	排污许可证核发	42
交运	从业资格证审查	356
	道路运输站（场）经营许可（货运站场经营许可。开业）	9
	公路用地范围内架设、埋设管线等设施许可（县、乡道）	1
	货运经营许可（开业）	578
	机动车维修经营许可（开业）	19
	客运经营许可（开业）	53
	客运经营许可（车辆更换更新）	5
	客运经营许可（同时申请道路客运班线经营）	1
	客运经营许可（新增客运班线＊已有相应经营许可证＊）	3
	小客车更新指标申请	718
	小客车其他指标申请	7
	小客车增量指标申请	1126
经信	企业技术改造投资项目备案	36
	企业技术改造投资项目核准	3
	外商投资企业项目核准（技改项目申报）	1
	新型墙体材料产品认定（换证）	2
	新型墙体材料专项基金、散装水泥专项资金征缴	106
林业	林木采伐许可证核发	562
	林木种子经营许可证的核发（变更）	2
	林木种子经营许可证的核发（设立）	12
	林木种子生产许可证的核发（变更）	2
	林木种子生产许可证的核发（设立）	12
	临时占用林地许可	1
	木材经营加工许可（变更）	20
	木材经营加工许可（设立）	10
	木材运输许可证核发	1316
	森林植物检疫证核发	2377
	省一般保护陆生野生动物经营利用许可证核发（设立）	3
	省一般保护陆生野生动物驯养繁殖许可证核发	1

续表 49

窗口部门	事项名称	办件量
民政	成立社会团体的筹备许可	9
	地名命名更名	7
	门牌号码编制、变更	1569
	民办非企业单位设立、变更、注销（变更）	8
	民办非企业单位设立、变更、注销（设立）	17
	社会团体变更、注销、登记（变更）	5
	社会团体变更、注销、登记（设立）	13
	社会团体变更、注销、登记（注销）	2
	社会团体分支（代表）机构设立、变更、注销（变更）	1
	无婚姻记录证明受理	2151
农业	动物防疫条件合格证核发	20
	兽药经营许可	1
气象	防雷装置设计审核和竣工验收（竣工验收）	128
	防雷装置设计审核和竣工验收（施工图设计）	118
	气象证明	3
	升放无人驾驶自由气球、系留气球单位资质年检（扩权强县）	1
	升放无人驾驶自由气球或者系留气球活动审批	10
人防	人防工程竣工验收许可（地下空间人防区域确认－实测绘）	10
	人防工程竣工验收许可（结建防空地下室）	10
	人防工程平时利用许可	1
	人防工程施工图设计审批（地下空间人防区域确认－预测绘）	9
	人防工程施工图设计审批（结建防空地下室）	9
	人防工程易地建设审批	47
人社	参保人员规定病种门诊的登记备案	108
	单位社会保险登记	47
	劳务派遣行政许可	2
	企业工伤保险费率档次确定	1
	特殊工时制度审批	55
	职工社会保险参保登记、缴费核定	2136
	职业技能鉴定机构设立许可	2
教育	实施学前教育、初等教育和初级中等教育及其他文化教育的民办学校聘任校长核准	1

续表 49

窗口部门	事项名称	办件量
商务	对外贸易经营者备案登记	145
	加工贸易企业经营状况及生产能力证明服务	24
	加工贸易业务审核服务	122
	酒类流通备案登记	23
	外商投资企业设立与变更审批（外商投资非商业企业变更）	49
	外商投资企业设立与变更审批（外商投资非商业企业设立）	7
	外商投资企业设立与变更审批（外商投资企业合同、章程非实质性变更备案登记）	5
	外商投资企业设立与变更审批（外商投资企业境内再投资设立商业企业）	1
	外商投资企业设立与变更审批（外商投资商业企业设立）	8
	外商投资企业设立与变更审批（已设立的外商投资商业企业变更经营范围注册地址）	2
	外商投资企业设立与变更审批（已设立的外商投资商业企业开设分店）	2
	再生资源回收经营者备案	10
水利	进桐水利施工企业备案（包括项目负责人备案）	467
	开发建设项目水土保持方案审批（水土保持方案报告书和报告表）	12
	开发建设项目水土保持方案审批（水土保持方案登记表）	10
	取水许可审批（申请取水许可延续）	6
	取水许可审批（新申请取水许可）	2
卫生	放射诊疗许可	4
	供水单位卫生许可	2
	公共场所卫生许可证核发	312
	护士执业注册	4
	母婴保健专项技术服务人员资格认定	7
	母婴保健专项技术服务许可	1
	乡村医师执业注册	1
	医疗机构设置审批备案	4
	医疗机构设置审批许可	16
	医疗机构执业许可变更登记	22
	医疗机构执业许可登记	36
	医师执业变更注册	149
	医师执业注册	22

续表 49

窗口部门	事项名称	办件量
文广新	包装装潢印刷品印刷企业变更名称、法人代表人或者负责人、住所或者经营场所等主要登记事项，或者终止经营活动的备案（扩权强县）	2
	出版物零售单位变更	3
	出版物零售单位设立	14
	电影放映单位设立	1
	互联网上网服务营业场所变更	7
	互联网上网服务营业场所设立	12
	经营高危险性体育项目	8
	举办营业性演出的审批	1
	其他印刷品印刷企业或者申请从事其他印刷品经营活动（专门从事打字复印印刷企业的设立、变更）	9
	其他印刷品印刷企业或者申请从事其他印刷品经营活动变更（其他印刷品印刷）	6
	其他印刷品印刷企业或者申请从事其他印刷品经营活动设立（其他印刷品印刷）	6
	设立包装装潢印刷品印刷企业或者申请从事包装装潢印刷品印刷经营活动的审批（扩权强县）	4
	文艺表演团体设立	4
	印刷企业接受委托印刷境外其他印刷品的事前备案	65
	娱乐场所变更（电子游戏游艺类）	1
	娱乐场所变更（歌舞类）	15
	娱乐场所设立（歌舞类）	5
消防	公众聚集场所使用或开业前的消防安全检查	125
	建筑工程竣工消防验收（建筑工程消防验收）	46
	建筑工程竣工消防验收（内部装修消防验收）	27
	建筑工程竣工消防验收备案（建筑工程消防验收备案）	101
	建筑工程竣工消防验收备案（内部装修消防验收备案）	61
	建筑工程消防设计防火备案（建筑设计防火审核备案）	102
	建筑工程消防设计防火备案（内部装修设计防火备案）	61
	建筑工程消防设计防火审核（建筑设计防火审核）	41
	建筑工程消防设计防火审核（内部装修设计防火审核）	35
烟草	烟草专卖零售许可证	408

续表 49

窗口部门	事项名称	办件量
住建	城市规划区建设项目选址审批（行政划拨用地项目）	18
	城市排水许可证核发	9
	房地产开发企业资质核准	69
	房屋所有权登记 存量房赠予、继承、析产	283
	房屋所有权登记 共有权变更	125
	房屋所有权登记（单位自建房）	1087
	房屋所有权登记（法院裁定、调解判决）	80
	房屋所有权登记（个人自建房）	131
	房屋所有权登记（更名）	248
	房屋所有权登记（更正）	92
	房屋所有权登记（商品房）	4164
	房屋所有权登记（商品房总证）	4653
	房屋所有权登记（他项权登记）—他项权设立登记（个人）	16567
	房屋所有权登记（遗失补办）	81
	房屋所有权登记（注销或撤销房屋登记）	20
	房屋所有权登记存量房交易	2373
	建设工程规划许可审批	34
	建设工程项目方案设计审批（各类建设项目规划设计方案）	32
	建设工程项目方案设计审批（批后修改－已开工）	1
	建设工程项目方案设计审批（总平面方案）	1
	建设用地规划许可审批（国有出让土地）	26
	建设用地规划许可审批（集体土地）	1
	建设用地规划许可审批（行政划拨土地）	17
	建筑工程施工许可	43
	临时排水许可	1
	临时占用城市绿地核准	8
	商品房预售许可核准	53
	挖掘城市道路审批	44
	修剪、砍伐、移植城市树木审批	2
市民卡	补、换市民卡	3253
	公交充值	4652
	新申领市民卡（本地）	1012
	新申领学生卡	523
	医保写卡	637

续表 49

窗口部门	事项名称	办件量
分水国税	税务登记（纳税识别号维护）	108
	税务登记（遗失补证）	5
	税务登记（设立登记）	845
	税务登记（变更登记）	291
分水林业	木材运输许可证核发	2437
	森林植物检疫证核发	2811
分水市场监管（工商）	个人独资企业及其分支机构登记（个人独资企业经营场所变更）	1
	个人独资企业及其分支机构登记（个人独资企业经营范围及方式变更）	2
	个人独资企业及其分支机构登记（个人独资企业设立）	123
	个人独资企业经营范围及方式变更	8
	个人独资企业名称变更	1
	个人独资企业投资人姓名变更	11
	个人独资企业注销	7
	个体工商户登记（设立登记）	697
	个体工商户换照	100
	个体工商户经营场所变更	36
	个体工商户经营范围及方式变更	110
	个体工商户注销登记	152
	个体工商户字号名称变更	44
	个体工商户字号名称预先核准	1015
	公司（分公司）登记（分公司变更）	4
	公司（分公司）登记（有限公司分公司设立登记）	6
	公司（分公司）登记（有限公司设立登记）	115
	农民专业合作社及其分支机构登记（变更登记）	7
	农民专业合作社及其分支机构登记（设立登记）	10
	有限公司法定代表人变更	27
	有限公司股东变更	18
	有限公司股东姓名变更	1
	有限公司减少注册资本变更	1
	有限公司经营范围变更	31
	有限公司经营期限变更	13
	有限公司名称变更	6
	有限公司增加注册资本变更	14
	有限公司住所变更	2

续表 49

窗口部门	事项名称	办件量
分水市场监管（工商）	有限公司注销	17
	分公司变更	1
	分公司注销	1
分水市场监管（药监）	餐饮服务许可证核发	201
分水公安	户口迁移（市外）	187
	纠正出生日期核准	13
	居民户口簿	2294
	居民身份证	3952
	流动人员居住登记	186
	收养登记	13
	死亡登记	577
	变更民族	1
	出生登记	895
	单位、部门查询户口登记信息的规定	1565
	分户登记	335
	更改姓名	49
	国家行政机关和企事业单位公章刻制委托（首次办理）	756
	户口迁移（市内）	1121
分水住建	房屋登记记录证明业务	643
	房屋所有权登记（单位自建房）	9
	房屋所有权登记（房改房）	1
	房屋所有权登记（更名）	5
	房屋所有权登记（更正）	2
	房屋所有权登记（商品房）	216
	共有权变更	4
	注销或撤销房屋登记	108
	存量房交易	85
	存量房赠予、继承、析产	4
分水劳保	基本医疗保险：补缴费（当年）	2
	基本医疗保险：医疗费用报销	211
	基本医疗保险与城乡居民医疗保险：参保人员信息维护	1687
	基本医疗保险与城乡居民医疗保险：特种病申请，发证	166
	就业：《就业援助证》申领	181

续表 49

窗口部门	事项名称	办件量
分水劳保	就业：失业证首次申领	82
	社会保险：参保人员关键信息修改	1
	生育保险：生育待遇结报	92
	新城乡居民养老保险：补缴费	853
	新城乡居民养老保险：参保登记	516
	新城乡居民养老保险：死亡待遇申领	253
	养老保险补缴费（当年）	231
	养老保险关系异地转入申请	25
	养老保险手册打印	65
	养老待遇资格认证	17
	用人单位参保名册，各类缴费证明打印	17
	用人单位社会保险登记，变更	14
	用人单位网上业务经办申请	82
	用人单位职工参保登记，人员变动	186
	被征地养老保险：死亡待遇申领	1
	被征地养老保险：养老待遇资格认证	2
	个体劳动者参保登记	485
分水国土	农村宅基地发证（非许可）	174
	农村宅基地审批（许可）	19
	土地登记发证	242
分水地税	耕地占用税征收	74
	契税征收（商品房纳税申报）	239
	契税征收（遗失补证）	4
	契税征收—土地使用权出让	6
	税务登记证（变更登记）	404
	税务登记证（设立登记）	979
	税务登记证（遗失补证）	7
	二手房交易（房屋继承与分析）	5
	二手房交易（房屋买卖）	92
	二手房交易（房屋赠予）	3
	二手房交易（其他）	4
分水城管	设置店面招牌、户外广告，在建筑物、设施上张贴、张挂宣传品	66
	临时占用城市道路	38

续表 49

窗口部门	事项名称	办件量
分水计生	独生子女父母光荣证	274
	健康服务证	448
	流动人口婚育证明	29
	取环证	148
分水民政	门牌号码编制、变更	305
	浙江省老年优待证申领	562
分水市民卡	补、换市民卡	1816
	公交充值	1
	公交售卡	131
	新申领市民卡（本地）	968
	新申领市民卡（外地）	155
	新申领学生卡	173
	医保写卡	37
分水烟草	烟草专卖零售许可证	94
分水公积金	职工提取住房公积金审批	123

·侨务工作·

【侨务活动】 2014年6月30日，在桐君街道迎春社区建立全县第6个“侨之家”，以“侨之家”为主阵地，利用社区（村）与归侨侨眷联系的优势，为归侨侨眷提供扶贫助弱、社会低保、司法调解、劳动就业、卫生保健等服务。5月6日，组织侨界人士志愿者服务队在江北世纪联华广场前进行义诊活动，发放侨务资料80余份。响应“五水共治”号召，组织开展“投身五水共治、共建美丽侨乡”活动，全县17家侨企参与募捐，认筹公益金258万元。

【基本侨情调查】 根据省侨办统一部署，组织开展基本侨情调查，2013年8月启动，2014年5月结束，历时10个月。分为准备动员、组织调查、汇总登记3个阶段，建立侨情调查数据库。据调查，桐庐县居住海外涉侨人士788人，其中华侨、华人570人，海外留学人员218人。居住在桐庐县涉侨人士1528人，其中归侨37人，归国留学人员70人，侨眷及海外留学人员眷属1421人。

【侨联和留联会换届】 2014年5月19日，召开第五次归侨侨眷代表大会，完成侨联换届，以投票方式选举产生19名委员，其中主席1名，副主席4名，常委6名。完成留联会换届，以举手表决方式选举留联会会长1名，副会长7名，秘书长1名。

【为侨服务】 2014年，贯彻《中华人民共和国归侨侨眷权益保护法》，对侨界群众的来信来访，做好解释答复，解决信访问题4件。与上级侨办沟通，为符合条件的华侨、归侨开具证明3人次，为“三侨生”办理中高考加分1人次，为华侨办理回国定居手续8人次，（洪继国）

·机关事务管理·

【公务接待】 2014年，县机关事务管理局完成全国人大常委会副委员长万鄂湘、全国政协副主席韩启德、中央农村工作领导小组办公室主任陈锡文、浙江省省长李强到桐庐视察调研等重要接待任务；完成九三学社中央科学座谈会、CCTV美丽乡村快乐行走进桐庐暨第三届中国休闲乡村旅游季第六届杭州·桐庐山花节开幕式、全市“五水共治”工作现场会暨治水领导小组办公室主任会议等重要会务接待；保障县“两会”、2014年浙江·桐庐“君山引凤”科技人才周、桐庐县第二届电子商务发展大会、桐庐县医疗设备产业发展大会暨中国首届县域医疗设备产业发展论坛等重大活动会务服务；做好全国美丽乡村和城市建设考察团、省市群众路线督导检查、重要投资客商等接待工作。截至12月底，接待来宾1529批46687人次，接待经费同比下降37%；保障会议中心各类会议450场次，服务5万余人次。

【基建维修】 2014年，县机关事务管理局做好县府机关大院日常水电、基建维修维护；完成县四套班子办公用房整改，共计48间886平方米；完成群众路线教育实践活动办公室电脑、打印机等办公设备采购，会议中心新扩建工程装修、决算审计和设备采购、调试，会议中心报告厅LED显示屏升级改造、天桥雨棚扩建以及5号楼及公车公司车棚、彩钢板顶更换等。

【卫生绿化】 2014年，县机关事务管理局落实卫生保洁制度，加强检查力度，实行全天候保洁，创建清洁型机关大院；推进县府大院、国资大厦机关事业单位垃圾分类处理工作，制作张贴宣传板80张，购置分类投放垃圾桶200余只；加强日常绿化管理，定期拔草、剪枝、施肥、浇水，做好会议室、县四套班子领导办公室、交流干部宿舍以及公共场所等地的卫生绿化工作，绿化率保持在98%以上。

【安全保卫】 2014年，县机关事务管理局做好出入登记、保卫值班、协调上访、车辆入院管理、综合治理等安保工作，坚持24小时巡逻，形成监控动态安全防范体系。开展消防安全培训，保安统一换装（特勤服），全员通过业务技能考试。开展安全隐患排查和整改，对国资大厦进行10次安全检查，发放安全隐患整改通知书8份；发放安全巡逻报告140份；更换综合楼、老政府、会议中心、常委楼、食堂灭火器120只；国资大厦新灌装4公斤干粉176只；会议中心新增监控探头3只，110报警器2只。全年出入门卫登记人次5700次，更换机关大院车辆通行证1400余张，协调上访210批次（群体事件80起、个访130起），治安消防实现零事故目标。

【食堂管理】 2014年，县机关事务管理局推行6T实务标准管理（天天处理、天天整合、天天清扫、天天规范、天天检查、天天改进）模式，每月对食堂承包经营进行测评考核，满意率90%以上；打造“阳光厨房”，县府大院食堂安装监控设备；6月，省政府副秘书长、省机关事务管理局局长王毅一行到桐庐调研机关餐饮服务外包工作，对食堂管理工作给予肯定。

【节能工作】 2014年，县机关事务管理局印发《桐庐县2014年公共机构节能方案》，与70家公共机构成员单位签订2014年节能目标责任书。向全县公共机构发放节能宣传册3500余册，会同县节能办开展“携手节能低碳，共建碧水蓝天”节能宣传周主题活动，6月10日“全国低碳日”，倡导机关工作人员践行“低碳”出行；推广节能改造，机关大院洗车场改造引进10套智能电子水表系统，办理洗车IC卡400余张；结合“民生服务乡村行”，向百江镇�坑村235户村民家庭赠送1300余只环保节能灯；推进合同能源管理模式，与国网浙江浙电节能服务有限公司合作，对国资大厦、县政府机关大院各单位进行照明系统改造，改造后年节电率为57.38%，政府每年用电成本可降低15%。是年，用电增长控制在8%以内，水耗同比下降4%。

（姚　瑾）

·机构编制·

【机构改革】 2014年，整合工商、质监、药监（食安办）机构和职责，组建市场监督管理局，为县政府工作部门。6月底，制订出台“三定”方案，将原工商、质监、药监三家单位的行政、参公、事业编制各上收10%；精简内设机构、直属机构15%。调整基层市场监管所设置，主要依托小城市和中心镇，覆盖周边乡镇。整合县内检验检测资源，成立桐庐县检验检测中心。整合镇（街道）分散的城管执法资源，加强中心镇城市管理，辐射带动周边镇街（指导乡）城市管理的工作体制，所有人权、事权全部委托驻在镇管理。整合后机构减少5个，中层职数缩减10%。将全县金融工作管理职责由县政府办划转到县发改局承担，经市编委同意，在县发改局增挂桐庐县人民政府金融工作办公室牌子。在县发改局设立金融信用科，承担金融工作管理和信用体系建设工作职责，并将县政府办下属事业单位县金融服务中心整建制划转到发改局管理。成立县公安局食品药品和环境犯罪侦查大队。3月底，配合环保部门在“三不增”（不增编制、不增办公场所、不增办公经费）的情况下，建立环境保护专管员制度，由各乡镇（街道）明确1—2名环境保护专管员，各行政村成立生态环保协会，共同加强对生态环保工作的监督管理。部署开展新一轮政府机构改革工作，根据杭州市对区县机构改革的指导意见，结合桐庐县实际，拟定桐庐县机构改革实施方案，向杭州市委、市政府报批。

【推行“两张清单”制度】 8月1日，上网公布权力清单，桐庐县权力事项清理涉及44家部门以及部门下属单位54家、15个乡镇（街道）和经济开发区，共保留权力事项4383项（不包含省、市下放权力），核减率61%。乡镇常用权力56项，街道常用权力21项。12月30日，公布责任清单，全县32个部门责任清单梳理出主要职责524项、具体工作事项1998项、职责边界事项47项、建立事中事后监管制度276项、公共服务192项。乡镇（街道）责任清单梳理出主要职责6项、具体工作事项22项、建立事中事后监管制度8项、公共服务15项。

【机构编制管理】 2014年，做好县内控编减编工作，对部门要求增设机构的，基本采取“撤一建一”的方式解决；对部门要求增加人员编制的，通过系统内部调剂、抽调、挂职等方式解决。事业编制以2012年年报为基数，对全县所有事业单位上收10%的事业编制。控制议事协调机构设置，对现有的议事协调机构，确需保留的采取调整、整合方式进行运作；新的原则上都采用联席会议机制开展工作。对纪委内设机构进行调整，设立3个纪检监察室，按中央和省市纪委要求承担相应职责。其他内设机构工作职责参照省市纪委作相应调整，领导职数、行政编制数保持不变。牵头组织、人社、财政、审计等部门对全县135家（占单位总数的42.1%）行政事业单位及所属单位进行集中上门实地核查。建立由县委组织部、编委办、监察局、人社局、财政局、审计局为成员单位的县联席办公会议机制，组织开展财政供养人员“吃空饷”问题专项治理工作，对核查中发现的单位擅自批准自谋职业等问题于年前整改到位。

【事业单位登记管理】 2014年，完成121家事业单位变更登记、6家事业单位设立登记，登记服务时限从原来要求的30天提速到3天以内。完成2013年年检工作，全县需参加年检单位199家，年检合格196家，合格率98%。抓好实名制数据库建设，对机构编制事项及中层干部职数使用及时更新。挑选学府小学和婚姻登记处等10家事业单位，在桐庐政府网进行2013年度事业单位年度报告公开。做好全县事业单位开办资金变更、2014年中文域名续费、党政机关网站开办、审核和网站标识管理等服务工作。

【编外用工管理】 2014年，出台《桐庐县机关事业单位编外用工管理办法》，重新核定县内编外用工指标，核定后全县机关事业单位编外用工指标共1089个（其中公安协警460个）。同时，将涉及环境卫生管理，食堂、传达、保安、秩序管理和消防、绿化管理，维修维护等后勤服务岗位采取“花钱买服务”的形式，实行市场化运作，实现劳动关系和劳务关系剥离。

【车贴审核】 全年完成车贴审核27425人次，累计核发车贴2690余万元。（蒋燕珺）

·档案事业·

【档案基础工作】 2014年，县档案馆馆藏档案新增16832卷38572件，累计总量达到145945卷190722件，数字档案馆累计条目154.2万条、影像页614.9万页、数据容量7.4T。档案登记备份中心新增影像页2070670页、数据容量953.737 G、总计影像页约819万页、数据容量8.2T。指导开展县人社局、民政局、公积金中心以及乡镇（街道）等各种民生档案的收集归档工作，完成 30种以上民生档案整理数字化和登记备份，计36046卷1029520页，容量为453.737G。指导汇丰公司完成800万元中央资金项目档案专项验收和登记备份；指导康基医疗建立“年产50万件微创全功能结扎闭合系统产品项目”档案领导体制、制定档案管理制度和业务规范。指导县经信局原有8个撤销机构陈年历史档案的抢救，是年完成库房装具安装、档案消毒、档案集中和初步清理排序工作，完成750卷文书档案和10321卷会计档案的整理。是年，建立健全登记备份中心管理制度和办理程序，规范中心台账记录，完成登记系统招标，实现备份登记数据、信息安全等在线实时监控，通过省规范化登记备份中心验收。

【档案管理目标认定】 2014年，县档案局制定和执行《档案整理和数字化项目验收办法》。富春江镇、城南街道、桐君街道、百江镇、合村乡、钟山乡6家单位通过省一级目标认定，其中富春江镇被推荐为“浙江省新农村档案工作示范乡镇”，至此实现桐庐县乡镇档案管理省一级目标。继续推进村级规范化档案室建设“回头看”，截至年底，乡镇（街道）开展村级档案年检199家，县档案局重点抽查14家，协助完成近年档案规范整理和数字化10家。

【“三重一特”档案征集】 2014年4月，召开桐庐县“三重一特”档案征集工作领导小组座谈会，明确“三重一特”（重大活动、重要人物、重点建设项目和特色档案）档案征集的分组、目标、任务和工作职责。是年，征集到2013年度县内重大活动照片，完成首批50个村级自然和人文历史照片拍摄，初步建立重要人物联系名册。

【档案信息化建设】 2014年，把规范化数字档案室建设作为重点目标，鼓励参加市级以上规范化（或示范）数字档案室申报评选活动。全县80个列入考核的进馆单位，有65个通过县级规范化档案室验收，6个乡镇、2个机关分别通过省级规范化数字档案室验收，各垂直管理单位、公检法系统和金融系统开展数字档案室建设。全县基本完成县级规范化档案室建设，其中20个单位实现档案馆档案信息和档案室档案信息定向查阅权限的开放，开放率20%。

【档案文化建设】 2014年，反映桐庐文化的纸质文件材料、声像材料和图片等，分别以宣传展览、“三重一特”、获奖作品、知识产权、历史全宗照片为内容进行分类的“名字号·潇洒桐庐”数据库框架基本构建完成。开展“乡村记忆”展示基地创建和评选活动，14个村“乡村记忆”展示基地创建通过验收，富春江镇茆坪村、分水镇新龙村、横村镇阳山畈村被推荐为浙江省“乡村记忆”示范基地。出版发行《美丽桐庐村景诗集》，全书40万字，收集1800首村景诗。利用“国际档案日”，与县书法家协会合作，举办“书写档案”活动，共收集作品42幅。

【档案业务培训】 2014年，举办全县档案业务培训2次。5月，首次实施机关档案员档案业务免费培训，参加人员130多人，培训中对数字档案室操作、数字档案室业务管理、全宗卷的编辑录入，以及档案网上年检工作重点进行辅导。5月，专题开展档案网上年检业务培训，授课3次，参加人员80多人。是年，指导县教育局做好档案工作，于10月底单独举办教育系统下属所有学校专（兼）职档案员业务培训。

【档案利用服务】 2014年，推出“知民情 排民忧”领导干部查档服务体验活动，现场培训档案查询人员“接、听、询、问、答、查”等技能技巧。全年接待查档2608人次，没有出现窗口投诉事件。（汪水新）

·住房公积金管理·

【公积金归集】 2014年，杭州住房公积金管理中心桐庐分中心归集住房公积金37360.77万元（含结转利息1661.29万元），同比增长9.46%，累计归集252210.06万元。新增住房公积金缴存人数3351人，净增1704人。至年底，全县住房公积金建账单位1228个39043人，其中正常缴存750个单位26573人、封存478个单位12470人。

【公积金支取】 2014年，为进一步支持中低收入职工解决住房问题，充分发挥住房公积金制度的住房保障作用，出台租房提取住房公积金政策。是年，全县住房公积金支取10501人次26871.33万元，其中退休人员支取465人次2684.72万元；购（建）房、大修房及还贷支取支取8368人次22470.66万元；租房提取35人次30.26万元；丧失劳动能力并终止劳动关系提取支取174人次305.61万元；职工调离、出国、出境提取853人次1152.34万元；其他原

桐庐住房公积金中心暨银行金融业务政策宣传

因提取606人次227.74万元。1998年至2014年，累计支取85851人次165610.56万元。至年底，公积金累计余额86599.50万元。

【公积金增值收益】 2014年，桐庐县住房公积金业务收入3520.44万元，其中公积金存款利息收入221.42万元、委托贷款利息收入3203.41万元、增值收益利息收入95.57万元、其他业务收入0.04万元。业务支出2014.64万元，其中公积金利息支出1742.78万元、公积金转商业贴息贷款利息支出136.45万元、公积金归集手续费支出0.93万元（含购支票等费用）、委托贷款手续费支出 128.14万元，抵押登记费6.34万元。年增值收益总额 1505.80万元，年增值收益率1.84%。计提公积金正常管理费300万元（其中专项经费160万元）。增值收益分配：按年末贷款余额5%差额提取贷款风险准备金，提取金额460.55万元；扣除管理费300万元，收支净额745.25万元全部转到城市廉租住房建设补充资金。至年底，累计提取贷款风险准备金3825.54万元，提取城市廉租住房建设补充资金5051.40万元，历年累计上缴城市廉租住房建设补充资金4306.15万元，余额745.25万元。

【公积金贷款】 2014年，为配合国家宏观调控政策，合理引导职工改善住房环境与住房开发建设，调整部分住房公积金贷款政策，主要有：调整首套房认定标准，支持缴存职工购买首套和改善型普通自住住房；支持在异地（杭州地区外）缴存住房公积金的桐庐户籍职工回乡购房；提高我县公积金贷款的最高额度，分别由原来35万元（一方缴存）和50万元（双方缴存）提高到45万元和70万元。是年发放住房公积金贷款580户，金额18352.27万元、户均31.64万元，累计发放贷款9537户，金额159999.72万元、户均16.78万元。年末公积金贷款发放余额占公积金余额88.35%。支持职工购房6.71万平方米，累计支持购买住房109.34万平方米。当年结清361户，累计结清5459户。至年底公积金贷款余额 76510.91万元4078户，年回收率100%。是年新增10个楼盘开通公积金贷款业务。累计为公积金贷款户免费代办“三证”4050户、免收代办费162万元。

【公积金转商业贴息贷款】 2014年，受理贴息贷款34户1085万元，发放53户1680万元。累计受理“公转商”贴息贷款1072户24560.5万元，发放965户22167.50万元。是年结清30户，收回本金1045.82万元；累计结清 507户（含置换409户），收回本金13042.69万元。年末累计余额458户9124.81万元。

【信息化建设】 2014年，依托计算机系统二期改造升级契机，进一步拓展软件系统功能，在原来仅限建行卡折转账提取的基础上，新增工、农行两家银行的卡折转账提取业务，职工办理公积金柜面提取时可通过转账将钱打入本人工、农、建行任意一家银行的银行卡或存折，使提取资金结算更为便捷安全。全年共办理转账提取43920笔，金额6776.30万元。开发程序建设手机信息平台，8月正式开通上线，向公积金缴存及贷款职工发送手机短信，方便他们及时准确了解自己的公积金账户实时状况。全年发送手机短信13974条。

【特色服务】 2014年，联合工、农、建、交、中、杭州、浦发、邮政、合作银行九大委托银行参加县十二届房地产交易展示会开展公积金政策和金融业务服务宣传活动，为市民答疑解惑；公积金中心驻县行政服务中心窗口主动到桐庐

碧桂园房地产开发有限公司开展业务讲解培训；与分水镇三槐村结对，开展共建活动，帮助解决帮扶资金6.50万元。（尹　丽）

·政协桐庐县委员会·

【县政协八届三次会议】 2014年1月20日—23日在桐庐县城举行。应出席会议委员214名，实到204名，列席115人。县四套班子领导，法、检两长参加开幕式、大会发言和闭幕式，县委书记毛溪浩在闭幕会上作重要讲话。会议听取和审议县八届政协常委会工作报告、县八届政协关于二次会议以来提案工作情况的报告。与会委员列席县十五届人大三次会议，听取和讨论县政府工作报告以及其他重要报告。会议通过县政协八届三次会议决议，听取县政协八届三次会议提案收集和初审情况报告；同意程春明同志辞去政协桐庐县第八届委员会主席职务，选举王金才为政协桐庐县第八届委员会主席，补选田玲秀、朱晓东、柳江虹、贾安琪为政协桐庐县第八届委员会常务委员。会议期间，11名委员作大会发言，15篇材料作书面交流；举行“助推实体经济新发展”“筑牢食品安全新防线”两个专题政情交流会，委员们与14个部门（街道）负责人开展互动式交流；202名委员提出意见建议274件，拟立案251件，其中集体提案17件，委员个人提案212件，联名提案22件；拟转社情民意10件，不予立案11件。收到社情民意19件。大会预备会议表彰2013年度“双好”政协委员及政协工作先进集体和积极分子、优秀提案和优秀社情民意、优秀调研报告、提案办理工作先进单位和先进个人等。

【常委会议】 2014年1月14日，县八届政协常委会第12次会议在县政府会议中心第一会议室举行。县政协主席程春明主持会议。县委常委、常务副县长毛根洪，县委常委、统战部长盛春霞应邀出席会议。会议协商讨论政府工作报告（征求意见稿），提出修改意见和建议。会议以书面形式通报县政府关于县政协八届二次会议以来提案办理情况；审定2013年度“双好”政协委员名单；审议通过提交县八届政协三次会议的县八届政协常委会工作报告、县八届政协常委会关于八届二次会议以来提案工作情况的报告及两项报告报告人；审议通过增补委员和有关人事任免事项。会议讨论并作出关于召开县政协八届三次会议的决定；通过县政协八届三次会议议程、日程（草案），县八届政协三次大会正副秘书长名单、列席人员名单、分组召集人和委员编组名单、主席台就座人员名单、各次大会执行主席及主持人名单、提案截止时间决定。

1月20日，县八届政协常委会第13次会议在开元名都大酒店举行。县政协主席程春明主持会议。会议听取县八届政协三次会议秘书处关于县八届政协三次会议筹备工作情况通报和各项工作具体安排事项；部署召开好政协全会有关事项。

1月21日，县八届政协常委会第14次会议在开元名都大酒店举行。县政协主席程春明主持会议。县委常委、组织部长骆安全，县委常委、统战部长盛春霞应邀出席会议。会议听取各组召集人对政协常委会工作报告、提案工作报告讨论情况汇报；协商提出补选县八届政协主席和4名常务委员候选人建议名单；讨论提出《选举办法（草案）》；协商提出总监票人、副总监票人、监票人建议名单，同意将《选举办法》（草案）和有关人员名单位提交委员小组进行讨论。

1月23日，县八届政协常委会第15次会议在开元名都大酒店举行。县政协主席程春明主持会议。县委常委、统战部长盛春霞应邀出席会议。会议听取各组召集人就政府工作报告、《选举办法（草案）》、各类建议名单、大会决议（草案）、提案收集和初审情况的报告（草案）讨论情况汇报。会议协商确定王金才同志作为县八届政协主席正式候选人，田玲秀、朱晓东、柳江虹、贾安琪4位同志作为常委委员正式候选人，提交县政协八届三次会议选举；同意程春明同志辞去县八届政协主席职务。会议通过《选举办法（草案）》和总监票人、副总监票人、监票人建议名单，同意将此提交大会审定；会议审议县政协八届三次会议提案收集和初审情况的报告（草案）和大会决议（草案），同意将大会决议（草案）、提案收集和初审情况的报告（草案）提交县八届政协三次全体会议审议通过。

4月2日，县八届政协常委会第16次会议在县政府会议中心第一会议室举行。县政协主席王金才主持会议。会议传达学习全国政协十二届二次会议精神；听取县八届政协三次会议以来提案审查立案情况通报；协商讨论通过部分县八届政协委员调整和有关人事事项；部署安排联动开展助推“五水共治”专项集体民主监督工作。

7月31日，县八届政协常委会第17次会议在县政府会议中心第一会议室举行。县政协主席王金才主持会议。县委常委、常务副县长毛根洪应邀参加会议。会议传达学习中共桐庐县委十三届七次全会精神；专题协商“助推‘五水共治’，打造人水和谐最美县”问题，县政协农业科技组、城建环资组、社会法制组分别作专题调研发言，通过《关于“扎实推进‘五水共治’，聚力打造人水和谐最美县”的若干建议》；会议安排部署县政协开展“倾力履职服务，助推实体经济发展”主题活动有关工作。

【主席会议】 2014年，桐庐县八届政协举行主席会议6次。1月8日，召开县八届政协第18次主席会议。会议协商讨论常委会工作报告、提案工作报告（讨论稿），提出两个报告报告人人选；审议通过“双好”政协委员推荐名单，审定并通过2013年度各类先进名单。会议听取县委统战部负责人关于委员变动情况和拟增补委员情况的说明，协商讨论委员增补和有关人事安排事项；协商讨论县政协八届三次会议议程（草案）、日程（草案）、大会正副秘书长建议人选、各次大会值日常委及主持人建议名单、列席人员范围、委员编组安排、提案截止日期等。会议听取县政协八届三次会议大会发言材料、政情交流会筹备、会务准备工作情况的汇报；决定县八届政协常委会第12次会议的议题和召开日期。

3月3日，召开县八届政协第19次主席会议。会议审议《政协桐庐县委员会2014年工作要点（草案）》和《2014年县政协重点工作安排（草案）》；听取县政协提案委关于县八届政协三次会议以来提案立案情况及分办情况、2014年度县政协重点提案备选情况的说明，审议确定2014年度8件重点提案。会议听取关于县政协之友联谊会会长、秘书长和文史委主任调整情况的说明，同意将有关建议人选分别提请政协之友联谊会全体会议和常委会议审定。

3月31日，召开县八届政协第20次主席会议。会议审议《2014年县政协重点调研课题、专题视察和民主议政会安排方案（草案）》；协商通过《2014年县政协专委会活动小组工作考核细则》《2014年县政协乡镇（街道）工作委员会工作考核细则》；审议通过《政协桐庐县委员会关于联动开展“合力助推‘五水共治’”专项集体民主监督的实施方案》《县政协民主评议县科技局工作实施方案》。会议协商研究委员调整和人事事项。会议审定《桐庐县政协志（2004—2014）编纂方案（草案）》《走访政协委员活动安排》；会议商定县八届政协常委会第16次会议议题和召开日期。

7月25日，召开县八届政协第21次主席会议。会议传达学习全省政协主席读书会精神；听取“助推‘五水共治’，打造人水和谐最美县”重点调题调研情况，讨论审议《关于“扎实推动五水共治，聚力打造人水和谐最美县的若干建议（讨论稿）》。会议讨论研究全县政协工作筹备工作、《县政协党组“四风”问题整改方案（草案）》。会议审议通过《县政协委员退出机制实施意见（试行）》。会议商定县八届政协常委会第17次会议议题和召开日期。

10月31日，召开县八届政协第22次主席会议。会议学习贯彻中共十八届四中全会精神，并对政协系统下一步深入学习贯彻提出要求。会议审定入选《桐庐县政协志（2004—2014）》“委员风采”名单，讨论审议《县政协关于民主评议县科技局工作的评议意见（草案）》。会议听取《县政协八届四次会议筹备工作分工方案（草案）》有关情况的说明，部署县政协八届四次会议筹备工作。会议商定增补8名特聘委员。

11月17日，召开县八届政协第23次主席会议。副县长潘立铭应邀参加会议。会议围绕“助推企业转型升级，做大做强实体经济”问题，县政协工业经济组、财金旅贸组作调研发言，通过《关于“做大做强医疗器械、现代物流产业，助推我县企业转型升级”的若干建议》。

【协商议政】 2014年，县政协以“助推‘五水共治’，打造人水和谐最美县”和“助推企业转型升级，做大做强实体经济”作为常委会议、主席会议重点调研课题。县政协和各专委会（组）深入部门、乡镇（村）、企业一线开展调查研究，撰写调研报告5篇。经常委会议、主席会议协商，向县委、县政府提交《关于“扎实推进‘五水共治’，聚力打造人水和谐最美县”的若干建议》《关于“做大做强医疗器械、现代物流产业，助推我县企业转型升级”的若干建议》2件建议案。12月，县政府与县政协举行第六次工作协商联席会议，双方通报2014年工作情况和2015年工作打算；就2015年协商课题进行互动交流交换意见。是年，围绕“提升市民文明素质，打造和谐幸福桐庐”主题，举行专题民主议政会，组织8位委员和2位社区代表发言，与有关部门负责人互动交流。

【民主监督】 2014年，县政协成立3个民主监督小组15名委员，分别派驻卫生局、发改局、人社局，重点围绕社区医疗服务水平提升、物价监管、就业扶持等工作开展监督。对县科技局工作开展民主评议，成立民主评议县科技局工作领导小组、工作小组，制订评议方案，历经5个月，通过听取汇报、座谈交流、查看台帐、实地走访、问卷调查形式，以科技创新服务平台为切入口和科技项目业绩为着力点，撰写2份调研报告，并形成县政协民主评议科技局工作意见。

【视察调研】 2014年，县政协主席会议组织“农村文化礼堂建设”“农村经济薄弱村创业增收”“政府民生实事工程实施推进”等情况3个深度视察。是年，主席会议成员视察“五水共治”、小流域治理、农村垃圾收集分类、公园山改建、大庄村拆建和政府实事工程等工作，走访调研县法院、检察院工作情况。各委组给合自身特点和优势，围绕县重点项目推进、旅游服务发展、维稳体系构建、政府职能转变、古村落保护等工作开展视察调研，提交调研视察报告24篇；政协领导率部分委组、乡镇（街道）工委负责人分3组赴省内兄弟政协考察学习、交流政协工作，提交3篇调研报告。

【提案办理】 县八届政协三次会议以来，委员提出意见建议276件，审查立案239件（其中重点提案22件）。239件委员提案，已经解决或基本解决的174件，占立案总数72.80%；被采纳并列入计划逐步解决的55件，占23.01%；留作研究参考的提案7件，占2.93%；因条件限制不能被采纳的3件，占1.26%。“关于对我县低丘缓坡土地综合开发科学利用的建议”等12件被评为优秀提案。6家单位被评为办理提案工作先进单位；14人被评为承办提案先进个人。

【文史工作】 2014年，启动编纂《桐庐县政协志（2004—2014）》；编纂出版《桐庐地名史话》《画中桐庐》，征集《绿色崛起—迎春南路商务区建设发展纪史》资料；举行“范仲淹与潇洒桐庐”文史理论讲座。

【信息宣传】 2014年，召开政协新闻宣传联席会议，在县级媒体刊播政协宣传信息300余条，其中市级以上媒体刊发稿件20余篇，机关编发《桐庐政协》6期。全年收社情民意反映件92条，编报《社情民意》专刊27期，机关编发《情况反映》专号12期。

【实事好事】 2014年，县政协组织开展“三走进”（走进社区、走进企业、走进农户）和“走过三十年历程，做好三十件实事”活动，通过爱心助学、免费义诊、科技下乡、政策咨询、文史进校、扶贫帮困等活动，为民办实事做好事，全年做好事实事100余次，捐赠物资折合人民币500余万元。

【联谊交流】 2014年3月，召开县政协之友联谊会五届二次会员大会；9月，举行企业界委员

"迎中秋、话发展"座谈会，举办桐庐县、上城区"水之梦"摄影书画展；10月，与江苏省常熟市政协缔结友好政协，搭建友好往来、经济合作、文化交流平台。

【全县政协工作会议】 2014年9月，县委举行政协工作会议，县委常委、县人大常委会主任、县政协主席和副主席，法、检两长，历届政协主席、副主席出席会议；各乡镇（街道）党（工）委书记、副书记，县级机关、各直属单位负责人和县八届政协全体委员参加会议。县委书记毛溪浩作重要讲话；县委下发《关于进一步加强和改进人民政协政治协商的意见》《关于进一步加强和改进人民政协民主监督的意见》文件。

【"五水共治"专项集体民主监督活动】2014年，县政协根据省政协《关于开展"三级政协联动、万名委员同行、助推五水共治"民主监督的实施方案》要求，制定"五水共治"实施方案和工作计划，成立"治水"民主监督组织协调小组，及时向委员提出倡议，相继成立8个民主监督小组和14个民主监督推动组，助推"治水"工作。全县215名政协委员参与"治水"活动，认筹公益金3000余万元，直接参与工程建设项目5个，开展视察调研28次，实地走访查看小溪（江）60条、村110个、企业100家，发现问题45个，提出意见建议65条。

【庆祝县政协成立30周年系列活动】 2014年，县政协成立30周年，县委隆重举行全县政协工作会议暨县政协成立30周年庆祝大会；县政协组织开展"政协知识竞赛"、"我与桐庐政协"征文、"风采卅年—政协委员摄影书画作品展"、启动续编《桐庐政协志（2004—2014）》、政协系统健身运动会等系列活动。

【"倾力履职服务　助推实体经济发展"主题活动】 2014年，为贯彻县委"狠抓实体实业，发展美丽经济"决策部署，营造"重实体、兴实业、办实事"氛围，县政协于7月启动开展"倾力履职服务，助推实体经济发展"主题活动。活动启动后，制定实施方案，发放《坚守实业，专注实体，共促桐庐经济新跨越》倡议书，组织专题座谈、集中走访、课题调研、实地视察、专家论坛等活动，收集"发展美丽经济，打造实体经济升级版"意见50余条，举办"智慧经济"专题讲座和"企业文化"专家论坛。

（洪芳良）

【责任编辑：张红】

民主党派　群众团体

·中国农工民主党桐庐县总支部委员会·

【概况】 2014年，农工党桐庐县总支部有党员51名，其中4名同志进入培养教育期，5名同志培养教育期结束后，被吸收为本党党员，1名党员因工作调动，组织关系转出。总支部被农工党杭州市委会评为2014年度社会服务工作先进集体、关爱青少年视力健康活动先进集体、“中国梦·农工情”征文活动优秀组织奖。

【参政议政】 2014年，农工党桐庐县总支部全年向农工党杭州市委员会、桐庐县政协报送社情民意信息46件。是年，农工党桐庐县总支部首次采用课题申请招标形式，得到三个支部的积极响应。经支部申报、总支部评审，《合理配置公共资源 建立高效120急救中心》《餐具集中消毒亟待加强行业监管》《加大“两江”鱼类资源保护力度 使母亲河更美丽更健康》《农村生活垃圾分类管理》4个课题中标。成立四个课题组，确定各课题组负责人，为县委、县政府科学民主决策提供参考。《农村生活垃圾分类管理制度研究项目》获县科技局社会科学软课题立项。《关注横村针纺转型升级助推传统产业焕发生机》作为集体提案提交，得到县主要领导的批示。皇甫秋强委员撰写的《关于美丽乡村建设中的几点建议》获得县政协优秀提案；戴新蓉代表撰写的《关于缓解杭州城市交通拥堵的几条建议》成为市十二届人大会议有关“四治”工作代表建议督办件之一；蒲建芬党员撰写的《建议完善县城停车管理办法》获得县政协优秀社情民意。

【民主监督】 2014年，农工党桐庐县总支部与县环保局、住建局结为对口联系单位。4月，与县环保局对口联系调研桐庐县“五水共治”情况；6月，总支10余名党员赴县住建局调研桐庐县“无违建县”创建工作。11月，总支部16名党员参加统战部组织的富春江（芦茨）乡村慢生活体验区视察活动，为重点工程建设献计出力。

【社会服务】 2014年，农工党桐庐县总支部开展送医送药、健康义诊、捐资助学、关爱弱势群体等服务活动6次，受益群众2000余人。1月，农工党桐庐总支部富春书画院联合县科协赴百江镇，开展送科技、文化、卫生“三下乡”活动，免费为群众书写春联一百余幅；同月，农工党桐庐县总支部上门看望结对困难户，并进行健康咨询服务。4月，总支部组织全体党员赴新合乡开展社会服务活动，共受益300多人。医卫一、二支部组织包括内科、外科、妇科、耳鼻喉科、针灸科、儿科、牙科等科室的党员专家医生组成义诊组，为百余人次提供优质的医疗服务；综合支部党员到新合小学开展送教活动，送上书法课、英语课2堂；结对帮扶组赴新合村何家方樟云家开展慰问困难家庭活动，总支部委员、杭州光典医疗器械有限公司董事长王水良捐赠1万元，解决贫困家庭学习困难。5月，组织党员义诊队参与迎宾社区健康咨询活动，为居民量血压、开处方，共有500多人受益。6月，总支部党员参加统一战线同心服务进社区大型主题活动，医卫二支部与社区一户重病困难户结成长期医疗援助关系。9月，组织11名医生开展“关爱青少年视力健康”系列科普活动，春江小学 800多名学生参加视力检查和用眼健康讲座，300多名近视学生得到诊治，发放科学护眼宣传手册1600余册、视力检测表800多张。11月，综合支部党员10余人邀请3名医卫支部党员赴桐庐县培智学校进行健康义诊，眼科专家医生为30余名智障学生检查视力、作眼部检测，书法家俞金宝为高年级学生授趣味书法课，支部向培智学校赠送价值2000余元的物品。12月，综合支部党员、百姓热线主任申屠霞萍带领百姓热线爱心志愿小分队看望培智学校学生，为学校送去物品折计6000余元。

【交流联谊】 5月，临安市委会、滨江区、下城区党员来农工党桐庐县总支部座谈交流；6月，杭州整形医院支部来农工党桐庐县总支部交流党派工作并与医卫二支部缔结友好支部；7月，嵊州市科技文教支部专程来桐庐回访，与综合支部正式结为友好支部；9月，江西省永修县总支部调研组一行6人，专程学习考察桐庐县“慢生活体验区” 的发展思路、治理模式、招商融资及市场运作的工作经验；9月，农工党桐庐县总支部调研组赴江苏仪征市调研中医药文化建设，与仪征市基层委员会、扬州市江都区支部学习交流党派在参政议政、社会服务等方面的主要做法和经验；10月，扬州市江都区支部调研组专程就医调会建设工作展开专题调研，与总支部缔结友好关系；10月，杭州市滨江区支部来总支部交流并进行回访；11月，宁波市委会来总支部交流基层组织建设工作经验；11月，综合支部调研组赴龙游县贺田村调研农村生活垃圾分类管理工作；12月，与余姚市支部缔结友好关系。

【宣传工作】 2014年，总支部为全体党员订阅《前进论坛》，同时邮寄《杭州农工》《浙江农工》到每个党员家中；做好网站的日常维护，及时更新栏目内容，全年发布信息53篇，加大宣传报道力度；总支部各项活动见诸报刊、杂志、市委会网站等54篇，扩大了社会影响。为方便党员们学习交流，总支部充分利用微信、QQ、移动e管家等电子通讯平台，定期向党员发送党章、党史知识、活动通知和节日祝福等信息，使广大党员感受到组织的关怀与温暖，增强了组织的凝聚力。（徐嘉卫　俞叶芳）

·县总工会·

【概况】 2014年隶属于桐庐县总工会的乡镇（街道）、开发区总工会15个、工会工作委员会8个、教育工会1个、新成立金融工会联合会1个。全县基层工会组织数达1803个（其中乡镇街道1393个、经济开发区工会125个、县直机关87个、教育局47个、文广新局9个、建设局68个、卫生局20个、旅游股份有限公司6个），县直属基层工会30个，涵盖单位6339个，工会会员达143494人；基层工会中建立女职工组织的有1799家。基层以上工会专兼职工会干部有64人，基层工会专兼职工作人员4692人。是年，输送工会干部到省、市培训59人，组织开展各类工会业务培训达2117人次。是年，继续对非公企业工会主席工作实行目标考核，53名优秀非公企业工会主席受表彰。3月12日，桐庐县总工会第十四届三次全委（扩大）会议在县政府会议中心召开。

【“五一”表彰大会】 2014年4月29日下午，桐庐县“五一”表彰暨职工创新创业大会在县政府会议中心召开。会议表彰“百名优秀员工代表”、县“工人先锋号”、合理化建议“金点子”和“职工优秀技术攻关项目”先进班组和个人。县百名优秀员工代表、桐庐船王服饰有限公司职工臧宇，节能减排“金点子”获奖者代表、杭州霍普曼电梯有限公司职工马占好作大会发言。是日晚，庆“五一”文艺晚会在桐庐剧院举行。

【劳动竞赛】 2014年5月，桐庐县第七届技能比武大赛在分水开赛。 6月3日，由桐君街道办事处、人社局、总工会共同主办，桐君街道总工会等承办的全县维修电工、化学检验工二个专业职工技能大赛在桐庐红狮水泥有限公司启动。6月20日，由县总工会和城南街道总工会主办的2014年工具钳工技能竞赛在杭州桐庐器械设备有限公司举行。是年，相继举行足部按摩师技能比赛、养老护理员职业技能竞赛、“海博杯”旅游饭店服务技能比赛等。至年底，全县共开展车工、电工、制笔装配、针织套口、化学检验工等20个项目技能比武，参加人数达2223人次，其中选送39名技能选手参加杭州市技能比武，养老护理获团体二等奖和个人一等奖，客房餐饮进入团体前8名。

【和谐劳动关系创建】 2014年，桐庐县总工会继续开展和谐劳动关系创建，开展以“六有六要”

为主题的“企业关爱职工、职工热爱企业”的“双爱”活动。至年底，独立建会的市级和谐劳动关系达标企业数1544家，其中：“双爱”共同约定书签订数1523家，签订率达98.6%，在第三轮企业社会责任建设申报评估中有5家企业达到A级；组织动员规模以上和谐劳动关系达标企业参加企业社会责任建设，组织企业进行社会责任建设评价工作的培训，提高企业评估台账的质量。至2014年年底，全县参与评估的规上企业有6家达到A级，14家上B级水平。

【工资集体协商】 2014年，桐庐县总工会开展基层工会干部工资集体协商业务培训，引导企业和工会广泛开展工资集体协商要约行动。是年，新签集体合同61家，新签工资专项集体合同9家，累计签订集体合同1406份，涵盖企业5619家，覆盖职工132610人；累计签订工资专项集体合同1564份，涵盖企业6634家，覆盖职工128960人。其中，单建工会企业累计签订工资专项集体合同1361家，签订率达96.5%。

【安全生产】 2014年，桐庐县总工会全面促进企业建立和完善安全生产长效机制，增强职工安全生产意识和自我防护能力，全面落实“安康杯”竞赛活动，全县共有1445家企业开展“安康杯”竞赛，参赛职工55313人。2014年，县总工会被评为浙江省“安康杯”竞赛优秀单位。

【职工服务中心】 2014年，桐庐县总工会开设“主席接访日”“法律咨询日”“心理咨询日”等咨询服务。2014年，县职工服务中心及乡镇（街道）职工服务中心接待职工来信来电648次、来访1377人，其中欠薪事件230起、涉及职工1040名、讨回工资512.65万元，化解纠纷事件70起、涉及439万余元。

【“四季温情”行动】 2014年，桐庐县总工会坚持“年年季季吹春风、融冰化雪暖人心”的冬送温暖、春送岗位、夏送清凉、金秋助学行动。春节期间，走访慰问困难企业职工家庭444户、特困职工36户，慰问金额达56.6万元；帮助600多名农民工“快乐返乡”。春节过后，县总工会与人社部门合作举行“工会就业援助”专场招聘会，提供2687个岗位；夏季高温慰问一线职工5696人次；“六一”儿童节，70名困难职工家庭子女得到工会的关爱；全年有101名困难职工得到急难救助；金秋助学有58名困难职工子女通过工会资助圆大学梦。积极推行职工医疗互助保障，全县首期162家企业的11013名企业职工参加医疗互助保障，共筹集互助金330480元。当期补助在职职工61人，补助金额共计228353元；为全县10355名女职工办理安康保险，理赔10人，共计24万元。

【助学工程】 2014年，桐庐县总工会响应省、市总工会开展的资助农民工上大学工程，继续与社会教育机构合作，进企业办大学。是年3月，城南街道科德磁业有限公司、分水镇丹可装饰制品有限公司和富春江镇龙生汽车部件股份有限公司开设3个企业大专班。是年7月，首期龙生和霍普曼两个企业大专班50名学员毕业。是年下半年，县总工会又招收专升本学员14名，另有50名新招学生已通过成人高考。

【职工文化】 2014年5月6日，“桐庐百姓日”邀请200名优秀员工代表参加喜看桐新城新变化和“桐庐百姓日”卡拉OK大家唱等活动，县工人文化宫组织书法爱好者为市民现场赠书画200多幅。是年，县总工会组织2场青年职工相亲交友会，为青年职工美好生活牵线搭桥，600多名青年职工参加“幸福牵手”活动。是年，县总工会开展“送图书、送电影、送演出”活动，全县各级工会送电影100场次，送演出27场次。组织开展全县第二届非公企业大合唱比赛。是年，县总工会举办全县企业文化家园职工乒乓球比赛、全县非公企业女职工“参与健身，与美丽同行”8字跳比赛和“五水共治 美丽桐庐”职工摄影艺术比赛，牵头钱塘江流域桐庐、开化、常山、龙游、建德、富阳六县（市）总工会，开展“钱江之韵、五水共治”职工摄影展。

【劳模管理】 2014年春节期间，桐庐县总工会慰问50名困难劳模，发放慰问金5万元。1月7日，县总工会组织各行各业30位劳模志愿者到放马洲开展“五水共治、劳模在行动”清扫垃圾志愿服务活动；3月6日，县总工会组织11名劳模志愿者赴合村乡开展“建设绿水青山，助推‘五水共治’——农业劳模送科技下乡活动”，为农民送去杨梅树苗400余棵，种子500余包；

次日组织5名名医劳模志愿者赴百江镇为208名村民免费义诊；5月6日，“桐庐百姓日”组织4名劳模志愿者医生为22位瘫痪在床的困难职工免费上门义诊。11月4日，县总工会看望劳模李国飞、陈小军、俞龙生、郑玉英、柴为民、阮根尧等，向他们征求《桐庐劳模积分制评价》工作的意见建议。（林　琳）

·共青团桐庐县委·

【概况】 2014年，共青团桐庐县委有共青团员25602人，直属团组织60个，其中乡镇（街道）14个、学校团组织6个。新建两新组织团组织42家、党团联建阵地15个，新增直属团组织40个、农村合作组织团组织25个。实施农村青年电商创业，推进农村淘宝项目。探索“双网互动”，划分271个团网格。关注贫困学子，继续实施希望工程帮困助学工作，资助贫困学生448人，金额76.41万元。

【农村电商】 2014年10月29日，阿里巴巴集团“千县万村”计划，全国第一个县级运营中心——农村淘宝桐庐服务中心正式启动运营，桐庐成为阿里巴巴全国首个农村电子商务试点县。是年，团县委实施农村青年电商创业计划，推进农村淘宝项目。举办青年电商培训20期、人员2100余人次。至12月底，农村淘宝已覆盖全县14个乡镇（街道），建立村级服务站74个，2015年力争实现全县行政村全覆盖。

【志愿服务】 2014年，团县委规范志愿服务运行机制，完善县志工委建设，制定党员志愿服务管理办法，构建齐抓共管“大志愿”工作格局，现有专业服务队伍37支。开通“流动雷锋车—治水专车”，每月定期开展各类治水环保志愿服务，助力五水共治，营造治水护水积极氛围。探索建立美丽乡村志愿服务“微笑亭”，志愿服务乡村旅游700小时，服务5万余人次；开展垃圾分类“三进”志愿服务活动86场；开展村（社区）清洁家园志愿者服务活动80余次；服务社会热点，组织开展“保护母亲河”“关爱生命，文明出行”“普法守法宣传”等志愿服务活动。是年，有专业服务队伍37支，新注册志愿者540人，组织各类志愿服务872场次，服务时数10万余小时。

【青少年关爱行动】 2014年，团县委为单身青年广搭交友平台，组织开展各类相亲交友活动12场，服务青年500余人次；开展“汇聚微力量，点亮微心愿”主题活动，关注“留守儿童”，征集圆梦农村留守儿童“微心愿”500余个；完成18个社区“青少年综合服务点”建设，建成村级“青少年综合服务点”示范点2个。完善县、乡镇（街道）、村（社区）三级未保组织和预防青少年违法犯罪组织建设；开展省、市级“青少年维权岗”争创活动，成功创建省级“青少年维权岗”1个，市级“青少年维权岗”4个。

【青少年活动中心】 2014年，桐庐县青少年活动中心开展流动少年宫、童玩节、成人节、青少年科技创新大赛、公益夏令营、雏鹰争章挑战营等系列主题教育品牌活动90项，服务青少年2万余人次。开设语言、科技、书画、舞蹈、音乐等兴趣培训项目22个、451个班级，服务青少年8000余人次。对困难家庭子女免费助学200人次。

【共青团桐庐县第二十一次代表大会】 2014年9月22日，中国共产主义青年团桐庐县第二十一次代表大会在县政府第一会议室召开。团市委书记周扬，县领导毛溪浩、方毅、游宏、王金才、李忠誉、王等领导出席大会。团县委书记舒丹代表共青团桐庐县第二十届委员会向大会报告工作。会议选举产生了共青团桐庐县第二十一届委员会委员、常委、书记；审议通过《关于共青团桐庐县第二十届委员会工作报告的决议》。县委书记毛溪浩要求广大团员青年们牢记使命，志存高远，坚定理想信念；加强学习，练就过硬本领，敬业爱岗，勇于建功立业；修身立德，弘扬时代新风，为实现国家富强、桐庐发展、人民幸福奉献青春智慧，镌刻闪光足迹。

【第四届童玩节】 2014年5月31日，由县委宣传部（文明办）、团县委、县教育局、县青少年活动中心联合举办，县科协、县关工委、县少工委等单位协办桐庐县第四届童玩节开幕暨桐庐县科普馆启动活动在县青少年活动中心举行。活动设科技之旅、梦想舞台、美劳创意、少儿游戏、快乐购购购、童心童画展以及青少年心理健康咨询等近40余个活动项目，全县3000余名少年儿童参加。童玩节的游园活动项目一半以上是新增项目。项目突出培养孩子动手能力，提升孩子文明素质、与家长感情交流、团队合作等多方面能力，让童玩节真正成为孩子们喜欢过、有收获的节日。

【首届“尚惟杯”网上创业大赛】 2014年6月—12月，团县委联合县经信局、县人社局、县教育局、县人才办、县文创办、县残联等单位举办以“智汇画城、网赢天下”为主题的桐庐县首届“尚惟杯”网上创业大赛。竞赛内容为网店建设和营销推广，选手在指定竞赛平台上建设网店，进行网店设计、制作、维护与推广，进行商品的网上营销、促销服务。重点在于锻炼参赛选手在电子商务真实环境下的网络营销能力，提高电子商务实践能力和创业能力。有300余名选手参加比赛，通过7个月初赛、复赛、半决赛，评委将经营业绩、半决赛分数、决赛评分进行综合评估，其中粉可爱文具生活铺店主应敏婷以87.42分，夺得本次大赛的第一名。本次大赛获一、二等奖的选手由桐庐县人力资源和社会保障局颁发《高级电子商务师职业资格证书》。获得大赛前10名的选手，优先入驻杭州市大学生创业园（桐庐）（免3年租金）或海陆世贸电商产业园；符合条件的优先推荐申报最高额度为2万元的贷款贴息或最高10万元的创业无偿资助，用于经营成本、研发成本等实施创业项目的相关费用。可免费申请参加由团县委举办的电商培训精英班课程，配备网上创业导师一对一指导。

【快递（电商）青工技能比武】 2014年5月6日下午，由共青团桐庐县委承办的2014年度杭州市快递（电商）打包技能比武在桐庐中心广场举行。来自滨江区、临安市、建德市等13支队伍、37名打包能手参赛。此次快递（电商）打包技能比武分为个人固定限时赛、个人组合打包赛和团体综合赛三个项目，经过激烈角逐，桐庐县邮政速递物流分公司陈国华获个人单项比赛第一名、“杭州市杰出青年岗位能手”。桐庐县邮政速递物流分公司以总分47分，获得团体综合比赛一等奖。（江昳晨）

·县妇女联合会·

【概况】 2014年，桐庐县有妇委会14个，妇工委2个；乡镇（街道）妇联14个；村妇代会183个，社区、居委会妇联18个；在2215家“两新”组织中建立妇代会。新增县环保局妇委会1个。做好来料加工、巾帼建功、美丽庭院、家庭文明建设、家庭教育、妇女儿童权益保障等专项工作，新增16家县级巾帼文明岗，桐庐县中医院急诊室等5家单位被评为浙江省巾帼文明岗；浙江桐庐合作银行桐君支行信城储蓄所等7家单位被评为杭州市巾帼文明岗。钟建霞被评为全国“巾帼建功”标兵。以“十二五”妇女儿童发展规划终期评估为突破口，落实事关妇女儿童切身利益指标；举办非公企业女职工健身比赛。是年，县妇联连续五年被全国妇联评为全国妇女宣传舆论阵地建设先进单位，县妇联、分水镇妇联、迎春社区被评为杭州市服务型基层妇女工作先进集体。周忠莲被评为浙江省“三八红旗手”，徐梅秀等4人被评为杭州市服务型基层妇女工作先进个人。

【县乡两级妇联换届】 2014年9月24日，桐庐县第十四次妇女代表大会召开。县委书记毛溪浩、杭州市妇联主席魏颖出席开幕式并讲话。方毅、游宏、王金才等县四套班子领导出席开幕式。县妇联主席梅晓波代表县妇联第十三届执行委员会向大会作报告。会议回顾总结县第十三次妇女代表大会以来县妇女工作主要成就和经验，研究部署今后五年的发展目标和主要任务，选举产生县妇联新一届领导机构，梅晓波同志当选为执委会主席，许丽娟、宋丽当选为副主席。县6个群众团体和11个姐妹区县妇联代表应邀出席大会。会议期间，举办“巾帼建新功 共筑中国梦”风采展，向全县妇女发出“助推美丽经济 共享美好生活”倡议。14个乡镇（街道）妇联组织在县妇代会召开之前完成换届工作。

【妇女干部培训】 2014年，县妇联选送8名妇女干部参加省、市妇联培训。10月，举办为期2天的全县基层妇女干部（来料加工技能）培训班暨提升女性素质讲座，来自乡镇（街道）、行政村、社区的220余名妇女干部以及210余名县管女领导干部、女企业家、来料加工经纪人、机关妇女干部代表参加。邀请国学大师南怀瑾之子南一鹏到桐庐为60位女干部和女企业家们做《国学、女学、商道》专题讲座，提高女干部和女企业家们对国学的理解和热爱以及参与社会管理、经济建设的能力。

【关爱妇女儿童】 2014年，县妇联实施杭州市美丽基金“两癌”妇女的关爱、困难女大学生入学行动，对患病困难妇女给予资金补助，5名女大学生实现大学梦想。参保适龄妇女“两癌”免费筛查工作在计生“升级体检”基础上有新提升，完成对患病“两癌”妇女网上登记。以江南镇环溪村为试点，开展以妇女儿童为主体、全民参与优化居住环境、农村垃圾分类工作。把“儿童之家”建设与妇女之家、农村文化礼堂建设相结合，扩大儿童之家建设内涵，创建市级儿童示范之家4家、县级65家。“六一”儿童节期间，走访慰问福利院、益智学校、幼儿园等16所学校。开展儿童暑期安全教育和暑期实践，培植江南镇环溪村“儿童之家”为儿童暑期夏令营活动拓展基地。是年，桐庐县“十二五”儿童发展规划中期监测评估报告在杭州市评选中获奖。

【双学双比】 2014年，县妇联举办来料加工经纪人和从业人员培训班16期，培训1100人次；举办制笔装配、制锁等技能比武4次，参加省市来料加工技能比武获三等奖；邀请省工艺美术专家余知音对合村乡绣花女进行技术指导；与培训中介合作对70余名来料加工从业人员开展针织、编织技能培训，组织来料加工经纪人及从业人员赴外地进行才艺展示、义博会参观考察；利用乡镇成人教育平台，组织开展电子商务、针织横机技能培训，提高农村妇女综合竞争实力。举办女性就业招聘会1场，56家企业推出岗位1600个，应聘妇女250名，达成就业意向62人。

【来料加工】 2014年，县妇联发展来料加工经纪人1388人，带动从业妇女45299人，其中低收入农户从业人员3356人。发放加工费2.56亿元，同比增长16.73%，其中向农村低收入农户发放加工费2017.05万元，同比增长49.03%。获杭州市财政专项扶持资金240.75万元，位列全市第二。培育来料加工基地5个，新建（修缮）来料加工基地8个。新发放巾帼创业贷款1552万元，受惠妇女78户。

【美丽庭院创建】 2014年，县妇联出台《2014年“美丽庭院”创建工作考核办法》，细化县对乡镇考核、乡镇对村级考核，并组织乡镇、街道与辖区内的行政村签订年度美丽庭院创建工作责任状。调整乡镇（街道）和180个行政村“美丽庭院”创建工作领导小组，将“巾帼清洁志愿队”“庭院环境监督队”“庭院环境评比委员会”与“五水共治、无违创建、垃圾分类”巾帼志愿队伍结合，实现创建工作组织保障。开展乡镇（街道）交叉检查。实施分片联户制度、分组督查制度，健全奖励激励机制。举办“桐庐·中国最美庭院”摄影大赛。接待省内外“美丽庭院”考察15批520人次。台湾高雄妇女会来桐考察“美丽庭院”工作。180个行政村开展“美丽庭院”创建，100%农户达到“庭院整治”标准，36%的农户达到“美丽庭院”标准。

【家庭文明建设】 2014年，县妇联以“最美家庭”“最美妈妈”“最美婆媳”评选、家规家训征集、家庭故事征文评选为载体，挖掘家庭正能量，弘扬社会主义核心价值观。评选出好家庭10户、好妈妈10位、好婆媳10对，有代表性的家规家训30条，家庭故事获奖征文50篇，编印成《我的家庭故事》。宋柏苍等3户家庭被评为第九届浙江省文明家庭、滕宗浩等3户家庭被评为浙江省绿色家庭、周忠莲家庭被评为杭州市和谐家庭、陈爱玉家庭被评为杭州市“绿色家庭”、何彩玉等2户家庭被评为杭州市“最美家庭”、羊月琴被评为杭州市“最美妈妈”。在钱江晚报、桐庐电视台开设家风专题。与县教育局联合举办家庭教育指导者专题培训班，12所中小学、幼儿园被评为省市级“示范家长学校”，为期3年的第二批专家示范点，“一对一”结对服务活动持续开展；举办“数万家长受教育、百场家庭教育进学校”活动，邀请杭州市家庭教育讲师团专家送教下乡。开展家庭教育讲座140余场，5万余名家长参加。开展家庭教育研究，获得杭州市“十二五”时期家教重点课题1个、优秀课题1个。配合全国妇联对500位0—3岁幼儿妈妈开展育儿新知识“空中讲堂”服务。

【妇女维权】 2014年，县妇联开展以“法律温暖、家庭幸福”为主题维权宣传讲座，邀请杭州市妇女维权志愿者为200余名基层妇女干部进行公益讲座，开展普法宣传“八送”服务活动，发放资料5000份，接受咨询150余人次。乡镇（街道）妇联、机关企事业单位、村妇代会等妇女组织利用“三八”妇女节、世界“禁毒日”、“反家暴日”、“普法宣传日”等重要节点，开展活动100余场，5万名妇女儿童参与。落实妇联主席接访制度、重要访件跟踪和协调制度，成立县婚姻家庭纠纷人民调解委员会，在县民政救助站设立桐庐县反家庭暴力庇护所。是年接待处理来访来电访69件。

【巾帼志愿行动】 2014年3月11日，在江南镇石阜村举行巾帼志愿行动启动仪式，向全县广大家庭和妇女姐妹发出“参与五水共治　创建无违建县　巾帼志愿行动”的倡议，来自全县14个乡镇（街道）的妇联干部与石阜村村级志愿者代表共四十余人参加。5月5日，召集县级机关70余名女干部代表，在景文百货门口参加“五水共治　妇女在行动”启动仪式，机关女干部上街发放“五水共治倡议书”，进行文明劝导和捡拾垃圾；县妇联机关全体人员到迎春社区开展“五水共治进社区”活动，到居民家中分发倡议书、征集节水金点子、进行节水宣传；乡镇（街道）、村（社区）等各级妇联组织开展了“洁化家园行动”，多形式宣传“五水共治”。

【节日活动】 2014年3月3日—12日，在《钱江晚报》、《今日桐庐》、桐庐电视台等媒体开设专版，以“建设中国最美县、桐庐妇女在行动”为主题展现妇联工作，并推出7名妇女工作典型报道。“六一”儿童节期间，县四套班子领导看望慰问部分中小学校、幼儿园，并走访福利院、培智学校。

（田玲秀）

·县工商业联合会·

【概况】 2014年，桐庐县工商业联合会有下属基层商会40个，其中乡镇（街道）商会13个、行业商会5个、异地商会8个（在外异地商会5个）、村级商会12个、新生代企业家联谊会1个、开发区商会1个。是年，新发展基层商会6个，全县有商会会员2522个。县工商联荣获2014年全省工商联系统“五好”工商联称号，杭州市工商联系统经济服务先进单位，桐庐县招商引资工作先进单位。

【基层商会建设】 2014年，新成立桐庐县横村镇凤联村商会、台州桐庐商会、桐庐县横村镇深畈商会、桐庐县横村镇富乐商会、桐庐县横村镇孙家村商会、桐庐县横村镇宅里村商会6个基层商会，完成桐庐县装饰装修商会注册登记工作。是年，县人民政府对新组建的基层商会和年度先进基层商会分别给予5万元经费补助。同年11月，县委常委、统战部部长盛春霞牵头召开桐庐县异地桐庐商会注册登记管理协调会议，县委办、县府办、县工商联、县民政局等7个部门相关负责人参加会议，会议听取县工商联关于异地桐庐商会发展情况汇报和《关于异地桐庐商会注册登记管理的建议》，会议同意异地桐庐商会在桐庐设立民办非企业单位，并以该派驻机构身份在民政部门进行注册登记。

【五水共治】 2014年4月，县工商联向全县基层商会和民营企业家发出参与全县“五水共治”专项行动倡议书，支持最美桐庐建设。制定下发《桐庐县工商联系统参与“五水共治”专项行动方案》，全县民营企业家向桐庐县“五水共治生态公益金”认筹7000多万元。争取杭州市工商联系统“五水共治”联系点落户桐庐，通过市县乡三级商会联动，向莪山畲族乡集镇污水处理项目捐款50万元。联合基层商会和非公经济代表人士支持钟山乡夏塘村村民饮用水工程建设，募集项目建设资金15万元。引导全县基层商会支持“五水共治”项目建设，桐君街道商会出资20万元认领双溪与麻蓬溪两条河道常年保洁工作；县新生代企业家联谊会出资5万元向富春江、百江镇前溪等地放流鱼苗3万多尾；县石材行业商会号召石材企业自主进行环保设施提升改造，做到污水不外流、粉尘不飘扬、噪音不扰民。

【第二届桐商大会】 2014年9月5日—6日，桐庐县第二届桐商大会召开，大会由县工商联牵头承办，邀请600多位桐商代表参加大会。9月5日大会现场会举行重大项目开工仪式、招商项目推介、项目签约活动、首届杰出桐商颁奖典礼等活动。完成签约项目17个，意向性投资额40亿元；申通轻经济智慧谷项目正式开工，总投资达10亿元；表彰杰出桐商奖和杰出桐商提名奖各10名。9月6日，乡镇（街道）对接桐商活动，城南街道、富春江镇、合村乡与桐商达成投资意向4个。

【工商联换届】 2014年7月29日，县工商联召开第十届会员代表大会，161位会员代表参加大会。第九届工商联党组书记、主席李玉标回顾总结五年来县工商联工作情况，提出今后五年工作建议。大会依据《中华全国工商业联合会章程》规定，选举产生桐庐县工商业联合会第十届执行委员会，并经执行委员会第一次全体会议选举产生主席、副主席、秘书长、常务委员。王建国等101人当选执行委员，王晓桢等30人当选常务委员，县工商联党组成员潘承君当选秘书长，郑玉英等22人当选兼职副主席，邹金柱、何惠红2人当选专职副主席，主席李玉标。

【会员培训】 2014年，县新生代企业家培训，商会会长、秘书长培训班纳入全县部门培训班次。7月，联合县经信局组织80位企业家参加“经营核爆力”培训班。10月14日—15日，在县委党校主办县新生代企业家培训，商会会长、秘书长培训班，140多位企业家接受培训。11月，县工商联组织8位非公经济代表人士参加“品质杭商”清华大学高级研修班，组织7位非公经济代表人士参加杭商大讲堂“走进中国（上海）自贸区”活动。联合县委组织部、县委党校、县经信局举办企业家大讲堂培训班，组织57位非公经济代表人士参加浙江大学企业家培训活动。

【商会经济发展】 2014年 6月，县工商联牵头举办银商融资合作座谈会，引导金融机构与基层商会直接融资合作，用于支持基层商会发展商会经济。引导鼓励基层商会通过会费投资、会员联合投资等方式发展商会经济，改变商会经济薄弱、经费来源单一、缺乏自我造血功能现状。上海桐庐商会、北京桐庐商会会费投资快递运输车产业。6月，县装饰装修商会部分会员联合投资1.6亿元建成易居装饰市场，对外营业。江南镇商会牵头筹建的江南镇商会大厦项目完成土地招拍挂工作，进入实际建设阶段。

【参政议政】 2014年10月，桐庐县工商联开展工商联界别政协委员民主监督小组进驻物价部门活动，重点监督大型超市招商区块和装饰市场明码标价问题，高中阶段择校费收费行为。加强非公经济人士政治荣誉安排，推荐工商联界别政协委员2人。

【基层走亲】 2014年5月，县工商联开展非公经济代表人士基层行惠民生活动，参与夏塘村百姓日敬老爱老幸福餐活动，集资1万元为该村140位60岁以上老年人派发慰问红包；7月，参与迎春社区爱心超市捐赠活动、认领居民微心愿活动、志愿服务进楼道活动。推进县管在职领导“一对一联系服务企业”活动，4位县管领导干部全年走访联系结对企业16次。

【会员维权】 2014年7月，联合三方四家成员单位举办“双爱”活动及工资集体协商“要约行动月”培训班，提高企业参与“双爱”活动意识。负责桐君街道、城南街道、富春江镇民营企业工资集体协商约定书签定，完成约定书签定率98%。完成8家民营企业“双爱”活动考核验收工作。10月，挂牌成立杭州商会仲裁院桐庐县商会联络站，鼓励商会会员在签订经济合同中引入商会仲裁条款，发生经济纠纷时通过商会仲裁裁决。

【商会重大活动】 2014年10月，县工商联组织基层商会参与全市民营企业主题文艺会演活动，上海桐庐商会参演的《情感快递》、县装饰装修商会参演的《离不开你》荣获二等奖。是年，上海桐庐商会举办2015迎新春茶话会，鼓励在沪桐商团结合作发展，支持桐庐家乡建设；县餐饮商会牵头协办桐庐休闲美食节活动、桐庐养生美食大赛，200余家企业参与，县餐饮商会免费提供摊位30余个。5月，县足浴商会、横村镇杜于商会等10多个基层商会参与5月6日桐庐百姓日活动，县足浴商会组织足浴技师为1000多位老年人免费足浴，横村镇杜于商会等村级商会向村级老年人派发百姓日节日慰问红包。（刘为民）

·县残疾人联合会·

【概况】 2014年，桐庐县共有持证残疾人11414名，其中肢体残疾5645人、视力残疾1841人、听力残疾1120人、言语残疾204人、智力残疾776人、精神残疾1351人、多重残疾477人。乡镇（街道）残疾人联合会14个，县级专门残疾人协会4个，社区、村级残疾人协会204个。是年，县残疾人联合会首次实现为全县每个行政村（社区）配备1名残疾人专职委员。

【残疾人基本生活保障工程】 2014年，全县贫困残疾人纳入基本生活保障5438名。其中纳入最低生活保障1211人（农村826人、城镇385人）；纳入基本生活保障4227人（农村3688人、城镇539人）。1200名未纳入托（安）养工程、生活不能自理的贫困一级重度残疾人，在纳入低保或残保同时享受每人每年1200元的生活补助。

【重度残疾人托（安）养工程】 2014年，桐庐县残疾人联合会将730名重度二级且生活不能自理的持证残疾人纳入托（安）养工程（其中扩面残疾等级二级的特困重度残疾人27名）。其中集中托养150人，补助标准15000元/人，比2013年补助标准提高3000元/人；日间照料45人、居家安养535人，补助标准6000元/人，比2013年补助标准提高1200元/人；资金总投入483.27万元。

【残疾人基本康复工程】 2014年，县残疾人联合会新创省级康复示范站1家（桐君街道康复服务站）、县级康复示范站2家（桐庐新城医院、富春江医院），并新建立工疗站2家（桐庐雅苑工疗站、百江镇工疗站）。盲人定向行走训练5人，完成白内障复明手术450例，验配助视器20台，验配助听器50台，适配假肢10条，髋或膝关节置换手术1例，0—6周岁残疾儿童抢救性康复26名，提供基本辅助用具813件，其中轮椅515辆、座便椅18辆、拐杖280件。671名精神残疾人享受免费服用基本抗精神病药物政策。

【残疾人就业服务】 2014年，桐庐县残疾人联合会对31家福利企业和705家企事业单位安置残疾人情况进行确认，安置残疾人就业3200名，其中新安置140名。举办职业技能培训班2期，培训残疾人253余名；组织4位盲人按摩店业主参加杭州市消防安全知识培训，配发消防器材。完成对49户残疾人创业提供贷款贴息38万元，完成对78户种养业、服务业企业的资金扶持工作，补助资金27.6万元。

【扶贫帮困】 2014年，桐庐县残疾人联合会临时慰问因病因灾的贫困残疾人42户，赠送慰问品和慰问金折计25余万元。残疾学生及残疾人困难家庭子女考取大学补助20人，发放补助金6.24万元。为101户困难残疾人实施助残安居工程，改造面积9210平方米，投入补助资金266.94万元。为1042名年龄在18—60周岁

残疾人就业专场招聘会

无固定收入残疾人发放生活补贴，发放补贴金125.16万元。

【残疾人大病医疗试点】 2014年7月，开展残疾人大病医疗保险工作试点，与杭州市滨江区残疾人联合会合作，筹措资金40万元。10月，通过招投标确定中国人寿保险股份有限公司杭州市分公司为桐庐县2014年度残疾人大病医疗保险项目承保公司，保险对象涵盖桐庐县所有持证残疾人，保险内容主要为住院医疗（保额1万元）和重大疾病（35种疾病类型，保额5000元）保险，保险期限一年。

【信访维权】 2014年，桐庐县残疾人联合会与桐庐县法律援助中心合作，确定每月15日为县残联领导信访接待日。截至2014年10月，受理县领导交（转）办件、网上信访和公开电话10件；来访183人次，其中：法律咨询和政策咨询55人次，康复25人次，困难33人次，就业31人次，网上信访12件，其他27人次，结案率达100%，未发生重大集体信访、越级访案件。

【残疾人文体活动】 2014年5月17日，组队参加杭州市第九届残疾人运动会，获得33.5枚金牌、14.5枚银牌、12枚铜牌。5月22日，组织参加杭州市第六届特殊奥林匹克运动会，获得12枚金牌、7枚银牌、11枚铜牌。10月，残疾健儿宋懋鎏在仁川亚残运会游泳比赛中获得4金4银优异成绩。举办“爱如彩虹景泰蓝之夜”助残义演晚会，弘扬社会扶残助残传统美德。组织参加省、市职业技能比赛，其中章维勇获省职业技能剪纸比赛第一名。残奥冠军组合（郑雄鹰、宋懋鎏）荣获第二届“最美桐庐人”道德模范称号；宋懋鎏荣获第二届“最美杭州人”称号。

【助残活动】 2014年3月3日，联合县民政局、妇保医院、友好医院、惠耳听力、中杭社区等单位组织举办全国第十五次“爱耳日”宣传教育活动，现场发放宣传资料和纪念品180余份，赠送助听器3台。5月18日，举办第二十四个“全国助残日”活动，联合百姓热线、绿洲眼镜、用品用具供应站、中医院、桐君卫生院、友好医院等单位在县康复中心开展残疾人义诊服务，受益200余人，现场赠送小型辅具50余件，同时开展政策咨询、视力测试等便民系列服务。8月11日，全国第五个“全国肢残人活动日”，组织30多名肢体残疾人代表体验参观公共场所无障碍设施。是年，县残疾人联合会组织鉴定医生上门服务3次，为8名重度肢体残疾人进行上门残疾评定。

【义诊活动】 2014年8月28日，邀请浙江省眼科医院专家开展眼科义诊活动，对200余名群众进行低视力、白内障等眼科方面疾病诊查。9月19日，联合杭州市一医院、市二医院、市中医院、市肿瘤医院、市七医院、浙江省眼科医院、爱德医院等医院举办2014年度杭州市“光明行动”送医下乡大型义诊活动，18位专家为300余名群众开展义诊、检查体检等服务活动。10月28日，杭州市一医院的耳鼻咽喉科专家为40多名教师职工开展耳鼻咽科专项疾病检查诊断。

【设施建设】 2014年5月，桐庐县康复中心投入使用，总建筑面积3000平方米，总投资1000余万元，设床位40张。8月，桐庐社会福利中心挂牌成立桐庐县重度残疾人托养中心，建筑面积2500平方米，设床位40张，集中托养残疾人安置7人。是年，开发应用助残直通车二维码服务功能，为62户残疾人家庭进行无障碍改造，总投入资金29万元。

杭州市“光明行动”送医下乡大型义诊活动

【基础管理】 2014 年，完成全县残联系统机构、人员及助残社会组织专项调查、残联组织财务管理状况专项调查、残疾人基本服务状况和需求入户专项调查工作，完成调查残疾人数 1.0679 万人，其中入户调查 1.03 万人，入户调查率达 98.27%。（程晓峰）

·县文学艺术界联合会·

【概况】 2014 年，桐庐县文学艺术界联合会下设作家、书法家、美术家、摄影家、民间文艺家、戏剧家、音乐舞蹈家、电影电视家 8 个协会和诗词楹联学会，有会员 921 人。各协会（学会）举办、承办、组织开展各类晚会及辅导、下乡演出放映等活动 2748 场次，在县级以上刊物发表作品 830 件，获市级以上荣誉 258 项；组织各类文艺展览 19 次，参观人员 12719 人次。

【“中国书法之乡”创建】 2014 年 4 月 15 日，召开“中国书法之乡”创建工作领导小组第一次会议，正式启动“中国书法之乡”创建工作。5 月 16 日，桐庐县“中国书法之乡”创建领导小组部分成员赴温州龙湾进行创建工作考察。举办“泸州老窖六年淡雅杯”桐庐县企业家书法作品展、“搭个披”——关于海宁建筑的书画印展、“书写档案”桐庐县第二届妇女书法展作品展、桐庐县廉政书法展、“翰墨世家 香飘画城”沙氏祖孙三代书画作品邀请展、雏凤清声——叶浅予书画院教育基地（书法）成果展、洪燧卿书法展、“走进中国画城·当代浙江中青年实力派书法家作品展”；举办廉政书法比赛和少儿电视书法大赛。支持莪山畲族乡新丰民族村积极开展书法特色村的创建工作，帮助荻浦村县书法基地创建工作。《浙江书坛的“桐庐现象”》《桐庐再续浙川翰墨缘》《沙氏祖孙三代 翰墨香飘画城》先后在《杭州日报》刊出，沙氏三代书画展在全国 20 余家网络与纸质媒体发布消息。

【第三届桐庐百姓日艺术周活动】 2014 年 5 月 6 日，桐庐县第三届百姓日期间，县文联举行第三届“百幅书画进入百姓家”书画赠送活动，与奉化文联、美协联合举办“潇洒桐庐 和美奉化”——桐庐奉化两地美术作品交流展，县文联再次获百姓日优秀组织奖。同时四次精心选拔各 10 名代表参加政府开放日活动。

【参与“五水共治”活动】 2014 年，做好省作协“钱塘江抒怀”大型采风活动、《钱塘江》音乐主创团队采风和座谈、省作协来新合乡采风创作接待工作。5 月，开展“富春江抒怀”采风创作活动，各组织 20 余名会员分两条线路赴分水天溪湖和富春江芦茨石舍采风。配合做好省市文联“百水赋”征文、“美丽桐庐 秀水家园”征文比赛等活动；是年，《富春文苑》开辟专栏刊登采风作品，《今日桐庐》出“百水赋”专版，创作编印《“美丽桐庐 秀水家园”征文比赛优秀作品集》。

【参与城市品牌和美丽乡村建设】 2014 年，创编《中国故事研究——桐庐卷》《孝道故事集》。开展桐庐历史文化研究，召开施肩吾研究座谈会，进行相关研究文章的收集整理等工作。举办文化礼堂摄影赛，先后为旧县街道、金牛村、石阜村、梧村、梅蓉村、彰坞村、前村等挖掘地方历史文化；协助县旅委进行桐庐旅游宣传资料整理，分别为分水镇和荻浦村创作红军墓碑刻连环画、编写旅游宣传手册等。配合协助省市作家采访桐庐县快递业，开展“最美商务区”“四季天子地”摄影赛，协助县政协做好《桐庐地名史话》的创编工作。

【县外文艺交流】 2014 年，桐庐县文联先后接待广州市文联一行、《书圣黄羲之》剧组、中国作协 28 人采风团等；接待中国摄影名家代表团、四川什邡书画家、著名诗人贺敬之一行；接待奉化、海宁、建德等地文联，以及省诗词学会及新时代诗社部分社员。赴温州龙湾、奉化、萧山进行考察学习活动。积极争取《中国摄影报》推荐桐庐为 2014 年中国摄影新发现地之一，并在《中国摄影报》整版对桐庐县人文、山水风光免费进行宣传，进一步扩大潇洒桐庐知名度。举办“书画之城 魅力桐庐”雅集创作——美丽桐庐名家画活动，并在《美术报》刊登专版。

【图书出版】 2014 年，桐庐县文联董利荣、缪建民合著《严光与严子陵钓台》作为“钱塘江丛书”由杭州出版社出版。“潇洒桐庐人文丛书”第五辑吴宏伟著《黄公望与桐庐》由西泠印社出版社出版，董利荣著《父母的无悔人生》由中国文联出版社出版，董利荣主编《通达天下》由浙江文艺出版社出版。其中《通达天下》由县委书记毛溪浩作序，报告文学作家朱晓军作二序，全书由李龙《桐庐快递崛起之路》、缪建民《申通之路》、童水奎《圆通之路》、闻伟芳《中通之路》、孟红娟《韵达之路》五篇报告文学组成。

【会员晋升】 2014年，桐庐县书法家协会申屠保华晋升为中国书法家协会会员，民间文艺家协会潘晓炜晋升为中国曲艺家协会会员，民间文艺家协会何璟晋升为中国民间文艺家协会会员，诗词楹联学会朱有昌晋升为中华诗词学会会员。书法家协会、摄影家协会、诗词楹联学会共15人晋升为浙江省会员，美术家协会、摄影家协会、戏剧家协会等20人晋升为杭州市会员。

【协会文艺成果】 2014年，作家协会王樟松与音乐舞蹈家协会夏林青合作《一个桃花盛开的地方》获杭州市“五个一”工程奖。反映桐庐县民营快递企业特别是“三通一达”创业发展之路的报告文学《桐庐快递崛起之路》在2014年4月号《中国报告文学》发表；李龙《桐江赋》、王樟松《分水江赋》分获省作协“百水赋”三等奖和入围奖，入编《中国梦想　美丽浙江　百水赋》；杭州市文化礼堂“记得住乡愁”征文活动中吴燕萍《礼堂印记》、姚旻《奶奶的礼堂》、李华军《文化礼堂里的文先生》获全市前三名，另有7篇获奖；《春江流韵》等40多篇文章在《浙江日报》《杭州日报》《浙江作家》《浙江作家网》《民间文学》《入眼湖山尽是诗》《辽河文学》《杭州作家》等发表。

桐庐书法家协会被评为2013年度“中国书法进万家”活动先进集体，连续第三次荣获浙江省书法家协会县级书协先进组织；书协全年有国家级获奖或入展作品14件次、省级14件次、市级35件次。

美术家协会主席由《书法报》辟专版介绍，4件美术作品入全国展、4件入省展、多件入市展；举办“最美乡村——李沁芯水彩写生与创作展”“诗意江南——朱乐峰朱乐群桐庐写生油画作品展”“情系富春扬帆画城”曹文驰师生作品展。

摄影家协会获国家级奖项入展8人次、省级9人次、市级19人次；会员黄强应邀参加“百花迎春”中国文学艺术界2015春节大联欢。

县民间文艺家协会获省民协2013年度先进集体；故事剪纸共获国家级奖项10人次、省级奖项12人次、市级奖项7人次，其中新故事《必须大声说话》荣获“中国首届好故事邀请赛”创作、表演银奖，廉政故事《奇奇是一条好狗》获第三届“包公杯”全国反腐倡廉曲艺作品三等奖。戏剧家协会送文化下乡50多场，演出越剧100多场。

音乐舞蹈家协会获3个国家级奖项，15人次省级奖项。

电影电视家协会完成微电影《爱在画城Ⅱ》、纪录片《桐君》，440条稿件被省市级广电台录用，24件作品获省、市新闻奖，2位会员的论文发表于国家级刊物。

诗词楹联学会周保尔主编《桐庐富春江文化集萃》、吴宏伟著《黄公望与桐庐》、王顺庆编著《分阳诗稿》、李龙等人合编《美丽桐庐村景诗》、许金富等著《中华诗词十家诗选》正式出版。章鸣鸿、童超贵诗词获莪山畲乡文化诗词、楹联全国比赛优秀奖。　（李　龙）

·红十字会·

【概况】 2014年8月，县红十字会召开四届理事会第五次（扩大）会议，新增理事1名，调整理事12名；新增常务理事1名，新增副会长1名。是年，县红十字会下属团体会员单位22个，其中乡镇（街道）14个、医疗卫生单位6个、行业红十字会2个、中小学校红十字会42个，村、社区红十字会组织机构11个。城南小学和凤川初级中学成功创成杭州市红十字示范学校。城关初级中学学生邢江南被评为杭州市红十字优秀青少年。

【博爱帮困】 2014年，县红十字会开展“博爱送温暖”活动，春节期间慰问城南街道、凤川街道、旧县街道、横村镇、瑶琳镇等9个乡镇（街道）的137户困难户，共送出慰问金13.7

万元。杭州市红十字会开展“香溢助困”慰问活动，慰问30户困难户，发放慰问金3万元和价值1.5万元的慰问物资。全年慰问困难户863人次。是年，博爱助学金募得救助款35.9万元，救助困难中小学生143人，救助金额19.5万元；救助困难教师10名，救助金额7万元。设立瑶琳镇姚村村爱心互助金，已有5人得到救助。3月，浙江创想节能科技有限公司向横村镇老年协会300多位老人捐赠346套床上用品；5月份，杭州华日冰箱股份有限公司及富春江镇华明厨卫商店分别为17户残疾困难户家庭捐赠华日冰箱12台、海信电视5台。

【备灾救灾】 2014年8月3日，云南省昭通市鲁甸县发生6.5级地震，县红十字会开展募捐活动，共募得救灾款3.14万元。开展火灾救助，全年，共救助火灾困难户3户。是年，县红十字会扩充备灾救灾中心储备物资，采购雨衣、雨裤、雨鞋、手电筒等救灾物资。

【救护培训】 2014年，县红十字会继续在杭州技师学院、桐江职业技术学校开展初学驾驶员卫生救护知识培训，培训机动车驾驶学员13567名。6月下旬，全县中小学校32名教师参加杭州市中学红十字急救技能师资培训班。推进救护培训进社区、进学校、进企业工作，对杭州绫绣针织有限公司、红狮水泥厂、梅林社区等开展救护技能普及培训，全年培训947人次。推进应急救护培训进初中项目，9月，正式启动卫生急救培训进初中课堂工作，编印统一的教学教材，组建教学师资队伍和指导教师队伍，为全县各初级中学配备13个人体模型、3735个三角巾和绷带等教学器材，纳入全县初一学生必修课程。

【造血干细胞及人体器官捐献工作】 2014年5月8日，县红十字会联合893广播电台等新闻媒体，开展人体器官捐献和造血干细胞捐献活动，扩大宣传，全年共有58名志愿者造血干细胞血样被成功采集入库，另有3名造血干细胞捐献志愿者进行高配。推进桐庐县无偿献血工作，7月1日，县红十字会为“我为七一献热血”活动提供支持，增派志愿者5名。9月，桐庐县造血干细胞捐献志愿者贺越飞成功捐献，成为桐庐县第四例成功捐献者。是年，县红十字会登记遗体、器官及角膜捐献4人。

（汪丽群）

·县科学技术协会·

【《科学素质纲要》实施】 2014年是《科学素质纲要》实施工作“十二五”后期关键之年，县科协作为县全民科学素质工作领导小组办公室所在单位，针对“五大重点人群”，开展以提升公众科学素质为目标的宣传、教育和普及活动，面向农民，组织开展送科技下乡、农函大培训、农民素质培训等活动，开展各类农民素质培训223期，培训农民16124人次，其中农业专业技能71期5344人次、文明素质48期4549人次、实用人才33期1871人、农村富余劳动力转移就业36期1573人、农村“双证制”35期2787人；实现农村劳动力转移就业1787人，转移率达99%；农村实用人才入库总量达10728名。面向城镇劳动者，依托县职业技术学校、桐江职业技术学校等培训机构，开展二、三产业劳动力技能培训、高技能人才培训，以及失业、失地和外来人员技能培训等，全年完成城镇劳动者培训1948人次，其中失业人员培训1148人次、创业培训180人次。举办化学检验工、维修电工、旅游饭店服务等技能竞赛9场，直接参加者达147人次。面向未成年人，联合县教育局、团县委等部门举办第四届“童玩节”，设置“科技之旅”以及青少年心理健康咨询等40余个项目，吸引全县3000余名未成年人及其家长参加活动；举行“五水共治”科幻画、科技创意大赛等活动，培养青少年的创新精神和实践能力；开展“反邪教教育进课堂”巡讲活动，先后走进13所初中，共有3360余名学生聆听了《崇尚科学 拒绝邪教》科普讲座。开展“走进气象、了解气象”综合实践活动，使未成年人近距离揭开气象的神秘面纱。面向领导干部和公务员，依托县委党校，全年举办主体班12期，培训各级领导干部2256人次。组织领导干部和公务员参加“干部学习新干线”学习，提高领导干部和公务员科学素质。面向社区居民，深入开展“五水共治”科普宣传活动，展出“五水共治”科普图板，向社区居民发送《“五水共治”背水一战——科普问答》专题宣传资料1000余份，科学生活、安全健康、防灾减灾等科普读物3000余册。是年，分水镇被杭州市全民科学素质工作领导小组表彰为“杭州市科学素质工作先进乡镇”。

【“院士专家桐庐行”活动】 2014年9月，县科协结合全县“君山引凤”科技人才周活动，组织开展第三次“院士专家桐庐行”活动，邀请中国科学院院士、浙江大学学术委员会主任张泽为全县领导干部、高新企业负责人和科技工作者作题为《从科技创新推动产业升级看科学—技术—工程关系》的学术报告；邀请中国工程院院士、天津大学教授苏万华到杭州美巴赫精密机械有限公司调研指导；邀请中国科学院老科学家演讲团成员分别在桐庐中学和城南小学举行科普报告会。是年，县科协会同杭州康基医疗器械有限公司科协邀请中国工程院院士、北京协和医院妇产科主任郎景和教授及全国各三甲医院妇产科近20名学科带头人，以公司“院士专家工作站”为平台，举行学术研讨，开展学术交流。与会专家在深入研讨的基础上与该公司技术代表对产品、技术进行针对性指导交流。

【科普宣传活动】 2014年，县科协利用“桐庐百姓日”“科技（科普）周”“全国科普日”等契机，组织开展科普宣传活动。5月6日第三届“桐庐百姓日”，县科协向现场公众发送《全民科学生活方式》《食品卫生安全知识》《老年病预防知识》等科普读物3000余册；同时，举办以“五水共治”为主题的科普图板展示。5月17日，启动以“科技生活·创新圆梦”为主题的2014年科技活动周暨第28届科普宣传周活动，开展现场咨询和服务。活动周期间，县、乡镇（街道）两级共组织开展《美丽中国之建筑与人文》专题讲座等20余项重点科技科普活动；依托《今日桐庐》开展科普知识竞赛活动，回收答题卡1008份，参与者覆盖“五大重点人群”。9月下旬，围绕“五水共治”“美丽桐庐”建设和“君山引凤”科技人才周活动，举办以“助力五水共治 共建美丽桐庐”为主题的全国科普日暨科普宣传周活动。其间，举办全国科普日（科普宣传周）文艺晚会，穿插开展“五水共治”科普知识竞赛，增强科普宣传趣味性，吸引了800余名市民前来观看和参与。是年，县科协编印、发送《全民科学生活方式》《药品安全》《背水一战——“五水共治”科普问答》《反邪教科普宣传与警示教育——市民读本》等科普读物20余种近4万册（份）、科普图片7860余幅，展出科普图板240余块次，受众10万余人次。县科协被杭州市科协评为“2014年度全市科协工作先进单位”。

【农函大科技培训】 2014年，县农函大围绕县委、县政府中心工作，依托农村党员干部现代远程教育的设施设备、组织网络和专家队伍，发挥乡镇（街道）农函大辅导站（点）、科普惠农服务站、农民专业合作社、农技协和科普示范基地作用，实行联合办学，提高办学质量。从相关部门和单位聘请28名科技人员（其中高级职称15人）担任县农函大常任讲师，同时根据培训需要邀请省、市、县相关专家和科普志愿者进行教学。开设水产养殖、水果种植（蜜桃、蜜梨、杨梅、猕猴桃等）、粮油、山核桃、竹笋、蚕桑、中药材、茶叶、养蜂等专业。全年县、

桐庐县2014年科技科普活动周启动仪式

乡镇（街道）两级农函大共开办一年制班30个，招收学员1050人；举办短期培训114期，培训学员5750余人次。是年，桐庐县庞国成（畜禽专业）、卢丁浩（茶叶专业）、吴宏明（种植专业）3位农村科技带头人获农民高级技术职称——农民高级技师（据浙农职评办〔2014〕2号文件）。

【学（协）会工作】 2014年11月5日，县农村专业技术协会联合会（简称“县农技协联合会”）举行成立大会，审议通过《县农技协联合会章程》及《选举办法》，选举产生县农技协联合会第一届理事会及会长、副会长、秘书长，并举行授牌仪式。12月9日，经县科协批复同意，浙江金贝能源科技有限公司科学技术协会成立。至此，县科协所属县级学（协）会25个、企业科协17个（其中1个为行业科协）。县老科技工作者协会（简称“县老科协”）举行一届三次年会，审议通过《2013年工作报告》和《〈章程〉修改说明》；通报了调整协会理事会成员（组长）以及增补副秘书长、新增会员、首批名誉会员等事项。县老科协通过深入调研分析，撰写出《“太阳能蒸汽发生系统”应用情况调研报告》，得到杭州市副市长张耕批示肯定。县农、林学会组织相关专家到田间地头、林区进行技术指导。县金融学会举办“当前经济金融形势与趋势判断”学术报告会，共有110余名会员参加。县统计学会举行统计科学研讨会，对省立项课题《“美丽县”综合评价指标体系研究》进行论证与研讨。县质监学会深化“技术机构千家企业质量帮扶”活动，带动行业内龙头企业率先实现产品转型升级。县中医学会召开学术年会，吸引20多家医疗单位的70多名代表参加。杭州康基医疗器械有限公司邀请中国工程院院士、北京协和医院妇产科主任郎景和及全国各三甲医院妇产科近20名学科带头人，以“院士专家工作站”为平台，举行学术研讨，开展学术交流。是年，全县评出优秀学术论文76篇，其中自然科学一等奖论文6篇、社会科学一等奖论文4篇。

【县科协第十次代表大会】 2014年12月30日，县科协第十次代表大会在县政府会议中心隆重召开。杭州市科协党组书记、主席郑健波，县委书记毛溪浩出席并讲话，县委副书记、县长方毅，县人大常委会主任游宏、县政协主席王金才等领导出席大会开幕式。来自县各条战线的科技工作者代表200余人参加大会。开幕式后，县科协党组书记、主席刘仲勋代表县科协第九届委员会作工作报告。会议选举产生桐庐县科学技术协会第十届委员会，刘仲勋当选县科协主席，张乐明、徐嘉卫为副主席，马丽君为秘书长，刘兵、施武民为副秘书长。

（施武民）

【责任编辑：叶楠】

法　　治

·综合治理·

【平安桐庐创建】 2014年，桐庐县围绕“平安桐庐十连创”目标，全县乡镇（街道）和职能部门纳入平安创建体系。建立“社情研判、平安月报（平安专报）、专案经营、应急演练和责任追究”五大工作机制，强化平安创建工作责任和意识。开展平安乡镇（街道）、平安村（社区）、系统平安、“平安网格”等创建活动，全县保持和谐稳定，经济社会持续健康发展。全年未发生重大公共安全事故，连续10年未发生影响较大群体性事件。是年，制定下发创建“平安桐庐”工作对口协调责任分工，组织开展以“创新社会治理方式、深化平安桐庐建设”为主题的“平安桐庐”宣传活动，在每个村（社区）和中心网格建成一个以上平安宣传橱窗。平安创建满意率、知晓率、参与率分别为99.02%、87.1%、51.6%，均列杭州市首位。

【社会管理综合治理】 2014年，桐庐县强化社会治安打防控体系建设，刑事立案2712起，同比下降6.74%，破案1300起；刑事拘留717人，同比上升20.5%，破获2起命案，同比前3年命案平均数减少4起；破获七类案件10起。破获“7•3”年前命案，“4•27”横村故意杀人案、“6•5”横村持刀抢劫强奸案等恶性案件。推进“六网六机制”建设，开展城区常态化巡逻。加强人防、物防、技防投入，新增225个视频监控点位，构建社会视频监控信息平台，整合社会视频监控点位600余个。开展“打非治违”“六打六治”和隐患排查专项整治活动，出动检查人员6337人次，检查企业3863家次，排查整改隐患7032个，发出整改通知等执法文书1092份，责令停产停业15家，对12家重点事故隐患单位进行挂牌督办。查处交通违法行为184481起，其中查处酒后驾车314起，醉酒驾车239起，非法改装86起，多次违法未处理5605起，违法停车66123起，出租车违法833起，电动车违法18200起，行人违法403起。全县因交通事故死亡42人，同比下降2.33%，171人受伤，同比下降7.57%，造成经济损失27.73万元，同比下降12.69%。

【社会管理创新】 2014年，桐庐县开展资源整合试点、综治示范点培育、大调解平台构建工作，在横村镇开展党群综合服务中心和综合执法巡查中队整合试点，实行工作人员统一管理，按照“以事定责”原则，将各项服务性工作划分为“综治司法、民生保障、安全管理、经济服务”四大类别，统一行使各大办公室分头开展执法检查职能。确定桐君街道和梅蓉村为市级平安综治示范培育点。按照平安综治“四化”工作要求，探索建立双网一体工作机制。开发“基层走亲”网络化管理平台，将网格化管理与“基层走亲”活动进行有机融合，实现订单式服务。全面推进“大调解”平台建设，建立交通事故、医疗纠纷、劳资纠纷、环境保护、消费者权益纠纷、学生伤害纠纷、婚姻家庭纠纷等七个行业性专业调解组织，调解组织共调处案件9866起，调取成功9781起，调处成功率99.14%。

【维护稳定】 2014年，桐庐县按照“三条底线”（即决不允许发生进京赴省去市非访事件、决不允许发生影响较大的群体性事件、决不允许发生严重的安全生产事故）工作要求，实行每月一排查，每季一大查，重点时段集中排查制度，发“三色预警”12期，新增案件23件，化解10件，新增“项目化”监管案件12件，化解9件。确定县级以上评估项目36件，完成评估项目47件，实现应评尽评目标。全年无集体进京上访，进京非访12人次，同比下降82.35%。完善110社会联动工作体系，组织开展突发事件应急处置演练。“5·18”危化品车辆侧翻泄漏事件得到成功处置，受到省市高度肯定。

【重点整治】 2014年，桐庐县开展治安重点地区、打击非法传销、非正常死亡预防等突出问题整治工作。成立治安重点地区整治工作领导小组，落实1个市级、2个县级、5个乡镇（街道）级挂牌整治重点地区。通过整治，洋洲区块刑事案件同比下降25.32%，治安面貌得到极大改善。所有挂牌整治地区通过检查验收。全年捣毁传销窝点245余处，省级传销重点地区已“摘帽”。组织开展非正常死亡“百日行动”专项整治活动，“非正常死亡人数同比下降18人，未发生学生自杀、溺水死亡事件，未发生安全生产事故。新增动态视频监控点位近300个，整合社会视频监控点位600余个。开展平安大巡防活动，深化“两小区”创建，实行小区发案“红、黄、蓝”三色预警机制，“两小区”发案114起，同比下降38.04%。

【执法监督】 2014年，县委政法委员会对政法部门执法活动进行监督，组织开展案件评查、涉法涉诉信访积案专项处理、预防冤假错案等工作。从公检法部门抽取28件案件进行评查，发现问题落实整改措施，化解涉法涉诉信访积案9件，开展预防冤假错案工作机制专项检查活动。全年实施司法救助7件，支付司法救助金13.8万元。

【无邪教县创建】 2014年，桐庐县开展“无邪教县”创建活动，以“六进”活动为抓手，创建2处反邪教主题公园。强化专案经营，成功侦破“4·09”法轮功专案。组织开展打击邪教“百日会战”行动，摧毁县内“全能神”邪教组织体系，行政拘留“全能神”骨干成员7名，收缴邪教物品1000余份。被浙江省委防范和处理邪教问题领导小组授予无邪教县（市、区）称号，成为全省20个无邪教县（市、区）之一。

【县见义勇为奖励基金会表彰】 2014年，桐庐县见义勇为基金会（筹）授予“桐庐县见义勇为先进群体”1家，“桐庐县见义勇为积极分子”2人。他们是：2014年9月14日，桐庐县富春江镇严陵村村民江明年在富春江镇大庄村高山上采摘猕猴桃时失联。9月16日开始，桐庐飞鹰户外俱乐部连续6天参加搜救工作，于9月21日找到失踪人员。决定授予桐庐飞鹰户外俱乐部“9·14”救援人员“桐庐县见义勇为先进群体”称号，并奖励人民币5000元；8月20日晚上，县卫生局职工李冬明在参加夏季治安巡逻过程中，救一跳江自杀女子，奖励2000元；7月1日下午，城南街道大丰村村民戴晓明不顾个人财产损失，驾车逼停一辆涉嫌交通肇事逃逸车辆，积极协助公安机关破获一起交通肇事逃逸案件，奖励2000元。

（汤征钢）

·公　安·

【概况】 2014年，县公安局围绕平安桐庐、法治桐庐、过硬公安队伍“三大建设”，服务大局，为加快推进中国最美县建设创造优良社会治安环境。全年未发生重大交通、消防安全事故、公共安全事件。是年，县公安局被评为杭州市“爱心家长志愿者护学岗”先进工作组；治安管理大队被授予2014年度杭州市级“青少年维权岗”称号；桐庐公安消防大队被评为全省公安系统优秀单位；县公安局警卫安保工作组荣立集体三等功；桐庐公安消防大队被评为省先进基层党组织；县公安局江南派出所被评为全省政法

“学习身边先进典型”宣讲暨“5·18”应急处置和百姓日“活动表彰大会

系统先进集体；县公安局被评为全省执法质量优秀单位。1名民警荣立个人二等功，6个单位和12名个人荣立三等功，27名个人受到省级、市级和县级表彰奖励。

【刑事侦查】 2014年，县公安局受理刑事案件3279起，同比下降13.3%，其中，刑事案件立案2586起，同比下降6.7%；破获刑事案件1724起（包括年前案件542起）；破案率为66.7%，同比下降2.4%，其中命案立案2起，破案2起，命案破案率为100%。五类案件（放火、爆炸、抢劫、强奸、绑架）立案8起，破获8起，连续13年破案率实现100%；抓获犯罪嫌疑人637名，刑事拘留716名、逮捕399名；移诉犯罪嫌疑人806名，同比上升1%；抓获部网逃犯76名，其中本省逃犯62名，外省逃犯14名。侦破横村“4·27”故意杀人案、2013年“7·19”故意杀人案，破获30万以上侵财案件3起，打掉5人10起以上团伙2个，打掉电信诈骗团伙1个。

【打击经济犯罪】 2014年，县公安局受理经济犯罪案件 35起，立案27 起，破案 24起；抓获经济犯罪嫌疑人 36名，涉案金额 1亿余元，挽回经济损失5000余万元。县公安局会同工商、民政、街道等部门，在县工商局设立打击传销工作办公室，建立六大工作组，破获组织领导传销活动案件1起，刑事拘留4人，取保候审1人；破获因传销引发非法拘禁案件8起，查获犯罪团伙8个；查处非法限制人身自由案件3起，治安拘留28人；办理传销类处罚房东案件43起，捣毁传销窝点260余处，查获教育遣送涉嫌传销人员 2164人。侦破中国交通银行桐庐支行巨款被盗窃案、城南街道下洋洲村挪用资金案、江南开发区桐庐润品金属有限公司合同诈骗案、浙江中水公司被合同诈骗案等。

【治安管理】 2014年，县公安局全年受理治安案件5815起，同比下降5.3%；查处5686起，其中赌博案件215起；查处违法人员2139人，其中行政拘留1035人、行政罚款1008人。强化对矛盾纠纷排查、情报信息搜集、社会面管控等举措，开展涉疆（16名）涉恐人员、重性精神病人（88名）、七类重点管控人员及非正常上访人员（10名）三级管控工作，劝返进京上访人员3名，打处2名，做到不漏管不失控。开展县重点工程保障性施工，计排查不安定因素35起，化解矛盾纠纷23起，排查治安隐患和安全隐患4起，整改安全隐患4起，查处分水天溪湖扰乱单位秩序案件1起，移诉5人。

夏季平安大巡防活动启动仪式

【禁毒管理】 2014年，县公安局按照“打团伙、摧网络、断通道”要求，组织开展吸毒人员“大排查、大管控”，禁毒“百城会战”等专项行动，查破涉毒案件223起，查处涉毒违法犯罪人员260人，其中移诉34人，强制隔离戒毒52人。破获以孙某为首贩毒团伙等案件，抓获犯罪成员10人。全年举办禁毒展览50余场次、法制教育课60余堂，35000余人接受禁毒业务知识培训，悬挂横幅100余幅，张贴宣传挂图300多处，制作发放各种宣传图册、资料50000余份。

【出入境管理】 2014年，县公安局受理出国、出境申请29478人次，登记临时住宿国外、境外人员 2993人次，法定不准出境人员接报数789人，录入789人，受理快递业务5228人。查处“三非”（非法入境、非法就业、非法居留）案件38起，行政处罚38人。桐庐出入境2014年制证质量位于杭州市第一位，同时被评为出入境“二类文明窗口”。

【道路交通管理】 2014年，县公安局建设智能化交通管理控制中心，实行信号灯绿波技术控制，清理重点路段100个停车位，规范城区交通标志标线。构建交通事故调解处理“一体化”服务平台，推出微信平台轻微事故快速处理模式，实施交通事故处理新机制。开展纠违治危、严厉打击非法改装车、“黄标车”整治等专项行动。全年查处交通违法行为为192161起，其中醉酒驾车246起，非法改装车辆86起，完成2140辆黄标车淘汰工作。

【消防管理】 2014年，县公安局消防大队接警出动622次，同比下降7.48%，其中扑救火灾291起，同比下降9.84%；抢险救援及社会救助198起，出动918车次，调派5705人次，抢救被困人员155人，保持6年火灾事故“零死亡”。是年，县消防大队完成“4·6”瑶琳国家森林公园溶洞救援、“5·18”化学品运输车侧翻泄露事故应急处置等任务，受到县委、县政府报记集体三等功。检查单位1433家，发出整改通知书217份，发现火患或违法行为为234处，整改217处，责令“三停”28家，临时查封11家，拘留4人，处罚124起，罚款120.31万元；提请杭州市、桐庐县政府挂牌整治3家重大火灾隐患单位。是年，县消防大队在消防支队全市执法质量考评中位列第二。

【流动人口管理】 2014年，县公安局登记在册流动人口为70330人，出租房屋12527家，破获刑事案件416起，查处治安行政案件485起，查处违法犯罪嫌疑人720余人。是年，桐庐县推行人性化服务、亲情式维权、源头上管理为核心流动人口管理服务工作机制，树立“亲情服务、亲善管理”工作理念，营造良好服务管理氛围，确保流动人口有收入、有房住、有书读、有医疗、有社保、有组织，为流动人口就业生活创造和谐环境。

【行政许可管理】 2014年，县公安局办理审批服务事项15252项（需要现场踏勘、专家评审243项），办结15243件。其中行政许可事项2637项，非行政许可事项12606项。在2328件承诺件中，提前办结2309件，提前办结为99.2%以上。取消、暂停行政许可事项2项，非行政许可事项2项，保留16项行政许可项目中，压缩时限14天，保留21项非行政许可中压缩时限31天。

【公安信访】 2014年，县公安局落实定期开门接访制，实行疑难信访领导包案督办，处理初信初访，做好重信重访，化解信访积案，实现“一控三降”（信访源头得到有效疏控，越级上访、重信重访和有责信访明显下降）工作目标，受理人民群众信访案件203件，公开电话1147件，化解公安归口信访“钉子案”一起。查处非访案件7起，移送起诉1人，取保候审1人，行政拘留5人。

【“110”社会联动】 2014年，县公安局完善“110”社会（应急）联动体系，推进“110”社会（应急）联动向村（社区）延伸工作。在全县183个行政村全部建立“110”联动联络站，通过完善考评、加大培训、择优选聘397名村级联动员，负责村、社区联动任务的应急处置任务，实行警情处置“以奖定补”措施，实现“小事不出门、大事

“110”社会应急联动

不出村、矛盾不上交”。全年，接到有效报警408641起，调度联动成员单位处警8000余起，联动处置“5·18”四氯乙烷槽罐车侧翻事故。

【重点地区整治】 2014年，县公安局会同各乡镇（街道）综治部门以“排查整治、强基促稳”活动为抓手，以创建“平安桐庐”为载体，扎实开展市、县、乡镇（街道）三级挂牌督办社会治安重点地区整治工作。通过年初制订方案、划分网格、集中清查、专项行动等举措，推进8个挂牌社区（村）重点整治工作。市级挂牌督办整治上洋洲村受理刑事案件102起，同比上年134起下降23.88%，破案51起，同比上年40起上升27.5%，查处治安行政案件106起，同比上年86起增长23.26%，打处违法犯罪嫌疑人43人，同比上年41人增长4.88%。全县挂牌督办8个重点整治地区治安面貌得到改善。

【执法规范化建设】 2014年，县公安局被确定为全省执法质量考评优秀单位。开展执法检查“回头看”、轻伤案件专项检查、涉案财物专

项检查等专项活动。查摆整改问题1985项，检查轻伤案件95件，启用涉案资金管理系统。出台《桐庐县公安局未破刑事案件管理规定》和《桐庐县公安局未结行政案件管理规定》，规范未结刑事、行政案件办理。成立执法管理委员会，完成10个执法办案场所硬件升级改造。8个派出所建立执法管理中心，实行“日入柜、周整改、旬提醒、月归档”工作制，全程管控执法环节。

【警民和谐建设】 2014年，县公安局贯彻落实党的群众路线教育实践活动精神，开展“基层走亲”、企业“一对一”服务等活动，组织民警深入基层、深入群众，掌握和解决群众反映突出问题，打造一支为民务实清廉的亲民队伍。结合本次活动征求意见建议，抓好整改落实，确保“事事有回应、件件有着落”，确定20个整改项目60条整改措施、4项长效机制建设，逐条分析分解到班子成员，落实责任单位，跟踪整改。疏通“最后一公里”，取消、暂停行政许可事项2项，非行政许可事项2项；方便车辆年审，实行错峰延时工作制度；简化处理程序，开设交通罚款自主缴纳系统；推行项目警官制，助力县重点建设项目推进；向社会发出“募捐图书、构建文明监所”活动倡议，为高墙内“特殊”群众募集1000多册图书，丰富在押人员文化生活。

【强化教育训练】 2014年，县公安局推行“轮训轮值、战训合一”为载体的一线民警实战必训，实行“领导带班，小班化，军事化管理，贴近实战，战训合一”训练模式，举办实战培训10期，培训410人，其中包括举办升司晋升警衔培训班2期，参训35人。组织外派培训50人次，参加省厅、市局专题轮训、业务培训、教官教训和新警初任培训。

【确保重大活动安全】 2014年，县公安局按照“严之又严、细之又细、实之又实、全之又全”安保要求，完成元宵节、五一国庆、“山花节”、“百姓日”、“两会”、杭州商学院启用、浙江省村歌大赛等34余项重大活动安保工作，出动安保警力2500余人次。

【侦破“4·16”城南特大入户盗窃案】 2014年4月16日，城南街道家景星城小区发生一起入户盗窃案件，被盗物品价值33.7万余元。案发后，县公安局成立专案组侦破此案，通过对现场进出口视频进行追踪及倒查，迅速确定嫌疑人员、车辆及其轨迹。4月17日晚，专案组成员连夜前往安徽蚌埠进行调查。4月22日凌晨2时许，在当地警方配合下，专案组成功在安徽马鞍山抓获犯罪嫌疑人景某。经审查，景某交代在桐庐盗窃作案犯罪事实，追回全部赃物。

【侦破横村“4·27”故意杀人案】 2014年4月27日，横村镇辖区发生一起故意杀人案，县公安局组织刑侦大队、网警大队与横村派出所民警迅速开展现场勘查和调查取证工作。经过大量调查走访以及视频、信息分析，专案组锁定贵州人毛某有重大嫌疑，但其案发后已逃跑。专案组围绕毛某社会关系认真梳理分析其逃跑路线及藏匿地点，发现其落脚点可能在台州临海，立即赶往临海开展抓捕行动。在杭州市局技侦支队支持下，抓捕组经过4天蹲点守候和布控，于5月1日下午5时在台州临海杜桥镇将犯罪嫌疑人毛某抓获。

【侦破特大盗窃保险箱案】 2014年5月4日，桐君街道富昌健身器材厂总经理办公室保险箱被盗，内有现金30余万元。案发后，县公安局刑事技术组、视频组同步上案，提取多枚疑似犯罪嫌疑人指纹，刻画嫌疑人进出路线。经对现场视频监控和嫌疑人进出路线进行分析比对，确定内部人员作案嫌疑较大。专案组决定引蛇出洞，一方面由侦查人员通知厂内相关人员在三天内到公安机关配合调查进行指纹捺印，一方面由受害人密切关注厂内员工具体动向。5月11日，犯罪嫌疑人林某迫于压力到公安机关投案自首，追回全部损失。5月20日，钟山乡发生一起盗窃保险箱案，案值约51.5万余元。案发后，县公安局抽调横村镇、瑶琳镇、分水镇派出所精干警力一起现场进行现场勘查及走访调查工作。经阵控比对，侦查员发现被盗金器。专案组开展对典当人员信息分析，初步确认桐庐籍人员赵某和龙某两人有重大作案嫌疑。DNA技术员对嫌疑人遗留遮阳帽进行鉴定分析，比中一名可疑人员赵某，与阵控比对出嫌疑人吻合。5月22日早上，抓捕组通过秘密搜索，分别在桐庐县城、横村镇抓获犯罪嫌疑人赵某和龙某，为被害人挽回损失30余万元。

【快速侦破持刀抢劫、强奸案】 2014年6月5日凌晨，横村镇近江家苑发生一起蒙面持刀入室抢劫、强奸案。该案犯罪嫌疑人作案后威逼受害人洗净身体，具有一定的反侦查能力。县公安局技术人员对现场进行细致勘查，寻找嫌疑人留下蛛丝马迹，最终在床边一个不起眼角落里发现了疑似精斑，从被害人脸部提取到嫌疑人DNA。根据视频寻迹追踪勘查，在一个垃圾箱里发现作案菜刀。DNA实验人员连夜开展检验工作，比中一名淳安籍前科人员余某。经过10余个小时蹲点守候，专案组于6月7日上午在横村镇景秀广场附近将余某抓获。经审查，犯罪嫌疑人余某对犯罪事实供认不讳。6月18日深夜，桐君街道洋塘路日月宾馆发生一起持刀抢劫、强奸案。受害人报警称，有一名男子仍在现场，一名男子则刚刚逃离。县公安局迅速启动重大案件应急预案，指令刑侦大队、城北所迅速赶赴案发现场，巡特警PTU、城南所、交警部门协助对现在周边开展封控搜索。刑侦大队、城北所在第一时间抓获其中一名嫌疑人徐某。6月19日凌晨，封控搜索组在城北江边抓获另一名嫌疑人胡某，该案迅速破获。

【侦破故意杀人案】 2013年7月23日，县局分水派出所接毛某某报案称：其家住分水镇东溪村妹妹毛根连在同年7月19日失踪，怀疑毛根连前夫杨建成故意隐瞒毛根连行踪，要求公安机关帮助查找。经调查和勘查均未发现任何可疑情况，该失踪案件调查工作一时陷入困境中，通过近一年不间断调查，发现诸多疑点，经综合分析发现毛根连遇害可能性较大，而毛根连前夫杨建成具有重大作案嫌疑。2014年6月26日下午专案组民警将嫌疑人杨建成抓获，通过十多个小时斗智斗勇，自认为做得天衣无缝的杨建成终于低下头，交代在2013年7月19日上午7时许，在桐庐县分水镇东溪村自己家里因琐事与前妻毛根连发生争吵并引起扭打，其采用掐颈手段将毛根连杀害，第二天凌晨将毛根连尸体背到离家800余米远自家竹林地里挖坑埋掉的犯罪事实。2014年6月27日中午，专案组民警根据杨建成交代在其竹林地里找到毛根连尸体。

【9小时快速侦破抢劫杀人案】 2014年7月5日17时许，桐庐县桐君街道开元街71幢3单元208室推拿店发生一起入店抢劫杀人案，被害人徐某被一男子持刀捅伤头部、颈部、胸部等26处，被抢人民币1000元、苹果手机一只，徐某正在医院抢救中。县公安局刑侦大队民警第一时间赶赴现场，会同城北派出所成立专案组，开展现场勘查、监控调阅、轨迹追踪等工作。7月6日凌晨零时许，专案民警发现一名与视频中嫌疑人特征基本一致可疑人员。为确认其身份，民警偷偷尾随追踪该人到桐君街道沙丘网吧，在其进行上网登记时发现其右手掌有纱布包扎，确定其为犯罪嫌疑人戴东飞，立即将其抓获。经讯问，犯罪嫌疑人戴东飞对自己从一周前就开始预谋，并于7月5日15时30分许窜至桐君街道开元街71幢3单元208室推拿店进行持刀抢劫犯罪事实供认不讳。该案在市局行动技术支队支持下，经过缜密侦查，用9小时破获，抓获犯罪嫌疑人，追缴全部赃款赃物。

【侦破横村连续抢劫女性案】 2014年11月3日及12月2日晚，桐庐县横村镇发生两起针对单身女性被害人实施抢劫案件，嫌疑人作案手段恶劣。案件发生后，县公安局成立联合专案组，通过监控发现一名嫌疑人，并对两起抢劫案件进行串并。根据侦查，专案组立即安排侦查员对案发现场周围进行走访，确认嫌疑人为租住在附近的湖南籍男子曾某，但该男子已与12月2日离开，潜逃至广东。技术人员对该曾某房间进行勘查、比对，确认曾某就是两起抢劫案件嫌疑人。专案组侦查员在此后20多天内，三赴深圳、东莞、惠州等地进行调查。2014年12月27日，已被上网追逃的曾某在深圳被当地公安机关抓获。在12月30日凌晨1时许，县公安局将犯罪嫌疑人曾某押解回桐庐，曾某对其所做犯罪事实供认不讳。

【侦破特大系列挖机备件盗窃案】 2014年4月至8月，桐庐县横村镇、瑶琳镇发生挖机电脑板和显示器被盗案件，相同手段及作案对象案件发生15起，案值达100多万元。案发后，县公安局刑侦大队组成专案组，对该系列性案件并案侦查。通过分析研判，确定陈某某、钟某某、朱某某三人有重大作案嫌疑。8月28日专案组组成三组，将三人抓获，但该三人拒不交代犯罪事实，专案组通过分析，该批赃物极有可能被邮寄销往江苏省连云港市。刑大副大队长带队两次赴江苏省连云港市开展侦查抓捕购赃人员，于2014年9月20日将该案江苏省连云港市籍购赃嫌疑人薛某抓捕归案，薛某对犯罪事实供认不讳。由于陈某某住在横村方埠其女友唐某处，类似作案工具也在唐某租房内找到，专案组人员遂对唐某进行突击审查，唐某如实交代其与陈某某一起盗窃挖机电脑板及显示器犯罪事实，并检举另有一江西省余干籍男子“四眼”也与陈某某参与盗窃挖机电脑板和显示器情况。9月28日，刑侦大队副大队长带队赶赴江苏省昆山市巴城镇正仪，当晚将犯罪嫌疑人程某某抓获。随着案件调查的深入，一个盗、销、购一体的犯罪团伙逐渐明晰。

【43小时侦破钟山特大盗窃案件】 2014年5月20日，钟山乡大市村范小昌家中保险箱被盗，内有现金人民币1.7万余元，美元1500元，玉、金器、银器等，价值55万余元。县公安局刑侦大队会同横村派出所民警，同时抽调瑶琳、分水所刑事技术人员，各刑侦警种协同作战，奋战43小时，于5月22日，分别在桐庐桐君街道广场路综合市场对面人行道上和横村镇锦华路移民村旁抓获犯罪嫌疑人赵某、龙某，从随身物品和驾驶车辆中追回价值20余万元被盗财物。

【侦破通讯诈骗团伙】 2014年7月30日，胡某被人以贷款名义将银行卡内4万余元转走，县公安局接报警后，抽调刑侦大队和分水所精干警力组成专案组进行此案侦破工作。通过分析诈骗银行账号和通讯记录，专案组发现案发后嫌疑人取款地在湖南湘潭，立即赶赴湘潭，调取该银行监控查看，明确取款嫌疑人体貌特征。经过一个多月多方调查研判之下，最终确定该犯罪团伙成员真实身份和落脚点。9月5日，经过秘密侦查和蹲点固守，专案组分别在杭州七堡一农居点、湖南湘潭某高档小区、安徽瑶海区金海花园将犯罪嫌疑人王有雨、辛晓玲、罗友生、钟敬平、胡健军、王林等6名犯罪嫌疑人抓获，同时查获涉案赃款10余万元、涉案银行卡200余张、作案手机60余部、各类电话卡80余张、制假设备5套、短信群发器2台、无线3G网卡若干。经过一个多月侦查，打掉一通讯诈骗犯罪团伙，抓获犯罪嫌疑人6名，摧毁诈骗窝点4个。

（龚春华）

2014年桐庐县公安机关办公地址、报警电话一览

表50

单位名称	办公地址	邮政编码	报警电话
桐庐县公安局	城南街道白云源西路28号	311500	110
城北派出所	桐君街道牛山坞7号	311500	64601110
城南派出所	城南街道金东路397号	311501	64212110
江南派出所	江南镇高山头	311507	64291110
凤川派出所	桐庐县凤川工业园区凤翔路和柴梅路交叉口	311508	64261110
富春江派出所	富春江镇富春江大街33号	311504	64653110
横村派出所	横村镇横富路552号	311502	64672110
瑶琳派出所	瑶琳镇瑶琳路111号	311515	64361110
分水派出所	分水镇滨江路	311519	64314110
水上派出所	桐君街道康乐路1号	311500	64632110
林业派出所	桐君街道小岭路29号	311500	64623110

·检　察·

【刑事检察】 2014年，县人民检察院受理公安机关提请批准逮捕案件338件453人，同比分别增长19.86%和17.97%，审查后批准逮捕402人，不批准逮捕51人。受理移送审查起诉案件623件837人，同比分别增长23.68%和25.11%，审查后向县人民法院提起公诉715人，作出不起诉决定77人，向市人民检察院移送审查起诉7人，坚持把严重危害社会的作为打击重点。批准逮捕暴力犯罪、多发性侵财犯罪嫌疑人204人，提起公诉254人。对危险驾驶、交通肇事、重大责任事故等危害公共安全犯罪提起公诉221人。

在审查逮捕、起诉工作中对犯罪情节轻微的初犯、偶犯、未成年犯和老年犯依法从宽处理，无逮捕必要依法不批准逮捕21人，因犯罪情节轻微作出不起诉决定53人。全面推行客观性证据审查模式，对非法证据、瑕疵证据分别予以排除和补正，确保案件质量，无“带病起诉”等现象发生。审查后因证据不足或者不构成犯罪不批准逮捕30人，作出不起诉决定24人，全年无撤回起诉及判无罪案件。

【职务犯罪查办】 2014年，县人民检察院立案侦查职务犯罪案件17件18人，其中贪污贿赂案件12件13人，内有科局级以上领导干部犯罪案件3件3人，通过办案追回赃款、赃物及挽回直接经济损失100余万元。查处县粮食收储领域贿赂窝串案4件4人，农村基层组织人员职务犯罪案件5件6人。依法立案侦查渎职侵权犯罪案件5件5人。

【职务犯罪预防】 2014年，县人民检察院创新职务犯罪预防告诫约谈制度，对五类存在职务犯罪风险和隐患的国家工作人员及其单位进行告诫约谈和警示教育。推出“廉洁桐庐”微信平台，拍摄预防职务犯罪微电影《救》，制作廉政教育专题片《贪欲之害》《村长失联之后》。完善职务犯罪侦防一体化机制，结合办案加强案件剖析警示、预防检察建议，提供行贿犯罪档案查询1500余次。开展“预防农村基层组织人员职务犯罪宣讲月”活动，在全县乡镇（街道）宣讲14场，促进换届后村级组织人员依法依规履职。启动“工程建设领域中介机构职务犯罪专项预防”，通过组织旁听庭审、参观警示教育基地等形式对全县公共资源交易工作人员进行预防教育。

【刑事诉讼监督】 2014年，县人民检察院依法监督侦查机关立案20人，判决生效11人，监督侦查机关撤案5人。追诉漏罪漏犯15起，其中14起判决生效。推进行政执法与刑事司法相衔接工作，重点关注侦查机关有案不立、有罪不究、以罚代刑和违法办案问题，注重发现漏罪和漏犯，维护司法公正。加强对侦查活动的监督，发出《纠正违法通知书》10份。加强对刑事审判活动监督，坚持检察长列席法院审判委员会会议制度，及时审查法院判决和裁定，依法对1起事实认定有误盗窃案一审判决向市中级人民法院提出抗诉，获得改判。

【刑罚执行监督】 2014年，县人民检察院对看守所刑罚执行和监管活动实行监督，对被监管人生活、劳动、学习现场和禁闭室、医务室等重点部位开展日常检察。利用监控联网平台，对休息日、夜间时段进行录像回放，了解监管活动情况。发现问题向公安、法院、律师协会发出《检察建议书》15份。开展捕后羁押必要性审查，依法同意或决定对17名无继续羁押必要捕后犯罪嫌疑人变更强制措施。对全县监外执行对象进行2次专项检察，对矫正对象开展实时监控与不定期抽查，发现问题发出检察建议，2名违反监管规定矫正对象被收监执行。

【民事行政检察】 2014年，县人民检察院审查民行案件41件，调处5件，发出再审检察建议9件。开展行政执法监督工作，发出行政执法监督检察建议4份。针对弱势群体开展支持起诉工作，提出支持起诉意见9份均得到法院采纳。向公安机关移送涉嫌虚假诉讼犯罪线索3件。与县法院联合出台《关于审判监督与民事行政检察工作加强协作的实施意见》，强化申诉案件信息共享，实现同步监督和相互制约。

【涉检信访】 2014年，县人民检察院加强涉检信访、检调对接、司法救助、息诉稳控工作，受理举报、控告、申诉线索50件，得到妥善办理。制定信访突发事件应急处置预案，加强部门协同，化解社会矛盾。开展主题为“依靠群众惩治职务犯罪，公开检务强化自身监督”全国第十六个举报宣传周活动。落实检察长接待日、点名约访、首办责任制，提高群众满意度和认可度。加强刑事和解和矛盾化解工作，促成因民间纠纷等引起轻微刑事案件、民事申诉案件当事人和解34件。强化刑事申诉办案效果，为生活困难、符合条件4名刑事被害人争取司法救助。

工作人员进社区分发宣传册

【服务大局】 2014年，县人民检察院出台《服务“五水共治”工作的实施意见》《关于开展组团服务乡镇、街道的实施意见》。办案监督工作中发现村级财务管理不规范情况发出《检察建议书》11份。对全县定点医疗机构和零售药店负责人开展“基本医疗保障基金违法犯罪剖析”警示教育。争创全省示范基层检察室，发挥分水检察室对小城市建设的服务功能，加强在制笔行业知识产权保护、企业涉税犯罪预防、涉农惠民资金管理使用方面保障与监督。

【环保检察】 2014年，县人民检察院审查起诉污染环境、滥伐、盗伐林木、非法占用农用地等涉及破坏生态环境资源犯罪14件18人；依法查办涉嫌违法发放林木采伐许可证等渎职犯罪4件4人。开展“破坏环境资源和危害食品药品安全犯罪专项立案监督”活动，提前介入“5·18”四氯乙烷槽罐车泄漏事故，引导侦查取证，使该起危险物品肇事案得到依法及时办理。

【队伍建设】 2014年，县人民检察院开展第二批党的群众路线教育实践活动，落实全国检察机关“增强党性、严守纪律、廉洁从政”专题教育，改进工作作风，征集“四风”和执法办案方面的意见建议150余条。召开专题民主生活会、组织生活会开展批评与自我批评，剖析查摆和整改落实，出台10余项规范执法、改进作风、方便群众的制度。开展“强化制度执行年”“深化业务建设年”活动，加强党风廉政建设，进行正风肃纪各项检查68次，出台“青年检察官列席检委会会议”制度，提高干警业务综合素能。是年，监所检察科被浙江省委省政府授予全省“社区矫正工作先进集体”称号；微电影《救》获浙江省首届预防职务犯罪专题微电影评比优秀奖；分水检察室获评2014年度杭州市先进基层检察室；查办案件获全市检察机关“反贪精品案例”表彰；获市级荣誉12人次，省级荣誉3人次；申报省级重点课题7个，4篇论文在省市级征文比赛获奖。

【未成年人刑事检察】 2014年，县人民检察院制定出台《未成年人犯罪记录封存实施办法》，开展未成年人犯罪记录封存，维护涉罪未成年人合法权益。构建未成年人犯罪社会化预防帮教体系，与县教育局联合，建立“2+1”志愿帮教机制，通过引入教师等社会力量，加强对涉案未成年人的心理矫正和犯罪预防，提供职业和人生规划指导，对7名未成年人实施帮教措施。

【检务公开】 2014年，县人民检察院启用“人民检察院案件信息公开网”(http://60.206.40.90)，网站主要分为“案件程序性信息查询”“辩护与代理预约申请”“案件重要信息发布”“法律文书公开”四大块功能，向群众提供案件程序性信息查询服务、公开重要案件信息和法律文书。推出“桐庐检察”官方微信、微博，增强检民互动，打造“阳光检察”。健全人民监督员、执法执纪监督员的监督工作机制，对拟撤案、拟不起诉直接受理侦查案件依法启动人民监督员监督程序，定期向监督员通报工作情况，强化外部监督。

【检务保障】 2014年，县人民检察院对计算机房等重点部位进行安全改造，推进检察机关专网信息系统建设，完成对控告申诉接待室、驻看守所检察特审室高清同步录音录像系统升级，确保办案规范安全；运行全国检察机关统一业务应用系统，健全案件统一管理制度，案件受理、流转、审批以及法律文书制作实现网上操作；12月2日，集办公、办案和群众接待功能于一体的分水检察室独立办公用房投入使用。

（赵洁萍）

·法　院·

【概况】 2014年，县法院受理案9252件，办结9196件，同比分别上升14.43%和12.77%，法官年人均结案180.31件，是全国平均数2.3倍。是年，县法院被浙江省高院授予“全省法院信息化工作先进集体”“2014年度综合治理执行难先进法院”，分水法庭被浙江省高院授予“省级模范五好法庭”，执行局被浙江省高院嘉奖集体三等功一次，俞明荣、章建安分别被浙江省高院嘉奖个人二等功、三等功一次。

【刑事审判】 2014年，县法院刑事审判庭新收案件575件，同比上升22.9%；审结 574件，同比上升20.8%；判处被告人679人，同比上升26.7%。审结交通肇事、危险驾驶等危害公共安全犯罪案件204件206人；审结非法经营、强迫交易等破坏社会主义市场经济秩序犯罪案件4件16人；审结故意杀人、强奸、非法拘禁等侵犯公民人身权利、民主权利犯罪案件59件97人；审结抢劫、盗窃、诈骗、抢夺等侵犯财产案件209件270人；审结聚众斗殴、赌博、容留他人吸毒等妨害社会管理秩序案件85件119人；审结贪污、挪用公款、受贿等贪污贿赂案件12件13人；审结渎职案件1件3人。组织300余名公职人员旁听庭审，切实履行廉政教育基地职责。注重区别对待，落实“宽严相济”刑事政策，对首犯、主犯以及涉黑涉恶犯罪的被告人依法从严打击，判处五年以上有期徒刑28人，重刑率4.12%；对初犯、偶犯、从犯、少年犯、老年犯等具有从轻、减轻情节的被告人，依法从宽处理，全年宣告缓刑、单处罚金以及免予刑事处罚180人。贯彻落实《关于轻微刑事案件快速办理机制的若干规定》精神，使用简易速裁机制审结全省首例轻微刑事案件，在6月6日，刑庭快速审理被告人张某某盗窃罪一案并当庭宣判，该案从立案到宣判用时4天，低于37.35天全省法院案件平均天数。

【民商事审判】 2014年，县法院民商事审判庭新收案件5490件，审结5438件，同比分别上升22.7%和20.6%，涉案金额17.2亿元。审结离婚、赡养、抚育、劳动争议、房屋买卖、人身损害赔偿等民生案件794件；审结合同债权、投资经营、融资租赁等商事案件4049件。健全诉讼与非诉讼相结合多元纠纷解决机制，加大立案协调和委托调解工作力度，对1561件案件使用“引调”程序化解纠纷，其中1031件达成调解协议，引调成功率66.05%。探索交通事故纠纷“一站式”服务机制，在县交通事故处理中心设立巡回审判法庭，于12月30日挂牌工作。坚持“因案制宜、区别对待”处置原则，开辟重大涉企案件优先立案、保全、审理、执行“绿色通道”，推行案前预防、案中高效审理、案后回访总结等全方位司法服务，全年审结涉企纠纷2865件，解决争议金额15.8亿元。处理涉众型房地产纠纷7批次254件。建立完善联企结对帮扶、涉企法律服务机制，组织业务骨干实地走访重点企业42家。

【行政审判】 2014年，县法院新收行政诉讼案件18件，审结17件；受理非诉行政执行案件73件，裁定准予执行72件，裁定准许申请人撤回申请1件。推进府院联席会议制度，与县政府联合出台《关于建立桐庐县府院联席会议制度的通知》。向相关部门发出司法建议书3份，反馈采纳率100%，促进行政审判与行政执法的良性互动。

【执行工作】 2014年，县法院新收案件3169件，执结3167件。全年司法拘留77人次；加强与金融系统网上“点对点”查控协作，查控财产5.8

亿元、在县城区设立显示屏曝光“老赖”368人、录入“失信被执行人黑名单”8593人、运用征信系统限制信贷1.2万余人，限制高消费5人，限制438家企业工商行为；通过常态化夜间、凌晨、节假日突击执行方式，开展集中执行67次，执行到位金额4800余万元，有效执结案件900余件。

【信访工作】 2014年，县法院接待来信来访339件（次），其中判后答疑220余件，组织听证4件。坚持每月一天的院长接待日和带案下访等举措，通过定期接访、重点约访、领导下访、联合接访等方式，及时掌握情况动态；对于群众来访一次处置不能让来访者满意的，实行约期再次接访，切实解决信访当事人合理诉求，努力把信访问题化解在基层。做好涉法涉诉信访案件终结工作，依法打击缠访、闹访和非正常访，终结信访案件2起并移送相关部门，明确后续管理责任。

【司法为民】 2014年，县法院确定班子成员定期联系乡镇、重点企业和重大项目制度，走访、了解掌握基层对法院工作期待与建议。“假日法庭”开庭审理案件110件，“错峰送达”材料500件；网拍106件，成交64件，占拍卖总数60.4%，总成交8000余万元，为当事人节省佣金400余万元；简化司法救助程序，依法对153名当事人缓、减、免收诉讼费用50.4万元，为21名生活困难刑事被害人和申请执行人发放救助金40.39万元；扩大刑事案件指定辩护范围，为136名可能被判处三年以上有期徒刑被告人提供援助律师，辩护率96.45%；开展“法院直通车”工作，通过现场立案审理、调处矛盾纠纷、收集情况反映等“一站式”服务。

【审判管理】 2014年，县法院修订《岗位目标管理考核办法》，评查案件7525件，查摆问题149个，发布评查通报12期，一审民事行政息诉率95.93%，列杭州地区14家基层法院第3位。出台《民商事案件审限管理规定》，对超6个月以上审限案件进行跟踪通报，对超12个月案件实行院长听案、督办措施，全年院长听案12件，约谈法官16人次。案件平均审理天数缩短为47.42天，月均存案工作量为1.57，均列杭州地区第2位；执行案件同期执结率99.94%，列杭州地区第1位，执行月均存案工作量为1.74，列杭州地区第3位。

【阳光司法】 2014年，县法院出台《打造司法公开三大平台全面深化阳光司法的工作要点及分工方案》，把司法公开任务细化为29项具体工作。7月，改版后的门户网站正式上线，通过诉讼指南、案件查询、司法拍卖、裁判文书等8大栏目推进司法公开，让人民群众及时了解法院动态，拓宽民意沟通渠道，截至10月，县法院裁判文书上网5192篇，列全国基层法院第36位。推进“12368”诉讼服务平台建设，确定25名青年干警轮岗，即时答复办理群众咨询，全年接听来电218起，其中满意率98.17%。把每季度法院主要工作汇编成“资讯手册”，向辖区党委政府通报，寄送给全县500余名人大代表和政协委员。全年共组织开展11次“公众开放日”活动，邀请300余名社会各界代表走进法院，提升工作透明度。

【队伍建设】 2014年，县法院出台《青年英才计划》，搭建理论教育平台、实践锻炼平台和法院文化平台“三大平台”，实施春江论坛、新人导师、信访岗位挂职等12项具体举措，帮助青年干警适应和融入法院工作。6月起推行青年干警列席审判委员会和民商事案件讨论小组会议制度，7月实施青年干警参与执行备勤工作机制。抓好建章立制工作，查漏补缺、填平补齐，11月底将修订完善的66项制度汇编成册，印发全体干警遵照执行。发挥家属 “廉内助”作用，通过“院长家访”、发放《助廉倡议书》、召开家属代表廉政座谈会等举措，引导家属协助做好干警廉洁自律工作。全年开展正风肃纪巡查45次， 发布检查通报22期，查摆问题42个，问责10人，其中调离审判岗位1人，给予批评和通报批评9人。组织参加上级法院业务培训97人次；组织庭审观摩、速录技能竞赛、优秀裁判文书评比等岗位练兵活动9场；组织干警开展学术讨论、案例研讨、法官沙龙等活动，全年有17篇调研文章在省级以上刊物发表。

【人民陪审员工作】 2014年，县法院定期组织人民陪审员小组例会和业务集中培训，提升人民陪审员法律素质履职能力。全年陪审员参审案件1024件2542人次，普通程序案件陪审率99.21%，列杭州地区第2位。

【法院直通车】 2014年3月，县法院开通“法院直通车”，直通车配备专用司法车辆、国徽、横幅、笔记本电脑、打印机、座位牌、普法资料等，采取流动形式到农村（社区）现场办公，通过发放资料、现场咨询、巡回审判等形式将普法工作延伸到田间地头、社区学校等。全年共开展普法工作12次，服务群众1000余人，发放宣传资料 1500余份。

（章彩女）

·司法行政·

【普法教育】2014年，桐庐县普法教育开展“五水共治·法治同行”专题法制宣传活动，组织律师到分水镇、百江镇和洋塘社区等地进行 专题咨询服务，组织19个村（社区）300余名居民参加“五水共治”法律知识竞赛。引进省电视台“流动大舞台”到瑶琳镇、城南街道和富春江镇开展法治文艺演出，宣传“三改一拆”“无违建县”等知识。1月，组织新任非人大常委会任命领导干部法律知识考试。5月，组织全县公务员参加“五水共治”法律知识网上学习考核和干部群众“五水共治” 网上法律知识竞赛活动。6月，邀请浙江工商大学法学院院长谭世贵开展“领导干部法治思维和法治方式”专题讲座，联合县教育局在全县5所高中对高一学生开展“珍惜生命 远离毒品”系列讲座。9月、10月，与县政法委、县教育局共同举办“反邪教教育进课堂”校园巡讲活动。完成市民法律素质抽样调查意见征求和信息采集工作。为全县201个行政村（社区）征订普法宣传挂图。聘请律师就人民调解、法律援助相关知识制作电视访谈节目，利用农村党员现代远程教育平台 “送法下乡”。普法讲师团到老年大学等上法制课23堂。7—9月，开展法制电影下乡活动，。12月组织开展“12·4”法制宣传日（全国宪法日）大型普法活动。向农家书屋赠送法制类书籍4万余元。合村乡后溪村和旧县街道母岭村获省级“民主法治村”命名，6个历年省级“民主法治村（社区）”经复评保留5个。全县201个行政村（社区）中7个获得浙江省级民主法治村（社区）称号，39个获杭州市级民主法治村（社区）称号；132个获桐庐县级民主法治村（社区）称号，创建率88%。

【人民调解】 2014年，县司法局指导建立调解组织207个，村级调解委员会成员749人，指导建立劳动纠纷、学生伤害纠纷、婚姻家庭纠纷、消费者权益纠纷及环境保护等五个行业专业性人民调解组织。推进建设县道路交通事故调解处理中心，实现交通事故调解一站式服务。推行“警调衔接”工作机制建设，组织全县调解干部和全体和事佬业务交流培训。1—12月，全县各级调解组织调处矛盾纠纷9678件，调解成功率97.6%。

【司法所建设】 2014年，县城南司法所获“四星级规范化司法所”命名，钟山司法所获“三星级规范化司法所”命名。推动司法服务工作室建设，在全县14个乡镇（街道）开展司法服务工作室试点村（社区）建设，优化整合人民调解、法律咨询、法律援助、法制宣传、安置帮教和社区矫正等职能。

【社区矫正管理教育】 2014年，桐庐县接收社区服刑人员261名，期满解除社区服刑人员239名，在册社区服刑人员278名，无社区服刑人员严重刑事犯罪。是年，县司法局办理审前社会调查评估216件，建议治安处罚6人，警告22人，撤销假释收监执行2人，撤销缓刑收监执行2人，无脱、漏管现象发生。每季组织30名社区服刑人员参观监所服刑人员生活、劳动场所、进行集中社区服务。5月、10月，联合县检察院对14个乡镇（街道）矫正工作进行联合执法检查。

【安置帮教】 2014年，桐庐县接收归正人员389名，落实帮教389名，帮教率达到100%。对归正人员采取分类管理，结合矛盾纠纷和社会不安定因素排查，对排查出有重新违法犯罪倾向进行重点帮教。要求司法所做好服刑在教人员未成年子女排查帮教工作。掌握归正人员思想动态，为刑释解教人员就业安置和经商提供政策和信息支持，预防和减少重新违法犯罪，全县安置基地2个。

【法律援助】 2014年，县法律援助中心建有24个法律援助工作站，其中乡镇工作站15个、部门工作站9个。根据《浙江省法律援助经费使用管理办法》（浙财行〔2013〕117号）文件要求，实现法律援助全年专项经费70万元，法律援助办案补贴标准刑事1200元、民事1350元，提高50%以上。全年，县法律中心受理信访交办案件4件，参与信访评查案件6件，受理法律援助案件986件，其中民事案件783件、刑事案件203件，接待法律咨询2499人次，其中来电咨询1369人次。

【律师进社区（村）】 2014年，县司法局派驻律师进司法所，每月驻点一次，为未开展“律师进社区（村）”活动社区（村）提供公益法律服务。组织律师编辑《农村（社区）常见法律问题解答》宣传册，印发2000余份到各社区（村）。至年底，全县有驻点社区（村）127个，驻点律师参与值班1341次，为社区（村）居民解答法律咨询1490人次，起草修改合同14个，参与调解75次，化解矛盾纠纷36起。

【律师事务所管理】 2014年，桐庐县共有律师事务所6家，其中合伙制律师事务所5家、个人律师事务所1家；执业律师48名，其中专职律师47名、兼职律师1名；法律服务所2家，法律工作者7名。是年，全县律所、法律服务所办理刑事辩护案件329件，办理行政诉讼案件15件，办理民事代理1323件，非诉讼法律事务13件，无投诉案例。

【公证服务】 2014年，县公证处围绕服务大局、服务民生做好公证服务，开展公证质量建设年活动，办理公证2366件，其中民事、经济类公证1720件、涉外公证 609件。

（吴　莺）

【责任编辑：郑巧丽】

武　装

·人民武装·

【党管武装】 2014年，县人武部协调县委、县政府落实党委议军会、武装工作会议、现场办公会、党管武装述职和四套班子领导过军事日等制度；党管武装工作参照党建考核办法，列入县综合考核指标。完善专武干部队伍考评机制，采取综合考评、奖惩并举、全程淘汰办法，调整使用专职人武干部9人，其中3人提升使用，2名专武干部交流地方使用。

【战备规范化建设】 2014年，县人武部全面落实《南京军区战备工作规定》和省军区“舟山会议”要求，投入30余万元，对作战值班室和作战室进行整修，引入地方道路交通信息、民兵情报信息和地方政府网等系统，基础设施更完善。全年收到有效信息658条，上报警备区信息245条。“5·18”富春江镇危化品泄露事件和“9·14”失联群众搜救信息用于实践。

【应急力量训练】 2014年，县人武部依据年度军事训练计划，组织全县专武干部和应急队伍125人赴建德民兵训练基地集中训练，学习军事理论、民兵信息员理论、队列、射击训练、盾牌警棍、擒拿格斗等6方面内容，实训56小时。

【征兵工作】 2014年，县人武部针对夏秋季征兵时间短、任务重等特点，加大领导、宣传和廉政建设力度，严把体格检查、政治审查、文化素质、审批定兵关，确保新兵质量；贯彻依法征兵、廉洁征兵要求，做到公开、公正、公平、择优征兵。

【专武骨干技能训练】 2014年，县人武部制定《2014年度民兵军事训练工作》，分层分期组织专武干部强化训练。第一季度集中所有专武干部参加杭州市专武部长集训；第三、四季度采取本级带基层形式，突出“四会”教学、案例分析等课目，组织机关干部和全县专武部长强化训练15天。

【国防教育】 2014年，县人武部利用清明、革命烈士纪念日等，组织党政领导、学校、企事业单位参观金萧支队纪念馆，瞻仰凤凰山革命烈士陵园；结合第14个“全民国防教育日”、省第3个“国防教育宣传周”，邀请南京陆军指挥学院张政文教授为桐庐县党政干部辅导授课；全年编印、发放国防教育宣传册10000余册，宣传画50余张；利用电视、报刊和户外大型电子广告屏等，宣传征兵工作；在地方媒体设立“八一”光荣榜栏目；开展国防教育进课堂活动，是年，叶浅予中学被浙江省国防教育办公室评为“国防教育先进单位”。

【参建共建】 2014年，县人武部动用民兵预备役人员4000余人次，参与应急处突、清洁桐庐、治安巡逻等工作，配合政法机关打击各类违法犯罪活动。特别是“5·18”富春江镇危化品泄漏事件，县人武部组织200余民兵，紧急转移疏散群众100余人，处理水沟1000余米，挖填土方200余立方米。

桐庐民兵积极参与“五水共治”活动

【民兵连“红旗党支部”建设】 2014年8月，桐庐县委与县人武部联合下发《民兵连“红旗党支部”创建工作的实施意见》，县人武部指定江南镇民兵营党委、城南街道下杭社区民兵连党支部、富春江镇俞赵村民兵连党支部、合村乡岭源村民兵连党支部为建设先行试点单位，探索新形势下民兵连“红旗党支部”建设方法，并取得明显成效。11月，江南镇民兵营党委书记施伟在警备区预设民兵连党支部书记集训会上介绍经验。

省人防办领导检查指导分水镇人防（民防）应急指挥中心

【民兵训练基地】 桐庐县民兵训练基地，位于城南街道金中村青山自然村，2011年开始建设，占地5.5公顷，投入资金7500余万元（其中土地资金3500万元、建设资金4000万元）。基地集民兵军事训练、武器装备仓库、预备役军官训练、国防教育基地、征兵体检等功能。2014年底，各项配套设施基本到位，进入试运行阶段。

【安全管理】 2014年，县人武部强化安全发展理念，突出人、车、密、财管理；定期召开安全形势分析会，查漏补缺；制定落实人武部安全工作强化措施，提高管控时效；完善安全设施，健全营院安全监控网络；整治出租房水电设施，及时排除隐患；安全和保密工作每天自查、每周提醒、每月分析、每季整顿。

（徐伟泉）

·人民防空·

【概况】 2014年，桐庐县人防工作围绕年度工作目标，以人防工程建设与管理、指挥通信建设与管理为重点开展工作。5月，组织18家社会化管理单位利用无线统控管理系统试鸣防空警报，设备完好率、鸣响率100%；10月，在瑶琳镇政府办公楼顶新装防空防灾电声警报1台。5月12日，县人防办联合县教育局，在圆通小学开展师生防空防灾应急疏散演练，600余师生参与。及时调整县人防指挥部成员、编组职责分工与具体编成方案。完成抢险抢修、交通运输、医疗救护、防化防疫、治安、消防、通信7支专业队员整组与信息收集核对。2次组织抢险抢修、交通运输、医疗救护、防化、消防等5支人防专业队训练，40余人次参与，出勤率、合格率均在95%以上。是年，县人防办获杭州市人防工作先进单位。

【自建工程建设与管理】 2014年，人防3大自建工程全面完成并投入使用。随着112工程全面进入使用与维护管理阶段，县人防办及时制定《桐庐县112工程维护管理手册》，保证112工程正常运行和使用。全年主要大型设施设备运行情况：柴油发电机组试机运行6次；指挥大厅大屏开机运行50次；适时开启调温除湿机18次，新风机组26次，排风系统80次；自行开展地下短波电台训练10次，开展地下指挥所视频会议系统训练8次。9月，总投资约1500万元的分水镇市民休闲中心人防工程通过竣工验收并投入使用。是年，投资约200万元的分水镇人防（民防）应急指挥中心项目完工并交付使用。桐庐县人防应急指挥平台实现省、市、县、重点镇4级互联互通。

【人防依法行政】 2014年，县人防办依法办理行政许可和非许可事项76件，办结率100%。其中人防工程易地建设审批45件，收取易地建设费853万余元，人防施工图设计审批16件，新增人防工程面积4万余平方米，人防工程竣工验收许可14件，竣工面积2.6万余平方米，人防工程平时利用许可1件。全年开展2次行政执法检查和巡查，检查辖区内早期坑道、结建人防工程，完成行政执法案件1件。继续开展辖区内在建防空地下室工程底板、墙板、顶板质量监督和专项隐蔽验收等工作。

【审批制度改革】 2014年，县人防办梳理完成人防行政权力清单和责任清单，完成权力事项清理6稿，确定除共性权力以外的50项行政权力，其中行政许可3项、行政处罚29项、行政强制1项、行政征收1项、行政确认1项、行政奖励1项、其他行政权力13项、审核转报1项。比清理前精简10项，精简率17%。权力清单与省、市人防部门权力清单统一。11月，上报本部门责任清单给主管部门，明确界定部门工作职责。

【服务窗口建设】 2014年，县人防窗口积极参加县行政服务中心和967000百姓热线非工作日“预约服务”平台，提供“特事特办、急事急办”个性化预约服务，优化午间值班岗制度，提供各类事项点对点服务。借助腾讯QQ、微博、微信等平台不定时发布人防法律法规、部门工作动态、工程建设管理要点、人防科研成果、防空防灾知识等29个话题1000余条信息。配合浙江政务服务网，将“应急避难场所”信息纳入便民服务事项对外公布。

【结建工程建设与管理】 2014年，桐庐县审批新增人防结建工程8个，其中年内开工建设7个，100%实施人防专业监理，100%办理人防工程专业质量监督手续。至年末，县城人防结建工程项目73个，其中竣工验收46个（是年新增竣工验收项目7个），实建人防工程人均建筑面积超1平方米。

【人防指挥通信建设与管理】 2014年，县人防办完成县112工程（人防指挥所）专网带宽和指挥通信车（机动指挥所）卫星通信设备升级改造。组织4人次参加杭州市人防系统应急应战民防应急指挥车（移动指挥所）机动通信保障演练。是年，自行组织6人次参加民防应急指挥车（移动指挥所）野外拉练、设备检查和操作训练3次，参加人防系统视频会议训练3次、短波电台联络12次。

【宣传教育】 2014年，县人防办组织第13次人防（民防）“宣传月”活动，发放《杭州市人民防空工程管理规定》《公民防灾手册》《杭州民防报》等资料。利用审批服务窗口等平台向房地产企业等建设单位宣传人防政策和法规。全年订阅《中国人民防空》杂志38份（456本）、《浙江民防》杂志15份（180册），分别寄送给县四套班子、乡镇（街道）、有关部门、社区、学校。是年，开展人防（民防）知识进企业活动4次，涉及企业74家，受教育1400余人；开展“人防知识进社区活动”，9个社区12000余人受教育；联合县教育局对城关中学、三合中学、实验中学、玉华中学、富春江中心学校的2136名初二学生开展人防宣传教育活动。完成杭州市人防（民防）系统理论调研论文3篇。

（华　烨）

【责任编辑：骆国庆】

教育 科技

·教育综述·

【概况】 2014年,桐庐县有中小学、幼儿园96所,在校学生54186人。其中普通高中3所,在校学生5624人;职业高中2所,在校学生3085人;初中(含九年一贯制学校)14所,在校学生10348人;小学26 所,在校学生22957人;特殊学校1所,在校学生53人;幼儿园50所,在园幼儿12119人;成人文化技术学校14所。全县乡镇公办幼儿园覆盖率100%,学前三年在园幼儿入园率97.8%,标准化幼儿园35所,等级幼儿园在园幼儿占在园幼儿总数95.9%;优质学前教育覆盖率(省二级以上)60.03%,城乡互助共同体覆盖率100 %,九年义务教育入学率、巩固率均为100%。

是年,桐庐县职业技术学校和桐江职业技术学校成功创建为浙江省改革发展示范学校,新建校企合作企业6家,创成省级实训基地1个,创建浙江省企业职工培训示范基地1个,社区学习共同研究基地2个。启动美丽学校建设,成功申报杭州市年度重点培育学校2所,重点创建项目4个。继续推进教师校长流动工程、干部教师能力素质提升工程,1位老师被评为浙江省特级教师,实现本土培养零突破。

是年,县教育局被评为2013—2014年桐庐县纪检监察系统先进集体、政协提案办理工作先进单位、食品药品安全工作优秀单位、先进基层党组织;获2014年度杭州市中小学“祖国在我心中”知识竞赛组织工作奖、杭州市“美丽中国,我的中国梦”主题教育读书活动优秀组织奖、桐庐县宣传思想文化工作“创新奖”。

【创成全国义务教育发展基本均衡县】 2014年4月,桐庐县以总分92.8分、满意率93.98%通过浙江省义务教育均衡发展督导评估验收。12月12日,国家义务教育均衡发展督导检查组对桐庐县义务教育均衡发展实施情况进行评估认定,肯定桐庐县义务教育均衡发展工作成效和亮点,达到国家规定义务教育发展基本均衡性评估认定标准。至此,桐庐县获“全国义务教育发展基本均衡县”称号。

【第三届“优秀中小学校长(园长)”“十佳教师”评选】 2014年,县教育局开展第三届“优秀中小学校长(园长)”“十佳教师”评选活动。谢娟芳、赵为民、潘光贤、王平秀、何彩珍获第三届“优秀中小学校长(园长)”称号;徐玉华、李晓、江军平、郦初良、包雪琴、奚秋月、方永正、华菊芳、陈伟杰、戴黎萌获第三届“十佳教师”称号。

【“美丽学校”建设】 2014年,县教育局按照“行政推动、学校主体、试点先行、分步推进”总体思路,围绕“美丽校园”创建、“美丽课堂”构筑、“美丽班级”建设、“美丽教师”培养和“美丽学生”培育等“五美”工程,在全县中小学开展“美丽学校”建设行动。11月,桐庐中学、毕浦中学等2所学校,县职业技术学校翱翔在职教天空的“雁阵”、城南小学“城南故事里的美丽教师”、钟山小学“人人课堂 人人美丽”、富春高级中学“行走在青山绿水间”等4个项目,分别入选杭州市首批“美丽学校”建设行动重点培育学校和重点培育项目。

【设立“教育科研经费”】 从2014年起,每年由县财政安排400万元资金,设立“教育科研经费”。主要用于课程建设、教学改革、分类辅导、教育科研。其中课程建设包括普通高中课程建设、普通高中特色示范学校创建、义务教育校本特色课程建设、职业教育校本课程建设；教学改革主要用于学校在课改实验过程中专家指导、培训服务、学习交流及其他相关投入；分类辅导主要包括普通高中分类辅导补助、职业高中分类辅导补助；教育科研主要包括高考学科研究、课题研究等。

【机关干部“联片蹲校”】 2014年，县教育局成立“联片蹲校”工作监督领导小组。领导小组负责安排全体机关干部蹲点联系学校（2年轮岗）。教育局全体机关干部分8个片区，对全县各级各类学校督导检查。每月走访学校一次、听课或召开师生座谈会1—2次；每学期参加一次联系学校教师会，进行一次走访了解群众活动，每学期写出所联系学校工作汇报。

【民办学校管理】 2014年，桐庐县教育局开展幼儿园（含民办幼儿园）等级评估工作，新评等级幼儿园3所，其中特级2所，甲级2所。是年，全县有20所民办教育培训机构，其中2014年新设立1所，2个教学点。是年，县教育局下发《关于进一步规范民办教育培训机构办学行为的通知》，规范民办教育培训机构办学行为。7月，县教育局会同公安、消防部门，对民办教育培训机构开展全方位联合督查。

【制定学校三年发展规划终结性评估方案】 2014年是桐庐县各级各类学校第二轮发展规划终结年，县教育局出台《桐庐县各级各类学校学年度考核方案》，对始于2012年的第二轮学校发展规划进行终结性评估。评价内容主要由基础性指标、重点工作推进指标、教学质量综合评价指标组成。基础性指标分值100分、重点工作推进指标分值20分、教学质量综合评价指标分值30分。

【“平安校园”创建】 2014年，桐庐县教育局全面实行中小学安全教育网络化，每月分片开展调研和指导；中小学（幼儿园）全面开展安全演练。全年建成2个警务站，48个警务室（岗、点）；加大对民办学校（园）“三防”建设督查。开展校车许可工作，完成许可19辆专用校车、15辆非专用校车；完成核查251名校车驾驶员、154条线路和354个站点；探索治理校门口拥堵办法，以迎春小学为示范点，加强多部门联合整治，县城学校（园）发放绿色通行《告家长书》；开展“未成年人骑摩托车、电瓶车”专项整治活动。按照百万学生饮食放心工程要求，学校（园）食堂A/B等级80.5%，“阳光厨房”和“切配工具色标管理”22%，食品卫生知识知晓率93.5%。全县中小学全部配备卫生保健室（配齐器材、卫生专业人员、保健教师、场地）；幼儿园严把“接种”入园关，加强晨检、消毒、体检等工作。成立县“学生伤害纠纷人民调解委员会”，制定应急预案，成立校级调解委员会，各校（园）相应制定应急预案。

【“特色学校”建设】 2014年，县教育局开展第六批特色学校和特色项目学校评比活动。桐庐县实验幼儿园教育集团（娃娃剪纸）等4所幼儿园（6园区）、桐庐县保安小学（童玩制作）等10所学校通过特色项目学校评估。桐庐县城南小学（校园鼓乐队）等7所学校（幼儿园）申报特色项目立项。至此，桐庐县义务教育阶段的特色学校、特色项目或立项项目学校实现全覆盖。

【督学队伍建设】 2014年，桐庐县教育局落实责任督学挂牌。全县所有学校全部完成挂牌。学校责任督学17人，责任区4个。加强督学队伍学习培训，先后出台《桐庐县关于建立督学分校联系制度的通知》《桐庐县教育督学制度》、《桐庐县督学行为准则》《桐庐县责任区督学随访督导工作指南》《桐庐县督学岗位绩效考核细则》《桐庐县优秀责任区督学评选细则》等6个责任区配套文件。

【教育教研】 2014年，桐庐县教育局推进课程建设，研发高中选修课21门，义务教育段合格校本课程17门。开展课题研究，是年，获杭州市规划课题优秀成果一等奖2项、二等奖5项、三等奖11项。开展“流动家长学校”模式研究，以课题《构建学生村级合作社—以学生为主体的家校社合作模式探索》为引领，在部分农村学校试点“流动家长学校”模式研究。

【文体科技活动】 2014年，县教育局组织参加杭州市中小学生阳光体育网球、乒乓球、射击、羽毛球、排球、篮球、武术锦标赛，其中射击获县市小学组团体总分第一名；举办2014年中小学生艺术节、2014年桐庐县中小学生科技创新大赛、桐庐县第二届中小学生足球比赛、桐庐县第42届中小学生运动会、桐庐县第七届中小学生篮球比赛等大型活动。

【首届“感动校园 美丽教师”评选活动】2014年，县教育局组织开展首届“感动校园 美丽教师”评选活动。经学校宣传、推荐、微信平台投票、评选委员会综合考评，周小妹等10位教师被评为桐庐县首届“感动校园 美丽教师”，雷金根等10位教师获提名奖。

桐庐县首届“感动校园 美丽教师”获奖者

【中小学体育场地开放】 2014年12月1日起，除幼儿园、特殊学校以外的县属公办中小学，全部向社区（村）居民开放室外体育运动场地和具备条件的室内体育运动场地。

【家庭经济困难学生资助】 2014年，全县中小学享受教育资助券学生955人次，资助金额76.33万元；享受爱心营养餐6053人次，资助金额226.98万元。高中农户奔小康学生资助901人次，资助金额57.73万元；幼儿园享受教育券学生98人次，资助金额6.37万元，享受县低收入儿童326人次，资助金额14.455万元。是年，调整学生资助政策，外来务工人员子女义务教育阶段享受由学校提供每天一餐荤素搭配营养餐，补助标准为每生每学期375元。

·学前教育·

【概况】 2014年，全县有幼儿园50所，其中公办20所（含幼教教育集团6个），占幼儿园总数40%；民办30所，占60%。50所幼儿园中，有省一级幼儿园 4所、省二级幼儿园 16 所、省三级幼儿园22所，占总数 77.78%。教学班428个，在园幼儿12119人，公办幼儿园在园幼儿7477人，占在园幼儿61.7 %。学前三年在园幼儿11643人，等级幼儿园在园幼儿11573人，占在园幼儿95.9%。3—5周岁户籍适龄儿童9181人，入园8981人，入园率97.8%。继续开展杭州市学前教育先进乡镇（街道）创建工作。是年，富春江镇、百江镇被认定为杭州市学前教育先进乡镇，新合乡、莪山畲族乡通过杭州市学前教育先进乡镇复评。

【新增幼儿园及幼儿园教学点】 2014年，新建城南街道中心幼儿园并投入使用，回购何宋、大山等2所民办幼儿园作为公办中心幼儿园教学点，撤并梧村等民办幼儿园。

【幼师队伍培养】 2014年，县教育局组织3期幼儿教师考证考前及试讲培训，参加培训146人次，72名教师取得教师资格证。是年末，持有幼儿教师资格证580人，持证率75.8%，比2013年提高8.7个百分点 ；组织20名事业编制教师和77名非事业编制新招聘教师参加上岗培训。继续开展免费培养工作，确定定向培养25名委培生。

·九年义务教育·

【概况】 2014年，桐庐县有九年制义务教育阶段学校40所（含民办）、特殊学校1所。小学、初中入学率、巩固率均为100%，三类残疾儿童入学率100%，九年义务教育完成率100%。接受6998名外来务工人员子女就读，其中小学5476人、初中1522人。

【阳光招生摇号】2014年，县教育局出台《2014年桐庐县桐君街道、城南街道公办小学、初中招生方案》，明确县城义务教育段招生政策，并首次采用摇号录取方法。遵循“户籍优先、在读优先、同城待遇、就近入学、方便监护”原则，将县城10所小学（含完小点）、3所初中生源分成三类，实行“分类报名、分批录取、摇号录取、统筹调集”办法。7月9日，学府小学率先举行新生入学录取摇号仪式，县公证处全程公证，全过程录像，在85个顺序号中成功摇取35个中签号。

【课堂教学改革】 2014年，县教育局开展“学为中心”课堂教学模式研究，组织指导小班化教育实验学校开展“学为中心”课堂教学教改实践，推进“小班化教育”实验学校课改工作。是年，有21所义务教育段学校完成课改项目申报，并进行课堂教学改革试点。

【外来务工人员子女就学】 2014年，县教育局制定《关于做好外省籍务工人员随迁子女接受义务教育后在我县参加各类高中升学考试工作的实施意见（试行）》，规范外来务工人员随迁子女就读高中条件。据统计，全县义务教育段外来民工子女6998人，其中在公办学校就读6238人，占总数89.14%。

·高中阶段教育·

【概况】 2014年，桐庐县有高中阶段学校5所，班级201个，在校学生8433人。全县初中升高中3521人，升学率99.63%，其中普通高中招生1819人（不含县外招生），占51.66%；职业高中1189人（不含县外招生），占33.77%；普通中专155人，占4.4%；技工学校220人，占6.25%；其他138人，占3.92%。是年，普通高校招生报名2341人，录取新生2047人，录取率87.44%。普通高职（单考单招）报名161人，录取新生131人，录取率81.37%。是年，高中继续实施“提前招生”，桐庐中学提前招生90人、县职业技术学校提前招生363人、桐江职业技术学校提前招生238人。

是年，分水高级中学被评为省二级特色高中；县职业技术学校和桐江职业技术学校成功创建浙江省改革示范校；县职业技术学校被评为2014年度杭州市经文保保卫工作先进集体、机械加工技术专业创建为省级实训基地；桐江职业技术学校特色创新项目“十六回切”传统筵席实训基地投入运行，“十六回切”被认定为浙江省非物质文化遗产，学校被认定为桐庐县非物质文化遗产传承教学基地——“农家乐十六回切”实习操作基地。

【桐庐中学与杭二中签订深度合作协议】 2014年10月14日，桐庐中学举行“浙江省桐庐中学与杭州第二中学交流合作签约暨名师入驻仪式”。按照协议要求，杭二中特级教师、学科名师每年到桐庐中学进行教学指导，并邀请桐庐中学老师到杭二中参加学习和观摩，两校共享教育教学资源。

【走班教学试点】 2014年6月，浙江省新高考政策出台。11月，全县3所普通高中对高一学生分别开展新高考方案解读专题报告。是年，桐庐中学率先对高一物理、化学两门学科走班教学进行试点。

【校企合作】 2014年，县职业技术学校与江南文化养生园、海博大酒店、杭州师范大学健康管理系等校企合作开办酒店管理与服务（健康管理与服务专业方向），做到合作开发专业、合作制定课程计划、互派师资执教，形成对接紧密、特色鲜明、动态调整的职业教育课程体系等深度合作培养技术技能型人才。

【中职学校专业结构调整】 2014年，县职业技术学校新设电子商务专业，整合电子商务、计算机、物流服务与管理专业，形成互为发展与补充的大类电商专业。桐江职业技术学校停招计算机专业。

·成人教育·

【概况】 2014年，桐庐县有成人文化技术学校14所，培训64209人次，其中家政服务培训858人、“双证制”教育培训毕业2730人、农村预备劳动力培训163人、新型农民培训13718人、企业职工培训7535人、其他培训41947人。是年，横村成校创成2014年浙江省企业职工培训示范基地，江南成校、新合成校被杭州市成教研究室命名为“社区学习共同体研究基地”。是年，新建城南成人文化技术学校。

【成人教育综合体建设】 2014年，县教育局出台《桐庐县成人教育综合体建设的指导意见》，整合乡镇（街道）文体中心、图书馆、成人文化技术学校资源，指导各乡镇（街道）构建“三位一体”成人教育综合体。年末，各乡镇（街道）均完成成人教育综合体建设。

【开发特色项目培训】 2014年，县教育局组织开展为期一年的“特色品牌培训项目”申报创建活动，引领各校开发特色课程，创建特色品牌基地。是年，江南成校开展美丽乡村农家乐培训，河蟹养殖技术系列培训，打造“窄溪牌”河蟹养殖培训品牌项目；富春江成校开设“水电机械专业区”特种技能培训品牌项目；横村成校开设针织电子商务培训项目。

·师资队伍建设·

【概况】 2014年，桐庐县在职教职工3370人，其中专任教师3290名，专任教师中高级职称542名、中级职称1799名。是年，全县50名教师晋升中学高级教师、88名教师晋升中学一级或小学高级教师、2名研究生学历教师初定为中学一级教师、123名教师初定为初级职称。引进在职教师32名，招考录用中小学、幼儿园教师 98名。是年，通过评选产生省级各类荣誉7名、市级先进31名、县级中小学先进 197名。直属支部发展教师党员6名，学生党员2名。开展教师资格认定工作，全年受理教师资格认定申请140人，认定136人具有相应教师资格。幼儿园、小学、初中、普通高中、职业高中专任教师学历达标率分别为100%、99.3%、99.8%、99%、94.6%；小学教师具有大专以上学历、初中教师具有本科以上学历比例分别为93.1%和86.7%。

【校级领导干部交流】 2014年，桐庐县与拱墅区、滨江区结对学校互派互访，加强协作交流。桐庐委派4名校级领导到杭州学校挂职，接受3名四川藏区学校校长到桐庐挂职。

【中青年后备干部选拔】 2014年，县教育局采取“双荐双考一测评”方式，选拔培养教育系统优秀年轻干部，有119人报名。12月17日，进行教育系统中青年干部面试，从幼儿园段到高中段有56名教师参加。通过面试，确定49人为教育系统中青年后备干部。

【提高山区教师待遇】 2014年，桐庐县确定提高山区教师待遇方案，将全县偏远地区学校分为两类，其中新合小学等11所学校（包括教学点）为一类地区，教师享受500元/月补贴；钟山小学等3所学校（包括教学点）为二类地区，教师享受300元/月补贴。同时，将幼儿园和成校纳入享受范围。

【建立特级教师津贴】 2014年9月起，给予在桐庐县教育系统服务且已签订5年期聘用合同的在职在编特级教师发放津贴1000元/月，另给予每年10000元用于年度考核。特级教师每人每年补助20000元教科研经费，并视其岗位绩效考核发放，不再纳入“名师”“名校长”系列人选考核。

【优化教师引进机制】 2014年，县教育局继续实施免费师范生招收政策和幼儿教师定向委培工作，招收7名免费师范生和25名定向委培生。举办专场招聘会，招聘引进33位硕士研究生、一本生等高层次人才。

【跨地区、跨系统调动政策】 2014年，县教育局出台《桐庐县教育系统教职工跨地区、跨系统调动的有关规定》，明确教职工应在县教育系统服务满五年及以上，方可申请外调（签订协议的按协议办）。各校外调教职工比例控制在当年教职工总数2%以内，紧缺学科从严控制；外调人员不得超过10人/年。获得县学科带头人、市教坛新秀、市骨干教师及以上学术类荣誉的名优教师、在职培养的研究生和中学高级（含小中高）教师，自被确认（毕业）次学年起在县教育系统服务满八年及以上，方可申请外调。

【中职高技能“双师型”队伍建设】 2014年，县教育局组织“桐庐县中等职业学校教师教育教学团队能力建设培训活动”，5位专家作专题讲座，全县中职教师近170人参加培训。24名教师分别参加省级、国家级培训。是年末，全县“双师型”教师91名，专业课和实习指导教师110名，“双师型”教师比率为82.7%。

【校级领导公推直选】 2014年，县教育局继续试行校级领导公推直选选人用人方法。6月至7月，经过公开报名、资格审查、组织考察、竞职演说和教职工直选，聘任钱兴成同志为桐庐中学副校长。

·改善办学条件·

【概况】 2014年，桐庐县教育经费投入85703.7万元，其中财政教育事业费拨款70401.4万元；征收教育费附加9711.8万元，比2013年增加765.1万元；预算内生均公用经费高中1070元、初中1011元、小学794元，初中、小学生均公用经费分别比2013年增加89元、82元。是年，教育装备投入1324.15万元，其中财政投入1066.19万元，占经费总投入80.5%。至年末，全县中小学教育技术设备累计总值13752万元，

【校舍改善工程】 2014年，桐庐县教育系统列入政府投资项目13个（含重点项目3个），完成投资约1.1亿元。是年，完成城南街道中心幼儿园新建工程、县职业技术学校图书行政楼工程、城关初中新建教学楼工程、分水实验小学扩建工程、富春江镇中心幼儿园俞赵园区新建工程。启动分水高中学生宿舍楼拆建工程（新建面积3300平方米）、龙潭幼儿园（暂名）项目（总建筑面积4214平方米）、实验幼儿园建设工程（总建筑面积为3498平方米）。完成各类校舍维修、改建项目50余个，投资2300余万元。

【教育技术装备投入】 2014年，县教育局投入173.6万元，为学校更新添置教学仪器、体音美器材和实验室设备；配备特殊教育资源教室3个（实验小学、富春江小学和分水初中玉华校区）。投入160余万元，用于学校图书及图书室设备添置更新。

【教育信息化软硬件建设】 2014年，县教育局投入710余万元，为学校更新和装备教师机443台（其中笔记本电脑142台）、学生机678台、电子白板(多媒体)115套,基本实现网络资源“班班通”。至年底，完成“千兆进校园”建设工程，实现省、市、县、校四级网络高速互联互通。

2014年桐庐县各级各类学校概况

表51

学校类别	学校（所）	班级数（个）	毕业学生（人）	招生数（人）	在校学生（人）	教职工（人）	专任教师（人）
普通高中	3	124	2276	1729	5624	553	504
职业高中	2	77	1074	936	3085	345	204
成人文化技术学校	14	—	—	—	—	40	40
初级中学	14	379	3534	3369	10348	1227	1150
小学	26	533	3565	3927	22957	1213	1173
幼儿园	50	428	4035	3224	12119	1320	715
特殊教育学校	1	8	0	1	53	15	10
合　计	110	1564	14484	13186	54186	4437	3557

（赵文静）

·科学技术·

【概述】 2014年，县科技局争取市级以上科技项目56项，其中国家级科技项目7项，省级15项，争取资金2300万元。根据县委《关于进一步加快科技创新推动转型升级的若干政策意见》（县委〔2012〕47号），县政府《关于实施行业引领科技创新项目和科技型小微企业培育计划的若干意见》（桐政发〔2013〕69号），全年兑现奖励资金985.13万元。是年，全县专利申请量1711件，其中发明专利108件；专利授权量1314件，其中发明专利授权39件。科学研究

与试验发展经费支出占 GDP 1.2%；万人发明专利授权量 0.96 件；规模以上工业新产品产值率 32.8%；高新技术产业产值占工业产值 24.7%。是年，桐庐县被浙江省科技厅评为省科技特派员工作先进县，中国杭州（制笔）知识产权维权援助中心被浙江省知识产权局评为优秀单位。

【“双十”培育工程】 2014 年，县科技局对“双十”（桐政办〔2013〕69 号，公布首批行业引领型科技创新项目 10 个和科技型小微企业 10 家，开展两年以上扶持和培育）企业实行动态管理机制，加大对“双十”企业扶持力度，政策兑现 153.5 万元。是年，“双十”企业中有 1 个项目列入省重大专项，2 个项目列入市重大专项，2 家企业通过省高新技术企业研发中心认定，1 家企业通过省级重点企业研究院认定。

【科技型企业培育】 2014 年，县科技局新培育国家级高新技术企业 9 家，市级高新技术企业 23 家，省级以上科技创新型中小企业 38 家，杭州市“雏鹰”企业 4 家。至年末，桐庐县培育各类科技型企业 523 家。

【企业研发机构建设】 2014 年，县科技局培育、新建市级以上研发（技术）中心 9 家，其中省级 2 家。浙江天松医疗内窥镜研究院被认定为浙江省高新技术企业重点研究院。是年末，全县培育认定市级以上企业研发(技术)中心 45 家，其中省级 22 家，企业研发机构设置率 26%。

【科技金融工作】 2014 年，县科技局在杭州市率先推行“双十”小微企业免质押信用贷款，贷款授信额 4000 万元，是年新增贷款 3000 万元。至年末，整个风险池基金贷款额 5500 万元。

【中国杭州（制笔）知识产权快速维权援助中心建成】 2014 年 9 月，中国杭州（制笔）知识产权快速维权援助中心正式挂牌运行。援助中心的建成，为企业提供 3 个快速通道即申请快速通道、专利确权快速通道和维权快速通道。中心启动运行至年底，申请专利 170 件，专利授权量 170 件，快速授权专利 37 件。

【县科创中心建设】 2014 年，县科创中心引进浙大技术转移中心、励博全球专利信息检索平台等 2 个服务平台。12 月，专利创新检索平台正式建成，并对 86 家企业进行培训。是年，科创中心各专利事务所完成专利申请 359 件，完成企业项目申报 18 个，完成科技型企业审计报告 38 个，担任企业法律顾问 30 家，承办经济贸易、投资、劳动管理纠纷等案件 60 余起。联系专家 106 名（院士 1 名），促成对接洽谈 75 对，建立长期联系或合作关系 26 个，已签约 11 个。为桐庐县 10 家科技型企业放贷 3000 万元。组织技术推广、高精尖项目招引推介对接洽谈会 19 场次，推介项目 25 个。

【知识产权维权保护】 2014 年，县科技局探索知识产权维权新路子。8 月 27 日成立分水制笔企业知识产权维权保护联盟，9 月 29 日中国杭州（制笔）知识产权快速维权援助中心挂牌运行，12 月 26 日杭州市中级人民法院设立知识产权（分水）巡回法庭，挂牌并入驻。是年，受理专利侵权投诉 34 起，其中咨询类投诉 18 起，立案调查 16 起，开展专利执法 11 次，获专利侵权涉嫌证据 15 起，未取得证据 1 起，11 起达成调解协议，4 起提交市中级人民法院审理。

【承办“两个周”活动】 2014 年，县科技局通过“科技科普活动周”和“‘君山引凤’科技人才周”载体，邀请北京航空航天大学、浙江大学、长三角研究院、中国医疗器械行业协会、中国计量学院、浙江科技学院等 57 名专家学者，90 余家企业代表到桐庐，谋划科技人才项目签

中国杭州（制笔）知识产权快速维权援助中心颁发授权证书

约、医疗器械产业技术合作洽谈、校企合作技术需求对接等活动。通过“两个周”活动，促成院士专家工作站1个，签订科技人才项目15项，达成高层次合作意向20项，引进8家校合作平台。

【科技活动“两覆盖”】 2014年，县科技局积极开展科技活动“两覆盖”，即规上企业科技活动全覆盖、工业企业技术需求排摸全覆盖。通过技术需求排摸、科技培训、技术对接、成果推介等活动，收集技术需求115个，挖掘专利433个，发放科技宣传册490余份，达成技术合同交易额6832.8万元。

【农业与民生科技工作】 2014年，县科技局以新农村科技示范为突破口，培育一批以农产品加工为主业的龙头企业，培育一批区域特色优势产业和产业集群。是年，桐庐首个农业类国家创新基金项目由桐庐蓝美农业开发有限公司申报成功，获科技部财政支持130万元。认定市级新农村科技示范村4家、承担省农业成果转化项目3项、市农业种子种苗项目3项、农业科研攻关项目8项、社会发展科研项目2项、可持续发展实验区项目3项、医疗卫生科研项目3项。争取市级以上资金641万元。是年，桐庐县拥有浙江省可持续发展实验区1个，杭州市新农村建设科技示范乡镇1个，省级新农村建设科技示范村1个，市级新农村建设科技示范村10个。

2014年桐庐县新增国家重点扶持高新技术企业

表52

序号	名　称	序号	名　称
1	浙江鼎昊新能源设备股份有限公司	6	杭州元创新型材料科技有限公司
2	杭州华鼎太阳能科技有限公司	7	杭州振兴医疗器械制造有限公司
3	杭州科德磁业有限公司	8	桐庐通利机械有限公司
4	杭州索康博能源科技有限公司	9	杭州辰德科技有限公司
5	浙江新发电机股份有限公司	—	—

2014年桐庐县新增杭州市高新技术企业

表53

序号	名　称	序号	名　称
1	杭州三汇水电设备有限公司	13	杭州拱康医疗科技有限公司
2	杭州伊贝实业有限公司	14	桐庐奋飞实业有限公司
3	杭州永强金属制品有限公司	15	桐庐广硕医疗器械有限公司
4	桐庐竹楠木环保科技有限公司	16	杭州桐庐江南医疗器械有限公司
5	杭州千芝雅卫生用品有限公司	17	浙江华锦制管有限公司
6	杭州伟都钢构有限公司	18	桐庐精锐医疗器械有限公司
7	浙江宝础塑木科技有限公司	19	杭州桦桐家私集团有限公司
8	杭州惠尔邦厨具有限公司	20	浙江健业家居用品有限公司
9	杭州桐君堂生物科技有限公司	21	杭州维美德机械有限公司
10	杭州美巴赫精密机械有限公司	22	桐庐康乐塑料制品厂
11	杭州龙博机电设备有限公司	23	杭州星冠机械科技有限公司
12	杭州炫家工艺品有限公司		

2014年桐庐县新增省级企业研究院

表54

序号	研究院名称	企 业 名 称
1	浙江天松医疗内窥镜研究院	浙江天松医疗器械股份有限公司

2014年桐庐县新增省级研发中心

表55

序号	研发中心名称	企 业 名 称
1	杭州光典医疗器械省级高新技术企业研究开发中心	杭州光典医疗器械有限公司
2	杭州华大海天水性功能材料省级高新技术企业研发中心	杭州华大海天科技有限公司

2014年桐庐县新增市级研发中心

表56

序号	研发中心名称	企 业 名 称
1	桐庐宇鑫摩擦材料高新技术研发中心	桐庐宇鑫汽配有限公司
2	杭州科德永磁体研发中心	杭州科德磁业有限公司
3	杭州和韵表面处理剂研发中心	杭州和韵科技有限公司
4	桐庐医达器械高新技术研究开发中心	杭州医达器械设备有限公司
5	元创新型装饰材料高新技术研究开发中心	杭州元创新型材料科技有限公司
6	杭州桐君堂特色中药及健康食品高新技术研发中心	杭州桐君堂生物科技有限公司
7	杭州胡庆余堂珍稀药材种苗培育高新技术研发中心	杭州胡庆余堂药材种植有限公司

（陈淑明）

【责任编辑：骆国庆】

文化　体育

·文　化·

【文体设施】 2014年，桐庐县城北老年体育活动中心主体工程竣工；桐庐县图书馆新老两馆完成维修改造，中心广场新设桐庐首个“微型图书馆”；桐庐博物馆展陈改造工程完成。分水镇投资6500万元用于文化中心提升工程（体育馆、五馆合一工程）建设，项目占地1.73公顷；横村镇投资1200万元新建文体中心，建筑面积6578平方米；合村乡投入2700万元新建民间文化艺术馆，面积2700平方米。村一级文化设施上，新建30家农村文化礼堂，通过送文化下乡把演出、展览等活动送进文化礼堂内，共计200余场。

【文化惠民工程】 2014年，开展文化调研工作，历时5个月走入全县183个行政村，对村级文化投入、文化器材设施、业余文艺团队、村级文艺骨干、村级特色文化资源及村级文化需求等方面进行全面调查、总结和梳理。全年组织新年、元宵等节庆活动和全县排舞大赛、“欢乐大舞台”等系列群众文体活动200多场，举办“工艺美术大师走进中国画城—桐庐”等艺术展览展示活动59场，送文化下乡200场，送电影下乡2404场，举办桐江人文讲堂11期。文化馆、图书馆、非遗中心对业余文化艺术骨干、民间队伍、图书管理员队伍免费培训300余次，人数近7000人次。是年，对“浙江省社会文化数据动态填报系统”进行填报和更新，对系统中的公共文化投入、公共文化设施规模、公共文化队伍、公共文化活动等22个大项逐一完善。

【创新文化服务机制】 2014年，推出“休闲式、菜单式、园丁式”文化服务。“菜单式”送文化服务，建立群众评价和反馈机制，构建公共文化服务“你点我送”的新模式，全年共有7支文化团队参与106场动态类送文化下乡任务的公开竞聘，各乡镇（街道）根据群众需求选择送文化下乡团队和节目菜单；文化场所“休闲式”服务，拓展现代化服务方式，新老图书馆实现无线网络全覆盖，新馆增设“电子书借阅机”项目，投入40万元的县内首个“24小时微型图书馆”落户中心广场。继续深化乡镇图书分馆、公共电子阅览室的建设和管理，增添无线网络、休闲茶吧、咖啡吧等设施，指导完善农家书屋、村级文化活动室设施设备，让群众充分享受优质、休闲的公共文化服务。各种文化提供“园丁式”服务，为弘扬传承越剧文化，青年演员徐婷成功拜师著名越剧表演艺术家金静，成为戚派第四代传人。通过送文艺培训辅导上门、举办免费文艺培训班、组织人员外出学习培训等形式积极开展各类种文化活动，歌曲《桐花结庐》编成排舞并在全县传播和推广。

【《春江花月夜》创建】 2014年，桐庐县探索推出大型驻场歌舞晚会《春江花月夜》，演出地点为桐庐剧院，并对其开展升级改造，成立桐庐文化传播有限责任公司，该公司于2014年8月成立，是一家国有独资公司，由桐庐县国资委和桐庐县文广新局主管，宋益军任董事长，共有职工36人。11月6日，桐庐文化传播有限责任公司召开首次职工大会，标志公司正式营运。12月，《春江花月夜》完成剧本创作，并开始剧目排演、剧场改造、演出宣传等工作。

【“欢乐大舞台·幸福桐庐人”群众文化活动】 2013年9月29日晚，桐庐县第二季“欢乐大舞台·幸福桐庐人”系列群众文化活动在分水镇启动。在比赛形式上，本季活动的复赛按音乐、舞蹈、戏曲小品、绝技绝活4个门类分别进行比赛。2014年5月6日，45个节目进入总决赛，共产生金奖2名，银奖11名，铜奖15名，优秀奖若干名，其中由桐君街道选送的舞蹈《花儿》和女声独唱王红芳的《残酷的温柔》双双获得金奖。活动中举办村级海选、乡镇初赛、分片复赛、决赛场累计69场，表演人次8080人次，观众人数98600人次，群众自编、自导、自演、自评的节目得到观众好评。

【桐庐百姓日文化活动】 2014年5月6日，县文广新局开展第二届“欢乐大舞台”决赛、非遗项目展示、第二季“最美桐庐人”道德模范颁奖晚会、“越剧周”免费演出、国民体质测试、羽毛球甲乙联赛、篮球俱乐部联赛等14项文体活动，图书馆、艺术馆、体育馆等各大文体场馆全部免费开放，推出首个“微型图书馆”和“电子借阅机”服务功能，并开展免费观影和KTV免费欢唱活动。面向全县发放越剧票、电影票、KTV入场券、游泳票等共计2万余张，活动当天吸引数万百姓共享文化乐。

【非物质文化遗产保护和传承】 2014年，“桐庐剪纸”入选第四批国家级非物质文化遗产扩展项目名录，实现桐庐国遗项目“零”的突破。是年，开展第一批县级非遗传承教学基地、第六批县级非遗名录和第五批市级非遗名录申报工作，命名横村初级中学等29个单位为县级非遗传承教学基地；新增伍子胥传说、南乡糊麦馃技艺等19个县级名录；新增严子陵传说、山魈故事、桐庐船民习俗和深澳灯彩技艺4个市级非遗名录。桐庐县共有省级非遗项目9个，市级非遗项目25个，县级非遗项目89个。开展第九个文化遗产日系列活动，5月20日至6月20日，以“非遗传承，人人参与”为主题，举办桐庐县青少年剪纸展、传统戏曲下乡、非遗图版展等8项活动；开展非遗走亲活动，4月到5月，江苏扬州·浙江桐庐—“南北剪纸交流展”先后在两地举行；11月，开展“拱墅—桐庐”区县协作非遗交流活动；开展“桐庐剪纸走进长兴”“桐庐剪纸走进永康”等文化交流活动，扩大桐庐剪纸知名度。6月，组织参加第二届全国青少年剪纸比赛，20余人获奖；8月，组织参加第四届“张小泉杯”浙江省青少年创意剪纸大赛，15人获奖。4月，“乐乐闹花海”稻草人田园艺术展之首届全县稻草人比赛在荻浦花海举行，全县20余名民间艺人的50余件作品参赛，经过省、市、县专家的共同评比，城南街道朱建华的《沐浴春光》获特等奖，合村乡陈爱华的《代代相传》，桐君街道包国昌和包玉清的《络须将军》，江南镇申屠飞东的《小黄人》获一等奖。是年，非遗保护中心举办文化艺术展览展示活动37场，接待参观者近4万人次；举办剪纸、陶艺等培训班15次，培训人数500人次。是年，选送合村绣花鞋参加美国、印度、及中国台湾等国家、地区的文博会；剪纸艺人刘莲花创作的剪纸作品《最美中国人》获在江苏举办的全国剪纸大赛银奖，作品《美丽钱塘江》获第四届中国·浙江工艺美术精品博览会金奖；组织桐庐剪纸、合村绣花鞋、莪山红曲酒、钟山豆腐干分别参加省非遗博览会、杭州西博会等活动；桐庐剪纸、合村绣花鞋、木雕等15件作品参加在桐乡举办的全省非遗民间手工工艺精品展；莪山畲族民歌参加杭州市非遗濒危项目保护展示展演交流技艺指导活动。

【文化馆】 2014年，开展2014年新年晚会、“龙舞春江·福满桐庐”元宵系列活动等大型群众文化活动13场，承办杭州市及浙江省村歌大赛，举办各类艺术展览展示12场。组织开展“一村一场”文化下乡200场，其中“送春联”下乡26场，送出春联3000余幅，“福”字1000多个，剪纸作品500幅。全年开展腰鼓、排舞、基层文化员等培训班208场，受训5694人次，其中，派业务干部为县直部门、学校、企业、部队等单位辅导40余次；在文化馆内开设春季成人声乐班和舞蹈班，学员83人，总课时48节；7月，开设绘画、软笔书法、剪纸、舞蹈等暑期少儿免费艺术培训班，并对外来务工和本县贫困家庭子女优先入学，学员共计100余人；全年下乡为老百姓开展腰鼓、排舞、梅花锣鼓、舞龙等文艺辅导128次，培训3694人次。

【文艺创作】 2014年9月至10月，由王樟松作词、夏林青谱曲的村歌《相约深澳》获得全国、省、市三个级别村歌大赛金奖（第一名），同是两人创作的《扬帆梅容》《一个桃花盛开的地方》两首原创村歌获“中国村歌十大金曲”，其中，《一个桃花盛开的地方》成功入选杭州市第十二届精神文明建设“五个一”工程作品奖名单。10月，由文化馆选送的舞蹈《鼓动山哈》先后获得杭州市“风雅颂”民间艺术展演表演金奖（第一名）和省舞蹈大赛（广场舞）决赛金奖（第一名）；11月，由原创村歌编排的《桐花结庐》荣获浙江省第八届排舞大赛金奖。为富春江(芦茨)乡村慢生活体验区创作歌曲16首。

【省市村歌大赛】 2014年9月12日，由杭州市文化广电新闻出版局、桐庐县人民政府主办的杭州市村歌大赛决赛及颁奖活动在江南镇深澳村大礼堂举行。全市共计50首村歌参赛，30首入围决赛，桐庐参赛作品《幸福生活万年长》《最爱是莪山》《相约深澳》全部获得创作和表演金奖，桐庐县文化馆获得优秀组织奖，深澳村获得特殊贡献奖。是年，10月14至15日，由中共浙江省委宣传部、浙江省文学艺术界联合会和桐庐县人民政府主办的浙江省“村歌”创作演唱大赛在江南镇深澳村举行，大赛组委会共收到全省11个市报送的村歌作品270首，其中30首入围决赛，深澳村歌《相约深澳》以现场最高分9.839获得金奖，《最爱是莪山》同时获得金奖。浙江日报、钱江晚报、都市快报、浙江在线等主流媒体对大赛进行报道。

【图书馆】 2014年，桐庐县图书馆完成新老两馆升级改造，坚持“常年无休”“365天全天候开放”，做好日常借还书及办证、退证等工作。县图书馆新、老两馆接待读者173296人次；书、刊、碟流通336340册次；乡镇分馆流通图书146255册，接待读者35948人次；办证113张；持借书证读者21672人，全县40万市民卡开通借阅；购书经费79万元，新购图书52001册，新增电子图书2400册；书目分编进入流通52001册；新增光碟1116张；新增地方文献610册；修补图书7182本；订阅报刊24.23万元，1042种；开展送科技和业务辅导79次；送书进农家书屋70667册；举办“桐江人文讲堂”11期，接待听众读者1500人次。1月21日，实现新、老两馆无线网络全覆盖；5月，新馆大厅增设一台电子书借阅机，该机内置2000本左右的电子图书，且每月可及时更新100本；5月6日，桐庐县首个“24小时微型图书馆”在中心广场对广大市民开放，该馆占地14平方米左右，可摆放图书近400册，实现24小时自助借还功能。“4·23”世界阅读日，在富春江图书分馆举行“与经典书籍为伴，让阅读成为习惯”未成年人读书节启动仪式，各乡镇（街道）文体站代表、乡镇分馆和农家书屋管理员代表以及富春江小学的师生共计200余人参加，随后开展农家书屋好书进校园、暑期“小小图书管理员”志愿者、“我与图书馆”主题征文、城北分馆幼儿绘本故事会、“书签为媒·分享阅读”读后感征集等一系列活动。

【桐庐越剧传习中心】 2014年，中心出资50万元新添大型LED屏幕，聘请著名导演许进方和许朝榜分别排演越剧传统大戏青春版《玉堂春》和大型古装神话剧《张羽煮海》参加演出，到杭州、台州、温州、绍兴等地演出越剧大戏共计141场，收入110余万元。参加桐庐县“放歌新农村 情暖千万家”“强化红线意识 促进安全发展”文化下乡演出50场。组织开展各乡镇（街道）戏迷活动，开展越剧下乡指导30余次。5月6日“百姓日”期间，开展“越剧周”免费公演，演出越剧大戏9场，观众7000多人次。6月9日，“金静收徒仪式”在叶浅予艺术馆中庭举行，上海市著名越剧表演艺术家戚雅仙嫡传弟子、著名戚派传人金静收纳桐庐县越剧传习中心戚派花旦演员徐婷为徒。6月20日—21日，第六届越剧艺训班的越剧大戏《天道正义》《泪洒相思地》在浙江省胜利剧院周末戏剧金舞台演出。

【电影院】 2014年10月，由民营资本投入的分水时代影城正式运营，填补桐庐县乡镇数字电影建设的空白。是年，桐庐时代电影大世界、桐庐晨光国际影城、桐庐时代金球电影有限公司3家影院放映电影34892场，观众27.91万人次，总收入793万元。桐庐剧院承接各类商业演出19场，政府演出7场。

【文化市场】 2014年，全县共有文化、印刷、体育经营单位573家。其中，文化经营单位233家（网吧64家，出版物、音像制品经营单位78家，歌舞娱乐场所69家，电子游戏房9家，文艺演出团体13家），印刷经营单位219家（出版物印刷3家，包装装潢印刷57家，其他印刷品印刷98家，打字复印57家）；体育经营单位17家（户外拓展训练基地11家，游泳5家，射击1家）；广播影视15家（广播电台、电视台2家，电影放映5家，卫星电视广播地面接收设施单位8家）；文物89家（文物保护单位省级6家，县级83家）。

【文化行政许可】 2014年，开展娱乐场所“个转企”工作，截至2014年1月24日，全县娱乐场所个体户转企业工作按时超额完成，68家歌舞娱乐场所企业性质全部为公司，是杭州市首个完成个转企工作的县市。以“塑造形象、优质服务、依法办事”为工作指导，全年共受理、办结行政许可163项，有150项提速一半时间。

【文化文物执法】 2014年，桐庐县文化市场行政执法大队出动检查381次，出动检查人员1305人次，检查文化经营单位2234家次，完成省、市要求的日均出动检查不少于1次，检查经营单位不少于总家数2倍并两年内全覆盖的考核目标。收缴各类非法出版物260余本，非法音像制品150多张，非法印刷品100多件。开展专项行动和联合执法行动等取缔非法临时搭棚演出3家，无证出版物经营摊位16家，查处非法经营地卫设施商店2家。全年共受理各类投诉举报37个（其中“12318”电话受理13个，县长信箱和公开电话11件，其他部门转交13件），较上年减少4个。行政处罚案件立案26件（其中一般程序23件，简易程序3件）；共收缴罚没款人民币52500元，其中吊证1家，停业整顿1家；内容涉及网吧、出版物、印刷、娱乐和广电五大领域，未出现行政复议和诉讼情况。

·文　物·

【文物保护】 2014年，桐庐县继续实施农村历史建筑维修工程，本着“修旧如旧”的原则，全年维修农村历史建筑58幢，其中包括钟山乡魏丰村魏家祠堂、富春江镇俞赵村俞家祠堂、横村镇凤联村静居堂等一批具有较高历史文化价值的古建筑。起草《桐庐县历史建筑保护管理办法》，加强历史建筑的保护与管理。

【文物考古】 2014年，桐庐县地下文物考古发掘工作成绩突出。先后完成横村镇大麦凸遗址、莪山畲族乡尧山坞自然村古墓葬及横村镇大会山自然村古墓葬的考古调查与发掘工作。配合杭州市文物考古研究所开展城南街道岩桥村庙山地区古墓葬群的调查发掘工作。在9—10月的第一阶段考古发掘工作中，发现古墓葬14座（其中六朝时墓葬1座、五代时期墓葬3座、宋代墓葬7座、明清墓葬3座），墓葬出土文物25件，包含韩瓶、青釉碗、盘、碟、执壶等瓷器，金饰、银钗等金属器物，还有“开元通宝”“天圣元宝”“皇宋通宝”“元丰通宝”“大观通宝”等铜钱币。11月，考古调查工作进入第二阶段，发掘工作重点集中在庙山地区的东侧及北侧，探明墓葬7座，已发掘清理5座，窑址及灰坑4座，发掘清理2座。

【文物普查】 2014年，继续开展第一次全国可移动文物普查工作。1—6月，完成博物馆馆藏文物总账清点工作，对原不符合登账规范的文物进行整理编号登记，对账外一些无法认定及来源不明的旧藏文物进行整理清点。6—12月完成800余件文物的拍摄工作，完成馆藏总账1100余件文物（以银币为主）的重新造册登记工作和纸质文物信息数据采集工作，登录离线采集软件200余条数据。9月，开展叶浅予艺术馆、档案馆等国有收藏单位文物调查认定工作。

【展览宣教】 5月17日，邀请杭州博物馆研究员李海和洪丽娅两位文物鉴定专家进行鉴赏知识讲座，吸引近百名社会各界文物收藏爱好者。5月18日国际博物馆日，邀请省市文物鉴定委员会专家为200余位市民免费鉴定收藏品500余件。6月14日第九个“文化遗产日”，围绕“让文化遗产活起来”主题，在景文百货门口集中展出桐庐博物馆馆藏文物图片32块，作调查问卷400份，发放宣传资料400余份。11月，开展文物知识巡展活动，送图板进社区和学校宣传12次。是年，继续开设青少年“第二课堂”活动，在胡家芝剪纸艺术馆开设免费少儿剪纸培训班，全年举办培训24期，学员300余人次。

·体 育·

【体育基础设施建设】 2014年，新增健身点40个，篮球场30个，乒乓球场（室）40个。新增江南镇石阜村、凤川街道翙岗村等20个省级体育小康特色村；分水镇儒桥村、横村镇孙家村等10个村创建为浙江省村级体育俱乐部；旧县街道西武山村和分水镇新龙村创建为浙江省体育休闲公园；新增江南镇鼓楼社区、富春江镇大洋坪社区等5个浙江省社区体育俱乐部；浙江省龙生股份有限公司创建为浙江省星级职工体育俱乐部；瑶琳镇桃源谷户外拓展营地创建为浙江省户外营地；分水镇中心幼儿园创建为浙江省幼儿体育示范幼儿园；富春江镇大洋坪社区和富春江镇黄坡岭社区创建为杭州市四星级体育社区；瑶琳镇后浦村体育健身广场、横村镇胜峰村体育健身广场、横村镇孙家村体育健身公园通过杭州市城乡公共体育设施提升工程验收；莪山畲族乡通过浙江省体育强乡镇复检；桐君街道迎宾社区通过浙江省体育先进社区复检。是年3月，开展全国第六次场地普查工作，对全县体育设施、体育队伍、体育产业等展开全面调查，到6月完成全县1399处体育场地的调查登记工作。自2014年12月1日起，桐庐县43所学校体育场地正式向社会开放，市民办理相关手续后，凭借市民卡即可进校锻炼。桐庐城北老年体育活动中心主体工程于2014年6月竣工，11月底完成总投资5000余万元，内部各功能场馆装修工作有序开展。

【群众体育】 2014年，举办桐庐县羽毛球甲乙级团体联赛、桐庐县“奔腾”杯乒乓球甲乙级联赛、8月8日全民健身日启动仪式暨千人健身走、桐庐县排舞健身大赛等全县群众性体育比赛及活动36场，参与人数12000余次；指导、协助乡镇（街道）、机关、企事业单位开展全民健身活动21次。是年，承办杭州市羽毛球协会第七届委员会邀请赛、杭州市地掷球比赛、“雄英杯”2014年浙江省武术锦标赛暨中国武术段位制考试、2014年杭州市第六届羽毛球俱乐部联赛总决赛等省市级赛事6项；承办2014年全国象棋男子甲级联赛、中国女排俱乐部对抗赛和“谁是球王”中国足球民间争霸赛3项国家级赛事。是年，继续开展体育业务培训工作，举办群众体育项目裁判、教练员培训18次，合计培训1370余人：培训三级社会体育指导员328人，一级社会体育指导员3人，全县社会体育指导员累计达1188人。是年，全县有各单项体育协会16个，体育俱乐部10余家。组队参加2014年杭州市庆祝“三八”国际劳动妇女节门球比赛、杭州市羽毛球协会第七届委员会邀请赛等省市群众体育比赛活动18次，其中，5月选送残疾人运动员参加2014年杭州市第九届残疾人运动会获得金牌榜第二，实现历史性突破。10月29日，2014年桐庐县健身排舞大赛在桐庐体育馆举行，其中自选套路参赛队38支，规定套路参赛队61支，共计运动员900余人，是桐庐县历史上规模最大的一场排舞大赛。11月8日，“万人同跳一支舞，共创排舞吉尼斯世界纪录”活动（桐庐会场）在桐庐体育馆室外场地举行，全县有1090名排舞爱好者参加挑战，本次活动由国家体育总局体操运动管理中心和杭州市人民政府共同主办，杭州市体育局等单位承办，设有1个主会场和18个分会场，是国内有史以来排舞项目冲击吉尼斯世界纪录最大的一次活动，经吉尼斯认证官认定，来自全国各省市不同年龄阶段、不同行业、包含各个民族的25703名排舞精英共跳的这支舞曲成功挑战“最大规模的排舞”吉尼斯称号。

【国民体质监测工作】 2014年，国家体育总局决定在全国范围内采用定点抽样的方式，调查6—69岁人群体育健身活动与体质状况。根据国家体育总局和省市体育局的要求和部署，桐庐县被定为国家体质抽测县，城南街道和富春江镇被定为国家体质抽测点。为保证抽测样本的准确性和科学性，县社会体育指导中心分摸底调查和抽测两步走，对1200多户家庭进行抽样调查，按男女等量各抽取6—19岁（分4个年龄段）和20—69岁（分10个年龄段）的样本量，对其中740人进行体质抽测，完成国家体质抽测任务。是年，继续开展日常国民体质测试工作，为莪山幼儿园幼儿、县疾控中心职工等人员开展集中测试，共测试470多人，测试合格率达到90.53%。

【中国女排俱乐部对抗赛（浙江VS上海）】 2014年10月17日晚，中国女排俱乐部对抗赛——浙江嘉善农商银行女排和上海东浩兰生女排对抗赛在桐庐体育馆举行。比赛采用五局三胜制，最终，上海东浩兰生女排以3比0战胜浙江嘉善农商银行女排。参赛队员有王娜、单丹娜、杨舟等国家和国家二队队员，到场观众1500余人。

【“谁是球王”中国足球民间争霸赛】 2014年12月9日至13日，由国家体育总局和中央电视台等主办的大型群众体育赛事——“谁是球王”中国足球民间争霸赛东南、华东两大赛区赛事在桐庐举行。比赛形式为五人制足球赛，两个赛区共有24支队伍共300人参加。东南赛区为福建、江西、湖南、港澳台，华东赛区为浙江、安徽、上海、江苏。两个赛区的预赛地点为杭州市足球训练基地，决赛地点为桐庐体育馆，其中华东赛区总决赛为CCTV5现场直播。

【桐庐县首届百村乒乓球比赛】 2014年4月到5月，桐庐县首届百村乒乓球比赛在全县各地陆续开展。赛事涉及全县14个乡镇（街道）的186个行政村。全县有400余个自然村参加选拔赛，127个行政村参加乡镇（街道）级比赛，60个行政村参加桐庐总决赛，共计参赛运动员1000余人。6月26日，总决赛在桐庐体育馆举行，最终，合村乡后溪村、合村乡合村村、横村镇柳岩村、凤川街道园林村、凤川街道翙岗村和桐君街道梅蓉村6支队伍获得一等奖。

【桐庐县首届篮球俱乐部制联赛】 2014年4月28日晚，浙江省第二届全民体育节暨“幸福桐庐·活力乡村”桐庐县首届篮球俱乐部制联赛首场比赛在桐君街道麻蓬村举行。10月23日晚，联赛在凤川街道翙岗村结束，旧县中华篮球俱乐部和北京现代海昌（凤川）篮球俱乐部分别获得冠亚军。期间，横村篮球协会、分水篮球协会、倍力篮球俱乐部等8支球队在分水、凤川、横村等6个乡镇街道的8个村共计开展66场比赛，累计观众3万余人次。比赛由县体育局和体育总会主办，采取主客场制，旨在打造首个NBA（美国男子篮球职业联赛）式县级篮球俱乐部制联赛。

【体育彩票】 2014年，桐庐县共有体育彩票点47家，对全县体育彩票销售点实行星级管理评定，全年完成销售额5270万元（其中电脑彩票4260万元、即开型彩票1010万元）。

【竞技体育】 2014年，在第十五届省运动会上，桐庐县共有94名运动员参加21个大项的比赛，获金牌44.25枚，列全省90个县市（区）排名首位；获团体总分914.15分，列全省第二名；获奖牌82.25枚，列全省第三名，创造桐庐县在省运会上历史最好成绩。通过争取，杭州市重竞技项目基地落户桐庐县。输送运动员参加各级别大赛：潘逸凡与队友一起夺得2014年“红双喜”全国少儿乒乓球比赛2003年组团体第一名；邱烨晗夺得第七届亚洲气枪锦标赛个人第二名、团体第一名，西班牙第51届射击锦标赛青年组卧射团体第三名、三姿团体第三名；陈雨菲夺得台北亚洲羽毛球青年锦标赛女子单打第二名、泰国世界青年羽毛球锦标赛混合团体第一名、德国青年羽毛球国际锦标赛女子单打第二名、全国青年羽毛球锦标赛女子乙组单打第三名、全国羽毛球团体锦标赛团体第一名；吴江夺得2014年全国皮划艇（静水）锦标赛男子四人皮艇200米第一名、男子四人皮艇500米第一名，2014年全国皮划艇青年锦标赛男子四人皮艇200米第一名、男子四人皮艇500米第一名；梁丹丹夺得全国皮划艇（静水）锦标赛女子双人皮艇1000米第一名；史红梅夺得2014世界杯帆船赛青岛站女子帆板NP级场地赛第三名；潘世炉夺得全国青年摔跤锦标赛第三名；何丽姗夺得全国青年田径锦标赛女子400米栏第三名。继续做好优秀运动员输送工作，11人选入杭州市体校；青少年运动员注册71名。

2014 年桐庐县参加市级以上比赛获奖情况

表 57

序号	比赛名称	日期	比赛地点	姓名	项目	名次
1	杭州市中小学生阳光体育乒乓球锦标赛	3 月 21—23 日	萧山	郑龙涛	男子甲组单打	第一名
				徐子豪	男子甲组单打	第七名
				陈思蕊	女子甲组单打	第四名
				吴子琪	女子甲组单打	第七名
				潘逸凡	男子乙组单打	第一名
				童行煊	男子乙组单打	第五名
				潘逸非	男子乙组单打	第七名
				桑文豪	男子丙组单打	第一名
				李王栋	男子丁组单打	第六名
				汪方帅	男子丁组单打	第七名
2	杭州市中小学生阳光体育射击春季锦标赛	4 月 25—27 日	杭州	朱栩涛	小学组男子气步枪 20 发	第三名
				方　俊	小学组男子气步枪 20 发	第四名
				周佩柠	小学组女子气步枪 20 发	第二名
				陈　垚	小学组女子气步枪 20 发	第五名
				刘　燕	小学组女子气步枪 20 发	第七名
				王子孝	小学组男子气手枪 20 发	第一名
				张哲锟	小学组男子气手枪 20 发	第二名
				雷小雨	小学组女子气手枪 20 发	第二名
				王伊玲	小学组女子气手枪 20 发	第三名
3	杭州市中小学生田径比赛	4 月 10—11 日	杭州	高佳鑫	中学组男子 400 米	第八名
				黄清芳	中学组女子 400 米	第七名
				黄家云	中学组女子 100 米栏	第七名
				施博闻	中学组男子跳高	第七名
4	杭州市阳光体育散打锦标赛	11 月 25—27 日	桐庐	谢赛琪	男子甲组 44 公斤	第三名
				郑斌栎	男子甲组 48 公斤	第一名
				连嘉辉	男子甲组 70 公斤	第一名
				吕　晗	男子甲组 75 公斤	第一名
				梁鹏飞	男子甲组 75+ 公斤	第二名
5	杭州市中小学生跆拳道比赛	11 月 28—29 日	建德	陈　果	儿童男子组 26 公斤	第二名
				吴文杰	儿童男子组 26 公斤	第三名
				毛铭杭	儿童男子组 37 公斤	第五名
				孙芷杭	儿童男子组 42 公斤	第二名

续表 57

序号	比赛名称	日期	比赛地点	姓名	项目	名次
5	杭州市中小学生跆拳道比赛	11 月 28—29 日	建德	江　枘	儿童男子组 47 公斤	第三名
				陈　喆	少年男子甲组 54 公斤	第五名
				李　俊	少年男子乙组 45 公斤	第五名
				胡韵雯	儿童女子组 23 公斤	第一名
				濮杨娜	儿童女子组 23 公斤	第二名
				姜余慧	儿童女子组 26 公斤	第三名
				陈安然	儿童女子组 30 公斤	第一名
				王　菲	儿童女子组 34 公斤	第五名
				黄子轩	儿童女子组 39 公斤	第一名
				李佳儿	儿童女子组 44 公斤	第三名
				王栩琛	少年女子甲组 47 公斤	第一名
				陈诗雨	少年女子乙组 42 公斤	第三名
				张意立	少年女子乙组 42 公斤	第五名
				黄家云	少年女子乙组 56 公斤	第一名
6	杭州市中小学生阳光体育羽毛球锦标赛	5 月 15—17 日	萧山	俞子玄	B 组男单	第八名
				龚晓婷	C 组女单	第七名
7	杭州市阳光体育武术比赛	5 月 9—10 日	杭州	郑梦轩	女子甲组国际规定套路（拳）	第二名
					女子甲组自选剑	第二名
					女子甲组自选枪	第一名
					女子甲组第一套国际规定长拳＋自选枪剑全能	第二名
				焦鑫鑫	女子甲组规定南拳	第一名
					女子甲组自选南刀	第一名
					女子甲组自选南棍	第二名
					女子甲组规定南拳＋自选南棍南刀全能	第一名
				徐鹿婷	女子乙组规定南拳	第一名
					女子乙组自选南刀	第一名
					女子乙组自选南棍	第一名
					女子乙组规定南拳＋自选南棍南刀全能	第一名
				高程程	女子甲组规定 42 式太极拳	第一名
					女子甲组自选太极剑	第一名

续表 57

序号	比赛名称	日期	比赛地点	姓名	项目	名次
7	杭州市阳光体育武术比赛	5 月 9—10 日	杭州	高程程	女子甲组规定 42 式太极拳 + 自选太极剑全能	第一名
				宣泽杰	男子丙组自选棍	第六名
					男子丙组自选刀	第七名
					男子丙组少年规定拳 + 自选刀棍 + 基本功	第六名
				戴高乐	男子丙组规定南拳	第四名
					男子丙组规定南拳 + 规定南刀 + 规定南棍 + 基本功全能	第四名
8	杭州市阳光体育网球锦标赛	3 月 13 日	杭州	彭　鹏	男子甲组单打	第一名
				张子彦	男子乙组单打	第二名
				王馨潼	女子丙组单打	第二名
9	杭州市阳光体育柔道锦标赛	11 月 20—22 日	临安	祝翛然	女子乙组 35 公斤	第一名
				季杭芬	女子乙组 44 公斤	第一名
10	浙江省第十五届运动会网球比赛	10 月 13—19 日	绍兴	王馨潼	女子丙组单打	第一名
					女子丙组双打	第一名
					女子丙组团体	第二名
11	浙江省第十五届运动会射箭比赛	10 月 21—25 日	嵊州	夏云龙	男子甲组个人单轮全能	第一名
					男子甲组个人 70 米	第三名
				汪　成	男子甲组个人单轮全能	第二名
				阿　娜	女子丙组单轮全能团体	第二名
				季钰露	女子甲组个人 60 米	第一名
					女子甲组个人单轮全能	第一名
				王　薇	女子丙组单轮全能团体	第二名
				徐放歌	女子乙组单轮全能团体	第三名
12	浙江省第十五届运动会摔跤比赛	9 月 11—16 日	柯桥	潘世炉	男子甲组古典 55 公斤	第一名
				孙运虎	男子乙组自由 58 公斤	第一名
				雷盛婷	女子自由 45 公斤	第一名
				方钰安	女子自由 51 公斤	第二名
				夏真龙	男子甲组自由 55 公斤	第三名

续表 57

序号	比赛名称	日期	比赛地点	姓名	项目	名次
13	浙江省第十五届运动会帆船帆板比赛	7月17—24日	绍兴	陈锦涛	帆板男子甲组长距离	第一名
				陈 泓	帆板女子乙组奥林匹克场地赛	第一名
				钱艺炜	女子甲组奥林匹克场地赛	第二名
					女子甲组团体计分（米氏级）	第二名
				梅俊鹏	男女 OP 混合	第一名
				杨丽红	女子甲组团体	第一名
					男女 OP 混合	第一名
14	浙江省第十五届运动会皮划艇赛艇比赛	7月9—13日	绍兴	郑剑辉	男子乙组 1000 米双人划艇	第一名
					男子乙组 2000 米双人划艇	第二名
				朱漳涛	男子甲组 1000 米单人划艇	第二名
					男子甲组 200 米单人划艇	第三名
				龙周峰	男子乙组 1000 米双人皮艇	第三名
					男子乙组 2000 米双人皮艇	第三名
				俞诗梦	女子乙组 500 米单人皮艇	第一名
					女子乙组 2000 米单人皮艇	第一名
				吴正华	男子丙组 2000 米双人皮艇	第一名
				邹佳琪	女子丙组 2000 米双人双桨	第一名
					女子丙组 4000 米双人双桨	第一名
15	浙江省第十五届运动会射击比赛	10月12—17日	绍兴	王 露	女子甲组小口径运动步枪 3X20 团体	第一名
				钟澄洁	男女混合青少年气步枪团体	第三名
				孙丽丹	女子甲组运动手枪 60 发团体	第二名
					女子 10 米气手枪团体	第三名
16	浙江省第十五届运动会柔道比赛	9月20—23日	上虞	胡秀红	女子乙组 48 公斤	第一名
				徐祝安	女子甲组 48 公斤	第一名
				王 钰	女子乙组 70 公斤	第一名
17	浙江省第十五届运动会武术（套路）比赛	10月15—18日	柯桥	焦鑫鑫	女子甲组规定南拳 + 自选南棍南刀全能	第一名
				徐鹿婷	女子乙组规定南拳 + 自选南棍南刀全能	第一名
					女子地躺拳 + 两人对练（器械）	第一名
				郑梦轩	女子甲组国际规定套路（拳）+ 自选枪剑全能	第一名

续表 57

序号	比赛名称	日期	比赛地点	姓名	项目	名次
18	浙江省第十五届运动会武术散打比赛	9 月 15—18 日	嵊州	任浩杰	男子甲组 70 公斤	第二名
				曹茜茜	女子 48 公斤以上 52 公斤	第一名
19	浙江省第十五届运动会乒乓球比赛	10 月 18—25 日	上虞	蔡　森	男子甲组单打	第一名
					男子甲组团体	第二名
				郑龙涛	男子乙组双打	第三名
					男子乙组团体	第二名
20	浙江省第十五届运动会游泳比赛	10 月 20—25 日	绍兴	孙　宇	14 岁组男子自由泳个人全能	第一名
					14 岁组男子 4X100 米自由泳接力	第一名
					14 岁组男子 4X200 米自由泳接力	第一名
21	浙江省第十五届运动会体操比赛	8 月 23—27 日	绍兴	陈慧杰	男子乙组自由操 + 鞍马	第二名
					男子乙组团体	第一名
					男子乙组双杠 + 单杠	第二名
					男子乙组全能	第二名
				王家阳	男子丙组团体	第一名
				陈夏凯	男乙山羊	第二名
					男乙自由体操	第二名
					男乙单杠	第二名
				方佳怡	女子乙组高低杠	第三名
					女子乙组平衡木	第三名
21	浙江省第十五届运动会体操比赛	8 月 23—27 日	绍兴	方佳怡	女子乙组自由操	第二名
					女子乙组跳马	第一名
					女子乙组全能	第二名
				徐静蕾	女子丙组团体	第二名
				方　银	女子丙组团体	第二名
				苗美美	女子丁组团体	第三名
22	浙江省第十五届运动会艺术体操比赛	10 月 18—21 日	绍兴	赵瑞	丙组个人带操	第三名
					丙组个人全能成绩	第一名

续表 57

序号	比赛名称	日期	比赛地点	姓名	项目	名次
23	浙江省第十五届运动会田径比赛	10 月 21—26 日	柯桥	陈梦颖	15—16 岁组女子铅球	第二名
				徐梦琴	13 岁及以下组女子 60 米栏	第一名
					13 岁及以下组女子跳远	第一名
24	浙江省第十五届运动会跆拳道比赛	10 月 19—23 日	新昌	赵霄磊	男子甲组 72 公斤	第三名
25	浙江省第十五届运动会拳击比赛	10 月 10—15 日	嵊州	李清洁	男子甲组 81 公斤	第一名
26	浙江省第十五届运动会自行车比赛	7 月 15—18 日	诸暨	申屠聪杭	男子甲组 4 公里团体追逐赛	第一名
					男子甲组团体竞速赛	第一名
					男子甲组 75 公里大组团体赛	第二名
				申屠健埔	男子甲组 4 公里团体追逐赛	第一名
					男子甲组 75 公里大组赛	第一名
					男子甲组 4 公里个人追逐赛	第三名
					男子甲组 75 公里大组团体赛	第二名
				李晗清	女子甲组 3 公里团体追逐赛	第一名
					女子甲组 50 公里大组团体赛	第二名
				钟城超	男子甲组 4 公里团体追逐赛	第一名
					男子甲组团体竞速赛	第一名
					男子甲组 4 公里个人追逐赛	第一名
					男子甲组 75 公里大组团体赛	第二名
				宋雪	女子甲组 25 公里大组团体赛	第一名
					女子乙组 3 公里团体追逐赛	第二名
27	浙江省第十五届运动会足球比赛	10 月 10—16 日	新昌	王慧铭	女子乙组	第一名
				汪　洋	女子乙组	第一名
				邵诗雨	女子乙组	第一名
				陈伟静	女子乙组	第一名
				刘海燕	女子乙组	第一名
				余晓蕴	女子乙组	第一名

续表 57

序号	比赛名称	日期	比赛地点	姓名	项目	名次
27	浙江省第十五届运动会足球比赛	10 月 10—16 日	新昌	詹泽雯	女子乙组	第一名
				申屠瑛	女子甲组	第一名
				袁骄阳	女子甲组	第一名
				周　琦	女子甲组	第一名
				骆　冰	女子甲组	第一名
				华琛南	男子乙组	第一名
				方　晟	男子甲组	第一名
				赵　浩	男子甲组	第一名
28	亚洲残疾人运动会	10 月 18—22 日	韩国仁川	宋懋鋆	男子 SM8 级 200 米混合泳	第一名
					男子 S8 级 100 米蝶泳	第一名
					男子 S8 级 400 米自由泳	第二名
					男子 S8 级 100 米自由泳	第二名
					男子 S8 级 100 米仰泳	第二名
29	全国青年田径锦标赛	6 月 20—22 日	浙江丽水	何丽珊	女子 400 米栏	第三名
30	全国少儿乒乓球比赛	2 月	河北石家庄	潘逸凡	2003 年组团体	第一名
31	第七届亚洲气枪锦标赛	3 月	科威特	邱烨晗	10 米气步枪个人	第二名
					团体	第一名
31	第 51 届射击锦标赛	9 月	西班牙	邱烨晗	青年组卧射团体	第三名
					三姿团体	第三名
32	亚洲羽毛球青年锦标赛	2 月	台北	陈雨菲	女子单打	第二名
32	世界青年羽毛球锦标赛	4 月	泰国	陈雨菲	混合团体	第一名
	青年羽毛球国际锦标赛	4 月	德国		女子单打	第二名
	全国青年羽毛球锦标赛	5 月	上海		女子乙组单打	第三名
	全国羽毛球团体锦标赛	7 月	上海		团体	第一名
33	全国皮划艇（静水）锦标赛	10 月 9—12 日	江西南昌	吴江	男子四人皮艇 200 米	第一名
					男子四人皮艇 500 米	第一名

续表 57

序号	比赛名称	日期	比赛地点	姓名	项目	名次
33	全国皮划艇青年锦标赛	7 月 31—8 月 3 日	合肥	吴江	男子四人皮艇 200 米	第一名
					男子四人皮艇 500 米	第一名
34	全国皮划艇（静水）锦标赛	10 月 9—12 日	江西南昌	梁丹丹	女子双人皮艇 1000 米	第一名
35	世界杯帆船赛青岛站	10 月	青岛	史红梅	女子帆板 NP 级场地赛	第三名
36	全国青年摔跤锦标赛	7 月	潍坊	潘世炉	男子古典式 55 公斤	第三名

·广播电视管理·

【农村电影“2131”工程】 2014 年，继续实施农村电影“2131”工程（21 世纪初一村一月放映一场电影）。以文化礼堂为阵地，农村电影逐步从流动转向礼堂固定放映。对中心村、人口密集的中心地段加映电影场次，全年免费放映电影 2404 场，实现“一村一月放映一场电影”目标任务，依托省农村电影放映 GPS / GPRS 卫星监控平台，加大对农村电影放映场次督查力度。

【广电惠民工程】 2014 年，桐庐县继续实施广播电视“低保工程”，为低保户家庭办理有线电视减免相关手续，并开展实地抽查督促验收工作，先后到新合、凤川、江南等乡镇低保户家实地了解核实有线电视减免情况。全年，免有线电视基本收视费 4189 户，免初装入户费 92 户。

【安全播出】 2014 年，桐庐县调整广播电视安全播出领导协调小组成员，修订完善广播电视安全播出应急预案，在元旦、春节、省“两会”、全国“两会”、五一、国庆、十八届四中全会期间到华数数字电视前端机房和电视台播出机房进行安全检查，在重要保障期内做好日常管理及上情下达工作，每次重大活动做到事先有检查、事中有监督、事后有总结。落实安全播出责任，县文广新局与住建局、交运局、城管局、电视台、华数电视等 9 个单位签订责任书，在城南街道春江村江头自然村组织一次广电非法信号插播应急演练。对重点期和重要保障期实行一日一报“零报告”制度，做到有事报事、无事报平安。

【“数字兴农”工程】 2014 年，桐庐县模拟电视转数字电视（以下简称“停模”）工作继续推进。华数数字电视公司围绕“先试点后推广，先宣传服务后分区域停模，城乡同步实施”总体思路，全年完成电视数字化 59463 户。

（章勤玉）

【责任编辑：叶楠】

新　闻

·广播电视·

【概况】 2014年，桐庐县广播电视台播发广播电视新闻7857条，其中电视新闻4755条、广播新闻3102条；采制广播电视专题、专栏专题4558期。是年，县广播电视台把握正确舆论导向，积极开拓创新，唱好地方戏，打好本土牌，提升舆论影响、精品意识、经济效益、品牌影响、保障能力、队伍素质，被评为2014年度经济责任制（保障部门）二等奖。全年被上级台录用新闻600多条次；24件广播电视作品获省、市政府奖。在2014年度全省对农节目服务工程建设考核中，广播电视对农栏目《田园之声》和《农民之友》双双获得“优秀”等次，成为杭州地区唯一获得“双优”的单位，也是2008年浙江省启动对农节目服务工程建设考核以来县广播电视台电视对农栏目第六次获此佳绩。“小微养殖 牵手100 ——‘农民之友’爱心助残公益活动”获2013年度浙江省广播电视对农节目政府奖电视对农活动二等奖；《浙江建设美丽乡村，一张蓝图十年接力》《危化品泄漏 桐庐紧急救援》等28条报道在央视各频道和央广播出。

【重大主题报道】 2014年，桐庐县广播电视台围绕“中国最美县”建设和“全面深化改革、扩大有效投资、推进五水共治”等各项中心工作，推出“五水共治”“无违建县创建”“寻访最美桐庐人”“深入开展党的群众路线教育实践活动”“开展三实活动 发展实体经济”“贯彻全会精神 发展美丽经济”等20多个专栏，播发各类主题报道2000多篇。其中，“建设中国最美县”作为贯穿全年的总系列，把“全力推进五水共治”“无违建县创建”“寻访最美桐庐人”“发展美丽经济”等内容作为子系列编发，形成以重点工作为中心的系列报道群。涉及“五水共治”和“无违建县创建”两项工作的报道分别达到400多篇和300多篇，是近年时间容量最大、播出最紧密的系列主题报道。

【舆论监督】 2014年，桐庐县广播电视台在《桐庐新闻》开设舆论监督专栏《新闻聚焦》，全年播发舆论监督新闻124篇，用镜头聚焦“五水共治”“无违建县创建”、重大项目推进等重点工作，多次获得县委书记毛溪浩、县长方毅批示。该栏目还获得2014年度全县宣传思想文化工作“创新奖”。此外，全年还播发其他方面舆论监督报道200多篇。同时，打造广播电视问政平台，承办三场“三诺三比”电视问政活动，14个乡镇（街道）和12个县重点部门负责人走进演艺厅接受市民代表现场问政，12个部门负责人走进广播《阳光热线》直播间，与听众交流。

【广播节目调改】 从2月18日起，广播节目全新改版，全天8小时直播，8个整点推出《893资讯快报》，优化节目设置，提升节目质量，5月1日起实现24小时播出。改版后策划推出

“三诺三比”电视问政现场

“一路花香　温暖有你”“走进创业学校”等活动；在全天的节目中推出自我品牌台宣、台呼，结合联办单位内容推出公益广告；借助房交会，设立现场直播室，提升“桐庐 893”品牌影响力。

【微信公众平台“同乐汇”】 2014 年，桐庐县广播电视台完善微信公众平台“同乐汇”功能，通过现场扫微信和活动添加，扩大用户群。7 月 1 日起，微信“同乐汇”实现广播实时收听和新闻、专题视频当天点播。在内容方面设置“新闻汇”“活动汇”“影视汇”等，突出本地化和实用性。其中一条微信《2014 中国最美县三甲出炉　桐庐榜上有名》的浏览量达到 12 万次。截至 12 月底，“同乐汇”粉丝数已达 33000 多，成为县级机关单位和媒体平台中最具影响力的微信公众号。

【潇洒桐庐 APP 手机客户端】 从 8 月 25 日起，“潇洒桐庐”手机客户端上线运行。这一 APP 平台集音频、视频、图片、文字于一体，设置桐庐发布、桐庐消息、中国网事等版块。桐庐县广播电视台具体编辑运作，手机用户可以浏览桐庐本地的新闻报道、生活资讯、便民信息以及国内外大事、要事等内容，截至年底下载 APP 用户 1000 余人次。

【微电影、纪录片拍摄】 4 月—7 月，县广播电视台运用新媒体手段，拍摄完成第二部微电影《爱在画城Ⅱ》。影片主要讲述美院大学生和芦茨农家乐业主的爱情故事，展现桐庐尤其是慢生活体验区一带的秀美自然风光，上传到优酷、土豆、爱奇艺等网站，点击量 5000 余人次，成为宣传“画城桐庐”的新载体。10 月—11 月，县广播电视台组织精兵强将，拍摄制作桐庐县首部反映桐君老人的 12 分钟纪录片《华夏中药鼻祖——桐君》，并于第二届华夏中医药养生旅游节开幕式前首映，受到众多嘉宾和客商的好评，成为旅游节一大亮点，提升桐庐广电的品牌影响力。

微电影《爱在画城 2》拍摄中

【第四届观（听）众节】 9 月 6 日至 10 月 26 日，县广播电视台举办第四届观（听）众节活动。期间开展“我陪父母过中秋”“我要上电视”“第二届桐庐好声音”“故事宝宝选拔赛”“桐庐 893 慈善义拍”“微信美文征集”等活动，上万人次参与。9 月 6 日至 10 月 26 日，县广播电视台主办“桐庐好声音”第二季电视歌手大赛，吸引 300 多名参赛者，经过海选、初赛、复赛、半决赛、训练营、决赛 6 个阶段的比赛后，闫强夺得冠军，郑杰、张晴分获亚军、季军。8 月至 12 月，举办十场“我要上电视”大型欢乐秀活动，吸引 400 多位选手上台表演节目、展示才艺。10 月 16 日至 11 月 14 日，县教育局、文联、广播电视台联合举办第七届“故事宝宝”选拔赛，全县及周边县市 1100 多名 3—6 周岁幼儿参加比赛，姚雨涵和陈馨怡获特等奖，并获桐庐县第七届“故事宝宝”称号。

【活动比赛】 2014 年，桐庐县广播电视台主办、承办、合办各类活动 70 多场次，吸引上万人次参与。3 月 5 日，县广播电视台成立“桐庐 893 车友会”，至 12 月底，共组织开展“我为地球添绿色”义务植树、父亲节亲子嘉年华、绣花鞋制作体验等 29 场车友会活动，车友发展到 2000 多人。3 月 29 日，县广播电视台和县环保局联合举办“我们的碧水蓝天”桐庐 893 千人风筝会，在县城中心广场、桐君广场、分水镇、横村镇、江南镇五个会场放飞 1000 只风筝，助力“五水共治”宣传。6 月 28 日至 7 月 25 日，举办“御龙定制”杯桐庐 893 报时小明星选拔赛，全县各地 173 名 3—8 周岁小朋友参加比赛，毛艺燃等 18 位小朋友成为“桐庐 893 报时小明星”。9 月 5 日，承办首届杰出桐商颁奖典礼。

【基础建设】 2014 年，桐庐县广播电视台对广播录制、播出和传输环节进行改造，添置直播用电脑、数据存储硬盘等，较好地解决广播信号损失问题，实现广播24小时播出。做好网站、内网办公系统以及微信平台后台管理和维护工作，实现办公区域wifi信号基本覆盖。启用虚拟演播室，丰富节目形式。完成历史视频资料抢救，新闻、专题节目每天录入媒资系统，可随时调阅取用，丰富电视画面。投资2万多元在广播电视播出机房、电视编辑机房、设备间等处安装门禁系统，加强安全播出工作。全年安全播出无责任事故。（吴敏秋）

·桐庐县信息传媒中心·

【概况】 2014年，县信息传媒中心坚持《今日桐庐》、桐庐新闻网、桐庐手机报、桐庐发布四媒联动，全面发展。《今日桐庐》全年发行337期，每期发行量35000余份，总发行量982万份。桐庐新闻网（www.tlnews.com.cn）新设“桐网播报”网络电视栏目，网站日浏览量31000人次，桐庐手机报每天一期不间断。广告经营收入680余万元。是年，县信息传媒中心获浙江省县（市、区）域报最具媒体影响力奖；8篇新闻报道分别获得浙江省县（市、区）域报好新闻奖一、二、三等奖。县信息传媒中心党支部荣获“桐庐县先进基层党组织”称号。

【增加《今日桐庐》发行量】 2014年，县信息传媒中心开展以进家庭、进企业、进农村、进社区、进宾馆、进商场“六进”活动为重点的《今日桐庐》倍增计划。全年免费向困难户、低保户、百姓日市民代表、三产服务业、新增宾馆商场等赠送报纸10000余份，赠阅量达35000余份。

【编辑运行“桐庐发布”】 2014年8月，县信息传媒中心编辑运行的县委、县政府官方微信微博“桐庐发布”正式上线。上线当日微信粉丝数达1200多个，最高阅读量达5400多人次。“桐庐发布”设有“权威发布”“政策解读”“民生视角”“醉美桐庐”“便民提示”等十余个栏目，第一时间发布党务、政务信息，以及各类民生信息、便民措施、生活资讯，成为桐庐党务、政务的权威“信息源”，形成全县微政务传播新格局。截至年底，腾讯微信、新浪微博、腾讯微博、新华微博“四大平台”粉丝数突破9000。

【《桐网播报》】 2014年11月中旬，桐庐新闻网正式推出全新的视频节目《桐网播报》，以全新的方式播报桐庐的本土新闻。节目每周三、周五播出，每期时长5—8分钟，集桐网新闻、图说新闻、桐网时评三块内容于一体。《桐网播报》以“关注本地动态，报道民生热点”为宗旨，以主持人出镜播报形式贯穿节目，实时播报百姓关心关注的民生热点新闻，每期点击量达500人次。

【主题报道】 2014年，县信息传媒中心策划“推进五水共治 建设美丽桐庐”“创无违建县 建中国最美县”等一系列主题报道。其中，刊发经济报道730余篇、言论110余篇；“五水共治”报道360余篇、言论25篇、专刊7个；“三改一拆”报道340余篇、言论20余篇、专刊10个。在《今日桐庐》头版持续开设“为民务实清廉 党的群众路线教育实践活动”专栏，联动“走亲微故事”“向身边的先进典型学习”“万名党员争当护水先锋”“抓整改 转作风”、漫画系列等子专栏，重点策划撰写32篇有关教育实践活动的本报评论员文章，形成报道合力。3月起，《今日桐庐》在头版重要位置推出曝光台专栏，采用以图为主、连续刊发、定期回访的报道形式，舆论监督各项重点工作，共刊发曝光报道120余期、言论9篇，得到县委书记毛溪浩批示。策划刊发《拯救大樟树》系列报道，得到县委副书记、县长方毅批示。相继推出“为民办实事 幸福来敲门”“县两会之民生议事厅”等系列报道，每周五推出“天天民生”服务版，提供最新鲜、最实用的民生资讯。

【深化“走转改”活动】 2014年，县信息传媒中心以“走转改、传帮带、学赶超”为抓手，让老记者、首席记者指导年轻记者、新记者，策划“品年味”“话丰收”“乐大年”“过除夕”等系列报道；以“贴近实际、贴近生活、贴近群众”原则，策划《走亲微故事》专栏，采写刊发《瞎子学打电话》《养猪大户“退休”》《送不出的礼品》等微故事；报道《渐行渐远的老手艺》《患难夫妻谱写生命之歌》《城中渔民村》等主题图片。

（陈　燕）

【责任编辑：叶楠】

卫生事业

·医疗卫生·

【概况】 2014年，桐庐县设有医疗卫生机构315个，其中县级卫生单位2个（疾控中心、卫生监督所），县级医疗机构5个，乡镇卫生院（社区卫生服务中心）14所（个），纳入乡村卫生服务一体化管理社区卫生服务站88个，村卫生室102个，个体办村卫生室、社区卫生服务站35个，个体诊所、厂矿学校医务室、民办医疗机构等100个。新审批设置医疗机构17个，注销医疗机构执业许可证4个。对298个中小医疗机构进行依法执业量化分级，分级率100%，达到规范级别的中小医疗机构有101个，规范单位数占分级监管单位的34.5%；合格196个，占65.5%，另有1家单位注销。

2014年，县公立医疗卫生单位核定编制1928人。在岗职工1893人，其中编内正式职工1816人、编外人事代理77人。研究生学历37人，占1.95%：本科学历1170人，占61.80%；大专学历442人，占23.35%。高级职称209人，占11.04%；中级职称509人，占26.89%。

2014年，全县爱心门诊接诊63162人次，减免医药费 7.247万元，惠民医院接诊住院972人次，减免医药费53.96万元。完成高校招生体检2484人及征兵体检工作。受理120呼救电话35516次，出车6171次。是年，县医疗纠纷人民调解委员会受理医疗纠纷34件，其中县级医院30件，调解数234.6882万元。17家公立医疗单位缴纳医疗责任风险金399.64万元。完成全国九三学社会议、“谁是球王”民间足球争霸赛、第十届中国动漫节桐庐分会场、浙江省武术锦标赛、浙江省首届村歌大赛、“政府开放日”活动、富春江绿岛千人露营大会、桐庐县第十二届房交会等活动医疗救护保障31次。

2014年桐庐县卫生系统医疗机构基本情况

表58

单位名称	实际开放床位（张）	职工人数（人）	卫技人员数（人）
桐庐县第一人民医院	633	859	695
桐庐县第二人民医院	134	273	226
桐庐县中医院	200	549	446
桐庐县妇幼保健院	80	315	259
桐君街道社区卫生服务中心	0	104	93
旧县街道社区卫生服务中心	7	30	25
横村中心卫生院	80	134	120
江南中心卫生院	10	91	81
凤川中心卫生院	15	66	57
富春江中心卫生院	26	96	66

续表 58

单 位 名 称	实际开放床位（张）	职工人数（人）	卫技人员数（人）
百江中心卫生院	5	55	48
钟山乡卫生院	9	52	47
分水镇卫生院	4	95	85
莪山畲族乡卫生院	10	31	27
瑶琳镇卫生院	3	79	68
合村乡卫生院	7	33	28
新合乡卫生院	0	105	101
合 计	1223	2967	2472

2014 年桐庐县新审批医疗机构

表 59

机构名称	负责人	注册日期	机构地址
桐庐孙俞口腔门诊部	俞华平	2014—01—03	江南镇集市路 267 号 2 幢 201 室
桐庐桐君堂中医门诊部	李金宝	2014—01—08	县城西湖弄 3 号（1—3 楼）
桐庐李一平口腔诊所	李一平	2014—05—28	百江镇老桥头 4 号（一楼）
桐庐美瑞医疗美容门诊部	马东升	2014—06—06	县城迎春南路 279 号立山国际中心 16 楼 1603、1604、1605 室
桐庐刘江龙口腔诊所	刘江龙	2014—07—07	县城富春路 323 号
桐庐郑平口腔诊所	郑平	2014—07—14	城南街道乔林路 1004—1006 号
桐庐吴鹏口腔诊所	吴鹏	2014—08—04	县城石马路 376 号
桐庐郑爱莲口腔诊所	郑爱莲	2014—08—04	分水镇院士路 452—456 号
杭州技师学院医务室	邵伟军	2014—09—04	桐君街道君山村（杭州技师学院 3 号教学楼一楼）
浙江工商大学杭州商学院医务室	张仁寿	2014—09—30	城南街道环城东路 77 号（杭州商学院学生公寓 2 号楼底楼）
桐庐县城南街道社区卫生服务中心下轮社区卫生服务站	吴震宇	2014—09—29	县城大联路 688 号下轮公寓 7 幢 1 楼
桐庐盛学良口腔诊所	盛学良	2014—09—29	县城学圣路 725 号
灵古寺医务室	释性空（奚凡）	2014—10—23	富春江镇茆坪村（灵古寺内）
桐庐泽康口腔门诊部	何桥	2014—12—2	分水镇县前街 201 号
桐庐邵氏口腔诊所	邵桐君	2014—12—4	县城学圣路 315—319 号

续表 59

机构名称	负责人	注册日期	机构地址
桐庐张晓聪口腔诊所	张晓聪	2014—12—18	县城阆苑路 710 号
杭州韩佳医疗美容门诊部	王云虎	2014—12—26	县城云栖中路 619 号东方君兰中心 3 楼（北侧）

2014 年桐庐县注销医疗机构

表 60

机构名称	负责人	注销原因机构名称	注销日期
桐庐张银霞口腔诊所	张银霞	主动申请注销	2014—07—07
桐庐楼子阳口腔诊所	楼子阳	主动申请注销	2014—08—08
桐庐林俊辉口腔诊所	林俊辉	主动申请注销	2014—12—03
桐庐孙氏口腔诊所	孙小英	主动申请注销	2014—12—22

【上海瑞金—桐庐医疗联合体正式运作】
2014 年 1 月，上海瑞金—桐庐医疗联合体成立，固定每两周一次上海专家来桐坐诊、授课，年内共开展病历讨论 395 人次，教学查房 454 次，共诊治患者 4251 人次。每周三、四、五上海瑞金医院心内科、神经内科、手术室专家来县第一人民医院相关科室进行临床带教。每月第 2 周、第 4 周的周日，消化内科、呼吸内科、内分泌科、肾内科、神经内科、眼科和普外科 7 个科室专家到县第一人民医院坐诊；是年，瑞金医院联合医联体内县级医院专家开展义诊活动 20 次，共义诊 1877 人次。是年，上海瑞金医院开通人才培养快速通道，共选派全科 18 人，其他专科 27 人，中层管理人员 12 人赴上海瑞金医院培训进修。

【杭州市一医院桐庐分院】 2014 年，市一医院桐庐分院医疗业务收入增长达 40.13%，出院人次增长达 27.16%，床位使用率提高 26.91%，危重病人救治率达 30.2%，当地群众满意率提升 15% 以上，拓展新技术新项目 50 余项，培育 5 个精品专科、9 项市级以上课题，确立导师带教制重点培养本地 17 名学科带头人，医院管理费用同比下降 28.25%。医疗安全纠纷从托管前的一年 17 起下降到现在 11 起，医疗安全纠纷同比减少 60%，全年医疗纠纷理赔较上年同期下降 52.02%。11 月 19 日，杭州市第一人民医院与桐庐合作办医工作会议在县政府会议中心召开，会议回顾杭州市第一人民医院正式托管县第二人民医院（成立市一桐庐分院）一年多来所做的工作，共商提升市一桐庐分院医疗服务质量、推进“市一—桐庐医联体”建设有关问题，同时明确相关扶持政策。

【扶持民营医院健康发展】 2014 年，桐庐县制定出台《关于进一步鼓励和引导社会资本举办医疗机构的实施意见》，拟推行公立医院定点帮扶、设立民营医院发展专项资金、建设民营医院发展技术人才专家库、扶持微小医院发展组合等一系列特色政策。以公立医院医技流动为切入，以瑞金富春山居养生仙境基地项目为突破，大胆探索社会资本融入公立医疗体系，做实社会资本办医，引导社会资本助推健康产业发展等公立民营共促改革发展新理念新局面。

【“桐庐百姓日”义诊】 2014 年 5 月 6 日，结合“桐庐百姓日”活动开展大型义诊和宣教活动。免收挂号费 6260 人次 14930.34 元。利用“桐九协作”（桐庐县卫生局与浙江省九三学社医卫组协作）、区县协作等平台，联系浙一医院、浙二医院、省中医院、省邵逸夫医院等 7 家单位、25 名专家到全县各乡镇开展义诊，义诊 3653 余人。县第一人民医院、中医院等 4 家县级医院派出 8 名医疗专家到 4 家乡镇卫生院义诊，义诊达 250 余人。活动期间，下发各类健康宣教资料3635余份，共安排急救车1辆，医护人员4人，驾驶员1人，做好应急预案，专车专人备足各种应急抢救药品。

【医疗质量管理】 2014年，继续开展“三好一满意”（服务好、质量好、医德好、群众满意）和抗菌药物专项行动。加强常态化管理，推行优质护理服务示范工程，4家县级医院全部参与，开展服务病区近30%。实施手术安全核查制度，医疗技术分级管理，落实患者安全目标管理。加强处方点评和超常预警，加强抗菌药物临床应用和细菌耐药监测。规范院内感染管理，开展手术室、重症监护室、血透室、供应室等重点部门管理督查。是年8月，桐庐县开展乡镇卫生院等级评审，其中江南、新合、钟山、莪山、瑶琳、分水、百江、合村8家乡镇卫生院通过杭州市乙级乡镇等级评审；11月，富春江中心卫生院和横村中心卫生院通过甲等乡镇卫生院等级评审。

【重点专科建设】 2014年，桐庐县继续加强重点学科、专科建设管理和考核，组织各单位申报重点学科。至年末，共有各级重点专科22个，其中，县第一人民医院（简称县一院）10个（泌尿外科、心血管内科、消化内科、呼吸内科、普外科、神经外科、产科、儿科、神经内科、眼科）；县中医院7个（泌尿外科、中西医结合妇科、中西医结合眼科、中医内科、中医妇科、中医骨伤科、农村医疗机构针灸理疗康复特色专科）；县妇幼保健院4个（产科、妇女保健科、新生儿科、全科医学科），疾控中心1个（疾控科）。另外，县一院的神经内科荣获省级重点专科；县一院的泌尿外科、心血管内科、妇保院产科、县中医院骨外科学获市级重点专科；县一院的心血管内科、神经内科获县级医学重点专科。

【医学科研】 2014年，桐庐县完成省级课题立项1项、市级课题立项15项、县级43项。实施卫生系统内年度科技创新奖评选和优秀论文奖评选，参评项目102个，评选出科技创新奖22项、优秀论文奖25项。其中，洪钟亮主持的《单通道经皮肾镜碎石术治疗复杂性肾结石》和王丹凤等人主持的《剖宫产逐年升高原因分析及干预措施研究》获科技创新一等奖。潘永苗撰写并发表在SCI期刊的《择期手术开放复位内固定治疗跟骨骨折48例临床分析》及方玉才等人主持的 《67例慢性丙型肝炎治疗过程及随访中血清谷丙转氨酶、病毒载量及肝纤维化指标的变化》获得优秀论文一等奖。

【中医药服务能力提升工程】 2014年，桐庐县中医药服务能力提升工程通过杭州市卫生计生委中期评估获得良好等次。3月，开展年度中医专项资金项目申报评审，申报项目28项，立项14项，包括适宜技术推广、乡镇卫生院诊疗科目增设、中医知识培训班、人才引进和培养等。是年，引进中医药类研究生4名，3名中医师承期满通过结业考核，县中医院叶承锋被确定为浙江省基层名中医培养对象。举办一期中医药参与公共卫生服务培训班，辖区13个乡镇（街道）的中医管理、公共卫生、中医师资人员共44人参加培训。是年，与浙江中医药大学合作，通过中医名家定期坐诊授课、指导查房等形式提升县域中医药服务水平。推广穴位按摩操作治疗胸腰椎骨折病人腹胀和便秘、耳穴埋豆配合穴位按摩防治化疗后恶心呕吐、刮痧治疗外感风热证等三项适宜技术，并在桐君、钟山、富春江等站室开展中医花茶保健服务。是年，桐庐县被浙江省任命为首批中医药健康服务基地示范点建设单位。

【第二届华夏中医药养生旅游节】 2014年11月28日—30日，第二届华夏中医药养生旅游节活动圆满落幕。县卫生局承担之江论坛、朝圣典礼、名中医义诊、健康知识进万家等子活动，全省各地中医医院院长及中医研究管理人员150余人参加省中医药学会协同主办的之江论坛，围绕“中医药健康服务业发展”发表主题演讲和讨论。知名中医义诊活动共邀请国家省市级名老中医11人，涵盖外科、内科、康复、儿科、中西医结合肿瘤、乳腺外科等专业，义诊服务人次达256人，开膏方60余人次。健康知识进万家系列讲座，覆盖全县13个乡镇（社区），服务人次超过1000。桐庐县中医顾问、市级名中医许子春老人执事主祭本次朝圣活动，全省各地中医院院长、县卫生系统100余人参加鼻祖桐君老人祭祀典礼。

【卫生信息化】 2014年，桐庐县横村中心卫生院和瑶琳镇卫生院在农民健康体检中使用区域体检系统，实现体检系统与检验信息系统的互联，实现区域体检信息上传到健康档案管理系统。县第一人民医院、第二人民医院、中医院、妇保院4家二级公立医院启动医保智能审核系统建设，年底投入运行，4家二级公立医院启动反统方系统建设，增加堡垒主机，第一人民医院反统方软件系统开工。11月，组织县级医院房管院长和信息科相关人员到宁波市鄞州区、温州医科大学附属第一医院、绍兴市新昌县等地学习。推行基于区域互联互通为基础的信息化平台建设，全年投入30万元更新信息中心机房入侵防御系统和不间断电源电池组。推行智慧诊间结算、无线生理参数仪等应用促进“智慧医疗”惠民。

【“五大中心”建设】 2014年，桐庐县逐步推进全县影像中心、检验中心整合建设，加快网络系统的整合和搭建，与相关县级医院积极协同，落实场地，按实际需求开展相应会诊工作。是年，县心电会诊中心7月正式投入运行，县病理中心10月正式投入运行。桐庐县病理诊断中心依托县第一人民医院的平台，通过整合各家县级医院的人员、设备资源，投入近10万元对县一院病理科进行布局改建和设备更新，建立病理标本收发室，建立全新的工作流程以适应全县病理诊断的需求，新购置自动脱水机一台，整合中医院病理科人员和设备，顺利投入运行。

【建立多学科联合会诊中心】2014年4月13日，上海瑞金医院桐庐分院多学科联合会诊（以下简称MDT）中心正式成立。办公地点设在县第一人民医院8号楼6楼，开设胃肠肿瘤、心肺疾病、颅脑疾病、甲状腺疾病、妇科肿瘤、疑难疾病6个联合门诊，并建立连接上海瑞金医院的MDT远程会诊平台。是年4月16—18日，中心组织县第一人民医院、中医院、妇保院等分管MDT工作领导、相关学科专家16人赴上海瑞金医院参加MDT管理与实践学习班。同时，中心开通赴上海瑞金医院MDT会诊的“绿色通道”，免费为需要赴上海会诊的患者提供服务。年内中心共接待咨询和会诊申请100余人次，开展MDT会诊50例，会诊病人服务满意率100%。9月，开展双向转诊工作，至年底共转诊1102人，上转547人，其中转上海瑞金27人，下转555例。

【医疗业务数据】 2014年，桐庐县公立医疗单位业务收入8.14亿元，比2013年上升10.65%，其中县级医院7.13亿元，比2013年上升11.58%；乡镇卫生院（社区卫生服务中心）10121.4万元，比2013年上升4.54%；门急诊人次总数300.49万人次，比2013年上升4.31%，其中县级医院186.85万人次，比2013年上升8.56%；13家公立乡镇卫生院（社区卫生服务中心）113.64万人次，比2013年下降2%。公立医疗单位全年出院人次38674人次，总住院36.06万床日，其中县级医院33.55万床日、乡镇卫生院（社区卫生服务中心）2.51万床日；全县平均病床使用率84.29%，其中县级医院病床使用率91.57%、乡镇卫生院（社区卫生服务中心）病床使用率40.45%。

2014年桐庐县卫生系统医疗单位主要业务指标

表61 **金额单位：万元**

指标类别 \ 医院类别		县级医院	乡镇卫生院（中心）	合　计
业务收入	2013年	63904.72	9682.3	73587.02
	2014年	71305.07	10121.4	81426.47
上升幅度（%）		11.58	4.54	10.65
业务支出	2013年	66631.33	15494.68	82126.01
	2014年	75479.33	16700.96	92180.29

续表 61

指标类别＼医院类别		县级医院	乡镇卫生院（中心）	合　计
上升幅度（%）		13.28	7.79	12.24
业务收支结余	2013 年	-2726.61	-5812.38	-8538.99
	2014 年	-4174.26	-6579.56	-10753.82
上升幅度（%）		53.09	13.2	25.94
全年平均职工人数	2013 年	1828	885	2713
	2014 年	2035	939	2974
门诊人次（人次）	2013 年	1721169	1159574	2880743
	2014 年	1868539	1136368	3004907
住院床日（床日）	2013 年	328836	28631	357467
	2014 年	335554	25085	360639
人均业务收入	2013 年	34.96	10.94	27.12
	2014 年	35.04	10.78	27.38

说明：本表统计范围为公立医疗机构。业务收入不包括财政补助和上级补助收入

【卫生系统小额工程建设招投标】 2014 年，通过招投标确定 2014—2016 年度限额内卫生系统小额工程建设项目入围单位及中介机构。建筑设计中标单位为浙江伟东规划建筑设计有限公司、桐庐建筑勘察设计有限公司、浙江建院建筑规划设计院；工程监理中标单位为杭州建友工程咨询有限公司、浙江工业大学建设工程监理有限公司、浙江蟠龙工程管理有限公司、桐庐建银建设管理有限公司、浙江建安工程管理有限公司；1 万—5 万元建设项目工程施工中标单位为桐庐宏宇装饰有限公司、桐庐武盛建筑有限公司、浙江富泰建设有限公司、浙江中腾建设有限公司、杭州桐庐摩登装饰有限公司；200 万元以下建设项目招标代理和工程造价咨询及工程结算审核中标单位为浙江省成套招标代理有限公司、浙江建安工程管理有限公司、杭州欣兴建设工程招标代理有限公司、杭州建友工程咨询有限公司、杭州市建设工程管理有限公司。是年，该交易中心组织完成招投标项目 14 个，交易金额 344 万元。

【基础设施建设】 2014 年，桐庐县卫生系统基本建设项目为县中医院改扩建工程、新合乡卫生院迁建工程、县中医院原住院楼改造工程和县第三人民医院精防中心一期工程。项目总投资约 2.66 亿元，是年完成投资 14200 万元，建设资金来源为中央资金、财政拨款和自筹。

县中医院改扩建工程为续建项目，且为 2013 年度省级重点建设项目和县政府重点投资项目。是年，该项目完成投资额 13388 万元，累计完成投资 2.5388 亿元。工程按三级乙等综合性中医院标准设计，设计床位 450 张，项目用地 1.46 公顷，由现门（急）诊楼用地、原果品公司和邮电路拆迁地组成，建筑面积 51807 平方米（含地下面积 9353 平方米），概算总投资约 2.54 亿元。建设内容包括病房医技部和门（急）诊部。项目建设过渡期间，县中医院整体搬迁到县一院老院区进行医疗服务。新合乡卫生院迁建工程为 2013 年中央及县政府投资项目，计划总投资 565 万元，是年投资 365 万元，已完成并投入使用。桐庐县中医院原住院楼改造工程为 2014 年县政府投资项目，计划总投资 600 万元，是年投资 300 万元，已完成总工程量的 60%。县第三人民医院精防中心一期工程为 2014 年县政府投资项目，计划总投资 348 万元，是年投资 148 万元，已开工建设，进行门诊楼内部装修。

2014年桐庐县卫生系统医疗机构基本建设投资情况

表62

建设单位	项目名称	总建筑面积（平方米）	总投资（万元）	年完成额（万元）	资金来源（万元）	
					自筹	补助
桐庐县中医院	桐庐县中医院改建工程	51807	25388	13388	—	13388
新合乡卫生院	新合乡卫生院迁建工程	2076.2	565	365	365	—
桐庐县中医院	县中医院原住院楼改造工程	4200	600	300	300	—
县第三人民医院	精防中心一期工程	5000	348	148	148	—
合　计	—	63083.2	26901	14201	—	—

【人才队伍建设】 2014年，桐庐县通过春季人才招聘会、外省高校专场招聘会、网络招聘等形式，经考核试用、体检等程序，大力引进卫生紧缺型高层次人才，共引进全日制本科生34人，其中第一批录取的5人；硕士研究生8人；副高级职称1人。是年，根据医疗单位用人需求，还面向社会公开招聘临床医生、护理等岗位医务人员70人。

是年，继续委托浙江医学高等专科学校定向培养专科类农村社区医生20人，当年毕业的45名委培生参加县第一人民医院、县第二人民医院培训基地组织为期2年的助理医师规范化培训，当年助理医师规范化培训合格6人。

是年，参加本科类住院医师规范化培训34人；社区护士培训18人；选派5人参加全省城乡社区公共卫生人才培训项目；4人参加基层复合型公卫骨干培训项目。参加在县委党校举办的浙江中医药大学研究生课程高级研修班，结业55人。是年，取得正高级卫技职称12人，目前现有正高职称46人，取得副高级卫技职称40人，现共有副高级卫技职称212人。

是年，钟山乡卫生院与浙江中医药大学合作，接收滨江区社发局赠送价值40万元的全自动生化仪。积极开展“双百工程”，　由县人才办牵头，选派4名业务骨干去省市医院锻炼培养3个月。

【推进“智慧医疗”和“自助服务”】 2014年5月，县第一人民医院全面推行诊间智慧结算和自助结算，在门诊诊间试行“诊间结算”功能，6月开始试行“自助充值，自助挂号，自助结算一体机”的使用。全年门诊病人“自助挂号”24908例，“诊间结算”6625例，“一体机”“自助结算”7888例，至年末，共有门诊病人“自助挂号”31508例，“诊间结算”6957例，“一体机”“自助结算”7734例。

【开展全预约分时段诊疗】 2014年，桐庐县4家县级医院均已开展全预约分时段诊疗，预约的临床专科共有22个，医疗专家达70人。浙江省预约平台开展网上预约，可以根据去医院的路程选择合理的时间段；通过门诊大厅的自助挂号机预约；开展辅助检查如放射科、B超等科室预约检查时间。至今共有1600余人次网上预约成功。

【门急诊流程改造】 2014年，县第一人民医院对门急诊就诊环境进行比较大的调整和改进，增设内科诊室4间，将皮肤科、激光理疗、性病门诊调整至1号楼3楼东区，外科诊室增加4间，内镜中心搬至1号楼4楼西区，同时改建、外科门诊、内镜中心及皮肤科门诊区域的候诊大厅。针对门急诊大楼结构复杂、标识不清问题，采用醒目的地标导向；是年，完善门诊排队叫号系统、增加自助检验报告打印设备、启用智慧医疗服务系统，对门诊服务台重新进行设置，调整至门诊大厅醒目处。

【行风建设】 2014年，桐庐县卫生系统王丹凤、章炳文荣获第二届“桐庐道德模范”荣誉称号，吴明龙被评为县优秀共产党员。是年，投资80余万元在县级医院安装反统方和主机堡垒系统，在县第一人民医院和中医院安装使用合理用药信息预警和全处方电子点评系统，对临床用药进行实时监控，严格防范和处置大处方和不合理用药等违规行为的发生。11月，开展药品回扣自查自纠工作。全系统签订廉政承诺2708人，上缴违规款项66075元。是年，联合建德、淳安等周边卫生局开展联动行风检查，运用针孔摄像机等设备对卫生系统作风与效能建设进行突击检查，全年共派出34个督查小组，共计74人次，发现问题41项，行风效能问责8人，其中2人被解聘，1人被免职。是年，开展廉政微作品征集活动，活动共收到投稿20篇，其中5篇作品代表桐庐参加市级廉政征文评比，并获得市级二等奖1篇、三等奖1篇。

【医疗满意度第三方测评】 2014年，继续委托国家统计局桐庐调查队开展第三方医疗满意度测评。该次调查采用分层定额随机抽样选取样本，通过门诊现场填写问卷和乡镇上门入户填写问卷方式，在全县14个乡镇（街道）90个村（社区）展开，对象包括普通市民、门诊病人和住院病人，发放问卷5550份，调查成功率100 %。调查结果显示：群众对县医疗卫生系统总体评价满意率88.67%。较上一年度提高1.8个百分点。其中县级医院整体满意度率87.46%，较上年提高0.52个百分点，乡镇总体满意率为88.89%，较上年提高1.11%。满意度评价结果与县医卫满意贡献奖、年终单位考核、绩效管理挂钩。

【卫生新闻宣传】 2014年，桐庐县卫生系统利用报纸、电视、微信、微博等载体，加大宣传力度。全年在《健康报》报道《带教是农村青年中医成才的重要手段》等信息7篇；在央视财经频道、浙江电视台分别播出《桐庐县“智慧医疗”惠民工程》，在《人民日报》刊登《杭州探索“医联体”大医院托管基层医院》；在《中国中医药报》分别刊登《桐庐县桐君街道社区卫生服务中心提升中医药服务》《小社区也有中医大阵地》《桐庐中医院不断提高药剂人员能力》《中医药需求与管理可建“微档案”》。全年在《杭州卫生》报刊上刊登卫生信息10篇。是年，与信息传媒中心合作，在《今日桐庐》出版卫生之窗专版21期。是年7月，桐庐县卫生局利用微博、微信公众平台开通“桐庐卫生”公众微博、微信号，每周更新卫生知识，阅读数1108次，发送图文消息50余条。

【干部保健】 2014年，桐庐县对一级干保对象每周上门巡诊和按需上门巡诊；二、三、四级干保对象根据服务模式，依托县级医院和各家乡镇卫生院及社区卫生服务中心，利用干部体检结果，做好健康教育、健康促进和疾病预防工作。是年，干保办为在职县四套班子领导健康资料综合整理成册，做一份完整的健康档案，把一级保健对象原有的胸片都改为胸部低剂量的螺旋CT。在原有基础上增加8个肿瘤标记物测定，在职调研员增加骨密度测定，并适当调整部分体检项目。是年，共有1109位干部进行全面体检，占应检干部的80.3%。继续采用体检健康档案软件，对干部健康状况实行电脑动态管理。

·无偿献血·

【概况】 2014年，桐庐县组织无偿献血85次，市民参加无偿献血6555人次，其中乡镇献血人次占37.7%、部门占24.2%、街头自发占38.1%；无偿献血总量1309升，临床用血总量1257升，无偿献血占临床用血比例104%。县财政划拨无偿献血宣传经费，通过制作公交车车身广告、媒体宣传、健康知识进校园等活动，提高市民无偿献血意识。县卫生局印发2014年公立医疗卫生单位目标考核细则，加强医疗机构临床用血管理。定期检查各单位临床用血工作，督促成立相关科室，落实专职人员。定期培训医务人员，指导科学合理用血。

·初级卫生保健·

【国家基本药物制度实施】 2014年，桐庐县13家公立乡镇卫生院和189家村卫生室（社区卫生服务站）实施国家基本药物制度，实现基本药物制度全覆盖。优先使用基本药物，提高县级公立医院基本药物使用比例，每季度公示基本药物使用情况。新版国家基本药物目录品种数增加到520种，省增补非基本药物目录增加到292种，总共812个品种，品种齐全、病种覆盖广泛，基本满足日常诊疗活动。

【第五轮参合农民健康体检】 2014年，桐庐县圆满完成2014年参合农民健康体检工作及“国家重大传染病防控项目”年度工作任务。2014年充分发挥医联体内成员单位的优质资源，各乡镇（街道）于5月份起全面启动健康体检工作，在江南镇、富春江镇分别开展“组团式集中健康体检”和“健康体检券”试点工作，全年共完成参合农民健康体检94596人，其中完成60岁以上老年人体检46848人，体检率达89.67%，完成省卫计委65%和县政府80%的体检目标任务；通过体检检出各类常见病、慢性病78017人次，均实施“早发现、早治疗、早管理”措施。

【社区首席慢性病防治责任医生制】 2014年，桐庐县继续推行社区慢病首席责任医生制，共推荐社区首席管理医生32名，择优推荐县级专家15名，通过协调县级医院专家，建立与各乡镇（街道）间的结对帮扶机制。全县13家乡镇（街道）卫生院均已开设“社区慢性病联合诊疗中心”，县级专家根据工作要求定期下基层开展诊疗和指导工作。至年末，县级专家累计下乡坐诊80余次，开展面对面带教和座谈培训23次，累计诊疗高血压、糖尿病等慢性病患者4658人次。

【无线网络生理参数监测惠民项目】 2014年4月，桐庐县启动远程心电会诊中心建设，年内完成1个远程会诊中心、16个远程心电会诊分中心和42个远程心电会诊点的软硬件建设工作，全年已开展远程心电会诊692例、开展远程血压监测151007人次、远程心电监测6583人次。新增的1000台TE—8000Y3型无线网络生理参数监测仪已全部发放给辖区内的高血压、心血管疾病患者使用。

【浙大传染病项目】 2014年，浙江大学和国家传染病重点实验室申报的“艾滋病、病毒性肝炎、结核病等重大传染病防治”项目被列入国家“十一五”和“十二五”时期科技重大专项。项目工作的主要任务是结合居民各类健康体检，继续开展三大传染病的全人群动态筛查，并将筛查结果上传到国家传染病信息平台。同时，继续对“三病”感染者开展社区管理及干预工作。结合参合农民健康体检，开展全人群的健康体检工作，并将乙型肝炎：乙肝表面抗原（HBsAg）、乙肝表面抗体（HBsAb）、谷丙转氨酶（ALT）、肝脏B超；艾滋病：成人HIV抗体初筛；结核病：成人胸部X片检查等纳入体检项目中，2014年，全县老年人开展乙肝筛查人数45615，乙肝筛查率97.37%；其中，成年人开展乙肝筛查人数34798人，乙肝筛查率99.28%。18岁以上人群进行X光胸片检查76963人，拍片率达93.87%。18岁以上人群HIV血标本上送及检测57320份，完成率95.53%。

【H7N9禽流感防控】 2014年1月初，桐庐县疾控中心接报1例人感染H7N9禽流感病例，疫情发生后，该中心应急小组立即开展流行病学调查，指导有关部门做好患者周边环境及当地活禽交易市场环境消毒工作。全年对城乡活禽交易场所、家禽养殖场所监测10次，其中对确诊病例病家周边外环境监测1次，应急监测3次，活禽交易市场重启前监测1次，省、市监测方案要求常规监测2次，临时性监测3次，采集外环境标本212份。是年，开展对乡镇及以上医疗机构和民营医疗机构传染病预检分诊、发热呼吸道门诊进行检查和督导；从源头上防控人感染H7N9禽流感疫情，防止新的病例发生。

【精神病防治】 2014年，桐庐县有重性精神疾病患者1383人，新发现47人，检出率4‰。其中精神分裂症891名，情感性精神障碍202名，癫痫所致精神障碍172名，其他118名。重性精神疾病管理率为99.6%，规范治疗986名，治疗率为72.4%。7月份，出台《关于做好贫困精神残疾人服用基本抗精神病药物费用全额保障工作的通知》全县718名贫困重性精神残疾患者，门诊服用基本抗精神病药物费用得到全额保障，新增免费服药325人，免费20余万元。全年出院重性精神病人信息反馈117人。

是年，开展中国老年抑郁与高血压的合作管理（COACH）科研项目。项目将桐君、旧县、城南、凤川4个街道纳入研究范围，人员培训工作全部已经完成，已开展60岁以上高血压老年人抑郁症筛查，共入组530人，随访、干预等措施严格按照项目工作安排顺利进行。

·爱国卫生·

【建设健康城市】 2014年，桐庐县继续创建桐庐县“百家无烟单位”和“健康单位”。全年发放控烟倡议书、“创建无烟环境—争做控烟表率”10000份，在《今日桐庐》栏目开设健康知识竞赛活动，制作健康教育宣传图版2套，其中1套以艾滋病健康教育为主题，下发到全县各村卫生站（室）183块，1套以高血压和糖尿病预防知识为主题，7个板块，每个乡镇（街道）各1套。是年，启动全民健康生活方式进社区活动，第一阶段定制15000份合理膳食冰箱贴，根据各社区居民住户数量情况，按一定比例发放。

【卫生巩固活动】 2014年11月，分水镇、江南镇创建国家卫生镇通过市级技术评估。结合第26个爱国卫生月及重大节日，各乡镇（街道）、部门开展城乡环境卫生整治、除“四害”等活动，普及健康知识；结合“清洁桐庐”行动，每季度暗查乡镇（街道）爱国卫生工作开展情况，对暗查结果进行排名公示；结合省、市级卫生乡镇督查和复评工作，加强督查、指导。是年，分水镇、江南镇、瑶琳镇、横村镇通过省级卫生镇复评。

2014年桐庐县卫生创建名单

表63

创建类型	创建单位
浙江省卫生村（5个）	分水镇砖山村
	江南镇舒川村
	富春江镇渡济村
	百江镇苎坑村
	莪山畲族乡沈冠村
杭州市卫生单位（2个）	莪山畲族乡人民政府
	桐庐开元名都大酒店
杭州市卫生村（1个）	分水镇天英村
杭州市健康单位（2个）	旧县街道社区卫生服务中心
	桐庐县非物质文化遗产保护中心
杭州市无烟单位（7个）	瑶琳镇卫生院
	桐庐县第二人民医院
	桐庐县第三人民医院
	凤川街道社区卫生服务中心
	钟山乡卫生院
	桐庐富春堂艺术学校
	桐庐县非物质文化遗产保护中心

【改水改厕】 2014年，桐庐县爱卫办制定《2014年农村饮用水水质卫生监测方案》，县疾控中心按计划开展水质卫生监测。到11月中旬，共完成农村饮用水卫生监测704份，任务完成率为100%，覆盖率为100%，水质监测结果及时抄告相关乡镇（街道）及水利部门；并配合水利部门做好农村饮用水长效管理考核工作，县改水办也将长效管理考核结果进行通报。从已监测的水质结果看，农村饮用水水质合格率比去年有很大提高，达到69.10%。是年，农村新建、改建无害化户厕1421座，全县卫生厕所普及率达100%，无害化卫生户厕普及率93.16%。

【除“四害”】 2014年，桐庐县联合除四害专业消杀公司，与桐君街道、城南街道共同举办秋季除四害公益服务活动进“八小行业”、进居民家庭，开展灭蚊、灭蝇、灭蟑为主的除四害技术服务指导；全年印发灭蚊、灭蝇宣传单10000份、发放至各单位、居民、社区；在全县集中开展以春秋两季为主的除“四害”活动，在各社区推行除“四害”亮牌服务，在社区上墙公开两家消杀公司联系电话、服务人员和社区监督电话；增加灭鼠屋试点工作，积极开展PCO市场化运作第三方评估试点，对不到位的单位出具整改意见书，督促整改。11月6日，顺利通过市考核组对桐庐县“灭蚊、灭蝇先进县城”复查。

【城乡整洁行动】 2014年，桐庐县继续实行农村保洁补助60元/人·年。实现“清洁桐庐”工作日常化、常态化。开展以“远离病媒侵害，你我共享健康”为主题的城乡环境卫生大整治，以集贸市场、河道沟渠、公路沿线等区域为重点，清理卫生死角、乱堆乱放、乱贴乱画。实行暗访考核、排名公示制等长效管理机制，组织开展4次暗访检查，暗访结果在《今日桐庐》上按乡镇、集镇、行政村、最清洁村进行前后10名排名公示。

·医学会·

【论文评选】 2014年，桐庐县医学会收到申报评选医药卫生优秀科技论文72篇，经专家评审，县一院江明友的《Oct4在前列腺癌癌中的表达意义》和毛华辉的《Clinicopathological and prognostic implications of arginase expression in hepatocellular carcinoma（肝细胞癌中精氨酸酶表达的临床病例学分析和预后分析）》获一等奖；县疾控中心陈纬、虞精明的《实验室资质认定管理体系运行总体情况分析》等5篇获二等奖；县疾控中心虞精明、李志芳等的《一起误食桐油引起中毒事件的调查》等15篇获三等奖；优秀奖2篇。

【科技成果】 2014年，桐庐县医学会完成县级及以上科研课题申报并立项32项，其中市级4项、县级28项。完成科研项目鉴定14项。评选产生2013年度医药卫生科技创新项目，其中县一院卢国春、方复等的《腹腔镜技术在中低位直肠癌保肛手术中的应用》获一等奖；县一院李坤、袁伟斌的《CT血管成像（CTA）对颅脑血管性病变的临床应用价值》等5个项目获二等奖；县第一人民医院方复、卢国春等的《卡培他滨联合奥沙利铂方案与5—氟尿嘧啶亚叶酸钙联合奥沙利铂方案作为Ⅲ期结直肠癌辅助化疗的疗效和安全性比较》等16个项目获三等奖。

【学术讲座】 2014年7月26日，与浙江省护理学会合作承办一期省级继续医学教育项目《以护士为主导多部门合作医院健康教育体系的建立与管理》培训班，全县临床护理、护理管理等护理专业人员187人参加培训。7月17日，邀请上海相关专家来桐举办《肿瘤标志物研究进展及临床应用》专题学术讲座。8月3日，组织参加浙江省脑卒中医疗质量控制中心在桐庐举办“脑卒中患者规范化管理城市巡讲”学术讲座。10月10日，杭州市医学会放射学分会学术会议暨桐庐县临床放射学术交流年会在召开。12月26日，邀请浙江省人民医院检验中心血液细胞学实验室主任吴茅教授开展《细胞形态学》专题讲座，县乡医疗机构检验人员参加培训。

【专业学组活动】 2014年，桐庐县医学会组织开展急救项目“双人心肺复苏操作”比武，全县20个参赛小组参加，分别评出一等奖1名、二等奖2名、三等奖3名。组织开展全县三级查房技能比武，对县级医疗机构16个医疗小组分内科、外科和妇儿3个小组进行比武考核，分别评出一等奖1名、二等奖2名、三等奖3名。

·疾病控制·

【概况】 2014年，桐庐县疾控中心核定编制35人，现有职工38人，其中在编职工34人，临时工4人。专业技术人员33人，高级职称4人，中级职称16人，初级职称14人，本科以上学历26人。中心设综合办公室、质量管理室、疾控一科、疾控二科、卫生监测科、理化检验科、微生物检验科及健康教育所。至年底，县疾控中心总收入1195.96万元，其中，地方财政投入645.43万元，上级下拨17.88万元，有偿服务收入532.65万元。

【传染病管理】 2014年，桐庐县报告法定乙、丙类传染病18种2854例，报告发病率701.18/10万，死亡1例，为艾滋病，死亡率0.25/10万。其中乙类传染病12种1251例，报告发病率307.35/10万，丙类传染病6种1603例，报告发病率393.83/10万。无甲类和按甲类管理的乙类传染病报告，无突发公共卫生事件及相关信息报告。传染病自动预警信息系统共发出预警信号10种226条，响应率为100%，确认1起手足口病聚集性疫情和2起流感聚集性疫情，对上述疫情及时开展调查和处理。各医疗机构通过疾病监测信息报告管理系统报告传染病卡片3966张，审核及时3966张，审核及时率100%；辖区医疗机构共报卡4069张，报告及时4068张，报卡及时率99.98%，县妇幼保健院1例其他感染性腹泻病迟报。重卡率为0。

是年，新发现HIV阳性病例23例，死亡1例，纳入管理的艾滋病感染者和病人72例（感染者40例、病人 32例）。确诊结核病384例，其中，肺结核病278例（阳性肺结核病人147例、阴性肺结核病人131例），结核性胸膜炎及肺外结核病人106例。全年报告手足口病确诊病例487例，发病率119.65/10万，无重症病例和死亡病例报告；共接到3起手足口病聚集性疫情报告，分别为：凤川街道中心幼儿园、富春江镇小新星英语培训学校和钟山乡中心幼儿园，发病20例，波及453人。

霍乱、0157:H7等肠道传染病监测。4家县级医院5—10月开设肠道门诊，其中县第一人民医院作为霍乱监测点医院常年开设。2014年全县无霍乱疫情报告，霍乱培养率72.44%，无阳性检测结果报告，监测点医院培养率99.56%；5—10月开展重点人群检索8770人，无阳性结果报告。

是年，共报告麻疹发病47例，均为实验室确诊病例，无死亡病例，报告发病率为11.55/10万。暴发疫情3起，分别为桐庐县康基医疗器械有限公司、城南街道上洋洲村和富春江镇上四村，3起暴发疫情共涉及17例麻疹确诊病例，波及2000余人，接报告后及时开展个案流行病学调查和应急接种，接种2720人。全年开展麻疹集中式查漏补种工作：第一针麻风疫苗应补种数1217人，实际补种1187人，补种率97.53%；第二针麻腮风疫苗应补种1460人，实际补种1400人，补种率95.89%。

狂犬病：全县已连续9年无狂犬病病例发生。2014年全县犬伤门诊初诊暴露人数7903例，犬伤率1.94%。

【突发事件应对】 2014年，县疾控中心参与处理10起传染病暴发（聚集）疫情。其中，麻疹暴发疫情3起，流感样病例暴发疫情3起，手足口病聚集性疫情3起，水痘暴发疫情1起。10起疫情县疾控中心均及时开展调查和采样，通过采取病例隔离、加强消毒和密切接触者开展应急接种等防控措施，有效控制疫情。及时参与“5·18”四氯乙烷运输车侧翻泄漏事故应急处置。此外，处理县长公开电话承办件18起，其中反映生活饮用水14起，反映免疫规划4起，均及时开展调查，及时反馈处理结果。

8月15日，全县19家医疗卫生单位参加县卫生局组织、县疾控中心承办的突发中毒事件卫生应急演练获圆满成功。

【埃博拉出血热防控】 2014年8月20日，举办全县埃博拉出血热防控技术培训班，各医疗单位分管院长、公卫科科长及县疾控中心全体职工85人参加培训。8月25日，杭州市疾控中心报告桐庐县有一名从尼日利亚归国人员傅某某在桐庐县境内，接报后立即开展流行病学调查，并进行为期21天的医学观察，经核实无异常。

【性病、艾滋病防治】 2014年桐庐县在管AIDS/HIV 72例（其中新发现23例，艾滋病人10例），对纳入管理的HIV/AIDS患者进行CD4T淋巴细胞免费检测，定期进行肺结核、梅毒筛查，并提供免费抗病毒治疗。全县有艾滋病筛查中心实验室1家、艾滋病初筛实验室4家、艾滋病自愿咨询检测点3个。筛查各类艾滋病重点人群40330人次，本地新报告感染者及病人17例。对1244名自愿咨询者进行艾滋病个案咨询和免费检测，筛查阳性3人，确诊阳性3人。对502名看守所监管人员进行常规监测，未发现阳性。全年累计干预男性同性恋者300多人次，动员HIV和梅毒检测70人次，均为阴性。年度内全县13个乡镇（街道）卫生院均建立艾滋病快检点工作，初检阳性1人，确诊1人。全年对全县3000余名高二年级学生开展艾滋病健康教育巡讲。

是年12月1日，开展第27个“世界艾滋病日”宣传活动，分别在浙江工商大学杭州商学院、桐君街道中鹰建筑工地、鼎红娱乐会所举行艾滋病专题教育讲座，在世纪联华桐庐店门前广场开展现场宣传活动，各乡镇卫生院也组织形式多样的宣传活动，“大刘热线”电视媒体对“世界艾滋病日”活动进行专题报道。

【免疫规划】 2014年，桐庐县疑似预防接种异常反应监测系统报告个案86例，完成审核86例；经调查判定一般反应74例，诊断异常反应7例，偶合4例，心因性反应1例。无疫苗质量和实施差错事故。

开展春节入城返乡儿童（包括常规接种）“九苗”查漏补种和春节后入城儿童“九苗”免疫接种（包括常规接种）工作，卡介苗、脊灰疫苗、麻风疫苗、麻腮风疫苗、百白破疫苗、乙肝疫苗、乙脑疫苗、流脑疫苗、甲肝疫苗“九苗”接种率均在95.44%以上。

开展常住儿童接种率调查。2014年，对全县2008年1月1日至2012年12月31日出生及2006年1月1日至12月1日出生的1260名常住儿童进行调查，建卡建证率均达100%，卡证符合率100%。1岁组儿童卡介苗、脊髓灰质炎疫苗、百白破疫苗、麻疹疫苗、乙肝疫苗合格接种率97.62%。2岁组儿童乙肝疫苗、卡介苗、脊髓灰质炎疫苗、百白破疫苗、麻疹疫苗、乙脑疫苗、A群流脑疫苗、甲肝疫苗接种率均在99.52%以上。3岁组儿童乙脑疫苗第2剂次接种率100%；4岁组儿童A+C流脑疫苗第1剂次接种率99.52%；5岁组儿童脊髓灰质炎疫苗第4剂次接种率100%。7岁组儿童疫苗接种情况：乙肝疫苗、卡介苗、脊髓灰质炎疫苗、白破疫苗、流脑疫苗、麻疹疫苗接种率均为100%；百白破疫苗、乙脑疫苗、甲肝疫苗接种率在98.57%以上。开展流动儿童接种率调查。2014年，抽取城南街道和分水镇2个流动儿童较多的街道（镇），调查1周岁、2周岁、7周岁3个年龄组共120人，1周岁组和7周岁组建卡率100%，2周岁组建卡率85%。其中1岁组儿童调查40人，乙肝疫苗、麻疹疫苗，脊灰疫苗3剂次、百白破疫苗3剂次、A群流脑疫苗1剂次、乙脑减毒疫苗1剂次接种率均达100%，卡介苗接种率97.5%，“五苗”全程接种率100%；2岁组儿童调查40人，百白破疫苗第4剂、流脑疫苗第2剂、乙脑疫苗第2剂、甲肝疫苗接种率均为92.5%，麻疹疫苗第2剂接种率100%；7岁组儿童调查40人，2周岁内疫苗全程接种率87.5%，脊灰疫苗第4剂接种率97.5%，白破疫苗接种率100%，A+C流脑疫苗2剂次接种率82.5%。

是年，4月25日，县疾控中心联合桐君街道社区卫生服务中心在县城时代广场举行宣传咨询活动；利用“桐庐预防接种”微信公众平台、妈妈班和桐庐华数健康信息视频平台开展为期一周的预防接种知识宣传，覆盖县、乡、村三级医疗机构。

【地方病防治】 碘缺乏病防治。2014年，县疾控中心采集县盐业公司盐样108份，合格108份，合格率100%。全县按东、西、南、北、中划分5个抽样片区，抽取合村、分水、瑶琳、钟山、凤川5个乡镇、每个乡镇抽取4个行政村，每个行政村随机抽检15户居民，共20个行政村300个居民家庭，采集食盐检测碘含量检出非碘盐14份，不合格碘盐23份，碘盐合格率87.67%。抽取合村、分水、瑶琳、钟山、凤川5个乡镇8—10岁200名学生进行碘缺乏病病情监测，检测尿碘200份，尿碘中位数130μg/L；用触诊法检查2—4年级8—10岁的1109名学生甲状腺，查出Ⅰ度肿大14人，肿大率1.26%。抽查该5个乡镇100名孕妇，检测尿碘含量，尿碘中位数83.3μg/L。对5个乡镇150名五年级小学生和75名家庭妇女碘缺乏病防治知识知晓率和行为调查，碘缺乏病防治知识知晓率学生为85.33%、家庭妇女为91.00%。县疾控中心联合县盐务管理局在瑶琳镇高翔村开展“5·15”碘缺乏病宣传日活动。

疟疾防治。2014年，发现1例卵形疟病人、2例恶性疟病人，通过对该病例的规范治疗、疫点处置，对周围人群的健康宣教，疫情迅速得到控制。全年全县共发现“三热病人”（疟疾病人、疑似疟疾病人、不明原因发热病人）为1642人，实际血检1642人，血片复核200张。县疾控中心联合县第一人民医院在城南街道上洋洲村举行“4·26”全国疟疾日宣传活动。

血吸虫病防治。2014年，开展“4·10”查螺日活动，查螺面积约2082平方米，未发现钉螺。全年开展流动人口血吸虫病主动、被动监测416人，其中1名为血清学阳性，送省级粪检点建德疾控中心做血吸虫病原学检测，粪检结果均为阴性，未发现血吸虫病例。

是年，对全县13家乡镇卫生院和4家县级医院消除疟疾工作进行督导，并对51名医务人员进行疟疾理论知识的测试。确定江南中心卫生院、横村中心卫生院和县第一人民医院参加消除疟疾考核必查单位。同时，收集历年来“疟疾防治工作”相关资料和数据，并制作汇编成书。是年12月18日，杭州市卫生计生委组织疟疾防治专家对桐庐县消除疟疾工作进行考核。最终以综合评分94.5的高分，顺利通过“桐庐县消除疟疾考核”。

【慢性非传染性疾病防治】 2014年，桐庐县有高血压病人33876人，建档管理32961人，规范分级管理28105人，规范管理率85.30%，血压控制20610人，控制率62.53%；糖尿病人6839人，建档管理6604人，规范化随访管理5531人，规范管理率83.75%；血糖控制人数3760人，控制率56.94%；肿瘤病人3374人，建档管理2932人，规范化随访管理 2789人，规范管理率 82.66%。据《浙江省慢性病监测信息管理系统》统计，至年末，全县新增糖尿病851例、肿瘤1376例、冠心病急性事件298例，脑卒中急性发作病例1339例。

是年，全县各级医疗单位内科门诊总病例1218530例，其中35岁以上首诊病例198514例，测血压285594例，测压率为95.67%。血压异常6562例，确诊高血压1249例。

死因统计。是年，桐庐籍死因卡2586例，外地死因卡160例，漏报53例，均已补报。

【水质监测】 2014年，县疾控中心全年采集并检测水样1021份，总体合格率58.67%。其中，县城集中式供水采样检测118份，合格率100%；二次供水26份，合格25份，合格率96.15%；乡镇水厂集中式供水检测水样107份，合格76份，合格率71.03%；农村村级集中式供水站（点）检测水样770份，合格率69.10%，不合格项目主要是微生物指标和消毒剂指标。

水源性传染病监测。全年共计监测经水传播的传染病1235例。以其他感染性腹泻发病最高，发病数为1095例，占总发病数的88.66%，其次为细菌性痢疾107例，戊肝28例，未监测到霍乱、副伤寒、阿米巴痢疾。

【农村粪便无害化效果监测】 2014年，县疾控中心与县爱卫办在莪山畲族乡塘联村随机抽取无害化厕所12户，进行粪便无害化效果监测并开展现场调查，监测点的农户厕屋卫生状况良好，厕屋内空气中氨浓度达标、无臭味，化粪池内无成蝇和蛆，寄生虫卵沉降率全部达到粪便无害化标准，监测结果表明，使用砖砌三格式化粪池，无害化卫生厕所对肠道致病菌处理效果显著。

【特定病原体食源性疾病病例监测】 2014年，县第一人民医院被确定为浙江省特定病原体食源性疾病病例监测哨点医院，监测内容包括收集门诊和住院腹泻病人的症状与体征记录、饮食暴露史、临检结果、临床诊断等，并采集病例粪便或肛拭标本，开展沙门氏菌、副溶血性弧菌、志贺氏菌、致泻性大肠埃希菌检测。全年县疾控中心明确专门科室和专门人员负责食源性疾病监测的指导工作，通过上门指导、电话或QQ等多种方式，认真指导该项工作。上报病例186例，其中5例沙门氏菌阳性、1例志贺氏菌阳性。2014年，县第一人民医院、第二人民医院、中医院、妇幼保健院4家哨点医院无食源性异常病例/异常健康事件报告。是年，富春江镇白云源景区山野农家乐发生疑似食物中毒事件，县疾控中心对5名患者进行流行病学调查并将此事件网络报告。

【食品安全风险监测】 2014年，县疾控中心全年监测各类食品318份，上报数据1201个，样品完成率100.9%。其中：微生物监测食品136份，合格100份，合格率73.5%，不合格项目主要为菌落总数、大肠菌群计数、副溶血性弧菌、蜡样芽孢杆菌、金黄色葡萄球菌；理化监测食品182件，合格179份，合格率为98.35%，不合格样品为1份水果大枇杷检出氧化乐果农药残留超标，流动街头餐饮1份油条和1份大肉包检出铝超标。

【中小学生窝沟封闭】 2014年，县疾控中心继续在桐庐县40所小学和14所中学的5024名学生（小学二年级及初中二年级）开展口腔检查，应开展窝沟封闭学生4666名，实际窝沟封闭学生4319名，窝沟封闭率92.56%，项目覆盖率100%，封闭牙齿数15717颗。此外，还对去年开展过窝沟封闭的3909名学生进行复查，新封人数651名，补封牙数1420颗，新封牙数1573颗。

【学校卫生】 2014年，县疾控中心对叶浅予中学、三合初级中学、富春高级中学3所监测点学校的饮用水、食（饮）具消毒质量进行监测，监测结果均合格。5月20日，县疾控中心组织专业人员、学校校医、学生等人员参加杭州市疾控中心举办的杭州市“5·20”全国学生营养日主题宣传活动，获得优胜奖。

【职业卫生】 2014年，县疾控中心全年对29家企业开展职业卫生技术服务，其中开展职业病危害因素日常检测24家，开展职业病危害因素检测与评价5家。检测点数130个，合格126个，合格率96.92%。全年通过职业病（含农药中毒）网络直报报告农药中毒报告卡59张，有毒有害作业工人健康监护卡110张，无疑似职业病和职业病报告，无迟报现象，审核率100%。

【卫生检验】 2014年，县疾控中心全年检测各类样品7628件，检验31298项次，其中微生物样品5831份、检验13624项次；理化样品1797份，检验13674项次。是年，县疾控中心全年共收集22家医疗单位的117人的放射个人剂量计，送杭州市疾控中心检测，人均年剂当量0.398mSv/a，检测结果均在正常范围内。

【消杀工作】 2014年，全年监测医疗机构40家，采集样品458件，合格429件，合格率94.81%。其中4家县级医疗单位监测上、下半年各1次，覆盖率100%，监测样品245件，合格234件，合格率95.51%；13家乡镇卫生院（社区卫生服务中心）全年监测1次，覆盖率100%，共采样品148件，合格132件，合格率为89.19%。监测社区卫生服务站、村卫生室、民营医疗机构、疾控机构共23家，采集样品215件，合格196件，合格率91.16%。监测污水样品28件，合格14件，合格率50.0%，监测医护人员手60件，合格58件，合格率96.67%；监测无菌物品21件，合格21件，合格率100%，监测诊疗用水（口腔科手机喷水、漱口水、血透室血透用水）34件，合格30件，合格率88.24%。

【实验室管理】 2014年，县疾控中心开展管理体系2013年度管理评审，提出6项改进决议，均得以有效实施；全年共收集质量监督记录50份，发现轻微不符合项17项，所有不符合项均及时有效纠正。参加上级机构组织的各类能力验证和盲样考核8次、23个项目，其中省级4次9项，市级4次14项，结果均为满意；与“淳建临桐”4家疾控中心室间比对，9个比对项目（其中理化项目5项，微检项目4项）均为满意；发放内部质控样品54份，结果均为满意。全年送检仪器设备75台/件；购买发放新标准及法规文件26种59本；完成标准变更书面确认申报工作，涉及检测标准8个，检测项目21项。组织内审员对管理体系全要素开展年度内审，开具15条轻微不符合项，全年对各类食品、饮用水及一次性卫生用品等委托检验合同评审190余份，共受理各类样品6235件，出具检验报告1419份，未出现因报告差错导致的申诉或投诉。

【健康教育】 2014年，每天定时在13个乡镇（街道）卫生院、4家县级医院及189家社区卫生站（室）输液大厅播放健康教育视频，累计播放400小时。协同县爱卫办开展“百家无烟单位”“健康单位”创建活动。全年组织健康教育讲师团到各乡镇（街道）、社区及企事业单位开展健康教育讲座、咨询，共计200余场，听课人数达11000余人；围绕卫生纪念日开展健康教育宣传咨询活动11次，发放各类宣传资料6.5万余册；制作艾滋病、高血压和糖尿病预防知识宣传图版各一套共计281块，发放到全县各医疗单位、村卫生站（室）；定制15000份合理膳食冰箱贴发放给社区居民。

【开展基本卫生防病知识调查】 2014年，县疾控中心共抽取15—69岁城乡居民各360人，以及抽取年龄在15—69岁之间（学生除外）的城市社区居民、机关事业单位职工、企业职工、农民、初二年级学生以及流动人口的六类人群（所有调查男女性别比例为1：1），每类人群至少50人，共计抽取调查对象1598人。经统计，2014年桐庐县城乡居民基本卫生防病知识知晓率89.21%，其中城镇居民91.6%，农村居民86.6%；六类人群重点卫生防病知识知晓率平均为82.7%，其中城市居民和机关企事业职工知晓率分别为86.7%、87.7%，明显高于其他几类人群，农村居民重点卫生防病知晓率为77.8%，为各类人群中最低。

【疾病预防控制科研项目】 2014年，县疾控中心与省疾控中心合作项目1项："乙型病毒性肝炎社区防制研究"；县科技局立项1项："桐庐县口腔诊所医务人员消毒灭菌器知晓率及规范操作情况调查研究"；另外，"桐庐县细菌性感染性腹泻病原菌调查研究及耐药性分析"顺利通过县科技局验收。是年，开展"省级农村生活饮用水监测"和"浙江省水性疾病监测"项目；与市爱卫办协作开展"粪便无害化效果监测"；与市疾控中心协作开展"特定病原体食源性疾病病例监测""全球基金耐多药结核病防控""全球基金疟疾防控""肿瘤随访""慢性病防制"等项目。全年发表论文5篇，其中Ⅰ级论文2篇，Ⅱ级论文3篇。

·卫生监督·

【概况】 2014年，桐庐县卫生监督所核定编制22人，在职15人，其中卫生专业技术人员11人，其中，中级职称3人、初级职称8人，科室设置为综合办公室和监督一、二科。是年，县卫生监督所自5月份开始对涉及卫生行政处罚、卫生行政监管、卫生行政强制等权力清单进行第一次全面梳理，共梳理出500余项，包含所涉及的卫生法律、法规、规章，期间经过县法制办审核进行合并归类、与市级权力清单比对统一。

是年，共出动卫生监督执法人员2675余人次，监督检查各类被监督管理对象4080余户次，组织开展元旦、春节期间卫生监督工作、旅游风景区住宿场所"333"治理专项行动、住宿场所"五常法"管理试点、医疗废物专项整治工作、打击非法行医、餐饮具集中消毒单位食品安全百日严打行动、校园卫生安全健康行动、口腔种植行业放射诊疗专项监督检查等专项整治、专项执法活动20余次。立案查处各类违法案件29件，罚没款6.65万元。其中，医疗案件10件，罚没款2.65万元；饮用水案件3件，罚没款0.7万元；消毒餐具案件1件，罚没款0.6万元；公共场所14件，罚没款2.4万元；放射案件1件，罚没款0.3万元。全年未发生行政复议、行政诉讼案件，未发生重大公共卫生突发事件。

【医疗机构监管】 2014年，县卫生监督所将医疗废物处置纳入县"五水共治"工作任务，制定方案、宣传动员，重点开展全县医疗机构医疗废物处置专项整治工作。对辖区医疗机构进行调查摸底并对产生单位医疗废物257家医疗机构所有医废产生单位的医疗废物处置集中督查。医疗废物安全处置率100%。是年，联合公安、计生、宣传部、检察院等9部门联合下发《进一步整顿医疗秩序 打击非法行医专项行动方案》，建立桐庐县打击非法行医和非法采供血工作联席会议制度，开展联合执法6起，立案查处无证行医5起，没收医疗器械11箱，罚款1.4万元。移送公安机关涉嫌非法行医犯罪1起。是年，执行医疗机构不良执业行为记分管理工作，全年监督记分情况：被记分管理有13家机构，占监督覆盖医疗机构数的4.2%，全年累计记分38分；涉及的不良执业行为5种。

【医疗机构消毒隔离监测】 2014年，县卫生监督所组织对县中医院的重点科室的空气和物表、医护人员手卫生、血液透析室透析液、口腔科医疗用水、使用中消毒液、清洗环节以及医疗器械；医院污水等进行系统性监督采样检测，共采集样本34份，其中抽取2份样品不合格（医疗用水、污水）。是年，结合人感染H7N9禽流感、埃博拉出血热疫情防控，重点加强对县级医疗机构开展的肠道门诊、发热门诊、艾滋病防治、医疗机构预检分诊执行情况及传染病防治措施落实情况等监督检查。全年共出动122人次，检查各类医疗机构113家、疾病预防控制机构1家。

【依法执业守护健康行动】 2014年，县卫生监督所制定《2014年桐庐县医疗机构“依法执业守护健康”工作方案》，对全县各级各类医疗机构开展依法执业监督检查，同时对中小医疗机构进行依法执业量化分级，全年共出动检查人员200余人次，检查各类中小医疗机构298家次，监督检查覆盖率100%。量化评分298家，分级率100%。达到规范级别的中小医疗机构有101家，规范单位数占分级监管单位的34.5%；合格级别196家，占65.5%；另有1家单位注销。其中，乡镇卫生院10家，规范8家，合格2家；社区卫生服务机构105家，规范33家，合格72家；村卫生室122家，规范53家，合格69家；民营医院5家，合格5家；诊所及门诊部44家，规范7家，合格36家，注销1家；其他医疗机构12家，合格12家。

【消毒产品卫生】 2014年，县卫生监督所监督抽检消毒产品生产经营单位8家，其中生产企业2家，餐饮单位2家，超市、商店等经营单位4家。全年对生产经营的消毒产品共26件样品进行监督抽检，其中纸尿裤（纸尿片）13件，一次性纸质餐具4件、湿巾9件，结果全部合格。

【公共场所卫生量化分级】 2014年，县卫生监督所对桐庐县应量化的公共场所681家，其中星级宾馆5家，普通宾馆250家，游泳场所5家，沐浴场所92家，美容美发场所326家，大型商场超市3家。经过量化分级评分，评出A级单位1家， B级单位44家，其余单位为C级。住宿场所、游泳场所、沐浴场所、大型商场（超市）的卫生监督量化分级率均达100%；美容美发场所的卫生监督量化分级率达83%。是年，推广落实重点场所实行公共场所卫生管理员制度。要求全县住宿场所单位配备卫生管理员1名，并进行公共场所卫生管理知识专题授课，内容包括公共场所卫生管理员职责及考核标准、住宿场所的主要卫生风险与管理、公共场所相关法律法规等。经培训考试合格后发放公共场所卫生管理员证。共发放公共场所卫生管理员证145本，将相关信息录入浙江卫生监督信息网。是年，以旅游风景区住宿场所“333”治理、住宿场所“五常法”管理试点工作为契机深入推进住宿场所卫生管理工作。

【公共场所抽检监测】 2014年，县卫生监督所对桐庐县19家婴儿浴室进行专项检查，并对婴儿浴室微小气候、毛巾、浴缸等公用物品进行监督采样。合格单位12家，不合格单位5家，责令不合格单位限期整改，同时2家无证经营单位，予以立案查处。对9家游泳场所的卫生管理员进行统一培训及考试；开放期间，加强水质抽检，共监督抽检45份池水和17份浸脚池水样品。全年还开展对2家大型商场、3家住宿场所、6家美容美发场所、6家浴室（足浴）的空气质量及公用物品进行监督监测，共抽检样品181件，合格样品为169件。针对不合格单位进行约谈并责令限期整，并对5家单位进行立案查处。检测不合格单位在《今日桐庐》上予以公示。

【控烟专项执法】 2014年，县卫生监督所组织联合执法检查2次，控烟知识宣传活动1次，监督检查党政机关事业单位33家，烟草销售单位7家，住宿场所14家，医疗机构13家，学校24家，娱乐场所25家，共计116家单位。全年对15家公共场所提出整改意见，对11家执行不规范的单位责令整改，当场警告6起，对1家违法单位进行立案处罚，罚款金额500元。全年发放控烟宣传资料、禁烟标识1000余份。

【学校卫生监管】 2014年，县卫生监督所对桐庐县16所中学、小学进行教学环境卫生监测，根据监测结果16所学校判定为不合格学校。全县仅毕浦中学1家学校使用自备水，为确保学校自备水安全，经监督整改，设置水源防护设施，新购置CL缓释消毒器，并落实专人管理。是年6月，对校自备水9项指标进行检测均符合生活饮用水卫生标准。

【饮用水卫生】 2014年，县卫生监督所对8家集中式供水单位进行监督检查，采集水样124件，源水14件；出厂水14件，合格13件，合格率为92.86%；末梢水84件，合格件80件，合格率为95.23%。二次供水12件，合格12件，合格率100%。针对检测不合格情况，予以立案查处，对2家单位处以4000元的罚款。5月24日，各集中式供水单位均在厂区或人流量较为集中的街道悬挂宣传横幅共10幅；开展“四个一”活动，在县卫生局门户网站上开辟一个饮用水卫生宣传周专栏，介绍饮用水卫生监督管理工作情况；举办一次专题讲座，为社区居民讲解百姓关心的生活饮用水热点问题；组织开展一次基层社区现场咨询活动；组织供水单位检验员开展一次现场饮用水检测观摩实践比赛。

【职业与放射卫生】 2014年，县卫生监督所开展职业病危害重点行业专项检查。重点对桐庐县电镀、印染、造纸、化工、矿山、水泥及木制家具制造等51家相关企业开展监督检查工作。与经信局、环保局、安监局等部门共同开展9家电镀、12家印染、2家造纸、6家化工企业整治提升项目验收工作。开展对辖区内健康体检机构、二级以上医院、工业园区所在地社区卫生服务中心及其他医疗卫生机构8家单位进行监督检查。共检查门诊日志记录数14636人次，检查发现8家机构均能按照规定报告疑似职业病。2014年职业病危害信息监控处置检查职业病危害企业142家次。完成职业病危害建设项目预评价报告4项，控制效果评价34项。开展职业病危害因素检测与评价单位44家，检测职业病危害岗位516处，其中检测合格岗位458处，不合格岗位58处，合格率89%。116家次用人单位开展职业健康体检，体检人数2834人（其中上岗241人、在岗2556人、离岗37人），检出职业禁忌人员59人（均调离原接害工作岗位或未被录用），新增疑似职业病2名，新增职业病11人（均为原分水朝阳煤矿的煤工尘肺病人），需复查122人，落实处理意见人数122人。是年，县卫生监督所监督检查各级各类放射诊疗单位27家，其中公立医院17家（含县级医院4家、乡镇卫生院10家、街道社区卫生服务中心3家）、民营医院及门诊部10家，监督检查率100%。通过检查发现27家单位均取得放射诊疗许可证，持证率100%。完成2014年度放射诊疗许可证校验工作；6家单位放射诊疗建设项目通过职业病危害放射诊疗防护审查及预控评验收；27家单位均开展设备防护与性能检测、工作场所防护检测合格；21名新上岗放射工作人员办理放射工作人员证。至年末，完成对27家放射诊疗单位检查资料及相关数据在国家卫生监督系统的录入工作。全年查处放射卫生违法案件1起，案值3000元。

【投诉举报】 2014年，县卫生监督所全年共接到投诉举报21件，生活饮用水投诉1件，非法行医（含医疗机构卫生）投诉13件，公共场所卫生投诉5件，职业卫生投诉2件。投诉举报查处率为100%，反馈率为100%，反馈满意率为100%。查实违法行为给予罚款3家，罚没款40000元。

·妇女保健·

【妇保指标】 2014年，桐庐县管理孕产妇3428例，建卡3428例，系统管理3392例，系统管理率98.66%。住院分娩3438例，住院分娩率100%。新法接生3438例，新法接生率100%。继续开展孕24—32周县级高危孕产妇筛查及追踪管理，全年组织中级职称以上妇产科、内科医生248人次到基层开展高危筛查，筛查孕妇3407例，高危筛查率99.38%，经筛查评定高危孕妇1927例，100%实行追踪管理。全年产前筛查3149例，筛查率91.86%。筛选出91例高风险孕妇，产前诊断36例，其中确诊21三体综合症畸形1例，及时予22周医学引产；做产前筛查、羊水穿刺同时动员孕24—26周进行三维B超全套检查，发现1例性染色体畸形，6例肾脏畸形，4例脑积水，6例心脏畸形，12例其他畸形，29例在28周前发现畸形，均及时行医学终止妊娠，减少出生缺陷的发生。是年，全县各接产点分娩产妇4490例，其中县内产妇3294例、县外流动人口产妇1196例，分娩活产数4510例，全年无孕产妇死亡发生，新生儿破伤风发生数为0。开展围产儿死亡及出生缺陷监测工作，全年各接产单位上报死胎17例、死产0例，7天内新生儿死亡2例，围产儿死亡率4.20‰。出生缺陷儿27例，出生缺陷发生率5.96‰。

【妇女病检查】 2014年，桐庐县共有已婚育龄妇女84709人，普查人数39658人，检查率

46.82%。查出患妇科病人数10580人，其中，阴道炎6616例（治疗6433例）、宫颈炎3108例（治疗2833例）、宫颈癌3例和乳腺癌1例（均已治疗）。

【婚前医学检查】 2014年，桐庐县继续实行免费婚检制度，结婚登记3319对，参加婚检3125对，婚前医学检查率94.15%；婚检查出患疾病人数1741人，患病率27.86%，治疗率100%。

【健康教育】 2014年，桐庐县每月定期向基层发放母子画报720份，全年发放免费婚前医学检查宣传单、产前筛查宣传单和各类健康教育处方34280份。县妇幼保健院每月定期举办孕妇学校、育儿学校，全年开课47期，2750人参加；乡镇卫生院各12期，孕妇受教育率99.97%。全年组织省市级专家大型群众性宣传活动 2 次，并在桐庐广播电台“健康直通车”上直播妇女保健知识4期。定期报道卫生信息，全年共8篇。2014年营养门诊人次 288 例。对孕妇营养进行个对个的宣教、指导，重点对妊娠期糖尿病、贫血、胎儿宫内生长异常、高脂血症、体重增长异常等高危人群进行营养管理，使胎儿的体重控制在预期范围，从而达到降低剖宫产率的目的。

【科研培训与指导】 2014年，桐庐县举办县级妇幼保健业务培训6期，有298人参加培训；组织妇幼保健人员参加省、市级卫生部门组织的专业培训和进修学习106人。孕产妇、围产儿及5岁以下儿童死亡评审小组，定期开展半年度、年度死亡评审工作。

【盆底康复中心成立】 2014年，盆底康复中心正式成立，盆底康复评估新项目开始实施，对产后42天妇女、常规盆底肌力评估，对各种尿失禁、轻、中度子宫脱垂，阴道膨出，阴道松弛，阴道痉挛，性生活不满意者，评估后进行阶段性肌肉锻炼，有效预防盆底疾病的发生。到2014年底共筛查157人，发现异常46人，共治疗55人次。同时还给本院已婚妇女和乡镇卫生院妇保已婚妇女实行免费盆底评估筛查，共筛查185人，其中异常48人，给予后续治疗指导。

【“五免一补助”项目】 2014年，桐庐县继续实施“五免一补助”项目（农村妇女免费增补叶酸预防神经管畸形项目、免费产前筛查和新生儿疾病筛查项目、免费孕期保健和0—36月儿童保健、免费婚前医学检查和孕前优生检测、农村孕产妇住院分娩补助项目），对全县农村妇女实行免费政策。全年免费发放叶酸4004人，分娩补助1853人，免费孕检3428人，免费产前筛查3939人。

·儿童保健·

【儿保指标】 2014年，桐庐县0—6岁儿童22549人，受检22382人，保健覆盖率99.26%。0—6岁儿童系统管理22317人，系统管理率98.97%。全县调查登记0—6岁流动儿童4662人，实际系统管理4604人。5岁以下儿童死亡15例（桐庐籍10例），其中婴儿12例（包括新生儿9例）、1—4岁儿童3例，当地5岁以下儿童死亡率2.91‰，婴儿死亡率2.33‰，新生儿死亡率2.04‰，5岁以下儿童死亡率、婴儿死亡率和新生儿死亡率较上年略有上升。6个月内婴儿母乳喂养率93.53%，纯母乳喂养率81.71%。是年，对桐庐县户籍人口实施0—6岁婴幼儿免费健康体检。

【营养性疾病和高危儿管理】 2014年，桐庐县5岁以下体重检查人数16457人，体重＜中位数—2SD人数94人，中重度营养不良患病率0.57%，与2013年相近；5岁以下血红蛋白检查人数12235人，中重度贫血患病人数27人，中重度贫血患病率0.22%，继续保持持续下降的水平。全县0—3岁儿童管理营养性疾病和高危儿1006例，其中新发现570例，患病率为28.56%（占0岁组儿童数）；各类营养性疾病和高危儿均按照要求给予专案管理，管理率100%；结案341例，结案率33.9%。各类疾病分布：佝偻病45例，肥胖儿332例，营养不良儿童171人，各类高危儿157例，其他108例。5—6岁儿童测视力10805人，右眼视力小于等于0.8的344人，左眼小于等于0.8的409人。属于体弱儿管理范围的按要求进行随访和指导，及时予以矫正治疗。是年，对户籍地的高危儿和营养性疾病儿进行电脑信息管理，更有利于儿童流动时随访。

【新生儿疾病筛查】 2014年，桐庐县筛查新生儿4494人（接产活产数4510人），筛查率98.55%。确诊先天性遗传代谢病患儿4例，除1例患儿死亡外其余均在治疗及随访中。是年，全县筛查儿童听力4477人（接产活产数4452人），其中新生儿4452人，新生儿听力筛查率98.71%，继续保持稳定水平。0—2岁初筛未通过132例，复筛123例，对筛查未通过的均予以追踪，全年确诊听力异常儿童8例，听力异常发生率1.80‰，异常患儿1例已配助听器，其余患儿正在进一步诊治中。2014年度根据浙江省统一布置实施免费新生儿疾病筛查新项目，包括4项遗传代谢病筛查和新生儿听力筛查，全年共免费筛查2529人，免费筛查率56.48%，免费率提高40.28%。

【托幼机构管理】 2014年，桐庐县继续将托幼机构管理工作纳入基层儿童保健工作年度考核，各地儿保医生按标准每季度对辖区幼儿园进行卫生保健工作业务指导，县妇幼保健院每年组织1—2次业务指导和卫生保健工作验收。3月份，全县11名炊事员和11名保健老师参加市妇保院组织的炊事员上岗培训和保健老师上岗培训班。7月份共举办2期培训班，对全县85名幼儿园保健老师和60名保育员进行相关培训；7月份，60名保育员通过培训拿到上岗证；8月份，8名保健老师参加市级提高班。是年，全县幼儿园实施一年一度的保健老师体检制度，幼儿入园前做一次入园体检，一年做一次常规体检。

【星级妇保儿保门诊创建】 2014年，桐庐县开展星级妇保儿保门诊创建，钟山乡、莪山畲族乡2个乡镇卫生院（街道社区卫生服务中心）申报创建三星级妇保、儿保门诊。4月底前，完成各创建单位专项经费补助；9月初，接受市级对基层医疗机构星级妇保儿保门诊培训班指导，并开展自查和评估；10月初，完成县级评估，向市卫生局申报验收。10月24日，全部通过市级考核验收。

（邵艳萍）

【责任编辑：叶楠】

社会事业

·民政事业·

【社会救助】 2014年，桐庐县低保对象3303户5241人，其中城镇低保383户581人、农村低保2920户4660人，全年发放低保金1592.8万元。残疾人基本生活障对象4227人，发放残保金1219.93万元。为低保等困难群众发放物价补贴37.54万元。7—9月，县民政局通过核查取消低保户1426户。全年救助困难家庭617户，发放救助金104.22万元。对全县精减职工、农婚老知青、“三老”人员发放生活补助费110.28万元。为66位大病致贫困难群众发放大病致贫帮扶公益金153.21万元，帮扶对象从每次10余人扩大到每次20余人，帮扶门槛从自负部分不少于8万元降低到不少于6万元。2014年，桐庐县集中供养五保老人618人，其中三无人员35人，五保老人供养率为92%，至年底，落实县级供养经费223.02万元。4—5月，对全县10个农村五保供养服务中心管理制度、财务管理、档案管理进行检查。做好第14次“送温暖献爱心”捐款工作，收到捐款863.79万元。春节期间走访慰问低保户、特困户及五保老人8976户，发放慰问款849.7万元。出台“慈善助学”补充实施办法，为272名在校困难学子发放慈善助学金44.1万元。全县各乡镇（街道）、行政村实现慈善分会、村级慈善工作站全覆盖。

【优抚安置】 2014年，桐庐县接收转业士官和退伍士兵256名，其中转业士官9名、复员4名、残疾军人7名。248名退役士兵实行自主就业，发放自主就业补助金351.7万元；9名转业士官，3名被事业单位录用，1名选择政府安置到机关事务局工作（编外人事），其余5名选择自主就业。183名退役士兵报名参加职业技能教育培训。举办第五届退伍军人专场招聘会，40家企事业单位提供就业岗位4000余个，500多名退伍军人进场求职，105人达成就业意向。完成15000余份复退军人个人档案整理和扫描。发放重点优抚对象优抚金1736.3万元，发放立功受奖奖金14.3万元，发放义务兵家庭优待金722万元。“八一”、春节期间慰问驻桐部队29.5万元、困难退伍军人112人7.9万元、烈士遗属25人2.5万元。

【移民工作】 2014年，桐庐县向33983移民发放直补资金2039万元，核减不符合条件直补对象212人；全年扶持移民项目36个，补助资金259万元；出台《关于印发〈桐庐县分水江水利枢纽工程移民（桐庐境内）后期扶持资金使用管理办法（试行）〉的通知》，自2014年起连续10年每年筹资1000万元用于分水江移民基础设施建设；接待移民来访32批，78人次，办理来信来电56人次，及时办结率100%。

【基层政权建设】 2014年，县民政局对新一届村委会干部进行培训，在岗履职情况进行“回头看”。对村（社区）基层组织建设中存在机构牌子多、工作任务多、考评创建多、台账资料多、盖章证明多等“五多”问题进行整治和清理。准许县级机关工作任务进入村（社区）29项、涉及考核评比创建达标12项、盖章项目17项。全县村（社区）摘除牌子10176块。开展社区社会工作个案研究评审活动，收到个案研究13篇，评出一等奖2名、二等奖3名、三等奖4名。开展桐庐县第二届“社区共建先进单位”“十佳社区工作者”“优秀社区工作者”评选活动。

【社会组织管理】 2014年，县民政局与县老龄委、县慈善总会、县工商联、县环保局、县住建局等部门联合成立村级养老互助会202家、村级商会12家、乡镇街道慈善分会14家、村级慈善工作站183家、村级环保协会183家、社区物管委1家。对全县符合条件的247家社会组织进行评估、确定等级（其中AAAAA级1家、AAAA级5家、AAA级7家、AA级173家、A级61家）。6家社会组织参加评估提升工作，4家获4星级，2家获3星级。对3家履职较差的社会组织进行撤销和劝其注销处理。桐庐彩虹公益服务中心、仁爱雅苑工疗站等12家社会组织入驻城北社会组织孵化（服务）中心。

【区划地名管理】2014年，县民政局完成桐、淳、临三交点和杭金线（桐浦界）平安边界联检工作；启动第二次全国地名普查工作；完成《桐庐县地名志》初稿编辑工作；完成迎春南路北段街牌换牌和更换白云源路灯箱路名牌设置工作。处理数字城管事件82项，问题及时解决率为100%。完成地名命名14件，打印门牌证6163本，安装门牌3787块，窗口受理零星门牌编制1503件。

【殡葬管理】 2014年，县民政局落实殡葬基本服务费减免政策，免除死亡人员2604人殡葬基本服务费143.6万元。古城村原320国道梅蓉收费站旁坟墓进行绿化覆盖，新建3个生态公墓示范点，全县建成生态墓地示范点116个。

【婚姻登记及收养登记】 2014年，县民政局依法办理结婚登记3903对，离婚登记1231对，补领婚姻登记证件767对，出具无婚姻登记记录6223个，收养登记78件，婚姻、收养登记合格率均保持100%。

【基础设施建设】 2014年，县民政局社会福利中心二期项目（县救助站）投入使用，有社会寄养老人73人，在册孤残儿童14人，送养4人（其中涉外收养1人）。是年，全县有居家养老服务照料中心129家，其中新建71家，占行政村（社区）总数63%。全县养老机构22家，其中公办养老机构13家，民办养老机构9家，新增床位数451张，总床位数3113张，其中护理型床位1408张。全县避灾安置场所87个，其中分水镇外范村、百江镇联盟村等40个村新建。

（邵叶丹）

·人口和计划生育·

【概况】 2014年，桐庐县出生4414人，人口出生率10.84‰；计划生育率96.53%，出生人口性别比为103.54，再生育审批准确率达到100%；计生术后（产后）随访服务率达到100%；群众工作中无违反“七不准”行政侵权行为，无恶性事件、无违规收费、无行政败诉案件；群众对乡村计划生育工作满意率达98%以上。

【孕前优生健康检查】 2014年，县人口和计划生育局完善部门协作长效工作机制，县妇保院和县计生指导站共同完成新婚、再生育夫妇和流动人口计划怀孕夫妇检查工作任务。全年度免费提供“国家优生项目”检查6108人次；省优生“两免”婚检率94.15%、孕检率99.97%。

【宣传教育】 2014年，县人口和计划生育局在《阳光热线》直播节目“计生局长走进播音室”中，通过音频与群众互动，开展“单独二孩”生育政策、生殖健康、家庭健康、计生服务职能和服务内容宣传；“计生宣传大篷车”赴乡镇（街道）开展“婚育新风进企业”“江南之夜，唱出人口计生情”“同在蓝天下，共融计生情”等巡回文艺演出30场；编译出版《口述历史—我与桐庐计划生育三十年》一书。

【依法行政】 2014年，县人口和计划生育局征收社会扶养费635万余元。规范再生育审批和特殊情况生育审批工作，审核审批再生育1152件，特殊情况生育审批77件，其中单独审批350件，审批合格率100%。

【利益导向】 2014年，县人口和计划生育局联合八部门出台《桐庐县完善计划生育特殊家庭扶助制度的实施细则》，对年满49周岁，独生子女死亡或伤病残等级达到三级及以上未再生育或收养子女的父母，计划生育特别扶助金提高标准，从每人每月200元提高到每人每月500元；年满60周岁且未纳入政府养老服务补贴范围的，特别扶助金标准提高到每人每月700元。

【“三查”和“两癌筛查”长效机制】 2014年，桐庐县推出“三查”（查孕、查环、查病）和“两癌筛查”（宫颈癌、乳腺癌）计生服务。县指导站实行定期“送医下乡”制度，到全县各村为育龄妇女提供“三查”和“两癌筛查”，15548 名妇女接受检查，查出癌症患者 3 名。

【队伍建设】 2014 年，县人口和计划生育局实施村级计生服务员县、乡（镇）、村三级统筹管理机制，建立健全由 194 名村（社区）级计生服务员、186 名自然村信息员组成二级信息网络。加强乡镇计生技术人员能力培训，安排技术人员到市、县医疗机构进修，2 次组织村级以上计生干部参加由省培训中心、省人口健康学会组织的培训。

【青春期健康教育】 2014 年，县人口和计划生育局建立以县为骨干，以乡镇（街道）、学校为阵地的三级“青春阳光服务”网络，成立由计生干部、学校老师、心理咨询师等志愿者组成的青春阳光服务队伍；开通“倾听·信任——站长有约”热线电话，提供少女意外妊娠援助；在桐庐新闻网君山论坛专设“幸福源点”版块，适时提出话题，进行互动；通过新闻网“在线访谈”对青春期性健康教育必要性、注意事项等进行深入解读。

【流动人口公共服务均等化】 2014 年，县人口和计划生育局提升流动人口信息化管理水平，完善均等化服务体系，按照“属地化管理、市民化服务”要求，实施“流动人口公共服务均等化”工程，创建省级“桐庐县横村镇新居民计划生育服务中心”和市级 “旧县街道流动人口计划生育服务管理示范窗口”。全年流入已婚育龄妇女登记管理率和流出已婚育龄妇女信息掌握率在 90% 以上。

（杜凤姣）

·人民生活·

【全县居民收入】 2014 年，桐庐县居民人均可支配收入 29633 元，比 2013 年增加 2885 元，增长 10.8%，扣除价格因素，实际增长 9.2%。全县居民工资性收入人均 17769 元，占人均可支配收入的 60.0%；经营净收入人均 7101 元，占 23.9%；财产性收入人均 1769 元，占 6.0%，转移性收入人均 2994 元，占 10.1%。工资性收入比 2013 年增加 1513 元，增长 9.3%；经营净收入增加 527 元，增长 8.0%；财产性收入增加 215 元，增长 13.8%；转移性收入增加 630 元，增长 26.6%。

2014 年桐庐县居民人均可支配收入

表 64

指标名称	全体居民（元）	比上年增长（%）	城镇居民（元）	比上年增长（%）	农村居民（元）	比上年增长（%）
人均可支配收入	29633	10.8	36366	10.3	20627	11.3
（一）工资性收入	17769	9.3	22487	8.5	11459	10.7
（二）经营净收入	7101	8.0	7420	7.1	6676	9.3
1. 一产经营净收入	446	3.7	289	27.6	657	-5.8
2. 二产经营净收入	3191	2.5	3674	-0.1	2546	7.7
3. 三产经营净收入	3464	14.2	3457	14.4	3473	14.0
（三）财产净收入	1769	13.8	2420	13.9	897	12.2
（四）转移净收入	2994	26.6	4039	26.5	1595	25.5

【城镇居民收入】 2014 年，桐庐县城镇居民人均可支配收入 36366 元，比 2013 年增加 3396 元，增长 10.3%，扣除价格因素，实际增长 8.7%。城镇居民工资性收入人均 22487 元，占人均可支配收入的 61.8%；经营净收入人均 7420 元，占 20.4%；财产性收入人均 2420 元，占 6.7%，转移性收入人均 4039 元，占 11.1%。工资性收入比 2013 年增加 1762 元，增长 8.5%；经营净

收入增加493元，增长7.1%；财产性收入增加295元，增长13.9%；转移性收入增加846元，增长26.5%。

【农村居民收入】 2014年，桐庐县农村居民人均可支配收入20627元，比2013年增加2094元，增长11.3%，扣除价格因素，实际增长9.7%。农村居民工资性收入人均11459元，占人均可支配收入的55.6%；经营净收入人均6676元，占32.4%；财产性收入人均897元，占4.3%，转移性收入人均1595元，占7.7%。工资性收入比2013年增加1104元，增长10.7%；经营净收入增加569元，增长9.3%；财产性收入增加97元，增长12.2%；转移性收入增加324元，增长25.5%。在经营净收入中，第一产业净收入比2013年减少40元，减5.8%；非农产业（即二、三产业）净收入增加609元，增长11.3%。

【全县居民生活消费】 2014年，桐庐县全县居民人均生活消费支出17197元，比2013年增加1745元，增长11.3%；恩格尔系数为31.5%，比2013年下降1.5个百分点。全县居民人均食品烟酒支出5421元，比2013年增加317元，增长6.2%；人均衣着支出1241元，比2013年增加169元，增长15.7%；人均居住支出3373元，比2013年增加156元，增长4.9%；人均生活用品及服务支出988元，比2013年增加53元，增长5.6%；人均交通通信支出2906元，比2013年增加488元，增长20.2%；人均教育文化娱乐支出1760元，比2013年增加198元，增长12.7%；人均医疗保健支出1086元，比2013年增加203元，增长23.1%；人均其他用品和服务支出422元，比2013年增加161元，增长61.6%。

2014年桐庐县居民人均生活消费支出

表65

指标名称	全体居民（元）	比上年增长（%）	城镇居民（元）	比上年增长（%）	农村居民（元）	比上年增长(%)
人均生活消费支出	17197	11.3	20971	9.8	12149	14.2
1. 食品烟酒	5421	6.2	6829	2.4	3537	16.3
2. 衣着	1241	15.8	1596	13.3	766	22.0
3. 居住	3373	4.8	3801	4.2	2801	5.8
4. 生活用品及服务	988	5.7	1183	6.9	728	2.7
5. 交通通信	2906	20.2	3780	24.1	1737	9.2
6. 教育文化娱乐	1760	12.7	2121	9.8	1276	18.9
7. 医疗保健	1086	23.0	1128	25.2	1030	20.2
8. 其他用品和服务	422	61.7	533	36.0	274	207.9

【城镇居民生活消费】 2014年，桐庐县城镇居民人均生活消费支出20971元，比2013年增加1871元，增长9.8%；恩格尔系数为32.6%，比2013年下降2.3个百分点。全县城镇人均食品烟酒支出6829元，比2013年增加162元，增长2.4%；人均衣着支出1596元，比2013年增加187元，增长13.3%；人均居住支出3801元，比2013年增加154元，增长4.2%；人均生活用品及服务支出1183元，比2013年增加76元，增长6.8%；人均交通通信支出3780元，比2013年增加734元，增长24.1%；人均教育文化娱乐支出2121元，比2013年增加190元，增长9.8%；人均医疗保健支出1128元，比2013年增加227元，增长25.1%；人均其他用品和服务支出533元，比2013年增加141元，增长35.9%。

【农村居民生活消费】 2014年，桐庐县农村居民人均生活消费支出12149元，比2013年增加1515元，增长14.2%；恩格尔系数为29.1%，

依法统计普法宣讲

比2013年提高0.5个百分点。全县城镇人均食品烟酒支出3537元，比2013年增加497元，增长16.4%；人均衣着支出766元，比2013年增加138元，增长21.9%；人均居住支出2801元，比2013年增加153元，增长5.8%；人均生活用品及服务支出728元，比2013年增加19元，增长2.7%；人均交通通信支出1737元，比2013年增加147元，增长9.2%；人均教育文化娱乐支出1276元，比2013年增加203元，增长19.0%；人均医疗保健支出1030元，比2013年增加173元，增长20.1%；人均其他用品和服务支出274元，比2013年增加185元，增长209.0%。

【城乡居民住房面积】 2014年，桐庐县城镇居民人均住房建筑面积达50.4平方米，农村居民人均住房建筑面积达72.5平方米。

【城镇居民家庭主要耐用消费品】 2014年，桐庐县每百户城镇居民拥有：家用汽车34辆、摩托车28辆、洗衣机90台、电冰箱（柜）102台、微波炉60台、彩色电视机182台、空调178台、热水器97台、计算机95台其中接入互联网90台、固定电话40部、移动电话259部其中接入互联网160部。

【农村居民家庭主要耐用消费品】 2014年，桐庐县每百户农村居民拥有家用汽车25辆、摩托车50辆、洗衣机84台、电冰箱（柜）103台、微波炉37台、彩色电视机196台、空调120台、热水器89台、计算机61台固定电话38部、移动电话233部其中接入互联网121部。

（姚健云）

·民族宗教·

【概述】 2014年，桐庐县有少数民族乡1个（莪山畲族乡）、少数民族村7个。8月14日，杭州市宗教民族事务中心、桐庐县民宗局和桐庐县知联会在百江镇金塘坞民族村开展荷花种植及水果栽培技术送知识下乡活动。9月29日，莪山畲族乡人民政府获得“全国民族团结进步模范集体”荣誉称号。10月31日，在县委党校举办少数民族村干部培训班，4个乡镇街道的统战委员、7个民族村两委班子成员40余人参加培训。

【特色村寨建设】 2014年10月，中门民族村被国家民委列为首批中国少数民族特色村寨。是年，新丰民族村修复10幢特色民居，建成村演艺馆、惠民广场、游步道、老年活动室等，并引进德清“洋家乐”管理团队，建成秘境酒店、咖啡屋等旅游度假设施对外营业。11月份，新丰民族村戴家山自然村入选中国传统村落名录。

【项目资金使用和管理】 2014年，县民宗局编制完成2014—2016年少数民族村发展项目库，收录7个民族村发展项目21个。全年争取少数民族帮扶资金259万元。其中，中央及省级130万元、市级60万元、县级配套资金60万元、市文化发展专项资金9万元。会同县财政局对少数民族乡村2013年度省少数民族资金使用、账目规范情况进行核查。

【宗教慈善事业】 2014年，县民宗局组织宗教界人士用10万余元慈善活动经费举办“年初慰问困难户”“走访福利院”“百姓日向市民赠饮”“宗教人士夏季送清凉”等公益慈善活动。桐庐县内宗教界三大教派募集善款14.23万元用于结对帮扶村百江镇金塘坞畲族村小流域治理项目。

【宗教平安和谐建设】 2014年，县民宗局指导宗教场所开展“和谐寺观教堂”创建活动，评定二星级宗教活动场所6家。桐庐教堂被杭州市民宗局评定为三星级宗教活动场所。

【宗教“三改一拆”】 2014年7月，县民宗局完成桐庐县“三改一拆”宗教违法建筑处置任务，通过浙江省民宗委、杭州市民宗局检查考核。建立桐庐县内宗教、民间信仰场所集照片、场所面积、建造时间等信息的电子档案。出台《关于加强民间信仰活动场所规范管理工作的通知》，完善民间信仰场所长效管理机制。

（洪继国）

·老龄事业·

【概况】 2014年，桐庐县60周岁以上老年人有83752人，占总人口20.51%，比上年同期增加4841人，增长6.1%。其中,80周岁以上12376人（百岁老人6人），江南镇深澳村申屠香娣（女）105岁为最年长者。全年，制发老年优待证7320张。桐庐县老龄事业发展基金会募集资金30万元，发放20万元，用于资助老年电大和居家养老服务照料中心等项目建设及慰问困难、高龄老人等活动。

【创建工作】 2014年 12月，桐庐县被全国敬老爱老助老主题教育活动组委会授予“全国敬老模范单位”称号，合村乡合村村毛双莲被全国敬老爱老助老主题教育活动组委会授予“全国孝亲敬老之星”称号。9月，合村乡合村村毛双莲、百江镇供电服务站冯柏明分别被杭州市老龄工作委员会、杭州市精神文明建设委员会办公室命名为“杭州市‘最美杭州人’之‘孝亲敬老之星’”。

【养老服务】 2014年，桐庐县新建居家养老服务照料中心71家，累计建成129家。新建民办养老机构7家，新增床位450张，累计建设养老机构22家，其中公办13家，民办9家，总床位3113张，其中护理型床位1804张。根据“不让桐庐的老人因为空巢而无人照顾”承诺，建立养老互助小组1681个，结对帮扶老年人7万余人。政府购买居家养老服务4763人，占老年人6%。建立老年人信息数据库，落实“银龄互助”帮扶机制，实现养老互助行政村和人员全覆盖，老年人之间开展互帮互助。

【队伍建设】 2014年，桐庐县对240名基层老龄干部开展业务培训，加强对相关政策和业务掌握运用的指导。开展家庭养老护理员和助老员培训工作，举办培训41场4100多人，提高家庭护理员和助老员帮护照料能力。与县总工会、县人社局举办首届养老护理知识竞赛，巩固提高护理知识和技能。

【敬老爱老】 2014年春节期间，县委、县政府向5.3万名60周岁及以上享受城乡居民社会养老保险基础养老金老人每人发放600元春节慰问金。老人节期间，县四套班子、部门、乡镇、村四级联动向全县老年人开展集中慰问，慰问金额350万元。日常向130名困难老人、困难失能老人进行慰问，慰问金30万元。第二届“百姓日”，桐庐县出资300余万元组织全县8.3万余名60周岁以上老年人免费享用“敬老爱老幸福餐”。同时，组织社会各界开展文艺、祝寿、发红包、健康体检等活动。

【老年活动】 2014年6月至10月，县老龄办与富阳老龄办联合开展 “流金岁月·富春记忆”为主题的老年人摄影比赛，获奖作品在两地展出，搭建老年人作品交流平台。举办“中国梦.桐庐梦”老年书画展活动。组织老年艺术业余团队参加杭州市老年文艺周活动，其中两个节目获得银奖。县老龄办联合县老体协举行2014年老年文体会演，参演节目15个，参演人数270余人。“敬老月”活动开展丰富老年人文化娱乐生活，满足老年人精神生活需求。

【老年宣传】 2014年，桐庐县开展老年法进机关、进乡村、进社区、进学校、进企业、进单位“六进”活动，举办一期乡镇老龄干部、村老年人协会会长老年法培训，同时，借助敬老月、科技下乡和全国法制日等载体，加大老年法的宣传力度，发放老年法单行本10000本。

【老年教育】 2014年，县老年电大学员8330人，入学率为全县老年人口11.5%。开展“红色讲坛”进基层活动，邀请县委党校老师走乡入村为老年电大授课，与老科技工作者协会协作开展健康知识讲座和医疗咨询、义诊活动，全年讲课50余堂。5月6日桐庐百姓日期间，卫生部门开展为老年电大送健康活动，19个老年电大教学点学员听健康讲座。

（陈先杨）

·关心下一代工作·

【概况】 2014年，桐庐县关心下一代委员会以《关于进一步加强和改进未成年人思想道德建设》为指引，以社会主义核心价值体系为主体，开拓创新、扎实工作，在完善组织机制、健全组织机构、创新教育方法、优化青少年成长环境等方面取得好成效。是年，县关工委科技志愿服务队获全国“老干部先进集体”荣誉称号。

【制度建设】 2014年，桐庐县关心下一代委员会制定《桐庐县预防青少年违法犯罪成员单位职责分解表》，明确各成员单位职责分工。联合县公安局、县计生局、县民政局、县教育局、县卫生局等单位建立全县关爱流动儿童工作联席会议制度，帮助流动儿童就近入读，加强流动儿童登记管理。

【组织建设】 2014年，桐庐县关心下一代委员会加大非公企业关工委组建工作，5月联合县委组织部下发《关于做好2014年全县非公企业关工委组建工作的通知》（桐关工委〔2014〕6号）文件，制定组建要求，明确组建任务，进行任务分解。全年新增非公企业关工委组织50家，总数64家。

【青少年思想道德教育】 2014年，桐庐县关心下一代委员会从培养学生基本行为规范入手。2月，联合县教育局发起“文明公共空间行为，做画城优秀小公民”主题教育实践活动。3月，围绕“五水共治”主题，联合团县委、县教育局发起“学雷锋，治五水”主题活动，培养青少年环保意识，为建设和谐桐庐贡献正能量。利用“3·5”学雷锋日、“3·12”植树节、“12·5”志愿者日等节日，组织全县青少年学生以及志愿者义务扫除、义务植树以及志愿服务，到培智学校、福利院、敬老院看望慰问特殊少年儿童以及孤寡老人。

【特色品牌】 2014年，桐庐县关心下一代委员会深化“关爱青春·享受阳光”青春健康教育工作，设立“杨老师青春课堂”，以国家二级心理咨询师杨小珍主任医师为主的工作团队，每年5月中旬至6月上旬对全县13所初级中学初二年级学生进行青少年性与生殖健康教育。举办“青春健康教育培训班”，80余名中小学教师、志愿者和乡镇（街道）关工委工作人员参加培训。新增桐江职高、富春高中、三合中学三所青春健康教育示范点学校。

【帮困助学】 2014年，桐庐县关心下一代委员会联合团县委募集资金76.4万元，资助困难学生448名。通过浙江省关工委“福彩牵手 助圆大学梦”公益行动、市关工委帮困助学专项资金、“奋飞奖”等载体，资助62名大、中、小学生共计资金11万余元。同时，组织受资助学生参与五水共治、垃圾分类宣传、清洁河道、假日学校辅导等公益志愿服务行动，引导受资助学生树立回报社会感恩情怀。

【青少年活动开展】 2014年，桐庐县关心下一代委员会关注留守儿童，联合县旅委、县教育局举办“百名留守儿童圆梦中国画城”活动；与县政协合作举办“关爱留守儿童，点亮微心愿”活动，实现留守儿童微心愿；携手浙江百诚集团举行“为留守儿童的健康成长撑起一片蓝天”关爱助学活动，与合村小学20名留守儿童结对。与青少年活动中心举办第四届童玩节；组织开展暑期夏令营系列活动，参与污水治理、垃圾分类等活动。组织小学生代表参观杭州低碳科技馆，树立低碳生活理念。

【五老三团】 2014年，桐庐县关心下一代委员会讲师团向青少年学生开展革命传统、爱国主义、理想信念教育，宣讲44场，受教育2万人次。关爱团开展法制宣讲活动13次，受教育青少年学生3000人次，结对帮教问题青少年56人。科技服务团开展活动86次，受教育青少年4000余人，受益农民2000余人，获得全国老干部先进集体荣誉称号。乡镇关工委发动“银龄助学”项目，200多名老干部募集资金3万余元，资助贫困学生28名。

（郁　峰）

【责任编辑：郑巧丽】

乡镇　街道

·城南街道·

【概况】 2014年，城南街道实现工农业总产值81.64亿元，同比增长9.98%；财政总收入2.34亿元，同比下降0.9%；农民人均收入16482元，同比增长12.6%；人口计生率97.12%；网上信访与县长公开电话1628起，来人信访接待83批次，县领导接访8次，县信访局转办106件，梳理排查重点案件36件。是年，获省级生态文明街道、县级综合考评优秀单位、县级考评优秀班子。

2014年城南街道情况数据库

表66

项　目	单　位	合　计
地域面积	平方公里	97.11
耕地面积	公顷	12174
粮食播种面积	公顷	967.93
粮食总产量	吨	6623
行政村	个	18
经联社	个	4
社区	个	4
总人口	万人	6.03
工业总产值	万元	781893
农业总产值	万元	34586
财政收入	万元	23429
农村居民人均纯收入	元	16482

【农业经济】 2014年，城南街道完成范家边蔬菜基地县级“一乡一业”项目建设内容；新培育市级农业龙头企业1家（桐庐农家源食品有限公司），新增喷微灌设施面积23.33公顷、大棚面积5.33公顷。建成公益林优质林2745.9公顷（其中省级生态公益林2357.7公顷，市级公益林118.5公顷，县级公益林269.7公顷）；完成义务植树10.5万株，义务植树尽责率95%。其他造林21公顷；建成省级林道1公里（大塘）、县级林道4公里（峙山村1公里、金山村2公里、施家林场1公里）；完成国道、省道沿线“四边三化”6.6公顷和其他林区49公顷森林抚育；完成金山、儒岡、江联、周家、江头、上杭、中杭、下城、石珠、下轮、岩桥、桥外、上洋洲等13个村大树进村种植。完成小青龙、周家垅、伍塘湾病险水库除险加固工程；完成罗尖塘山塘整治；完成金联村剪溪范家边段农村灌排河道综合整治工程；完成岩桥村大湾里溪分流排洪工程临时度汛工程，工程箱涵长818米；完成龙潭溪支流改道工程。

【工业经济】 2014年，城南街道拥有工业企业593家，其中规模企业32家，完成工业销售产值78.19亿元，同比增长13%，其中规上销售实现44亿元，与去年同期相比增长18.3%；外贸交货值25.9亿元，同比增长25.1%，自营出口11422万美元，同比增长18.5%；全社会固定资产投资21.09亿元，同比增长80.4%，其中工业投资3.89亿元，同比增长19.9%；招商引资4.57亿元，同比增长6.5%，其中实到市外内资3.04亿元，同比增长39.7%；浙商创业创新资金9738万元，同比增长12.4%。重点技改企业19家，投入技改资金3.3亿元。开展华鹰高新、增洲科技等11家企业“退二进三”工作，象限科技等5家企业盘活9.06公顷低效用地5宗，华鹰高新已通过县把关领导小组审批，雅丽针织部分地块正在办理土地用途变更手续，杭州电力器材有限公司原厂区转户为正汉实业有限公司，正办理土地规划调整。关停制砖为主高能耗企业27家，拆除面积1.5万余平方米。天松医疗、建银建管2家企业分别在新三板、Q板挂牌上市。

【三产经济】 2014年，城南街道直接管理限额以上服务业企业71家，实现服务业增加值20.5亿元；全社会消费品零售总额27.4亿元；新增限额以上服务业企业8家，完成三产投资17.2亿元，同比增长103.6%；推进金牛民宿建设、村落景区建设，鼓励企业开展企业电子商务和电子商务创业园建设，引导39家企业正式入驻阿里巴巴产业带。投入3000多万元，对青山小商品市场提升改造，划出4000平方米作为电商创业集聚区，有25家电商进驻。引进万客网络、安厨电商，组建农村淘宝服务站2个。

【美丽乡村建设】 2014年，城南街道继续推进美丽乡村建设。湾里中心村投资517万元，完成10只污水处理池提升改造工程，马家、施家农居点建房场地平整等项目，马家、许家村溪沿线改造1200余米，拆除房屋141户。金中精品村投资1260万元，建设6个大项、8个小项，杨梅山游步道完成工程总量的80%，农居点道路、景观节点工程完成招标。15个培育村总投资770万元，涉及22个项目，完成10个，开工11个，未开工1个，完成总投资额的695万元。街道申报“一事一议”省级项目9个，县级项目1个，已完成省级项目6个，县级项目1个；申报市、县创收项目各1个。17个行政村完成农村股份制改造并通过县级验收。

【五水共治】 2014年，城南街道采用“班子成员、驻村干部、村干部”三级河长公示制，辖区内9条溪流水质均达标，实现可游泳目标；投入1500万元，整治家畜禽养殖场104家，其中规模养殖场提升改造到位2家，拆除关停102家；投入3500万元，对农村生活污水处理设施进行全面提升，建成污水处理池81个；完成8个行政村垃圾分类站点设施建设，并投入使用；完成岩桥村大湾里溪分流排洪工程，垄背上、石马边、里庄坞排涝工程，12个续建、新建山塘整治工程建设；会同县住建局完成7条新建道路污水配套管网、排水设施、管网的清淤工程；关停富春江沿岸湾里段博阳食品厂和三合加油站；完成仁智、金西灌区排溪渠27.633公里的清理；修复岩桥村农田灌溉渠道；金联村新增喷滴灌面积13.33公顷。关停“两高一低”企业1家。

【县级重点项目建设】 2014年，城南街道重点项目138个，其中开发区项目21个、五水共治项目45个、住建局项目26个、重点投入类经济项目14个、健康城项目6个、民生事业类项目11个、拆迁安置类项目9个、筹备类产业项目6个。开发区21个重点项目，完成16个，下洋洲姚家路停车场工程青苗补偿、科技孵化园项目二期桑园林家村征迁、小来大搬迁、海康威视项目、英飞特项目二期正在推进中。26个城市建设项目中，续建项目23个、新建项目3个。续建项目中，除农场地块配套支路工程因房产公司项目申请暂缓、青山区块高家路延伸及市政配套项目方案正在编审外，花园式总部市政配套工程等9个续建项目开工建设，其余续建项目进度率80%以上。江洲路工程、城市规划馆建设、青山区块高家路延伸及市政配套工程等3个新建项目有序推进。健康城重点项目6个，涉及征地58.82公顷。海康威视项目青苗补偿费发放591户，坟穴迁移完毕，一期项目房屋已拆除，进入场地平整。其余项目正有序推进。五水共治项目45个，涉及征地1.5公顷，完成项目28个；14个重点经济项目，征地58公顷（跨年），征地及地上附属物处理基本完成；9个拆迁安置类项目，需拆除建筑面积484409平方米（跨年），大庄里拆迁、春江西路拆迁改造、杭黄铁路线型拆迁等项目均按计划推进；11个民生事业项目，已完成前期工作的8个，待明确方案、规划设计预备项目2个。

【杭黄铁路征地拆迁】 2014年，杭黄铁路线型城南段13.11公里全面开工，涉及征地53.33公顷、临时用地22.67公顷；拆迁户199户，已签约195户，其中109户调产安置户完成选房摇号。

【集镇建设】 2014年，城南街道春江西路、龙潭路、大丰路、白云源西路、梅林路、江洲路、青山区块高家路等26个项目有序推进；城市规划展示中心、包山儿童公园、滨江商务楼等项目开工建设，大庄里拆迁工作基本完成；乔林安置房1、2号楼主体工程建成并通过验收；桑园村安置房建设正在进行中；完成320国道、20省道美丽公路建设；绿道5号线建成，健康城范围内绿道建设有序推进；大奇山路、学圣路武举塘段、迎春南路部分路段完成提升改造。拆除“一户多宅”843户，面积11.5万平方米；拆后整理出可利用空地6.67公顷；审批新建农房97户；拆除其他违建250处，面积8.3万平方米；违法用地复耕6处，面积2.4万平方米。

【民生保障】 2014年，城南街道审批低保户24户，取消118户，调整121户；审批残保户41户，取消13户。采用二维码扫描方式对1200名残疾人基本信息核查。慰问困难户1099户，资金88.53万元；市各单位慰问困难户180人次；农村合作银行1—3季度大病救助5户，资金7.5万余元；医疗救助93户，资金74.38万余元；申报慈善助学75人，补助资金15.72万元；4位低保人员申请学车补助；杭州福彩进社区公益资金申报12人，救助资金1.2万元。15个行政村建立温馨计生服务室；推出“优生两免”三大服务措施，受益人数608人；5178名已婚育龄妇女免费“三查”服务，917名育龄妇女免费“两癌”筛查，新增农村计划生育奖励扶助对象97名、计划生育特别扶助对象8名。农村困难群众住房救助6户，参加政策性农房保险9885户。

【颐居智慧养生园开工】 2014年，颐居智慧养生园开工仪式在城南街道东兴村举行。该项目由颐高集团主力打造，位居富春山健康城核心地段。是一个集休闲、养生、保健、康体、旅游、文化、园林、度假等多项功能为一体的大型综合养生体项目，总投资16亿元。颐居智慧养生园将在建设生态、健康、圈层三大产品模块基础上，引入现代先进健康配套和高端完善的酒店式服务，打造全国首个酒店式养生度假小镇。

【大庄里区块改造】 2014年，大庄里区块拆迁工程启动。拆迁范围为峙山路以东、朝霞路（滨江一路）以西、滨江路以南、春江路以北大庄里、戴家自然村，及白云源路北侧、龙潭路东侧麻车山小自然村，拆迁人口为166户（其中集体土地146户，国有土地20户）596人；拆迁总面积9.93公顷，其中涉及国有土地面积1.13公顷、建筑面积7858.5平方米（包括开发办划拨供地5家、三合镇政府奖励5家工业企业及民政局、国土局、江南灌区集体资产；拆迁后规划用地红线面积7.73公顷。至年底，已签约164户，签约户全部腾空。9月6日，拆迁户在城南街道参加摇号（其中24户实行货币安置）。

2014年城南街道各行政村、社区、经联社基本情况

表67

行政村 经联社 社 区	村、经联社、社区 党委（总支、支部） 书 记	村委会、经联社、社区 主 任	人 口 （人）	年人均收入 （元）
金东村	闻根良	叶萍莉	2077	13781
金溪村	朱双林	吴正阳	3469	17768
金中村	叶众兴	方周青	1767	17322

续表 67

行政村 经联社 社　区	村、经联社、社区 党委（总支、支部） 书　记	村委会、经联社、社区 主　任	人　口 （人）	年人均收入 （元）
金牛村	王志春	王荣明	1320	15292
金联村	余根铭	赵良浩	2650	16426
春江村	戴小忠	—	2310	16872
湾里村	华权力	余月英	2258	15844
岩桥村	王小明	王平川	2195	16715
仁智村	张永平	周　毅	2703	17097
乔林村	邢伟勇	方金卫	965	17303
新建村	胡雨海	胡秋珍	569	17472
大丰村	徐旭明	朱世林	796	19722
滩头村	周宝平	—	2354	17720
东兴村	袁顺良	邓学军	2909	16021
上洋洲村	陈士国	—	2025	13773
桑园村	赵有金	梅宝清	789	15062
下洋洲村	赵柏坤	朱明	1996	16500
下轮村	吴雪平	吴新华	763	16597
上杭经联社	戴光成	赵春荣	417	15683
中杭经联社	许国平	吕　峰	466	19462
大联经联社	许永伟	—	992	19402
兰田经联社	姚善木	姚善木	419	14847
中杭社区	范国政	范国政	13285	16704
下杭社区	季红卫	季红卫	16259	16695
梅林社区	姚　扬	姚　扬	13881	16716
上杭社区	方　捷	方　捷	16903	16719

（童志萍）

·桐君街道·

【概况】 2014年，桐君街道以建设“精致、活力、幸福、和谐”新桐君为目标，社会和经济各项事业取得较好发展。是年，实现工农业总产值62.9亿元，同比下降3.5%；财政收入28010万元，同比下降9.3%；农民人均纯收入16850元，同比增长8%。新出生婴儿461人，计划生育率97.2%；配合“110”联合行动出警30次，成功调解矛盾纠纷571件，接受法律咨询630余人次。是年，获全省社区管理综合治理先进集体、2014年全国科普日活动优秀组织单位、杭州市“无邪教乡镇（街道）”创建工作先进单位。

2014年桐君街道情况数据库

表68

项　目	单　位	合　计
地域面积	平方公里	63.73
耕地面积	公顷	436
粮食总产量	吨	2643
行政村	个	6
居委会	个	1
社区	个	7
总人口	万人	4.89
工业总产值	万元	614419
农业总产值	万元	14456
财政收入	万元	28010
农村居民人均纯收入	元	17229

【农业经济】 2014年，桐君街道加快培育种养大户和专业户，发展毛竹、香榧、草莓、杨梅、果蔬等特色优势产业。引进港龙木屋生态农业开发项目，总投资1.35亿元，在麻蓬村吴家坞流转土地28公顷，一期投入资金500余万元，建成台湾精品水晶草莓、水果西红柿等高效农业生态园。投资530万元，完成山塘水库、河道堤防、水渠修建等工程；完成6个村的农村股份制改革工作；完成粮食生产播种面积436.01公顷，总产量2643吨，超额完成县下达的政策性农业保险任务；进一步强化动植物疫病防控体系，建立农产品质量安全监管体系，县下达蔬菜检测任务170批次，实际完成170批次；做好重大动物疫病防治工作，组织力量对濮家庄、梅蓉、浮桥埠村的加拿大一枝黄花进行清理；开展农民素质培训，2014年街道农民素质培训提升工程任务数100人，实际共开展3期，培训农民100人次；完成绿化造林18.07公顷，超额完成县里下达的任务；全年对2931.67公顷松林进行多次调查，取样松木167支，清理枯死松木17200余株。

【工业经济】 2014年，桐君街道有工业企业410家，其中规模企业21家，实现工业销售产值61.4亿元，其中规模企业25.8亿元；固定资产投资13.2亿元，同比增长56.4%，其中工业投资3.1亿元，同比增长12.8%；招商引资3.5亿元，其中实到市外内资2亿元，浙商回归7650万元，实到外资600万美元。通过履约清理和“三江两岸”整治整合，盘活土地24.47公顷，引进招商项目8个，协议资金5.8亿元。投入资金2.2亿元，实施完成汇丰生化、瑞霖化工、盛运电力、达利富、华盛围巾等企业技改项目；开展安全生产集中检查39次，排查隐患394个，通过即时整改、限期整改及挂牌督办等方式完成。

【三改一拆】 2014年，桐君街道以“无违建”创建为载体，落实“控新拆违”、清理“一户多宅”、整治“既有违建”、落实“拆后利用”等举措。完成旧住宅区、旧厂区、城中村改造，改造面积69371.57平方米，拆除违章建筑125816.25平方米。6月17日，杭州市“三改一拆”行动第四次现场会暨“无违建”创建推进会把麻蓬村作为现场会参观点。

【五水共治】 2014年，桐君街道投入资金500万元关停拆除养猪场40家，整治提升3家，处理生猪4967头，拆除面积3.2万平方米；投资150万元，完成5个村污水处理工程提升修复工程；投资530万元，完成濮家庄河道、水塘综合整治工程，阆苑双溪河道整治工程，浮桥埠双溪河道整治工程、小岭坞水塘整治工程，梅蓉舒坑饮用水提升改造工程；推进农村生产生活垃圾分类，完成5个村垃圾分类收集工作；投资200万元，新建4处垃圾资源综合利用处理站并投入使用。落实“河长制”，确保双溪、麻蓬溪流水质达到Ⅲ类标准。开展街道商会“认养河道”活动，筹集“五水共治”基金380万元。

【重点项目建设】 2014年，桐君街道配合县政府完成重点项目建设。继续推进开元街区改造一期安置房工程，完成总工程量的38%；完成浮桥埠区块安置房基础工程建设、小区主体工程量的40%；完成16省道、环城西路沿线破旧房拆除、立面墙改造、绿化提升、围墙美化工程；完成23省道沿线山林水田征用、坟墓迁移、房屋拆除等工作；公园山渔民村房屋搬迁改造工作顺利进行，完成房屋腾空、拆除、村民选房等工作；水上村棚户区拆除附房10幢、有证房屋7幢；原通用厂宿舍已完成总工程量的70%，预计2015年2月底可进入选房、交房阶段；完成洋塘路改造工程征地3733.5平方米；基本完成柴埠大桥连接线涉及2家企业的征迁工作，征地、拆迁安置、坟墓迁移、生态公墓建设、青苗处置、安置点宅基地等工作正有序推进；完成千岛湖配水工程阆苑村井塘里征地、租地青苗处置、迁移坟墓41穴。

【文化宣传】 2014年，桐君街道举办第三届桐庐百姓日活动；开展文体活动、电影下乡225场次；原创村歌《扬帆梅蓉》获得“梦想中国美丽乡村”第五届中国村歌十大金曲；《桐庐船民习俗》《汪氏小儿口疮疗法》分别被列入第五批杭州市非物质文化遗产代表性项目名录和第六批桐庐县非物质文化遗产名录；完成对221幢古建筑普查登记。投资100余万元，建成麻蓬村文化礼堂，并申报省级农村文化礼堂示范点；举办道德模范先进事迹宣讲会、我的价值观演讲征文比赛10余场。

【社会保障】 2014年，桐君街道新建梅蓉村、浮桥埠村、阆苑村居家养老服务中心，建立银龄互助小组137个，助老服务网点71个；完善最低生活保障制度，全年核减低保259户，新增7户，现有低保141户216人；春节慰问困难群众912户，发放慰问款110万元，慈善救助9.8万元，医疗救助35.3万元；加大对残疾人等弱势群体帮扶力度，有残保284户287人，新增残保100户。党员与低保、残保户结对320户，走访服务残疾人1108人次，培训残疾人100人次，发放托养款33.58万元；完成农房政策性住房保险、城乡居民养老保险扩面、城乡居民医疗保险扩面任务；完成农村住房改造60户、农村困难群众住房救助8户；农民健康体检和国家重大传染病专项体检7900名。

【桐君街道商会企业家“认养河道”】 2014年5月4日，桐君商会提出“认养河道”倡议得到企业家们一致赞同，并与街道签订三年协议，出资20万用于双溪、麻蓬溪日常保洁，确保两溪水质达到Ⅲ类标准；认筹“五水共治”基金380余万元。桐君商会成员杭州达利富丝绸染整有限公司为保护周边环境，专门购置一套日处理3000吨的污水处理系统，针对企业每天产生的600吨废水，又购置中水回用系统设备，经过处理的回用水被重新输送进车间再利用。

【街道代表联络站挂牌启用】 2014年9月，桐君街道人大代表联络站挂牌启用。联络站设有站长、副站长、工作联络员以及义务咨询员队伍。确定每单月20日为代表接待日，由16名代表轮流到联络站接待选民和群众，对反映的问题一一记录、解答。对选民提出的问题和意见建议进行梳理归类，并按照《桐庐县人大代表闭会期间建议处理办法》规定，提交有关部门办理；代表受理问题的处理结果，必须向反映问题的选民答复，实现“联系选民、关注民生、反映民情、维护民权”。

【“风景桐庐·九里梅香”桐庐第二届杨梅节】 2014年6月19日，由桐庐九里洲水果专业合作社和桐君街道梅蓉村民委员会承办的“风景桐庐·九里梅香”桐庐县第二届杨梅节在桐君街道梅蓉村开幕。梅蓉杨梅有500多年种植史，以独特的口味、优质的品牌吸引着四面八方的宾朋。梅蓉村现有杨梅种植面积133.3公顷，发展杨梅苗圃基地4个，并建成县“一乡一业”特色农业产业示范区，带动乡村美丽经济发展。开幕式上，梅蓉村与桐庐中国旅行社有限公司就民宿旅游和水果采摘旅游合作进行签约。

【《扬帆梅蓉》入选第五届中国村歌十大金曲】 2014全国乡村春节联欢晚会暨第五届中国村歌颁奖盛典在北京举办，由桐庐选送的原创村歌《扬帆梅蓉》入选“梦想中国 美丽乡村”第五届中国村歌十大金曲，并亮相舞台。《扬帆梅蓉》由王樟松作词、夏林青作曲。《扬帆梅蓉》向全国人民展现富春江畔梅蓉村的风土人情、自然风貌和村民的幸福生活，反映美丽乡村的喜人变化。2014年全国乡村春节联欢晚会由中国合作经济学会、中国大众音乐协会、中国农林卫视、全国乡风文明网联合主办，整台晚会全部选用原创乡村节目，有20多个省市参加。著名歌唱家李谷一、著名词作家邬大为等出席晚会。

【公园山渔民村棚户区改造】 2014年9月10日，桐君街道公园山渔民村棚户区房屋搬迁改造正式启动。公园山渔民村棚户区需拆除房屋建筑面积3677平方米，其中住宅户59户2782平方米，公房3处895平方米，工程费用预算3442.3万元。根据搬迁户住房面积小、房屋破旧、经济条件差等实际，设置调产、货币、公共租赁房等安置补偿方式。引入共同共有的产权调换安置方式，即被搬迁房屋的所有权人所选安置房与被搬迁房屋合法建筑面积最接近的，在支付产权调换安置房屋差价款时确有困难，并符合本县住房保障条件的可提出申请，经同意后可选择与搬迁改造实施单位对该安置房屋享有共同共有的产权方式。选择调产的被搬迁房屋所有权人统一安置在春江景苑，60平方米的现房一幢，期房一幢，90平方米的期房一幢，135平方米的现房一幢，146套房源可供选择。至年底，棚户区63户搬迁户完成签约、腾空，并进行选房摇号，所有房屋拆除完毕。

2014年桐君街道各行政村、社区基本情况

表69

行政村 社　区	村、社区党委 （总支、支部）书记	村委会、社区 主　任	人　口 （人）	年人均收入 （元）
梅蓉村	孙伟东	柯洪富	3112	14560
濮家庄村	濮忠军	江明东	1356	13700
君山村	濮志明	朱爱昌	1135	18000
浮桥埠村	邓关满	徐文干	2083	20685
麻蓬村	饶如金	—	1940	16750
阆苑村	吴正洪	胡樟荣	2892	17410
迎春社区	陆群英	—	6179	26400
圆通社区	吴林君	—	8400	26400
南门社区	罗秋英	—	8655	26400
东门社区	方美平	—	7133	26400
鑫鑫社区	王健美	—	4376	26400
迎宾社区	徐小红	—	7403	26400
洋塘社区	陈丽琴	—	6083	26400
桥北居委会	叶洪朝	—	1552	26400

（徐苗芳）

·旧县街道·

【概况】 2014年，旧县街道围绕“稳中求进、改革创新”发展主线，深化“转型升级提质年、集镇建设推进年、乡村旅游发展年、美丽村庄提升年”四年行动，着重做好“三提升”“三促进”“三深化”“三突破”四篇文章，完成年初的既定目标和任务。是年，实现工农业总产值23.45亿元，同比增长7.7%；财政收入4045万元，同比下降1.63%；农民人均纯收入19759元，同比增长11%。计划生育率97%。排查各类矛盾纠纷149起，调解成功98.8%；受理各类信访、效能投诉196件。是年，街道获第三届“桐庐百姓日”活动先进单位。

2014年旧县街道情况数据库

表70

项　目	单　位	合　计
地域面积	平方公里	33.5
耕地面积	公顷	427.9
播种面积	公顷	536.7
粮食总产量	吨	3156
行政村	个	5
总人口	万人	0.86
工业总产值	万元	225100
农业总产值	万元	6850
财政收入	万元	4045
农村居民人均纯收入	元	19759

【农业经济】 2014年，旧县街道完成新造林49公顷、毛竹低产林改造20公顷、毛竹高效林基地20公顷、迹地更新20公顷、森林抚育33.3公顷、新增省级公益林626.5公顷、建成高效毛竹示范基地20公顷、建设林道10公里，完成合岭香榧基地建设，流转林地66.7公顷，种植香榧40.7公顷。引进杭州雨樵农业开发公司建设色彩农业，流转土地20.8公顷；新建市级“一高五小”毛竹喷滴灌工程20公顷；完成对红林木业、宏盛家私等5家木材加工企业关停整治提升工作；完成5个村股份制改革工作。建成农产品安全快速检测室，每周四对公众免费开放。

【工业经济】 2014年，旧县街道有工业企业272家，其中规模企业14家。实现工业销售产值22.59亿元，其中规上工业销售产值11.08亿元，同比增长11%；固定资产投入3.2亿元，同比增长49.4%；三产投入1.27亿元，同比增长147.6%；新引进项目8个，招商引资8523万元，其中市外内资3897万元、浙商创业创新4126万元。自营出口101万美元，同比增长18.8%；完成技改投入1.4亿元；关停混凝土企业5家，整改提升石材企业6家；圣马家具、三立电炉、紫方网络、海米科技、雨樵农业开发等项目相继落户；工业园区三通一平、道路拓宽等基础设施工程得到全面实施，完成污水管网铺设，主干道沿线美化；盘活存量土地1.4公顷、闲置厂房3000余平方米，引进杭州美全机械有限公司、杭州海米科技有限公司落户投产。杭州世通管道有限公司项目提前竣工，杭州三泽机械制造有限公司项目完成主体厂房基础工程。

【城镇建设】 2014年，旧县街道完成桐郑线、港桐路管线入地、慢行观光、景观绿化等建设工程。实施庙山湾旧厂区整体退二进三，签约搬迁企业7家，腾出可利用土地1.33公顷。完成集镇污水管网铺设工程及接入县城压力管铺设。投入1000余万元，实施母岭精品村建设；投入550余万元，实施鸿儒中心村建设；投入140余万元，对西武山、旧县培育村实施提升改造。按照“严控新违建、清理老违建、管好新建房”工作要求，建立日常巡查队伍和机制，形成“点、线、面”结合防控体系。拆除“一户多宅”144户、旧违章建筑83处、新违章建筑3处、彩钢棚11处，面积54000余平方米。5个行政村通过市级无违创建验收。

【社会保障】 2014年，旧县街道参加新型农村合作医疗保险5700人，参加城乡居民养老保险2670人；取消“低保”91人，死亡9人，年末有“低保户”131户184人，“残保户”120户123人，发放低保金40余万元，残保金52余万元。发放特殊困难临时救助资金9余万元。受理职工维权12件，其中，劳资纠纷10件，涉及职工18人，讨回欠薪9余万元；工伤事故纠纷1件，政策咨询1件，涉及职工人数1人。投入180万元，新建居家养老照料中心2个、改建2个、扩建1个，新增老年食堂4个，实现居家养老服务中心全覆盖。

【五水共治】 2014年，旧县街道投入700万元，完成集镇6.5公里污水管网工程建设及与县城污水管网的连接；完成农村生活污水处理提升改造；完成辖区内畜禽养殖场关停13家、提升改造1家；关停豆制品加工企业2家、提升改造1家；实行河（段）长制，寺坞坑溪、排涝溪水质均达Ⅲ类以上标准；完成旧县小坞和母岭田湾里山塘水库除险加固工程；完成培洋坞、尹峰溪小流域治理和上毕桥堤防工程；完成河道清淤7公里，修建灌排渠道9500米；完成农村安全饮用水管网提升改造1万米。

【推行“无村级保洁员”】 2014年，旧县街道全面推行“无保洁员村”工作，提倡村里没有保洁员，但人人都是保洁员。由村老龄会、妇代会、团支部等群众团体对垃圾分类和创“无保洁员村”工作进行广泛宣传，做到家喻户晓。把5—15户农户划分为一个片区，明确责任人，以每个片区为单位，统一实行“积分星级户”的评比。村里根据农户所处位置统一合理划分房前屋后保洁责任范围，做到责任范围内卫生清洁、秩序良好、绿化养护，签订《保洁责任区承诺书》，严格落实“农户保洁责任区”责任制度。村里安排垃圾收集员，负责对各自片区内生活垃圾收集清运。每日上午8点前对垃圾清运，日产日清，并记录好每户包干区域内卫生及垃圾分类情况，实现村村路面净、边角净、沟渠净、路肩净，无乱搭、无乱运、无乱贴、无乱挂、无乱排、无乱倒现象。

【“三金合一”土地流转新机制】 2014年，旧县街道建立“三金合一”土地流转新机制，即以“租金流转”“股金分红”“薪金增收”为载体，引进杭州雨樵农业开发有限公司，进行丝瓜色彩效益农业、立体草莓种植基地试点，率先在旧县村官路畈实行土地流转，实现综合农业开发。流转土地20.8公顷，涉及166农户，每亩每年流转价格500元。农民在自愿原则下可入股，到年底实行股金保底分红，也可在基地打工赚钱。

据初步统计，旧县村通过土地流转新机制，带动全村农户增收260万元。杭州雨樵农业开发有限公司坚持走“耕地集约化”路子，对基地实行统一技术指导、统一品牌种植、统一对外销售，极大地提高农业生产力，形成观光休闲农业、色彩农业、高效农业。

【首届商贸文化节暨“三月廿八”传统庙会】 2014年4月27日，旧县街道首届商贸文化节暨三月廿八庙会开幕。旧县三月廿八庙会由来已久，唐贞观二十年（646年）旧县为桐庐县治所在地，是分水江沿岸重要船埠。大岭图古道由东通往向西南，往西到钟山可通建德，往南过富春山通马岭达浦江，是水陆中转交通枢纽。歌舞、钟山等地茶叶及上游木材、柴炭等山货在此以水路转运。因有东岳庙，每年农历三月廿八为东岳庙庙会，四面八方的百姓来赶庙会，成为当地集市日，久沿不衰。

旧县街道首届商贸文化节暨“三月廿八”传统庙会开幕式

首届商贸文化节暨三月廿八庙会为期3天，有舞龙灯、歌舞表演、美丽乡村图版展、义诊服务、商品展销等活动，参观人员50000余人次。

【千岛湖配水工程】 千岛湖配水工程是浙江省“五水共治”的十大重点枢纽和省市重点建设项目，其中，桐庐段过境输水线路长约18.1公里，途经旧县街道、横村镇、桐君街道等地。旧县涉及农户500户。按照市、县要求，街道组织班子，建立网格联动机制，分区分片、包干包户。工作人员放弃休息日，协调土地产权、青苗及地上附着物评估补偿工作。完成黄昌岭支洞7.53公顷用地移交、签订118户农户补偿协议和场地平整，完成鸿儒和大湾支洞所涉10.23公顷土地的实物调查工作，农户补偿协议签订和资金拨付、政策处理正在推进中。

【《旧县风韵》初稿完成】 旧县，历史悠久，源远流长，是个文化底蕴深厚的古县城。2014年，由该街道负责编写的具有历史性、地方性的书刊《旧县风韵》完成初稿。该书旨在传承历史文化、弘扬廉政文化，以古驿道史事、肖园诗文，罗灿麟、臧承宣、王维澄、叶浅予等人物为主要内容。《旧县风韵》的出版，将对弘扬古县城历史文化、加强非物质文化遗产保护、推进旅游资源开发起到助推作用。

【富春诗院揭牌】 2014年8月，旧县街道旧县村的富春诗院举行揭牌仪式，当代著名作家、诗人贺敬之为诗院揭牌。省作协党组书记臧军、杭州市文联主席陈一辉、省作协原主席黄亚洲、县委书记毛溪浩出席。富春诗院的前身为“浙江诗人之家桐庐创作基地”“浙江民工文学桐庐创作基地”。2008,年由诗人王金虎出资购买当地村民旧房翻修建立而成，主要用于诗人写作、改稿和举办民工文学培训班。富春诗院已出版诗集5本，举办培训班6期，其中两期为省级培训班。邀请省委宣传部副巡视员何启明、省作协原主席黄亚洲等文化名人为民工诗人讲课，与民工诗人结对辅导。

2014年旧县街道各行政村基本情况

表71

行政村	村党委（总支、支部）书记	村委会主任	人口（人）	年人均收入（元）
西武山村	王良忠	王秀林	294	21500
旧县村	徐为民（—9月） 张志平（9月—）	陆春良（—8月）	4063	20700
母岭村	邵双贤	邵双贤	1380	19200
鸿儒村	张新宇	张柏金	1607	19400
合岭村	邵小龙	邢红根	867	16600

（赵城钰）

·凤川街道·

【概况】 2014年，凤川街道实现工农业总产值49.7亿元，同比增长13.8%；财政收入1.35亿元，同比增长18.9%；农民人均纯收入17409元，同比增长10.2%；人口计生率96.7%。全年排查矛盾纠纷260件，调解成功率100%。受理信访302件，办结率100%。是年，凤川街道获杭州市维护社会稳定工作先进单位、杭州市征兵工作先进基层单位、杭州市人力社保站先进单位。

2014年凤川街道情况数据库

表72

项目	单位	合计
地域面积	平方公里	151.27
耕地面积	公顷	692.13
粮食播种面积	公顷	711.4
粮食总产量	吨	4567
行政村	个	8
总人口	万人	1.86
工业总产值	万元	488453
农业总产值	万元	16973
财政收入	万元	13753
农村居民人均纯收入	元	17409

【农业经济】 2014年，凤川街道以千亩玫瑰园基地为重点，加快推进“一乡一业”特色农业产业示范区建设，当年投入建设资金2324万元。新增土地流转面积33.87公顷，新成立家庭农场2家（桐庐县凤川街道潘荣春家庭农场、桐庐县凤川街道小红家庭农场），新培育市级农业龙头企业1家（杭州保安康生物技术有限公司）。绿化造林26公顷，幼林抚育35.6公顷，成林抚育3333.3公顷，低产林改造56公顷，公益封山育林10049.7公顷，林道建设4.5千米，潇源村成立毛竹股份制专业合作社。全街道完成7个村股份制改革。

【工业经济】 2014年，凤川街道有工业企业240家，其中规模企业27家，新增4家。实现工业销售产值48.85亿元，同比增长17.29%；规模企业销售产值35.87亿元，同比增长21.6%；完成全社会固定资产投资20.35亿元，同比增长28.2 %，其中工业投资7.17亿元，同比增长16.1%；三产投资13.18亿元，同比增长36%。招商引资5.06亿元，实际到位资金4.3亿元，实到市外内资3.2亿元，外资800万元美元；自营出口1.32亿美元，同比增长10.4%。对0.3公顷以上用地企业开展“三看三比”活动，即“看亩产税收、比产出贡献，看技改投入、比发展前景，看社会责任、比企业形象”，一批闲置厂房被盘活，履约清理难点项目开工。

【集镇管理】 2014年，凤川街道对车辆乱停乱放、摊点占道经营等违章行为进行查处，查扣违规停车326余次、占道摊点94余个次、整治占道经营32次。城管中队处理各类投诉、信访件17件，处理率100%；拆除不规范横直幅41条；开展各类集中整治2次，发放限期整改通知书12份，拆除未经审批擅自设置的广告招牌2处；配合县工商、卫生、国土等部门联合整治1次；对集镇260家经营户签订门前三包责任制，并制订台账资料。

【“无违建街道”创建】 2014年，凤川街道创新工作方式，以建立网格化管理、日常巡查奖惩制度、充分发挥老年协会和保洁员队伍力量、设置违建曝光栏、党员干部带头承诺、加强联村领导和驻村干部职责、设置工作进度表等举措，扎实推进无违建街道创建工作，形成“比学赶超、攻坚克难、创先争优”和“违建必纠、无违光荣、广泛参与”的良好氛围，实现“无违建村”全覆盖。街道8个行政村5123户农户，清理整治一户多宅488户，拆除建筑面积56658.15平方米；拆除新违建9处，面积1195平方米；一户多宅调剂5户，回收5户；既有违建拆除278户，拆除面积31923.58平方米，既有违建收取有偿使用费132.1376万元；拆除养殖场22家，拆除面积38773.56平方米；拆除彩钢棚45户，面积1782.93平方米；土地卫片执法整改二处，面积77133.4平方米。同时，按“宜耕则耕、宜建则建、宜绿则绿”原则，科学规划、合理利用拆出来的土地，安排农户建房106户；宅基地整理新增耕地面积0.73公顷，全部用于改善道路、绿化等公共设施建设。

【美丽乡村建设】 2014年，凤川街道结合生态优势、区位优势、人文优势，以协调美、环境美、生活美、身心美、生活美“五美”为目标，推进美丽乡村建设。投资1343万元，打造三鑫精品村，建设各类项目24个。推进外源、园林中心村建设，外源村计划投资1030万元，实施项目10项，已完工2项，开工5项，实际投入资金820万元；园林村计划投资1095万元，实施项目5项，已完工1项，开工3项，实际投入资金690万元。做好翙岗、潇源、大源等培育村建设工作，计划投资260万元，实施项目9个，其中翙岗4个、潇源1个、大源4个，已完工项目1个，开工项目7个，实际投入资金152万元。

【五水共治】 2014年，凤川街道按照“五水共治”三年实施计划，分步推进，年度各项目标全面完成。其中，完成农业面源污染综合整治，关停拆除养殖场36家，提升改造8家，拆除面积约13756平方米；完成农村生活垃圾分类收集和资源化综合利用工程，7个村建立管理员、收集员队伍，完善日常运维机制；完成大源溪灌区旱涝保收高标准农田建设工程，修建渠道、排水渠25.7公里。

【社会保障】 2014年，凤川街道调查审定低保户142户229人，残保户198户211人；困难群众临时救助21户4.21万元、慈善助学18人2.8万元；参加政策性农村住房保险4921户，交保费4.9万元；办理老年人优待证293张，慰问80周岁以上老人561名、特困老人14名。城乡居民参加医疗保险13161人，其中城镇居民294人、农民12867人，参保率99.73%；城乡居民养老保险扩面2469人，参保率94.59%。调处劳资纠纷33起，涉及资金19.03万元。街道劳动者总体就业率99.95%，转移就业率96.2%。新建居家养老服务照料中心7家。

【翙岗古村落保护】 2014年，凤川街道制订出台《桐庐县凤川街道翙岗历史街区保护规划》《桐庐县凤川街道翙岗村历史文化村落保护利用规划》，并积极申报国家级历史街区。工作中把古建筑保护利用与美丽乡村、“三改一拆”相结合，拆除老街主入口房屋500㎡，提升改造古水澳，对列入三普的重点古建筑43户，抢救性修复33户。探索建立古民居流转新模式，与桐庐农村合作银行融资洽谈，贷款500万元用于古建筑保护利用；对规划的民俗公园地块收村集体回租14户、回收3户，用于发展民宿经济。

【历史建筑保护】 凤川街道有50年以上历史建筑266幢，2014年，街道制定古建筑“智慧管理”方案，对每幢建筑悬挂历史建筑身份证、编号，建立专门的历史建筑电子管理档案，动态记录每幢老房子保存现状、维修情况和利用情况。部分老房子由村集体收购、回租，统一对闲置历史建筑实行保护利用。

【大源乡村旅游集聚区】 大源村拥有山林5041.6公顷，区域生态良好、植被茂盛、景色秀丽，旅游资源丰富。2014年，大源村依托景区建设，以戴家畈自然村为核心，对村里的老房子进行开发保护利用，完成村口节点、河道美化等项目，新发展民宿7户床位36个，探索空心村二次创业，努力打造大源乡村旅游集聚区。

【潇源村成立县首家毛竹股份制合作社】 2014年12月，桐庐县首家毛竹股份制合作社在潇源村成立。合作社成立后，对林业资源实行统一管理、统一经营、统一销售，村民以竹林入股，按股份获得收益，实行利益共享、风险共担。成立大会上，村民们表决通过毛竹股份制合作社章程和股权量化方案，选举产生理事会和监事会。

2014年凤川街道各行政村基本情况

表73

村名	村党委（总支、支部）书记	村委会主任	人口（人）	年人均收入（元）
翙岗村	吴军龙	姚旭东	4787	18809
园林村	戴柏名	项永军	2897	17014
柴埠村	黄小明	姚晓华	1862	20129
西庄村	华方清	华国水	1406	15690
三鑫村	洪国根	郑国有	1798	16190
外源村	钟　良	郑芳弟	1494	16440
潇源村	黄国亮	申屠仁良	1193	15742
大源村	潘荣春	毛凤阳	2095	16180

（陆一铭）

·江南镇·

【概况】 2014年，江南镇继续实施“一城两区”发展战略，着力稳增长、促转型、抓改革、治环境、惠民生、促和谐，经济社会保持平稳健康发展。实现工农业总产值139.4亿元，同比增长13.9%；财政收入2.12亿元，同比增长1.6%；农民人均纯收入19156元，同比增长12.1%。新生婴儿392人，计划外16人，人口计生率95.9%。接待办理群众来信来访695件，化解疑难及信访积案2件，调处矛盾纠纷386起，其中重大矛盾12起。是年，获浙江省武装工作先进单位、杭州市综治工作先进单位、杭州市无邪教创建工作先进单位、首届“浙江省小城镇大文化示范样本”，江南古村落风景区成功创建国家AAAA级景区。

2014年江南镇情况数据库

表74

项　目	单　位	合　计
地域面积	平方公里	78.6
耕地面积	公顷	1717.47
播种面积	公顷	1455.6
粮食总产量	吨	9402
行政村	个	20
居委会	个	1

续表 74

项　目	单　位	合　计
总人口	万人	5.02
工业总产值	亿元	139.79
农业总产值	亿元	2.26
财政收入	亿元	2.12
农村居民人均纯收入	元	19156

【农业经济】 2014年，江南镇完成县级粮食功能区建设2个，其中严坞村斛山畈粮食功能区34公顷，石联村石联畈粮食功能区35.3公顷；完成市级粮食功能区建设1个（桐庐新庄粮食功能区），面积48公顷，通过验收；完成莲塘村主田畈市级低产田改造43.3公顷；完成标准农田质量提升建设476.4公顷；完成珠山补建标准农田建设27.6公顷。新增设施农业16.5公顷，优化种养结构28.8公顷，其中新发展生态甲鱼养殖面积21.3公顷（含桐庐丰阜粮油专业合作社稻鳖4.8公顷）。土地流转82.8公顷，完成农业政策性保险100%。农业基础设施进一步提升，完成农发项目江南镇高标准农田示范工程、小农水项目深澳片灌区改造工程。实施赵家浦、青源溪、合联溪环溪段等小流域治理工程，实施讨饭沃、大澳等农村灌排河道综合整治，完成赵家浦排涝站沉降处理工程及小马浦机埠改造工程，完成大坞桥水库除险加固工程，回购屏源等小水库2座，提高辖区内溪流水量调配管控能力和水资源利用率。完成绿化造林26公顷，松材线虫病林分改造66.7公顷，森林抚育66.7公顷；完成建造森林防火蓄水池3只（青源、横山埠、石阜），公墓点设置森林消防蓄水桶20只，建立珠山村森林消防队伍。开工建设林道3.5公里。完成农业招商6000万元，新增家庭农场13家，一乡一业项目“莲产业园区”土地流转计划任务基本完成。村级集体经营性收入增长8.2%，完成村集体资产股份制改革15个，经济薄弱村减少4个。完成江南镇蔬菜农药残留检测室建设，落实农产品质量安全追溯示范点2家（桐庐窄溪蟹业专业合作社、桐庐寺山家禽专业合作社），农产品生产企业安装追溯管理软件31家，完成蔬菜农药残留检测409批次，合格率100%。

【工业经济】 2014年，江南镇拥有工业企业752家，其中规模企业36家，产值亿元以上企业10家。实现工业销售总产值139.78亿元，其中规模工业销售产值113.4亿元，同比增长22.9%；规上工业增加值17.1亿元，同比增长22.8%。固定资产投资24.9亿元，同比增长39.1%，其中工业投资13.7亿元，同比增长18.5%；三产投资11.2亿元，同比增长79.9%。新引进项目16个，招商引资6.1亿元，其中市外内资3.6亿元，浙商创新创业1.2亿元，实到外资900万美元。自营出口2903万美元，同比增长14%。22个项目落户工业园区开工建设，其中杭万汽配零部件、拓乐实业、贵佳贵金属、可尔机械、新合力纺织企业投产生产。盘活存量土地20公顷、闲置厂房4万余平方米。完成技改投入3.02亿元，淘汰和整治落后产能企业，关停水泥砖企业16家，提升2家，关停高能耗低效造纸生产线1条，关停水泥预制厂、塑料粒子企业各1家；启动29家单位的燃煤锅炉改造和花岗石加工点淘汰整治；完成31家单位高能耗变压器淘汰。完成82家单位的个转企工作。浙江亿企通电子商务总部成功落户，完成全国33个省分公司布局。龙生小额贷款公司为120余家小微企业提供贷款3亿余元，上缴税收300余万元。

【城镇建设】 2014年，江南镇以320国道为主轴线，构筑现代城市核心区，优化整合城镇网络格局，基础设施建设加快。启动杭黄铁路建设，完成红线内土地征用15.9公顷，临时租用土地2.4公顷。完成集镇主干道江南路南北延伸段工程和雅莲路、广一路、广二路工程建设。投资5400余万元的世行贷款项目江南镇污水管网工程5个合同已完成4个。窄溪、前村、陈庄三个农居点建设交付使用，窄溪农民集聚安置小区A区块完成工程初验，B区块主体完成80%。严格执行农村宅基地和农民建房管理办法，加强新违建管控力度，拆除违法建筑290处，面积3.7万余平方米；清理整治农村非法“一户多宅”1285户，清理建筑面积17万余平方米。推进“两权一房”确权办理工作，发放农房产权证2583本。“无违建镇”创建工作通过市、县验收和省级初验。

【五水共治】 2014年，江南镇出台“五水共治”三年建设规划，实施项目32个，投入资金1.2亿元。全面落实“河长制”，分段配备联动治水公示牌。开展“清三河”行动，对所辖区河道、水沟、水塘进行集中清理，清除杂草、枯烂树枝、垃圾（漂浮物、废弃物、建筑和生活垃圾）等，基本消除垃圾河、黑河、臭河，交接断面水质达到三类以上。深化农业面源污染整治，开展畜禽业和温室甲鱼整治，完成畜禽养殖场关停拆除20家，整改提升11家，启动温室甲鱼场尾水连片处理工程。以环溪村为试点，探索农村垃圾分类及资源化回收利用。至年底，建成垃圾资源化利用站13个。提升改造企业生产工艺和污水处理技术，确保企业污水达标排放。

【民生保障】 2014年，江南镇继续完善互助养老体系，新建居家养老服务照料中心3家，邀请县养老指导中心老师为农村护理员、助老员进行居家养老护理培训。发放群众临时困难救济12.2万元，医疗救助35万元。实施农村危旧房改造26户，环溪、荻浦、徐畈、深澳四个村通过省级农村住房改造示范村项目验收。追讨职工欠薪560余万元。完成农村新型合作医疗保险52000余人。开展长短班岗前职业技术培训工作，发布用工信息1200余条，85%以上居民实现再就业。办理新增征地农转非人员300余人、补缴养老保险200人，城镇居民医疗保险41279人。调解劳资、工伤纠纷30起。

【文化体育】 2014年，江南镇完成珠山、梧村、石泉“一村一品”文化礼堂建设，完成深澳、石阜、彰坞、前村4个祠堂文化规范化试点建设。成功举办省市村歌大赛，原创村歌《相约深澳》连续在市、省、全国三级村歌大赛上摘冠，被评为“中国村歌十大金曲”。环溪村排舞、深澳女子威风锣鼓参演的《鼓动山哈》代表县市赴省比赛、表演。成功申报桐庐县第六批非物质遗产项目3个（申屠飞东的彩灯技艺、江南糊麦果技艺、周银香的麦秆扇编制技艺），其中申屠飞东的彩灯申报市级非遗，江南时节推荐申报省级非遗；完成2个省级非遗项目保护方案（江南古民居营造技艺、深澳高空狮子抢绣球）；成功申报市级文化村1个（青源村），市级村级体育俱乐部1个（石阜村），市级体育社区1个（鼓楼社区）。开展古建筑普查，50年以上历史建筑666幢，宗祠祠堂25个，位列全县古建筑保护总数第一。采集报送各类宣传信息500余篇，其中今日要情25篇、省宣平台71篇、广电212篇、文广局70篇。是年，获首届“浙江省小城镇大文化示范样本”。

【安全生产】 2014年，江南镇开展各类安全生产检查1210次，消除安全隐患2740处，完成县政府挂牌督办隐患整改2家。完成6家“三场所两企业”、12家建筑工地生产施工整改。完成26家企业安全生产标准化创建工作。组织应急专业人员开展应急培训和预案演练3次，组织中小学生在地震、火灾等突发性自然灾害疏散、撤离、安置演练2次。录入消防网格单位1925家，下发消防工作自查自纠表850份，组织企业消防逃生演练20余家。实施“食品安全百日严打”专项行动，检查各类食品药品行业125家，办理餐饮许可证40家。

【社会管理综合治理】 2014年，江南镇以创建“平安江南”为契机，深化村民自治，有效处理桐富边界纠纷问题；平稳解决12起非正常死亡；调整充实网格专管员（警务联络员）50名，组建民兵应急分队70名，群众工作骨干76名。专职巡逻队15名，新组建珠山村民兵综合应急分队。辖区内主要部位安装监控探头55只，实行24小时监控。受理县“110”社会服务联动平台案件36件。加大对矫正对象41人、两劳归正人员150人的管理，专门配备专兼职人员6人。登记在册涉毒人员165人。建平安宣传橱窗25个，下发平安桐庐倡议书16000余份。是年，未发生大规模越级上访和进京上访事件。

【江南古村落创建国家AAAA级景区】 江南古村落拥有国家级历史文化名村和省级历史保护区，有保存较好的明清建筑、桥梁、庙宇、祠堂、水系、名木古树等物质文化遗产，2013年成功创建AAA级古村落风景区。2014年申报创建国家AAAA级景区，从景区旅游交通、安全、景区游览、卫生、综合管理、资源和环境保护等方面，建立目标任务分解表，以千分标准严格实施景区提升工程，挖掘景区文化、完善基础设施、提升服务水平、优化景区管理。打造集怀古探旧、农业观光、文化熏陶、生态养生、休闲度假功能为一体的旅游风景区，争取成为全省一流、国内知名的乡村休闲旅游胜地。是年10月，浙江省旅游区（点）质量等级评定委员会评定小组对江南古村落景区创建国家AAAA级景区工作进行了验收。评定小组通过现场检查、听取汇报、查阅台账资料等方式，对景区创建工作进行全面考评。认为江南古村落景区功能相对齐全、设施设备比较完善、导览系统合理健全、环境优美、规划到位，达到国家AAAA级景区要求，

【微电影《田间地头说法律》走进环溪】 2013年12月，由省委组织部、杭州市文广集团、浙江金钻影视文化中心等单位联合出品的微电影《田间地头说法律》在江南镇环溪村拍摄。该电影计划拍摄156集，每集15分钟，第一年的52集以环溪村为主进行集中拍摄。整部电影通过农村田间地头的生活，反映发生在农村的真实故事，向农民宣传普法知识，教育村民们利用法律来维护自己的权益。邀请中国政法大学涉农法律顾问进行解答。《田间地头说法律》于2013年12月23日开机，2014年7月在全国相关媒体推出。

【《相约深澳》获"中国村歌十大金曲"】 2014年，由文化部所属中国大众音乐协会、中国合作经济学会农村社区小康建设专业委员会联合主办"畅想希望 放飞梦想"第六届全国村歌大赛，在北京市石家营村举行。第六届全国村歌大赛从4月开始征集作品，活动组委会收到参赛作品1087首，筛选出优秀村歌87首。在"中国村歌排行榜"网上展示投票，来自全国15个省份的20首原创优秀村歌进入总决赛。由中国大众音乐协会、中国传媒大学、中国音乐学院等单位专家组成的专业评委团，对演唱歌曲和选手进行现场打分。《相约深澳》以现场精彩的演唱、故事性的MV、优美的舞蹈，创作得9.962分、演唱得9.968分，获"中国村歌十大金曲""词曲创作金奖""中国村歌好声音金奖""最佳组织奖""最佳村歌MV"等多项大奖。

【《读地手册》发布】 2014年3月，江南镇《读地手册》发布，为桐庐县首家独立编制《读地手册》的乡镇。《读地手册》收录推介经营性用地12宗，总出让面积28.08公顷，规划用途为商住用地。12宗地块主要分布于镇市民广场周边、富春江沿岸以及鼓楼社区中心区域，各宗地块体量最小为0.73公顷，最大为6.67公顷，土地现状较为平整。地块区位条件优越、配套完善，具有成熟的开发环境，能满足不同区域、不同类型企业的开发需求。

2014年江南镇各行政村基本情况

表75

行政村	村党委（总支、支部）书记	村委会主任	人口（人）	年人均收入（元）
青源村	申屠雪良	潘军	1915	19023
环溪村	周忠平	周忠莲	1983	19123
徐畈村	申屠祖洪	俞炎华	1276	19122
深澳村	申屠永军	申屠作平	3875	19259

续表 75

行政村	村党委（总支、支部）书记	村委会主　任	人　口（人）	年人均收入（元）
荻浦村	申屠永惠	申屠祥军	2278	18959
华丰村	许源雄	许源雄	1149	19042
凤鸣村	钟海群	俞宝银	3071	19062
金茂村	姚永树	俞南通	1789	19508
石泉村	吴宏华	吴宏平	1296	19104
梧村村	李海	李志平	1407	19097
彰坞村	徐阿勇	徐传虎	3105	19111
小潘村	潘仲毅	潘聪聪	1364	18401
珠山村	吴建良	徐学军	4085	19035
石阜村	方明亮	方君初	3764	19143
舒川村	龚建平	包永洪	1643	19111
莲塘村	徐群伟	徐群伟	1423	18784
窄溪村	沈雪炎	徐再建	7541	19343
锦江村	胡江平	—	4437	19589
横山埠村	钱盼飞	王　洪	1102	18529
渔业村	孙　庆	徐晚仙	114	6985
鼓楼社区	龚玉红	戴欣锋	1267	—

（毛梦夏）

·新合乡·

【概况】 2014年，新合乡实现农业总产值0.38亿元，同比增长4.7%；工业销售产值5.19亿元，同比增长增长2.17%；财政收入1143万元，同比增长10.4%；农民人均纯收入15822元，同比增长12.5%；新出生婴儿50人，计生率98.04%；调处各类民间纠纷196件，化解188件，成功率95.9%。是年，该乡获杭州市大中学生暑期社会实践活动“优秀团队”，新民村成功创建浙江省小康体育村，新合村成功创建市级文化示范村、市“美丽庭院”示范村、市百佳“优秀平安网格”。

2014年新合乡情况数据库

表 76

项　目	单　位	合　计
地域面积	平方公里	74.21
耕地面积	公顷	275.6
粮食播种面积	公顷	191.13
粮食总量	吨	1297
行政村	个	5

续表 76

项　目	单　位	合　计
总人口	万人	0.54
工业总产值	万元	51938
农业总产值	万元	3881
财政收入	万元	1143
农民人均纯收入	元	15822

【农业经济】2014年，新合乡新种植“黄金芽”茶13.33公顷、白茶6.67公顷，完成“一乡一业”茶叶基地建设通过县级验收。实施规模化经营，新增土地流转24.6公顷。新发展高山蔬菜10公顷、香榧9.2公顷、毛竹21.67公顷、绿化造林面积36.67公顷，完成香榧、毛竹等基地喷滴灌安装24公顷。新发展家庭农场4家，大畈农场被认定市级示范性家庭农场。实施仁村畈、高峰畈、大畈等堤防建设及青珠畈排灌渠道建设等工程。新认定省级无公害农产品产地2个、认证无公害农产品4个。引进杭州依念源农业开发有限公司，实施何家湾茶产业综合开发项目。

【工业经济】 2014年，新合乡拥有工业企业124家，其中规模企业5家。实现工业销售产值5.19亿元，其中规模以上工业销售产值1.9亿元；固定资产投资0.94亿元，同比增长39.7%，其中工业投资0.27亿元、三产投资0.63亿元；招商引资项目4个，工业实际到位资金0.30亿元。引进恒川机床附件有限公司、容易富机械有限公司等项目，中鑫电子顺利投产并完成新厂房建设前期准备工作。完成恒大数控年产1000台数控机床生产线技改项目。开展企业污水治理和制锁行业粉尘治理，整治水晶加工业，关停无证照水晶作坊11家。5个项目列入县科技创新项目，恒大数控申请专利12件，其中发明专利1件、实用新型专利9件。

【三产发展】 2014年，新合培育旅游发展项目，雪水岭景区开发规划获县政府审批同意；推进新民村高枧生态园建设，引进上海客商投资文创产业；引坑村318文化大院建设进展顺利。12月，成立阿里巴巴农村淘宝服务站点2个，完成交易量100余单，交易额15万元。开展闲置房屋调查，实现空心村二次创业，新增民宿经营户6户、床位98张。加大媒介宣传推介，在人民日报、人民网、新华网、浙江日报等主流媒体发表报道20余篇，宣传红色新合山水人文。

【村镇建设】 2014年，新合乡完成柴雅线1.5公里改建、丁家岭段地质灾害隐患点整治等工程；实施集镇管网建设工程，铺设雨、污管网1700米，建成太阳能微动力污水处理设施；开展村庄污水处理设施提升，改造污水管网2000米、污水池体9座；硬化新四、新合、引坑等村道3000米；完成新四村丁家岭、新合村坑口、新民村曹家农村安全饮用水提升改造工程；实施墙体白化面积2万余平方米、新增绿化面积2000余平方米。推进“三改一拆”，清理“一户多宅”141户，拆除既有违建43处，处置超批准面积建房农户29户。

【生态环境建设】 2014年，新合乡开展“五水共治”工作，明确境内7条主要河道总河长和村级河长，落实工作职责，建立长效保洁机制，交接断面水质达到Ⅲ类以上。实施柴雅线雪水至外松山段沿线色彩林业建设。开展农业面源污染集中整治行动，关停拆除养殖场10家，处理生猪800余头、蛋鸭5200只，关停无证无照水晶加工点11户。

【社会保障】 2014年，新合乡城乡居民养老保险率93%、医疗保险率99.8%。低保63户、享受残疾人基本生活保障待遇89名，16名“五保”人员实行户院挂钩供养，15名重度肢体残疾人享受托安养工程；救助临时困难群众16人，资助困难学生22人。为满45周岁的独生子女父母交纳新城乡居民养老保险金238人；为113名独生子女家庭办理意外保险、126名独生子女办理平安保险。完成9户农村困难群众危旧房改造。

【农村集体经济股份制改革】 2014年，新合乡完成5个村的股份制改革，股东5413个，资产3634.3万元，其中经营性资产69.32万元。董事会成员34名，董事长由村书记兼任村社数4个，由村主任兼任的村社数1个，监事会成员15人。

【引坑村“318文化大院”开工】 2014年12月，新合乡引坑村“318文化大院”开工奠基仪式在引坑村操场举行。“318文化大院”是一个具有稳定、多种盈利模式的文创旅游综合体。它通过利用旧的礼堂、粮仓、米仓等改造成旅游集散中心，宜商宜居，在传统旅游度假市场中挖掘商务办公潜量。引坑村礼堂建于上世纪80年代，占地面积800平方米，为水晶加工厂，环境污染严重。“318文化大院”由今上海慧域文化发展股份有限公司开发，与桐庐翡留香农业开发有限公司、桐庐雪水云绿茶叶有限公司签订合同，为农副产品提供销售平台。

【《新合老区展新姿》首发】 2014年10月，杭州市新四军历史研究会系列丛书《新合老区展新姿》在新合小学举行首发仪式。《新合老区展新姿》由县新四军研究会主编，通过一年多的调研和编写，收录近百篇文章，共30多万字。全书通过历史照片、文献资料、回忆文章、英烈传记等形式，系统反映革命老区新合在战争年代和社会主义建设时期的光辉历程，展现新合改革开放以来所取得的成就。

2014年新合乡各行政村基本情况

表77

行政村	村党委（总支、支部）书记	村委会主任	人口（人）	年人均收入（元）
新四村	阮如芬	周文正	1337	14977
新民村	楼春霄	钟志坚	908	15904
新合村	何海港	潘六平	1453	15074
松山村	钟鹤鸣	周旭锋	791	15815
引坑村	杨柯忠	钟立金	725	15931

（虞静超）

·富春江镇·

【概况】 2014年，富春江镇围绕建设“最美、最强富春江”目标，实施“环境立镇、工业强镇、开放活镇、和谐兴镇”和“服务业优先”“4+1”发展战略，经济社会各项事业取得新进展。实现工业销售产值73.88亿元，农业总产值3.08亿元；农民人均纯收入19964元，同比增长13.6%；财政总收入2.86亿元。新生婴儿216人，人口计生率95.83%；接待办理群众来信来访720件，调处矛盾纠纷1195起。是年，荣获浙江最美乡镇、浙江省信用镇、浙江省老年体育特色项目之乡、杭州市现代服务业培育类集聚区、杭州市法治乡镇创建和全民科学素质工作先进乡镇、杭州市学前教育先进乡镇称号。

2014年富春江镇情况数据库

表78

项　　目	单　　位	合　　计
地域面积	平方公里	198.89
耕地面积	公顷	853.33
粮食播种面积	公顷	1347.50

续表 78

项　　目	单　　位	合　　计
粮食总产量	吨	8080
行政村	个	15
社区	个	2
户籍人口	万人	2.56
工业总产值	万元	738846
农业总产值	万元	30781
财政收入	万元	28622
农村居民人均纯收入	元	19964

【农业经济】 2014年，富春江镇加大土地流转，做大做强中药材、蔬菜水果、特种养殖等特色产业基地建设。投资300万元，拓展金家枇杷基地道路硬化、游步道、停车场等基础设施；浙江沃德威先种猪有限公司投入3000万元，引进优良种猪品种。严陵中药材铁皮石斛科普展示中心投入使用。增加设施农业32公顷，其中金家枇杷喷滴灌23.3公顷，渡济珍宝农庄喷滴灌5.3公顷，果园3.3公顷；优化种养结构28公顷，其中桐庐新滩农业发展有限公司水果基地采摘游22.7公顷，珍宝农庄橘园改种红心猕猴桃5.3公顷；优化农田种养结构28公顷；建成林道4.5公里，完成造林33.3公顷。投入2091.8万元，建设清渚江、芦茨溪、俞赵溪、象山桥灌排河道整治工程，芝厦牛背脊、孝门岭脚、横山横垅、孝门东岗坞、里董盘塘坞、金家上畈坞、横山东家坞山塘水库，严陵乌龟山、七里泷柴塘里、渡济七里人家、百亩畈灌溉机埠等水利基础设施。新注册家庭农场5家。

【工业经济】 2014年，富春江镇有工业企业544家，其中规模企业35家。完成工业销售产值72.8亿元，同比增长10.2%，其中规模企业工业销售产值47.5亿元，同比增长18.3%；全社会固定资产投资15.5亿元，同比增长45.2%，其中工业投资7.99亿元、三产投资7.2亿元；完成招商引资4.34亿元，引进市外内资2.57亿元、外资800万美元、浙商创业创新资金0.87亿元，新引进亿元项目1个。成功引进杭州凯健“美丽谷”养老产业，上海旗远公司养老、旅游、休闲综合体项目，杭州兆通物流、上海宝东能源，实现注册资金1.1亿元。投入技改资金5.2亿元，天元机电、迅和机械、杭州中水、永誉机械、康鹏机械等传统企业转型，生产风电核电设备。祥龙钻探在“新三板”成功上市，“龙生”商标被认定为国家级驰名商标。

【三产发展】 2014年，富春江镇三产投入7.2亿元，同比增长85.3%；服务业增加值3.3亿元；社会消费品零售额5.6亿元。新增限额以上服务业单位6家（桐庐上泗加油站、桐庐蒋家埠加油站、中油顺达加油站、杭州兆通物流有限公司、兔兔批发部、悦延居饭店）。民宿产业得到快速发展，完成悦延居二期、芦茨农家、休闲农家、画中阁等民宿的改造提升工程。农家乐经营户由2013年58家发展到116家，新增58家，床位2600张；营业收入7035万元，同比增长52.9%；年接待游客71.88万人次，同比增长40.9%。芦茨慢生活体验区创成第三批市级服务业聚集区，被浙江旅游总评榜评为年度“最具吸引力旅游新业态”。

【集镇建设】 2014年，富春江镇推进城镇道路提升改造、店面招牌整治和立面改造工程，完成七里泷大街路面提升改造2420米、320国道入城口景观工程、红旗北路工程排水管网和路基铺设、盛家路人行道工程，七芝线（人民路至孝门村路段）改造工程即将完工，钓台路（人民路至工人路段）整治工程进场施工，工人路至扬帆路段完成招投标，市民休闲广场动工建设，完成沙湾畈填方工程交付企业开工建设，建成沙湾排水渠二期工程并投入使用。投资1386万元，完成水厂提升改造；投资60.5万元，新增、更新自来水管网7.92公里。以“无违创建”为载体，继续深化“三改一拆”专项行动，拆除违章建筑19.6万平方米，拆后利用土地6.6万平方米；清理整治“一户多宅”431户，拆后腾出土地12公顷。孝门村为杭州市“无违创建”现场会观摩点，作工作经验介绍。

【民生保障】 2014年，富春江镇继续完善“三位一体”互助养老体系，新建居家养老服务照料中心7家，建立志愿者队伍17支，芝厦、芦茨成功创建县级养老互助示范村。有低保户196户，新增低保1户；有残保户273户，新增残保户4户；重点优抚对象87人。走访困难户715户，发放各类救助金476.7万元。第三届“桐庐百姓日”，该镇6687名60周岁以上老年人享用村、社区准备的“敬老爱老幸福餐”。

【慢生活体验区建设】 2014年，富春江镇慢生活体验区各项建设稳步推进，完成龙门山庄至白云源段绿道、芦茨至蟹坑口段游步道、湾里和关里入城口标志性建筑、茆坪村口景观工程、芦茨悬索桥等工程建设；完善芦茨游客接待中心及白云源人家等三个驿站的点位配套设施建设。引进高端餐饮、民宿小企业，有序推进严陵坞慢村、外婆家“俺的生活”项目，芦茨壹号公寓竣工，茆坪村“天空之城”项目完成房屋租赁；青庭计划、茆坪东坞坑仿古民居群建设项目、石舍树屋、石舍书画写生基地等项目已完成前期工作。10月，成功举办第二届慢生活体验节暨国际乡村休闲音乐节。

【五水共治】 2014年，富春江镇以“清三河”（黑河、臭河、垃圾河）为目标，开展治污护水大行动。关停污染养殖场16家，污染企业、作坊等10家。投入4000万元，完成14个行政村农村生活污水处理设施提升改造；开展农村生活垃圾分类资源化利用工作；完成富春江库区漂浮物打捞中心主体工程建设。完成集镇截污纳管4.317公里，实现污水管网铺设全覆盖。大庄小流域治理、芦茨溪石舍堰坝、小型农田水利灌排渠道工程竣工使用。芦茨溪成为浙江省首批全流域可游泳河段。是年，芦茨溪为杭州市“五水共治”现场会观摩点。

【“5·18”四氯乙烷运输车侧翻泄漏事故应急处置】2014年5月18日7时，桐庐县境内320国道富春江镇俞赵村路段发生一起四氯乙烷运输车侧翻泄漏事故。倾翻的槽罐车装运四氯乙烷泄漏25.8吨，经应急处置被拦截吸附17.8吨，进入事发地点附近溪流约8吨，该溪流距离富春江约2公里，部分四氯乙烷泄漏至富春江，造成部分水体受到污染。四氯乙烷毒性较大，对中枢神经系统有麻醉作用和抑制作用，可引起肝、肾和心肌损害。事故发生后，杭州市及当地政府立即启动突发环境事件应急预案，环保、林水、消防等相关部门第一时间赶赴现场进行处置，镇政府组织镇村两级干部、民兵应急分队300余人，在四氯乙烷泄漏沟渠两端及下游水沟设置围坝，堵截收集地面泄漏物，清理事故现场，防止污染进一步扩散。富春江电站加大泄洪流量，再加上分水江支流，流量为4650立方米/每秒，是平时流量的数倍，加速水体更新，确保富春江下游水质安全。

【全国首个农村淘宝村级服务站在金家村诞生】2014年4月，阿里巴巴集团“千县万村”计划全国首个农村淘宝村级服务站在富春江镇金家村诞生，点下了全国农村淘宝第一单。至年底，渡济村、里董村、俞赵村、茆坪村、芦茨村等成立农村淘宝服务站7家，产生订单3752笔，交易金额达505918元。同时，该镇以农村淘宝服务站为契机，成立农村电商合作社、农家乐协会、旅游服务中心等第三方组织，对农副产品及慢生活体验区旅游产品进行包装设计、品牌提升，通过农村淘宝平台推向市场。央视财经频道和浙江卫视财经频道等各大媒体作专题报道。

【芦茨溪被评为“全省第一条全流域可游泳河流”】芦茨溪全长21公里，由西向北流经石舍、茆坪、芦茨三个村，流域面积121.86平方公里，溪水各类指标稳定在Ⅰ类标准，被评为“全省第一条全流域可游泳河流”。2014年，富春江镇通过开展“五水共治”，关停拆除芦茨溪沿线水晶作坊14家、养猪场8处，违章建筑119处，治理排污砂石企业1家、塑料粒子厂2家，完成芦茨溪周边3个行政村的截污纳管和垃圾分类处理工程。建立“河长制”，河长全流域由党员干部负责分段包干。加大对农业面源污染、辖区内各水体水系的治理，使境内溪流水质明显改善。芦茨溪水质由Ⅱ类指标转为Ⅰ类标准，并趋于稳定状态。2014年，代表杭州溪流申报浙江省第一条全域可游泳河段。

【富春江初中获全国校园剪纸教育先进单位】 首届“美丽中国梦”全国校园剪纸邀请赛由中华文化促进会剪纸艺委会、湖南省民协、湖南图书馆、长沙市文联、长沙市教育局联合主办。大赛于2014年4月初启动，经过初评、终评层层遴选，富春江初中选送作品从来自全国各地的4000余幅剪纸作品中脱颖而出。许王琦《爱美的妈妈》获特等奖，章雨健《和谐新农村》获金奖，吕润《秋天的田野》获银奖，王洁心《父子对弈》、周润飞《家在富春江岸》分获铜奖，另有方少东、汪诗雨、雷嘉钰等3位同学的作品获优秀奖。指导老师章维勇获“校园山花”金牌园丁奖，其参评的剪纸教学论文《营建特色文化 感受剪纸魅力》获优秀论文奖，并受邀参加“美丽中国梦”全国校园剪纸邀请赛颁奖大会暨全国校园剪纸研讨会。富春江中学获全国校园剪纸教育先进单位。获奖作品入编《校园山花集——美丽中国梦·全国校园剪纸优秀作品选》，由湖南美术出版社正式出版发行。

【首届富春江镇金家枇杷节开幕】 2014年5月24日上午，首届桐庐县富春江镇金家枇杷节在金家村开幕。金家村枇杷种植起始1983年，引进“大红袍”枇杷苗在金家村南部桐坞周边的1500多亩低丘缓坡上种植。经过十年的培育，金家村枇杷在市场上打出小名气，价格占尽优势。2000年后，由于对枇杷疏于管理，加上品种退化等，金家枇杷树在市场上失去竞争力。2008年，村成立枇杷合作社，从外地引进枇杷新品种“白沙”，出台相关扶持政策，规定村民每改良一棵枇杷树，村里补助50至100元，多次邀请县农业部门专家前来上课，开展农业专项技能培训。合作社拥有社员85户，建成枇杷基地133.33余公顷。2012年，富春江镇把金家枇杷立为国家农业综合开发专业合作试点项目。与桐庐森强农业综合开发有限公司签订了土地流转协议，由森强公司承包开发。金家村的枇杷基地已初具规模，种植面积1350余亩，年产量550吨，产值达500余万元，拥有红沙、软条白沙、大红袍等5个品种。首届枇杷节吸引大批游客前往感受采摘的乐趣。

【富春江镇科技馆开馆】 2014年5月5日上午，富春江镇科技馆开馆仪式在镇文体中心举行。科技馆作为科学技术普及工作的重要载体，是为公众提供科普服务的重要平台，是面向公众进行科普宣传教育的主阵地，同时也是发展创新文化、提高全民科学素质的重要场所，具有区域导向和引领示范作用。科技馆内的科学设备仪器将全部免费开放，为富春江镇的学生增加科学知识和提升实践能力提供良好的平台。

【第二届慢生活体验节暨国际乡村休闲音乐节】 2014年10月18日启动第二届富春江乡村慢生活体验节暨国际休闲乡村音乐节在富春江镇“山水古韵画家村”茆坪村举行。第二届慢生活体验节暨国际休闲乡村音乐节开展“潇洒桐庐”十大最美景区·村落评选活动颁奖晚会、书画艺术展、国学堂展演、游步道慢走、摄影采风

第二届富春江（芦茨）乡村慢生活体验节暨国际休闲乡村音乐节活动

等活动，邀请美国、斯里兰卡、南非、斯洛伐克等国家及地区表演团队参加。颁奖晚会有欢快喜庆的《盛世欢歌》、极具民族风情的台胞歌舞、热情似火的美国布鲁克林街舞、时尚村妇的动感排舞等精彩节目。晚会对“寻找画城最美风景”2014年桐庐最美景区（严子陵钓台、瑶琳仙境、垂云通天河、大溪峡闯滩、红灯笼乡村家园、天子地），“寻找画城最美风景”2014年桐庐最美村落（江南镇江南古村落群、富春江镇芦茨慢生活村落、旧县街道富春大岭图村落、百江镇奇源山乡村落）进行颁奖。

【祥龙钻探“新三板”上市】 2014年11月，杭州祥龙钻探设备科技股份有限公司经全国中小企业股份转让系统（简称“新三板”）审核同意，成为全县第二家在“新三板”挂牌的公司。杭州祥龙钻探设备科技股份有限公司是集开发、设计、制造、销售、服务为一体的国家重点支持技术领域高新技术企业，公司产品主要分为钻机、钻具及附属设备，服务于煤矿防治水、瓦斯抽采（放）钻探等工程领域，同时还用于金属与非金属矿床勘探、水文地质勘探与水井钻凿、工程地质勘探、水利建设与施工等工程领域。“新三板”具有项目审核周期短、步骤少、风险包容度高、挂牌成本低等特点，挂牌后有利于拓宽公司融资渠道，完善公司资本构成，引导公司规范运行。“祥龙钻探”成功上市，标志着该企业利用多层次资本市场融资能力进一步提升，资本运作实现新的突破。

2014年富春江镇各行政村基本情况

表79

行政村、社区	村党委、社区（总支、支部）书记	村委会、社区主　任	人　口（人）	年人均收入（元）
横山村	祝柏青	姚建平	1312	22705
七里泷村	邵雪宝	—	2241	21204
俞赵村	严勇樑	周云清	3289	19702
渡济村	沈阿平	黄朝海	622	19389
上四村	邹鑫华	杨勇成	796	18668
严陵村	江发根	江明吉	1545	18737
里董村	陈建功	董建龙	1276	17586
大庄村	张建华	张铁明	534	17078
象山桥村	吴增勇	吴增勇	599	18364
芝厦村	吴　昊	潘利民	1619	19950
孝门村	季兴方	张建洪	1681	19649
金家村	陶先垚	郑登峰	786	19262
芦茨村	傅初荣	章红华	1319	21925
茆坪村	方明泉	方森源	1263	21330
石舍村	蒋勇飞	方向明	901	20066
大洋坪社区	裴雪娟	胡晓艳	5193	—
黄坡岭社区	戚小群	俞慧芬	2896	—

（张　琳）

·横村镇·

【概况】2014年，横村镇围绕建设“富裕横村、美丽横村、和谐横村”目标，实现工农业总产值139.07亿元，同比增长9.94%；财政收入2.34亿元，同比下降13.5%；农民人均纯收入20870元，增长12.0%。新生婴儿463名，计生率96.98%。调处矛盾纠纷1263件，其中镇级29件、村级1234件；处理信访1127件，其中县级897件、镇级230件。是年，横村镇入选新一批全国重点镇，获“治水美镇 浙江样本—环境改造”样本美镇，成功举办杭州桐庐第六届山花节。

2014年横村镇情况数据库

表80

项　　目	单　位	合　计
地域面积	平方公里	117.64
耕地面积	公顷	2741
粮食播种面积	公顷	2170.6
粮食总产量	吨	13445
行政村	个	24
社区	个	2
总人口	万人	4.09
工业总产值	万元	1353200
农业总产值	万元	37492
农村居民人均纯收入	元	20870

【农业经济】2014年,横村镇培育引进正鸿堂、中果等农业投资超1000万元项目9个，总投资9000多万元。建设阳山畈水蜜桃示范区、白云竹笋两用林示范区、凤联笋用林示范区、香山太阳鱼精品园、孙家渔业精品园、横村蜂业精品园、横村生猪精品园及镇属范围内8个粮食功能区。指导合作社和企业、大户申报实施省财政农民专业合作社补助资金建设项目1个，省级粮食功能区建设项目1个，省标准化生猪养殖场建设项目2个。申报桐庐县现代农业项目20个，申请补助资金超过200万元。新增全国农民专业合作社示范社2家（桐庐阳山畈蜜桃专业合作社、桐庐富恒蛋鸭专业合作社），新增市级规范化农民专业合作社1家（桐庐国华竹业专业合作社），新增杭州市市级农业龙头企业1家(杭州柏阳生态农业科技有限公司)。创建县级特色产业专业村2个（方埠水产、双溪樱桃）。发展色彩农林业，05、16省道沿线投入3500万元，种植绿化苗木30公顷。根据“横村一日游”“阳山畈现代桃园”等项目，整体规划“七重天”婚庆之路、紫藤大棚、黄金湖等景点，丰富阳山畈景区，带动旅游观光产业。

【农业基础设施建设】2014年，横村镇完成喻家坞、坟家山塘除险加固工程，完成凤联村、后岭村、凤联村村口、上塘村杨梅山、大坑溪西山岭小河流重点堤防建设。整治提升凤联溪凤联段、大坑溪富乐深畈段、上塘村小后岭溪、城东村尖山溪、元村村周家段农村灌排河道7.5公里。完成双溪龙家山山塘、宅里大户里中央凸山塘、富乐横山脚山塘、九岭高塘山塘、后岭渠道、柳茂蓝莓园喷滴灌、凤联毛竹喷灌等“一高五小”项目建设。完成上塘村上浦排涝站、浪石机埠等机电排灌工程修建。九岭溪小流域水土流失综合治理中央资金项目代表浙江省接受水利部专项抽查验收。完成凤联村、元村村、湾下村农村饮用水安全提升工程。

【工业经济】 2014 年，横村镇有工业企业 2065 家，其中规模企业 61 家；实现工业销售产值 135.43 亿元，同比增长 10%，其中规上工业销售产值 65.69 亿元，同比增长 9.3%；全社会固定资产投资 15.47 亿元，同比增长 47.4%，其中工业投入 7.98 亿元，三产投资 7.49 亿元，同比增长 113.8%；自营出口 3.2 亿美元，同比增长 8%；招商引资 4.12 亿元，市外内资 2.54 亿元，浙商创业创新 0.86 亿元，外资 600 万美元。投资 2000 万元的杭州月之恋人服饰有限公司新厂建设项目、投资 1.3 亿元的杭州中果食品有限公司新建年产 1600 吨冻干果蔬生产项目、投资 2.3 亿元的正鸿堂日产 300 万罐高档植物谷物饮料等 12 个工业项目顺利推进。投资 1200 万元的双溪樱桃园项目、投资 5800 万元的横村镇老城区污水管网工程等 25 个项目竣工，投资 1 亿元的白云民宿民俗文化村建设项目一期、投资 5000 万元的桐庐县徐七线徐家埠危桥改造工程等 5 个项目顺利推进。

【转型升级】 2014 年，横村飞龙粮油有限公司投资 1500 万元，完成年产 3 万吨大米生产线技改项目；杭州桐庐凤凰针织有限公司投资 3800 万元，年产 60 吨高档针织类小三件产品生产线技改等 21 个项目竣工投产；桐庐通利机械有限公司被认定为省级高新技术企业，桐庐宇鑫汽配有限公司研发中心被认定为市级研发中心，杭州水晶运动机械有限公司、杭州游龙针织有限公司产品获市级名牌产品，杭州和蜂园保健品有限公司、桐庐森龙浩工艺品有限公司、杭州宇鑫汽配有限公司产品获县知名商标，杭州宇洋针织服饰有限公司、桐庐羊绒针织有限责任公司、杭州柏雅化妆品有限公司等企业申报外观专利 222 个，浙江润祁节能科技有限公司、桐庐宇鑫汽配有限公司等企业申报实用新型专利 12 个，浙江创想节能科技有限公司、桐庐手套总厂等企业申报发明专利 9 个。规模工业新产品产值率达到 24.8%，比去年同期提高 3 个百分点。

【工业功能区建设】 2014 年，横村镇投入 800 万元，实施深畈区块基础设施建设、双湖园区道路修建提升工程，新开发方埠区块 11.33 公顷，提高园区承载能力；继续加强工业用地清理，盘活闲置土地 14.67 公顷，杭州桐庐胶鞋厂、桐庐盛泰龙针织有限公司、桐庐新宇印刷有限公司、桐庐水晶运动机械有限公司老厂房整体转让，桐庐道忠五金厂分割转让，潍源针织、凌华针织、中益纺织、绫艺针织、宝诺针纺织、永兴印刷、宇鑫汽配、富强织染等企业利用厂区闲置土地进行改扩建，园区土地利用率提高，集聚效应显现。

【电商换市】 2014 年，横村镇培育电商孵化园，入驻中小网商 10 余家，盘活存量厂房 3000 平方米。扶持围巾电商分销平台，由中艺轻纺出资成立杭州莱驰电子商务有限公司，该项目入驻海陆世贸电商产业园已正式运营。鼓励企业发展厂店，将针织名品展销嵌入旅游产业链，开展线上线下宣传。有天诚、米兰鸥、鼎盛服饰 3 家企业重新装潢厂店。与桐庐电视台《富春乡韵》栏目共同举办横村针织精品服饰搭配大赛，吸引游客购物体验。成立横村镇网商协会，有会员 50 余家。

【重点项目推进】 2014 年，横村镇投入资金 2000 万元，启动横村一桥改扩建工程，完成桥梁梁板架设，预计 2015 年 5 月通车；完成横宅线（二桥至孙家段）公路工程建设，景观绿化正在进行中；横村一桥与 16 省道连接线工程已完成工程总量 90%；完成 16 省道景观带美丽公路建设。徐七线整治工程正在有序推进中。

【农村旅游产业发展】 2014 年，横村镇投资 1000 余万元，建设阳山畈、双溪、柳茂、浪石产业风情带，实施沿线节点村庄建设和环境整治、景观营造。结合横村针织乐购园，打造集乡村观光、农业休闲、旅游度假、针织品展示为一体的精品旅游线路。完成浪石金滩风景区整改提升工程，并通过 AAAA 景区验收。依托良好的生态环境资源，引进白云郑城民宿民俗文化村项目、大会山“银杏石屋”国际民宿项目。

【五水共治】 2014 年，横村镇投入 4500 万元，新建污水提升泵站 2 座、建设管网 7.3 公里，新增污水处理 3000 吨；完成方埠工业园区块污水管网整改提升、横村一桥头西污水提升泵站建设、跨一桥污水管网铺设以及锦华路、桐千线和徐家埠工业园区污水管网建设等工程，实现横村镇城镇区域污水截污纳管全覆盖。完成龙伏溪、大坑溪流域整治，水质达到III类水标准。关停拆除畜禽（水产）养殖场31家，提升整治29家；整治提升印染企业8家；对全镇55家污染重点企业单位排污口实行布控，发现偷漏排，一律实施停产整治。实施高浓度含磷废水的资源综合化利用改造等工程，地下水总磷浓度明显降低。完成防洪工程13个、排涝水项目9个，新建保障水源工程，铺设管道3.65公里，可提供应急水源48万方。加快农村垃圾分类处理和综合化利用，将重点河道、池塘、路段的垃圾收集纳入村属卫生管理考核范围，提升改造阳山畈等5个村生活污水处理设施。是年，该镇入选浙江省“治水美镇”50强。

【“无违建镇”创建】 2014年，横村镇拆除新违章建设9起，面积910平方米；拆除“一户多宅”房屋1077户，建筑面积16.8139万平方米。对2014年以来违法建筑信访进行梳理，对可拆除建筑尽量拆除，不可拆除建筑采用村集体收回，有偿使用的形式反租给农户。组织强制拆除违章建筑10次，拆除违章建筑31处，房屋建筑面积2700余平方米。拆除涉及宗教违建3处、彩钢棚42处。

【新农村建设】 2014年，横村镇投入资金795万元，实施产业风情带建设项目7个。投入资金1195万元，完成胜峰、九岭、凤联中心村建设，实施项目15个。投入资金1040万元，实施浪石精品村建设项目18个，预计2015年3月完工。实施杭州旅游西进项目1个，创建村落景区1个，开展阳山畈、香山民宿示范村建设。浙江同人集团和汝拉小镇开发白云村民宿项目，浙商回归圆通快递投资建设凤联村中药养生基地。新建文化礼堂4个，创建县级文明村3个，县级清洁示范村1个。

【16省道沿线整治】 2014年，横村镇16省道横村段景观绿化工程全长5.2公里，绿化面积35万平方米，工程总投资6000万元。其中，省道西侧投资4500万元，通过埋设排水管道，高标准设计建设30米宽景观林带，绿化面积约15万平方米；省道东侧为基本农田，通过规模土地流转，开发色彩农业、色彩林业，建设30米宽苗木基地，绿化面积约20万平方米，总投资1500万元。

【社会保障】 2014年，横村镇清理低保户278户，其中转残保173户；新增低保24户、残保40户。做到“因保尽保、因退尽退”。争取慈善救助5批45户，资金92500元。自然灾害引发房屋倒塌村民4户，救助资金6000元。城乡居民医疗保险参保率99.5%、养老保险参保率94.63%、就业率99.75%。完善“三位一体”互助养老体系，新建居家养老服务照料中心9家，开展养老护理员及家庭护理员培训。巩固养老互助会培育示范村4个。

【杭州·桐庐第六届山花节开幕】 2014年3月22日，杭州·桐庐第六届山花节开幕式在阳山畈村拉开帷幕。开幕式邀请CCTV美丽乡村快乐行栏目走进桐庐，在阳山畈村进行专题节目录制。山花节分美景、美食、美村等专题展示，邀请知名演员分两队以PK的形式展示桐庐良好的生态环境和丰富的旅游资源。星光大道草根明星、好声音十强选手歌手在“中国最美县”感受最美音乐。活动为广大游客推出5条精品旅游线路，《富春山居图》实景游、美丽乡村游、慢生活体验游、最美县城游、富春江绿道骑游。山花节从3月持续至11月，开展“潇洒桐庐·茶香千年”第三届雪水云绿休闲文化节、第五届莪山“三月三”畲族文化节、全国大学生记者“微访桐庐”主题新闻训练营活动、杭州西博会国际文化（桐庐）演艺会暨第三届中国休闲乡村音乐节、2014世界养生大会暨“潇洒桐庐·养生福地”第二届华夏中医药养生旅游节等活动。

【千岛湖配水工程】 2014年，千岛湖配水工程涉及横村、东南、城东行政村，需征地1.23公顷，临时租用土地11.51公顷。已完成征地、临时租用土地和青苗赔偿等调查，有关费用正在陆续发放，东南村沈家支洞工程开工建设。

【横村镇获“中国美丽乡村建设典范镇”】 近年来，横村镇按照“整体推进，以点带面”发展思路，加大风情小镇、中心村、精品村辐射能力，整体推进美丽乡村建设。先后建成阳山畈风情小镇，双溪、板头精品村，胜峰、九岭、凤联三个中心村，另17个培育村在建中。以16省道交通主干道为依托，通过规模土地流转，以现代农业园区为载体，在阳山畈区块高标准建设千亩花卉特色产业示范区，使该区域成为农业、农村、农民“转型致富的示范区”。加快推进中心村建设进度，通过基础设施、配套设施、公共服务设施的不断建设完善，增加中心村辐射能力；通过针织、水果、毛竹等种植养殖产业的优化，提升中心村的集聚承载能力。挖掘每个村庄的特色内涵，根据特色、产业、文化，打造乡村休闲中心、文化中心等，让美丽乡村的内容更加丰富。2014年1月，横村镇在首届“中国美丽乡村建设典范镇”评审中，获“中国美丽乡村建设典范镇”称号。

【浙江省考古所进驻横村考古】 大麦凸遗址发现于1993年，是桐庐在分水江流域发现的第一个新石器时代文化遗址，距今约3000多年，占地面积约10000多平方米。遗址所在的大麦凸是柳岩村红砖厂取土点，1992年，红砖厂取土时便有石壁、石刀、石箭头等新石器时代器物出土。为进一步了解大麦凸遗址的分布范围及文化内涵，加强对大麦凸遗址的保护，2013年12月中旬至2014年1月初，浙江省文物考古研究所对横村镇大麦凸遗址进行“四有”范围调查。发现遗迹10处，采集大量石器和陶器，包括石锛、石斧、石箭头、石网坠、陶鼎足等。发掘保存良好的良渚时期陶窑遗址1座，出土牛鼻状把手的残陶罐、残石斧、残石锛各1件，及做工精细、保存完好的有段石锛1件，清理新石器时代墓葬遗址。此次调查初步确定大麦凸遗址大致的分布范围。

【横村针织企业入驻西柳中国商贸城】 2014年9月，横村镇35家针织企业集体入驻东北地区最大的服装专业市场——辽宁西柳中国商贸城二期，入驻规模1600平方米，130个摊位全部开业。横村镇针织产业起步于上世纪70年代末，从数家乡镇企业开始，发展成为全国最大的针织“小三件”生产制造基地，为“中国针织名镇”“中国出口毛衫制造基地”。在外贸市场遇冷、企业转内销的情况下，横村镇引导企业“两条腿走路”，在做好现有电子商务市场的基础上，组团“走出去”，重点开发内销市场，充分利用实体店铺直接面对市场、面对消费者优势，即时反馈市场需求，进一步缩短供求链，提升自身竞争力。同时，调整品牌营销策略，一改以往的“数量取胜”模式，发挥自身技术优势，走品牌、品质路线。横村镇的优秀针织产品入驻西柳市场后，将有利于企业拓展东北和东北亚市场，做大总体规模，放大品牌优势，逐步完成由“加工制作”到“自主创造”华丽转身。

2014年横村镇各行政村基本情况

表81

行政村	村党委（总支、支部）书记	村委会主　任	人　口（人）	年人均收入（元）
湾下村	毛樟良	王雪强	299	22592
横村村	朱勇军	周　杰	4271	20875
杜于村	华林祥	华林祥	1310	23198
城东村	张红明	陈国强	3621	23231
龙伏村	王顺强	王荣寿	1021	22899
阳山畈	包洪弟	滕海炎	880	20707
板头村	郑水生	陈炎明	751	21611
柳岩村	李世洪	吴爱良	1602	20770
双溪村	叶建忠	朱建法	1054	20696
方埠村	章关根	濮坤良	1458	20785

续表 81

行政村	村党委 （总支、支部）书记	村委会 主　任	人　口 （人）	年人均收入 （元）
孙家村	许海锋	王美青	1824	22030
华凤村	曹　标	俞伟军	1018	19633
浪石村	陈怀庆	陈怀庆	617	19994
上塘村	陈　军	殷　明	1721	20358
元村村	钱　多	—	1419	20112
九岭村	濮良龙	徐小来	1520	18924
胜峰村	卢小明	王关先	2993	21083
东南村	方志明	吴金虎	1710	19836
柳茂村	汪海林	袁小军	1458	20867
宅里村	赖中华	王文汉	1209	21116
香山村	赵　军	陈金根	1068	19779
白云村	林雪标	袁国华	1658	19699
后岭村	喻昌友	—	1637	19577
凤联村	孙小洪	喻金国（主持工作）	2474	19463

（皇甫晓丹）

·莪山畲族乡·

【概况】 2014 年，莪山畲族乡以创建“中国畲族第一乡”为载体，以实现全国民族团结进步小康示范区为奋斗目标，实现工农业总产值 12.45 亿元，同比增长 22.7%；财政收入 2309 万元，同比增长 8.7%；居民人均收入 14996 元，同比增长 12.9%。调处矛盾纠纷 142 起，调解成功 111 起；计划生育率 96.8 %。是年，该乡荣获国务院第六次全国民族团结进步模范集体称号。

2014 年莪山畲族乡情况数据库

表 82

项目	单位	合计
地域面积	平方公里	28.7
耕地面积	公顷	645.4
粮食播种面积	公顷	499.8
粮食总产量	吨	3693
行政村	个	7
总人口	万人	0.93
工业总产值	万元	115444
农业总产值	万元	9030
财政收入	万元	2309
农村居民人均收入	元	14996

莪山乡标

【农业经济】2014年，莪山畲族乡粮食生产稳定，特色农业产业发展加快。推广高节竹厚泥覆盖、茭白立体养殖等综合增产增效技术，亩收益进一步提升。完成杭州市农田低产畈改造项目1个、杭州市“三位一体”农业服务示范乡镇和杭州市级乡标准化创建。提升县星级合作社1家（民乐粮油专业合作社）。帮助4家农民专业合作社引进和应用新技术项目5个，其中市级科技项目1个、县科技项目4个，有效改善社员生产水平和生产条件。新增造林45.5公顷、生态公益林护面积1133.3公顷，幼林抚育45公顷。

【工业经济】 2014年，莪山畲族乡有工业企业251家，其中规模企业8家，实现工业销售总产值10.2亿元，其中规上工业总产值4.2亿元，同比增长18.5%。固定资产投资16045万元，同比增长49.9%，其中工业投资5496万元，三产投资10549万元，同比增长79.1%；招商引资投入3027万元，新引进项目5个，其中市外内资1329万元，浙商创业创新1010万元。工业企业转型升级，杭州飞腾针纺有限公司投入1500万元，更新年产30万打针织“小三件”梭织设备；裕美生物科技有限公司投入资金500余万元，完成行业配套设施提升整治。推进民营经济发展方式转型升级，实现“个转企”单位2家（杭州畲天农庄有限公司、桐庐炳良针织有限公司）。

【社会保障】 2014年，莪山畲族乡有序推进养老扩面和农医保征收工作，实现城乡居民养老保险参保率94.6%，城乡居民医疗保险参保率99.6%。全年新增低保10户14人、残保25人，全乡共有低保户97户138人、残保户94人、五保供养10人。完善“三位一体”居家养老服务体系，现有村级助老员32人，其中12人获得助老员中级、初级职称。开展充分就业行政村创建工作，收集用工信息600余条，完成求职登记180余条，成功推荐就业100余人。开展劳动监察书面审查工作，完成50余家企业劳动监察书面审查工作，正式受理劳资纠纷2起。组织企业退休人员开展健康体检1次，退休人员养老保险年检1800余人。

【惠民工程建设】 2014年，莪山畲族乡投资920万元，完成集镇环境综合整治、徐七线沿线景观提升、路灯安装、港湾式公交车停靠站、潘戴公路等建设工程。完成民族文化休闲广场、五保供养服务中心、山哈风情街改造、少数民族特色村寨、村级托老所以及老年食堂等建设。完成农村住房“两权一房”农房确权发证、农村集体经济股份制改革、农村困难家庭危房改造工作。完成莪山民族小学（幼儿园）综合提升改造工程。扩建莪山民族小学教学楼，建成畲语教学语音信息系统。完成民族文化广场文化长廊、文化墙和文化柱建设，建成新丰和塘联农村文化礼堂2家。

【美丽乡村建设】 2014年，莪山畲族乡投资880万元，完成莪山民族村和中门民族村中心村10个建设项目；投资263万元，完成塘联、尧山、沈冠、龙峰等4个培育村11个建设项目；投资655万元，完成风情小镇建设项目10个；投资2220万元，完成畲乡团结门至新丰村戴家山段精品线路建设、山阴湾至中门护岸提升基础建设工程和大面积绿化工程及潘山桥区块的主体工程。完成“一户多宅”整治工作，签约271户，处置283户，拆除面积47172平方米，其中违章建筑45处，面积7023平方米。7个行政村通过“无违建村”创建县级验收。

【第三产业发展】 2014年，莪山畲族乡实施戴家山畲族古村落保护与开发、山哈风情街建设等畲族文化有形化项目，逐步打造“畲家乐”餐饮产业带和民宿产业带。引进桐庐秘境酒店和杭州亦舍酒店，初步完成与世界最美书店——先锋书店关于先锋莪山畲族公益图书馆项目投资意向的洽谈。至2014年10月，接待游客6.8万人次，同比增长482%，实现旅游总收入1369.68万元。

【生态文明建设】 2014年，莪山畲族乡开展“清水治污”专项行动，实施“河长制”；建成莪山畲族乡集镇污水处理厂并投入试运行；开展莪溪小流域环境综合整治，提升改造农民生活污水处理设施。完成“四边三化”“风景桐庐”建设各项工作。完成县政府下达的节能减排任务，深入实施农村环境连片整治、“清洁莪山”以及庭院整治工作，启动生产生活垃圾分类收集和资源化综合利用工作。

【莪山畲族乡被命名为“浙江省民间文化艺术之乡”】 莪山畲族在漫长的历史演进中，形成具有浓郁特色本民族文化。近年来，为保护和传承畲族文化，莪山畲族乡在打造民族品牌、挖掘民族文化上投入了大量人力、物力和财力，新建改建民俗馆、团结门牌坊、集镇廊桥等畲乡风情建筑，初步形成畲乡风情一条街。出版《畲乡红》书刊、制作宣传画册，申请民族文化标识，组建“一村一品”文化表演队伍。民间手工技艺畲乡红曲酒酿制技艺、传统音乐《畲族民歌》、民俗做功德等被列入县非遗名录；畲乡红曲酒酿制技艺及畲族民歌被列入市级非遗名录。畲族歌舞表演、民间武术表演、民俗活动、畲族妇女编织、畲族婚礼仪式颇具民族特色。2010年4月，杭州畲乡首届“三月三”畲族文化节在莪山畲族乡举行，至2014年已连续举办五届。“三月三”以其丰富的活动载体和独特的少数民族文化成为杭州地区特色文化亮点。是年，莪山畲族乡获得浙江省民间文化艺术之乡。

【莪山杭州亦舍酒店正式落户】 2014年，由国际著名建筑设计大师张雷教授主导设立的杭州亦舍酒店正式落户莪山。莪山亦舍酒店属别具特色的乡土艺术酒店，张雷教授利用“当代乡土”研究成果和设计经验，对一幢破败的畲族传统夯土建筑进行保护性改造，在保留其畲族建筑肌理和神韵的前提下，让原先破败没落的畲族夯土建筑重新焕发美感和活力，成为国际品味的小型艺术精品酒店。莪山亦舍酒店建成后，将邀请世界各地的建筑大师前来莪山考察和研究传统建筑的“当代乡土”实践。并整合先锋书店、著名艺术展览资源等，在莪山亦舍酒店举行各种国际性文化艺术活动，扩大莪山畲族的知名度和国际影响力。莪山亦舍酒店将于2015年8月建成。

【《最爱是莪山》获浙江省村歌大赛金奖】 2014年10月14日，浙江省村歌大赛在江南镇深澳村大礼堂拉开帷幕，歌曲《最爱是莪山》获创作和表演金奖。一首村歌是一部村情简史。“山哈人走千万里，最美是莪山……”《最爱是莪山》演绎莪山的民族风情，领着观众仿佛置身万亩高节竹林海，听莪溪水流潺潺，望蓝天白云朵朵，闻菜花点点清香，品红曲酒醉美在山间，沉浸在“三月三”民族盛会的喜庆中。该届大赛主题为“建设新农村、热爱我家乡、歌唱美丽家园”，自6月启动起，共收到各地报送的村歌作品270余首。经组委会专家的数轮评审，从中评选出30首作品最终进入决赛。

【戴家山旅游度假项目】 莪山戴家山自然环境优美，建筑形态原始保存相对完好，符合现代城市达人远离大都市、回归纯净自然的纯真幸福感受理念。戴家山旅游度假项目目标是国际与民俗相结合的高端旅游度假综合体。项目分为两期，一期预计投资2000万元，将对现有的6幢土屋进行全面升级改造，并对整个区块进行合理规划，在比较理想的地块架构配套设施，建成大会议一间、风味咖啡餐厅一间、畲乡民俗手工互动集市、露天音乐中心、私家农场。二期预计投资3000万元，用于整个戴家山土屋的改造，结合周边环境，建成山林SPA中心、温水泳池、活动中心等配套工程。已完成溪边土屋1号和3号楼改造升级，进入试运营阶段。2015年夏天将开放另外4幢土屋，配套工程同步进行。戴家山旅游度假项目除开展酒店经营、会议会务以外，充分利用当地资源，包装畲乡特色餐饮、服饰手工业文化、茶产品、绿色有机蔬菜、有机农畜产品面向上海、杭州等大城市，以及美洲、欧洲、日本等客户进行推广。开发旅游地产，推广当地文化，挖掘当地产品。

【民族文化休闲广场】 莪山畲族乡民族文化休闲广场于2013年3月动工新建，总投资750万元，占地面积2000平方米，集文化、休闲、娱乐、演出、健身等多种功能于一体。由于该乡山多地少，广场建在集镇廊桥至同心桥之间，通过覆盖河道的方式建设。完成广场主体工程、文化柱、地雕、文化墙、休闲长廊主体建设工程，并于2014年4月底投入使用。

【莪山获“全国民族团结进步模范集体”】 莪山畲族乡是杭州地区唯一的少数民族乡。2013年，该乡提出创建“中国畲族第一乡”奋斗目标，以“五区”（即民族经济领先区、畲乡风情展示区、民族团结示范区、幸福生活样板区、作风建设先锋区）建设为抓手，着力打造“产业提升、经济发展、民族团结、文化繁荣、生态优美、生活幸福、社会和谐、综合实力第一”的“中国畲族第一乡”。该乡注重民族文化的保护与传承，并将其与建筑、生活、产业有机结合，扮靓莪山团结门、民族文化广场等集镇沿街建筑物外立面民族特色改造，建设成民族特色鲜明、公共配套完善、生态景观一流的“山哈风情街”。围绕畲乡民族文化对传统民居进行修复保护，凸显畲族特色。因地制宜发展特色农业，建成高节竹基地680公顷，形成以高节竹、茭白、杨梅和土鸡为主导的特色农业产业格局；引进培育针纺、建材加工等企业，解决当地百姓就业问题。打造以中门民族村“畲乡山寨”景区为核心的“畲家乐”餐饮产业带，以新丰民族村戴家山自然村为核心的民宿产业带，形成畲乡风情游产业发展新格局，带动周边畲族群众致富增收。2014年，国务院召开的第六次全国民族团结进步表彰大会上，莪山畲族乡获“全国民族团结进步模范集体”。

2014年莪山畲族乡各行政村基本情况

表83

行政村	村党委（总支、支部）书记	村委会主　任	人　口（人）	年人均收入（元）
塘联村	张　平	徐洪水	1285	15607
莪山民族村	姚樟水	蓝志炎	1893	14933
尧山村	姚世庆	郭海青	1070	14957
沈冠村	季慧玲	许国林	1478	14607
龙峰民族村	洪林妹	雷天星	1465	15535
中门民族村	姚朝水	傅汉华	1039	14533
新丰民族村	朱成祥	钟春培	857	14575

（陈艺华）

·钟山乡·

【概况】 2014年，钟山乡以建设“美丽、富裕、和谐”钟山为目标，扎实苦干，奋勇争先，经济和社会发展呈良好态势，实现农业总产值1.77亿元，同比增长7.4%；工业销售总产值8.3亿元，同比下降38.38%；财政总收入6697万元，同比增长13.4%；农村居民人均纯收入17228元，同比增长12.6%；新出生婴儿254名，计生率95.28%；排查矛盾纠纷711起，成功化解692起，化解县乡两级重要信访积案2件，稳控6件。是年，获浙江省“治水美镇”、浙江样本“秀水魅力”样本乡镇、杭州市学前教育先进乡镇、杭州市社会管理综合治理工作示范乡镇。

2014 年钟山乡情况数据库

表 84

项目	单位	合计
地域面积	平方公里	107.79
耕地面积	公顷	1182
播种面积	公顷	1241.8
粮食总产量	吨	6298
行政村	个	11
总人口	万人	2.19
工业总产值	万元	82946
农业总产值	万元	17716
财政收入	万元	6697
农村居民人均纯收入	元	17228

【农业经济】 2014 年，钟山乡按照“一乡一业”项目，完成天尊贡芽研制中心建设，新培育歌舞蒲家区块优质茶园 14 公顷，成功举办桐庐歌舞首届“天尊贡芽”开茶节。天井岭区块南宋御茶园项目于 2013 年动工，一期投资 150 万元，已建成凉亭、长廊、步道等，着力打造杭州市茶文化旅游基地、桐庐县第一茶村。高峰蓝莓基地实验室、蓝莓干、蓝莓酒加工厂开工建设，主营鲜果采摘和果品深加工。完成色彩林业建设规划编制，中一片种植色彩林业 13.67 公顷。绿化造林 61.8 公顷，其中香榧 3.67 公顷、毛竹 4 公顷、山核桃 37.8 公顷、一般造林 16.33 公顷，抚育森林 32.2 公顷，完成省级林道建设 10 公里、县级林道 6 公里。完成歌舞溪小流域水土流失治理项目，面积 12.2 平方公里；完成歌舞溪、大市溪、破塘湾溪 13 公里农村排灌河道整治工程；新建城下村骆家畈排水渠 2500 米，修复灌水渠 1500 米；新建各类农业基地喷滴灌 33.33 公顷。完成垦造耕地项目 4 个 7.8 公顷，魏丰村土地综合整治 1.2 公顷。

【工业经济】 2014 年，钟山乡现有工业企业 106 家，其中规模工业企业 3 家。实现工业销售总产值 8.3 亿元，其中规模企业 1.62 亿元，同比下降 76.9%；固定资产投资 2.25 亿元，同比增长 62.5%，其中工业投资 7678 万元，同比增长 13.8%；三产投资 1.48 亿元，同比增长 109%；招商引资 4112 万元。申通安顺物流和中通通泽物流落户钟山，年营业额 10.3 亿元，上缴国家税收 7469 万元。引进快捷龙胜物流项目。依托中一工业区和静林寺区块开展招商引资，引进金属门窗建设项目落户工业区。安仁幕墙建筑生产线建设、晨莉石材、宋记石材迁建项目投入生产。

【集镇建设】 2014 年，钟山乡开展新一轮土地规划编制调整，实施老徐七线中一段白改黑工程。完成集镇综合市场项目土地出让、下邵加油站改建项目审批。修缮大市至石亩山、陇西至水厂道路，完成龙家山、城下老公路、夏塘危桥抢险、山体滑坡点治理工程和吴包线安保设施建设。打造入乡口、钟洛线陇西至城下、城马线沿线绿化景观。完成城马线（城下、仕厦、大市）和陇西至城下道路景观绿化 15000 余平方米。电子商务走进农村，中一、钟山、陇西、城下、大市 5 个村设立阿里巴巴农村淘宝网店。

【五水共治】 2014 年，钟山乡制定《“五水共治”建设实施意见》和三年行动计划方案，全面消除关闭新设排污口、暗管、水沟。目前，成立环保巡查队，对全乡60家石材加工企业环保设施运行、污泥处理情况进行大检查。完成中一村污泥填埋场避水渠工程。完成集镇生活污水处理站厌氧池的更新改造、污水过滤器更换和管理房建设及各行政村生活污水管网、窨井、污水池运行情况排查。开展畜禽养殖场专项整治，关停1家，拆除4家，整治改造7家。完成夏塘、歌舞、大市村4家畜禽养殖场的沼气池、污水处理池、三格式化粪池等环保设施建设，设立养殖场外水源观测点，定期做好监测工作。完成破塘湾溪、歌舞溪宋家山天井潭段河道整治工程，整修城下骆家畈农田灌溉渠1.2公里。中一村林塘溪水渠改建工程完工。完成芹溪、下郜溪流域沿线河道清理、清淤，堤防加固、两岸绿化工程，完成歌舞溪小流域水土流失综合治理工程。全乡37个治水项目全面完成，河流水质均达到Ⅲ类以上，农村饮用水卫生监测位列桐庐县乡镇第一。是年，获浙江样本·治水美镇“秀水魅力”乡镇。

【无违创建】 2014年，钟山乡开展无违创建活动，出台《钟山乡违法建设巡查管控试行办法》，清理“一户多宅”698户，拆除面积9.68万平方米。完成超占超层、辅房等既有违建处置，其中拆除既有违建34处，整改宗教场所违法用地4处，拆除彩钢棚20处，墙体美化58处。11个行政村通过县无违创建办验收，代表桐庐、杭州唯一的乡镇参加创建省级示范乡镇验收。

【民生保障】 2014年，钟山乡成立村级慈善基金会9个，募集基金850余万元，当年支出140余万元，主要用于村公益性事业建设、老年人慰问金发放和困难群众救助。投入40万元新建仕厦村居家养老服务照料中心，实现养老体系建设全乡覆盖，有30000余人次老年人在老年食堂就餐，聘用专职助老员88名，政府购买服务老年人288名。全乡4576名60周岁以上老年人按照“性格相近、爱好相似、住址相邻”原则实行“一对一”结对。投入200万元，完成中心幼儿园改建工程，成立“三通一达”百万教育公益金。建成钟山、陇西、仕厦村文化礼堂及乡文体中心。完成11个村农村股份制经济改革。农村住房两权一证办理工作全面铺开，完成农村住房情况调查、分类审核，对符合办证条件的3499户住房进行资料收集、建档和现场测绘，制作完成第一批证件600本。

【三产经济】 2014年，钟山乡实现服务业增加值8771万元，同比增长16.47%；社会消费品零售值2.2亿元，同比增加15.79%；三产投资1.48亿元，同比增长109.0%。虎啸峡漂流项目开张营业，接待游客2.2万余人。举办首届乡村休闲旅游启动仪式、首届高峰蓝莓采摘节，接待采摘休闲游客3000余人次。高峰村培育蓝莓采摘农家乐4家、民宿7户床位66张。

【虎啸峡漂流】 虎啸峡位于歌舞溪中下游、清渚江上游，典型的峡谷型地貌，植被茂密，水质优良，生态环境优美，因溪段急、落差大、水量磅礴等特点，形成“小溪大浪”的顶级刺激运动特色。虎啸峡河段主要由两段峡谷组成，上程为虎头峡与九曲转两段陡峭峡谷，下程为徐家村至双溪农庄。项目投资3500万元，分三期实施，预计至2018年完成建设。一期工程建造从2013年4月开始，历时15个月，投资1780万余元，基本完成河道疏浚、漂流河道建设、景观点设置、上下码头等设施建设。河道最大限度保持刺激及大自然风貌的基础上进行安全化改良和设计，于2014年7月成功试漂。景区开放为上半程即虎头峡与九曲转两段峡谷，河道全长4公里，垂直落差158米，漂完全程1.5个小时。桐庐虎啸峡旅游开发有限公司通过旅游门户网站预售体验票、与各大旅行社协议合作等开展营销，参与驴妈妈旅游网举办夏季嬉水节宣传促销活动，是年接待游客2.2万人。

【“三通一达”百万教育公益金成立】 2014年12月，“三通一达”（申通快递、圆通快递、中通快递、韵达快递）百万教育公益金启动仪式在钟山小学隆重举行。4家快递每年捐助100万元，用于奖励钟山小学、钟山幼儿园优秀师生，节假日及困难师生的慰问，师资队伍的培养，校园设施设备的添置等。为保证基金正常运作，制定《桐庐县钟山乡“三通一达”百万教育公益金章程》及《奖励办法》，对基金的用途和奖励项目、操作流程明确规定。召开基金会第一次理事会会议，选举产生理事长、秘书长、理事会成员，4家公司主要负责人陈德军、张小娟、赖梅松、聂腾云为名誉理事长。

【子胥村为县首个省级“慈善村”】 子胥村由原潘畈自然村和富村自然村合并而成，其中60周岁以上老年人310余人。2011年10月，在申通快递公司董事长陈德军的倡导下，成立子胥村慈善基金会，村里的老年人、残疾人、困难户及贫困学生得到及时救助，60周岁以上老年人每年发放慰问金；新建申通文化大礼堂村委、老年食堂等基础设施，村民生活改善、文化丰富、村貌焕新。是年4月，子胥村被浙江省慈善总会授予省级“慈善村”。

2014年钟山乡各行政村基本情况

表85

行政村	村党委（总支、支部）书记	村委会主任	人口（人）	年人均收入（元）
中一村	胡方兴	季法春	2371	18008
钟山村	毛正国	吴勇富	5103	17520
陇西村	蒋志芳（女）	陆根洪	1654	15554
城下村	洪华军	赖小平	2348	18252
仕厦村	章永林	项柏泉	1190	15879
大市村	王鑫锋	邵再荣	2762	17450
魏丰村	刘立泉	刘立泉	1062	13473
高峰村	吕文胜	王国斌	1050	16085
子胥村	吴根贤	陈浪峰	1753	18337
歌舞村	张明星	郑土根	1995	17424
夏塘村	刘忠言	郑志平	659	18251

（华一晗）

·瑶琳镇·

【概况】 2014年，瑶琳镇开展全域旅游推进年、城镇建设形象年、环境整治突破年、产业转型深化年、民生党建服务年工程，全镇经济社会发展态势良好。实现工业销售产值26.6亿元，同比下降16.08%；农业总产值3.88亿元，同比增长8.5%；财政总收入6173万元，同比增长8.1%；农民人均纯收入17401元，同比增长15.04%。新生婴儿331人，人口计生率96.98%。排查矛盾纠纷、不稳定因素630起，化解620起；化解重大矛盾纠纷5件，县领导包案信访积案1件。是年，获杭州市社会管理综合治理工作考核优胜单位、杭州市农业丰收三等奖、杭州市档案工作综合目标考核先进单位，全县综合考评优秀单位。

2014年瑶琳镇情况数据库

表86

项　目	单　位	合　计
地域面积	平方公里	216.6
耕地面积	公顷	1798.6
粮食生产面积	公顷	1815.1
粮食总产量	吨	9450
行政村	个	16
总人口	万人	3.53
工业总产值	万元	266264
农业总产值	万元	38834
财政收入	万元	6173
农民居民人均纯收入	元	17401

【农业经济】 2014年，瑶琳镇完成毕浦、永安和文源三个村小蚕“联户共育”178户，育蚕种620.5张，饲养蚕种3400余张；完成绿化造林面积104公顷，其中毛竹66.33公顷、山核桃13.33公顷、用材林24.33公顷；利用GPS定位系统对21位护林人员进行全天候护林监管，新增护林人员30名；清理和采伐枯死松木3898吨；完成20公顷毛竹高效示范基地和133.33公顷重点区域森林抚育；完成县级林道12公里；投入5807余万元，完成潘联铁皮石斛项目二期8公顷钢架大棚搭建；投入1761万元，启动永安天溪葵园项目高标准农田、永安村防洪堤建设；投入2058万元，完成恒信白茶基地项目厂房建设、喷滴灌设施安装等；投入1984万元，完成琴溪清境项目葡萄连体大棚搭建2公顷，引进台湾优质葡萄品种试种成功，完成樱桃种植1.33公顷和滴灌设施安装；投入1870万元，完成桃源福地项目绿色蔬菜种植6.67公顷，红豆杉、花榈木等名贵树种种植13.33公顷和滴灌系统安装。投入1300万元，完成大湾里水库、姚村官塘、蒋家岭、斜殿塘、坎毛坞山塘等山塘综合整治；投入400万元，完成高翔村等市级重要堤防2.3公里；投入200万元，完成市农村排灌河道毕浦溪9.5公里建设；投入2300万元，完成白塔岭水库除险加固工程。完成农民素质培训257人，发放资料1200余份。

【工业经济】 2014年，瑶琳镇实现工业销售总产值26.6亿元，其中规上工业销售产值9.5亿元。全社会固定资产投资10.6亿元，同比增长85.4%，其中工业投资3.78亿元，同比增长39.7%。招商3.49亿元，同比增长23.4%。电子商务发展体系初步建立，设立农村淘宝网点14个。瑶琳国家森林公园温泉中心项目主体完工，瑶琳仙境洞外游览区提升改造工程、航荣生物燃料生产项目、霍普曼电梯四期项目、北方中意新材料桐庐有限公司收购瑶琳通信设备项目等推进顺利。履约清理闲置土地6.03公顷，盘活存量建设用地3.07公顷。排查生产经营单位866家次，隐患单位145家次，纠正89家次，限期整改41家次，挂牌督办3家次；完成32家烟花爆竹零售单位的现场核实。

【五水共治】 2014年，瑶琳镇开展“五水共治”行动，清理池塘90座，完成分水江沿线畜禽养殖整治，拆除养鸭场4家、养猪场68家，鸭类1.5万余羽、生猪4400余头；推进温室甲鱼场整治，关停38家，集中整治15家；投入10万元，完成琴溪、毕浦村农民饮水提升工程，其余10个村改水工程正在建设中；投入800万元，完成分水江瑶琳段生态河道治理工程；16个行政村农村生活垃圾分类处理工程实现全覆盖，农村生活污水提升改造工程全面完成。

【城镇建设】 2014年，瑶琳镇完成东琳村排涝工程、防洪堤景观绿化工程、江滨大道工程、后浦工业园污水处理工程；瑶琳大道完成工程量的80%；完成住房改造205户，困难群众建房救助36户；完成后浦、东琳、潘联村住房改造项目、东琳村大湾里地质灾害点治理工程、百岁村严村郭荣周后山崩塌治理工程；完成桃源村、琴溪村、东琳村、元川村、桃源村土地综合整治项目，推进2个；完成文源村王家水库边、大山村后山坞、永安村下王家横坞、元川村船坞里、后浦村大庙鳖岭山、琴溪村天井孔大坪里造地项目，推进7个；完成东琳村东洲畈标准农田建设项目。完成土地利用规划修编初步方案和琴溪村、永安村、文源村、大山村、毕浦村、姚村建设规划的修编工作。投入550余万元，回收瑶琳水厂，解决老镇区3个村群众用水问题；投入200余万元，完成瑶琳大桥维修加固工程。完成05、16省道沿线7个入口处绿化提升工程、21个环境整治项目、3个色彩农业点建设及8个新增项目，拆除沿线房屋90余处，面积1.9万平方米。

【农房确权登记发证试点】 2014年，瑶琳镇被确定为桐庐县农房确权登记发证试点乡镇。邀请测绘公司3家、150名专业人员，分村包组实施测绘工作。建立测绘数据信息化制度，将完成测绘农户房屋信息录入CAD电子图，加快办证信息核对速度。设立专门服务点，按初审、录入、终审、出证、归档流水线操作模式，提供“一条龙”办证服务。完成房屋测绘8650户，审核办证资料7041份，办证5091户。与桐庐农村合作银行建立无缝对接制度，460户农户提交抵押贷款申请，意向贷款金额2800万元，其中98户贷款申请通过审核，发放资金655万元。11月4日，全县“两权一房”工作现场会在瑶琳镇召开。

【无违创建】 2014年，瑶琳镇以“零容忍”控新违建为基础，以“一户多宅”清理为重点，开展既有违建拆除工作。清理“一户多宅”465户，其中拆除383户，占地面积49881.25平方米；调剂23户，收回59户；既有违建拆除203户，占地面积78327.43平方米。完成既有违建有偿使用费收缴587户，收取金额204.4万元。结合空心村二次创业、土地综合整治等项目抓好拆后利用工作，利用率61.5%。

【美丽乡村建设】 2014年，瑶琳镇投入5900余万元，完成潘联精品村建设项目12个、4个中心村（桃源、琴溪、元川、永安）建设项目26个、8个普惠制村（皇甫、毕浦、高翔、大山、文源、百岁、何宋、东琳）建设项目30个，并通过县级验收；后浦精品村建设通过市级验收。2014年，该镇被确定为市级联乡结村帮扶单位，实施帮扶项目7个，争取帮扶资金230万元。

【社会保障】 2014年，瑶琳镇实行低保工作动态管理机制，采用“应保尽保、应退尽退”原则，清理93户167人，有低保367户647人，残保357户357人。申报困难临时救助70户，救助金162800元；困难大病救助6人，救助金143600元；困难助学31人，助学金53200元；困难退伍军人临时救助14人14000元。敬老院新入院6人，总数68人；农村新型合作医疗保险参保率99.8%，城乡居民养老保险参保率93.12%。发布用工信息354条71家次，指导求职53人次，开通会员单位28家；办理农村劳动力求职登记证30本、就业援助证4本，签订灵活就业协议3份；转移就业率和总体就业率分别达到97%和99%。成立镇劳动争议调解委员会，接待受理劳动争议纠纷事件14起，涉及资金88.56万元，成功调解9起，申请劳动仲裁5起。

【大洲畈千亩金花休闲基地】 瑶琳大洲畈连片油菜基地与瑶琳仙境、垂云通天河、红灯笼乡村家园等景点遥相呼应，形成春季乡村旅游特色风景，每年都吸引大批游客到此观光。2013年，瑶琳镇对大洲畈耕地进行集中流转，建设大洲畈千亩金花休闲基地。一期项目投资790余万元，完成景区内景色点缀布局及基础工程建设。采取油菜田间套种小麦的模式，实施艺术色彩农业。2014年，基地建成科普与烘干育秧服务中心、园区道路、停车场、观景平台及其他休闲设施配套建设；在连片油菜田上完成“囍”字、“潇洒桐庐”字样图案种植、“熊猫图案”“瑶琳仙境”字样色彩水稻种植。山花节期间，在路边建造风车墙并安装七彩风车，形成随风而转的五彩亮点；增加双人、三人、四人等骑自行车赏花观光。大洲畈千亩金花休闲基地是农业与休闲、旅游结合体，推动美丽经济发展。

【医疗互助金参保新模式】 2014年，瑶琳镇总工会创新医疗互助金参保模式，即在企业职工中开展医疗互助保障活动，发动职工积极参与、互助互济，帮助职工减轻个人医疗费用过高负担，提高职工医疗保障水平。医疗互助金参保实施三分之一缴费补贴政策，即“镇总工会补贴10元、企业为职工缴纳10元、职工个人缴纳10元”参保模式。桐庐水电工程开发有限责任公司、杭州晨发笔业有限公司等13家企业参加，参保职工643人。

2014年瑶琳镇各行政村基本情况

表87

行政村	村党委（总支、支部）书记	村委会主任	人口（人）	年人均收入（元）
潘联村	徐洪展	周根水	801	15890
姚村村	张钧亮	向移苟	2887	20712
皇甫村	徐林云（下派）	皇甫根洪	2726	20886
桃源村	叶荣昌	—	2360	20517
东琳村	俞　峰（下派）	皇甫权国	4535	18074
毕浦村	王金木	钱　勇	1544	16617
永安村	江高平	林国荣	1833	16037
何宋村	蔡文华	仰长林	2025	15343
大山村	洪正明	詹寿根	1028	18084
文源村	沈徐芬	沈山根	1526	15136
舒家村	胡卫平	颜小龙	994	22049
百岁村	刘正荣	赵荣炳	2785	15993
元川村	赵炳生	叶信友	1424	17869
后浦村	王罗标	袁德琴	1569	17113
高翔村	刘森荣(1—3月) 喻平火(4—12月)	汪　勤	2541	14765
琴溪村	王小军	王根祥	3189	13694

（柴林娣）

·分水镇·

【概况】 2014年，分水镇以小城市培育提出“一城三地”为发展目标，较好地完成稳增长、调结构、促改革、惠民生等任务，经济和社会稳步发展。实现工农业总产值88.58亿元，同比增长8.98%；财政总收入1.79亿元，增长13.5%；农民人均纯收入19926元，同比增长11.7%；人口计生率97%。办理来信来访来电、网上信访件、上级交办件712件，办结满意率达98.3%。是年，成功举办首届中国笔业博览会，创建全国美丽宜居示范小镇、浙江省森林城镇、杭州市农村清洁可再生能源利用综合工程示范乡镇，杭州市五水共治先进单位，杭州市城乡环卫行业标准化管理试点街镇，杭州市国民素质优秀乡镇。桐庐县2014年度综合考核优秀单位，2014年度经济责任制一等奖。

2014年分水镇情况数据库

表88

项目	单位	合计
地域面积	平方公里	299.43
耕地面积	公顷	1925.4
粮食播种面积	公顷	1832.8
粮食总产量	吨	11177.3
行政村	个	26
社区	个	2
总人口	万人	5.21
工业总产值	万元	826131
农业总产值	万元	59656
财政收入	万元	17877
农村居民人均纯收入	元	19926

【农业经济】 2014年，分水镇新注册家庭农场4家、农民专业合作社6家、新增农产品无公害基地6家。继续推进大路、儒桥、里湖粮油功能区，武盛蔬菜专业合作社、新龙农业蔬菜基地和怡合高山蔬菜基地，天英、小源、朝阳油茶基地，外范、高联青笋竹基地等农业现代园区建设，外范青笋竹基地通过“一乡一业“项目验收，里湖粮油专业合作社创成省级粮油高产示范区，大路粮油功能区被评为浙江省第二批现代农业园区，完成朝阳村市级低产田改造项目。完成保安中药材水稻轮作、大路粮油功能区稻田养鳖、高山蔬菜套种香榧等农作创新项目。完成山城农庄、杭晖农庄2个三江两岸生态治理项目建设。推进小源村珊瑚岭农业开发项目和里湖宁缘山庄项目服务。新龙村33.33公顷连片七彩百合花海，完成种植面积12.67公顷，其中新龙村8公顷、儒桥村4.67公顷。加强农业基础设施建设，投资1580万元，完成730米东溪箱涵工程，前溪、后溪、大源溪、小源溪流域重点河段的治理，实施后生坞、外范、里湖村、塘源村、高联和徐桥苦子坞口防洪堤建设，完成新龙小塘坞（上）、塘源红明坞、桥东张家湾、三溪林家村、盛村梅小坞、三槐官塘山综合整治，完成怪坞、尖刀坞、何宅坞、荷家所、柿坞山塘和桐坑坞水库除险加固工程。对前溪出口段、大源溪盛村段、锦溪、珠桐坞溪、义林溪、五昌溪等重要河道进行整治，前溪出口段河道整治通过省水利厅批复。

【农业部油菜万亩高产创建示范区】 桐庐县分水镇油菜万亩高产示范片创建，面积为700公顷。种植浙油50、浙油51、浙大619、中双11等高产油菜品种。推广油菜高产栽培技术，开展油菜机械化轻简生产，油菜机播、机械开沟、机械收割，促进油菜种植增产增收。2013年秋，分水镇率先在里湖村开展千亩移栽油菜高产示范方建设，推动油菜高产新品种、新技术推广。其中，开展油菜浙油50高产攻关试验13.33公顷，实行统一品种、统一布局、统一育秧和统一管理。浙油50高产示范方平均亩产达到208.7公斤，高产攻关田亩产达到241公斤，创2014年浙江省油菜高产最高水平。2014年5月8日，全国农业技术推广服务中心组织全国29个省、市（自治区）油菜专家到分水油菜高产创建示范基地进行考察参观。

【工业经济】 2014年，分水镇有工业企业1325家，其中规模企业35家。完成工业销售产值82.61亿元，增长10.24%；完成服务业增加值7.81亿元，同比增长13.57%；完成固定资产投资 16.57 亿元，同比增长 50.5%，其中工业投资 6.27 亿元，增长 33.7%，三次产业投资 10.3 亿元，同比增长 74.3%；社会消费品零售总额 13.43 亿元，同比增长 14.29%；自营出口 9748 万元，同比增长 14.4%。完成东溪工业园区二期征地 26.67 公顷，填方 16 公顷；天英园区土地平整 7.67 公顷，“七通一平”道路、管网等配套工程已开工建设，升腾机械、酷特文具等 7 家企业即将入驻；城西工业园区新入驻企业 7 家。履约清理企业用地 10.33 公顷，完成“退二进三“土地 0.67 公顷。指导天晨制笔收购宏光笔业，百思特文化收购富地笔业。新增天晨笔业、荣正家具、雅森家具为规模企业。

【中国杭州（制笔）快速维权援助中心挂牌运行】 2014 年 9 月 29 日，中国杭州（制笔）知识产权快速维权援助中心在分水镇正式挂牌运行，国家知识产权局专利局副局长张茂于参加挂牌仪式。中国杭州（制笔）快速维权援助中心是全国第三家知识产权快速维权援助中心，为浙江省首家。2013 年 12 月，由国家知识产权局正式批准开始建设。分水是中国笔类出口基地，具备年产 180 亿支笔的产能，年总产量突破 66 亿支，全行业实现年销售收入 50 亿元，但制笔同质化产品现象比较严重，专利稳定性不高。80% 以上的企业拥有专利，60% 企业发生过专利侵权纠纷，企业运用知识产权参与竞争和维权意识不强。因此建设快速维权援助中心，完善知识产权服务支撑体系，成为市场和企业的共同诉求。快速维权援助中心在原来制笔行业协会基础上，建立制笔行业知识产权保护联盟，已有 24 家企业加入。中心运行以来受理专利快速申请 127 件，授权 51 件，受理维权案件 6 件，办结 1 件，正在处理 5 件。

【小城市建设】 2014 年，分水镇完成小城市第一轮培育，小城市考核排名上升至全省第 16 位。完成分水市民休闲中心一期工程，同步启动二期建设工程；实施分水东溪沿江大道及绿化工程；完成省道分水段美丽公路创建，实施东溪、天英、分老线入口景观及滨江公园改造提升工程；推进新淳路立面改造工程向东西两端延伸，实施东溪制笔大道立面墙改造，完成改造 409 户、61000 余平方米；完成分水文体中心改造工程；城区新建污水管网 8 公里。完成集城管、交警、派出所、消防、路政、人防等功能于一体的应急指挥和数字城管指挥中心建设并投入运行，数字化管理城市道路覆盖范围 5.3 平方公里。完成县委、县政府对小城市培育提出的“五个不出城”目标，即读书不出城、看病不出城、办事不出城、看电影不出城、办高档酒席不出城。

【分水镇入选“全国美丽宜居示范小镇”】 分水镇为桐庐县副中心城镇，地处杭州西部天目溪畔，依山傍水，风景秀丽。是浙江省中心城镇、全国文明村镇、全国环境优美乡镇。2010 年 12 月，分水镇被纳入浙江省委、省政府“26+1”小城市培育试点镇。明确分水小城市功能定位为“富春江畔绿色生态城市、中国制笔产业基地、浙江绿色农业基地、杭州休闲生态旅游胜地”，构建“中心镇—中心村—特色村”梯度有序分水城乡空间结构体系，打造以生态型新城建设与新农村建设于一体的城市建设框架。根据分水中心镇五年培育方案，全面推进十大重点工程建设，建成“三横六纵”城市道路交通网络，新建沿分水江两岸的 05—16 省道连接线、滨江大道工程，拓宽改造新淳路、东门路，延伸武盛街、桥东商贸街等市政道路；全方位启动分水江沿江整治工程，实施水岸环境保护、景观改造、基础设施建设、沿线综合开发。打造分水江沿线城西和江东绿道景观长廊，完成东溪城防工程和城西滨江景观工程、江东景观工程和沿线亮灯工程，建设分水市民休闲中心、污水处理等重大工程项目。加快分水江休闲旅游度假综合体开发、启动分水江库区休闲旅游度假项目建设，形成以休闲旅游、现代物流、饮食服务、连锁超市为重点的现代服务业发展新格局。2014 年，根据住建部申报“全国美丽宜居示范小镇”5 项要求（风景宜居、街区宜居、功能宜居、生态宜居和生活宜居），分水镇入选第二批“全国美丽宜居示范小镇”。

【浙江省森林城镇创建】 2014 年，分水镇全面启动浙江省森林城镇创建工作，实施“山水兴镇、森林美镇、生态立镇”战略，建设“三园一场”“老城改造”“水边绿化”“村林美化”等系列生态林业工程，打造“城在林中、人在绿中、林水相间、层林尽染、水天一色”森林城镇风貌。镇政府出台《分水镇创建浙江省森林城镇工作宣传方案》，建立万强农庄森林生态科普知识教育基地，举办各类生态科普活动。通过主题宣传活动、宣传标牌、横幅、文化墙等多种形式，在公共场所、交通干道、主要出入口等重要场所，加强环境保护的法律法规和森林城镇的宣传教育，引导市民“从我做起、从小事做起”。开展全民义务植树活动，植树22万株，年均义务植树尽责率88%。营造“巾帼林”“共青林”“人大代表林”等，建立义务植树登记卡制度，开展认建认养活动。截至2014年6月，分水镇森林覆盖率78.01%，村庄绿化覆盖率78.35%，建成区绿地面积163.86公顷、林木绿化覆盖率30.85%，人均公园绿地面积为9.33平方米，空气负离子平均浓度达到753个每立方厘米，空气污染指数良好以上343天，各项指标均已达到森林城镇创建标准。2014年8月，分水镇浙江省森林城镇创建工作通过预验收。

【三改一拆】 2014年，分水镇完成旧住宅区改造80077平方米，城中村改造33300平方米，旧厂区改造3000多平方米，拆除违章建筑245126平方米(其中养殖棚舍113300多平方米)，完成年度计划的657%。其中，清理拆除“一户多宅”712户，建筑面积14.44万平方米，拆后利用土地8公顷；城西区块旧城改造，拆除新淳路、西门路沿线农房48幢，建筑面积15000余平方米；实施302省道分水段沿线整治，拆除有碍观瞻的石材厂、木材加工厂与破败建筑170处，建筑面积22259平方米，对20多个沿线景观实施改造提升。

【生态环境建设】 2014年，分水镇出台《分水镇农村生活污水处理工程长效运行维护管理考核办法》，完成2009—2012年农村生活污水建设项目的整改提升工程；投资2.5亿元，实施五水共治项目46个，分水供水一期工程建设进入土建阶段；完成三溪、盛村、保安、桥东等供水薄弱村饮用水提升工程；加快分水电镀生产整治提升及中水回用技术改造；完成农业节水喷滴灌工程8.89余公顷。开展喷涂行业、塑料拉丝企业、混凝土砖行业专项整治，拆除违规新增喷涂生产线7条，完成31家喷涂企业废气污染治理；对36家拉丝企业开展整治；对21家混凝土砖企业全部关停。开展生猪养殖业污染整治，关停养殖户434户，减少生猪3.5万多头。开展“清洁分水”行动。投入100万元，增设收集车、保洁车、冲洗车等环卫设备，环卫保洁员增至115人。推进农村生活垃圾分类处理与资源化利用工程，26个行政村已完成垃圾分类站建设，发放分类处理垃圾桶36260个，全面开展垃圾源头分类。

【美丽乡村建设】 2014年，分水镇完成新龙村风情小镇建设，完成寺龙线、龙潭线、方臧线道路拓宽提升工程，全线同步亮化；完成整村沿线绿化3.5万平方米；启动全长3.2公里的新龙沿江绿道建设工程，打造桐庐第一个村级沿江绿道，提升美丽乡村景观。完成保安、儒桥、百岁坊中心村建设。将保安村融入天溪湖旅游版块，完成村口景观清水长廊建设、丰收农居点20余幢农房建造，实施南横线和保松线道路提升改造工程；儒桥村实施雏溪景观堤坝风景带、凤凰谷水上休闲带、茅山大桥工程建设；百岁坊村完成农居点二期、农贸市场及百岁坊新桥建设工程。完成大路、富源精品村建设。大路村完善村口景观工程，对横山畈沿线、大里公路沿线、刘家公园景观进行整治提升，对省道沿线农房进行立面改造和庭院美化，推进农业园区向休闲景区转变；富源村挖掘天溪湖畔红色文化，沿分老线打造景观精品线。完成里湖、高联、外范、徐桥、盛村、后岩、砖山等19个培育村建设，总投资1300余万元，实施项目28个。

【城市管理】 2014年，分水镇完成302省道沿线东溪到天英沿线建材点、垃圾收集站、养殖场等相关经营户进行集中整治，拆除经营点管理房等34处，面积7600余平方米；关停拆除省道沿线猪养殖场15家，拆除面积8000余平方米。开展城区钢棚整治15户，拆除面积750平方米。完成新淳东路立面改造和景观提升工程。完成道路两侧建筑立面改造6万平方米，并对沿街500余家店面的店招进行统一整治，对沿线的节点景观提升改造。对新淳路城西区块全长1600余米的道路两侧实施综合整治。完成分水江西岸自分水江大坝到分阳公园提升改造，面积约3万平方米；完成西入城口节点景观工程建设；按照古街保护和修缮的要求做好工程的实施，完成县前街立面改造工程。

【社会保障】 2014年，分水镇完成城乡居民养老保险率94.3%、城乡居民医疗保险率99.7%。实行低保动态管理，取消低保 84人，年末有低保户405户405人，残保户724户724人，发放低保金167.2余万元，残保金272.79余万元，发放特殊困难临时救助资金27余万元。完成17家居家养老综合服务中心。利用镇村就业网络平台发布招工信息2446条，登记求职人员614名；发放失业证347本，援助证363本，农村劳动力求职登记证46本；举办农村富余劳动力家门口招聘会，有15家企业提供300余个岗位。开展企业用人单位劳动保障年度工作情况书面审查632家，发放简易劳动合同500余份。发生各类劳动争议39起，调处31起，移交劳动仲裁8起，涉案金额94万元。

【首届中国笔业博览会】 2014年11月，首届中国笔业博览会在分水成功举办，来自20多个国家和地区的300多位外商、2800位国内专业采购商以及专业观众1.2万人次云集分水参展采购，有90余家企业进行直接交易，签订合同订单5600万元，协议订单突破1.12亿元，尤其是特色的中性笔、创意笔非常走俏。并直接带动当地餐饮、酒店等三产服务业的发展，销售额526万元。本次博览会为期三天，设120个专业展位，为参展企业和客商提供全面、及时的知识产权维护和交易服务。

【凤凰谷急速漂流】 凤凰谷急速漂流位于分水镇凤凰湾村落景区。凤凰谷漂流段水域开阔、水势平缓，全长1850米。沿河两岸田地、山林没有污染源，生态环境良好，水质优良。景区主打亲子漂、孝道漂等旅游项目。起漂点有200余米长急漂段，满足年轻群体的不同需求。建成游客接待中心400平方米，完善咨询、宣传、农产品展销功能；设置完整标识系统，包括全景图、导览图、警示标志等；提升改造景区内部道路5000米，沥青浇筑2500米；申请阿里巴巴电商平台，建立景区无线WIFI。2014年7月，凤凰谷漂流正式试营业，800个皮筏，每天游客接待量可达3000人左右。是年，景区接待游客3万余人次。

2014年分水镇各行政村基本情况

表89

行政村 社　区	村党委、社区 （总支、支部）书记	村委会、社区 主　任	人　口 （人）	年人均收入 （元）
武盛村	胡炳贵 （镇下派）	蒋义平	4862	23179
城西村	阮禾丰	龚青山	1810	23596
天英村	吴泉生	韩正明	3173	21460
塘源村	陈　鑫	朱樟华	2124	20422
里湖村	孟桥良	王海鹏	1925	22945
儒桥村	吴慧星	赵应军	1639	20817
大路村	查正文	罗铁其	2790	20709
桥东村	丁都君	周爱华	1357	23044
东溪村	陈瑞平	程军祥	3805	23439
三合村	朱雪强	蒋伟军	1718	21818
新龙村	叶小明	何忠强	1333	23280

续表 89

行政村 社　区	村党委、社区 （总支、支部）书记	村委会、社区 主　任	人　口 （人）	年人均收入 （元）
怡华村	徐　勤	王荣生	779	18928
百岁坊村	张生华	童火根	2361	17773
外范村	华　亮	洪解军	1764	14522
高联村	毛春宝	李金亮	1136	19308
保安村	张启勇	张国豪	1986	17709
小源村	雷立东	黄陈浩	2242	15325
徐桥村	王培良	张希才	1216	16607
盛村村	贾建刚	徐坤荣	1384	16435
三溪村	汤梅珍	周国清	808	16608
朝阳村	郎一元	柯金炎	1194	15995
太平村	刘黎明	季雷成	1379	16143
三槐村	季国红	储高弟	854	16336
富源村	王关友	方海忠	1404	17050
砖山村	郑根法	柴春跃	1013	16885
后岩村	沈柏潮	沈柏潮	538	18321
玉华社区	谢慧君	季牡丹	3838	—
分江社区	吴忠美	余靖	1879	—

（陈瑶倩怡）

·百江镇·

【概况】 2014 年，百江镇实现工农业总产值 10.5 亿元，同比增长 11%；财政总收入 1594 万元，增长 9%；农民人均纯收入 14871 元，增长 12.8%；新出生婴儿 226 人，计划生育率 96.9%。调处矛盾纠纷 490 起，成功调处 481 起，调解率 98.2%；开展重点领域安全整治 12 次；承办信访 325 件，办结率 100%。是年，成功创建第八批浙江省基层科普示范单位、浙江省一级档案室、杭州市关心下一代工作先进集体、杭州市“美丽庭院”建设工作先进乡镇、杭州市先进基层武装部、杭州市社会管理综合治理考核优胜单位、杭州市反邪教先进单位，入选“治水美镇·浙江样本”50 强，被评为“管水护水”样板美镇。

2014 年百江镇情况数据库

表 90

项　目	单　位	合　计
地域面积	平方公里	235.03
耕地面积	公顷	898
粮食播种面积	公顷	961
粮食总产量	吨	4545
行政村	个	15

续表 90

项　目	单　位	合　计
总人口	万人	1.98
工业总产值	万元	91256
农业总产值	万元	16809
财政收入	万元	1594
农村居民人均纯收入	元	14871

【农业经济】 2014 年，百江镇继续推进农业“两区”建设，桐庐农发粮油专业合作社创成省级粮食功能区，金塘坞畈、松村畈创成县级粮食功能区，完成“一乡一业”（双坞樱桃）现代农业示范基地项目建设，松村香榧、天子地果园、世衡农场、清水湾休闲农业等项目有效推进，发展水果 32 公顷，新增家庭农场 5 家。提升标准农田 146.7 公顷，改造中低产田 33.33 公顷，流转土地 54.67 公顷。大力发展色彩农林业，新增设施农业 41.33 公顷，建成林道 33.5 公里，完成林业产业造林 124.8 公顷、低产林改造 28 公顷，森林抚育 866.67 公顷。实施农村土地综合整治 4.55 公顷，新增复垦耕地 10.46 公顷。

【工业经济】 2014 年，百江镇有工业企业 156 家，其中规模企业 5 家，新增规模企业 1 家（新发笔业）。实现工业销售总产值 8.8 亿元；其中规上工业销售产值 2.3 亿元，同比增长 19.4%。固定资产投资 1.5 亿元，同比增长 57.9%，其中工业投资 3640 万元，同比增长 81.9%；三产投入 11356 万元，增长 145.7%。招商引资 4015 万元，实到市外内资 2011 万元，落地项目 4 个、签约项目 2 个。完成准提项目一期征地并开工建设。盘活腾力机械闲置厂房，引进恒华木业项目。加强行业整治，关停混凝土砖企 12 家、小木厂 8 家，整治小木厂 10 家，全面整治提升小铸造业。

【村镇建设】 2014 年，百江镇实施集镇丰满工程，完成市民广场、双溪文体长廊、一桥重建、天子地大道提升等项目，完成集镇污水管网建设、自来水提升工程，完成老城区、卫生院等区块改造设计方案。以“无违建镇（村）”创建活动为载体，清理整治“一户多宅”374 户，拆除面积 7.35 万平方米；拆除既有违建 505 处，面积 5.13 万平方米；拆后腾空土地 9.33 公顷，收取既有住房超建部分违法建筑有偿使用费 123 万元。实现垃圾分类收集和资源化综合利用行政村全覆盖，双坞、翰坂村率先开展“无保洁员村”创建。

【美丽乡村建设】 2014 年，百江镇投入资金 3090 万元，实施精品村、中心村、培育村建设项目 76 个，其中 3 个中心村项目 29 个。联盟村：完成农居点缩减，搬迁农户 8 户 22 人；宅基地整治复垦 0.33 公顷；联双公路铺沥青路面 2400 米；冷水通村老 05 省道整治 800 米；联双公路及老 05 省道通村道路绿化 1800 平方米；大桥下至王雪华门口护栏 640 米；自来水提升改造 2500 米；水利修复加固工程 300 米；村老年活动中心建设；安装冷水及老 05 省道通村道路路灯 80 盏；提升改造污水处理池容 75 立方米，纳管 70 户。东辉村：完成农居点自来水、砌坝、填方等工程（续建），集居 5 户 18 人；东辉、塔岭自然村旧村改造（拆旧拆违拓开道路，美化等工程）；宅基地整理复垦 0.2 公顷；独山建设、征地、开拓道路 450 米；修复东辉、塔岭桥梁工程；建设东辉自然村环村休闲大道 500 米；建设安清畈、白毛畈、广后畈堰坝 120 米及防洪堤修复 150 米；麻坑湾等路灯安装 105 盏；完成农贸市场建设、文化礼堂建设；发展蓝莓特色农业；新建污水处理池容 80 立方米，纳管 35 户。罗山村：完成后山挡墙、供电基础设施建设（续建），农民下山集居 14 户 49 人；新建淡竹坞口大桥；实施旧村整治改造（包括拓宽、硬化、拆迁等）；新田畈至松花畈沿线防洪堤修复 750 米；村道新安装路灯 60 盏；发展葡萄、猕猴桃种植基地；新建污水处理池容 100 立方米、纳管 50 户。百江、奇源精品村续建项目 7

个；双坞精品村建设项目16个；金塘坞、苎坑、乐明等9个培育村项目24个。推进“四边三化”和“美丽公路”建设，实施百富线（松村—钱家段）路基拓宽工程，完成联双线、奇陆线、百朱线、小许线等提升改造，05省道沿线环境得到提升。完成15个村集体资产股份制改革。落实区县协作、联乡结村项目9个，帮扶资金255万元。

【民生保障】 2014年，百江镇民生保障和社会事业占财政支出比重的90.85%。城乡居民医疗保险99.5%、养老保险参保率94%。落实低保21人、残保36人，医疗救助23人。完成农村住房改造248户，农村困难群众危旧房救助17户。完善“三位一体”互助养老体系，新建居家养老服务照料中心5家，新增村级慈善工作站8个。完成县首个残疾人工疗站建设，51户重度残疾人纳入“托安养”资助范围，补助资金33万元。建成东辉村、郭村村农村特色文化礼堂，罗山村成功创成市级文化示范村，百江村创成“春泥计划”示范村。

【治水美镇·浙江样板创建】 2014年，百江镇开展“五水共治”，落实“河长制”，开展“万名党员护水”和三级联动护水行动，境内河流水质达Ⅱ类以上。开展农业面源整治，关停拆除养殖场34家，整治提升27家，农村生活污水实现长效管理。完成河道治理8公里，新建、加固防洪堤3500米。在全县率先试点阶梯水价，生活用水阶梯式基本水量分3级，每户每月分别为2立方水、价格0.8元，2至4立方水、价格1元，4立方水、价格2.0元，使每家每户养成节约用水好习惯。是年，百江镇入选“治水美镇·浙江样本”50强，被评为“管水护水”样板美镇。

【吴江勇夺国家级皮划艇大赛二金】 2014年，百江镇吴江在江西南昌举行的全国皮划艇（静水）锦标赛中勇夺两枚金牌。2014年全国皮划艇（静水）锦标赛是皮划艇单项赛事最高级别的国家级比赛，运动员报名年龄不限，全国各地21支代表队402名运动员参加比赛。1996年出生的吴江，在比赛中凭借坚强毅力和精湛的水平，在男子四人皮艇500米和男子四人皮艇200米比赛中斩获二金。吴江是百江镇朱门自然村人，百江小学毕业后就进入杭州市水上运动中心，开始皮划艇训练。2014年7月，参加全国青少年皮划艇（静水）锦标赛，获男子双人皮艇1000米、男子双人皮艇200米金牌和男子单人皮艇200米银牌。

2014年百江镇各行政村基本情况

表91

行政村	村党委（总支、支部）书记	村委会主任	人口（人）	农民人均收入（元）
双坞村	潘志敏	潘志敏	583	14992
联盟村	臧社军	邵华军	3010	17052
金塘坞村	皇甫纯珊	钟玉明	358	14905
百江村	吴法生	王铭成	3188	14815
奇源村	王金土	王金土	858	14837
苎坑村	江春法	梅樟平	718	13931
乐明村	徐文	张志良	1175	14105
罗山村	杨东明	黄卸平	1138	13075
松村村	曾志祥	胡伟平	1566	12758
钱家村	赖伟民	邓加富	1265	14555
小京村	王艳秋	胡关宝	1281	16290

续表 91

行政村	村党委（总支、支部）书记	村委会主任	人　口（人）	农民人均收入（元）
后河村	陈小军	王传富	1005	14348
东辉村	杨田有	杨荣寿	1654	15012
郭村村	伍东生	储小根	748	13656
翰坂村	徐让军	徐江采	906	15180

（陈　渔）

·合村乡·

【概况】 2014年，合村乡坚持"生态立乡、绿色富民、特色发展"发展战略，社会各项事业稳中有升，实现农业总产值1.39亿元，同比增长12.4%；工业销售总产值1.22亿元，同比增长0.83%；财政收入516万元，同比增长10.07%；农民人均纯收入12725元，同比增长12%；新生婴儿100名，计生率97%；排查矛盾241起，来信来访225件，办结率100%。是年，成功创建浙江省民间艺术文化之乡，瑶溪村被评为中国传统村落，高凉亭村落创建为AA级景区。

2014年合村乡情况数据库

表 92

项　　目	单　位	合　计
地域面积	平方公里	122.24
耕地面积	公顷	529.6
粮食播种面积	公顷	791.67
粮食总产量	吨	4238
行政村	个	6
总人口	万人	1.04
工业总产值	万元	12213
农业总产值	万元	13925
财政收入	万元	516
农村居民人均纯收入	元	12725

【农业经济】 2014年，合村乡拥有山核桃892公顷、竹类2831.6公顷、桑园237.2公顷、茶园327.7公顷、番薯247.6公顷，生猪饲养量1.9万头。新增粮田流转面积16.9公顷。完成造林74.47公顷，发展山地蔬菜14.1公顷，新建林道12.8公里。完成高坑下畈市级中低产田改造工程；启动马鞍水库清淤治水工程及景观改造；完成茆源畈县级粮食功能区建设；集中连片建设后溪菜竹、岭源山核桃、山地蔬菜、高凉亭青笋、番薯等省市级现代农业示范园区和精品园。创建国家级专业合作社1家（桐庐高凉亭薯业专业合作社），桐庐深萌农产品开发有限

公司“深萌”商标获省著名商标。加大林地活用，试行茱萸山庄林地活用改革，变资源为资本，项目总投入3000万元。

【工业经济】 2014年，合村乡有工业企业83家；实现工业销售产值1.22亿元；完成固定资产投资1.06亿元，其中工业投资1030万元。新引进项目6个，招商引资2058万元。完成华伦、合村电站落后设备淘汰。整治喷塑、紧固件等落后产业。

【三产经济】 2014年，合村乡第三产业发展加快，三产投资9619万元，同比增长135.5%；服务业协加值3556万元，同比增长12.64%；引进三产项目4个。桐庐青香谷实业有限公司计划投资3000万元，建设桐庐县首个林地活用项目茱萸山庄，已完成15幢木屋、接待中心主体工程、配套景观道、游泳池、绿化等建设，首期投资1000余万元。桐庐丹霞农业开发有限公司投资500万元，完成农事采摘区块、度假木屋、大型餐饮接待中心等主体工程建设。桐庐绿合生态农业开发有限公司计划投资800万元，建设农牧结合生态养殖项目，首期投入200余万元。瑶山养生谷项目完成前期规划及用地测量，预计一期投资3000余万元。溪·舍户外拓展基地进入试运行阶段。投资1200余万元，实施合村民俗文化街区综合整治，建设宜居、宜商、宜游特色旅游街区。有农家乐35家，新增5家。建立全域旅游宣传网站、微信等公众宣传平台。是年，全乡接待游客突破15万人次，成功创建高凉亭村落AA级景区。

【集镇建设】 2014年，合村乡投资700余万元，启动“美丽公路”建设，打造琅玕至支援旅游循环精品路线，完成路面基础工程；实施分老线合村段全线景观绿化提升和节点打造，按照“一村一景”对沿线各村打造特色景观；启动集镇“三线入地”工程、整治道路工程、沿线立面景观工程；投入830万元，完成碧溪民俗街区改造、民俗广场、仿古式管理房、廊桥等建设，完成民间文化艺术馆建设及内部装修。投资120万元，新建合村村、后溪村等四村合建的农村生活垃圾处理房一座；三源村和瑶溪村太阳能垃圾处理房投入使用。全乡生活垃圾收集分类及资源化利用实现全覆盖。

【民生保障】 2014年，合村乡有五保人员和“三无”人员26人；新增低保户21户30人，残疾人基本生活保障新增40人。困难户慈善救助15户，发放救助金61508元。困难学生结对帮扶32对，发放助学金77000元。改善农村住房条件，投资1620余万元，改造住房面积4.81万平方米，救助农村困难群众住房10户。启动危旧房安全大排查，排查危险房屋298幢，69幢为地质灾害隐患点，落实对危旧房屋监测人。

【五水共治】 2014年，合村乡完成源头治污，清淤疏浚，彻底消灭垃圾河、臭水塘；全面建成河长责任制，将28条河流由23名村干部负责，33位护水员负责管辖范围内河道管理，乡域内水质达到II类以上标准。投入300余万元，全面整治畜禽养殖场，整治提升52家，关停拆除33家，完成整治10家，签订停养协议9家。启动马鞍水库清淤及冲沙孔修复工程。完成大琅、琅玕片、天子凹自来水提升改造；投入220余万元，新增岭源村小茆坞水源工程；实施集镇污水管网改造提升工程，投资1000万元，完成3.4公里污水主管网铺设，完成新建日处理污水300吨污水处理站一座；投入800余万元，完成农村生活污水整治提升工程，铺设管道6万余米、新建窨井4000余只。

【联乡结村】 2014年，合村乡与杭州市联乡结村帮扶集团、杭州市农办确定实施联乡结村项目5个，文化事业项目1个（合村民间文化艺术馆内部装修）、社会保障项目1个（低收入农户增收奔小康项目）、民生实事项目2个（碧溪民俗街区改造、合村琅玕循环线公路），帮扶项目总投资4680万元，承诺帮扶资金186万元，实际到位帮扶资金186万元。

【美丽乡村建设】 2014年，合村乡制定美丽乡村建设年度计划项目30项，总投资3170万元，用于河道清理、路灯安装、“三改一拆”（拆除“一户多宅”285处，建筑面积35960.57平方米；既有违建54处，建筑面积39668平方米）。其中，合村中心村建设项目8个，投资682万元；岭源中心村建设项目6个，投资410万元；高凉亭村、三源村为培育村，总投资125余万元。

浙江省首本村综合服务营业社营业执照颁出

【浙江省首本村综合服务社营业执照颁出】
2014年12月，浙江省首本村综合服务社营业执照在桐庐县行政服务中心市场监管窗口颁出，标志着县村综合服务社由民政登记向工商登记突破。一直以来，村级综合服务社由县民政局登记，不具备经营资格。通过登记制度的改革创新，村级综合服务社功能更加广泛。通过这一平台，闲散的农户资源可以集中到一起，在招商引资、旅游推广等项目中实行抱团合作；村级集体土地、林地资源、集体资产，村民闲置资产，可以整合打包后进入服务社，统一进行管理和经营。盘活农村资产，壮大村集体经济，使农民享受改革的红利。县农办和县市场监管局率先在岭源村试点，成立岭源村综合服务社，由全村2300余名社员选举出社员代表，并选出综合服务社董事会和监事会成员。

【农村集体经济股份合作制改革】
2014年7月，合村乡实施村经济合作社股份合作制改革，方案结合实际，采取虚拟量化的股权分配方式。并在清产核资、入户调查、产权界定、折股量化等重要环节严格把关。6个行政村经济合作社集体所有资产5967.3万元，享受人口股条件的股民10313人，本次股权证发放3424本。10月18日，合村乡举行农村集体经济股份合作制改革股权证的发放仪式。

【瑶溪村入选第三批中国传统村落名录】
2014年11月25日，由住建部、文化部、国家文物局、财政部、国土部、国家旅游局等联合启动评选的第三批中国传统村落名录公布，全国评出994个村落，浙江省入选86个，合村乡瑶溪村入选。传统村落是指拥有物质形态和非物质形态文化遗产，具有较高的历史、文化、科学、艺术、社会、经济价值的村落。入选中国传统村落名录的村庄多数保留历史沿革，即建筑环境、建筑风貌、村落选址未有大的变动，具有独特民俗民风，蕴藏着丰富的历史信息和文化景观，是中国农耕文明留下的最大遗产。

2014年合村乡各行政村基本情况

表93

行政村	村党委（总支、支部）书记	村委会主任	人口（人）	年人均收入（元）
合村村	严财华	潘　勇	3736	12882
后溪村	胡建富	周春华	1423	12773
岭源村	陈美英	诸三林	2395	12947
三源村	丁士文	金　文	1549	12672
瑶溪村	许素华	郑毛法	647	12618
高凉亭村	顾永龙	毛斌根	639	12251

（徐国华）

【责任编辑：叶雪珍】

文　献

·重要文件目录·

中共桐庐县委文件

表 94

序号	文　号	文件标题
1	县委〔2014〕1 号	中共桐庐县委 关于认真学习贯彻党的十八届三中全会精神全面深化改革的决定
2	县委〔2014〕5 号	中共桐庐县委 桐庐县人民政府 关于开展“无违建县”创建活动的实施意见
3	县委〔2014〕7 号	中共桐庐县委 桐庐县人民政府 关于加快推进“五水共治”工作的实施意见
4	县委〔2014〕15 号	中共桐庐县委 关于印发《桐庐县县管领导干部“四比一争”考核评价实施办法（试行）》和《桐庐县在重点工作中专项考察干部实施办法（试行）》的通知
5	县委〔2014〕22 号	中共桐庐县委 桐庐县人民政府 关于开展“重实体、兴实业、办实事”活动的实施意见
6	县委〔2014〕25 号	完善惩防体系 建设廉洁桐庐 2014—2017 年实施办法
7	县委〔2014〕26 号	桐庐县县管领导干部不敢担当情形问责办法（试行）
8	县委〔2014〕28 号	中共桐庐县委 桐庐县人民政府 关于进一步加强村干部队伍建设的实施意见
9	县委〔2014〕34 号	中共桐庐县委 关于大力发展“美丽经济”的决定
10	县委〔2014〕50 号	关于印发《县委县政府重大决策程序的规定》的通知

桐庐县政府文件

表 95

序号	文　号	文件标题
1	桐政〔2014〕1 号	桐庐县人民政府 关于加快工业经济转型升级的若干意见
2	桐政发〔2014〕1 号	桐庐县人民政府 关于建立更加严格的林木限伐制度的通知
3	桐政发〔2014〕3 号	桐庐县人民政府 关于进一步优化工业用地差别化管理的实施意见

续表 95

序号	文　号	文 件 标 题
4	桐政发〔2014〕4 号	桐庐县人民政府 关于全面推进城镇低效用地再开发工作的实施意见
5	桐政发〔2014〕5 号	桐庐县人民政府 关于开展民间融资管理试点工作实施意见
6	桐政发〔2014〕44 号	桐庐县人民政府 关于进一步完善政策性农业保险的通知
7	桐政发〔2014〕45 号	桐庐县法治政府建设考核评价实施方案
8	桐政发〔2014〕70 号	桐庐县人民政府 关于加强政府投资项目精细化管理的通知
9	桐政发〔2014〕72 号	关于印发《桐庐县突发公共卫生事件应急预案（修订）》的通知
10	桐政发〔2014〕83 号	桐庐县人民政府 关于政府投资项目征收集体所有土地房屋补偿安置指导意见（试行）
11	桐政发〔2014〕94 号	桐庐县人民政府 关于进一步鼓励和扶持文化创意产业发展的意见
12	桐政发〔2014〕101 号	桐庐县人民政府 关于进一步推进农村土地综合整治的实施意见

中共桐庐县委办公室文件

表 96

序号	文　号	文 件 标 题
1	县委办〔2014〕4 号	县委办公室 县政府办公室 关于印发全面深化改革 2014 年重点项目和主要任务的通知
2	县委办〔2014〕29 号	县委办公室 县政府办公室 关于开展部门、乡镇（街道）职责清理推行权力清单制度工作的实施意见
3	县委办〔2014〕30 号	关于开展“三诺三比”电视助政活动的实施意见（试行）
4	县委办〔2014〕31 号	县委办公室 县政府办公室 关于印发桐庐县创建浙江省教育现代化县实施意见的通知
5	县委办〔2014〕33 号	县委办公室 县政府办公室 关于 2014 年招才引智“一号工程”实施意见
6	县委办〔2014〕40 号	县委办公室 县政府办公室 关于调整“联乡结村”结对帮扶方案的通知
7	县委办〔2014〕42 号	县委办公室 县政府办公室 关于建立“桐庐情·亲桐庐”工作机制的实施方案
8	县委办〔2014〕46 号	县委办公室 县政府办公室 关于印发《2014 年度县直单位“三比一讲”综合考评实施办法》的通知

续表 96

序号	文 号	文 件 标 题
9	县委办〔2014〕51 号	县委办公室 县政府办公室 关于2014年招商引资“一号工程”的实施意见
10	县委办〔2014〕54 号	县委办公室 县政府办公室 关于深入开展县管以上领导干部与企业“一对一”服务活动的通知
11	县委办〔2014〕59 号	县委办公室 县政府办公室 关于印发《桐庐县低收入农户收入倍增实施意见》的通知
12	县委办〔2014〕65 号	县委办公室 县政府办公室 关于全面推进农村集体经济合作社股份合作制改革的实施意见
13	县委办〔2014〕70 号	县委办公室 县政府办公室 关于印发《“桐庐发布”网络平台建设实施方案》的通知
14	县委办〔2014〕71 号	中共桐庐县委办公室关 于印发《落实〈完善惩防体系 建设廉洁桐庐2014—2017年实施办法〉工作责任分解落实方案》的通知
15	县委办〔2014〕75 号	县委办公室 县政府办公室 关于印发《桐庐县落实经济工作责任加强督查考核实施方案》的通知
16	县委办〔2014〕78 号	县委办公室 县政府办公室 关于印发桐庐县重大项目突破“221”行动计划的通知
17	县委办〔2014〕84 号	县委办公室 县政府办公室 关于印发桐庐县生态文化建设实施方案的通知
18	县委办〔2014〕85 号	县委办公室 县政府办公室 关于鼓励和引导民间资本参与基础设施和社会事业建设的通知
19	县委办〔2014〕89 号	县委办公室 县政府办公室 关于印发桐庐县工业龙头企业与成长型企业双培育计划（试行）的通知
20	县委办〔2014〕91 号	县委办公室 县政府办公室 关于印发《关于推进村落景区创建工作的实施意见》的通知
21	县委办〔2014〕95 号	县委办公室 县政府办公室 关于印发桐庐经济开发区晋升国家级经济技术开发区工作方案的通知
22	县委办〔2014〕97 号	县委办公室 县政府办公室 关于“精准对接 精准服务”加快桐庐县医疗器械产业发展的若干意见
23	县委办〔2014〕101 号	县委办公室 县政府办公室 关于印发《桐庐县智慧农村建设实施方案》的通知

桐庐县政府办公室文件

表 97

序号	文 号	文 件 标 题
1	县政办〔2014〕28 号	桐庐县人民政府办公室 关于公布 2014 年农村五保供养标准的通知
2	县政办〔2014〕38 号	桐庐县人民政府办公室 关于印发《桐庐县提升安全生产水平三年行动计划》的通知
3	县政办〔2014〕41 号	桐庐县人民政府办公室 关于印发桐庐县民间资本管理公司试点实施方案的通知
4	县政办〔2014〕45 号	桐庐县人民政府办公室 关于印发《桐庐县农业养殖业水环境综合整治工作实施方案》的通知
5	县政办〔2014〕49 号	桐庐县人民政府办公室 关于印发 2014 年桐庐县治理城市交通拥堵工作实施意见的通知
6	县政办〔2014〕69 号	桐庐县人民政府办公室 关于印发《桐庐县企业资金链风险防范与化解工作机制》的通知
7	县政办〔2014〕73 号	桐庐县人民政府办公室 关于印发桐庐县促进小微企业成长上规模三年行动计划
8	县政办〔2014〕75 号	桐庐县人民政府办公室 关于完善县城农房改造管理的补充意见
9	县政办〔2014〕76 号	桐庐县人民政府办公室 关于印发《桐庐县机关事业单位生活垃圾分类工作方案》的通知
10	县政办〔2014〕78 号	桐庐县人民政府办公室 关于印发桐庐县政府向社会力量购买服务办法的通知
11	县政办〔2014〕81 号	桐庐县人民政府办公室 关于促进房地产业健康有序发展的若干意见
12	县政办〔2014〕109 号	桐庐县人民政府办公室 关于印发桐庐县政府雇员管理办法（试行）的通知
13	县政办〔2014〕114 号	桐庐县人民政府办公室 关于加强大气复合污染防治改善环境空气质量的实施意见
14	县政办〔2014〕115 号	桐庐县人民政府办公室 关于印发桐庐县加快黄标车淘汰工作实施方案的通知
15	县政办〔2014〕126 号	桐庐县人民政府办公室 关于印发桐庐县农村饮水安全提升工程实施方案的通知
16	县政办〔2014〕132 号	桐庐县人民政府办公室 关于印发桐庐县林权流转和抵押管理办法（试行）的通知
17	县政办〔2014〕134 号	桐庐县人民政府办公室 关于印发桐庐县农村宅基地管理细则的通知

续表 97

序号	文 号	文 件 标 题
18	县政办〔2014〕147 号	桐庐县人民政府办公室 关于印发桐庐县国有资产公司融资管理办法的通知
19	县政办〔2014〕157 号	桐庐县人民政府办公室 关于印发桐庐县现代生态循环农业整建制推进县建设实施方案的通知
20	县政办〔2014〕165 号	桐庐县人民政府办公室 关于进一步加强和规范全县物业管理工作的通知
21	县政办〔2014〕175 号	桐庐县人民政府办公室 关于印发桐庐县完善国有林场改革方案的通知
22	县政办〔2014〕185 号	桐庐县人民政府办公室 关于推进全县农村应急广播体系建设和管理的实施意见
23	县政办〔2014〕187 号	桐庐县人民政府办公室 关于加快推进社会信用体系建设的实施意见

·重要文件辑录·

中共桐庐县委关于认真学习贯彻党的十八届三中全会精神全面深化改革的决定

县委〔2014〕1 号

中国共产党桐庐县第十三届委员会第六次全体会议，认真学习贯彻党的十八届三中全会精神和《中共中央关于全面深化改革若干重大问题的决定》、省委十三届四次全会精神和《中共浙江省委关于认真学习贯彻党的十八届三中全会精神全面深化改革再创体制机制新优势的决定》、市委十一届六次全会精神和《中共杭州市委关于学习贯彻党的十八届三中全会精神全面深化重点领域关键环节改革的决定》，紧密结合桐庐实际，全面部署深化改革工作，作出如下决定。

一、全面深化改革的总体要求

党的十八届三中全会是在我国进入全面建成小康社会攻坚阶段、改革开放新的重要关头召开的一次重要会议，具有划时代意义，全会通过的《中共中央关于全面深化改革若干重大问题的决定》是我们党在新的历史起点上全面深化改革的行动纲领。全县各级党组织和广大党员干部要把学习中央全会精神作为一项重要的政治任务，更加深刻地认识全面深化改革的历史必然性和现实紧迫性，更加自觉地把握全面深化改革的内在规律，更加坚定地肩负起桐庐全面深化改革的历史重任。

1. 全面深化改革的指导思想。全面深化改革，必须高举中国特色社会主义伟大旗帜，以马克思列宁主义、毛泽东思想、邓小平理论、“三个代表”重要思想、科学发展观为指导，围绕“一个目标、五大桐庐”的奋斗方向，秉持“三个宁可”发展理念和把握生态文明导向，以建设“绿色发展创新区、生态文明示范区、城乡统筹样板区、全域景区先行区”为抓手，以“538”计划为载体，坚定信心，凝聚共识，统筹谋划，协同推进，全面深化经济体制、政治体制、文化体制、社会体制、生态文明体制改革，进一步解放思想、解放和发展生产力、解放和增强社会活力，为“中国画城 潇洒桐庐”建设提供强大动力和坚强保障。

2. 全面深化改革的总体安排。按照“六个紧紧围绕”路线图，坚持改革项目年度计划做法，大胆探索，深入推进，力争到2015年，本决定提出的一批改革具体项目取得突破性进展；到2017年，在重要领域和关键环节改革上取得决定性成果，基本完成中央、省市部署及本决定提出的改革任务，力争一批具体的改革项目和举措走在省市乃至全国前列；到2020年，基本形成系统完备、科学规范、运行有效的制度体系，让发展成果更多更公平惠及全县人民。

3. 全面深化改革的基本原则。一是注重体现桐庐特色。在贯彻上级精神的同时，要认真总结梳理桐庐改革开放的成功经验和不足之处，勇于先试先行，深化特色工作，推广成熟做法，大胆创新实践，改出桐庐举措，创出桐庐经验，解决桐庐问题。二是注重体现问题导向。针对桐庐经济社会发展亟须破解的体制机制弊端，统筹好当前和长远，提出路线图和时间表，认真按照部署，该尽早推进的不拖延，该探索实践的不推诿，该试点的不应付，该深入研究的不仓促。不搞花拳绣腿，不做表面文章，必须摸清病理，找准病灶，选准改革的突破口，敢于啃硬骨头，敢于涉险滩，实实在在推进发展。三是注重体现群众意愿。要从群众反映最强烈的问题改起，从群众最期盼的事情入手，更加自觉地贯彻群众路线，做到思想上尊重群众，感情上贴近群众，紧紧依靠群众推进改革。同时，要鼓励基层和群众大胆探索，集中民智、呼应民声，及时总结基层的首创尝试和成功经验，不断聚合全面深化改革的群众力量。

二、深化五大领域改革，落实38项任务

（一）经济转型升级

1. 降低门槛、支持创业。进一步优化创业环境，降低创业门槛，放宽准入领域、经营范围、非货币形式出资比例、名称登记和经营场所等方面的限制。推进工商注册制度便利化，放宽注册资本登记条件，将企业年检制度改为年度报告制度，放宽市场主体住所（经营场所）登记条件，推进注册资本由实缴登记制改为认缴登记制。

2. “非禁即入”、鼓励民资。积极发展混合所有制经济，鼓励混合所有制经济实行企业员工持股，形成资本所有者和劳动者利益共同体。落实“非禁即入”原则，各类市场主体依法平等进入负面清单之外领域。积极鼓励社会资本参与中心镇、小城市建设，进入基础设施、公共事业、社会事业、文化产业、金融服务等领域。加快培育形成政府投入为主、民间投资为辅的公共服务体系，制定出台关于鼓励民间资本投资社会事业领域的政策意见，建立鼓励民间资本建设项目储备库。

3. 金融试点、激励民资。积极推进省首批民间融资管理创新试点县建设工作，同时加强监督管理和强化风险防范。加快小额贷款公司、村镇银行等新型金融组织发展，建立健全中小企业信用担保机构，扶持融资性担保公司规范发展。通过设立政府引导基金和各类股权投资基金，吸引更多民间资本通过股权、债权方式流入实体经济。继续实施上市后备企业培育工程，支持企业上市融资和股份制改造，鼓励优质未上市股份企业在全国中小企业股份转让系统或浙江股权交易中心挂牌。扩充金融机构种类，积极从外部引进资源，扩大直接融资规模，做大我县金融总量，努力打造区域性金融大县。

4. 建设平台、提升效益。要加快富春江科技城、富春山健康城、迎春商务区、慢生活体验区等“两城两区”四大特色平台建设，并积极推动经济开发区创建国家级开发区，促进创新链、产业链、人才链、资本链“四链”融合，加快从要素驱动发展向创新驱动发展转变，着力提高经济质量和效益。

5. 组合手段、升级产业。深入实施“三改一拆”、“四换三名”、“五水共治”和“个转企、小升规、规升股、股上市”等“组合拳”，深化“块状经济升级、战略性新兴产业培育、旅游经济振兴、新兴服务业倍增”四大计划。加快信息化与工业化深度融合，促进制造业与服务业紧密结合，推动实体市场和虚拟市场相互运用；推动纵向产业链与横向产业链有机融合，加速针织、服装、制笔、皮革制品等传统产业改造升级。

6. 新兴产业、创新发展。突出企业技术创新主体地位，以产业需求主导科技创新，推进“两个十大”计划实施，完善产学研用协同创新机制。深入实施“四减两提高”专项行动，重点培育以先进装备制造、生物医药、节能环保、新能源新材料等为重点的战略性新兴产业，大力发展现代物流、文化创意、金融服务、信息服务、社区服务、中介服务等新兴服务业，不断提高新兴产业增加值占比，促进经济结构优化调整。

7. 全域旅游、融合推进。按照全景化打造、全地域覆盖、全资源整合、全领域互动、全社会参与的原则，通过“美城、丰景、兴镇、靓村”等抓手，做深做透“江、城、村、慢、养”的文章，深入推进全域旅游建设，深化全域旅游专项改革，加强旅游业与农业、林业、工业、文化、城市建设的互动融合发展，形成大市场、大产业。充分发挥美丽乡村的旅游功能，串点成线、串线成片，大力发展乡村休闲产业；深化风景园区、风景企业、风景村落、风景庭院等风景细胞建设，积极发展“美丽经济”。

8. 要素配置、市场决定。更加突出主导产业和新兴产业的招引，更加重视引进项目固定资产投资贡献率和税收贡献率考核，完善“亩产效益”评价体系，实行用地分期分阶段供地、弹性年限、差别化地价和履约保证金等制度。完善土地集约节约利用机制，切实提高土地基准地价，盘活存量，倒逼工业用地升级，推进低效利用土地二次开发。深化能源要素配置改革，实行能源消费预算管理，完善水、电、气差别化、阶梯式价格机制。探索排污权、碳排放权市场化机制，建立污染物排放许可有偿使用和交易制度。

（二）转变政府职能

9. 建立权力清单。建立“权力清单、负面清单”制度，进一步厘清政府的权责边界，理顺政府与市场的关系、政府与企业的关系。深化“阳光工程”建设，推进决策和监督法治化，把公众参与、专家论证、风险评估、合法性审查和集体讨论作为重大决策的必经程序，依法公开权力运行流程，确保权力在阳光下运行。

10. 改革审批服务。围绕“企业发展能力与政府服务能力一起抓”的思路，进一步深化行政审批制度改革，积极打造“审批最快捷、办事最方便”县。深化“两集中、两到位”改革，加强项目联审、模拟审批、容缺许可、形式审查等制度，推行一门受理、并联审批、多证联办的“政务超市”审批服务模式，建立服务业“中介超市”，搭建行政审批和市民服务集聚大平台。

11. 优化机构设置。按照效率原则，统筹党政群机构改革，理顺和明确部门职责，以市场监督管理局职能机构建设为突破口，加大部门职能整合力度，进一步精简和规范各类议事协调机构及其办事机构，切实形成精干高效的地方政府组织体系。认真落实“三不增”要求，严格控制机构编制和财政供养人员编制，推进编制管理科学化、规范化、法制化。

12. 提升支出绩效。建立公开、透明、规范的预算制度，不断完善由政府公共预算、政府性基金预算、国有资本经营预算、社会保障预算及政府性债务计划组成的“全口径”政府预算体系。建立预算执行动态监控制度，深化国库集中支付制度改革，提高公务卡使用率。加强财政监督，清理整合统筹专项资金，提高财政资金使用绩效。同时，要整合资源，加强部门联动，统筹发挥国投及城投、国土、交通、旅游等平台的作用，降低融资成本。

13. 深化便民服务。深化服务方式创新，衔接好省市县三级行政审批办事“一张网”，完善县镇村三级便民服务体系，拓展分水行政服务中心服务职能。不断完善百姓热线967000等便民服务平台。积极探索公共服务供给多元化，建立健全向社会购买服务的体制机制，提高政府公共服务供给的效率和质量。

14. 提高精细管理。坚持向管理要效率，推进精细化管理，探索在重点区块开发、项目推进、经济政策制定、扶持政策实施、专项资金管理等方面实行精细管理试点，提高政府管理的效益。

（三）城乡统筹发展

15. 深化农村金融改革。深化“两权一房”抵押贷款和农民信用贷款新举措，着力构建农村信用体系、担保抵押体系和金融服务体系，监管与扶持并重促进农村小额贷款公司健康发展，形成金融服务“三农”的良好环境。

16. 探索农村产权制度改革。继续做好农村住房土地证和房产证颁发工作，做到应发尽发；充分利用流转交易平台，集体土地承包经营权、集体经济股权、集体其他资产资源流转要经流转交易平台统一流转，引导农民住房财产权到乡镇以上流转交易平台规范流转。

17. 开展相关改革试点。坚持先试先行，上下联动，根据各乡镇（街道）实际情况，确定特色试点项目，着力形成“乡乡有试点”的改革氛围，积累推广经验，增强发展动力。一是推进空心村“二次创业”改革，建立农村房屋租赁的统一平台，在尊重农民意愿和维护农民合法权益的基础上，引导农民有偿退出宅基地，由村集体租赁或收购空心村闲置农户农房，由村集体统一向外招引，通过出租或出让等方式，推动城乡要素流转，吸引人气、发展经济。二是探索以林地征占用新方式，盘活森林资源，并推动林业多元立体生态开发，大力促进林地综合利用，发展林下经济。三是探索在自愿前提下的居农共建住房新模式。四是开展农村宅基地储备流转改革试点，整理或收购的农村宅基地集体转国有用地，统一储备到国有土地储备中心，统一出让。五是探索依法占用征收集体林地，进行“橄榄式”建房，科学规划，合理布局，以“不落地、不破坏”等方式创新低丘缓坡综合利用。六是扩大点式供地试点范围，探索节地型用地方式，提高土地利用效率。七是探索集体土地流转新机制，鼓励以土地承包经营权入股的形式进行土地流转，使拥有土地承包经营权的农户与经营实体的经营挂钩，确保农民流转土地的底线收入。

18. 培育新型经营组织。鼓励发展农民专业合作社和家庭农场，加快培育有创业创新能力的新型农业生产经营主体。吸引土地、公共资源融入农民专业合作社，整合农民专业合作社资源，加快建设区域性农民专业合作社联合社，形成紧密的产、供、销合作和资源互补、共享、利用机制。

19. 设置引入门槛。建立健全农村“新村民”入驻与产业发展目录，外来市民入驻或投资业主发展相关产业和建设项目必须符合一定条件。特别是涉及农村产权受益等开发投资项目，必须要严格把关，设立投资标准、人才标准等起档线，建立完善制约机制和推进机制，避免资源的低效利用和浪费。

20. 完善农村服务组织。继续推进农村新型服务组织改革，加快培育建设新农村服务团，着力打造组织农民、教育农民、服务农民、促进产业发展和共同致富为一体的新型“三农”服务组织。

21. 推进新型城镇化。完善“县城—中心镇（小城市培育）—重点乡镇—中心村—特色村”提升发展机制，深化分水小城市培育试点和富春江、横村、江南等省市中心镇行政管理体制改革。创新中心镇融资机制，拓宽多元化投融资渠道，探索建立以中心镇为主要投资方向的股权投资基金。统筹城乡基础设施建设和社区建设，以中心镇、集镇、中心村等为重要节点，持续推进城乡基本公共服务均等化、优质化。深入推进“三改一拆”，建立健全违法建筑防控和治理长效机制，开展“无违建村（社区）”、“无违建乡镇（街道）”创建工作，积极创建“无违建县”。加快推进户籍管理制度改革，有序跟进就业保障、医疗服务、社会保障等改革，有序推进农业转移人口市民化。

22. 深化融杭融圈战略。抓住杭黄高铁、临金高速建设和市域区划调整等机遇，加快融入杭州都市经济圈和义乌商圈的发展中。加快推进杭州商学院桐庐校区建设，深化瑞金—桐庐战略协作，主动接受优质资源的辐射。完善区县协作机制，深入推进与拱墅、滨江两区的协作，构建互利共赢的协作机制，特别是加强在招商引资、招才引智、旅游互动、经贸合作等方面的协作，引导城区资金来我县发展现代农业和乡村休闲旅游，实现资源共享、优势互补、互赢共兴。

（四）生态文明建设

23. 提升农村环境治理先发优势。提升农村生活污水治理全覆盖工程，加强运维监管，以信息化管理手段提升管理实效。完善“户集—村收—镇中转—县处理”城乡一体的生活垃圾无害化处置体系，大力推进农村生活垃圾分类收集，积极推进资源化综合利用行政村全覆盖。深化和创新农村环境综合整治新机制和抓手，不断发挥示范领跑作用。

24. 开展新一轮重点领域整治。研究环境污染责任保险运作机制，健全生态环境保护责任追究制度、环境损害赔偿制度、生态评价制度，完善联防联控和监测监控体系。强化“双高”企业整治，全面清理已出台的对高耗能高污染行业的优惠政策，加大差别化资源价格和惩罚性资源价格实施力度。不断强化对电镀、化工、造纸、印染和石材、铸造等行业污染治理和监管，积极推行污染物总量控制和刷卡排污制度。

25. 建立“五水共治”机制。加快健全水环境保护长效机制，建立完善治污水、防洪水、排涝水、保供水、抓节水的水体环境综合治理机制。按照“五水共治、治污先行”的思路，重点突破，分步推进，全面推进集镇污水处理工程截污纳管和提标改造，力争提前实现污水管网县域全覆盖；2014 年上半年全力消除“不能游泳的河流”。同时，防洪水、排涝水、保供水、抓节水齐抓共治、协调并进。完善以乡镇交界断面水环境功能区达标为基础的考核体系、跨行政区域河流交界断面水质管理和公示制度，并逐步扩大监测范围。探索实施新建自来水取水口建于流域下游制度。

26. 深化大气治理。探索建立大气污染综合治理区域联动机制，加强企业废气排放监测的实时实效性。全面完成水泥、热电行业脱硝工程建设和温室甲鱼养殖场综合整治，不断强化废气处理设施运行监管，确保废气污染物达标排放。升级改造空气自动监测站，建成空气质量负氧离子监测网，增加 PM2.5 监测项目。建立健全 PM2.5 环境空气质量公众发布制度。

27. 强化自然资源保护。不断深化“不准砍一棵树、不准填一座湖、不准卖一块石、不准挖一粒沙、不准出让一座石塘”等“五个不”规定，健全自然资源节约集约使用制度，建立联动执法监督机制。健全优化生态空间用途管制制度，实行差别化区域开发管理政策。完善生态补偿机制和考评机制，加大生态环保财政转移支付力度。

28. 增强环保执法力量。建立企业环境行为诚信制度，维护公众环境知情权、议事权和监督权。加强监管机构，整合执法力量，探索公检法多部门建立和完善环境执法机构，形成行政、执法、公安、监察、舆论相结合的环境监督体系，适时组建公安环境犯罪侦查大队。壮大环保志愿者队伍，探索建立“企业环保管理员、村（社区）环保监督员、区域环境观察员”的“三员”监督机制，鼓励公众广泛参与生态环保建设。

29. 开展“城镇无燃煤区”和“农村无保洁员乡（镇）”创建。加快城区“煤改气”、“油改气”工程建设，推进县城、中心镇“无煤区”建设。强化生态文明宣传，壮大环保宣传员队伍，不断提升公众环保意识和责任意识。实现村级环境保护协会全覆盖，探索建立农村环境自我保洁机制，开展“无村级保洁员乡（镇）”创建工作。

（五）创新社会治理

30. 深化特色工作。深化“桐庐百姓日”、“政府开放日”、“蹲点调研 白访夜谈”等制度，提升党政干部在线访谈等平台建设，进一步探索政民互动长效新机制。巩固提升“110 联动”“楼下书记”“和事佬”“网组片”等工作平台，深化“假日法庭”等便民工作机制，最大限度地将各类社会矛盾化解在基层一线。

31. 坚持民主决策。强化人大监督职能，加强人大对“一府两院”的监督，加强对解决群众关注热点难点问题的监督，建立对政府全口径预算决算审查监督、国有资产监督等制度。健全人大讨论、决定重大事项制度，县、乡两级政府重大决策出台前向本级人大报告。坚持把政治协商纳入党委、政府的决策程序，切实做到协商在党委决策之前、人大通过之前、政府实施之前。深入推进协商民主和民主监督。积极发挥统一战线在改革发展中的重要作用。加强专家学者智库建设，建立健全决策咨询制度。完善政府重大决策事项坚持公众参与、专家论证和政府决定相结合的行政决策机制。

32. 发展基层自治组织。进一步完善基层自治组织民主选举、民主决策、民主管理、民主监督制度，深化乡镇党代会年会制度，探索实施乡镇、村两级组织工作规程，加强社会组织民主机制建设。完善村级重大决策工作机制，进一步探索村（居）务公开、厂务公开的新途径新方法。建立健全对社会组织的设立、履职、评价和退出管理机制，重点培育发展行业协会商会类、科技类、公益慈善类、城乡社区服务类、医疗类社会组织，推广社区物管委、村级养老互助会、村级商会、村级慈善分会、村级环保协会等基层自治模式。

33. 整合管理资源。坚持系统治理，统筹服务管理的资源和力量，健全基层社会服务管理机制，整合“大网格”资源，建立信息互通、资源共享的大平台。完善“六网六机制”社会治安防控新体系，防范和打击违法犯罪，消除安全隐患，打造“治安安全示范县”。加强政务网站、政务微博、政务微信等新兴媒体阵地建设，加强网络舆情研判和引导，发挥“网上与网下”两支队伍力量，建立健全网络突发事件应急协同处置机制。

34. 深化卫生教育体制改革。提升医改成效，深化市县医院合作成果，以跨域合作建设瑞金—桐庐医疗联合体为突破，实施智慧医疗等就医模式创新，加快推进县乡村一体化改革。推进实施我县一方为独生子女的夫妇可生育两个孩子的政策。鼓励社会办医，优先支持举办非营利性医疗机构。建立优质教育资源引入机制，探索城乡学校共同体办学模式。探索学前教育新路径，鼓励社会力量兴办教育，促进公办教育和民办教育协调发展。

35. 健全现代公共文化服务体系。建立公共文化服务体系建设协调机制，整合资源，统筹服务设施网络建设，促进基本公共文化服务标准化、均等化。建立群众评价机制和反馈机制，推动文化惠民项目与群众文化需求有效对接，增强公共文化供给。鼓励社会力量、社会资本参与公共文化服务体系建设，进入资源稀缺及满足多元需求的服务领域，探索公共文化设施共建共享新模式。拓展文化创意产业公共服务平台功能，加快培育文化创意产业中介服务机构。

36. 加强精神文明建设。深入开展“中国梦·桐庐梦”和中国特色社会主义宣传教育，积极践行社会主义核心价值观，弘扬社会正能量；深化学习型社会建设，强化组织保障和常态长效，营造全民阅读环境。制定实施生态文明建设道德规范，引导社会公众树立人与自然和谐发展的思维方式和价值导向。构建现代信用体系，大力推进政务诚信、商务诚信、社会诚信、司法公信建设，在全社会广泛形成守信光荣、失信可耻的氛围。

37. 健全就业和社会保障机制。优化完善城乡就业政策体系，调整完善促进就业扶持政策。从城镇就业转向城乡统筹就业，从解决城镇失业人员转向解决城乡失业人员，充分挖掘公益性岗位，抓好重点人群就业援助帮扶。加大对城乡居民医疗保险参保人员的补贴力度，逐步提高城乡居民医疗保险待遇。进一步完善更加公平可持续的社会保障制度，有效推动分配制度改革，健全最低工资保障制度，提高低收入群体收入水平。整合社会救助资源，提高低保救助标准，落实各项优惠政策，形成长效保底机制。完善社会养老服务体系，统筹城乡养老资源配置，充分发挥社会力量的主体作用。

38. 深化党的建设。通过抓平台、抓导向、抓考核，加强干部队伍建设，强化干部勇于担当、克难攻坚能力的培养。深化“基层走亲”等干部联系群众“十项做法”，开展“五好”服务型乡镇（街道）创建工作，加强基层服务型党组织建设，强化村级组织和“两新”组织党建工作，夯实基层基础。健全干部能上能下机制，探索建立不能担当干部的评价标准，完善从严管理干部队伍制度体系。加大领导干部个人事项报告核查力度，深化新提任县管干部有关事项公开制度。围绕反对“四风”，着眼长效、建章立制，全面落实中央省市各项规定要求，推进作风建设制度化规范化常态化。

三、切实加强对全面深化改革的领导

1. 完善全面深化改革的领导体制和工作机制。调整完善我县改革工作领导小组，建立县领导牵头负责机制，深化改革工作项目化做法，制定年度改革计划，明确责任单位和责任主体。

建立改革工作落实责任制和绩效考核评价机制，定期对重大改革事项进展情况进行考核评价。健全问责追究机制，对态度消极、阻碍和抵制改革，造成严重后果的，依法追究相关单位和领导责任。县人大常委会要依法履行法定职责，加强对相关工作执行情况的监督。县政协要积极建言献策，加大对改革举措落实情况的民主监督。

2. 强化全面深化改革的组织保障和人才支撑。深化干部人事制度改革，完善干部教育培养、选拔任用、考核评价、管理监督、激励保障机制，引导广大干部敢于对自身利益说不，敢于对条条框框说不，敢于对惯性思维说不，敢于对怕冒风险说不，持续解放思想、始终保持勇于实践、勇于变革、勇于创新的良好精神状态。加强基层组织建设，充分发挥各级党组织在全面深化改革中的战斗堡垒作用和共产党员的先锋模范作用。坚持党的群众路线，尊重群众意愿、汲取群众智慧、凝聚群众力量，充分调动人民群众参与各项改革的积极性、主动性、创造性。创新人才培养、引进、使用、评价、激励机制，加大人才投入力度，加大对高端人才和领军人才引进力度，突出本地特色人才的培养，切实发挥人才作用。

3. 营造全面深化改革的良好氛围。要旗帜鲜明支持改革，鼓励创新，只要有利于破除体制机制弊端，有利于推动桐庐经济社会健康持续发展，有利于更好改善民生，就要鼓励广大干部群众、法人和其他组织大胆创新，大胆改革。要及时总结宣传在改革实践中涌现出来的成功经验和先进典型。建立鼓励创新、宽容失败、允许试错、责任豁免的机制，对改革创新未能实现预期目标甚至出错，但有关单位和个人依照县委有关精神和决策实施，且勤勉尽责、未牟取私利的，不追究有关单位和个人的相关责任，打消改革创新者的后顾之忧，大力营造勇于担责、敢闯敢冒、先试先行的浓厚氛围。

中共桐庐县委　桐庐县人民政府
关于加快推进“五水共治”工作的实施意见

县委〔2014〕7号

各乡镇党委、人民政府，各街道党工委、办事处，县级机关、企事业各单位：

为加快实施治污水、防洪水、排涝水、保供水、抓节水“五水共治”的重大战略决策，尽快形成破竹之势，取得切实成效，根据省、市要求，结合我县实际，现提出如下意见。

一、指导思想

以党的十八大和十八届三中全会以及省市治水决策部署为指导，以县第十三次党代会提出的“三个宁可”发展理念，围绕加快“一个目标，五大桐庐”建设，以治水为突破口，按照规划引领、项目支撑、重点突破、多元融资要求，全县动员，齐心协力打好“五水共治”攻坚战，加快全县产业转型升级，开创“中国画城·潇洒桐庐”科学发展新局面。

二、基本原则

（一）规划引导、突出重点。“五水共治”作为全面系统性工程，难度大、任务重，因此摸清底子，科学谋划，是确保有效推进的关键。在城乡防洪能力标准、县城内涝节点、雨污系统设置、城镇供水能力需求等方面需各部门加大现状排查，找准薄弱环节，针对性地加以整改落实，使有限的资金用到刀刃上。

（二）建管同步、科学治水。在做好全县“五水共治”，加快治水重点项目建设的同时，工作推进中要远近结合、统分结合、建管结合，更加注重政策引领、长效监管和舆论引导，真正实现硬件完善、软件相辅的可持续发展之路。

（三）产业联动、促进转型。坚持城乡统筹、上下联动，用好环境倒逼机制，千方百计加快产业转型升级，淘汰落后产能，加快发展“两低一高”产业和现代服务业。

三、目标任务和重点工作

（一）总体目标。

按照“五水共治、治污先行”，通过三年努力，实现全县治污措施全面落实，城乡防洪整体提升，城市积涝基本消灭，安全饮水充分保障，节水意识大幅提高，力争“一年初显成效、两年全面改观、三年解决基本问题、五年基本不出问题”，并在省市“五水共治”工作中领先领跑。

（二）具体目标要求和重点工作。

1.“治污水”目标要求：2014年全县集镇污水管网建设及农村生产生活垃圾分类收集和资源化工作实现全覆盖，长效管理机制基本健全，三年内境内重点污染问题得到根本解决，实现“随时可游、随处可游”，全县主要污染物排放总量明显下降，乡镇交接断面水质全部达到Ⅲ类以上标准，Ⅱ类以上水质比例进一步提高，出境水质始终优于入境水质，水质指标进一步优化。

重点工作：一是集镇污水管网建设工程。新增集镇污水管网50公里，同步实施污水泵站建设、雨污分流等工作，完成11个截污纳管项目；实施老城区过分水江、天目路、东门、洋塘、南门等管道、泵站改造提升，完成桐庐富春污水处理厂一级A提标改造及三期项目前期工作，主城区新增截污量1.0万吨／日。二是农村环境连片整治工程。强化农村生活污水处理工程运行维护管理，确保工程绩效。进一步探索生活垃圾源头分类激励机制，全面实现农村生产生活垃圾分类收集和资源化综合利用行政村全覆盖目标。三是农业面源控制工程。深化生态畜牧业建设，通过三年努力，关闭整治小规模养殖场，实现规模养殖场排泄物综合利用率100%，全县农产品加工企业和农家乐污水处理设施提升工程基本确保全覆盖。四是重污染项目综合整治工程。2014年建成运行桐庐县生活垃圾填埋渗滤液处理工程；启动实施富春江库区漂浮物打捞分类处理中心工程；实施新一轮印染、造纸、化工、电镀等重污染企业环境综合整治工程，加快推进浙江金帆达生物化工有限公司等重点污染企业环境综合整治。五是流域环境综治工程。深化“三江两岸”生态景观保护与建设工作，加强两岸环境整治、岸线生态修复，完成沿线一级饮用水源保护区内企业搬迁关停、江面清洁、码头生态化改造、工业污染整治、经营性矿山关停及畜禽“禁养”等工作。

2.“防洪水”目标要求：到2016年，富春江、分水江干堤和中小河流重点河段治理基本完成，县城新区达到50年一遇防洪标准；乡镇所在地、中心村防洪标准达到20、10年一遇以上。全面完成病险水库除险加固任务。

重点工作：一是两江治理工程。加快推进两江治理，完成桐庐县富春江干堤加固二期工程（滩头至柴埠段）。二是中小河流及小流域治理工程。完成19.2公里中小河流治理，综合治理流域面积50—200平方公里的小流域堤防24公里，治理小流域水土流失面积13平方公里，加强区域排洪能力。三是山塘水库除险加固工程。巩固水库除险加固，落实水库安全管理制度，水库年病险率控制在3%以内。三年完成小型水库除险加固6座、万方以上山塘除险加固20座。四是区域排洪工程。完成城南街道岩桥村大湾里分流排洪等工程。五是农村灌排河道整治工程。按照河湖自然生态、沿岸村景交融、水体清澈流畅的要求，对120公里的农村灌排河道加快综合整治，深化水系沟通与河湖建设，加强河、湖、沟、塘的底泥清淤和岸坡整治。按照“四边三化”的要求，促进“美丽乡村”等的建设。

3.“排涝水”目标要求：2014年前实现城区垄背上、城北综合市场、城南街道岩桥、仁智等低洼地段短时强降雨积水及时排除。2016年左右实现县城主城区消灭积涝点，达到十年一遇防涝标准，短时强降雨积水能及时排除，城市干道交通不受严重影响，重点路段不积水。

重点工作：一是加快推进排涝建设工程。完成库区防护工程维护管理项目、江南镇赵家浦水渠工程、富春江镇沙湾畈排水渠工程、分水镇东溪箱涵工程；大源溪凤川江南堤三标段工程力争2014年开工建设。二是做好积水点综合治理工作。加快推进全县内涝严重区块的提升改造力度。2014年重点启动实施垄背上东区块的改造提升工程，结合四改联动工程，逐步解决迎春小区、康乐小区等地势较低地下室进水的问题，分期推进城区低洼地段改造，适时启动实施城北综合市场提升改造工程等。三是加快河道整治清淤疏浚。主要实施富春南渠的清淤疏浚工作。2014年同时结合城市道路建设完成春江路西延、江洲路、青山区块、民兵训练基地区块、农场地块等道路污水配套管网8公里。四是完善泵站提升设施建设。新增应急抽水排涝、防洪物资一批，确保今年主汛期前短时强降雨时县城重要节点的积水问题及时排除，2014年底完成江北东门排涝站提升改造工程。

4.“保供水”目标要求：共建共享城乡优质水源、优质水质、优质服务，加快推进城乡供水一体化，到2016年，基本完成新一轮城镇供水能力保障提升工程，管网更新改造75公里以上。在农村饮用水安全全覆盖的基础上，三年内完成4万人规模的提升工程，构建城乡多水源供水格局。

重点工作：一是水源地保护工程。2014年3月前关停搬迁或取缔一级饮用水源保护区博阳食品、三合加油站2家排污口搬迁拆除。加快合格规范饮用水水源创建工作，推进集中式饮用水水源地全面完成创建工作。强化水源保护区环境应急管理，加强对道路、水路危险化学品运输安全管理，落实水源保护区及周边沿线公路等隔离防护设施建设。加快推进横村保障水源建设工程并争取在2014年完成50%。二是水厂建设工程。同步谋划千岛湖饮水共享工程，加快推进城乡供水一体化步伐以及分水供水一期工程建设，争取通过三年努力基本实现城镇安全饮水充分保障。三是管网提升工程。实施浮桥埠至麻蓬段给水工程、滨江路滩头至柴埠大桥给水工程、富春山健康城配套管网工程等，争取2014年完成管网更新改造30公里以上。同时，加快推进住宅用户“一户一表”改造工作。四是农村饮用水安全工程。在大力推进农村饮用水安全提升工程基础上，进一步健全农村饮用水长效管理机制。

5.“抓节水”目标要求：健全节水法规和管理体系，改造主城区老旧供水管网，加快城市节水工程项目建设，落实节水“三同时”管理，确保城区2014—2016年万元GDP取水量每年下降5%，全县农田灌溉水有效利用系数提高到0.587以上。

重点工作：一是水利设施建设工程。加快推进中央财政小型农田水利重点县工程、完成排灌渠系工程、高效节水灌溉工程和小型农田水利工程。实施180公里灌区各类渠道改造（为灌渠147公里，排渠33公里），使农田灌溉有效利用系数提高到0.587以上；小型农田水利工程改造小型排灌机埠900千瓦，新建小池塘20座，万方以下山塘综合治理100座。二是农业节水灌溉工程。完成高效节水灌溉工程和现代农业示范园区建设项目节水工程，新增固定式喷微灌面积0.42万亩；实施合村菜竹农业示范园、瑶琳潘联铁皮石斛基地、富春江金家枇杷基地等滴喷灌节水设施建设。三是节水技改工程。积极推广和应用节水器具，完成桐庐县居民家庭节水器具普及率调查，并启动节水器具更换工作。鼓励企业改进生产工艺、应用节水技术，积极创建节水型企业，重点完成分水电镀生产提升及中水回用技术改造项目、桐庐造纸行业整合提升及节水技术改造项目、横村印染业整合提升等项目。四是完善节水制度。加强调查研究，梳理水价构成成本和居民日常生活用水量，实施城市居民生活用水阶梯式水价和企业差别水价制度，进一步完善我县节水法规体系。严格实施水资源有偿使用制度，通过工业自备水取水年检制度等，确保节水制度长效管理。五是狠抓节水主体。加大全社会节水宣传力度，倡导市民节水自觉，积极开展节水型企业（单位）和节水型居民小区创建工作。六是健全节水统计。加快完善节水统计指标体系，进一步规范统计、提高数据准确性，重点做好城市万元产值耗水量和工业、生活用水量重复利用率的统计工作，确保2014-2016年城区万元GDP取水量每年下降5%。

四、要求和举措

（一）加强领导，形成合力。县委、县政府成立推进“五水共治”建设工作领导小组，由县主要领导任组长，相关县领导担任副组长，相关乡镇（街道）和部门主要负责人为成员，领导小组办公室主任由县领导兼任。领导小组及办公室主要负责制定全县“五水共治”总体方案，完善县领导联系治水项目机制，落实年度工作计划和监督，开展责任单位年度工作考核，协调解决“五水共治”建设中的重大事项。各乡镇（街道）、职能部门在做好牵头和责任工作的同时，要积极主动对接，坚持“特事特办、急事急办”的原则，互相配合，加大服务。

（二）各线负责，条块结合。全县“五水共治”按照五个具体“三年行动计划”进行落实，其中治污水由环保局牵头，防洪水由水利局牵头，排涝水、保供水、抓节水由住建局牵头，牵头单位要抓紧出台五个三年行动计划，明确目标任务、年度任务和时间节点，编制详细的作战图和项目推进分工明细表。按照“五水共治，污水先行”工作要求，2014年重点抓好相关项目建设，有关工作谋划应同步快速跟进。各相关责任单位和配合单位应根据责任分工和任务要求，主要领导要亲自抓谋划、抓部署，具体工作、项目落实到分管领导和科室，各线负责、条块结合，齐抓共管。

（三）完善政策，全力保障。要针对性地研究制定全县“五水共治”全民参与政策和要素保障机制，采取分层、分类、分期、多源的方式多元筹资，确保治水工作有钱办事，共同成事。一是积极向上争资争项。对重点水利工程、城镇污水工程、城市内涝、工农业转型升级等项目，要精心谋划包装，主动对接上级部门，打破行业归口限制，加强部门联动，积极争取中央、省市资金、用地支持；二是整合配套财政资金。由财政局统一梳理，对全县财政出资“五水共治”的相关建设资金进行整合汇总，按照“治污先行，统一调配”的原则，进一步加强全县治水项目资金的统筹管理；三是各种渠道多元筹资。在通过利用政府平台适当融资的同时，建立县“五水共治”生态公益金，以吸引社会资金积极参与，充分调动各方力量参建治水工作。

（四）加大考核，提高绩效。建立健全“五水共治”工作例会制和项目协调推进机制，建立全县治水工作考核奖励办法，对“五水共治”先进单位和个人进行表彰。有关工作纳入乡镇（街道）、园区和县级部门的年度综合考评，并确保本单位“五水共治”工作做到班子民主生活会必谈，县管领导述职述廉必说，乡镇和有关职能部门年度考核必考。所属项目建设和工作纳入县重大决策执行力监察平台，切实加强日常工作督查，把督查通报、月度排名作为各单位年度目标考核的重要依据。对工作推进不力、效果不明显或严重影响全县工作完成，启动分层次约谈、问责和组织处理机制。加大治水工程的后期运营管理，更加突出项目绩效，确保治水工程建设科学、合理、高效。

（五）强化宣传，营造氛围。“五水共治”是推动桐庐转型升级的关键抓手，是建设“一个目标，五大桐庐”的重要内容，五水问题表面看是环境问题、生态问题，实质是发展方式问题。充分发挥报纸、电视、广播、网络等新闻媒体作用，大力宣传全县“五大治水”行动的重大意义，树立治水工作先进典型，曝光影响水环境和治水不力现象，积极营造推进全民治水的浓厚舆论氛围。相关部门要发挥优势，研究提出可行方案，促进各界关心支持治水，发动社会公众积极参与治水，进一步增强全民节水意识和爱水护水节水素养。

中共桐庐县委　桐庐县人民政府
关于开展"重实体、兴实业、办实事"活动的实施意见

县委〔2014〕22号

各乡镇党委、人民政府，各街道党工委、办事处，县级机关、企事业各单位：

为进一步加快低碳桐庐建设，推进工业经济转型升级，掀起新一轮实体经济发展的热潮。县委、县政府决定开展"重实体、兴实业、办实事"活动（以下简称"三实"活动）。现就活动提出如下实施意见。

一、指导思想

实体经济是县域经济发展的主要基础，是增强区域竞争力的重要支撑。开展"三实"活动，是党的群众路线教育实践活动的具体体现，目的在于进一步营造创业创新的氛围，坚持工业强县战略不动摇，推进低碳桐庐的建设；进一步强化实体经济发展的力度，落实举措、创新思路；进一步优化企业服务，实实在在帮助企业解决重点、难点问题。即用更多的精力、更大的力度、更实的举措，服务好实体经济，从而带动产业结构调整、推动经济提质增效和转型升级。

二、实施原则

推进"三实"活动的实施需把握四个结合。一是重点和一般的结合，以工业为主，统筹服务业；二是长期和短期的结合，要将今年"三实"活动与其他跨年度的实体经济有关的工作联动开展；三是企业主体和政府服务的结合，既要发挥企业创业创新的主体作用，也要加大政府的扶持力度；四是继承和创新的结合，要坚持行之有效的工作机制和探索推进的创新举措并重，不断巩固活动开展成果。

三、主要内容

（一）集中走访服务

开展集中走访调研企业活动，听企业诉求，给企业把脉，进而优服务、解难题。要将走访调研活动与开展群众路线教育实践活动相结合，围绕县委县政府今年的重点工作目标，围绕"四换三名"，围绕双招双引"一号工程"，围绕四大平台建设推进，围绕重点项目推进和科技强企建设，开展专题调研工作。一是县领导带头走访。县四套班子领导根据县领导联系服务企业和联系重大项目的相关机制，开展走访调研摸实情。二是县管干部"一对一"走访。县管干部要根据调整后的"一对一"企业联系方案，积极主动开展走访，在走访中征求企业的意见、建议，倾听企业诉求，记录走访心得，收集企业要求解决的困难和问题。三是全力解决企业发展中的难题。对联系走访企业和项目过程中发现的问题和困难，要通过联系协调、提交衔接、全程服务等多个层面努力协调解决。项目的投资、建设、投产等环节继续完善代办机制，优化投资环境。企业（项目）所在乡镇（街道、开发区）和县级主管部门要用更多的精力处理涉企（项目）问题，通过组团驻企、会商交办等形式促进问题的解决。涉及重大问题需由县领导协调解决的，应及时由县主管部门对接安排、及时协调。此外，县主要职能部门要通过走访调研准确把握经济走势，做好季度经济运行分析，汇总解决一批涉企问题，提升企业的满意度。并将县人大代表、政协委员对实体经济发展的关切与走访调研有机结合，圆满完成企业委员（代表）和涉企提议案的答复工作。

时间：5—6月。牵头单位：组织部、经信局；配合单位：各有关职能部门，各乡镇、街道、开发区、商务区

（二）加强项目招引

坚持"项目为王"观念，开展专题招商活动。一是梳理项目。通过前期走访摸底，及早排摸，发掘一批，明确进度，梳理出全年重点建设项目，尤其要激发企业创业创新热情，引导企业扩大有效投资。四大平台（开发区、商务区、健康城、慢生活体验区）侧重规划产业的项目谋划，提升项目设计的深化和精细度，有效推进项目落地；重点乡镇侧重本地产业发展和产业链拓

展，引导本地企业加大生产投入和引资力度；山区乡镇侧重旅游、农业项目。二是强化招引。浓厚招商引资氛围，新闻媒体要加强舆论宣传引导，开展投资环境推介，开设投资专栏，对招商信息、招商工作及时报道。按照每周有招商活动的要求，对乡镇（街道）、重大平台的主要领导开展招商工作情况进行督查。在以商引商的基础上，开展目标招商，围绕项目招引，精准定位，赴发达地区开展专项招商活动；开展产业招商，以优势产业和重大区块为重点进行招商；强化驻点招商，明确外派驻点招商员任务，科学考核，提高招商积极性和主动性；突出敲门招商，组建招商小分队到重点地区和重点产业开展招商。三是保障机制。优化招商政策及服务机制，完善县领导联系协调机制，落实学习交流机制，开展重大平台间比项目多、比项目大、比项目好、看履约情况的“三比一看”活动。

时间：5月至年底。牵头单位：商务局、发改局；配合单位：各乡镇、街道、开发区、商务区、健康城

（三）完善政策引领

要着力于实体经济要素保障、着力于龙头、成长型企业培育，着力于产业平台拓展，修订完善加快工业经济转型升级、电子商务发展、企业综合评价和分类服务、“双培育”计划、开放型经济、招商引资等政策文件，完善开发区、商务区、健康城的发展规划和政策，形成新一轮扶持实体经济的政策体系。各职能部门在政策出台后要及时时组织培训学习，在重点乡镇和企业举办形式多样的宣讲、咨询、问答活动。积极开展特色块状经济、实力企业培育、战略性新兴产业倍增、淘汰落后产能、小微企业升规等工作计划，以扎实举措推动产业汰劣育新和企业做大做强。认真梳理上级的产业政策，仔细对照我县产业，主动对接符合条件的企业，尽力帮助“争项目、争资金、争先进”。各部门要指导企业做好项目申报、实施、跟踪、服务等工作，使企业有效利用各级政策，抢抓机遇，借力发展。

时间：5-6月。牵头单位：发改局、经信局、商务局；配合单位：财政局、科技局、统计局

（四）加快项目推进

开展重大项目突破年专项行动，加快项目推进建设。一是坚持完善县领导联系重大项目和重大项目推进公示制度。根据重点建设项目表，落实县领导联系方案，深化联系项目制度。县领导每月至少一次深入一线，对联系的项目进行现场检查和协调。县项目推进办通过图片等形象进度、乡镇投资完成排名、县领导联系项目进展公示等加大项目推进力度。二是强化项目建设督查和协调。在加强重大项目推进效能督查与重大项目问题协调服务方面“双管齐下”，滚动解决项目推进中存在的问题，努力形成督查工作制度化、常态化、规范化。对重大项目投资、规划、建设中遇到的困难，可成立专项协调小组加大协调解难力度。三是开展形式多样的项目推进活动。根据项目推进行动方案，结合时间节点，开展项目业务培训班、扩大有效投资“双过半”、大平台重点建设项目攻坚突破专项行动、履约清理推进会、“奋战百日”等子活动助推活动，确保项目推进顺利实施。

时间：5月至年底。牵头单位：发改局、商务局；配合单位：各乡镇、街道、开发区、商务区、健康城

（五）激发创新活力

要运用政策和机制的组合拳，不断激发企业创新活力。一是宣传引导促活力。通过广泛的宣传，倡导全社会关注企业发展，树立企业家创业创新和转型升级的典型，开展促进实体经济发展的讨论活动，形成良好舆论氛围。二是融资服务促活力。深化金融服务实体经济。推动实施中小企业融资担保转贷工作，县中小企业担保公司增资扩大规模，设立实施转贷引导基金。各商业银行及时推出和宣传金融创新产品，不断缓解中小企业融资难题。发挥金融服务中心的职能，促进银企间信息资源的畅通。引导企业走股份制改造、股权交易及上市之路，拓宽融资渠道。有效发挥科技风险池基金在企业特别是科技型中小企业融资担保中的作用。努力新引进外地银行，促进放贷银行间的合理

竞争，提升对企业贷款的服务质量。三是科技创新促活力。进一步加大对高新技术企业和高新技术研发中心的培育和扶持，深挖企业创新源，积极开展与高校院所的科研合作活动，引导企业进一步加大科技研发和产学研合作的投入，重视标准、设计、专利、人才等工作，切实推进信息化和工业化两化融合。以科技创新“双十”培育计划为引领，突出对企业研发投入、人才投入、产值和税收增长的动态管理和考核，提升“双十”企业培育实效。四是人才引领促活力。实施企业家素质提升工程，通过举办企业家大讲堂、实体经济报告会、高峰论坛等系列活动，帮助企业家拓展视野、增长本领、积累经验。着眼于人才对接实体经济，借助科技人才周等品牌活动，提高企业的人才占比率，提升企业人才竞争力。

时间：5月至年底。牵头单位：宣传部、经信局、人民银行、科技局、人才办；配合单位：各有关职能部门

（六）强化资源配置

要不断发挥市场在资源配置中的决定性作用，更好地运用市场力量推进改革创新活动，同时继续发挥政府的引导作用，推动资源有效配置。在项目把关中，要更侧重于优势产业和新兴产业，尤其是投资量大、前景良好、成长性佳、行业引领强、低资源消耗的好项目；在平台集聚中，要更侧重于开发区、商务区、健康城、慢生活体验区等四大平台和重点乡镇（街道）的产业集聚，发挥主平台、主力军的作用；在要素保障中，继续深化企业综合评价和分类服务机制，强化资源配置的差别化应用，在用地、用电、用能、用水、排污等资源配置方面实现差异化，提高服务的针对性和有效性。县经信、环保、供电、住建、国土、金融等单位要充分发挥各自职能，分别制订有关差异化要素保障企业发展的实施细则，确保资源要素向重点企业、成长型企业、好高大项目的倾斜；在履约清理中，要通过摸底掌握基数，推进企业履约，对高耗低效的企业和项目用地坚决开展清理，进一步促进集约用地。同时利用履约清理长效机制，开展落后产能行业的专项整治。

时间：5月至年底。牵头单位：经信局；配合单位：发改局、供电公司、住建局、国土局、环保局、各金融单位，各乡镇、街道、开发区，商务区、健康城，及各有关职能部门。

（七）丰富活动内涵

围绕中心，及早谋划，深化载体，围绕“三实”推进新发展。各单位积极有效开展各类活动，进一步营造亲商氛围。要以“四换三名”（ 机器换人、电商换市、空间换地、腾笼换鸟和名企、名品、名家培育工程）为重点，开展工业经济转型升级深化活动；以由“三个创建”（国家级拓展区、省级示范县、市级产业园）为重点，开展电子商务提升活动；以转变职能为重点，开展企业优化服务活动；以自主创新为重点，开展科技型“双十”企业培育活动；以人才和实体经济对接为重点，开展科技人才周活动；以金融创新为重点，开展金融支持实体经济活动；以企业家培训为重点，推动企业家素质提升工程；以营造优势为重点，精心筹备召开桐商大会和快递物流装备采购博览会；以出台政府负面清单为契机，简化行政审批，加快改革行政审批工作。各部门要积极联动，相互配合，确保活动扎实开展，以实体经济是否健康协调发展来验证活动开展的实效。

时间：5月至年底。责任部门：经信局、商务局、科技局、人才办、行政服务中心、工商联等。

（八）优化企业服务

以形式多样的服务举措推动实体经济健康发展。一是健全协调机制。发挥县重大工业问题协调例会、重点项目联席推进和协调服务、县管以上领导干部联系服务企业、县领导联系招商项目、项目代办制度等机制的作用，建立并深化上下联动、左右互动、沟通通畅的问题协调处理机制，二是加强日常服务。以县管干部“一对一”联系服务机制为保障，强化企业与项目服务，突出产业规范，实行资源差异化配置，推进履约清理。重点抓好政策修订，通过政策汇编、企业宣讲会、培训会等形式，使企业了解、熟悉、运用政策；同时开展分类服务，对符合我县产业导向的产业加大扶持力度，对落后产能坚决限制、淘汰。三是提振发展信心。

充分利用集中走访调研和各类活动载体，为企业送信心、送信息，送技术、送人才、送资金、送政策、送项目，提振企业家信心，激发企业创业意愿，促进经济良性发展。

时间：5月至年底。责任部门：各有关单位

四、活动安排

（一）宣传动员阶段

时间：5月

活动安排：

1. 召开全县发展实体经济大会。（发改局、经信局、商务局）

2. 县领导和县管干部深入走访联系企业和项目，收集汇总企业、项目的问题、困难，并积极予以协调服务。（组织部、经信局）

3. 提出新一轮发展实体经济的政策意见，征求企业和部门意见。（发改局、经信局、商务局）

4. 在新闻媒体上开辟专题专刊，对实体经济和“三实”工作集中宣传，对县内重点企业和纳税贡献企业大力宣传。（宣传部）

（二）全面实施阶段

时间：5月至11月

活动安排：

1. 开展项目集中开工活动。（发改局、有关乡镇、街道、开发区、商务区、健康城）

2. 召开全县电子商务推进会。（经信局）

3. 通过重大项目协调机制，解决一批实体经济发展和招引项目推进中的问题（县府办、发改局、经信局、商务局，各有关单位）

4. 出台实体经济政策意见，举办宣讲培训活动，指导企业申报项目（经信局、商务局、科技局）

5. 举办专题招商活动、项目推进现场会、人才科技周、桐商大会、快递物流装备采购博览会、企业家培训等系列活动（商务局、发改局、人才办、经信局、工商联等）

6. 开展重大平台监测项目动态推进和常态督查。（监察局、发改局）

（三）总结表彰阶段

时间：12月

活动安排：

1. 落实各项经济指标任务考核（经信局、发改局、商务局等）

2. 开展重大项目建设评比督查（发改局）

3. 各类活动载体成果阶段性汇总（有关单位）

4. 督查企业和项目结对服务长效机制推进实效性（经信局、发改局、商务局）

5. 对各单位落实“三实”工作加大督查，对工作突出的单位给予表彰。（县督查考评办）

五、工作保障

（一）加强组织领导

为了加强“重实体、兴实业、办实事”活动的领导，建立“三实”活动领导小组，由县委主要领导任组长，县政府主要领导任常务副组长，分管的县领导任副组长，各有关单位负责人为成员。领导小组下设办公室，设在县经信局，负责活动日常工作。各有关单位、各乡镇（街道、开发区）要提高对发展实体经济的认识，要在近期一段时间内走访一批企业，解决一批难题，办好一批实事，提升企业做实体的信心。全县上下要形成一股强实体、兴实业的力量，多为实体经济提供有益建议，及时查找与解决企业问题和困难，保持工作持续推进。努力实现“企业信心有所提升、投资项目有所增加、涉企难题有所破解、氛围营造有所优化”四个“有所”目标。

（二）强化督查考核

各重点职能部门根据活动要求，围绕年初制订的实体经济各项考核指标和活动具体要求，倒排工作计划、明确任务节点，抓好推进落实。要通过重点项目监测平台等抓好工作推进动态督查，通过协调会、督查会、现场会等多种形式开展定期不定期工作督查。活动相关的工作阶段性总结和成果要及时汇总，形成专题信息通报，及时向县领导和“三实”办公室报送。县督查考评办及时对活动的开展严格督查，强化实效。

（三）重在创新实效

“三实”推进中的服务创新、金融创新、科技创新、要素保障创新等工作，既是全县实体经济发展的需要，也是改革推进的需要。对证明有效的创新举措要通过体制机制形成固定下来，确保取得实效。要通过典型企业现场会、观摩会，组织企业赴先进地区考察学习，以先进企业带动整体行业规范提升。

（四）营造活动氛围

围绕“三实”主题，综合运用电视、广播、网络、报纸等媒体，通过开设专栏、开展评论、深度访谈、挖掘典型、推出专题（专版），大力宣传全县上下推动实体经济发展的工作情况。要加强公益宣传，对重点企业和纳税贡献企业，在醒目地段以平面广告、滚动视频等形式给予大力宣传。同时好中选优，形成企业发展中可看可学的亮点，加大宣传力度，为活动顺利开展营造良好的舆论氛围。

完善惩防体系　建设廉洁桐庐2014—2017年实施办法

县委〔2014〕25号

各乡镇党委、街道党工委，县级机关、企（事）业各单位党委（党组）：

为深入贯彻党的十八大、十八届三中全会和县第十三次党代会精神，进一步推进我县党风廉政建设和反腐败工作，依据中央《建立健全惩治和预防腐败体系2013—2017年工作规划》《浙江省建立健全惩治和预防腐败体系2013—2017年实施办法》《完善惩防体系 建设廉洁杭州2014—2017年实施办法》，结合我县实际，制定本实施办法。

一、总体要求

完善惩防体系、建设廉洁桐庐要以邓小平理论、“三个代表”重要思想、科学发展观为指导，深入贯彻落实党的十八大、十八届三中全会和习近平同志一系列重要讲话精神，按照党章要求，坚持围绕中心、服务大局，坚持党要管党、从严治党，坚持标本兼治、综合治理，坚持惩防并举、注重预防，以改革的精神加强反腐败体制机制创新和制度保障，坚定不移转变作风，坚决有力惩治腐败，科学有效预防腐败，努力做到干部清正、政府清廉、政治清明，为开创“中国画城·潇洒桐庐”科学发展新局面提供有力保障。

到2017年，“四风”问题得到有效治理，党风政风和社会风气有新的好转，领导干部廉洁从政意识和拒腐防变能力进一步增强，反腐败体制机制制度更加健全，对权力运行的制约监督更加有效，消极腐败现象蔓延势头得到有效遏制，廉洁桐庐建设取得明显成效。

二、主要任务

坚持“老虎”“苍蝇”两个一起打，党风政风与民风社风两风一起抓，有力惩治与完善制度两措并举，对干部充分信任与加强监督两个并重，使作风建设更加长效、惩治腐败更加有力、预防腐败更加有效。

（一）坚持不懈抓好党的作风建设

把作风建设作为反腐败的治本之策，坚持经常抓、长期抓，一级管好一级，一级带动一级，层层抓好落实。

1．严明党的纪律

各级党组织要切实维护党章和其他党内法规，严明党的政治纪律、组织纪律、财经纪律、工作纪律和生活纪律，强化党员干部组织意识和纪律观念。落实党组织抓党风建设的工作责任，对党员干部严格要求、严格教育、严格管理、严格监督。各级领导干部要讲党性、讲原则，严格遵守《廉政准则》、防止利益冲突的有关规定等廉洁自律各项制度，自觉反对特权思想和特权现象，自觉按照党的组织原则和党内政治生活准则办事。

2．深入开展作风建设

落实中央八项规定精神和县委有关具体要求，坚持抓具体抓全局抓深化，一个时间节点一个时间节点地抓，切实解决“四风”方面的突出问题。规范并严格执行公务用车配备使用管理、办公用房、公务接待、因公出国（境）等方面制度。

深化“公述民评”、最佳最差服务型机关评选，开展“阳光热线”“三诺三比”电视助政等活动，突出民生导向，强化评议公开，致力问题整改。完善县长公开电话、效能投诉电话、967000百姓热线，进一步构建多渠道、覆盖桐庐全域的服务监督信息平台。深化基层站所（服务窗口）标准化建设，加强基层站所与村级便民服务中心的服务对接。探索推行村级事务准入制，减轻基层组织负担，转变干部工作作风。

3．努力推进作风建设常态化

坚持以改革办法解决滋生“四风”的深层次问题，形成有利于改进作风的制度环境。扎实开展党的群众路线教育实践活动，及时总结好的经验做法，健全落实常态化制度。落实领导干部加强和改进调查研究、联系服务企业、服务基层和下访约访接访等制度，深化基层走亲、在职党员到社区报到、乡镇（街道）干部住夜值班、“四个是否”群众评议干部等直接联系服务群众的机制制度。完善“三公”经费使用、管理、审计等制度，健全精简会议活动、文件简报等改进文风会风的长效机制。实施领导班子和领导干部作风状况评价办法，及时纠正问题，加强结果运用。探索建立改革创新试错免责机制，保护党员干部干事创业的积极性。

4．加强作风建设监督检查

坚持问题导向，强化监督检查，从具体问题抓起、改起，持续巩固深化成果，坚决防止反弹。完善监督检查和分工协作工作机制，县委办、县政府办及相关责任部门要按职责分工，抓好工作落实，及时研究新情况，解决新问题。各级纪检监察组织要充分发挥监督职能，建立健全日常监督检查机制，切实抓好作风建设各项规定的贯彻落实；要深化“效能亮剑”专项行动，围绕县委县政府重点工作任务和群众反映突出问题开展专项效能督查和暗访检查，重点解决不作为、慢作为、吃拿卡要等问题；要加大正风肃纪力度，对违反纪律规定的行为，发现一起、查处一起，对典型问题要及时通报曝光。把正风肃纪的成效体现到服务保障科学发展上来，以强化责任心提高执行力、提振精气神、提升作风建设水平，以一流的作风推进桐庐新发展。

（二）坚决有力治理腐败

把坚决遏制腐败蔓延作为完善惩防体系的重要任务，保持惩治腐败的高压态势，充分发挥惩治的震慑作用。

1．严肃查办违纪违法案件

严肃查办发生在领导机关和领导干部中贪污贿赂、权钱交易、腐化堕落、失职渎职的案件；严肃查办利用职权和职务影响索贿受贿、徇私舞弊的案件；严肃查办群体性事件、重大责任事故背后的腐败案件；严肃查办政府重大投资项目建设过程中的腐败案件；严肃查办违反中央八项规定的违纪案件；严肃查办商业贿赂案件；严肃查办选人用人上的腐败案件。坚持“两手抓”，既着力查办有震动、有影响的大案要案，又重视严格审查和处置党员干部一般的违反党纪政纪的案件。落实“一案双查”，对发生重大腐败案件和严重违纪行为的单位和部门，既要追究当事人责任，又要倒查追究相关人员的领导责任。建立健全重大典型案件总结剖析通报制度，发挥办案治本功能和以案促教作用。

2．严肃查处发生在群众身边的腐败问题

严肃查处社会保障、教育医疗、保障性住房、工程建设、征地拆迁、环境保护、食品药品安全、安全生产、公务员考录、国有企事业单位招聘、农村“三资”管理、行政审批、行政执法等方面的发生在群众身边的及重点领域和关键环节的腐败问题。着力规范基层行政执法和服务行为，切实解决乱收费、乱罚款、乱摊派和吃拿卡要等问题。坚决纠正违规收送礼金、有价证券、会员卡、商业预付卡等问题。坚持以查促建，落实重大典型案件“一案两报告”制度，查找机制制度上的薄弱环节，督促发案单位建章立制堵塞漏洞。健全不正之风发现、查处、纠正、问责的长效机制。

3．提高查办案件规范化水平

健全案件发现机制，加强案件线索统一管理，完善实名举报制度，健全执纪执法部门涉腐信息互通和案件线索传递制度。健全案件突破、协调配合机制，完善反腐败协调小组职能，充分发挥各成员单位作用，推进高效优质协同办案。探索以案件线索处置和查办工作全程报告为基础，以协作办信办案为载体，查办案件以上级纪委领导为主的工作机制，线索处置和案件查办在向同级党委报告的同时必须向上级纪委报告。坚持依纪依法、安全文明办案，严格办案程序，严明办案纪律，切实保障涉案人员的合法权益。加强案件监督管理，进一步提高办案质量和效率。

（三）科学有效预防腐败

加强党员干部廉洁从政教育，强化对权力运行的监督制约，深化重点领域和关键环节改革，着力建立健全领导干部不想腐、不能腐、不敢腐的机制制度。

1．深化党风廉政教育

加强对党员干部特别是领导干部的党风廉政教育。全面深化示范教育、警示教育和岗位廉政教育，建立健全分层分类施教机制。把党风廉政教育列为干部培训的必修课，党委（党组）中心组每年安排廉政专题学习，主要领导要带头讲廉政党课。注重用身边的典型开展教育，增强教育的针对性和实效性。

开展党员干部谈话提醒教育，建立谈话信息分级收集和沟通协调机制，延伸谈话范围至村（社区）一级。定期分析党员干部出现的苗头性、倾向性问题，及时了解核实、提醒告诫。完善跟踪督查、结果评估等配套制度，建立常态化工作机制。

加强党风廉政宣传和舆论引导。整合廉政宣传资源，深化党风廉政宣传教育联席会议制度，健全完善工作机制，加强联席单位日常工作交流联系，营造“大宣教”工作新格局。坚持正确的舆论导向，进一步完善反腐倡廉舆情收集、研判、处置机制，办好专题专栏或专网专页，充分利用网络、微博等新媒体加强面向广大干部群众的正面宣传和舆情引导。

2．强化对权力运行的制约监督

加强党内监督。认真落实党内监督条例，严格执行集体领导和分工负责、重要情况通报和报告、民主生活会等监督制度。加强对领导干部特别是党政正职行使权力的监督，各乡镇、街道、部门党政主要负责人每年向县纪委报告党风廉政建设情况。把党内监督与各方面监督结合起来，加强对党政主要领导干部和事业、国有企业领导人员经济责任审计，强化重点专项资金、重大建设项目全过程跟踪审计，建立重要部门、关键岗位、国有企业主要负责人任期内轮审制度。重视和加强舆论监督，运用和规范互联网监督。

加强对重点领域权力的制约监督。加强对用人权、审批权、财务权等关键权力的制约监督。深化对政府重大投资项目的综合监督，完善重大决策执行监察平台建设。重点加强对违法建设、违法用地、五水共治、食品安全等中心工作和群众反映的热点问题开展执法监察，督促相关部门依法依责落实，形成重点工作全程纪律保障机制。

加强重点人群、重点部门、重点岗位廉政风险防控工作，强化单位、部门内控机制建设，推进风险防范向基层、国有企业和非公企业延伸。规范行政机关工作人员兼职行为。

推进权力阳光透明运行，推行政府权力清单制度，科学编制权力运行流程图。完善“网上政务大厅”，提升“数字监察”系统，加强权力网上运行绩效考评，实现权力“网上受理、网上办理、网上反馈、网上监督”。深化“阳光工程”建设，继续推进党务公开、政务公开、司法公开、村（居）务公开、厂务公开和各领域办事公开，深化重大建设项目和社会公益事业经费使用信息公开。

加强基层民主监督。进一步提升村（居）务监督委员会及其成员的履职能力，完善村（居）监会履职制度建设，加强对基层干部的监督。完善“阳光村务网”，构建规范化监管机制；加强集体经济股份合作社监管。深化村级便民服务和“三务”公开信息平台建设。加强乡镇（街道）固定资产（资源）使用管理，堵塞流失漏洞。

3．深化腐败问题易发多发的重点领域和关键环节改革

深化行政审批制度改革。积极打造“审批最快捷、办事最方便”县。深化“两集中、两到位”改革，加强项目联审、模拟审批、容缺

受理、形式审查等制度，推行一门受理、并联审批、多证联办的“政务超市”审批服务模式，建立服务业“中介超市”，搭建行政审批和市民服务集聚大平台；完善中介机构评价机制，推行形式审查、中介不良行为记录和黑名单制度。要进一步推进政府职能转变，加强依法行政，推行权力清单制度，推进政府治理体系和治理能力现代化。

深化干部人事制度改革。坚持正确的用人导向，认真贯彻新修订的《干部任用条例》，规范干部选拔任用程序方法。探索多元推荐办法，研究推行《署名推荐实施办法》，实施单位党组织集体研究推荐和单位“一把手”署名推荐制度。完善干部考核评价办法，注重对干部作风和实绩考核。完善综合研判机制，注重干部信息收集和提前预警机制。完善干部选拔任用前征求县纪委监察局意见的制度。加强对干部财产监督，开展领导干部个人有关事项报告真实性的抽查核实，深化拟提任县管领导干部财产申报公示制度。

深化公共资源交易市场化改革。完善公共资源交易管理和监督制度。完善公共资源交易中心建设，拓展交易范围和目录。完善小额公共资源交易管理。规范评标专家管理，推进市场主体诚信档案建设。深化交易平台电子信息化建设，强化交易全程监管。

深化财政体系改革。深化预算管理，推进预算决算公开和“三公”经费公开，完善由政府公共预算、政府性基金预算、国有资本经营预算、社会保障预算及政府性债务计划组成的“全口径”政府预算管理体系并建立预算执行动态监控制度。深化国库集中支付制度改革，提高公务卡使用率。加强财政监督，清理整合统筹专项资金，提高财政资金使用绩效。

深化政府投资体制改革。完善项目“储备制”，建立政府投资项目精细化管理制度，健全重大项目决策评估和责任追究制度。建立完善 BT、BOT 项目的管理制度。清理各类建设指挥部，对已完成建设任务的指挥部进行清产核资和归并撤销，列入经济责任审计范畴。

4. 引导群众有序参与廉洁桐庐建设。深化社会崇廉，开展面向全县党政机关和社会各界的敬廉崇洁教育，强化廉洁理念和廉洁行为养成；发挥群众组织、社会团体以及效能与行风监督员等的监督作用。坚持民主促廉，组织引导群众代表参与政府决策，探索建立民主重大决策后评价工作机制；深化“走进纪委”活动；完善广播、电视、报纸、网络“四位一体”的“民情热线”联动运行机制、“在线访谈”、“网络访谈”常态化机制。畅通举报渠道，加大举报核查力度，及时回应社会关切。

三、加强领导

深入推进党风廉政建设和反腐败斗争，必须加强党的领导，健全反腐败领导体制和工作机制，巩固发展全县上下共同推进廉洁桐庐建设的良好局面。

（一）各级党委（党组）要积极承担党风廉政建设和反腐败工作主体责任

各级党委要严格执行党风廉政建设责任制，把落实《实施办法》列入重要议事日程，与经济社会发展同部署、同落实、同检查；支持和保障纪委认真履行职责，抓好主责主业工作。党委、党工委、党组主要负责人要认真履行第一责任人职责，做到重要工作亲自部署、重大问题亲自过问、重要环节亲自协调、重要案件亲自督办；带头述职述廉述德、带头报告个人重大事项、带头接受各方面监督，向上级纪委报告履行党风廉政建设主体责任情况。其他党组织班子成员要坚持“一岗双责”，根据分工抓好职责范围内的党风廉政建设和反腐败工作。完善反腐败协调小组职能，充分发挥协调小组成员单位的职责。

（二）各级纪委（纪检组）要积极承担党风廉政建设和反腐败工作监督责任

纪检监察机关要转职能、转方式、转作风，突出办案力量、强化监督力量、整合预防力量。要落实纪律检查工作双重领导体制具体化、程序化、制度化的各项措施，强化上级纪委对下级纪委的领导。推进向县一级党和政府机关派驻纪检监察机构并实行统一管理制度，进一步健全派驻工作机制。探索完善乡镇（街道）机关部门纪检监察组织查办案件报告、约谈履职、定期工作报告、履职情况积分考核、责任追究等工作机制，确保纪检干部抓纪检工作的精力。推进新经济新社会组织纪检组织建设。按照“忠诚为民秉公律己”的要求，进一步提升能力、提升管理、提升形象。从组织和制度上探索加强对纪检监察干部的监督，用铁的纪律打造过硬的队伍。

（三）形成完善惩防体系、建设廉洁桐庐的工作合力

各级党委惩治和预防腐败体系建设工作领导小组要牵头抓总，加强分类指导，统筹抓好组织实施，有序推进各项工作。各牵头和协办部门要充分发挥职能作用，落实工作责任。组织部门要加强对干部经常性的管理监督，坚决纠正选人用人上的不正之风；宣传部门要抓好党风廉政建设和反腐败斗争的宣传，强化舆论引导；司法、执法、审计等机关和部门要充分发挥纪律约束、法律制裁、经济处罚、市场监管、科技支撑作用，多措并举，增强惩治和预防腐败体系建设综合效果。要完善督查考核机制，每年对工作进展情况进行检查，总结评估，查找不足。要加强对《实施办法》落实过程中的新情况新问题的研究，不断完善惩防体系，推进廉洁桐庐建设。

中共桐庐县委　桐庐县人民政府
关于进一步加强村干部队伍建设的实施意见

县委〔2014〕28号

各乡镇党委、人民政府，各街道党工委、办事处，县级机关、企事业各单位：

为贯彻落实党的十八大和十八届三中全会精神，结合党的群众路线教育实践活动要求，进一步加强村干部队伍建设，激发全县广大村干部干事创业热情，结合实际，就加强我县村干部队伍建设提出如下意见。

一、进一步健全完善选拔培养机制

1. 严格用人标准。从源头上把好村干部入口关，把政治过硬、作风扎实、群众公认的优秀人才选拔到村干部队伍中。要把政治坚定、办事公道、敢于担当、廉洁自律的人推选到村党组织书记和村委会主任岗位上来。

2. 拓宽选人渠道。进一步创新村干部的选配方式，在坚持从本村内部选配村干部的同时，打破地域、身份、职业界限，通过下派、回请、交流等途径，不断优化村干部队伍结构。

3. 培育后备人才。通过组织推荐、群众推荐，不断拓宽村级后备干部来源，并把村属党支部书记、群团负责人等岗位作为培养锻炼重要平台，努力建设一支数量足、素质高、结构优、机制活的村级后备干部队伍。

二、进一步健全完善教育培训机制

4. 明确教育培训任务。县、乡两级每年要制定村干部培训计划，以开展党性教育和美丽乡村建设、集体经济发展、社会管理创新等为重点，提高村干部政策理论水平和服务群众能力。村党组织书记每年培训时间累计不少于7天，其他村干部累计不少于3天。

5. 改进教育培训方式。健全完善“三会一课”制度，充分运用远程教育、手机短信、微博微信等信息化平台，以课堂教学、挂职锻炼、典型示范、学习考察为主要形式，切实增强村干部教育培训实效性。

6. 落实教育培训经费。村干部教育培训经费列入县、乡两级财政预算。对经村干部所在乡镇（街道）党（工）委批准参加继续学历教育且取得毕业证书的，由县人才经费给予2000元（大专学历）、3000元（本科及以上）奖励。

三、进一步健全完善关心关爱机制

7. 加大实绩考核激励。探索实绩奖励办法，对年度综合考核业绩突出的村两委主要干部实行经济奖励。其中，考核优秀的村，村两委主要干部给予参照基本报酬基数标准的30%奖励；

考核良好的村，村两委主要干部给予参照基本报酬基数标准的15%奖励。优秀等次不超过辖区行政村总数的30%，良好等次不超过行政村总数的50%。奖励经费由县级财政承担。各乡镇（街道）要采取绩效考核与民主评议相结合的办法，进一步健全完善村干部考核激励机制，实现奖优罚劣、奖勤罚懒的激励作用。

8. 加大政治待遇激励。全县每届开展一次“十佳优秀村干部”“十佳农村和谐创业好搭档”评选表彰活动，分别给予每人一次性5000元奖励；每届评选一次“功勋村书记”，给予一次性10000元奖励，奖励经费由县级财政承担。通过一定方式面向优秀村干部选聘事业人员。对实绩明显、表现突出、群众公认度高的优秀村干部，符合干部选拔任用资格条件的，可选拔担任乡镇（街道）领导干部。积极推荐政治思想素质好、“双带”作用发挥好、参政议政能力强的优秀村干部作为各级党代表、人大代表和政协委员人选。

9. 加大生活关爱激励。乡镇（街道）每两年要组织在职村干部开展一次健康体检，建立健康档案，县级相关职能部门要给予支持。对村干部工作和生活上的困难，要予以关心照顾。村干部本人有重大疾病或变故，乡镇（街道）党（工）委要上门走访慰问。认真执行离任村主要干部定期经济补助政策，引导鼓励离任村干部发挥应有作用。

四、进一步健全完善管理监督机制

10. 完善日常管理。进一步完善村干部任免谈话、乡镇（街道）分管组织领导定期访谈、党（工）委书记不定期约谈等谈心谈话制度。建立个人重大事项报告制度，村干部本人及家庭发生重大变故的，应及时向乡镇（街道）党（工）委报告。建立健全村干部上班考勤和坐班轮值制度，村干部每月在村工作时间须达到20天，全年在村时间不得少于三分之二，每天确保至少有1名村干部在村便民中心值班。

11. 完善决策监督。认真实施《桐庐县村级组织运行规则（试行）》，重点落实村两委主要干部商议、村两委联席会议审议、村民（社员）代表会议决议等民主议事制度。定期公开党务、村务和财务。积极发挥村务监督委员会和村民监督、民主理财组织作用，切实加强对村干部行为和村务、财务运行情况的监督。对村级财务管理混乱、村级工程项目管理不到位的，将追究相关人员责任。

12. 完善履职践诺。全面推行村干部创业承诺制度，乡镇（街道）要明确村干部任期工作目标和年度工作任务，并作出履职承诺，自觉接受党员群众的监督。要认真组织开展村干部履职践诺集中评议活动，对村干部出现辞职承诺情形的，乡镇（街道）党（工）委要及时进行处置，处置结果报县委组织部、县民政局备案。

五、进一步健全完善服务群众机制

13. 增强服务功能。进一步加强村级活动场所、便民服务中心建设，充分发挥其在农村政治、文化、信息和服务等方面作用，真正把村级组织活动场所建设成为集办公议事、党员活动、教育培训、便民服务、文体活动、社会管理、民主监督等多项功能于一体的农村基层综合阵地。

14. 加强服务联系。结合网组片、基层走亲，全面推行村干部“联片包户”服务机制，帮助群众办实事、解难题、化矛盾。村党组织书记、村委会主任在任期内要走遍全村所有农户。大力推行党支部服务站、楼下书记、村级商会等做法，引导鼓励村干部因地制宜，不断创新服务方式，提升服务能力。

15. 落实服务责任。深入开展“万家农户直评村干部”活动，深化村干部联系服务群众评议机制。对联系服务群众工作不得力、不到位，或工作实绩不明显，党员群众意见较大的，要加强对相关人员的批评教育；未整改或整改不明显的，视情采取扣发奖金、诫勉谈话、通报批评、组织调整等措施。

加强村干部队伍建设是乡镇（街道）党（工）委的重要工作职责。各乡镇（街道）党（工）委工要切实履行主体责任，采取有效措施，严格教育、严格管理、严格监督，激发活力，发挥作用。乡镇（街道）党（工）委书记要认真履行第一责任人职责，把加强村干部队伍建设作为履行基层党建责任制的重要内容。县委组织部要充分发挥牵头协调作用，县纪委、县民政局、县农办、县财政局、县人社局等职能部门要切实履行工作职责，形成工作合力，不断提高我县村干部队伍建设的整体水平。

中共桐庐县委关于大力发展“美丽经济”的决定

县委〔2014〕34号

各乡镇党委、街道党工委，县级机关、企事业各单位党委（党组）：

为深入学习贯彻省委十三届五次全会和市委十一届七次全会精神，深化美丽桐庐建设，大力推进“美丽经济”发展，进一步护美绿水青山、做大金山银山，全面推进我县经济转型升级，实现生产美、生态美、生活美“三美共建”，努力开创“绿水青山就是金山银山”的新局面，作出如下决定。

一、发展“美丽经济”的重要意义

“美丽经济”，就是坚持“绿水青山就是金山银山”的发展理念，以生态文明为引领，以创新驱动为支撑，通过产业生态化、生态产业化，建立起与美丽生态、美丽城乡相适应的现代产业体系。简而言之，“美丽经济”就是顺应生态文明发展要求、依靠创新支撑、实现绿色发展的实体经济。它至少涵括三方面特征：其一，“美丽经济”是基于桐庐自然禀赋和空间承载，充分依托良好的生态环境和美丽城乡优势，依靠创新驱动，努力转化现实生产力，探索发展符合桐庐实际的实体经济；其二，“美丽经济”旨在促进生态文明与经济建设深度“融合”，找到“绿水青山”与“金山银山”的最佳结合点，以此打造桐庐实体经济升级版；其三，“美丽经济”更加追求经济发展对环境保护、民生福祉的关怀和贡献，其集中表现为“生产美、生态美、生活美”高度统一。

（一）发展“美丽经济”是贯彻省市精神的重大举措。

党的十八大提出要努力走向社会主义生态文明新时代，在这一时代大背景下，省委提出了“建设美丽浙江、创造美好生活”的重大战略部署，要求我们把生态文明建设融入经济建设、政治建设、文化建设、社会建设各个方面和全过程，形成人口、资源、环境协调和可持续发展的空间格局和产业结构。杭州市委十一届七次全会提出要加快发展信息经济和智慧经济，更少依赖土地和劳动力等传统要素投入，更多依靠知识和智慧等创造要素投入，推进产业生态化、生态产业化，实现更高层次的环境与发展的有机融合。因此，大力发展“美丽经济”不仅完全符合省市全会精神的总体要求；而且其“生产美”的发展特征与省委建设“两美”的主要目标以及信息经济、智慧经济的主要特征高度契合，更是“生态美和生活美”的基础和支撑。

（二）发展“美丽经济”是丰富和深化既定战略体系的现实要求。

近年来，县委坚持一张蓝图绘到底，一届接着一届干，一年接着一年干，握牢接力棒，跑好接力赛，咬定青山不放松，坚定决心不动摇，充分分析桐庐独特的资源禀赋、良好的现实基础和广阔的提升空间，逐步清晰了“以生态美为基础、以城乡美为特色、以产业美为支撑、以人文美为内涵、以生活美为目标”的“五美桐庐”的中国最美县建设发展之路。“美丽经济”是美丽桐庐建设最重要的支撑。它不仅直接决定桐庐“美丽”的内在质量，也是衡量“美丽桐庐”建设成败的关键因素。因此，发展“美丽经济”，不是另起炉灶，而是对原有既定战略的丰富发展和不断深化，也是桐庐作为“美丽中国、桐庐先行”的美丽建设探索者一以贯之的担当。

（三）发展“美丽经济”是加快实体经济发展的必然选择。

习总书记指出：“块头大不等于强，体重

大不等于壮，有时是虚胖。如果片面、简单地把增强生产总值当发展，甚至‘以GDP论英雄’，只要‘块头’和‘体重’，不注重质量和效益，不顾及环境资源代价，不仅是‘虚胖’，而且会加剧已有矛盾，积患成祸。”当前，桐庐经济总量偏小，发展方式还比较粗放，结构性、素质性矛盾仍然存在，转型升级任重道远。因此，要破除“过度依赖低端产业、过度依赖低成本劳动力”等瓶颈，必须大力发展“美丽经济”，不断克服传统经济增长模式的缺陷，加速推动实体经济绿色转型，才能实现经济效益最大化、资源利用最优化、生态环境损害最小化，最终增强县域综合实力和竞争力。

（四）发展“美丽经济”是提升生态品牌优势的有效途径。

桐庐最大的优势是生态，最响的品牌也是生态。近年来，桐庐之所以能承办全国改善农村人居环境工作现场会、首届全国生态文明论坛、全省加快推进现代化美丽县城建设现场会等高规格会议，能接连荣获国际人居环境范例奖、国家生态县、中华环境大奖等重量级奖项，重要的工作基础都是良好的生态环境。但是，生态环境是“奢侈品”，更是“易碎品”，稍有懈怠和不慎，就有可能造成难以挽回的损失。随着各国对发展认识的不断深化，形成共识就是：谁占领了生态经济的制高点，谁就占领了生态建设的制高点、占领了发展的制高点。因此，发展“美丽经济”，就是通过“产业生态化、生态产业化”，切实将良好生态、美丽城乡、荣誉品牌等成果转化为发展优势，并建立与良好生态、美丽城乡相适应、相促进的产业体系，从而不断增强桐庐发展的动力源泉。

（五）发展“美丽经济”是创造美好生活的必由之路。

人民对美好生活的向往，就是我们的奋斗目标。山清水秀但贫穷落后不是我们的目标，生活富裕但环境倒退更不是我们的方向。发展“美丽经济”就是从工业文明走向生态文明，就是摒弃先污染后治理的发展模式，就是在复杂多变的经济形势下，在要素资源空间十分有限的条件下，发挥生态资源优势，走人与自然和谐相处的绿色发展之路，将环境优势转化为产业优势，走生产发展、生活富裕、生态良好的可持续发展之路，从而让百姓在享有经济发展成果的同时，享福于良好的生态环境。

二、发展“美丽经济”的基本思路

（一）总体要求

围绕“中国最美县”战略定位和“美丽中国、桐庐先行”目标要求，坚定不移走“绿水青山就是金山银山”的绿色崛起之路，以“三低”（低能耗、低排放、低污染）为底线，以“三高”（产业高端化、企业高新化、产品高附加值）为重点，以“三美”（生产美、生态美、生活美）为目标，依靠创新驱动，通过产业生态化、生态产业化，切实将生态优势转化为发展优势，着力提升经济增长质效和生态环境质量，形成经济发展与生态保护相协调和可持续发展的空间布局、产业结构和生产方式，努力实现生态效益的最大化、经济发展的最优化、群众满意度的最高化。

（二）主要目标

到2016年，“美丽经济”建设各项基础性工作扎实开展，并取得进展，“十二五”期间节能减排约束性指标全面完成；经济内生动力不断增强，绿色经济、循环经济、低碳经济规模不断壮大，产业结构得到优化调整，第三产业增加值占GDP比重和战略性新兴产业增加值占工业增加值比重均有明显提升，绿色循环低碳的产业体系建设取得较大进展；生态安全屏障体系构建基本完成，城乡生态环境质量保持全省乃至全国领先地位，生态竞争力不断加强，生态经济成为经济增长新亮点。

到2020年，“绿水青山”向“金山银山”转化的途径不断纵深推进，生态文明与经济建设融合发展成效显现，基本形成节约能源资源和保护生态环境的空间格局、产业结构，基本形成发展势头强、资源消耗低、产业结构优、质量效益好、生态环境美、发展后劲足的新型经济发展模式，探索出符合实际、顺应趋势的“美丽经济”发展指标体系和示范样板，逐步构建起特色鲜明、科学合理的县域美丽产业体系，基本建成具有一定引领性的“美丽经济”先行区，成为生态保护和经济发展实现双赢的经济强县。

（三）基本原则

——生态至上，坚持绿色发展。绿水青山可带来金山银山，但金山银山却买不来绿水青山。要将保护生态作为经济发展的生命线，坚守“三个宁可”的理念，积极探索生态与经济融合的发展模式，更加注重释放桐庐巨大的生态红利，加快实现桐庐经济绿色生态转型。

——着眼长远，坚持统筹发展。发展“美丽经济”，既要抓生态文明建设也要抓经济建设，既要优环境也要求发展，既要治污染也要促转型，既要产业融合也要城乡联动，只有着眼长远、着眼全局，整体协调、系统推进，组拳出击、多策并施，才能实现双赢乃至多赢的目标。

——立足特色，坚持错位发展。继续秉承“不求大而求精，不求快而求优，不求全而求美”的思路，立足桐庐特色优势和资源禀赋，在近年美丽城乡建设的基础上，科学规划、突出重点、大胆探索，着力发展具有差异性、特色性的新兴产业，加快形成“美丽经济”的先导产业、优势产业。

——深化改革，坚持创新发展。发展“美丽经济”是一个全新课题，没有现成的经验可以借鉴。需要我们把全面深化改革作为发展“美丽经济”的强大动力，奋力冲破发展中的传统路径依赖、思想观念障碍、利益固化藩篱，注重理念创新和体制创新，强化管理创新和科技创新。

三、发展“美丽经济”的主要内容

（一）大力发展生态工业

1. 改造提升加速转型。加大“四换三名”力度，切实加快针织、箱包、制笔、皮革制品等传统产业信息化、智能化改造，培育一批面向中小企业的检验检测、标准研究、信息服务等公共服务平台，为块状经济向现代产业集群转型升级提供科技服务和配套服务支撑。以迎春商务区等服务集聚区为载体，分离、融合、发展一批生产性服务企业，切实加强对制造业生产前期研发设计、中期管理、融资和后期物流、销售、售后服务、信息反馈等综合服务，推进传统产业向时尚产业转型，努力走出一条高效益、高附加值的华丽蜕变之路。

2. 做强平台支撑转型。以土地利用总体规划中期评估调整为契机，编制完善工业集聚区发展规划，以“两带一城四园”为主平台，推进工业空间布局调整。落实重大产业平台要素保障倾斜机制，大力推动富春江科技城和分水、江南、富春江、横村等重点乡镇工业平台建设，提升优化其他乡镇工业平台承载力。积极发挥主战场、大平台在招引大项目、培育大企业、发展大产业方面的作用，促进创新链、产业链、人才链、资本链“四链”融合，加快从要素驱动发展向创新驱动发展转变，实现由“制造”向“创造”转变。充分利用区县协作契机，完善招引政策，突出重点产业和产业链招引，全力承接滨江高新区“智慧 e 谷”的溢出效应，扎实推进滨江国家高新技术产业园区桐庐分园建设。深化风景园区、风景企业等建设，全面推行清洁生产审核，推进工业园区生态化改造。

3. 精细严管倒逼转型。建立“源头严控、过程严管、恶果严惩”体制机制，深入实施“五水共治”、“四边三化”和“三改一拆”等行动；健全严格的环境监管机制，建立最严格的项目准入机制，深化“五个不”最严格自然资源保护机制；深化资源要素配置改革，实行能源消费预算管理，完善水、电、气差别化、阶梯式价格机制；建立健全排污权、碳排放交易市场化机制，实施节能减排工作责任制，加速淘汰落后产能、高污染产业。建立覆盖所有重点企业的环境行为信用评价体系，建立环境损害责任终身追究制度，加大对企业破坏生态环境违法行动的执法处罚力度，彻底改变“守法成本高、违法成本低”的局面。

4. “两化”融合推动转型。紧紧抓住我省建设全国“两化”深度融合国家示范区的战略机遇，大力发展新能源、新材料、先进装备制造、生物医药等战略性新兴产业；以海康威视等大项目为带动，积极培育数字技术、电子信息、物联网、信息软件等智慧产业。深入推进“机器换人”，支持有条件的企业实施信息化改造，建设“机联网”、“厂联网”，提高企业自动化、智能化、网络化制造水平。大力推进装备电子与设计、制造等结合，促进高端芯片、嵌入式软件与制造工艺的结合，开发智能化新产品和智能成套设备，推动我县水电设备、医疗器械、新材料、汽车零部件等装备制造业智能化升级，实现产业高端化发展。加快高新技术和数据信息的推广和应用，全力推进规上工业企业信息化基础应用、单项应用向集成应用、创新应用、产业链协调应用转变，确保骨干企业逐步实现装备智能化、设计数字化、生产自动化、管理现代化、营销网络化。

5. 培育龙头引领转型。围绕产业链项目和重大核心关键技术攻关项目，加强与科研机构、高等院校、知名企业的战略合作，建设一批重点科技创新平台，引导企业提高自主创新能力。完善工业企业综合评价和分类服务机制，实施工业龙头企业与成长型企业培育工程，实行“一企一策”，在信息化、技术创新、品牌建设、市场开拓等方面优先给予政策支持和重点服务，积极培育产业、行业领军企业。坚持以企业为主体、以市场为导向，鼓励企业通过参股控股等形式实施兼并重组，形成大企业大集团，以大企业带动产业发展、带动区域经济发展。牢固树立“项目为王”理念，加大双招双引力度，着眼产业链招商，坚持多措并举，重点紧盯浙商、央企、国企，努力招引世界500强、中国500强和行业知名企业来桐投资发展，扩大发展增量。

（二）大力发展现代服务业

1. 做深全域旅游。按照“全景化打造、全地域覆盖、全资源整合、全领域互动、全社会参与”的思路，深化全域旅游建设，以富春江风景区国家5A级旅游景区创建为契机，加快老景点提升改造和新景区整合开发建设，不断丰满“一城、二轴、三板块”的旅游空间结构，切实整合和发挥中国最美县城、魅力城镇、美丽乡村等旅游功能，加大休闲度假、教育培训、会议旅游、养生保健、美食餐饮等业态培育力度，拉长旅游产业链；积极挖掘本土文化、特色民俗等资源，开展红色旅游、民俗旅游、文化旅游等特色旅游，不断丰富旅游的内涵；深入实施“城、村、江、慢、养”五篇文章，切实推动桐庐旅游从景区旅游向全境旅游转变、从旅游过境地向旅游目的地转变、从传统旅游向现代旅游转变，逐步打造成为在全国有较大影响力的“全域旅游示范县”。

2. 做大电子商务。深化电子商务“1234计划”，编制电子商务产业发展规划，建设电子商务公共服务中心和仓储物流中心，大力培育“汇丰大厦”“海陆世贸”和“安厨农产品”三大电子商务产业园，深化“阿里巴巴·桐庐产业带”“特色中国·桐庐馆”“桐庐购”和“一马平川”四大网络平台建设。围绕产业链的前后延伸和紧密协作，推动电子商务全产业对接。支持一马平川、玛典、亿企通等骨干电商企业依托产业链发展供应链；推动传统百货、餐饮娱乐业等商贸服务业企业，开展移动网络零售业务；加快“智慧旅游”建设，促进旅游企业、民宿、农家乐等旅游经营主体拓展电子商务；大力实施“电子商务进万村工程”，加快构建桐庐农产品电子商务体系；积极推动现代物流、信息咨询、科技研发、产品设计、电子商务等领域的协同发展，创建浙江省电子商务示范县。

3. 做强快递物流业。继续发挥“中国民营快递之乡”的品牌效应，深化政策研究和扶持力度，积极引导快递企业回归，大力推进现代物流中心、申通智慧轻经济综合体、中通之家、韵达速递综合体、天天快递总部园等“一中心四园区”建设，拉长产业链，积极培育快递关联产业，大力扶持和引导快递企业在桐建立物流公司，带动全县物流业快速发展；大力鼓励和支持总部经济、区域性总部经济回归发展，真正实现“快递人之乡”向“快递产业之乡”转变。

4. 做优生态居住。全面实施“两江两库美化、东西两翼齐飞”战略，深入推进中国最美县建设；保护好大奇山、桐君山、凤凰山、舞象山等自然山体景观和富春江、分水江、龙潭溪、梅林溪湿地等重点生态功能区，修复和建设滨江绿地、湿地，建设富春江湿地公园（江南）和富春江、分水江沿线游憩绿道，全面提升人居生态环境；推进房地产行业健康发展，结合重点区块建设，引进高品质房地产开发企业，优化我县商品楼盘结构，提升房产品位，提高县城首位度和示范性，大力推进小城市、美丽城镇建设，全面丰富房产结构和形态，真正打响“山水福地、人居佳境”品牌。充分依托中国最美县这一优势聚人气、聚财气，推动“楼宇经济”等生态人居相关产业发展。

5．做实金融服务业。优化金融政策、提升相关配套，不断提升区域金融服务功能，依托荣正财富广场金融服务产业园、花园式总部园、富春山健康城等平台，以区位优势、生态环境、较低的商务成本吸引基金管理公司、基金公司、投资公司、保险公司以及金融机构进驻，加快桐庐金融园区和“金融小镇”建设步伐。积极引导金融机构开展金融产品创新，实行错位经营，加强对中小企业和生态型企业的扶持力度，并推进金融机构商业模式的创新，支持发展第三方支付、网络支付、小额信贷、网络众筹、网络理财、网络保险等互联网金融服务。

6．做长健康产业。借助“中国长寿之乡”品牌，依托山水生态资源、健康制造产业基础、地理区位优势，紧紧抓住富春山健康城这个龙头，坚持“四高一低”建设标准，引进和打造一批影响力大、辐射力强、产出效益高的项目，切实把富春山健康城打造成为集运动休闲、生态养生、健康管理、高端养老、健康旅游等为一体的健康服务业集聚区和创新试点区。充分发挥健康城的先试先行和辐射带动作用，强化健康城与县城之间的共享互动，促进富春山健康城与富春江科技城、乡村慢生活体验区互补呼应，推动健康制造、健康旅游、健康培训、健康美容、健康饮食、健康体检、健康管理等产业发展。

7．做好总部经济。完善总部经济扶持政策，加大扶持力度，鼓励本土企业做大做强的同时，充分发挥杭州都市圈和浙西义乌商圈重合部的溢出效应和区位优势，主攻杭州、上海等地，积极辐射浙西地区，着重研究桐庐总部经济招引的重点领域、重点产业、重点行业、重点企业、重点人才，着力引进国内大型企业总部、地区性总部以及研发中心、营销中心、物流中心、采购中心等职能性总部。

8．做活文创产业。大力实施文创产业“融杭融圈”战略，以文创园、迎春商务区等平台为依托，积极对接市区动漫产业、工业设计等优势行业的产业转移，大力推进文创园、分水制笔创意园等园区项目建设。充分发挥文创产业的渗透、带动作用，促进文创产业与工业、旅游业、农业等相融合，推动创意旅游业、创意农业发展；将剪纸、绣花鞋、石雕等传统技艺与时尚创意相结合，推动传统文化产业化；积极推动文化创意与产品设计、新产品开发、新工艺应用等结合，促进针织、制笔、箱包等传统产业转型升级。

（三）大力发展高效农业

1．实施旅游农业发展工程。围绕“乡乡有特色产业、乡乡有民宿经济、乡乡有村落景区”的目标，做好农业“接二连三”文章，充分挖掘和利用农业的生产、生活、生态和文化等功能，推进色彩农业、色彩林业和美丽乡村精品区块、精品路线建设，积极发展休闲观光农业、民宿、森林旅游、养生养老等产业，加快培育农业信息产业、创意农业和农业节庆会展等；结合重大项目招引，打造一批集生态美食、休闲观光、农耕体验、农业生态文化展示等为一体的都市农业产业园和旅游农业综合体。

2．实施品质农业创建工程。积极调整农业种养结构，加快中药材、花卉等产业引进培育，提升农业发展层次。加大蜂业、茶叶、水果、蔬菜等优势特色产业的名优特农产品培育和开发力度，重视品牌保护，推广农产品区域公共品牌，提高品质优、品牌响的桐庐高端农产品的市场占比。推进信息技术在农业生产、农产品市场流通和安全监管中的应用，建立农产品溯源机制；大力发展农产品电子商务，拓展农产品市场营销渠道，扶持一批农业龙头企业。

3. 实施生态循环农业推进工程。大力推广“节约型”农业技术，强化测土配方施肥和病虫害绿色防控，推行农业清洁化生产、农业废弃物综合利用和无害化处理，加强土壤综合治理和保护；优化森林结构，积极发展经济林和珍贵用材林，形成布局合理、林种丰富、景观优美的生态屏障；围绕“生产标准化、经营品牌化、管理规范化、社员技能化、产品安全化”目标，加快推进农民专业合作社规范化建设。

4. 实施三农改革深化工程。加大农村确权赋权改革探索力度，深化农村产权制度改革，大力推进“两权一房”抵质押贷款和农民信用贷款新举措，深化和扩大“空心村”二次创业、林业多元立体生态开发、农村宅基地流转、集体土地流转、点式供地等改革试点，不断激发农村发展新活力。

四、切实将发展“美丽经济”各项任务落到实处

（一）突出中心，集中精力。面对当前复杂多变的经济形势，唯有不断增强紧迫感和责任感，坚持以经济建设为中心不动摇，集中精力抓好发展第一要务。各乡镇（街道）和产业平台要积极担负起发展“美丽经济”的主体作用，敢于担当、冲上一线，攻坚克难、攻城拔寨；各部门要积极发挥推动作用，立足本职岗位，创新发展思路，积极为经济工作服务，特别是对一些发展难题，要主动认领，敢冒风险，共同营造“重实体、兴实业、办实事”的浓厚氛围。

（二）更新理念，形成合力。要将“美丽经济”理念和生态因子深植人们心中，把“美丽经济”的理念融入社会每一个细胞，融入每一个人的血液。要积极引导全县干部群众充分认识到发展“美丽经济”不仅是大势所趋，更是桐庐抢抓机遇、转型跨越的必然选择，要增强发展“美丽经济”的意识和能力，切实改变传统发展路径的依赖和惯性思维。

（三）科学规划，强化推力。整合和梳理各项产业规划，根据桐庐发展优势，在原有产业分析的基础上，认真排摸、深入研究，加快编制我县“美丽经济”发展总体规划和产业专项规划，切实做到以规划为龙头，优化布局、科学实施。并在2016年和2020年阶段目标的基础上，制定具体的实施方案和行动计划，明确作战图、时间表，真正形成目标倒逼、齐抓共管良好局面。坚持因地制宜，根据不同发展水平、资源环境禀赋、主体功能定位等条件，典型引路、分类指导，稳步推动“美丽经济”发展。

（四）夯实基础，创新动力。要稳步推进以“最美县城”“魅力城镇”“美丽乡村”建设为重点的美丽城乡建设，深入推进五水共治、四边三化、农村垃圾分类处理及资源化利用等环境综合整治，为“美丽经济”建设夯实工作基础。同时，要结合“538”改革计划，加快推进“两张清单一张网”改革，全面清理不符合生态文明建设要求的审批事项，不断完善市场化配置资源要素的体制机制，不断破解“美丽经济”发展的瓶颈和制约；加大最美县城、美丽乡村等“美丽”成果转化机制的研究和探索，加强对生态优势转化为发展优势路径的研究，充分激发“美丽经济”发展的活力和动力。

（五）加强保障，落实有力。整合产业扶持资金，探索建立“美丽经济引导基金”，完善落后产能淘汰补贴、转型升级奖励等办法，从财税奖励和政策激励上引导企业走向“三低、三高、三美”的转型发展之路；推进银行绿色评级制度，构建绿色信贷机制；加大各类专业人才、实用人才的引进和培养力度，力争吸引一批生态科技专家和领军人才，夯实“美丽经济”发展的人才支撑。探索建立生态与经济相结合的绩效评估体系，科学制定绿色指数、发展指数、富民指数等“美丽经济”各项评价指数，将目标完成情况作为各级干部政绩考核的重要内容，真正用考核来引导和保障“美丽经济”发展。

桐庐县人民政府关于加快工业经济转型升级的若干意见

桐政〔2014〕1号

各乡镇人民政府、街道办事处，县政府各部门、各直属单位：

为贯彻落实党的十八大精神，加快“一个目标、五大桐庐”建设，深入实施“工业强县”战略，扎实推进工业经济转型升级，着力提质增效，特制定以下政策意见。

一、鼓励加大有效投入

（一）鼓励机器换人

1. 鼓励新兴产业投资。对引进先进装备制造、生物医药、节能环保、新材料、新能源、电子信息等六大新兴产业项目实际投资额达到1（含）-5亿元、5（含）-10亿元、10（含）-20亿元、20亿元的，分别给予一次性10万元、20万元、50万元、100万元的奖励。

2. 鼓励有效投资。工业投资（技术改造）项目获得省、市财政资金资助的，根据省市确定的投资额给予我县投资政策配套。

企业实施工业投资（技术改造）项目，生产性设备投资达到200万元、500万元以上的，分别按项目实际完成投资额的3%和6%给予资助。其中新落户项目完成把关文件规定的投资强度及设备投资额，超额部分的生产性设备投资达到200万元、500万元以上，分别按项目实际完成投资额的3%和6%给予资助。

战略性新兴产业、省级以上高新技术企业、杭州市重点工业企业、市最具成长型企业、市级以上工业循环经济试点示范企业、零土地技改项目，相应增加1个百分点，医疗器械投资项目增加3个百分点，进口先进设备部分给予增加1个百分点；同一项目与省市投资项目配套资助，就高不重复，单个项目战略性新兴产业不超过200万元、非战略性新兴产业项目不超过100万元；资助以地方财政贡献为上限。

（二）鼓励腾笼换鸟

3. 鼓励并购重组。上市培育企业在并购重组中办理土地、房产及其他资产转让过户时，行政事业性规费全免、服务性收费减半。

4. 鼓励空间换地。鼓励企业建设多层生产性厂房。对已投产企业，在符合规划的前提下，经批准取得合法手续增高扩容，项目在2014年1月1日以后开工建设，容积率超过合同约定最低容积率并通过竣工验收，对超过合同约定最低容积率的部分，按建筑面积对第二层给予每平米20元奖励，第三层给予每平方米30元奖励，第四层及以上给予每平方米40元奖励；对新增用地的企业，经批准取得合法手续，项目在2014年1月1日以后开工建设，容积率超过合同约定最低容积率并通过竣工验收，对超过合同约定最低容积率的部分，按建筑面积对第三层给予每平方米30元奖励，第四层及以上给予每平方米40元奖励。单个项目最高奖励不超过100万元。

5. 鼓励盘活存量。企业利用闲置土地、厂房进行招商，项目经县把关领导小组把关通过的，在办理土地、房产及其他资产转让过户时，行政事业性规费全免、服务性收费减半。

6. 鼓励企业转型生产。对已关停的落后产能企业，在符合规划的前提下，利用原有土地、厂房转型生产的，设备投资享受技改资助政策，资助比例加1个百分点。

二、鼓励加快做大做强

7. 开展排位竞赛。每年根据企业当年地方财政贡献、销售收入、工业增加值、职工工资、社会保险费等指标进行综合排名，每年年底取前50名作为次年的县工业重点企业（企业当年地方财政贡献须在50万元以上），各授予奖牌一块。并开展“升级进位”竞赛（细则另行制订）。

8. 开展“突出贡献”企业评定。当年地方财政贡献在500万元以上企业，或当年地方财政贡献在300万元以上且同比增长12%以上的企业，县政府授予“突出贡献企业”称号，奖励价值2万元金牌一块。

对年度突出贡献企业经营者，授予“工业经济创业创新杰出人物”称号并给予奖励，其中一等奖1名，二等奖3名，三等奖5名，优秀奖若干名，各授予荣誉证书一册，奖金分别为20万元、15万元、10万元和5万元。

对当年地方财政贡献首次达2000万元、3000万元、5000万元的工业企业，县政府授予“功勋企业”称号，对企业经营者授予“功勋企业家”称号，一次性分别奖励50万元、80万元、100万元。此条与“突出贡献”企业按就高不重复原则奖励。

9. 培育大企业。对年销售产值首次超10亿元、20亿元、50亿元的企业，分别给予50万元、80万元、100万元的奖励。

10. 突出“亩产贡献”。每年在销售收入5000万元且当年地方财政贡献50万元以上、用地5亩以上的企业中，开展亩产贡献奖励评比，根据亩均综合贡献排位取前十名，县政府授予“亩产贡献十强企业”奖牌一块，并设一等奖1名，二等奖3名，三等奖6名，分别给予10万元、5万元、3万元的奖励。

11. 实施工业龙头企业与成长型企业双培育计划（具体细则另行制订）。

12. 加快培育规模企业。以乡镇（街道）、开发区年终规模企业家数比前两年最高数净增家数为准，按每增加一家补助2万元的标准，由县财政给予该乡镇（街道）、开发区工作经费补助。

三、鼓励实施创新驱动

（一）推进技术创新

13. 鼓励加快新技术应用。对列入省应对技术性贸易壁垒（ROHS指令、EUP指令等）技术攻关项目计划并通过验收的项目，给予企业5万元的一次性奖励，对获得省技术性贸易壁垒技术攻关奖励资金的，给予企业10万元奖励（以上两项就高不重复）。对获得省、市技术创新项目资助的，分别给予20万元和10万元奖励。对新认定为国家、省、市级企业技术中心的，分别给予一次性15万元、8万元、5万元的奖励。

14. 鼓励加快新产品开发。对获得省、市优秀新产品新技术一等奖、二等奖、三等奖的项目分别给予企业5万元、3万元、2万元和3万元、2万元、1万元的奖励。对获得省、市级以上首台（套）奖励政策的企业，分别给予50万元和20万元奖励（省市同时获得按就高不重复原则）。

（二）推进两化融合

15. 推进企业信息化工程。列入杭州市级以上信息化应用示范企业、试点企业实施的信息化应用项目，分别按项目软件投入的10%、8%给予资助；其他实施的信息化应用项目，投资额在50万元以上的，按软件投资额给予6%奖励。单个项目资助最高不超过50万元。

16. 鼓励企业信息化应用。开展信息化应用示范（试点）企业评选，每年评选5家信息化应用示范企业、5家信息化应用试点企业，分别给予3万元、1万元资金奖励。

（三）推进产业集群提升

17. 鼓励传统产业集群发展。支持传统块状经济向现代产业集群提升，对首次评为杭州市块状经济向现代产业集群转型升级示范区的特色块状经济，县财政给予一次性50万元奖励，专项用于该产业园区基础设施建设。

四、不断强化节能降耗

（一）鼓励节能改造

18. 鼓励实施节能技改。对设备、技术投资额在20万元以上、经检测节约（节能、节水）率达到5%以上的节能、节水与工业循环经济项目或年节水量3万吨以上的工业节水项目，按实际完成投资额的10%奖励；其中，列入省、市节能计划的项目，按投资额12%资助；单个项目奖励金额最高不超过50万元，单个企业最高奖励不超过100万元。

19. 鼓励实施合同能源管理。对符合《杭州市合同能源管理项目财政奖励资金管理办法》规定的合同能源管理项目，根据节能量按100元/吨标准煤的标准给予奖励。单个项目的奖励金额最高不超过50万元。对获得省、市级能源计量示范单位的，分别给予3万元、2万元补助。

20. 推进电平衡测试。对完成实施电能平衡测试通过验收的企业，按照企业实际支付费用的50%给予补助，最高不超过4万元。

21. 加强能源监察审计。对列入县重点能源监测审计单位，在整改完成并取得明显节能成效的给予2万元补助。

（二）鼓励发展循环经济

22. 鼓励企业实施清洁生产。企业通过清洁生产审核验收，根据《浙江省清洁生产审核验收暂行办法》按得分高低进行奖励，其中95分及以上的奖励6万元，90（含）—95分的奖励5万元，85（含）—90分的奖励4万元。对命名为市级绿色企业（清洁生产先进企业）的，给予一次性奖励5万元；对命名为省级绿色企业（清洁生产先进企业）的，给予一次性奖励8万元，同一企业按就高不重复原则给予奖励。

23. 加快循环经济示范建设。对按要求完成规划编制并通过论证，列入省、市工业循环经济建设示范单位，给予规划编制单位6万元奖励。对通过市级以上考核验收的工业循环经济示范试点乡镇（街道）、开发区给予10万元奖励，示范企业给予5万元奖励。

（三）淘汰落后产能

24. 加快淘汰落后产能。鼓励企业加快淘汰落后产能，对列入当年政府淘汰落后产能工作计划的项目，在规定期限内完成落后设备淘汰并通过验收，根据淘汰设备的性质、使用年限按评估净值的30%-50%进行补助，单个项目补助最高不超过200万元。

对淘汰落后变压器并更新为节能型变压器的，按更新后变压器购置金额的10%补助；对单个企业淘汰落后电机并更新为节能电机且单次购置节能电机金额在5万元以上的，按购置金额的20%补助，单个项目补助最高不超过20万元。

乡镇（街道）、开发区完成当年淘汰落后产能工作计划任务的，每完成一家淘汰任务，给予3万元的工作经费补助。

涉及行业（项目）专项整治的，单独制定相关政策。

25. 强化目标责任考核。对乡镇（街道）、开发区和重点涉能部门、重点用能单位进行节能降耗和淘汰落后产能年度考核，并设一、二、三等奖，分别给予7万元、5万元、3万元的奖励。对节能先进个人进行表彰奖励，并一次性奖励奖金800元（机关事业单位先进个人除外）。

26. 加强节能宣传和技术推广。县财政每年安排一定数额资金专项用于加强节能降耗宣传和节能新技术、新产品的推广。

第22-26条款政策，商业和民用项目可参照执行。

五、大力实施管理创新

27. 实施企业综合评价和分类服务。将全县用地5亩以上工业企业分行业进行综合评价排位（办法另行制定）。

28. 鼓励实施品牌战略。对当年新获得杭州市著名商标（名牌产品）、浙江省著名商标（知名商号、名牌产品）、中国驰名商标（行政认定）和中国名牌产品的企业，分别奖励5万元、20万元、100万元。新获得县知名商标（名牌产品）的，给予1万元的奖励，以上按就高不重复原则进行奖励。对当年新获得杭州市级和省级“区域名牌”称号的，分别奖励行业协会10万元和20万元。对通过市级以上标准化良好行为确认、测量管理体系认证的企业获评省、市名牌产品分别予以2万元补助。

29. 鼓励实施标准化战略。对成为国际标准化成员的企业或承担全国标准化专业技术委员会、分技术委员会或工作组秘书处工作的企业，给予10万元的一次性奖励。对作为第一起草单位参与制订、修订国家标准、行业标准和省级地方标准及技术规范的企业，分别给予15万元、10万元、5万元的一次性奖励。对参与制订、修订国家标准、行业标准和省级地方标准及技术规范的企业及产品采用国际先进标准组织生产并经采标确认的，给予3万元的一次性奖励。

30. 支持企业开拓市场。企业参加重点境内外展会，每个展位补助70%（最高不超过3万元/个）；参加其他境内外展会，每个展位补助50%（最高不超过2万元/个）；同时参加上述两类展会的，每家企业全年补助最高不超过30万元。

为进一步加快品牌建设，对经县政府批准的区域品牌特装展，给予100%的布展费补助，每次补助最高不超过20万元。拥有市级以上自有品牌企业参加重点展会的，展位费补贴提高到100%（最高不超过5万元/个），参加其他境内外展会的，展位费补贴提高到80%（最高不超过3万元／个）。

县财政每年安排一定数额资金作为拓市场专项经费，用于组织落实工业企业外出参展。

电子商务政策另行制订。

31. 鼓励实施人才战略。积极培育创业创新型领军人才和重点技术创新团队。对企业引进和培育国家“千人计划”、省“千人计划”、市“521”计划、“钱江人才计划”、“钱江特聘专家计划”中高层次人才的，引进海外工程师等专家学者为企业工作的，或引进和培育省级重点技术创新团队的，给予一定的配套专项经费支持；鼓励企业建立博士后科研工作站，支持出站博士后留桐创业、就业；鼓励企业或行业建立院士工作站和企业研究院，引进院士等各类高层次创业创新人才；引进和培养人才自主开展技术创新活动，自主创新处省内或国内先进水平，对企业转型升级产生明显作用的，要给予大力扶持；支持企业通过外引内育构建高级技工等专业人才队伍。具体参照县委人才政策执行。

32. 实施“三名”工程。在企业和企业家队伍中实施以培育名企、名品、名家为特色的“三名”工程。每年安排一定资金用于企业家素质提升工程，专项用于开展工业企业中高级经营管理人才培训、优秀企业家评比等各类培训活动。

33. 充分发挥协会作用。每年评定4家在开展行业工作、拓展市场中成绩显著的工业行业协会，经审核后给予5万元工作经费奖励，对新组建的工业行业协会给予一次性补助5万元。每年评定4家成效显著的先进基层商会，经审核给予5万元工作经费奖励，对新组建的基层商会给予一次性工作经费补助5万元。

六、不断加大金融扶持

34. 鼓励企业上市发展。积极推进企业上市工作，对注册和纳税在我县、挂牌上市成功的企业，给予企业一次性200万元的奖励；对新三板挂牌并融资的我县企业奖励50万元，正式上市后给予补差奖励；对实现买“壳”上市并将其公司注册地迁至本县内的公司，运作3年以上，一次性给予200万元奖励。

35. 加大中小企业金融支持。对注册在桐庐、经营规范、照章纳税的担保机构，为本县中小企业融资提供担保，以日平均担保余额为基数，当年担保放大倍数达到2倍以上的，给予1%的风险补助。设立企业转贷引导基金，为中小企业提供应急转贷服务。

七、积极加快投资引领

36. 鼓励大项目投入。对年度内单个项目实际投资额在5000万元（含5000万元）以上的，按0.5‰计算乡镇（街道）工作经费；当年实际投资在5000万元以下的项目，按0.35‰计算乡镇（街道）工作经费。

开发区工业投资参照乡镇（街道）标准提补工作经费。

单个项目投入在500万元以下的，不计算工作经费，但投资实绩必须按月报县经信局备案。

37. 加大园区基础投入。在开发区及各工业功能区所在镇（街道）年度工作业绩考核中设工业功能区建设考核，通过完善布局规划、创新开发机制、加强基础建设、集约利用土地、集聚发展产业、构建服务平台，进一步提高项目接纳、承载和集聚能力。设立园区“创先争优”奖励，一等奖一名，奖励工作经费10万元，二等奖二名，奖励工作经费5万元，三等奖三名，奖励工作经费3万元。

八、其他

38. 县财政每年安排5000万元资金，专项用于扶持上述各类项目，着力推动工业经济转型升级。

39. 对引进国内外行业龙头企业、重大新兴产业投资项目以及若干行业的做大做强扶持，实行“一事一议”“一企一策”。对实行“一事一议”“一企一策”以及其他享受特殊优惠政策的企业，不再享受本政策的其他条款。

40. 以上各项政策资金兑现，必须由县经信局会同县财政局等相关部门进行审核把关并公示无异议后报县政府审定兑现。

41. 本意见所称地方财政贡献，指企业当年实际入库税收的本县留成，扣除当年县政府各项奖励后的实际可用部分。同一企业的同一项目，县级各项优惠政策就高不重复享受。上级政策要求本级配套的，本县补助视同配套。享受财政补助的工业企业需开展研发创新活动，具体反映为需有R＆D经费投入，并在统计报表中体现。对当年发生安全生产、环境污染、食品安全、产品质量、偷漏税费、侵权、欺诈等重大责任事故和重大群体性劳资纠纷事件以及其他违法违纪行为的企业，未完成节能减排考核的企业，不享受本政策。同一企业同一年度各项奖励和补助累计不超过该企业对地方的财政贡献，享受国家资源综合利用认定减免税政策的企业按销售额测算的地方财政贡献为上限。

42. 本意见自2014年1月1日起执行。原桐政〔2012〕2号文件作废，县政府此前出台的工业经济政策如与本意见不一致的，以本意见为准。本意见所列各项政策，除特别注明以外，由县经信局、财政局负责解释，并制订相关实施细则。

桐庐县人民政府关于建立更加严格的林木限伐制度的通知

桐政发〔2014〕1号

各乡镇人民政府、街道办事处，县政府各部门、各直属单位：

为在全县上下树立“不砍一棵树”理念，实行最严格的森林、树木涵养保护措施，根据县人大常委会《关于严格自然资源保护 促进生态文明建设的决定》（桐人大〔2013〕55号）和《桐庐县人民政府关于做好“十二五”期间森林采伐限额管理工作的通知》（桐政发〔2011〕101号）的有关规定，决定建立更加严格的林木限伐制度。现将有关要求通知如下。

一、建立“禁一般，限必须”的林木分类禁伐机制。三年内禁止一般的商品性采伐。除松材线虫病防控、城乡建设、森林抚育等特定需要外，一般不得安排对高速和国（省）道沿线、“两江”沿岸第一山脊线、景区景点视野范围及富春江（芦茨）乡村慢生活体验区、富春山健康城规划区内的林木采伐，严格控制各地饮用水源保护区范围的采伐。必需的采伐限制在最低标准，严格控制在以下范围：农民自建房用材需要，森林病虫害防控需要，农林综合开发、林业产业造林、林相改造与抚育需要，世界银行造林还款需要，林地征占用需要，经鉴定的过熟杉木林、枯死木和森林防火等。到2015年底，全县林木采伐量下降50%以上，年许可证采伐量低于3.5万立方米，并逐年下降。

二、严格落实森林采伐计划。森林采伐计划规定的各项采伐数量为当年度最高采伐量。除枯死松树清理、烧（薪）材等采伐限额由县林业部门根据实际需要进行管理外，各乡镇（街道）应严格按照年度采伐计划进行，不得超出年度森林采伐计划规定的采伐数量。林木采伐必须与造林相结合，当年5月底造林任务完成前，暂缓除松林林分改造以外的其他林木采伐审批。

三、加强松材线虫病防控。森林采伐计划应当首先保障松材线虫病防控需要，疫区和防控重点乡镇（街道）年度森林采伐计划指标不少于70%用于松材线虫病防控，其他乡镇（街道）不得少于50%。松材线虫病防控任务完成情况作为对乡镇（街道）的林业工作业绩考评重要内容。

四、深化木材行业整治。鼓励木材加工企业利用县外资源开展木材加工，引导企业规范经营。各乡镇（街道）应结合“风景桐庐”、“四边三化”、“美丽乡村”建设等工作要求，综合开展木材行业整治工作，对存在无证照经营、非法占地经营、环境污染等违法行为的木材加工企业要依法整顿清理；对达不到整治要求的，要逐步淘汰。未完成或未切实开展整治工作的乡镇（街道），暂缓辖区内新木材经营加工核准证的核发工作。县林业、工商、国土、住建等部门要依法履行职责，指导、配合、督促乡镇（街道）根据各地实际和分类产业特点，开展木材行业整治工作，实现扶优汰劣产业转型升级目标。

五、强化大树名木保护。严格执行“大树名木不出县”的保障措施，深入开展“珍贵大树进村”活动。县林业部门要及时研究出台大树保护和采挖移植管理办法，强化大树名木珍惜资源保护和管理。

桐庐县人民政府
关于进一步优化工业用地差别化管理的实施意见（试行）

桐政发〔2015〕3号

各乡镇人民政府、街道办事处，县政府各部门、各直属单位：

为有效配置土地资源，优化工业项目用地结构，转变土地利用方式，提高土地产出效益和节约集约利用水平，促进经济转型升级，根据《节约集约利用土地规定》（国土资源部第61号令）、《杭州市人民政府关于实施“亩产倍增”计划促进土地节约集约利用的若干意见》（杭政〔2014〕12号）等文件精神，结合我县实际，特制定本实施意见。

一、总体要求

以科学发展观为指导，全面贯彻落实党的十八届三中、四中全会和中央城镇化工作会议精神，坚持转变经济发展方式与优化土地资源利用方式相结合，进一步优化工业用地资源要素配置，建立健全工业用地差别化政策，加快形成工业集中、产业集聚、土地集约的发展格局，加强土地供应总量、结构和布局的调控，推进土地供应分类精细化管理，提高土地节约集约利用水平，促进经济发展方式转型升级，推动我县经济社会又好又快发展。

二、基本原则

（一）坚持市场配置、公平竞争的原则。妥善处理好政府与市场的关系，充分发挥市场在土地资源配置中的决定性作用，在具有竞争性的市场领域通过市场竞争来配置资源。

（二）坚持政府引导、有保有压的原则。通过土地供应与管理的差别化政策，引导部分产业升级或退出，对符合本县经济转型发展的产业保障供应。

（三）坚持公开透明、规范运作的原则。严格界定差别化政策的类型与边界，市场竞争供应要按照招拍挂的相关规范严格执行，杜绝各类有碍公平的行为，政府政策倾斜的供地行为必须做到全程公开透明，过程与结果向社会公示，确保公平公正。

三、严格区分工业用地供应范围

工业用地指标按项目质量优劣进行市场化配置，努力保障节地型产（企）业用地。

（一）优先供地类。年度重大工业项目、重点技改项目和世界500强工业企业用地；上年度工业企业综合评价列为重点保障类企业用地；全县工业利税前50强工业企业、节约集约用地示范企业和重点培育的骨干龙头企业用地；新引进项目依据桐庐县“工业投资项目服务联系单”供地。

（二）一般供地类。连续两个年度工业企业综合评价列为优化保障类企业用地；对于限制供地类项目，鼓励用地单位以节地挖潜存量盘活为主，适当安排新增建设用地。

（三）限制供地类。连续两个年度工业企业综合评价列为一般保障类和限制发展类企业用地；不符合我县产业导向和落后产能项目用地。

四、实行工业用地差别化政策

（一）优化工业用地市场配置。完善工业项目国有建设用地出让、租赁、作价入股等资源配置方式。对列入年度工业用地出让计划的，可根据供地政策、土地用途、规划条件、产业用地需求等具体因素，选择适宜的工业用地出让方式，试行附带设计方案和亩产效益方案出让。

（二）试行工业用地出让弹性年限制。根据产业发展要求和用地单位经营情况确定工业项目国有建设用地使用权出让年限，一般工业项目用地出让年限为30年。实行“分阶段出让”的，先签为期6年的出让合同，按总地价20%缴纳土地出让金，办理6年的土地使用证；6年期限届满前考核达标的，签订补充协议将出让年期延长至30年，补缴总地价80%土地出让金，按规定办理剩余24年期土地使用证；6年期限届满考核不达标的，应按要求进行整改，整改不到位的，解除出让合同，已交土地出让金不予返还，收回土地使用权，地上建筑物进行合理补偿。对县级以上重点产业项目，根据项目实际，由用地意向单位提出，落户属地单位同意，出让最高年限可至50年。

（三）探索工业用地“先租后让”模式。鼓励企业“先租后让”，先签订为期6年的租赁合同，每年按总地价的3.3%收取租金，不办理土地使用证；6年租期届满前经考核验收达标的，签订剩余年期的出让合同，地价款为30年期出让金总额扣除已缴纳的租金后的差价，按规定办理30年期土地使用证，土地使用年限按交地时间起算；6年租期届满前考核未达标的，应按要求进行整改，整改不到位的，解除租赁合同，收回土地使用权，租金不予返还，地上建筑物进行合理补偿。

（四）落实工业用地分期供应制度。整体规划分期开发的重大工业项目国有建设用地，应遵循整体规划、分期供地、限期开发、控制总量的原则。首期供地未达到出让合同约定履约要求的，调整下期供地时序，存在严重违约或闲置土地的，将停止后期供地。

（五）实施工业用地差别化定价机制。对列入优先供地类项目，按土地利用节约集约化程度，区别不同行业和特点，出让起始价按不低于土地评估价80%设定；对列入一般供地类项目，按土地评估价设定出让起始价。其中对不符合我县产业转型升级且不符合乡镇、街道产业转型升级的产业，出让起始价按土地评估价上浮不低于20%设定，连续两个年度工业企业综合评价列为一般保障类和限制发展类企业用地、项目准入评价得分在80分以下的企业用地原则上禁止供地。产业项目用地实行政府优惠地价供应的，土地受让人经批准转让的，应按受让时评估地价补缴土地优惠价款。

（六）实行项目履约保证金制度。项目准入后，属地单位应与用地单位签订履约监管协议书，明确相关权利和义务，产业、投资、产出、税收等内容同时纳入履约监管协议书。县经信部门要制定履约监管协议书格式文本，履约保证金原则上按照总地价10%确定。履约监管协议书签订后，县国土部门再与用地成交单位签订土地出让合同。“先租后让”的产业用地免收履约保证金。

五、强化工业用地履约管理

（一）严格项目用地准入。以“县工业投资项目服务联系单”明确的相关指标，作为土地挂牌出让的要件。对于未达到准入标准的项目用地，一般通过租赁土地或厂房解决，原则上不予安排新增建设用地指标、不单独组织供地。

（二）健全工业项目评价考核。工业项目评价考核在厂房按规定要求竣工，设备已全部安装完成，项目已投入生产或试生产一年后进行。由项目所属单位负责召集县发改、经信、财税、住建、环保、国土等相关部门进行考核，考核内容包括产业政策执行情况、投资情况（含项目投资总额、亩均投资强度）、产出情况（亩均产出、亩均税收）以及土地出让合同或履约监管协议约定的其他指标和要求。通过评价考核的工业项目，凭县经信部门出具的评价考核意见书，县住建和国土部门方可办理房产登记和土地变更登记手续；未达到评价考核要求的，一律不得办理房产登记和土地变更登记手续，并可没收履约保证金，收回土地使用权。项目通过评价考核的，全额退还履约保证金（不计息）。

（三）加强部门协调合作。县政府相关部门要各司其职，研究制订相关配套政策措施，共同做好土地供应差别化管理各项工作。县发改部门负责制定我县工业项目产业导向、投资强度等相关指导性意见；县经信部门负责开展属地单位节约集约用地综合评价，制定履约监管协议书格式文本；县国土部门负责制定建设用地预申请制度，修改完善土地出让合同，更新完善全县基准地价体系和地价修正体系，组织项目供地；县住建部门负责制定控制性详细规划，根据产业定位细分规划用途，出具项目用地规划意见；其他相关部门在各自职责范围内做好有关监督管理工作。

六、本意见自公布之日起30天后试行，试行期一年，由县国土资源局负责解释，原政策与本意见不一致的以本意见为准。

桐庐县人民政府
关于开展民间融资管理试点工作的实施意见

桐政发〔2014〕5号

各乡镇人民政府、街道办事处，县政府各部门、各直属单位：

为加强对民间融资的规范和引导，发挥民间融资服务实体经济的积极作用，借鉴省内一些地区成功做法，结合县域实情，现就我县开展民间融资管理试点工作提出如下意见：

一、指导思想和基本原则

（一）指导思想。

以改善中小企业投融资环境、引导民间合法融资为立足点，发挥试点先行优势，推动民间融资阳光化、规范化，使民间融资流转顺畅有序，监管简洁有效，风险切实防范，有序推进我县民间融资管理试点工作。

（二）基本原则。

1. 疏堵结合与以疏为主的原则。依法打击非法吸收公众存款、集资诈骗、高利转贷等违法行为和资金掮客的违法活动，积极引导民间资本合理流转，推动民间融资阳光化和规范化。

2. 市场化运作与政府引导相结合原则。以市场机制激发民间融资市场活力，引导资金供需双方按照市场原则进行有效对接。规范县域民间融资市场，建立健全民间融资专业经营组织、中介服务机构及公共服务机构，搭建民间资金供需双方沟通平台，切实发挥民间金融有益补充作用。

3. 积极创新与风险防范相结合原则。增强创新意识，提高创新能力，大胆探索民间融资的新渠道、新模式、新产品。强化风险预警，加强对民间融资的动态跟踪监测，积极开展风险教育，有效提高借贷双方的风险防范意识和风险承担能力。

二、试点进度计划

试点工作从2013年开始，至2015年底结束。2013年底前完成方案设计并着手推进；2014年全面实施；2015年深化推进、细化政策和总结完善，形成民间融资管理长效机制。

三、试点的主要内容

（一）制定《桐庐县民间借贷管理办法》

制定出台《桐庐县民间借贷管理办法》，对借款人资质条件、贷款人资金来源、借贷利率、借款用途、合同手续等作出具体规定。借款人需履行与借款相关信息的告知义务，严格限制高负债率企业法人或深陷债务困境的个人大量高利借入资金。引导民间借贷双方通过专业机构或平台进行资金供需直接匹配。对专门从事高利贷活动的“掮客”应予以坚决打击。反对非理性高利借贷。

（二）建立民间借贷备案登记制度

出台《桐庐县民间借贷备案登记制度》，对县域范围内单笔借款金额300万元以上或累计借款余额1000万元以上或涉及贷款人累计30人以上的，借款人应主动至指定机构进行登记。民间融资备案登记信息是我县社会信用体系建设的组成部分，是保护双方权益、处理纠纷的重要依据。对及时履行还款义务的备案登记信息应作为良好信用的重要依据，在银行贷款发放等方面给予优惠和便利。我县各银行机构、小额贷款公司不得因借款人有民间融资行为而进行限贷。对履行民间借贷备案义务的当事人予以必要支持，不因主动备案登记而增加义务人负担。规避备案的，要通过责令改正、通报公示等方式督促行为人进行改正。

（三）设立桐庐县民间借贷服务中心

桐庐县民间借贷服务中心是接受县金融服务中心监督管理的公益性单位，其职能是为各类民间融资中介机构、中小企业及个人提供第三方鉴证、信用管理、鉴证、抵押登记、法律咨询等服务。

（四）培育民间融资专业经营组织和服务机构

1. 设立民间资本管理服务公司。引导具备专业资产管理能力的企业，成立民间资本管理服务公司，公开、透明地开展民间小额资金专业管理业务。该类公司所管理的资金来源于民间小额资金，主要用于本地中小微企业发展，主要业务为开展资金借贷、融资担保、处置银行机构不良资产及投资业务。经批准成立的民间资本管理服务公司可以采取定向非公开方式，向不超过200人的合格投资者募集资金，且向我县合格对象募集资金的比例不低于募集资金总额的50%。募集资金总额的50%以下的部分可以用于6个月以内的我县范围内的经营实体短期流动资金需求和银行贷款应急周转。试点期间，民间资本管理服务公司向特定对象募集的资金总和不得超过原始资本净额的4倍，其募集的已到位资金的70%以上应以股权债权形式投资于实体项目，投资于我县范围内的资金应占可投资资金的50%以上。拟成立的民间资金管理服务公司注册资本不低于2亿元（含），具备专业资产管理能力等基本条件。

2. 设立民间融资信息服务组织。该类组织主要从事民间资金需求信息登记与发布，需求方信用风险分类，民间借贷交易撮合，借款合同鉴证、备案及督促执行，对交易款项进行结算及流向跟踪，提供出借资金担保安排，代理进行资产评估、法律咨询、抵押登记等中介服务及代理办理相关手续并收取一定费用，开展自有资金匹配借贷业务，协助桐庐县民间借贷服务中心做好客户的信用调查、财务分析等有关工作。民间融资信息服务组织可通过收取相关服务费、担保手续费用、自有资金匹配借贷方式盈利。经批准成立的民间融资信息服务组织应当具备注册资本不低于500万元、一年以上运营经验具有专业投融资分析人员等基本条件。

3. 积极培育其他融资服务中介机构及配套服务机构。要积极规范引导本地本土融资中介服务机构，如典当行、寄卖行、投资咨询公司等的发展，吸引全国性或区域性的融资中介服务机构（如速贷邦、金算子房贷等）到我县设立分支机构或办事处。支持我县融资性担保公司做大做强，深入推动公证处、资产评估公司、资产登记机构、会计师事务所、律师事务所等服务机构发展，为我县民间融资试点工作提供完整配套服务体系。

（五）完善扶持措施

1. 完善有关金融扶持政策。对新设立的民间融资专业经营组织和服务机构3年内营业税、所得税收留县部分予以80%补助。

2. 完善担保风险补偿措施。加大补偿力度，将我县民营融资性担保公司及民间融资专业经营组织和服务机构纳入补偿范围。明确小企业支付的借款利息可作为成本列支，推动建立信用保证金拨备制度。

3. 加强服务。对撮合成功的借贷双方在办理房地产、知识产权、商标、机器设备、林权等资产的抵押和担保业务时，县国土、房管、工商、林业等相关部门应依法办理登记手续，人民银行提供信息查询等服务。有关规费予以优惠。

4. 为鼓励和引导民间借贷阳光化，对依法合规的民间借贷业务，县工商、人民银行、财税等部门要积极予以政策扶持，引导规范操作。

四、加强监管和风险防范

（一）建立民间融资试点工作体系

建立民间融资管理试点工作联席会议，联席会议由县政府、金融监管部门召集，负责指导、监督、监管我县民间融资活动，日常工作由县金融办负责承担。

成立桐庐县民间融资管理试点监管工作小组，负责民间融资管理试点的规范管理工作，具体职责分工详见附件。

（二）建立民间融资征信体系

整合法院民间融资纠纷、公安违法金融案件、民间融资备案登记以及风险排查和群众举报等信息，建立民间融资征信系统。民间融资征信系统与已有相关信用体系实现信息共享。通过列为不良记录、网站通报、报纸刊登，以及行政处罚等方式，严厉惩戒失信行为，营造良好的信用环境。

（三）强化监测预警和风险防范

加强对民间融资动态跟踪，特别要密切关注涉及高利借贷的重点骨干企业的生产经营状况及财务风险。对重大民间融资事件，按照“分业管理”原则做好应急响应和善后处置工作。

（四）整顿规范现有融资中介

对现存的未经审批但实际从事融资业务的担保公司、典当行、寄售行、投资咨询公司、理财公司等各类融资中介进行整顿规范，引导其成为合规的民间融资专业服务组织，纳入统一监督和管理。

（五）严厉打击非法集资、逃废债务等违法行为

依法打击非法吸收公众存款、集资诈骗、高利转贷等违法行为和资金掮客的违法活动。在处理重大民间融资纠纷和非法集资案件时，要做好资产保全、财产处置及主要责任人财产的持续追究工作，切实防止“假破产”等案件发生。

桐庐县人民政府
关于进一步完善政策性农业保险的通知

桐政发〔2014〕44号

各乡镇人民政府、街道办事处，县政府各部门、各直属单位：

为进一步提升农业抗灾水平，保障农民稳定增收，根据省发改委、财政厅、农业厅、中国保监委浙江监管局联合文件《关于做好2014年政策性农业保险工作的通知》（浙发改综体〔2014〕70号）精神，现就进一步完善我县政策性农业保险的有关事项通知如下：

一、增设三个保险品种

1．增设露地蔬菜保险。

保险标的：种植面积30亩（含）以上露地蔬菜。种植大户可单独自愿参保，其他小户可通过专业合作社等组织自愿参保。

保险金额：叶菜类分三个档次，分别为每亩200元、400元和600元，非叶菜类分三个档次，分别为每亩800元、1000元和1200元，由投保人与保险人协商确定，并在保险单中载明。

保险责任：热带风暴以上的热带气旋、龙卷风、暴风、暴雨、洪水、冰雹、冻灾、旱灾等。

保险费率：年基础费率6%。

保费分担：保费由各级财政补贴55%，其中省、县财政分别承担22%、33%；农户自负45%。

2．增设葡萄保险。

保险标的：种植面积5亩（含）以上的葡萄。大户可单独自愿参保，其他小户可通过专业合作社等组织自愿参保。

保险金额：分三个档次，分别为每亩1000元、1500元和2000元。

保险责任：风灾、暴雨、洪水、内涝、雹灾、冻灾、暴雪、旱灾等。

保险费率：年基础费率7%。

保费分担：保费由各级财政补贴55%，其中省、县财政分别承担22%、33%；农户自负45%。

3．增设大棚西瓜保险。

保险标的：种植面积5亩（含）以上大棚西瓜。大户可单独自愿参保，其他小户可通过专业合作社等组织自愿参保。

保险金额：分三个档次，分别为每亩500元、800元和1000元，由投保人与保险人协商确定，并在保险单中载明。

保险责任：热带风暴以上的热带气旋、龙卷风、暴雨、洪水、雹灾等。

保险费率：年基础费率7.5%。

保费分担：保费由各级财政补贴55%，其中省、县财政分别承担22%、33%；农户自负45%。

二、增设高温干旱责任

在费率不变的基础上，将旱灾纳入水稻、林木综合保险（即竹林、山核桃、香榧等经济林保险）责任范围，旱灾标准由气象部门会同农业部门监测鉴定，即综合气象干旱指数重旱级别以上；连续无降雨天数春季46天以上、夏季36天以上、秋冬季71天以上。

三、调整水稻保险金额

根据《浙江省人民政府办公厅关于抓好2014年粮食产销工作的通知》（浙政办发〔2014〕32号）精神，每亩水稻的保险金额由400元调整为400元、600元二档，投保人可以从中自行选择确定投保额。

四、调整部分险种免赔率

水稻、大麦、小麦保险每次事故的相对免赔率从30%下调为20%，即损失率达到20%（注：大麦、小麦含20%）以上时，保险人按照保险合同约定负责赔偿。

林木火灾保险每次事故的相对免赔额从15亩下调至3亩。林木综合保险公益林、用材林、竹林每次事故绝对免赔额3亩（含）调整为每次事故相对免赔额3亩（含），经济林每次事故绝对免赔额1000元（含）下调为每次事故相对免赔额500元（含）。

取消大棚保险5%的绝对免赔率，保留每次事故500元的绝对免赔额。大棚蔬菜保险原10%的绝对免赔率调整为每次事故100元的绝对免赔额。

取消淡水养鱼保险赔偿处理中30%绝对免赔率，取消附加特定疫病死亡扩展条款中50%绝对免赔率。

五、开发蚕桑特色险种

结合本县蚕桑产业发展实际和农户需求，探索开发地方特色农业保险品种——桑蚕保险，报省农险办备案后施行。其保险金额和费率按养殖时间确定，其中春蚕、晚中秋蚕每张保费800元，费率为4%；夏蚕、早中秋蚕每张保费600元，费率为7%。保险责任包括：由农药和有害气体中毒造成桑蚕死亡或上蔟不结茧，以及流行性、暴发性蚕病；雷击、台风、强热带风暴、龙卷风、洪水、冰雹、泥石流；火灾、爆炸、房屋倒塌。保费由省、市县、养殖户按20%、55%、25%比例分摊。

各乡镇（街道）要加大宣传力度，充分利用农村保险服务站平台，引导和发动农户积极投保，提高保险覆盖率。县政策性农业保险工作协调小组各成员单位要结合部门职责，做好相关配合支持工作。人保财险桐庐支公司要进一步优化服务，切实抓好新险种参保、相关政策调整实施等工作，确保承保理赔各项工作落实到位。

本《通知》自2014年1月1日起施行。

桐庐县人民政府
关于进一步鼓励和扶持文化创意产业发展的意见

桐政发〔2014〕94号

各乡镇人民政府、街道办事处，县政府各部门、各直属单位：

为进一步推进我县文化创意产业发展，发挥我县文化创意产业在转变经济发展方式、调整经济结构中的重要作用，根据《省委、省政府关于进一步加快发展文化产业的若干意见》（浙委发〔2013〕28号）、《中共桐庐县委关于认真贯彻党的十七届六中全会精神加快打造人文桐庐、建设文化强县的若干意见》（县委〔2012〕20号）和《桐庐县文化创意产业发展规划（2011—2015）》（桐政发〔2011〕104号）等文件精神，结合我县发展实际，特制定如下政策意见。

一、扶持资金

（一）资金来源。文化创意产业发展资金（以下简称“发展资金”）来源于县财政拨款。

县财政每年安排500万元发展资金用于扶持我县文化创意产业发展，今后视资金使用情况，逐年扩大资金额度。

（二）资金用途。发展资金适用于文化创意产业领域，主要扶持对象是我县的文化创意产业项目、文化创意活动以及在文化创意领域取得突出成绩的企业、单位、组织及个人。

（三）扶持方式。资金主要扶持方式为资助、奖励等方式。根据我县文化创意产业的发展特征，对文创项目的扶持实行分类管理的原则，分公开征集立项项目和专项项目，并且实施不同的管理办法。

二、扶持范围

以杭州市文化创意产业发展资金扶持产业的重点为指导，结合我县产业发展实际，发展资金扶持重点为：

1. 文化休闲旅游业：以人文资源为内涵的休闲旅游业（含体育、健康、文化演艺等行业）。

2. 艺术品业：指绘画、书法、雕塑、篆刻、剪纸等工艺美术业。

3. 设计服务业：以先进装备制造设计、服装设计、包装设计、模型设计等为重点的工业设计业，以建筑设计、规划设计、园艺设计与城市色彩设计等为重点的建筑景观设计业及广告业。

4. 信息服务业：指互联网信息服务业、广播电视传输服务业等。

5. 动漫游戏业：动漫制作、网络游戏、动漫衍生产品开发等相关行业。

6. 现代传媒业：指以内容和技术更新为特征的广播影视业、新闻出版业、新媒体的制作与传播等。

7. 教育培训业：除学前教育、义务教育和高中教育以外的普通高等教育、职业技能培训及其他教育业等。

8. 文化会展业：文化类会展或富有文化创意内容的会展及活动。

9. 文化创意产业园区及公共服务平台建设。

10. 文化用品、设备及相关文化产品的生产和销售业。

三、扶持条件

1. 依法在本县范围内注册，具有独立法人资格，实行独立核算的文化创意企业或其他依法设立的文化创意单位和组织。

2. 在本县国、地税部门税务登记并依法纳税，认真履行劳动保障和社会责任。

3. 符合国家产业政策和杭州市文化创意产业导向要求。

4. 无非法生产经营行为，未发生安全生产责任死亡事故，未发生违反环保法规受到行政处罚的事件或环境污染事件。

四、扶持政策

1. 培育发展文创产业园区（基地）、特色楼宇。鼓励社会资本创办文创产业园区（基地）、特色楼宇，经认定为杭州市级文化创意产业园区（基地）的，给予一次性20万元的奖励，专项用于园区建设；经认定为杭州市级特色文创楼宇的（包括商务楼宇、商业楼宇、城市综合体、科研楼宇、科技孵化器楼宇、用于出租或出售的工业标准厂房、保护建筑、农居SOHO等），给予一次性10万元的奖励，专项用于楼宇建设。

2. 大力扶持重点项目。县文创办根据公开申报项目情况组织相关职能部门和文创专家成立评审小组，通过综合评定确定拟扶持项目，然后提交县文创领导小组讨论确定正式扶持项目。单个项目补助额度不超过该项目固定投资额的15%且总额不超过40万元。对总投资1000万元以上的优质文创项目，给予固定投资额6%的补助且补助总额不超过90万元，分年投资的按当年投资进度给予奖励，项目投资期限不得超过三年。

3. 加大重大活动扶持。由民间投资举办，在杭州市、浙江省乃至全国有重大影响、市场潜力较大、能产生较好经济和社会效益的节庆、表演、会展等重大文化创意活动，经公开申报，由县文创办组织专家评审组进行综合评定并提出建议，经县文创领导小组讨论通过，给予资助。单一活动资助额度不超过直接投资额的30%，且总额不超过30万元。自费参加法兰克福展览会、杭州文博会、北京文博会、深圳文博会、中国西部文博会、义乌文博会等境内外重点文创展会的企业，经县文创办备案，参展后给予展位费不超过70%的补助，最高不超过3万元/个；参加其他境内外文创展会的，每个展位补助不超过50%，最高不超过2万元/个。每家企业全年展会补助总额不超过20万元。

4. 对原创影视、出版作品给予奖励。在中央电视台首次播出的动画片按每分钟1000元给予奖励，总额不超过60万元；地方电视台（5个地市级以上电视台）首次播出的动画片按每分钟500元给予奖励，总额不超过30万元。在中央台、省台、地级市台首次播出的电视连续剧（每部二十集以上、每集40分钟以上），给予每集5万元、2万元、1万元奖励，且奖励总额不超过90万、40万、30万元。电影作品（单部90分钟及以上）在国内影院首播和公映，按每一部30万元给予奖励。微电影作品对城市品牌推广产生积极影响的，给予不超过5万元的奖励。对在省级以上出版机构出版发行的原创影视、动漫、文学作品（转让作品不在此列），发行量在5万册以上的，一次性给予5万元奖励。

5. 重视文化创意产业人才培养和引进。每年在县文化创意产业专项资金中安排一定的资金用于开展文化创意人才的引进、学习、培训和交流等工作。对在我县创办文创企业、成立工作室（正常运营满一年）的国家级、省级优秀文创人才，经县文创领导小组同意，分别给予不超过10万元、5万元的奖励。鼓励本县文创企业、人才参加上级部门组织的国内外创意赛事，在国际级、国家级、省级、市级比赛中获奖、获荣誉称号的，经县文创领导小组认定，分别给予不超过1万元、8000元、5000元、3000元的奖励。鼓励本县文创从业者参加国家、省、市各类文创培训，经县文创办备案，自费参加国家、省、市各类文创培训，结业后分别按不超过学费的50%、30%、10%标准给予补助（书画人才按照桐政发〔2013〕95号文件执行）。

6. 鼓励融资担保服务。支持和引导符合批准设立条件的国有、集体担保机构为我县中小文化创意企业的融资提供担保，对日均担保余额达到一定规模以上的，参照桐政〔2012〕2号文件第42条给予风险补助。

7. 由政府批准组织的文化创意产业的重大宣传活动、招商引资、招才引智、展示展销、课题研究、评选奖励、项目评审论证等相关管理费用，经县文化创意产业办公室批准，县财政局审核后，从发展资金中列支。县财政已安排专项费用的，不再予以补助。

五、附则

1. 对我县文化创意产业发展具有重大带动作用的新注册企业，其鼓励和扶持标准实行一事一议。

2. 企业获得县其他同类财政资助（奖励）的，按就高不就低原则不重复资助（奖励），各项奖励总额原则上与企业对县财政的贡献相挂钩。

3. 凡经年度审计发现有不符合资助或奖励条件的，予以追回资金。

4. 本意见自2014年1月1日起执行，期限暂定三年，桐政发〔2010〕113号文件同时废止。本意见实施过程中的有关具体问题由县文化创意产业办公室和县财政局负责解释。

桐庐县人民政府
关于进一步推进农村土地综合整治的实施意见

桐政发〔2014〕101号

各乡镇人民政府、街道办事处，县政府各部门、各直属单位：

为进一步优化农村土地资源配置，推进农村住房改造，提高农村土地节约集约利用水平，经县政府研究，现就进一步推进农村土地综合整治工作制定如下实施意见。

一、工作目标

按照“规划先行、政策引导，农民自愿、稳妥有序”的要求，鼓励农民向新农居点和城镇集聚，有效推进农村土地综合整治项目实施。

二、工作原则

1. 以人为本。农民是农村土地综合整治的利益主体，要尊重和依靠农民，保障农民权益，发挥群众的积极性和主动性。通过人口集聚、功能配套，切实改善农民居住条件，不断优化农民发展环境。

2. 规划先行。依据县域总体规划，以优化村庄和农村人口布局为导向，修编完善村镇规划、农村土地整治规划，优化农村空间布局，改善农村人居环境。

3. 节约集约。通过农村土地综合整治，优化土地资源配置，促进农民集聚发展，破解土地供需矛盾，实现土地集约利用。

4. 因地制宜。引导农户通过联建住房或购买农村公寓房的方式就近安置，鼓励具备条件的农户通过购买商品房的方式转移安置。

三、政策措施

1. 农村土地综合整治项目实施、农户拆迁安置工作由各乡镇人民政府、街道办事处负责。

2. 农村土地综合整治项目获取的城乡建设用地增减挂钩指标，除去项目区内拆迁农户安置用地后的新增指标，由县政府回购统筹使用的，回购价格为45万元/亩；由本乡镇（街道）使用的，县政府补助12万元/亩。

3. 以农民公寓房方式安置的，按照实际安置人数，由所在乡镇（街道）补助建设主体不低于3万元/人、补助农户1万元/人。

4. 农户永久放弃农村宅基地、自行购买城镇商品房的，由所在乡镇（街道）给予不低于7万元/人的购房补助，其中县财政承担3万元/人。

5. 补助对象为本县农村土地综合整治项目区内有合法住房，实现异地转移集聚的农户家庭在册农业人口。

6. 农民公寓房户型、每户安置规定面积由所在乡镇（街道）根据有关规定自行确定，安置公寓房的规定面积内部分按成本价核定。

7. 农民公寓房安置户办理房屋所有权证所缴契税留县部分（人均45平方米以内），全额返还奖励。

8. 农村土地综合整治项目获取的城乡建设用地增减挂钩指标，应优先保障项目区内拆迁农户的安置用地。

9. 农户原农村合法建筑物（包括地面附属物）由所在乡镇（街道）统一评估、补偿，具体补偿标准按所在乡镇（街道）补偿标准执行。

10. 金融机构要采用个人住房按揭贷款、专业机构担保、联保体担保等形式，为集聚农户提供多样化信贷服务。

11. 除以上补助外，项目区搬迁安置农户若符合杭州市下山移民等政策补助条件的，可按规定申请享受。

四、工作要求

各乡镇（街道）为农村土地综合整治项目的实施主体，要结合当地实际，建立工作机构，制定具体实施办法，多种途径推进农村土地综合整治工作。

各相关部门要各司其职、密切配合，形成推进农村土地综合整治的工作合力，统筹做好指导服务和督促检查工作。县国土部门负责做好农村土地综合整治项目的立项审核、项目验收和监督管理等工作；县住建部门负责指导村镇规划调整、农居点规划布点、农民公寓房规划设计，做好相关审批和安置公寓房产权登记发证工作；县财政部门负责财政资金的筹措、使用和监管；县农办负责农户土地流转，会同县国土、财政、住建等部门做好项目区内农户购买商品房补助的审核工作；人社部门负责转移城镇居住农户的就业再就业服务等工作。

本实施意见自发文之日起30日后实行，有效期至2016年12月31日止，时间以签约日为准。2014年1月1日前立项的农村土地综合整治项目，农户安置按本意见执行，项目补助标准仍按桐政办〔2013〕103号文件规定执行。

【责任编辑：郑巧丽】

名　录

·2014年县级主要机构及负责人·

·中共桐庐县委·

书　记：毛溪浩
副书记：方　毅
　　吴玉凤（女，—2014.7）
　　骆安全（2014.8—）
常　委：毛溪浩　方　毅
　　吴玉凤（女，—2014.7）
　　骆安全　李忠誉（2014.8—）
　　毛根洪　胡绍平（—2014.9）
　　周　郑（—2014.4）　王优健
　　盛春霞（女）　白　宇（—2014.4）
　　樊　春（女，—2014.10）
　　王建平（2014.4—）
　　任玉兵（2014.4—
　　黄利文（2014.9—）
　　潘立铭（2014.11—）
委　员：（按姓氏笔画为序排列）
　　王先勇　王优健　王金才
　　王建平（2014.4—）　毛旭红
　　毛根洪　毛溪浩　方　毅
　　方劲松　卢　强　申屠增标
　　白　宇（—2014.4）
　　任玉兵（2014.4—）　孙峰民
　　李忠誉（2014.8—）
　　吴玉凤（女，—2014.7）
　　吴金富　吴爱群　余荆棘
　　邵卫华　周　郑（—2014.4）
　　周海静　郑建军（—2014.4）
　　胡建高　胡绍平（—2014.9）
　　钟玉华　俞　谷　骆安全
　　徐　雯（女）　徐文波
　　徐志勇　黄利文（2014.9—）
　　黄建军　盛春霞（女）　程春明
　　游　宏　樊　春（女，—2014.10）
　　潘立铭
候补委员：周政洪　姚伟明（—2014.9）
　　柯汉根　申屠群雄
　　郑荣秀（女）
　　徐志奎（—2014.6）　陆端平

·县委工作部门·

【办公室】
主　任：吴金富（—2014.1）
　　卢　强（2014.1—）
副主任：赵华丰　毛旭红　钟关贤
　　方飞燕（女）　濮樟平
　　余志明　李春龙　潘倪敏

【政策研究室】
主　任：方飞燕（女）

【县委台湾工作办公室（县政府台湾事务办公室）】
主　任：吴金富（—2014.1）
　　卢　强（2014.1—）
副主任：李振荣

【组织部】
部　长：骆安全（—2014.8）
　　李忠誉（2014.8—）
常务副部长：余荆棘
副部长：胡建高（—2014.1）　黄建军
　　周政洪　王国荣　朱红亮
人才办主任：余荆棘
人才办副主任：吴海林（—2014.1）

【宣传部】
部　长：王优健
常务副部长：仰忠明
副部长：叶剑铭　濮忠平（2014.12—）
文化创意产业办公室主任：

仰忠明（—2014.1）　叶剑铭（2014.1—）
文化创意产业办公室副主任：徐海燕（女）

【统战部】

部　长：盛春霞（女）
常务副部长：汪玉成（—2014.1）
俞　放（2014.1—）
副部长：李玉标　周新强

【县委政法委（县社会管理综合治理委员会办公室）】

书　记：吴玉凤（女，—2014.8）
骆安全（2014.8—）
副书记：毛根洪　周　郑（—2014.5）
王建平（2014.5—）
赵华丰　汪　东
综治办主任：赵华丰
综治办副主任：郑　波　柴立新
维稳办主任：汪　东
维稳办副主任：徐志林

【县委防范和处理邪教问题领导小组办公室（县政府防范和处理邪教问题办公室）】

主　任：赵华丰

【机构编制委员会办公室】

主　任：黄建军
副主任：郭左云（女，—2014.1）
陈　超（2014.1—）
钱华明（2014.1—）

【县委、县政府农业和农村工作办公室】

党组书记、主任：毛旭红
副书记：王华杰（2014.1—）
副主任：王华杰　毛余正　李建平
县纪委驻县农办纪检组长：方财荣

【县直属机关党工委】

书　记：周政洪（—2014.1）
金继民（2014.1—）
副书记：钟荣祥
纪工委书记：江杏英（女）

【县委、县政府信访局（县长公开电话受理中心）】

局　长：钟关贤
副局长：何惠红（女，—2014.1）
蓝　晶（女，2014.1—）　吴来洪
宋　璐（2014.1—）
县长公开电话受理中心主任：钟关贤
县长公开电话受理中心副主任：
何惠红（女，—2014.1）
蓝　晶（女，2014.1—）

【老干部局】

局　长：王国荣
副局长：彭永炳　柴文英（女）

【县委党校（行政学校）】

校　长：吴玉凤（女，—2014.8）
骆安全（2014.8—）
常务副校长：方劲松
副校长：胡建高（—2014.1）
周政洪（2014.1—）
蔡海威　李言坤　王兴春
纪委书记：王兴春

【党史研究室】

主　任：郑萍萍（女，—2014.12）
副主任：郑巧丽（女）

【县广播电视台】

台长、党委书记：赵雄军
党委副书记、副台长：董亦民
副台长：王域明
纪委书记：江月平

【县信息传媒中心】

党组书记、主任：石樟全
党组副书记、副主任：徐向国
副主任：何志英（女，—2014.1）

【档案局】

局　长：朱文珍（女，—2014.12）
副局长：向志平（—2014.12）　沈林松
黄晓峰（2014.12—）

·中共桐庐县纪律检查委员会·

书　记：胡绍平（—2014.9）
黄利文（2014.9—）
副书记：姚　民　金　伟
常　委：胡绍平（—2014.9）
黄利文（2014.9—）
姚　民　金　伟　裴　昶
陈忠民　潘爱琴（女）　郑士英（女）
胡轶群

·桐庐县人民代表大会常务委员会·

党组书记、主任：游　宏
党组副书记、副主任：方志远
副主任：潘晓萍（女）　徐海初　华　健
　　周一明　钟玉华
委　员：潘胜华　王水良　华权有
　　许丽娟（女）　孙　毅
　　严根巨　陈毅君（女）
　　邵明喜　林国华　周忠平
　　赵建忠　姜春龙（—2014.1）
　　虞星华　潘苍秀（女）　王利平
　　方培群（—2014.8）　舒　丹（女）
　　朱红亮　向良顺（2014.1—）

·县人大办事机构·

【办公室】
主　任：潘胜华
副主任：吴柏存　吴紫娟（女）
【法制和内务司法工作委员会】
主　任：严根巨
【财政经济工作委员会】
主　任：华权有
副主任：俞　斌
【教科文卫工作委员会】
主　任：王利平
【代表工作委员会】
主　任：虞星华
副主任：单轶卫
【城建环保工作委员会】
主　任：姜春龙（—2014.1）
　　向良顺（2014.1—）
【农业和农村工作委员会】
主　任：陈毅君（女）
副主任：朱建余（—2014.1）
　　林柱友（2014.1—）

·桐庐县人民政府·

党组书记、县长：方　毅
党组副书记：毛根洪
副县长：毛根洪　王金才（—2014.1）
　　樊　春（女，—2014.11）　周建英（女）
　　潘立铭　李　鹏　颜　鹂（女）
　　王水娟（女）　吴金富（2014.1—）
　　王　歆（2014.12—）

·县政府工作部门及所属企事业单位·

【办公室（法制办公室）】
党组书记、主任：申屠群雄
副主任：潘武伟（正局级，2014.1—）
　　王维洪　仰富友（—2014.12）
　　方义成（—2014.1）
　　徐利民（—2014.12）
　　张富寿（兼，2014.4—2014.12）
　　俞　放（—2014.1）　濮樟平
　　方培泉（—2014.1）
　　余红坚（2014.1—）
　　顾时新　王红春
　　张祖庆　贾安琪（女）
　　何　伟　潘倪敏
法制办公室主任：申屠群雄
法制办公室副主任：王玲玉（女，—2014.1）
　　兰世民（2014.1—）
【发展和改革局】
党委副书记、局长：钱潮力
党委书记：范　鹤（—2014.1）
　　钱潮力（2014.1—）
党委副书记、副局长：谢　棣
副局长：余红坚（—2014.1）
　　汪文峰（2014.1—）　杜玉玉（女）
纪委书记：殷书金（—2014.1）
　　章　巡（2014.1—）
物价局局长：钱潮力
粮食局局长：钱潮力
【经济和信息化局】
党委副书记、局长：钟一平
党委书记：姚昌苏（女，—2014.12）
　　钟一平（2014.12—）
党委副书记：余德泉（2014.1—）
副局长：余德泉　程国明　陈伟琴（女）
　　潘其君（—2014.1）
　　黄晓峰（2014.1—2014.12）
纪委书记：陈立新

【教育局】
党委书记、局长：季建平
党委副书记：濮樟虎（2014.1—）
副局长：濮樟虎　李如林
吴忠华（2014.1—）
县纪委驻县教育局纪检组长：兰天明

【科学技术局】
党组书记、局长：赵新华
副局长：金世勇（正局级）　朱卫英（女）

【民族宗教事务局】
局　长：汪玉成（—2014.1）
俞　放（2014.1—）
副局长：王国富（—2014.1）
吴忠军（2014.12—）

【公安局】
党委书记、局长：周　郑（—2014.5）
王建平（2014.5—）
党委副书记、政委：朱华能
党委副书记、常务副局长：柯汉根
副局长：许国宏　洪春潮（2014.4—）
张潮军（—2014.2）　李承敏
纪委书记：吴有良

【监察局】
局　长：姚　民
副局长：裴　昶　郑士英（女）　方　中

【民政局】
党委副书记、局长：冯贤良
党委书记：余关平（—2014.1）
党委副书记：余关平（2014.1—）　倪国平
副局长：倪国平（2014.12—）　童雪荣
程晓华（—2014.12）　毛来洪
纪委书记：倪国平（—2014.12）
朱峰群（2014.12—）

【司法局】
局　长：汪丽俊（女）
党组书记：何关火
副 局 长：王潮洪　王　华（—2014.12）
周森华（2014.12—）

【财政（地税）局】
党委书记、局长：徐志勇
党委副书记：倪金夫（正局级）　项丽珠（女）
副局长：项丽珠（女）　毕文浩
申屠逸清
县纪委驻县财政局纪检组长：倪金夫（正局级）
地税局局长：徐志勇
地税局副局长：胡怡生　徐庭柱

【人力资源和社会保障局】
党委书记、局长：胡建高（—2014.1）
周政洪（2014.1—）
党委副书记、副局长：何建忠
副局长：李明潮（—2014.1）　朱红卫
孙忠明（2014.1—）
吴海林（2014.1—）
纪委书记：袁雪满

【国土资源局】
党委书记、局长：邵卫华
党委副书记：朱伟民（2014.1—）
副局长：朱伟民　郑金龙（2014.1—）
樊　琳（女）
纪委书记：徐　强

【住房和城乡建设局】
党委书记、局长：陆端平
党委副书记：董永泉（2014.1—）
副局长：董永泉　曾　斌（—2014.4）
叶向前（2014.12—）　唐秋权
邵旭华（2014.1—）
县纪委驻县住房和城乡建设局纪检组长：
阮亭富（—2014.5）
孟佐林（2014.6—）
规划局局长：陆端平

【交通运输局】
党委副书记、局长：倪天震
党委书记：申屠涛英（女，—2014.1）
倪天震（2014.1—）
党委副书记：王金法（—2014.1）
吴国强（正局级，2014.12—）
袁跃明（2014.1—）
副局长：袁跃明　张劲辉　杨文鸣
县纪委驻县交通运输局纪检组长：
王明亚（女，—2014.12）
吴国强（正局级，2014.12—）

【农业局】
党委副书记、局长：喻昌国
党委书记：喻昌国（2014.1—）
党委副书记：皇纯建（2014.1—）
副局长：皇纯建（2014.1—）　朱兴荣
　　徐红卫　柳江虹（女）
纪委书记：皇纯建（—2014.1）
　　江来英（女，2014.1—）

【林业局】
党委副书记、局长：周华新
党委书记：陆永平（—2014.1）
党委副书记：
　　陆永平（正局级，2014.1—2014.12）
党委副书记、副局长：董晓华
副局长：徐社红
县纪委驻县林业局纪检组长：钟樟兴

【水利水电局】
党委副书记、局长：徐志奎（—2014.1）
党委书记、局长：宋健民（2014.1—）
党委书记、副局长：汪来宝（—2014.1）
党委副书记：姚春英（女）
副局长：徐昌东　陈伟民（2014.1—）
　　吴建生　周　凌（2014.1—）
　　陈　民（—2014.1）
　　汪　勇（—2014.1）
县纪委驻县水利水电局纪检组长：姚春英（女）

【商务局】
党委书记、局长：吴红庭
党委副书记：周桂平（女）
副局长：周桂平（女，2014.1—）
　　方志凯　曹洪平
纪委书记：周桂平（女，—2014.1）
　　任　琤（2014.1—）

【旅游委员会】
党委书记、主任：徐利民
党委副书记：赵小玲（女）
副主任：赵小玲（女）　来　力
　　江　峰（2014.1—）
纪委书记：夏爱云（女）

【文化广电新闻出版局（体育局）】
党委副书记、局长：王樟松
党委书记：吴旗平（—2014.1）
党委副书记：
　　吴旗平（正局级，2014.1—）
　　郑　玲（女）
副局长：吴旗平　郑　玲（女）　邬小鹏
纪委书记：吴斌生

【卫生局】
党委副书记、局长：吴志忠
党委书记：宋健民（—2014.1）
　　吴志忠（2014.1—）
副局长：蒋之华（—2014.1）　唐　赟
　　邹建华
县纪委驻县卫生局纪检组长：方　娟（女）

【人口和计划生育局】
党组书记：申屠妙琴（女，—2014.12）
局　长：申屠妙琴（女）
副局长：方鲁通　陈志明
　　林　群（女，—2014.12）

【审计局】
党组书记、局长：潘爱琴（女）
党组副书记、副局长：
　　张富寿（正局级，2014.1—）
副局长：徐　华（—2014.1）　何庆娟（女）

【统计局（桐庐调查队）】 2014年10月31日县委常委会决定：撤销中共桐庐县统计局、国家统计局桐庐调查队党组，建立中共桐庐县统计局党组和中共国家统计局桐庐调查队党组。
党组书记：毛振农（—2014.10）
国家统计局桐庐调查队队长：
　　毛振农（—2014.11）
国家统计局桐庐调查队副队长：
　　王樟云（—2014.11）

【统计局】 2014年10月31日县委常委会决定：撤销中共桐庐县统计局、国家统计局桐庐调查队党组，建立中共桐庐县统计局党组和中共国家统计局桐庐调查队党组。
党组书记：毛振农（2014.10—）
局　长：毛振农
副局长：方君萍（女）　盛　梅（女）
桐庐县社会经济调查队队长：毛振农

桐庐县社会经济调查队队长：
蔡　康（2014.12—）　何小敏

【环境保护局】

党组书记、局长：张利军
党组副书记：汪文清（女）　方仕民
副局长：方仕民　林柱友（—2014.1）
徐建宏（2014.1—）　杨振武
纪检组长：袁建方（—2014.1）
傅竹明（行政级别为正局级，2014.1—）

【城市管理局】

党委书记、局长：陈柏其
党委副书记、副局长：孟小云（2014.7—）
副局长：徐建平　林志明
纪委书记：徐长兴
桐庐县城市管理综合行政执法局局长：陈柏其
桐庐县城市管理综合行政执法大队长：陈柏其

【安全生产监督管理局】

党组书记、局长：丁有理
党组副书记：吴国强（正局级，—2014.12）
副局长：吴国强（正局级，—2014.12）
方世平　虞忠伟

【市场监督管理局】 根据浙政发〔2013〕54号、浙政办发〔2013〕148号、杭政函〔2014〕52号文件精神，2014年4月，撤销中共杭州市工商行政管理局桐庐分局委员会、纪律检查委员会，中共桐庐县质量技术监督局委员会、纪律检查委员会，中共桐庐县食品药品监督管理局委员会、纪律检查委员会，建立中共桐庐县市场监督管理局委员会、纪律检查委员会。桐庐县市场监督管理局挂桐庐县工商行政管理局、桐庐县质量技术监督局、桐庐县食品药品监督管理局局长、桐庐县食品安全委员会办公室牌子。

党委书记、局长：方志荣（2014.4—）
党委副书记：潘小英（女，2014.4—）
副局长：王银昌（2014.4—）
叶伟康（2014.4—）
方权根（2014.4—）
钱　净（2014.4—）
纪委书记：高　健（2014.4—）
桐庐县工商行政管理局局长：方志荣（2014.4—）
桐庐县质量技术监督局局长：方志荣（2014.4—）
桐庐县食品药品监管局局长：方志荣（2014.4—）

【食品药品监督管理局】 根据浙政发〔2013〕54号、浙政办发〔2013〕148号、杭政函〔2014〕52号文件精神，2014年4月，撤销中共杭州市工商行政管理局桐庐分局委员会、纪律检查委员会，中共桐庐县质量技术监督局委员会、纪律检查委员会，中共桐庐县食品药品监督管理局委员会、纪律检查委员会，建立中共桐庐县市场监督管理局委员会、纪律检查委员会。

党委书记、局长：方义成（—2014.1）
副书记、副局长：潘小英（女，—2014.4）
副局长：江来英（女，—2014.1）
纪委书记：高　健（—2014.4）

【公共资源招投标管理委员会办公室　行政服务中心】

党组书记、主任：潘武伟（—2014.1）
方义成（2014.1—）
副主任：吴海林　吕娟平（女）　叶建新
纪检组长：应龙天

【桐庐经济开发区（科技城、新城建设）管理委员会】

党委书记：华　健
党委副书记：孙峰民　朱小昌　王先勇
孙叶华　卢　强（—2014.1）
施　伟（2014.1—）
主　任：孙峰民
副主任：陈锦强　施　伟（—2014.1）
申屠庆良（2014.1—）
张苏平（按正局级配备）　杨洪平
周跃群　张丁玎
纪委书记：皇甫秋宏

【分水江工程管理局】

局　长：徐昌东
副 局 长：王　强（2014.1—）　陈　华
纪委书记：唐根云（—2014.1）
陈　华（2014.1—）

【移民局】

局　长：冯贤良（—2014.1）
余关平（2014.1—）
副局长：吴　剑　方培群（2014.6—）

【杭州住房公积金管理中心桐庐分中心】

主　任：申屠海荣

【保密局】
局　长：周春儿（女）
【县级机关事务管理局】
党组书记、局长：仰富友（—2014.12）
副局长：吴田金　　陈　刚
县委县政府接待办主任：仰富友（—2014.12）
【供销合作总社】
党委书记、主任：袁建刚（—2014.1）
汪玉成（2014.1—）
党委副书记：鲁成水（正局级，2014.1—）
副主任：鲁成水　　罗关梅（女，—2014.1）
李仁良
纪委书记：朱峰群（—2014.12）
林　群（女，2014.12—）

·政协桐庐县委员会·

党组书记、主席：程春明（—2014.1）
王金才（2014.1—）
党组副书记：周媛玉（女 ）
副主席：周媛玉（女）　王志炎　　郑为民
俞建华　　　雷国兴　　濮樟明
秘书长：俞　谷
副秘书长：叶林茂
常　委：（按姓氏笔画为序排列）
王茂祥　　申屠建荣　　申屠银光（女）
田玲秀（女，2014.1—）　朱晓东（2014.1—）
刘仲勋　　李玉标　　李昌坤
吴海凤（女，—2014.1）　余卫均
余可榕　　余良军　　汪丽俊（女）
汪　勇（—2014.1）　　张银娟（女）
陈伟琴（女）　　　　林卫红
周玉琴（女，—2014.1）　郑林平
郑　红（女）　赵志楠　胡春芽（女）
柳江虹（女，2014.1—）　郦晓良
钟志联　　皇甫秋强　　姚福军
贾安琪（女，2014.—）　徐　东
徐　华　　徐群力　　徐嘉卫
郭少军　　董利荣
舒　丹（女，—2014.1）

·县政协办事机构·

【办公室】
主　任：叶林茂
副主任：何　剑　　方灿丽（女，2014.1—）
【提案委员会】
主　任：王丽华
副主任：何志英（女，2014.1—）
【委员学习和工作联络委员会】
主　任：姚圣华
【城建和人口资源环境委员会】
主　任：孟祥国
【经济科技委员会】
主　任：毛有良
【社会法制和港澳台侨委员会】
主任：李志坚（—2014.1）
江明德（2014.1—）
【文史和教文卫体委员会】
主任：周保尔（—2014.1）
方培泉（2014.1—）

·县人民武装部（部队直管单位）·

党委第一书记：毛溪浩
党委副书记、部长：任玉兵（—2014.6）
侯超纪（2014.6—）
党委书记、政委：白　宇（—2014.3）
任玉兵（2014.6—）
副部长：陈建勇

·县人民法院·

党组书记、院长：陆忠明
党组副书记、常务副院长：
赵　平（正局级，—2014.1）
邵樟庆（正局级，2014.1—）
副院长：
邵樟庆（行政级别为正局级，—2014.1）
林卫红（行政级别为正局级，—2014.12）
刘　平　　王定生（2014.1—）
王　华（2014.12—）
纪检组长：高克俭（行政级别为正局级）

·县人民检察院·

党组书记、检察长：郑建军（—2014.4）
党组书记、代理检察长：夏　涛（2014.4—）
党组副书记、常务副检察长：
　　方继民（正局级，2014.1—）
副检察长：
　　方继民（行政级别为正局级，—2014.1）
　　林卫红（行政级别为正局级，2014.12—）
　　李国军　方静根（2014.1—）
纪检组长：
　　傅竹明（行政级别为正局级，—2014.1）
　　袁建方（2014.1—）

·县拆迁工作领导小组办公室·

党组书记、主任：王维洪
副主任：杨利民（—2014.1）　叶成盛

·群众团体·

【总工会】
党组书记、主席：滕建明
副主席：潘苍秀（女，—2014.12）
　　潘武英（女，2014.12—）　郑林平
【共青团桐庐县委】
书　记：舒　丹（女）
副书记：朱晓东　邵翰云（2014.7—）
【妇女联合会】
党组书记、主席：郑荣秀（女，—2014.1）
　　梅晓波（女，2014.4—）
副主席：许丽娟（女）
　　吴海凤（女，—2014.1）
　　宋　丽（女，2014.1—）
【文学艺术界联合会】
党组书记、主席：董利荣
副主席：何　璟　赵志楠
【工商业联合会】
党组书记、主席：李玉标
副主席：蒋小荣（—2014.1）
　　吴君君（女，—2014.1）
　　邹金柱（2014.1—）
　　何惠红（女，2014.1—）
　　郑玉英（女）　张银娟（女）
　　章征天（—2014.8）
　　来群力（—2014.8）　孙　毅
　　刘光火（—2014.8）
　　方里元（—2014.8）
　　赵　丹（女）　阮禾丰（—2014.8）
　　喻渭蛟　倪　烈　徐天松
　　吴土荣　赖梅松（2014.8—）
　　胡晓明（2014.8—）
　　陈晓军（2014.8—）
　　濮跃林（2014.8—）
　　徐明尔（2014.8—）
　　吴岳军（2014.8—）
　　宋哲民（2014.8—）
　　余良军（2014.8—）
　　李新富（2014.8—）
　　李德根（2014.8—）
　　王海升（2014.8—）
　　俞高峰（2014.8—）
　　申屠银光（女，2014.8—）
　　李潮清
【科学技术协会】
党组书记、主席：刘仲勋
副主席：张乐明　严亦慈（女，—2014.1）
　　徐嘉卫
【残疾人联合会】
党组书记、理事长：林国华
副理事长：周玉琴（女，—2014.1）
　　黄敏建（2014.1—2014.12）
陈红玉（女，2014.12—）　俞友根
【红十字会】
会　长：周建英（女）
常务副会长：陈金星（副局级）
副会长：项小萍（女）

·双重和垂直管理单位·

【国网桐庐县供电公司】
党委副书记、总经理：孙济平
党委书记、副总经理：许欣农
副总经理：李逸荣　洪　洲（—2014.4）
　　杨文斌（—2014.4）
　　方明俊（2014.4—）
　　沈　健（2014.4—）

纪委书记：王　磊

【桐庐农村合作银行】

书记、董事长：胡红群

行　长：宋哲民

副行长：赵鑫金　　董永红

纪委书记、监事长：张远明

【烟草专卖局（烟草公司）】

党组书记、局长、经理：余卫均

副局长、纪检组长：唐玉平（—2014.11）

钟　波（2014.11—）

副经理：朱航东

【国税局】

党组书记、局长：郦晓良

党组副书记：王耀春（2014.11—）

副局长：王耀春　　华　卫

纪检组长：卢　伟

【杭州市工商局桐庐分局】 根据浙政发〔2013〕54号、浙政办发〔2013〕148号、杭政函〔2014〕52号文件精神，2014年4月，撤销中共杭州市工商行政管理局桐庐分局委员会、纪律检查委员会，中共桐庐县质量技术监督局委员会、纪律检查委员会，中共桐庐县食品药品监督管理局委员会、纪律检查委员会，建立中共桐庐县市场监督管理局委员会、纪律检查委员会。原杭州市工商行政管理局桐庐分局更名为桐庐县工商行政管理局，由垂直管理调整为县政府地方管理。

党委书记、局长：方志荣（—2014.4）

副局长：王银昌（—2014.4）

叶伟康（—2014.4）

汪文峰（—2014.4）

纪委书记：钱　净（—2014.4）

【质量技术监督局】 根据浙政发〔2013〕54号、浙政办发〔2013〕148号、杭政函〔2014〕52号文件精神，2014年4月，撤销中共杭州市工商行政管理局桐庐分局委员会、纪律检查委员会，中共桐庐县质量技术监督局委员会、纪律检查委员会，中共桐庐县食品药品监督管理局委员会、纪律检查委员会，建立中共桐庐县市场监督管理局委员会、纪律检查委员会。组建桐庐县市场监督管理局。桐庐县质量技术监督局由垂直管理调整为县政府地方管理。

党委书记、局长：梅晓波（女，—2014.4）

副局长：徐　军（—2014.4）

方权根（—2014.4）

纪委书记：徐　军（—2014.4）

【县气象局】

局　长：徐　明

副局长：詹平华　　周　游

【国家统计局桐庐调查队】 2014年10月31日县委常委会决定：撤销中共桐庐县统计局、国家统计局桐庐调查队党组，建立中共桐庐县统计局党组和中共国家统计局桐庐调查队党组。

党组书记、队长：王樟云（2014.11—）

副队长：陆　艳（女，2014.11—）

【人民银行桐庐支行】

党组书记、行长：戴茂青

副行长：周金祥　　徐永良

【银监委浙江监管局桐庐办事处】

主　任：吴传海（—2014.9）

臧福东（2014.9—）

副主任：李忠林

·乡镇（街道）·

【桐君街道】

党工委书记：周海静

党工委副书记：蔡忠明　　方纪锋

纪工委书记：吴国建

人大工委主任：张富寿（—2014.1）

姚鼎文（2014.1—）

办事处主任：蔡忠明

办事处副主任：申屠忠平（2014.1—）

胡金雷　　姚鼎文（—2014.1）

周森华　　余丽宾（女，2014.1—）

陈学军　　李　芸（女，—2014.1）

刘思宝

【城南街道】

党工委书记：王先勇

党工委副书记：杨洪平　　裘建新

余哲华（—2014.9）

毛铁兵（2014.9—）

纪工委书记：汪晓明

人大工委主任：阙炳军

人大工委副主任：沈全林

办事处主任：杨洪平
办事处副主任：周华英（女）
毛铁兵（—2014.9）
黄晓峰（—2014.1）　陈柏金
朱　云（女，—2014.1）
郑贤华（2014.1—）
周青淼（2014.1—）
程　虎（2014.9—）

【凤川街道】

党工委书记：孙叶华
党工委副书记：陈锦强　包来顺
纪工委书记：雷启迪（女，—2014.1）
徐　军（2014.4—）
人大工委主任：邵明喜
人大工委副主任：毛土正（—2014.1）
方苏平（2014.1—）
办事处主任：陈锦强
办事处副主任：郑金龙（—2014.1）　叶爱军
沈　彤　朱力强　方姬宇（女）
方　俊（2014.1—）

【旧县街道】

党工委书记：李法强
党工委副书记：徐　雯（女）
皇甫林（—2014.1）
苏建军（2014.1—）
纪工委书记：李宇强
人大工委主任：李法强
人大工委副主任：吴顺福
办事处主任：徐　雯（女）
办事处副主任：余丽宾（女，—2014.1）
吴权威（2014.1—）
张小明　杜利民（—2014.1）
孙华锋（2014.1—）　华　鑫
政协工委副主任：皇甫林（—2014.1）

【富春江镇】

党委书记：申屠增标
党委副书记：沈国红　陈红卫（—2014.1）
刘曙明（2014.1—）
纪委书记：陈红玉（女，—2014.1）
雷启迪（2014.1—）
人大主席：向良顺（—2014.1）
陈红卫（2014.1—）
人大副主席：王永清
镇　长：沈国红
副镇长：曹华强（—2014.1）　郑　农
叶向前（—2014.12）　叶成盛
华良东　王平军（2014.1—）
政协工委主任：陈红卫（—2014.1）

【江南镇】

党委书记：卢　强（—2014.1）
施　伟（2014.1—）
党委副书记：施　伟（—2014.1）
申屠庆良（2014.1—）　陈　彬
项芳农（2014.7—）
纪委书记：项芳农（—2014.7）
胡茶花（女，2014.7—）
人大主席：吴生明
人大副主席：王洪忠
镇　长：施　伟（—2014.1）
申屠庆良（2014.1—）
副镇长：申屠洪平　孙　年（2014.2—）
闻光平　王　科（2014.2—）
郑贤华（—2014.2）　章　俊
政协工委主任：陈　彬

【新合乡】

党委书记：郑宝成
党委副书记：刘建钟　杨柯忠
纪委书记：孙华锋（—2014.1）
包丽芳（女，2014.1—）
人大主席：郑宝成
乡　长：刘建钟
副乡长：包丽芳（女，—2014.1）
王海容　王　琳
钟罗洪（2014.1—）

【横村镇】

党委书记：徐文波
党委副书记：邵　政　陈伟明
纪委书记：姚强军（—2014.1）
潘兴华（2014.1—）
人大主席：王小龙
人大副主席：顾海根
镇　长：邵　政（2014.2—）
副镇长：袁晓良　申屠福军　陈利民
邵宝兴（2014.1—）
周　凌（—2014.1）
周青淼（—2014.1）

王　青（女）
陈小马（2014.1—）
政协工委主任：陈伟明

【茗山畲族乡】

党委书记：江小鹏
党委副书记：雷会鑫　李昌坤
纪委书记：华　宏
人大主席：江小鹏
人大副主席：马　聪
乡　长：雷会鑫
副乡长：陈伟民（—2014.1）
王　科（—2014.1）
雷晓华（女，—2014.9）
余力银（2014.1—）
陈　莹（女，2014.1—）

【钟山乡】

党委书记：胡亚明
党委副书记：邵黎明（—2014.9）
余哲华（2014.9—）
刘曙明（—2014.1）
李　芸（女，2014.1—）
纪委书记：华　俊
人大主席：黄有林
人大副主席：方苏平（—2014.1）
李永平（2014.1—）
乡　长：邵黎明（—2014.9）
余哲华（2014.9—）
副乡长：郑继红（女）　戴亚锋　吴　平
盛立华（2014.1—）
政协工委副主任：刘曙明（—2014.1）

【瑶琳镇】

党委书记：金焕梁
党委副书记：方新东
苏建军（—2014.1）
夏　敏（2014.1—）
纪委书记：徐林云（女）
人大主席：郑建伟
人大副主席：周道宏
镇　长：方新东
副镇长：俞　峰　邵旭华（—2014.1）
徐俊根　胡　飞　孙钰杰
施伟华（2014.1—）

【分水镇】

党委书记：吴爱群（职级确定为副县长级）
党委副书记：施建华
申屠庆良（—2014.1）
徐昌东　岑洪伟
唐根云（2014.1—）
纪委书记：吴权威（—2014.1）
吴媚玉（女，2014.1—）
人大主席：方培群（—2014.6）
岑洪伟（2014.9—）
人大副主席：余建民
镇　长：施建华
副镇长：姚强军（2014.1—）　陆关土
冯义成　詹水德　倪　丁
吴媚玉（女，—2014.1）
政协工委主任：申屠庆良（—2014.1）

【百江镇】

党委书记：姚伟明（—2014.9）
邵黎明（2014.9—）
党委副书记：金继民（—2014.1）
皇甫林（2014.1—）　王利华
纪委书记：邵宝兴（—2014.1）
柯建萍（女，2014.1—）
人大主席：吴金法
人大副主席：李永平（—2014.1）
吴　明（2014.1—）
镇　长：金继民（—2014.1）
皇甫林（2014.1—）
副镇长：柯建萍（女，—2014.1）
姚者新　俞宁宁（女）
刘建新（2014.1—）

【合村乡】

党委书记：周萍英（女）
党委副书记：徐江宏　胡　勇
纪委书记：潘兴华（—2014.1）
杨志强（2014.1—）
人大主席：毛杏丽（女）
人大副主席：周道法
乡　长：徐江宏
副乡长：王　强（—2014.1）　朱　勃
乔国忠　徐　成（2014.1—）

【责任编辑：吴爱林】

专　刊

·国家属部门颁发的荣誉称号·

获奖单位

表 98

单　位	荣誉称号	颁奖单位	颁奖时间
桐庐县	世界养生基地	联合国开发总署	2014.11
桐庐县	2014 中国最美丽县	第四届“香港论坛”暨第十三届中国城市竞争力排行榜	2014.12
桐庐县	2014 中国最具幸福感县级城市	第四届“香港论坛”暨第十三届中国城市竞争力排行榜	2014.12
桐庐县	全国敬老模范单位	全国老龄办、民政部等七部委	2014.12
桐庐县	第八届中华宝钢环境奖“城镇环境类”大奖	环境保护部办公厅	2014.5
桐庐县	“桐庐剪纸”入选国家级非遗扩展项目名录	文化部	2014.12
桐庐县	全国第一批河湖管护体制机制创新试点县市	水利部	2015.1
桐庐县	《跨越生态文明拐点》获 2013 年度全国十大治水经验	水利部、中国水利报社	2014.1
桐庐县	第十届中国国际动漫节最佳分会场奖	中国国际动漫节执行委员会	2014.6
莪山畲族乡	全国民族团结进步模范集体	国务院	2014.9
县统计局	第三次全国经济普查国家级先进集体	国务院经济普查办公室	2014.12
横村镇	中国美丽乡村建设典范镇	全国新农村建设中心、中国美丽乡村建设论坛	2014.1
科技志愿者服务队	全国离退休干部先进集体	中共中央组织部	2014.11
县社会福利中心	全国爱心护理工程建设基地	中国老龄事业发展基金会	2014.11
凤川街道	2014 年第一批中央财政支持范围的中国传统村落	住建部、文化部、国家文物局财政部	2014.7

续表 98

单　位	荣誉称号	颁奖单位	颁奖时间
桐庐绿源竹笋专业合作社	2014 年农民合作社示范社	中华全国供销合作总社办公厅	2014.12
桐庐县旅游委员会	2014 构建美丽中国先锋单位	新华网股份有限公司	2014.9
桐庐大奇山杨梅专业合作社	“奇山源”为 2013 年度全国百佳农产品品牌	中国农产品流通经纪人协会	2014.7
雪水云绿茶	2014 国际茶叶博览会中国名茶金奖	中国（上海）国际茶博会	2014.5
天尊贡芽茶	2014 国际茶叶博览会中国名茶金奖	中国（上海）国际茶博会	2014.5
雪水云绿茶	上海市民最喜爱的绿茶	中国（上海）国际茶博会	2014.5
浙江艾罗电源有限公司	第三届全国创新创业大赛新能源及节能环保行业总决赛第三名	第三届全国创新创业大赛	2014.10
江南古村落风景区	国家级 4A 景区	全国旅游景区质量等级评委会	2014.12
深萌牌青笋干	第 7 届中国义乌国际森林产品博览会优质产品金奖	中国义乌国际森博会组委会	2014.11

获奖个人

表 99

姓　名	单　位	荣誉称号	颁奖单位	颁奖时间
宋懋鎏	桐庐县	男子 SM8 级 200 米混合泳金牌	2014 年韩国仁川亚残会	2014.10
宋懋鎏	桐庐县	男子 S8 级 100 米蝶泳金牌	2014 年韩国仁川亚残会	2014.10
宋懋鎏	桐庐县	男子 S8 级 400 米自由泳银牌	2014 年韩国仁川亚残会	2014.10
宋懋鎏	桐庐县	男子 S8 级 100 米自由泳银牌	2014 年韩国仁川亚残会	2014.10
宋懋鎏	桐庐县	男子 S8 级 100 米仰泳银牌	2014 年韩国仁川亚残会	2014.10
陈雨菲	桐庐县	女子单打银牌	2014 年亚洲青年羽毛球台北锦标赛	2014.2
何丽珊	桐庐县	女子 400 米栏第 3 名	2014 年全国青年田径锦标赛	2014.6
何丽珊	桐庐县	女子 4×400 米接力第 4 名	2014 年全国青年田径锦标赛	2014.6
史红梅	桐庐县	女子 X 级金牌 2 枚	2014 年全国帆板锦标赛	2014.7
吴　江	桐庐县	男子 4 人艇 500 米金牌	2014 年度全国皮划艇（静水）锦标赛　中国皮划艇协会	2014.10
吴　江	桐庐县	男子 4 人艇 200 米金牌	2014 年度全国皮划艇（静水）锦标赛 中国皮划艇协会	2014.10
徐海燕	桐庐县文创办	第十届中国国际动漫节先进个人	中国国际动漫节执委会	2014.6
钟东波	桐庐县文创办	第十届中国国际动漫节先进个人	中国国际动漫节执委会	2014.6

续表 99

姓　名	单　位	荣誉称号	颁奖单位	颁奖时间
张　敏	桐庐县林业局	最美森林医生	国家林业局森林病虫害防治总站	2014.6
赵昌杰	桐庐县林业局	第7届中国义乌国际森林产品博览会先进工作者	中国义乌国际森林产品博览会组委会	2014.11

·省级及省属部门颁发的荣誉称号·

获奖单位

表 100

单　位	荣誉称号	颁奖单位	颁奖时间
桐庐县	浙江省首批“清三河”达标县	省“五水共治”领导小组办公室	2014.9
桐庐县	浙江省“五水共治”工作优秀县“大禹鼎”	中共浙江省委省人民政府	2015.1
桐庐县	2014年度“五水共治”先进县	浙江省委办公厅、省政府办公厅	2015.2
桐庐县	2013年度旅游发展十佳县	浙江省旅游局 浙江日报报业集团	2014.3
桐庐县	浙江省河道保洁长效管理考核先进县	浙江省水利厅	2014.7
桐庐县	2014年度第4至第6批中央财政小型农田水利重点县绩效考核优秀单位	浙江省财政厅 省水利厅	2015.4
桐庐县	浙江美丽县城	浙江省建设厅	2014.12
桐庐县	2014年浙江省平安林区县	浙江省林业厅	2015.1
分水镇综治办	平安创建工作先进单位	中共浙江省委省人民政府	2014.3
县检察院监所检察科	浙江省社区矫正工作先进集体	浙江省委办公厅 省政府办公厅	2014.7
桐君街道	全省社区管理综合治理先进集体	浙江省委办公厅、省政府办公厅	2014.2
桐君街道	第六批省级生态街道	浙江省环境保护厅	2015.1
桐庐县统计局（调查队）	2013年度全省调查队系统综合考评一等奖	国家统计局浙江调查总队	2015.1
桐庐县社会福利中心	浙江省养生“最美家园”	浙江省老年学会	2015.2
县农办	2014年度全省农家乐休闲旅游工作优秀单位	浙江省农办	2015.3
桐庐乐益生猪专业合作社	2014年全省系统农民合作社示范社	浙江省供销合作社联合社	2014.1

续表 100

单　位	荣誉称号	颁奖单位	颁奖时间
桐庐富民粮油专业合作社	2014 年全省系统农民合作社示范社	浙江省供销合作社联合社	2014.10.
桐庐龙馨茶业专业合作社	“芦茨红”红茶蝉联 2014“浙茶”杯金奖	浙江省供销社、省茶叶产业协会	2014.6
县水政监察大队	全省水政执法考核优秀单位	浙江省水政监察总队	2015.1
县检察院职务犯罪预防科	浙江省首届预防职务犯罪专题微电影评比优秀奖	浙江省人民检察院	2014.10
县人社保障咨询服务中心	浙江省人力资源和社会保障电话咨询服务示范单位	浙江省人力资源和社会保障厅	2014.4
大奇山国家森林公园	2014 年度浙江省最佳避暑旅游目的地	新华网浙江频道省旅委	2014.8
桐庐县林场	大奇山针阔混交林—浙江最美森林	新华网浙江频道省旅委	2014.8
县林业局	全省林业工作先进集体	浙江省林业厅	2015.1
县林业局	2013 年度林业工作考核先进集体	浙江省林业厅	2014.1
县林业局	2014 年度“天堂山水”门户网站信息宣传工作十佳单位	浙江省林业信息中心	2015.3
分水镇	浙江省森林城镇	浙江省关注森林组织委员会 省绿化与湿地保护委员会	2015.1
县法院	全省法院信息化工作先进集体	浙江省高级人民法院	2014.11
县法院	电子档案一级达标单位	浙江省高级人民法院	2014.12
县法院	2014 年度综合治理执行难先进法院	浙江省高级人民法院	2015.1
县法院分水法庭	浙江省模范五好法庭	浙江省高级人民法院	2015.1
县人民法院审管办	全省法院审判管理工作先进集体	浙江省高级人民法院	2015.1
县法院执行局	集体三等功	浙江省高级人民法院	2015.1
县公安局警卫安保工作组	集体三等功	浙江省公安厅	2014.1
县公安消防大队	全省公安系统优秀单位	浙江省公安厅	2014.1
县公安消防大队	浙江省先进基层党组织	浙江省公安厅	2014.7
共青团桐庐县委	2014 年度浙江省先进县级少工委	共青团浙江省委	2015.1
共青团桐庐县委	2014 年度浙江省共青团信息工作先进单位	共青团浙江省委	2015.3
县知联会	浙江省优秀知联会	浙江省知联会	2014.11
富春江质检所	浙江省先进基层站所	浙江省质监局	2014.2

续表 100

单　位	荣誉称号	颁奖单位	颁奖时间
横村镇	浙江省首批乡镇（街道）统计基层基础建设示范点	浙江省统计局	2014.2
富春江乡村慢生活体验游区	年度最具吸引力旅游新业态	浙江省旅游局 浙江日报报业集团	2014.3
钟山乡子胥村	浙江省慈善村	浙江省慈善总会第三届理事会	2014.4
富春江水电设备有限公司	浙江省厂务公开民主管理示范单位	浙江省推广厂务公开领导小组	2014.5
合村乡	2014 年至 2016 年度省民间文化艺术之乡	浙江省文化厅	2014.9
莪山畲族乡	浙江省民间文化艺术之乡	浙江省文化厅	2014.9
江南镇	全省小城镇大文化示范样本	浙江省文化厅	2014.11
江南镇人武部	基层建设标兵单位	浙江省军区	2015.3
江南镇团支部	浙江省先进团支部	共青团浙江省委	2015.3
莪山畲族乡新丰民族村	浙江书法村	浙江省书法家协会	2014.12
城南街道上杭社区	2014 年浙江省气象防灾减灾标准化乡村建设	浙江省气象局	2014.12
江南镇	第十一批省级生态乡镇	浙江省环境保护厅	2014.1
分水镇党政办	档案工作目标管理省一级目标认定	浙江省档案局	2014.2
分水镇党政办	2013 年度社会主义新农村建设档案工作示范乡镇	浙江省档案局	2014.1
分水镇党政办	杭州市第四批“浙江省规范化数字档案室”	浙江省档案局	2013.12
分水镇文体中心	2013 年度浙江省体育特色乡镇	浙江省体育局	2014.2
分水镇经发办	全省小微企业培育监测工作考核优秀基层单位	浙江省经济和信息化委员会	2014.12
分水镇综治办	第二批“星级规范化司法所”三星级司法所	浙江省司法厅	2013.12
分水镇综治办	2013 年度省级基层人防规范化建设达标单位	浙江省人民防空办公室	2014.7
分水镇农办	省级森林城镇	浙江省关注森林执行委员会	2015.1
钟山乡司法所	三星级规范化司法所	浙江省司法厅	2014.12
县中医院	浙江省癌痛规范化治疗示范病房	浙江省卫计委	2014.12

续表 100

单　位	荣誉称号	颁奖单位	颁奖时间
县第一人民医院	第四批浙江省急救类基层卫生适宜技术示范基地	浙江省卫计委	2014.2
县第一人民医院神经内科	浙江省县级龙头学科	浙江省卫计委	2014.10
桐君街道社区卫生服务中心	浙江省示范社区卫生服务中心	浙江省卫计委	2014.9
桐君街道社区卫生服务中心	浙江省残疾人康复示范站	浙江省残联 省卫计委	2014.7
横村中心卫生院	浙江省甲等乡镇卫生院	浙江省卫计委	2014.12
富春江中心卫生院	浙江省甲等乡镇卫生院	浙江省卫计委	2014.12
百江卫生院	浙江省乙等乡镇卫生院	浙江省卫计委	2014.12
莪山畲族乡卫生院	浙江省乙等乡镇卫生院	浙江省卫计委	2014.12
分水镇卫生院	浙江省乙等乡镇卫生院	浙江省卫计委	2014.12
合村乡卫生院	浙江省乙等乡镇卫生院	浙江省卫计委	2014.12
瑶琳镇卫生院	浙江省乙等乡镇卫生院	浙江省卫计委	2014.12
钟山乡卫生院	浙江省乙等乡镇卫生院	浙江省卫计委	2014.12
江南镇中心卫生院	浙江省乙等乡镇卫生院	浙江省卫计委	2014.12
新合乡卫生院	浙江省乙等乡镇卫生院	浙江省卫计委	2014.12
富春江中心卫生院	浙江省级质控优秀单位	浙江省卫计委	2014.12
县妇保院	浙江省“平安医院”	省卫计委、省综治委 省委宣传部、省公安厅等	2014.2
县第二人民医院	2014 年浙江省“室间质量评价优秀”	浙江省临检中心	2014.1
县妇幼保健院检验室	浙江省梅毒血清学室间质量评价优秀	浙江省皮肤病防治研究所	2014.12
县疾病预防控制中心	2013 年度全省疾病预防控制信息宣传工作先进单位	浙江省疾控中心	2014.9
桐庐电信分公司	2014 年度浙江公司先进经营单元颁奖单位	中国电信浙江公司	2015.1
县烟草专卖局（分公司）	2014 年度浙江省烟草专卖局（公司）QC 成果二等奖	浙江省烟草专卖局	2015.2

获奖个人

表 101

姓　名	单　位	荣誉称号	颁奖单位	颁奖时间
杨振武	县环保局	2014 年度浙江省“五水共治”工作先进个人	中共浙江省委办公厅 省人民政府办公厅	2015.2
周海静	桐君街道	2013 年度“三改一拆”行动先进个人	浙江省人民政府	2014.2
任丹萍	县环保局	2014 年度浙江省“五水共治”信息工作先进个人	浙江省“五水共治”领导小组办公室	2015.2
陆一铭	凤川街道	浙江省 2014 年暑期“春泥计划”志愿服务优秀个人	省文明办 省教育厅 团省委等	2014.10
王国富	县委统战部	浙江省民族团结进步模范个人	浙江省人民政府	2014.12
江志标	桐庐县林业局	2013 年度浙江省农业科技成果转化推广奖	浙江省人民政府	2014.10
赵　浩	县发改局	2013 年度省重点建设立功竞赛先进个人	浙江省人民政府办公厅	2014.2
侯超纪	县人武部	安全管理工作先进个人	浙江省军区	2015.3
叶世明	桐庐仲裁院	2014 年度全省劳动人事争议案件处理工作优秀个人	浙江省劳动争议仲裁委员会	2015.1
俞明荣	桐庐县法院	个人二等功	浙江省高级人民法院	2015.1
章彩女	桐庐县法院	档案管理达标先进个人	浙江省高级人民法院	2014.12
章建安	桐庐县法院	个人三等功	浙江省高级人民法院	2015.1
许国宏	桐庐县公安局	个人二等功	浙江省公安厅	2014.1
钱雪军	桐庐县公安局	全省公安系统优秀人民警察	浙江省公安厅	2014.1
吴　烨	桐庐县公安局	全省公安出入境窗口排查整顿和建设专项行动成绩突出个人	浙江省公安厅	2014.4
周华新	桐庐县林业局	浙江省绿化奖章	浙江省绿化与湿地委员会	2015.1
申屠耀华	桐庐县林业局	个人三等功	浙江省林业厅森林公安局	2014.4
吴金法	桐庐县林场	最美林场人	浙江省林业厅	2014.6
李永军	县烟草局	2014 年度浙江省烟草专卖系统安保工作先进个人	浙江省烟草局	2015.2
唐志立	县委宣传部	今日浙江杂志社 2013 年度优秀通讯员	中共浙江省委办公厅 今日浙江杂志社	2014.11

续表 101

姓　名	单　位	荣誉称号	颁奖单位	颁奖时间
汪　海	县委宣传部	暑期“春泥计划”志愿服务优秀个人	省文明办 省教育厅 共青团浙江省委 浙江日报报业集团	2014.10
潘　珺	共青团桐庐县委	2014 年度浙江省共青团信息工作先进个人	共青团浙江省委	2015.1
詹晓铭	分水镇综治办	浙江省司法行政系统“第四届百名优秀人物提名奖”	浙江省司法厅	2014.11
曹　晶	分水镇经发办	全省小微企业培育监测工作考核优秀个人	浙江省经济和信息化委员会	2014.12
赵小玲	县旅游委员会	浙西旅游合作组织十周年贡献人物	浙西峰会评委会	2014.12
赵　芬	县知联会	浙江省知联之星	浙江省知联会	2014.11
周新强	县委统战部	浙江省侨情调查先进个人	浙江省侨情调查办公室	2014.12
王先勇	城南街道	2014 年浙江省“绿叶奖”	浙江省人民教育基金会	2014.7
李永军	县烟草局	2014 年度浙江烟草专卖商业系统安保工作先进个人	浙江省烟草专卖局	2015.2
金立帆	钟山乡	2014 年度暑期“春泥计划”志愿服务队优秀个人	浙江省文明办 省教育厅	2014.10
王小荣	县卫生局	浙江省卫生高层次人才培养工程医坛新秀培养对象	浙江省财政厅 省卫生厅	2014.2
叶红萍	县卫生局	2014 年度浙江省防治艾滋病性病优秀志愿者（个人）	浙江省艾滋病防治协会	2014.11
徐雪芳	县卫生局	浙江省妇幼健康技能竞赛儿童保健组个人三等奖	省卫计委、省总工会、省妇联	2014.8
邵　阳	县卫生局	浙江省控烟积极分子	浙江省爱卫会	2014.10
金　山	县统计局（调查队）	第三次全国经济普查省级先进个人	浙江省第三次经普领导小组	2015.2
何路明	县统计局（调查队）	第三次全国经济普查省级先进个人	浙江省第三次经普领导小组	2015.2
陈伟春	中国电信桐庐分公司	2014 年度浙江公司优秀个人	中国电信浙江公司	2015.1

·中共杭州市委 市政府颁发的荣誉称号·

获奖单位

表 102

单　位	荣誉称号	颁奖单位	颁奖时间
桐庐县	2014 年度维护稳定工作目标管理责任制考核优秀达标地区	中共杭州市委、杭州市政府	2015.2
新合乡	2014 年度社会管理综合治理工作“示范乡镇（街道）”	中共杭州市委、杭州市政府	2015.2
横村镇	2014 年度社会管理综合治理工作“示范乡镇（街道）”	中共杭州市委、杭州市政府	2015.2
合村乡	2014 年度社会管理综合治理工作考核优胜单位	中共杭州市委、杭州市政府	2015.2
富春江镇	2014 年度社会管理综合治理工作考核优胜单位	中共杭州市委、杭州市政府	2015.2
瑶琳镇	2014 年度社会管理综合治理工作考核优胜单位	中共杭州市委、杭州市政府	2015.2
百江镇	2014 年度社会管理综合治理工作考核优胜单位	中共杭州市委、杭州市政府	2015.2
分水镇	2014 年度社会管理综合治理工作考核优胜单位	中共杭州市委、杭州市政府	2015.2
桐君街道	2014 年度社会管理综合治理工作考核优胜单位	中共杭州市委、杭州市政府	2015.2
县统计局	2014 年度社会管理综合治理工作考核优胜单位	中共杭州市委、杭州市政府	2015.2
县信访局	2014 年度社会管理综合治理工作考核优胜单位	中共杭州市委、杭州市政府	2015.2
县住建局	2014 年度社会管理综合治理工作考核优胜单位	中共杭州市委、杭州市政府	2015.2
县综治办	2014 年度社会管理综合治理工作考核优胜单位	中共杭州市委、杭州市政府	2015.2
县城管局	2014 年度社会管理综合治理工作考核优胜单位	中共杭州市委、杭州市政府	2015.2
城南街道	2014 年度维护社会稳定工作先进单位	中共杭州市委、杭州市政府	2015.2
县公安局	2014 年度维护社会稳定工作先进单位	中共杭州市委、杭州市政府	2015.2
桐君街道	2014 年度“无邪教乡镇（街道）”创建工作先进单位	中共杭州市委、杭州市政府	2015.2

续表 102

单　位	荣誉称号	颁奖单位	颁奖时间
城南街道	2014 年度“无邪教乡镇（街道）”创建工作先进单位	中共杭州市委、杭州市政府	2015.2
百江镇	2014 年度“无邪教乡镇（街道）”创建工作先进单位	中共杭州市委、杭州市政府	2015.2
新合乡	2014 年度“无邪教乡镇（街道）”创建工作先进单位	中共杭州市委、杭州市政府	2015.2
富春江镇	2014 年度“无邪教乡镇（街道）”创建工作先进单位	中共杭州市委、杭州市政府	2015.2
瑶琳镇	2014 年度“无邪教乡镇（街道）”创建工作先进单位	中共杭州市委、杭州市政府	2015.2
分水镇	杭州市社区矫正工作先进乡镇（街道）	中共杭州市委、杭州市政府	2015.2
富春江镇	杭州市社区矫正工作先进乡镇（街道）	中共杭州市委、杭州市政府	2015.2
县检察院分水检察室	杭州市社区矫正工作先进单位	中共杭州市委、杭州市政府	2015.2
县公安局分水派出所	杭州市社区矫正工作先进单位	中共杭州市委、杭州市政府	2015.2
县司法局城南司法所	杭州市社区矫正工作先进单位	中共杭州市委、杭州市政府	2015.2
县司法局横村司法所	杭州市社区矫正工作先进单位	中共杭州市委、杭州市政府	2015.2
桐庐县政府	2013 年度现代服务业重大项目先进奖	中共杭州市委、市人民政府	2014.5
桐君街道	2013 年度社会管理综合治理维护工作目标管理责任制优秀达标单位	中共杭州市委、市人民政府	2014.1
桐庐经济开发区管委会	2013 年度社会管理综合治理考核优胜单位	中共杭州市委、市人民政府	2014.1
分水镇农办	杭州市农村清洁可再生能源利用综合工程综合示范乡镇	中共杭州市委、市人民政府	2014.11
凤川街道	杭州市 2013 年度维护社会稳定工作先进单位	中共杭州市委、市人民政府	2014.3
桐君街道	杭州市法治乡镇（街道）创建先进单位	中共杭州市委	2014.1
县林业局	2013 年杭州市“平安林区”	中共杭州市委	2014.1
江南镇	统计诚信单位	杭州市人民政府	2014.10
桐庐经济开发区管委会	杭州市 2013 年度投资和重点项目建设先进集体（桐庐县凤川镇新农村建设有限公司）	杭州市人民政府	2014.2

获奖个人

表 103

姓　名	单　位	荣誉称号	颁奖单位	颁奖时间
方纪锋	桐君街道办事处	2014 年度维护社会稳定工作先进单位	中共杭州市委、杭州市政府	2015.2
包来顺	凤川街道办事处	2014 年度维护社会稳定工作先进单位	中共杭州市委、杭州市政府	2015.2
郑守忠	江南镇政府	2014 年度维护社会稳定工作先进单位	中共杭州市委、杭州市政府	2015.2
王再生	钟山乡政府	2014 年度维护社会稳定工作先进单位	中共杭州市委　杭州市政府	2015.2
胡　剑	县经济开发区管委会	2014 年度维护社会稳定工作先进单位	中共杭州市委　杭州市政府	2015.2
柴立新	县综合办	2014 年度维护社会稳定工作先进单位	中共杭州市委、杭州市政府	2015.2
俞江定	百江镇政府	2014 年度维护社会稳定工作先进单位	中共杭州市委、杭州市政府	2015.2
许国宏	县公安局	2014 年度维护社会稳定工作先进单位	中共杭州市委、杭州市政府	2015.2
朱运钱	莪山乡政府	2014 年度维护社会稳定工作先进单位	中共杭州市委、杭州市政府	2015.2
袁跃明	县交运局	2014 年度维护社会稳定工作先进单位	中共杭州市委、杭州市政府	2015.2
余　磊	分水镇村建办	2014 年度全市双百优秀农村干部	杭州市人民政府	2015.1
申屠洪平	江南镇政府	杭州市重点项目推进先进个人	杭州市人民政府	2014.11
徐凯峰	江南镇政府	杭州市经济普查先进个人	杭州市人民政府	2014.10

·2014 年度乡镇（街道）、重大平台和县直单位综合考评结果·

【最佳乡镇（街道）班子】

城南街道　合村乡

【乡镇（街道）、重大平台综合考评优秀等次】

富春江镇　江南镇　分水镇　瑶琳镇　百江镇　合村乡　城南街道　莪山畲族乡　开发区（科技城）

【乡镇（街道）、重大平台综合考评良好等次】

桐君街道　横村镇　凤川街道　旧县街道　钟山乡　新合乡　迎春商务区

【县直单位综合考评优秀单位】

县发改局　县财政（地税）局　县农办　县交运局　县住建局　县人社局　县旅委　县公安局　县国税局　县委组织部　县委宣传部　县委政法委　县委党校　县委统战部　团县委　县检察院　县委办　县纪委（监察局）

县人大办　县政府办　县政协办

【县直单位综合考评良好单位】

县农业局　县国土局　县经信局　县商务局
县残联　　县卫生局　县统计局
县市场监管局　县编委办　县行政服务中心
县妇联　县委老干部局　县法院
县机关党工委

【县直单位综合考评达标单位】

县环保局　县林业局　县民政局
县水利水电局　县教育局　县文广新局
县人口和计生局　国网桐庐县供电公司
县科技局　　县安监局　县司法局
县供销总社　县审计局　县城市管理局
县气象局　　县信息传媒中心
县工商联　县科协县总工会　县党史研究室
县档案局县　信访局　县广播电视台
县机关事务局　县住房公积金中心　县拆迁办
县人民银行　县农村合作银行
分水江工程管理局　县银监办

【最佳服务型机关】

县国税局　县财政（地税）局　县农办
县发改局　县委组织部　县委宣传部

【“节约型机关”先进单位】

县委党校　县机关党工委　县信访局县
交运局　　县司法局　　　县法院

【改革创新项目评选一等奖】

瑶琳镇：试行“六个两”工作法 大力推进农房确权登记工作
合村乡：村村都无保洁员 人人都是保洁员
县环保局：提升农村环境治理先发优势
团县委：“农村淘宝”项目
县委党校：县委党校现场教学示范基地建设
县住建局：“美丽县城”指标体系制定
县卫生局：瑞金—桐庐医疗联合体项目

【改革创新项目评选二等奖】

分水镇：保护知识产权 打造中国制笔科创基地
横村镇：“三个一”构建立体服务体系 创新社会管理模式
富春江镇：用好自然资源禀赋 发展农村新型产业
县国税局：分水制笔行业税收工作提升
党史研究室：“微村志”编纂项目
县行政服务中心：探索开发政府投资项目标后监管系统
县信息传媒中心：以新闻的力量推进中国最美县建设
农村合作银行：普惠金融便民服务站

【改革创新项目评选三等奖】

城南街道：海康威视项目迅速推进的做法和启示
桐君街道：县城公园山渔民村棚户区搬迁改造项目
凤川街道：四举措构建历史建筑“智慧保护”
县统计局：“美丽县”综合评价指标体系研究
县交运局：全县“美丽公路”创建
县旅委：建设村落风景区，全力打造全域旅游新格局
县委组织部：县管干部“四比一争”考评制度
县农办：农村土地流转经营权证发放

·经济责任制专项考核·

【乡镇（街道）重大平台一等奖】

分水镇　　开发区（科技城）

【乡镇（街道）重大平台二等奖】

城南街道　　瑶琳镇

【乡镇（街道）重大平台三等奖】

凤川街道　　莪山畲族乡　　百江镇

【县直单位经济责任制主要责任部门一等奖】

县经信局

【县直单位经济责任制主要责任部门二等奖】

县发改局　　县商务局

【县直单位经济责任制联动部门一等奖】

县统计局

【县直单位经济责任制联动部门二等奖】

县公安局　　县国税局

【县直单位经济责任制保障部门一等奖】

县委政法委　　县城市管理局　　县拆迁办

【县直单位经济责任制保障部门二等奖】

县交运局　　县水利水电局　　县林业局
县审计局　　县广播电视台　　县人民银行
县农村合作银行　　县行政服务中心

【“千企评百岗”先进科室（窗口）及先进个人】

县经信局资源节约和综合利用科　华　涌
县财政局（地税局）稽查局　　吴旭明

县人社局劳动和社会保障监察大队　肖忠毅
县行政服务中心财政（地税）窗口　何其刚
县行政服务中心国税窗口　朱秀美
县人社局社会保障科　严　伟
县经信局行业管理（对外经济）科　叶　挺
县行政服务中心发改窗口　蔡　翼
县行政服务中心民政窗口　麻伟明
县行政服务中心国土窗口　刘金水

【桐庐县第二批服务业优强企业】

杭州桐君堂医药药材有限公司
杭州市桐庐县富汇小额贷款股份有限公司
桐庐信力担保有限公司
桐庐盛飞实业有限公司
桐庐七里人家餐饮管理有限公司
桐庐县保安服务公司
桐庐海昌汽车有限公司
浙江成诚物业服务有限公司
桐庐龙腾广告有限公司
桐庐久友贸易有限公司

【2014年度桐庐县纳税大户】

桐庐顺和置业有限公司
浙江桐庐农村合作银行
杭州杰伦货运有限公司
桐庐红狮水泥有限公司
国网新源水电有限公司富春江水力发电厂
国网浙江桐庐县供电公司
桐庐南方水泥有限公司
桐庐安顺快递服务有限公司
浙江富春江旅游股份有限公司
杭州市烟草公司桐庐分公司
桐庐碧桂园房地产开发有限公司
浙江施强制药有限公司
浙江龙生汽车部件股份有限公司
杭州桦桐家私集团有限公司
东芝水电设备（杭州）有限公司
桐庐闽富金属回收有限公司
杭州市桐庐县富汇小额贷款股份有限公司
杭州桐庐港务有限公司
浙江宏兴建设有限公司
浙江富春江水电设备有限公司
浙江富泰建设有限公司
桐庐飞岳废金属回收有限公司
桐庐滨江建设有限公司
浙江环益资源利用有限公司
桐庐通泽物流有限公司
桐庐云都房产开发有限公司
浙江中鹰建筑有限公司
杭州桐君堂医药药材有限公司
桐庐县盛泰房地产发展有限公司
浙江桐庐恒丰村镇银行股份有限公司
浙江瑞能通信科技股份有限公司
杭州泛亚卫浴股份有限公司
杭州同仁豫实业有限公司
桐庐丰源置业有限公司
杭州康基医疗器械有限公司
浙江天松医疗器械股份有限公司
桐庐金久房地产开发有限公司
杭州游龙针织有限公司
桐庐金碧诚贸易有限公司
桐庐县万里长运有限公司
桐庐电力开发有限公司
桐庐大润发商业有限公司
杭州三朵花印务有限公司
浙富控股集团股份有限公司
桐庐大奇山郡置业有限公司
桐庐桦桐大厦服务管理有限公司
杭州霍普曼电梯有限公司
杭州力高旅游用品有限公司
杭州富士达特种材料有限公司
浙江海兴建筑有限公司

【桐庐县“十佳慈善爱心单位”】

浙江桐庐农村合作银行
东芝水电设备（杭州）有限公司
上海圆通速递有限公司
申通快递有限公司
中艺花边集团有限公司
杭州桦桐家私集团有限公司
浙富控股集团股份有限公司
浙江奥鑫控股集团有限公司
力高控股有限公司
浙江天松医疗器械股份有限公司

·2014年“重实体、兴实业、办实事”活动先进单位和先进个人·

【“三实”活动先进单位】

县发改局　县经信局　县商务局　县财政局
县国税局　县供电公司　分水镇　桐君街道
横村镇　江南镇　凤川街道
开发区（富春江科技城）

【“三实”活动先进个人】

姚　锋　周　宁　王树军　吴洪慧　林圆圆
毛　赢　钟东波　叶　挺　陈丽君　蔡　翼
刘　佳　葛胜洪　袁鸿强　童祖龙　姚国明
潘照军　孙华强　董永泉　邵忠平　潘　瑛
吴　飞　何惠红　郑建民　邵慧燕　王文霞
郑琴英　俞永明　汪　洋　华良东　钟锋平
方　新　何三伟　韩欣宇　吴　滨　申屠晶
汪　敏　王　芬　王振华　王　斌　袁恩惠
蒲　赟　李梦婷　张鹤琦　张少伟　王海容
乔国忠

·2014年度桐庐县平安乡镇（街道）、创建“平安桐庐”和信访工作先进单位和先进个人·

【平安乡镇（街道）】

桐君街道　城南街道　旧县街道　凤川街道
富春江镇　江南镇　新合乡　横村镇
莪山乡　钟山乡　瑶琳镇　分水镇
百江镇　合村乡

【创建“平安桐庐”工作先进单位】

桐君街道　横村镇　分水镇　瑶琳镇
县公安局　县教育局　县统计局　县安监局
县交运局　县广播电视台

【创建“平安桐庐”工作先进个人】

陈伟明（横村镇）　高　森（城南街道）
留　锋（富春江镇）　潘武军（新合乡）
孟佐林（县住建局）　王　远（县司法局）
章建安（县法院）　钱雪军（县公安局）
柴元龙（县教育局）　陈学勤（县委维稳办）

【县级信访与“12345”工作先进集体】

桐君街道　江南镇　富春江镇　瑶琳镇
分水镇　钟山乡　县公安局　县交运局
县国土局　县住建局

【县级信访与“12345”工作先进个人】

徐晓峰（城南街道）　包来顺（凤川街道）
陈伟明（横村镇）　李昌坤（莪山乡）
杨柯忠（新合乡）　周建辉（县公安局）
程　晨（县住建局）　朱红卫（县人社局）
郑　英（县信访局）　叶伟康（县市场监管局）

·2013—2014年度桐庐县文明单位 2014年度文明村（社区）·

【文明单位】

桐君街道社区卫生服务中心
桐庐县国家税务局江南税务分局
桐庐县合村中心幼儿园
桐庐县分水镇卫生院
桐庐县旧县街道社区卫生服务中心
桐庐县富春江中心卫生院
桐庐县凤川街道社区卫生服务中心
桐庐县怡合小学
桐庐县东溪小学
桐庐县城南街道中心幼儿园
桐庐县分水江水利枢纽工程管理局
桐庐县保安小学
桐庐县百江镇中心幼儿园
桐庐农村合作银行百江支行

【文明村（社区）】

城南街道：桑园村　岩桥村　大丰村　金联村
　　　　　上杭社区　梅林社区
凤川街道：外源村
旧县街道：鸿儒村
合村乡：合村村
横村镇：柳岩村　后岭村　元村村
江南镇：徐畈村
钟山乡：钟山村
分水镇：天英村　小源村　玉华社区
莪山畲族乡：莪山民族村　尧山村
　　　　　　龙峰民族村

·2014年度武装工作先进单位和先进个人·

【党管武装好书记】

王先勇　城南街道党工委书记

施　伟　江南镇党委书记
徐文波　横村镇党委书记
申屠增标　富春江镇党委书记
金焕梁　瑶琳镇党委书记
胡亚明　钟山乡党委书记

【先进基层武装部】

城南街道武装部
凤川街道武装部
横村镇武装部
百江镇武装部
合村乡武装部

【优秀专武干部】

邱忠春　旧县街道武装部部长
王权华　分水镇武装部部长
汪宏华　开发区武装部部长
高　森　城南街道武装部副部长
乔胜华　凤川街道武装部副部长
虞剑峰　富春江镇武装部副部长
胡琦佳　瑶琳镇武装部副部长

·桐庐县第三届“十佳教师”优秀中小学校（园）长·

【桐庐县“十佳教师”】

方永正　桐庐县实验小学
包雪琴　桐庐县叶浅予中学
华菊芳　桐庐县迎春小学
江军平　桐庐富春高级中学
李　晓　浙江省桐庐中学
陈伟杰　桐庐县分水实验小学
郦初良　杭州市桐江职业技术学校
奚秋月　桐庐县城关初级中学
徐玉华　浙江省桐庐中学
戴黎萌　桐庐县实验幼儿园教育集团

【桐庐县优秀中小学校（园）长】

王平秀　桐庐县窄溪小学
何彩珍　桐庐县滨江幼儿园教育集团
赵为民　桐庐县实验初级中学
谢娟芳　桐庐富春高级中学
潘光贤　桐庐县学府小学

·森林防火期森林消防工作先进单位和先进个人·

【先进单位】

桐君街道　城南街道　凤川街道　旧县街道
江南镇　富春江镇　横村镇　瑶琳镇
分水镇　百江镇　新合乡　莪山畲族乡
钟山乡　合村乡　林业局　教育局
财政局　民政局　气象局　县旅委
广播电视台

【先进个人】

朱友忠　周小友　陈长伟　祝瑞华
张坤法　姚鸿飞　申屠永龙　汪樟春
洪国根　钟罗洪　郑　农　邵成龙
方森源　吴荣虎　柴鹏彪　管圣杰
池锡明　李明良　陆国强　王晓军
沈　标　萧金荣　胡德颖　李金亮
朱关沛　陈富生　江　镇　王仁斌
严财华　陈　华　叶　鑫　申屠耀华
华家其　孙宝芳　应　明　黄春涛
柯伟强　方　元　王向军　许德伟
吴　峥　周伟华　童祖龙　何　好
吴海峰

·2014年食品药品优秀单位和先进个人·

【优秀单位】

桐君街道办事处　江南镇政府
凤川街道办事处　分水镇政府
钟山乡政府　城南街道办事处
瑶琳镇政府　新合乡政府
县农业局　县市场监管局
县教育局　县城市管理局
县卫生局　县公安局

【先进个人】

唐　静（桐君街道）　毕海燕（凤川街道）
毛黎兵（瑶琳镇）　朱华龙（横村镇）
章　军（百江镇）　华良东（富春江镇）
倪　丁（分水镇）　邵　倩（钟山乡）
马　聪（莪山乡）　陈燕萍（开发区）
蒲　赟(旧县街道)　钱　净(县市场监管局)
陈建龙（市场监管局）叶良富（市场监管局）

钟胖青（市场监管局）　贾慧泓（县市场监管局）
洪美萍（县农业局）　余小彦（县食安办）
徐　进（县卫生局）　柴元龙（县教育局）
王　垚（县财政局）　邢志荣（县公安局）
邵惠燕（信息传媒中心）王霓裳（城市管理局）
杨昕伟（广播电视台）

·2014年度人口和计划生育目标管理责任制考核结果及先进个人·

【乡镇街道优秀单位】

桐君街道　分水镇　横村镇　凤川街道
江南镇　瑶琳镇　城南街道

【乡镇街道达标单位】

百江镇　旧县街道　合村乡　新合乡
富春江镇　莪山畲族乡　钟山乡

【县级部门达标单位】

县财政局　县公安局　县卫生局
县广播电视台　开发区管委会
县民政局　县教育局　县信息传媒中心
县委党校　县经信局　县住建局　县人社局
县国土局　县市场监管局　县旅委　县交运局

【先进个人】

余丽宾（桐君街道）　姚庐琴（桐君街道）
叶伟娟（横村镇）　周文玲（横村镇）
黄晓园（分水镇）　胡玲妹（分水镇）
季　婷（瑶琳镇　叶丽琴（瑶琳镇）
皇甫晓芳（城南街道）　朱娟娟（江南镇）
季　英（百江镇）　许　莉（莪山乡）
钟巧萍（凤川街道）　林　芸（合村乡）
邵美金（旧县街道）　郑继红（钟山乡）
赵　维（富春江镇）　俞雪华（新合乡）
王　瑛（人口计生局）　周　烽（人口计生局）
徐华军（人口计生局）　陈　伟（人口计生局）
余春霞（计生指导站）　陈闺红（计生指导站）
龚彩珍（县计生指导站）

·2014年度桐庐县人大工作先进单位先进个人·

【先进县代表小组】

城南街道县代表第一小组　桐君街道县代表小组
江南镇县代表小组　横村镇县代表小组
瑶琳镇县代表小组　钟山乡县代表小组

【优秀县人大代表】

钟刚强　范国政　李睿萍　阮根尧
邵伟军　张新宇　孙　丽　申屠丙花
沈雪炎　张菊秀　朱勇军　章红华
戚小群　徐永生　江高平　叶小明
濮跃林　雷立东　余林凤　何建军
钟春培　张明星　徐生明

【议案建议承办工作先进单位】

县交运局　县农办　县水利水电局
县国土局　县财政局　县经信局

【议案建议承办工作先进个人】

县府办　陆　明　县督查考评办　王樟平
县交运局　赖晓钟　县农办　施宇昕
县水利局　陈界华　县国土局　徐　强
县财政局　吴俊华　县经信局　叶　挺
县城管局　王霓裳　县卫生局　吴群群

·2014年桐庐县政协工作先进单位先进个人·

【政协工作先进集体】

城建环资组　财金旅贸组
文化教育组　社会法制组
政协桐庐县委员会　凤川街道工作委员会
政协桐庐县委员会分水镇工作委员会
政协桐庐县委员会百江镇工作委员会
政协之友联谊会二组
政协摄影书画会书法分会
政协企业家联谊会
派驻县卫生局民主监督小组

【“双好”政协委员】

赵　芬　江芬儿　柳江虹　俞高峰　王永明
潘爱芳　潘银仙　张福平　徐向红　孟祥国
叶如君　钟珍玲　王茂祥　王　青　贾安琪
周志伟　陶　钰　施宇昕　濮忠平　廖　猛
王剑波　方　娟　桑向群　苏建军　陈　彬
刘曙明　陈伟明　夏敏杨　柯　忠　胡　勇
程米生　申屠霞萍

【各委组对口联系部门政协工作积极分子】

桐庐农村合作银行　洪　周
县编办　蒋燕珺
县委宣传部　潘　艺
县发改局　申屠一飞

县建设局　　　方庭兴
县统计局　　　朱　军
县司法局　　　王潮洪
杭州技师学院　邵伟军
县红十字会　　汪丽群

【政协工作积极分子】

俞世群　邱军华　李振国　孔令亚　吴艳华
魏　萍　叶亚春　叶　芬　谢静峰　戴凌云
汪惠芳　许　杰　吴丹翡　江　昱　姚昌苏
李金宝　方小元　毛素霞　孟红娟　叶少波
潘　良　吴根才　王　雯　李志坚　洪芳良
李　昕　林　琳　皇甫晓丹

【2014 年度县政协优秀调研报告】

1.《关于我县“治污水”情况的调研报告
县政协农业科技组
2.《关于我县民宿经济发展情况的视察报告》
县政协财金旅贸组
3.《关于整合政府检验检测资源的建议》
县政协社会法制组
4.《关于我县“保供水、抓节水”情况的调研报告》　　县政协城建环资组
5.《关于我县经济薄弱村创业增收情况的视察报告》　　县政协机关

【2014 年度优秀提案】

1．提案名称：关于对我县低丘缓坡土地综合开发科学利用的建议
提案人：城建环资组
2. 关于充分发挥富春江科技城作为我县经济建设主平台作用的建议
提案人：陈伟琴
3. 关于建设“富春山健康城”的几点建议
提案人：财金旅贸组
4. 关于提升精神病患医治水平的建议
提案人：医药卫生组
5. 关于农村饮用水安全监管的建议
提案人：王剑波
6. 关于加快推进桐庐电子商务发展的建议
提案人：毛振农　刘曙明
7. 关于积极推动我县民宿业发展，培育多元化产品的建议
提案人：李振荣
8. 关于加快培育我县新型农业经营主体的建议
提案人：陆文虎
9. 关于强化农村住房管理，盘活农村“沉睡资本”的建议
提案人：王丽华　孟祥国
10. 关于提高我县土地节约利用与经济转型升级的建议
提案人：项丽珠
11. 关于培育社会组织创新社会管理的建议
提案人：社会法制组
12. 关于借“五水共治”之力推进新城区内五大水系综合利用和保护的建议
提案人：徐　强

【2014 年度优秀社情民意】

内容：1. 关于高度关注中国快递之乡行业健康发展的建议
反映人：县政协企业家联谊会
内容：2. 我县餐饮业转型升级期待政策扶持
反映人：吴土荣　徐向红　李潮清
内容：3. 关于整治富春江无证船只的建议
反映人：徐群力

【责任编辑：吴爱林】

阅读引申

桐庐围绕“五个美” 打造“最美县”

丁谨之

潇洒桐庐郡，江山景物妍。桐庐是传世画卷《富春山居图》的诞生地，也是中国文人的精神家园。翻开历史画卷，李白、白居易、苏轼、王阳明、张大千等先贤名士、文豪画匠在富春江畔流连忘返，留下了2000余篇诗词华章和众多山水名画。

如今步入桐庐，可见的不仅是“一畦春韭绿，十里稻花香”的乡村旧景。这里正在逐步崛起一座最美山水型现代化中等城市：县城里高楼林立，乡村中庭院清幽，城乡协调发展，美丽乡村建设独占鳌头。

人在桐庐，可徜徉在山水秀色中，探瑶琳仙境，访严子陵钓台；也可休憩在农家风情里，喝杯本地红曲酒，尝尾富春江鱼鲜。擦亮旅游的金招牌，桐庐积极构建绿色、低碳、高效的现代产业体系。带动经济发展的同时，力保一江秀色、乡间古韵。美丽乡村放飞美丽的生态经济。

环境优美，治安良好，百姓安居，怡然自得。一年一度的“桐庐百姓日”，推出幸福家乡欢乐游、欢乐大舞台等十多项精彩活动，为群众带来欢乐和实惠，谱写和谐生活的乐章。

“中国画城”桐庐县正沿着“生态美、城乡美、产业美、人文美、生活美”的绿色发展道路不断前进，“中国最美县”将绽放在碧水悠悠的富春江边。

山水依依生态美

桐庐县域面积1825平方公里，人口40万。境内生态良好，风景如画，富春江、分水江流贯全境，森林覆盖率达72.2%，县城空气质量优良天数每年在340天以上。

一江秀色属桐庐。走进瑶琳仙境，可体验“全国诸洞冠”的神奇瑰丽、如梦似幻；寄情山水之间，可攀“江南第一名山”大奇山、登“江南九寨沟”白云源；感怀先哲，可去全国十大钓台之首的严子陵钓台，感受隐逸文化的遗风。

桐庐最大的优势是生态，宁可速度慢一点，也要保护好山水。在这个商业味道浓厚的时代，桐庐没有直排的污水，没有垃圾河、黑臭河，它仍然是个“好风吹皱一池绿，白鸟点破千山青”的好去处。而且，天更蓝、山更绿、水更清，更多了一份“鱼稻乡中乐岁丰”的繁荣。

未来，桐庐的主要河道将逐步由能游泳向能饮用转变，全年空气质量将以优良天数为主向优质天气为主转变，全国生态文明建设示范区创建工作标准也将由试点区向示范区转变。画城桐庐，将迎来又一次美丽升级。

——深入推进“五水共治”，整治提升石材、铸造、化工、电镀等行业，关停拆除一批温室水产、畜禽养殖场。

——年底实现农村生活垃圾分类处理和城镇污水管网两个“全覆盖”。

——出台“不准砍一棵树，不准填一座湖，不准卖一块石，不准挖一粒沙，不准出让一座石塘” 的“五个不准”决定，切实加强生态资源保护。

——积极推进“三江两岸”景观保护与建设。

——深化矿山复绿、珍贵大树进百村等工作。

——壮大民间环保志愿者队伍，组建村级环保协会，开展“无保洁员”村试点。

统筹发展城乡美

桐庐之美，既有城市日新月异的发展之美，又有乡村田园风光的质朴之味。

依托独特的山水资源，桐庐大力实施建设中国最美山水型现代化中等城市战略，让山水成为城市之魂。近年来，桐庐积极启动老城区改造提升，大力打造杭千高速入城口、迎春南路精品示范街、富春江水利风景区、滨江商住综合体，建成区面积15平方公里的城南新城拔地而起。

城镇兴起，乡情仍在。不管是在孝义文化浓厚的荻浦村，坐拥千年历史的深澳村，还是浸润在爱莲文化里的周敦颐后裔聚居地环溪村，随处可见黛瓦白墙的马头墙，青石铺就的驿道，苍遒有劲的古树。

通过城乡统筹，桐庐大力推进 “美丽乡村”建设，积极打造5条乡村风情带、5大乡村风情节、25个风情特色村，已率先完成农村生活污水生态化处理全覆盖，全面启动农村生活垃圾分类处理工程，实现了富春江桐庐段出境水质好于入境水质，成为全国美丽乡村建设的示范县。去年，全国改善农村人居环境工作会议、首届“中国生态文明论坛”、全省加快推进现代化美丽县城建设现场会等相继在桐庐召开。

——按照“以景区的理念规划整个桐庐，以景点的要求建设每个镇村”要求，大力推进风景桐庐建设，努力打造全域大景区。

——开展老旧小区、危旧房、里弄小巷和物业管理等“四改联动”，实施城市管理“五无”新政，全面提升城市整体形象。

——因地制宜、分层分类推进美丽乡村全覆盖工程，连线成片打造乡村景观带，配备村级规划管理员，强化“环境、服务、文化、产业”四位一体，大力发展乡村旅游，帮助农民创收致富。

——以创建全省第一批无违建县为载体，结合四边三化等工作，深入推进“三改一拆”行动。

——实施城市管理无占道经营、无乱停车辆、无暴露垃圾、无乱贴广告、无乱搭乱建等“五无”新政。

绿色环保产业美

百里春江最美处，来至桐庐不愿行。依托明清古村、江南民俗和自然风光，桐庐大力发展“赏花经济”、民宿经济，成功打响“烂漫桐庐”的品牌，成立全国首个乡村“慢生活体验区”芦茨湾，吸引大批游客前来游玩。美丽乡村逐渐成为农民创收致富的新源泉，既建设新农村，又经营新农村，今年2月央视《新闻联播》对此作了专题报道。

块状经济活跃的桐庐，也是全国笔类生产基地、民营水力发电设备制造基地和民营快递之乡。发电设备制造、精细化工、医疗器械、针纺服装、制笔、快递、皮革箱包已成长为主导产业，浙富水电股份、龙生汽车部件股份等企业纷纷上市。

面对经济转型升级的浪潮，桐庐积极构建绿色、低碳、高效的现代产业体系，大力发展总部经济、楼宇经济，一座由20余幢大楼组成的迎春商务区已经展露英姿。如今，比利时海格林国际贸易集团中国总部、上海融高投资、浙江华睿投资等众多商务和金融机构纷纷进驻，迎春商务区正成长为最具潜力的杭州近郊现代服务业集聚区。

在县城东侧，一座占地37平方公里的科技园区正在崛起。由文化创意园、科技孵化园、信息软件园、通讯产业园、新材料产业园等园中园组成的富春江科技城，吸引了众多海内外高科技人才前来创业，正逐渐成长为杭州市科技西进的新引擎。

如今，桐庐不仅成为杭州郊区台资企业最大集聚地之一，还吸引了东芝、通用、松下等世界500强企业投资项目；澳门励骏国际酒店、剪湖和天溪湖旅游综合体项目、杭州商学院、浙江女足训练基地等项目顺利推进，为桐庐的发展增添了生机和活力。

——深入实施块状经济升级等四大计划，落实 “四换三名”等转型升级组合拳，加快培育快递物流、旅游度假、健康养生、生态居住、文化创意、新材料新能源等新兴产业。

——大力开展“重实体、兴实业、办实事”活动，努力发展低碳产业、做强实体经济。

——在加快桐庐省级经济开发区扩容提质的基础上，积极谋划推进新的产业发展平台建设：目前富春江科技城、迎春商务区、富春江（芦茨）乡村慢生活体验区、富春山健康城等四大平台建设提速提效，中欧国际城、英飞特、颐居富春山等一批新项目正在落户。

——切实抓生态资源转化，依托美丽城乡、荣誉品牌、山水环境等资源，大力发展“美丽经济”。

文脉悠长人文美

桐庐自古人才辈出。唐状元施肩吾，诗人徐凝、方干，现代中国画坛一代宗师叶浅予，皆由这片灵山秀水养育。这里还有远古时代桐君悬壶济世的传说，有范仲淹泼墨而作的《潇洒桐庐郡十咏》，还有黄公望、吴昌硕、黄宾虹、刘海粟、潘天寿、李可染等众多国画大师笔下的传世之作。

和谐养人，人文养心。走进“中国民间艺术之乡”桐庐，你会深切地感受到这里浓郁的文化气息。美丽乡村建设的最终落点，都具体指向提升农民的整体文明素质，唤起农民的生活幸福感，先贤的艺术灵光，也照亮了文化创新的一方晴空。剪纸、越剧、故事、小品，具有浓郁地方特色的本土文化，在美丽乡村建设中焕发出夺目光彩。在人文气息的浸润下，桐庐人的精神更加饱满。道德模范评选表彰活动中，涌现出最美村民董祖良、最美护林员吴金法等一批模范人物，诚信、友善、责任、奉献的社会风尚在这里得以传承。

——切实加强古镇、古村落、古建筑的保护。

——挖掘利用小品、故事、越剧、剪纸等特色文化，扎实推进文化礼堂建设，率先实现图书馆乡镇分馆和行政村农家书屋两个全覆盖。

——以丰富多彩的群众文化活动为载体，广泛开展群众性精神文明创建。

丰衣足食生活美

在漠漠水田中伴着白鹭耕作，在午后哼着小调、切磋棋艺，在夏日傍晚闲聊摘瓜。桐庐人的日子像山水田园派的诗歌，惬意而悠闲。

近年来，桐庐积极压缩公务支出用于民生保障，深入实施惠民工程。紧紧筑牢“三个不让”，即“不让桐庐的孩子因为贫困而失学，不让桐庐的群众因为大病而过不上温饱生活，不让桐庐的老人因为空巢而无人照顾”民生保障底线。一年一度的新春慰问金，让全县近6万名60周岁以上的老人喜笑颜开。大病致贫困难群众帮扶公益金，为贫困家庭雪中送炭，带去了温暖和希望。以养老互助为主，政府购买服务、社会各界助老的“1+X”养老服务新模式，让农村老年人足不出村就可以安度晚年。“967000”百姓热线24小时响应，免费提供各类服务，成为市民和企业衣食住行、政策信息咨询的好助手。

110社会联动体系编织起细密的平安网络，让桐庐的群众安全感和平安工作满意度位居杭州市前列。自觉践行群众路线，通过率先开展“基层走亲”活动，建立健全昼访夜谈、“四个是否评干部”、乡镇干部住夜值班等密切联系群众十大机制，以转变作风来回应群众期盼、解决民生难题。实行“政府开放日”活动常态化，邀请群众走进政府、开展政民互动，用干部的辛苦指数换取百姓的幸福指数，党群关系干群关系更加密切融洽。

（原载2014年5月22日《浙江日报》）

“美丽蝶变·旅游发展看浙江”专题——桐庐

清丽的诗 写给都市里的人

朱凤娟

“钱塘江尽到桐庐，水碧山青画不如。”“三吴行尽千山水，犹道桐庐更清美。”吟着千年流传的诗句，前往桐庐这座诗意之城，一路上你不仅能听到一首首诗歌，更能看到一处处像诗歌一样的绝美风景。桐庐在全域旅游打造的过程中，坚持生态为本、文化引领，既塑造了形神兼备的“美城、丰景、兴镇、靓村”意象，延续了“道法自然”风景桐庐的历史传说，又勾勒出走向未来的山水人文画卷。如果说以前的旅游是随性的泼墨，那今天的桐庐旅游则是写意的工笔，一笔一画均来自全域发展的视野和心得。

并不特别在意一个景区的门票是多少，而是注重利用景区资源和生态环境优势，培育发展乡村旅游综合体带动相关区域发展，让游客在整个区域里面消费和享受，从而使当地人在旅游开发过程中得到实惠。如今桐庐也行进在这条路上。

通过“全域旅游”的催化，促进本地旅游资源和特色产业的市场化开发，促进地方农业和工业的现代化转型升级，促进第三产业的迅速发展，形成泛旅游产业的集聚、规模化和特色化建设，最终达到惠民富民的效果，让全域旅游真正成为“惠及全民的旅游”。

五一节假日，桐庐的乡村停满了外来的车辆，农业生态观光游、春季烂漫赏花游、森林清肺游、四季水果采摘游，成为都市人最热衷的短途旅游形式。依托蜂产品加工、医疗器械、针织服装等块状经济优势，让企业的车间和基地成为游客可参观的“公园”；依托剪纸、越剧等本土文化资源，促进了旅游业与文创业的结合，“跟着乐乐游桐庐”、“牛栏咖啡”、“猪栏茶吧”等旅游新业态应运而生。

如今， 5条风情带、25个特色村和50个杭州市美丽乡村精品村，使家家户户的门前屋后成为天然的“花园”。游客来到桐庐，不仅可以住在海博、开元、世贸等一大批高星级标准酒店，享受休闲、度假、商务一条龙服务；也可以住在巴比松、芦茨土屋、悦延居等一批乡村休闲民宿，这些独具特色的酒店民宿辐射带动了乡村旅游的快速发展。桐庐还大力推进美食、茶楼、保健疗养、运动休闲、工艺美术、演艺等六大特潜行业发展，培育精品休闲场所，促进特潜行业向旅游产品转化，培育旅游产业新亮点。

我们相信，桐庐本身就是一首最美的诗，无论你会不会写诗，都可以选择诗意地栖居在桐庐，把生活过成一首诗。

早在上世纪八十年代，由于全国诸洞之冠——瑶琳仙境的开放，桐庐吃到了旅游发展的头口水，推动了经济社会的发展，提高了桐庐的知名度。但随着时间的推进，旅游景区“小而散”、缺乏高品位重量级的旅游精品、旅游体制不够完善等问题，成为桐庐进一步发展的现实困境。

“全域旅游”在桐庐，与其说是一种革新的理念，不如说是一种蜕变的思路。当国内外的旅游越来越以城市丰富的自然资源和人文景观，以及完善的服务设施为吸引元素的时候，一种新的旅游方式倒逼着桐庐进行改革创新。

桐庐的“全域旅游”既是全地域，即依托优越的自然生态条件和扎实的城乡建设基础，全力打造“山水如画、人间仙境”的县域大景区；也是全领域，就是充分利用多样性的生态、人文资源禀赋，着力打造城市与乡村互动、自然风光与历史人文融合，既有景区观光、又有休闲度假，既有现代都市、又有古村落古建筑群风情，能满足不同人群旅游需求的多品种、多领域的旅游产品。

但值得注意的是，这是一种“以风景桐庐建设为统揽发展全域旅游”的模式，也就是说，“风景桐庐”是“全域旅游”的前提和基础。当所有工作都围绕着“桐庐处处是风景”的理念来作为衡量工作成效的一把尺度时，桐庐真正做到了生态文明的先导先行。无论是“蓝天碧水”工程，还是“森林绿色”工程，亦或是“三江两岸”黄金旅游线的打造，都无需做取舍的难题，只需要为“山水”锦上添花。

大家都知道“众星拱月”这个词。这个词用来形容今天的桐庐旅游产业甚为合适。有人曾说桐庐旅游产业在第三产业中占的GDP也不多，但是反过来，如果扩大视界，把旅游产业当作“月亮”，其他发展围绕着它转，那也便有了今天让人瞩目的桐庐旅游——一个转型升级中的优势产业。

桐庐不缺景点，缺的是一盘棋的统筹理念。如今由“二城二区三版块”和十个魅力城镇及全县美丽乡村组成的全域旅游空间结构体系，实现旅游产业的全域覆盖。“二城”即建设一座休闲旅游城、富春山健康城；“二区”即打造富春江（芦茨）慢生活体验区、创建富春江5A大景区，形成开放式《富春山居图》实景地；“三版块”即富春江、瑶琳、分水三大旅游版块。

“潇洒桐庐”这一城市品牌如今已被越来越多的人所熟知。而构成其内涵的则是背后深度地挖掘和多元地阐释。

一方面，桐庐结合地域历史文化、民俗风情和自然资源，挖掘“潇洒桐庐”品牌内涵，结合最美县城游、《富春山居图》实景游、烂漫赏花游、健康养生游等线路推广，通过开展中国休闲乡村旅游季系列活动，宣传山水桐庐、休闲桐庐、乡村桐庐、养生桐庐、会议桐庐、慢城桐庐系列品牌，丰富提升中国最美县、浙江美丽乡村、中国长寿之乡“潇洒桐庐”的城市形象；另一方面，加快推进旅游重点项目建设，重点培育旅游度假、健康养生、乡村休闲等特色产业，大力发展美丽经济。

（原载2014年6月10日《浙江日报》）

美丽经济找准突破口 桐庐乡村民宿名片渐亮

丁谨之　吴雅茗　唐志立

“周末的客人刚走，明后天又都预订满了。”初夏，走进桐庐县金牛村的绿园农家，当家主妇夏忠英喜滋滋地告诉记者，近一个月接客日已超过了15天，周末更是一房难求。

“既建设新农村，又经营新农村，我们以乡村民宿为突破口，要让美丽经济最终化为农民的美好生活。”桐庐县委书记毛溪浩介绍，目前全县14个乡镇、街道兴办乡村民宿的热情高涨。20个首批试点村中，已有14个村启动经营，新增乡村民宿床位3550张，节假日入住率超过九成。这得益于去年该县制定出台的《关于加快发展美丽乡村民宿经济的实施意见》：县里每年安排专项资金扶持民宿经济发展，对新增床位、发展民宿电子商务、旅行社游客输送等方面进行补助和奖励。

凤尾森森、榴花欲燃，归田园居般的美景和特色化经营，是桐庐乡村民宿引来八方客的秘诀。这两天，荻浦村300亩花海中的马鞭草、薰衣草、向日葵陆续进入盛花期，一到周末，赏花客纷至沓来。不拘一格办民宿，使桐庐涌现出了景观特色型、古村落文化体验型、乡野田园型、农业特色型等不同风格的民宿，更有芦茨土屋、石舍香樟、秘境酒店等高端特色民宿，满足不同层次消费者的需求。

帮助贷款、培训烧菜、策划推介……桐庐扶持农户投资民宿措施实打实。像金牛村创造了“中介服务机构＋农户”的管理模式，即由引入的公司对客源进行统一分配，并制定服务标准、统一对外宣传。公司还与农户签订协议书，确保每个月有一定的客源，大大提高了农民的积极性。

鼓励外来投资团队租赁闲置农房，既让农民有了收益，也带动提升了民宿业的发展。桐庐县农办副主任吴国龙介绍，戴家山村引进了洋家乐开发团队，正在开发秘境酒店民宿项目。农民不仅靠出租自家黄泥房有了收入，还实现了家门口就业。

美丽经济在桐庐乡间开花结果。在桐庐老牌民宿示范村芦茨村，2013年经营总额突破3700万元，经营户年均收入达30万元以上。今年1月至5月，全县民宿经济直接经营收入约5100万元。

（原载2014年6月15日《浙江日报》）

桐庐开展党员干部“三走进”活动

走进去查问题 晒承诺促整改

廖小清　唐志立　蓝智伟

“在县城美丽光鲜的另外一面，还有居住条件这么差的地方，我们每个党员干部都应该认真反思。”在位于桐庐老县城的桐君街道，至今还有下雨漏雨、刮风跑风的棚户区，桐庐县委主要负责人在挨家走访后，立即召开专题会议商讨改造方案。

第二批党的群众路线教育实践活动中，桐庐县为更好地发现和查找党员干部的“四风”问题，除了按规定动作学习教育、听取意见外，还开展“三走进”活动，让党员干部在了解社情民意中照镜子、查不足、找问题：走进浙东人民解放军金萧支队旧址，聆听先辈为革命事业抛头颅洒热血的事迹，以更加深刻地领悟什么叫一心为民的宗旨意识；走进县城棚户区，察看困难居民的生活状态，以更加明白什么是脱离群众的官僚主义；走进偏远山区，倾听村民的真实呼唤，以更加清楚什么叫但求无过的精神懈怠……

谈起走进偏远山区的感受，桐庐县委有关负责人感触颇深。最近，他从县城经历1个半小时的车程，来到合村乡高凉亭村听取群众的意见建议。“县里往往把好项目、试点工程，放在大的乡镇和条件好的村，我们这里仿佛成了被遗忘的角落。”村党支部书记顾永龙对该负责人直言，建议县里更关注偏远乡镇的发展。“这不仅反映出党员干部作风不够深入的问题，还说明县里有些决策的考虑仍不够周到。”该负责人表示。目前，桐庐县委常委会通过“三走进”等方式，征集到意见建议2139条次，其中“四风”方面问题1169条次。

问题找到了，还须抓落实真解决。结合意见征求，桐庐县已列出一批先行整改项目，正逐一整改落实。该县还推出了“三诺三比”电视助政活动，76个教育实践活动单位查找的热点难点问题和本单位年度重点工作，全部公布在当地的报纸、电视和网站上，公开比承诺事项实不实、进度快不快、效果好不好。在此基础上，确定24个单位为重点承诺单位，年中就承诺完成情况，以电视问政的形式接受社会各界的质询；年底所有单位都将公布承诺兑现情况，由群众进行满意度测评，从而倒逼党员干部转作风、提高办事执行力，更好地为民服务。

（原载2014年7月6日《浙江日报》）

承诺兑现否 镜头来监督

桐庐开展电视问政

丁谨之　唐志立

“说好20分钟一班城际公交，下雨天总是等不来。”“学校的师资力量不行，学生就是死读书。”“干部来企业走访，他们说‘回去协调’，却总是没有下文！”“有些农技培训没什么用，大都是老套路、炒冷饭。”大屏幕中播放着一条条暗访短片，老百姓的大实话，让台上的10位桐庐县局办“一把手”神情尴尬。

今天下午，桐庐县电视台演播室里进行了一次颇有辣味的官员“期中考”。桐庐县发改局、经信局、住建局等十个重点局办部门负责人现场陈述了年初向全县群众承诺事项的完成情况，并由主持人和问政代表针对承诺内容和陈述情况进行现场提问。台下坐着桐庐县的四套班子成员，但“考试”结果由100位问政代表担任“主考官”，现场亮分。

聚光灯亮起，10位“一把手”上台就座，

表情严肃的他们心中“多少有些紧张”。“以前的汇报都是写材料、会议上口头汇报，从没有这样面对镜头。”桐庐县经信局局长钟一平坦言，虽然早做好了“晒家丑”准备，但心中还是有些忐忑。

在各局办负责人简短的3分钟陈述后，是最让“一把手”们面红心跳的暗访视频播放环节。这组视频由桐庐县纪委和当地电视台独立制作、严格保密。“堤坝都已经修好了。”“下面还有一段没修呢，去年就冲毁了！”桐庐县大源溪两岸的堤坝是否已经修复？针对这一问题，当地村干部和村民给出了截然不同的回答。通过摄像机拍摄的画面，现场观众见到大源溪两岸堤坝存在明显缺口，能否抵挡住汛期的洪水不得而知。

面对镜头，县水利水电局局长宋健民承认，毁坏的堤坝未曾修复，说明工作安排存在问题。他解释说，现在桐庐县已进入主汛期，不宜开展水毁工程的排查工作。

“如果因为堤坝未曾修复，导致溃坝险情，责任由谁来承担？”“堤坝年修年毁，是否存在工程质量问题？”主持人穷追不放，犀利发问，引起了在场群众的共鸣。宋健民回答：“如果出现险情，将在第一时间做好抢险工作。堤坝若确属豆腐渣工程，则将倒查追责到底。”宋健民坦诚的回答，让他获得了“86.05”这一不错的分数。

在县环保局的暗访短片中，横村镇龙伏溪直排的污水让在场观众大吃一惊。“横村镇的治污工作很复杂。目前，环保局已24小时接受群众举报，并对全县46家高污染企业进行在线水质监测。”县环保局局长张利军话音刚落，问政代表接着发问：“出现这样严重的污染，是不是监测失灵？此次污染主体是否已列入46家重点监测企业名单？”“横村、洋塘地区基础设施差，雨污还未实现分流，对污染企业的查处难度大，但环保局将努力实行最严格的监控。”聚光灯下，张利军的脸微微发红。

“这是桐庐第一次电视问政，让我们老百姓了解到政府部门的工作内容，也能用这种方式监督领导干部兑现承诺。”来自东门社区的问政代表方美平说，相信通过电视问政的监督，短片中曝光的问题一定能得到解决。

相比其他地区开展的电视问政，桐庐县的问政主要针对官员年初公开的承诺，具有很强的针对性。各局办在问政活动中的得分，还将按照一定比例折算纳入年终综合考评，从而使问政不再流于“花架子”，而能“出实拳”、“见真效”。

“让群众代表当评论员，这让监督工作更加阳光化、民主化、公开化，也让政府工作更贴近群众，为群众服务。”桐庐县县委书记毛溪浩表示，8月底，桐庐县还将组织14个乡镇街道和开发区、商务区主要负责人举行第二场问政活动。

（原载2014年8月5日《浙江日报》）

桐庐推行“非工作时间预约窗口办事”

服务窗口周末“不打烊”

丁谨之　唐志立　俞璘

“工作日请假出来不方便，新推出的非工作时间预约服务，对我们上班族来说真是利好！”在杭州工作的许玲驹，最近预约了周末办理单身证明，仅仅5分钟就办妥了。桐庐县行政服务中心新推出的“非工作时间预约窗口办事”制度，被不少人点了赞。需要办理业务的群众只需拨打预约电话967000，即可预约办理事项，工作日下班后、节假日也可办理。

为便于记忆，该县借助百姓热线平台，将967000作为预约服务号码，接线员会连线相应的办事窗口，让群众通过预约电话享受一站式的优质服务。同时，办事大厅里还设有预约服务台，中心的值班人员可提供现场咨询、预约服务，实现全年度24小时“不打烊”。

“有了预约服务，感觉像个VIP！”前来办事的吕锡梁乐呵呵地告诉记者。如今，桐庐县行政服务中心的各个窗口都排定了周末和节假日的值班人员。收到预约申请的窗口，将与申请人约定服务时间，再联系相关业务窗口进行服务。申请人只需按约定时间前往中心，就可享受窗口工作人员提供的“私人订制”服务。从此，“明天周末不上班”“还没到上班时间”“快下班了，下次再来”等成了服务忌语。

根据群众需求，行政服务中心的窗口分为两类。一类办理群众办件量较大、时限要求高、办理流程简洁的事项，如临时身份证制证、木材运输许可证核发等事项，要求其所在的公安、林业等窗口实行轮休，365天全年无休；另一类办理量少或需要联动办理的事项，实行“非工作时间预约服务”，在方便群众的同时，避免工作人员的无谓等待，节约行政成本。

据统计，自该服务正式推出以来，桐庐县行政服务中心已在非工作时间段为群众办理各类审批事项900多件。

（原载2014年6月4日《浙江日报》）

微村志　诉乡愁

桐庐县携手浙大学子发掘乡村历史

滕昶　唐志立

来到环溪村时，浙江大学的大二学生卢子扬没有想到原来桐庐还有这么美的乡村。村里5棵高大的古杏树，一下子就吸引了他和同学们的目光。古树的周围，还被修建成了一个小公园，不少村里的老人，正坐在树荫下乘凉聊天。

想听听古银杏背后的故事，把它写进“微村志”里，卢子扬拿着小本子，走到树下，和村里的老人们聊了起来。

今年，桐庐县与浙江大学党委工学部社会实践团合作，专门组建了一个村志搜集团队。作为桐庐本地人的卢子扬，是团队的一员。这个团队平均每四天走访一个桐庐村落，然后再将走访所得整理成短小精悍的村志，发布到微信公众号上。

目前，桐庐县已经完成了第一批10个村的“微村志”编纂，正通过微信公众号陆续推出。根据计划，到今年底准备完成30个村的“微村志”编纂。

说到地方志，往往给人一种厚重、严肃有余而亲切不足的印象。但是在桐庐，刷刷微信，人们就可以看到桐庐一个个小村庄的历史和故事。“记录当地农村的历史，我们希望‘微村志’可以成为人们认识农村的向导。”桐庐县副县长颜鹂说，“农村有很多有价值的历史和故事，应该用更简单的方式，把它们传播出去，也诉说人们心中的乡愁。”

在邀请“微村志”编纂人员到实地走访前，郑萍萍和桐庐县地方志办的工作人员，都要先到村落里先考察一番。9月底，郑萍萍就自己开车到石舍村去走了一圈。路过茆坪村时，郑萍萍突然看到村道边的一条小溪上，横跨着一座小石桥，桥上布满了青苔。“这是座什么桥，它的背后有什么故事？这些都可以被我们收录到‘微村志’里。”郑萍萍告诉记者，“微村志”的“微”不仅体现在传播方式上，也展现在村志记录的对象上。

村口的古杏树、不起眼的老房子，甚至一个表面看起来有点丑陋的抽水机埠，都被呈现在“微村志”上。从“微村志”里，人们可以看到先人在古杏树上寄托的祝福，老房子里发生过的悲欢离合，而抽水机埠的背后，则是缺水、缺技术的桐庐人努力改变命运，修渠道、建机埠的劲道和决心。

“虽然是本地人，我也是直到编了‘微村志’，才知道原来桐庐的农村是那么丰富多彩。”卢子扬说，为了做好村志，他们每到一个村子就大量查阅村庄的资料。然后寻找村民，请他们讲述农村的故事。对那些有历史的村庄，会着重发掘村里的古建筑历史；到有特色产业的农村，着力记录村民的创业、致富故事，还有一些村子风景优美，编撰团队就会专门为这个村拍摄精美的照片。

“过去，我们很少有机会和老人聊天，其实他们肚子里有很多故事，如果不记录下来就太可惜了。”卢子扬说，记录乡村的历史，就是留住很多人心中对“家”的记忆。

（原载2014年9月30日《浙江日报》）

助力稳增长　服务进企业

桐庐确保重点项目落地

蒋敏华　李风

胜利控股、瑞能通信、龙生汽车、正鸿堂、杭万汽车……近年来，桐庐县先后涌现出一大批重大工业项目。地处浙江西部山区的桐庐，土地资源十分匮乏，但是当地国土部门克服重重困难，变“不可能”为“可能”，优先保障重点产业项目用地，成为当地经济发展的重要推手。

争分夺秒创桐庐速度

一座小土丘被劈开一半，几辆铲车正忙着铲土、填土……8月22日上午，桐庐县城南街道岩桥村，一群工人正在平整土地，现场热火朝天。再过几个月，海康威视安防产业园一期将在这里拔地而起，占地面积370余亩。

今年6月底，杭州海康威视数字技术股份有限公司与桐庐正式签订项目投资协议，这是该县有史以来最大一个工业投资项目。海康威视是国内安防行业的领导品牌，同时也是桐庐引进的首家上市央企，总投资额达到30亿元。项目全部投产之后，可新增5000~6000人的就业机会。

为了争取这一重大项目早日落户桐庐，投资洽谈期间，桐庐县国土资源局领导带队主动服务，为海康威视提供用地解决方案。“这个项目用地需求量很大，地从哪儿来、怎么用？这些问题不解决好，企业就不敢跟你签约。”桐庐县国土资源局局长邵卫华告诉记者，几个月前得知桐庐开发区正在与海康威视洽谈，他二话不说带上地图，领着海康威视的负责人去找地，并找到了一处称心的地块。

土地虽然已找好，但是还面临用地报批、土地征迁、挂牌出让等等一大堆繁重的工作。桐庐县国土资源局迎难而上，成立海康威视项目服务工作领导小组，以最快的速度来推进这项工程。海康威视要求9月底之前完成供地，按照以往的程序，仅报批手续就至少需要5个半月，但是桐庐县国土资源局特事特办，到8月22日就已完成用地报批手续，前后只用了1个多月时间。

贴心服务做企业助手

桐庐国土部门主动为企业发展支招，当地很多企业负责人都深有感触。2012年初，瑞能通信生产基地从杭州搬迁到桐庐，桐庐县国土资源局给予解决了98.3亩的用地指标。如今厂房已竣工，预计今年9月底就将投产。“事情解决得非常顺利，几乎不用我们自己操心，国土局的工作人员会帮我们全程办理。”8月22日，瑞能通信负责人向记者谈起搬迁过程时，对桐庐县国土资源局的服务赞不绝口。

和瑞能通信一样，富士通特材也是一家从杭州搬到桐庐的企业。去年10月，在用地指标非常紧张的情况下，桐庐县国土资源局通过合理规划，硬是挤出了26.8亩土地供富士通扩大生产，而这也正是富士通当初选择落户桐庐的主因之一。

龙生汽车是桐庐当地成长起来的两家上市公司之一，这家创建于1993年的汽配生产企业，发展壮大过程中不可避免地遇到了土地要素的制约瓶颈，怎么办？“2011年我们公司要上一个募投项目，需要拿地扩产。国土局工作人员上门了解我们的用地需求后，最后分四次共批了 181 亩土地，如今新的生产基地即将竣工。”龙生汽车办公室主任徐军深有感触：“如果没有桐庐县国土资源局的贴心服务，这个募投项目就不可能这么顺利。”

（原载 2014 年 9 月 2 日《浙江日报》）

美丽桐庐　有水则灵

李昌先　赵晶

沿富春江两岸缓缓前行，绿色的农田、斑斓的花海铺就了一幅绝妙的秀丽画卷，真是潇洒桐庐郡，奇美贯古今。这是桐庐发展现代农业、建设美丽乡村的见证。按照当地农业发展规划，桐庐将重点实施效益农业、色彩农业、生态农业、科技农业、安全农业等五大农业建设，加快构建现代农业发展体系，有效促进现代农业经济发展。

在桐庐发展美丽经济的宏大体系中，水，作为生命之源、生产之要、生态之基，无疑居于十分重要的基础支撑地位。2012 年 7 月，桐庐被确立为第四批中央财政小型农田水利重点县，自此开始 3 年内，桐庐将投资 1.04 亿元，实施“一高五小”工程、灌区骨干渠系改造工程、大中型排灌闸站更新改造工程、农田灌排河道整治工程、小型水源工程建设改造等五大项目工程，改造 8.9 万亩灌区，更新改造 286.55 公里末级渠道和 97.07 公里排水沟。这是桐庐对遍及田间地头的最末级水利设施的全面改造提升。

与此同时，在河道整治、清水治污、防洪排涝、农村饮水以及水利长效管理等更为广泛领域，桐庐全面发力，负重前行，善做善成，为建设美丽乡村、发展美丽经济提供了扎实的水利支撑。美丽乡村，因水而处处灵秀；美丽经济，因水而生机勃勃。

攻坚克难　细小之处见功力

山的伟岸，石的气势，水的灵韵，林的秀色，构成了桐庐山水极具内涵的景致与诗画般的意境。这里醉倒了北宋名臣范仲淹、元朝画家黄公望，成就了传世名篇《潇洒桐庐郡 · 十咏》，以及绝世画作《富春山居图》。但“八山半水分半田”的地貌特征也成了当地农田水利建设的难题。

桐庐四周群山耸峙，中部为狭小河谷平原，山地与平原间丘陵错落。这样的地貌注定耕地零散点缀于丘陵间，或沿山坡形成梯田，进而造成灌区难以成片，灌渠造价高昂。“尤其是梯田，不造灌渠难以保障农作物生长；造灌渠，每层梯田宽度狭窄，又有落差，造价要比平原地区高出一倍多。”谈及此问题，桐庐水利相关负责人颇为无奈。

此外，桐庐土质偏砂质，地层柔软易下沉，传统渠道渗水率可达 60% 以上，且渠道寿命短。以 U 型渠建设为例，在钱塘江下游平原地区，直接铺设模具，连接处做好防漏的渠道，可用 8~10 年；但在桐庐这样建造的渠道寿命却只有 2~3 年，土层的自然下陷会对渠道造成致命损伤，所以在铺设模具前必须先填埋石块加固基础，这也增加了桐庐农田水利建设成本。

成本是高了许多，但我们希望做出来的是高质量的工程，能够真正发挥农田水利设施功效，让老百姓得到实实在在的好处。”这句话不仅是桐庐水利人的心声，更践行于当地“小农水”项目建设过程中。两年多来，桐庐不仅规范了从立项到建后管护各阶段工作，制订了相应的管理办法，还成立了水利水电工程监督管理工作领导小组，并在后期委托第三方检测，严把工程质量关。

坚持与努力必将迎来喜人的回报。2013 年，持续 50 天的罕见高温干旱天气以及“6 · 27”的特大暴雨给江浙地区的农业生产造成了极大损失，但“小农水”项目实施区却免受灾情困扰，农作物长势良好，喜获丰收。“旱能灌、涝能排”得以真正实现，工程效果得到群众充分肯定。

“小农水项目做得及时，质量也好！虽然个别农户为了青苗赔偿问题多次阻挠施工，但施工队在村干部的支持下还是顺利地完成了工程，镇政府和水利部门为我们深澳片的老百姓办了一件实实在在的大好事啊！”江南镇的申屠村主任为桐庐“小农水”项目建设打出了高分。

目前，正值新一轮冬春水利建设开启之时，该县2014年“小农水”项目建设已全面展开，将更新改造末级渠道76.30公里，排水沟23.88公里，打通该县农田水利“最后一公里”。预计到2015年，桐庐项目灌区灌溉保证率可达90%，灌溉水利用系数提高至0.75，节水1272.55万立方米。项目区粮食综合生产能力可提高1.2万吨，新增农业总产值2755万元，增加农户人均收入344.52元。

水利惠民　水美村美生活美

淡淡莲香绕过两棵高大繁茂的银杏古树，悄悄飘进古村的家家户户，循着叮咚的太子溪消散在远方。几年前，环溪村的人们很难想象自己会生活在这样的场景中。而现在，这里不仅成了远近闻名的乡村旅游景点，更成了村民增收的亮点。

“加强水利基础支撑作用于我们桐庐而言十分重要，这与夯实农业基础，促进农业增产、农民增收，保障全县粮食安全，以及建设现代农业和美丽新农村都密切相关。早在小农水项目建设之前，我们就开展了改善农村人居环境的一系列工作，为发展生态农业、推进农村旅游业奠定了基础。”桐庐县水利水电局党委委员袁雪挺有感而发。

环溪村因被天子源、青源溪环绕而得名，建村至今已有620年历史。逐水而居，因水而兴，秉持这一理念，环溪村民的先祖们在建村之初就先建水系后建村，至今还留有一些古老的水利设施供人们使用。然而，曾几何时，随着近现代工业发展以及管理模式的落后，古朴的环溪村变成了垃圾靠风刮，污水靠蒸发，室内现代化，室外脏乱差，大沟就是垃圾污水家。

早自2008年起，结合新农村建设、污水处理工程、古村落保护，桐庐县水利部门对环溪村河道进行综合治理。先后投资800万元对环溪村6公里河道实施美化提升，河道清淤近1万方，拆除河道上违法建筑，将过去河道边臭气熏天的“猪栏”拆除，改造成休息茶吧，新建石板堤防1200米，将人工绿化景观与自然溪水景色融为一体。同时，投入280万元在村里新建生活污水池9个，农户全部实现截污纳管。

如今，村子里600多户村民每天产生的200多吨生活污水都会源源不断地注入污水处理站，经过处理合格后才予以排放。村子中心的两棵古银杏旁莲香环绕，祠堂口脏乱差的农贸市场也变成了村民的“后花园”。“现在我们村里的民宿每个周末来的人很多，旺季时还要预约，否则可能找不到床位。”环溪村民的脸上洋溢着满满的幸福。

近年来，通过深入贯彻落实省市有关扩大有效投资、“清水治污”、“三改一拆”、“三江两岸整治”、“三双”活动等一系列重大决策，桐庐积极探索走出了一条具有自身特色的绿色崛起、转型跨越之路，涌现了一批像环溪村一样的美丽乡村金名片。

今年，桐庐开始全面实施“五水共治”三年行动计划，通过实施源头治污截污、河道环境整治、基础设施提升、景观亮点打造、长效机制构建等一系列措施，达到从根本上治污，实现经济社会全面转型升级发展。在水利领域，则更是重任在肩，一批事关桐庐百姓民生和长远发展的重点工程正在快马加鞭，加紧推进——以两江治理、中小河流及小流域治理、山塘水库加固、区域排涝、农村灌排河道整治等工作为重点，全面推进防洪体系建设，切实提高城乡防洪能力；以推进排涝工程、积水点综合治理、河道清淤疏浚、完善排水泵站设施等为重点，着力消除易淹易涝片区；通过3年左右实现新增供水7000吨，管网更新改造800公里以上，完成11.4万人规模的农村饮用水安全提升工程，建成城乡供水一体化水厂及配套设施工程。

革故鼎新　建管并重求长效

相较于平原地区，桐庐“小农水”项目建设虽难，但更难的是农田水利设施的长效管控。“经过多年投入，水利工程建设已经做得差不多了，我们需要从建设水利迈向建管并重水利新阶段，这不但在小农水方面，在水利其他工程上同样如此。”袁雪挺说。

为充分调动农民群众的主人翁意识，桐庐在“小农水”项目建设之初就展开了一系列相应的体制机制改革探索。

——依据各类农田水利工程的公益性和准公益性特点，探索建立财政资金引导的多元化、多层次投入机制，由政府、村民共同出资建设“小农水”；

——从当地实际出发，建立政府主导、责任明确的管理体制；

——大力推广农民用水协会的组织形式，使受益农民群众真正成为项目建设和管理的主体，积极、全面地介入包括立项、决策、规划、实施、管理、检测、评估和利益分享等各个环节；

——建立适应社会主义市场经济体制要求、灵活有效的工程运行机制。

体制机制创新带来的成效十分明显，群众的积极性和责任心得到有效激发。

深澳村外有一条两米宽的溪流，一遇大雨，溪流就会溢出河道淹没两边田地，村民深受其苦。建设该村的“小农水”项目时，桐庐县水利水电局应村民要求加深了河道深度，村民自己也出资修建了部分河道。“河道的整治关乎我们的生活，政府已经开始牵头做了，身为主人的我们怎么好不积极！”正在溪边农田中忙碌劳作的村民说。

在桐庐分水镇，《小型农田水利设施管理养护办法》已开始施行。“该镇依据管理养护办法，组织建立了相关具体的项目管护制度和考核机制，管护工作与乡镇年终考评挂钩，并与管护人员签订管理责任书或管理协议，从而明确了管护内容、管护要求及管护报酬支付方法，有效保证了该项目建后管护工作的落实。”桐庐水利水电局相关人员介绍说。

在另一个被誉为“德政工程、民心工程”的农村饮用水工程方面，近年来，桐庐县委、县政府共投入2.1亿元，使全县30万农村人口饮上安全放心水。为了加强饮水工程建设管理，县政府出台了《桐庐县农民安全饮用水供水管理办法》和《桐庐县农民饮用水工程管理绩效考评办法》，从供水设备维护、水质消毒监测、实行有偿供水等方面进行考核。按考核成绩实行以奖代补，达不到规定分数取消以奖代补奖金。目前，该县已连续6年获评全省农村饮用水长效管理达标县称号。

农村饮水工程是一个动态的工程。下一步，该县将继续推进农村饮水安全提升工程，对水源地保护、蓄水池设施、环境进行改善。对工程进行查漏补缺，做好工程设施管理维护，确保全县农村人口长期喝上安全饮用水，保证百姓身体健康。

富春江、分水江，是贯穿桐庐的母亲河。2013年，该县出台了《桐庐县委、县政府关于全面开展“河长制”管理工作的实施意见》，这在杭州市还是第一家。全县各乡镇（街道）、库区的83位行政领导兼任“河长”，实行“一对一”管理，建立起了县长为“总河长”，乡镇（街道）行政负责人为本辖区“河长”，各行政村负责人为“村级河段长”的三级管理体系。“河长”对所辖河道管理范围内的水生态环境治理和管理工作负总责，落实河道管护保洁队伍和管护制度，协调落实河道维修养护经费，组织实施河道生态建设和水环境治理，负责做好河道防汛工作，检查河道工程维护、水域岸线资源管理，依法组织检查处置各类河道内违法行为。

三吴行尽千山水，犹道桐庐更清美。桐庐人心中都有一个儿时的梦，那时的水很清，鱼很多，夜晚看着星星，听着潺潺流水和妈妈哼的摇篮曲，步入梦乡，这是桐庐人记忆深处的乡愁。伴随从“小农水”项目建设到“五水共治”各大项目的全面实施，这一记忆中的乡愁已在桐庐城乡得以或保留或重现，并正在弥漫。

（原载2014年10月23日《浙江日报》）

不出桐庐可看上海名医

上海瑞金医院与12家县、社区医院打造医疗联合体

童　桦

不出县城，就能请到上海瑞金医院的专家看病，如今在桐庐已成为现实。

9月7日，天刚放亮，桐庐县第一人民医院（现瑞金—桐庐分院第一人民医院）候诊大厅就聚集了不少看病的群众。很多患者都是冲着瑞金医院的专家而来的。68岁的陈金凤胃不太好，听说瑞金医院消化内科的王立夫主任医师在此坐诊后，就来到医院，不到半天，王医生就查清了她的病因，并开出了治疗处方。

“桐庐老百姓不用出远门就能享受到瑞金医院专家的服务，完全得益于瑞金—桐庐医疗联合体带来的好处”，桐庐县卫生局局长吴志忠说。

2013年，上海瑞金医院与桐庐县签订协议，明确通过建立医疗联合体和瑞金桐庐分院的方式，全面帮扶桐庐县卫生事业发展。2014年1月，上海瑞金医院桐庐分院正式揭牌，瑞金—桐庐医疗联合体也正式成立。医疗联合体将瑞金医院、桐庐县3家二级医院（县第一人民医院、中医院、妇保院）、9家社区卫生服务中心紧密结合在一起，通过一体化运作，提升当地医院的医疗技术、学科建设、人才培养和管理水平。

一批上海名医入驻桐庐。每周三、四、五，瑞金医院心内科、神经内科、手术室等专家常驻桐庐开展管理、坐诊、查房、授课等；每隔一周，瑞金医院普外科、内分泌科、消化内科等7个科室派专家到桐庐坐诊、授课；从7月份起，瑞金医院又陆续派出放射科等专家前来指导。半年来，瑞金医院专家在桐庐已接诊患者3244人次，开展病历讨论253人次，教学查房153次，义诊1541人次。

不少病人感受到了实实在在的变化。“以前到上海去挂这些专家号，500元钱还抢不到号，如今在桐庐反而比在上海更容易挂到他们的号，而且挂号费只要16元。”陈金凤大妈说。

上海名医在坐诊和查房时，对桐庐本地医生展开悉心授课和指导，让他们得到了很大锻炼。除了请进来，还要送出去。瑞金医院为医疗联合体开通了人才培养“快速通道”，半年来，瑞金—桐庐分院第一人民医院已派出内科、外科、儿科等专业骨干13人到瑞金医院进修。

尤其令桐庐人高兴的是，瑞金医院还于今年4月在桐庐成立了多学科联合会诊中心，患有疑难杂症的病人，只需在通过审核后缴纳数百元会诊费，就可以享受到瑞金医院名医们的远程视频会诊。目前，该中心已经会诊30余位患者，其中一例还通过双向转诊前往瑞金医院治疗。

据悉，在上海瑞金医院桐庐分院第一人民医院，今年1至7月门急诊人次、住院人次、手术人次分别比去年同期增长9.7%、3%和20%，药品比例和医疗纠纷则下降5.94%和35%。如果再加上该县中医院和妇保院的数据，这三家医院实现了今年上半年医疗业务收入和门急诊人次分别同比增幅11.99%和8.68%的好成绩。

瑞金—桐庐医疗联合体理事会理事长、上海瑞金医院原党委书记严肃告诉记者，“这次与桐庐合建医疗联合体，很重要的一个目的就是推动医改，促进优质资源下沉和分级诊疗，从而形成县、乡、村一体化的医疗服务格局，使更多的病人在当地就能得到诊疗。”

（原载2014年9月11日《浙江日报》）

桐庐：精读一个城市的美学和哲学

朱凤娟　陆端平

桐庐是一本开卷有益的好书，值得浏览，更值得用心精读。

对桐庐的向往，缘于那句“一折青山一扇屏，一湾碧水一条琴，无声诗与有声画，须在桐庐江山寻。”翻开历史，李白、白居易、苏轼、王阳明、张大千等历代先贤名士、文豪画匠慕

名而来，在富春江畔流连忘返，留下了2000余篇诗词华章和众多山水名画。宋代文学家范仲淹在这里一气呵成《潇洒桐庐郡十绝》，成为千古佳话；元朝大画家黄公望在这里泼墨挥毫，绘就了充满传奇色彩的《富春山居图》，让桐庐成为永恒的风景。

虽然有人说，看景不如听景，可是古往今来竟有那么多的文人墨客在此地诗情大发，我也固执地相信，桐庐之美，非亲临不可体悟。

高速路旁，红白相间的夹竹桃开得正艳，远远望去宛如满天星，一簇簇相拥着奔扑而来，给人一种视觉上的愉悦感受。封面打开，桐庐的美从这里就开始了。

小城依山傍水，美丽的富春江把桐庐一分为二。新城区，高楼林立，大方气派；老城区，老屋铺陈，古朴雅致。芦茨村里，晚唐诗人方干的故里和东汉古迹严子陵钓台隔江相望。小小的村庄整洁、安静，在这里小住几日，喝一杯清茶，翻一本薄书，远离城市的喧嚣，感悟山水、自然、文化。华灯初上，若乘船夜游富春江，可见两岸璀璨霓虹辉映，一水相连，万般妩媚，不知不觉就会沉浸在古人“春江花月夜”的浪漫情致之中。桐庐的美在这里别有洞天。

桐庐是一本城市美学的精装画册。她的美不是一页，而是一页页，每一页都有独特的自然之美和人文之美。宜居宜游的风景桐庐、富民强县的低碳桐庐、崇文尚德的人文桐庐、和美和谐的幸福桐庐、兼容并蓄的开放桐庐——以建设“中国最美山水型现代化中等城市”为目标，“潇洒桐庐”的内涵正在不断地饱满和丰富。以景区的理念规划全县，以景点的要求建设城乡，打造县域大景区，实现全域景区化，精美规划、精致建设、精细管理——中国最美县城一步步从蓝图走进现实，从笔墨走进生活。桐庐的美在这里沁入心脾。

“现代富春山居图”的构图美学：城市景观和人文景观完美融合

世界规划大师刘易斯·芒福德曾说，“要想更深刻地理解城市的现状，我们必须掠过历史的天际线去考察那些依稀可辨的踪迹，去探求城市远古的结构和原始的功能，这是我们城市研究的首要责任。”我们不知道桐庐的城市规划者是不是听说过这句话，但我们知道他们一定是尊重历史的，也是尊重自然的。

桐庐像是一幅中国传统的文人山水画，不仅体现自然的美，更重视人文魅力的实现，从而达到人与自然的和谐统一。山水生态和传统文化是桐庐的灵魂，也是“美丽桐庐”打造的天赋底蕴。桐庐的城市规划充分挖掘山水资源，利用城在山水中、山水在城中的独特优势，全面彰显山水品质。同时突出历史文化传承，在城市规划设计中融入桐庐独有的人文特质，使得城市景观和人文景观完美融合。同时，在整体规划布局中讲究疏密有致，注重单体建筑的个性化，避免千篇一律，力求更多的地标性建筑。

既然是一幅中国山水画，“留白”这个重要的艺术表现形式自然不可或缺。桐庐很注重规划的延续性，历届县委、县政府一张蓝图绘到底，自1997年县城跨江发展以来，一直坚持主要发展框架，不断强化“山水城”空间格局的营造，与时俱进地完善和修编相关规划。城市只有保持适当的尺度，才能在永恒的变化汇总协调保持自己的特色，也因此桐庐非常注重可持续发展，甘于“留白”、善于“留白”，给城市精品亮点打造留足了空间。

“山水间的生态文明诗，现代版的富春山居图”。这是5月13日“中国画城”桐庐荣获我国环境保护领域的最高奖项——中华环境奖时，评选委员会给出的颁奖词。

不同于西方油画的“焦点透视”，中国传统山水画讲究“开合”，这种观察方法是多视角、全方位和开放性的，它行进式地“饱游”连绵不断的山川景色，故而可做长卷。桐庐就像是这样一幅山水长卷。桐庐精细打磨的不仅是“生态美”，更有“城乡美”。它用“全域景区”的理念规划自己，也以“景点”的要求滋养每座老桥、每朵莲花。围绕“美丽乡村”和“美丽县城”两大主体，突出城乡统筹和区域协调，强化城乡在布局、功能、景观上的差异和特色，注重整体风貌控制和空间塑造，让桐庐尽显美丽。同时，规划编制中结合桐庐实际，大胆创新探索，首创“风景桐庐”规划，编制完成了“风景桐庐”建设总体规划及城市色彩规划、水系景观控制规划、绿道系统规划等近20项“风景桐庐”。

一座有年轮的城市，会有一个安静的倒影：一座新城，一座老城。在桐庐，新区丰满和老城更新交相呼应。在新老城区建设中秉承特色发展、差异发展、分步发展战略，通过打造高速入城口、富春江水利风景区、滨江商住综合体等精品区块，以及建设现代化基础设施和新型居住社区，形成新城区现代大气、开放活力的整体面貌；以基础设施改善和历史文化传承为重点，结合“三改一拆”等工作，实施浮桥埠、开元街等重大区块改造提升，积极推动老旧小区、物管提升、里弄小巷、老旧住宅等“四改联动”，逐步形成尺度亲切宜人、街巷肌理和美的传统格局，努力彰显老城区风貌魅力。

“慢悠悠县城”的发展哲学：不以规模拼大小，而以精致论高低

“桐庐的最大优势是生态，宁可速度慢一点，也要保护好山水；桐庐最重要的任务是发展，宁可各线荣誉少一点，也要合力抓经济；桐庐最高的标准是惠民，宁可政府支出紧一点，也要挤钱惠民生。”

一边保护环境，一边思考如何发展。这个“慢悠悠”的县城新一套的发展哲学是“环境先行、GDP跟上”。“环境好了，不是让老百姓守着山水没饭吃，而是让青山绿水的成果惠及老百姓，真的变成‘金山银山’。”这不仅仅是一个新的经济增长方式，更意味着提升一个城市生态文明和市民生活美学，从市民的思想认识、精神状态、城市文化，带来划时代的全面影响和革新。

慢城并非意味着不发展，而是搭上了“绿色美丽经济”的快车。 在这样的培育模式下，这里生长出“以休闲为美，以慢为美”的特殊“产业美”。不仅县城游越发红火，美丽乡村也成了农民致富的源泉。

尤其是近年来，桐庐注重品质业态，建成了特色高效的产业发展平台： 建立迎春商务区、富春江科技城、富春山健康城、富春江（芦茨）乡村慢生活体验区等城市经济新平台。立足政府主导、市场运作，建成现代大气的迎春商务区，26幢高层商务楼宇全部竣工，总建筑面积约100万平方米，吸引了大批商贸金融、企业总部、科技研发等企业入驻，楼宇经济成效显著，已经成为全省现代服务业集聚示范区；立足产城融合，加快城市东扩，谋划建设富春江科技城，通信设备产业园、智慧快递产业园、花园式总部园等8个园中园全面启动；着眼建设城市后花园，抢占健康产业发展先机，积极打造富春山健康城，努力把生态优势转化为产业优势；立足创新乡村旅游发展模式，培育旅游新业态，全面建设富春江（芦茨）乡村慢生活体验区，成为乡村旅游的新典范。

“绿色美丽经济”下，人文美、生活美不断酿造。一座慢下来的城市，更关心城市里的人，人们的表情，表情里的幸福指数。桐庐不仅仅是将快速城市的步调放慢而已，而是创造一个环境，诠释新的生活状态，让人们真正回归到生活本质，重启对生活和自我的重视。

所以，桐庐因地制宜，建成了星罗棋布的城市生态公园。迎春生态公园、富春江水利风景区、中心广场、天目溪公园、梅林溪公园及多个山体公园等近30个园林景观精品，丰富了人们的休闲时光。至2012年底，县城建成区绿化覆盖率达43.02%，人均公共绿地面积达11.2平方米。其中滨江区块通过城中村、棚户区及旧厂房拆迁改造，建成了集运动休闲、亲水娱乐、旅游观光、城市防洪、商业居住等功能于一体的现代化滨水城市综合体，于2012年荣获中国人居环境范例奖。

另一方面，注重民生优先，建成功能齐全的公共服务设施。新建了博物馆、叶浅予艺术馆、图书馆、体育馆、县第一人民医院、县中医院等大型公共服务设施，大大地促进了社会事业的发展。目前，杭州商学院已开工建设，中国美院桐庐校区、上海瑞金医院桐庐分院正在落户……

其实，慢城主义是一种品位主义。没有品位便没有生活质感。慢城主义是提升生活品质的一种诉求。

如今，智慧城市又成了桐庐城市发展的新目标和新模式，近年来，通过“数字城管”的高效运作、“数字城市”地理空间框架的启动建设、“智慧旅游”的创新发展、物联网和电子商务的蓬勃发展、高等院校和科研机构的陆续入驻、绿色建筑和节能科技的广泛应用、高层次人才的全面引进，使这座城市正渐渐成为一座“智慧城市”。

（原载2014年10月24日《浙江日报》）

助推电商抢占行业制高点

桐庐县出台加快推动电子商务发展新政

郑磊　陶元　黄蓉萍

日前，桐庐县电子商务推进工作领导小组办公室发布了今年一号文件，其中明确提出，今年桐庐县将通过“电子商务提升年”活动的深入实施，鼓励和支持更多企业“触网”，规模企业电子商务应用达到50%以上，电子商务实体企业及应用企业达1000家以上，全年实现电子商务销售额8亿元以上。

一家箱包公司今年销售要超亿元

去年以来，桐庐县通过加强组织领导，加大政策扶持力度和开展信息基础设施、信息平台、支撑体系等综合建设，积极优化电子商务发展环境、促进电子商务应用和创新，推动电子商务相关配套产业发展，并与当地产业实现有机结合，取得了不小的成效。

桐庐简派箱包有限公司创立于2012年，目前拥有一家“可诺旗舰店”和一家“COOL天猫店”，及即将开出的“南极人箱包旗舰店”。该公司主要经营男士箱包系列，去年销售额近4000万元。到去年年底，“可诺旗舰店”已有270家分销商，男包类淘宝销售额月度增速第一名，目前月销各类包5万只左右。去年，一线品牌“南极人”看中了该公司的经营能力，多次来桐庐考察，并与该公司签下了5年合同，把“南极人”箱包的制作和线上销售全权委托给该公司。

“去年年底公司产品还在广州生产，员工有500人。今年年初我们把公司搬迁到了桐庐迎春商务区的桦桐大厦，占地500多平方米，电商员工30余人。”公司负责人戴建军说，公司还在经济开发区租下了3000平方米的仓库与厂房，今年计划招工100人，并计划把工厂全部迁入经济开发区。“我们把今年的销售目标定在超亿元，从目前的订单来看，实现目标应该没有问题。”戴建军说。

电商产业园“腾笼换鸟”提质增效

今年桐庐县将实施电子商务产业园提升工程，通过外引内育抓丰满，进一步完善汇丰大厦电商产业园扶持政策，优化政策服务环境，吸引一批优质电商企业入驻，打造全县电商运营总部中心。同时，清理和退出一批成效差的电商企业及其他行业企业，腾出空间以引进入驻优质电商企业与中介机构，实现园区“腾笼换鸟”和提质增效。

在此基础上，桐庐县还将引进一批县外优质电商企业，以及制造、金融、物流、商贸流通等行业的电子商务业务部门，鼓励一批本地电商平台、企业和服务机构入驻拓展区，积极建设桐庐名优产品展示展销中心，引导桐庐县针织服装、蜂产品等优质产品探索O2O运营模式，不断完善电子商务产业链，丰满园区业态，切实增强集聚效应和服务优势，全年引进和入驻电商企业与电商中介机构5家以上。

“百岁坊”是桐庐县农产品一块响当当的招牌。近年来，该品牌除了不断丰富产品，还积极开拓电商市场，目前已经拥有“百岁坊天猫商城店、百岁坊城市绿色生鲜宅配网和中国坚果炒货网”三大平台，全面打造以农产品为核心的B2C购物、B2B中国坚果炒货网以及城市绿色生鲜宅配的O2O新型立体商业模式。据悉，百岁坊天猫商城店日单量在1000单左右，去年销售额达到2000万元，并处在高速增长中。

扶持农产品电子商务企业也是桐庐县推进电子商务的一个重点。今年，桐庐县将推进农产品电子商务产业园建设工程，制定完善配送中心建设可行性方案，加快规划选址和土地挂牌出让，推进仓储配送、检测、分拣“三合一”中心建设，力争年内产业园正式开工建设。同时，加快土地流转与农产品基地建设，引导建立现代化的农产品生产流通服务体系，鼓励企业开展农业、旅游等特色电子商务应用试点示范创建。

（原载2014年4月17日《杭州日报》）

长卷铺画城 陇上踏歌行

——桐庐生态文明建设掠影

任丹　萍陶元　黄蓉萍

桐庐县在极其优厚的生态资源和独具魅力的山水城乡风貌基础上，通过高起点定位，高标准规划，高要求落实，高效率监管，生态经济不断发展壮大，生态资源可持续发展，城乡环境质量稳步提升，群众生态意识普遍增强，走出了一条生态与经济共赢、城市与农村互动的可持续发展之路，生态文明建设走在了全省甚至全国前列，并逐步转化为促进发展的重要力量。

“桐君故里，天堂之畔，环境立县，潇洒桐庐。两江如碧，倒映绿色宜居美景；苍穹千里，拥抱中国最美县城。山水间的生态文明诗，现代版的《富春山居图》。”

5月13日，在北京人民大会堂第八届中华宝钢环境奖颁奖典礼上，桐庐夺得全国唯一一个城镇环境类大奖，评选委员会给予桐庐高度的评价。

桐庐最大的优势是生态，宁可发展速度慢一点，也要保护好山水。“中国画城”桐庐县正沿着“生态美、城乡美、产业美、人文美、生活美”的绿色发展道路不断前进。“中国最美县”绽放于碧水悠悠的富春江边。

桐庐之美，那行行白鹭一定知晓，它们在这里自由地飞翔、栖息；桐庐之美，那些把第二居所安在这里的外地人一定知晓，他们停驻桐庐便不想他处；桐庐之美，桐庐人一定深深感受到，这里城有城的发展之美，村有村的质朴之味……

坚持综合整治，着力提升环境质量

坚持一张蓝图绘到底，一年接着一年干。桐庐县十三次党代会描绘了建设“一个目标、五大桐庐”的宏伟蓝图，其中“风景桐庐”作为“五大桐庐”之首，总体目标是打造“三区一城”， 即将桐庐建设成为全国领先的“统筹城乡示范区”“县域景区示范区”“生态文明示范区”和“中国最美县城”。

坚持“美丽中国、桐庐先行”，桐庐已取得骄人成绩。全国改善农村人居环境工作会议、首届“中国生态文明论坛”、全省加快推进现代化美丽县城建设现场会等重大活动选择在桐庐召开举办就是最好的说明。

2008年桐庐启动“清洁桐庐”三年行动，先后投入1.5亿元，建设县、乡、村三级保洁设施，配备农村保洁员1700余名，实行“户集——村收——镇中转——县处理”城乡一体的生活垃圾无害化处置模式。

2009年，对无法纳入城镇管网的农村生活污水和农家乐污水，采用分散式生态处理模式进行处理。目前，已建成农村生态化污水处理工程2000余个，铺设管网2500余公里，设置窨井7万余只，在2012年底就已实现全县183个行政村全覆盖。与此同时，在全国范围内首创农村生活污水处理工程运行维护管理平台，对工程运行进行实时监控，有效确保了工程长效运行。

2012年，在全县实现生活垃圾处置无害化的基础上，实施农村生产生活垃圾分类收集及资源化利用工作，目前已完成77个行政村，到今年年底实现全覆盖，力争在垃圾资源化、减量化方面走在全国前列。

钱江源头筑屏障，一江清水出桐庐。桐庐位于钱塘江上游，肩负保障下游水质的重任。以富春江、分水江两江水质保护为重点，该县创建饮用水源保护达标区11个，并采取积极举措确保饮用水源安全。

保护建设沿江的生态景观。围绕“生态环境持续改善、生态经济加快发展”的目标，以五年为期，编制规划体系，建立工作例会和督查制度，全面启动保护水源水质、整治沿江企业、完善基础设施、修复岸线生态、开发人文旅游为主要内容的28项综合性工程。近三年共拆除沿江临时码头39座，削减砂石开采量600余万吨，关停沿江企业20余家，截止到2013年底，全县富春江、分水江河道已无河道砂石拍卖点，有效保护了河道生态环境。

保护好自己区域内的一江碧水，也要让上游下来的漂浮物在这里“上岸”。桐庐成立环境治理公司常年打捞、拦截来自上游的大量漂浮物。2003年至今共打捞处置各类漂浮物20余万吨，有效保障了下游的水质。

无论是地表水质还是空气，“天罗地网”工程都可以监测。桐庐建设并运行6个地表水水质自动监测站、2个空气自动监测站及重点工业污染源在线监测监控中心平台。

连续7年保持交界断面下游出境水质总体优于上游入境水质，全面消灭了境内垃圾河、黑臭河，全县83条河流已有80条达到Ⅲ类以上水体，年底前将全面消灭“不能游泳的河”，基本实现“随时能游、随处可游”目标。

拥有这么好的治水基础，桐庐自我加压，乘势而上，给自己定了更高的目标：紧紧围绕“一年初显成效，两年全面改观，三年实现质变”总体定位，力争通过三年时间的持续努力，全县实现治污措施全面落实、城乡防洪整体提升、城市积涝基本消灭、安全饮水充分保障、节水意识大幅提高，努力在省市“五水共治”工作中领先领跑。

环保倒逼转型，生态经济放歌城乡

生态美，要转化成产业美。

面对经济转型升级的浪潮，桐庐加快发展低碳工业。开展电镀、冶炼、造纸、水泥、化工、石材等行业综合整治，关闭“低、小、散”重污染企业，完成70余家企业兼并重组及提标改造工程。

今年以来，桐庐以打造环保监管最严格城市为标准，开展零点行动，不放过任何一条线索；行业整治，不放松任何一块区块；排查摸底，不放过任何一个角落；在线监控，不放过任何一个时段的“四个不”行动，条条动真格，全力打好“治污水”攻坚战。

不断提高企业的环保准入门槛，成立县招商引资项目把关领导小组，坚持环保评审“一票否决制”，近三年共否决各类不符合要求的项目500余个。

大力发展节能环保、生物医药、先进装备制造业、新能源等战略性新兴产业，目前战略性新兴产业增加值占全县规模工业增加值34.2%。

产业美，要实现村美民富。

桐庐提升发展现代农业。做强做精蜂业、茶叶、干鲜果、蚕桑、蔬菜、水产等六大特色产业。依托生态优势，发展现代服务业，在美丽乡村建设的基础上，大力发展乡村旅游，农家乐年接待游客达140万人次，实现收入超5000万元，创建成为全国休闲农业与乡村旅游示范县。

培育生态文化，健康生活伴随你我

在桐庐183个行政村，每个村都有环保协会，成员都是该村觉悟高、素质好的“活地图”。他们在“五水共治”工作中，发挥了环保宣传、跟踪监管、污染整治等积极作用。

除了村里成立环保协会，桐庐还分片建立了“企业环保管理员、村环保监督员、区域环境观察员”三员监督机制，形成全社会参与的浓厚氛围，真正把生态文明理念常态化、生活化。

为让生态文明知识能广为百姓接受，桐庐充分利用“世界环境日”、“世界水日”、“地球日”、“百姓日”等契机推动“生态文明童玩节”、“小手拉大手活动”、“生态文明大讲台”等宣教活动。多举措、多手段、全方位开展生态环保宣传。同时积极开展生态绿色系列创建，通过国家、省、市、县各级生态乡镇（街道）、行政村创建和各级多层面绿色系列创建。

为倡导绿色生活方式，桐庐建立并完善激励购买无公害、绿色和有机产品的政策措施和服务体系。筹备出台《桐庐县生态文化建设实施意见》，推行绿色采购制度，推进绿色销售，计划到2015年，政府采购节能环保产品和环境标志产品比例达100%，新建建筑中绿色建筑比例不低于75%，公共交通出行比例达到70%以上。

创新生态考核，机制保障长效发展

生态之花长久绽放，取决于桐庐生态建设的机制保障和创新。

桐庐生态文明建设领导小组的组长和常务副组长是由县委、县政府的主要领导担任，统筹全县各部门开展生态文明示范建设工作。既有生态文明建设专项资金使用管理办法，也有生态文明建设的财政资金保障机制。实行县领导联系重点生态建设项目制度，纪检、组织、督查考评等部门创新执纪模式、健全评比方式、完善考评机制，以问责、评比、考核管理体系为该县生态文明建设工作保驾护航。

生态建设，规划先行。2003年，桐庐就先行编制《桐庐生态县建设规划》及镇村生态创建规划，引领桐庐生态创建工作。继2011年成功创建“国家生态县”后，为进一步提升生态文明建设水平，科学指导生态文明建设进程，该县颁布实施了《桐庐县生态文明建设规划》，明确了今后生态文明建设的思路和举措，确定了5大类37项重点工程；下发了《关于加快推进生态文明和“美丽桐庐”建设的实施意见》，对建设生态文明提出了具体的实施意见。

桐庐将生态文明建设、乡镇交界断面水质考核、农村生活污水处理工程运行维护管理考核等工作纳入乡镇、部门年终综合考评。严格落实项目审批环保“一票否决”制度。充分发挥市场机制的作用，探索建立污染物排放许可有偿使用和交易制度，联合金融系统启动“绿色信贷”机制，加强对企业环保信用等级评价，对黑色企业和淘汰类项目进行信贷控制，以创新管理促进该县生态文明建设。

（原载2014年5月28日《杭州日报》）

谋百姓实惠　腾发展空间

桐庐“无违建县”创建稳又快前进

刘曙辉　陶元　黄蓉萍

在“无违建县”创建这项省市重大工作部署中，桐庐以必胜的决心开头，稳扎稳打，并且步伐又快又稳。

破题之初，桐庐就明确以“合法合情、公平公开、和谐稳定”作为全县创建工作的总方针，贯穿创建工作始终。1月15日，桐庐县委、县政府召开“无违建县”创建工作动员大会，吹响“无违建县”创建号角。明确率先创成“无违建县”的目标，下定“非干不可、非干好不可、非干成不可”的决心，强势推进此项工作。

沿着打造“中国最美县”的道路，桐庐坚定推进“无违建县”创建，绘出蓝图，力争美丽中国，桐庐先行。

桐庐正通过“无违建县”创建，努力为百姓谋实惠，为发展腾空间，让老百姓共建共享无违创建带来实实在在的成效。

截至2014年6月6日，桐庐县已完成“三改一拆”总面积539.46万平方米，占市下达三年任务数的374.6%。“三改”完成综合排序位列全杭州市第5名；拆违174.08万平方米，占市下达三年任务数的580%，综合排序位列全市第4名，完成百分比列全杭州第一。其中，2014年完成“三改”46.75万平方米，完成面积位列全杭州第4；拆违 143.87万平方米，完成面积为全杭州第3，人均拆违面积为全杭州各区县市第一。

这些成绩的取得着实来之不易，每一个坚定的步伐都是桐庐从“中国最美县城”到“中国最美县”的转变。

控：源头遏制 新违建实现“零发生”

合村乡岭源村村民鲁振民每天都会在自己的村庄里转转，关注任何不对的“苗头”。按照该乡动态巡查网格化管理规定，他属于该乡第三级网格负责人。为真正发挥“无违建网格”作用，桐庐层层筹划，对存在的各种问题抽丝剥茧，确定了以“网格化”动态巡查管理、“零违建”报告等为主体的管理制度。

在桐庐，有一支特殊的巡查队伍，由1318名工作人员组成，分别来自县、乡、村三级干部队伍，形成了“县级领导分片联系乡镇（街道）、乡镇干部包村、村两委干部包户”的控违网络。正是这支队伍，实行每日值班，网格化管理，采用“车巡、徒步、驻点”加“数字城管监控等方式进行全方位、不留死角的巡查，对新违建行为做到第一时间发现、第一时间制止、第一时间拆除。通过今年2、3两月的严格控新，全县就实现了新违建的零增长，进入4月份来，桐庐更是实现了新违建零发生的良好局面。从“零增长”到“零发生”，不是量的不变，更多体现是质的变化。

——宣传进村入户。发放1 4万份倡议书至每家每户，每个村里，在集中显眼处树立宣传举报牌、悬挂宣传横幅，政策宣传送到农户，解释到每家每户。

——设立举报电话。在县、乡两级都设置新违建举报电话，根据各乡镇（街道）及违法建筑的实际情况，举报属实的给予举报人一定的奖励，目前，共受理新违建举报600多起，形成了全社会监督的良好氛围。

——做好源头控管。桐庐县对水泥、空心砖、钢筋等重点建材销售点推行采购情况登记，及时掌握“控新”信息；组织全县建房工匠开展“无违建县”创建工作培训，签订规范建房责任书，明确参与违建惩处办法，通过加强对建筑工匠的管理，确保违建行为从源头做到“零发生”。

拆：干部带头 一户多宅清理出亮点

3月19日清晨，轰隆隆的挖机声打破了桐庐县钟山乡陇西村的宁静，该村村委会主任陆根洪率先将自己的一户多宅清理了，村党总支委员吴洪明和池樟平也加入“带头拆”，当天共有7户人家进行了一户多宅的清理，建筑面积共1420平方米。在“一户多宅”的重点村，桐庐以党员干部来带头拆，以点带面，得到群众纷纷响应。

截止到6月6日，桐庐清理整治一户多宅4691户，建筑面积82.31万平方米，完成应清理总数的97%，为美丽桐庐建设奠定基础。

“无违建县”创建中，让全县每位领导、干部、党员都成为创建先锋。全县党员干部、两代表一委员带头执行“无违建县”创建工作相关政策、带头拆除处置原有农村非法“一户多宅”和各类既有违建、带头做好亲戚好友的工作。对出现推诿扯皮、工作懈怠、不带头拆除违法建筑的党员干部敢动真格，对屡教不改、情节严重的村干部进行劝退。干部带头做示范，不仅使当地百姓感受公平公正，更使拆违工作犹如破竹之势在全县铺开。

依法又符合实际的政策是创建工作的核心，也是快速推进“一户多宅”清理整治的保障。工作开展以来，桐庐在摸清全县一户多宅等违建底数的基础上，出台了《桐庐县乡村违法建筑处置若干规定》、《桐庐县“无违建县”创建工作违法建筑认定和处置规定》、《关于在全县开展农房“一户多宅”清理整治行动的通知》等一系列政策，并细化出台农村“一户多宅”清理处置指导意见，这样全县“一户多宅”清理和违法建筑处置都有了一把具体的尺子，每个人都可以用这把尺子给自家的建筑“量一量”。

在各乡镇（街道）实行拆违进度“日通报”、“周短信”、“月排名”等工作进度督查通报制度，对于进度慢的在县级媒体予以曝光，形成比学赶超、争先进位的浓厚工作氛围。

用：拆后利用 民生普惠得益处

桐庐通过“一户多宅”清理整治，拆后腾出土地1000亩，按照“宜耕则耕、宜建则建、宜绿则绿”原则，制定拆后综合利用方案，对腾出的土地及时进行规划调整，其中300亩可安排农民建房，350亩用于复耕， 350亩用于村里道路、停车场、公园、绿化、休闲文化广场等公建服务设施建设。疏堵结合，合理利用，则换来了桐庐县老百姓打心底的拥护和赞叹。

——富春江镇孝门村，只见平整的沿河绿道，整齐的绿化景观，崭新的住宅外立面……。今年，该村清理一户多宅腾出土地10多亩，集中安排59户村民在此建房，让一批申请了十多年的村民终于圆了建房梦。

——百江镇东辉村拆除“一户多宅”老房，打通了二十多年来未通的村道，方便了当地农民的出行，群众拍手称好。

——凤川街道三鑫村竹桐坞自然村将拆后土地用于精品村建设用地，规划新建村庄精品景观道路，使村庄更美了。

——江南镇板桥村，分水镇双湖村通过“一户多宅”清理，为当地村民腾出了停车场，给村民停车出行都带来了方便。

针对农村用地指标少和农村宅基地少的实际，加快农居点建设、农房审批、规划调整等工作，打造美丽乡村建设新亮点。预计今年可解决900户住房困难户建房，基本解决了近年来矛盾较为突出的建房难问题。同时，对于新审批的农房建设，加强农房建筑的规划设计，开展 “杭派民居”示范点建设，彰显地方特色。

桐庐县坚持“有拆有保”，传承历史文化，对有乡土特色、有文物价值、有历史遗存的189处老宅加强保护与管理，维护传统村落风貌，传承优秀历史文化遗产，使在外的游子始终能留有对家乡的印记。对房屋质量较好的“一户多宅”，由村集体收回，调剂给村里无房户、住房困难户，解决了农村危旧房屋问题，改善了农民居住条件，还为空新村二次创业腾出了空间。

管：建章立制 严格管理促长效

“无违建县”创建不是“一阵风”“运动式”的工作，创建是手段，无违是目标，根本在于建立起一套长效管理的机制。

——审批监管挂钩机制。将建房审批与控违、拆违工作紧密挂钩，对于控违、拆违不力的村，一律不安排新批建房指标。同时，对于当年度依法审批农民建房宅基地使用存量建设用地的，给予支持鼓励。为使全县农村群众“一户一宅”的观念深入人心，桐庐推出了“先拆后建”、“五到场”等管理机制，即对农村建房一律实行先拆除再批建。在农房审批建房过程中要求“审批前选址到场、批后放样到场、开工砌基到场、建设中监管到场、竣工验收到场”，杜绝形成新的超层超占等违法情况。

——实行协同作战制。各乡镇（街道）与县住建、国土、城管等部门加强沟通、密切配合，做到县、乡镇（街道）、村三级联动，切实增强联动处置能力，对于顶风违建情况，一经发现，立即处置，一拆到底，绝不姑息。

——乡镇（街道）实行任务领办制。乡镇（街道）班子成员率先垂范，包村包户，带上“军令状”，领办任务、领衔破难。

——实行挂牌施工制。对各类新批建筑统一实行挂牌施工，将“建多少、建多高、谁审批、谁施工”等内容全部公开，接受群众监督，有效地从源头上防止了违法建筑的产生。

通过半年努力，中国画城桐庐，乱搭乱建的违建行为无迹可寻，村道更宽了，绿地更多了，村容村貌更加美了。

桐庐严格按照省市部署，克难攻坚，奋勇而上，以“铁的纪律、铁的手腕、铁的举措”，力争“无违建县”创建工作走在全市前列。

中国最美县，值得期待。

（原载2014年6月12日《杭州日报》）

桐庐585名领导干部争当企业“保姆”

“点对点”照料 “一对一”服务

陶元　邵惠燕　滕晶晶

年初，杭州千芝雅卫生用品有限公司收购了一间在建厂房，准备扩大规模，但烦琐的产权过户手续急煞企业上下。

“有事先找他。”企业主找到了桐庐经济开发区（富春江科技城）管委会副主任周跃群。作为企业“保姆”，周跃群一听，径直赶赴现场了解情况。

随后，从带领服务小分队上门，到积极联系相关部门，再到共同制定“路线图”……“说干就干，干得快、干得好，他让我们企业觉得踏实。”难题一解，企业主吐露心声。

结合党的群众路线教育实践活动深入开展，桐庐县大力开展县管以上领导干部与企业“一对一”服务活动。截至6月中旬，34名县领导、551名县管干部与600余家企业全部结成亲家，甘心当了企业的“保姆”。

企业数量多且各有特点，在千头万绪中如何将政企“对上头”？

“就像做连线题，逐个筛选、点连成线。”桐庐县经信局工作人员这样形容。按照分层推进、分类指导原则，全县所有规模以上工业企业、限额以上服务业企业及部分成长型小微企业、农业龙头企业、养殖业大户等，都有了专业“保姆”。

名单一定，毛溪浩、方毅等桐庐县四套班子领导带头走访，率先垂范。上行下效，551名县管干部前赴后继，掀起走访热潮。

一个个风尘仆仆的身影，一声声真诚亲切的回答……“无死角”的走访犹如一张大网，带出了350余条意见建议，并扎实开展分层办理，积极为企业排忧解难。

通过“腾笼换鸟”，杭州象限动力科技有限公司正式落户青山工业功能区。在杭州瑞坤时装有限公司，厂区附近一条破损严重的道路即将开工修复，届时出行更方便，企业形象更上一层楼……

走访不是运动式而是常态化，联系不是一时的而是长期的。在走访中，能够在政策层面解决的第一时间给予解决，由于政策或宏观因素不能立即解决的，做好与企业主解释答复工作。

在这基础上，为把全覆盖、出实效、管长远紧密结合，桐庐县委对领导干部“一对一”联系服务企业的具体内容作了一系列“硬杠杠”，确保服务质量到位。

比如，在全程参与联系企业意见建议沟通协调的同时，要求两个送达：各类扶持政策和重大会议精神及时送达到企业；三个到位：企业主动邀请的重大会议或活动必到，企业发生的重大劳资纠纷必到，发生安全生产事故必到。

再者，四个开展：每季度至少走访联系企业一次，每年至少参与一次企业座谈会，每年至少牵头对接一次产业政策咨询或项目对接活动，每年至少撰写一份调研报告或工作体会。

还有五个掌握：生产经营状况、融资状况与发展计划、员工队伍情况、对党委政府的需求、党建情况。

在横村镇，经济发展办的“保姆”们对年销售500万元以上的工业企业开展走访，主动做“红娘”，为部分企业牵线搭桥，开展校企对接合作。

在江南镇，“保姆”们把办公室“搬”到了生产一线、工地、工棚，一个个环节啃，一个个难题攻。

作为企业的“娘家”，经信局的“保姆”们，局班子开展“走进企业”活动，每个班子领导结对10家重点企业、成长型企业，还对全县9大行业开展调研，让服务更专业……

总投资30亿元的海康威视产业园项目正式签约，英飞特电子项目完成注册……“点对点”照料，“一对一”服务，加上并肩作战，如今的桐庐，在政府与企业之间已然架起了一条长期的“绿色通道”，成果不断涌现，发展更显生机。

携手阿里巴巴　桐庐电商活力无限

——写在桐庐被确定为浙江省首个农村电商试点县之际

2012年11月，桐庐县首个电商公共平台、服务于制笔块状产业的杭州一马平川电子商务有限公司成立。

2013年8月，桐庐县举办首届电子商务发展大会，与阿里巴巴签订全面合作备忘录，并启动“阿里巴巴·桐庐产业带”项目。桐庐产业在年底实现销售超亿元，获得“阿里巴巴产业带最具活力奖”。桐庐县位列“2013年中国电子商务发展百佳县”排行榜第48位。

2014年10月13日，浙江省商务厅和阿里巴巴集团在首届浙江县域电子商务峰会上签订了农村发展战略落地合作协议，桐庐被确定为首个试点县。

这每一个节点就是桐庐发展电子商务的里程碑，记载着桐庐坚定信心并走出电商“桐庐模式”的每一个踏实的步伐。

敲开“电商“这扇门

机会都是给有准备的人，智者善于抓住机遇，成功者往往创造机遇，桐庐在电子商务这扇门前，以“争”的心态对待，用“抢”的姿态进入，早行者拾金，后行者捡漏，桐庐把握住了机会。

两年前，站在“电子商务”这个名词前，桐庐很多企业还是“发蒙”的状态，带着不信任、不靠近、不尝试的心态对电子商务关上了一道门。而桐庐县委县政府深知发展电子商务已是必然选择。电子商务作为新经济的典型代表，依托网络虚拟市场，打破了时间和空间的限制，与实体经济深度融合，在促进经济发展方式转变，保持经济创新活力等方面具有革命性作用，这种趋势，从它每年30%以上的发展速度就可以看出，势不可挡！

身处杭州发达的电子商务产业圈内，桐庐的传统产业如针织服装、制笔文具、皮革箱包等，都具有“产品全、创新快、体积小、质量好、产能高”的特点，非常适合网上销售，对电子商务具有很强的适应性；迎春商务区作为全国县域楼宇经济样板区，十分适合电子商务集聚发展，富春江科技城的软件园等重大平台也将为电子商务企业（项目、平台）在集聚办公、仓储物流、服务配套等方面提供很好的支撑；而且桐庐作为“中国民营快递之乡”，快递物流网络覆盖全国。

有如此众多优势，为何不发展电子商务？可是面对企业抗拒心理，政府搭建好平台，企业会来“唱戏”么？

2012年11月，在桐庐县委县政府的积极推动下，桐庐联华制笔有限公司、桐庐正华文化用品有限公司等14家企业及个人共同出资成立了一马平川电子商务有限公司，成为桐庐首个电子商务公共服务平台。他们抱团发展，充分发挥自身特色销售模式赢得市场，去年3月开始，出货订单突破两万票，并呈逐月递增之势。一马平川的成功“触网”给同行业乃至桐庐整个传统行业带来了不小的震动，也使桐庐各职能部门对电子商务有了更深层次的认识。

桐庐县有关职能部门负责人曾经说，就像是在暗室中突然打开了一扇以前未知的大门，眼前豁然开朗，而且门外景致迷人，让人有相见恨晚的兴奋感。

蓄力量厚积薄发

既然坚定了方向就得马不停蹄地前行。制定科学的电子商务发展扶持政策，是发展电子商务的“润滑剂”和“助力器”，使电商企业能更快地由点及面串线成“网”，加速调整桐庐经济结构，加快发展桐庐经济。

去年8月，桐庐成立了电子商务发展工作领导小组，县主要领导任组长，下设办公室并建立电子商务服务中心，出台了政策，从培养电商人才、整合平台建设、加快示范培育等八个方面入手，全方位、系统化推进电子商务普及应用。去年兑现政策726.3万元，今年预算1500万元。

为实现将桐庐打造成“杭州西部区域性电子商务集聚发展区”这个目标，桐庐大力实施“1234计划”。所谓的“1”，就是编制电子商务总体发展规划；所谓的“2”，就是建设电子商务公共服务中心和仓储物流中心；所谓“3”，就是培育汇丰大厦、海陆世贸和农产品三大电子商务产业园；所谓“4”，就是打造“桐庐产业带”“桐庐馆”“桐庐购”和“一马平川”四大网络平台。“1234计划”为桐庐电商的长远发展构建起比较完善的支撑体系。

今年8月，桐庐出台《关于进一步加快电子商务产业发展的若干意见》，从推进电商平台建设、促进电商集聚发展、推进电商扩面扩容提质、保障措施等方面，为加快桐庐电子商务新一轮发展指明了方向。

县级公益电子商务平台提供的是全面、系统的支撑，在建设过程中，不但首期给予软硬件实际投入资金40%的补助，还有不少后续实际投入资金的补助。

在支持公共仓储配送平台建设上，鼓励企业利用存量厂房建设电子商务公共仓储配送平台，面积在5000平方米以上且为本县5家以上电商企业开展仓储配送服务的，除软硬件投入补助外，给予一次性10万元建设资金补助。对于打品牌的电商企业，也有引导扶持政策。桐庐将对当年单个品牌网上销售每1000万元（本地农产品300万元）给予5万元奖励；县内企业引进或代理国外知名品牌开展电子商务，并在推动提升县域电子商务发展有一定贡献的，当年单个品牌网上销售每1000万元给予1万元奖励。

百花盛放才是春

“一枝独秀不算春，百花齐放春满园”。从分水制笔到横村针织，从传统产业到农特产品、休闲旅游，从少数企业到全面铺开，桐庐电子商务已经实现一、二、三产全覆盖和文创产业等多层次、多领域的电子商务发展格局，同时实现B2B、B2C、C2C、O2O、TP、微信、电视购物等传统电商模式和新媒体电商模式全覆盖。

位于桐庐海陆世贸电商产业园的杭州同路人电子商务有限公司是今年1月份成立的，董事长江飞原先的身份是金典印刷厂总经理，他笑称自己是从传统企业升级而来。与别的企业不同，他所服务的对象都是桐庐本土产品。

“每天平均有2000单的生意，我希望有更多的桐庐企业可以和我合作。”江飞虽然起步不早，却通过不断实践，组织人员到淘宝大学进行专业培训，拥有了一支专业的团队，目前他还拥有自己的淘宝仓库，基本实现了仓储一体化。

桐庐电子商务有“领头羊”，包括：文具类电子商务平台——一马平川电子商务有限公司，整合桐庐优质农产品的生鲜电商——杭州安厨电子商务有限公司等。有后起之秀，玛典、新拓、通帮、百岁坊、雅迪龙、船王、百岁坊、海市蜃楼、聚微乐等一大批优秀电商企业正在逐步成长壮大。

桐庐已有5000多家企业利用电子商务平台进行企业宣传，在阿里巴巴注册的企业约4000户。传统经济插上电商的翅膀，走出困境，两大传统块状经济中，制笔文教行业实现规模工业销售产值8.44亿元，同比增长8.5%；针纺织行业实现规模工业销售产值7.13亿元，同比增长23.6%，分别高于规模工业销售增幅6.8和21.9个百分点。

农村电商看桐庐

阿里巴巴持续与桐庐合作，而且将农村电商试点第一棒交给桐庐县，绝非偶然，是桐庐发展电子商务的坚定决心打动了阿里巴巴，是桐庐科学完善的机制体制、良好的发展氛围以及进一步发展电子商务的愿景与阿里巴巴大力发展农村电商的步伐不谋而合。

若说去年8月，桐庐县举办首届电子商务发展大会，与阿里巴巴签订“阿里巴巴·桐庐产业带”项目合作协议，让桐庐电子商务走上了一条发展的“快速道”，那么今年10月13日，阿里巴巴公布将桐庐作为农村电商首个试点县又将是桐庐发展电子商务中极为浓重的一笔。

阿里巴巴启动千县万村计划，在三至五年投资100亿元，建立1000个县级运营中心和10万个村级服务站。农村发展战略也是阿里巴巴在海外上市后确定的三大战略之一。

阿里巴巴集团COO张勇表示，希望通过电子商务的作用，让农村也能享受与城市一样的消费选择，让优秀的人才可以回归农村创业，让农民可以直接从厂家采购生产资料从而降低成本，让农业产品足不出户卖到全世界。

浙江省成为第一个与阿里巴巴达成“千县万村”合作的省份，而桐庐成为第一个试点县。

为何把试点放在桐庐?

阿里巴巴农村工作组负责人表示，浙江省商务厅通过考察推荐了部分名单，阿里巴巴也根据各方考察提出备选，在两份名单中，都有“桐庐”这个名字。9月，阿里巴巴农村工作组专程再次来桐庐考察，他们认为桐庐电商企业发展迅猛，体制政策科学完善，农村资源布局良好，全县发展电商氛围浓厚，各级领导发展农村电商的态度坚决，各种要素都非常符合他们的试点要求，加之去年与桐庐产业带项目合作成功，更是对桐庐作为农村电商试点充满信心。

下一步，他们将在桐庐海陆世贸电商产业园建立运营中心，在人口密集的桐庐各自然村，选择超市、文化礼堂等不同的村民集中活动场所进行试点，在各个点位上放置配套设施，选择合适的人员进行网站运营，并试行相应的激励机制，定时对人员进行专业培训。通过农村电商，解决农村买难卖难问题，提高农民收入，改善农民生活。

电子商务为桐庐经济发展挥就了一幅恢宏蓝图，为传统产业铺就了转型升级的阳光大道，如今他的触角又迈向更为广阔的农村。星星之火，可以燎原。

（原载2014年10月15日《杭州日报》）

桐庐“垃圾分类”分出一个新产业

“把农村的垃圾卖到城里去！”

杨蓥晖 陶元 唐志立

桐庐这次想把垃圾卖到城里去。

继一年前在农村尝试“垃圾分类”后，这次同样大胆的试验，也在现实中变得“眉目”清晰。一方面，桐庐县环保局正协同浙江省农科院，研究“垃圾分类”后产出有机肥中氮、磷、钾的配比问题，以便让它成为合适的商品；另一方面，桐庐相关部门也正在给这些深度加工后的有机肥取名字，比如，“世外桃源”有机肥，试图让商品以后在市场上有“喊得响”的名号。

从无人问津的生活垃圾，到村民争相讨要的有机肥，直至现在即将成为商品，一条完整可循环的生态产业链让垃圾顿时有了再生价值——这让“变废为宝”一词，在当下有了更多借鉴意义。

一项专利和一个产业

曹炳江处于这条生态产业链的末端，两年多时间，环境工程毕业的他一直和分布在桐庐各地村庄的“有机垃圾资源化处理设备”打交道。

这套设备现在有着自己的专利编号，专利持有者为“中国科学院生态环境研究中心和桐庐县环保监测站”，曹炳江要做的事情，就是指导各村的保洁员来操作这台并不复杂的机器。“用起来不是很难，有些村里的老人都已经快70岁了，学了几天就会了。”

操作简单，效果却没打折扣。以出产水蜜桃的横村镇阳山畈村为例，这段时间烂桃子、枯枝条特别多，换作在以前，需要用垃圾车拉到镇上中转，再一路“滴滴答答”地运到县城的垃圾场焚烧处理。现在只要扔到村口这台“专吃垃圾”的机器中，经过几天高温好氧发酵后，就成了有机肥。

过去一年，这项“独门技术”吸引了全国100多个环保考察团前来“取经”，很多考察团回去后，就动起了买机器的“心思”。桐庐县环保局工作人员方文剑表示，“我们后来定价是35万元一台，最远卖到了珠海，但销售的范围，还在不断扩大。”

除了这台“有专利的机器”受到各地欢迎，连发酵出来的有机肥，都成了当地居民讨要的“宝”。方文剑说，“很多人拿去堆肥，而且的确有效果，有几次我还看到有人开车过来，要一些回城里种花。”

在富春江大桥不远处的横山村恒春农庄内，粉碎机、搅拌机、自动包装机等机器一应俱全。曹炳江现在做的事情，就是在研究如何把蛇皮袋装的大袋有机肥，变成使用更为方便的颗粒状肥料，“把形状做小些，就容易在家里使用，也就能当产品卖到别人家里”，曹炳江说，“另外一个，我们还在研究有机肥里氮、磷、钾的配比，以适应各种花花草草的种植。”

一只蓝桶和一只黄桶

桐庐话中，“蓝”字发音同“烂”，桐庐县环保局发起“农村垃圾分类”之初，就有意引导村民们把会“烂”的垃圾扔到蓝色垃圾桶里，而不能腐烂的垃圾，则扔到黄色垃圾桶里。

这种简单的分类，让村民们迅速掌握了“处理技能”。在芦茨溪过境的芦茨村，每年这个时候，前来玩水的游客都会达到顶峰，村里经营着的42家农家乐，也会经常住满游客，但人满，垃圾却未必成“患”。

在天天乐农庄门口，蓝黄两只垃圾桶被摆在过道处，午饭过后，老板娘梅爱玉把蓝色垃圾桶里里外外洗了一遍，“夏天最怕臭了。桶洗干净，客人不嫌弃，村里还会有奖励。”——

有些时候，梅爱玉甚至还要帮客人房间里的垃圾袋再做一次分类，“总归是我家里的垃圾，要弄干净的。”

芦茨村113户村民家门口的垃圾桶变化，也让村里的保洁员方木林感到“惊喜”，“现在村里每天都有400多斤会‘烂’的垃圾，剩菜西瓜皮都有，但分错的人少，乱扔的几乎没了，大家都养成习惯了。”

这些会“烂”的垃圾，经过方木林之手，会在半天时间内，被相继投扔到不远处山坡上的“有机垃圾资源化处理设备”内，成为这条新兴生态产业链上“最原始的资源”。

一个名字和一道“减法”

这些即将推向市场的有机肥，一直想有一个好听的名字，有人提议叫“世外桃源”牌有机肥，以便让它未来的走向更为广阔。

虽然目前这个写意的名号还未被工商部门核准，但丝毫不影响这条试行成功的完整生态产业链，以前所未有的姿态，在农村垃圾处理问题上发挥着渐入佳境的作用。

今年年初，桐庐县环保局做过一次科学的测算，以全县农村居民32.3万人为基数，年产生活垃圾量在48000吨左右，实施农村生产生活垃圾分类收集及资源化利用项目后，将实现生活垃圾50%的减量，减少生活垃圾24000吨左右，其中有机垃圾可制成有机肥约7200吨。

这种有效的“减法”，对当下日处理垃圾能力为500吨上限的桐庐而言，显得格外“止渴”。桐庐县环保局相关工作人员表示，我们现在就是在做一个减法，把农村的生活垃圾就地处理，做一个垃圾减量化和资源循环化利用，这种做法，在今年还会逐步向县城居民推广。

土地确权让农村成为“希望的田野”

桐庐五千多农民拿到房产证

陶元 黄蓉萍

预计明年1月底前，桐庐县将全部完成农房确权登记发证工作。桐庐农村“两权一房”抵押贷款工作这一创新改革，盘活了农民手中的房产，让新农村建设不再是憧憬，让农民在“希望的田野”上，加快了创新创业步伐。

11月4日，在桐庐瑶琳镇沈村村委会楼前，姜洪廷跨出他那辆蓝色的面包车，开心地告诉我们：“我拿到‘房产证’啦！”有了这本证，他顺利地从银行贷到了10万元钱，接下来准备把自家农机修理店的规模扩大。

与姜洪廷一样，日前桐庐已有5618户农户拿到了“房产证”。从此，他们的集体土地房屋有了法律上的“身份证”。有了这本“房产证”，就可向银行进行抵押贷款，用于自己的生产生活。截至目前，瑶琳镇已有248户农户，提交了抵押贷款申请，意向贷款金额达到650万元。

农村住房确权登记发证（房产证）工作，是桐庐县委县政府今年一项重点改革创新的便民工作，也是土地承包经营权、林权和农村住房（两权一房）抵押贷款工作的基础。作为桐庐农村住房确权登记发证工作的试点，瑶琳镇先行一步，以走群众路线为总要求，作出“免费测绘、免费办证”的承诺。镇党委书记主抓这项工作，坚持“先地后房”原则，配备150名专业测绘人员，探索建立了测绘数据信息化管理办法。在工作初期，由于组织宣传到位，不少村出现了村民排队交资料的热闹场面。

目前，桐庐在瑶琳镇召开农村二项改革工作推进会，决定在瑶琳镇为试点的工作基础上，全面强势推进农村住房确权登记发证工作。预计明年1月底前，全县将全部完成农房确权登记发证工作。桐庐农村“两权一房”抵押贷款工作这一创新改革，盘活了农民手中的房产，让新农村建设不再是憧憬，让农民在“希望的田野”上，加快了创新创业步伐。

（原载2014年11月7日《杭州日报》）

桐庐农民热衷垃圾分类

周兆木　任丹萍

出门有桶 问谁都懂 积分换物

过去，一谈到垃圾分类，人们就想到城市。然而通过这几年的实施，城市垃圾分类暴露出分类后无法分开处理或分类理成本过高、居民配合程度不够等诸多问题。那么，在城市推广难度很大的垃圾分类，在农村是否可以实现？分好后可怎么分开处理？难度是不是比城市更加大？

浙江省桐庐县在77个行政村全面实施垃圾分类，今年底将实现农村垃圾分类全覆盖，在实践中探索的农村垃圾分类“四大新招”，或许能给我们提供一个借鉴。

如何降低难度？创新分类方式

“刚开始在农村地区实施垃圾分类和资源化利用试点工作，难度的确比较大，然而，我们觉得首先要弄清楚为什么分不好，怎么样想办法让他们习惯用自己的方式来分，这很关键。”桐庐县环保局党组成员方文剑介绍说。多数情况不是老百姓不愿意分，而是百姓不知道怎么分，拿着垃圾不知道丢在哪个桶，索性随便丢一个拉倒。所以桐庐县需要解决的首要问题就是怎样分类最容易让百姓接受并付诸实际行动。

农村不同于城市，不能一开始就把垃圾分得很细，容易让农民混淆且有逆反心理，所以要循序渐进。可以回收卖钱的废铁、烂铜、纸板箱基本上在农户层面就已经回收利用掉了，剩余的垃圾就分可堆肥与不可堆肥两类，等农户养成了自觉分类的习惯后，下一步再进一步细分。

如今，在桐庐实施垃圾分类的农村，每家每户门前都设置一黄一蓝两只桶并详细罗列可堆肥垃圾和不可堆肥垃圾种类，并在宣传指导时就用比较通俗易懂的方式告诉农户，会烂（可堆肥）的垃圾就放蓝色的桶，不会烂（不可堆肥）的就放黄色的桶，简单明了，老百姓容易接受也分得好。

“垃圾仅分成‘会烂’和‘不会烂’两种通俗易懂的种类，老百姓接受程度很高，不会轻易混淆，他们都觉得蛮简单的。我们横村镇的老百姓，上到90多岁的老人，下到10来岁的小孩都知道怎么分。”横村镇环保员林文清很自豪地说。

如何建立互信？创新资源化模式

方文剑介绍说，“推行垃圾分类，必须配套合适的后续处理，只有将这个环节打通，才能真正运作起来，否则垃圾分类后仍会混装，老百姓会想，我认真分类了，回头还是混在一起处理，那还不如不分，这个事情就会变成‘做做样子’，百姓积极性也会大打折扣。”

那桐庐又是怎样处理分类后的垃圾？据介绍，不同行政村实施不同的有机垃圾资源化模式更加有利于推广，可以有选择的余地。

目前桐庐县基本采用两种方式，分别为微生物快速发酵设备处置模式及太阳能普通堆肥模式。

微生物快速发酵设备处置模式出肥效果好，出肥速度快，适合交通便利、人口较多的村。太阳能普通堆肥模式工艺简单，运行费用低但出肥速度较慢，适合交通不便的山区农村。有机垃圾制成的有机肥料可直接用到农田，老百姓在自己家门口就看到垃圾变废为宝，也极大提升了分类的积极性。其他不可以堆肥垃圾还按以前的方式运送到垃圾中转站再运至县城垃圾无害化处置工程进行高温焚烧，大大降低了运输费用和无害化处理成本。

如何实惠于民？创新激励机制

让百姓知道了垃圾怎么分，还要让百姓长期坚持分。桐庐县定期组织村民参观垃圾资源化利用站，村民直观地感受到分好的垃圾变成有机肥这一成果。还分层次举办培训班，对村民、管理人员、村干部不同人群开展针对性培训。

桐庐县横村镇阳山畈村是以水蜜桃种植为特色的新农村，废弃水果等有机垃圾量非常多，一旦到产桃季节，这些垃圾就成为村里保洁人员的比较重负担。同时，村里对有机肥需求也非常大，为了让水蜜桃能卖更好的价格，每年都需要购买大量的有机肥。

2012年，村里开始实施垃圾分类和资源化利用工程，每家每户两个桶，管理人员定期上门收，垃圾分类使用积分制，产出有机肥归蜜桃合作社使用，由其出资购买日用品，分得好的农户可以累积积分换日用品。“村里的人我都认识，每天去收一次，分得好的人家，分数我都给他们记下来的，垃圾分类积分制这样的方法，我们村里的人都很喜欢的，村里好些人家一年能换好几桶洗洁精，大家积极性都很高。”阳山畈村垃圾资源化利用站管理员滕师傅介绍说。

环溪村还将垃圾分类与“最清洁户”评比、庭院整治红黑榜等结合起来，下一步还打算把垃圾分类比较好的农户张榜表扬，实施荣誉激励。

如何减少成本？创新管理模式

“以前我总觉得做环保这样的公益事业，肯定是花钱的，没想到垃圾分类这项工作不但没花钱，还产生了不少的经济效益。”横村镇阳山畈村书记包洪第介绍说。

阳山畈村是最早开始实施垃圾分类及资源化利用工作的试点村，自从实施了这项工作后，每年运出去的垃圾要减少75吨左右，村里的垃圾运输费用大大降低了，村里保洁人员的工作量也减少了。

阳山畈村里把长效运行管理与村里的蜜桃合作社挂钩，实施创新管理模式，每年制成约22吨有机肥料可为合作社节约用肥成本两万余元，施用有机肥对水蜜桃果品的帮助也很大，价格最好的时候“论个卖”，10元一个水蜜桃都不够卖。合作社有了经济收益，也有能力和动力出资支付管理人员工资、设备电费、奖励日用品等费用了。

（原载2014年3月28日《中国环境报》）

桐庐落实“四个不”，条条措施动真格

这座城市环境执法有多严？

周兆木　姚伟国　郑磊

严格环境执法要求执法人员依法行政，依法办事，打击环境违法行为，维护公民、法人和其他组织的合法权益。对执法人员来说，严格环境执法并不是一句口号。近年来，一些地方以打造环境执法最严格城市为标准，完善监管机制，提高执法效能，加大查处力度，整治突出问题，克服了环境执法中的不少困难，用最严格执法切实保障环境安全。

抬头能见蓝天白云，低头能见清澈河流，在浙江省桐庐县的环境监管蓝图中，如此画面是许多人翘首以盼的。

今年以来，桐庐县从落实“四个不”开始行动，条条措施动真格，以打造环境执法最严格城市为标准，推动水环境治理，使区域内呈现山清水秀、气清天蓝的景观。

不放过任何一条线索

零点行动，开展执法监察500余次

如何打造环境执法最严格城市？通过一组数据，就能获悉一二。

在桐庐县环保局有这样一组数据，自今年以来，除日常监察、交叉执法、上溯执法检查外，平均每月还要增加至少两次以上的环境执法“零点行动”。今年一季度就已经组织8次环境执法“零点行动”突击检查，开展环境执法监督监察500余次，立案查处环境违法行为18起，移交公安部门涉嫌环境污染犯罪案件两起。

桐庐县环保局环境监察大队负责人说，在高频次的环境监察中，执法人员不断查找问题、发现线索，不放过任何可疑之处。“零点行动”还邀请新闻媒体和行风监督员参加，不论是环境监察频次、执法力度，还是曝光力度都比以往有大幅度提升。

不久前，桐庐县环境监察人员了解到，在瑶琳镇琴溪村桐岭自然村竹笋合作社内有一处非法电镀加工车间排放污染物。

“竹笋合作社的位置较为偏僻隐蔽，环保

部门掌握到了有关环境污染的线索后，立即会同当地镇政府相关人员到竹笋合作社进行现场调查，并联系公安部门介入。”桐庐县环境监察人员说。经过调查，竹笋合作社内确实有一处无证照的电镀加工车间。监测结果显示，此电镀车间的地面水、车间外的水池内以及池周边土壤所含六价铬、总铬、总铜等指标超标。目前，电镀加工车间负责人朱某涉嫌污染环境罪被刑事拘留。

这个案例是桐庐县公安部门成立环境犯罪侦查大队以来，环保、公安部门第一时间联合介入侦办的首起环境污染案件。“今后还会有类似的联合执法，一线环境监察人员将严格贯彻执行‘两高’司法解释，加大环境保护力度，严厉打击环境污染犯罪，保护和改善全县生态环境， 维护群众环境权益。”桐庐县环境监察大队负责人说。

不放松任何一个区块

行业整治，发起行业自律打击违法排污

“本公司系桐庐瑶溪建材有限公司，郑重承诺：严格遵守环保法律法规，杜绝环境违法行为发生；如果今后发生偷排行为，将自行申请关停，自愿接受严厉处罚。承诺人：钟贤民。”

日前，桐庐县制砂行业环境管理协会召开会议，对制砂行业环境管理提出更高要求。同时，全县14家制砂企业负责人共同签署了环保诚信守法承诺书，向全社会发出了企业环保承诺。而在不久前，城南街道云栖路一家非法制砂场被强制断电，予以关停。

除制砂行业发起行业行为自律外，桐庐县电镀企业日前也召开行业协会会议。会上，各电镀企业负责人围绕“助力五水共治 、严控电镀排污”的主题，针对电镀行业的特殊性，提出了“负起责任、改进技术、减少污染”等建议。

“现在全社会十分关注环保，除了环保部门做好监管之外，发挥行业自律作用也很关键。”桐庐县环保局负责人说。今年以来，桐庐县环保部门坚持以水环境治理推进产业转型升级，有序开展造纸、印染、化工等行业整治。

截至目前，保留的13家电镀企业，已有10家完成整治验收，两家搬迁入园企业正在实施停产搬迁。12家印染企业已基本完成整治，中水回用、余热利用等工程全部实施到位，进入验收阶段。9家造纸企业已关停两家，其余企业的中水回用工程方案已全部确定。22家化工企业中，已关停了两家，另有9家已基本完成整治。

在重点整治污染行业的基础上，桐庐县狠抓水源保护，确保饮用水安全。渡济大桥防止污染事故应急设施开工建设；桐庐三合加油站停止营业，拆除油罐、加油机等设备；杭州博阳食品有限公司停止生产，拆除了燃煤锅炉、生产设备；富春江库区漂浮物打捞分类处理中心工程正在选址建设，并向杭州市提交了水环境功能区初步调整计划。

“一系列工作表明我们的工作态度就是不放松任何区块，确保全县环境安全。”县环保局负责人表示。

不放过任何一个角落

排查摸底，对全县重点监管企业分类管理

今年以来，桐庐县环保局还对富春江、分水江沿岸排水口进行检查，共检查企业污水排放口、溪水排放口、雨污合流口等排水口119个，并进行GPS定位，建立企业排污口综合整治图。

对全县产废单位进行调查摸底，建立重点产废单位信息库，动态掌握全县61家1吨以上产废单位的危险废物管理情况。截至目前，桐庐县已转移了53家企业、共70批次危险废物，切实加强危险废物处置动态管理，严防固体废物污染水环境。

桐庐县还全面完成所有垃圾河、黑臭河整治和排查工作，开辟了公众监督举报热线确保整治成效。全力推进4条河流水质仍处于Ⅲ类以下河道的综合整治工作，增加水质监测断面，全县83条河流96个断面监测工作全面完成，监测数据下发至各乡镇街道作为整治参考依据。

桐庐县还对全县500多家重点监管企业进行A、B、C分类管理。今年以来，桐庐县环境执法人员深入企业和田间地头，排查了解全县环境情况和存在问题，不放过任何角落。

“通过排查摸底，要求各相关企业严格按

照‘三同时’制度进行项目建设；建设项目分流雨污，严禁污水直排偷排；对于环评还未办理的项目，要求按程序上报。”环保局负责人说，在排查摸底中发现和掌握了不少情况，要求企业严格遵守环保法律法规，确保及时解决已发现的问题。

不放过任何一个时段

在线监控，打造“智慧环保”新体系

环境监察人员足不出户，便可通过24小时环保“千里眼”，实时监控各重点污染源废水、废气排放情况。在县环保局监控平台系统上，全县近40家重点污染源企业的污染物排放情况一览无余。工作人员通过安装在企业排污口的摄像头，可以清晰地看到现场实时传输的画面，并且通过现场监测设备，得到详细的排放数据分析。当企业排放超标时，系统还会自动报警。

“在线监控系统显示的数据在正常情况下是黑色的，一旦污染物排放量、排放浓度超标，这些数据就会变成红色，系统还会对实时的排放超标情况报警，并通过手机短信将报警信息发送给相关监察人员，提醒监察人员前往现场调查。”桐庐县环保局环境监察大队负责人说，除目前已经安装好在线监控和视频装置的企业外，还将对重点监管的污染企业安装在线监控设备。同时，根据全市统一部署，积极推进第一批市控以上9家重点企业（5家涉水、4家涉气）刷卡排污试点建设。每家企业投入建设资金7万元，目前已完成5家废水排放企业和两家废气排放企业刷卡排污系统建设。

桐庐县环保局负责人表示，他们将用三五年的时间，逐步打造集环境监控、安全防控、应急指挥、移动执法、环境信息于一体的“智慧环保”新体系，实现对环境安全的智能化预防、预警、应急管理，开展环境质量、重点排污企业的自动化监测、分析、管理控制，进一步加强县域环境质量监控、安全防控和应急预警，提高环境管理科学化、信息化应用水平。

小编点评：

最严格执法需要什么？

严格执法要求在执行法规或掌握标准时，不放松、不走样，做到严厉、公平、公正。

桐庐县环保局以打造环境执法最严格城市为标准，在环境执法中，做到了全方位、高强度打击环境违法行为。桐庐县的经验包括：开展密集的执法行动，在媒体上公布，让群众来监督；整治各行业，充分发挥行业自律作用；全方位排查排污口，分类管理重点监管企业；用好在线监控设备，企业超标信息直接发到手机。

由桐庐县的经验来看，最严格的环境执法可以体现在三方面：一是秉公执法，严肃执法。环境执法人员严格按照环保法律法规和程序办案，真正做到以环境违法事实为依据，以环保法律法规为准绳。二是见违必纠，纠违必罚。环境执法人员尽职尽责，对发生的环境违法行为敢于纠正并依法处罚。三是巧用力量，善于执法。环境执法人员善于发动企业、行业、公众等各方力量，充分利用科技手段。

打造最严格执法城市的目的是什么？桐庐县的经验说明，严格的环境执法是治理城市环境的基础，对保障环境安全起到重要作用。严格的环境执法不仅要依法严肃处理每个案件，更要将严格变成常态，根治有法不依、执法不严的弊病。

最严格的环境执法需要环境执法人员在执法过程中，依法行政，依法办事，打击环境违法行为，维护公民、法人和其他组织的合法权益，保障人体健康，以促进社会经济持续发展。

最严格的环境执法需要最严格的环保法律保障。用法明确执法人员的法律地位和执法方式，实现有法可依，这是有法必依、执法必严、违法必究的前提与基础。

当前，我国的环境形势仍然十分严峻。打造最严格的环境执法城市，这并不是一句口号，而是各方的迫切需求。一个法治国家，需要通过依法行政，严格环境执法，打造适应社会发展和人民生活需要的良好生态环境。严格的环境执法需要全社会共同努力，这样山清水秀、气清天蓝的优美景观才有指望。李成思

（原载2014年4月30日《中国环境报》）

处处有清流 鱼虾随处游

桐庐83条河流实施全覆盖监管

任丹萍　周兆木

“今年年底前，桐庐目标是消除Ⅲ类以下河流。要想彻底治理好河道水质，就得像医生一样提前给病人体检，得知道身体状况怎么样，症状在哪里，才能对症下药。治污水也是一样的道理，要想还老百姓一江清流，就得知道河流水质的日常状况。”浙江省桐庐县环保局局长张利军介绍说。

桐庐县从今年年初就对县域内83条溪流、96个断面的水体进行取样、检测，水样监测结果将成为各乡镇部门年度治水工作考核依据。

目前，桐庐县境内83条主要河溪已有79条达到Ⅲ类以上水质，呈现河溪处处淌清流、野生鱼虾随处游的景象。

消灭垃圾河和黑臭河

就在年初，桐庐横村镇大坑溪这条8800米溪道还是被桐庐县环保局挂牌的6条黑臭河之一。

为了清理这条河道，桐庐下了大功夫。多年未清理的溪道，想一下子弄干净并不容易。

住在大坑溪旁边的郎关立指着河堤上的黑灰色印迹说：“原来我们家旁边这条溪，蚊子很多，还发臭，今年镇里发动大家全面清理河道，那些都是挖掘机挖过的痕迹，不然清不干净。”

除了要管好河溪本身，还要管住岸上。桐庐县环保局副局长杨振武说：“我们在组织人员对河道清理的同时，还推进了截污纳管和垃圾分类工程，对区域内企业都进行了排查与整治，不然这边河道刚弄干净，那边污水放下来，永远都弄不干净。”

截至3月底，桐庐县境内已经消灭了垃圾河、黑臭河。

经过前期的整治，桐庐境内主要河流水质都有了很大的变化。张利军说：“肉眼看着水清了、能游泳了还不行，我们对‘能游泳的河’有项硬性的指标，就是必须达到Ⅲ类水质以上，才算达标。”从第一季度监测数据来看，目前还有4条河流水质仍未达到Ⅲ类水质，也就是还不能下河游泳，这4条河流也是桐庐县今年整治的重点区域。

健全机制确保长效

治水关系到每个百姓，每个人都是治水的受益者，同时每个人也应该是监督者。

为确保整治成果，桐庐县在83条河流都落实“河长制”长效管理机制，“河长”定期实地检查。除了“河长”之外，还创新地设置了“段长”，分区域分范围落实巡查工作。从今年4月开始，桐庐县“五水共治”工作领导小组办公室在当地媒体再次公布了举报电话，邀请全民参与监督。

张利军说，“现在全县14个乡镇（街道）都已经宣布全面消灭了垃圾河和臭水河，接下来就应该接受群众的监督，保持长效，如果查出问题，严重的要摘牌退出，并对相关‘河长’进行严肃处理。”

在碧水环绕的桐庐，条条溪流碧水潺潺，下河游泳更是已成常态，更是实现了富春江出境断面水质连续7年优于入境水质。

桐庐县委书记毛溪浩说，除了全面实现“随处可游、随时能游”外，还要使Ⅱ类水质以上的河溪比例进一步增加，逐步使河水从能游泳向能饮用转变。

突出五字注重成效

自浙江省委、省政府提出“五水共治” 战略部署和工作要求以来，桐庐县积极响应，创新思路、统筹谋划、迅速行动，围绕“责、准、效、严、广”5字，全面打好水环境治理攻坚战。

机制建设突出“责”字。桐庐县建立了与之相配套的治水工作机构。由县委、县政府两位主要领导任组长，8位县领导任副组长，42位部门和乡镇（街道、开发区）主要负责人为成员的“五水共治”工作领导小组。

调查摸底突出“准”字。桐庐县全面启动水域大普查，实施细致完善的调查摸底工作，为准确有效治水提供条件。彻查治污、防洪、排涝、饮水、节水薄弱环节，实行河流定期“体检”。

整治推进突出“效”字。桐庐县从强化基础建设着手，强力推进集镇71.2公里截污纳管工程和农村垃圾分类收集及资源化利用工程。在防控新污染源方面，绝不引进重污染企业。

跟踪监管突出“严”字。桐庐建立行之有效的监管措施，坚持从4方面强化监管：责任单位“一把手”接受公众监督，加强重点项目推进的督察，实施月度现场会、周公示、日曝光制度，按月公布全县重点河流交接断面水质。

浓郁氛围突出“广”字。为了营造良好的治水氛围，桐庐县利用电视台、媒体以及学校等平台，持续开展全方位、多层次、滚动式舆论宣传，形成全县上下共同治水良好氛围。

（原载2014年5月2日《中国环境报》）

桐庐：积分制考核促乡镇纪委履职

胡绍平

今年以来，浙江省桐庐县纪委积极探索实施乡镇（街道）纪（工）委（以下简称乡镇纪委）履职积分制考核，突出激励引导、突出过程管理，推动乡镇纪委落实“三转”要求，集中精力履行执纪监督职责。

明确考核积分形式，突出履职导向

在考核内容梳理上，突出“明责”。实行考核内容项目化管理，将乡镇纪委履职工作要求分别细化为执纪监督、日常履职、创新工作等3大类16小类的62个工作项目，工作职责表述清楚，该干什么，一清二楚。在考核分值设置上，突出“主业”。设定不同的积分分值，将案件查办、正风肃纪、信访调处等主业类工作项目分值设置为5至30分不等。将信息、调研等日常履职类工作项目设置为0.5-5分不等。在积分获取方式上，突出“实干”。执纪办案等主业类工作按定量模式积分，以案件查办数、追究问责人次为基数，查办越多积分越高。日常履职类项目以定性积分为主，按要求开展相关工作的，给予设定分值。

完善积分操作流程，夯实工作基础

正向积分，统一设定工作“起跑线”。不设基础分，从零开始，为乡镇纪委设定同一起跑线。积分数字直接体现“干多干少不一样”。乡镇申报，每月晒出工作“成绩单”。乡镇纪委对照考核积分内容，逐一梳理本月工作开展情况，填写报表并附送积分事项相应的工作资料，经乡镇纪委书记签字后，上报县纪委。县级评定，全程掌握工作“进度表”。由县纪委各职能室对报送的积分事项和相关材料进行审核把关，确定所获积分，并对各乡镇汇总的积分工作事项进行通报，每个月各乡镇纪委履职情况一目了然。反馈督促，注入推进工作“强化剂”。针对执纪监督工作开展不力，专项工作进展缓慢等情形，视情采取约谈提醒、走访督导等方式及时指导帮助乡镇纪委推进各项工作。

强化积分结果运用，形成压力传导

按月排名、通报。对各乡镇纪委当月积分分值、具体事项、积分排名进行通报。并在“桐庐廉政网”等进行公开，形成压力、产生动力。每季点评、互促互进。按季分片召开工作例会，通过点评、分析，促使乡镇纪委互比、互看、互学，营造你追我赶、奋勇争先的良好氛围。全年考核、奖先促后。积分将作为各乡镇纪委、纪委书记年度评先评优和干部使用管理的主要依据，形成激励。对综合考评成绩靠后的，由县纪委开展约谈提醒。

通过实行积分制考核，进一步强化了对乡镇纪委落实“三转”要求的激励引导，促使纪检干部转变作风、积极履职。今年1至5月，全县各乡镇纪委共立案查处案件28件，同比增长100%；查处问责违反作风效能建设相关规定的党员干部67人；开展各类监督检查180余次，问责处理31人；对重点工作推进不力的63个责任单位和26名党员干部予以通报批评、约谈诫勉等处理。

（原载2014年6月21日《中国纪检监察报》）

乡愁凝固心间　真情写忆桐庐

浙江桐庐美丽乡村建设系列之一

郭志华

走环溪，踏荻浦，奔深澳，到芦茨，过茆坪，至石舍，寻觅周敦颐《爱莲说》的创作源头，触及猪栏茶吧的创意灵感，对话古村落的历史见证者，体验芦茨土屋的慢生活，感叹茆坪根雕的精湛技艺，梦回儿时的乡愁情怀。

心境，在缓慢匀速发酵中得以慰藉；视野，在行走观察追问里逐渐拓宽。

回味桐庐，心将停止；写忆桐庐，乡愁荡漾。

初识：一切是那么新鲜

早就耳闻桐庐是浙江西北部璀璨的美丽乡村，极佳休闲旅游之地。

大巴车缓缓驶出高速，雾气笼罩山间，青石聆听蛙鸣。

当一排排白墙黛瓦出现在车窗外的时候，感受到桐庐是那样的缓慢，商业气息是那样的清淡。

“吆，进来喝一杯茶呗。”无意间，走到了环溪村一处民居前，七旬周氏老伯面带微笑对我轻轻地说。

作为宋代理学鼻祖周敦颐的后裔，周氏家族依山而居，傍水而生，自始至终保持了先人原生态的生活方式，升华了尘世间“出淤泥而不染”的人生追求。

一步一景，一村一品。静下心来，慢慢远眺。

镜头聚焦的是662年后的富春山居景象，但心却早已飞至662年前黄公望的身边。不妨心神交织与他对话，“新富春山居图照样吸引游人无数。”

猪栏茶吧寻觅乡村记忆，深澳古村落对话历史见证者。也只有在桐庐，可以被乡愁情怀所包裹，发一张明信片，对话未来10年或者20年的自己，莫忘初心，才会更有砥砺前行的动力。

与桐庐的初识，是那样的不期而遇，是那样的充满风情。

相知：情越亲近，心越深沉

离开江南古村落，直奔心灵的港湾——富春江（芦茨）乡村慢生活体验区，将手机关掉，与世隔绝，过一次不一样的田园生活。

云朵伸个懒腰，雨水来次喷嚏，让整个芦茨老街吐露古韵芬芳。

镜头再次调动，欢快的笑声、个性的POSS，一一瞬间定格。这哪里是尘世间，如同水墨画作的仙境，正缓慢地舒展。

“瞧那边，几个小伙子与美丽的姑娘正在清溪水岸乘坐皮筏顺溪而下。”

从初识到相知，短短的72小时里，给心灵有了充足的发酵时间。

吃着周忠莲村长亲手做的糊麦裹、米果，心里暖暖的。“我来帮你倒一杯吧。”饭桌上的拘谨，已荡然无存，小伙伴们之间的友情随着桐庐的热情一样化成了记忆。

漫步石舍村落，老人与儿童组成了这个世外桃源的点睛之笔。在一户人家，还未开口，年逾八旬的方姓村民缓慢起身，走到炉灶旁，拿起一个刚刚热好的玉米递给我。

几次的腼腆谢绝，仍难以抵挡村民的质朴与热情。

可口、甜的玉米滋润心田。相知的动容情怀，在乡愁记忆深处有了裂缝。

在与老人交谈的过程中，老人7岁的孙子与狗狗“捉迷藏”，被我瞬时捕捉下来。

离别：不舍中的乡愁

走过国内十多处乡间村落，见到许多的民间疾苦欢乐。我的乡愁记忆，由贫困之痛洗礼，化作了美丽的期盼。

桐庐，这个充满人情味的地方，在新农村建设中，大胆创新探索发展，给我们带来一次次的惊喜。

在5天多的时间里，镜头中收纳的是甜美的笑容、宁静的庭院、秀美的山川……

太多的美好记忆倾倒在心灵谷底。至今每每回忆，忘却不了那一晚的“棉花糖”头脑风暴，忘却不了可口的糊麦裹、米果，忘却不了分享会熬夜排练时的几次失误，更忘却不了那山、那水、那村、那人……

将时间定格，记忆化作一叶扁舟停靠在心灵港湾深处原生态的“桐庐时刻”。

相逢本是缘分的起点，离别总是那样的无情。

带着不舍的乡愁，道声离别，桐庐美景依旧。

携着浓墨的水笔，舒展宣纸，写忆情怀字迹。

期待，有缘再来桐庐，重游富春山居图，回味瑶琳仙境，远眺荻浦花海，置身巴比松米勒庄园，仰望红灯笼……

割不断，理还乱；情依在，意难忘。

“采菊东篱下，悠然见南山”的诗句在耳畔不时婉转回旋。

一生珍藏“桐庐时刻”。

（原载2014年10月11日《中国青年报》）

美丽经济　全域旅游

浙江桐庐美丽乡村建设系列之二

木易　杜佳凯

“风烟俱净，天山共色。从流飘荡，任意东西。自富阳至桐庐一百许里，奇山异水，天下独绝。”南朝梁文学家吴均一则《与朱元思书》，把浙江桐庐描绘得妥帖至极。难怪元人方回道：“《与朱元思书》诚为叔庠佳作。”

一千多年后的今天，桐庐在现代文明的雕琢下，其风光之美依然是“天下独绝”。

以“自古潇洒倜傥，而今再展宏图”形容桐庐再恰当不过。自古以来享有世外桃源美誉的桐庐在青山绿树中氤氲着悠悠古韵，青瓦石阶上记载着文人墨客的过往、潺潺溪水中流淌着历史文化的气息。而如今，多了的那份是乡村驾着飞奔的马车向前发展的蓬勃生机。

桐庐的乡村，一个现代化的部落，却又不失古朴风韵。今与昔的迭代蕴藏在白墙黑瓦的村落之间，隐匿在放着爵士乐的猪栏改造的茶吧间。

《风景桐庐建设规划》《桐庐县美丽乡村建设规划》《杭州市“三江两岸”生态景观概念规划（桐庐段）》等一系列规划为桐庐的发展提供了指南，使美丽乡村建设长效发展，令桐庐建设展现出“万紫千红总是春”的蓬勃发展局面。

天下佳山水，古今推富春

钟灵毓秀、青山碧水是上苍赐予桐庐的最珍贵的礼物。正如南宋诗人陆游有诗云：“桐庐处处是新诗。”如诗如画、美不胜收的奇山秀水不仅为桐庐人带来仙境般自然美景的享受，更吸引了山外人在此驻足，使桐庐依托旅游业走上了发展致富的道路。

闻名遐迩的富春江位于浙江省中部，全长110千米。两岸岩石陡立、层峦叠嶂，山明水秀、千山一碧，富春江一带昔有“小三峡”之称 ，自古有“天下佳山水、古今推富春”之美誉。其最美的一段在桐庐境内，改革开放后，桐庐对富春江的别样景致进行了开发，有效地挖掘了富春江潜在的旅游资源，开发出七里扬帆、严子陵钓台等名胜古迹，构筑成诗情画意的富春江图景。

作为桐庐县标志的桐君山位于分水江与富春江交汇处，是各地所到游客的必览之地。山上，古木参天，青翠欲滴；山脚，水皆缥碧，千丈见底。梁启超称之为“峨眉一角”，而康有为却认为“峨眉诸峰不及此奇。”因中药鼻祖桐君老人在此采药结庐而得此名的传说为桐君山更添加一抹神秘的色彩，山上的桐君庙、睢阳公庙（唐代张巡庙）、白塔、四望亭、凤凰亭、竞秀阁等胜迹为桐君山带来了人文气息， 这里成为游客们来桐庐旅游访古探源的盛景。

无声诗与有声画须在桐庐江上寻

桐庐山河锦绣、地灵人杰。不仅有山色迷人、水光潋滟的自然美景，源远流长的历史文化更是它真正的核心内涵，也是众多慕名而来的游客精神世界的追求。桐庐人在世代沿袭着宝贵文化的同时，也在进一步开发利用文化。

桐庐古文化的载体便是古建筑。济世救民

的采药老人桐君是华夏中医药的鼻祖，其一生只勤勤恳恳采药，人问其姓名，则以桐示之，因名其人为桐君。为了纪念济世救民的采药老人桐君，后人便把他采药的地名命名为桐庐，采药的山命名为桐君山，并在山上修建桐君祠祭祀。

同样，为纪念放弃世俗荣辱来桐庐隐居的严子陵而修建的严先生祠堂，承载着的是高风亮节的隐士文化。而陈恽庙则是百姓们为纪念东汉治水惠民的好县令陈恽而建，以此来表达人们对这位为老百姓谋福利、办实事的好官的敬仰之情。记载着孝义文化荻浦村村口庄严的孝子牌楼、名扬四方的崇孝塔则时时提醒着人们百善孝为先的道理。

“门对天子一秀峰，窗含双溪两清流”是对环溪村地理风貌的真实写照。除青山秀水外，环溪村还是省级历史文化保护区古村落之一，古代文化的清新高雅和江南小村的古韵新风在这里展现得淋漓尽致。著名的爱莲堂、尚志堂、怀耕堂、安澜桥、保安桥等众多古建筑承载着历史的厚重、诉说着古镇的沧桑。环溪人也崇尚文化，不断追求高雅的文化生活，成立了“爱莲书社”。环溪村以它的文化古迹吸引着千万游客在此驻足，不断丰富着外来游客的精神世界，也在文化旅游的产业链中为整个村子带来新的生机。

承载着厚重历史的古建筑吸引着成千上万的游客慕名前往，而其蕴含的文化也涤荡着人们的心灵，桐庐就这样将文化的黄金名片展现给了世人。

巨舰只缘因利往，扁舟亦是为名来

桐庐人不仅善于利用山水资源大力发展旅游，更懂得在接受大自然的馈赠时保持生态优势，创造持久的财富。“桐庐的最大优势是生态，宁可速度慢一点，也要保护好山水”已成为桐庐人的共识。“清水治污”工程、“清洁桐庐”行动计划、三江两岸生态保护与建设、打造风情小镇和美丽乡村精品村、推广全域景区化、美丽乡村全覆盖等保护措施令飞速发展着的桐庐依旧处于青山绿水间。

曾经的闭塞乡村在乡村经济的带动下如今摇身一变，成为经济农庄。

梅蓉村因种满果树且梅树最多而得名，人们也称之为“梅州”。每年梅树开花时节便有大批文人雅士前来观赏。元、明、清以及当代诸多名人都在这里留下了大量诗文，使梅蓉充满了文化气息。其古建筑风格独特，知名古建筑有饴谷堂、老庙、龚氏祠堂、罗家大院等。而现在进行“美丽乡村”建设的梅蓉依旧保留着原有气息，进入村内的宽阔水杉大道，两边种植着40年以上树龄的水杉树，大道两侧是水果基地，还有一块在沿江地段种植水稻、油菜的基地。全村有观光农业、生态旅游、休闲度假三大板块，供游客体验自然山水、欣赏田园风光、感受农村文化。

以孝义著称于世的荻浦村纯净浓郁的乡土气息中也带着些现代的味道。聪明的荻浦村人用勤劳与智慧将“乡村”与“现代”这两个词紧紧联系起来，利用废弃的牛棚开了“牛栏咖啡”，利用废弃的猪栏开了“猪栏茶吧”。整个房屋在大体保持原貌的基础上，进行了喷漆、加固、轻微装饰后，废弃的场所便焕然一新。不少游客慕名而来，只为在其中饮杯咖啡、品品茶，亲身体验由牛棚和猪栏变成的咖啡屋与茶馆的独特氛围，感受新鲜别样而又充满小资气息。这让被废弃的牛棚和猪栏不仅有了利用价值，而且为荻浦村民带来巨大的经济效益。

位于桐庐县西南部的芦茨村拥有着得天独厚的天然美景、丰富的文化内涵，芦茨村村民们依托着白云源、芦茨湾、钓鱼岛、严陵坞果园、严子陵钓台5处旅游胜地，以“三石一鸡”，即野生的石蛙、石笋、石斑鱼、土鸡为绿色美味，风风火火地办起了农家乐，成为桐庐县里最早办农家乐的村子之一。每逢节假日，杭州、上海等周边城市的游客便来到距离不远的芦茨村，避开城市的繁华与喧嚣，在这个青山秀水、层林叠峦、古香古色的“世外桃源”享受一两天的恬静生活。目前的芦茨村共有农家乐经营户48户、客房205间、床位435张，游客日接待能力4600人次。农家乐的产业优势被越来越多地凸显出来，给芦茨村的人们带来了外面新鲜的世界，也带领他们在经济农庄的路子上越走越远。

秀水青山，孕育了一方水土之灵气，文人志士，赋予了江南古镇之底蕴。而如今的桐庐，更是以美丽乡村建设示范点的姿态在山水型现代化城市的道路上阔步向前。

（原载2014年10月13日《中国青年报》）

桐庐处处是新诗

浙江桐庐美丽乡村建设系列之三

木易　杜佳凯

桐庐，不仅是一个美得如诗如画的人间仙境，更是自古以来在文人墨客唇齿间吟唱的圣地。多少文人流连于此，驻足欣赏，游目骋怀；多少诗人为它写诗，笔锋回转，流传千年，令画卷上的桐庐弥漫着书香与笔墨的气息。

北宋著名诗人范仲淹格外留恋桐庐，留下为世人吟唱的《潇洒桐庐郡十绝》。乌龙山的薄薄雾霭、辛劳的桐庐人、全家老少的其乐融融、午睡的安乐、家家房前屋后竹林隐藏着的泉水、漫山遍野的茶树、家家户户摘采莲蓬、渔翁垂钓、点香领悟经书、严子陵遗留下的旧钓台构筑了一个潇洒桐庐郡。范仲淹也因此获得了"范桐庐"的别名。同样能表现潇洒桐庐的诗便是清代刘嗣绾的《自钱塘至桐庐舟中杂诗》，"一折青山一扇屏，一湾碧水一条琴。无声诗与有声画，须在桐庐江上寻。"

陆游对桐庐山水可谓是情有独钟。他在晚年61岁时出知严州，其间曾多次到访桐庐，写下20余首吟咏桐庐的诗词。"桐庐处处是新诗，渔浦江山天下稀。安得移家常住此，随潮入县伴潮归"便是知名的《渔浦》，多年来为桐庐人所熟知的"桐庐处处是新诗"一句便出自于此。在《桐江行》中，他写道："我来桐江今几时，面骨峥嵘鬓如雪。"在另一首诗中写着："桐江艇子去乘月，笠泽老翁归放慵。"

清朝诗人纪昀对富春江也有着别样的情感，在游历富春江后，写下了四首七绝《富春至严陵山水甚佳》。其中一首为："浓似春云淡似烟，参差绿到大江边。斜阳流水推篷坐，翠色随人欲上船。"富春江参差的绿色勾起诗人愉悦的情绪，这首"绿之歌"也极富诗情地赞美了富春江的盎然春意。富春江水时而似云、时而似烟，朦朦胧胧中透露绿色的生机。翠色跟随着诗人伴着斜阳流水缓缓前行，有谁能不在这别样精致中流连忘返？难怪大文人纪晓岚四次为它由衷地谱写赞歌。

南宋著名诗人杨万里一生中为桐庐写下不少诗篇。其中题为《舟过桐庐》的五律便有三首，并在赴任途中写下《甲午出知漳州晚发船龙山暮宿桐庐》二首诗，其中之一"一席清风万壑云，送将华发得归身。海潮也怯桐江净，不遣涛头过富春"令人感到意气风发。

桐庐，令过往的文人墨客纷纷为它写下赞歌。"天下有水亦有山，富春山水非人寰。长川不是春来绿，千峰倒影落其间。"一首《富春》描绘了富春江有山有水、山水融合的水墨画，"非人寰"可谓是对富春江的绝佳赞叹。《富春》的作者吴融对富春江有着别样的情怀，曾以"富春"为题写有两首诗，另一首七言律诗的首联"水送山迎入富春，一川如画晚晴新"和尾联"严光万古清风在，不敢停桡更问津"为名句，写出了如诗如画般的富春山水的美丽与奇特。

"江边三月草萋萋，绿树苍烟望欲迷。细雨孤帆春睡起，青山两岸画眉啼。"这首清新隽永的诗是元末明初诗人张以宁为富春江写的《过桐庐》。春天的富春江美景图在诗人一觉醒来时闯入视野，在朦胧的春雨中更令人陶醉，烟雾蒙蒙，芳草萋萋，绿树苍苍，画眉高啼。同其他诗人一样，他的诗意在路过桐庐时被绝妙的美景激发，留下了这首属于桐庐的千古绝唱。

元朝诗人钱彦隽为桐庐描绘了一幅富春江夕照图。站在桐君山顶，俯瞰着整个桐庐古城，一叶扁舟在烟波蒙蒙的富春江上随流漂荡，夕阳的余晖打在树叶上影影绰绰。在一片朦朦胧胧中，船夫的高歌声穿过层层云雾，传到了诗人的耳朵。于是，诗人一时兴起，低吟着这首形、色、声具备的《桐溪》赞歌："桐君山下望层城，万顷烟波一叶轻。绿树朦胧残照落，不知何处棹歌声。" 唐代的韦庄也写下一首盛赞桐庐自然风光和风土人情的《桐庐县作》，首句"钱塘江尽到桐庐"脍炙人口。宋代诗人姚镛从富春江的水路途经桐庐时写下一首《桐庐道中》，其中"两岸山如簇，中流锁翠微。风帆逆水上，江鹤背人飞"两句使富春江畔清新瑰丽的风格印在人心中。

桐庐，以它的清新柔美拨动着游子愁思的心弦。唐代诗人白居易在旅途中夜宿桐庐的馆驿，与好友崔存度同饮后创作了羁旅诗《宿桐庐馆同崔存度醉后作》，四海漂泊的诗人与朋友在富春江边桐君山畔的桐庐馆驿中留宿，两人对饮相劝很快便驱散了离乡的愁思。但在夜深人静后人醒了酒也醒了，乡愁依旧萦绕在心头，雨水打在梧桐叶上更增添了诗人的离愁别绪，整首诗尽管凝聚着悲凉的气氛，但诗题和"雨滴梧桐山馆秋"一句却透露出桐庐在唐代时就是一个繁华交通枢纽地。

"昨日枯草今日青，羁人又动望乡情。夜来有梦登归路，不到桐江已及明。"是唐代诗人方千所作的诗《思江南》，离别多年的羁旅之人又萌发了望乡之情，在睡梦中终于要归乡，然而还未到达桐江，美梦却已经醒了，天也亮了。而这令诗人终日思念，却未到达的故乡便是桐庐。

与唐代诗人孟浩然名声大噪的《宿建德江》堪为姐妹篇的是他在游历富春江时写下的《宿桐庐江寄广陵旧游》，"山暝听猿愁，沧江急夜流。风鸣两岸叶，月照一孤舟。建德非吾土，维扬忆旧游。还将两行泪，遥寄海西头。"桐庐的夜晚，猿啼、急流、风鸣、月光、孤舟使诗人油然而生羁旅之愁与思友之情。孟浩然在此将对友人的思念之情寄向扬州，这不免为平日里唯美动人的桐庐增添了一抹忧伤凄凉的色彩。

唐朝时的桐庐，是诗人辈出的"诗乡"。其中"一门三进士"的章八元、儿子章孝标（元和进士）、孙子章碣（乾符进士）令人刮目相看，被尊称为"三章"。而章八元更是才华横溢，别人称他为"章才子"。他的佳作《归桐庐旧居寄严长史》中这样写："昨辞夫子棹归舟，家在桐庐忆旧丘。三月暖时花竞发，两溪分处水争流。近闻江老传乡语，遥见家山减旅愁。或在醉中逢夜雪，怀贤应向剡川游。"很好地表达了章八元对家乡桐庐的热爱与浓浓的思乡之情。

宋代著名女词人李清照也曾为桐庐题词。"巨舰只缘因利往，扁舟亦是为名来。往来有愧先生德，特地通宵过钓台。"在数个严子陵钓台的诗词当中，李清照的这首《夜发严滩》更独具特色。可见严子陵钓台举世闻名，严先生受世人仰慕爱戴。李白的诗中有一句"钓台碧云中，邈于苍山对"描写的也正是这里。

被誉为"全国诸洞之冠"的瑶琳洞亦有诗人为它填词。宋代诗人柯约斋的一首《瑶琳洞》紧扣仙境，成为宣传瑶琳洞的代表作。

桐庐也是我国隐逸文化的发源地。东汉高士严子陵、晚唐处士方干、采药老者桐君都是桐庐的隐逸之人。而明代诗人孙纲的《桐君》一诗便为采药老者桐君所作。他在桐庐东山结庐为屋采药治病，人问其名便指桐为姓，因此后人尊称他为桐君，而他原本的姓名却无人知晓。这位悬壶济世的大隐大德之人和桐庐的青山秀水一样，都是桐庐得天独厚的瑰宝。正如诗歌所云："以桐为姓以庐名，世世代代是隐君。夺得一江风月处，至今不许别人分。"

（原载2014年10月14日《中国青年报》）

来"中国最美县"度最美时光

摄影爱好者、齐鲁工业大学大三学生郭志华说，他探访过全国很多地方，发现桐庐民风淳朴、村民热情，面对镜头从来没有警惕的表情，"我觉得我拍的不是照片，是乡土中国的浓郁气息"。

桐庐，地处西湖－千岛湖－黄山这一黄金旅游线的中心点，富春江穿城而过。近年来，勤劳的桐庐人将历史人文底蕴、生态经济发展、农村田园风光、美丽乡村建设勾画在一起，打造出一批各具特色的江南休闲名村，成为中国休闲乡村游的新热点。

今年，桐庐县围绕“来中国最美县度最美时光”主线，以“中国休闲乡村旅游季”节庆品牌活动为统揽，多方征集活动金点子，按“春赏花、夏亲水、秋养生、冬美食”四季特点，精心策划了12项子活动。

江南古村落群的打年糕等民俗体验、巴比松的“年猪宴”、红灯笼的外婆送红包、圆通禅寺的撞钟祈福、“大般若金刚舍利壶佛旅游文化节”以及胡家芝剪纸艺术馆亲手剪制“马上有福”……在桐庐体验年味儿，可不是吃顿饺子、贴个春联这么简单。马年春节，桐庐县各大景点纷纷推出丰富多彩的以“马”为主题的旅游产品。春节黄金周七天，桐庐县景区（点）共接待游客19.52万人次。

3月22日，CCTV美丽乡村快乐行走进桐庐暨2014第三届中国休闲乡村旅游季·第六届杭州桐庐山花节开幕式在横村镇阳山畈村举行，活动吸引了近3万名观众前往观看。开幕式现场，朱之文、刘坤山、乌兰托娅等知名演员和刘栋栋等主持人，通过文艺表演形式和幽默诙谐的语言共同推荐了桐庐美景、美村和美食。

在桐庐体验慢生活，一定不能缺少家人的陪伴。通过桐庐旅游委官方微信、微博等网络宣传，桐庐征集了19户以杭州市民为主的家庭，分3组到桐庐体验不同的休闲乡村旅游点，参加“萌宝带你游桐庐”为主题的为期两天一夜的亲子游活动。“桃树认领”“手推车、南瓜保龄球比赛”“画中垂钓”等亲子游乐体验项目，给现实版的《富春山居图》增添了爱的色彩。

桐庐大爱不止于此。年中，桐庐县开展景点门票免费大派送活动，5000张旅游景区免费门票、折扣券进行现场大派送；5月18日，邀请百名留守儿童参观桐庐旅游服务中心（特色产品体验馆），游览巴比松庄园，观花海、与羊驼亲密接触，为孩子们拍照合影，同时为每位儿童赠送天子地景区门票两张；5月18日，桐庐前往杭州市拱墅运河广场开展现场旅游展示和桐庐旅游推荐活动，并将景区免费门票1200张，赠送到杭州各社区居民手上，同时，推荐三江两岸一日游线路并由杭州市旅游集散中心组织桐庐美丽乡村一日游；5月19日旅游日当天，桐庐首次开放十个景区（点）供县内外游客当天免费游览，印象富春江、白云源、大奇山、桐君山、红灯笼外婆家、红石湾、浪石金滩、琴溪香谷、雪水岭、江南古村落群……10个景区的游客总接待量达到万余人。

现实版的《富春山居图》并不仅有古色古香的一面，在这里，你同样可以感受现代元素与古典风格的融合。7月13日，桐庐县在天目溪漂流景区举办2014浙江漂流开漂暨“潇洒桐庐”富春江亲水节开幕式，通过19楼、驴妈妈、腾讯、一马平川等网络、电商等招募游客前来体验水上足球比赛，其中有10余名美国学生参与了活动。当天，还在百岁峡抢滩举办首届囧漂大赛。

10月18日晚，借助杭州西博会平台，桐庐县邀请到美国、南非、斯洛伐克等国的表演团前来慢生活体验区游览体验，当晚这些表演团队还与该县本土演员在荻坪村共同演绎了一场精彩的晚会。

一年四季，游客都可在最美县雕刻时光，因为这里很有爱。

给富春山居图加进更多人情味

桐庐正在把乡村美丽资源转化为乡村旅游，促进本地旅游资源和特色产业的市场化开发，真正成为富民旅游的关键，也是为全域旅游发展注入新的动力。

在桐庐旅游委负责人看来，村落景区的创建，是推动全域旅游发展的有效手段，覆盖全县镇村、涉及各个领域。旅游委目前已走访全县的14个乡镇（街道）60个村庄、85个乡村旅游体验点，全面梳理乡村旅游资源，并形成操作性极强的村落景区创建方案、制定村落景区创建标准，力争通过3年努力，创建成2个AAAA村落景区、5个AAA村落景区，15个AA村落景区的目标。其中2014年计划投入1200万元，通过以奖代补，创建1个AAAA村落景区、3个AA村落景区。

桐庐的目标是依托杭州市美丽乡村精品村、

中心村和风情小镇建设，使家家户户的门前屋后成为天然“花园”，并通过发展民宿将环境优势转变为乡村旅游发展优势。为此，桐庐县委、县政府出台《关于加快发展美丽乡村民宿经济的实施意见》，明确“乡乡有民宿”目标，鼓励推广公司、村、农户“三合一”开发模式，启动民宿示范村试点20个，截至目前，已新增经营户152户，增加床位1497张。2013年全县乡村旅游接待游客达到259.2万，同比增长53%，经营收入1.3亿元，同比增长76%；带动农副产品销售3.5亿元，取得了良好的经济社会效益。1月至9月乡村旅游接待338.5万人次，同比增长121.3%，经营收入17647万元，同比增长191.9%。

中国休闲乡村旅游季已经成为桐庐县乡村旅游活动的主品牌。桐庐县引进中央电视台七套《美丽中国乡村行》栏目组录制《美丽乡村快乐行走进桐庐》专题节目，按照“春赏花、夏亲水、秋养生、冬美食”季节特点，精心策划桐庐四季赏花攻略，设计赏花地图，开展四季采摘游、亲水纳凉游等各季旅游活动，进一步塑造品牌，提升桐庐美丽乡村休闲游的知名度。

今后，如果你再到桐庐，将看到更多养生旅游、商旅互动、科技旅游等元素。从传统旅游产业向泛旅游产业的嬗变、从景区旅游向全域旅游的突破正在桐庐发生。

移步异景看桐庐

交通设施完善，道路状况良好，进出便捷。有三级以上公路直达，或有旅游专线交通工具，这就基本具备建设村落景区的要求了。在桐庐，有明确的村落风景区创建标准，这是入门条件。

景区建好后，还要求有与村落环境相协调的专用停车场，停车场和各村内主要道路配有路灯；干线公路通往村落景区支线公路路口、支线公路通往村落风景区路口有规范、醒目的指示（引）标识，交通指引标识规范、醒目、美观；有四级以上公路或有古驿道等绿道慢性系统到达各旅游项目活动地点等。

按照创新运作模式、凸显主题特色、优化服务质量、打造生态景区、发展智慧旅游的方向，桐庐在2014年到2016期间，拟建设数个4A级村落景区。

富春江镇芦茨慢生活村落风景区是浙江省首个乡村慢生活体验区，区内自然资源丰富，森林覆盖率高，田园风光秀丽，村落生活闲适，历史人文底蕴深厚，知名景点众多，如严子陵钓台、江南龙门湾、白云源、百草园、茆坪古村、石舍香樟、芦茨土屋、悦延居、白云居驿站、国华驿站、壹号度假公寓、九度山庄、浙江棋院等。

依托该景区富春江沿线山水旅游资源，相关村落积极挖掘农耕、进士、书院等历史人文底蕴，以创建国家5A级旅游景区为契机，提升严子陵钓台、江南龙门湾、白云源、石舍香樟等景区品质，以江与溪、山与谷、村与田等原生态自然景观为构成要素，以原生态、原生活、原生产等乡村元素为主要特色，以亲子游、山水游、民俗游、农家休闲游为主打产品，优化村落旅游发展环境，使之成为闲适、秀丽的都市人群体验慢节奏生活方式的最佳场所，逐步形成在国内外具有重要影响力的乡村慢生活旅游品牌。

江南镇的古村落风景区囊括了荻浦村、环溪村、深澳村、徐畈村、青源村的景致，是桐庐美丽乡村旅游典范，产品开发基础好。牛栏咖啡、猪栏茶吧品位高，市场影响力大；古戏台、荻浦宗祠、环溪古街、爱莲堂、深澳古街、深澳宗祠等古建筑众多，历史文化底蕴浓厚，资源价值很大；千年银杏、香樟名树较多，景观效果突出；荻浦花海、环溪民市场认同度高。

该景区立足区内村庄特色，整合包装荻浦孝义、环溪清莲、深澳古建筑等文化元素，以宗祠、老街、古戏台为载体，以花海、休闲吧、特色广场为舞台，通过招商引资，大力实施道路改造、水系整治、三线入地、污水处理等配套设施建设，积极进行景观建设及古建筑保护修复，把该区建设成为以人文景观为主，集山水风光、历史文化于一体，具备文化观光、休闲度假、生态体验等多功能的综合性旅游区，逐步巩固了桐庐“江南古村落”品牌，培育“中国美丽乡村旅游胜地”形象。

此外，还有诸如戴家山山乡村落风景区、阳山畈村落风景区、歌舞村落风景区等众多3A、2A级景区正在创建中。

再入桐庐，你将看到更加完善的村落景区规划、突出的特色旅游项目、特色民宿、科学的旅游交通体系，同时，还能买到特色旅游产品。

桐庐县正在制定实施桐庐旅游人才激励政策，积极引进旅游专业管理人才和运营团队，鼓励村民从事民宿、餐饮、购物、交通旅游服务。建立健全村落景区人才培训体系，培养村民成为懂市场、善经营、会管理、能运作的行家里手。

当然，项目开发以景观资源保护第一为原则。桐庐县委领导说：“桐庐的最大优势是生态，宁可速度慢一点，也要保护好山水；桐庐最重的任务是发展，宁可各项荣誉少一点，也要合力抓经济；桐庐最高的标准是惠民，宁可政府支出紧一点，也要挤钱惠民生。”

家家都在画屏中

近年来，桐庐紧紧围绕“中国画城·潇洒桐庐”县域品牌，提出了“美丽中国，桐庐先行”，桐庐的城镇初具江城之美和山城之秀；桐庐的183个行政村初显“家家都在画屏中”的美丽风情；桐庐的江河湖溪基本实现了“条条流清泉，随时可游泳”。

独特的山水景观、古远的村落文化和深厚的人文底蕴，营造“至慢”的乡野生活，是全省少有的原生态生活区，是都市人放慢脚步、放飞心灵、回归自然的首选之地。

近年来，桐庐旅游紧紧围绕建设“中国最美山水型现代化中等城市”目标，全面启动实施全域旅游发展战略。按照全景化打造、全地域覆盖、全资源整合、全领域互动、全社会参与的原则，创新体制机制，加快项目建设，加大宣传营销，优化环境品质，旅游业综合实力不断增强。

桐庐境内地貌呈“八山半水分半田”结构，奇山异水、天下独绝，自古有“钱塘江尽到桐庐，水碧山青画不如”的赞誉。桐庐旅游自1979年成功开发瑶琳仙境以来，不断开拓创新，经过30多年的发展，形成了富春江、瑶琳、分水三大旅游板块，构建了以“行、游、食、住、购、娱”等要素为主体，其他关联产业为支撑的较为完善的旅游产业体系，成为“三江两湖”黄金旅游线上的一个重要节点。

在桐庐人看来，生态文明是发展全域旅游的根本，近年来，该县按照“青山绿水就是金山银山”，“宁可速度慢一点，也要保护好山水”的理念，扎扎实实做好生态保护工作，为发展全域旅游筑好“外墙”。

近年来，桐庐否决高污染、不符合产业发展导向的项目501个；开展重点污染行业整治，淘汰落后产能，先后关闭电镀、造纸、冶炼、水泥、废塑料粒子等污染企业180多家。

桐庐依托现有两个国家森林公园优势，大力推进森林城镇、森林村庄创建推进县域主要道路沿线农田景观营造，展示“采菊东篱下，悠然见南山”的田园风光，全县森林覆盖率达到72.5%。

2013年，桐庐空气质量优良以上天数达到343天。

结合地域历史文化、民俗风情和自然资源，桐庐人挖掘“潇洒桐庐”品牌内涵，以中国休闲乡村旅游季为统领，打造华夏中药节、畲族文化节、全国剪纸大赛等一批主题内涵多元、产业延伸互动的旅游节庆品牌。结合最美县城游、《富春山居图》实景游、浪漫山花游、健康养生游等线路推广，宣传山水桐庐、休闲桐庐、乡村桐庐、养生桐庐、会议桐庐、慢城桐庐系列品牌，进一步提升中国最美县、中国长寿之乡、“潇洒桐庐”的城市形象。

今年，桐庐县建成旅游服务中心，集城市品牌形象展示、旅游咨询服务、旅游运营监测、地方特色产品体验为一体。全域旅游标识系统完成建设，该系统分为最美县城旅游标识和最秀乡村旅游标识两大部分，包括全区导览牌、景点说明牌、服务设施牌、方向指示牌和车辆导向牌五类，初步建成“四纵四横”全县绿道系统，现已建成60公里，串联亮点风景板块，三江两岸贯通线路基本实现。

高山流水严子陵

在桐庐，有一个景点只能泛舟前往，那就是严子陵钓台。

东汉高士严子陵拒绝光武帝刘秀之召，拒封“谏议大夫”之官位，来此地隐居垂钓而闻名古今。

严子陵，名光，浙江余姚人。他本姓“庄”，因为避汉明帝刘庄之讳，而改姓“严”。他博学多才，少有高名。年轻时与汉光武帝刘秀是同窗好友。刘秀登位称帝后，严子陵改名换姓，隐身不见。刘秀很想念他，命画工绘像，派人各处寻访，了解下落。后来在齐国的土地上，发现一人披羊裘，戴斗笠，很像子陵。于是备车备礼去接他，往返三次，才召其入京。

历史上还有这样一段记载，说的是：严子陵被召到京城洛阳之后，不去朝拜光武帝，反而要光武帝来看他。后来被邀请和光武帝刘秀同床酣睡。子陵睡相不好，将自己的脚放在皇帝的肚子上。第二天看星相的太史急奏：客星犯御座甚急！刘秀笑着说：这是因为我与老朋友同床睡觉的关系。后来刘秀封严子陵为谏议大夫，他不肯当，来到这里耕种垂钓。从此，人们为称赞子陵这种“不事王侯”的精神，称他为“客星”。这一段史实在《后汉书》中的《严光传》里有记载。

李白、范仲淹、孟浩然、苏轼、陆游、李清照、朱熹、康有为、郁达夫、张大千、陈毅、郭沫若、巴金等很多历史名人都来过钓台。据统计从南北朝至清朝就有1000多名诗人、文学家来过此地，并留下2000多首诗文，所以，这条旅游线在以前也被称为浙西唐诗之路旅游线。

严子陵钓台坐落在被誉为“清丽奇绝，锦峰秀岭”的富春山山腰。富春山海拔312米，逶迤35公里。山下的江面又称“七里泷”“七里滩”“七里濑”，葱郁的山峦之中，一对奇峰屹立水涯。李白诗中曾描绘为“钓台碧云中，邈于苍山对”。右边的称为东台，左边的则称为西台，所以这一景也叫“双台垂钓”。

在钓台码头上，有一些大小规格各异的石碑，体现出“严子陵钓台”浓郁的文化气息。这些碑文都是现代名人如郁达夫、巴金、谭启龙、陈立夫、朱玖莹、孙友等人的作品。

1931年3月，郁达夫游钓台时写下：“只寂寂的看不见一个人类……歪斜的亭子……纵横芜杂的草木……祠堂是废垣残瓦……”可想当年的钓台就如同当时的时局一样，充满着阴霾，而现在的钓台已是游人如织。

在富春山山腰有两块大盘石，高近百米，就是东西两台了。东台前面有一支石笋非常突出，好像是一位古代的仕女，头上梳着发髻，身穿裙袍，甚至裙上的绉褶好像全看得清。有人说：这大概是陪伴严子陵的仕女。但如果登上东台左侧那块称为“棋盘石”的石台上往下看，它却像是一支直上直下的石笋。有人说它更像是严子陵的钓鱼竿。如此一来，“棋盘石”的背景有山、有水、有房、有树、有船、有亭台，还有一支石笋，众多游客在此留影。

在钓台，还有一景值得驻足——严先生祠堂。在唐朝时，严先生祠堂原是严氏家祠。宋朝景佑中期，也就是960多年前北宋时，由著名的政治家、文学家范仲淹所建，并绘像立碑祭祀严子陵。

后来祠堂屡坏屡修。现在的祠堂是1983年重建。是范仲淹兴建祠堂之后第17次重建，也是历史上规模最大的一次重建。范仲淹著有《严先生祠堂记》被千古传诵。

严子陵钓台自从1981年10月1日开放以来，桐庐县旅游局先后于1984年、1993年在钓台建造了两座一小一大的碑廊，这些碑都是请国内外著名书法家书写，由桐庐县当地匠人镌刻的。

在碑廊石照壁阴面，刻有一幅石雕山水画，即节选于元朝著名画家黄公望的《富春山居图》——荒村疏林、山涧江畔、亭台、小桥、渔舟、飞泉……这就是桐庐的写照。

（原载2014年12月29日《中国青年报》）

浙江桐庐：中国最美县城的背后

徐祖贤　唐志立

垃圾分类，无害化处理，是解决垃圾污染环境最有效的途径。然而，目前即使在大中城市，垃圾分类还没有成为市民的生活习惯，更不用说在农村了。浙江省桐庐县创新思路和方式，摸索出了一条垃圾分类、资源化利用的新模式，并且在全县推广，实现了全覆盖。

近年来，桐庐先后获得了“国家级生态县”、“中国最美县城”“中国最美乡村”等诸多美誉，生态建设和环境保护始终走在浙江省乃至全国县域的前列。然而，桐庐也和全国各地一样，随着垃圾总量每年呈10%的速度增长，控制垃圾污染环境，减少垃圾对生态损害，一度成为重大难题。从2012年起，桐庐以农村生活垃圾处理为突破口，率先在浙江省实施农村生活垃圾分类收集和资源化利用的新尝试。该项工作开展两年来，成效明显。

垃圾分类，说简单也简单，说麻烦也麻烦，关键是要找出一种简便的方法。

农村地区主要的垃圾可分为三类：一是废铁、烂铜、塑料瓶、纸板箱等可回收垃圾；二是厨房垃圾、笋壳、作物秸秆等易腐垃圾；三是建筑垃圾、塑料包装袋等不易腐烂的垃圾。鉴于第一类垃圾基本上在农户自家层面就已回收的实际情况，桐庐着重为后两种垃圾寻找出路。

桐庐按照“简便易行，大类粗分”的原则，在农村地区将垃圾分为可堆肥与不可堆肥两类进行分类收集。由政府出资采购，免费为每家农户配置一黄一蓝两个分类垃圾桶，并同时发放详细罗列了可堆肥垃圾和不可堆肥垃圾种类的宣传资料。目前，全县农户垃圾分类知晓率达到了100%，分类覆盖率达到了90%以上。

解决日益严重的垃圾难题，关键在于如何利用上取得突破，从而“变废为宝”，桐庐在这方面已经先行一步。目前，桐庐依托当地原有的机械制造企业，形成了集“研发—生产—销售”为一体的专业生产基地。同时，充分考虑人口密度、可堆肥垃圾量、有机肥需求量、交通运输成本等因素，主推微生物发酵处置和太阳能普通堆肥两种模式。

阳山畈村、双溪村和新龙村的资源化利用站都是采用微生物发酵处理模式。记者在现场看到，用专利车辆送来的可堆肥经过设备发酵，堆肥处置，实现可堆肥垃圾资源化和减量化。这种模式出肥速度快，肥力好，适用于人口密度高、可堆肥垃圾量多、有机肥需求量大的农村地区。该县98个行政村中共有68个资源化利用站采用这一模式。

太阳能普通堆肥处置方式，其原理是建造三室堆肥仓，利用太阳能与垃圾渗滤回喷技术促进堆肥加快反应。该模式简单有效，投入和运行成本都比较低。不足的是，这个模式肥料出料时间长，比较适用于人口密度较低、交通运输成本较高的偏远农村地区。资源利用站点的建设，是根据人口密度、垃圾产生量等因素科学布局，有一村一建，也有多村合建。至于选用哪种模式，也由各村根据自身实际情况决定，县财政对各资源利用站建设给予相应补助。据统计，截至目前，桐庐垃圾分类及资源化利用工程建设已完成97%，其中七成以上的资源化利用站已正式投入运行。

对于不可堆垃圾，则统一运至县城垃圾无害化处置机构作高温焚烧处理。

广大农村百姓，是垃圾的制造者，垃圾的受害者，同时又是“变废为宝”的受益者。因此，只要充分发动群众，依靠群众，建立并健全一套有效机制，一切问题都会迎刃而解。桐庐这几种在垃圾分类回收的机制建设上是下了功夫的。

该县以“美丽乡村”建村为契机，通过“村干部、党员进农户”“流动雷锋车”“小手拉大手”等群众性活动，广泛开展生活垃圾分类和源头减量宣传，确保家喻户晓。同时，使用“身份追溯”机制，让每一桶、每一袋垃圾通过该机制可“追溯”至每户农家，在为每户分发的黄蓝垃圾桶上进行编号，号码与户主对应，方便垃圾收集员对该户垃圾分类工作进行考核、评分，也方便有关部门对垃圾分类工作质量进行检查。在上述基础上，桐庐有关部门利用积分制、身份制、上榜制和星级制等方式，对垃圾分类工作进行全过程量化考核，并对投放正确率高，运行效果好的行政村予以额外奖励。

据桐庐县环保局官员方文剑介绍，下一步，桐庐将开展农村垃圾“变废为宝”商业化运作。因为农村地区生活垃圾中有机垃圾比例达65%左右，通过分类制成有机肥，将大大提升有机垃圾附加值，最终为农民带来额外收益。

（原载2014年9月10日《中国经济时报》）

脚下沾满泥土　心中才有民情“温度”

——浙江桐庐县10个村“走亲”干部工作实录

沈锡权　王政　魏董华

新华社杭州讯　随着经济发展、利益分化，一些民生和社会问题难以在短期内解决，部分地区干群关系出现了隔阂、疏远甚至恶化的倾向。针对这个问题，浙江省桐庐县3年前率先开展党政机关干部下基层“走亲”活动，2000多名干部深入全县180多个村庄“走亲”，通过走进群众家里为民办实事、与百姓交朋友，干群关系变得融洽。记者近日走访了桐庐县的10个村，采访了一批当地“走亲”干部，零距离倾听了他们走村入户中的酸甜苦辣、心灵涤荡，记录了他们在“走亲”实践中对干群关系、群众路线的新感悟、新认识。

群众利益无小事，难在坚持把一件件小事办好

在潘岩村“走亲”的瑶琳镇文化站站长皇甫朝根自称“跑腿干部”。村里有位87岁的老人患有老年痴呆，竹笋卖不出去，他就把笋拿到农贸市场替老人卖；村里有老人鞋子破了，去镇里补不方便，他就拿去帮他们补……只要老百姓需要，不管事情大小他都愿意“跑腿”。皇甫朝根说：“我一个镇文化站站长，没什么大权力，就是为老百姓做自己力所能及的小事。百姓心中有杆秤，他们现在都把我当亲人。”

横村镇干部王勇坤2012年3月6日成为华凤村“走亲”干部。说起这两年，快退休的王勇坤感觉十分充实：“修路、建路标、抢险，天天都想为村里多做点事，对得起自己的这个岗位。”当了村里的“走亲”干部后，他每周一半时间待在村里。村民方昌林说，村里有19位病残老人常年卧床，每到过年王勇坤都自掏腰包买点食品挨家挨户去拜访，“东西不多，但他心里记挂着大家，我们都很感动”。

63岁的李金照是华凤村老年协会会长，让他印象最深的一件事是：通村公路经过村口的一片竹林，因为路窄，转变又急，经常出交通事故，村里想拓宽，需要将村民李炎土的毛竹林砍掉，但李家一直不同意，后来王勇坤说自己去“试试”，没想到一下就做通了工作。“不是他能说会道，而是他与村民朝夕相处，和村民以心交心，大家信任他，认为他讲的话在理。”

凤川街道上店村的村民提起“走亲”干部何兴华，都对他在台风中与村民一道抢险救灾的事称赞有加。2012年台风“海葵”登陆后带来强降雨，进出村里的唯一桥梁被冲断，而村里老人项小松去世，遗体必须送到县城火化。就在村民束手无策之际，何兴华带领村民用杉木搭浮桥，将遗体送到对岸，解了燃眉之急。“老百姓的生老病死都装在‘走亲’干部的心里，干群之间怎会不亲？”村民郑洪良说。

何兴华说，原先是百姓找干部，现在是干部找百姓，干部“走亲”扎根村里，遇到急难险重问题时能发挥很大的作用。“‘走亲’干部在村里，代表的就是整个干部队伍。”

干部对百姓一分好，百姓对干部十分亲

桐庐县旧县街道合岭村有800多人，其中老年人有200多人，“空巢老人”42人，“此前，钟山乡大市村一位‘空巢老人’因为无人照顾，死于家中多日后老被发现。我们听说后，心里很难过又没有办法。”合岭村老龄会会长张光荣说。

2012年11月15日，“走亲”干部、县委书记毛溪浩来合岭村“白访夜谈”（每月一次自带铺盖住在一户村民家里，白天走访，晚上召开村民座谈会），得知这一情况后立即与民政局、镇村干部商量解决非“五保户”的农村“空巢老人”养老问题。县里在合岭村试点成立了专门的“空巢老人”服务队，8个专职服务人员对“空巢老人”家庭做到每天去一次、每天一见面、每天一敲门。“只有脚下沾满泥土，才可能发现并解决这亲的社会治理‘死角’问题”。毛溪浩说。

莪山乡党委副书记李昌坤“走亲”的沈冠村是老大难“问题村”。村里宗族派系盘村错节，每次换届都存在私下贿选拉票现象。“通过基层‘走亲’，老百姓会把利益矛盾告诉我，我也摸清了村里的复杂关系，做起工作来有的放矢。”李昌坤说，掌握农村实情对基层政府很重要。“‘走亲’干部通过查岗、每周列席村‘两委’会督促村级组织规范化，约束村干部行为，避免村干部变村霸、村委会成‘一言堂’；干部‘走亲’也不是越俎代庖，而是解决村里办不了、办不好的事情，让干群之间的纽带更紧密。”

分水镇干部杨东升在外范村“走亲”。去年村民江远荣等人联名写信到镇里反映。杨东升来了之后与村“两委”每周开碰头会，一项一项落实村民反映的问题，村民的怨气逐渐减小。杨东升说，“走亲”干部下去就是搜集民意，弄清楚哪些事情是民生大事急需解决，与村“两委”一同列好清单、拟好进度，并监督村“两委”落实，以“办事实效”帮助他们树威立信。

凤川街道高家村“走亲”干部钟善浩说，刚来时村里卫生状况很差，很多违章建筑成为村里的“牛皮癣”。高家村党支部书记钟江妹的妹夫高水荣前两年将房子改造时擅自扩大了面积，村里几次要拆除，都被高水荣骂了回去。“最后我还是和村里一起坚决将擅自扩建的房子拆了。”钟善浩说，“走亲”不是肤浅的亲，不是做“老好人”，要令行禁止地执行政策。“和稀泥”可能会让群众一时高兴，却难以获得长久的信服。“走亲”干部应求问心无愧而非“一时之名”。只有真心为群众好，群众才会加倍对干部亲。

“潜移”才可“默化”，常走方能“长亲”

由于县城东扩，凤川街道柴埠村全村635户需要整村拆迁。“拆迁刚开始时，村里百姓说，没有3年你们拆不完。但实际上从去年3月1日开始拆迁，到5月底已经拆完93%的面积。”柴埠村的“走亲”干部汪来仁说，“做群众工作、走群众路线最怕‘急功近利’，不能需要百姓支持的笑脸相迎，平常就对百姓淡漠。我们‘走亲’干部平日和百姓联系多，熟悉了工作自然就好做。”

钟山乡中一村有上百家石材企业，尽管百姓收入提高了，但环境却变坏了，整个厂区污泥乱堆、污水横流，村里的溪水一度变成“牛奶河”。要整治石材行业，村里不少人有顾虑，“走亲”干部张一与全乡其他村的几十名“走亲”干部一道“进企入户”，把问题讲清、谈透，推动石材行业削减总量。张一说，村里的石材企业现在减少为46家，环境逐步变好，但村里还有许多硬件、软件建设需要改造，“希望能在村里再待几年，把这些问题都逐一解决好”。

“我们学习到了老百姓的善良朴实、勤劳智慧和自强不息。在基层，老百姓才是最好的老师。”瑶琳镇“走亲”干部陈群说，“潜移”才可“默化”，常走方能“长亲”，只有长时间跟群众打成一片，才能真正了解农村的民情、实情，百姓也才会把你当朋友、“掏心窝子”。不少“走亲”干部表示，希望能够有长效和激励措施，以制度保障干部“走亲”常态化。

桐庐县委组织部副部长朱红亮说，为了让干部“走亲”制度化，桐庐探索在村里固定一个联系点加强干群沟通。为了保持“走亲”干部队伍的稳定，“走亲”干部联系村庄的时间可适当延长，同时建立一户一档，即使“走亲”干部换了，资料还在，后来的“走亲”干部可以尽快熟悉村里的情况。

桐庐还探索以考核激励干部沉下身子服务群众。目前正在实施以“是否进百姓家、群众是否熟悉你、是否办过惠民事、群众评价是否满意”为主要内容的“四个是否”考评制度，“走亲”权重在干部考核中逐渐加重。同时组织全县农户直接评价乡镇干部，以“十万农户评干部”的形式督促干部“眼睛向下”。

（原载新华社国内动态清样1415期2014年4月12日编发）

中国首届县域医疗设备产业发展论坛在杭州桐庐举行

打响医疗器械行业“桐庐制造”品牌

唐志立

10月30日，杭州桐庐县医疗设备产业发展大会暨中国首届县域医疗设备产业发展论坛在桐庐举行。会上，桐庐县被授予浙江省级高新技术产业化基地，桐庐县相关部门还现场发布了桐庐县医疗器械产业发展政策、桐庐医疗器械省级高新技术产业化基地规划及招商政策。

医疗器械产业是桐庐的特色块状经济，也是浙江省知名医疗器械生产基地。桐庐县的医疗器械产业起步于上世纪八十年代初，萌芽于小农村——江南镇深澳，当时生产条件与技术极其落后，没有高端的技术与人才支撑。为突破困局，上世纪九十年代，杭州桐庐尖端内窥镜有限公司（现为天松股份）老板徐天松，一双胶鞋北上沈阳，真诚地邀请到了一批光学专家。至此，桐庐医疗器械产业的发展迈上企业化、规范化生产经营的路子。

发展至今，整个产业共有医疗器械企业197家，其中生产企业46家，经营企业151家，规上医疗器械生产企业9家（整个产业以销售到医院价格测算，超20亿元）。其中生产企业龙头天松股份2013年销售产值0.71亿元，十年间增长14倍，“天松”牌已成为“中国名牌”。并涌现杭州康基医疗器械有限公司、桐庐优视医疗器械有限公司、桐庐广硕医疗器械有限公司、桐庐申达斯奥医疗器械有限公司等一批新星企业。

在发展之初，桐庐县政府就着力产业的规范经营、重点扶持。2000年，针对医疗器械行业的混乱、无序的局面，县政府对全县30余家医疗器械生产企业进行整顿，最终保留了11家生产企业，并出台了针对医疗器械行业发展的专项政策《关于鼓励我县医疗器械行业发展若干意见的通知》（桐政发〔2001〕73号），予以重点扶持。在2010年，县政府又对医疗器械行业出台税收优惠政策，连续四年进行扶持。今年将对医疗器械产业技改加大力度支持。

为了促进产业发展，近年来，桐庐医疗器械企业纷纷建立研发（技术）技术中心，创立研发队伍，增强产学研合作。目前，全县医疗器械生产企业建有省研发（技术）中心3家，市级4家，分别占全县的15%和23.5%；省级高新技术企业8家，市级高新技术企业9家，分别占全县的21.6%和14.3%（而生产企业家数不到全县的0.6%）。取得产品注册证725个，其中一类产品注册证514个，二类产品注册证194个，三类产品注册证17个；产品专利共有1225个，其中发明专利36个，实用新型专利995个，外观专利224个。

随着产品技术越来越成熟，部分产品质量也达到了国际先进水平，一批企业在国外注册品牌，开展产品国际认证。天松股份“天松”商标已在美国、德国、俄罗斯、日本等15个国家注册，且在这些国家都有该品牌销售业绩。2012和2013年全县通过欧盟CE认证产品共有11个，通过美国FDA认证20个。鼻窦镜、腹腔镜、尿道膀胱镜等多个品种已远销欧洲、美洲、中东等30多个国家和地区。

目前，桐庐县医疗器械产业发展势头迅猛，众多企业正在快马加鞭加快发展，其中：康基医疗器械投资7000万元建设“年产50万件微创全功能结扎闭合系统产品项目”；优视医疗器械收购桐庐皮革制品公司土地和厂房，投资近2000万元扩大生产规模；申达斯奥投资近3000万元，建设“年产4万件（套）医疗器械生产项目”；广硕医疗器械投资3000余万元，建设整形美容器械生产线。

本次桐庐县医疗设备产业发展大会由中共桐庐县委、桐庐县人民政府、中国医疗器械行业协会共同主办。除了授牌和发布政策以外，会上还举行了桐庐县重点医疗器械企业精准服务合同化管理签约仪式、医疗器械产业基金等一批项目签约仪式。在随后举行的中国首届县域医疗设备产业发展论坛上，浙江省医疗器械行业协会常务副会长、浙江省医疗器械检验院院长何涛，健康传播学博士、中国医疗器械行业协会副秘书长管燕等专家做了专题报告。会后，部分外来客商代表还与桐庐县医疗器械企业进行了精准对接。

（原载 2014 年 10 月 30 日人民网）

浙江桐庐获联合国授“世界养生基地”称号

赵晔娇　王晓婕

11 月 28 日，在浙江桐庐召开的第二届华夏中医药养生旅游节开幕式上，桐庐县委常委、副县长潘立铭从联合国开发计划署官员霍华德手中接过了“世界养生基地”授牌，这意味着桐庐继“中国最美县”、“华夏养生福地”等称号后又获得了一张新的城市名片。霍华德认为，桐庐县近年来通过建设富春山健康城、引进养生项目等取得了不俗的成绩，不仅走在中国前列，也为其他国家起到借鉴作用。

桐庐县位于浙江省西北部，以“天下独绝的奇山异水”闻名于世。这次被授予“世界养生基地”的美誉，得从桐庐和中医药的缘分说起。

桐庐是华夏中医药文化的起源地，有一座被称为“峨眉一角”的桐君山。据《浙江通志》记载，这座山是“中药鼻祖”桐君结庐行医之处。如今，桐君山已成为中国药祖养生文化的圣地。

“桐庐的历史与中药很有缘分，现在桐庐大约 80% 以上的村企都有中医药服务。”桐庐县委书记毛溪浩提到，“桐庐的生态环境与健康养生也很有缘分，现在桐庐的负氧离子达到每立方米 5000 多个，高于其他地区多倍。”

正因如此，桐庐成为养生福地，也催生了很多养生度假项目。比如，2013 年 11 月，桐庐县率先在富春山居图实景地建立全国首个健康服务业集聚区——富春山健康城，2014 年，富春山健康城被认定为杭州市第三批现代服务业培育集聚区。

在富春山健康城管委会主任潘武伟眼里，富春山健康城的发展定位是成为长三角重要的健康服务业集聚区，以及浙江省健康服务业发展的示范区。

“健康养生产业是前景光明的朝阳产业，”杭州市人民政府副市长陈红英认为。

今天的开幕式上，进行了许多项目签约，包括新起点健康养生产业园、瑞金——潇洒富春山居医疗养生基地、江南中医健康养生临床基地等，计划投资额 25.18 亿元，这也为桐庐的健康养生产业添砖加瓦。

霍华德说，通过激烈的评选，桐庐脱颖而出获得了“世界养生基地”称号，希望今后桐庐可以取得更多成功经验，为世界养生产业汇聚力量。

记者了解到，本次的华夏中医药养生旅游节还将举办华夏药祖桐君朝圣典礼、首届“江南论道——健康养生文化论坛”、“桐君堂”杯中药材真伪鉴别全国大赛等多个活动。

（原载 2014 年 11 月 28 日中国新闻网）

桐庐“百姓日”受中央党校党建部课题组高度肯定

周宇

11 月 29 日，中央党校及中共桐庐县委联合举办的桐庐“百姓日”课题研讨会在桐庐海博大酒店召开。中央党校党建部主任，教授，全国政协委员王长江及课题组成员、桐庐县委书记毛溪浩、县长方毅以及相关专家、学者参加了本次会议。

桐庐县委书记毛溪浩致欢迎辞并向参会的专家学者们生动、详细的介绍桐庐的工作情况，“大家对桐庐最初的印象就是桐庐风景好’自富阳至桐庐一百许里，奇山异水，天下独绝’。近年来我们以科学发展观为指导，充分利用我们的自然禀赋，盘活现有资源，打造以风景桐庐、低碳桐庐、人文桐庐、开放桐庐、幸福桐庐”为主题的最美山水型现代化中等城市”。

自2012年起，桐庐县确定每年5月6日（即桐庐解放日）为“桐庐百姓日”。“百姓日”当天通过各项主题活动，营造“人人参与共筑幸福桐庐梦、城乡互动共建中国最美县”的浓厚氛围。三届下来，百姓日已经成为新老桐庐人骄傲自豪的“民生品牌”因此也引起了中央党校党建部课题组的兴趣。

“改革进入深水区，要求我们去思考改革的整体性，我们发现“百姓日”就是这样一条主线，可以将桐庐一切为民的亮点工作都串联起来，他是党群关系融洽的终极体现，因为在百姓日之外的时间里，他们已经通过各项工作构建和谐党群关系了，这背后是众多工作平台和机制的支撑。”中央党校党建部主任，教授，全国政协委员王长江作为此次课题组组长在研讨会上向大家阐述了为何选中桐庐百姓日做切入点进行调研，“桐庐得实践让我更加坚定要让地方在社会治理上有更大的探索和创空间。”

几千年来中国老百姓“耕田而食、凿井而饮，帝力何有于我”的消极心理再现实社会中导致党群关系疏远。党的群众路线教育活动后，各地政府缺乏联系群众的经常性平台，因而容易“犯困”。中央党校党建部教研室主任、教授、博导祝灵君向参会嘉宾介绍了此次课题报告的主要观点。

中央党校党建部副巡视员 梁俊萍、中央党校党建部教研室副主任、副教授 董亚炜、中央党校党建部副教授 郑琦、中央党校党建部讲师、博士 马丽、中央党校《学习时报》编辑室主任兰文飞等课题组成员交流了研究过程中的心得体会。

清华大学社会科学学院学委会主席、教授、博导 景跃进、浙江大学社会科学研究院院长、教授、博导 余逊达、浙江大学公共管理学院院长、教授、博导 郁建兴、四川省委党校教授彭穗宁、江苏省委党校教授 董连翔、福建省委党校教授 李新生、成都市委党校教授 刘益飞、中央编译局政党研究中心秘书长 朱昔群、中央编译局战略研究部副主任、研究员陈家刚、《小康》杂志社副社长赖惠能等专家也受邀参加研讨，并各抒己见，就如何进一步完善“百姓日”活动“献良方”。

赖惠能副社长在讨论中表示，桐庐百姓日是一个载体，是体现桐庐施政理念和发展脉络的窗口。桐庐紧紧抓住美丽经济这一条主线，通过百姓日这样一个表现，用亲民、惠民的执政理念，打造生态美、经济美、人文美、乡村美、县域美的潇洒桐庐郡。

（原载2014年12月1日中国小康网）

桐庐因治水而美丽

郑磊　唐志立

决策心声

●桐庐的最大优势是生态，宁可速度慢一点，也要保护好山水。我们要切实保护好桐庐人民的绿水青山，保护好子孙后代的金山银山，这一优势今后会更加宝贵。

●人水和谐，生态优先，产业富民，是人民群众的期待，是生态文明的基石，也是桐庐人的共识。

●要创新发展思路，切实把环境的优势转化为发展的优势，努力超越传统工业的发展路径，不求快而求优，不求大而求精，不求全而求美，探索出一条具有桐庐特色的创新发展之路。

——中共桐庐县委书记毛溪浩

“云山苍苍，江水泱泱，先生之风，山高水长！”因为一次垂钓，东汉隐逸之士严子陵不事王侯，甘愿耕钓终身，守住她的静美。

“潇洒桐庐郡，千家起画楼”，因为一次邂逅，北宋文豪范仲淹一气呵成写诗十首，歌咏她的潇洒。

“奇山异水，天下独绝”，因为一次穿越，

元朝画家黄公望追寻南北朝吴均的脚步，在桐庐结庐隐居，绘就传世画作《富春山居图》，描绘她的空灵。

为什么文人墨客如此喜欢桐庐？因为桐庐有一片好山水。

山水是桐庐的根与魂。桐庐境内有富春江、分水江两大水系贯穿全境，另有壶源溪及较大支流共31条。水是生命之源，水源保护不仅关乎地方生态安全，更关乎民生根本大计。

近年来，桐庐县以“三江两岸”景观保护与建设为重点，以“清水治污”为突破口，扎实推进生态文明建设，坚持让江河湖泊休养生息，实行最为严格的污染物排放总量控制，用高效的办法解决长期积累的环境问题。现在，这一理念正逐渐扎根桐庐沃土，转化为越来越多的实际行动。

以农村治污为基础 营造绿色“风水”

在江南镇环溪村，香樟伫立、绿荫环抱，溪流清澈、鱼游虾嬉。村民们或聚“猪栏”茶吧休憩聊天，或于溪中淘米洗菜忙活家务。“垃圾有人拉，污水有了家。室内现代化，室外开百花。双溪清澈见底有鱼虾，村民可在溪坑洗洗涮涮。”村民周言定说起了村里人新编的顺口溜。

环溪村的美丽主要得益于近年来启动的污水处理工程。目前，全村已建成生活污水池9个，开辟人工湿地7处，606户农居全部实现截污纳管。

近年来，桐庐县实施农村环境连片综合整治，深化“美丽乡村”、“清洁桐庐”和“四边三化”等工作，开展清洁水源、清洁空气、清洁土壤三大行动，促进村庄绿化、庭院美化、道路洁化三大提升，全力营造天蓝、地绿、水净的美好家园。

整治中，先后投入专项资金3.2亿元，统筹推进农村生活污水、农家乐污水、卫生改厕和旅游景区污水治理工作，在农村因地制宜分类建成分散式污水处理池2000余个、污水管网2500余公里、窨井7万余只，到去年率先在全国实现农村生活污水处理全覆盖，有效提升了农村水环境质量。同时，在试点的基础上，全面启动农村生活垃圾分类处理全覆盖工程。

与此同时，桐庐县按照县域污水处理体系全覆盖的要求，先后投入资金3.8亿元，建成县城污水处理一、二期工程和10个乡镇（街道）的14家污水处理厂（站），日处理能力达8.3万吨；制定实施集镇截污纳管三年行动计划，不断提高城镇工业、生活污水纳管率。建成日处理能力500吨的县生活垃圾无害化处理项目、15座乡镇（街道）垃圾中转站以及183个行政村垃圾收集房，“村收集、镇中转、县处置”的生活垃圾无害化处理体系和长效保洁机制基本形成，农村生活垃圾无害化集中处理率达98%以上。此外，桐庐县还以全国小型农田水利重点县为契机，切实抓好水利项目建设，完成204.7公里的清水河道和9条小流域综合治理工程，河道生态环境进一步改善。

如果说水是桐庐的魂，那么，这几年的“三江两岸”景观保护与建设，就是给桐庐的魂增添了灵动。

桐庐县城南街道湾里村的杭州博阳食品有限公司被列为关停拆迁的污染企业。为了让企业在规定时间内搬迁，桐庐县有关部门负责人多次上门，与企业主沟通，并积极落实搬迁落户地点。企业也积极配合，在迁建地块建起新厂房。

在“三江两岸”整治工作中，桐庐县明确关停、搬迁分水江、富春江所有的采砂船、砂石加工厂、造船企业，其他区域内的砂石加工厂、造船厂等排放污水的企业必须进行污染整治，确保稳定达标排放。截至目前，共关停沿岸小石材加工、小铸造、电镀、采砂等企业150余家，拆除砂石码头25个，完成沿江水产、畜禽养殖场污染治理20余个。

污水治理与涵养水源同步进行。桐庐县还以“桐庐大地无裸土”为目标，全力做好大地绿化、森林抚育、矿山复绿等工作。同时，切实加强土地、森林、景观石、砂石等自然资源保护，每年减少森林采伐限额20%以上，充分发挥森林在保持水土、涵养水源、净化水质等方面的功能，进一步强化水源保护、优化农村环境。最近，桐庐县人大还牵头调研，起草了以“三个不”，即“不砍一棵树、不挖一粒砂、不采一块石”为重点的《关于严格自然资源保护　促进生态文明建设的决定》。

以产业治污为重点 构筑绿色“宝地”

要金山银山，也要绿水青山。发展绿色经济、建设生态文明，无疑是一座城市的最佳发展形态，也是对地方决策者智慧与勇气的考验。

在桐庐，以转型发展为主线，以产业治污为重点，狠抓污染源头治理，成为全县人民的一个共识。

钟山乡地处桐庐中南部，拥有10亿立方米花岗石资源，自古以石材闻名，清澈的歌舞溪环抱青山。

两年前，桐庐县委书记毛溪浩来调研时，看到的却是另一番场景：露天采石、加工场遍地开花，粉尘漫天、污水横流，山上千疮百孔、溪流浑浊不堪。

采石是当地的富民产业，有143家加工企业，年产值超过5亿元。在和乡干部讨论时，毛溪浩说：“破坏山水的行为必须整治！我们不该急功近利。”见乡干部担心经济数据下滑，他说：“转变粗放式发展，数据下降不是坏事。”

一场大规模的整治迅速展开，83家环保不达标的企业被关停，其余的迁入标准厂房，添置各类环保设施。富康石材工艺厂厂长张生潮为此花了130多万元，但他说：“虽然前些年的利润几乎全投进去了，但这钱花得值，我们是在还生态债啊。”

桐庐还成立了项目把关领导小组，对所有引进项目“环保一票否决”，污染重、能耗高的项目，尤其是化工、造纸、电镀等污染企业被严格限制。近3年来，已有119个工业项目被拒之门外。

在生态型现代产业体系的框架中，解决农业面源污染问题，建设现代农业是基础。为此，桐庐县开展产粮区“肥药双控”示范区建设，近三年来重点实施“肥药双控”项目36个，实施总面积3.2万亩，节省化肥84.51吨、农药6.03吨。开展畜禽养殖业污染综合治理工程建设，推行种养结合生态养殖和畜禽养殖污染立体化治理模式，全县规模畜禽养殖场得到全面整治，规模畜禽养殖场粪尿综合利用率达95%以上。严格落实禁养区、限养区规定，关停搬迁饮用水源保护区内养殖场21家，农业面源污染得到有效控制。

桐庐县还坚持以水环境治理倒逼产业转型升级，制定实施桐庐县淘汰落后产能三年行动计划，对重点排污企业实行许可证和总量双线控制管理，实行重点工业污染源“一厂一档”制度。

这些年，从追求发展的动感，到追求发展的质感，桐庐收获了环境治理带来的美丽果实。

以制度治污为保障 永保绿色“仙境”

在桐庐县与浦江县接壤的壶源江上，有一座水质自动监测站正在紧锣密鼓地安装监测监控设备。建成后，将自动监测总磷、总氮在内的12项指标，并实现与浙江省监测中心联网，这是桐庐县第六座水质自动监测站。

近年来，桐庐县大力加强“天罗地网”在线监测系统的建设，在河流的交接断面、重点污染企业架起“千里眼”，对11个集中式饮用水源地、5个地表水交接断面、45个乡镇交界断面、6个地表水监测断面水质进行定期、全方位监测，及时、全面地监控全县行政区域主要河流尤其是跨乡镇河流交接断面的水质状况，并每季予以通报。

2012年，共获有效监测数据5.3万余个，为监控分析县域水质变化提供了强有力的科学支撑。据自动监测数据统计，桐庐县集中式饮用水源地水质良好，各饮用水源地水质达标率为100%，地表水富春江出境断面水质连续六年优于入境断面。

桐庐的目标是：每条河道“随时能游、随处能游”！为实现这一目标，桐庐县组建了水源保护工作领导小组，着力完善工作推进机制、财政配套补助政策等制度建设，进一步夯实治水行动组织保障体系。今年年初，又出台了乡镇交接断面考核办法，在全县各流域设置了43个乡镇交接断面，每月监测分析通报水质变化。

考核结果纳入乡镇年度业绩考核中，实行一票否优。若乡镇年度考核不合格，一把手不但将接受县主要领导约谈，该乡镇还将被减少或取消下一年度的生态补偿资金。桐庐取消了重点山区乡镇工业考核，并探索实施各乡镇（街道）新建自来水厂取水口选址一般要建于镇区流域最后一公里制度，进一步强化各级领导干部“抓一方发展、保一方碧水”的责任意识，全面落实监管责任。

日常监管中，桐庐县始终将保护饮用水源安全视作维护民生稳定的生命线工程。2012 年起，在环境监察工作中推行网格化管理，将全县所有 14 个乡镇（街道）、开发区的管辖范围划分为4个二级网格、13个三级网格与重点网格，在网格内定岗、定位、定责，铺开了一张环境监察的大网。

近年，桐庐建立了“河长制”，构建河道管理责任的长效机制。全县重点河道、房前屋后河道和已治理的其他河道共 745.6 公里，全面实行“河长制”，县、乡、村三级联动，责任层层落实，县长为“总河长”。

县委副书记、县长方毅表示：“作为首任‘总河长’，保护好这方富春山水是第一责任，我将切实践行职责，使河长制真正成为河道长效管理的最有效制度，让桐庐清水长流、山水相依、人水和谐。”

“河长”对所辖河道的水生态环境治理和管理工作负总责，包括河道管护保洁、河道维修养护经费落实、河道防汛工作、河道工程维护、河道内违法行为查处等。在富春江水利风景区学圣广场的“河长”公示牌上，标明“河长”为县委副书记吴玉凤，以及职责和监督电话等内容。“河长纳入乡镇（街道）和部门综合考评体系，纳入年底考核一票否决制。”吴玉凤说道。考核不合格或排名最后的“河长”，要在规定时间内上报整改措施。

生态治理面广量大，与老百姓的日常生活完全融为一体，没有良性运行的机制是不可能持久的。桐庐从建设生态工程开始，就一揽子建立起行政、法制、经济等生态推进和保持机制，调动社会的力量和老百姓的积极性。

桐庐采取以奖代补的方式，用有限的财政资金撬动了地方、社会资金，同时也撬动了地方、社会和广大村民的积极性。按照“水清、河畅、岸绿、景美、鱼跃”的要求，桐庐采取以奖代补形式投入了 1500 万元，对全县 1100 多公里河道进行了清理。

在桐庐，无论是漫步于碧波荡漾、风景如画的富春江边，还是徜徉在清澈见底、鹅鸭戏水的乡村河道旁，人们常常会由衷地竖起大拇指，赞叹桐庐的蓝天碧水、清风宜人。

当前，桐庐全县上下正在把“风景”变成“产业”，将“美丽”转化成“生产力”，迎春商务区、富春江科技城、富春山健康城、富春江乡村慢生活体验区等四大产业建设主平台发展势头强劲，一条山清水秀、民富县强的绿色崛起之路正在形成。

点　评

保护好这一方水土

中央农村工作领导小组副组长、
中央农村工作领导小组办公室主任 陈锡文

桐庐县以农村治污为基础，狠抓县域水质保护；以产业治污为重点，狠抓污染源头治理；以制度治污为保障，狠抓长效机制落实；污水治理和水环境保护工作上取得了明显成效。希望今后桐庐能继续保护好这一方水土，让群众共享建设成果，造福一方百姓。

举措符合实际又具有创新性

北京林业大学党委书记 吴 斌

当前桐庐的农业农村和生态文明建设走在了前列，尤其是这里的农村生活污水整治，在管网铺设和水质净化方面，做了大量工作，采取的举措符合当地实际又具有创新性，治理了水，也改善了农村面貌，这样的做法在全国都是少见的。

桐庐经验值得全国推广

环保部自然生态保护司司长 庄国泰

这几年，桐庐的知名度越来越高，生态文明建设发挥了不小作用。这其中，农村生活污水处理全覆盖、出境水水质优于入境水水质。农村的环境美化了，村民们也从心里接受这样的污水处理方式，桐庐的农村生活污水治理经验值得全国推广。

污水治理与新农村建设相结合

浙江省环保厅厅长 徐 震

桐庐县在推进农村生活污水治理过程中政府支持、目标明确、规划合理，不仅有资金支持，还有创新机制，并与新农村建设相结合，取得了实效。希望进一步把农村生活污水治理工作与农村环境综合整治、人居改善等工作相结合，让更多的农民得到实惠。

（原载《今日浙江》2014 年第 1 期）

【责任编辑：叶雪珍】

索　引

说明

一、本索引收录正文中的所有条目（不包括彩图、特载、大事记、组织机构、人物、文献、名录、专刊、阅读延伸等）。部分条目因语言环境需要，在名称中酌加修饰词。

二、本索引按条目首字汉语拼音（同音字按声调）排序；首字相同的，按第二字拼音，以下依次类推。

三、各条目后的数字为该条目在文中所在页码。

阿拉伯数字·字母

A

B

C

D

E

F

G

H

J

K

L

M

N

P

Q

R

S

T

W

X

Y

Z